BÁSICO PARA GUARDA MUNICIPAL

2ª EDIÇÃO

CB130816

EDITORA

AlfaCon

Concursos Públicos

Diretor Geral: Evandro Guedes
Diretor de TI: Jadson Siqueira
Diretor Editorial: Javert Falco
Gerente Editorial: Mariana Passos
Editor(a): Mateus Ruhmke Vazzoller
Gerente de Editoração: Alexandre Rossa
Diagramador(a): Emilly Lazarotto

Língua Portuguesa
Adriano Paccielo, Giancarla Bombonato, Glaucia Cansian, Pablo Jamilk, Priscila Conte

Redação
Rachel Ribeiro

Matemática
André Arruda, Daniel Lustosa

Raciocínio Lógico-Matemático
Daniel Lustosa

Direito Constitucional
Daniel Sena, Gustavo Muzy

Direito Administrativo
Evandro Guedes

Direito Penal
Eduardo Labruna, Evandro Guedes, Rafael Medeiros, Lucas Favero

Direito Processual Penal
André Adriano, Roberto Fernandes

Leis Especiais
André Adriano, Filipe Ávila, Guilherme de Luca, Rafael Medeiros

Informática
João Paulo, Kátia Quadros, Luiz Rezende

Dados Internacionais de Catalogação na Publicação (CIP)
Jéssica de Oliveira Molinari CRB-8/9852

B317

Básico para guardas municipais / equipe de professores Alfacon. -- 2. ed. -- Cascavel, PR : AlfaCon, 2023.

428 p.

Bibliografia
ISBN 978-65-5918-613-6

1. Serviço público - Concursos – Brasil 2. Guarda municipal 3. Língua portuguesa 4. Redação 5. Matemática 6. Raciocínio lógico 7. Direito

23-1175 **CDD 351.81076**

Índices para catálogo sistemático:
1. Serviço público - Brasil - Concursos

Dúvidas?
Acesse: www.alfaconcursos.com.br/atendimento

Núcleo Editorial:
Rua: Paraná, nº 3193, Centro - Cascavel/PR
CEP: 85810-010

Núcleo Comercial/Centro de Distribuição:
Rua: Dias Leme, nº 489, Mooca - São Paulo/SP
CEP: 03118-040

SAC: (45) 3037-8888

Data de fechamento 1ª impressão: 06/03/2023

EDITORA AlfaCon Concursos Públicos
www.alfaconcursos.com.br/apostilas

APRESENTAÇÃO

A sua chance de fazer parte do Serviço Público chegou, e a oportunidade está no concurso para **Básico para Guarda Municipal – 2ª Edição**. Neste universo dos concursos públicos, estar bem-preparado faz toda a diferença e para ingressar nesta carreira, é fundamental que esteja preparado com os conteúdos que o AlfaCon julga mais importante cobrados na prova:

Aqui, você encontrará os conteúdos básicos de

- Língua Portuguesa
- Redação
- Matemática
- Raciocínio Lógico-Matemático
- Direito Constitucional
- Direito Administrativo
- Direito Penal
- Direito Processual Penal
- Leis Especiais
- Informática

O AlfaCon preparou todo o material com explicações, reunindo os principais conteúdos relacionados a prova, dando ênfase aos tópicos mais cobrados. ESTEJA ATENTO AO CONTEÚDO ONLINE POR MEIO DO CÓDIGO DE RESGATE, para que você tenha acesso a todo conteúdo do solicitado pelo edital.

Desfrute de seu material o máximo possível, estamos juntos nessa conquista!

Bons estudos e rumo à sua aprovação!

EDITORA
AlfaCon
Concursos Públicos

COMO ESTUDAR PARA UM CONCURSO PÚBLICO!

AlfaCon Concursos Públicos

Para se preparar para um concurso público, não basta somente estudar o conteúdo. É preciso adotar metodologias e ferramentas, como plano de estudo, que ajudem o concurseiro em sua organização.

As informações disponibilizadas são resultado de anos de experiência nesta área e apontam que estudar de forma direcionada traz ótimos resultados ao aluno.

Curso on-line GRATUITO

- Como montar caderno
- Como estudar
- Como e quando fazer simulados
- O que fazer antes, durante e depois de uma prova!

Ou pelo link: alfaconcursos.com.br/cursos/material-didatico-como-estudar

ORGANIZAÇÃO

Organização é o primeiro passo para quem deseja se preparar para um concurso público.

Conhecer o conteúdo programático é fundamental para um estudo eficiente, pois os concursos seguem uma tendência e as matérias são previsíveis. Usar o edital anterior - que apresenta pouca variação de um para outro - como base é uma boa opção.

Quem estuda a partir desse núcleo comum precisa somente ajustar os estudos quando os editais são publicados.

PLANO DE ESTUDO

Depois de verificar as disciplinas apresentadas no edital, as regras determinadas para o concurso e as características da banca examinadora, é hora de construir uma tabela com seus horários de estudo, na qual todas as matérias e atividades desenvolvidas na fase preparatória estejam dispostas.

PASSO A PASSO

VEJA AS ETAPAS FUNDAMENTAIS PARA ORGANIZAR SEUS ESTUDOS

PASSO 1	PASSO 2	PASSO 3	PASSO 4	PASSO 5
Selecionar as disciplinas que serão estudadas.	Organizar sua rotina diária: marcar pontualmente tudo o que é feito durante 24 horas, inclusive o tempo que é destinado para dormir, por exemplo.	Organizar a tabela semanal: dividir o horário para que você estude 2 matérias por dia e também destine um tempo para a resolução de exercícios e/ou revisão de conteúdos.	Seguir rigorosamente o que está na tabela, ou seja, destinar o mesmo tempo de estudo para cada matéria. Por exemplo: 2h/dia para cada disciplina.	Reservar um dia por semana para fazer exercícios, redação e também simulados.

Esta tabela é uma sugestão de como você pode organizar seu plano de estudo. Para cada dia, você deve reservar um tempo para duas disciplinas e também para a resolução de exercícios e/ou revisão de conteúdos. Fique atento ao fato de que o horário precisa ser determinado por você, ou seja, a duração e o momento do dia em que será feito o estudo é você quem escolhe.

TABELA SEMANAL

SEMANA	SEGUNDA	TERÇA	QUARTA	QUINTA	SEXTA	SÁBADO	DOMINGO
1							
2							
3							
4							

SUMÁRIO

Sumário

Sumário

Sumário

Sumário

Sumário

Sumário

Sumário

LÍNGUA PORTUGUESA

1 FONOLOGIA

Para escrever corretamente, dentro das normas aplicadas pela gramática, é preciso estudar o menor elemento sonoro de uma palavra: o fonema. A fonologia, então, é o estudo feito dos fonemas.

Os fonemas podem ser classificados em vogais, semivogais e consoantes. Esta qualificação ocorre de acordo com a forma como o ar passa pela boca e/ou nariz e como as cordas vocais vibram para produzir o som deles.

Cuidado para não confundir fonema com letra! A letra é a representação gráfica do fonema. Uma palavra pode ter quantidades diferentes de letras e fonemas.

Por exemplo:

Manhã: 5 letras

m/ /a/ /nh/ /ã/: 4 fonemas

- **Vogais:** existem **vogais nasais**, quando ocorre o movimento do ar saindo pela boca e pelo nariz. Tais vogais acompanham as letras m e n, ou também podem estar marcadas pelo til (~). No caso das **vogais orais**, o som passa apenas pela boca.

  Por exemplo:

  Mãe, l**i**ndo, tr**o**mba → vogais nasais

  Fl**o**r, c**a**l**o**r, f**e**sta → vogais orais

- **Semivogais:** os fonemas /i/ e /u/ acompanhados por uma vogal na mesma sílaba da palavra constituem as semivogais. O som das semivogais é mais fraco do que o das vogais.

  Por exemplo: automóve**l**, histór**i**a.

- **Consoantes:** quando o ar que sai pela boca sofre uma quebra formada por uma barreira como a língua, os lábios ou os dentes. São elas: b, c, d, f, g, j, k, l, lh, m, n, nh, p, rr, r, s, t, v, ch, z.

Lembre-se de que estamos tratando de fonemas, e não de letras. Por isso, os dígrafos também são citados como consoantes: os dígrafos são os encontros de duas consoantes, também chamados de encontros consonantais.

O encontro de dois sons vocálicos, ou seja, vogais ou semivogais, chama-se encontro vocálico. Eles são divididos em: ditongo, tritongo e hiato.

- **Ditongo:** na mesma sílaba, estão uma vogal e uma semivogal.

  Por exemplo: p**ai** (**A** → vogal, **I** → semivogal).

- **Tritongo:** na mesma sílaba, estão juntas uma semivogal, uma vogal e outra semivogal.

  Por exemplo: Urug**uai** (**U** → semivogal, **A** → vogal, **I** → semivogal).

- **Hiato:** são duas vogais juntas na mesma palavra, mas em sílabas diferentes.

  Por exemplo: juíza (ju-í-za).

1.1 Partição silábica

Quando um fonema é falado em uma só expiração, ou seja, em uma única saída de ar, ele recebe o nome de sílaba. As palavras podem ser classificadas de diferentes formas, de acordo com a quantidade de sílabas ou quanto à sílaba tônica.

Pela quantidade de sílabas, as palavras podem ser:

- Monossílaba: 1 sílaba.

  Por exemplo: céu (monossílaba).

- Dissílaba: 2 sílabas.

  Por exemplo: jovem (jo-vem).

- Trissílaba: 3 sílabas.

  Por exemplo: palhaço (pa-lha-ço).

- Polissílaba: 4 ou mais sílabas.

  Por exemplo: dignidade (dig-ni-da-de,), particularmente (par-ti-cu-lar-men-te).

Pela tonicidade, ou seja, pela força com que a sílaba é falada e sua posição na palavra:

- **Oxítona:** a última sílaba é a tônica.
- **Paroxítona:** a penúltima sílaba é a tônica.
- **Proparoxítona:** a antepenúltima sílaba é a tônica.

A identificação da posição da sílaba tônica de uma palavra é feita de trás para frente. Desta forma, uma palavra oxítona possui como sílaba tônica a sílaba final da palavra.

Para realizar uma correta divisão silábica, é preciso ficar atento às regras.

- Não separe ditongos e tritongos.

  Por exemplo: sau-da-de, sa-guão.

- Não separe os dígrafos **CH, LH, NH, GU, QU**.

  Por exemplo: ca-**ch**o, a-be-**lh**a, ga-li-**nh**a, Gui-**lh**er-me, **qu**e-ri-do.

- Não separe encontros consonantais que iniciam sílaba.

  Por exemplo: **ps**i-có-lo-go, a-**gl**u-ti-nar.

- Separe as vogais que formam um hiato.

  Por exemplo: pa-**ra**-í-so, s**a**-ú-de.

- Separe os dígrafos **RR, SS, SC, SÇ, XC**.

  Por exemplo: ba**r**-**r**i-ga, a**s**-**s**a-do, pi**s**-**c**i-na, cre**s**-**ç**o, e**x**-**c**e-der.

- Separe as consoantes que estejam em sílabas diferentes.

  Por exemplo: a**d**-**j**un-to, sub**s**-**t**an-ti-vo, pra**g**-**m**á-ti-co.

2 ACENTUAÇÃO GRÁFICA

Antes de começar o estudo, é importante que você entenda quais são os padrões de tonicidade da Língua Portuguesa e quais são os encontros vocálicos presentes na Língua. Assim, fica mais fácil entender quais são as regras e como elas surgem.

2.1 Padrões de tonicidade

- **Palavras oxítonas:** última sílaba tônica (*so*-**fá**, *ca*-**fé**, *ji*-**ló**).
- **Palavras paroxítonas:** penúltima sílaba tônica (fer-**ru**-gem, a-**du**-bo, sa-**ú**-de).
- **Palavras proparoxítonas:** antepenúltima sílaba tônica (**â**-ni-mo, **ví**-ti-ma, **ó**-ti-mo).

2.2 Encontros vocálicos

- **Hiato: encontro vocálico que se separa (**pi-**a**-no, sa-**ú**-de).
- **Ditongo: encontro vocálico que permanece unido na sílaba** (cha-**péu**, to-**néis**).
- **Tritongo: encontro vocálico que permanece unido na sílaba** (sa-**guão**, U-ru-**guai**).

2.3 Regras gerais

2.3.1 Quanto às proparoxítonas

Acentuam-se todas as palavras proparoxítonas:

- Por exemplo: **ví**-ti-ma, **â**-ni-mo, hi-per-**bó-li-co.**

2.3.2 Quanto às paroxítonas

Não se acentuam as paroxítonas terminadas em **A**, **E**, **O** (seguidas ou não de S) **M** e **ENS**.

- Por exemplo: cas**te**lo, gra**na**da, pa**ne**la, pe**pi**no, **pa**jem, i**ma**gens etc.

Acentuam-se as terminadas em **R**, **N**, **L**, **X**, **I** ou **IS**, **US**, **UM**, **UNS**, **PS**, **Ã** ou **ÃS** e ditongos.

Por exemplo: susten**tá**vel, **tó**rax, **hí**fen, **tá**xi, **ál**bum, **bí**ceps, prin**cí**pio etc.

Fique de olho em alguns casos particulares, como as palavras terminadas em **OM**, **ON**, **ONS**.

- Por exemplo: **iân**dom; **pró**ton, **nêu**trons etc.

Com a reforma ortográfica, deixam de se acentuar as paroxítonas com **OO** e **EE**:

- Por exemplo: **voo**, enj**oo**, perd**oo**, mag**oo**, **leem**, **veem**, d**eem**, cr**eem** etc.

2.3.3 Quanto às oxítonas

São acentuadas as terminadas em:

- **A** ou **AS**: so**fá**, Pa**rá**.
- **E** ou **ES**: ra**pé**, ca**fé**.
- **O** ou **OS**: a**vô**, ci**pó**.
- **EM** ou **ENS**: tam**bém**, para**béns**.

2.3.4 Acentuação de monossílabos

Acentuam-se os monossílabos tônicos terminados em **A**, **E** **O**, seguidos ou não de **S**.

- Por exemplo: **pá**, **pó**, **pé**, **já**, **lá**, **fé**, **só**.

2.3.5 Acentuação dos hiatos

Acentuam-se os hiatos quando forem formados pelas letras **I** ou **U**, sozinhas ou seguidas de **S**:

- Por exemplo: sa**ú**va, ba**ú**, bala**ús**tre, pa**ís**.

Exceções:

- Seguidas de **NH**: **tainha.**
- Paroxítonas antecedidas de ditongo: fei**u**ra.
- Com o **I** duplicado: xi**i**ta.

2.3.6 Ditongos abertos

Serão acentuados os ditongos abertos **ÉU**, **ÉI** e **ÓI**, com ou sem **S**, quando forem oxítonos ou monossílabos.

- Por exemplo: cha**péu**, **réu**, to**néis**, he**rói**, pas**téis**, ho**téis**, len**çóis** **etc.**

Com a reforma ortográfica, caiu o acento do ditongo aberto em posição de paroxítona.

- Por exemplo: id**ei**a, onomatop**ei**a, jib**oi**a, paran**oi**a, her**oi**co etc.

2.3.7 Formas verbais com hífen

Para saber se há acento em uma forma verbal com hífen, deve-se analisar o padrão de tonicidade de cada bloco da palavra:

- Aju**dá**-lo (oxítona terminada em "a" → monossílabo átono).
- Con**tar**-lhe (oxítona terminada em "r" → monossílabo átono).
- Convi**dá**-la-íamos (oxítona terminada em "a" → proparoxítona).

2.3.8 Verbos "ter" e "vir"

Quando escritos na 3ª pessoa do singular, não serão acentuados:

- Ele **tem/vem**.

Quando escritos na **3ª pessoa do plural**, receberão o **acento circunflexo**:

- Eles **têm/vêm.**

Nos verbos derivados das formas apresentadas anteriormente:

- Acento agudo para singular: contém, convém.
- Acento circunflexo para o plural: contêm, convêm.

2.3.9 Acentos diferenciais

Alguns permanecem:

- Pôde/pode (pretérito perfeito/presente simples).
- Pôr/por (verbo/preposição).
- Fôrma/forma (substantivo/verbo ou ainda substantivo).

Caiu o acento diferencial de:

- Para/pára (preposição/verbo).
- Pelo/pêlo (preposição + artigo/substantivo).
- Polo/pólo (preposição + artigo/substantivo).
- Pera/pêra (preposição + artigo/substantivo).

3 ACORDO ORTOGRÁFICO DA LÍNGUA PORTUGUESA

O Acordo Ortográfico busca simplificar as regras ortográficas da Língua Portuguesa e unificar a nossa escrita e a das demais nações de língua portuguesa: Portugal, Angola, Moçambique, Cabo Verde, Guiné-Bissau, São Tomé e Príncipe e Timor-Leste.

Sua implementação no Brasil passou por algumas etapas:

- **2009:** vigência ainda não obrigatória.
- **2010-2015:** adaptação completa às novas regras.
- **A partir de 1º de janeiro de 2016:** emprego obrigatório. O acordo ortográfico passa a ser o único formato da língua reconhecido no Brasil.

Entre as mudanças na língua portuguesa decorrentes da reforma ortográfica, podemos citar o fim do trema, alterações na forma de acentuar palavras com ditongos abertos e que sejam hiatos, supressão dos acentos diferenciais e dos acentos tônicos, novas regras para o emprego do hífen e inclusão das letras w, k e y ao idioma.

3.1 Trema

Não se usa mais o trema (¨), sinal colocado sobre a letra u para indicar que ela deve ser pronunciada nos grupos **gue**, **gui**, **que**, **qui**.

- Por exemplo: aguentar, bilíngue, cinquenta, delinquente, eloquente, ensanguentado, frequente, linguiça, quinquênio, sequência, sequestro, tranquilo etc.

Obs.: o trema permanece apenas nas palavras estrangeiras e em suas derivadas. Exemplos: Müller, mülleriano.

3.2 Regras de acentuação

3.2.1 Ditongos abertos em paroxítonas

Não se usa mais o acento dos ditongos abertos **EI** e **OI** das palavras paroxítonas (palavras que têm acento tônico na penúltima sílaba).

- Por exemplo: alcat**ei**a, andr**oi**de, ap**oi**a, ap**oi**o (verbo), aster**oi**de, b**oi**a, celul**oi**de, clarab**oi**a, colm**ei**a, Cor**ei**a, debil**oi**de, epop**ei**a, est**oi**co, estr**ei**a, gel**ei**a, her**oi**co, id**ei**a, jib**oi**a, j**oi**a, odiss**ei**a, paran**oi**a, paran**oi**co, plat**ei**a, tram**oi**a etc.

Obs.: a regra vale somente para palavras paroxítonas. Assim, continuam a ser acentuadas as palavras oxítonas e os monossílabos tônicos terminados em ÉI(S), ÓI(S).

- Por exemplo: papéis, herói, heróis, dói (verbo doer), sóis etc.

A palavra **ideia** não leva mais acento, assim como **heroico**, mas o termo **herói** é acentuado.

3.2.2 I e U tônicos depois de um ditongo

Nas palavras paroxítonas, não se usa mais o acento no **I** e no **U** tônicos quando vierem depois de um ditongo.

- Por exemplo: bai**u**ca, bocai**u**va (tipo de palmeira), cau**i**la (avarento).

Obs.:

- Se a palavra for oxítona e o I ou o U estiverem em posição final (ou seguidos de S), o acento permanece. Exemplos: tuiuiú, tuiuiús, Piauí.
- Se o I ou o U forem precedidos de ditongo crescente, o acento permanece. Exemplos: guaíba, Guaíra.

3.2.3 Hiatos EE e OO

Não se usa mais acento em palavras terminadas em **EEM** e **OO(S)**.

- Abenç**oo**, cr**eem**, d**eem**, d**oo**, enj**oo**, l**eem**, mag**oo**, perd**oo**, pov**oo**, v**eem**, v**oos**, z**oo**.

3.2.4 Acento diferencial

Não se usa mais o acento que diferenciava os pares pára/para, péla(s)/pela(s), pêlo(s)/pelo(s), pólo(s)/polo(s) e pêra/pera. Por exemplo:

Ele para o carro.
Ele foi ao polo Norte.
Ele gosta de jogar polo.
Esse gato tem pelos brancos.
Comi uma pera.

Obs.:

- Permanece o acento diferencial em **pôde/pode**. **Pôde** é a forma do passado do verbo poder (pretérito perfeito do indicativo), na 3ª pessoa do singular. **Pode** *é* a forma do presente do indicativo, na 3ª pessoa do singular.
  - Por exemplo: Ontem, ele não **pôde** sair mais cedo, mas hoje ele **pode**.
- Permanece o acento diferencial em pôr/por. Pôr é verbo. Por é preposição.
  - Por exemplo: Vou **pôr** o livro na estante que foi feita **por** mim.
- Permanecem os acentos que diferenciam o singular do plural dos verbos ter e vir, assim como de seus derivados (manter, deter, reter, conter, convir, intervir, advir etc.). Por exemplo:

  Ele **tem** dois carros. Eles **têm** dois carros.
  Ele **vem** de Sorocaba. Eles **vêm** de Sorocaba.
  Ele **mantém** a palavra. Eles **mantêm** a palavra.
  Ele **convém** aos estudantes. Eles **convêm** aos estudantes.
  Ele **detém** o poder. Eles **detêm** o poder.
  Ele **intervém** em todas as aulas. Eles **intervêm** em todas as aulas.
- É facultativo o uso do acento circunflexo para diferenciar as palavras **forma/fôrma**. Em alguns casos, o uso do acento deixa a frase mais clara. Por exemplo: Qual é a forma da fôrma do bolo?

3.2.5 Acento agudo no U tônico

Não se usa mais o acento agudo no **U** tônico das formas (tu) arguis, (ele) argui, (eles) arguem, do presente do indicativo dos verbos **arguir** e **redarguir**.

3.3 Hífen com compostos

3.3.1 Palavras compostas sem elementos de ligação

Usa-se o hífen nas palavras compostas que não apresentam elementos de ligação.

- Por exemplo: guarda-chuva, arco-íris, boa-fé, segunda-feira, mesa-redonda, vaga-lume, joão-ninguém, porta-malas, porta-bandeira, pão-duro, bate-boca etc.

Exceções: não se usa o hífen em certas palavras que perderam a noção de composição, como girassol, madressilva, mandachuva, pontapé, paraquedas, paraquedista, paraquedismo.

3.3.2 Compostos com palavras iguais

Usa-se o hífen em compostos que têm palavras iguais ou quase iguais, sem elementos de ligação.

- Por exemplo: reco-reco, blá-blá-blá, zum-zum, tico-tico, tique-taque, cri-cri, glu-glu, rom-rom, pingue-pongue, zigue-zague, esconde-esconde, pega-pega, corre-corre.

3.3.3 Compostos com elementos de ligação

Não se usa o hífen em compostos que apresentam elementos de ligação.

- Por exemplo: pé de moleque, pé de vento, pai de todos, dia a dia, fim de semana, cor de vinho, ponto e vírgula, camisa de força, cara de pau, olho de sogra.

Obs.: incluem-se nesse caso os compostos de base oracional.

- Por exemplo: Maria vai com as outras, leva e traz, diz que diz que, Deus me livre, Deus nos acuda, cor de burro quando foge, bicho de sete cabeças, faz de conta.

Exceções: água-de-colônia, arco-da-velha, cor-de-rosa, mais-que-perfeito, pé-de-meia, ao deus-dará, à queima-roupa.

3.3.4 Topônimos

Usa-se o hífen nas palavras compostas derivadas de topônimos (nomes próprios de lugares), com ou sem elementos de ligação. Por exemplo:

- Belo Horizonte: belo-horizontino.
- Porto Alegre: porto-alegrense.
- Mato Grosso do Sul: mato-grossense-do-sul.
- Rio Grande do Norte: rio-grandense-do-norte.
- África do Sul: sul-africano.

3.4 Uso do hífen com palavras formadas por prefixos

3.4.1 Casos gerais

Antes de H

Usa-se o hífen diante de palavra iniciada por **H**.

- Por exemplo: anti-higiênico, anti-histórico, macro-história, mini-hotel, proto-história, sobre-humano, super-homem, ultra-humano.

Letras iguais

Usa-se o hífen se o prefixo terminar com a mesma letra com que se inicia a outra palavra.

- Por exemplo: micro-ondas, anti-inflacionário, sub-bibliotecário, inter-regional.

Letras diferentes

Não se usa o hífen se o prefixo terminar com letra diferente daquela com que se inicia a outra palavra.

- Por exemplo: aeroespacial agroindustrial autoescola, antiaéreo, intermunicipal, supersônico, superinteressante, semicírculo.

Obs.: se o prefixo terminar por vogal e a outra palavra começar por **R** ou **S**, dobram-se essas letras.

- Por exemplo: minissaia, antirracismo, ultrassom, semirreta.

3.4.2 Casos particulares

Prefixos SUB- e SOB-

Com os prefixos **SUB-** e **SOB-**, usa-se o hífen também diante de palavra iniciada por **R**.

- Por exemplo: sub-região, sub-reitor, sub-regional, sob-roda.

Prefixos CIRCUM- e PAN-

Com os prefixos **CIRCUM-** e **PAN-**, usa-se o hífen diante de palavra iniciada por **M, N** e vogal.

- Por exemplo: circum-murado, circum-navegação, pan-americano.

Outros prefixos

Usa-se o hífen com os prefixos **EX-, SEM-, ALÉM-, AQUÉM-, RECÉM-, PÓS-, PRÉ-, PRÓ-, VICE-**.

- Por exemplo: além-mar, além-túmulo, aquém-mar, ex-aluno, ex-diretor, ex-hospedeiro, pós-graduação, pré-história, pré-vestibular, pró-europeu, recém-casado, recém-nascido, sem-terra, vice-rei.

Prefixo CO

O prefixo **CO** junta-se com o segundo elemento, mesmo quando este se inicia por **O** ou **H**. Neste último caso, corta-se o **H**. Se a palavra seguinte começar com **R** ou **S**, dobram-se essas letras.

- Por exemplo: coobrigação, coedição, coeducar, cofundador, coabitação, coerdeiro, corréu, corresponsável, cosseno.

Prefixos PRE- e RE-

Com os prefixos **PRE-** e **RE-**, não se usa o hífen, mesmo diante de palavras começadas por **E**.

- Por exemplo: preexistente, reescrever, reedição.

Prefixos AB-, OB- e AD-

Na formação de palavras com **AB-**, **OB-** e **AD-**, usa-se o hífen diante de palavra começada por **B, D** ou **R**.

- Por exemplo: ad-digital, ad-renal, ob-rogar, ab-rogar.

3.4.3 Outros casos do uso do hífen

NÃO e QUASE

Não se usa o hífen na formação de palavras com **não** e **quase**.

- Por exemplo: (acordo de) não agressão, (isto é, um) quase delito.

MAL

Com **mal**, usa-se o hífen quando a palavra seguinte começar por vogal, **H** ou **L**.

- Por exemplo: mal-entendido, mal-estar, mal-humorado, mal-limpo.

Obs.: quando **mal** significa doença, usa-se o hífen se não houver elemento de ligação.

- Por exemplo: mal-francês.

Se houver elemento de ligação, escreve-se sem o hífen.

- Por exemplo: mal de Lázaro, mal de sete dias.

Tupi-guarani

Usa-se o hífen com sufixos de origem tupi-guarani que representam formas adjetivas: **açu, guaçu, mirim**:

- Por exemplo: capim-açu, amoré-guaçu, anajá-mirim.

Combinação ocasional

Usa-se o hífen para ligar duas ou mais palavras que ocasionalmente se combinam, formando não propriamente vocábulos, mas encadeamentos vocabulares.

- Por exemplo: ponte Rio-Niterói, eixo Rio-São Paulo.

Hífen e translineação

Para clareza gráfica, se no final da linha a partição de uma palavra ou combinação de palavras coincidir com o hífen, ele deve ser repetido na linha seguinte.

- Por exemplo: O diretor foi receber os ex-
-alunos.

3.4.4 Síntese das principais regras do hífen

	Síntese do hífen	Exemplos
Letras diferentes	Não use hífen	Infraestrutura, extraoficial, supermercado
Letras iguais	Use hífen	Anti-inflamatório, contra-argumento, inter-racial, hiper-realista
Vogal + R ou S	Não use hífen (duplique R ou S)	Corréu, cosseno, minissaia, autorretrato
Bem	Use hífen	Bem-vindo, bem-humorado

3.4.5 Quadro resumo do emprego do hífen com prefixos

Prefixos	Letra que inicia a palavra seguinte
Ante-, anti-, contra-, entre-, extra-, infra-, intra-, sobre-, supra-, ultra-	H/VOGAL IDÊNTICA À QUE TERMINA O PREFIXO Exemplos com H: ante-hipófise, anti-higiênico, anti-herói, contra-hospitalar, entre-hostil, extra-humano, infra-hepático, sobre-humano, supra-hepático, ultra-hiperbólico. Exemplos com vogal idêntica: anti-inflamatório, contra-ataque, infra-axilar, sobre-estimar, supra-auricular, ultra-aquecido.
Ab-, ad-, ob-, sob-	B/R/D (Apenas com o prefixo "Ad") Exemplos: ab-rogar (pôr em desuso), ad-rogar (adotar), ob-reptício (astucioso), sob-roda, ad-digital
Circum-, pan-	H/M/N/VOGAL Exemplos: circum-meridiano, circum-navegação, circum-oral, pan-americano, pan-mágico, pan-negritude.
Ex- (no sentido de estado anterior), sota-, soto-, vice-, vizo-	DIANTE DE QUALQUER PALAVRA Exemplos: ex-namorada, sota-soberania (não total), soto-mestre (substituto), vice-reitor, vizo-rei.
Hiper-, inter-, super-	H/R Exemplos: hiper-hidrose, hiper-raivoso, inter-humano, inter-racial, super-homem, super-resistente.
Pós-, pré-, pró- (tônicos e com significados próprios)	DIANTE DE QUALQUER PALAVRA Exemplos: pós-graduação, pré-escolar, pró-democracia. Obs.: se os prefixos não forem autônomos, não haverá hífen. Exemplos: predeterminado, pressupor, pospor, propor.
Sub-	B /H/R Exemplos: sub-bloco, sub-hepático, sub-humano, sub-região. Obs.: "subumano" e "subepático" também são aceitas.
Pseudoprefixos (diferem-se dos prefixos por apresentarem elevado grau de independência e possuírem uma significação mais ou menos delimitada, presente à consciência dos falantes.) Aero-, agro-, arqui-, auto-, bio-, eletro-, geo-, hidro-, macro-, maxi-, mega, micro-, mini-, multi-, neo-, pluri-, proto-, pseudo-, retro-, semi-, tele-	H/VOGAL IDÊNTICA À QUE TERMINA O PREFIXO Exemplos com H: geo-histórico, mini-hospital, neo-helênico, proto-história, semi-hospitalar. Exemplos com vogal idêntica: arqui-inimigo, auto-observação, eletro-ótica, micro-ondas, micro-ônibus, neo-ortodoxia, semi-interno, tele-educação.

Não se utilizará o hífen:

- Em palavras iniciadas pelo prefixo **CO-**.
    - Por exemplo: Coadministrar, coautor, coexistência, cooptar, coerdeiro corresponsável, cosseno.
- Em palavras iniciadas pelos prefixos **DES-** ou **IN-** seguidos de elementos sem o "h" inicial.
    - Por exemplo: desarmonia, desumano, desumidificar, inábil, inumano etc.
- Com a palavra não.
    - Por exemplo: Não violência, não agressão, não comparecimento.
- Em palavras que possuem os elementos **BI, TRI, TETRA, PENTA, HEXA** etc.
    - Por exemplo: bicampeão, bimensal, bimestral, bienal, tridimensional, trimestral, triênio, tetracampeão, tetraplégico, pentacampeão, pentágono etc.
- Em relação ao prefixo **HIDRO-**, em alguns casos pode haver duas formas de grafia.
    - Por exemplo: hidroelétrica e hidrelétrica.
- No caso do elemento **SOCIO**, o hífen será utilizado apenas quando houver função de substantivo (= de associado).
    - Por exemplo: sócio-gerente / socioeconômico.

4 ORTOGRAFIA

A ortografia é a parte da Gramática que estuda a escrita correta das palavras. O próprio nome da disciplina já designa tal função. É oriunda das palavras gregas *ortho* que significa "correto" e *graphos* que significa "escrita".

4.1 Alfabeto

As letras **K**, **W** e **Y** foram inseridas no alfabeto devido a uma grande quantidade de palavras que são grafadas com tais letras e não podem mais figurar como termos exóticos em relação ao português. Eis alguns exemplos de seu emprego:

- Em abreviaturas e em símbolos de uso internacional: **kg** - quilograma / **w** - watt.
- Em palavras estrangeiras de uso internacional, nomes próprios estrangeiros e seus derivados: Kremlin, Kepler, Darwin, Byron, byroniano.

O alfabeto, também conhecido como abecedário, é formado (a partir do novo acordo ortográfico) por 26 letras.

FORMA MAIÚSCULA	FORMA MINÚSCULA
A	a
B	b
C	c
D	d
E	e
F	f
G	g
H	h
I	i
J	j
K	k
L	l
M	m

FORMA MAIÚSCULA	FORMA MINÚSCULA
N	n
O	o
P	p
Q	q
R	r
S	s
T	t
U	u
V	v
W	w
X	x
Y	y
Z	z

4.2 Emprego da letra H

A letra **H** demanda um pouco de atenção. Apesar de não possuir verdadeiramente sonoridade, ainda a utilizamos por convenção histórica. Seu emprego, basicamente, está relacionado às seguintes regras:

- No início de algumas palavras, por sua origem: hoje, hodierno, haver, Helena, helênico.
- No fim de algumas interjeições: Ah! Oh! Ih! Uh!
- No interior de palavra compostas que preservam o hífen, nas quais o segundo elemento se liga ao primeiro: super-homem, pré-história, sobre-humano.
- Nos dígrafos **NH**, **LH** e **CH**: tainha, lhama, chuveiro.

4.3 Emprego de E e I

Existe uma curiosidade a respeito do emprego dessas letras nas palavras que escrevemos: o fato de o "e", no final da palavra, ser pronunciado como uma semivogal faz com que muitos falantes pensem ser correto grafar a palavra com **I**.

Aqui, veremos quais são os principais aspectos do emprego dessas letras.

- Escreveremos com "e" palavras formadas com o prefixo **ANTE-** (que significa antes, anterior).
  - Por exemplo: antebraço, antevéspera, antecipar, antediluviano etc.
- A sílaba final de formas conjugadas dos verbos terminados em **–OAR** e **–UAR** (quando estiverem no subjuntivo).
  - Por exemplo: abençoe (abençoar), continue (continuar), pontue (pontuar).
- Algumas palavras, por sua origem.
  - Por exemplo: arrepiar, cadeado, creolina, desperdiçar, desperdício, destilar, disenteria, empecilho, indígena, irrequieto, mexerico, mimeógrafo, orquídea, quase, sequer, seringa, umedecer etc.
- Escreveremos com "i" palavras formadas com o prefixo **ANTI-** (que significa contra).
  - Por exemplo: antiaéreo, anticristo, antitetânico, anti-inflamatório.
- A sílaba final de formas conjugadas dos verbos terminados em **-AIR**, **-OER** e **-UIR**.
  - Por exemplo: cai (cair), sai (sair), diminui (diminuir), dói (doer).
- Os ditongos AI, OI, ÓI, UI.
  - Por exemplo: pai, foi, herói, influi.
- As seguintes palavras: aborígine, chefiar, crânio, criar, digladiar, displicência, escárnio, implicante, impertinente, impedimento, inigualável, lampião, pátio, penicilina, privilégio, requisito etc.

Vejamos alguns casos em que o emprego das letras **E** e **I** pode causar uma alteração semântica:

- Escrito com **E**:

  Arrear = pôr arreios.
  Área = extensão de terra, local.
  Delatar = denunciar.
  Descrição = ação de descrever.
  Descriminação = absolver.
  Emergir = vir à tona.
  Emigrar = sair do país ou do local de origem.
  Eminente = importante.

- Escrito com **I**:

  Arriar = abaixar, desistir.
  Ária = peça musical.
  Dilatar = alargar, aumentar.
  Discrição = separar, estabelecer diferença.
  Imergir = mergulhar.
  Imigrar = entrar em um país estrangeiro.
  Iminente = próximo, prestes a ocorrer.

O Novo Acordo Ortográfico explica que, agora, escreve-se com **I** antes de sílaba tônica. Veja alguns exemplos: acriano (admite-se, por ora, acreano, de Acre), rosiano (de Guimarães Rosa), camoniano (de Camões), nietzschiano (de Nietzsche) etc.

4.4 Emprego de O e U

Apenas por exceção, palavras em português com sílabas finais átonas (fracas) terminam por **US**; o comum é que se escreva com **O** ou **OS**. Por exemplo: carro, aluno, abandono, abono, chimango etc.

Exemplos das exceções a que aludimos: bônus, vírus, ônibus etc.

Em palavras proparoxítonas ou paroxítonas com terminação em ditongo, são comuns as terminações em **-UA**, **-ULA**, **-ULO**: tábua, rábula, crápula, coágulo.

As terminações em **-AO**, **-OLA**, **-OLO** só aparecem em algumas palavras: mágoa, névoa, nódoa, agrícola, vinícola, varíola etc.

Fique de olho na grafia destes termos:

- **Com a letra O:** abolir, boate, botequim, bússola, costume, engolir, goela, moela, moleque, mosquito etc.
- **Com a letra U:** bulício, buliçoso, bulir, camundongo, curtume, cutucar, jabuti, jabuticaba, rebuliço, urtiga, urticante etc.

4.5 Emprego de G e J

Essas letras, por apresentarem o mesmo som, eventualmente, costumam causar problemas de ortografia. A letra **G** só apresenta o som de J diante das letras **E** e **I**: gesso, gelo, agitar, agitador, agir, gíria.

4.5.1 Escreveremos com G

- Palavras terminadas em **-AGEM**, **-IGEM**, **-UGEM**. Por exemplo: garagem, vertigem, rabugem, ferrugem, fuligem etc.

  Exceções: pajem, lambujem (doce ou gorjeta), lajem (pedra da sepultura).
- Palavras terminadas em -ÁGIO, -ÉGIO, -ÍGIO, -ÓGIO, -ÚGIO: contágio, régio, prodígio, relógio, refúgio.
- Palavras derivadas de outras que já possuem a letra **G**. Por exemplo: **viagem** – viageiro; **ferrugem** – ferrugento; **vertigem** – vertiginoso; **regime** – regimental; **selvagem** – selvageria; **regional** – regionalismo.
- Em geral, após a letra "r". Por exemplo: aspergir, divergir, submergir, imergir etc.
- Palavras:

  De origem latina: agir, gente, proteger, surgir, gengiva, gesto etc.

  De origem árabe: álgebra, algema, ginete, girafa, giz etc.

  De origem francesa: estrangeiro, agiotagem, geleia, sargento etc.

  De origem italiana: gelosia, ágio etc.

  Do castelhano: gitano.

  Do inglês: gim.

4.5.2 Escreveremos com J

- Os verbos terminados em **-JAR** ou **-JEAR** e suas formas conjugadas:

  Gorjear: gorjeia (lembre-se das "aves"), gorjeiam, gorjearão.

  Viajar: viajei, viaje, viajemos, viajante.

Cuidado para não confundir os termos **viagem** (substantivo) com **viajem** (verbo "viajar"). Vejamos o emprego:

Ele fez uma bela viagem.

Tomara que eles viajem amanhã.

- Palavras derivadas de outras terminadas em **-JA**. Por exemplo: **granja:** granjeiro, granjear; **loja:** lojista, lojinha; **laranja:** laranjal, laranjeira; **lisonja:** lisonjeiro, lisonjeador; **sarja:** sarjeta.
- Palavras cognatas (raiz em comum) ou derivadas de outras que possuem o J. Por exemplo:

  Laje: lajense, lajedo.

  Nojo: nojento, nojeira.

  Jeito: jeitoso, ajeitar, desajeitado.
- Palavras de origem ameríndia (geralmente tupi-guarani) ou africana: canjerê, canjica, jenipapo, jequitibá, jerimum, jia, jiboia, jiló, jirau, Moji, pajé.
- Palavras: conjetura, ejetar, injeção, interjeição, objeção, objeto, objetivo, projeção, projeto, rejeição, sujeitar, sujeito, trajeto, trajetória, trejeito, berinjela, cafajeste, jeca, jegue, Jeremias, jerico, jérsei, majestade, manjedoura, ojeriza, pegajento, rijeza, sujeira, traje, ultraje, varejista.

4.6 Orientações sobre a grafia do fonema /s/

Podemos representar o fonema /s/ por:

- S: ânsia, cansar, diversão, farsa.
- SS: acesso, assar, carrossel, discussão.
- C, Ç: acetinado, cimento, açoite, açúcar.
- SC, SÇ: acréscimo, adolescente, ascensão, consciência, nasço, desça.
- X: aproximar, auxiliar, auxílio, sintaxe.
- XC: exceção, exceder, excelência, excepcional.

4.6.1 Escreveremos com S

- A correlação **ND** – **NS**:

  Pretender – pretensão, pretenso.

  Expandir – expansão, expansivo.
- A correlação **RG** – **RS**:

  Aspergir – aspersão.

  Imergir – imersão.

  Emergir – emersão.
- A correlação **RT** – **RS**:

  Divertir – diversão.

  Inverter – inversão.
- O sufixo **-ENSE**:

  Paranaense.

  Cearense.

  Londrinense.

4.6.2 Escreveremos com SS

- A correlação **CED** – **CESS**:

  Ceder – cessão.

  Interceder – intercessão.

  Retroceder – retrocesso.
- A correlação **GRED** – **GRESS**:

  Agredir – agressão, agressivo.

  Progredir – progressão, progresso.
- A correlação **PRIM** – **PRESS**:

  Imprimir – impressão, impresso.

  Oprimir – opressão, opressor.

  Reprimir – repressão, repressivo.
- A correlação **METER** – **MISS**:

  Submeter – submissão.

  Intrometer – intromissão.

4.6.3 Escreveremos com C ou com Ç

- Palavras de origem tupi ou africana. Por exemplo: açaí, araçá, Iguaçu, Juçara, muçurana, Paraguaçu, caçula, cacimba.
- **O Ç só será usado antes das vogais A, O e U.**
- Com os sufixos:

  -AÇA: barcaça.

  -AÇÃO: armação.

-*ÇAR*: aguçar.
-**ECER:** esmaecer.
-**IÇA:** carniça.
-**NÇA:** criança.
-**UÇA:** dentuça.

- Palavras derivadas de verbos terminados em -**TER** (não confundir com a regra do –**METER** – -**MISS**):
  Abster: abstenção.
  Reter: retenção.
  Deter: detenção.
- Depois de ditongos:
  Feição; louça; traição.
- Palavras de origem árabe:
  Açúcar; açucena; cetim; muçulmano.

4.6.4 Emprego do SC

Escreveremos com **SC** palavras que são termos emprestados do latim. Por exemplo: adolescência; ascendente; consciente; crescer; descer; fascinar; fescenino.

4.6.5 Grafia da letra S com som de /z/

Escreveremos com S:

- Terminações em -**ÊS**, -**ESA** e -**ISA**, que indicam nacionalidade, título ou origem:
  Japonês – japonesa.
  Marquês – marquesa.
  Camponês – camponesa.
- Após ditongos: causa; coisa; lousa; Sousa.
- As formas dos verbos **pôr** e **querer** e de seus compostos:
  Eu pus, nós pusemos, pusésseis etc.
  Eu quis, nós quisemos, quisésseis etc.
- Terminações -**OSO** e -**OSA**, que indicam qualidade. Por exemplo: gostoso; garboso; fervorosa; talentosa.
- Prefixo **TRANS**-: transe; transação; transoceânico.
- Em diminutivos cujo radical termine em **S**:
  Rosa – rosinha.
  Teresa – Teresinha.
  Lápis – lapisinho.
- Na correlação **D** – **S**:
  Aludir – alusão, alusivo.
  Decidir – decisão, decisivo.
  Defender – defesa, defensivo.
- Verbos derivados de palavras cujo radical termina em **S**:
  Análise – analisar.
  Presa – apresar.
  Êxtase – extasiar.
  Português – aportuguesar.
- Substantivos com os sufixos gregos -**ESE**, -**ISA** e -**OSE**: catequese, diocese, poetisa, virose, (obs.: "catequizar" com **Z**).
- Nomes próprios: Baltasar, Heloísa, Isabel, Isaura, Luísa, Sousa, Teresa.
- Palavras: análise, cortesia, hesitar, reses, vaselina, avisar, defesa, obséquio, revés, vigésimo, besouro, fusível, pesquisa, tesoura, colisão, heresia, querosene, vasilha.
-

4.7 Emprego da letra Z

Escreveremos com **Z**:

- Terminações -**EZ** e -**EZA** de substantivos abstratos derivados de adjetivos:
  Belo – beleza.
  Rico – riqueza.
  Altivo – altivez.
  Sensato - sensatez.
- Verbos formados com o sufixo -**IZAR** e palavras cognatas: balizar, inicializar, civilizar.
- As palavras derivadas em:
  -**ZAL:** cafezal, abacaxizal.
  -**ZEIRO:** cajazeiro, açaizeiro.
  -**ZITO:** avezita.
  -**ZINHO:** cãozinho, pãozinho, pezinho
- Derivadas de palavras cujo radical termina em **Z**: cruzeiro, esvaziar.
- Palavras: azar, aprazível, baliza, buzina, bazar, cicatriz, ojeriza, prezar, proeza, vazamento, vizinho, xadrez, xerez.

4.8 Emprego do X e do CH

A letra X pode representar os seguintes fonemas:

/ch/: xarope.
/cx/: sexo, tóxico.
/z/: exame.
/ss/: máximo.
/s/: sexto.

4.9 Escreveremos com X

- Em geral, após um ditongo. Por exemplo: caixa, peixe, ameixa, rouxinol, caixeiro. **Exceções**: recauchutar e guache.
- Geralmente, depois de sílaba iniciada por **EN**-: enxada; enxerido; enxugar; enxurrada.
- Encher (e seus derivados); palavras que iniciam por **CH** e recebem o prefixo **EN**-. Por exemplo: encharcar, enchumaçar, enchiqueirar, enchumbar, enchova.
- Palavras de origem indígena ou africana: abacaxi, xavante, xará, orixá, xinxim.
- Após a sílaba **ME** no início da palavra. Por exemplo: mexerica, mexerico, mexer, mexida. **Exceção**: mecha de cabelo.
- Palavras: bexiga, bruxa, coaxar, faxina, graxa, lagartixa, lixa, praxe, vexame, xícara, xale, xingar, xampu.

4.10 Escreveremos com CH

- As seguintes palavras, em razão de sua origem: chave, cheirar, chuva, chapéu, chalé, charlatão, salsicha, espadachim, chope, sanduíche, chuchu, cochilo, fachada, flecha, mecha, mochila, pechincha.
- **Atente para a divergência de sentido com os seguintes elementos:**
  Bucho – estômago.
  Buxo – espécie de arbusto.
  Cheque – ordem de pagamento.
  Xeque – lance do jogo de xadrez.
  Tacha – pequeno prego.
  Taxa – imposto.

5 NÍVEIS DE ANÁLISE DA LÍNGUA

A Língua Portuguesa possui quatro níveis de análise. Veja cada um deles:

- **Nível fonético/fonológico:** estuda a produção e articulação dos sons da língua.
- **Nível morfológico:** estuda a estrutura e a classificação das palavras.
- **Nível sintático:** estuda a função das palavras dentro de uma sentença.
- **Nível semântico:** estuda as relações de sentido construídas entre as palavras.

Na **Semântica**, entre outras coisas, estuda-se a diferença entre linguagem de sentido denotativo (ou literal, do dicionário) e linguagem de sentido conotativo (ou figurado).

- Rosa é uma flor.
  - **Morfologia:**
    Rosa: substantivo;
    É: verbo ser;
    Uma: artigo;
    Flor: substantivo
  - **Sintaxe:**
    Rosa: sujeito;
    É uma flor: predicado;
    Uma flor: predicativo do sujeito.
  - **Semântica:**
    Rosa pode ser entendida como uma pessoa ou como uma planta, depende do sentido.

6 ESTRUTURA E FORMAÇÃO DE PALAVRAS

6.1 Estrutura das palavras

Para compreender os termos da Língua Portuguesa, deve-se observar, nos vocábulos, a presença de algumas estruturas como **raiz**, **desinências** e **afixos**:

- **Raiz ou radical (morfema lexical):** parte que guarda o sentido da palavra.
  Pedreiro.
  Pedrada.
  Em**pedr**ado.
  Pedregulho.
- **Desinências:** fazem a flexão dos termos.
  Nominais:
  Gênero: jogador/jogadora.
  Número: aluno/alunos.
  Grau: cadeira/cadeirinha.
  Verbais:
  Modo-tempo: cantá**va**mos, vendê**ra**mos.
  Número-pessoa: fize**mos**, compra**stes.**
- Afixos: **conectam-se às raízes dos termos.**
  Prefixos: colocados antes da raiz.
  Infeliz, **des**fazer, **re**tocar.
  Sufixos: colocados após a raiz.
  Feliz**mente**, capac**idade**, igual**dade.**

Também é importante atentar aos termos de ligação. São eles:

- **Vogal de ligação:**
  Gas**ô**metro, bar**ô**metro, cafe**i**cultura, carn**í**voro.
- **Consoante de ligação:**
  Gira**s**sol, cafe**t**eira, pau**l**ada, cha**l**eira.

6.2 Radicais gregos e latinos

O conhecimento sobre a origem dos radicais é, muitas vezes, importante para a compreensão e memorização de inúmeras palavras.

6.2.1 Radicais gregos

Os radicais gregos têm uma importância expressiva para a compreensão e fácil memorização de diversas palavras que foram criadas e vulgarizadas pela linguagem científica.

Podemos observar que esses radicais se unem, geralmente, a outros elementos de origem grega e, frequentemente, sofrem alterações fonéticas e gráficas para formarem palavras compostas.

Seguem alguns radicais gregos, seus respectivos significados e algumas palavras de exemplo:

- ***Ácros* (alto):** acrópole, acrobacia, acrofobia.
- ***Álgos* (dor):** algofilia, analgésico, nevralgia.
- ***Ánthropos* (homem):** antropologia, antropófago, filantropo.
- ***Astér, astéros* (estrela):** asteroide, asterisco.
- ***Ástron* (astro):** astronomia, astronauta.
- ***Biblíon* (livro):** biblioteca, bibliografia, bibliófilo.
- ***Chéir, cheirós* (mão – cir-, quiro):** cirurgia, cirurgião, quiromante.
- ***Chlorós*, (verde):** cloro, clorofila, clorídrico.
- ***Chróma, chrómatos*, (cor):** cromático, policromia.
- ***Dáktylos* (dedo):** datilografia, datilografar.
- ***Déka* (dez):** decálogo, decâmetro, decassílabo.
- ***Gámos*, (casamento):** poligamia, polígamo, monogamia.
- ***Gastér, gastrós*, (estômago):** gastrite, gastrônomo, gástrico.
- ***Glótta, glóssa*, (língua):** poliglota, epiglote, glossário.
- ***Grámma* (letra, escrito):** gramática, anagrama, telegrama.
- ***Grápho* (escrevo):** grafia, ortografia, caligrafia.
- ***Heméra* (dia):** herneroteca, hernerologia, efêmero.
- ***Hippos* (cavalo):** hipódromo, hipismo, hipopótamo.
- ***Kardía* (coração):** cardíaco, cardiologia, taquicardia.
- ***Mésos*, (meio, do meio):** mesocarpo, mesóclise, mesopotâmia.
- ***Mnéme* (memória, lembrança):** mnemônico, amnésia, mnemoteste.
- ***Morphé* (forma):** morfologia, amorfo, metamorfose.
- ***Nekrós* (morto):** necrotério, necropsia, necrológio.
- ***Páis, paidós* (criança):** pedagogia, pediatria, pediatra.
- ***Pyr, pyrós* (fogo):** pirosfera, pirotécnico, antipirético.
- ***Rhis, rhinós* (nariz):** rinite, rinofonia, otorrino.
- ***Theós* (deus):** teologia, teólogo, apoteose.
- ***Zóon* (animal):** zoologia, zoológico, zoonose.

6.2.2 Radicais latinos

Outras palavras da língua portuguesa possuem radicais latinos. A maioria delas entrou na língua entre os séculos XVIII e XX. Seguem algumas das que vieram por via científica ou literária:

- ***Ager, agri* (campo):** agrícola, agricultura.
- ***Ambi* (de ambo, ambos):** ambidestro, ambíguo.
- ***Argentum, argenti* (prata):** argênteo, argentífero, argentino.
- ***Capillus, capilli* (cabelo):** capilar, capiliforme, capilaridade.
- ***Caput, capitis* (cabeça:** capital, decapitar, capitoso.
- ***Cola-, colere* (habitar, cultivar):** arborícola, vitícola.
- ***Cuprum, cupri* (cobre):** cúpreo, cúprico, cuprífero.
- ***Ego* (eu):** egocêntrico, egoísmo, ególatra.
- ***Equi-, aequus* (igual):** equivalente, equinócio, equiângulo.
- ***-fero, ferre* (levar, conter):** aurífero, lactífero, carbonífero.
- ***Fluvius* (rio):** fluvial, fluviômetro.
- ***Frigus, frigoris* (frio):** frigorífico, frigomóvel.
- ***Lapis, lapidis* (pedra):** lápide, lapidificar, lapidar.
- ***Lex, legis* (lei):** legislativo, legislar, legista.
- ***Noceo, nocere* (prejudicar, causar mal):** nocivo, inocente, inócuo.
- ***Pauper, pauperis* (pobre):** pauperismo, depauperar.
- ***Pecus* (rebanho):** pecuária, pecuarista, pecúnia.
- ***Pluvia* (chuva):** pluvial, pluviômetro.
- ***Radix, radieis* (raiz):** radical, radicar, erradicar.
- ***Sidus, sideris* (astro):** sideral, sidéreo, siderar.
- ***Stella* (estrela):** estelar, constelação.
- ***Triticum, tritici* (trigo):** triticultura, triticultor, tritícola.
- ***Vinum, vini* (vinho):** vinicultura, vinícola.
- ***Vitis* (videira):** viticultura, viticultor, vitícola.
- ***Volo, volare* (voar):** volátil, noctívolo.
- ***Vox, vocis* (voz):** vocal, vociferar.

6.3 Origem das palavras de Língua Portuguesa

As palavras da Língua Portuguesa têm múltiplas origens, mas a maioria delas veio do latim vulgar, ou seja, o latim que era falado pelo povo duzentos anos antes de Cristo.

No geral, as palavras que formam o nosso léxico podem ser de origem latina, de formação vernácula ou de importação estrangeira.

Quanto às palavras de origem latina, sabe-se que algumas datam dos séculos VI e XI, aproximadamente, e outras foram introduzidas na língua por escritores e letrados ao longo do tempo, sobretudo no período áureo, o século XVI, e de forma ainda mais abundante durante os séculos que o seguiram, por meios literário e científico. As primeiras, as formas populares, foram grandemente alteradas na fala do povo rude, mas as formas eruditas tiveram leves alterações.

Houve, ao longo desses séculos, com incentivo do povo luso-brasileiro, a criação de palavras que colaboraram para enriquecer o vocabulário. Essas palavras são chamadas criações vernáculas.

Desde os primórdios da língua, diversos termos estrangeiros entraram em uso, posteriormente enriquecendo definitivamente o patrimônio léxico, porque é inevitável que palavras de outros idiomas adentrem na língua por meio das relações estabelecidas entre os povos e suas culturas.

Devido a isso, encontramos, no vocabulário português, palavras provenientes:

- Do grego: por influência do cristianismo e do latim literário: anjo, bíblia, clímax. E por criação de sábios e cientistas: nostalgia, microscópio.
- Do hebraico: veiculadas pela Bíblia: aleluia, Jesus, Maria, sábado.
- Do alemão: guerra, realengo, interlância.
- Do árabe: algodão, alfaiate, algema.
- Do japonês: biombo, micado, samurai.
- Do francês: greve, detalhe, pose.
- Do inglês: bife, futebol, tênis.
- Do turco: lacaio, algoz.
- Do italiano: piano, maestro, lasanha.
- Do russo: vodca, esputinique.
- Do tupi: tatu, saci, jiboia, pitanga.
- Do espanhol: cavalheiro, ninharia, castanhola.
- De línguas africanas: macumba, maxixe, marimbondo.

Atualmente, o francês e o inglês são os idiomas com maior influência sobre a língua portuguesa.

6.4 Processos de formação de palavras

Há dois processos mais fortes (presentes) na formação de palavras em Língua Portuguesa: a composição e a derivação. Vejamos suas principais características.

6.4.1 Composição

É uma criação de vocábulo. Pode ocorrer por:

- **Justaposição:** sem perda de elementos.
  Guarda-chuva, girassol, arranha-céu etc.
- **Aglutinação:** com perda de elementos.
  Embora, fidalgo, aguardente, planalto, boquiaberto etc.
- **Hibridismo:** união de radicais oriundos de línguas distintas.
  Automóvel (latim e grego); sambódromo (tupi e grego).

6.4.2 Derivação

É uma transformação no vocábulo. Pode ocorrer das seguintes maneiras:

- **Prefixal (prefixação):** reforma, anfiteatro, cooperação.
- **Sufixal (sufixação):** pedreiro, engenharia, florista.
- **Prefixal – sufixal:** infelizmente, ateísmo, desordenamento.
- **Parassintética:** prefixo e sufixo simultaneamente, sem a possibilidade de remover umas das partes.
  Avermelhado, anoitecer, emudecer, amanhecer.
- **Regressão (regressiva) ou deverbal:** advinda de um verbo.
  Abalo (abalar), luta (lutar), fuga (fugir).
- **Imprópria (conversão):** mudança de classe gramatical.
  O jantar, um não, o seu sim, o pobre.

6.4.3 Estrangeirismo

Pode-se entender como um empréstimo linguístico.

- **Com aportuguesamento:** abajur (do francês *abat-jour*), algodão (do árabe *al-qutun*), lanche (do inglês *lunch*) etc.
- **Sem aportuguesamento:** *networking*, *software*, *pizza*, *show*, *shopping* etc.

6.5 Acrônimo ou sigla

- **Silabáveis:** podem ser separados em sílabas.
  Infraero (Infraestrutura Aeroportuária), **Petrobras** (Petróleo Brasileiro) etc.
- **Não-silabáveis:** não podem ser separados em sílabas.
  FMI, MST, SPC, PT, INSS, MPU etc.

6.6 Onomatopeia ou reduplicação

- **Onomatopeia:** tentativa de representar um som da natureza.
  Pow, paf, tum, psiu, argh.
- **Reduplicação:** repetição de palavra com fim onomatopaico.
  Reco-reco, tique-taque, pingue-pongue.
- **Redução ou abreviação:** eliminação do segmento de alguma palavra.
  Fone (telefone), cinema (cinematógrafo), pneu (pneumático) etc.

7 MORFOLOGIA

Antes de adentrar nas conceituações, veja a lista a seguir para facilitar o estudo. Nela, temos uma classe de palavra seguida de um exemplo.

Artigo: o, a, os, as, um, uma, uns, umas.

Adjetivo: legal, interessante, capaz, brasileiro, francês.

Advérbio: muito, pouco, bem, mal, ontem, certamente.

Conjunção: que, caso, embora.

Interjeição: Ai! Ui! Ufa! Eita!

Numeral: sétimo, vigésimo, terço.

Preposição: a, ante, até, após, com, contra, de, desde, em, entre.

Pronome: cujo, o qual, quem, eu, lhe.

Substantivo: mesa, bicho, concursando, Pablo, José.

Verbo: estudar, passar, ganhar, gastar.

7.1 Substantivos

É a palavra variável que designa qualidades, sentimentos, sensações, ações etc.

Quanto à sua classificação, o substantivo pode ser:

- **Primitivo** (sem afixos): pedra.
- **Derivado** (com afixos): pedreiro/empedrado.
- **Simples** (1 núcleo): guarda.
- **Composto** (mais de 1 núcleo): guarda-roupas.
- **Comum** (designa ser genérico): copo, colher.
- **Próprio** (designa ser específico): Maria, Portugal.
- **Concreto** (existência própria): cadeira, lápis.
- **Abstrato** (existência dependente): glória, amizade.

7.1.1 Substantivos concretos

Designam seres de existência própria, como: padre, político, carro e árvore.

7.1.2 Substantivos abstratos

Nomeiam qualidades ou conceitos de existência dependente, como: beleza, fricção, tristeza e amor.

7.1.3 Substantivos próprios

São sempre concretos e devem ser grafados com iniciais maiúsculas. Alguns substantivos próprios, no entanto, podem vir a se tornar comuns pelo processo de derivação imprópria que, geralmente, ocorre pela anteposição de um artigo e a grafia do substantivo com letra minúscula (um judas = traidor/um panamá = chapéu). As flexões dos substantivos podem se dar em gênero, número e grau.

7.1.4 Gênero dos substantivos

Quanto à distinção entre masculino e feminino, os substantivos podem ser:

- **Biformes:** quando apresentam uma forma para o masculino e outra para o feminino. Por exemplo: gato, gata, homem, mulher.
- **Uniformes:** quando apresentam uma única forma para ambos os gêneros. Nesse caso, eles estão divididos em:
  - **Epicenos:** usados para animais de ambos os sexos (macho e fêmea). Por exemplo: besouro, jacaré, albatroz.
  - **Comum de dois gêneros:** aqueles que designam pessoas. Nesse caso, a distinção é feita por um elemento ladeador (artigo, pronome). Por exemplo: o/a terrícola, o/a estudante, o/a dentista, o/a motorista.
  - **Sobrecomuns:** apresentam um só gênero gramatical para designar seres de ambos os sexos. Por exemplo: o indivíduo, a vítima, o algoz.

Em algumas situações, a mudança de gênero altera também o sentido do substantivo:

- O cabeça (líder).
- A cabeça (parte do corpo).

7.1.5 Número dos substantivos

Tentemos resumir as principais regras de formação do plural nos substantivos.

TERMINAÇÃO	VARIAÇÃO	EXEMPLO
vogal ou ditongo	acréscimo do S	barco - barcos
M	NS	pudim - pudins
ÃO (primeiro caso)	ÕES	ladrão - ladrões
ÃO (segundo caso)	ÃES	pão - pães
ÃO (terceiro caso)	S	cidadão - cidadãos
R	ES	mulher - mulheres
Z	ES	cartaz - cartazes
N	ES	abdômen - abdômenes
S (oxítonos)	ES	inglês - ingleses
AL, EL, OL, UL	IS	tribunal - tribunais
IL (oxítonos)	S	barril - barris
IL (paroxítonos)	EIS	fóssil - fósseis
ZINHO, ZITO	S	anelzinho - aneizinhos

Alguns substantivos são grafados apenas no plural: alvíssaras, anais, antolhos, arredores, belas-artes, calendas, cãs, condolências, esponsais, exéquias, fastos, férias, fezes, núpcias, óculos, pêsames.

7.1.6 Grau do substantivo

Aumentativo/diminutivo

Analítico: quando se associam os adjetivos ao substantivo. Por exemplo: carro grande, pé pequeno.

Sintético: quando se adiciona ao substantivo sufixos indicadores de grau, carrão, pezinho.

- **Sufixos:**
  - **Aumentativos:** -ÁZIO, -ORRA, -OLA, -AZ, -ÃO, -EIRÃO, -ALHÃO, -ARÃO, -ARRÃO, -ZARRÃO.
  - **Diminutivos:** -ITO, -ULO-, -CULO, -OTE, -OLA, -IM, -ELHO, -INHO, -ZINHO. O sufixo -ZINHO é obrigatório quando o substantivo terminar em vogal tônica ou ditongo: cafezinho, paizinho etc.

O aumentativo pode exprimir tamanho (casarão), desprezo (sabichão, ministraço, poetastro) ou intimidade (amigão); enquanto o diminutivo pode indicar carinho (filhinho) ou ter valor pejorativo (livreco, casebre), além das noções de tamanho (bolinha).

7.2 Artigo

O artigo é a palavra variável que tem por função individualizar algo, ou seja, possui como função primordial indicar um elemento, por meio de definição ou indefinição da palavra que, pela anteposição do artigo, passa a ser substantivada. Os artigos se subdividem em:

- **Artigos definidos (O, A, OS, AS):** definem o substantivo a que se referem. Por exemplo:

  Hoje à tarde, falaremos sobre **a** aula da semana passada.

  Na última aula, falamos **do** conteúdo programático.

- **Artigos indefinidos (um, uma, uns, umas):** indefinem o substantivo a que se referem. Por exemplo:

  Assim que eu passar no concurso, eu irei comprar **um** carro.

  Pela manhã, papai, apareceu **um** homem da loja aqui.

É importante ressaltar que os artigos podem ser contraídos com algumas preposições essenciais, como demonstrado na tabela a seguir:

PREPOSIÇÕES	ARTIGO							
	DEFINIDO				INDEFINIDO			
	O	A	OS	AS	UM	UMA	UNS	UMAS
A	ao	à	aos	às	-	-	-	-
De	do	da	dos	das	dum	duma	duns	dumas
Em	no	na	nos	nas	num	numa	nuns	numas
Per	pelo	pela	pelos	pelas	-	-	-	-
Por	polo	pola	polos	polas	-	-	-	-

O artigo é utilizado para substantivar um termo. Ou seja, quer transformar algo em um substantivo? Coloque um artigo em sua frente.

Cantar alivia a alma. (Verbo)

O **cantar** alivia a alma. (Substantivo)

7.2.1 Emprego do artigo com a palavra "todo"

Quando inserimos artigos ao lado da palavra "todo", em geral, o sentido da expressão passa a designar totalidade. Como no exemplo abaixo:

Pobreza é um problema que acomete **todo país**. (todos os países)

Pobreza é um problema que acomete **todo o país**. (o país em sua totalidade).

7.3 Pronome

Em uma definição breve, podemos dizer que pronome é o termo que substitui um substantivo, desempenhando, na sentença em que aparece, uma função coesiva. Podemos dividir os pronomes em sete categorias, são elas: pessoais, tratamento, demonstrativos, relativos, indefinidos, interrogativos, possessivos.

Antes de partir para o estudo pormenorizado dos pronomes, vamos fazer uma classificação funcional deles quando empregados em uma sentença:

- **Pronomes substantivos:** são aqueles que ocupam o lugar do substantivo na sentença. Por exemplo:

  Alguém apareceu na sala ontem.

  Nós faremos todo o trabalho.

- **Pronomes adjetivos:** são aqueles que acompanham um substantivo na sentença. Por exemplo:

  Meus alunos são os mais preparados.

  Pessoa **alguma** fará tal serviço por **esse** valor.

7.3.1 Pronomes substantivos e adjetivos

É chamado **pronome substantivo** quando um pronome substitui um substantivo.

É chamado **pronome adjetivo** quando determina o substantivo com o qual se encontra.

7.3.2 Pronomes pessoais

Referem-se às pessoas do discurso, veja:

- Quem fala (1ª pessoa).
- Com quem se fala (2ª pessoa).
- De quem se fala (3ª pessoa).

Classificação dos pronomes pessoais (caso **reto** × caso **oblíquo**):

PESSOA GRAMATICAL	RETOS	OBLÍQUOS	
		ÁTONOS	TÔNICOS
1ª - Singular	eu	me	mim, comigo
2ª - Singular	tu	te	ti, contigo
3ª - Singular	ele, ela	o, a, lhe, se	si, consigo
1ª - Plural	nós	nos	nós, conosco
2ª - Plural	vós	vos	vós, convosco
3ª - Plural	eles, elas	os, as, lhes, se	si, consigo
Função	Sujeito	Complemento/Adjunto	

Veja a seguir o emprego de alguns pronomes (**certo** × **errado**).

Eu e tu × mim e ti

1ª regra: depois de preposição essencial, usa-se pronome oblíquo. Observe:

Entre mim e ti, não há acordo.

Sobre Manoel e ti, nada se pode falar.

Devo **a** ti esta conquista.

O presente é **para** mim.

Não saia **sem** mim.

Comprei um livro **para** ti.

Observe a preposição essencial destacada nas sentenças.

2ª regra: se o pronome utilizado na sentença for sujeito de um verbo, deve-se empregar os do caso reto.

Não saia sem **eu** deixar.

Comprei um livro para **tu** leres.

O presente é para **eu** desfrutar.

Observe que o pronome desempenha a função de sujeito do verbo destacado. Ou seja: "mim" não faz nada!

Não se confunda com as sentenças em que a ordem frasal está alterada. Deve-se, nesses casos, tentar colocar a sentença na ordem direta.

Para mim, fazer exercícios é muito bom. → Fazer exercícios é muito bom para mim.

Não é tarefa para mim realizar esta revisão. → Realizar esta revisão não é para mim.

Com causativos e sensitivos

Regra com verbos causativos (mandar, fazer, deixar) ou sensitivos (ver, ouvir, sentir): quando os pronomes oblíquos átonos são empregados com verbos causativos ou sensitivos, pode haver a possibilidade de desempenharem a função de sujeito de uma forma verbal próxima. Veja os exemplos:

Fiz **Juliana** chorar. (Sentença original).

Fi-**la** chorar. (Sentença reescrita com a substituição do termo Juliana pelo pronome oblíquo).

Em ambas as situações, a "Juliana é a chorona". Isso quer dizer que o termo feminino que está na sentença é sujeito do verbo "chorar". Pensando dessa maneira, entenderemos a primeira função da forma pronominal "la" que aparece na sentença reescrita.

Outro fator a ser considerado é que o verbo "fazer" necessita de um complemento, portanto, é um verbo transitivo. Ocorre que o complemento do verbo "fazer" não pode ter outro referente senão "Juliana". Então, entendemos que, na reescrita da frase, a forma pronominal "la" funciona como complemento do verbo "fazer" e sujeito do verbo "chorar".

Si e consigo

Esses pronomes somente podem ser empregados se se referirem ao sujeito da oração, pois possuem função reflexiva. Observe:

Alberto só pensa em si. ("Si" refere-se a "Alberto": sujeito do verbo "pensar").

O aluno levou as apostilas consigo. ("consigo" refere-se ao termo "aluno").

Estão erradas, portanto, frases como estas:

Creio muito em si, meu amigo.

Quero falar consigo.

Corrigindo:

Creio muito em você, meu amigo.

Quero falar contigo.

Conosco e convosco

As formas **"conosco"** e **"convosco"** são substituídas por **"com nós"** e **"com vós"** quando os pronomes pessoais são reforçados por palavras como **outros, mesmos, próprios, todos, ambos** ou **algum numeral**. Por exemplo:

Ele disse que iria com nós três.

Ele(s), ela(s) × o(s), a(s)

É muito comum ouvirmos frases como: "vi **ela** na esquina", "não queremos **eles** aqui". De acordo com as normas da Língua Portuguesa, é errado falar ou escrever assim, pois o pronome em questão está sendo utilizado fora de seu emprego original, ou seja, como um complemento (ao passo que deveria ser apenas sujeito). O certo é: "vi-**a** na esquina", "não **os** queremos aqui".

"O" e "a"

São complementos diretos, ou seja, são utilizados juntamente aos verbos transitivos diretos, ou nos bitransitivos, como no exemplo a seguir:

Comprei **um carro** para minha namorada = Comprei-**o** para ela. (Ocorreu a substituição do objeto direto)

É importante lembrar que há uma especificidade em relação à colocação dos pronomes "o" e "a" depois de algumas palavras:

- Se a palavra terminar em **R, S** ou **Z**: tais letras devem ser suprimidas e o pronome será empregado como **lo, la, los, las.**

  Fazer as tarefas = fazê-**las.**

  Querer o dinheiro = querê-**lo.**

- Se a palavra terminar com **ÃO, ÕE** ou **M**: tais letras devem ser mantidas e o pronome há de ser empregado como **no, na, nos, nas.**

  Compraram a casa = compraram-**na.**

  Compõe a canção = compõe-**na.**

Lhe

É um complemento indireto, equivalente a "a ele" ou "a ela". Ou seja, é empregado juntamente a um verbo transitivo indireto ou a um verbo bitransitivo, como no exemplo:

- Comprei um carro **para minha namorada** = comprei-**lhe** um carro. (Ocorreu a substituição do objeto indireto).

Muitas bancas gostam de trocar as formas "o" e "a" por "lhe", o que não pode ser feito sem que a sentença seja totalmente reelaborada.

7.3.3 Pronomes de tratamento

São pronomes de tratamento **você, senhor, senhora, senhorita, fulano, sicrano, beltrano** e as expressões que integram o quadro seguinte:

PRONOME	ABREVIATURA SINGULAR	ABREVIATURA PLURAL
Vossa Excelência(s)	V. Ex.ª	V. Ex.as
USA-SE PARA:		
Presidente (sem abreviatura), ministro, embaixador, governador, secretário de Estado, prefeito, senador, deputado federal e estadual, juiz, general, almirante, brigadeiro e presidente de câmara de vereadores.		
PRONOME	**ABREVIATURA SINGULAR**	**ABREVIATURA PLURAL**
Vossa(s) Magnificência(s)	V. Mag.ª	V. Mag.as
USA-SE PARA:		
Reitor de universidade para o qual também se pode usar V. Ex.ª.		
PRONOME	**ABREVIATURA SINGULAR**	**ABREVIATURA PLURAL**
Vossa(s) Senhoria(s)	V. Sª	V. S.as
USA-SE PARA:		
Qualquer autoridade ou pessoa civil não citada acima.		

PRONOME	ABREVIATURA SINGULAR	ABREVIATURA PLURAL
Vossa(s) Santidade(s)	V. S	VV. SS.
	USA-SE PARA:	
	Papa.	
PRONOME	**ABREVIATURA SINGULAR**	**ABREVIATURA PLURAL**
Vossa(s) Eminência(s)	V. Em.ª	V.Em.^{as}
	USA-SE PARA:	
	Cardeal.	
PRONOME	**ABREVIATURA SINGULAR**	**ABREVIATURA PLURAL**
Vossa(s) Excelência(s) Reverendíssima(s)	V. Exª. Rev.ma	V. Ex.^{as}. Rev.^{mas}
	USA-SE PARA:	
	Arcebispo e bispo.	
PRONOME	**ABREVIATURA SINGULAR**	**ABREVIATURA PLURAL**
Vossa(s) Reverendíssima(s)	V. Rev.^{ma}	V.Rev.^{mas}
	Usa-se para:	
	Autoridade religiosa inferior às acima citadas.	
PRONOME	**ABREVIATURA SINGULAR**	**ABREVIATURA PLURAL**
Vossa(s) Reverência(s)	V. Rev.ª	V. Rev.^{mas}
	USA-SE PARA:	
	Religioso sem graduação.	
PRONOME	**ABREVIATURA SINGULAR**	**ABREVIATURA PLURAL**
Vossa(s) Majestade(s)	V. M.	VV. MM.
	USA-SE PARA:	
	Rei e imperador.	
PRONOME	**ABREVIATURA SINGULAR**	**ABREVIATURA PLURAL**
Vossa(s) Alteza(s)	V. A.	VV. AA.
	USA-SE PARA:	
	Príncipe, arquiduque e duque.	

Todas essas expressões se apresentam também com "Sua" para cujas abreviaturas basta substituir o "V" por "S".

Emprego dos pronomes de tratamento

- **Vossa Excelência** etc. × **Sua Excelência** etc.

Os pronomes de tratamento iniciados com "Vossa(s)" empregam-se em uma relação direta, ou seja, indicam o nosso interlocutor, pessoa com quem falamos:

> Soube que V. Ex.ª, Senhor Ministro, falou que não estava interessado no assunto da reunião.

Empregaremos o pronome com a forma "sua" quando a relação não é direta, ou seja, quando falamos sobre a pessoa:

> A notícia divulgada é de que Sua Excelência, o Presidente da República, foi flagrado em uma boate.

Utilização da 3ª pessoa

Os pronomes de tratamento são de 3ª pessoa; portanto, todos os elementos relacionados a eles devem ser empregados também na 3ª pessoa, para que se mantenha a uniformidade:

> É preciso que V. Ex.ª **diga** qual será o **seu** procedimento no caso em questão, a fim de que seus assessores possam agir a tempo.

Uniformidade de tratamento

No momento da escrita ou da fala, não é possível ficar fazendo "dança das pessoas" com os pronomes. Isso quer dizer que se deve manter a uniformidade de tratamento. Para tanto, se for utilizada 3ª pessoa no início de uma sentença, ela deve permanecer ao longo de todo o texto. Preste atenção para ver como ficou estranha a construção abaixo:

> Quando **você** chegar, eu **te** darei o presente.

"Você" é de 3ª pessoa e "te" é de 2ª pessoa. Não há motivo para cometer tal engano. Tome cuidado, portanto. Podemos corrigir a sentença:

Quando tu chegares, eu te darei o presente.

Quando você chegar, eu lhe darei o presente.

7.3.4 Pronomes possessivos

São os pronomes que atribuem posse de algo às pessoas do discurso.

Eles podem estar em:

- **1ª pessoa do singular:** meu, minha, meus, minhas.
- **2ª pessoa do singular:** teu, tua, teus, tuas.
- **3ª pessoa do singular:** seu, sua, seus, suas.
- **1ª pessoa do plural:** nosso, nossa, nossos, nossas.
- **2ª pessoa do plural:** vosso, vossa, vossos, vossas.
- **3ª pessoa do plural:** seu, sua, seus, suas.

Emprego

- Ambiguidade: "seu", "sua", "seus" e "suas" são os reis da ambiguidade (duplicidade de sentido).

  O policial prendeu o maconheiro em **sua** casa. (casa de quem?).

  Meu pai levou meu tio para casa em **seu** carro. (no carro de quem?).
- Corrigindo:

  O policial prendeu o maconheiro na casa **deste**.

  Meu pai, em **seu** carro, levou meu tio para casa.
- Emprego especial: não se usam os possessivos em relação às partes do corpo ou às faculdades do espírito. Devemos, pois, dizer:

  Machuquei a mão. (E não "a minha mão").

  Ele bateu a cabeça. (E não "a sua cabeça").

  Perdeste a razão? (E não "a tua razão").

7.3.5 Pronomes demonstrativos

São os que localizam ou identificam o substantivo ou uma expressão no espaço, no tempo ou no texto.

- **1ª pessoa:**

  Masculino: este(s).

  Feminino: esta(s).

  Neutro: isto.

  No espaço: com o falante.

  No tempo: presente.

  No texto: o que se pretende dizer ou o imediatamente retomado.
- **2ª pessoa**

  Masculino: esse(s).

  Feminino: essa(s).

  Neutro: isso.

  No espaço: pouco afastado.

  No tempo: passado ou futuro próximos.

  No texto: o que se disse anteriormente.
- **3ª pessoa**

  Masculino: aquele(s).

  Feminino: aquela(s).

  Neutro: aquilo.

  No espaço: muito afastado.

  No tempo: passado ou futuro distantes.

  No texto: o que se disse há muito ou o que se pretende dizer.

Quando o pronome retoma algo já mencionado no texto, dizemos que ele possui função **anafórica**. Quando aponta para algo que será dito, dizemos que possui função **catafórica**. Essa nomenclatura começou a ser cobrada em algumas questões de concurso público, portanto, é importante ter esses conceitos na ponta da língua.

Exemplos de emprego dos demonstrativos:

Veja **este** livro que eu trouxe, é muito bom.

Você deve estudar mais! **Isso** é o que eu queria dizer.

Vê **aquele** mendigo lá na rua? Terrível futuro o aguarda.

Há outros pronomes demonstrativos: **o, a, os, as**, quando antecedem o relativo que e podem ser permutados por **aquele(s), aquela(s), aquilo**. Veja os exemplos:

Não entendi o que disseste. (Não entendi aquilo que disseste.).

Esta rua não é a que te indiquei. (Esta rua não é aquela que te indiquei.).

Tal: quando puder ser permutado por qualquer demonstrativo:

Não acredito que você disse **tal** coisa. (Aquela coisa).

Semelhante: quando puder ser permutado por qualquer demonstrativo:

Jamais me prestarei a **semelhante** canalhice. (Esta canalhice).

Mesmo: quando modificar os pronomes eu, tu, nós e vós:

Eu **mesmo** investiguei o caso.

De modo análogo, classificamos o termo "**próprio**" (eu próprio, ela própria).

O termo "**mesmo**" pode ainda funcionar como pronome neutro em frases como: "é o mesmo", "vem a ser o mesmo".

Vejamos mais alguns exemplos:

José e **João** são alunos do ensino médio. Este gosta de matemática, **aquele** gosta de português.

Veja que a verdadeira relação estabelecida pelos pronomes demonstrativos focaliza, por meio do "este" o elemento mais próximo, por meio do "aquele" o elemento mais afastado.

Esta sala precisa de bons professores.

Gostaria de que esse órgão pudesse resolver meu problema.

Este(s), esta(s), isto indicam o local de onde escrevemos. **Esse(s), essa(s), isso** indicam o local em que se encontra o nosso interlocutor.

7.3.6 Pronomes relativos

São termos que relacionam palavras em um encadeamento. Os relativos da Língua Portuguesa são:

- **Que:** quando puder ser permutado por "o qual" ou um de seus termos derivados. Utiliza-se o pronome "que" para referências a pessoas ou coisas.

  O peão a **que** me refiro é Jonas.
- **O qual:** empregado para referência a coisas ou pessoas.

  A casa **na qual** houve o tiroteio foi interditada.
- **Quem:** é equivalente a dois pronomes: "aquele" e "que".

  O homem para **quem** se enviou a correspondência é Alberto.
- **Quanto:** será relativo quando seu antecedente for o termo "tudo".

  Não gastes tudo **quanto** tens.
- **Onde:** é utilizado para estabelecer referência a lugares, sendo permutável por "em que" ou "no qual" e seus derivados.

  O estado para **onde** vou é Minas Gerais.

- **Cujo:** possui um sentido possessivo. Não permite permuta por outro relativo. Também é preciso lembrar que o pronome "cujo" não admite artigo, pois já é variável (cujo/cuja, jamais "cujo o", "cuja a").

  Cara, o pedreiro em **cujo** serviço podemos confiar é Marcelino.

A preposição que está relacionada ao pronome é, em grande parte dos casos, oriunda do verbo que aparece posteriormente na sentença.

7.3.7 Pronomes indefinidos

São os pronomes que se referem, de forma imprecisa e vaga, à 3ª pessoa do discurso.

Eles podem ser:

- **Pronomes indefinidos substantivos:** têm função de substantivo: alguém, algo, nada, tudo, ninguém.
- **Pronomes indefinidos adjetivos:** têm função de adjetivo: cada, certo(s), certa (s).
- **Que variam entre pronomes adjetivos e substantivos:** variam de acordo com o contexto: algum, alguma, bastante, demais, mais, qual etc.

VARIÁVEIS				INVARIÁVEIS
MASCULINO		FEMININO		
SINGULAR	PLURAL	SINGULAR	PLURAL	
Algum	Alguns	Alguma	Algumas	Alguém
Certo	Certos	Certa	Certas	Algo
Muito	Muitos	Muita	Muitas	Nada
Nenhum	Nenhuns	Nenhuma	Nenhumas	Ninguém
Outro	Outros	Outra	Outras	Outrem
Qualquer	Quaisquer	Qualquer	Quaisquer	Cada
Quando	Quantos	Quanta	Quantas	-
Tanto	Tantos	Tanta	Tantas	-
Todo	Todos	Toda	Todas	Tudo
Vário	Vários	Vária	Várias	-
Pouco	Poucos	Pouca	Poucas	-

Fique bem atento para as alterações de sentido relacionadas às mudanças de posição dos pronomes indefinidos.

Alguma pessoa passou por aqui ontem. (Alguma pessoa = ao menos uma pessoa).

Pessoa alguma passou por aqui ontem. (Pessoa alguma = ninguém).

Locuções pronominais indefinidas

"Cada qual", "cada um", "seja qual for", "tal qual", "um ou outro" etc.

7.3.8 Pronomes interrogativos

Chamam-se interrogativos os pronomes **que, quem, qual** e **quanto**, empregados para formular uma pergunta direta ou indireta:

Que conteúdo estão estudando?

Diga-me **que** conteúdo estão estudando.

Quem vai passar no concurso?

Gostaria de saber **quem** vai passar no concurso.

Qual dos livros preferes?

Não sei **qual** dos livros preferes.

Quantos de coragem você tem?

Pergunte **quanto** de coragem você tem.

7.4 Verbo

É a palavra com que se expressa uma ação (cantar, vender), um estado (ser, estar), mudança de estado (tornar-se) ou fenômeno da natureza (chover).

Quanto à noção que expressam, os verbos podem ser classificados da seguinte maneira:

- **Verbos relacionais:** exprimem estado ou mudança de estado. São os chamados verbos de ligação.
- **Verbos de ligação: ser, estar, continuar, andar, parecer, permanecer, ficar, tornar-se etc.**
- **Verbos nocionais:** exprimem ação ou fenômeno da natureza. São os chamados verbos significativos.

Os verbos nocionais podem ser classificados da seguinte maneira:

- **Verbo Intransitivo (VI):** diz-se daquele que não necessita de um complemento para que se compreenda a ação verbal. Por exemplo: "morrer", "cantar", "sorrir", "nascer", "viver".
- **Verbo Transitivo (VT):** diz-se daquele que necessita de um complemento para expressar o afetado pela ação verbal. Divide-se em três tipos:
    - **Diretos (VTD):** não possuem preposição para ligar o complemento verbal ao verbo. São exemplos os verbos "querer", "comprar", "ler", "falar" etc.
    - **Indiretos (VTI):** possuem preposição para ligar o complemento verbal ao verbo. São exemplos os verbos "gostar", "necessitar", "precisar", "acreditar" etc.
    - **Diretos e Indiretos (VTDI) ou bitransitivos:** possuem dois complementos, um não preposicionado, outro com preposição. São exemplos os verbos "pagar", "perdoar", "implicar" etc.

Preste atenção na dica que segue:

João morreu. (Quem morre, morre. Não é preciso um complemento para entender o verbo).

Eu quero um aumento. (Quem quer, quer alguma coisa. É preciso um complemento para entender o sentido do verbo).

Eu preciso de um emprego. (Quem precisa, precisa "de" alguma coisa. Deve haver uma preposição para ligar o complemento ao seu verbo).

Mário pagou a conta ao padeiro. (Quem paga, paga algo a alguém. Há um complemento com preposição e um complemento sem preposição).

7.4.1 Estrutura e conjugação dos verbos

Os verbos possuem:

- **Raiz:** o que lhes guarda o sentido (**cant**ar, **corr**er, **sorr**ir).
- **Vogal temática:** o que lhes garante a família conjugacional (**A**R, **E**R, **I**R).
- **Desinências:** o que ajuda a conjugar ou nominalizar o verbo (cant**ando**, cant**ávamos**).

Os verbos apresentam três conjugações, ou seja, três famílias conjugacionais. Em função da vogal temática, podem-se criar três paradigmas verbais. De acordo com a relação dos verbos com esses paradigmas, obtém-se a seguinte classificação:

- **Regulares:** seguem o paradigma verbal de sua conjugação sem alterar suas raízes (amar, vender, partir).
- **Irregulares:** não seguem o paradigma verbal da conjugação a que pertencem. As irregularidades podem aparecer na raiz ou nas desinências (ouvir – ouço/ouve, estar – estou/estão).
- **Anômalos:** apresentam profundas irregularidades. São classificados como anômalos em todas as gramáticas os verbos "ser" e "ir".
- **Defectivos:** não são conjugados em determinadas pessoas, tempo ou modo, portanto, apresentam algum tipo de "defeito" ("falir", no presente do indicativo, só apresenta a 1ª e a 2ª pessoa do plural). Os defectivos distribuem-se em grupos:
  - Impessoais.
  - Unipessoais: vozes ou ruídos de animais, só conjugados nas terceiras pessoas.
  - Antieufônicos: a sonoridade permite confusão com outros verbos – "demolir"; "falir", "abolir" etc.
- **Abundantes:** apresentam mais de uma forma para uma mesma conjugação.

Existe abundância **conjugacional** e **participial**. A primeira ocorre na conjugação de algumas formas verbais, como o verbo "haver", que admite "nós havemos/hemos", "vós haveis/heis". A segunda ocorre com as formas nominais de particípio.

A seguir segue uma lista dos principais abundantes na forma participial.

VERBOS	PARTICÍPIO REGULAR - EMPREGADO COM OS AUXILIARES "TER" E "HAVER"	PARTICÍPIO IRREGULAR - EMPREGADO COM OS AUXILIARES "SER", "ESTAR" E "FICAR"
aceitar	aceitado	aceito
acender	acendido	aceso
benzer	benzido	bento
eleger	elegido	eleito
entregar	entregado	entregue
enxugar	enxugado	enxuto
expressar	expressado	expresso
expulsar	expulsado	expulso
extinguir	extinguido	extinto
matar	matado	morto
prender	prendido	preso
romper	rompido	roto
salvar	salvado	salvo
soltar	soltado	solto
suspender	suspendido	suspenso
tingir	tingido	tinto

7.4.2 Flexão verbal

Relativamente à flexão verbal, anotamos:

- **Número:** singular ou plural.
- **Pessoa gramatical:** 1ª, 2ª ou 3ª.

Tempo: referência ao momento em que se fala (pretérito, presente ou futuro). O modo imperativo só tem um tempo, o presente.

- **Voz:** ativa, passiva, reflexiva e recíproca (que trabalharemos mais tarde).
- **Modo:** indicativo (certeza de um fato ou estado), subjuntivo (possibilidade ou desejo de realização de um fato ou incerteza do estado) e imperativo (expressa ordem, advertência ou pedido).

7.4.3 Formas nominais do verbo

As três formas nominais do verbo (infinitivo, gerúndio e particípio) não possuem função exclusivamente verbal.

- **Infinitivo:** assemelha-se ao substantivo, indica algo atemporal – o nome do verbo, sua desinência característica é a letra R: ama**r**, realça**r**, ungi**r** etc.
- **Gerúndio:** equipara-se ao adjetivo ou advérbio pelas circunstâncias que exprime de ação em processo. Sua desinência característica é **-NDO**: ama**ndo**, realça**ndo**, ungi**ndo** etc.
- **Particípio:** tem valor e forma de adjetivo – pode também indicar ação concluída, sua desinência característica é **-ADO** ou **-IDO** para as formas regulares: am**ado**, realç**ado**, ung**ido** etc.

7.4.4 Tempos verbais

Dentro do **modo indicativo**, anotamos os seguintes tempos:

- **Presente do indicativo:** indica um fato situado no momento ou época em que se fala.

  Eu amo, eu vendo, eu parto.
- **Pretérito perfeito do indicativo:** indica um fato cuja ação foi iniciada e concluída no passado.

  Eu amei, eu vendi, eu parti.
- **Pretérito imperfeito do indicativo:** indica um fato cuja ação foi iniciada no passado, mas não foi concluída ou era uma ação costumeira no passado.

  Eu amava, eu vendia, eu partia.
- **Pretérito mais-que-perfeito do indicativo:** indica um fato cuja ação é anterior a outra ação já passada.

  Eu amara, eu vendera, eu partira.
- **Futuro do presente do indicativo:** indica um fato situado em momento ou época vindoura.

  Eu amarei, eu venderei, eu partirei.
- **Futuro do pretérito do indicativo:** indica um fato possível, hipotético, situado num momento futuro, mas ligado a um momento passado.

  Eu amaria, eu venderia, eu partiria.

Dentro do **modo subjuntivo**, anotamos os seguintes tempos:

- Presente do subjuntivo: indica um fato provável, duvidoso ou hipotético, situado no momento ou época em que se fala. Para facilitar a conjugação, utilize a conjunção "que".

  Que eu ame, que eu venda, que eu parta.
- Pretérito imperfeito do subjuntivo: indica um fato provável, duvidoso ou hipotético, cuja ação foi iniciada, mas não concluída no passado. Para facilitar a conjugação, utilize a conjunção "se".

  Se eu amasse, se eu vendesse, se eu partisse.
- Futuro do subjuntivo: indica um fato provável, duvidoso, hipotético, situado num momento ou época futura. Para facilitar a conjugação, utilize a conjunção "quando".

  Quando eu amar, quando eu vender, quando eu partir.

7.4.5 Tempos compostos da voz ativa

Constituem-se pelos verbos auxiliares "**ter**" ou "**haver**" + particípio do verbo que se quer conjugar, dito principal.

No **modo indicativo**, os tempos compostos são formados da seguinte maneira:

- **Pretérito perfeito:** presente do indicativo do auxiliar + particípio do verbo principal (tenho amado).
- **Pretérito mais-que-perfeito:** pretérito imperfeito do indicativo do auxiliar + particípio do verbo principal (tinha amado).
- **Futuro do presente:** futuro do presente do indicativo do auxiliar + particípio do verbo principal (terei amado).
- **Futuro do pretérito:** futuro do pretérito indicativo do auxiliar + particípio do verbo principal (teria amado).

No **modo subjuntivo,** a formação se dá da seguinte maneira:

- **Pretérito perfeito:** presente do subjuntivo do auxiliar + particípio do verbo principal (tenha amado).
- **Pretérito mais-que-perfeito:** imperfeito do subjuntivo do auxiliar + particípio do verbo principal (tivesse amado).
- **Futuro composto:** futuro do subjuntivo do auxiliar + particípio do verbo principal (tiver amado).

Quanto às **formas nominais**, elas são formadas da seguinte maneira:

- **Infinitivo composto:** infinitivo pessoal ou impessoal do auxiliar + particípio do verbo principal (ter vendido/teres vendido).
- **Gerúndio composto:** gerúndio do auxiliar + particípio do verbo principal (tendo partido).

7.4.6 Vozes verbais

Quanto às vozes, os verbos apresentam voz:

- **Ativa:** o sujeito é agente da ação verbal.

  O corretor vende casas.
- **Passiva:** o sujeito é paciente da ação verbal.

  Casas são vendidas **pelo corretor**.
- **Reflexiva:** o sujeito é agente e paciente da ação verbal.

  A garota feriu-**se** ao cair da escada.
- **Recíproca:** há uma ação mútua descrita na sentença.

  Os amigos entreolh**aram-se.**

Voz passiva: sua característica é possuir um sujeito paciente, ou seja, que é afetado pela ação do verbo.

- **Analítica:** verbo auxiliar + particípio do verbo principal. Isso significa que há uma locução verbal de voz passiva.

  Casas **são *vendidas*** pelo corretor.

  Ele fez o trabalho – O trabalho **foi feito** por ele (mantido o pretérito perfeito do indicativo).

  O vento ia levando as folhas – As folhas iam **sendo levadas** pelo vento (mantido o gerúndio do verbo principal em um dos auxiliares).

  Vereadores entregarão um prêmio ao gari – Um prêmio **será entregue** ao gari por vereadores (veja como a flexão do futuro se mantém na locução).
- **Sintética:** verbo apassivado pelo termo "se" (partícula apassivadora) + sujeito paciente.

  Roubou-se **o dinheiro do povo**.

  Fez-se **o trabalho** com pressa.

É comum observar, em provas de concurso público, questões que mostram uma voz passiva sintética como aquela que é proveniente de uma ativa com sujeito indeterminado.

Alguns verbos da língua portuguesa apresentam **problemas de conjugação**:

Compraram um carro novo (ativa).

Comprou-se um carro novo (passiva sintética).

7.4.7 Verbos com a conjugação irregular

Abolir: defectivo – não possui a 1ª pessoa do singular do presente do indicativo, por isso não possui presente do subjuntivo e o imperativo negativo. (= banir, carpir, colorir, delinquir, demolir, descomedir-se, emergir, exaurir, fremir, fulgir, haurir, retorquir, urgir).

Acudir: alternância vocálica O/U no presente do indicativo – acudo, acodes etc. Pretérito perfeito do indicativo com U. (= bulir, consumir, cuspir, engolir, fugir).

Adequar: defectivo – só possui a 1ª e a 2ª pessoa do plural no presente do indicativo.

Aderir: alternância vocálica E/I no presente do indicativo – adiro, adere etc. (= advertir, cerzir, despir, diferir, digerir, divergir, ferir, sugerir).

Agir: acomodação gráfica G/J no presente do indicativo – ajo, ages etc. (= afligir, coagir, erigir, espargir, refulgir, restringir, transigir, urgir).

Agredir: alternância vocálica E/I no presente do indicativo – agrido, agrides, agride, agredimos, agredis, agridem. (= prevenir, progredir, regredir, transgredir).

Aguar: regular. Presente do indicativo – águo, águas etc. Pretérito perfeito do indicativo – aguei, aguaste, aguou, aguamos, aguastes, aguaram. (= desaguar, enxaguar, minguar).

Aprazer: irregular. Presente do indicativo – aprazo, aprazes, apraz etc. Pretérito perfeito do indicativo – aprouve, aprouveste, aprouve, aprouvemos, aprouvestes, aprouveram.

Arguir: irregular com alternância vocálica O/U no presente do indicativo – arguo (ú), arguis, argui, arguimos, arguis, arguem. Pretérito perfeito – argui, arguiste etc.

Atrair: irregular. Presente do indicativo – atraio, atrais etc. Pretérito perfeito – atraí, atraíste etc. (= abstrair, cair, distrair, sair, subtrair).

Atribuir: irregular. Presente do indicativo – atribuo, atribuis, atribui, atribuímos, atribuís, atribuem. Pretérito perfeito – atribuí, atribuíste, atribuiu etc. (= afluir, concluir, destituir, excluir, instruir, possuir, usufruir).

Averiguar: alternância vocálica O/U no presente do indicativo – averiguo (ú), averiguas (ú), averigua (ú), averiguamos, averiguais, averiguam (ú). Pretérito perfeito – averiguei, averiguaste etc. Presente do subjuntivo – averigue, averigues, averigue etc. (= apaziguar).

Cear: irregular. Presente do indicativo – ceio, ceias, ceia, ceamos, ceais, ceiam. Pretérito perfeito indicativo – ceei, ceaste, ceou, ceamos, ceastes, cearam. (= verbos terminados em -ear: falsear, passear... - alguns apresentam pronúncia aberta: estreio, estreia...).

Coar: irregular. Presente do indicativo – coo, côas, côa, coamos, coais, coam. Pretérito perfeito – coei, coaste, coou etc. (= abençoar, magoar, perdoar).

Comerciar: regular. Presente do indicativo – comercio, comerciais etc. Pretérito perfeito – comerciei etc. (= verbos em -iar, exceto os seguintes verbos: mediar, ansiar, remediar, incendiar, odiar).

Compelir: alternância vocálica E/I. Presente do indicativo – compilo, compeles etc. Pretérito perfeito indicativo – compeli, compeliste.

Compilar: regular. Presente do indicativo – compilo, compilas, compila etc. Pretérito perfeito indicativo – compilei, compilaste etc.

Construir: irregular e abundante. Presente do indicativo – construo, constróis, constrói, construímos, construís, constroem. Pretérito perfeito indicativo – construí, construíste etc.

Crer: irregular. Presente do indicativo – creio, crês, crê, cremos, credes, creem. Pretérito perfeito indicativo – cri, creste, creu, cremos, crestes, creram. Imperfeito indicativo – cria, crias, cria, críamos, críeis, criam.

Falir: defectivo. Presente do indicativo – falimos, falis. Pretérito perfeito indicativo – fali, faliste etc. (= aguerrir, combalir, foragir-se, remir, renhir).

Frigir: acomodação gráfica G/J e alternância vocálica E/I. Presente do indicativo – frijo, freges, frege, frigimos, frigis, fregem. Pretérito perfeito indicativo – frigi, frigiste etc.

Ir: irregular. Presente do indicativo – vou, vais, vai, vamos, ides, vão. Pretérito perfeito indicativo – fui, foste etc. Presente subjuntivo – vá, vás, vá, vamos, vades, vão.

Jazer: irregular. Presente do indicativo – jazo, jazes etc. Pretérito perfeito indicativo – jázi, jazeste, jazeu etc.

Mobiliar: irregular. Presente do indicativo – mobílio, mobílias, mobília, mobiliamos, mobiliais, mobíliam. Pretérito perfeito indicativo – mobiliei, mobiliaste.

Obstar: regular. Presente do indicativo – obsto, obstas etc. Pretérito perfeito indicativo – obtei, obstaste etc.

Pedir: irregular. Presente do indicativo – peço, pedes, pede, pedimos, pedis, pedem. Pretérito perfeito indicativo – pedi, pediste etc. (= despedir, expedir, medir).

Polir: alternância vocálica E/I. Presente do indicativo – pulo, pules, pule, polimos, polis, pulem. Pretérito perfeito indicativo – poli, poliste etc.

Precaver-se: defectivo e pronominal. Presente do indicativo – precavemo-nos, precaveis-vos. Pretérito perfeito indicativo – precavi-me, precaveste-te etc.

Prover: irregular. Presente do indicativo – provejo, provês, provê, provemos, provedes, proveem. Pretérito perfeito indicativo – provi, proveste, proveu etc.

Reaver: defectivo. Presente do indicativo – reavemos, reaveis. Pretérito perfeito indicativo – reouve, reouveste, reouve etc. (verbo derivado do haver, mas só é conjugado nas formas verbais com a letra v).

Remir: defectivo. Presente do indicativo – remimos, remis. Pretérito perfeito indicativo – remi, remiste etc.

Requerer: irregular. Presente do indicativo – requeiro, requeres etc. Pretérito perfeito indicativo – requeri, requereste, requereu etc. (Derivado do querer, diferindo dele na 1ª pessoa do singular do presente do indicativo e no pretérito perfeito do indicativo e derivados, sendo regular).

Rir: irregular. Presente do indicativo – rio, rir, ri, rimos, rides, riem. Pretérito perfeito indicativo – ri, riste. (= sorrir).

Saudar: alternância vocálica. Presente do indicativo – saúdo, saúdas etc. Pretérito perfeito indicativo – saudei, saudaste etc.

Suar: regular. Presente do indicativo – suo, suas, sua etc. Pretérito perfeito indicativo – suei, suaste, sou etc. (= atuar, continuar, habituar, individuar, recuar, situar).

Valer: irregular. Presente do indicativo – valho, vales, vale etc. Pretérito perfeito indicativo – vali, valeste, valeu etc.

Também merecem atenção os seguintes verbos irregulares:

- ▹ **Pronominais:** apiedar-se, dignar-se, persignar-se, precaver-se.

- **Caber**

  Presente do indicativo: caibo, cabes, cabe, cabemos, cabeis, cabem.

  Presente do subjuntivo: caiba, caibas, caiba, caibamos, caibais, caibam.

  Pretérito perfeito do indicativo: coube, coubeste, coube, coubemos, coubestes, couberam.

  Pretérito mais-que-perfeito do indicativo: coubera, couberas, coubera, coubéramos, coubéreis, couberam.

  Pretérito imperfeito do subjuntivo: coubesse, coubesses, coubesse, coubéssemos, coubésseis, coubessem.

  Futuro do subjuntivo: couber, couberes, couber, coubermos, couberdes, couberem.

- **Dar**

  Presente do indicativo: dou, dás, dá, damos, dais, dão.

  Presente do subjuntivo: dê, dês, dê, demos, deis, deem.

  Pretérito perfeito do indicativo: dei, deste, deu, demos, destes, deram.

  Pretérito mais-que-perfeito do indicativo: dera, deras, dera, déramos, déreis, deram.

  Pretérito imperfeito do subjuntivo: desse, desses, desse, déssemos, désseis, dessem.

  Futuro do subjuntivo: der, deres, der, dermos, derdes, derem.

- **Dizer**

  Presente do indicativo: digo, dizes, diz, dizemos, dizeis, dizem.

  Presente do subjuntivo: diga, digas, diga, digamos, digais, digam.

  Pretérito perfeito do indicativo: disse, disseste, disse, dissemos, dissestes, disseram.

  Pretérito mais-que-perfeito do indicativo: dissera, disseras, dissera, disséramos, disséreis, disseram.

  Futuro do presente: direi, dirás, dirá etc.

  Futuro do pretérito: diria, dirias, diria etc.

  Pretérito imperfeito do subjuntivo: dissesse, dissesses, dissesse, disséssemos, dissésseis, dissessem.

  Futuro do subjuntivo: disser, disseres, disser, dissermos, disserdes, disserem.

- **Estar**

  Presente do indicativo: estou, estás, está, estamos, estais, estão.

  Presente do subjuntivo: esteja, estejas, esteja, estejamos, estejais, estejam.

  Pretérito perfeito do indicativo: estive, estiveste, esteve, estivemos, estivestes, estiveram.

  Pretérito mais-que-perfeito do indicativo: estivera, estiveras, estivera, estivéramos, estivéreis, estiveram.

  Pretérito imperfeito do subjuntivo: estivesse, estivesses, estivesse, estivéssemos, estivésseis, estivessem.

  Futuro do subjuntivo: estiver, estiveres, estiver, estivermos, estiverdes, estiverem.

- **Fazer**

  Presente do indicativo: faço, fazes, faz, fazemos, fazeis, fazem.

  Presente do subjuntivo: faça, faças, faça, façamos, façais, façam.

  Pretérito perfeito do indicativo: fiz, fizeste, fez, fizemos, fizestes, fizeram.

  Pretérito mais-que-perfeito do indicativo: fizera, fizeras, fizera, fizéramos, fizéreis, fizeram.

Pretérito imperfeito do subjuntivo: fizesse, fizesses, fizesse, fizéssemos, fizésseis, fizessem.

Futuro do subjuntivo: fizer, fizeres, fizer, fizermos, fizerdes, fizerem.

Seguem esse modelo os verbos: desfazer, liquefazer e satisfazer.

Os particípios destes verbos e seus derivados são irregulares: feito, desfeito, liquefeito, satisfeito etc.

- **Haver**

Presente do indicativo: hei, hás, há, havemos, haveis, hão.

Presente do subjuntivo: haja, hajas, haja, hajamos, hajais, hajam.

Pretérito perfeito do indicativo: houve, houveste, houve, houvemos, houvestes, houveram.

Pretérito mais-que-perfeito do indicativo: houvera, houveras, houvera, houvéramos, houvéreis, houveram.

Pretérito imperfeito do subjuntivo: houvesse, houvesses, houvesse, houvéssemos, houvésseis, houvessem.

Futuro do subjuntivo: houver, houveres, houver, houvermos, houverdes, houverem.

- **Ir**

Presente do indicativo: vou, vais, vai, vamos, ides, vão.

Presente do subjuntivo: vá, vás, vá, vamos, vades, vão.

Pretérito imperfeito do indicativo: ia, ias, ia, íamos, íeis, iam.

Pretérito perfeito do indicativo: fui, foste, foi, fomos, fostes, foram.

Pretérito mais-que-perfeito do indicativo: fora, foras, fora, fôramos, fôreis, foram.

Pretérito imperfeito do subjuntivo: fosse, fosses, fosse, fôssemos, fôsseis, fossem.

Futuro do subjuntivo: for, fores, for, formos, fordes, forem.

- **Poder**

Presente do indicativo: posso, podes, pode, podemos, podeis, podem.

Presente do subjuntivo: possa, possas, possa, possamos, possais, possam.

Pretérito perfeito do indicativo: pude, pudeste, pôde, pudemos, pudestes, puderam.

Pretérito mais-que-perfeito do indicativo: pudera, puderas, pudera, pudéramos, pudéreis, puderam.

Pretérito imperfeito do subjuntivo: pudesse, pudesses, pudesse, pudéssemos, pudésseis, pudessem.

Futuro do subjuntivo: puder, puderes, puder, pudermos, puderdes, puderem.

- **Pôr**

Presente do indicativo: ponho, pões, põe, pomos, pondes, põem.

Presente do subjuntivo: ponha, ponhas, ponha, ponhamos, ponhais, ponham.

Pretérito imperfeito do indicativo: punha, punhas, punha, púnhamos, púnheis, punham.

Pretérito perfeito do indicativo: pus, puseste, pôs, pusemos, pusestes, puseram.

Pretérito mais-que-perfeito do indicativo: pusera, puseras, pusera, puséramos, puséreis, puseram.

Pretérito imperfeito do subjuntivo: pusesse, pusesses, pusesse, puséssemos, pusésseis, pusessem.

Futuro do subjuntivo: puser, puseres, puser, pusermos, puserdes, puserem.

Todos os derivados do verbo pôr seguem exatamente este modelo: antepor, compor, contrapor, decompor, depor, descompor, dispor, expor, impor, indispor, interpor, opor, pospor, predispor, pressupor, propor, recompor, repor, sobrepor, supor, transpor são alguns deles.

- **Querer**

Presente do indicativo: quero, queres, quer, queremos, quereis, querem.

Presente do subjuntivo: queira, queiras, queira, queiramos, queirais, queiram.

Pretérito perfeito do indicativo: quis, quiseste, quis, quisemos, quisestes, quiseram.

Pretérito mais-que-perfeito do indicativo: quisera, quiseras, quisera, quiséramos, quiséreis, quiseram.

Pretérito imperfeito do subjuntivo: quisesse, quisesses, quisesse, quiséssemos, quisésseis, quisessem.

Futuro do subjuntivo: quiser, quiseres, quiser, quisermos, quiserdes, quiserem.

- **Saber**

Presente do indicativo: sei, sabes, sabe, sabemos, sabeis, sabem.

Presente do subjuntivo: saiba, saibas, saiba, saibamos, saibais, saibam.

Pretérito perfeito do indicativo: soube, soubeste, soube, soubemos, soubestes, souberam.

Pretérito mais-que-perfeito do indicativo: soubera, souberas, soubera, soubéramos, soubéreis, souberam.

Pretérito imperfeito do subjuntivo: soubesse, soubesses, soubesse, soubéssemos, soubésseis, soubessem.

Futuro do subjuntivo: souber, souberes, souber, soubermos, souberdes, souberem.

- **Ser**

Presente do indicativo: sou, és, é, somos, sois, são.

Presente do subjuntivo: seja, sejas, seja, sejamos, sejais, sejam.

Pretérito imperfeito do indicativo: era, eras, era, éramos, éreis, eram.

Pretérito perfeito do indicativo: fui, foste, foi, fomos, fostes, foram.

Pretérito mais-que-perfeito do indicativo: fora, foras, fora, fôramos, fôreis, foram.

Pretérito imperfeito do subjuntivo: fosse, fosses, fosse, fôssemos, fôsseis, fossem.

Futuro do subjuntivo: for, fores, for, formos, fordes, forem.

As segundas pessoas do imperativo afirmativo são: sê (tu) e sede (vós).

- **Ter**

Presente do indicativo: tenho, tens, tem, temos, tendes, têm.

Presente do subjuntivo: tenha, tenhas, tenha, tenhamos, tenhais, tenham.

Pretérito imperfeito do indicativo: tinha, tinhas, tinha, tínhamos, tínheis, tinham.

Pretérito perfeito do indicativo: tive, tiveste, teve, tivemos, tivestes, tiveram.

Pretérito mais-que-perfeito do indicativo: tivera, tiveras, tivera, tivéramos, tivéreis, tiveram.

Pretérito imperfeito do subjuntivo: tivesse, tivesses, tivesse, tivéssemos, tivésseis, tivessem.

Futuro do subjuntivo: tiver, tiveres, tiver, tivermos, tiverdes, tiverem.

Seguem esse modelo os verbos: ater, conter, deter, entreter, manter, reter.

- **Trazer**

  Presente do indicativo: trago, trazes, traz, trazemos, trazeis, trazem.

  Presente do subjuntivo: traga, tragas, traga, tragamos, tragais, tragam.

  Pretérito perfeito do indicativo: trouxe, trouxeste, trouxe, trouxemos, trouxestes, trouxeram.

  Pretérito mais-que-perfeito do indicativo: trouxera, trouxeras, trouxera, trouxéramos, trouxéreis, trouxeram.

  Futuro do presente: trarei, trarás, trará etc.

  Futuro do pretérito: traria, trarias, traria etc.

  Pretérito imperfeito do subjuntivo: trouxesse, trouxesses, trouxesse, trouxéssemos, trouxésseis, trouxessem.

  Futuro do subjuntivo: trouxer, trouxeres, trouxer, trouxermos, trouxerdes, trouxerem.

- **Ver**

  Presente do indicativo: vejo, vês, vê, vemos, vedes, veem.

  Presente do subjuntivo: veja, vejas, veja, vejamos, vejais, vejam.

  Pretérito perfeito do indicativo: vi, viste, viu, vimos, vistes, viram.

  Pretérito mais-que-perfeito do indicativo: vira, viras, vira, víramos, víreis, viram.

  Pretérito imperfeito do subjuntivo: visse, visses, visse, víssemos, vísseis, vissem.

  Futuro do subjuntivo: vir, vires, vir, virmos, virdes, virem.

Seguem esse modelo os derivados antever, entrever, prever, rever. Prover segue o modelo acima apenas no presente do indicativo e seus tempos derivados; nos demais tempos, comporta-se como um verbo regular da segunda conjugação.

- **Vir**

  Presente do indicativo: venho, vens, vem, vimos, vindes, vêm.

  Presente do subjuntivo: venha, venhas, venha, venhamos, venhais, venham.

  Pretérito imperfeito do indicativo: vinha, vinhas, vinha, vínhamos, vínheis, vinham.

  Pretérito perfeito do indicativo: vim, vieste, veio, viemos, viestes, vieram.

  Pretérito mais-que-perfeito do indicativo: viera, vieras, viera, viéramos, viéreis, vieram.

  Pretérito imperfeito do subjuntivo: viesse, viesses, viesse, viéssemos, viésseis, viessem.

  Futuro do subjuntivo: vier, vieres, vier, viermos, vierdes, vierem.

  Particípio e gerúndio: vindo.

7.4.8 Emprego do infinitivo

Apesar de não haver regras bem definidas, podemos anotar as seguintes ocorrências:

▹ Usa-se o **impessoal**:

- Sem referência a nenhum sujeito:

  É proibido **estacionar** na calçada.

- Nas locuções verbais:

  Devemos **pensar** sobre a sua situação.

- Se o infinitivo exercer a função de complemento de adjetivos:

  É uma questão fácil de **resolver**.

- Se o infinitivo possuir valor de imperativo:

  O comandante gritou: "**marchar**!"

▹ Usa-se o **pessoal**:

- Quando o sujeito do infinitivo é diferente do sujeito da oração principal:

  Eu não te culpo por **seres** um imbecil.

- Quando, por meio de flexão, se quer realçar ou identificar a pessoa do sujeito:

  Não foi bom **agires** dessa forma.

7.5 Adjetivo

É a palavra variável que expressa uma qualidade, característica ou origem de algum substantivo ao qual se relaciona.

- Meu terno é azul, elegante e italiano.

Analisando, entendemos assim:

Azul: característica.
Elegante: qualidade.
Italiano: origem.

7.5.1 Estrutura e a classificação dos adjetivos

Com relação à sua formação, eles podem ser:

- **Explicativos:** quando a característica é comum ao substantivo referido.

  Fogo **quente**, homem **mortal**. (Todo fogo é quente, todo homem é mortal).

- **Restritivos:** quando a característica não é comum ao substantivo, ou seja, nem todo substantivo é assim caracterizado.

  Terno **azul**, casa **grande**. (Nem todo terno é azul, nem toda casa é grande).

- **Simples:** quando possui apenas uma raiz.

  Amarelo, brasileiro, competente, sagaz, loquaz, inteligente, grande, forte etc.

- **Composto:** quando possui mais de uma raiz.

  Amarelo-canário, luso-brasileiro, verde-escuro, vermelho-sangue etc.

- **Primitivo:** quando pode dar origem a outra palavra, não tendo sofrido derivação alguma.

  Bom, legal, grande, rápido, belo etc.

- **Derivado:** quando resultado de um processo de derivação, ou seja, oriundo de outra palavra.

  Bondoso (de bom), grandioso (de grande), maléfico (de mal), esplendoroso (de esplendor) etc.

Os adjetivos que designam origem de algum termo são denominados adjetivos pátrios ou gentílicos.

Adjetivos pátrios de estados:

Acre: acriano.
Alagoas: alagoano.
Amapá: amapaense.
Aracaju: aracajuano ou aracajuense.
Amazonas: amazonense ou baré.
Belém (PA): belenense.
Belo Horizonte: belo-horizontino.
Boa Vista: boa-vistense.
Brasília: brasiliense.
Cabo Frio: cabo-friense.
Campinas: campineiro ou campinense.
Curitiba: curitibano.
Espírito Santo: espírito-santense ou capixaba.

Fernando de Noronha: noronhense.
Florianópolis: florianopolitano.
Fortaleza: fortalezense.
Goiânia: goianiense.
João Pessoa: pessoense.
Macapá: macapaense.
Maceió: maceioense.
Manaus: manauense.
Maranhão: maranhense.
Marajó: marajoara.
Natal: natalense ou papa-jerimum.
Porto Alegre: porto alegrense.
Ribeirão Preto: ribeiropretense.
Rio de Janeiro (estado): fluminense.
Rio de Janeiro (cidade): carioca.
Rio Branco: rio-branquense.
Rio Grande do Norte: rio-grandense-do-norte, norte-riograndense ou potiguar.
Rio Grande do Sul: rio-grandense-do-sul, sul-rio-grandense ou gaúcho.
Rondônia: rondoniano.
Roraima: roraimense.
Salvador: salvadorense ou soteropolitano.
Santa Catarina: catarinense ou barriga verde.
Santarém: santarense.
São Paulo (estado): paulista.
São Paulo (cidade): paulistano.
Sergipe: sergipano.
Teresina: teresinense.
Tocantins: tocantinense.

Adjetivos pátrios de países:

Croácia: croata.
Costa Rica: costarriquense.
Curdistão: curdo.
Estados Unidos: estadunidense, norte-americano ou ianque.
El Salvador: salvadorenho.
Guatemala: guatemalteco.
Índia: indiano ou hindu (os que professam o hinduísmo).
Israel: israelense ou israelita.
Irã: iraniano.
Moçambique: moçambicano.
Mongólia: mongol ou mongólico.
Panamá: panamenho.
Porto Rico: porto-riquenho.
Somália: somali.

Na formação de adjetivos pátrios compostos, o primeiro elemento aparece na forma reduzida e, normalmente, erudita.

Observe alguns exemplos de adjetivos pátrios compostos:

África: afro-americana.
Alemanha: germano- ou teuto-: competições teutoinglesas.
América: Américo-: companhia américo-africana.
Ásia: ásio-: encontros ásio-europeus.
Áustria: austro-: peças austro-búlgaras.
Bélgica: belgo-: acampamentos belgo-franceses.
China: sino-: acordos sino-japoneses.
Espanha: hispano- + mercado: hispano-português.
Europa: euro + negociações euro-americanas.
França: franco- ou galo-: reuniões franco-italianas.
Grécia: greco-: filmes greco-romanos.
Índia: indo-: guerras indo-paquistanesas.
Inglaterra: anglo-: letras anglo-portuguesas.
Itália: ítalo-: sociedade ítalo-portuguesa.
Japão: nipo-: associações nipo-brasileiras.
Portugal: luso-: acordos luso-brasileiros.

7.5.2 Locução adjetiva

Expressão que tem valor adjetival, mas que é formada por mais de uma palavra. Geralmente, concorrem para sua formação uma preposição e um substantivo. Veja alguns exemplos de locução adjetiva seguida de adjetivo:

De águia: aquilino.
De aluno: discente.
De anjo: angelical.
De bispo: episcopal.
De cabelo: capilar.
De cão: canino.
De dedo: digital.
De estômago: estomacal ou gástrico.
De fera: ferino.
De gelo: glacial.
De homem: viril ou humano.
De ilha: insular.
De lago: lacustre.
De madeira: lígneo.
De neve: níveo ou nival.
De orelha: auricular.
De paixão: passional.
De quadris: ciático.
De rio: fluvial.
De serpente: viperino.
De trigo: tritício.
De urso: ursino.
De velho: senil.

7.5.3 Flexão do adjetivo

O adjetivo pode ser flexionado em gênero, número e grau.

Flexão de gênero (masculino/feminino)

Com relação ao gênero, os adjetivos podem ser classificados de duas formas:

- Biformes: quando possuem uma forma para cada gênero.
  Homem **belo**/mulher **bela.**
  Contexto **complicado**/questão **complicada.**
- Uniformes: quando possuem apenas uma forma, como se fossem elementos neutros.
  Homem **fiel**/mulher **fiel.**
  Contexto **interessante**/questão **interessante.**

Flexão de número (singular/plural)

Os adjetivos simples seguem a mesma regra de flexão que os substantivos simples. Serão, por regra, flexionados os adjetivos compostos que, em sua formação, possuírem dois adjetivos. A flexão ocorrerá apenas no segundo elemento da composição.

Guerra greco-**romana** – Guerras greco-**romanas.**
Conflito **socioeconômico** – Análises **socioeconômicas.**

Por outro lado, se houver um substantivo como elemento da composição, o adjetivo fica invariável.

Blusa **amarelo-canário** – Blusas **amarelo-canário.**

Mesa **verde-musgo** – Mesas **verde-musgo.**

O caso em questão também pode ocorrer quando um substantivo passa a ser, por derivação imprópria, um adjetivo, ou seja, também serão invariáveis os "substantivos adjetivados".

Terno cinza – Ternos cinza.

Vestido rosa – Vestidos rosa.

E também:

Surdo mudo – surdos mudos.

Pele vermelha – peles vermelhas.

Azul- marinho e azul-celeste são invariáveis.

7.5.4 Flexão de grau (comparativo e superlativo)

Há duas maneiras de se estabelecer o grau do adjetivo: por meio do **grau comparativo** e por meio do **grau superlativo**.

Grau comparativo: estabelece um tipo de comparação de características, sendo estabelecido de três maneiras:

- **Inferioridade:** o açúcar é **menos** doce (do) **que** os teus olhos.
- **Igualdade:** o meu primo é **tão** estudioso **quanto** o meu irmão.
- **Superioridade:** gramática **é mais legal** (do) **que** matemática.

Grau superlativo: reforça determinada qualidade em relação a um referente. Pode-se estabelecer o grau superlativo de duas maneiras:

▷ **Relativo:** em relação a um grupo.

- **De superioridade:** José é o **mais** inteligente dos alunos.
- **De inferioridade:** o presidente foi o **menos** prestigiado da festa.

▷ **Absoluto:** sem relações, apenas reforçando as características:

- **Analítico:** com auxílio de algum termo:
  Pedro é muito magro.
  Pedro é magro, magro, magro.
- **Sintético** (com o acréscimo de -íssimo ou -érrimo):
  Pedro é macérrimo.
  Somos todos estudiosíssimos.

Veja, agora, alguns exemplos de superlativos sintéticos:

Ágil: agilíssimo.
Bom: ótimo ou boníssimo.
Capaz: capacíssimo.
Difícil: dificílimo.
Eficaz: eficacíssimo.
Fiel: fidelíssimo.
Geral: generalíssimo.
Horrível: horribilíssimo.
Inimigo: inimicíssimo.
Jovem: juveníssimo.
Louvável: laudabilíssimo.
Mísero: misérrimo.
Notável: notabilíssimo.
Pequeno: mínimo ou pequeníssimo.
Sério: seríssimo.
Terrível: terribilíssimo.
Vão: vaníssimo.

Atente à mudança de sentido provocada pela alteração de posição do adjetivo.

Homem **grande** (alto, corpulento).

Grande homem (célebre).

Mas isso nem sempre ocorre. Se você analisar a construção "giz azul" e "azul giz", perceberá que não há diferença semântica.

7.6 Advérbio

É a palavra invariável que se relaciona ao verbo, ao adjetivo ou a outro advérbio para atribuir-lhes uma circunstância. Veja os exemplos:

Os alunos saíram **apressadamente**.

O caso era muito **interessante**.

Resolvemos **muito bem** o problema.

7.6.1 Classificação do advérbio

- **Afirmação:** sim, certamente, efetivamente etc.
- **Negação:** não, nunca, jamais.
- **Intensidade:** muito, pouco, assaz, bastante, mais, menos, tão, tanto, quão etc.
- **Lugar:** aqui, ali, aí, aquém, acima, abaixo, atrás, dentro, junto, defronte, perto, longe, algures, alhures, nenhures etc.
- **Tempo:** agora, já, depois, anteontem, ontem, hoje, jamais, sempre, outrora, breve etc.
- **Modo:** assim, bem, mal, depressa, devagar, melhor, pior e a maior parte das palavras formadas de um adjetivo, mais a terminação "mente" (leve + mente = levemente; calma + mente = calmamente).
- **Inclusão:** também, inclusive.
- **Designação:** eis.
- **Interrogação:** onde, como, quando, por que.

Também existem as chamadas locuções adverbiais que vêm quase sempre introduzidas por uma preposição: à farta (= fartamente), às pressas (= apressadamente), à toa, às cegas, às escuras, às tontas, às vezes, de quando em quando, de vez em quando etc.

Existem casos em que utilizamos um adjetivo como forma de advérbio. É o que chamamos de adjetivo adverbializado. Veja os exemplos:

Aquele orador fala **belamente**. (Advérbio de modo).

Aquele orador fala **bonito**. (Adjetivo adverbializado que tenta designar modo).

7.7 Conjunção

É a palavra invariável que conecta elementos em algum encadeamento frasal. A relação em questão pode ser de natureza lógico-semântica (relação de sentido) ou apenas indicar uma conexão exigida pela sintaxe da frase.

7.7.1 Coordenativas

São as conjunções que conectam elementos que não possuem dependência sintática, ou seja, as sentenças que são conectadas por meio desses elementos já estão com suas estruturas sintáticas (sujeito / predicado / complemento) completas.

- **Aditivas:** e, nem (= e não), também, que, não só..., mas também, não só... como, tanto ... como, assim... como etc.
  José não foi à aula **nem** fez os exercícios.
  Devemos estudar **e** apreender os conteúdos.

- **Adversativas:** mas, porém, contudo, todavia, no entanto, entretanto, senão, não obstante, aliás, ainda assim.

  Os países assinaram o acordo, **mas** não o cumpriram.

  A menina cantou bem, **contudo** não agradou ao público.
- **Alternativas:** ou... ou, já ... já, seja... seja, quer... quer, ora... ora, agora... agora.

  Ora diz sim, **ora** diz não.

  Ou está feliz, **ou** está no ludibriando.
- **Conclusivas:** logo, pois (depois do verbo), então, portanto, assim, enfim, por fim, por conseguinte, conseguintemente, consequentemente, donde, por onde, por isso.

  O **concursando** estudou muito, **logo**, deverá conseguir seu cargo.

  É professor, **por conseguinte** deve saber explicar o conteúdo.
- **Explicativas:** isto é, por exemplo, a saber, ou seja, verbi gratia, pois (antes do verbo), pois bem, ora, na verdade, depois, além disso, com efeito, que, porque, ademais, outrossim, porquanto etc.

  Deve ter chovido, **pois** o chão está molhado.

  O homem é um animal racional, **porque** é capaz de raciocinar.

  Não converse agora, **que** eu estou explicando.

7.7.2 Subordinativas

São as conjunções que denotam uma relação de subordinação entre orações, ou seja, a conjunção subordinativa evidencia que uma oração possui dependência sintática em relação a outra. O que se pretende dizer com isso é que uma das orações envolvidas nesse conjunto desempenha uma função sintática para com sua oração principal.

Integrantes

- Que, se:

  Sei **que** o dia do pagamento é hoje.

  Vejamos **se** você consegue estudar sem interrupções.

Adverbiais

▷ **Causais:** indicam a causa de algo.

- Já que, porque, que, pois que, uma vez que, sendo que, como, visto que, visto como, como etc.

  Não teve medo do perigo, **já que** estava protegido.

  Passou no concurso, **porque** estudou muito.

▷ **Comparativas:** estabelecem relação de comparação:

- Como, mais... (do) que, menos... (do) que, tão como, assim como, tanto quanto etc.

  Tal como procederes, receberás o castigo.

  Alberto é aplicado **como** quem quer passar.

▷ **Concessivas (concessão):** estabelecem relação de quebra de expectativa com respeito à sentença à qual se relacionam.

- Embora, ainda que, dado que, posto que, conquanto, em que, quando mesmo, mesmo que, por menos que, por pouco que, apesar de (que).

  Embora tivesse estudado pouco, conseguiu passar.

  Conquanto estudasse, não conseguiu aprender.

▷ **Condicionais:** estabelecem relação de condição.

- Se, salvo se, caso, exceto se, contanto que, com tal que, caso, a não ser que, a menos que, sem que etc.

  Se tudo der certo, estaremos em Portugal amanhã.

  Caso você tenha dúvidas, pergunte a seu professor.

▷ **Consecutivas:** estabelecem relação de consequência.

- Tanto que, de modo que, de sorte que, tão...que, sem que etc.

  O aluno estudou **tanto que** morreu.

  Timeto Amon era **tão** feio **que** não se olhava no espelho.

▷ **Conformativas:** estabelecem relação de conformidade.

- Conforme, consoante, segundo, da mesma maneira que, assim como, como que etc.

  Faça a prova **conforme** teu pai disse.

  Todos agem **consoante** se vê na televisão.

▷ **Finais:** estabelecem relação de finalidade.

- Para que, a fim de que, que, porque.

  Estudou muito **para que** pudesse ter uma vida confortável.

  Trabalhei **a fim de que** o resultado seja satisfatório.

▷ **Proporcionais:** estabelecem relação de proporção.

- À proporção que, à medida que, quanto mais... tanto mais, quanto menos... tanto menos, ao passo que etc.

  À medida que o momento de realizar a prova chegava, a ansiedade de todos aumentava.

  Quanto mais você estudar, **tanto mais** terá a chance de ser bem-sucedido.

▷ **Temporais:** estabelecem relação de tempo.

- Quando, enquanto, apenas, mal, desde que, logo que, até que, antes que, depois que, assim que, sempre que, senão quando, ao tempo que, apenas que, antes que, depois que, sempre que etc.

  Quando todos disserem para você parar, continue.

  Depois que terminar toda a lição, poderá descansar um pouco.

  Mal chegou, já quis sair.

7.8 Interjeição

É o termo que exprime, de modo enérgico, um estado súbito de alma. Sem muita importância para a análise a que nos propomos, vale apenas lembrar que elas possuem uma classificação semântica:

- **Dor:** ai! ui!
- **Alegria:** ah! eh! oh!
- **Desejo:** oxalá! tomara!
- **Admiração:** puxa! cáspite! safa! quê!
- **Animação:** eia! sus! coragem!
- **Aplauso:** bravo! apoiado!
- **Aversão:** ih! chi! irra! apre!
- **Apelo:** ó, olá! psit! pitsiu! alô! socorro!
- **Silêncio:** psit! psiu! caluda!
- **Interrogação, espanto:** hem!

Há, também, locuções interjeitivas: **minha nossa! Meu Deus!**

A despeito da classificação acima, o que determina o sentido da interjeição é o seu uso.

7.9 Numeral

É a palavra que indica uma quantidade, multiplicação, fração ou um lugar em uma série. Os numerais podem ser divididos em:

- **Cardinais:** quando indicam um número básico: um, dois, três, cem mil etc.
- **Ordinais:** quando indicam um lugar numa série: primeiro, segundo, terceiro, centésimo, milésimo etc.
- **Multiplicativos:** quando indicam uma quantidade multiplicativa: dobro, triplo, quádruplo etc.
- **Fracionários:** quando indicam parte de um inteiro: meio, metade, dois terços etc.

ALGARISMO		CARDINAIS	ORDINAIS
ROMANOS	ARÁBICOS		
I	1	um	primeiro
II	2	dois	segundo
III	3	três	terceiro
IV	4	quatro	quarto
V	5	cinco	quinto
VI	6	seis	sexto
VII	7	sete	sétimo
VIII	8	oito	oitavo
IX	9	nove	nono
X	10	dez	décimo
XI	11	onze	undécimo ou décimo primeiro
XII	12	doze	duodécimo ou décimo segundo
XIII	13	treze	décimo terceiro
XIV	14	quatorze ou catorze	décimo quarto
XV	15	quinze	décimo quinto
XVI	16	dezesseis	décimo sexto
XVII	17	dezessete	décimo sétimo
XVIII	18	dezoito	décimo oitavo
XIX	19	dezenove	décimo nono
XX	20	vinte	vigésimo
XXI	21	vinte e um	vigésimo primeiro
XXX	30	trinta	trigésimo
XXXL	40	quarenta	quadragésimo
L	50	cinquenta	quinquagésimo
LX	60	sessenta	sexagésimo
LXX	70	setenta	septuagésimo ou setuagésimo
LXXX	80	oitenta	octogésimo
XC	90	noventa	nonagésimo
C	100	cem	centésimo
CC	200	duzentos	ducentésimo
CCC	300	trezentos	trecentésimo
CD	400	quatrocentos	quadringentésimo
D	500	quinhentos	quingentésimo
DC	600	seiscentos	seiscentésimo ou sexcentésimo
DCC	700	setecentos	septingentésimo
DCCC	800	oitocentos	octingentésimo
CM	900	novecentos	nongentésimo ou noningentésimo
M	1.000	mil	milésimo
X'	10.000	dez mil	dez milésimos
C'	100.000	cem mil	cem milésimos
M'	1.000.000	um milhão	milionésimo
M''	1.000.000.000	um bilhão	bilionésimo

Lista de numerais multiplicativos e fracionários:

Algarismos	Multiplicativos	Fracionários
2	duplo, dobro, dúplice	meio ou metade
3	triplo, tríplice	terço
4	quádruplo	quarto
5	quíntuplo	quinto
6	sêxtuplo	sexto
7	sétuplo	sétimo
8	óctuplo	oitavo
9	nônuplo	nono
10	décuplo	décimo
11	undécuplo	onze avos
12	duodécuplo	doze avos
100	cêntuplo	centésimo

7.9.1 Cardinais

Para realizar a leitura dos cardinais, é necessário colocar a conjunção "e" entre as centenas e dezenas, assim como entre as dezenas e a unidade.

Exemplo: 3.068.724 = três milhões, sessenta **e** oito mil, setecentos **e** vinte **e** quatro.

7.9.2 Ordinais

Quanto à leitura do numeral ordinal, há duas possibilidades: quando é inferior a 2.000, lê-se inteiramente segundo a forma ordinal.

- 1.766º = milésimo septingentésimo sexagésimo sexto.

Acima de 2.000, lê-se o primeiro algarismo como cardinal e os demais como ordinais. Hodiernamente, entretanto, tem-se observado a tendência a ler os números redondos segundo a forma ordinal.

- 2.536º = dois milésimos quingentésimo trigésimo sexto.
- 8 000º = oitavo milésimo.

7.9.3 Fracionários

O numerador de um numeral fracionário é sempre lido como cardinal. Quanto ao denominador, há dois casos:

- Primeiro: se for inferior ou igual a 10, ou ainda for um número redondo, será lido como ordinal 2/6 = dois sextos; 9/10 = nove décimos; centésimos (se houver). São exceções: 1/2 = meio; 1/3 = um terço.
- Segundo: se for superior a 10 e não constituir número redondo, é lido como cardinal, seguido da palavra "avos". 1/12 = um doze avos; 4/25 = quatro vinte e cinco avos.

Ao se fazer indicação de reis, papas, séculos, partes de uma obra, usam-se os numerais ordinais até décimo. A partir daí, devem-se empregar os cardinais. Século V (século quinto), século XX (vinte), João Paulo II (segundo), Bento XVI (dezesseis).

7.10 Preposição

É a palavra invariável que serve de ligação entre dois termos de uma oração ou, às vezes, entre duas orações. Costuma-se denominar "regente" o termo que exige a preposição e "regido" aquele que recebe a preposição:

Ele comprou um livro **de** poesia.

Ele tinha medo **de** ficar solitário.

Como se vê, a preposição "de", no primeiro caso, liga termos de uma mesma oração; no segundo, liga orações.

7.10.1 Preposições essenciais

São aquelas que têm como função primordial a conexão das palavras:

- a, ante, até, após, com contra, de, desde, em, entre, para, per, perante, por, sem, sob, sobre, trás.

Veja o emprego de algumas preposições:

Os manifestantes lutaram **contra** a polícia.

O aluno chegou **ao** salão rapidamente.

Aguardo sua decisão **desde** ontem.

Entre mim e ti, não há qualquer problema.

7.10.2 Preposições acidentais

São palavras que pertencem a outras classes, empregadas, porém, eventualmente como preposições: conforme, consoante, durante, exceto, fora, agora, mediante, menos, salvante, salvo, segundo, tirante.

O emprego das preposições acidentais é mais comum do que parece, veja os exemplos:

Todos saíram da sala, **exceto** eu.

Tirante as mulheres, o grupo que estava na sala parou de falar.

Escreveu o livro **conforme** o original.

7.10.3 Locuções prepositivas

Além das preposições simples, existem também as chamadas locuções prepositivas, que terminam sempre por uma preposição simples:

- abaixo de, acerca de, acima de, a despeito de, adiante de, a fim de, além de, antes de, ao lado de, a par de, apesar de, a respeito de, atrás de, através de, de acordo com, debaixo de, de cima de, defronte de, dentro de, depois de, diante de, embaixo de, em cima de, em frente de(a), em lugar de, em redor de, em torno de, em vez de, graças a, junto a (de), para baixo de, para cima de, para com, perto de, por baixo de, por causa de, por cima de, por detrás de, por diante de, por entre, por trás de.

7.10.4 Conectivos

Os conectivos têm a função de ligar palavras ou orações. Eles podem ser coordenativos (ligam orações coordenadas) ou subordinativos (ligam orações subordinadas).

Coordenativos

- Conjunções coordenativas que iniciam as orações coordenadas:

Aditivas: e.

Adversativas: mas.

Alternativas: ou.

Conclusivas: logo.

Explicativas: pois.

Subordinativos

- Pronomes relativos que iniciam as orações adjetivas:

Que.

Quem.

Cujo/cuja.

O qual/a qual.

- Conjunções subordinativas que iniciam as orações adverbiais:

Causais: porque.

Comparativas: como.

Concessivas: embora.

Condicionais: se.

Conformativas: conforme.

Consecutivas: (tão) que.

Finais: para que.

Proporcionais: à medida que.

Temporais: quando.

- **Conjunções subordinativas que iniciam as orações substantivas:**

Integrantes: que, se.

7.10.5 Formas variantes

Algumas palavras possuem mais de uma forma, ou seja, junto à forma padrão existem outras formas variantes.

Em algumas situações, é irrelevante a variação utilizada, mas em outros deve-se escolher a variação mais generalizada.

Exemplos:

Assobiar, assoviar.

Coisa, cousa.

Louro, loiro.

Lacrimejar, lagrimejar.

Infarto, enfarte.

Diabete, diabetes.

Transpassar, traspassar, trespassar.

8 SINTAXE BÁSICA

Sintaxe é a parte da Gramática que estuda a função das palavras ou das expressões em uma oração ou em um período.

Antes de iniciar o estudo da sintaxe, faz-se necessário definir alguns conceitos, tais como: frase, oração e período (conceitos essenciais).

- **Frase**: qualquer sentença dotada de sentido.

  Eu adoro estudar português!

  Fogo! Socorro!
- **Oração**: frase organizada em torno de uma forma verbal.

  Os alunos farão a prova amanhã!
- **Período**: conjunto de orações.
  - Período simples: 1 oração.

    Ex.: **Estudarei** português.
  - Período composto: mais de 1 oração.

    Ex.: **Estudarei** português e **farei** a prova.

8.1 Período simples (oração)

A oração é dividida em termos. Assim, o estudo fica organizado e impossibilita a confusão. São os termos da oração:

- Essenciais.
- Integrantes.
- Acessórios.

8.1.1 Termos essenciais da oração

Sujeito e predicado: são chamados de essenciais, porque são os elementos que dão vida à oração. Quer dizer, sem um deles (o predicado, ao menos) não se pode formar oração.

- O **Brasil** caminha para uma profunda transformação social.

  O Brasil: sujeito.

  Para uma profunda transformação social: predicado.

Sujeito

Sujeito é o termo sintático sobre o qual se declara ou se constata algo. Deve-se observar que há uma profunda relação entre o verbo que comporá o predicado e o sujeito da oração. Usualmente, o sujeito é formado por um substantivo ou por uma expressão substantivada.

O sujeito pode ser: simples; composto; oculto, elíptico ou desinencial; indeterminado; inexistente ou oracional.

- **Sujeito simples:** aquele que possui apenas um núcleo.

  O país deverá enfrentar difíceis rivais na competição.

  A perda de fôlego de algumas das grandes economias também já foi notada por outras gigantes do setor.
- **Sujeito composto:** é aquele que possui mais de um núcleo.

  João e Maria são amigos inseparáveis.

  Eu, meus **amigos** e todo o **resto** dos alunos faremos a prova.
- **Sujeito oculto, elíptico ou desinencial:** aquele que não se encontra expresso na oração, porém é facilmente subentendido pelo verbo apresentado.

  Acord**amos** cedo naquele dia. (Nós)

  Abr**i** o blusão, tirei o 38, e perguntei com tanta raiva que uma gota de meu cuspe bateu na cara dele. (R. Fonseca) (eu)

  Vanderlei caminh**ou** pela manhã. À tarde passe**ou** pelo lago municipal, onde encontr**ou** a Anaconda da cidade. (Ele, Vanderlei)

Perceba que o sujeito não está grafado na sentença, mas é facilmente recuperável por meio da terminação do verbo.

▹ **Sujeito indeterminado:** ocorre quando o verbo não se refere a um núcleo determinado. São situações de indeterminação do sujeito:

- Terceira pessoa do plural sem um referente:

  Nunca lhe **deram** nada.

  Fizeram comentários maldosos a seu respeito.
- Com verbos transitivos indiretos, intransitivo e relacionais (de ligação) acompanhados da partícula "se" que, no caso, será classificada como índice de indeterminação de sujeito:

  Vive-se muito bem.

  Precisa-se de força e coragem na vida de estudante.

  Nem sempre **se está** feliz na riqueza.

▹ **Sujeito inexistente ou oração sem sujeito:** ocorre em algumas situações específicas.

- Com verbos impessoais (principalmente os que denotam fenômeno da natureza).

  Em setembro **chove** muito.

  Nevava em Palotina.
- Com o verbo haver, desde que empregado nos sentidos de existir, acontecer ou ocorrer.

  Há poemas perfeitos, não **há** poetas perfeitos.

  Deveria haver soluções para tais problemas.
- Com os verbos ir, haver e fazer, desde que empregado fazendo alusão a tempo transcorrido.

  Faz um ano que não viajo. (verbo "fazer" no sentido de "tempo transcorrido")

  Há muito tempo que você não aparece. (verbo "haver" no sentido de "tempo")

  Vai para dois meses que não recebo salário. (verbo "ir" no sentido de "tempo")
- Com os verbos ser ou estar indicando tempo.

  Era noite fechada.

  É tarde, eles não vêm!
- Com os verbos bastar e chegar indicando cessamento.

  Basta de tanta corrupção no Senado!

  Chega de ficar calado quando a situação aperta!
- Com o verbo ser indicando data ou horas.

  São dez horas no relógio da torre.

  Amanhã **serão** dez de dezembro.

▹ **Sujeito oracional:** ocorre nas análises do período composto, quando se verifica que o sujeito de um verbo é uma oração.

É preciso **que você estude Língua Portuguesa**.

Predicado

É o termo que designa aquilo que se declara acerca do sujeito. É mais simples e mais prudente para o aluno buscar identificar o predicado antes do sujeito, pois, se assim o fizer, terá mais concretude na identificação do sujeito.

O predicado pode ser nominal, verbal ou verbo-nominal.

- **Predicado Nominal:** o predicado nominal é formado por um verbo relacional (de ligação) + predicativo.

Principais verbos de ligação: ser, estar, permanecer, continuar, ficar, parecer, andar e torna-se.

A economia da Ásia parecia derrotada após a crise.

O deputado, de repente, virou patriota.

Português é legal.

- **Predicado Verbal:** o predicado verbal tem como núcleo um verbo nocional.

  Empresários **investirão R$ 250 milhões em novo berço para o Porto de Paranaguá.**

- **Predicado Verbo-nominal:** ocorre quando há um verbo significativo (nocional) + um predicativo do sujeito.

  O trem chegou atrasado. ("atrasado" é uma qualidade do sujeito que aparece após o verbo, portanto, é um predicativo do sujeito).

  Pedro Paladino já nasceu rico.

  Acompanhei a indignação de meus alunos preocupado.

Predicativo

O predicativo é um termo componente do predicado. Qualifica sujeito ou objeto.

Josefina era **maldosa, ruim, sem valor**. (predicativo do sujeito)

Leila deixou o garoto **louco**. (predicativo do objeto)

O diretor nomeou João **chefe da repartição**. (predicativo do objeto)

8.2 Termos integrantes da oração

Os termos integrantes da oração são: objeto direto (complemento verbal); objeto indireto (complemento verbal); complemento nominal e agente da passiva.

- **Objeto Direto:** é o complemento de um verbo transitivo direto.

  Os bons cidadãos cumprem **as leis**. (quem cumpre, cumpre algo)

  Em resumo: ele queria **uma mulher**. (quem quer, quer algo)

- **Objeto Indireto:** é o complemento de um verbo transitivo indireto.

  Os bons cidadãos obedecem **às leis**. (quem obedece, obedece a algo)

  Necessitamos **de manuais mais práticos** nos dias de hoje. (quem necessita, necessita de algo)

- **Complemento Nominal:** é o complemento, sempre preposicionado, de adjetivos, advérbios e substantivos que, em determinadas circunstâncias, pedem complemento, assim como os verbos transitivos indiretos.

  O filme era impróprio para crianças.

  Finalizou-se a construção do prédio.

  Agiu favoravelmente ao réu.

- **Agente da Passiva:** é o complemento que, na voz passiva, designa o ser praticante da ação sofrida ou recebida pelo sujeito. Veja os exemplos:

  Voz ativa: o zagueiro executou a jogada.

  Voz passiva: a jogada foi executada **pelo zagueiro**. (**Agente da passiva**)

  Conversas foram interceptadas pela **Polícia Federal**. (Agente da passiva)

8.3 Termos acessórios da oração

Os termos acessórios da oração são: adjunto adnominal; adjunto adverbial; aposto e vocativo.

▷ **Adjunto Adnominal:** a função do adjunto adnominal é desempenhada por qualquer palavra ou expressão que, junto de um substantivo ou de uma expressão substantivada, modifica o seu sentido. Vejamos algumas palavras que desempenham tal função.

- **Artigos: as** alunas serão aprovadas.
- **Pronomes adjetivos: aquela** aluna será aprovada.
- **Numerais adjetivos: duas** alunas serão aprovadas.
- **Adjetivos:** aluno **estudioso** é aprovado.
- **Locuções adjetivas:** aluno **de gramática** passa no concurso.

▷ **Adjunto Adverbial:** o adjunto adverbial é o termo acessório (que não é exigido por elemento algum da sentença) que exprime circunstância ao verbo e, às vezes, ao adjetivo ou mesmo ao advérbio.

- **Advérbios:** os povos antigos trabalhavam mais.
- **Locuções Adverbiais:** li vários livros **durante as férias**.
- **Alguns tipos de adjuntos adverbiais:**

  Tempo: ontem, choveu muito.

  Lugar: gostaria de que me encontrasse **na esquina da padaria**.

  Modo: Alfredo executou a aria **fantasticamente**.

  Meio: fui para a escola **a pé**.

  Causa: por amor, cometem-se loucuras.

  Instrumento: quebrou a **vidraça com uma pedra**.

  Condição: se estudar muito, será aprovado.

  Companhia: faremos sucesso **com essa banda.**

▷ **Aposto:** o aposto é o termo sintático que, possuindo equivalência semântica, esclarece seu referente. Tipos de aposto:

Explicativo: Alencar, **escritor romântico**, possui uma obra vastíssima.

Resumitivo ou recapitulativo: estudo, esporte, cinema, **tudo** o chateava.

Enumerativo: preciso de duas coisas: **saúde e dinheiro**.

Especificativo: a notícia foi publicada na revista **Veja**.

Distributivo: havia grupos interessados: **o da direita e o da esquerda**.

Oracional: desejo só uma coisa: **que vocês passem no concurso**.

Vocativo: é uma interpelação, é um chamamento. Normalmente, indica com quem se fala.

▷ **Ó mar**, por que não me levas contigo?

- Vem, **minha amiga**, abraçar um vitorioso.

8.4 Período composto

O período composto possui dois processos: coordenação e subordinação.

- **Coordenação:** ocorre quando são unidas orações independentes sintaticamente. Ou seja, são autônomas do ponto de vista estrutural. Vamos a um exemplo:
  - Altamiro pratica esportes e estuda muito.
- **Subordinação:** ocorre quando são unidas orações que possuem dependência sintática. Ou seja, não estão completas em sua estrutura. O processo de subordinação ocorre de três maneiras:
  - **Substantiva:** quando a oração desempenhar a função de um substantivo na sentença (**sujeito, predicativo, objeto direto, objeto indireto, complemento nominal ou aposto**).
  - **Adjetiva:** quando a oração desempenhar a função de adjunto adnominal na sentença.
  - **Adverbial:** quando a oração desempenhar a função de adjunto adverbial na sentença.

  Eu quero **que vocês passem no concurso**. (Oração subordinada substantiva objetiva direta – a função de objeto direto está sendo desempenhada pela oração)

  O Brasil, **que é um belíssimo país**, possui vegetação exuberante. (Oração subordinada adjetiva explicativa)

  Quando José entrou na sala, Manoel saiu. (Oração subordinada adverbial temporal)

8.4.1 Processo de coordenação

Há dois tipos de orações coordenadas: **assindéticas** e **sindéticas**.

- **Assindéticas:**

O nome vem da palavra grega *sýndetos*, que significa conjunção, união. Ou seja, oração que não possui conjunção quando está colocada ao lado de outra.

> Valdevino **correu (oração coordenada assindética), correu (oração coordenada assindética), correu (oração coordenada assindética)** o dia todo.

Perceba que não há conjunções para ligar os verbos, ou seja, as orações estão colocadas uma ao lado da outra sem síndeto, portanto, são **orações coordenadas assindéticas**.

- **Sindéticas:**

Contrariamente às assindéticas, as sindéticas possuem conjunção para exprimir uma relação lógico-semântica. Cada oração recebe o nome da conjunção que a introduz. Por isso é necessário decorar as conjunções.

- **Aditivas:** são introduzidas pelas conjunções e, nem, mas também, também, como (após "não só"), como ou quanto (após "tanto"), mais etc., dando a ideia de adição à oração anterior.

  A seleção brasileira venceu a Dinamarca / **e empatou com a Inglaterra**. (Oração coordenada assindética / **oração coordenada sindética aditiva**)

- **Adversativas:** são introduzidas pelas conjunções: mas, porém, todavia, contudo, entretanto, no entanto, não obstante, senão, apesar disso, embora etc., indicando uma relação de oposição à sentença anterior.

  O time batalhou muito, / **mas não venceu o adversário.** (Oração coordenada assindética / **oração coordenada sindética adversativa**)

- **Alternativas:** são introduzidas pelas conjunções ou... ou, ora... ora, já... já, quer... quer, seja... seja, nem... nem etc., indicando uma relação de alternância entre as sentenças.

  Ora estuda, / ora trabalha. (**Oração coordenada sindética alternativa / oração coordenada sindética alternativa**)

- **Conclusivas:** são introduzidas pelas conjunções: pois (posposto ao verbo), logo, portanto, então, por conseguinte, por consequência, assim, desse modo, destarte, com isso, por isto, consequentemente, de modo que, indicando uma relação de conclusão do período anterior.

  Comprei a carne e o carvão, / **portanto podemos fazer o churrasco**. (Oração coordenada assindética / **oração coordenada sindética conclusiva**)

  Estou muito doente, / **não posso, pois, ir à aula**. (Oração coordenada assindética/ **oração coordenada sindética conclusiva**)

- **Explicativas:** são introduzidas pelas conjunções que, porque, porquanto, por, portanto, como, pois (anteposta ao verbo), ou seja, isto é, indicando uma relação de explicação para com a sentença anterior.

  Não converse, / **pois estou estudando**. (Oração coordenada assindética / **oração coordenada sindética explicativa**)

8.4.2 Processo de subordinação

As orações subordinadas substantivas se dividem em seis tipos, introduzidas, geralmente, pelas conjunções "**que**" e "**se**".

- **Subjetiva:** exerce função de sujeito do verbo da oração principal.

  É interessante / **que todos joguem na loteria**. (Oração principal / **oração subordinada substantiva subjetiva**)

- **Objetiva direta:** exerce função de objeto direto.

  Eu quero / **que você entenda a matéria**. Quem quer, quer algo ou alguma coisa. (Oração principal / **oração subordinada substantiva objetiva direta**)

- **Objetiva indireta:** exerce função de objeto indireto.

  Os alunos necessitam / **de que as explicações fiquem claras**. Quem necessita, necessita de algo. (Oração principal / **oração subordinada substantiva objetiva indireta**)

- **Predicativa:** exerce função de predicativo.

  O bom é / **que você faça exercícios todos os dias.** (Oração principal / **oração subordinada substantiva predicativa**)

- **Completiva nominal:** exerce função de complemento nominal de um nome da oração principal.

  Jonas tem vontade / **de que alguém o mande calar a boca**. (Oração principal / **oração subordinada substantiva completiva nominal**)

- **Apositivas:** possuem a função de aposto da sentença principal, geralmente são introduzidas por dois-pontos (:).

  Eu quero apenas isto: / **que você passe no concurso**. (Oração principal / **oração subordinada substantiva apositiva**)

- **Orações subordinadas adjetivas:** dividem-se em dois tipos. Quando desenvolvidas, são introduzidas por um pronome relativo.

O nome oração subordinada adjetiva se deve ao fato de ela desempenhar a mesma função de um adjetivo na oração, ou seja, a função de adjunto adnominal. Na Gramática de Portugal, são chamadas de orações relativas pelo fato de serem introduzidas por pronome relativo.

- **Restritivas:** restringem a informação da oração principal. Não possuem vírgulas.

  O homem / **que mora ao lado** / é mal-humorado. (Oração principal / **oração subordinada adjetiva restritiva** / oração principal)

Para entender basta perguntar: qualquer homem é mal-humorado? Não. Só o que mora ao lado.

- **Explicativas:** explicam ou dão algum esclarecimento sobre a oração principal.

  João, / **que é o ex-integrante da comissão,** / chegou para auxiliar os novos contratados. (Oração principal / **oração subordinada adjetiva explicativa** /oração principal)

- **Orações subordinadas adverbiais:** dividem-se em nove tipos. Recebem o nome da conjunção que as introduz. Nesse caso, teremos uma principal (que não está negritada) e uma subordinada adverbial (que está em negrito).

Essas orações desempenham a função de adjunto adverbial da oração principal.

- **Causais:** exprimem a causa do fato que ocorreu na oração principal. Introduzidas, principalmente, pelas conjunções porque, visto que, já que, uma vez que, como que, como.

  Já que precisamos de dinheiro, vamos trabalhar.

- **Comparativas:** representam o segundo termo de uma comparação. Introduzidas, na maior parte dos casos, pelas conjunções que, do que, como, assim como, (tanto) quanto.

  Tiburcina fala **como uma gralha** (fala - o verbo está elíptico).

- **Concessivas:** indica uma concessão entre as orações. Introduzidas, principalmente, pelas conjunções embora, a menos que, ainda que, posto que, conquanto, mesmo que, se bem que, por mais que, apesar de que. Fique de olho na relação da conjunção com o verbo.

  Embora não tivesse tempo disponível, consegui estudar.

- **Condicionais:** expressa ideia de condição. Introduzidas, principalmente, pelas conjunções se, salvo se, desde que, exceto, caso, desde, contanto que, sem que, a menos que.

  Se ele não se defender, acabará como "boi-de-piranha" no caso.

- **Conformativas:** exprimem acordo, concordância entre fatos ou ideias. Introduzidas, principalmente, pelas conjunções como, consoante, segundo, conforme, de acordo com etc.

  Realize as atividades **conforme eu expliquei**.

- **Consecutivas:** indicam a consequência ou o efeito daquilo que se diz na oração principal. Introduzidas, principalmente, pelas conjunções que (precedida de tal, tão, tanto, tamanho), de sorte que, de modo que.

  Estudei tanto, **que saiu sangue dos olhos**.

- **Finais:** exprimem finalidade da ação primeira. Introduzidas, em grande parte dos casos, pelas conjunções para que, a fim de que, que e porque.

  Estudei muito **para que pudesse fazer a prova**.

- **Proporcionais:** expressa uma relação de proporção entre as orações. Introduzidas, principalmente, pelas conjunções (locuções conjuntivas) à medida que, quanto mais... mais, à proporção que, ao passo que, quanto mais.
  - José piorava, **à medida que abandonava seu tratamento**.

- **Temporais:** indicam circunstância de tempo. Introduzidas, principalmente, pelas conjunções quando, antes que, assim que, logo que, até que, depois que, mal, apenas, enquanto etc.

  Logo que iniciamos o trabalho os alunos ficaram mais tranquilos.

9 FUNÇÕES DO "SE"

A palavra "se", assim como o "que", possui diversas funções e costuma gerar muitas dúvidas. Por isso, para entender cada função e identificá-las, observe os exemplos a seguir.

9.1 Partícula apassivadora

Vendem-**se** plantas. (É possível passar a oração para a voz passiva analítica: plantas são vendidas).

Neste caso, o "se" nunca será seguido por preposição.

9.2 Pronome reflexivo

Nesse caso, o pronome expressa a igualdade entre o sujeito e o objeto da ação, exercendo a função de complemento verbal.

Penteou-**se** com capricho.

9.3 Pronome recíproco

Denota a ocorrência de que houve uma ação trocada entre os elementos do sujeito.

Amaram-**se** durante anos.

9.4 Partícula expletiva (de realce)

Tem o papel de realçar ou enfatizar um vocábulo ou um segmento da frase. Pode ser retirada da frase sem prejuízo sintático ou semântico.

Foi-**se** o tempo em que confiávamos nos políticos. (Não possui função na oração, apenas realça o que foi dito).

9.5 Pronome indeterminador do sujeito

O pronome "se" serve como índice de indeterminação do sujeito. O sujeito indeterminado é o sujeito que não quer ou não se pode identificar.

Precisa-**se** de secretária. (Não se pode passar a oração para a voz passiva analítica).

Nessa casa, come-**se** muito.

9.6 Parte do verbo pronominal

Alguns verbos exigem a presença da partícula "se" para indicar que a ação é referente ao sujeito que a pratica. Veja os exemplos:

Arrependeu-**se** de ter ligado.

Outros exemplos de verbos pronominais: lembrar-**se**, queixar-**se**, enganar-**se**, suicidar-**se**.

9.7 Conjunção

A conjunção "se" pode assumir várias funções, veja alguns exemplos:

Vou chegar no horário **se** não chover. (Conjunção condicional).

Não sei **se** dormirei em casa hoje. (Conjunção integrante).

Se vai ficar aqui, então fale comigo. (Conjunção adverbial causal).

Se queria ser mãe, nunca demonstrou amor pelas crianças. (Conjunção concessiva).

10 FUNÇÕES DO "QUE"

A palavra "que" possui diversas funções e costuma gerar muitas dúvidas. Por isso, para entender cada função e identificá-las, observe os exemplos a seguir:

10.1 Substantivo

Senti um **quê** de falsidade naquela fala.

Neste caso, o que está precedido por um determinante – um artigo –, e é acentuado, pois assume o papel de um substantivo. Poderia ser substituído por outro substantivo:

Senti um **ar** de falsidade naquela fala.

Quanto atua como substantivo, o quê será sempre acentuado e precedido por um artigo, pronome ou numeral.

10.2 Pronome

Exemplos:

Que beleza de festa! (Pronome exclamativo)

O livro **que** comprei estava em promoção. (Pronome relativo)

Que dia é a prova? (Pronome interrogativo)

10.3 Interjeição

Exemplos:

Quê? Não entendi.

Quê! Ela sabe sim!

10.4 Preposição

Temos **que** chegar cedo.

Observe que a regência do verbo ter exige a preposição "de": *temos de chegar cedo.* No entanto, na fala coloquial, já é aceito o uso do "que" como preposição.

10.5 Advérbio

Que bela está a casa!

Neste caso, antecede um adjetivo, modificando-o: **como** a casa está bela!

Que longe estava da cidade!

Neste caso, antecede um advérbio, intensificando-o: Estava **muito longe** da cidade.

10.6 Conjunção

Exemplos:

Que gostem ou **que** não gostem, tomei minha decisão. (Conjunção alternativa).

Pode entrar na fila **que** não será atendida. (Conjunção adversativa).

Não falte à aula **que** o conteúdo é importante. (Conjunção explicativa).

10.7 Conjunção subordinativa

Exemplos:

Estava tão cansada **que** não quis recebê-lo. (Conjunção subordinativa consecutiva).

Gostei da viagem, cara **que** tenha sido. (Conjunção subordinativa concessiva).

Não corra **que** o chão está molhado! (Conjunção subordinativa causal).

10.8 Partícula expletiva (de realce)

Que bonito **que** está o seu cabelo! (Não tem função na oração, apenas realça o que está sendo falado)

11 CONCORDÂNCIA VERBAL E NOMINAL

Trata-se do processo de flexão dos termos a fim de se relacionarem harmoniosamente na frase. Quando se pensa sobre a relação do verbo com os demais termos da oração, o estudo focaliza a concordância verbal. Quando a análise se volta para a relação entre pronomes, substantivos, adjetivos e demais termos do grupo nominal, diz-se que o foco é concordância nominal.

11.1 Concordância verbal

11.1.1 Regra geral

O verbo concorda com o sujeito em número e pessoa.

O **primeiro-ministro** russo **acusou** seus inimigos.
Dois **parlamentares rebateram** a acusação.
Contaram-se **mentiras** no telejornal.
Vós sois os responsáveis por vosso destino.

Regras para sujeito composto

▷ Anteposto se colocado antes do verbo, o verbo vai para o plural:

Eu e meus irmãos vamos à praia.

▷ Posposto se colocado após o verbo, o verbo concorda com o mais próximo ou vai para o plural:

Morreu (morreram), no acidente, **o prefeito e o vereador**.

▷ Formado por pessoas (gramaticais) diferentes: plural da predominante.

Eu, você e os alunos **estudaremos** para o concurso. (a primeira pessoa é a predominante, por isso, o verbo fica na primeira pessoa do plural).

▷ Com núcleos em correlação, a concordância se dá com o mais próximo ou fica no plural:

O professor assim como o monitor auxilia(m) os estudantes.

▷ **Ligado por NEM o verbo concordará:**

- No singular: se houver exclusão.

  Nem Josias nem Josué **percebeu** o perigo iminente.

- No singular: quando se pretende individualizar a ação, aludindo a um termo em específico.

  Nem os esportes nem a leitura **o entretém**.

- No plural: quando não houver exclusão, ou seja, quando a intenção for aludir ao sujeito em sua totalidade.

  Nem a minha rainha nem o meu mentor **serão** tão convincentes a ponto de me fazerem mudar de ideia.

▷ **Ligado por COM o verbo concorda com o antecedente do COM ou vai para o plural:**

O vocalista com os demais integrantes da banda **realizaram (realizou)** o show.

▷ **Ligado por OU o verbo fica no singular (se houver exclusão) ou no plural (se não houver exclusão):**

Ou Pedro Amorim ou Jurandir Leitão **será** eleito vereador da cidade.
O aviso ou o ofício **deveriam** ser expedidos antes da data prevista.

▷ **Se o sujeito for construído com os termos:** um e outro, nem um nem outro, o verbo fica no singular ou plural, dependendo do sentido pretendido.

Um e outro **passou (passaram)** no concurso.
Um ou outro: verbo no singular.
Um ou outro fez a lição.

▷ **Expressões partitivas seguidas de nome plural:** verbo no singular ou plural.

A maior parte das pessoas **fez (fizeram)** o exercício recomendado.

▷ **Coletivo geral:** verbo no singular.

O cardume **nadou** rio acima.

▷ **Expressões que indicam quantidade aproximada seguida de numeral:** o verbo concorda com o substantivo.

Aproximadamente 20% dos eleitores **compareceram** às urnas.
Aproximadamente 20% do eleitorado **compareceu** às urnas.

▷ **Pronomes (indefinidos ou interrogativos) seguidos dos pronomes "nós" e/ou "vós":** o verbo fica no singular ou plural.

Quem de nós **fará (faremos)** a diferença?

▷ **Palavra QUE (pronome relativo):** o verbo concorda com o antecedente do pronome "que".

Fui eu que **fiz** a diferença.

▷ **Palavra QUEM:** verbo na 3ª pessoa do singular.

Fui eu *quem* **fez** a diferença.

Pela repetida utilização errônea, algumas gramáticas já toleram a concordância do verbo com a pessoa gramatical distinta da terceira, no caso de se utilizar um pronome pessoal como antecedente do "quem".

▷ **Um dos que**: verbo no singular ou plural.

Ele foi *um dos que* **fez (fizeram)** a diferença.

▷ **Palavras sinônimas**: verbo concorda com o mais próximo ou fica no plural.

A ruindade, a maldade, a vileza **habita (habitam)** a alma do ser humano.

▷ **Quando os verbos estiverem acompanhados da palavra "SE":** fique atento à função da palavra "SE".

- **SE na função de pronome apassivador:** o verbo concorda com o sujeito paciente.

  Vendem-se casas e sobrados em Alta Vista.
  Presenteou-se o aluno aplicado com uma gramática.

- **SE na função de índice de indeterminação do sujeito:** o verbo fica sempre na 3ª pessoa do singular.

  Precisa-se de empregados com capacidade de aprender.
  Vive-se muito bem na riqueza.

A dica é ficar de olho na transitividade do verbo. Se o verbo for VTI, VI ou VL, o termo "SE" será índice de indeterminação do sujeito.

▷ **Casos de concordância com o verbo "ser":**

- **Quando indicar tempo ou distância**: concorda com o predicativo.

  Amanhã **serão** 7 de fevereiro.
  São 890 quilômetros daqui até Florianópolis.

- **Quando houver sujeito que indica quantidade e predicativo que indica suficiência ou excesso**: concorda com o predicativo.

  Vinte milhões **era** muito por aquela casa.
  Sessenta centavos **é** pouco por aquele lápis.

- **O verbo "dar", no sentido de "bater" ou "soar", acompanhado do termo "hora(s)":** concorda com o sujeito.

  Deram cinco horas no relógio do juiz.
  Deu cinco horas o relógio juiz.

- **Verbo "parecer" somado a infinitivo:** flexiona-se um dos dois.

  Os alunos **pareciam** estudar novos conteúdos.
  Os alunos **pareciam estudarem** novos conteúdos.

- **Quando houver sujeito construído com nome no plural,** com artigo no singular ou sem artigo: o verbo fica no singular.

  Memórias Póstumas de Brás Cubas **continua** sendo lido por jovens estudantes.

  Minas Gerais **é** um lindo lugar.

- Com artigo plural: o verbo fica no plural.

  Os Estados Unidos **aceitaram** os termos do acordo assinado.

11.2 Concordância nominal

A concordância nominal está relacionada aos termos do grupo nominal. Ou seja, relaciona-se com o substantivo, o pronome, o artigo, o numeral e o adjetivo. Vamos à regra geral para a concordância.

11.2.1 Regra geral

O artigo, o numeral, o adjetivo e o pronome adjetivo devem concordar com o substantivo a que se referem em gênero e número.

> **Meu belíssimo** e **antigo** carro **amarelo** quebrou, ontem, em **uma** rua **estreita.**

Os termos destacados acima, mantém uma relação harmoniosa com o núcleo de cada expressão. Relação essa que se estabelece em questões de gênero e de número.

A despeito de a regra geral dar conta de grande parte dos casos de concordância, devemos considerar a existência de casos particulares, que merecem atenção.

11.2.2 Casos que devem ser estudados

Dependendo da intencionalidade de quem escreve, pode-se realizar a concordância atrativa, primando por concordar com apenas um termo de uma sequência ou com toda a sequência. Vejamos:

> Vi um carro e uma **moto** *vermelha.* (concordância apenas com o termo "moto")
>
> Vi um carro e uma **moto** *vermelhos.* (concordância com ambos os elementos)

A palavra "**bastante**", por exemplo, varia de acordo com o contexto. Se "bastante" é pronome adjetivo, será variável; se for advérbio (modificando o verbo), será invariável, ou seja, não vai para o plural.

> Há *bastantes* **motivos** para sua ausência. (adjetivo)
>
> Os alunos **falam** *bastante.* (advérbio)

Troque a palavra "bastante" por "muito". Se "muito" for para o plural, "bastante" também irá.

Anexo, incluso, apenso, obrigado, mesmo, próprio: são adjetivos que devem concordar com o substantivo a que se referem.

> O *relatório* segue **anexo** ao documento.
>
> Os *documentos* irão **apensos** ao relatório.

A expressão "em anexo" é invariável (não vai para plural nem para o feminino).

> As planilhas irão **em anexo.**

É bom, é necessário, é proibido, é permitido: variam somente se o sujeito vier antecedido de um artigo ou outro termo determinante.

> Maçã **é bom** para a voz. / A maçã **é boa** para a voz.
>
> É necessário **aparecer** na sala. / É necessária **sua aparição** na sala.

"Menos" e "alerta" são sempre invariáveis, contanto que respeitem sua classe de origem - advérbio: se forem derivadas para substantivo, elas poderão variar.

> Encontramos **menos** alunos na escola. / Encontramos **menos** alunas na escola.
>
> O policial ficou **alerta.** / Os policiais ficaram **alerta.**

"Só" e "sós" variam apenas quando forem adjetivos: quando forem advérbios, serão invariáveis.

> Pedro apareceu **só** (sozinho) na sala. / Os meninos apareceram **sós** (sozinhos) na sala. (adjetivo)
>
> Estamos **só** (somente) esperando sua decisão. (advérbio)

- A expressão "a sós" é invariável.

  A menina ficou **a sós** com seus pensamentos.

Troque "só" por "sozinho" (vai para o plural) ou "somente" (fica no singular).

12 REGÊNCIA VERBAL E NOMINAL

Regência é a parte da Gramática Normativa que estuda a relação entre dois termos, verificando se um termo serve de complemento a outro e se nessa complementação há uma preposição.

Dividimos a regência em:

- Regência verbal (ligada aos verbos).
- Regência nominal (ligada aos substantivos, adjetivos ou advérbios).

12.1 Regência verbal

Deve-se analisar, nesse caso, a necessidade de complementação, a presença ou ausência da preposição e a possibilidade de mudança de sentido do texto.

Vamos aos casos:

- **Agradar e desagradar:** são transitivos indiretos (com preposição a) nos sentidos de satisfazer, contentar.

  A biografia de Aníbal Machado **agradou/desagradou** à maioria dos leitores.

  A criança **agradava** ao pai por ser muito comportada.

- **Agradar:** pode ser transitivo direto (sem preposição) se significar acariciar, afagar.

  Agradar a esposa.

  Pedro passava o dia todo **agradando** os seus gatos.

- **Agradecer:** transitivo direto e indireto, com a preposição a, no sentido de demonstrar gratidão a alguém.

  Agradecemos a Santo Antônio o milagre alcançado.

  Agradecemos-lhes a benesse concedida.

O verbo em questão também pode ser transitivo direto no sentido de mostrar gratidão por alguma coisa:

  Agradeço a dedicação de todos os estudantes.

  Os pais **agradecem** a dedicação dos professores para com os alunos.

- **Aspirar:** é transitivo indireto (preposição "a") nos sentidos de desejar, pretender ou almejar.

  Sempre **aspirei** a um cargo público.

  Manoel **aspirava** a ver novamente a família na Holanda.

- **Aspirar:** é transitivo direto na acepção de inalar, sorver, tragar, ou seja, mandar para dentro.

  Aspiramos o perfume das flores.

  Vimos a empregada **aspirando** a poeira do sofá.

- **Assistir:** é transitivo direto no sentido de ajudar, socorrer etc.

  O professor **assistia** o aluno.

  Devemos **assistir** os mais necessitados.

- **Assistir:** é transitivo indireto (complemento regido pela preposição "a") no sentido de ver ou presenciar.

  Assisti ao comentário da palestra anterior.

  Você deve **assistir** às aulas do professor!

- **Assistir:** é transitivo indireto (complemento regido pela preposição "a") no sentido de "ser próprio de", "pertencer a".

  O direito à vida **assiste** ao ser humano.

  Esse comportamento **assiste** às pessoas vitoriosas.

- **Assistir:** é intransitivo no sentido de morar ou residir.

  Maneco **assistira** em Salvador.

- **Chegar:** é verbo intransitivo e possui os adjuntos adverbiais de lugar introduzidos pela preposição "a".

  Chegamos a Cascavel pela manhã.

  Este é o ponto a que pretendia **chegar**.

Caso a expressão indique posição em um deslocamento, admite-se a preposição em:

  Cheguei no trem à estação.

Os verbos ir e vir têm a mesma regência de chegar:

  Nós **iremos** à praia amanhã.

  Eles **vieram** ao cursinho para estudar.

- **Custar no sentido de** ter valor ou preço: verbo transitivo direto.

  O avião **custa** 100 mil reais.

- **Custar no sentido de** ter como resultado certa perda ou revés é verbo transitivo direto e indireto:

  Essa atitude **custou**-lhe a vida.

- **Custar no sentido de** ser difícil ou trabalhoso é intransitivo:

  Custa muito entender esse raciocínio.

- **Custar no sentido de** levar tempo ou demorar é intransitivo:

  Custa a vida para aprender a viver.

- **Esquecer/lembrar:** possuem a seguinte regra – se forem pronominais, terão complemento regido pela preposição "de"; se não forem, não haverá preposição.

  Lembrei-**me de** seu nome.

  Esqueci-**me de** seu nome.

  Lembrei seu nome.

  Esqueci seu nome.

- **Gostar:** é transitivo indireto no sentido de apreciar (complemento introduzido pela preposição "de").

  Gosto de estudar.

  Gosto muito de minha mãe.

- **Gostar:** como sinônimo de experimentar ou provar é transitivo direto.

  Gostei a sobremesa apenas uma vez e já adorei.

  Gostei o chimarrão uma vez e não mais o abandonei.

- **Implicar** pode ser:
  - **Transitivo direto** (sentido de acarretar):

    Cada escolha **implica** uma renúncia.

  - **Transitivo direto e indireto** (sentido de envolver alguém em algo):

    Implicou a irmã no crime.

  - **Transitivo indireto** (sentido de rivalizar):

    Joana estava **implicando** com o irmão menor.

- **Informar:** é bitransitivo, ou seja, é transitivo direto e indireto. Quem informa, informa:

  Algo a alguém: **informei** o acontecido para Jonas.

  Alguém de algo: **informei**-o do acontecido.

  Alguém sobre algo: **informei**-o sobre o acontecido.

- **Morar/residir:** verbos intransitivos (ou, como preconizam alguns dicionários, transitivo adverbiado), cujos adjuntos adverbiais de lugar são introduzidos pela preposição "em".

  José **mora** em Alagoas.

  Há boas pessoas **residindo** em todos os estados do Brasil.

- **Obedecer:** é um verbo transitivo indireto.

  Os filhos **obedecem** aos pais.

  Obedeça às leis de trânsito.

Embora transitivo indireto, admite forma passiva:

  Os pais são obedecidos pelos filhos.

O antônimo "desobedecer" também segue a mesma regra.

- **Perdoar:** é transitivo direto e indireto, com objeto direto de coisa e indireto de pessoa.

  Jesus **perdoou** os pecados aos pecadores.

  Perdoava-lhe a desconsideração.

Perdoar admite a voz passiva:

Os pecadores foram perdoados por Deus.

- **Precisar:** é transitivo indireto (complemento regido pela preposição de) no sentido de "necessitar".

  Precisaremos de uma nova Gramática.

- **Precisar:** é transitivo direto no sentido de indicar com precisão.

  Magali não soube **precisar** quando o marido voltaria da viagem.

- **Preferir:** é um verbo bitransitivo, ou seja, é transitivo direto e indireto, sempre exigindo a preposição a (preferir alguma coisa à outra).

  Adelaide **preferiu** o filé ao risoto.

  Prefiro estudar a ficar em casa descansando.

  Prefiro o sacrifício à desistência.

É incorreto reforçar o verbo "preferir" ou utilizar a locução "do que".

- **Proceder:** é intransitivo na acepção de "ter cabimento":

  Suas críticas são vazias, não **procedem**.

- **Proceder:** é também intransitivo na acepção de "portar-se":

Todas as crianças **procederam** bem ao lavarem as mãos antes do lanche.

- **Proceder:** no sentido de "ter procedência" é utilizado com a preposição de:

  Acredito que a dúvida **proceda** do coração dos curiosos.

- **Proceder:** é transitivo indireto exigindo a preposição a no sentido de "dar início":

  Os investigadores **procederam** ao inquérito rapidamente.

- **Querer:** é transitivo direto no sentido de "desejar":

  Eu **quero** um carro novo.

- **Querer:** é transitivo indireto (com o complemento de pessoa) no sentido de "ter afeto":

  Quero muito a meus alunos que são dedicados.

- **Solicitar:** é utilizado, na maior parte dos casos, como transitivo direto e indireto. Nada impede, entretanto, que se construa como transitivo direto.

  O juiz **solicitou** as provas ao advogado.

  Solicito seus documentos para a investidura no cargo.

- **Visar:** é transitivo direto na acepção de mirar.

  O atirador **visou** o alvo e disparou um tiro certeiro.

- **Visar:** é transitivo direto também no sentido de "dar visto", "assinar".

  O gerente havia **visado** o relatório do estagiário.

- **Visar:** é transitivo indireto, exigindo a preposição a, na acepção de "ter em vista", "pretender", "almejar".

  Pedro **visava** ao amor de Mariana.

  As regras gramaticais **visam** à uniformidade da expressão linguística.

12.2 Regência nominal

Alguns nomes (substantivos, adjetivos e advérbios) são comparáveis aos verbos transitivos indiretos: precisam de um complemento introduzido por uma preposição.

Acompanhemos os principais termos que exigem regência especial.

SUBSTANTIVO		
Admiração a, por	Devoção a, para, com, por	Medo a, de
Aversão a, para, por	Doutor em	Obediência a
Atentado a, contra	Dúvida acerca de, em, sobre	Ojeriza a, por
Bacharel em	Horror a	Proeminência sobre
Capacidade de, para	Impaciência com	Respeito a, com, para com, por
Exceção a	Excelência em	Exatidão de, em
Dissonância entre	Divergência com, de, em, entre, sobre	Referência a
Alusão a	Acesso a	Menção a

ADJETIVOS		
Acessível a	Diferente de	Necessário a
Acostumado a, com	Entendido em	Nocivo a
Afável com, para com	Equivalente a	Paralelo a
Agradável a	Escasso de	Parco em, de
Alheio a, de	Essencial a, para	Passível de
Análogo a	Fácil de	Preferível a
Ansioso de, para, por	Fanático por	Prejudicial a
Apto a, para	Favorável a	Prestes a
Ávido de	Generoso com	Propício a
Benéfico a	Grato a, por	Próximo a
Capaz de, para	Hábil em	Relacionado com
Compatível com	Habituado a	Relativo a
Contemporâneo a, de	Idêntico a	Satisfeito com, de, em, por
Contíguo a	Impróprio para	Semelhante a
Contrário a	Indeciso em	Sensível a
Curioso de, por	Insensível a	Sito em
Descontente com	Liberal com	Suspeito de
Desejoso de	Natural de	Vazio de
Distinto de, em, por	Dissonante a, de, entre	Distante de, para

ADVÉRBIOS		
Longe de	Perto de	Relativamente a
Contemporaneamente a	Impropriamente a	Contrariamente a

É provável que você encontre muitas listas com palavras e suas regências, porém a maneira mais eficaz de se descobrir a regência de um termo é fazer uma pergunta para ele e verificar se, na pergunta, há uma preposição. Havendo, descobre-se a regência.

- A descoberta era **acessível** a todos.

Faz-se a pergunta: algo que é acessível é acessível? (a algo ou a alguém). Descobre-se, assim, a regência de acessível.

13 PARALELISMO

Ocorre quando há uma sequência de expressões com estrutura idêntica.

13.1 Paralelismo sintático

O paralelismo sintático é possível quando a estrutura de termos coordenados entre si é idêntica. Nesse caso, entende-se que "termos coordenados entre si" são aqueles que desempenham a mesma função sintática em um período ou trecho.

João comprou **balas** e **biscoitos**.

Perceba que "balas" e "biscoitos" têm a mesma função sintática (objeto direto). Além disso, ambas são expressões nominais. Assim, apresentam, na sentença, uma estrutura sintática idêntica.

Os formandos **estão pensando na carreira, isto é, no futuro.**

Tanto "na carreira" quanto "no futuro" são complementos do verbo pensar. Ademais, as duas expressões são formadas por preposição e substantivo.

13.2 Paralelismo semântico

Estrutura-se pela coerência entre as informações.

Lucélia **gosta de maçã e de pera**.

Percebe-se que há uma relação semântica entre maçã e pera, pois ambas são frutas.

Lucélia **gosta de livros de ação e de pizza**.

Observa-se que os termos "livros de ação" e "pizza" não possuem sentidos semelhantes que garantam a sequência lógica esperada no período.

14 COLOCAÇÃO PRONOMINAL

Esta parte do conteúdo é relativa ao estudo da posição dos pronomes oblíquos átonos em relação ao verbo. Antes de iniciar o estudo, memorize os pronomes em questão.

PRONOMES OBLÍQUOS ÁTONOS
me
te
o, a, lhe, se
nos
vos
os, as, lhes, se

Quatro casos de colocação:

- **Próclise** (anteposto ao verbo):
  Nunca **o** vi.
- **Mesóclise** (medial em relação ao verbo):
  Dir-te-ei algo.
- **Ênclise** (posposto ao verbo):
  Passa-**me** a resposta.
- **Apossínclise** (intercalação de uma ou mais palavras entre o pronome e o verbo):
  - Talvez tu **me** já não creias.

14.1 Regras de próclise

- Palavras ou expressões negativas:
  Não **me** deixe aqui neste lugar!
  Ninguém **lhe** disse que seria fácil.
- Pronomes relativos:
  O material de que **me** falaste é muito bom.
  Eis o conteúdo que **me** causa nojo.
- Pronomes indefinidos:
  Alguém **me** disse que você vai ser transferido.
  Tudo **me** parece estranho.
- Conjunções subordinativas:
  Confiei neles, assim que **os** conheci.
  Disse que **me** faltavam palavras.
- Advérbios:
  Sempre **lhe** disse a verdade.
  Talvez **nos** apareça a resposta para essa questão.
- Pronomes interrogativos:
  Quem **te** contou a novidade?
  Que **te** parece essa situação?
- "Em + gerúndio"
  Em **se** tratando de Gramática, eu gosto muito!
  Nesta terra, em **se** plantando, tudo há de nascer.
- Particípio
  Ele havia avisado-**me.** (errado)
  Ele **me** havia avisado. (certo)
- Sentenças optativas:
  Deus **lhe** pague!
  Deus **o** acompanhe!

14.2 Regras de mesóclise

Emprega-se o pronome oblíquo átono no meio da forma verbal, quando ela estiver no futuro do presente ou no futuro simples do pretérito do indicativo.

Chamar-**te**-ei, quando ele chegar.
Se houver tempo, contar-**vos**-emos nossa aventura.
Contar-**te**-ia a novidade.

14.3 Regras de ênclise

Não se inicia sentença, em Língua Portuguesa, por pronome oblíquo átono. Ou seja, o pronome átono não deve ficar no início da frase.

Formas verbais:

- Do **infinitivo impessoal** (precedido ou não da preposição "a");
- Do **gerúndio**;
- Do **imperativo afirmativo**:
  Alcança-**me** o prato de salada, por favor!
  Urge obedecer-**se** às leis.
  O garoto saiu da sala desculpando-**se**.
  Tratando-**se** desse assunto, não gosto de pensar.
  Dá-**me** motivos para estudar.

Se o gerúndio vier precedido da preposição "em", deve-se empregar a próclise.

Em **se** tratando de Gramática, eu gosto muito.

14.4 Casos facultativos

Sujeito expresso, próximo ao verbo.

O menino se machucou **(-se)**.
Eu **me** refiro **(-me)** ao fato de ele ser idiota.

Infinitivo antecedido de "não" ou de preposição.

Sabemos que não se habituar **(-se)** ao meio causa problemas.
O público o incentivou a se jogar **(-se)** do prédio.

15 CRASE

O acento grave é solicitado nas palavras quando há a união da preposição "a" com o artigo (ou a vogal dependendo do caso) feminino "a" ou com os pronomes demonstrativos (aquele, aquela, aquilo e "a").

- Mário foi **à** festa ontem.

  Tem-se o "a" preposição e o "a" artigo feminino.

  Quem vai, vai a algum lugar. "Festa" é palavra feminina, portanto, admite o artigo "a".
- Chegamos **àquele** assunto (a + aquele).
- A gravata que eu comprei é semelhante **à** que você comprou (a + a).

Decore os casos em que não ocorre crase, pois a tendência da prova é perguntar se há crase ou não. Sabendo os casos proibitivos, fica muito fácil.

15.1 Crase proibitiva

Não se pode usar acento grave indicativo de crase:

- Antes de palavras masculinas.

  Fez uma pergunta **a** Mário.
- Antes de palavras de sentido indefinido.

  Não vai **a** festas, **a** reuniões, **a** lugar algum.
- Antes de verbos.

  Todos estão dispostos **a** colaborar.
- Antes de pronomes pessoais.

  Darei um presente **a ela**.
- Antes de nomes de cidade, estado ou país que não utilizam o artigo feminino.

  Fui **a** Cascavel.

  Vou **a** Pequim.
- Antes da palavra "casa" quando tem significado de próprio lar, ou seja, quando ela aparecer indeterminada na sentença.

  Voltei a casa, pois precisava comer algo.

> Quando houver determinação da palavra casa, ocorrerá crase.
>
> "Voltei à casa de meus pais."

- Da palavra "terra" quando tem sentido de solo.

  Os tripulantes vieram a terra.

> A mesma regra da palavra "casa" se aplica à palavra terra.

- De expressões com palavras repetidas.

  Dia a dia, mano a mano, face a face, cara a cara etc.
- Diante de numerais cardinais referentes a substantivos que não estão determinados pelo artigo.

  Assistirei a duas aulas de Língua Portuguesa.

> No caso de locuções adverbiais que exprimem hora determinada e nos casos em que o numeral estiver precedido de artigo, acentua-se:
>
> "Chegamos às oito horas da noite."
>
> "Assisti às duas sessões de ontem."
>
> No caso dos numerais, há uma dica para facilitar o entendimento dos casos de crase. Se houver o "a" no singular e a palavra posterior no plural, não ocorrerá o acento grave. Do contrário, ocorrerá.

15.2 Crase obrigatória

Deve-se usar acento grave indicativo de crase:

- Antes de locução adverbial feminina.

  À noite, à tarde, às pressas, às vezes, à farta, à vista, à hora certa, à esquerda, à direita, à toa, às sete horas, à custa de, à força de, à espera de, à vontade, à toa.
- Antes de termos femininos ou masculinos com sentido da expressão "à moda de" ou "ao estilo de".

  Filé à milanesa, servir à francesa, brigar à portuguesa, gol à Pelé, conto à Machado de Assis, discurso à Rui Barbosa etc.
- Antes de locuções conjuntivas proporcionais.

  À medida que, à proporção que.
- Antes de locuções prepositivas.

  À procura de, à vista de, à margem de, à beira de, à custa de, à razão de, à mercê de, à maneira de etc.
- Para evitar ambiguidade: receberá o acento o termo afetado pela ação do verbo (objeto direto preposicionado).

  Derrubou a menina **à panela**.

  Matou a vaca **à cobra**.

  Diante da palavra distância quando houver determinação da distância em questão:

  Achava-se à **distância de cem** (ou de alguns) **metros**.
- Antes das formas de tratamento "senhora", "senhorita" e "madame" = não há consenso entre os gramáticos, no entanto, opta-se pelo uso.

  Enviei lindas flores **à senhorita**.

  Josias remeteu uma carta **à senhora**.

15.3 Crase facultativa

- Após a preposição até.

  As crianças foram até **à escola**.
- Antes de pronomes possessivos femininos.

  Ele fez referência **à nossa causa!**
- Antes de nomes próprios femininos.

  Mandei um SMS **à Joaquina**.
- Antes da palavra "Dona".

  Remeti uma carta à **Dona Benta**.

  Não se usa crase antes de nomes históricos ou sagrados.

  O padre fez alusão a Nossa Senhora.

  Quando o professor fez menção a Joana D'Arc, todos ficaram entusiasmados.

16 PONTUAÇÃO

A pontuação assinala a melodia de nossa fala, ou seja, as pausas, a ênfase etc.

16.1 Principais sinais e usos

16.1.1 Vírgula

É o sinal mais importante para concurso público.

Usa-se a vírgula para:

- Separar termos que possuem mesma função sintática no período.

  José, **Maria**, **Antônio** e **Joana** foram ao mercado. (Função de núcleo do sujeito).

- Isolar o vocativo.

  Então, **minha cara**, não há mais o que se dizer!

- Isolar um aposto explicativo (cuidado com essa regra, veja que não há verbo no aposto explicativo).

  O João, **ex-integrante da comissão**, veio fazer parte da reunião.

- Isolar termos antecipados, como: complemento, adjunto ou predicativo.

  Na semana passada, comemos camarão no restaurante português. (Antecipação de adjunto adverbial).

- Separar expressões explicativas, conjunções e conectivos.

  Isto é, ou seja, por exemplo, além disso, pois, porém, mas, no entanto, assim etc.

- Separar os nomes dos locais de datas.

  Cascavel, 2 de maio de 2012.

- Isolar orações adjetivas explicativas (pronome relativo + verbo + vírgula).

  O Brasil, **que é um belíssimo país**, possui ótimas praias.

- Separar termos de uma enumeração.

  Vá ao mercado e traga **cebola**, **alho**, **sal**, **pimenta e coentro**.

- Separar orações coordenadas.

  Esforçou-se muito, **mas não venceu o desafio**. (Oração coordenada sindética adversativa).

  Roubou todo o dinheiro, **e ainda apareceu na casa.** (Oração coordenada sindética aditiva).

A vírgula pode ser utilizada antes da conjunção aditiva "e" caso se queira enfatizar a oração por ela introduzida.

- Omitir um termo, elipse (no caso da elipse verbal, chamaremos "zeugma").
  - De dia era um anjo, de noite um **demônio**. (Omissão do verbo "ser").

- Separar termos de natureza adverbial deslocados dentro da sentença.

  Na semana passada, trinta alunos foram aprovados no concurso. (Locução adverbial temporal)

  Se estudar muito, você será aprovado no concurso. (Oração subordinada adverbial condicional)

16.1.2 Ponto final

Usa-se o ponto final:

- Ao final de frases para indicar uma pausa total; é o que marca o fim de um período.

  Depois de passar no concurso, comprarei um carro.

Em abreviaturas:

  Sr., a. C., Ltda., num., adj., obs., máx., *bat.*, *brit. etc.*

16.1.3 Ponto e vírgula

Usam-se ponto e vírgula para:

- Separar itens que aparecem enumerados.
  - Uma boa dissertação apresenta:

    Coesão;

    Coerência;

    Progressão lógica;

    Riqueza lexical;

    Concisão;

    Objetividade;

    Aprofundamento.

- Separar um período que já se encontra dividido por vírgulas.

  Não gostava de trabalhar; queria, no entanto, muito dinheiro no bolso.

- Separar partes do texto que se equilibram em importância.

  Os pobres dão pelo pão o trabalho; os ricos dão pelo pão a fazenda; os de espíritos generosos dão pelo pão a vida; os de nenhum espírito dão pelo pão a alma. (Vieira)

  O capitalismo é a exploração do homem pelo homem; o socialismo é exatamente o contrário.

16.1.4 Dois pontos

São usados dois pontos quando:

- Se vai fazer uma citação ou introduzir uma fala.

  José respondeu:

  – Não, muito obrigado!

- Se quer indicar uma enumeração.

  Quero apenas uma coisa: que vocês sejam aprovados no concurso!

16.1.5 Aspas

São usadas aspas para indicar:

- Citação presente no texto.

  "Há distinção entre categorias do pensamento" – disse o filósofo.

- Expressões estrangeiras, neologismos, gírias.

  Na parede, haviam pintado a palavra "love". (Expressão estrangeira).

  Ficava "bailarinando", como diria Guimarães. (Neologismo).

  "Velho", esconde o "cano" aí e "deixa baixo". (Gíria).

16.1.6 Reticências

São usadas para indicar supressão de um trecho, interrupção na fala, ou dar ideia de continuidade ao que se estava falando.

  [...] Profundissimamente hipocondríaco. Este ambiente me causa repugnância. Sobe-me à boca uma ânsia análoga à ânsia. Que se escapa pela boca de um cardíaco [...]

  Eu estava andando pela rua quando...

  Eu gostei da nova casa, mas da garagem...

16.1.7 Parênteses

- São usados quando se quer explicar melhor algo que foi dito ou para fazer simples indicações.

  Foi o homem que cometeu o crime (o assassinato do irmão).

16.1.8 Travessão

- Indica a fala de um personagem.

  Ademar falou.

  Amigo, preciso contar algo para você.

- Isola um comentário no texto.

  O estudo bem realizado – **diga-se de passagem, que quase ninguém faz** – é o primeiro passo para a aprovação.

- Isola um aposto na sentença.

  A Semântica – **estudo sobre as relações de sentido** – é importantíssima para o entendimento da Língua.

- Reforçar a parte final de um enunciado.

  Para passar no concurso, é preciso estudar muito – **muito mesmo.**

16.1.9 Trocas

A banca, eventualmente, costuma perguntar sobre a possibilidade de troca de termos, portanto, atenção!

Vírgulas, travessões e parênteses, quando isolarem um aposto, podem ser trocados sem prejuízo para a sentença.

Travessões podem ser trocados por dois pontos, a fim de enfatizar um enunciado.

16.1.10 Regra de ouro

Na ordem natural de uma sentença, é proibido:

- Separar sujeito e predicado com vírgulas:

  Aqueles maravilhosos velhos ensinamentos de meu pai foram de grande utilidade. (Certo)

  Aqueles maravilhosos velhos ensinamentos de meu pai, foram de grande utilidade. (Errado)

- Separar verbo de objeto:

  "O presidente do maravilhoso país chamado Brasil assinou uma lei importante. (Certo)

  O presidente do maravilhoso país chamado Brasil assinou, uma lei importante. (Errado)

17 PARÁFRASE

Parafrasear, em sentido lato, significa reescrever uma sequência de texto sem alterar suas informações originais. Isso quer dizer que o texto resultante deve apresentar o mesmo sentido do texto original, modificando, evidentemente, apenas a ordem frasal ou o vocabulário.

Há algumas exigências para uma paráfrase competente. São elas:

- Usar a mesma ordem das ideias que aparecem no texto original.
- Em hipótese alguma é possível omitir informações essenciais.
- Não tecer comentários acerca do texto original, apenas parafrasear, sem frescura.
- Usar construções sintáticas e vocabulares que, apesar de manterem o sentido original, sejam distintas das do texto base.

17.1 Passos da paráfrase

Há alguns recursos para parafrasear um texto:

- Utilização de termos sinônimos.

  O presidente assinou o documento, **mas** esqueceu-se de pegar sua caneta.

  O presidente assinou o documento, **contudo** esqueceu-se de pegar sua caneta.
- Uso de palavras antônimas, valendo-se de palavra negativa.

  José era um **covarde.**

  José **não** era um **valente.**
- Emprego de termos anafóricos.

  São Paulo e Palmeiras são dois times brasileiros. O São Paulo venceu o Palmeiras na semana passada.

  São Paulo e Palmeiras são dois times brasileiros. **Aquele** (São Paulo) venceu **este** (Palmeiras) na semana passada.
- Permuta de termo verbal por nominal, e vice-versa.

  É importante que chegue cedo.

  Sua chegada é importante.
- Deixar termos elípticos.

  Eu preciso da colaboração de todos.

  Preciso da colaboração de todos.
- Alteração da ordem frasal.

  Adalberto venceu o último desafio de sua vida ontem.

  Ontem, Adalberto venceu o último desafio de sua vida.
- Transposição de voz verbal.

  Joel cortou a seringueira centenária. A seringueira centenária foi cortada por Joel.
- Troca de discurso.

  Naquela manhã, Oséas dirigiu-se ao pai dizendo: "Cortarei a grama sozinho." (Discurso direto).

  Naquela manhã, Oséas dirigiu-se ao pai dizendo que cortaria a grama sozinho. (Discurso indireto).
- Troca de palavras por expressões perifrásticas.

  O Rei do Futebol esteve presente durante as celebrações.

  Pelé esteve presente durante as celebrações.
- Troca de locuções por palavras de mesmo sentido.

  A turma **da noite** está comprometida com os estudos.

  A turma **noturna** está mais comprometida com os estudos.

18 REESCRITURA DE FRASES

A reescrita de frases é uma paráfrase que visa à mudança da forma de um texto. Para que o novo período esteja correto, é preciso que sejam respeitadas a correção gramatical e o sentido do texto original. Desse modo, quando há qualquer inadequação do ponto de vista gramatical e/ou semântico, o trecho reescrito deve ser considerado incorreto.

Assim, para resolver uma questão que envolve reescrita de trechos ou períodos, é necessário verificar os aspectos gramaticais (principalmente, pontuação, elementos coesivos, ortografia, concordância, emprego de pronomes, colocação pronominal, regência etc.) e aspectos semânticos (significação de palavras, alteração de sentido etc.).

Existem diversas maneiras de se parafrasear uma frase, por isso cada banca examinadora pode formular questões a partir de muitas formas. Nesse sentido, é essencial conhecer e dominar as variadas estruturas que uma sentença pode assumir quando ela é reescrita.

18.1 Substituição de palavras ou de trechos de texto

No processo de reescrita, pode haver a substituição de palavras ou trechos. Ao se comparar o texto original e o que foi reestruturado, é necessário verificar se essa substituição mantém ou altera o sentido e a coerência do primeiro texto.

18.1.1 Locuções × palavras

Em muitos casos, há locuções (expressões formadas por mais de uma palavra) que podem ser substituídas por uma palavra, sem alterar o sentido e a correção gramatical. Isso é muito comum com verbos.

> Os alunos **têm buscado** formação profissional. (Locução: têm buscado).
>
> Os alunos **buscam** formação profissional. (Uma palavra: buscam).

Ambas as frases têm sentido atemporal, ou seja, expressam ações constantes, que não têm fim.

18.1.2 Significação das palavras

Ao avaliarmos a significação das palavras, devemos ficar atentos a alguns aspectos: sinônimos, antônimos, polissemia, homônimos e parônimos.

Sinônimos

Palavras que possuem significados próximos, mas não são totalmente equivalentes.

> Casa – lar – moradia – residência.
>
> Carro – automóvel.

Para verificar a validade da substituição, deve-se também ficar atento ao significado contextual. Por exemplo, na frase "as fronteiras entre o bem e o mal", não há menção a limites geográficos, pois a palavra "fronteira" está em sentido conotativo (figurado).

Além disso, nem toda substituição é coerente. Por exemplo, na frase "eu comprei uma casa", fica incoerente reescrever "eu comprei um lar".

Antônimos

Palavras que possuem significados diferentes, opostos, contrários.

> Mal – bem.
>
> Ausência – presença.
>
> Subir – descer.
>
> Cheio – vazio.
>
> Possível – impossível.

Polissemia

Ocorre quando uma palavra apresenta mais de um significado em diferentes contextos.

> Banco (instituição comercial financeira; assento).
>
> Manga (parte da roupa; fruta).

A polissemia está relacionada ao significado contextual, ou seja, uma palavra tem um sentido específico apenas no contexto em que está inserida. Por exemplo:

> A eleição foi marcada por debates explosivos (ou seja: debates acalorados, e não com sentido de explodir algo).

Homônimos

Palavras com a mesma pronúncia (algumas vezes, a mesma grafia), mas com significados diferentes.

> A**c**ender: colocar fogo. A**sc**ender: subir.
>
> Con**c**erto: sessão musical. Con**s**erto: reparo.

Homônimos perfeitos

Palavras com a mesma grafia e o mesmo som.

> Eu **cedo** este lugar você. (**Cedo** = verbo).
>
> Cheguei **cedo** para jantar. (**Cedo** = advérbio de tempo).

Percebe-se que o significado depende do contexto em que a palavra aparece. Portanto, deve-se ficar atento à ortografia quando a questão é de reescrita.

Parônimos

Palavras que possuem significados diferentes, mas são muito parecidas na pronúncia e na escrita.

> Abso**l**ver: perdoar, inocentar. Abso**r**ver: aspirar.
>
> C**o**mprimento: extensão. C**u**mprimento: saudação.

18.2 Conectores de mesmo valor semântico

Há palavras, principalmente as conjunções, que possuem valores semânticos específicos, os quais devem ser levados em conta no momento de fazer uma substituição.

Logo, pode-se reescrever um período, alterando a conjunção. Para tanto, é preciso que a outra conjunção tenha o mesmo valor semântico. Além disso, é importante verificar como ficam os tempos verbais após a substituição.

> **Embora** fosse tarde, fomos visitá-lo. (Conjunção subordinativa concessiva).
>
> **Apesar de** ser tarde, fomos visitá-lo. (Conjunção subordinativa concessiva).

No exemplo anterior, o verbo também sofreu alteração.

> Toque o sinal **para que** todos entrem na sala. (Conjunção subordinativa final).
>
> Toque o sinal **a fim de que** todos entrem na sala. (Conjunção subordinativa final).

No exemplo anterior, o verbo permaneceu da mesma maneira.

18.3 Retextualização de diferentes gêneros e níveis de formalidade

Na retextualização, pode-se alterar o nível de linguagem do texto, dependendo de qual é a finalidade da transformação proposta. Nesse caso, são possíveis as seguintes alterações: linguagem informal para a formal; tipos de discurso; vozes verbais; oração reduzida para desenvolvida; inversão sintática; dupla regência.

18.3.1 Linguagem formal × linguagem informal

Um texto pode estar escrito em linguagem coloquial (informal) ou formal (norma padrão). A proposta de reescrita pode mudar de uma linguagem para outra. Veja o exemplo:

Pra que serve a política? (Informalidade)

Para que serve a política? (Formalidade)

A oralidade, geralmente, é mais informal. Portanto, fique atento: a fala e a escrita são diferentes, ou seja, a escrita não reproduz a fala e vice-versa.

18.3.2 Tipos de discurso

Discurso está relacionado à construção de textos, tanto orais quanto escritos, portanto, ele é considerado uma prática social.

Em um texto, podem ser encontrados três tipos de discurso: o discurso direto, o indireto e o indireto livre.

Discurso direto

São as falas das personagens. Esse discurso pode aparecer em forma de diálogos e citações, e vêm marcados com alguma pontuação (travessão, dois pontos, aspas etc.). Ou seja, o discurso direto reproduz fielmente a fala de alguém.

O médico disse à paciente:

Você precisa fazer exercícios físicos regularmente.

Discurso indireto

É a reprodução da fala de alguém, a qual é feita pelo narrador. Normalmente, esse discurso é escrito em terceira pessoa.

O médico disse à paciente que ela precisava fazer exercícios regulamente.

Discurso indireto livre

É a ocorrência do discurso direto e indireto ao mesmo tempo. Ou seja, o narrador conta a história, mas as personagens também têm voz própria.

No exemplo a seguir, há um discurso direto: "que raiva", que mostra a fala da personagem.

Retirou as asas e estraçalhou-a. Só tinham beleza. Entretanto, qualquer urubu... que raiva...

(Ana Maria Machado)

No trecho a seguir, há uma fala da personagem, mesclada com a narração: "Para que estar catando defeitos no próximo?".

D. Aurora sacudiu a cabeça e afastou o juízo temerário. Para que estar catando defeitos no próximo? Eram todos irmãos. Irmãos.

(Graciliano Ramos)

Exemplo de uma transposição de discurso direto para indireto:

Ana perguntou:

– Qual é a resposta correta?

Ana perguntou qual era a resposta correta.

Nas questões de reescrita que tratam da transposição de discursos, é mais frequente a substituição do direto pelo indireto. Nesse caso, deve-se ficar atento aos tempos verbais.

18.3.3 Voz verbal

Um verbo pode apresentar-se na voz ativa, passiva ou reflexiva.

Ativa

Ocorre quando o sujeito é agente, ou seja, pratica a ação expressa pelo verbo.

O aluno resolveu o exercício.

Passiva

Ocorre quando o sujeito é paciente, ou seja, recebe a ação expressa pelo verbo.

O exercício foi resolvido pelo aluno.

Reflexiva

Ocorre quando o sujeito é agente e paciente ao mesmo tempo, ou seja, pratica e recebe a ação.

A criança feriu-se com a faca.

Não confunda o emprego reflexivo do verbo com a reciprocidade. Por exemplo:

Os lutadores de MMA feriram-se. (Um ao outro)

Formação da voz passiva

A voz passiva pode ocorrer de forma analítica ou sintética.

- **Voz passiva analítica:** verbo SER + particípio do verbo principal.

  A academia de polícia **será pintada**.

  O relatório é **feito** por ele.

- A variação de tempo é determinada pelo verbo auxiliar (SER), pois o particípio é invariável.

  João **fez** a tarefa. (Pretérito perfeito do indicativo)

  A tarefa **foi** feita por João. (Pretérito perfeito do indicativo)

  João **faz** a tarefa. (Presente do indicativo)

  A tarefa **é** feita por João. (Presente do indicativo)

  João **fará** a tarefa. (Futuro do presente)

  A tarefa **será** feita por João. (Futuro do presente)

- **Voz passiva sintética:** verbo na 3ª pessoa, seguido do pronome apassivador SE.

  Abriram-se as inscrições para o concurso.

Transposição da voz ativa para a voz passiva

Pode-se mudar de uma voz para outra sem alterar o sentido da frase.

Os médicos brasileiros **lançaram** um tratamento para o câncer.

Um tratamento para o câncer **foi lançado** pelos médicos brasileiros.

Nas questões de concursos, costuma-se cobrar a transposição da voz ativa para a passiva, e da voz passiva sintética para a analítica.

Veja os exemplos:

A fiscalização exige o passaporte.

O passaporte é exigido pela fiscalização.

Exige-se comprovante de pagamento.

É exigido comprovante de pagamento.

18.3.4 Oração reduzida × oração desenvolvida

As orações subordinadas podem ser reduzidas ou desenvolvidas. Não há mudança de sentido se houver a substituição de uma pela outra. Veja os exemplos:

Ao terminar a aula, todos podem sair. (Reduzida de infinitivo)

Quando terminarem a prova, todos podem sair. (Desenvolvida)

Os vizinhos ouviram uma criança chorando na rua. (Reduzida de gerúndio)

Os vizinhos ouviram uma criança que chorava na rua. (Desenvolvida)

Terminada a reforma, a família mudou-se para a nova casa. (Reduzida de particípio)

Assim que terminou a reforma, a família mudou-se para a nova casa. (Desenvolvida)

18.3.5 Inversão sintática

Um período pode ser escrito na ordem direta ou indireta. Nesse caso, quando ocorre a inversão sintática, a correção gramatical é mantida. Apenas é necessário ficar atento ao sentido do período.

- Ordem direta: sujeito – verbo – complementos/adjuntos adverbiais.

    Os documentos foram levados para o gerente. (Direta)
    Foram levados os documentos para o gerente. (Indireta)

18.3.6 Dupla regência

Há verbos que exigem a presença da preposição e outros não. Deve-se ficar atento ao fato de que a regência pode influenciar no significado de um verbo.

Verbos transitivos diretos ou indiretos

Sem alterar o sentido, alguns verbos admitem duas construções: uma transitiva direta e outra indireta. Portanto, a ocorrência ou não da preposição mantém um trecho com o mesmo sentido.

- Almejar

    Almejamos **a** paz entre os países que estão em guerra.
    Almejamos **pela** paz entre os países que estão em guerra.

- Atender

    O gerente atendeu **os** meus pedidos.
    O gerente atendeu **aos** meus pedidos.

- Necessitar

    Necessitamos algumas horas para organizar o evento.
    Necessitamos **de** algumas horas para organizar o evento.

Transitividade e mudança de significado

Existem alguns verbos que, conforme a mudança de transitividade, têm o sentido alterado.

- **Aspirar:** é **transitivo direto** no sentido de sorver, inspirar (o ar), inalar.

    Aspirava o suave perfume. (Aspirava-o.)

- **Aspirar:** é **transitivo indireto** no sentido de desejar, ter como ambição.

    Aspirávamos ao cargo de diretor.

19 FIGURAS DE LINGUAGEM

As figuras de linguagem (também chamadas de figuras de pensamento) são construções que se relacionam com a função **poética da linguagem**, ou seja, estão articuladas em razão de modificar o código linguístico para dar ênfase no sentido de uma frase.

É comum vermos exemplos de figuras de linguagem em propagandas publicitárias, poemas, músicas etc. Essas figuras estão presentes em nossa fala cotidiana, principalmente na fala de registro **informal**.

O registro dito informal é aquele que não possui grande preocupação com a situação comunicativa, uma vez que não há tensão para a comunicação entre os falantes. Gírias, erros de concordância e subtração de termos da frase são comuns nesse baixo nível de formalidade comunicativa. Até grandes poetas já escreveram textos sobre esse assunto, veja o exemplo do escritor Oswald de Andrade, que discute a norma gramatical em relação à fala popular do brasileiro:

Pronominais
Dê-me um cigarro
Diz a gramática
Do professor e do aluno
E do mulato sabido
Mas o bom negro e o bom branco
Da Nação Brasileira
Dizem todos os dias
Deixa disso camarada
Me dá um cigarro

ANDRADE, Oswald de Andrade. **Os Cem Melhores Poemas Brasileiros do Século** - Seleção e Organização de Ítalo Moriconi. Rio de Janeiro: Editora Objetiva, 2001.

Vejamos agora algumas das principais figuras de linguagem que costumam ser cobradas em provas de concursos públicos:

- **Metáfora:** uma figura de linguagem, que consiste na comparação de dois termos sem o uso de um conectivo.

  Rosa **é uma flor**. (A pessoa é como uma flor: perfumada, delicada, bela etc.).

  Seus olhos **são dois oceanos**. (Os olhos possuem a profundidade do oceano, a cor do oceano etc.).

  João **é fera**. (João é perito em alguma coisa, desempenha determinada tarefa muito bem etc.).

- **Metonímia:** figura de linguagem que consiste em utilização de uma expressão por outra, dada a semelhança de sentido ou a possibilidade de associação lógica entre elas.

Há vários tipos de metonímia, vejamos alguns deles:

Efeito pela causa: O carrasco ergueu **a morte**. (O efeito é a morte, a causa é o machado)

Marca pelo produto: Vá ao mercado e traga um Nescau. (Achocolatado em pó)

Autor pela obra: Li Camões com entusiasmo. (Quem leu, leu a obra, não o autor)

Continente pelo conteúdo: Comi dois pratos de feijão. (Comeu o feijão, ou seja, o conteúdo do prato)

Parte pelo todo: Peço sua **mão em casamento**. (Pede-se, na verdade, o corpo todo)

Possuidor pelo possuído: Mulher, vou **ao médico**. (Vai-se ao consultório que pertence ao médico, não ao médico em si)

- **Antítese**: figura de linguagem que consiste na exposição de ideias opostas.

*Nasce o **Sol** e **não dura mais que um dia***
*Depois da **Luz** se segue à **noite escura***
*Em **tristes sombras** morre a formosura,*
*Em contínuas **tristezas** e **alegrias**.*

(Gregório de Matos)

Os termos em negrito evidenciam relações semânticas de distinção (oposição). Nascer é o contrário de morrer, assim como sombra é o contrário de luz. Essa figura foi muito utilizada na poesia brasileira, em especial pelo autor dos versos citados anteriormente: Gregório de Matos Guerra.

- **Paradoxo**: expressão que contraria o senso comum. Ilógica.

*Amor é fogo que **arde sem se ver**;*
*É ferida que **dói e não se sente**;*
*É um **contentamento descontente**;*
*É dor que **desatina sem doer**.*

(Luís de Camões)

A construção semântica apresentada é totalmente ilógica, pois é impossível uma ferida doer e não ser sentida, assim como não é possível o contentamento ser descontente.

- **Perífrase:** expressão que tem por função substituir semanticamente um termo:

  A última flor do Lácio anda muito judiada. (Português é a última flor do Lácio)

  O país do futebol é uma grande nação. (Brasil)

  O Bruxo do Cosme Velho foi um grande escritor. (Machado de Assis era conhecido como o Bruxo do Cosme Velho)

  O anjo de pernas tortas foi o melhor jogador do mundo. (Garrincha)

- **Eufemismo:** figura que consiste em atenuar uma expressão desagradável:

  José **pegou emprestado sem avisar**. (Roubou)

  Maurício **entregou a alma a Deus.** (Morreu)

  Coitado, só porque **é desprovido de beleza**. (Feio)

- **Disfemismo:** contrário ao eufemismo, é a figura de linguagem que consiste em tornar uma expressão desagradável em algo ainda pior.

  O homem **abotoou o paletó de madeira**. (Morreu)

  Está chupando cana pela raiz. (Morreu)

  Sentou no colo do capeta. (Morreu)

- **Prosopopeia:** atribuição de características animadas a seres inanimados.

  O vento sussurrou em meus ouvidos.

  Parecia que a **agulha odiava o homem**.

- **Hipérbole:** exagero proposital de alguma característica.

  Estou morrendo de rir.

  Chorou rios de lágrimas.

- **Hipérbato:** inversão sintática de efeito expressivo.

  Ouviram do Ipiranga as margens plácidas. / De um povo heroico o brado e retumbante.

  - **Colocando na ordem direta:**

  As margens plácidas do Ipiranga ouviram o brado retumbante de um povo heroico.

- **Gradação:** figura que consiste na construção de uma escala de termo que fazem parte do mesmo campo semântico.

  Plantou **a semente**, zelou pelo **broto**, regou a **planta** e colheu o **fruto**. (A gradação pode ser do campo semântico da palavra semente – broto, planta e fruto – ou da palavra plantar – zelar, regar, colher)

- **Ironia:** figura que consiste em dizer o contrário do que se pensa.

  Lamento por ter sido eu o vencedor dessa prova. (Evidentemente a pessoa não lamenta ser o vencedor de alguma coisa)

- **Onomatopeia:** tentativa de representar um som da natureza. Figura muito comum em histórias em quadrinhos.

  Pof, tic-tac, click, bum, vrum!

- **Sinestesia:** confusão dos sentidos do corpo humano para produzir efeitos expressivos.

  Ouvi uma **voz suave** saindo do quarto.

  O seu **perfume doce** é extremamente inebriante.

19.1 Vícios de linguagem

Em âmbito geral, vício de linguagem é toda expressão contrária à lógica da norma gramatical. Vejamos quais são os principais deslizes que se transformam em vícios.

- **Pleonasmo vicioso:** consiste na repetição desnecessária de ideias.

  Subir para cima.

  Descer para baixo.

  Entrar para dentro.

  Cardume de peixes.

  Enxame de abelhas.

  Elo de ligação.

  Fato real.

OBSERVAÇÃO

Pode existir o plágio expressivo em um texto poético. Na frase "ele penetrou na escura treva" há pleonasmo, mas não é vicioso.

- **Ambiguidade:** ocorre quando a construção frasal permite que a sentença possua dois sentidos.

  Tenho de buscar **a cadela da sua irmã**.

  A empregada disse para o chefe que o cheque estava sobre **sua mesa.**

- **Cacofonia:** ocorre quando a pronúncia de determinadas palavras permite a construção de outra palavra.

  Dei um beijo na bo**ca dela**. (Cadela)

  Nos**so hino** é belo. (Suíno)

  Na **vez passada**, esca**pei de** uma. (Vespa assada)

- **Barbarismo:** é um desvio na forma de falar ou grafar determinada palavra.

  Mortandela (em vez de mortadela).

  Poblema (em vez de problema).

  Mindingo (em vez de mendigo).

  Salchicha (em vez de salsicha).

Esse conteúdo costuma ser simples para quem pratica a leitura de textos poéticos, portanto, devemos sempre ler poesia.

19.2 Funções da linguagem

Deve-se a Roman Jakobson a discriminação das seis funções da linguagem na expressão e na comunicação humanas, conforme o realce particular que cada um dos componentes do processo de comunicação recebe no enunciado. Por isso mesmo, é raro encontrar em uma única mensagem apenas uma dessas funções, ou todas reunidas em um mesmo texto. O mais frequente é elas se superporem, apresentando-se uma ou outra como predominante.

Em que pese tal fato, é preciso considerar que há particularidades com relação às funções da linguagem, ou seja, cada função descreve algo em particular. Com isso, pretendo dizer que, antes de o estudante se ater às funções em si, é preciso que ele conheça o sistema que é um pouco mais amplo, ou seja, o ato comunicativo. Afinal, a teoria de Roman Jakobson se volta à descrição do ato comunicativo em si.

Na obra *Linguística e comunicação*, o linguista Roman Jakobson, pensando sobre o ato comunicativo e seus elementos, identifica seis funções da linguagem.

- Nesse esquema, identificamos:
  - **Emissor:** quem enuncia.
  - **Mensagem:** aquilo que é transmitido pelo emissor.
  - **Receptor:** quem recebe a mensagem.
  - **Código:** o sistema em que a mensagem é codificada. O código deve ser comum aos polos da comunicação.
  - **Canal:** meio físico porque ocorre a comunicação.

Pensando sobre esses elementos, Jakobson percebeu que cada função da linguagem está centrada em um elemento específico do ato comunicativo. É o que veremos agora.

As funções da linguagem são:

- **Referencial:** centrada na mensagem, ou seja, na transmissão do conteúdo. Como possui esse caráter, a objetividade é uma constante para a função referencial. É comum que se busque a imparcialidade quando dela se faz uso. É também conhecida como função denotativa. Como a terceira pessoa do singular é predominante, podem-se encontrar exemplos de tal função em textos científicos, livros didáticos, textos de cunho apenas informativo etc.
- **Emotiva:** centrada no emissor, ou seja, em quem enuncia a mensagem. Basicamente, a primeira pessoa predomina quando o texto se apoia sobre a função emotiva. É muito comum a observarmos em depoimentos, discursos, em textos sentimentais, e mesmo em textos líricos.
- **Apelativa:** centrada no receptor, ou seja, em quem recebe a mensagem. As características comuns a manifestações dessa função da linguagem são os verbos no modo imperativo, a tentativa de persuadir o receptor, a utilização dos pronomes de tratamento que tangenciem o interlocutor. É comum observar a função apelativa em propaganda, em discursos motivacionais etc.
- **Poética:** centrada na transformação da mensagem, ou seja, em como modificar o conteúdo da mensagem a fim de torná-lo mais expressivo. As figuras de linguagem são abundantes nessa função e, por sua presença, convencionou-se chamar, também, função poética de função conotativa. Textos literários, poemas e brincadeiras com a mensagem são fontes em que se pode verificar a presença da função poética da linguagem.
- **Fática:** centrada no canal comunicativo. Basicamente, busca testar o canal para saber se a comunicação está ocorrendo. Expressões como "olá", "psiu" e "alô você" são exemplos dessa função.
- **Metalinguística:** centrada no código. Quando o emissor se vale do código para explicar o próprio código, ou seja, num tipo de comunicação autorreferente. Como exemplo, podemos citar um livro de gramática, que se vale da língua para explicar a própria língua; uma aula de didática (sobre como dar aula); ou mesmo um poema que se refere ao processo de escrita de um poema. O poema a seguir é um ótimo exemplo de função metalinguística.

Catar feijão

Catar feijão se limita com escrever:
jogam-se os grãos na água do alguidar
e as palavras na da folha de papel;
e depois, joga-se fora o que boiar.
Certo, toda palavra boiará no papel,
água congelada, por chumbo seu verbo:
pois para catar esse feijão, soprar nele,
e jogar fora o leve e oco, palha e eco.
Ora, nesse catar feijão entra um risco:
o de que entre os grãos pesados entre
um grão qualquer, pedra ou indigesto,
um grão imastigável, de quebrar dente.
Certo não, quando ao catar palavras:
a pedra dá à frase seu grão mais vivo:
obstrui a leitura fluviante, flutual,
açula a atenção, isca-a com risco.

MELO NETO, João Cabral de. **Obra completa.** Rio de Janeiro: Nova Aguilar, 1995.

20 TIPOLOGIA TEXTUAL

O primeiro item que se deve ter em mente na hora de analisar um texto segundo sua tipologia é o caráter da predominância. Isso quer dizer que um mesmo agrupamento textual pode possuir características de diversas tipologias distintas, porém as questões costumam focalizar qual é o "tipo" predominante, o que mais está evidente no texto. Um pouco de bom-senso e uma pequena dose de conhecimento relativo ao assunto são necessários para obter sucesso nesse conteúdo.

Trabalharemos com três tipologias básicas: **narração, dissertação e descrição.**

20.1 Texto narrativo

Facilmente identificável, a tipologia narrativa guarda uma característica básica: contar algo, transmitir a ocorrência de fatos e/ou ações que possuam um registro espacial e temporal. Quer dizer, a narração necessita, também, de um espaço bem-marcado e de um tempo em que as ações narradas ocorram. Discorramos sobre cada aspecto separadamente.

São elementos de uma narração:

- **Personagem:** quem pratica ação dentro da narrativa, é claro. Deve-se observar que os personagens podem possuir características físicas (altura, aparência, cor do cabelo etc.) e psicológicas (temperamento, sentimentos, emoções etc.), as quais podem ser descritas ao longo do texto.
- **Espaço:** trata-se do local em que a ação narrativa ocorre.
- **Tempo:** é o lapso temporal em que a ação é descrita. O tempo pode ser enunciado por um simples "era uma vez".
- **Ação:** não existe narração sem ação! Ou seja, os personagens precisam fazer algo, ou sofrer algo para que haja ação narrativa.
- **Narrador:** afinal, como será contada uma estória sem uma voz que a narre? Portanto, este é outro elemento estruturante da tipologia narrativa. O narrador pode estar inserido na narrativa ou apenas "observar" e narrar os acontecimentos.

Note-se que, na tipologia narrativa, os verbos flexionados no pretérito são mais evidentes.

Eis um exemplo de narração, tente observar os elementos descritos anteriormente, no texto a seguir:

Um apólogo

Era uma vez uma agulha, que disse a um novelo de linha:

— Por que está você com esse ar, toda cheia de si, toda enrolada, para fingir que vale alguma cousa neste mundo?

— Deixe-me, senhora.

— Que a deixe? Que a deixe, por quê? Por que lhe digo que está com um ar insuportável? Repito que sim, e falarei sempre que me der na cabeça.

— Que cabeça, senhora? A senhora não é alfinete, é agulha. Agulha não tem cabeça. Que lhe importa o meu ar? Cada qual tem o ar que Deus lhe deu. Importe-se com a sua vida e deixe a dos outros.

— Mas você é orgulhosa.

— Decerto que sou.

— Mas por quê?

— É boa! Porque coso. Então os vestidos e enfeites de nossa ama, quem é que os cose, senão eu?

— Você? Esta agora é melhor. Você é que os cose? Você ignora que quem os cose sou eu e muito eu? – Você fura o pano, nada mais; eu é que coso, prendo um pedaço ao outro, dou feição aos babados...

— Sim, mas que vale isso? Eu é que furo o pano, vou adiante, puxando por você, que vem atrás obedecendo ao que eu faço e mando...

— Também os batedores vão adiante do imperador.

— Você é imperador?

— Não digo isso. Mas a verdade é que você faz um papel subalterno, indo adiante; vai só mostrando o caminho, vai fazendo o trabalho obscuro e ínfimo. Eu é que prendo, ligo, ajunto...

Estavam nisto, quando a costureira chegou à casa da baronesa. Não sei se disse que isto se passava em casa de uma baronesa, que tinha a modista ao pé de si, para não andar atrás dela. Chegou à costureira, pegou do pano, pegou da agulha, pegou da linha, enfiou a linha na agulha, e entrou a coser. Uma e outra iam andando orgulhosas, pelo pano adiante, que era a melhor das sedas, entre os dedos da costureira, ágeis como os galgos de Diana – para dar a isto uma cor poética. E dizia a agulha:

— Então, senhora linha, ainda teima no que dizia há pouco? Não repara que esta distinta costureira só se importa comigo; eu é que vou aqui entre os dedos dela, unidinha a eles, furando abaixo e acima...

A linha não respondia; ia andando. Buraco aberto pela agulha era logo enchido por ela, silenciosa e ativa, como quem sabe o que faz, e não está para ouvir palavras loucas. A agulha, vendo que ela não lhe dava resposta, calou-se também, e foi andando. E era tudo silêncio na saleta de costura; não se ouvia mais que o plic-plic-plic-plic da agulha no pano. Caindo o sol, a costureira dobrou a costura, para o dia seguinte. Continuou ainda nessa e no outro, até que no quarto acabou a obra, e ficou esperando o baile.

Veio a noite do baile, e a baronesa vestiu-se. A costureira, que a ajudou a vestir-se, levava a agulha espetada no corpinho, para dar algum ponto necessário. E enquanto compunha o vestido da bela dama, e puxava de um lado ou outro, arregaçava daqui ou dali, alisando, abotoando, acolchetando, a linha para mofar da agulha, perguntou-lhe:

— Ora, agora, diga-me, quem é que vai ao baile, no corpo da baronesa, fazendo parte do vestido e da elegância? Quem é que vai dançar com ministros e diplomatas, enquanto você volta para a caixinha da costureira, antes de ir para o balaio das mucamas? Vamos, diga lá.

Parece que a agulha não disse nada; mas um alfinete, de cabeça grande e não menor experiência, murmurou à pobre agulha:

— Anda, aprende, tola. Cansas-te em abrir caminho para ela e ela é que vai gozar da vida, enquanto aí ficas na caixinha de costura. Faze como eu, que não abro caminho para ninguém. Onde me espetam, fico.

Contei esta história a um professor de melancolia, que me disse, abanando a cabeça:

— Também eu tenho servido de agulha a muita linha ordinária!

ASSIS, Machado de. Um apólogo. In: **Para Gostar de Ler**. v. 9, Contos. São Paulo: Ática, 1984, p. 59.

20.2 Texto dissertativo

O texto dissertativo, também chamado por alguns de informativo, possui a finalidade de discorrer sobre determinado assunto, apresentando fatos, opiniões de especialistas, dados quantitativos ou mesmo informações sobre o assunto da dissertação. É preciso entender que nem sempre a dissertação busca persuadir o seu interlocutor, ela pode simplesmente transmitir informações pertinentes ao assunto dissertado.

Quando a persuasão é objetivada, o texto passa a ter também características argumentativas. A rigor, as questões de concurso público focalizam a tipologia, não seus interstícios, portanto, não precisa ficar desesperado com o fato de haver diferença entre texto dissertativo-expositivo e texto dissertativo-argumentativo. Importa saber que ele é dissertativo.

Ressalta-se que toda boa dissertação possui a **introdução** do tema, o **desenvolvimento** coeso e coerente, que está vinculado ao que se diz na introdução, e uma **conclusão** lógica do texto, evidenciando o que se permite compreender por meio da exposição dos parágrafos de desenvolvimento.

A tipologia dissertativa pode ser facilmente encontrada em editoriais, textos de divulgação acadêmica, ou seja, com caráter científico, ensaios, resenhas, artigos científicos e textos pedagógicos.

Exemplo de dissertação:

Japão foi avisado sobre problemas em usinas dois anos antes, diz Wikileaks

O Wikileaks, site de divulgação de informações consideradas sigilosas, vazou um documento que denuncia que o governo japonês já havia sido avisado pela vigilância nuclear internacional que suas usinas poderiam não ser capazes de resistir a terremotos. O relatório, assinado pelo embaixador Thomas Schieffer obtido pelo WikiLeaks foi publicado hoje pelo jornal britânico, The Guardian.

O documento revela uma conversa de dezembro de 2008 entre o então deputado japonês, Taro Kono, e um grupo diplomático norte-americano durante um jantar. Segundo o relatório, um membro da Agência Internacional de Energia Atômica (AIEA) disse que as normas de segurança estavam obsoletas para aguentar os fortes terremotos, o que significaria "um problema grave para as centrais nucleares". O texto diz ainda que o governo do Japão encobria custos e problemas associados a esse ramo da indústria.

Diante da recomendação da AIEA, o Japão criou um centro de resposta de emergência em Fukushima, capaz de suportar, apenas, tremores até magnitude 7,0.

Como visto anteriormente, conceituar, polemizar, questionar a lógica de algum tema, explicar ou mesmo comentar uma notícia são estratégias dissertativas. Vamos dividir essa tipologia textual em dois tipos essencialmente diferentes: o **dissertativo-expositivo** e o **dissertativo-argumentativo**.

Padrão dissertativo-expositivo

A característica fundamental do padrão expositivo da dissertação é utilizar a estrutura da prosa não para convencer alguém de alguma coisa, e sim para apresentar uma ideia, apresentar um conceito. O princípio do texto expositivo não é a persuasão, é a informação e, justamente por tal fato, ficou conhecido como informativo. Para garantir uma boa interpretação desse padrão textual, é importante buscar a ideia principal (que deve estar presente na introdução do texto) e, depois, entender quais serão os aspectos que farão o texto progredir.

- **Onde posso encontrar esse tipo de texto?** Jornais revistas, sites sobre o mundo de economia e finanças. Diz-se que esse tipo de texto focaliza a função referencial da linguagem.
- **Como costuma ser o tipo de questão relacionada ao texto dissertativo-expositivo?** Geralmente, os elaboradores questionam sobre as informações veiculadas pelo texto. A tendência é que o elaborador inverta as informações contidas no texto.
- **Como resolver mais facilmente?** Toda frase que mencionar o conceito ou a quantidade de alguma coisa deve ser destacada para facilitar a consulta.

Padrão dissertativo-argumentativo

No texto do padrão dissertativo-argumentativo, existe uma opinião sendo defendida e existe uma posição ideológica por detrás de quem escreve o texto. Se analisarmos a divisão dos parágrafos de um texto com características argumentativas, perceberemos que a introdução apresenta sempre uma tese (ou hipótese) que é defendida ao longo dos parágrafos.

Uma vez feito isso, o candidato deve entender qual é a estratégia utilizada pelo produtor do texto para defender seu ponto de vista. Na verdade, agora é o momento de colocar "a mão na massa" para valer, uma vez que aqueles enunciados que iniciam com "infere-se da argumentação do texto", "depreende-se dos argumentos do autor" serão vencidos caso se observem os fatores de interpretação corretos:

- Conexão entre as ideias do texto (atenção para as conjunções).
- Articulação entre as ideias do texto (atenção para a combinação de argumentos).
- Progressão do texto.

Recursos argumentativos

Quando o leitor interage com uma fonte textual, deve observar – tratando-se de um texto com o padrão dissertativo-argumentativo – que o autor se vale de recursos argumentativos para construir seu raciocínio dentro do texto. Vejamos alguns recursos importantes:

- **Argumento de autoridade:** baseado na exposição do pensamento de algum especialista ou alguma autoridade no assunto. Citações, paráfrases e menções ao indivíduo podem ser tomadas ao longo do texto. É importante saber diferenciar se a opinião colocada em foco é a do autor ou se é a do indivíduo que ele cita ao longo do texto.
- **Argumento com base em consenso:** parte de uma ideia tomada como consensual, o que leva o leitor a entender apenas aquilo que o elaborador mostra. Sentenças do tipo "todo mundo sabe que", "é de conhecimento geral que" identificam esse tipo de argumentação.
- **Argumento com fundamentação concreta:** basear aquilo que se diz em algum tipo de pesquisa ou fato que ocorre com certa frequência.
- **Argumento silogístico (com base em um raciocínio lógico):** do tipo hipotético – "Se ... então".
- **Argumento de competência linguística:** consiste em adequar o discurso ao panorama linguístico de quem é tido como possível leitor do texto.
- **Argumento de exemplificação:** utilizar casos ou pequenos relatos para ilustrar a argumentação do texto.

20.3 Texto descritivo

Em um texto descritivo, faz-se um tipo de retrato por escrito de um lugar, uma pessoa, um animal ou um objeto. Os adjetivos são abundantes nessa tipologia, uma vez que a sua função de caracterizar os substantivos é extremamente exigida nesse contexto. É possível existir um texto descritivo que enuncie características de sensações ou sentimentos, porém não é muito comum em provas de concurso público. Não há relação temporal na descrição. Os verbos relacionais são mais presentes para poder evidenciar aspectos e características. Significa "criar" com palavras uma imagem.

Exemplo de texto descritivo:

Texto extraído da prova do BRB (2010) – Banca CESPE/UnB

Nome científico: *Ginkgo biloba L.*
Nome popular: *Nogueira-do-japão*
Origem: *Extremo Oriente*
Aspecto: *as folhas dispõem-se em leque e são semelhantes ao trevo; a altura da árvore pode chegar a 40 metros; o fruto lembra uma ameixa e contém uma noz que pode ser assada e comida*

20.4 Conotação × denotação

É interessante, quando se estuda o conteúdo de tipologia textual, ressaltar a distinção conceitual entre o sentido conotativo e o sentido denotativo da linguagem. Vejamos como se opera essa distinção:

Sentido conotativo: figurado, ou abstrato. Relaciona-se com as figuras de linguagem.

- Adalberto **entregou sua alma a Deus**.

  A ideia de entregar a alma a Deus é figurada, ou seja, não ocorre literalmente, pois não há um serviço de entrega de almas. Essa é uma figura que convencionamos chamar de **metáfora**.

Sentido denotativo: literal, ou do dicionário. Relaciona-se com a função **referencial** da linguagem.

- Adalberto **morreu**.

  Quando dizemos função referencial, entende-se que o falante está preocupado em transmitir precisamente o fato ocorrido, sem apelar para figuras de pensamento. Essa frase do exemplo serviu para mostrar o sinônimo da figura de linguagem anterior.

21 GÊNEROS TEXTUAIS

Os gêneros textuais podem ser textos orais ou escritos, formais ou informais. Eles possuem características em comum, como a intenção comunicativa, mas há algumas características que os distinguem uns dos outros.

21.1 Gêneros textuais e esferas de circulação

Cada gênero textual está vinculado a uma esfera de circulação, ou seja, um lugar comum em que ele pode ser encontrado.

Cotidiana: adivinhas, diário, álbum de família exposição oral, anedotas, fotos, bilhetes, músicas, cantigas de roda, parlendas, carta pessoal, piadas, cartão, provérbios, cartão postal, quadrinhas, causos, receitas, comunicado, relatos de experiências vividas, convites, trava-línguas, *curriculum vitae*.

Literária/artística: autobiografia, letras de músicas, biografias, narrativas de aventura, contos, narrativas de enigma, contos de fadas, narrativas de ficção, contos de fadas contemporâneos, narrativas de humor, crônicas de ficção, narrativas de terror, escultura, narrativas fantásticas, fábulas, narrativas míticas, fábulas contemporâneas, paródias, haicais, pinturas, histórias em quadrinhos, poemas, lendas, romances, literatura de cordel, tankas, memórias, textos dramáticos.

Científica: artigos, relatos históricos, conferências, relatórios, debates, palestras, verbetes, pesquisas.

Escolar: atas, relatos históricos, cartazes, relatórios, debates, regrados, relatos de experiências, diálogos/discussões argumentativas científicas, exposições orais, resenhas, júris simulados, resumos, mapas, seminários, palestras, textos argumentativos, pesquisas, textos de opinião, verbetes de enciclopédias.

Jornalística: imprensas, agendas culturais, fotos, anúncios de emprego, horóscopos, artigos de opinião, infográficos, caricaturas, manchetes, cartas ao leitor, mapas, mesas redondas, cartuns, notícias, charges, reportagens, classificados, resenhas críticas, crônicas jornalísticas, sinopses de filmes, editoriais, tiras, entrevistas (orais e escritas).

Publicidade: anúncios, músicas, caricaturas, **paródias**, cartazes, placas, comerciais para televisão, publicidades comerciais, *e-mails*, publicidades institucionais, *folders*, publicidades oficiais, fotos, textos políticos, *slogans*.

Política: abaixo-assinados, debates regrados, assembleias, discursos políticos, cartas de emprego, fóruns, cartas de reclamação, manifestos, cartas de solicitação, mesas redondas, debates, panfletos.

Jurídica: boletins de ocorrência, estatutos, constituição brasileira, leis, contratos, ofícios, declaração de direitos, procurações, depoimentos, regimentos, discursos de acusação, regulamentos, discursos de defesa, requerimentos.

Social: bulas, relatos históricos, manuais técnicos, relatórios, placas, relatos de experiências científicas, resenhas, resumos, seminários, textos argumentativos, textos de opinião, verbetes de enciclopédias.

Midiática: *blogs*, *realities show*, *chats*, *talks show*, desenhos animados, telejornais, e-mails, telenovelas, entrevistas, torpedos, filmes, vídeos clip, fotoblogs, videoconferências, *home page*.

21.2 Exemplos de gêneros textuais

Artigo: o artigo de opinião é um gênero textual que faz parte da esfera jornalística e tem por finalidade a exposição do ponto de vista sobre um determinado assunto. Assim como a dissertação, ele também se compõe de um título, uma introdução, um desenvolvimento e uma conclusão.

Ata: a ata tem como finalidade registrar ocorrências, resoluções e decisões de reuniões, sessões realizadas por algum órgão, setor, entidade etc.

Estrutura da ata:

- Dia, mês, ano e hora (por extenso);
- Local da reunião;
- Pessoas presentes, devidamente qualificadas;
- Ordem do dia (pauta);
- Fecho.

Observações:

- Não há disposição quanto à quantidade de pessoas que deve assinar a ata; pode ser assinada apenas pelo presidente e pelo secretário.
- A ata deve ser redigida de modo que não sejam possíveis alterações posteriores à assinatura (há o emprego de expressões "digo" e "em tempo").
- Não há parágrafos ou alíneas.
- A ata é o registro fiel.

Atestado: atestado é o documento mediante o qual a autoridade comprova um fato ou situação de que tenha conhecimento em razão do cargo que ocupa ou da função que exerce. Destina-se à comprovação de fatos ou situações passíveis de modificações frequentes. É uma mera declaração, ao passo que a certidão é uma transcrição. Ato administrativo enunciativo, o atestado é, em síntese, afirmação oficial de fatos.

Partes:

- **Título ou epígrafe:** denominação do ato (atestado).
- **Texto:** exposição do objeto da atestação. Pode-se declarar, embora não seja obrigatório, a pedido de quem e com que finalidade o documento é emitido.
- **Local e data:** cidade, dia, mês e ano da emissão do ato, podendo também citar, preferentemente sob forma de sigla, o nome do órgão em que a autoridade signatária do atestado exerce suas funções.
- **Assinatura:** nome e cargo ou função da autoridade que atesta.

Apostila: apostila é a averbação, feita abaixo dos textos ou no verso de decretos e portarias pessoais (nomeação, promoção, ascensão, transferência, readaptação, reversão, aproveitamento, reintegração, recondução, remoção, exoneração, demissão, dispensa, disponibilidade e aposentadoria), para que seja corrigida flagrante inexatidão material do texto original (erro na grafia de nomes próprios, lapso na especificação de datas etc.), desde que essa correção não venha a alterar a substância do ato já publicado.

Tratando-se de erro material em decreto pessoal, a apostila deve ser feita pelo Ministro de Estado que o propôs. Se o lapso houver ocorrido em portaria pessoal, a correção por apostilamento estará a cargo do ministro ou secretário signatário da portaria. Nos dois casos, a apostila deve sempre ser publicada no Boletim de Serviço ou Boletim Interno correspondente e, quando se tratar de ato referente a ministro de Estado, também no Diário Oficial da União.

A finalidade da correção de inexatidões materiais por meio de apostila é evitar que se sobrecarregue o Presidente da República com a assinatura de atos repetidos, e que se onere a Imprensa Nacional com a republicação de atos.

Forma e estrutura:

- Título, em maiúsculas e centralizado sobre o texto.
- Texto, no qual deve constar a correção que está sendo feita, a ser iniciada com a remissão ao decreto que autoriza esse procedimento.
- Local e data, por extenso:
    - Por exemplo: Brasília, em 12 de novembro de 1990.
- Identificação do signatário, abaixo da assinatura:
    - Por exemplo: NOME (em maiúsculas)
      Secretário da Administração Federal

No original do ato normativo, próximo à apostila, deverá ser mencionada a data de publicação da apostila no Boletim de Serviço ou no Boletim Interno.

Carta: pode ter caráter argumentativo quando se trata de uma carta aberta ou carta do leitor. Quando se trata de carta pessoal, há a presença de aspectos narrativos ou descritivos.

Charge: é um gênero textual em que é feita uma ilustração cômica, irônica, por meio de caricaturas, com o objetivo de satirizar, criticar ou fazer um comentário sobre algum acontecimento, que é atual, em sua grande maioria.

A charge é um dos gêneros textuais mais cobrados em questões de concurso. Deve-se dar atenção à crítica feita pelo autor, a qual pode ser percebida pela relação texto verbal e não verbal (palavras e imagens).

Certidão: certidão é o ato pelo qual se procede à publicidade de algo relativo à atividade Cartorária, a fim de que não haja dúvidas. Possui formato padrão próprio, termos essenciais que lhe dão suas características. Exige linguagem formal, objetiva e concisão.

Termos essenciais da certidão:

- **Afirmação:** certidão e dou fé que.
- **Identificação do motivo de sua expedição:** a pedido da parte interessada.
- **Ato a que se refere:** revendo os assentamentos constantes deste cartório, não logrei encontrar ação movida contra (nome).
- **Data:** de sua expedição.
- **Assinatura:** do escrivão.

Circular: é utilizada para transmitir avisos, ordens, pedidos ou instruções, dar ciência de leis, decretos, portarias etc.

- Destina-se a uma ou mais de uma pessoa/órgão/empresa. No caso de mais de um destinatário, todas as vias distribuídas devem ser iguais.
- A paragrafação pode seguir o estilo americano (sem entradas de parágrafo), ou estilo tradicional. No caso de estilo americano, todo o texto, a data e a assinatura devem ser alinhados à margem esquerda. No estilo tradicional, devem ser centralizados.

Partes:

- **Timbre:** impresso no alto do papel.
- **Título e número:** cerca de três linhas do timbre e no centro da folha. O número pode vir seguido do ano.
- **Data:** deve estar próxima do título e número, ao lado ou abaixo, podendo se apresentar de várias formas:
  - Por exemplo:
  - CIRCULAR Nº 01, DE 2 MARÇO DE 2002
  - CIRCULAR Nº 01
  - De 2 de março de 2002
  - CIRCULAR Nº 01/02
  - Rio de Janeiro, 2 de março de 2002
- **Ementa (opcional):** deve vir abaixo do título e data, cerca de três linhas.
  - Ementa: Material de consumo.
  - Ref.: Material de consumo.
- **Invocação:** cerca de quatro linhas do título. Dependendo do assunto e destinatários, a invocação é dispensável.
  - Excelentíssimo Senhor:
  - Senhor Prefeito:
  - Senhores Pais:
- **Texto:** cerca de três linhas do título. Deve conter:
  - Exposição do assunto, desenvolvida a partir dos objetivos.
  - A sensibilização do receptor/destinatário;
  - Convite a agir.
  - Cumprimento final:
  - Respeitosamente,
  - Atenciosamente,
- **Assinatura:** cerca de quatro linhas do cumprimento final. É composta do nome do emissor (só as iniciais maiúsculas) e cargo ou função (todo em maiúscula):
  - Por exemplo:

    Herivelto Nascimento
    DIRETOR
- **Anexos:** quando houver documentos a anexar, escreve-se a palavra anexo à margem esquerda, seguida da relação do que está anexado:
  - Por exemplo:

    Anexo: quadro de horários.
    Anexa: cópia do documento.
    Anexas: tabela de horários e cópia dos documentos.
- **Iniciais:** na última linha útil do papel, à esquerda, devemos escrever as iniciais de quem elaborou o texto (redator), seguidas das iniciais de quem a datilografou/digitou (em maiúscula ou minúscula, tanto faz). Quando o redator e o datilógrafo forem a mesma pessoa, basta colocar a barra seguida das iniciais:
  - PPS/AZ
  - Pps/az
  - /pps
  - /PPS
- **Declaração:** a declaração deve ser fornecida por pessoa credenciada ou idônea que nele assume a responsabilidade sobre uma situação ou a concorrência de um fato. Portanto, é uma comprovação escrita com caráter de documento. A declaração pode ser manuscrita em papel almaço simples ou digitada. Quanto ao aspecto formal, divide-se nas seguintes etapas:
  - **Timbre:** impresso com cabeçalho, contendo o nome do órgão ou empresa. Nas declarações particulares, usa-se papel sem timbre.
  - **Título:** no centro da folha, em caixa alta.
  - **Texto:**
    - Identificação do emissor.
    - O verbo atestar ou declarar deve aparecer no presente do indicativo, terceira pessoa do singular ou do plural.
    - Finalidade do documento: em geral, costuma-se usar o termo "para os devidos fins". Também se pode especificar: "para fins de trabalho", "para fins escolares" etc.
    - Nome e dados de identificação do interessado.
    - Citação do fato a ser atestado.
  - **Local e data:** deve-se escrevê-lo acerca de três linhas do texto.

Editorial: é um gênero textual dissertativo-argumentativo que apresenta o posicionamento de uma empresa, revista, jornal sobre determinado assunto.

Entrevista: é um gênero textual em que aparece o diálogo entre o entrevistador e o(s) entrevistado(s), para obter informações sobre o entrevistado ou algum assunto. Podem aparecer elementos expositivos, argumentativos e narrativos.

Edital: é um documento em que são apresentados avisos, citações, determinações.

São diversos os tipos de editais, de acordo com o objetivo: pode comunicar uma citação, um proclame, um contrato, uma exoneração, uma licitação de obras, serviços, tomada de preço etc.

Entre eles, os editais mais comuns são os de concursos públicos, que determinam as etapas dos processos seletivos e as competências necessárias para a sua execução.

22 COMPREENSÃO E INTERPRETAÇÃO DE TEXTOS

22.1 Ideias preliminares sobre o assunto

Para interpretar um texto, o indivíduo precisa de muita atenção e de muito treino. Interpretar pode ser comparado com o disparar de uma arma: apenas temos chance de acertar o alvo se treinarmos muito e soubermos combinar todos os elementos externos ao disparo: velocidade do ar, direção, distância etc.

Quando o assunto é texto, o primordial é estabelecer uma relação contextual com aquilo que estamos lendo. Montar o contexto significa associar o que está escrito no texto-base com o que está disposto nas questões. Lembre-se de que as questões são elaboradas com a intenção de testar os concursandos, ou seja, deve ficar atento para todas as palavras e para todas as possibilidades de mudança de sentido que possa haver nas questões.

É preciso, para entender as questões de interpretação de qualquer banca, buscar o raciocínio que o elaborador da questão emprega na redação da questão. Usualmente, objetiva-se a depreensão dos sentidos do texto. Para tanto, destaque os itens fundamentais (as ideias principais contidas nos parágrafos) para poder refletir sobre tais itens dentro das questões.

22.2 Semântica ou pragmática?

Existe uma discussão acadêmica sobre o que possa ser considerado como semântica e como pragmática. Em que pese o fato de os universitários divergirem a respeito do assunto, vamos estabelecer uma distinção simples, apenas para clarear nossos estudos.

- **Semântica:** disciplina que estuda o **significado** dos termos. Para as questões relacionadas a essa área, o comum é que se questione acerca da troca de algum termo e a manutenção do sentido original da sentença.
- **Pragmática:** disciplina que estuda o **sentido** que um termo assume dentro de determinado contexto. Isso quer dizer que a identificação desse sentido depende do entorno linguístico e da intenção de quem exprime a sentença.

Para exemplificar essa situação, vejamos o exemplo a seguir:

- **Pedro está na geladeira.**

Nesse caso, é possível que uma questão avalie a capacidade de o leitor compreender que há, no mínimo, dois sentidos possíveis para essa sentença: um deles diz respeito ao fato de a expressão "na geladeira" poder significar algo como "ele foi até a geladeira buscar algo", o que – coloquialmente – significaria uma expressão indicativa de lugar.

O outro sentido diz respeito ao fato de "na geladeira" significar que "foi apartado de alguma coisa para receber algum tipo de punição".

A questão sobre **semântica** exigiria que o candidato percebesse a possibilidade de trocar a palavra "geladeira" por "refrigerador" – havendo, nesse caso, uma relação de sinonímia.

A questão de **pragmática** exigiria que o candidato percebesse a relação contextualmente estabelecida, ou seja, a criação de uma figura de linguagem (um tipo de metáfora) para veicular um sentido particular.

22.3 Questão de interpretação

Como se faz para saber que uma questão de interpretação é uma questão de interpretação?

Respondendo a essa pergunta, entende-se que há pistas que identificam a questão como pertencente ao rol de questões para interpretação. Os indícios mais precisos que costumam aparecer nas questões são:

- Reconhecimento da intenção do autor.
- Ponto de vista defendido.
- Argumentação do autor.
- Sentido da sentença.

Apesar disso, não são apenas esses os indícios de que uma questão é de intepretação. Dependendo da banca, podemos ter a natureza interpretativa distinta, principalmente porque o critério de intepretação é mais subjetivo que objetivo. Algumas bancas podem restringir o entendimento do texto; outras podem extrapolá-lo.

22.4 Dicas para interpretação

Há três elementos fundamentais para boa interpretação:

- Eliminação dos vícios de leitura.
- Organização.
- Sagacidade.

22.4.1 Vícios de leitura

A pior coisa que pode acontecer com o concursando, quando recebe um texto complexo para ler e interpretar, é cair num vício de leitura. Veja se você possui algum deles. Caso possua, tente eliminar o quanto antes.

Movimento

Como tudo inicia. O indivíduo pega o texto para ler e não para quieto. Troca a maneira de sentar, troca a posição do texto, nada está bom, nada está confortável. Em casa, senta para estudar e o que acontece? Fome. Depois? Sede. Então, a pessoa fica se mexendo para pegar comida, para tomar água, para ficar mais sossegado e o fluxo de leitura vai para o espaço. Fique quieto! O conceito é militar! Sente-se e permaneça assim até acabar a leitura, do contrário, vai acabar com a possibilidade de entender o que está escrito. Estudar com televisão, rádio, redes sociais e qualquer coisa dispersiva desse gênero só vai atrapalhar você.

Apoio

Não é aconselhável utilizar apoios para a leitura, tais como: réguas, acompanhar a linha com a caneta, ler em voz baixa, passar o dedo pelo papel etc. Basta pensar que seus olhos são muito mais rápidos que qualquer movimento ou leitura em voz alta.

"Garoto da borboleta"

Se você possui os vícios anteriores, certamente é um "garoto da borboleta" também. Isso quer dizer que é desatento e fica facilmente (fatalmente) disperso. Tudo chama sua atenção: caneta batendo na mesa, o concorrente barulhento, a pessoa estranha que está em sua frente, o tempo passando etc. Você vai querer ficar voltando ao início do texto porque não conseguiu compreender nada e, finalmente, vai perder as questões de interpretação.

22.4.2 Organização da leitura

Para que ocorra organização, é necessário compreender que todo texto possui:

- **Posto:** aquilo que é dito no texto. O conteúdo expresso.
- **Pressuposto:** aquilo que não está dito, mas que é facilmente compreendido.
- **Subentendido:** o que se pode interpretar por uma soma de dito com não-dito.

Veja um exemplo:

Alguém diz: "felizmente, meu tio parou de beber." É certo que o dito se compõe pelo conteúdo da mensagem: o homem parou de beber. O não-dito, ou pressuposto, fica a cargo da ideia de que o homem bebia e, agora, não bebe mais. Por sua vez, o subentendido pode ser abstraído como "meu tio possuía problemas com a bebida e eu assumo isso por meio da sentença que profiro". Não é difícil! É necessário, no entanto, possuir uma certa "malandragem linguística" para perceber isso de início.

22.5 Dicas para organização

As dicas de organização não são novas, mas são eficazes, vamos lá:

- **Ler mais de uma vez o texto (quando for curto, é lógico)**

A primeira leitura é para tomar contato com o assunto, a segunda, para observar como o texto está articulado.

Ao lado de cada parágrafo, escreva a principal ideia (tópico frasal) ou argumento mais forte do trecho. Isso ajuda você a ter clareza da temática e como ela está sendo desenvolvida.

Se o texto for muito longo, recomenda-se ler primeiro a questão de interpretação, para, então, buscá-la na leitura.

- **Observar as relações entre parágrafos**

Observar que há relações de exemplificação, oposição e causalidade entre os parágrafos do texto, por isso, tente compreender as relações intratextuais nos parágrafos.

Ficar de olho aberto para as conjunções adversativas: *no entanto*, *contudo*, *entretanto* etc.

- **Atentar para o comando da questão**

Responda àquilo que foi pedido.

  - **Dica:** entenda que modificar e prejudicar o sentido não são a mesma coisa.

- **Palavras de alerta (polarizadoras)**

Sublinhar palavras como: *erro*, *incorreto*, *correto* e *exceto*, para não se confundir no momento de responder à questão.

Inaceitável, *incompatível* e *incongruente* também podem aparecer.

- **Limitar os horizontes**

Não imaginar que você sabe o que o autor quis dizer, mas sim entender o que ele disse: o que ele escreveu. Não extrapolar a significação do texto. Para isso, é importante prestar atenção ao significado das palavras.

Pode até ser coerente o que você concluiu, mas se não há base textual, descarte.

> O homem **pode** morrer de infarto. / O homem **deve** morrer de infarto.

- **Busque o tema central do texto**

Geralmente aparece no primeiro parágrafo do texto.

- **Desenvolvimento**

Se o enunciado mencionar a argumentação do texto, você deve buscar entender o que ocorre com o desenvolvimento dos parágrafos.

Verificar se o desenvolvimento ocorre por:

  - Causa e consequência.
  - Enumeração de fatos.
  - Retrospectiva histórica.
  - Fala de especialista.
  - Resposta a um questionamento.
  - Sequência de dados.
  - Estudo de caso.
  - Exemplificação.

- **Relatores**

Atentar para os pronomes relativos e demonstrativos no texto. Eles auxiliam o leitor a entender como se estabelece a coesão textual.

Alguns deles: *que*, *cujo*, *o qual*, *onde*, *esse*, *este*, *isso*, *isto* etc.

- **Entender se a questão é de interpretação ou de compreensão**

  - Interpretação

Parte do texto para uma conclusão. As questões que solicitam uma inferência costumam apresentar as seguintes estruturas:

> "É possível entender que..."
> "O texto possibilita o entendimento de que..."
> "O texto encaminha o leitor para..."
> "O texto possibilita deduzir que..."
> "Depreende-se do texto que..."
> "Com apoio no texto, infere-se que..."
> "Entende-se que..."
> "Compreende-se que..."
> "Compreensão"

Buscam-se as informações solicitadas pela questão no texto. As questões dessa natureza possuem as seguintes estruturas:

> "De acordo com o texto, é possível afirmar..."
> "Segundo o texto..."
> "Conforme o autor..."
> "No texto..."
> "Conforme o texto..."

- **Tome cuidado com as generalizações**

Na maior parte das vezes, o elaborador da prova utiliza a generalização para tornar a questão incorreta.

Atenção para as palavras: *sempre*, *nunca*, *exclusivamente*, *unicamente*, *somente*.

O que você não deve fazer!
"Viajar" no texto: interpretar algo para além do que o texto permite.
Interpretar apenas um trecho do texto.
Entender o contrário: fique atento a palavras como "pode", "não", "deve" etc.

22.5.1 Astúcia da banca

Talvez seja essa a característica mais difícil de se desenvolver no concursando, pois ela envolve o conhecimento do tipo de interpretação e dos limites estabelecidos pelas bancas. Só há uma maneira de ficar esperto estudando para concurso público: realizando provas! Pode parecer estranho, mas depois de resolver 200 questões da mesma banca, você já consegue prever como será a próxima questão. Prever é garantir o acerto! Então, faça exercícios até cansar e, quando cansar, faça mais um pouco.

Vamos trabalhar com alguns exemplos agora:

- **Exemplo I**

> *Entre os maiores obstáculos ao pleno desenvolvimento do Brasil, está a educação. Este é o próximo grande desafio que deve ser enfrentado com paciência, mas sem rodeios. É a bola da vez dentro das políticas públicas prioritárias do Estado. Nos anos 1990 do século passado, o país derrotou a inflação – que corroía salários, causava instabilidade política e irracionalidade econômica. Na primeira década deste século, os avanços deram-se em direção a uma agenda social, voltada para a redução da pobreza e da desigualdade estrutural. Nos próximos anos, a questão da melhoria da qualidade do ensino deve ser uma obrigação dos governantes, sejam quais forem os ungidos pelas decisões das urnas.*
>
> **Jornal do Brasil**, Editorial, 21/1/2010 (com adaptações).

Agora o mesmo texto, devidamente marcado.

> *Entre **os maiores obstáculos** ao pleno desenvolvimento do Brasil, está a educação. Este é o **próximo grande desafio** que deve ser enfrentado com paciência, mas sem rodeios. É a **bola da vez** dentro das políticas públicas prioritárias do Estado. **Nos anos 90 do século passado,** o país derrotou a inflação – que corroía salários, causava instabilidade política e irracionalidade econômica. **Na primeira década deste século,** os avanços deram-se em direção a uma agenda social, voltada para a redução da pobreza e da desigualdade estrutural. **Nos próximos anos,** a questão da melhoria da qualidade do ensino deve ser uma **OBRIGAÇÃO DOS GOVERNANTES**, sejam quais forem os ungidos pelas decisões das urnas.*

Observe que destacamos para você elementos que podem surgir, posteriormente como questões. O texto inicia falando que há mais obstáculos além da educação. Também argumenta, posteriormente, que já houve outros desafios além desse que ele chama de "próximo grande desafio". Utilizando uma expressão de sentido **conotativo** (bola da vez), o escritor anuncia que a educação ocupa posição de destaque quando o assunto se volta para as políticas públicas prioritárias do Estado.

No decorrer do texto, que se desenvolve por um tipo de retrospectiva histórica (veja o que está destacado), o redator traça um panorama dessas políticas públicas ao longo da história do país, fazendo uma previsão para os anos vindouros (o que foi destacado em caixa alta).

- **Exemplo II**

Um passo fundamental para que não nos enganemos quanto à ***natureza do capitalismo contemporâneo*** *e o significado das políticas empreendidas pelos países centrais para enfrentar a recente* ***crise econômica*** *é problematizarmos, com cuidado, o termo* ***neoliberalismo****: "começar pelas palavras talvez não seja coisa vã", escreve Alfredo Bosi em Dialética da Colonização.*

A partir da década de 1980*, buscando exprimir a natureza do capitalismo contemporâneo, muitos, principalmente os críticos, utilizaram esta palavra que, por fim, se generalizou. Mas o que, de fato, significa? O prefixo neo quer dizer novo; portanto, novo liberalismo. Ora, durante o século* ***XIX deu-se a construção de um liberalismo*** *que viria encontrar a sua crise definitiva na I Guerra Mundial em 1914 e na crise de 1929. Mas desde o período entre guerras e, sobretudo, depois, com o término da II Guerra Mundial, em 1945, tomou corpo um novo modelo, principalmente na Europa, que de certa forma se contrapunha ao velho liberalismo: era* ***o mundo da socialdemocracia****, da presença do Estado na vida econômica, das ações políticas inspiradas na reflexão teórica do economista britânico John Keynes, um crítico do liberalismo econômico clássico que viveu na primeira metade do século XX. Quando esse modelo também entrou em crise, no princípio da década de 1970, surgiu a perspectiva de* ***reconstrução da ordem liberal****. Por isso, novo liberalismo, neoliberalismo.*

Grupo de São Paulo, disponível em: http://www.correiocidadania.com.br/content/view/5158/9/. Acesso em: 28/10/2010. (Adaptado)

- **Exemplo III**

Em Defesa do Voto Obrigatório

O voto, direito duramente conquistado, ***deve ser considerado um dever*** *cívico, sem o exercício do qual o* ***direito se descaracteriza ou se perde****, afinal liberdade e democracia são fins e não apenas meios. Quem vive em uma comunidade política não pode estar* ***desobrigado*** *de opinar sobre os rumos dela. Nada contra a desobediência civil, recurso legítimo para o protesto cidadão, que, no caso eleitoral, se pode expressar no voto nulo (cuja tecla deveria constar na máquina utilizada para votação). Com o* ***voto facultativo****, o direito de votar e o de não votar ficam inscritos, em pé de igualdade, no corpo legal. Uma parte do eleitorado deixará voluntariamente de opinar sobre a constituição do poder político. O desinteresse pela política e a descrença no voto são registrados como mera "escolha", sequer como desobediência civil ou protesto.* ***A consagração da alienação política*** *como um direito legal interessa aos conservadores, reduz o peso da soberania popular e desconstitui o sufrágio como universal.*

Para o ***cidadão ativo,*** *que, além de votar, se organiza para garantir os direitos civis, políticos e sociais, o enfoque é inteiramente outro. O tempo e o* ***trabalho dedicados ao acompanhamento continuado da política não se apresentam como restritivos da liberdade individual.*** *Pelo contrário, são obrigações auto assumidas no esforço de construção e aprofundamento da democracia e de vigília na defesa das liberdades individuais e públicas. A ideia de que a democracia se constrói nas lutas do dia a dia se contrapõe, na essência, ao modelo liberal. O cidadão escolado na disputa política sabe que a liberdade de não ir votar é uma armadilha. Para que o sufrágio continue universal, para que todo poder emane do povo e não, dos donos do poder econômico, o voto, além de ser um direito,* ***deve conservar a sua condição de dever cívico.***

23 TIPOS DE DISCURSO

Discurso está relacionado à construção de textos, tanto orais quanto escritos, portanto, ele é considerado uma prática social.

Em um texto, podem ser encontrados três tipos de discurso: o discurso **direto**, o **indireto** e o **indireto livre**.

23.1 Discurso direto

São as falas das personagens. Esse discurso pode aparecer em forma de diálogos e citações, e vem marcado com alguma pontuação (travessão, dois pontos, aspas etc.). Ou seja, o discurso direto reproduz fielmente a fala de alguém.

- Por exemplo:

  O médico disse à paciente:

  Você precisa fazer exercícios físicos regularmente.

23.2 Discurso indireto

É a reprodução da fala de alguém, a qual é feita pelo narrador. Normalmente, esse discurso é escrito em terceira pessoa.

- Por exemplo:

  O médico disse à paciente que ela precisava fazer exercícios regulamente.

23.3 Discurso indireto livre

É a ocorrência do discurso direto e indireto ao mesmo tempo. Ou seja, o narrador conta a história, mas as personagens também têm voz própria.

No exemplo a seguir, há um discurso direto: "que raiva", que mostra a fala da personagem.

> "Retirou as asas e estraçalhou-a. Só tinham beleza. Entretanto, qualquer urubu... que raiva..." (Ana Maria Machado)

No trecho a seguir, há uma fala da personagem, mesclada com a narração: "Para que estar catando defeitos no próximo?".

> "D. Aurora sacudiu a cabeça e afastou o juízo temerário. Para que estar catando defeitos no próximo? Eram todos irmãos. Irmãos." (Graciliano Ramos)

Exemplo de uma transposição de discurso direto para indireto:

> Ana perguntou:
>
> – Qual a resposta correta?
>
> Ana perguntou qual era a resposta correta.

Ressalta-se que nas questões de reescrita que tratam da transposição de discursos, é mais frequente a substituição do direto pelo indireto.

REDAÇÃO

1 REDAÇÃO PARA CONCURSOS PÚBLICOS

A questão discursiva (redação) assusta muitos candidatos. Afinal, escrever de acordo com a norma culta da Língua Portuguesa, respeitando as inúmeras regras gramaticais, é tarefa que exige muita atenção. Além disso, é necessário que o candidato apresente bons argumentos dentro de uma estrutura na qual as ideias tenham coesão e façam sentido (coerência). Por isso, é importante que a redação seja estudada e treinada ao longo da preparação para o concurso almejado.

1.1 Por que tenho que me preparar com antecedência para a redação?

Quando a redação (questão discursiva) é solicitada, em geral, é uma etapa eliminatória (se o candidato não alcançar a nota mínima, é eliminado do concurso). Então, por ter peso significativo, podendo colocá-lo na lista de classificação ou tirá-lo dela, merece atenção especial.

Entretanto, não se pode dar início ao estudo para concurso pela redação. É necessário que o aluno tenha conhecimento das regras gramaticais, da estrutura sintática das orações e dos períodos, dos elementos de coesão textual, ou seja, é essencial uma maturidade para, então, produzir um texto. Além do domínio da norma culta, deve-se dedicar à disciplina de Atualidades, que, muitas vezes, já vem prevista no edital. Quem tem conhecimento do assunto se sente mais confortável para escrever.

1.2 Os primeiros passos

Antes de começar a praticar a produção de textos, é importante ler o edital de abertura do concurso (quando já tiver sido publicado; quando não, leia o último) para entender os critérios de avaliação da sua prova discursiva e sobre qual assunto o tema versará.

Veja aguns exemplos:

CONCURSO	EDITAL - PROVA DISCURSIVA	ASSUNTO COBRADO - TEMA	A PROPOSTA
DEPEN - 2015	A prova discursiva valerá 20,00 pontos e consistirá da redação de texto dissertativo, de até 30 linhas, acerca de tema de atualidades, constantes do subitem 22.2 deste edital.	Os assuntos que o tema pode abordar foram disponibilizados no edital. Atualidades: 1 Sistema de justiça criminal. 2 Sistema prisional brasileiro. 3 Políticas públicas de segurança pública e cidadania.	**SEGURANÇA PÚBLICA: POLÍCIA E POLÍTICAS PÚBLICAS** Ao elaborar seu texto, faça o que se pede a seguir. > Disserte a respeito da segurança como condição para o exercício da cidadania. [valor: 25,50 pontos] > Dê exemplos de ação do Estado na luta pela segurança pública. [valor: 25,50 pontos] > Discorra acerca da ausência do poder público e a presença do crime organizado. [valor: 25,00 pontos]
PC-PR - 2018	A Redação, com no mínimo 15 e no máximo 25 linhas, versará sobre um tema da atualidade	Tema da atualidade, ou seja, pode ser cobrado qualquer assunto.	Com base na coletânea e nos conhecimentos sobre o tema, redija um texto dissertativo-argumentativo que coloque em discussão **a importância da correta emissão e decodificação da mensagem, bem como o repasse dessa mensagem ao interlocutor, seja na modalidade escrita ou oral.**
PF-2018 PERITO CRIMINAL	Para o cargo de Perito Criminal Federal, a prova discursiva, de caráter eliminatório e classificatório, valerá 13,00 pontos e consistirá da redação de texto dissertativo, de até 30 linhas, a respeito de temas relacionados aos conhecimentos específicos para cada cargo/área.	O tema tratará das matérias de conhecimentos específicos do cargo, ou seja, será um assunto do conteúdo programático.	Considerando que o texto precedente tem caráter unicamente motivador, redija um texto dissertativo acerca do **impacto da LRF na gestão pública**, abordando, necessariamente, os seguintes aspectos: 1. o processo de planejamento; [valor: 4,10 pontos] 2. as receitas e a renúncia fiscal; [valor: 4,10 pontos] 3. as despesas com pessoal. [valor: 4,20 pontos]
PRF - 2018	A prova discursiva valerá 20,00 pontos e consistirá da redação de texto dissertativo, de até 30 linhas, a respeito de temas relacionados aos objetos de avaliação.	O tema tratará de algum assunto relacionado ao conteúdo programático.	**O COMBATE ÀS INFRAÇÕES DE TRÂNSITO NAS RODOVIAS FEDERAIS BRASILEIRAS** Ao elaborar seu texto, aborde os seguintes aspectos: 1. medidas adotadas pela PRF no combate às infrações; [valor: 7,00 pontos] 2. ações da sociedade que auxiliem no combate às infrações; [valor: 6,00 pontos] 3. atitudes individuais para a diminuição das infrações. [valor: 6,00 pontos]
PM-SP - 2019 - SOLDADO	Prova Dissertativa (Parte II), de caráter eliminatório e classificatório, visa avaliar a capacidade do candidato de produzir uma redação que atenda ao tema e ao gênero/tipo de texto propostos, além de seu domínio da norma culta da língua portuguesa e dos mecanismos de coesão e coerência textual;	Não foi informado o tema nem o tipo de texto (dissertativo, narrativo, descritivo).	A popularização da internet ameaça o poder de influência da televisão?

A partir disso, o aluno deve direcionar a sua leitura para temas da atualidade, para matéria do conteúdo programático (conhecimentos específicos) ou para assunto relacionado ao cargo ou à instituição a que está concorrendo. É crucial que conheça a banca examinadora e que tenha contato com as provas anteriores a fim de observar o perfil das propostas de redação.

Em geral, as bancas de concursos públicos exigem textos dissertativos e apontam qual assunto o tema abordará (atualidades ou conteúdo programático). Quando isso não ocorrer, deve-se levar em consideração o perfil da banca e as provas anteriores para o mesmo cargo.

1.3 Orientações para o texto definitivo

a) Não use a 1ª pessoa do singular: os textos formais exigem a impessoalização da linguagem. Isso significa que, às vezes, é necessário omitir os agentes do discurso e as diversas vozes que compõem um texto. Então, empregue a terceira pessoa do singular ou do plural.

Ex.: **Eu acredito** que a pena de morte deve ser aplicada em casos de crimes hediondos. (Incorreto)

Acredita-se que a pena de morte deve ser aplicada em casos de crimes hediondos. (Correto)

Devemos analisar alguns fatores que contribuem para esse problema. (incorreto)

Alguns fatores que contribuem para esse problema devem ser analisados. (Correto)

Atenção!

A primeira pessoa do plural deve ser um sujeito socialmente considerado, como em "Nós (brasileiros) devemos entender que o voto é uma importante ferramenta para se alcançar uma mudança." Não empregue de forma indiscriminada.

Como impessoalizar a linguagem do texto dissertativo-argumentativo?

▹ **Oculte o agente:**

Para deixar o discurso mais objetivo, prefira por ocultar o agente sempre que possível. Isso pode ser feito por meio de expressões como: é importante, é preciso, é indispensável, é urgente, é crucial, é necessário, já que elas não revelam o agente da ação:

Ex.: É necessário discutir alguns aspectos relacionados a essa temática.

É essencial investir em educação para minimizar tais problemas.

▹ **Indetermine o sujeito:**

Indeterminar o sujeito também é uma estratégia de ocultar o agente da ação verbal. A melhor forma de empregar essa técnica é por meio do pronome indeterminador do sujeito (se).

> Muito **se** tem discutido sobre a redução da maioridade penal.

Acredita-se que a desigualdade social contribui para o aumento da violência.

▹ **Empregue a voz passiva:**

Na voz passiva, o sujeito da oração torna-se paciente, isto é, ele sofre a ação expressa pelo fato verbal. Empregá-la é um recurso que também oculta o agente da ação.

Ex.: Devem ser analisados alguns fatores que contribuem para o aumento da violência.

Medidas devem ser tomadas para a pacificação da sociedade.

a) Jamais se dirija ao leitor: o leitor é o examinador e o candidato não deve estabelecer um diálogo com ele.

b) Não use gírias; clichês, provérbios e citações sem critério. você pode acabar errando o autor da expressão (o que pega muito mal), ou até mesmo usá-la fora de contexto, o que pode direcionar a sua redação para um lado que você não quer. Os ditados populares empobrecem o texto. Os examinadores não gostam de ver o senso comum se repetindo.

> Desde os primórdios da humanidade; fechar com chave de ouro.

a) Evite a construção de períodos longos: pode prejudicar a clareza textual. Além disso, procure escrever na ordem direta.

b) Respeite as margens da folha de redação: não ultrapasse o limite estipulado na folha do texto definitivo.

c) Não use corretivo: se errar alguma palavra, risque (com um traço penas) e prossiga. Não use parênteses nem a palavra "digo".

> A sociadade sociedade deve se conscientizar do seu papel.

a) Evite algarismos, a não ser que se trate de anos, décadas, séculos ou referências a textos legais (artigos, decretos, etc.).

b) A letra deve ser legível: pode ser letra cursiva ou de imprensa. Não se esqueça de fazer a distinção entre maiúscula e minúscula.

c) Cuidado com a separação silábica.

Translineação: é a divisão das palavras no fim da linha. Eva em conta não apenas critérios de correção gramatical, mas também recomendações estilísticas (estética textual).

1) Não se isola sílaba forma apenas por uma vogal;

2) Não se isola elemento cacofônico;

3) Na partição de palavras hifenizadas, recomenda-se repetir o hífen na linha seguinte.

Maria foi secretária, ministra e era muito **a-**
miga do antigo presidente. Quando entrou na dis-
puta eleitoral, todos nós esperávamos que, lançando-
se candidata, facilmente ganharia as eleições.
INADEQUADO

Maria foi secretária, ministra e era muito
amiga do antigo presidente. Quando entrou na **disputa**
eleitoral, todos nós esperávamos que, lançando-
-se candidata, facilmente ganharia as eleições.
ADEQUADO

a) Não use as palavras generalizadoras, afinal sempre há uma exceção, um exemplo contrário ou algo assim.

> "Todos jogam lixo no chão" ou "Ninguém faria isso" ou "Isso jamais vai acontecer, é impossível."

a) Não invente dados estatísticos, pesquisas, mentiras convincentes.

b) Não use a ironia. A ironia é uma figura de linguagem que não deve ser utilizada no texto dissertativo argumentativo. Nele nada deve ficar subentendido. A escrita deve ser sempre clara, sem nada oculto, sem gracinha e de forma argumentativa.

c) Não é uma boa ideia usar palavras rebuscadas. Seu texto pode ficar sem fluência e clareza, dificultando a compreensão do corretor. Lembre-se: linguagem formal não é sinônimo de linguagem complicada.

> Hodiernamente, mister, mormente, dessarte, etc.

a) Evite estrangeirismo: empregar palavras estrangeiras em meio à nossa língua de forma desnecessária. Não é necessário fazer isso se há no português uma palavra correspondente que pode ser usada.

> Ex.: Stress em vez de estresse

b) Não se utilize de pergunta retórica.

Pergunta retórica: é uma interrogação que não tem como objetivo obter uma resposta, mas sim estimular a reflexão do indivíduo sobre determinado assunto.

1.4 Temas e textos motivadores

Os textos motivadores - um grupo de textos apresentados junto à proposta de redação - têm a função de situar o candidato acerca do tema proposto, fornecendo elementos que possam ajudá-lo a refletir sobre o assunto abordado. Tais textos servem para estimular ideias para o desenvolvimento do tema e são úteis por ajudar a manter o foco temático.

O papel dos textos motivadores da prova de redação é o de motivar, inspirar e contextualizar o candidato em relação ao tema proposta.

Esses textos não estão ali por acaso, então devem ser utilizados, e podem evitar que o candidato escreva uma redação genérica. Contudo, não podem ser copiados, pois as provas que contêm cópias terão as linhas desconsideradas e podem, quando em excesso, levar à nota zero.

Então, a intenção não é que o aluno reproduza as informações contidas nos textos motivadores. O que se deseja é que o candidato leia os textos, interprete-os e reelabore-os, interligando-os à sua discussão. Assim sendo, o ideal é retirar de cada texto motivador as ideias principais e que podem ser utilizadas na sua produção escrita.

Leia todos com atenção e não se esqueça de procurar estabelecer uma relação entre eles, ou seja, busque os pontos em comum, e os conecte de uma maneira que defina argumentos consistentes para sua redação. Escreva as principais ideias em forma de tópicos e com as suas palavras.

1.4.1 Tipos de textos motivadores

Os textos motivadores podem ser de vários tipos

▷ Matérias jornalísticas/ Reportagens

Um dos tipos mais comuns de textos motivadores são as matérias jornalísticas. Para que haja maior entendimento sobre elas, análise:

O que acontece?

Com quem acontece?

Em que lugar acontece?

Quando acontece?

De que modo acontece?

Por que acontece?

Para que acontece?

▷ Charges/Tirinhas

As charges ou as tirinhas são uma forma curta e, muitas vezes, descontraída de apresentar informações relevantes para a produção do texto. Repare nelas:

Os personagens;

O ambiente;

O assunto principal;

A linguagem utilizada (formal, informal, com figuras de linguagem ou não, com marcas de regionalismo ou não etc.).

▷ Gráficos

Os gráficos possibilitam uma leitura mais ágil das informações. Ao se deparar com eles, observe o seguinte:

O título;

As informações na horizontal e na vertical;

A forma como os índices foram representados (colunas, fatias etc.);

O uso de cores diferentes (caso haja);

A fonte da qual as informações foram coletadas.

▷ Imagens

Muitas vezes as imagens podem vir sem nenhuma palavra. Se isso ocorrer, note:

O que é a imagem (foto, quadro etc.)?

Quem é o autor dela?

Qual é o assunto principal?

O que está sendo retratado?

Há marcas temporais ou regionais na imagem?

Se o aluno não souber nada sobre a temática apresentada, os textos motivadores podem ser um ótimo suporte. Além dos dados expostos, tais textos também provocam a reflexão sobre outros aspectos do problema e jamais devem ser ignorados.

1.5 Título

O título só é obrigatório se for solicitado nas instruções da prova de redação.

Pode ser que a Banca examinadora deixe o espaço para o título, nesse caso, ele também é obrigatório.

Se puser o título e não for obrigatório (não for exigido), não receberá mais pontos por isso e só terá pontos descontados se contiver algum erro nele.

Caso se esqueça de colocar título quando for obrigatório, a redação não será anulada, mas poderá ter pontos (poucos) descontados.

Dicas:

- Nunca utilize tema como título;
- Não coloque ponto final;
- Não escreva todas as palavras com letra maiúscula;
- Não pule linha depois do título;
- Construa-o quando terminar o texto.

1.6 O texto dissertativo

Dissertar significa expor algum assunto. Dependendo da maneira como o esse assunto seja abordado, a dissertação poder ser **expositiva** ou **argumentativa**.

▷ **Dissertação expositiva: apresenta informações sobre assuntos, expõe, explica, reflete ideias de modo objetivo, imparcial. O autor é o porta-voz de uma opinião, ou seja, a intenção é expor fatos, dados estatísticos, informações científicas, argumentos de autoridades etc. Este tipo de texto pode ter duas abordagens:** Estudo de Caso (em que é apresentada uma solução para a situação hipotética apresentada) e Questão Teórica (em que é preciso apresentar conceitos, normas, regras, diretrizes de um determinado conteúdo).

Vejamos um exemplo do tipo expositivo.

A forma temporária como tratam os vídeos criados reflete outro aspecto característico desses apps. Em oposição à noção de que tudo o que é postado na internet fica registrado para a eternidade (e tem potencial de se transformar em viral), os aplicativos querem passar a sensação de efêmero. Quem não viu a transmissão ao vivo dificilmente terá nova chance. Nisso, eles se assemelham a outro app de sucesso, o Snapchat, serviço de troca de mensagens pelo qual o conteúdo é destruído segundos após ser recebido pelo destinatário.

(VEJA, 2015, p. 98)

▷ **Dissertação argumentativa:** defende uma tese (ideia, ponto de vista) por meio de estratégias argumentativas. Tem a intenção de persuadir (convencer) o interlocutor. Em geral, há o predomínio da linguagem denotativa, de conectores de causa-efeito, de verbos no presente.

Vejamos agora um exemplo do tipo argumentativo.

Fazer pesquisa crítica envolve difíceis decisões de cunho ético e político a fim de que, não importa quais sejam os resultados de nossos estudos, nosso compromisso com os sujeitos pesquisados seja mantido. A questão é complexa por causa das múltiplas realidades dos múltiplos participantes envolvidos na pesquisa naturalística da visa social. Por exemplo, no projeto de pesquisa de referência neste artigo, havia um componente que envolvia a observação participante da sala de aula, isto é, a observação à procura das unidades e elementos significativos para os próprios participantes da situação.

(KLEIMAN, 2001, p. 49)

Quando o texto dissertativo se dedica mais a expor ideias, a fazer que o leitor/ouvinte tome conhecimento de informações ou interpretações dos fatos, tem caráter expositivo e podemos classificá-lo como expositivo. Quando as interpretações expostas pelo texto dissertativo vão mais além nas intenções e buscam explicitamente convencer o leitor/ouvinte sobre a validade dessas explicações, classifica-se o texto como argumentativo (COROA , 2008b, p. 121).

Vale mencionar que, muitas, vezes, nos editais, não fica claro se o texto será expositivo ou argumentativo. Quando isso ocorrer, o candidato deve analisar as provas anteriores para traçar o perfil da banca examinadora. Mas não se preocupe, pois a estrutura de ambos é igual, ou seja, os dois tipos de texto devem conter introdução, desenvolvimento e conclusão. Além disso, no primeiro parágrafo, deve haver a apresentação da ideia central que será desenvolvida.

Veja as propostas a seguir:

Foi recentemente publicado no Americam Journal of Preventive Medicine um estudo com adultos jovens, de 19 a 32 anos de idade, apontando que quanto maior o tempo dispendido em mídias sociais de relacionamento, maior a sensação de solidão das pessoas. Além disso, esse estudo demonstrou também que quanto maior a frequência de uso, maior a sensação de isolamento social.

(Adaptado de: ESCOBAR, Ana. Disponível em: http://g1.globo.com)

Com base nas ideias do texto acima, redija uma dissertação sobre o tema:

Isolamento social na era da comunicação virtual

A partir da proposta apresentada, pode-se inferir que o examinador quer saber o ponto de vista (opinião) do candidato em relação ao assunto. A intenção é que seja apontado o que ele pensa a respeito do tema, e não que ele apresente de forma objetiva informações a fim de esclarecer determinado assunto. Então, resta claro que a dissertação terá caráter argumentativo.

Agora veja a proposta seguinte:

A segurança jurídica tem muita relação com a ideia de respeito à boa-fé. Se a administração adotou determinada interpretação como a correta e a aplicou a casos concretos, não pode depois vir a anular atos anteriores, sob o pretexto de que os mesmos foram praticados com base em errônea interpretação. Se o administrado teve reconhecido determinado direito com base em interpretação adotada em caráter uniforme para toda a administração, é evidente que a sua boa-fé deve ser respeitada. Se a lei deve respeitar o direito adquirido, o ato jurídico perfeito e a coisa julgada, por respeito ao princípio da segurança jurídica, não é admissível que os direitos do administrado fiquem flutuando ao sabor de interpretações jurídicas variáveis no tempo.

Maria Sylvia Zanella Di Pietro. Direito administrativo. p. 85 (com adaptações).

Considerando que o texto apresentado tem caráter estritamente motivador, elabore uma dissertação a respeito dos atos administrativos e da segurança jurídica no direito administrativo brasileiro, abordando, necessariamente, os seguintes aspectos:

1. os elementos de validade do ato administrativo e os critérios para sua convalidação; [valor: 14,00 pontos]

2. distinção entre ato administrativo nulo, anulável e inexistente; [valor: 10,00 pontos]

3. o controle exercido de ofício pela administração pública sobre os seus atos e o dever de agir e de prestar contas. [valor: 14,00 pontos]

Considerando o tema proposto e os tópicos apresentados, pode-se perceber que o candidato deve, necessariamente, produzir um texto expositivo, já que o examinador avaliará o conhecimento técnico dele sobre o assunto, e não o seu ponto de vista, a sua opinião. Para isso, deverá fundamentar suas ideias por meio de leis, doutrina, jurisprudência, citação de uma autoridade no assunto.

1.7 Estrutura do texto dissertativo

Não há dúvida de que todo texto dissertativo (expositivo ou argumentativo) deve ter início, meio e fim, ou seja, introdução, desenvolvimento e conclusão.

- **Introdução:** a importância da introdução é evidente, pois é ela que determina o tom do texto, o encaminhamento do desenvolvimento e sua estrutura. Então, ela deve ser vista como um compromisso que o autor assume com o restante do desenvolvimento. Nela haverá a contextualização do assunto que será desenvolvido ao longo do texto, ou seja, apresentação da ideia que será defendida (argumentação) ou esclarecida (exposição).
- **Desenvolvimento:** é a parte da redação em que há o desenvolvimento da ideia apresentada no primeiro parágrafo. Vai ocorrer a comprovação da tese por meio de argumentos – texto argumentativo – ou a exposição de informações a fim de esclarecer um assunto – texto expositivo.

Estrutura dos parágrafos de desenvolvimento:

Tópico frasal: apresentação da ideia-núcleo que será desenvolvida(introdução);

Comprovação da ideia-núcleo (desenvolvimento);

Fechamento do parágrafo (conclusão).

Jamais construa parágrafos com apenas um período. Os parágrafos de desenvolvimento devem ter, no mínimo, três períodos.

- **Conclusão:** consiste no fechamento das ideias apresentadas. Não podem ser expostos argumentos novos nesse parágrafo. O que ocorre é a retomada da ideia central (tese ou tema) e a apresentação das considerações finais.

2 DISSERTAÇÃO EXPOSITIVA E ARGUMENTATIVA

2.1 Dissertação expositiva

A dissertação expositiva tende à simples exposição de ideias, de informações, de definições e de conceitos, sem necessidade de um forte convencimento do leitor.

Quando o texto dissertativo se dedica mais a expor ideias, a fazer que o leitor/ouvinte tome conhecimento de informações ou interpretações dos fatos, tem caráter expositivo e podemos classificá-lo como expositivo. (COROA , 2008b, p. 121).

2.2 Estrutura do texto dissertativo-expositivo

Na introdução, há a apresentação do tema (parágrafo mais curto). Como não há tese, o candidato deve fazer a apresentação do tema (ideia central do texto).

- **Tipos de introdução:**
  - **Definição:** tem por objetivo expor uma definição, uma ideia, uma expressão. Para isso, é importante ter como referência os sentidos expostos em dicionários, leis, doutrinas, etc.
  - **Paráfrase:** é uma reescritura do tema e dos tópicos apresentados na proposta de redação. Não pode haver alteração de sentido e deve ser respeitada a simetria (paralelismo) sintático e semântico.
  - **Citações e estatísticas:** neste tipo de introdução, o candidato traz uma frase (citação) de algum especialista no assunto, ou estatísticas a respeito do tema. Importante tomar cuidado para não trazer citações "vazias", que não sejam relacionadas ao assunto, e também se preocupar em fazer uma análise a respeito das estatísticas trazidas, para que elas não fiquem deslocadas.
- No desenvolvimento, há a apresentação de informações sobre assuntos, exposição, explicação de ideias de modo objetivo, fundamentação por meio de leis, citação de autores, exemplos etc. Segundo fulano de tal, ...; Segundo a Lei Tal,..., Conforme entendimento do STF, ... Em outras palavras, há presença de dados polifônicos. Não há opinião do candidato aqui, e sim apresentação do seu conhecimento técnico sobre determinado assunto.

ELEMENTOS COESIVOS PARA INCIAR OS PARÁGRAFOS DE DESENVOLVIMENTO

A primeira delas... A primeira dessas questões ... O primeiro desses pontos ... Em primeiro lugar, ...	→	**1º PARÁGRAFO DE DESENVOLVIMENTO**
Outra questão importante é... Também é de suma importância ... O segundo dos aspectos ... Além disso, ... Em segundo lugar, ...	→	**2º PARÁGRAFO DE DESENVOLVIMENTO**
Há de se considerar também, ... Há de se considerar, por último, ... O terceiro dos aspectos, ...	→	**3º PARÁGRAFO DE DESENVOLVIMENTO**

- Na conclusão, ocorrerá a retomada da ideia central.

  Tipos de conclusão:
  - **Síntese:** consiste em sintetizar as ideias que foram abordadas ao longo da dissertação, confirmando a ideia central que aparece na introdução do texto.
  - **Proposta de intervenção:** elaborar uma sugestão para solucionar o problema posto em debate na proposta de redação. Essas sugestões precisam ter três características muito importantes. Em primeiro lugar, é preciso que elas sejam aplicáveis ao tema e ao que foi dito no texto. Além disso, as sugestões precisam ser detalhadas. A proposta bem elaborada deve conter um detalhamento do que fazer, como fazer, os meios e os participantes da proposta. Por último, proposta apresentada deve ser executável, ou seja, possível de ser realizada. Não adianta apresentar soluções utópicas e fantasiosas, pois elas não serão realizadas.
  - **Dedução:** trata-se de um processo de raciocínio em que a conclusão é alcançada a partir de um conjunto de premissas abordadas em uma afirmação e que constroem um pensamento lógico. Isso se chama "regras de inferência". O candidato vai explorar nos parágrafos dedicados ao desenvolvimento da dissertação, tudo aquilo que sabe sobre o tema, fazer as devidas relações e, no momento da conclusão, manifestar o que se pode deduzir dessas informações.

ELEMENTOS COESIVOS PARA INCIAR O ÚLTIMO PARÁGRAFO

Por fim, ...
Por último, ...
Finalmente, ...
Em último lugar, ...

2.3 Propostas de dissertação expositiva

PROPOSTA I

A remição de pena, ou seja, o direito do condenado de abreviar o tempo imposto em sua sentença penal, pode ocorrer mediante trabalho, estudo e, de forma mais recente, pela leitura, conforme disciplinado pela Recomendação n.º 44/2013 do CNJ. A remição de pena, prevista na Lei de Execução Penal, está relacionada ao direito constitucional de individualização da pena. Dessa forma, as penas devem ser justas e proporcionais, além de particularizadas, levando-se em conta a aptidão à ressocialização demonstrada pelo apenado por meio do estudo ou do trabalho.

A possibilidade de remir a pena por meio da leitura já é realidade em diversos presídios do país. De acordo com a Recomendação n.º 44/2013 do CNJ, deve ser estimulada a remição pela leitura como forma de atividade complementar, especialmente para apenados aos quais não sejam assegurados os direitos ao trabalho, à educação e à qualificação profissional. Para isso, há necessidade de elaboração de um projeto pela autoridade penitenciária estadual ou federal com vistas à remição pela leitura, assegurando-se, entre outros critérios, a participação voluntária do preso e a existência de um acervo de livros dentro da unidade penitenciária. Segundo a norma, o preso deve ter o prazo de 21 a 30 dias para a leitura de uma obra, apresentando, ao final do período, uma resenha a respeito do assunto, que deverá ser avaliada pela comissão organizadora do projeto. Cada obra lida possibilita a remição de quatro dias de pena, com o limite de doze obras por ano, ou seja, no máximo 48 dias de remição por leitura a cada doze meses.

Internet: <www.cnj.jus.br> (com adaptações).

A Assembleia Legislativa do Ceará aprovou projeto de lei que altera o art. 4.º da Lei n.º 15.718/2014, elaborada conforme recomendação do CNJ. O projeto de lei torna expressa a possibilidade da leitura de livros religiosos proporcionarem a remição da pena em execução penal. Segundo a Secretaria de Administração Penitenciária (SAP), atualmente, no projeto Livro Aberto, são 5.100 detentos que leem mensalmente em 17 unidades prisionais do Ceará. O preso escolhe, a cada mês, uma obra literária dentre os títulos selecionados para a leitura, o que agora poderá incluir livros religiosos. Em seguida, o apenado redigirá relatório de leitura ou resenha — a ser elaborados de forma individual, presencial e em local adequado —, devendo atingir nota igual ou superior a 6,0 para ser aprovado pela Secretaria de Educação do Estado do Ceará (SEDUC). Depois, isso é levado para a vara judicial, para ser avaliada a redução da pena.

Internet: <www.ceara.gov.br> (com adaptações).

É indiscutível que a obra literária tem o poder de reorganizar a nossa visão de mundo, nossa mente e nossos sentimentos, tocando nosso espírito por meio das palavras, que não são apenas a forte presença do nosso código; elas comunicam sempre alguma coisa que nos toca, porque obedece a certa ordem. O caos originário dá lugar à ordem e, por conseguinte, a mensagem pode atuar. Uma boa notícia é que toda obra literária pressupõe essa superação do caos, determinada por um arranjo especial das palavras, fazendo uma proposta de sentido.

Maria Luzineide P. da C. Ribeiro e Maria do Rosário C. Rocha. Olhando pelo avesso: reflexões sobre a remição de pena pela leitura e a escolarização nas prisões brasileiras. In: Fernanda Marsaro dos Santos et al. (Org.). Educação nas prisões. 1.ª ed. Jundiaí: Paco, 2019, p. 203 (com adaptações).

A leitura é um poderoso instrumento de ascensão social, de amadurecimento do ser em relação à sua função dentro de uma complexa sociedade, de absorção da sua cultura ao redor (...) é uma atividade essencial a qualquer área do conhecimento e mais essencial ainda à própria vida do ser humano.

Fernanda M. dos Santos, Gesuína de F. E. Leclerc e Luciano C. Barbosa. Leitura que liberta: uma experiência para remição de pena no Distrito Federal. In: Fernanda Marsaro dos Santos et al. (Org.). Educação nas prisões. 1.ª ed. Jundiaí: Paco, 2019, p. 21.

Considerando que os textos anteriormente apresentados têm caráter unicamente motivador, redija um texto dissertativo abordando os seguintes aspectos acerca da remição de pena pela leitura.

1 A remição de pena pela leitura como forma de ressocialização. [valor: 9,50 pontos]

2 A importância da leitura como forma de reorganização da visão de mundo do detento. [valor: 9,50 pontos]

3 Possibilidades e desafios da implementação de projetos de leitura no sistema prisional brasileiro. [valor: 9,50 pontos]

Padrão de resposta da banca

O candidato deve redigir um texto dissertativo em que aborde os aspectos propostos, acerca da remição de pena pela leitura, de maneira clara e coerente, empregando mecanismos de coesão textual. O candidato deve demonstrar conhecer a atualidade do tema da remição de pena pela leitura como forma de ressocialização, bem como discorrer sobre a importância da leitura como possibilidade de ampliação da visão de mundo do participante do projeto dentro do estabelecimento prisional. Para tanto, pode, por exemplo, mencionar a Jornada da Leitura no Cárcere, evento cuja primeira edição ocorreu em fevereiro de 2020, com apoio do CNJ, a fim de identificar, refletir e disseminar as boas práticas de leitura no sistema carcerário. Por fim, o candidato deve discorrer sobre possibilidades de projetos de leitura que podem ser implementados no sistema penitenciário brasileiro e os desafios para que projetos dessa natureza sejam colocados em prática.

PROPOSTA II

Lei n.º 12.305, de 2 de agosto de 2010

Art. 6.º São princípios da Política Nacional de Resíduos Sólidos:

(...)

VI – a cooperação entre as diferentes esferas do poder público, o setor empresarial e demais segmentos da sociedade;

VII – a responsabilidade compartilhada pelo ciclo de vida dos produtos;

VIII – o reconhecimento do resíduo sólido reutilizável e reciclável como um bem econômico e de valor social, gerador de trabalho e renda e promotor de cidadania;

IX – o respeito às diversidades locais e regionais;

(...).

Internet: <mma.gov.br> (com adaptações).

Média da composição gravimétrica dos resíduos sólidos gerados no Brasil resíduos participação

Resíduos	Participação (%)	Quantidade (t por dia)
Material reciclável	31,9	58.527,40
metais	2,9	5.293,50
aço	2,3	4.213,70
alumínio	0,6	1.079,90
papel, papelão e tetrapak	13,1	23.997,40
plástico total	13,5	24.847,90
plástico firme	8,9	16.399,60
plástico rígido	4,6	8.449,30
vidro	2,4	4.388,60
material orgânico	51.4	94.335,10
outros	16,7	30.618,90
total	100	183.481,50

Internet: <www.politize.com.br> (com adaptações).

À proporção em que aumenta o número de habitantes nas cidades, cresce a geração de lixo. Observa-se que as cidades, cada vez mais, apresentam dificuldades para implantar, ordenar e gerenciar de modo sustentável os resíduos por elas gerados. Nesse contexto, em 12/8/2010, foi instituída a Política Nacional de Resíduos Sólidos (PNRS), pela Lei n.º 12.305/2010, que definiu princípios, objetivos, instrumentos e diretrizes relativos à gestão e ao gerenciamento de resíduos sólidos, incluídos os perigosos, em âmbito nacional.

Entre os conceitos introduzidos está o de responsabilidade compartilhada pelo ciclo de vida dos produtos: "conjunto de atribuições individualizadas e encadeadas dos fabricantes, importadores, distribuidores e comerciantes, dos consumidores e dos titulares dos serviços públicos de limpeza urbana e de manejo dos resíduos sólidos, para minimizar o volume de resíduos sólidos e rejeitos gerados, bem como para reduzir os impactos causados à saúde humana e à qualidade ambiental decorrentes do ciclo de vida dos produtos, nos termos desta Lei". Isso quer dizer que a lei exige que as empresas assumam o retorno de seus produtos descartados e cuidem da adequada destinação ao final de seu ciclo de vida útil.

Internet: <oeco.org.br> (com adaptações).

Cerca de 80% do impacto de um produto na natureza está relacionado ao seu design e a toda a cadeia logística. Assim, torna-se necessário rever os tipos de materiais produzidos e repensar suas formas de produção, para que seu destino final seja o começo de um novo ciclo, e não os aterros sanitários e os oceanos. O principal objetivo da economia circular é acabar com os resíduos, ou seja, não gerar desperdício.

Internet: <positiva.eco.br> (com adaptações).

Considerando que os fragmentos de texto precedentes têm caráter motivador, redija um texto dissertativo sobre o seguinte tema.

O DESCARTE DE RESÍDUOS SÓLIDOS NO BRASIL NO SÉCULO XXI

Ao elaborar seu texto, responda aos seguintes questionamentos.

1. Por que o modelo de descarte de resíduos sólidos predominante até o início do século XXI deve ser substituído? [valor: 9,50 pontos]

2. Em que consistem a economia circular e a responsabilidade compartilhada e de que forma esses novos conceitos podem impactar a economia do país? [valor: 19,00 pontos]

Padrão de resposta da banca

Com relação ao aspecto 1, o candidato pode mencionar que o modelo de descarte de resíduos sólidos predominante até o início do século XXI acarreta as consequências como as mencionadas a seguir:

– para o meio ambiente: nos lixões, os resíduos são depositados a céu aberto, sem tratamento ou controle ambiental, o que contribui para o aumento da poluição; há agravamento do efeito estufa em razão da produção de gás metano e contaminação do lençol freático por meio do chorume que é produzido;

– para a saúde pública: os lixos expostos atraem animais vetores de doenças; os catadores de lixo, nos lixões, ficam expostos ao contato direto com agentes físicos, químicos e biológicos potencialmente nocivos; o sentimento de marginalização dos indivíduos que sobrevivem do descarte alheio é intensificado, o que agrava os problemas sociais existentes;

– para a economia: parte da população marginalizada do mercado formal busca a sobrevivência nos restos produzidos pela sociedade; com isso, prejudica-se a economia que gira em torno do mercado formal e aumentam-se os gastos públicos para a recuperação da saúde das pessoas submetidas a essas condições de insalubridade.

Por essas e por outras razões, o modelo de descarte de resíduos sólidos predominante até o início do século XXI precisa ser substituído por outro, que seja sustentável para o planeta.

Com relação ao aspecto 2, o candidato deve explicitar em que consiste a economia circular e a responsabilidade compartilhada. Pode mencionar, por exemplo, que a economia circular visa ao máximo aproveitamento dos materiais, de forma que se produza o mínimo de resíduos (diferentemente da economia linear, em que algo é produzido, consumido e descartado), e que a responsabilidade compartilhada, que envolve o recolhimento de um produto pela empresa fabricante após o seu ciclo de uso, para que se dê a destinação adequada a ele, favorece o reaproveitamento de materiais e a diminuição da produção de resíduos. Assim, a economia circular e a responsabilidade compartilhada impactam o modo de fabricação de produtos, uma vez que visam cada vez mais ao reaproveitamento dos materiais que já existem e cada vez menos ao emprego de novas matérias-primas, o que se reverte em menos danos ao meio ambiente. A economia circular e a responsabilidade compartilhada impactam, ainda, o modo como um produto é consumido e a valorização de suas características: um produto de vida útil mais longa, fabricado com materiais que podem ser reaproveitados ou que se decompõem mais rapidamente, é mais valorizado, em detrimento daquele que não compartilha dessas características, como o produto gerado sob condição de obsolescência programada, por exemplo.

PROPOSTA III

O Estado, como pessoa jurídica, é um ser intangível. Somente se faz presente no mundo jurídico por meio de seus agentes, pessoas físicas cuja conduta é a ele imputada. O Estado, por si só, não pode causar danos a ninguém. Segundo o direito positivo, o Estado é civilmente responsável pelos danos que seus agentes causarem a terceiros. Sendo-o, incumbe-lhe reparar os prejuízos causados, mediante obrigação de pagar as devidas indenizações.

José dos Santos Carvalho Filho. Manual de direito administrativo. 32.ª ed. São Paulo: Atlas, 2018 (com adaptações).

Considerando que o fragmento de texto anteriormente apresentado tem caráter unicamente motivador, redija um texto dissertativo acerca da responsabilidade civil do Estado, abordando, necessariamente, os seguintes tópicos:

1 a teoria da responsabilidade civil do Estado atualmente aplicada no direito brasileiro; [valor: 9,00 pontos]

2 requisitos da responsabilidade civil; [valor: 20,00 pontos]

3 direito de regresso. [valor: 9,00 pontos]

Padrão de resposta da banca

1 A teoria da responsabilidade civil do Estado aplicada atualmente no direito brasileiro é a teoria da responsabilidade objetiva do Estado. Ela dispensa o fator culpa em relação ao fato danoso, ou seja, a culpa é desconsiderada com pressuposto da responsabilidade. Esta teoria é informada pela teoria do risco administrativo e pela teoria do risco integral. Na primeira, é possível aplicar as causas excludentes da responsabilidade do Estado (culpa da vítima, culpa de terceiros ou força maior). Na segunda, não.

2 Os requisitos da responsabilidade civil do Estado são: a) fato administrativo, que é considerado qualquer conduta, comissiva ou omissiva, legítima ou ilegítima, singular ou coletiva, atribuída ao poder público; b) dano, pois não há responsabilidade sem que haja o dano, seja material, seja moral; e c) nexo causal, pois somente haverá responsabilidade se houver uma relação de causalidade entre o fato administrativo e o dano. Ao lesado cabe demonstrar que o prejuízo sofrido se originou da conduta estatal.

3 O direito de regresso é garantido ao Estado no sentido de dirigir sua pretensão indenizatória contra o agente responsável pelo dano, se ele tiver agido com dolo ou culpa, conforme dispõe o § 6.º do art. 37 da Constituição Federal de 1988: "Art. 37. (...) § 6.º As pessoas jurídicas de direito público e as de direito privado prestadoras de serviços públicos responderão pelos danos que seus agentes, nessa qualidade, causarem a terceiros, assegurado o direito de regresso contra o responsável nos casos de dolo ou culpa".

PROPOSTA IV

Art. 215. O Estado garantirá a todos o pleno exercício dos direitos culturais e acesso às fontes da cultura nacional, e apoiará e incentivará a valorização e a difusão das manifestações culturais. § 1.º O Estado protegerá as manifestações das culturas populares, indígenas e afro-brasileiras, e das de outros grupos participantes do processo civilizatório nacional.

Brasil. Constituição da República Federativa do Brasil. Brasília - DF: Senado Federal, 1988.

Os direitos culturais protegem o potencial que cada pessoa possui — individualmente, em comunidade com outros e como grupo de pessoas — para desenvolver e expressar sua humanidade e visão de mundo, os significados que atribui a sua experiência e a maneira como o faz. Os direitos culturais podem ser considerados como algo que protege o acesso ao patrimônio e aos recursos culturais que permitem a ocorrência desses processos de identificação e de desenvolvimento.

Entrevista com Farida Shaheed, da ONU. In: Revista Observatório Itaú Cultural, n.º 11, jan.-abr./2011 (com adaptações).

Integrar os direitos culturais ao rol de direitos humanos — ou seja, considerá-los direitos inerentes ao ser humano — traz consequências importantes ao tratamento desses direitos, que não podem, por exemplo, sofrer nenhum tipo de distinção de raça, cor, sexo, língua, religião, opinião política, origem social ou nacional ou condição de nascimento ou riqueza. Tais direitos incorporam, ainda, outras características dos direitos humanos: são fundados no respeito pela dignidade e no valor de cada pessoa; são universais, ou seja, são aplicados de forma igual e sem discriminação a todas as pessoas; são inalienáveis, de modo que ninguém pode ser privado de seus direitos humanos (apesar de eles poderem ser limitados em situações específicas); são indivisíveis, inter-relacionados e interdependentes, já que não é suficiente respeitar apenas parte dos direitos humanos; e devem ser vistos como de igual importância entre si.

Nicolas Allen. Os direitos culturais como direitos humanos: breve sistematização de tratados internacionais. Internet: <http://institutodea.com> (com adaptações).

Considerando que os fragmentos de textos apresentados anteriormente têm caráter unicamente motivador, redija um texto dissertativo abordando:

1 a importância da cultura para a formação integral do ser humano; [valor: 14,00 pontos]

2 a relação entre cultura e cidadania; [valor: 12,00 pontos]

3 o dever do Estado de garantir o acesso à cultura bem como incentivar a difusão e preservação das manifestações culturais. [valor: 12,00 pontos]

Padrão de resposta da banca

Espera-se que o candidato seja capaz de apresentar argumentos coerentes e determinantes para a defesa do importante papel das manifestações culturais na formação integral do ser humano, mostrando como a cultura é um meio essencial de enriquecimento da maneira como o sujeito enxerga a si mesmo e ao mundo que o cerca. Também se espera que o candidato seja capaz de relacionar a cultura à cidadania, mostrando, mediante argumentos e exemplos consistentes, que fazer da cultura um aspecto de destaque nas sociedades é relevante para a convivência social e para o pleno exercício dos direitos dos cidadãos. Por fim, espera-se que o candidato seja capaz de discorrer acerca do dever do Estado de garantir o acesso à cultura bem como incentivar a difusão e preservação das manifestações culturais, como forma de assegurar o pleno exercício da cidadania pelo povo.

PROPOSTA V

A Lei n.º 11.705/2008, conhecida como Lei Seca, por reduzir a tolerância com motoristas que dirigem embriagados, colocou o Brasil entre os países com legislação mais severa sobre o tema. No entanto, a atitude dos motoristas pouco mudou nesses dez anos. Um levantamento, por meio da Lei de Acesso à Informação, indicou mais de 1,7 milhão de autuações, com crescimento contínuo desde 2008. O avanço das infrações nos últimos cinco anos ficou acima do aumento da frota de veículos e de pessoas habilitadas: o número de motoristas flagrados bêbados continua crescendo, em vez de diminuir com o endurecimento das punições ao longo desses anos.

Internet: <g1.globo.com> (com adaptações).

Nas estradas federais que cortam o estado de Pernambuco, durante o feriadão de Natal, a PRF registrou cento e três acidentes de trânsito, com cinquenta e dois feridos e sete mortos. Segundo a corporação, seis motoristas foram presos por dirigir bêbados e houve oitenta e sete autuações pela Lei Seca. Os números são parte da Operação Integrada Rodovia, deflagrada pela PRF. Em 2017, foram registrados noventa acidentes. No ano passado, a ação da polícia teve um dia a menos.

Internet: <g1.globo.com> (com adaptações).

Considerando que os fragmentos de texto acima têm caráter unicamente motivador, redija um texto dissertativo acerca do seguinte tema.

O COMBATE ÀS INFRAÇÕES DE TRÂNSITO NAS RODOVIAS FEDERAIS BRASILEIRAS

Ao elaborar seu texto, aborde os seguintes aspectos:

1 medidas adotadas pela PRF no combate às infrações; [valor: 7,00 pontos]

2 ações da sociedade que auxiliem no combate às infrações; [valor: 6,00 pontos]

3 atitudes individuais para a diminuição das infrações. [valor: 6,00 pontos]

Padrão de resposta da banca

Quanto ao desenvolvimento do tema, o candidato deve, a partir dos textos motivadores, abordar o tema e os aspectos propostos, de maneira clara e coerente, empregando os mecanismos de coesão textual. A abordagem dada ao tema pode variar, mas o candidato deve demonstrar conhecer a atualidade do tema das infrações nas rodovias, que vitimam inúmeras pessoas, além dos próprios ilícitos cometidos.

Com relação ao aspecto 1, espera-se que o candidato aborde medidas que podem ser implementadas ou que já são adotadas pela Polícia Rodoviária Federal no combate às infrações nas rodovias, como o aumento de efetivo, a ampliação do uso de equipamentos eletrônicos, o incremento de operações integradas no combate aos ilícitos, as campanhas institucionais, entre outras.

No aspecto 2, espera-se que o candidato aborde ações que podem ser feitas pela sociedade para diminuição das infrações, como campanhas de iniciativa privada para aumento da conscientização da conduta a ser praticada, palestras em entidades privadas com ampla divulgação, envolvimento com escolas públicas e privadas em busca da conscientização da sociedade, entre outras.

No que se refere ao aspecto 3, espera-se que o candidato aborde atitudes que o indivíduo pode realizar para combater as infrações, como a própria conscientização da conduta correta a ser praticada, a participação de atividades educativas de trânsito, o envolvimento em atividades de ajuda a vítimas de trânsito, entre outras.

Observação: foram citadas algumas medidas, ações e atitudes neste padrão de resposta apenas como exemplos.

2.4 Dissertação argumentativa

A dissertação argumentativa tem o objetivo de convencer o leitor sobre uma tese, por meio de fortes articulações lógicas entre os significados.

Quando as interpretações expostas pelo texto dissertativo vão mais além nas intenções e buscam explicitamente convencer o leitor/ouvinte sobre a validade dessas explicações, classifica-se o texto como argumentativo (COROA , 2008b, p. 121).

2.5 Estrutura do texto dissertativo-argumentativo

Na Introdução, deve haver a contextualização do tema. Em seguida, deve ser apresentada a tese que será desenvolvida (ponto de vista). Por fim, podem ser apresentados os argumentos para a defesa dessa opinião (opcional).

Tipos de introdução

- O candidato pode utilizar a definição ou citações e estatísticas, mas deve, em seguida, apresentar a tese (opinião).
- **Roteiro:** tem por objetivo apresentar ao leitor o roteiro que será seguido durante o desenvolvimento do seu texto tese + argumentos); assim, ao citar o roteiro na introdução, o autor deve segui-lo até o final, para que não haja incoerências.
- **Exemplo:** Em virtude da onda de conservadorismo que o Brasil vive na atualidade, tornam-se comuns as discussões sobre direitos coletivos. Nesse cenário, é importante analisar as causas do conservadorismo moderno e os reflexos dele nos direitos da coletividade.
- **Alusão histórica:** representa um tipo de introdução em que um fato passado se relaciona de algum modo a um fato presente, servindo de ponto de reflexão ou ela semelhanças entre eles, ou pelas diferenças. Após a contextualização, deve ser apresentada a tese.
- **Exemplo:** Por ter pecado nos excessos do liberalismo, a Revolução Francesa foi talvez a que mais contribuiu com o surgimento do conservadorismo. Do mesmo modo, no Brasil esse mesmo processo volta a emergir depois de anos de governo liberal no poder.

▷ O desenvolvimento é o parágrafo em que serão desenvolvidos argumentos para comprovar a tese exposta na introdução. Na primeira frase do parágrafo, ou seja, no tópico frasal é apresentada a ideia central do parágrafo (o argumento). Depois do tópico frasal (introdução), há a comprovação dessa ideia (desenvolvimento) e, por fim, o fechamento do parágrafo (conclusão).

Os diversos argumentos deverão ser sustentados com exemplos e provas que os validem, tornando-os indiscutíveis, como:

- Exemplos;
- Enumeração de fatos;
- Causa e efeito;
- Dados estatísticos;
- Citações de autores renomados;
- Depoimentos de personalidades renomadas;
- Alusões históricas.

▷ Na conclusão há a retomada e a reafirmação da tese inicial, já defendida pelos diversos argumentos apresentados no desenvolvimento.

▷ **Retomada da tese:** a melhor forma de fazer isso é parafraseando a sua tese, ou seja, passando exatamente a mesma ideia, mas com outras palavras.

▷ Os mesmos tipos de conclusão do texto expositivo podem ser usados aqui.

2.6 Propostas de dissertação argumentativa

PROPOSTA I

A partir da leitura do Texto Motivador abaixo e com base em seu conhecimento de mundo, escolha um dos temas e desenvolva um texto dissertativo-argumentativo. Seu texto deverá ser produzido em prosa e conter no mínimo 20 e no máximo 30 linhas.

TEMA: O excesso de imagens e sua relação com a realidade

O mundo das imagens

Talvez se possa dizer que o que predomina na mídia mundial é a imagem. Com frequência, as outras "linguagens" aparecem de maneira complementar [...] ou propriamente subordinada à imagem. Tanto assim que a mídia apresenta aspectos e fragmentos das configurações e movimentos da sociedade global como se fosse um vasto espetáculo de videoclipe [...] Ao lado da montagem, colagem, bricolagem, simulacro e virtualidade, muitas vezes combinando tudo isso, a mídia parece priorizar o espetáculo do videoclipe. Tanto é assim que guerras e genocídios parecem festivais pop, departamentos do shopping center global, cenas da Disneylândia mundial. Os mais graves e dramáticos acontecimentos da vida de indivíduos e coletividades aparecem, em geral, como um videoclipe eletrônico informático, desterritorializado entretenimento de todo o mundo.

Fonte: IANNI, Octávio. O mundo do trabalho. In: FREITAS, Marcos Cezar de. (Org.). A reinvenção do futuro. São Paulo: Cortez, 1996. p. 39

PROPOSTA II

A partir da leitura do Texto Motivador abaixo e com base em seu conhecimento de mundo, escolha um dos temas e desenvolva um texto dissertativo-argumentativo. Seu texto deverá ser produzido em prosa e conter no mínimo 20 e no máximo 30 linhas.

Tema: O cuidado com o corpo e com a mente e sua relação com o trabalho

Cuidar do corpo e da mente

Conciliar trabalho, estudo, rotina doméstica e os cuidados com o corpo e a mente pode, à primeira vista, parecer impossível. Por isso, o G1 conversou com especialistas para apontar passos essenciais para quem quer levar uma vida mais equilibrada. Eles concordaram em três pontos: fazer exercícios, comer bem, cuidar da saúde mental e buscar acompanhamento médico.

[...] Faça exercícios físicos. Fazer exercícios é a primeira recomendação. É simples: mexa-se. "Só de você não ser sedentário já está mil pontos à frente da pessoa sedentária", diz o clínico geral e médico de família Alfredo Salim Helito, do Hospital Sírio-Libanês, em São Paulo. "Se você tiver a opção entre ser magro e fazer atividade física, escolha a atividade física. O sedentarismo não pode acompanhar o ser humano", frisa.

Alimente-se bem. A alimentação saudável e equilibrada também é essencial. A alimentação foi outro ponto de consenso entre os especialistas ouvidos pelo G1 como chave para uma vida melhor. E a primeira dica de como nutrir melhor o corpo é: beber água.[...]

Cuide da saúde mental. Terapias, tradicionais ou alternativas, ajudam a melhorar a saúde mental. As intervenções tradicionais — como a psicoterapia ou a psicanálise — podem ajudar a prestar mais atenção às próprias emoções, pensamentos ou padrões de comportamento. Para a psicóloga Gláucia Flores, que atende em Brasília, o momento de buscar ajuda profissional é quando a pessoa percebe que está tendo prejuízos na vida.

"Vamos pensar nossa vida como uma pizza: uma fatia é o trabalho, uma é a família, uma é o casamento, os filhos, o lazer. Quando a gente dá mais importância pra uma do que pra outra, essa balança fica desigual. É importante, sim, que a gente encontre prazer no trabalho, mas também ter outros interesses para também aprender outras coisas", analisa Gláucia.

Vá ao médico. Encontrar um médico de confiança também é essencial. Além de adotar bons hábitos, fazer um acompanhamento médico pelo menos uma vez por ano também é recomendável, explica a clínica geral Sílvia Souto, da Aliança Instituto de Oncologia, em Brasília. Para começar, ela recomenda procurar, primeiro, um médico generalista.

Fonte: https://g1.globo.com/ciencia-e-saude/vivavoce/noticia/2019/02/01/cuidar-do-corpo-e-da-mente-veja-4-passos-paralevar-uma-vida-saudavel-e-equilibrada.ghtml. Adaptado. Acessado em 06/12/19

PROPOSTA III

Motivado pela leitura dos textos seguintes, sem, contudo, copiá-los ou parafraseá-los, redija um texto DISSERTATIVO-ARGUMENTATIVO com, no mínimo, 20 e, no máximo, 30 linhas, em modalidade e limites solicitados.

Tema: DESAFIOS DAS POLÍTICAS DE SEGURANÇA PÚBLICA PARA COMBATER A VIOLÊNCIA NA SOCIEDADE.

TEXTO 1

Constituições Federais e contexto político-institucional

O termo segurança "pública" parece ter sido usado pela primeira vez na Constituição Federal (CF) de 1937. Em outras Constituições, como a de 1934, aparece o termo segurança "interna" para tratar com matérias atinentes ao controle da ordem, fato que irá gerar vários dilemas organizacionais no país e em seu pacto federativo. É interessante constatar que, na CF de 1937, cabia exclusivamente à União a competência de regular a matéria e garantir "o bemestar, a ordem, a tranquilidade e a segurança públicas, quando o exigir a necessidade de uma regulamentação uniforme" (artigo 16, inciso V).

Nota-se aqui uma primeira tensão conceitual e que terá impacto direto nos mandatos e atribuições das polícias brasileiras. A Lei nº 192, de 17 de janeiro de 1936 regulava as atividades das polícias militares e as vinculava às unidades da federação, cabendo à União apenas um papel de supervisão e controle, por meio do Exército. Por essa lei, as polícias militares eram as responsáveis pela segurança "interna", enquanto a CF de 1937 fala de segurança "pública", atividade que formalmente não foi assumida por nenhuma instituição até a CF de 1988. O significativo é que essa lei só foi revogada pelo Decreto-Lei nº 317, de 13 de março de 1967, que regulamentou a CF de 1967 no que tange à atuação das polícias. O conceito criado pela CF de 1937 parece não ter conseguido se institucionalizar e não teve força para mudar, mesmo após o Estado Novo, as estruturas que organizavam as polícias estaduais. E ainda mais emblemático dessa dificuldade é que a CF de 1967 restabeleceu a competência das polícias militares para a "manutenção da ordem e segurança interna nos Estados, nos Territórios e no Distrito Federal" (grifo nosso).

Será somente a CF de 1988 que irá resgatar o conceito de 1937 e trará um capítulo específico sobre segurança "pública", não obstante repetir a CF de 1937 e não definir o significado desse conceito. A CF de 1988, em seu artigo 144, definirá tão somente quais são as instituições públicas encarregadas de prover segurança "pública" (LIMA, 2011). Em suma, nossa atual Constituição não define o que vem a ser segurança pública, apenas delimita quais organizações pertencem a esse campo.

Disponível em: <http://www.scielo.br/pdf/rdgv/v12n1/1808-2432-rdgv-12-10049.pdf> Acesso em: 20 de junho de 2019. Texto adaptado

TEXTO 2

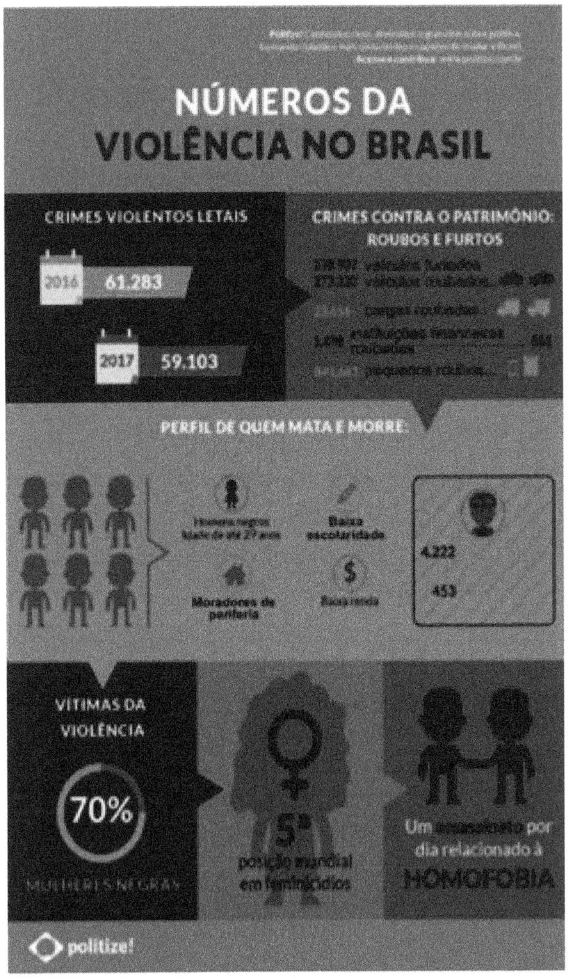

Disponível em: https://www.politize.com.br/seguranca-publica-brasileiraentenda. Acesso em 20 de junho de 2019. Texto adaptado.

PROPOSTA IV

Texto 01

Pela primeira vez, a população deve consumir mais conteúdo midiático na internet do que pela TV, de acordo com relatório da agência de mídia Zenith. Conforme a previsão, já em 2019 as pessoas devem passar mais horas navegando pela internet, fazendo compras, assistindo a filmes, séries e vídeos, conversando ou ouvindo música, do que assistindo à televisão.

("Internet irá ultrapassar TV já em 2019, indica relatório", 18.06.2018. https://epocanegocios.globo.com. Adaptado)

Texto 02

De acordo com estudo divulgado pela empresa Morrison Foster, as pessoas passam, em média, sete horas por dia nas redes sociais. E é exatamente esse o local ocupado pelos influenciadores, que também estão conectados e produzindo conteúdos para seus seguidores a todo tempo. Segundo uma outra pesquisa, publicada pela Sprout Social, 74% dos consumidores guiam suas decisões de compra com base nas redes sociais. Ou seja, o público está atento às opiniões da internet e, principalmente, aos depoimentos de canais influentes e de credibilidade.

("A contribuição dos influenciadores digitais para a decisão de compra". 02.02.2018. https://franpress.com.br. Adaptado)

Texto 03

Nos últimos 10 anos, o tempo médio de consumo domiciliar de televisão passou de 8h18 para 9h17. Um crescimento de 12%. Vale ressaltar que esse foi um período de forte ascensão da internet como plataforma de distribuição de conteúdo. Os conteúdos da TV, além de entreter e informar, também exercem um papel importante na dinâmica social. Eles influenciam a pauta de conversas tanto com material que gera engajamento entre os telespectadores, como com publicidades criativas. O levantamento da Kantar IBOPE Media aponta que 51% das pessoas acham que a propaganda na TV é interessante e proporciona assunto para conversar. E, entre os que acessam a internet enquanto veem TV, 23% comentam nas redes sociais o que assistem – mostrando que a televisão segue marcando presença no dia a dia do brasileiro.

(João Paulo Reis. "Televisão: a abrangência e a influência do meio mais presente na vida dos brasileiros", 24.12.2018. https://observatoriodatelevisao.bol.uol.com.br. Adaptado)

Com base nas informações dos textos e em seus próprios conhecimentos, escreva um texto dissertativo, de acordo com a norma-padrão da língua portuguesa, sobre o tema:

A popularização da internet ameaça o poder de influência da televisão?

PROPOSTA V

Em visita aos Estados Unidos, em 1970, Margaret Thatcher fez o seguinte pronunciamento:

"Uma das razões por que valorizamos indivíduos não é porque sejam todos iguais, mas porque são todos diferentes. Permitamos que nossos filhos cresçam, alguns mais altos que outros, se tiverem neles a capacidade de fazê-lo. Pois devemos construir uma sociedade na qual cada cidadão possa desenvolver plenamente seu potencial, tanto para seu próprio benefício quanto para o da comunidade como um todo."

A premissa crucial que leva a afirmação de Thatcher a parecer quase evidente em si mesma - a suposição de que a "comunidade como um todo" seria adequadamente servida por todo cidadão dedicado a seu "próprio benefício" - acabou por ser admitida como ponto pacífico. Assim, no fim do século passado, tornou-se aceita a noção de que, ao agir egoisticamente, de algum modo as pessoas beneficiariam as outras.

(Adaptado de: ZYGMUNT, Bauman. A riqueza de poucos beneficia todos nós? Rio de Janeiro: Zahar, 2015, p.30)

II

Segundo a ortodoxia econômica, uma boa dose de desigualdade leva a economias mais eficientes e crescimento mais rápido. Isso se dá porque retornos mais altos e impostos menores no topo da escala - segundo afirmam - fomentariam o empreendedorismo e engendrariam um bolo econômico maior.

Assim, terá dado certo a experiência de fomento da desigualdade? Os indícios sugerem que não. A disparidade de riqueza atingiu dimensões extraordinárias, mas sem o progresso econômico prometido.

(Adaptado de: LANSEY, Stewart apud ZYGMUNT, Bauman. A riqueza de poucos beneficia todos nós? Rio de Janeiro: Zahar, 2015, p.24-25)

Considerando os textos acima, escreva uma dissertação argumentativa em que você discuta a seguinte questão:

A realização individual fomentaria maior igualdade social?

2.7 Elementos de coesão

Prioridade, relevância: em primeiro lugar, antes de mais nada, antes de tudo, em princípio, primeiramente, acima de tudo, principalmente, primordialmente, sobretudo.

Tempo: atualmente, hoje, frequentemente, constantemente às vezes, eventualmente, por vezes, ocasionalmente, sempre, raramente, não raro, ao mesmo tempo, simultaneamente, nesse ínterim, enquanto, quando, antes que, depois que, logo que, sempre que, assim que, desde que, todas as vezes que, cada vez que, então, enfim, logo, logo depois, imediatamente, logo após, a princípio, no momento em que, pouco antes, pouco depois, anteriormente, posteriormente, em seguida, afinal, por fim, finalmente, agora.

Semelhança, comparação, conformidade: de acordo com, segundo, conforme, sob o mesmo ponto de vista, tal qual, tanto quanto, como, assim como, como se, bem como, igualmente, da mesma forma, assim também, do mesmo modo, semelhantemente, analogamente, por analogia, de maneira idêntica, de conformidade com.

R E D A

Condição, hipótese: se, caso, desde que, eventualmente.

Adição, continuação: além disso, demais, ademais, outrossim, ainda mais, por outro lado, também, e, nem, não só ... mas também, não só... como também, não apenas ... como também, não só ... bem como, com, ou (quando não for excludente).

Dúvida: talvez, provavelmente, possivelmente, quiçá, quem sabe, é provável, não é certo, se é que.

Certeza, ênfase: certamente, decerto, por certo, inquestionavelmente, sem dúvida, inegavelmente, com toda a certeza.

Ilustração, esclarecimento: por exemplo, só para ilustrar, só para exemplificar, isto é, quer dizer, em outras palavras, ou por outra, a saber, ou seja, aliás.

Propósito, intenção, finalidade: com o fim de, a fim de, com o propósito de, com a finalidade de, com o intuito de, para que, a fim de que, para.

Resumo, recapitulação, conclusão: em suma, em síntese, em conclusão, enfim, em resumo, portanto, assim, dessa forma, dessa maneira, desse modo, logo, dessa forma, dessa maneira, assim sendo.

Explicação: por consequência, por conseguinte, como resultado, por isso, por causa de, em virtude de, assim, de fato, com efeito, tão (tanto, tamanho)... que, porque, porquanto, pois, já que, uma vez que, visto que, como (= porque), portanto, logo, que (= porque), de tal sorte que, de tal forma que, haja vista.

Contraste, oposição, restrição: pelo contrário, em contraste com, salvo, exceto, menos, mas, contudo, todavia, entretanto, no entanto, embora, apesar de, apesar de que, ainda que, mesmo que, posto que, conquanto, se bem que, por mais que, por menos que, só que, ao passo que, por outro lado, em contrapartida, ao contrário do que se pensa, em compensação.

Contraposição: é possível que... no entanto... É certo que... entretanto... É provável que ... porém...

Sequenciação dos parágrafos: em primeiro lugar ..., em segundo ..., por último ...; por um lado ..., por outro ...; primeiramente, ...,em seguida, ..., finalmente, ...

Enumeração: é preciso considerar que ...; Também não devemos esquecer que ...; Não podemos deixar de lembrar que...

Reafirmação/Retomada: compreende-se, então, que ... É bom acrescentar ainda que ... É interessante reiterar ...

2.8 Critérios de avaliação das bancas

Banca Cespe

Aspectos Macroestruturais

1. Apresentação (legibilidade, respeito às margens e indicação de parágrafos) e estrutura textual (organização das ideais em texto estruturado).

2. Desenvolvimento do tema: tópicos da proposta

Aspectos Microestruturais

Ortografia

Morfossintaxe

Propriedade vocabular

Quando forem apresentados tópicos, deve-se construir 1 (um) parágrafo para cada tópico.

Banca FCC

O candidato deverá desenvolver texto dissertativo a partir de proposta única, sobre assunto de interesse geral. Considerando que o texto é único, os itens discriminados a seguir serão avaliados em estreita correlação:

- **Conteúdo: até 40 (quarenta) pontos:**

perspectiva adotada no tratamento do tema;

capacidade de análise e senso crítico em relação ao tema proposto;

consistência dos argumentos, clareza e coerência no seu encadeamento.

Obs.: A nota será prejudicada, proporcionalmente, caso ocorra abordagem tangencial, parcial ou diluída em meio a divagações e/ou colagem de textos e de questões apresentados na prova.

- **Estrutura: até 30 (trinta) pontos:**

respeito ao gênero solicitado;

progressão textual e encadeamento de ideias;

articulação de frases e parágrafos (coesão textual).

- **Expressão: até 30 (trinta) pontos:**
- **A avaliação da expressão não será feita de modo estanque ou mecânico, mas sim de acordo com sua estreita correlação com o conteúdo desenvolvido. A avaliação será feita considerando-se:**

desempenho linguístico de acordo com o nível de conhecimento exigido para o cargo/área/especialidade;

adequação do nível de linguagem adotado à produção proposta e coerência no uso;

domínio da norma culta formal, com atenção aos seguintes itens: estrutura sintática de orações e períodos, elementos coesivos; concordância verbal e nominal; pontuação; regência verbal e nominal; emprego de pronomes; flexão verbal e nominal; uso de tempos e modos verbais; grafia e acentuação.

Banca Cesgranrio

A Redação será avaliada conforme os critérios a seguir:

- adequação ao tema proposto;
- adequação ao tipo de texto solicitado;
- emprego apropriado de mecanismos de coesão (referenciação, sequenciação e demarcação das partes do texto);
- capacidade de selecionar, organizar e relacionar de forma coerente argumentos pertinentes ao tema proposto; e
- pleno domínio da modalidade escrita da norma-padrão (adequação vocabular, ortografia, morfologia, sintaxe de concordância, de regência e de colocação).

Banca Vunesp

Na avaliação da Prova Dissertativa (Parte II), serão considerados os critérios a seguir:

- **Tema:** considera-se se o texto do candidato atende ao tema proposto. A fuga completa ao tema proposto é motivo suficiente para que a redação não seja corrigida em qualquer outro de seus aspectos, recebendo nota 0 (zero);
- **Estrutura (gênero/tipo de texto e coerência): consideram-se aqui, conjuntamente, os aspectos referentes ao gênero/tipo de texto proposto e à coerência das ideias. A fuga completa ao gênero/tipo de texto é motivo suficiente para que a redação não seja corrigida em qualquer outro de seus aspectos, recebendo nota 0 (zero). Avalia-se aqui como o candidato sustenta sua tese em termos argumentativos e como essa argumentação está organizada, considerando-se a macroestrutura do texto dissertativo (introdução, desenvolvimento e conclusão). No gênero/tipo de texto, avalia-se também o tipo de interlocução construída: por se tratar de uma dissertação, deve-se prezar pela objetividade, sendo assim, o uso de primeira pessoa do singular e de segunda pessoa (singular e plural) poderá ser penalizado. Será considerado aspecto negativo a referência direta à situação imediata de produção textual (ex.:** como afirma o autor do primeiro texto/da coletânea/do texto I; como solicitado nesta prova/proposta de redação). Na coerência, será observada, além da pertinência dos argumentos mobilizados para a defesa do ponto de vista, a capacidade do candidato de encadear as ideias de forma lógica e coerente (progressão textual). Serão considerados aspectos negativos a presença de contradições entre as ideias, a falta de partes da macroestrutura dissertativa, a falta de desenvolvimento das ideias ou a presença de conclusões não decorrentes do que foi previamente exposto;

- **Expressão (coesão e modalidade):** consideram-se neste item os aspectos referentes à coesão textual e ao domínio da norma-padrão da língua portuguesa. Na coesão, avalia-se a utilização dos recursos coesivos da língua (anáforas, catáforas, substituições, conjunções etc.) de modo a tornar a relação entre frases e períodos e entre os parágrafos do texto mais clara e precisa. Serão considerados aspectos negativos as quebras entre frases ou parágrafos e o emprego inadequado de recursos coesivos. Na modalidade, serão examinados os aspectos gramaticais como ortografia, morfologia, sintaxe e pontuação, bem como a escolha lexical (precisão vocabular) e o grau de formalidade/informalidade expressa em palavras e expressões.

Banca IBFC

Para o desenvolvimento da Redação, o candidato deverá redigir, observando os critérios de correção estabelecidos no quadro abaixo:

Critérios de Correção

1 Conhecimento do tema (cobertura dos tópicos apresentados: domínio e interrelação entre os conceitos centrais do tema proposto);

2 Habilidade argumentativa (atualização, originalidade e relevância das informações);

3 Sequência lógica e de organização do pensamento (introdução, desenvolvimento e considerações finais);

4 Coerência e Coesão (pontuação, continuidade e progressão de ideias, uso apropriado de articuladores);

5 Morfossintaxe (relação entre as palavras, concordância verbal e nominal, regência verbal e nominal, organização e estruturação dos períodos e orações, emprego dos tempos e modos verbais e colocação de pronome);

6 Acentuação e ortografia.

Banca FGV

Na avaliação da Prova Escrita Discursiva, a redação será corrigida segundo os critérios a seguir:

PARTE 1 - ESTRUTURA TEXTUAL GLOBAL

(A) ABORDAGEM DO TEMA

Considera a capacidade de o candidato selecionar argumentos convenientes, dentro do perfil esperado, assim como a boa seleção desses argumentos.

(B) PROGRESSÃO TEXTUAL

Considera a capacidade de o candidato mostrar coesão e coerência entre os parágrafos componentes do texto por ele redigido, assim como a distribuição do tema por uma evolução adequada de suas partes.

PARTE 2 - CORREÇÃO GRAMATICAL

A correção gramatical será considerada sob o aspecto da melhor expressão escrita do ponto de vista comunicativo, ou seja, de sua adequação à situação comunicativa.

(A) SELEÇÃO VOCABULAR

Considera problemas de inadequação vocabular, troca entre parônimos, emprego de palavras gerais por específicas, emprego de vocábulos de variação linguística inadequada, marcas de oralidade.

(B) NORMA CULTA

Considera problemas gerais de construção frasal do ponto de vista comunicativo.

MATEMÁTICA

1 CONJUNTOS NUMÉRICOS

Os números surgiram da necessidade de contar ou quantificar coisas ou objetos. Com o passar do tempo, foram adquirindo características próprias.

1.1 Números naturais

É o primeiro dos conjuntos numéricos. Representado pelo símbolo $\mathbb{N}$ e formado pelos seguintes elementos:

$\mathbb{N} = \{0, 1, 2, 3, 4, 5, 6, 7, 8, 9, 10, 11, 12, 13, ... + \infty\}$

O símbolo ∞ significa infinito, o + quer dizer positivo, então $+\infty$ quer dizer infinito positivo.

1.2 Números inteiros

Esse conjunto surgiu da necessidade de alguns cálculos não possuírem resultados, pois esses resultados eram negativos. Representado pelo símbolo $\mathbb{Z}$ e formado pelos seguintes elementos:

$\mathbb{Z} = \{- \infty, ..., -3, -2, -1, 0, 1, 2, 3, ..., + \infty\}$

1.2.1 Operações e propriedades dos números naturais e inteiros

As principais operações com os números naturais e inteiros são: adição, subtração, multiplicação, divisão, potenciação e radiciação (as quatro primeiras são também chamadas operações fundamentais).

Adição

Na adição, a soma dos termos ou das parcelas resulta naquilo que se chama **total**.

$2 + 2 = 4$

As propriedades da adição são:

- **Elemento neutro:** qualquer número somado ao zero tem como total o próprio número.

$2 + 0 = 2$

- **Comutativa:** a ordem dos termos não altera o total.

$2 + 3 = 3 + 2 = 5$

- **Associativa:** o ajuntamento de parcelas não altera o total.

$(2 + 3) + 5 = 2 + (3 + 5) = 10$

Subtração

Operação contrária à adição é conhecida como diferença.

Os termos ou parcelas da subtração, assim como o total, têm nomes próprios:

M – N = P; em que M = minuendo, N = subtraendo e P = diferença ou resto.

$7 - 2 = 5$

Quando o subtraendo for maior que o minuendo, a diferença será negativa.

Multiplicação

É a soma de uma quantidade de parcelas fixas. O resultado da multiplicação chama-se produto. Os sinais que indicam a multiplicação são o × e o ·.

$4 \times 7 = 7 + 7 + 7 + 7 = 28$
$7 \cdot 4 = 4 + 4 + 4 + 4 + 4 + 4 + 4 = 28$

As propriedades da multiplicação são:

Elemento neutro: qualquer número multiplicado por 1 terá como produto o próprio número.

$5 \cdot 1 = 5$

Comutativa: ordem dos fatores não altera o produto.

$3 \cdot 4 = 4 \cdot 3 = 12$

Associativa: o ajuntamento dos fatores não altera o resultado.

$2 \cdot (3 \cdot 4) = (2 \cdot 3) \cdot 4 = 24$

Distributiva: um fator em evidência multiplica todas as parcelas dentro dos parênteses.

$2 \cdot (3 + 4) = (2 \cdot 3) + (2 \cdot 4) = 6 + 8 = 14$

Fique ligado

Na multiplicação existe jogo de sinais. Veja a seguir:

Parcela	Parcela	Produto
+	+	+
+	-	-
-	+	-
-	-	+

$2 \cdot (-3) = -6$
$-3 \cdot (-7) = 21$

Divisão

É o inverso da multiplicação. Os sinais que indicam a divisão são: ÷, :, /.

$14 \div 7 = 2$
$25 : 5 = 5$
$36/12 = 3$

Fique ligado

Por ser o inverso da multiplicação, a divisão também possui o jogo de sinal.

1.3 Números racionais

Os números racionais são os números que podem ser escritos na forma de fração, são representados pela letra $\mathbb{Q}$ e podem ser escritos em forma de frações.

$\mathbb{Q} = \frac{a}{b}$ (com b diferente de zero → $b \neq 0$); em que a é o numerador e b é o denominador.

Pertencem também a este conjunto as dízimas periódicas (números que apresentam uma série infinita de algarismos decimais, após a vírgula) e os números decimais (aqueles que são escritos com a vírgula e cujo denominador são potências de 10).

Toda fração cujo numerador é menor que o denominador é chamada de fração própria.

1.3.1 Operações com números racionais

Adição e subtração

Para somar frações deve estar atento se os denominadores das frações são os mesmos. Caso sejam iguais, basta repetir o denominador e somar (ou subtrair) os numeradores, porém se os denominadores forem diferentes é preciso fazer o MMC (mínimo múltiplo comum) dos denominadores, constituindo novas frações equivalentes às frações originais e proceder com o cálculo.

$$\frac{2}{7} + \frac{4}{7} = \frac{6}{7}$$

$$\frac{2}{3} + \frac{4}{5} = \frac{10}{15} + \frac{12}{15} = \frac{22}{15}$$

Multiplicação

Multiplicar numerador com numerador e denominador com denominador das frações.

$$\frac{3}{4} \cdot \frac{5}{7} = \frac{15}{28}$$

Divisão

Para dividir frações, multiplicar a primeira fração com o inverso da segunda fração.

$$\frac{2}{3} \div \frac{4}{5} = \frac{2}{3} \cdot \frac{5}{4} = \frac{10}{12} = \frac{5}{6}$$

(Simplificado por 2)

Toda vez, que for possível, deve simplificar a fração até sua fração irredutível (aquela que não pode mais ser simplificada).

Potenciação

Se a multiplicação é a soma de uma quantidade de parcelas fixas, a potenciação é a multiplicação de uma quantidade de fatores fixos, tal quantidade indicada no expoente que acompanha a base da potência.

A potenciação é expressa por: $\mathbf{a}^n$, cujo **a** é a base da potência e o **n** é o expoente.

| $4^3 = 4 \cdot 4 \cdot 4 = 64$

Propriedades das potências:

$a^0 = 1$

| $3^0 = 1$

$a^1 = a$

| $5^1 = 5$

$a^{-n} = 1/a^n$

| $2^{-3} = 1/2^3 = 1/8$

$a^m \cdot a^n = a^{(m+n)}$

| $3^2 \cdot 3^3 = 3^{(2+3)} = 3^5 = 243$

$a^m : a^n = a^{(m-n)}$

| $4^5 : 4^3 = 4^{(5-3)} = 4^2 = 16$

$(a^m)^n = a^{m \cdot n}$

| $(2^2)^4 = 2^{2 \cdot 4} = 2^8 = 256$

$a^{m/n} = \sqrt[n]{a^m}$

| $7^{2/3} = \sqrt[3]{7^2}$

Não confunda: $(a^m)^n \neq a^{m^n}$

Não confunda também: $(-a)^n \neq -a^n$.

Radiciação

É a expressão da potenciação com expoente fracionário.

A representação genérica da radiciação é: $\sqrt[n]{a}$; cujo **n** é o índice da raiz, o **a** é o radicando e $\sqrt{\ }$ é o radical.

Quando o índice da raiz for o 2 ele não precisa aparecer e essa raiz será uma raiz quadrada.

Propriedades das raízes:

$\sqrt[n]{a^m} = (\sqrt[n]{a^m}) = a^{m/n}$

$\sqrt[m]{\sqrt[n]{a}} = \sqrt[m \cdot n]{a}$

$\sqrt[m]{a^m} = a = a^{m/m} = a^1 = a$

Racionalização: se uma fração tem em seu denominador um radical, faz-se o seguinte:

$$\frac{1}{\sqrt{a}} = \frac{1}{\sqrt{a}} \cdot \frac{\sqrt{a}}{\sqrt{a}} = \frac{\sqrt{a}}{\sqrt{a^2}} = \frac{\sqrt{a}}{a}$$

1.3.2 Transformação de dízima periódica em fração

Para transformar dízimas periódicas em fração, é preciso atentar-se para algumas situações:

- Verifique se depois da vírgula só há a parte periódica, ou se há uma parte não periódica e uma periódica.
- Observe quantas são as casas periódicas e, caso haja, as não periódicas. Lembre-se sempre que essa observação só será para os números que estão depois da vírgula.
- Em relação à fração, o denominador será tantos 9 quantos forem as casas do período, seguido de tantos 0 quantos forem as casas não periódicas (caso haja e depois da vírgula). Já o numerador será o número sem a vírgula até o primeiro período menos toda a parte não periódica (caso haja).

$$0{,}6666... = \frac{6}{9}$$

$$0{,}36363636... = \frac{36}{99}$$

$$0{,}123333... = \frac{123 - 12}{900} = \frac{111}{900}$$

$$2{,}8888... = \frac{28 - 2}{9} = \frac{26}{9}$$

$$3{,}754545454... = \frac{3754 - 37}{990} = \frac{3717}{990}$$

1.3.3 Transformação de número decimal em fração

Para transformar número decimal em fração, basta contar quantas casas existem depois da vírgula; então o denominador da fração será o número 1 acompanhado de tantos zeros quantos forem o número de casas, já o numerador será o número sem a vírgula.

$$0{,}3 = \frac{3}{10}$$

$$2{,}45 = \frac{245}{100}$$

$$49{,}586 = \frac{49586}{1000}$$

1.4 Números irracionais

São os números que não podem ser escritos na forma de fração.

O conjunto é representado pela letra 𝕀 e tem como elementos as dízimas não periódicas e as raízes não exatas.

1.5 Números reais

Simbolizado pela letra ℝ, é a união do conjunto dos números racionais com o conjunto dos números irracionais.

Representado, temos:

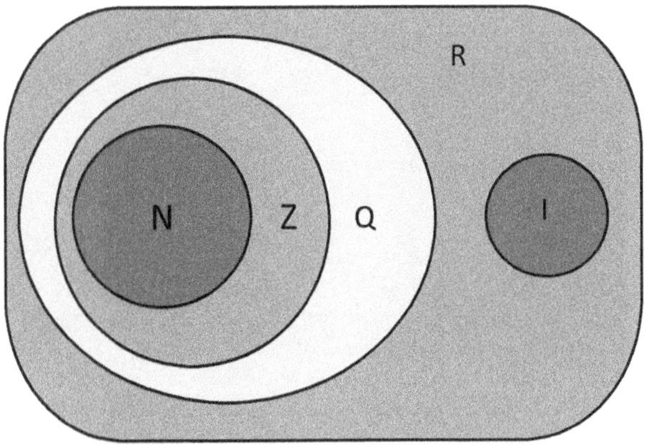

Colocando todos os números em uma reta, temos:

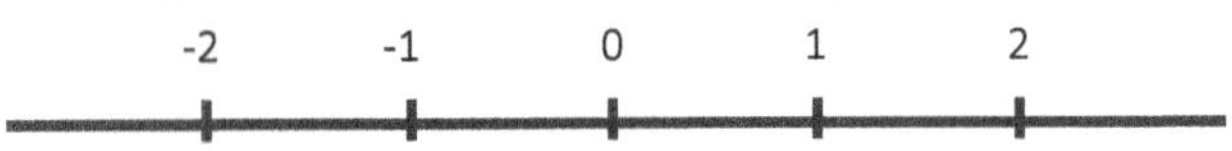

As desigualdades ocorrem em razão de os números serem maiores ou menores uns dos outros.

Os símbolos das desigualdades são:

≥ maior ou igual a.

≤ menor ou igual a.

> maior que.

< menor que.

Dessas desigualdades surgem os intervalos, que nada mais são do que um espaço dessa reta, entre dois números.

Os intervalos podem ser abertos ou fechados, depende dos símbolos de desigualdade utilizados.

Intervalo aberto ocorre quando os números não fazem parte do intervalo e os sinais de desigualdade são:

> maior que.

< menor que.

Intervalo fechado ocorre quando os números fazem parte do intervalo e os sinais de desigualdade são:

≥ maior ou igual a.

≤ menor ou igual a.

1.6 Intervalos

Os intervalos numéricos podem ser representados das seguintes formas:

1.6.1 Com os símbolos <, >, ≤, ≥

Quando usar os símbolos < ou >, os números que os acompanham não fazem parte do intervalo real. Quando usar os símbolos ≤ ou ≥, os números farão parte do intervalo real.

> $2 < x < 5$: o 2 e o 5 não fazem parte do intervalo.
> $2 \leq x < 5$: o 2 faz parte do intervalo, mas o 5 não.
> $2 \leq x \leq 5$: o 2 e o 5 fazem parte do intervalo.

1.6.2 Com os colchetes [ ]

Quando os colchetes estiverem voltados para os números, significa que farão parte do intervalo. Quando os colchetes estiverem invertidos, significa que os números não farão parte do intervalo.

>]2;5[: o 2 e o 5 não fazem parte do intervalo.
> [2;5[: o 2 faz parte do intervalo, mas o 5 não faz.
> [2;5]: o 2 e o 5 fazem parte do intervalo.

1.6.3 Sobre uma reta numérica

▷ **Intervalo aberto**

$2<x<5$:

Em que 2 e 5 não fazem parte do intervalo numérico, representado pela marcação aberta (sem preenchimento - O).

▷ **Intervalo fechado e aberto**

$2 \leq x<5$:

Em que 2 faz parte do intervalo, representado pela marcação fechada (preenchida●) em que 5 não faz parte do intervalo, representado pela marcação aberta (O).

▷ **Intervalo fechado**

$2 \leq x \leq 5$:

Em que 2 e 5 fazem parte do intervalo numérico, representado pela marcação fechada (●).

1.7 Múltiplos e divisores

Os múltiplos são resultados de uma multiplicação de dois números naturais.

> Os múltiplos de 3 são: 0, 3, 6, 9, 12, 15, 18, 21, 24, 27, 30... (os múltiplos são infinitos).

Os divisores de um número são os números, cuja divisão desse número por eles será exata.

> Os divisores de 12 são: 1, 2, 3, 4, 6, 12.

Fique ligado

Números quadrados perfeitos são aqueles que resultam da multiplicação de um número por ele mesmo.

> $4 = 2 \cdot 2$
> $25 = 5 \cdot 5$

1.8 Números primos

São os números que têm apenas dois divisores, o 1 e ele mesmo. (Alguns autores consideram os números primos aqueles que tem 4 divisores, sendo o 1, o -1, ele mesmo e o seu oposto – simétrico.)

> 2 (único primo par), 3, 5, 7, 11, 13, 17, 19, 23, 29, 31, 37, 41, 43, 47, 53, 59, ...

Os números primos servem para decompor outros números.

A decomposição de um número em fatores primos serve para fazer o MMC e o MDC (máximo divisor comum).

1.9 MMC e MDC

O MMC de um, dois ou mais números é o menor número que, ao mesmo tempo, é múltiplo de todos esses números.

O MDC de dois ou mais números é o maior número que pode dividir todos esses números ao mesmo tempo.

Para calcular, após decompor os números, o MMC de dois ou mais números será o produto de todos os fatores primos, comuns e não comuns, elevados aos maiores expoentes. Já o MDC será apenas os fatores comuns a todos os números elevados aos menores expoentes.

$6 = 2 \cdot 3$
$18 = 2 \cdot 3 \cdot 3 = 2 \cdot 3^2$
$35 = 5 \cdot 7$
$144 = 2 \cdot 2 \cdot 2 \cdot 2 \cdot 3 \cdot 3 = 2^4 \cdot 3^2$
$225 = 3 \cdot 3 \cdot 5 \cdot 5 = 3^2 \cdot 5^2$
$490 = 2 \cdot 5 \cdot 7 \cdot 7 = 2 \cdot 5 \cdot 7^2$
$640 = 2 \cdot 2 \cdot 2 \cdot 2 \cdot 2 \cdot 2 \cdot 2 \cdot 5 = 2^7 \cdot 5$
MMC de 18 e 225 = $2 \cdot 3^2 \cdot 5^2 = 2 \cdot 9 \cdot 25 = 450$
MDC de 225 e 490 = 5

Para saber a quantidade de divisores de um número basta, depois da decomposição do número, pegar os expoentes dos fatores primos, somar +1 e multiplicar os valores obtidos.

$225 = 3^2 \cdot 5^2 = 3^{2+1} \cdot 5^{2+1} = 3 \cdot 3 = 9$

Nº de divisores = $(2 + 1) \cdot (2 + 1) = 3 \cdot 3 = 9$ divisores. Que são: 1, 3, 5, 9, 15, 25, 45, 75, 225.

1.10 Divisibilidade

As regras de divisibilidade servem para facilitar a resolução de contas, para ajudar a descobrir se um número é ou não divisível por outro. Veja algumas dessas regras.

Divisibilidade por 2: para um número ser divisível por 2, ele tem de ser par.

14 é divisível por 2.
17 não é divisível por 2.

Divisibilidade por 3: para um número ser divisível por 3, a soma dos seus algarismos tem de ser divisível por 3.

174 é divisível por 3, pois 1 + 7 + 4 = 12.
188 não é divisível por 3, pois 1 + 8 + 8 = 17.

Divisibilidade por 4: para um número ser divisível por 4, ele tem de terminar em 00 ou os seus dois últimos números devem ser múltiplos de 4.

300 é divisível por 4.
532 é divisível por 4.
766 não é divisível por 4.

Divisibilidade por 5: para um número ser divisível por 5, ele deve terminar em 0 ou em 5.

35 é divisível por 5.
370 é divisível por 5.
548 não é divisível por 5.

Divisibilidade por 6: para um número ser divisível por 6, ele deve ser divisível por 2 e por 3 ao mesmo tempo.

78 é divisível por 6.
576 é divisível por 6.
652 não é divisível por 6.

Divisibilidade por 9: para um número ser divisível por 9, a soma dos seus algarismos deve ser divisível por 9.

75 é não divisível por 9.
684 é divisível por 9.

Divisibilidade por 10: para um número ser divisível por 10, ele tem de terminar em 0.

90 é divisível por 10.
364 não é divisível por 10.

1.11 Expressões numéricas

Para resolver expressões numéricas, deve-se seguir a ordem:

- Resolva os parênteses ( ), depois os colchetes [ ], depois as chaves { }, sempre nessa ordem.
- Dentre as operações, resolva primeiro as potenciações e raízes (o que vier primeiro), depois as multiplicações e divisões (o que vier primeiro) e, por último, as somas e subtrações (o que vier primeiro).

Calcule o valor da expressão:
$8 - \{5 - [10 - (7 - 3 \cdot 2)] \div 3\}$
$8 - \{5 - [10 - (7 - 6)] \div 3\}$
$8 - \{5 - [10 - (1)] \div 3\}$
$8 - \{5 - [9] \div 3\}$
$8 - \{5 - 3\}$
$8 - \{2\}$
6

2 SISTEMA LEGAL DE MEDIDAS

2.1 Medidas de tempo

A unidade padrão do tempo é o segundo (s), mas devemos saber as seguintes relações:

1min = 60s

1h = 60min = 3.600s

1 dia = 24h = 1.440min = 86.400s

30 dias = 1 mês

2 meses = 1 bimestre

6 meses = 1 semestre

12 meses = 1 ano

10 anos = 1 década

100 anos = 1 século

15h47min18s + 11h39min59s = 26h86min77s = 26h87min17s = 27h27min17s= 1 dia 3h27min17s.

8h23min – 3h49min51s = 7h83min – 3h49min51s = 7h82min60s – 3h49min51s = 4h33min9s.

Cuidado com as transformações de tempo, pois elas não seguem o mesmo padrão das outras medidas.

2.2 Sistema métrico decimal

Serve para medir comprimentos, distâncias, áreas e volumes. Tem como unidade padrão o metro (m). Veja a seguir seus múltiplos, variações e algumas transformações.

Metro (m):

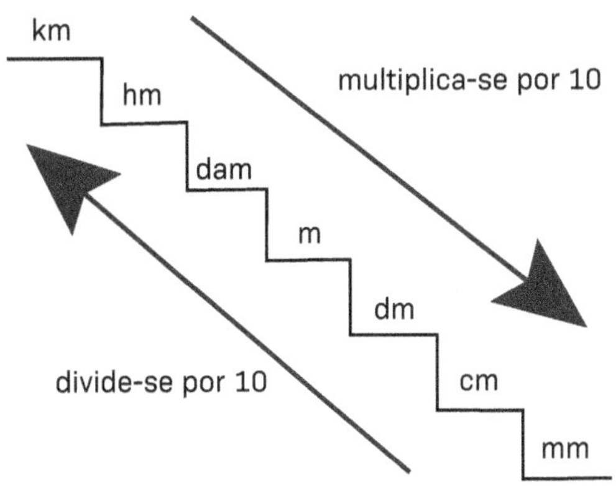

Ao descer um degrau da escada, multiplica-se por 10, e ao subir um degrau, divide-se por 10.

Transformar 2,98km em cm = 2,98 · 100.000 = 298.000cm (na multiplicação por 10 ou suas potências, basta deslocar a vírgula para a direita).

Transformar 74m em km = 74 ÷ 1.000 = 0,074km (na divisão por 10 ou suas potências, basta deslocar a vírgula para a esquerda).

Fique ligado

O grama (g) e o litro (l) seguem o mesmo padrão do metro (m).

Metro quadrado (m^2):

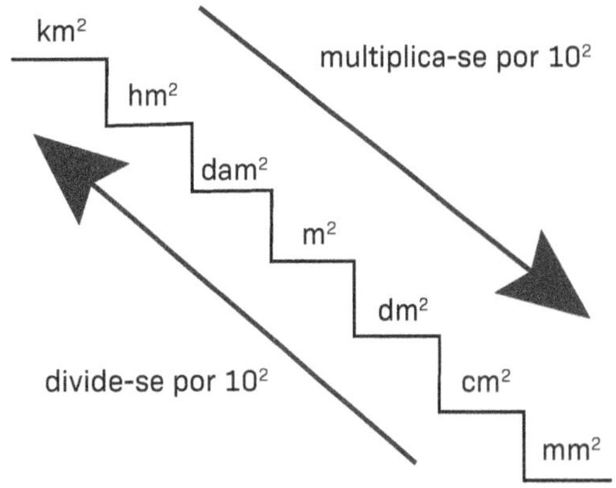

Ao descer um degrau da escada, multiplica por 10^2 ou 100, e ao descer um degrau, divide por 10^2 ou 100.

Transformar 79,11m^2 em cm^2 = 79,11 · 10.000 = 791.100cm^2.

Transformar 135m^2 em km^2 = 135 ÷ 1.000.000 = 0,000135km^2.

Metro cúbico (m^3):

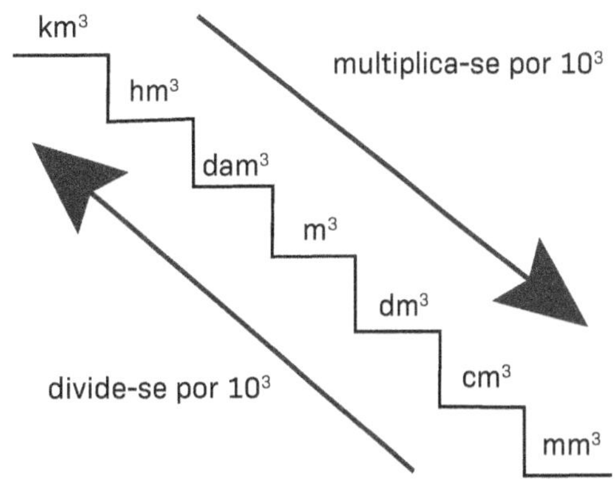

Ao descer um degrau da escada, multiplica-se por 10^3 ou 1.000, e ao subir um degrau, divide-se por 10^3 ou 1.000.

Transformar 269dm^3 em cm^3 = 269 · 1.000 = 269.000cm^3.

Transformar 4.831cm^3 em m^3 = 4.831 ÷ 1.000.000 = 0,004831m^3.

O metro cúbico, por ser uma medida de volume, tem relação com o litro (l), e essa relação é:

1m^3 = 1.000 litros.

1dm^3 = 1 litro.

1cm^3 = 1 mililitro.

3 PROPORCIONALIDADE

Os conceitos de razão e proporção estão ligados ao quociente. Esse conteúdo é muito solicitado pelas bancas de concursos.

Primeiramente, vamos compreender o que é grandeza, em seguida, razão e proporção.

3.1 Grandeza

É tudo aquilo que pode ser contado, medido ou enumerado.

> Comprimento (distância), tempo, quantidade de pessoas e/ou coisas etc.

Grandezas diretamente proporcionais: são aquelas em que o aumento de uma implica o aumento da outra.

> Quantidade e preço.

Grandezas inversamente proporcionais: são aquelas em que o aumento de uma implica a diminuição da outra.

> Velocidade e tempo.

3.2 Razão

É a comparação de duas grandezas. Essas grandezas podem ser da mesma espécie (unidades iguais) ou de espécies diferentes (unidades diferentes). Nada mais é do que uma fração do tipo $\frac{a}{b}$, com $b \neq 0$.

Nas razões, os numeradores são também chamados de antecedentes e os denominadores de consequentes.

Escala: comprimento no desenho comparado ao tamanho real.

Velocidade: distância comparada ao tempo.

3.3 Proporção

É determinada pela igualdade entre duas razões.

$$\frac{a}{b} = \frac{c}{d}$$

Dessa igualdade, tiramos a propriedade fundamental das proporções: o produto dos meios igual ao produto dos extremos (a chamada multiplicação cruzada).

$$b \cdot c = a \cdot d$$

É basicamente essa propriedade que ajuda resolver a maioria das questões desse assunto.

Dados três números racionais a, b e c, não nulos, denomina **quarta proporcional** desses números um número x tal que:

$$\frac{a}{b} = \frac{c}{x}$$

Proporção contínua é a que apresenta os meios iguais.

De um modo geral, uma proporção contínua pode ser representada por:

$$\frac{a}{b} = \frac{b}{c}$$

As outras propriedades das proporções são:

Numa proporção, a soma dos dois primeiros termos está para o 2º (ou 1º) termo, assim como a soma dos dois últimos está para o 4º (ou 3º).

$$\frac{a+b}{b} = \frac{c+d}{d} \text{ ou } \frac{a+b}{a} = \frac{c+d}{c}$$

Numa proporção, a diferença dos dois primeiros termos está para o 2º (ou 1º) termo, assim como a diferença dos dois últimos está para o 4º (ou 3º).

$$\frac{a-b}{b} = \frac{c-d}{d} \text{ ou } \frac{a-b}{a} = \frac{c-d}{c}$$

Numa proporção, a soma dos antecedentes está para a soma dos consequentes, assim como cada antecedente está para o seu consequente.

$$\frac{a+c}{b+d} = \frac{c}{d} = \frac{a}{b}$$

Numa proporção, a diferença dos antecedentes está para a diferença dos consequentes, assim como cada antecedente está para o seu consequente.

$$\frac{a-c}{b-d} = \frac{c}{d} = \frac{a}{b}$$

Numa proporção, o produto dos antecedentes está para o produto dos consequentes, assim como o quadrado de cada antecedente está para quadrado do seu consequente.

$$\frac{a \cdot c}{b \cdot d} = \frac{a^2}{b^2} = \frac{c^2}{d^2}$$

A última propriedade pode ser estendida para qualquer número de razões.

$$\frac{a \cdot c \cdot e}{b \cdot d \cdot f} = \frac{a^3}{b^3} = \frac{c^3}{d^3} = \frac{e^3}{f^3}$$

3.4 Divisão em partes proporcionais

Para dividir um número em partes direta ou inversamente proporcionais, devem-se seguir algumas regras.

- **Divisão em partes diretamente proporcionais**

> Divida o número 50 em partes diretamente proporcionais a 4 e a 6.
>
> $4x + 6x = 50$
>
> $10x = 50$
>
> $x = \frac{50}{10}$
>
> $x = 5$
>
> x = constante proporcional
>
> Então, $4x = 4 \cdot 5 = 20$ e $6x = 6 \cdot 5 = 30$
>
> Logo, a parte proporcional a 4 é o 20 e a parte proporcional ao 6 é o 30.

- **Divisão em partes inversamente proporcionais**

Divida o número 60 em partes inversamente proporcionais a 2 e a 3.

$$\frac{x}{2} = \frac{x}{3} = 60$$

$$\frac{3x}{6} + \frac{2x}{6} = 60$$

$5x = 60 \cdot 6$

$5x = 360$

$$x = \frac{360}{5}$$

$x = 72$

x = constante proporcional

Então, $\frac{x}{2} = \frac{72}{2} = 36$ e $\frac{x}{3} = \frac{72}{3} = 24$

Logo, a parte proporcional a 2 é o 36 e a parte proporcional ao 3 é o 24.

Perceba que, na divisão diretamente proporcional, quem tiver a maior parte ficará com o maior valor. Já na divisão inversamente proporcional, quem tiver a maior parte ficará com o menor valor.

3.5 Regra das torneiras

Sempre que uma questão envolver uma situação que pode ser feita de um jeito em determinado tempo (ou por uma pessoa) e, em outro tempo, de outro jeito (ou por outra pessoa), e quiser saber em quanto tempo seria se fosse feito tudo ao mesmo tempo, usa-se a regra da torneira, que consiste na aplicação da seguinte fórmula:

$$t_T = \frac{t_1 \cdot t_2}{t_1 + t_2}$$

Em que **T** é o tempo.

Quando houver mais de duas situações, é melhor usar a fórmula:

$$\frac{1}{t_T} = \frac{1}{t_1} + \frac{1}{t_2} + \ldots + \frac{1}{t_n}$$

Em que **n** é a quantidade de situações.

Uma torneira enche um tanque em 6h. Uma segunda torneira enche o mesmo tanque em 8h. Se as duas torneiras forem abertas juntas quanto tempo vão levar para encher o mesmo tanque?

$$t_T = \frac{6 \cdot 8}{6 + 8} = \frac{48}{14} = 3h25min43s$$

3.6 Regra de três

Mecanismo prático e/ou método utilizado para resolver questões que envolvem razão e proporção (grandezas).

3.6.1 Regra de três simples

Aquela que só envolve duas grandezas.

Durante uma viagem, um carro consome 20 litros de combustível para percorrer 240km, quantos litros são necessários para percorrer 450km?

Primeiro, verifique se as grandezas envolvidas na questão são direta ou inversamente proporcionais, e monte uma estrutura para visualizar melhor a questão.

Distância	Litro
240	20
450	x

Ao aumentar a distância, a quantidade de litros de combustível necessária para percorrer essa distância também vai aumentar, então, as grandezas são diretamente proporcionais.

$$\frac{20}{x} = \frac{240}{450}$$

Aplicando a propriedade fundamental das proporções:

$240x = 9.000$

$$x = \frac{9.000}{240} = 37,5 \text{ litros}$$

3.6.2 Regra de três composta

Aquela que envolve mais de duas grandezas.

Dois pedreiros levam nove dias para construir um muro com 2m de altura. Trabalhando três pedreiros e aumentando a altura para 4m, qual será o tempo necessário para completar esse muro?

Neste caso, deve-se comparar uma grandeza de cada vez com a variável.

Dias	Pedreiros	Altura
9	2	2
x	3	4

Note que, ao aumentar a quantidade de pedreiros, o número de dias necessários para construir um muro diminui, então as grandezas pedreiros e dias são inversamente proporcionais. No entanto, se aumentar a altura do muro, será necessário mais dias para construí-lo. Dessa forma, as grandezas muro e dias são diretamente proporcionais. Para finalizar, monte a proporção e resolva. Lembre-se que quando uma grandeza for inversamente proporcional à variável sua fração será invertida.

$$\frac{9}{x} = \frac{3}{2} \cdot \frac{2}{4}$$

$$\frac{9}{x} = \frac{6}{8}$$

Aplicar a propriedade fundamental das proporções:

$6x = 72$

$$x = \frac{72}{6} = 12 \text{ dias}$$

4 NOÇÕES DE MATEMÁTICA FINANCEIRA

Porcentagem e juros fazem parte da matemática financeira e são assuntos amplamente difundidos em variados segmentos.

4.1 Porcentagem

É a aplicação da taxa percentual a determinado valor.

Taxa percentual: é o valor que vem acompanhado do símbolo %.

Para fins de cálculo, usa-se a taxa percentual em forma de fração ou em números decimais.

> 3% = 3/100 = 0,03
> 15% = 15/100 = 0,15
> 34% de 1.200 = 34/100 · 1.200 = 40.800/100 = 408
> 65% de 140 = 0,65 · 140 = 91

4.2 Lucro e prejuízo

Lucro e prejuízo são resultados de movimentações financeiras.

Custo (C): gasto.

Venda (V): ganho.

Lucro (L): quando se ganha mais do que se gasta.

$$L = V - C$$

Prejuízo (P): quando se gasta mais do que se ganha.

$$P = C - V$$

Basta substituir no lucro ou no prejuízo o valor da porcentagem, no custo ou na venda.

> Um computador foi comprado por R$ 3.000,00 e revendido com lucro de 25% sobre a venda. Qual o preço de venda?
> Como o lucro foi na venda, então L = 0,25V:
> $L = V - C$
> $0{,}25V = V - 3.000$
> $0{,}25V - V = -3.000$
> $-0{,}75V = -3.000\ (-1)$
> $0{,}75V = 3.000$
> $V = \frac{3.000}{0{,}75} = \frac{300.000}{75} = 4.000$
> Logo, a venda se deu por R$ 4.000,00.

4.3 Juros simples

Juros: atributos (ganhos) de uma operação financeira.

Juros simples: os valores são somados ao capital apenas no final da aplicação. Somente o capital rende juros.

Para o cálculo de juros simples, usa-se a seguinte fórmula:

$$J = C \cdot i \cdot t$$

Fique ligado

Nas questões de juros, as taxas de juros e os tempos devem estar expressos pela mesma unidade.

- J = juros.
- C = capital.
- i = taxa de juros.
- t = tempo da aplicação.

> Um capital de R$ 2.500,00 foi aplicado a juros de 2% ao trimestre durante um ano. Quais os juros produzidos?
> Em 1 ano há exatamente 4 trimestres, como a taxa está em trimestre, agora é só calcular:
> $J = C \cdot i \cdot t$
> $J = 2.500 \cdot 0{,}02 \cdot 4$
> $J = 200$

4.4 Juros compostos

Os valores são somados ao capital no final de cada período de aplicação, formando um novo capital, para incidência dos juros novamente. É o famoso caso de juros sobre juros.

Para o cálculo de juros compostos, usa-se a seguinte fórmula:

$$M = C \cdot (1 + I)^t$$

- M = montante.
- C = capital.
- i = taxa de juros.
- t = tempo da aplicação.

> Um investidor aplicou a quantia de R$ 10.000,00 à taxa de juros de 2% a.m. durante 4 meses. Qual o montante desse investimento?
> Aplique a fórmula, porque a taxa e o tempo estão na mesma unidade:
> $M = C \cdot (1 + i)^t$
> $M = 10.000 \cdot (1 + 0{,}02)^4$
> $M = 10.000 \cdot (1{,}02)^4$
> $M = 10.000 \cdot 1{,}08243216$
> $M = 10.824{,}32$

4.5 Capitalização

Capitalização: acúmulo de capitais (capital + juros).

Nos juros simples, calcula-se por: M = C + J.

Nos juros compostos, calcula-se por: J = M – C.

Em algumas questões terão de ser calculados os montantes dos juros simples ou dos juros compostos.

5 GEOMETRIA PLANA

- **Ceviana:** são segmentos de reta que partem do vértice do triângulo para o lado oposto.
- **Mediana:** é o segmento de reta que liga um vértice deste triângulo ao ponto médio do lado oposto a este vértice. As medianas se encontram em um ponto chamado de baricentro.
- **Altura:** altura de um triângulo é um segmento de reta perpendicular a um lado do triângulo ou ao seu prolongamento, traçado pelo vértice oposto. As alturas se encontram em um ponto chamado ortocentro.
- **Bissetriz:** é o lugar geométrico dos pontos que equidistam de duas retas concorrentes e, por consequência, divide um ângulo em dois ângulos congruentes. As bissetrizes se encontram em um ponto chamado incentro.
- **Mediatrizes:** são retas perpendiculares a cada um dos lados de um triângulo. As mediatrizes se encontram em um ponto chamado circuncentro.

5.1 Semelhanças de figuras

Duas figuras (formas geométricas) são semelhantes quando satisfazem a duas condições: os seus ângulos têm o mesmo tamanho e os lados correspondentes são proporcionais.

Nos triângulos existem alguns casos de semelhanças bem conhecidos:

- **1º caso**: LAL (lado, ângulo, lado): dois lados congruentes e o ângulo entre esses lados também congruentes.

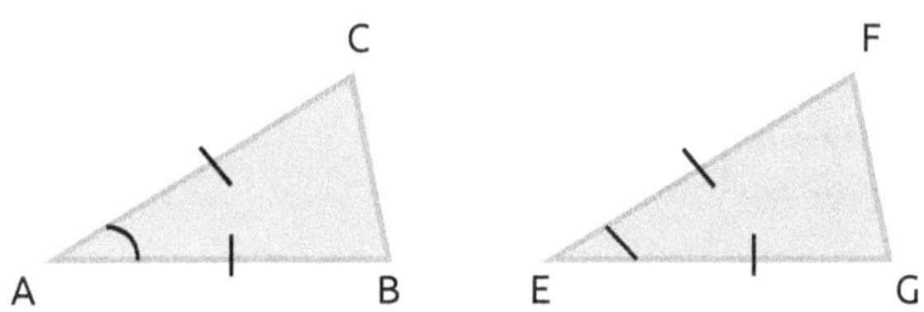

- **2º caso**: LLL (lado, lado, lado): os três lados congruentes.

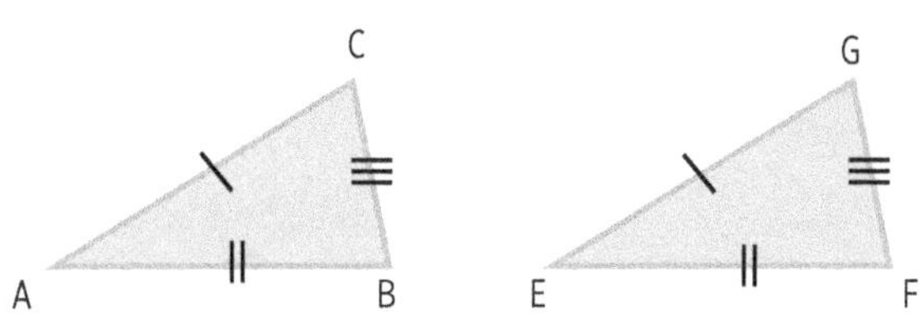

- **3º caso:** ALA (ângulo, lado, ângulo): dois ângulos congruentes e o lado entre esses ângulos também congruentes.

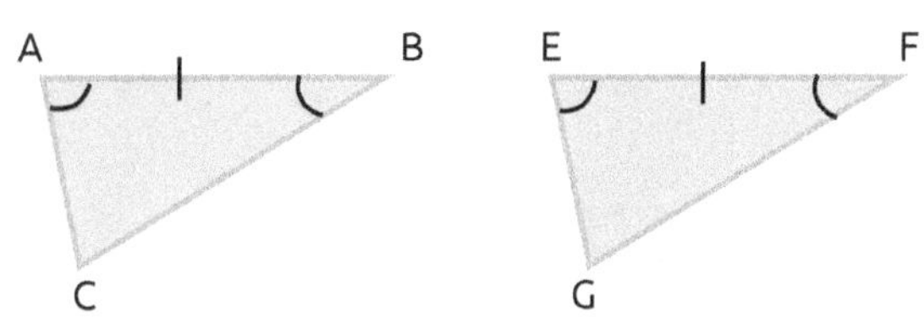

- **4º caso:** LAAo (lado, ângulo, ângulo oposto): congruência do ângulo adjacente ao lado, e congruência do ângulo oposto ao lado.

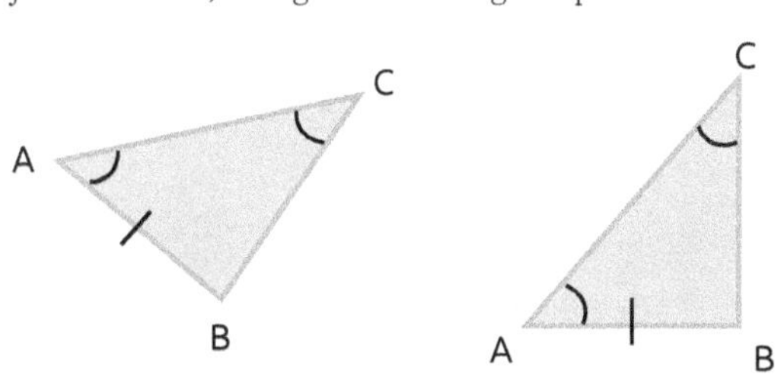

5.2 Relações métricas nos triângulos

5.2.1 Triângulo retângulo e suas relações métricas

Denomina-se triângulo retângulo o triângulo que tem um de seus ângulos retos, ou seja, um de seus ângulos mede 90°. O triângulo retângulo é formado por uma hipotenusa e dois catetos, a hipotenusa é o lado maior, o lado aposto ao ângulo de 90°, e os outros dois lados são os catetos.

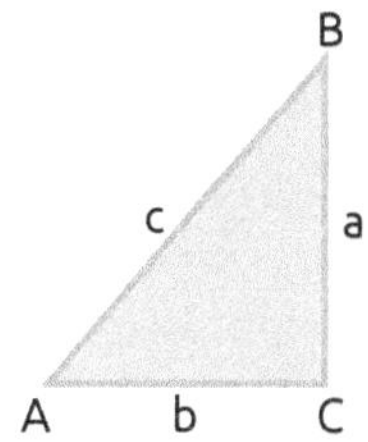

Na figura, podemos observar o triângulo retângulo de vértices A, B e C, e lados a, b e c. Como o ângulo de 90° está no vértice C, então a hipotenusa do triângulo é o lado c, e os catetos são os lados a e b.

Assim, podemos separar um triângulo em dois triângulos semelhantes:

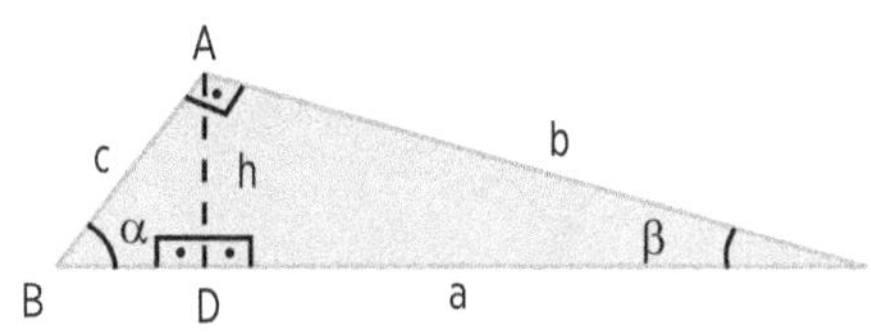

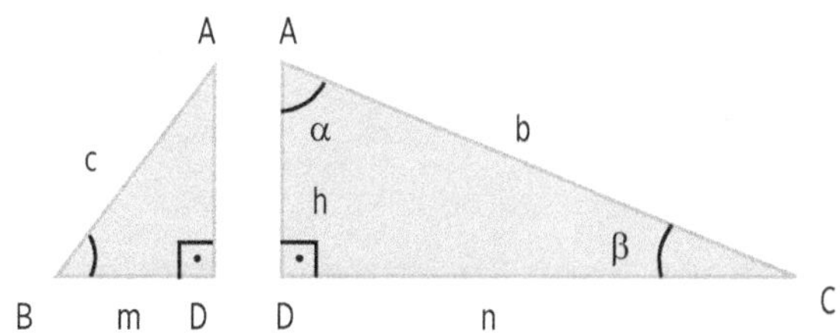

Neste segundo triângulo, podemos observar uma perpendicular à hipotenusa até o vértice A; essa é a altura h do triângulo, separando a hipotenusa em dois segmentos, o segmento m e o segmento n, separando esses dois triângulos obtemos dois triângulos retângulos, o triângulo ΔABD e ΔADC. Como os ângulos dos três triângulos são congruentes, então podemos dizer que os triângulos são semelhantes.

Com essa semelhança, ganhamos algumas relações métricas entre os triângulos:

$$\frac{c}{a} = \frac{m}{c} \Rightarrow c^2 = am$$

$$\frac{c}{a} = \frac{h}{b} \Rightarrow cb = ah$$

$$\frac{b}{a} = \frac{n}{b} \Rightarrow b^2 = an$$

$$\frac{h}{m} = \frac{n}{h} \Rightarrow h^2 = mn$$

Da primeira e da terceira equação, obtemos:

$c^2 + b^2 = am + an = a(m + n)$.

Como vimos na figura que m+n=a, então temos:

$c^2 + b^2 = aa = a^2$

ou seja, trata-se do Teorema de Pitágoras.

5.2.2 Lei dos cossenos

Para um triângulo qualquer demonstra-se que:

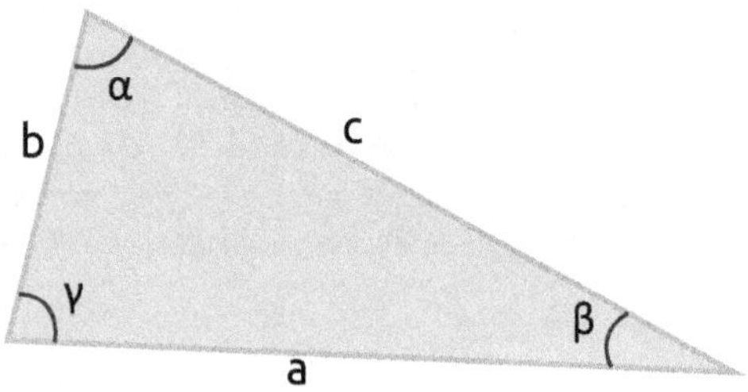

$$a^2 = b^2 + c^2 - 2 \cdot b \cdot c \cdot \cos\alpha$$

Note que o lado a do triângulo é oposto ao cosseno do ângulo α.

5.2.3 Lei dos senos

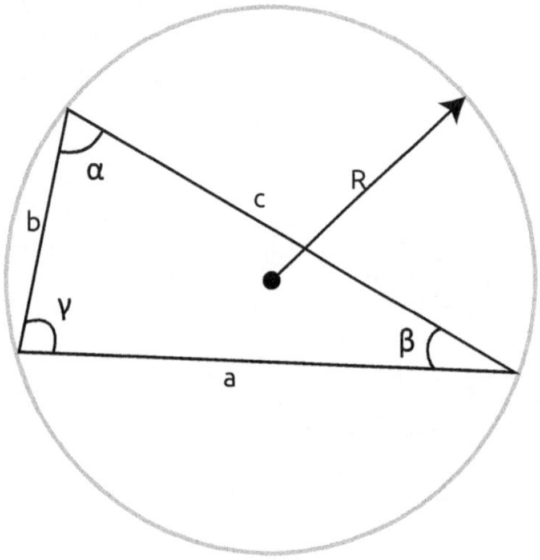

R é o raio da circunferência circunscrita a esse triângulo.

Neste caso, valem as seguintes relações, conforme a lei dos senos:

$$\frac{a}{\operatorname{sen}\alpha} = \frac{b}{\operatorname{sen}\beta} = \frac{c}{\operatorname{sen}\gamma} = 2R$$

5.3 Quadriláteros

Quadrilátero é um polígono de quatro lados. Eles possuem os seguintes elementos:

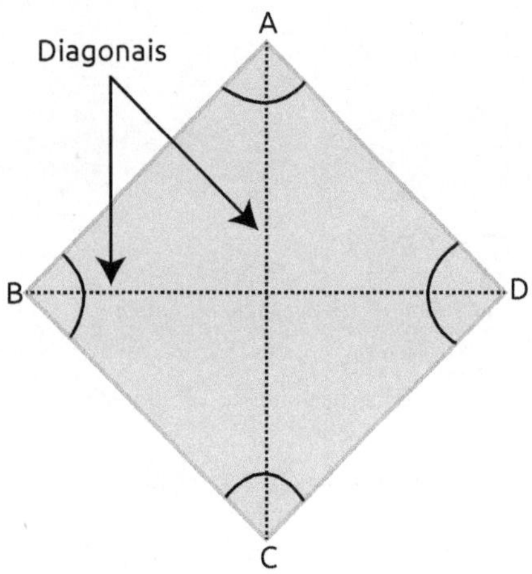

Vértices: A, B, C, e D.

Lados: AB, BC, CD, DA.

Diagonais: AC e BD.

Ângulos internos ou ângulos do quadrilátero ABCD: $\hat{A}, \hat{B}, \hat{C}, \hat{D}$.

Todo quadrilátero tem duas diagonais.

O perímetro de um quadrilátero ABCD é a soma das medidas de seus lados, ou seja, AB + BC + CD + DA.

5.3.1 Quadriláteros importantes

- **Paralelogramo:** é o quadrilátero que tem os lados opostos paralelos.

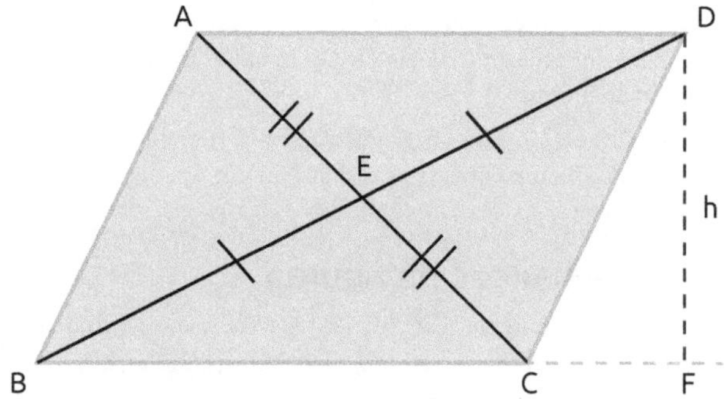

h é a altura do paralelogramo.

Em um paralelogramo:

- Os lados opostos são congruentes.
- Cada diagonal o divide em dois triângulos congruentes.
- Os ângulos opostos são congruentes.
- As diagonais interceptam-se em seu ponto médio.

- **Retângulo:** é o paralelogramo em que os quatro ângulos são congruentes (retos).

- **Losango**: é o paralelogramo em que os quatro lados são congruentes.

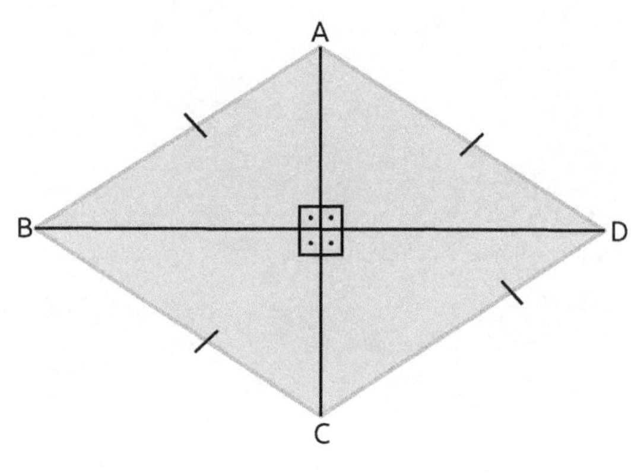

- **Quadrado**: é o paralelogramo em que os quatro lados e os quatro ângulos são congruentes.

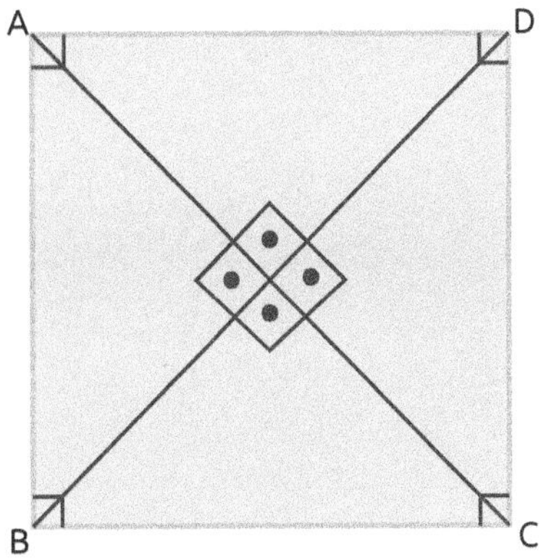

- **Trapézio:** é o quadrilátero que apresenta somente dois lados paralelos chamados bases.

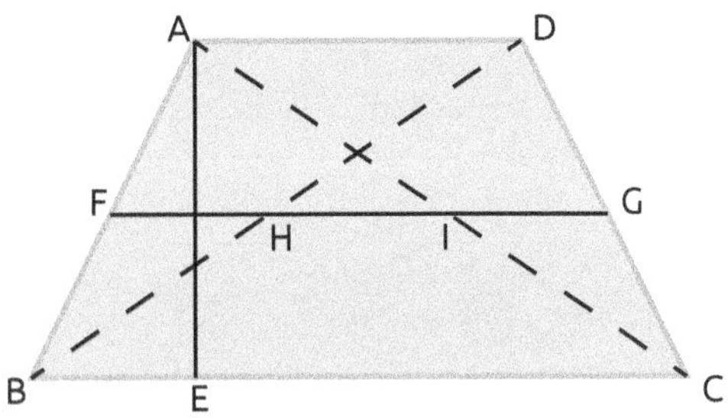

- **Trapézio retângulo:** é aquele que apresenta dois ângulos retos.

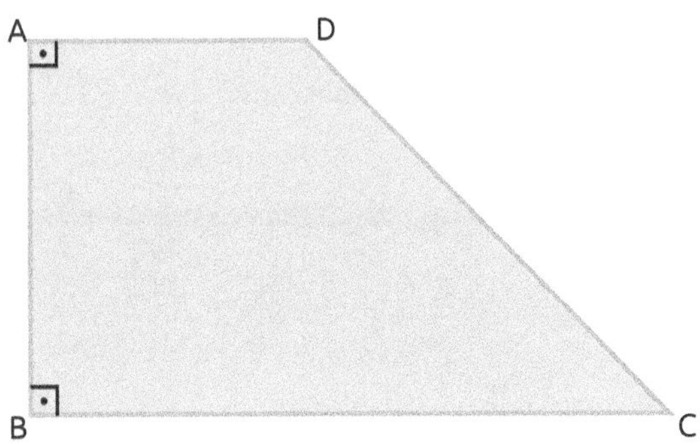

- **Trapézio isósceles:** é aquele em que os lados não paralelos são congruentes.

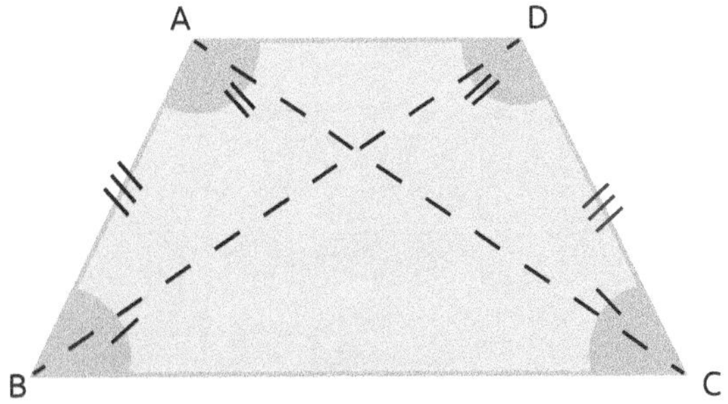

5.4 Polígonos regulares

Um polígono é regular se todos os seus lados e todos os seus ângulos forem congruentes.

Os nomes dos polígonos dependem do critério que se utiliza para classificá-los. Usando **o número de ângulos** ou o **número de lados**, tem-se a seguinte nomenclatura:

Número de lados (ou ângulos)	Nome do Polígono	
	Em função do número de ângulos	Em função do número de lados
3	triângulo	trilátero
4	quadrângulo	quadrilátero
5	pentágono	pentalátero
6	hexágono	hexalátero
7	heptágono	heptalátero
8	octógono	octolátero
9	eneágono	enealátero
10	decágono	decalátero
11	undecágono	undecalátero
12	dodecágono	dodecalátero
15	pentadecágono	pentadecalátero
20	icoságono	icosalátero

Nos polígonos regulares cada ângulo externo é dado por:

$$e = \frac{360°}{n}$$

A soma dos ângulos internos é dada por:

$$S_i = 180 \cdot (n - 2)$$

E cada ângulo interno é dado por:

$$i = \frac{180\,(n-2)}{n}$$

5.4.1 Diagonais de um polígono

O segmento que liga dois vértices não consecutivos de polígono é chamado de diagonal.

O número de diagonais de um polígono é dado pela fórmula:

$$d = \frac{n \cdot (n-3)}{2}$$

5.5 Círculos e circunferências

5.5.1 Círculo

É a área interna a uma circunferência.

5.5.2 Circunferência

É o contorno do círculo. Por definição, é o lugar geométrico dos pontos equidistantes ao centro.

A distância entre o centro e o lado é o raio.

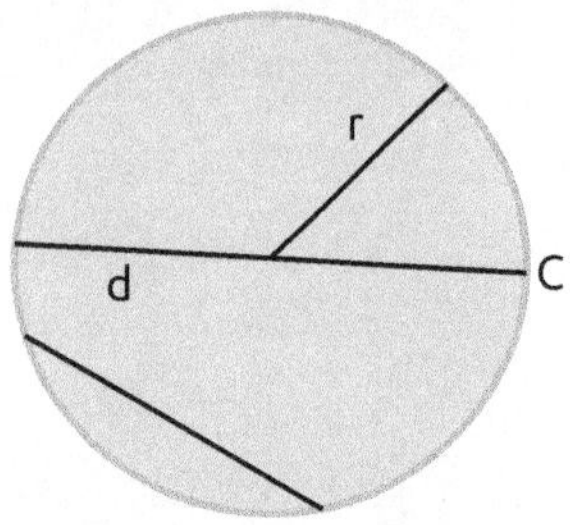

Corda

É o seguimento que liga dois pontos da circunferência.

A maior corda, ou corda maior de uma circunferência, é o diâmetro. Também dizemos que a corda que passa pelo centro é o diâmetro.

Posição relativa entre reta e circunferência

Uma reta é:

- **Secante:** distância entre a reta e o centro da circunferência é menor que o raio.
- **Tangente:** a distância entre a reta e o centro da circunferência é igual ao raio.
- **Externa:** a distância entre a reta e o centro da circunferência é maior que o raio.

Posição relativa entre circunferência

As posições relativas entre circunferência são basicamente 5:

▷ **Circunferência secante:** a distância entre os centros é menor que a soma dos raios das duas, porém, é maior que o raio de cada uma.

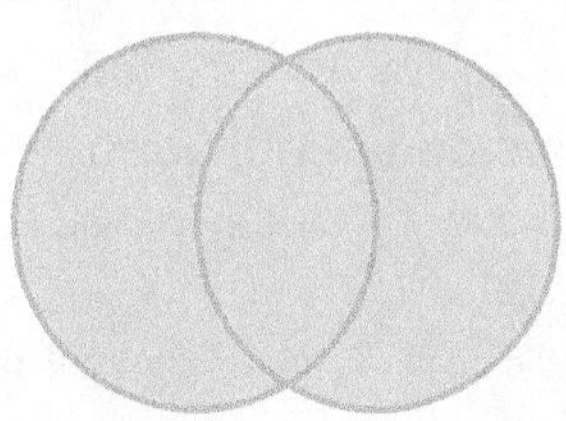

▷ **Externo:** a distância entre os centros é maior que a soma do raio.

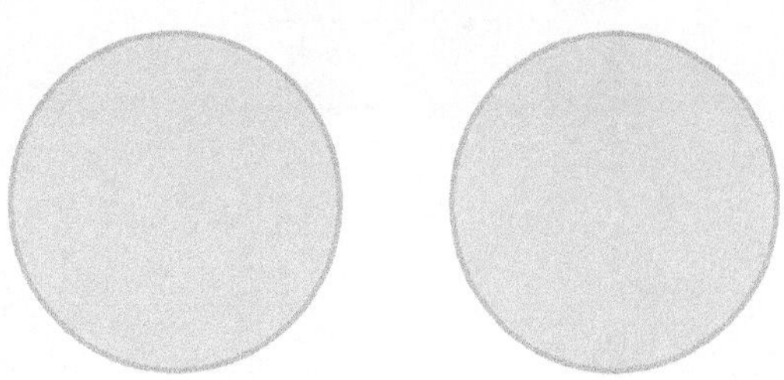

▷ **Tangente:** distância entre os centros é igual à soma dos raios.

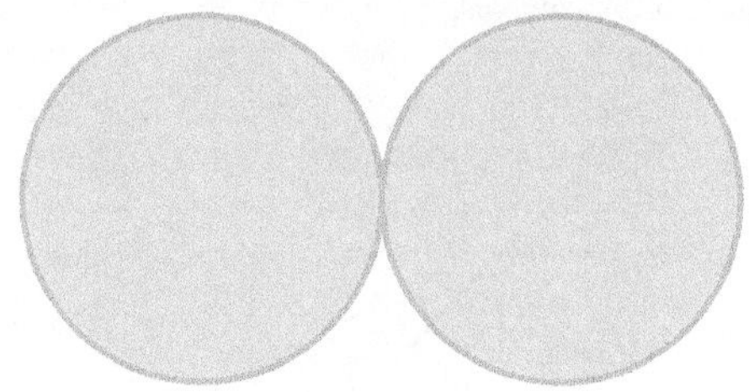

▷ **Interna:** distância entre os centros mais o raio da menor é igual ao raio da maior.

▷ **Interior:** distância entre os centros menos o raio da menor é menor que o raio da maior.

Ângulo central e ângulo inscrito

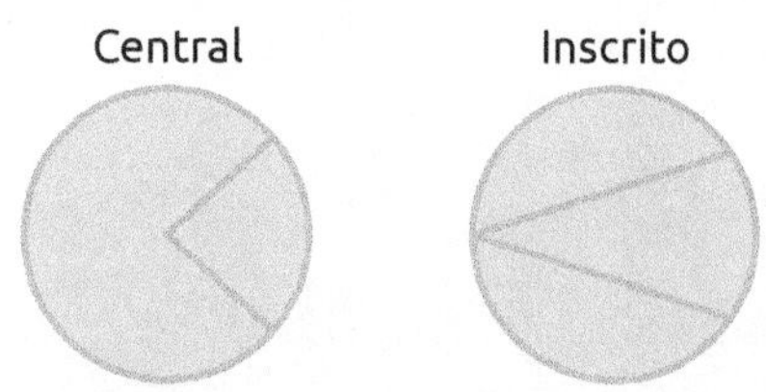

Um ângulo central sempre é o dobro do ângulo inscrito de um mesmo arco.

As áreas de círculos e partes do círculo são:

Área do círculo $= \pi \cdot r^2 = \frac{1}{4} \pi \cdot D^2$

Área do setor circular $= \pi \cdot r^2 = \frac{\alpha}{360°} = \frac{1}{2} \alpha \cdot r^2$

Área da coroa = área do círculo maior – área do círculo menor

Fique ligado
Os ângulos podem ser expressos em graus (360° = 1 volta) ou em radianos (2π = 1 volta)

5.6 Polígonos regulares inscritos e circunscritos

As principais relações entre a circunferência e os polígonos são:

- Qualquer polígono regular é inscritível em uma circunferência.

- Qualquer polígono regular e circunscritível a uma circunferência.

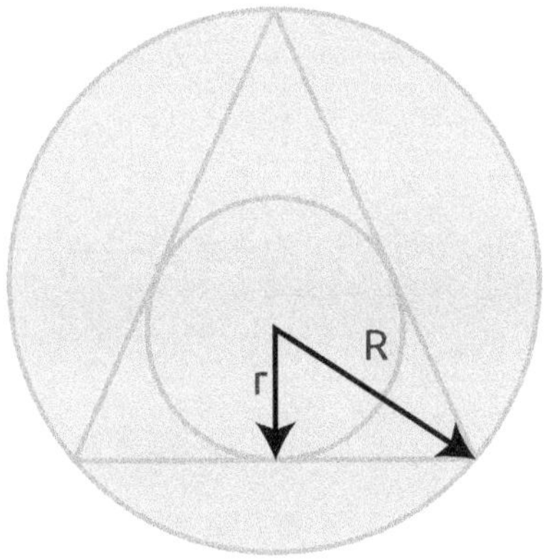

Polígono circunscrito a uma circunferência é o que possui seus lados tangentes à circunferência. Ao mesmo tempo, dizemos que esta circunferência está inscrita no polígono.

Um polígono é inscrito em uma circunferência se cada vértice do polígono for um ponto da circunferência, e neste caso dizemos que a circunferência é circunscrita ao polígono.

Da inscrição e circunscrição dos polígonos nas circunferências podem-se ter as seguintes relações:

Apótema de um polígono regular é a distância do centro a qualquer lado. Ele é sempre perpendicular ao lado.

Nos polígonos inscritos:

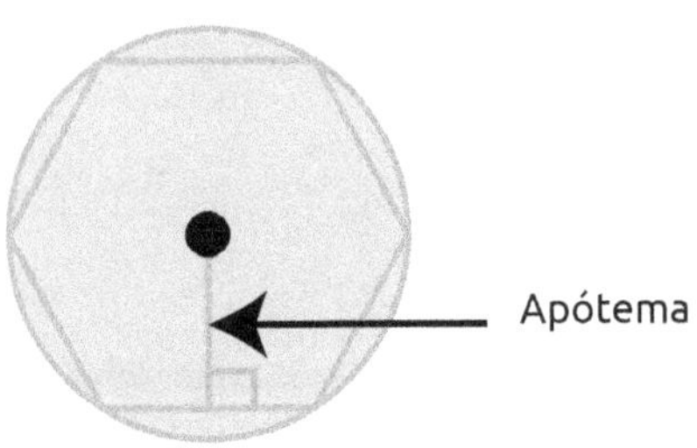

5.6.1 No quadrado

Cálculo da medida do lado (L):

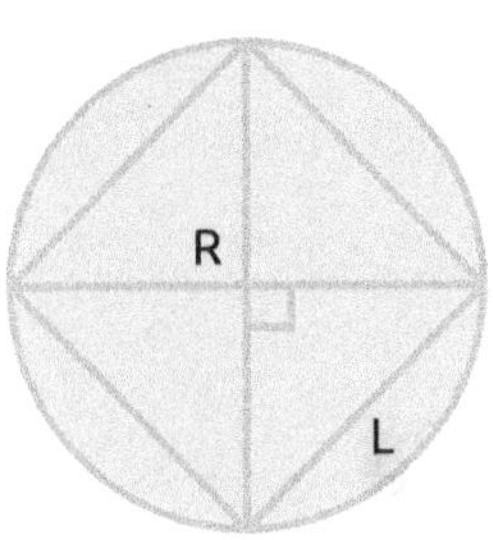

$L = R\sqrt{2}$

Cálculo da medida do apótema (a):

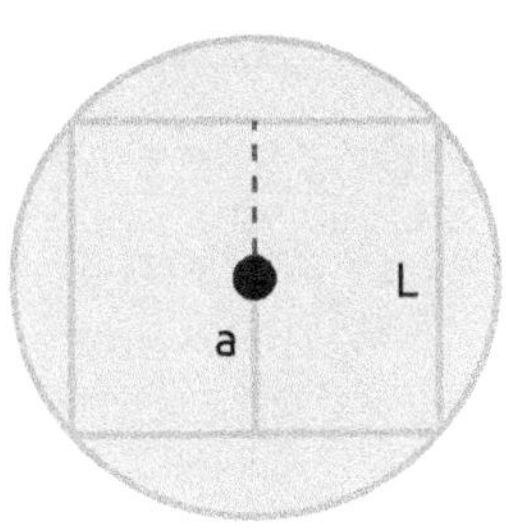

$a = \dfrac{R\sqrt{2}}{2}$

5.6.2 No hexágono

Cálculo da medida do lado (L):

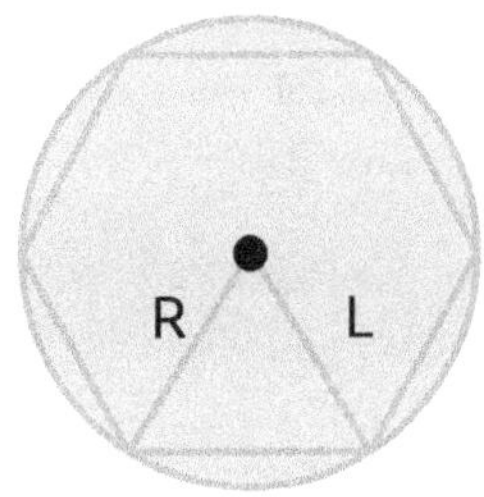

$L = R$

Cálculo da medida do apótema (a):

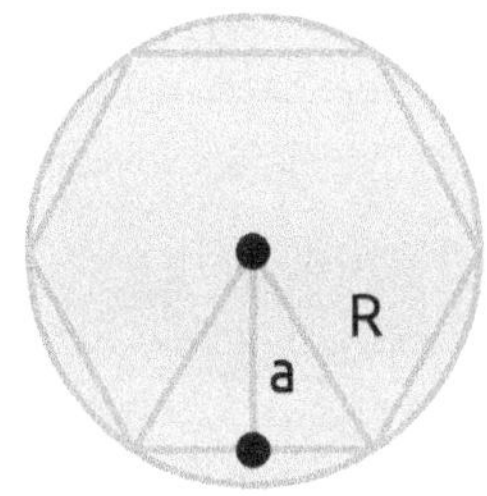

$a = \dfrac{R\sqrt{3}}{2}$

5.6.3 No triângulo equilátero

Nos polígonos circunscritos:

Cálculo da medida do lado (L):

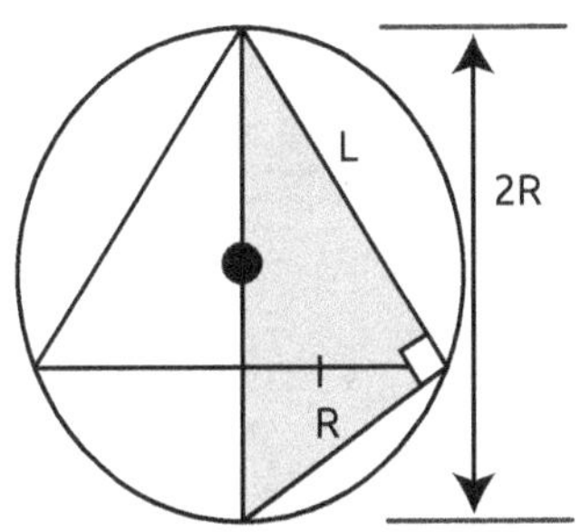

$L = R\sqrt{3}$

Cálculo da medida do apótema (a):

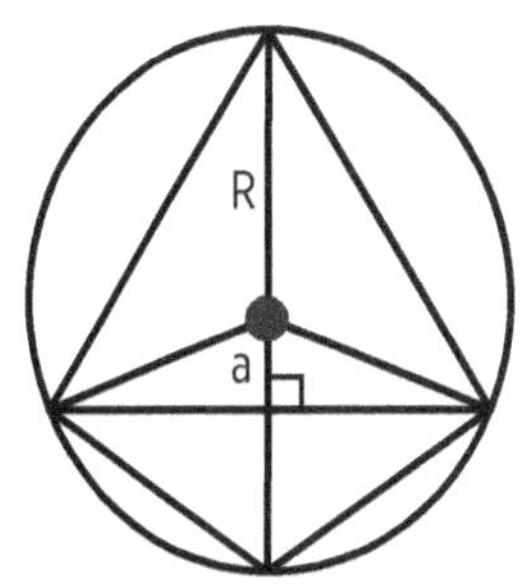

$a = \dfrac{R}{2}$

5.6.4 No quadrado

Cálculo da medida do lado (L):

$L = 2R$

Cálculo da medida do apótema (a):

$a = R$

5.6.5 No hexágono

Cálculo da medida do lado (L):

$L = \dfrac{2R\sqrt{3}}{3}$

Cálculo da medida do apótema (a):

$a = R$

5.6.6 No triângulo equilátero

Cálculo da medida do lado (L):

$L = 2R\sqrt{3}$

Cálculo da medida do apótema (a):

$a = R$

5.7 Perímetros e áreas dos polígonos e círculos

5.7.1 Perímetro

É o contorno da figura, ou seja, a soma dos lados da figura.

Para calcular o perímetro do círculo utilize: $P = 2\pi \cdot r$

5.7.2 Área

É o espaço interno, ou seja, a extensão que ela ocupa dentro do perímetro.

Principais áreas (S) de polígonos

Retângulo

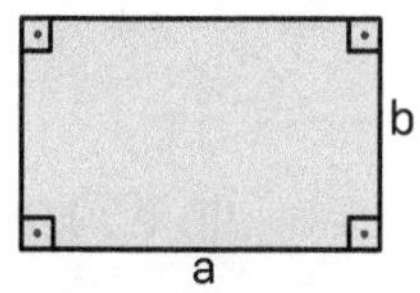

$S = a \cdot b$

Quadrado

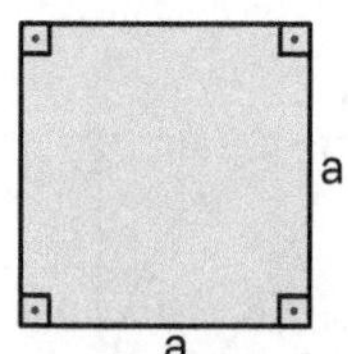

$S = a^2$

Paralelogramo

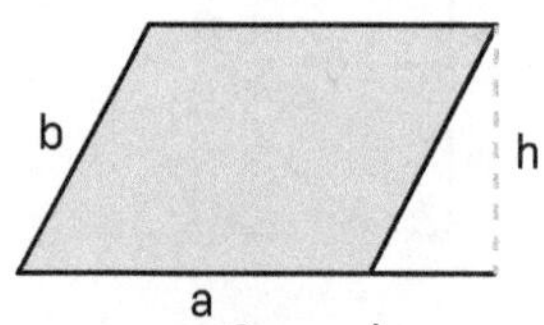

$S = a \cdot h$

Losango

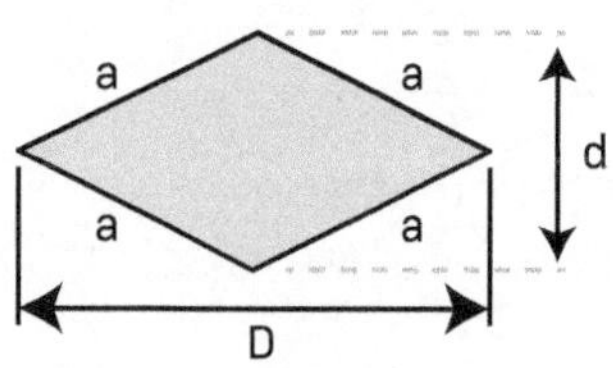

$S = \frac{D \cdot d}{2}$

Trapézio

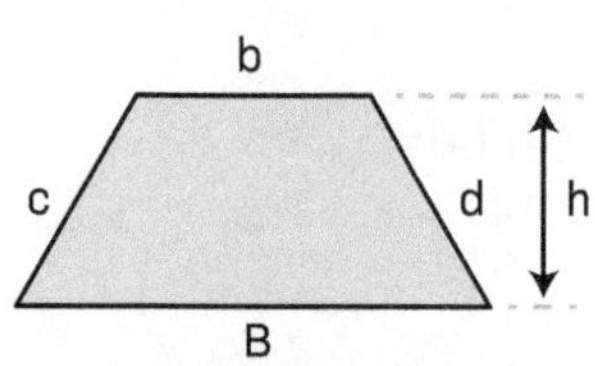

$S = \frac{(B + b) \cdot h}{2}$

Triângulo

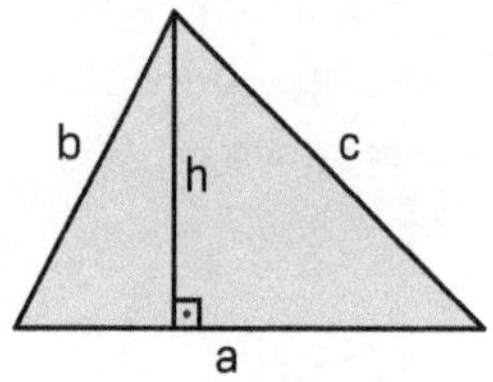

$S = \frac{a \cdot h}{2}$

Triângulo equilátero

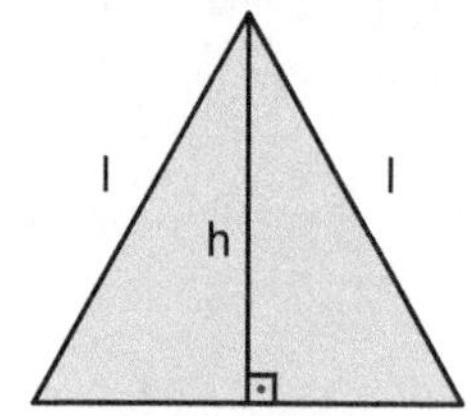

$S = \frac{l^2\sqrt{3}}{4}$

Círculo

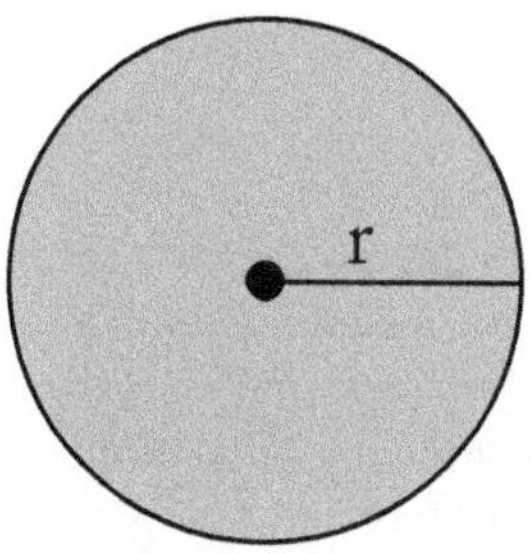

$S = \pi \cdot r^2$

6 GEOMETRIA ESPACIAL

Neste capítulo, serão abordados os principais conceitos de geometria espacial e suas aplicações.

6.1 Retas e planos

A reta é infinita, ou seja, contém infinitos pontos.

Por um ponto, podem ser traçadas infinitas retas.

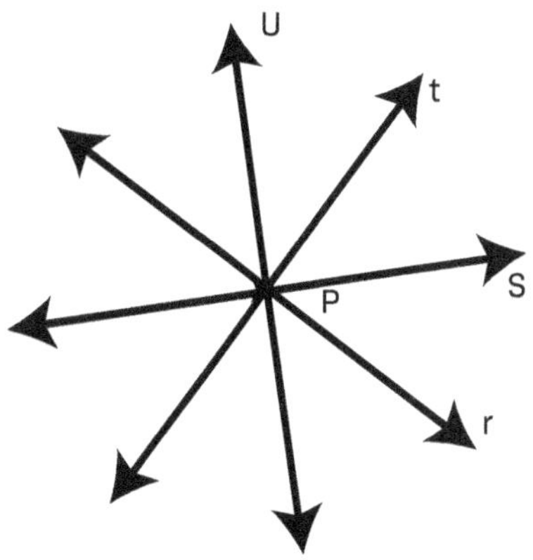

Por dois pontos distintos, passa uma única reta.

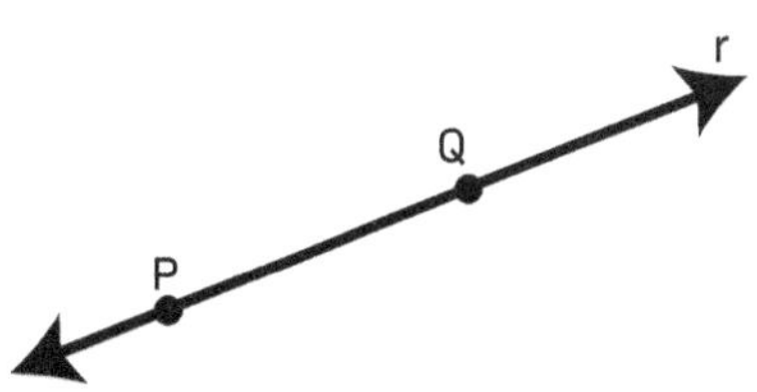

Um ponto qualquer de uma reta divide-a em duas semirretas.

Por três pontos não colineares, passa um único plano.

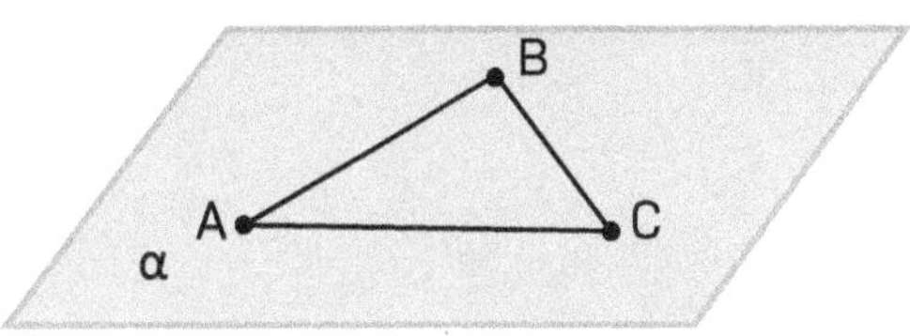

Por uma reta, pode ser traçada uma infinidade de planos.

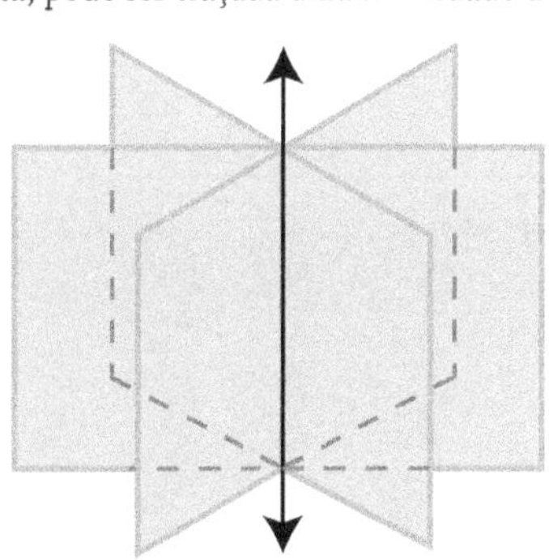

6.1.1 Posições relativas de duas retas

No espaço, duas retas distintas podem ser concorrentes, paralelas ou reversas:

Concorrentes

$r \cap s = \{P\}$

$r \subset \alpha$

$s \subset \alpha$

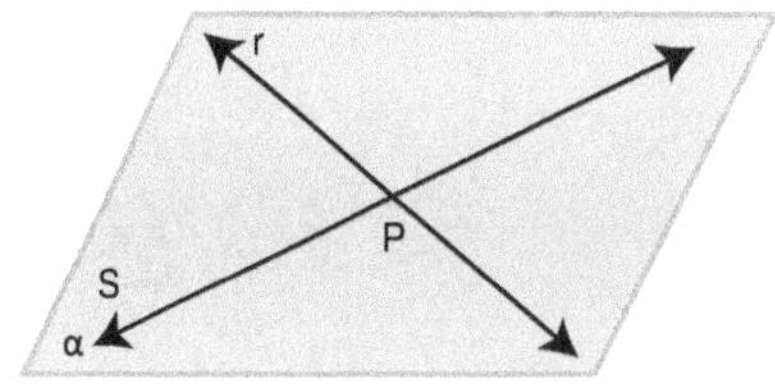

Paralelas

$r \cap s = \{\ \}$

$r \subset \alpha$

$s \subset \alpha$

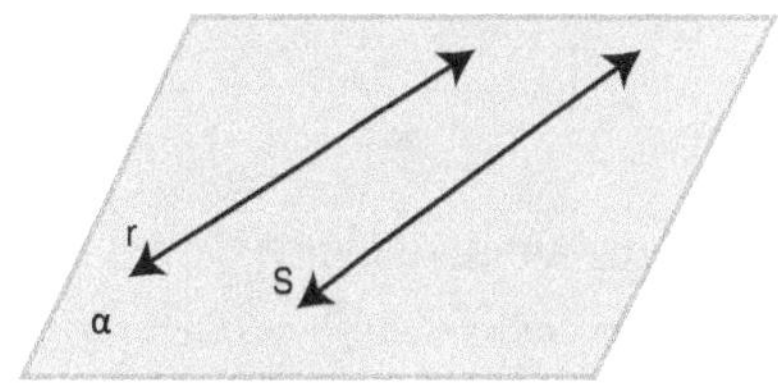

Concorrentes

$r \cap s = \{\ \}$

Não existe plano que contenha r e s simultaneamente

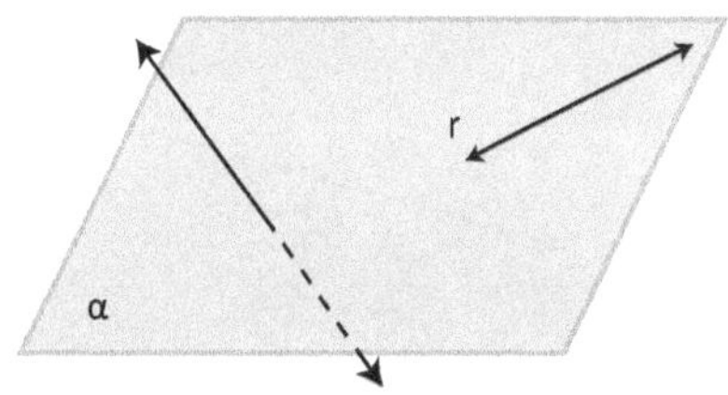

Em particular nas retas concorrentes, há aquelas que são perpendiculares.

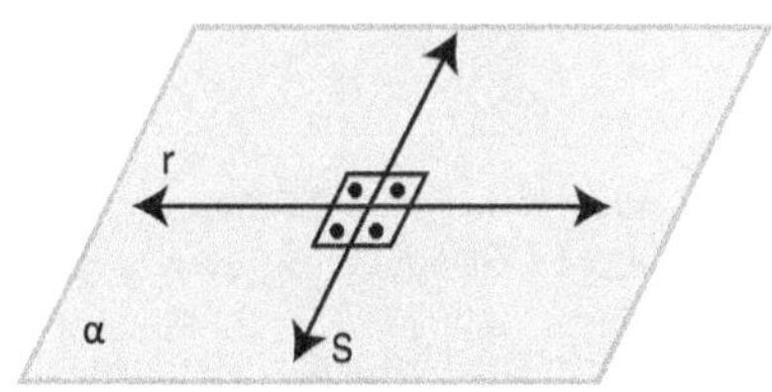

$r \perp s$

6.1.2 Posições relativas entre reta e plano

Reta contida no plano

Se uma reta r tem dois pontos distintos num plano α, então, r está contida nesse plano:

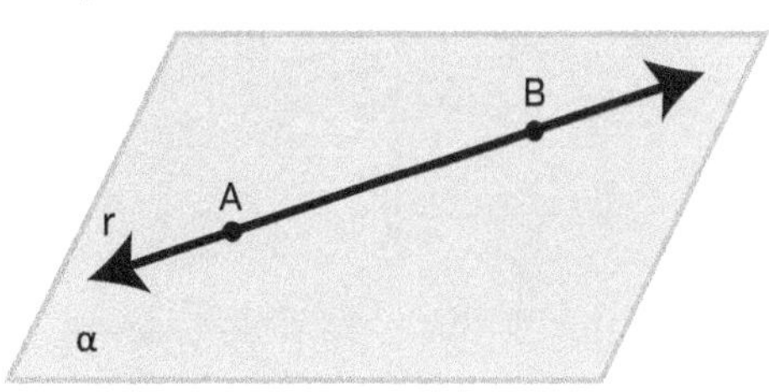

$$\left.\begin{array}{l} A \in \alpha \text{ e } B \in \alpha \\ A \in r \text{ e } B \in r \end{array}\right\} \Rightarrow r \subset \alpha$$

Reta concorrente ou incidente ao plano

Dizemos que a reta r fura o plano α ou que r e α são concorrentes em P quando $r \cap \alpha = \{ P \}$.

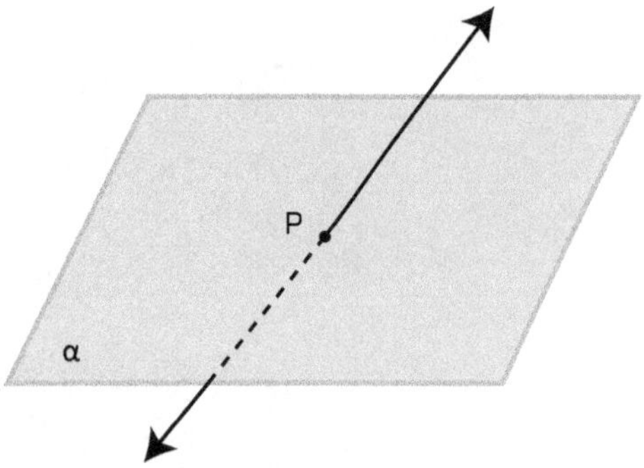

Reta paralela ao plano

Se uma reta r e um plano α não tem ponto em comum, então, a reta r é paralela a uma reta t contida no plano α; portanto, $r \,||\, \alpha, \,||\, t$ e $t \subset \alpha \Rightarrow r \,||\, \alpha$

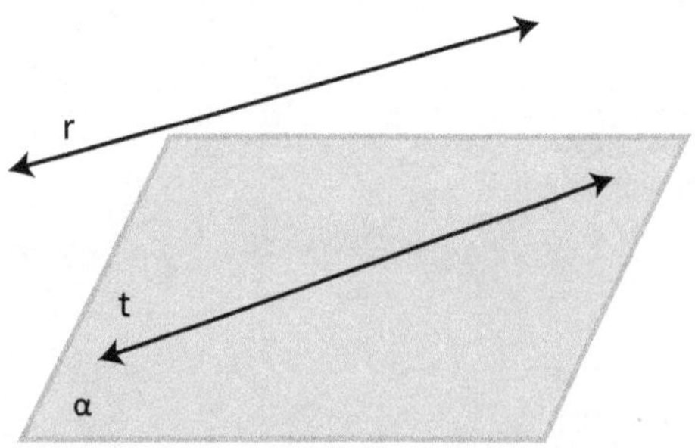

Se dois planos distintos têm um ponto em comum, então, a sua interseção é dada por uma única reta que passa por esse ponto.

6.1.3 Perpendicularismo entre reta e plano

Uma reta r é perpendicular a um plano α se, e somente se, r for perpendicular a todas as retas de α que passam pelo ponto de interseção de r e α.

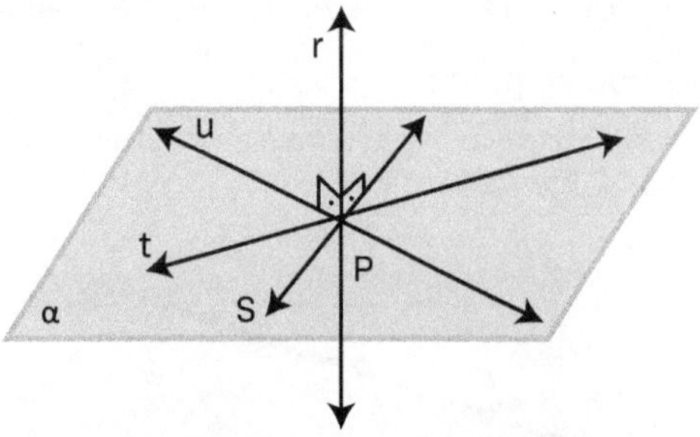

6.1.4 Posições relativas de dois planos

Planos coincidentes ou iguais

Planos concorrentes ou secantes

Dois planos, α e β, são concorrentes quando sua interseção é uma única reta:

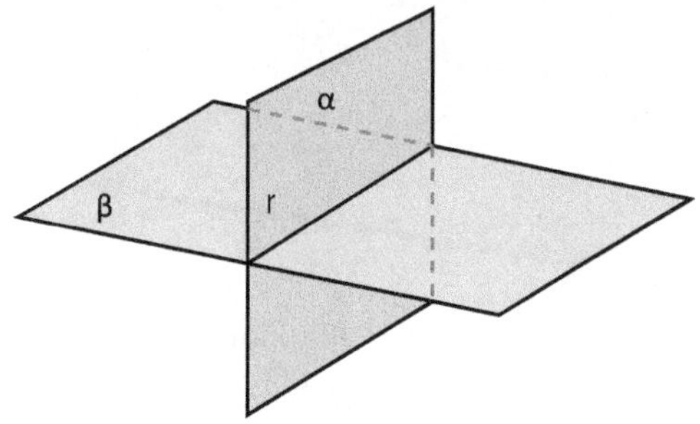

Planos paralelos

Dois planos, α e β, são paralelos quando sua interseção é vazia:

Perpendicularismo entre planos

Dois planos, α e β, são perpendiculares se existir uma reta de um deles que seja perpendicular ao outro:

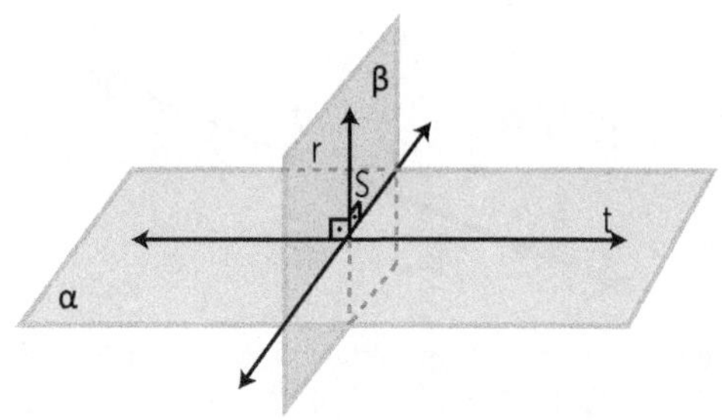

6.2 Prismas

Na figura a seguir, temos dois planos paralelos e distintos, α e β, um polígono convexo R contido em α e uma reta r que intercepta α e β, mas não R:

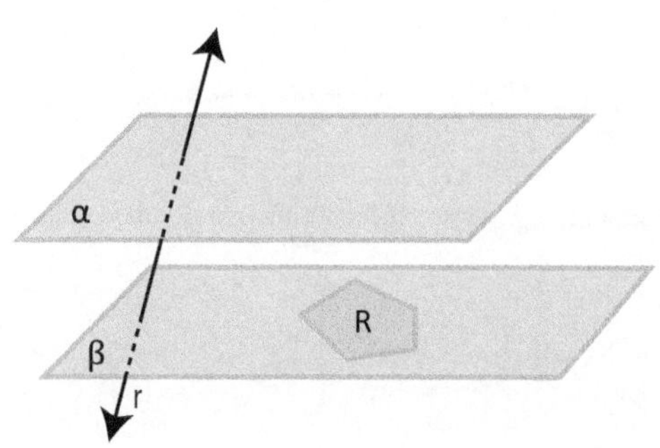

Para cada ponto P da região R, vamos considerar o segmento $\overline{P'P}$, paralelo à reta r (P linha, pertence a Beta).

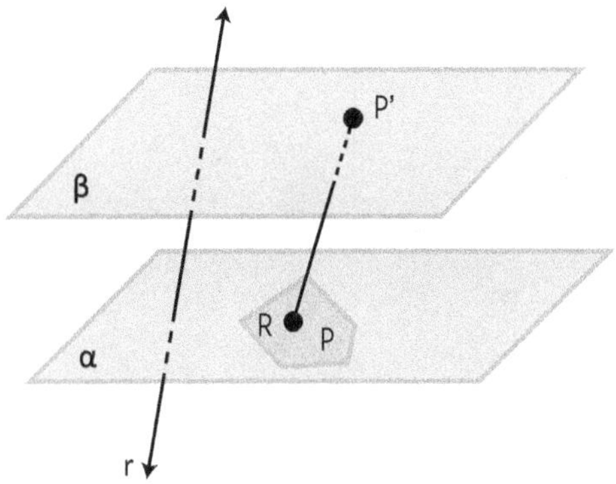

Assim, temos:

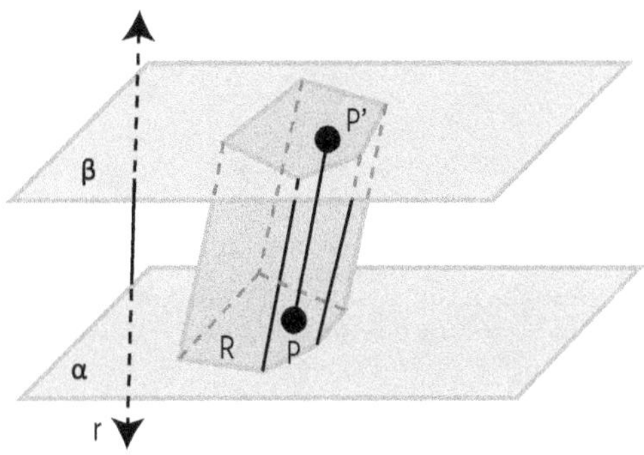

O conjunto de todos os segmentos congruentes $\overline{P'P}$ paralelos a r, é conhecido por prisma ou prisma limitado.

6.2.1 Elementos do prisma

Dado o prisma a seguir, considere os seguintes elementos:

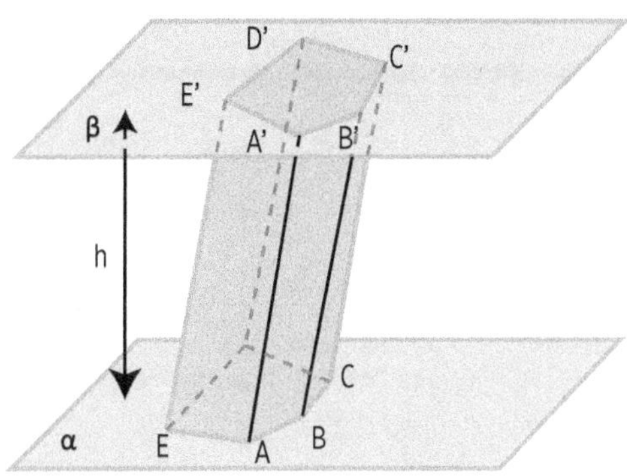

Bases: as regiões poligonais R e S

Altura: a distância h entre os planos α e β

Arestas das bases:

Lados AB, BC, CD, DE, EA, A'B', B'C', D'E', E'A' (dos polígonos)

Arestas laterais:

Os segmentos AA', BB', CC', DD', EE'

Faces laterais: os paralelogramos AA'BB', BB'C'C, CC'D'D, DD'E'E, EE'A'A

6.2.2 Classificação

Um prisma pode ser:

Reto: quando as arestas laterais são perpendiculares aos planos das bases.

Oblíquo: quando as arestas laterais são oblíquas aos planos das bases.

Prisma reto

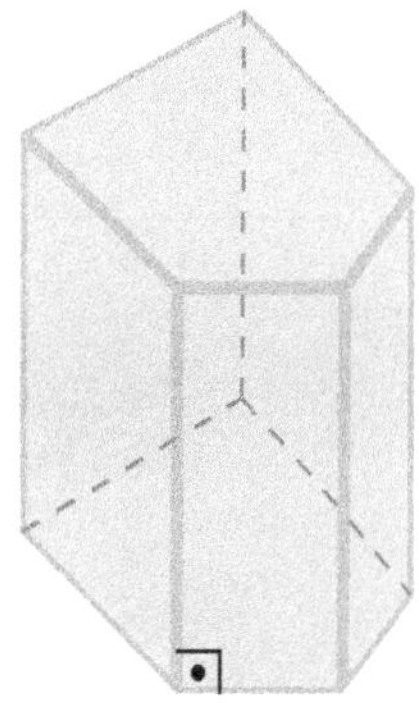

Prisma oblíquo

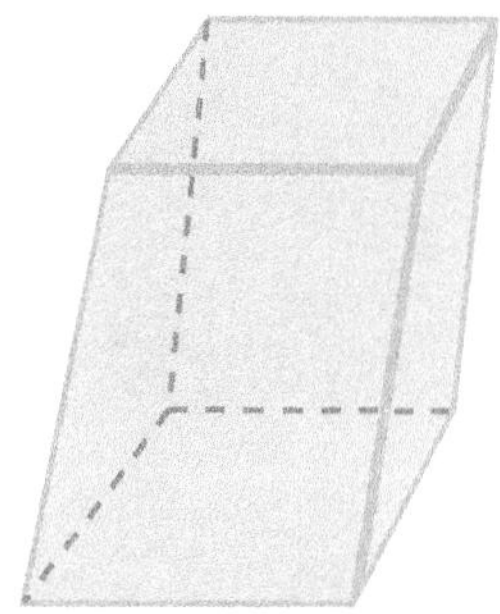

Prisma regular triangular

Chama-se de prisma regular todo prisma reto, cujas bases são polígonos regulares.

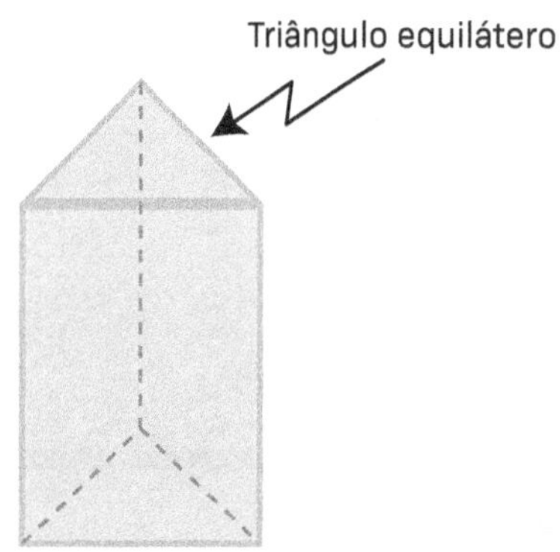

Prisma regular hexagonal

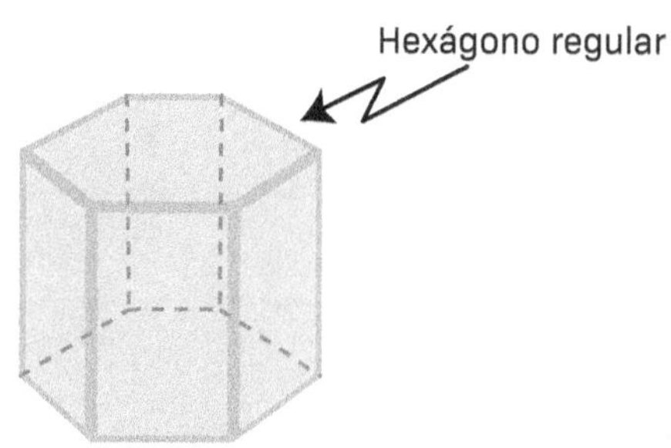

Fique ligado

As faces de um prisma regular são retângulos congruentes.

6.2.3 Áreas

Em um prisma distinguimos dois tipos de superfície: as faces e as bases. Assim, temos de considerar as seguintes áreas:

AL = n · AF (n = número de lados do polígono da base).

- **Área de uma face (AF):** área de um dos paralelogramos que constituem as faces.
- **Área lateral (AL):** soma das áreas dos paralelogramos que formam as faces do prisma.

- **Área da base (AB):** área de um dos polígonos das bases.
- **Área total (AT):** soma da área lateral com a área das bases:

$$A_T = A_L + 2A_B$$

6.2.4 Paralelepípedo

Todo prisma cujas bases são paralelogramos recebe o nome de paralelepípedo.

Paralelepípedo oblíquo

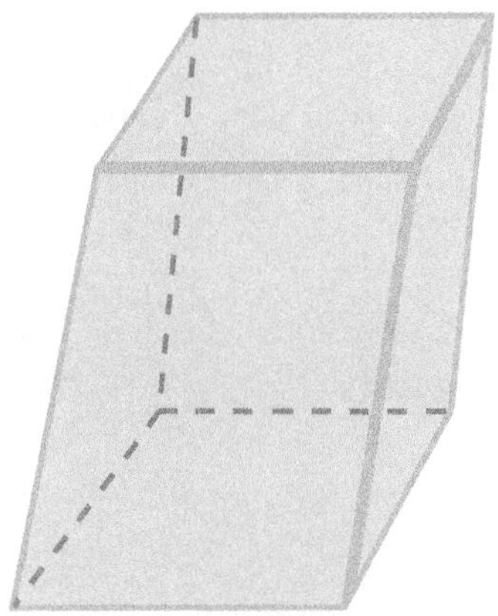

Paralelepípedo reto

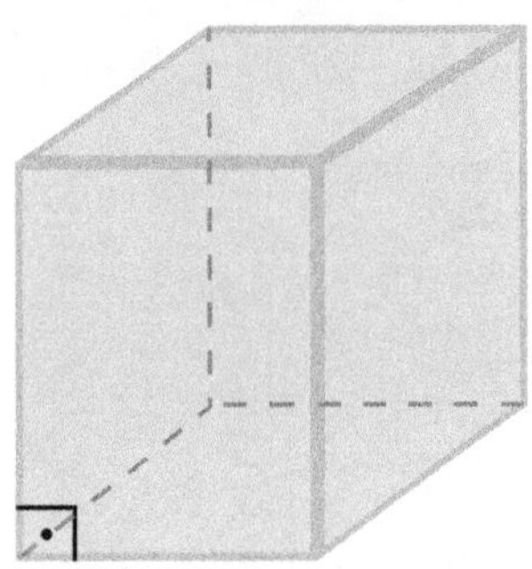

Se o paralelepípedo reto tem bases retangulares, ele é chamado de paralelepípedo reto-retângulo, ortoedro ou paralelepípedo retângulo.

Paralelepípedo retângulo

Diagonais da base e do paralelepípedo

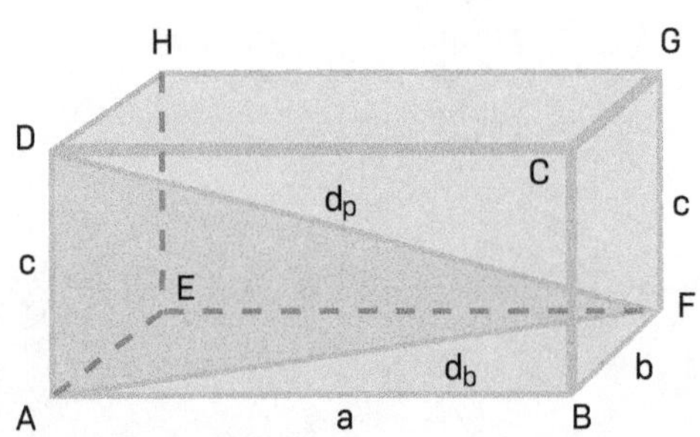

db = diagonal da base
dp = diagonal do paralelepípedo

Na base, ABFE, tem-se:

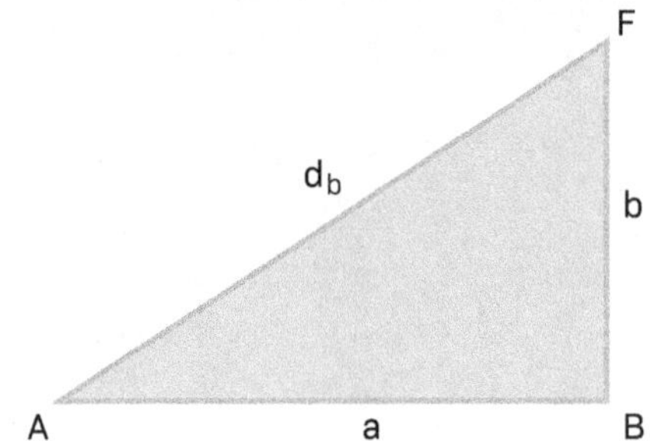

$$d_b^2 = a^2 + b^2 \Rightarrow d_b = \sqrt{a^2 + b^2}$$

No triângulo AFD, tem-se:

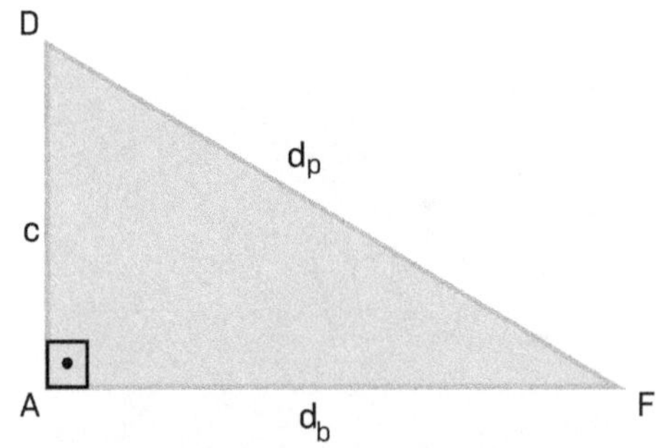

$$d_p^2 = d_b^2 + c^2 = a^2 + b^2 + c^2 \Rightarrow d_p = \sqrt{a^2 + b^2 + c^2}$$

Área lateral

Sendo AL a área lateral de um paralelepípedo retângulo, tem-se:

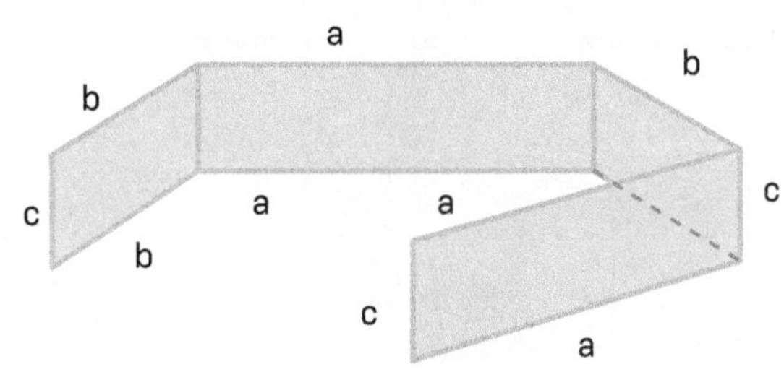

$$A_L = ac + bc + ac + bc = 2ac + 2bc = A_L = 2(ac + bc)$$

Área total

Planificando o paralelepípedo, verificamos que a área total é a soma das áreas de cada par de faces opostas:

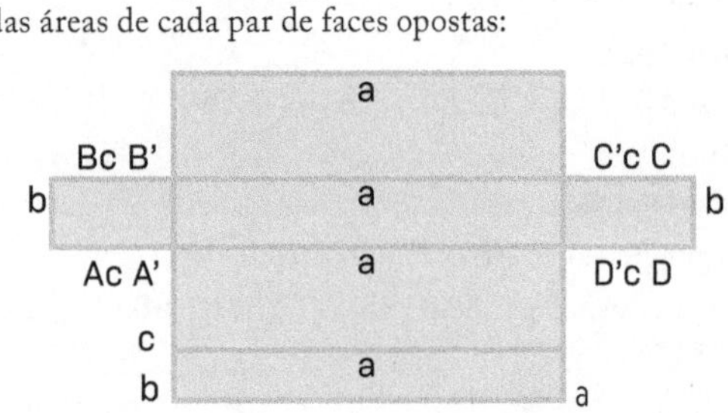

$$A_T = 2(ab + ac + bc)$$

Volume

O volume de um paralelepípedo retângulo de dimensões a, b e c é dado por:

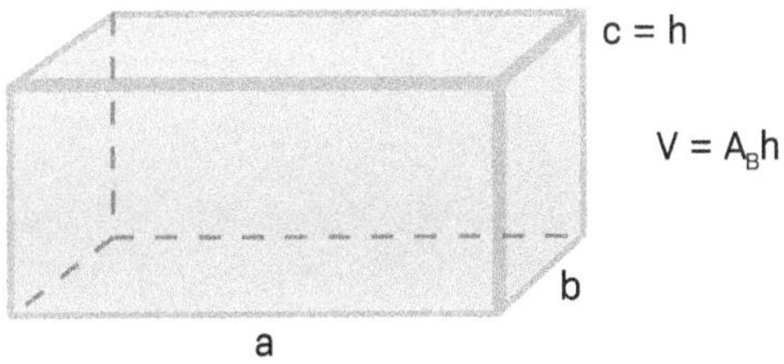

$$V = a \cdot b \cdot c$$

6.2.5 Cubo

Um paralelepípedo retângulo com todas as arestas congruentes (a = b = c) recebe o nome de cubo. Dessa forma, cada face é um quadrado.

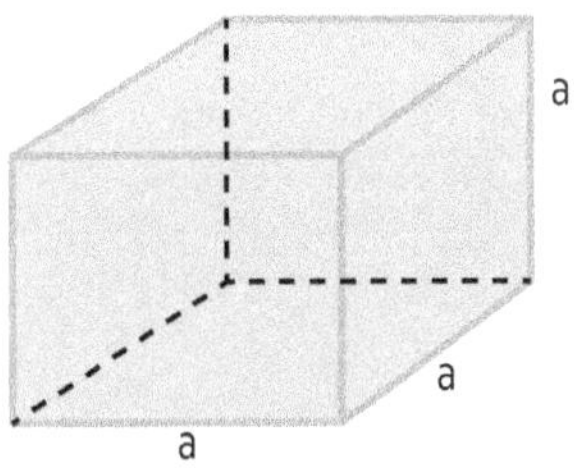

Diagonais da base e do cubo

Considere a figura a seguir:

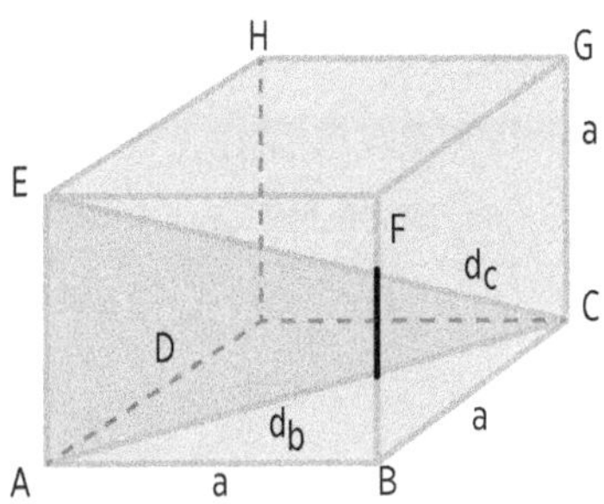

dc = diagonal do cubo

db = diagonal da base

Na base ABCD, tem-se:

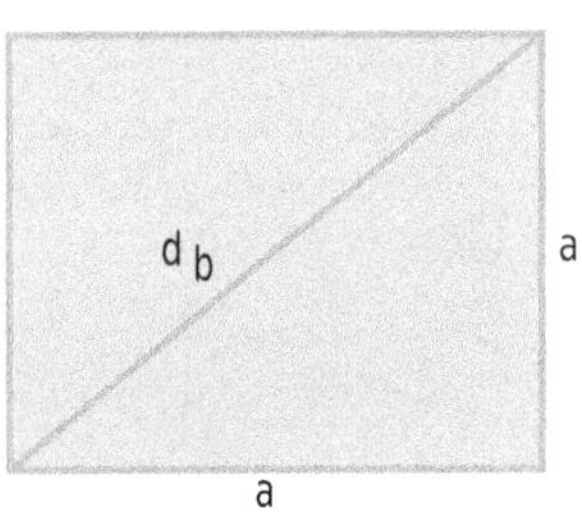

$$d_c^2 = a^2 + a^2 = 2a^2 \Rightarrow d_b = a\sqrt{2}$$

No triângulo ACE, tem-se:

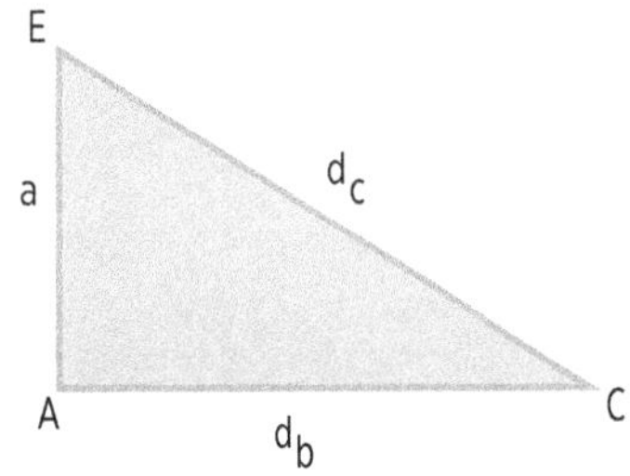

$$d_c^2 = a^2 + d_b^2 = a^2 + 2\,a^2 = 3a^2 \Rightarrow d_b = a\sqrt{3}$$

Área lateral

A área lateral AL é dada pela área dos quadrados de lado a:

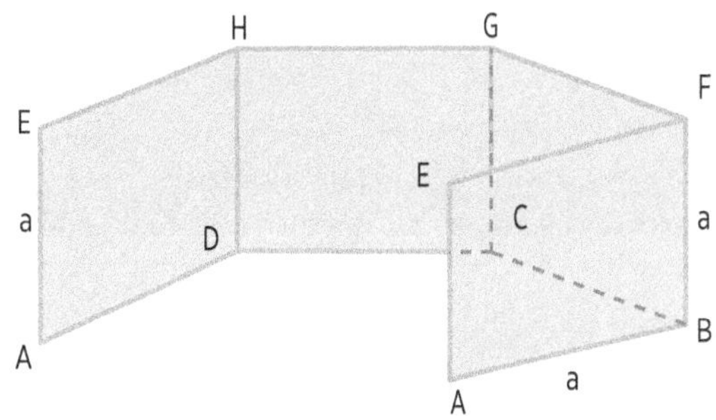

$$A_L = 4a^2$$

Área total

A área total AT é dada pela área dos seis quadrados de lado a:

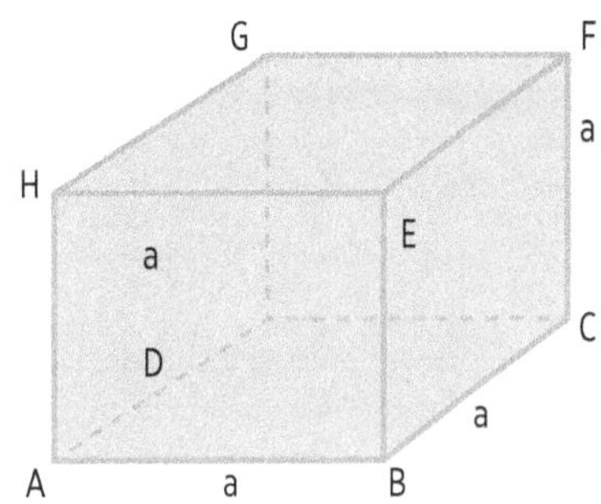

$$A_T = 6a^2$$

Volume

De forma semelhante ao paralelepípedo retângulo, o volume de um cubo de aresta a é dado por:

$$V = a \cdot a \cdot a = a^3$$

Generalização do volume de um prisma:

Vprisma = AB · h

6.3 Cilindro

6.3.1 Elementos do cilindro

Dado o cilindro a seguir, considere os seguintes elementos:

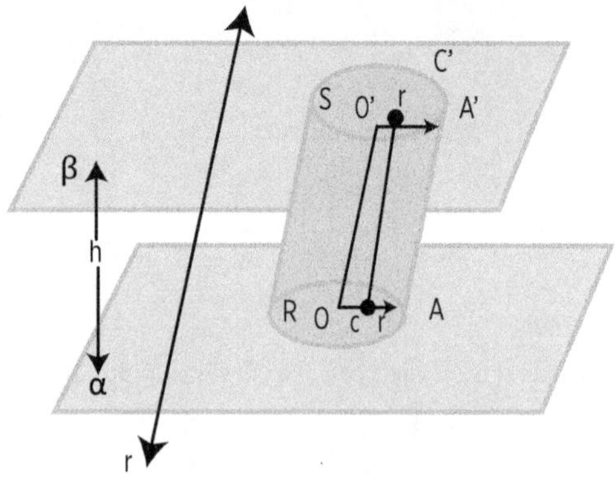

Bases: os círculos de centro O e O' e raios r.

Altura: a distância h entre os planos α e β.

Geratriz: qualquer segmento de extremidades nos pontos das circunferências das bases (por exemplo, $\overline{AA'}$) e paralelo à reta r.

6.3.2 Classificação do cilindro

Um cilindro pode ser:

- **Circular oblíquo:** quando as geratrizes são oblíquas às bases.
- **Circular reto:** quando as geratrizes são perpendiculares às bases.

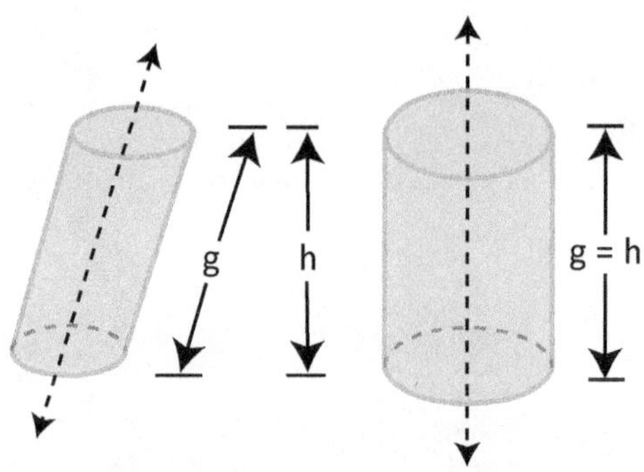

O cilindro circular reto é também chamado de cilindro de revolução, por ser gerado pela rotação completa de um retângulo por um de seus lados. Assim, a rotação do retângulo ABCD pelo lado $\overline{BC}$ gera o cilindro a seguir:

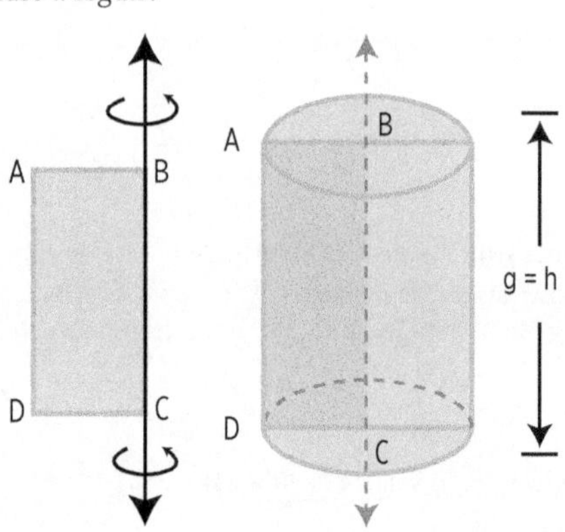

A reta $\overline{BC}$ contém os centros das bases e é o eixo do cilindro.

6.3.3 Seção

Seção transversal é a região determinada pela interseção do cilindro com um plano paralelo às bases. Todas as seções transversais são congruentes.

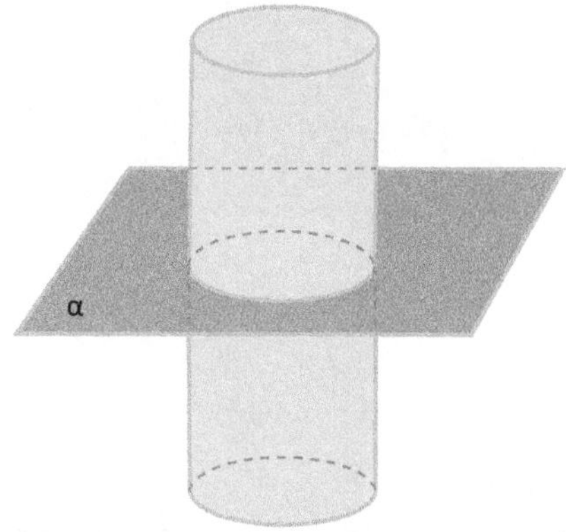

Seção meridiana é a região determinada pela interseção do cilindro com um plano que contém o eixo.

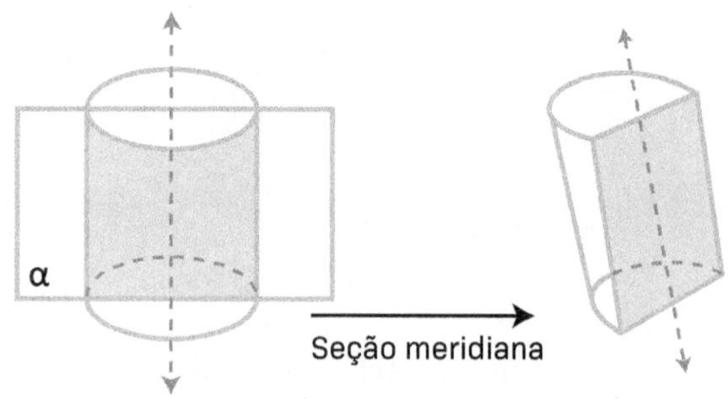

6.3.4 Áreas

Num cilindro, consideramos as seguintes áreas:

Área Lateral (AL)

Pode-se observar a área lateral de um cilindro fazendo a sua planificação:

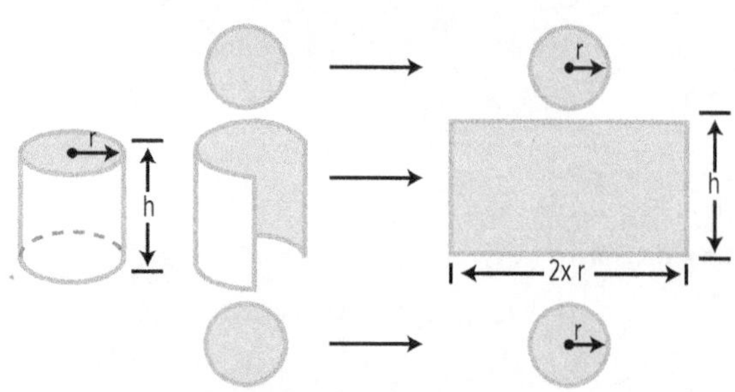

Assim, a área lateral do cilindro reto cuja altura é h e cujos raios dos círculos das bases são r é um retângulo de dimensões 2 π r e h:

$$A_L = 2\pi r h$$

Área da base (AB): área do círculo de raio r:

$$A_B = 2\pi r^2$$

Área total (AT): soma da área lateral com as áreas das bases:

$$A_T = A_L + 2_{AB} = 2\pi r h + 2\pi r^2 = 2\pi r (h + r)$$

6.3.5 Volume

O volume de todo paralelepípedo retângulo e de todo cilindro é o produto da área da base pela medida de sua altura:

$$V_{cilindro} = A_B \cdot h$$

No caso do cilindro circular reto, a área da base é a área do círculo de raio r, AB = π r¹ h; portanto, seu volume é:

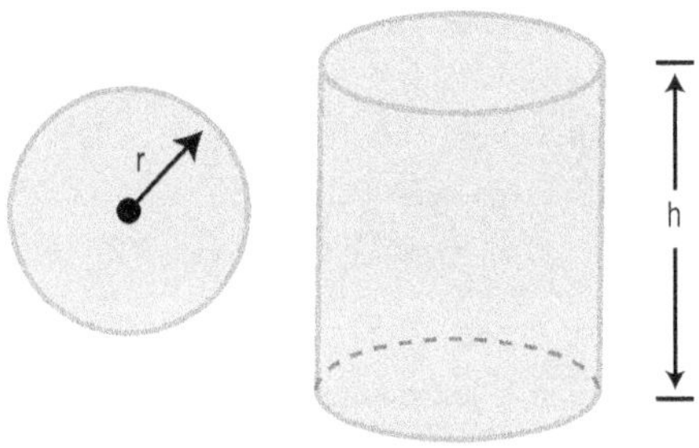

$$V = \pi \cdot r^2 \cdot h$$

6.3.6 Cilindro equilátero

Todo cilindro cuja seção meridiana é um quadrado (altura igual ao diâmetro da base) é chamado cilindro equilátero.

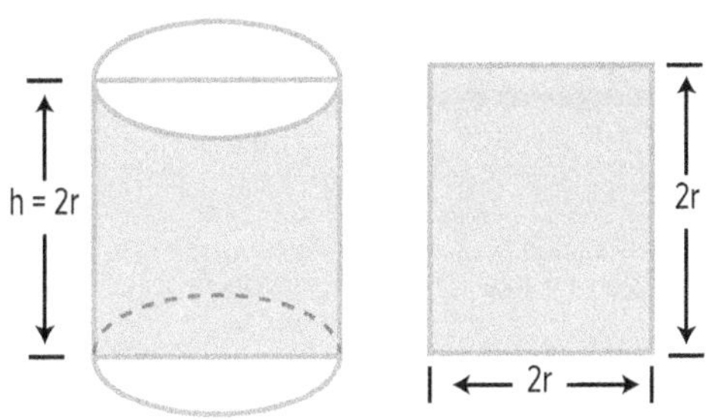

$$A_L = 2r \cdot 2\pi r = 4\pi r^2$$
$$A_T = A_L + A_B = 4\pi r^2 + 2\pi r^2 = 6\pi r^2$$

6.4 Cone circular

Dado um círculo C, contido num plano α, e um ponto V (vértice) fora de α, chamamos de cone circular o conjunto de todos os segmentos $\overline{VP}$, P $\in$ C.

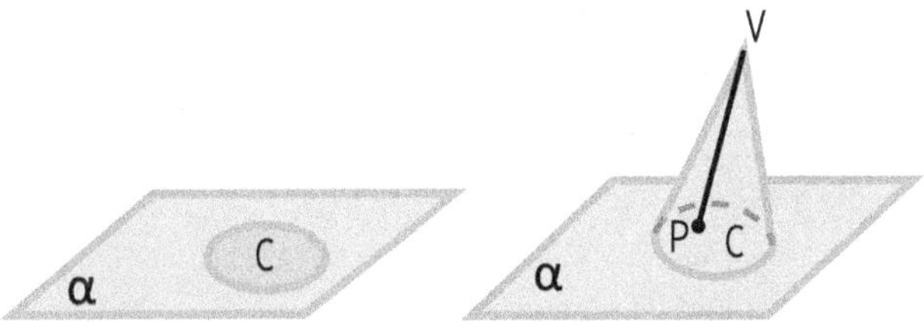

6.4.1 Elementos do cone circular

Dado o cone a seguir, consideramos os seguintes elementos:

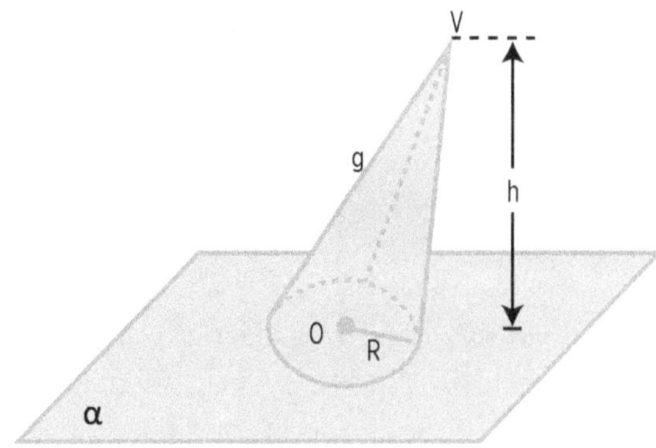

Altura: distância h do vértice V ao plano α.

Geratriz (g): segmento com uma extremidade no ponto V e outra em um ponto da circunferência.

Raio da base: raio R do círculo.

Eixo de rotação: reta $\overline{VO}$ determinada pelo centro do círculo e pelo vértice do cone.

6.4.2 Cone reto

Todo cone cujo eixo de rotação é perpendicular à base é chamado cone reto, também denominado cone de revolução. Ele pode ser gerado pela rotação completa de um triângulo retângulo em torno de um de seus catetos.

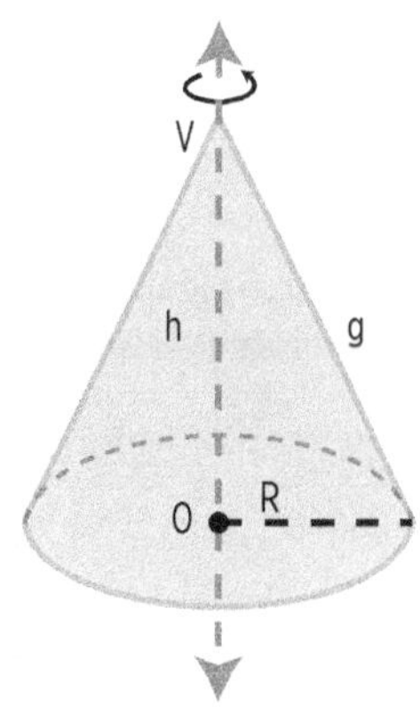

Da figura, e pelo Teorema de Pitágoras, temos a seguinte relação:

$$g^2 = h^2 + R^2$$

6.4.3 Seção meridiana

A seção determinada, em um cone de revolução, por um plano que contém o eixo de rotação é chamada seção meridiana.

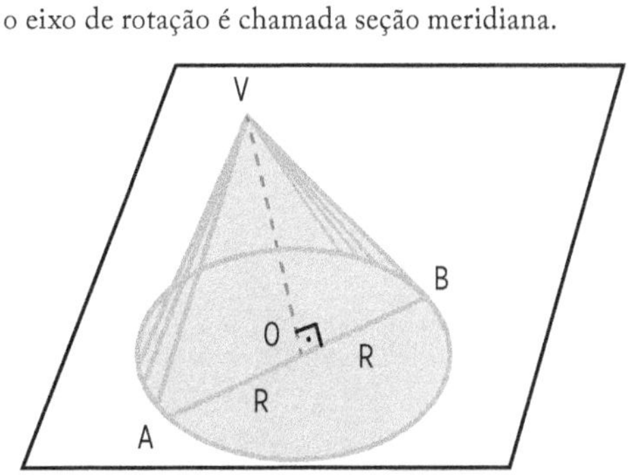

Se o triângulo AVB for equilátero, o cone também será equilátero:

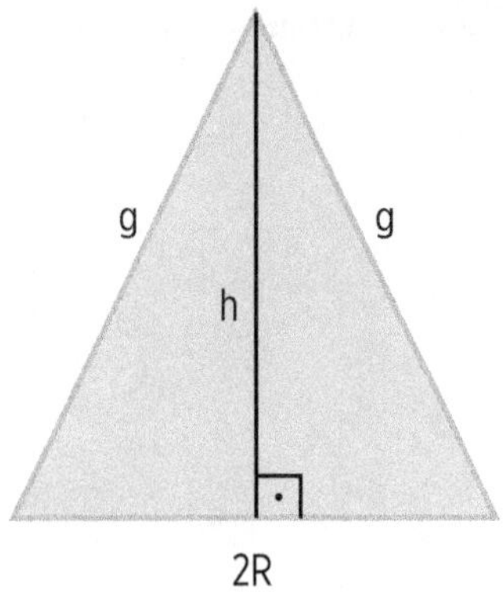

$$g = 2R$$
$$h = R\sqrt{3}$$

6.4.4 Áreas

Desenvolvendo a superfície lateral de um cone circular reto, obtemos um setor circular de raio g e comprimento $L = 2\pi R$.

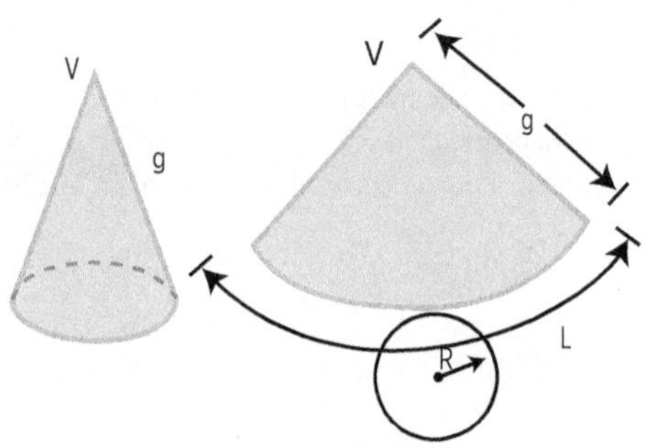

- **Assim, há de se considerar as seguintes áreas:**

Área lateral (AL): área do setor circular:

$$A_L = \frac{gl}{2} = \frac{g \cdot 2\pi R}{2} \Rightarrow A_L = \pi Rg$$

Área da base (AB): área do círculo do raio R:

$A_B = \pi R^2$

Área total (AT): soma da área lateral com a área da base:

$A_T = A_L + A_B = \pi Rg + \pi R^2 \rightarrow A_T \pi R (g + R)$

6.4.5 Volume

$$V_{cone} = 2\pi dS = 2\pi \ \frac{r}{3} \cdot \frac{rh}{2} \Rightarrow V_{cone} \ \frac{1}{3} \cdot \pi r^2 h$$

6.5 Pirâmides

Dado um polígono convexo R, contido em um plano α, e um ponto V (vértice) fora de α, chamamos de pirâmide o conjunto de todos os segmentos $\overline{VP}$, $P \in R$.

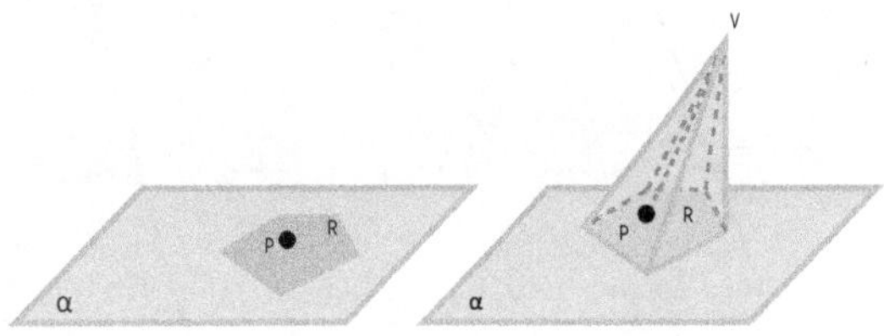

6.5.1 Elementos da pirâmide

Dada a pirâmide a seguir, tem-se os seguintes elementos:

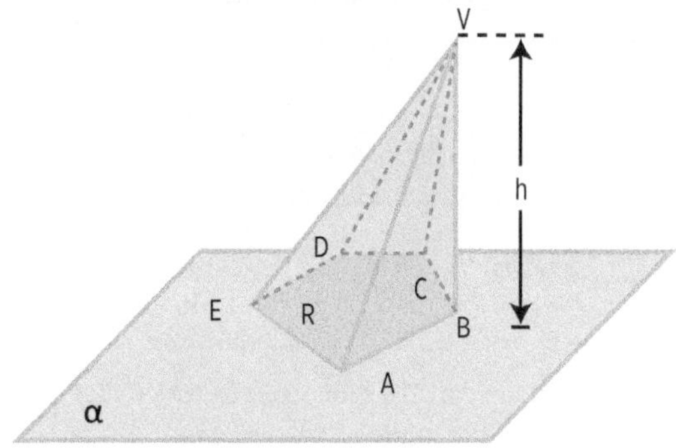

Base: o polígono convexo R.

Arestas da base: os lados AB, BC, CD, DE, EA do polígono.

Arestas laterais: os segmentos VA, VB, VC, VD, VE.

Faces laterais: os triângulos VAB, VBC, VCD, VDE, VEA.

Altura: distância h do ponto V ao plano.

6.5.2 Classificação

Uma pirâmide é reta quando a projeção ortogonal do vértice coincide com o centro do polígono da base.

Toda pirâmide reta, cujo polígono da base é regular, recebe o nome de pirâmide regular. Ela pode ser triangular, quadrangular, pentagonal etc., conforme sua base, seja, respectivamente, um triângulo, um quadrilátero, um pentágono etc.

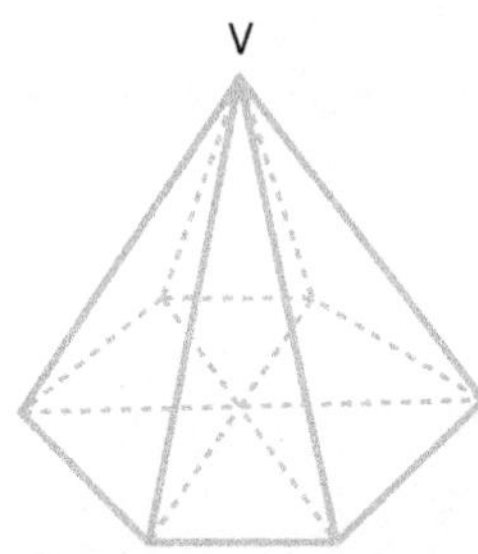

Pirâmide regular hexagonal

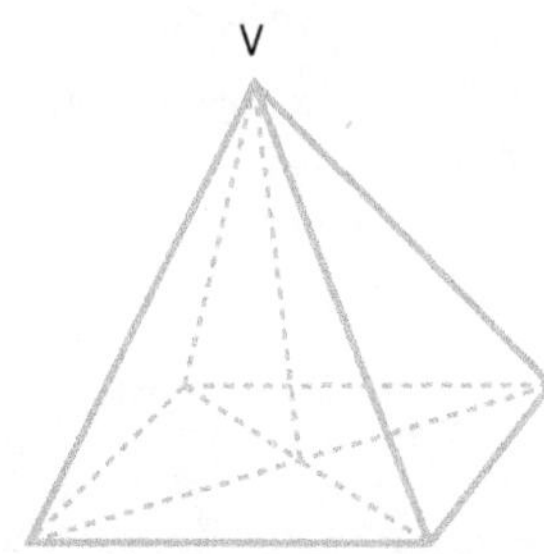

Pirâmide regular quadrangular

6.5.3 Áreas

Em uma pirâmide, temos as seguintes áreas:

Área lateral (AL): reunião das áreas das faces laterais.

Área da base (AB): área do polígono convexo (base da pirâmide).

Área total (AT): união da área lateral com a área da base.

$$A_T = A_L + A_B$$

Para uma pirâmide regular, temos:

$$V_L = n \cdot \frac{bg}{2} \ A_b = pa$$

Em que:

- **b** é a aresta;
- **g** é o apótema;
- **n** é o número de arestas laterais;
- **p** é o semiperímetro da base;
- **a** é o apótema do polígono da base.

6.5.4 Volume

$$V_{cone} = \frac{1}{3} \cdot \underbrace{\pi \cdot R^2}_{\text{Área de base}} h \rightarrow \boxed{V_{pirâmide} = \frac{1}{3} \cdot ABh}$$

6.6 Troncos

Se um plano interceptar todas as arestas de uma pirâmide ou de um cone, paralelamente às suas bases, o plano dividirá cada um desses sólidos em dois outros: uma nova pirâmide e um tronco de pirâmide; e um novo cone e um tronco de cone.

6.6.1 Tronco da pirâmide

Dado o tronco de pirâmide regular a seguir, tem-se:

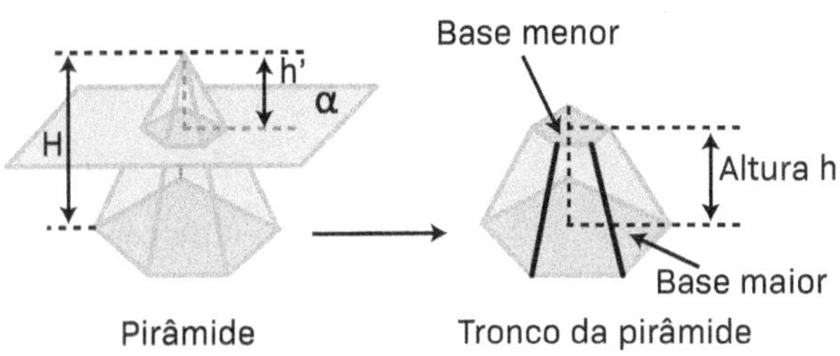

As bases são polígonos regulares paralelos e semelhantes.

As faces laterais são trapézios isósceles congruentes.

Áreas

Área lateral (AL): soma das áreas dos trapézios isósceles congruentes que formam as faces laterais.

Área total (AT): soma da área lateral com a soma das áreas da base menor (Ab) e maior (AB).

$$A_T = A_L + A_B + A_b$$

Volume

O volume de um tronco de pirâmide regular é dado por:

$$V_r = \frac{h}{3}\left(A_B + A_b + \sqrt{A_B A_b}\right)$$

Sendo V o volume da pirâmide e V' o volume da pirâmide obtido pela seção, é válida a relação:

$$\frac{V'}{V} = \left(\frac{h'}{H}\right)^3$$

6.6.2 Tronco do cone

Sendo o tronco do cone circular regular a seguir, tem-se:

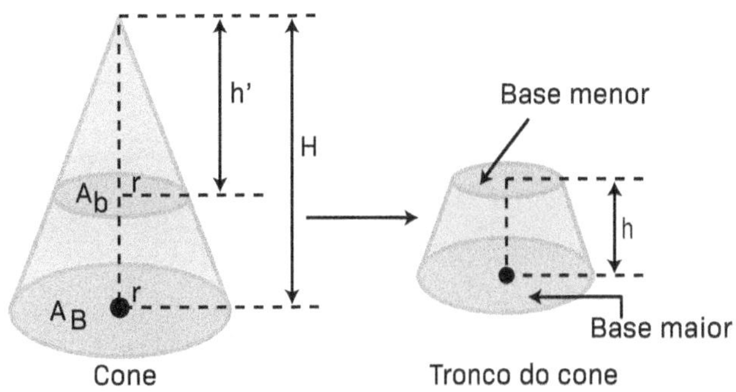

As bases maior e menor são paralelas.

A altura do tronco é dada pela distância entre os planos que contêm as bases.

Áreas

Área lateral

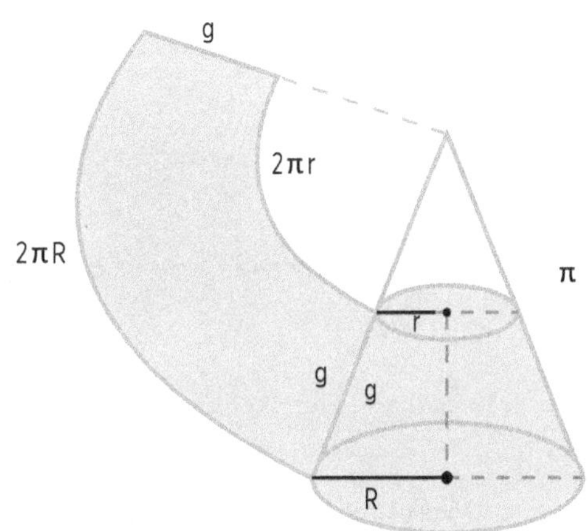

$$A_L = \pi(R + r)g$$

Área total

$$A_T = A_L + A_B + A_b = \pi(R + r)g + \pi R^2 + \pi r^2$$

$$\downarrow$$

$$A_T = [(R + r)g + R^2 + r^2]$$

Volume

$$V_r = \frac{h}{3}\left(A_B + A_b + \sqrt{A_B A_b}\right) \frac{h}{3}\left(\pi R^2 + \pi r^2 + \sqrt{\pi R^2 \cdot \pi r^2}\right)$$

$$\downarrow$$

$$V = \frac{\pi h}{3}\left(R^2 + r^2 + Rr\right)$$

Sendo V o volume do cone e V' o volume do cone obtido pela seção, são válidas as relações:

$$\frac{r}{r'} = \frac{H'}{h'}$$

$$\frac{A_B}{A_b} = \left(\frac{H'}{h'}\right)^2$$

$$\frac{V}{V'} = \left(\frac{H'}{h'}\right)^3$$

6.7 Esfera

Chama-se de esfera de centro O e raio R, o conjunto de pontos do espaço cuja distância ao centro é menor ou igual ao raio R.

Considerando a rotação completa de um semicírculo em torno de um eixo, a esfera é o sólido gerado por essa rotação. Assim, ela é limitada por uma superfície esférica e formada por todos os pontos pertencentes a essa superfície e ao seu interior.

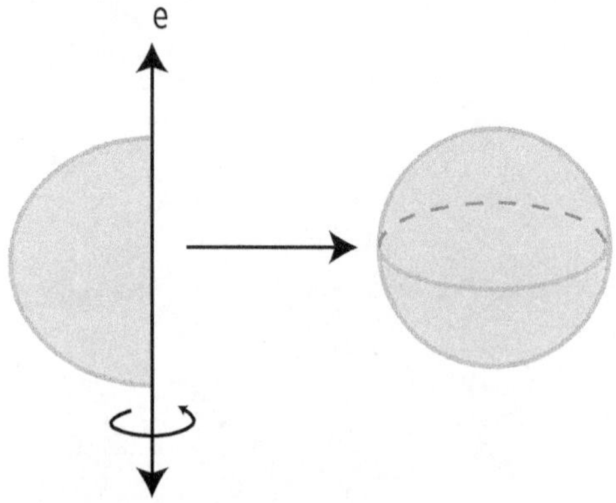

6.7.1 Volume

O volume da esfera de raio R é dado por:

$$V_e = \frac{4}{3} \cdot \pi R^3$$

6.7.2 Partes da esfera

Superfície esférica

A superfície esférica de centro O e raio R é o conjunto de pontos do espaço cuja distância ao ponto O é igual ao raio R.

Se considerar a rotação completa de uma semicircunferência em torno de seu diâmetro, a superfície esférica é o resultado dessa rotação.

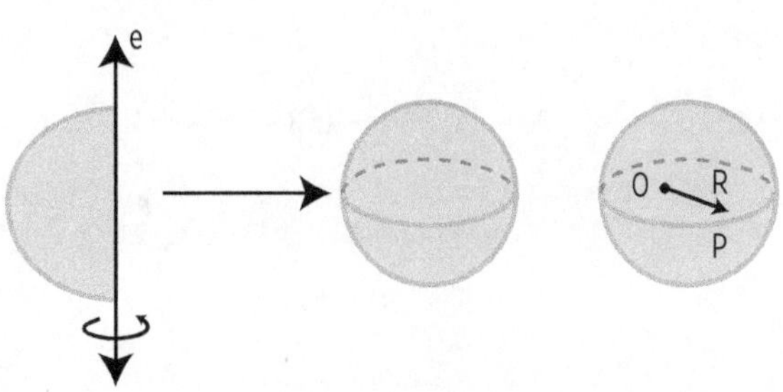

A área da superfície esférica é dada por:

$$A_s = 4\pi R^2$$

Zona esférica

É a parte da esfera gerada do seguinte modo:

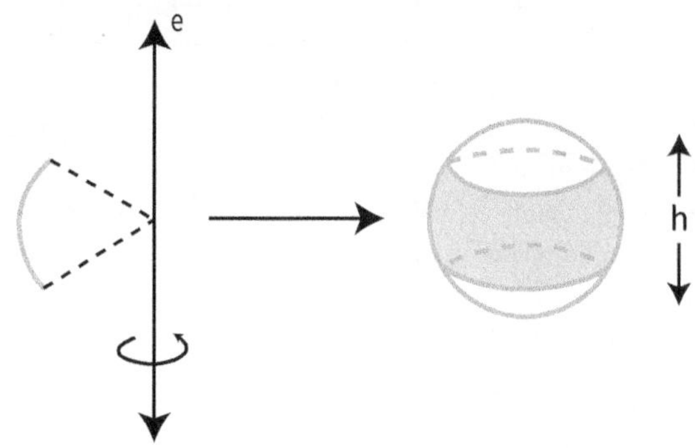

A área da zona esférica é dada por:

$$S = 2\pi Rh$$

Calota esférica

É a parte da esfera gerada do seguinte modo:

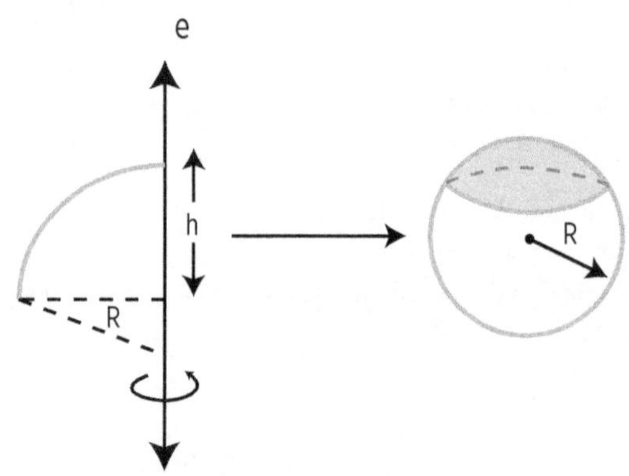

A área da calota esférica é dada por:

$$S = 2\pi Rh$$

Fuso esférico

O fuso esférico é uma parte da superfície esférica que se obtém ao girar uma semicircunferência de um ângulo $\alpha(0 < \alpha < 2\pi)$ em torno de seu eixo:

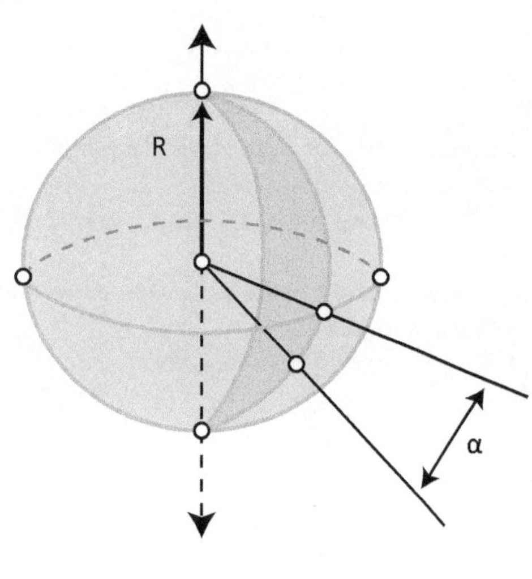

A área do fuso esférico pode ser obtida por uma regra de três simples:

$$A_S - 2\pi \quad A_F = \frac{4\pi R^2\alpha}{2\pi} \Rightarrow A_F = 2R^2\alpha \text{ (}\alpha\text{ em radianos)}$$
$$A_F - \alpha$$

$$A_S - 360° \quad A_F = \frac{4\pi R^2\alpha}{360°} \Rightarrow A_F \quad \frac{\pi R^2\alpha}{90°} \text{ (}\alpha\text{ em graus)}$$
$$A_F - \alpha$$

Cunha esférica

Parte da esfera que se obtém ao girar um semicírculo em torno de seu eixo de um ângulo $\alpha(0 < \alpha < 2\pi)$:

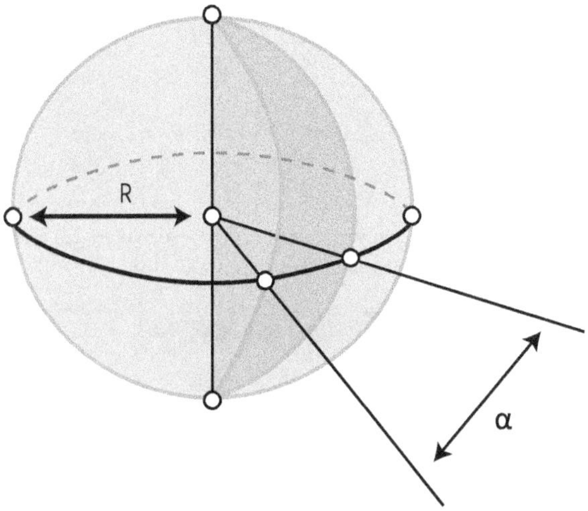

O volume da cunha pode ser obtido por uma regra de três simples:

$$\left.\begin{matrix} V_e - 2\pi \\ V_c - \alpha \end{matrix}\right] V_c = \frac{\frac{4}{3}\pi R^3\alpha}{2\pi} \quad V_c = \frac{2}{3} R^3\alpha \text{ (}\alpha\text{ em radianos)}$$

$$\left.\begin{matrix} V_e - 360° \\ V_c - \alpha \end{matrix}\right] V_c = \frac{\frac{4}{3}\pi R^3\alpha}{360°} \quad V_c = \frac{\pi R^3\alpha}{270°} \text{ (}\alpha\text{ em graus)}$$

7 ESTATÍSTICA DESCRITIVA

7.1 Conceitos

7.1.1 Estatística

Compreende os métodos científicos utilizados para coleta, organização, resumo, apresentação e análise, ou descrição, de dados de observação. Também abrange métodos utilizados para tomadas de decisões sob condições de incerteza.

7.1.2 Estatística descritiva

Inclui as técnicas empregadas para coleta e descrição de dados. Também é empregada na análise exploratória de dados.

7.1.3 Estatística inferencial

Utiliza informações incompletas para tomar decisões e tirar conclusões satisfatórias. O alicerce das técnicas de estatística inferencial está no cálculo de probabilidades. As duas técnicas de estatística inferencial são: estimação e teste de hipóteses.

7.1.4 População

Emprega-se para designar um conjunto de indivíduos que possuem pelo menos uma característica, ou atributo, em comum.

7.1.5 Amostra

Refere-se a qualquer subconjunto de uma população. A amostragem é uma das etapas mais importantes na aplicação de métodos estatísticos e envolve aspectos como determinação do tamanho da amostra, metodologia de formação e representatividade da amostra com relação à população.

7.1.6 Variável

É usada para atribuição dos valores correspondentes aos dados observados. É importante ressaltar que os dados em questão não são necessariamente numéricos, uma vez que podem dizer respeito a atributos qualitativos observados na população.

7.1.7 Censo

É um conjunto de dados obtidos de todos os membros da população.

7.1.8 Experimento aleatório

Fenômeno que, quando repetido inúmeras vezes em processos semelhantes, possui resultados imprevisíveis. As variáveis podem ser quantitativas (discreta ou contínua) ou qualitativas (nominal ou ordinal).

Quantitativa discreta: pode assumir apenas alguns valores.

| Número de filhos.

Quantitativa contínua: pode assumir infinitos valores.

| Peso, altura.

Qualitativa nominal: apenas identifica as categorias.

| Gênero (feminino e masculino).

Qualitativa ordinal: podem-se ordenar as categorias.

| Grau de instrução.

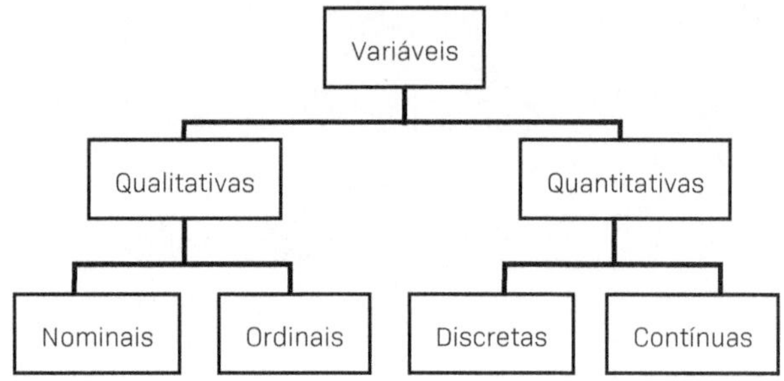

7.2 Apresentação dos dados

A apresentação dos dados pode ocorrer basicamente de três maneiras:

- Isolados.
- Ponderados.
- Agrupados.

Dados Isolados: representam os dados na forma bruta.

| 2, 2, 3, 5, 7, 8, 8, 9

Dados Ponderados: consistem em uma tabela que contém, para cada valor observado, o número de vezes que ele ocorre (frequência), mas não se pode saber a quem corresponde cada valor.

Nota	Frequência
0	2
1	1
1,5	1
2	2
2,5	1
3,5	2
4	3
4,5	3
5	5
5,5	2
6	3
6,5	2
7	3
8	1
8,5	1
Total	**32**

Dados agrupados: apenas para dados quantitativos. É uma tabela que contém divisões da variável em estudo (intervalos), em que é observado o número de vezes que ocorrem os valores contidos nestes intervalos.

Intervalo de Nota	Frequência
0 ⊢ 2	4
2 ⊢ 4	5
4 ⊢ 6	13
6 ⊢ 8	8
8 ⊢ 10	2
Total	32

7.2.1 Dados brutos

Trata-se da designação para um conjunto de dados não ordenados.

| 42, 41, 58, 50, 41, 42, 41, 60, 43, 44, 46, 45, 57, 46, 50, 51, 52, 60, 54, 58.

7.2.2 Rol

É um conjunto de dados ordenados.

| 41, 41, 41, 42, 42, 43, 44, 45, 46, 46, 50, 50, 51, 52, 54, 57, 58, 58, 60, 60.

7.2.3 Tabelas

Servem para organizar e apresentar os dados coletados, por meio das variáveis, no sentido de facilitar a sua interpretação. Os dados obtidos por meio das variáveis também podem ser organizados no ROL, que consiste em colocar os dados em ordem crescente, mesmo que estes sejam ou estejam repetidos.

| Quantidade de alunos matriculados no Empresa X.

Tabela 1 Quantidade de alunos matriculados por curso na Empresa X	
Curso	**Número de Alunos**
Polícia Federal	250
DEPEN	150
INSS	350
Receita Federal	250

Obs.: ROL: 150, 250, 250, 350.

7.2.4 Tabela de frequência

A tabela de frequência serve para organizar dados. A frequência absoluta (F.A) é o valor real do dado e a frequência relativa (F.R) é o valor em porcentagem quando comparado ao total.

| As idades dos alunos de uma sala são: 12, 13, 13, 14, 11, 12, 15, 14, 13, 14, 15, 11, 12, 13, 13, 13, 15, 12, 12, 13. Ao organizar no ROL e na tabela de frequência, como fica?

No ROL fica: 11, 11, 12, 12, 12, 12, 12, 13, 13, 13, 13, 13, 13, 13, 14, 14, 14, 15, 15, 15.

Na tabela, fica:

Tabela 2			
Idade	**F.A**	**F.R (%)**	**Frequência acumulada**
11	2	10	2
12	5	25	7
13	7	35	14
14	3	15	17
15	3	15	20
Total	20	100	

7.2.5 Tipos de Frequência

Geralmente, dados isolados são agrupados na forma de tabelas de frequência, que consistem em dados ponderados ou agrupados. Existem quatro tipos de frequência:

- Frequência Absoluta Simples (fi);
- Frequência Relativa Simples (fri);
- Frequência Acumulada (Fi);
- Frequência Acumulada Relativa (Fri).

| 0, 2, 1, 2, 3, 1, 2, 2, 3, 4

x	f_i	f_{ri}	F_i	F_{ri}
0	1	1/10 = 10%	1	10%
1	2	2/10 = 20%	3	30%
2	4	4/10 = 40%	7	70%
3	2	2/10 = 20%	9	90%
4	1	1/10 = 10%	10	100%
Σ	10	1 = 100%	-	-

7.2.6 Gráficos

Servem para representar e apresentar os dados coletados. Os gráficos podem ser em barra, coluna, setores (pizzas), linhas, dentre outros.

Barras

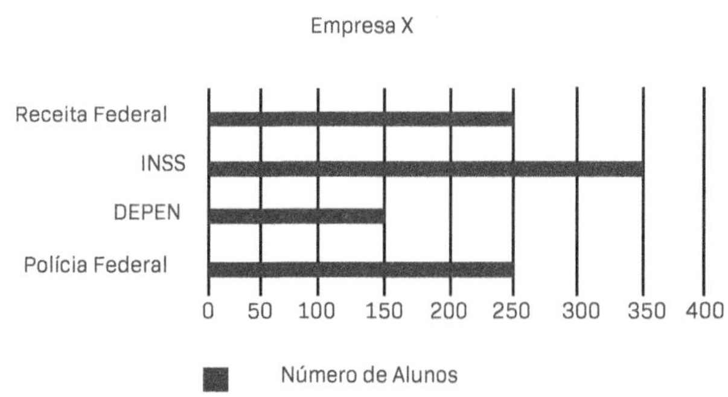

Colunas

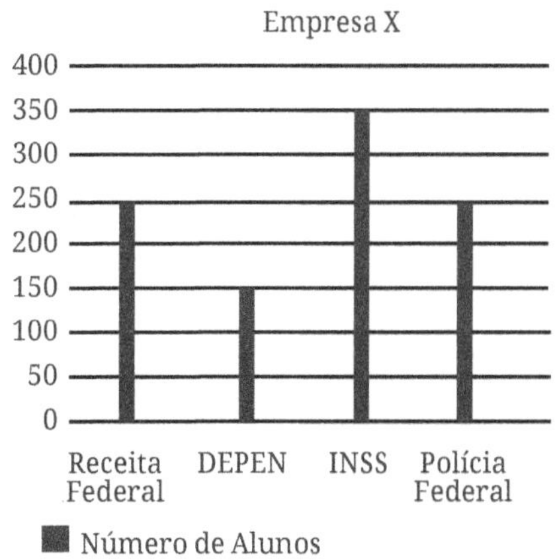

Setores

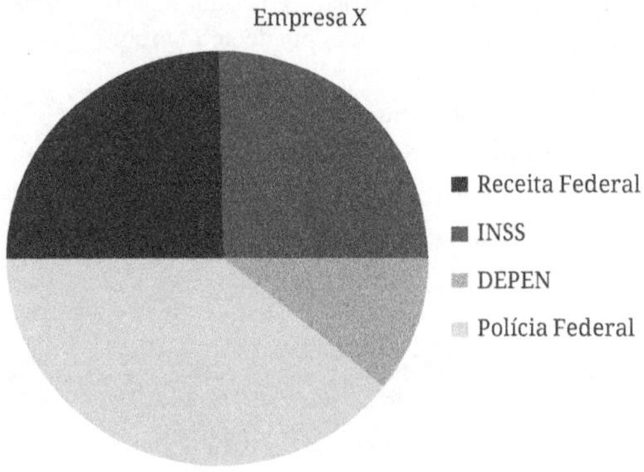

Linhas

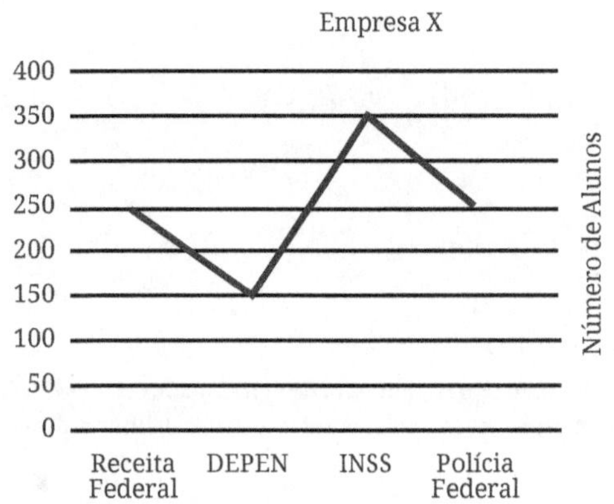

7.2.7 Diagrama de ramos e folhas

Há outra forma de apresentação de dados que tem sido explorada frequentemente em provas: o diagrama de ramos e folhas.

Em um diagrama de ramos e folhas cada número é separado em um ramo e uma folha

Vejamos alguns exemplos:

1. Considere a tabela de dados a seguir:

155	159	144	129	105	145	126	116	130	114	122	112	142	126
118	118	108	122	121	109	140	126	119	113	117	118	109	119
139	139	122	78	133	126	123	145	121	134	119	132	133	124
129	112	126	148	147									

Representação dos dados no diagrama de ramos e folhas:

7	8
8	
9	
10	5 8 9 9 9
11	2 2 2 3 4 6 7 8 8 8 9 9 9
12	1 1 2 2 2 3 4 4 6 6 6 6 6 9 9
13	0 2 3 3 4 9 9
14	0 2 4 5 5 7 8
15	5 9

Chave: 15|5=155

Ponto discrepante (7 | 8)

2. Construir o diagrama de ramos e folhas dos seguintes dados: 56, 62, 63, 65, 65, 65, 68, 70, 72

Unidade das Folhas - 1

Ramos	Folhas
5	6
6	235558
7	02

As folhas contêm o último dígito, e os ramos contêm os restantes em sequência (mesmo que alguns ramos fiquem sem folhas).

7.3 Distribuição de frequências

Uma distribuição de frequência é um método de agrupar dados em classes de modo a fornecer a quantidade (e/ou a percentagem) de dados em cada classe.

Uma distribuição de frequência (absoluta ou relativa) pode ser apresentada em tabelas ou gráficos.

7.3.1 Intervalo de classe

Os limites de cada classe podem ser definidos de quatro modos distintos, mostrados a seguir:

- **Intervalo "exclusive – exclusive":** ________
- **Intervalo "inclusive – exclusive":** |________
- **Intervalo "inclusive – inclusive":** |________|
- **Intervalo "exclusive – inclusive":** ________|

7.3.2 Distribuição de frequência (sem intervalos de classe)

É a simples condensação dos dados conforme as repetições de seus valores.

Dados	Frequência
41	3
42	2
43	1
44	1
45	1
46	2
50	2
51	1
52	1
54	1
57	1
58	2
60	2
Total	20

7.3.3 Distribuição de frequência (com intervalos de classe)

Quando o tamanho da amostra é elevado, é racional efetuar o agrupamento dos valores em vários intervalos de classe.

Classes	Frequências
41 ⊢ 45	7
45 ⊢ 49	3
49 ⊢ 53	4
53 ⊢ 57	1
57 ⊢ 61	5
Total	20

7.3.4 Elementos de uma distribuição de frequência (com intervalos de classe)

Classe: corresponde aos intervalos de variação da variável e é simbolizada por i; e o número total de classes é simbolizado por k.

| Na tabela anterior k = 5 e 49 ⊢ 53 é a 3ª classe, em que i = 3.

Limites de classe: são os extremos de cada classe. O menor número é o limite inferior de classe (li) e o maior número, limite superior de classe (Li).

| Em 49 ⊢ 53... l3 = 49 e L3 = 53

Amplitude do intervalo de classe: é obtida por meio da diferença entre o limite superior e inferior da classe e é simbolizada por

$$hi = Li - li$$

| Tabela anterior hi = 53 - 49 = 4.

Obs.: Na distribuição de frequência com classe o hi será igual em todas as classes.

Amplitude total da distribuição (AT): é a diferença entre o limite superior da última classe e o limite inferior da primeira classe.

$$AT = L_{(max)} - l_{(min)}$$

| Na tabela anterior AT = 61 - 41= 20.

Amplitude total da amostra (AA): é a diferença entre o valor máximo e o valor mínimo da amostra (ROL). em que AA = Xmáx - Xmín. Em nosso exemplo, AA = 60 - 41 = 19.

Obs.: AT sempre será maior que AA.

Ponto médio de classe (Xi): é o ponto que divide o intervalo de classe em duas partes iguais. ...

$$Xi = \frac{Li + Ll}{2}$$

Sendo:

Li: limite inferior da classe

Ll: limite superior da classe

X3: Ponto médio da 3ª classe

| Em 49 ⊢ 53 o ponto médio x3 = (53 + 49)/2 = 51

7.3.5 Representações gráficas

As distribuições de frequências podem ser representadas por meio de três tipos de gráficos, não mutuamente exclusivos.

Histograma

É formado por um conjunto de retângulos justapostos, cujas bases se localizam sobre o eixo horizontal, de tal modo que seus pontos médios coincidam com os pontos médios dos intervalos de classe. A área de um histograma é proporcional à soma das frequências simples ou absolutas.

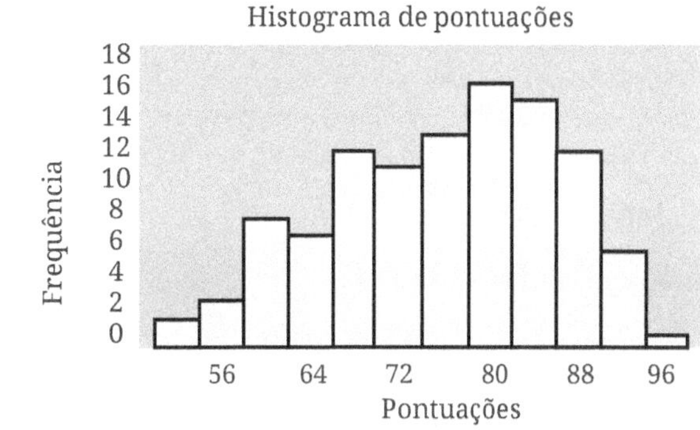

Polígono de frequências

É um gráfico em linha, sendo as frequências marcadas sobre perpendiculares ao eixo horizontal, levantadas pelos pontos médios dos intervalos de classe. Para obter um polígono (linha fechada), devemos completar a figura, ligando os extremos da linha obtida aos pontos médios da classe anterior à primeira, e da posterior à última da distribuição.

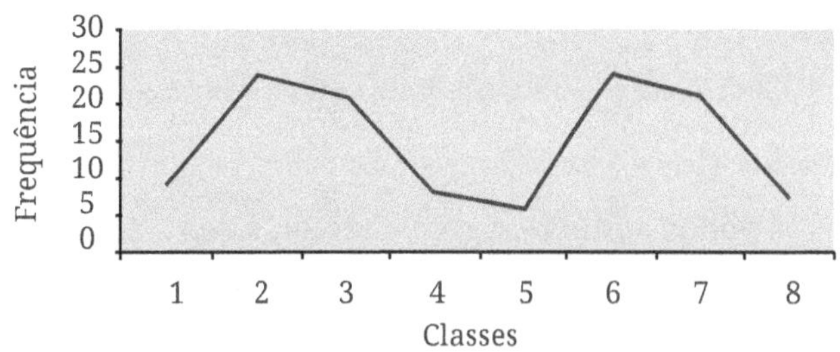

Obs.: é importante notar que tanto o histograma quanto o polígono de frequência indicam a frequência absoluta de cada classe.

Curva de frequências

Enquanto o polígono de frequência nos dá a imagem real do fenômeno estudado, a curva de frequência nos dá a imagem tendencial. O polimento (geometricamente, corresponde à eliminação dos vértices da linha poligonal) de um polígono de frequência nos mostra o que seria tal polígono com um número maior de dados em amostras mais amplas.

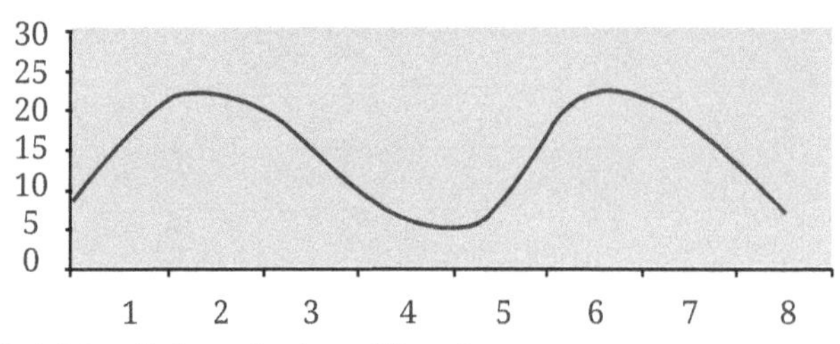

7.4 Medidas de tendência central ou de posição

São medidas utilizadas principalmente para a descrição de dados. As principais medidas de posição são a média aritmética, a mediana e a moda.

O esquema a seguir resume a classificação das Medidas de Tendência Central ou de Posição:

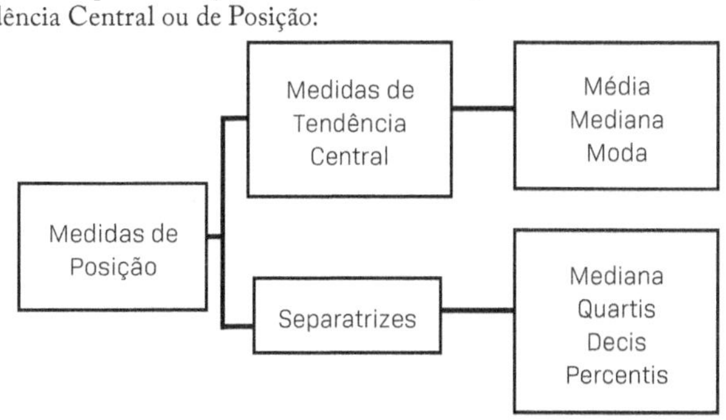

Na sequência, calcularemos as medidas de tendência central ou de posição para três possibilidades a seguir:

- para dados não agrupados;
- para dados agrupados sem intervalos de classes;
- para dados agrupados com intervalos de classes.

7.4.1 Média aritmética (x)

Para Dados Não Agrupados

Seja um conjunto de dados {x1 , x2 , ... , xn }.

A média aritmética, ou simplesmente média, é dada por:

$$\overline{x} = \frac{\sum_{i=1}^{n} x_i}{n}$$

Seja o conjunto {2, 4, 3, 5, 6, 2, 5}.

Então, a média aritmética é:

$$\overline{x} = \frac{2+4+3+5+6+2+5}{7} = 3{,}8571$$

Obs.: a notação x é empregada para representar a média de uma amostra de valores. A média da população costuma ser representada pela letra grega μ (mi).

Para dados agrupados sem intervalos de classes

Para dados agrupados em distribuições de frequências, calcula-se a média ponderada, sendo que a frequência observada para cada valor é o peso dele, então a média aritmética é dada por:

$$\overline{x} = \frac{\sum_{i=1}^{k} x_i f_1}{\sum_{i=1}^{k} f_1}$$

Considerando a distribuição:

x	f_1
2	1
4	3
5	2

$$\overline{x} = \frac{2 \cdot 1 + 4 \cdot 3 + 5 \cdot 2}{1+3+2} = \frac{2+12+10}{6} = 4$$

Para dados agrupados com intervalos de classes

A seguinte tabela a seguir representa o tempo de utilização de um aparelho de ginástica de uma academia pelos seus usuários:

Tempo de Utilização (em minutos)	Frequência Absoluta
1 ⊢ 4	18
4 ⊢ 7	108
7 ⊢ 10	270
10 ⊢ 13	150
13 ⊢ 16	54
Total	600

Seja x_i o ponto médio de um determinado intervalo.

Tempo de Utilização (em minutos)	Ponto Médio	Frequência Absoluta	Frequência Relativa
1 ⊢ 4	2,5	18	18/600 = 0,03
4 ⊢ 7	5,5	108	108/600 = 0,18
7 ⊢ 10	8,5	207	270/600 = 0,45
10 ⊢ 13	11,5	150	150/600 = 0,25
13 ⊢ 16	14,5	54	54/600 = 0,09

O tempo médio de utilização do aparelho é dado por:

$$\overline{x} = \frac{18 \cdot 2{,}5 + 108 \cdot 5{,}5 + 270 \cdot 11{,}5 + 54 \cdot 14{,}5}{600}$$

$\overline{x}$ = 9,07 minutos (aproximadamente)

Propriedades da média aritmética

P1: se a cada xi (i = 1, 2, ..., n) adicionarmos uma constante real k, a média aritmética fica adicionada de k unidades.

P2: se multiplicarmos cada xi (i = 1, 2, ..., n) por uma constante real k, a média aritmética fica multiplicada por k.

Outros Tipos de Média

Podemos definir outros tipos de média de um conjunto de dados, como:

- Média aritmética ponderada;
- Média geométrica;
- Média harmônica;
- Média das médias.

Média aritmética ponderada

A média aritmética ponderada é calculada por meio do somatório das multiplicações entre valores e as frequências desses valores divididas pelo somatório dessas frequências.

Notas de um aluno.

Nota	Peso
7,0	1
6,0	2
8,0	3
7,5	4

A média ponderada é:

$$\frac{7{,}0 \cdot 1 + 6{,}0 \cdot 2 + 8{,}0 \cdot 3 + 7{,}5 \cdot 4}{1+2+3+4} = \frac{73}{10} = 7{,}3$$

Média geométrica (G)

A média geométrica é definida como n-ésima raiz (em que n é a quantidade de termos) da multiplicação dos termos.

Calcular a média geométrica entre os valores 2 e 8.

$$G = \sqrt{2 \cdot 8} = \sqrt{16} = 4$$

Média harmônica (H)

A média harmônica H dos números reais positivos x1,...,xn > 0 é definida como sendo o número de membros dividido pela soma do inverso dos membros.

Calcular a média harmônica entre os valores 2 e 8.

$$H = \frac{2}{\frac{1}{2}+\frac{1}{8}} \quad \frac{2}{\frac{5}{8}} \quad 2 \cdot \frac{8}{5} \quad \frac{16}{5} = 3{,}2$$

Para um conjunto de observações não negativas, vale a seguinte relação:

$$\overline{X} \geq G \geq H$$

Média das médias (média global)

Sejam os conjuntos A com valores, B com valores, ..., e K com valores. Se A tem média, B tem média , ..., e K tem média, então a média do conjunto maior, que é formado pela reunião de todos os elementos dos conjuntos A, B, ..., K em um único conjunto, é dada por:

$$\overline{X} = \frac{n_A\overline{X}_A + n_A\overline{X}_A + \ldots n_K X_K}{n_A + n_B + \ldots n_K}$$

Em uma empresa, há 400 homens e 100 mulheres. Os salários médios pagos aos empregados dos gêneros masculinos e femininos são de R$ 2.550,00 e 2.480,00, respectivamente. Calcule a média global dos salários.

$$\overline{X} = \frac{n_H\overline{X}_H + n_M\overline{X}_M}{n_H + n_M}$$

$$\overline{X} = \frac{400 \times 2550 + 100 \times 2480}{400 + 100} = 2536$$

7.4.2 Mediana (Me)

É uma medida de tendência central que indica exatamente o valor central de uma amostra de dados.

Obs.:

- os valores da amostra devem ser colocados em ordem crescente;
- se a quantidade de valores da amostra for ímpar, a mediana é o valor central da amostra;
- se a quantidade de valores da amostra for par, é preciso tirar a média dos valores centrais para calcular a mediana.

Para Dados Não Agrupados

1.

3 - 4 - 9 - 6 - 3 - 8 - 2 - 4 - 5 - 6

M_e = 2 - 3 - 3 - 4 - **4** - **5** - 6 - 6 - 8 – 9

$$M_e = \frac{4+5}{2} = \frac{9}{2} = \mathbf{4{,}5}$$

2.

4 - 5 - 7 - 2 – 9

M_e = 2 - 4 - **5** - 7 – 9

M_e = **5**

Para dados agrupados sem intervalos de classes

O valor que divide a distribuição de frequências em 2 grupos com mesmo número de elementos estará na posição dada por:

$$\frac{\Sigma f_i}{2}$$

Neste caso é preciso identificar a frequência acumulada imediatamente superior à metade da soma das frequências:

1. Calcule a Mediana da seguinte distribuição:

x_i	f_i	F_i
0	2	2
1	6	8
2	10	18
3	12	30
4	4	34
	$\Sigma = 34$	

Temos que:

$$\frac{\Sigma f_i}{2} = \frac{34}{2} = 17$$

Neste caso, a frequência acumulada é imediatamente superior à metade da soma das frequências.

X_i	f_i	F_i
0	2	2
1	6	8
2	10	(18)
3	12	30
4	4	34
	$\Sigma = 34$	

Logo,

$M_e = 2$

2. Calcule a Mediana da seguinte distribuição:

X_i	f_i	F_i
12	1	1
14	2	3
15	1	4
16	2	6
17	1	7
20	1	8
	$\Sigma = 8$	

Temos que:

$$\frac{\Sigma f_i}{2} = \frac{8}{2} = 4$$

Neste caso, a mediana será a média aritmética entre o valor da variável correspondente a essa frequência acumulada e o seguinte.

X_i	f_i	F_i
12	1	1
14	2	3
15	1	(4)
16	2	(6)
17	1	7
20	1	8
	$\Sigma = 8$	

Logo,

$$Me = \frac{15 + 16}{2}$$

Me = 15,5

Para dados agrupados com intervalos de classes

Neste caso, devemos seguir os seguintes passos:

- determinar as frequências acumuladas;
- calcular Σfi/2;
- marcar a classe correspondente à frequência acumulada imediatamente à Σfi/2 (classe mediana) e, em seguida, aplicar a seguinte fórmula:

$$M_e = L_i + h \cdot \frac{\Sigma f_i/2 - F_{(ant)}}{f}$$

Sendo:

Li: limite inferior da classe mediana;

F(ant): frequência acumulada da classe anterior à classe mediana;

f: frequência acumulada da classe anterior à classe mediana;

h: amplitude do intervalo da classe mediana.

Calcule a Mediana da seguinte distribuição:

Classes	f_i
150 ⊢154	4
154 ⊢158	9
158 ⊢162	11
162 ⊢166	8
166 ⊢170	5
170 ⊢174	3
	Σ = 40

1º passo: determinar as frequências acumuladas.

Classes	f_i	F_i
150 ⊢154	4	14
154 ⊢158	9	13
158 ⊢162	11	24
162 ⊢166	8	32
166 ⊢170	5	37
170 ⊢174	3	40
	Σ = 40	

frequência acumulada

2º passo: calcular $\frac{\Sigma f_i}{2}$

$$\frac{\Sigma f_i}{2} = \frac{40}{2} = 20$$

3º passo:

h=4 F(ant)

Classes	f_i	F_i
150 ⊢154	4	14
154 ⊢158	9	13
158 ⊢162	11	24
162 ⊢166	8	32
166 ⊢170	5	37
170 ⊢174	3	40
	Σ = 40	

classe mediana

Li f

Logo,

$$Me = Li + h \,.\, \frac{\Sigma fi/2 - F_{(ant)}}{f}$$

$$Me = 158 + 4 \,.\, \frac{20 - 13}{11}$$

Me = 158 + 2,54

Me = 160,54

Propriedades da mediana

P1: a mediana não depende de todos os valores observados; além disso não sofre influência de valores extremos.

P: não pode ser aplicada a variáveis nominais.

P3: adequado quando os dados apresentam grande variabilidade ou distribuição assimétrica, além de valores extremos indefinidos (Exemplo: maior do que...).

7.4.3 Moda (Mo)

A moda de uma série de valores é o valor de maior frequência absoluta, ou seja, o valor que aparece o maior número de vezes na distribuição.

Para dados não agrupados

1.

6 - 9 - 12 - 9 - 4 - 5 – 9

M_o = 9

2.

12 - 13 - 19 - 13 - 14 - 12 – 16

M_o = 12 e 13 (Bimodal)

3.

4 - 29 - 15 - 13 - 18

Mo = Não há moda (Amodal), pois não existe valor mais presente.

Fique ligado

Pode haver mais de uma moda em um conjunto de valores. Se houver apenas uma moda, a distribuição é dita Unimodal; se houver duas, é Bimodal; se houver três é Trimodal, e assim sucessivamente.

Para dados agrupados sem intervalos de classes

Consideremos a seguinte distribuição:

x	f_i
2	1
4	3
5	2

O valor de frequência máxima é o 4.

Logo, $M_o = 4$.

Para dados agrupados com intervalos de classes

Neste caso, a classe que apresenta a maior frequência é denominada classe modal. Se os dados de uma variável quantitativa estão dispostos em uma tabela agrupada em classe, e não há acesso aos dados originais, é possível encontrar a Moda por vários procedimentos. São eles:

- Moda Bruta
- Moda de Pearson
- Moda Czuber
- Moda Kink

Vejamos os exemplos a seguir.

Cálculo da Moda Bruta: método mais simples; consiste em tomar como Moda o ponto médio da classe modal.

Determine a Moda Bruta da seguinte distribuição:

Altura	f_i
155 ⊢165	3
165 ⊢175	18
175 ⊢185	11
185 ⊢195	9

Altura	f_i	X_i
155 ⊢165	3	160
165 ⊢175	18	170
175 ⊢185	11	180
185 ⊢195	9	190

classe modal

classe modal

$$M_o: \frac{165 + 175}{2} = 170$$

Cálculo da Moda de Pearson, Czuber e King: para o cálculo da Moda de Pearson, Czuber e King utilizaremos as seguintes fórmulas:

- Moda de Pearson:

$$M_o = 3 \,.\, M_e - 2\bar{x}$$

- Moda de Czuber:

$$M_o = L_i + h \cdot \frac{F_{max} - F_{ant}}{2F_{max} - (F_{ant} + F_{post})}$$

- Moda King:

$$M_o = L_i + h \cdot \frac{F_{post}}{F_{ant} + F_{post}}$$

Sendo:

M_o = Moda

M_e = Mediana

x = Média

Li = Limite inferior da classe modal

h = Intervalo da classe modal

$F_{máx}$ = Frequência da classe modal

F_{ant} = Frequência da classe anterior à classe modal;

F_{post} = Frequência da Classe Posterior à classe modal.

Esses três procedimentos são aproximações; a Moda real seria obtida a partir dos dados brutos.

Calcule a Moda de Pearson, King e Czuber, da tabela a seguir:

Classes	f_i
0 ⊢10	1
10 ⊢20	3
20 ⊢30	6
30 ⊢40	2

- **Obs.:** vamos determinar a classe modal:

Classes	f_i
0 ⊢10	1
10 ⊢20	3
20 ⊢30	6
30 ⊢40	2

classe modal

Moda de Pearson

Classes	f_i
0 ⊢10	1
10 ⊢20	3
20 ⊢30	6
30 ⊢40	2

1º passo: determinar a Mediana (Me).

Classes	f_i	F_i
0 ⊢10	1	1
10 ⊢20	3	4
20 ⊢30	6	10
30 ⊢40	2	12
		-

Freq. Acumulada

$$M_e = L_i + h \cdot \frac{\Sigma F_i - F_{(ant)}}{f}$$

$$M_e = 20 + 10 \cdot \frac{12/2 - 4}{6}$$

$M_e = 23,33$

2º passo: calcular a Média.

Classes	f_i	X_i
0 ⊢10	1	5
10 ⊢20	3	15
20 ⊢30	6	25
30 ⊢40	2	35
	$\sum = 12$	

X_i = Ponto médio

$$\overline{X} = \frac{1 \cdot 5 + 3 \cdot 15 + 6 \cdot 25 + 2 \cdot 35}{12} = \frac{270}{12} = 22{,}5$$

3º passo: aplicar a fórmula.

$M_e = 3 \cdot M_e - 2\overline{x}$

$M_e = 3 \cdot 23,33 - 2\,(22{,}5) = 25$

Moda King

Classes	f_i
0 ⊢10	1
10 ⊢20	3
20 ⊢30	6
30 ⊢40	2

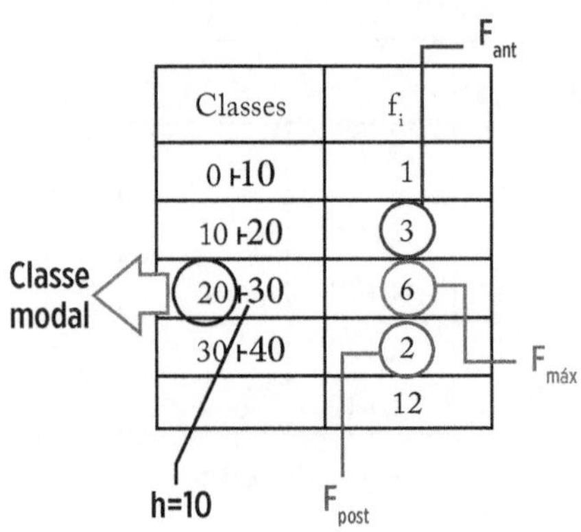

$$M_o = L_i + h \cdot \frac{F_{post}}{F_{ant} + F_{post}}$$

$$M_o = 20 + 10 \cdot \frac{2}{3 + 2}$$

$M_o = 24$

Moda Czuber

Classes	f_i
0 ⊢10	1
10 ⊢20	3
20 ⊢30	6
30 ⊢40	2

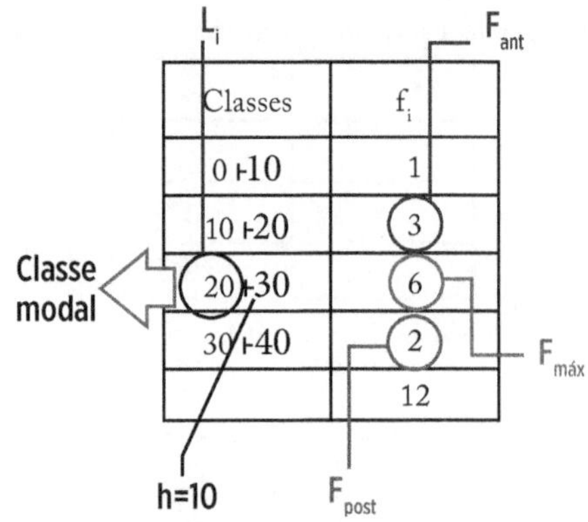

$$M_o = L_i + h \cdot \frac{F_{max} - F_{ant}}{2 \cdot F_{max} - (F_{ant} + F_{post})}$$

$$M_o = 20 + 10 \cdot \frac{6 - 3}{2(6) - (3 + 2)}$$

$M_o = 24{,}29$

A Moda é o ponto de maior probabilidade. Ao contrário da Média e da Mediana, a Moda tem de ser um valor existente no conjunto de dados.

Quando todos os dados de uma série estatística são iguais, a média, a mediana e a moda coincidirão com este valor e, portanto, qualquer uma delas representará bem a série.

7.4.4 Separatrizes

As separatrizes são os valores que dividem as séries em partes iguais. As principais medidas separatrizes são: a mediana (já estudada) e os quartis, os decis e os percentis.

Quartis

Chamamos de quartis os valores que dividem a distribuição em 4 partes iguais e podem ser obtidos da seguinte maneira:

1º quartil (Q1): valor que tem 25% dos dados à sua esquerda e o restante (75%) à direita.

2º quartil (Q2): valor que tem 50% dos dados de cada lado, coincide com a mediana.

3º quartil (Q3): valor que tem 75% dos dados à sua esquerda e 25% à direita.

Fórmulas

1º quartil	$P = 0{,}25 \cdot (n+1)$
2º quartil	$P = 0{,}50 \cdot (n+1)$
3º quartil	$P = 0{,}75 \cdot (n+1)$

Sendo:

n – nº de dados

1. Calcule os quartis da série: {5, 2, 6, 9, 10, 13, 15}.

O primeiro passo a ser dado é o da ordenação (crescente ou decrescente) dos valores: {2, 5, 6, 9, 10, 13, 15}.

Se n for ímpar, a Mediana é o valor central do rol: 4º número.

O valor que divide a série acima em duas partes iguais é igual a 9, logo a Md = 9 que será = Q2.

Temos agora {2, 5, 6} e {10, 13, 15} como sendo os dois grupos de valores iguais. Para o cálculo do primeiro quartil e do terceiro quartil, basta calcular as medianas de cada uma das partes.

Em {2, 5, 6} a mediana é 5, ou seja: Q1 = 5 e

Em {10, 13, 15 } a mediana é 13, ou seja:

Q3 = 13

2. Encontre os quartis da série:

{1, 1, 2, 3, 5, 5, 6, 7, 9, 9, 10, 13}

Q2 = (5+6)/2 = 5,5

5,5

↓

{1, 1, 2, 3, 5, 5, 6, 7, 9, 9, 10, 13}

{1, 1, 2, 3, 5, 5} {6, 7, 9, 9, 10, 13}

Q1 = {1, 1, 2, 3, 5, 5} Q3 = {6, 7, 9, 9, 10, 13}

Q1 = (2+3)/2=2,5 Q3 = (9+9)/2=9

Portanto, os quartis encontrados foram:

Q1= 2,5

Q2 = 5,5

Q3 = 9

Decis

Chamamos de decis os valores que dividem uma série em 10 partes iguais. Portanto, temos nove decis; o primeiro tem 10% dos dados à sua esquerda, e 90% à sua direita; o segundo tem 20% dos dados à sua esquerda, e 80% à sua direita, e assim por diante, até o nono decil, que tem 90% dos dados à sua esquerda, e 10% à sua direita.

Fórmulas

1º decil	$P = 0{,}10 \cdot (n+1)$
2º decil	$P = 0{,}20 \cdot (n+1)$
3º decil	$P = 0{,}30 \cdot (n+1)$
4º decil	$P = 0{,}40 \cdot (n+1)$
5º decil	$P = 0{,}50 \cdot (n+1)$
6º decil	$P = 0{,}60 \cdot (n+1)$
7º decil	$P = 0{,}70 \cdot (n+1)$
8º decil	$P = 0{,}80 \cdot (n+1)$
9º decil	$P = 0{,}90 \cdot (n+1)$

Sendo:

n: nº de dados

Percentis

Chamamos de percentis os 99 valores que separam uma série em 100 partes iguais. O cálculo dos percentis está relacionado com a percentagem. No quadro a seguir são mostrados alguns percentis.

Fórmulas

4º percentil (P_4)	$P = 0{,}04 \cdot (n+1)$
12º percentil (P_{12})	$P = 0{,}12 \cdot (n+1)$
20º percentil (P_{50})	$P = 0{,}20 \cdot (n+1)$

Sendo:

n: nº de dados

Cálculos das separatrizes para dados agrupados com intervalos de classes

Para determinar os quartis, utilizaremos as seguintes fórmulas:

$$Q1 = Li + h \,.\, \frac{1 \cdot \Sigma fi / 4 - F_{(ant)}}{f}$$

$$Q2 = Li + h \,.\, \frac{2 \cdot \Sigma fi / 4 - F_{(ant)}}{f}$$

$$Q3 = Li + h \,.\, \frac{3 \cdot \Sigma fi / 4 - F_{(ant)}}{f}$$

Sendo:

Li = Limite inferior da classe quartílica

h = Intervalo de classe

f = Frequência simples da classe quartílica

F(ant) = Frequência acumulada da classe anterior à classe quartílica

As expressões Σ fi/4, fi/4 e fi/4 servem também para determinar a Classe Quartílica.

Consideremos a seguinte distribuição de frequências em classe:

Classes	f_i
150 ⊢ 154	4
154 ⊢ 158	9
158 ⊢ 162	11
162 ⊢ 166	8
166 ⊢ 170	5
170 ⊢ 174	3
	Σ = 40

Vamos determinar a Frequência acumulada:

Classes	f_i	F_i ⇐ Freq. acumulada
150 ⊢ 154	4	4
154 ⊢ 158	9	13
158 ⊢ 162	11	24
162 ⊢ 166	8	32
166 ⊢ 170	5	37
170 ⊢ 174	3	40
	Σ = 40	

Vamos calcular o Q1, Q2 e Q3:

1º quartil (Q1):

$$Q1 = Li + h \,.\, \frac{1 \cdot \Sigma fi / 4 - F_{(ant)}}{f}$$

1º passo: determinar a classe quartílica para o Q1:
$\Sigma fi/4 = 1. 40/4 = 10$

Classes	f_i	F_i
150 ⊢ 154	4	(4)
154 ⊢ 158	9	13
158 ⊢ 162	11	24
162 ⊢ 166	8	32
166 ⊢ 170	5	37
170 ⊢ 174	3	40
	$\Sigma = 40$	

Frequência acumulada anterior à classe quartílica (4)

classe quartílica (154 ⊢ 158)

Logo,

$$Q1 = 154 + 4 . \frac{1 \cdot \Sigma fi / 4 - F_{(ant)}}{f}$$

Q1 = 156,66...
2º Quartil (Q2):

$$Q2 = Li + h \cdot \frac{2 \cdot \Sigma fi / 4 - F_{(ant)}}{f}$$

1º passo: determinar a classe quartílica para o Q2:
$\Sigma fi/4 = 2 . 40/4 = 20$

Classes	f_i	F_i
150 ⊢ 154	4	4
154 ⊢ 158	9	(13)
158 ⊢ 162	11	24
162 ⊢ 166	8	32
166 ⊢ 170	5	37
170 ⊢ 174	3	40
	$\Sigma = 40$	

Frequência acumulada anterior à classe quartílica (13)

classe quartílica (158 ⊢ 162)

$$Q2 = 158 + 4 \cdot \frac{(20 - 13)}{11}$$

Q2 = 160,5454...

3º Quartil (Q3):

$$Q3 = Li + h \cdot \frac{3 \cdot \Sigma fi / 4 - F_{(ant)}}{f}$$

1º passo: determinar a classe quartílica para o Q3:
$\Sigma fi/4 = 3 . 40/4 = 30$

Classes	f_i	F_i
150 ⊢ 154	4	4
154 ⊢ 158	9	13
158 ⊢ 162	11	(24)
162 ⊢ 166	8	32
166 ⊢ 170	5	37
170 ⊢ 174	3	40
	$\Sigma = 40$	

Frequência acumulada anterior à classe quartílica (24)

classe quartílica (162 ⊢ 166)

$$Q2 = 162 + 4 \cdot \frac{(30 - 24)}{8}$$

Q3 = 165

Analogamente, para calcular os Decis e os Percentis de uma distribuição, adaptamos as fórmulas utilizadas anteriormente para o cálculo dos Quartis, conforme o disposto a seguir:

Para os Decis:

$$Dn = Li + h \cdot \frac{n \cdot \Sigma fi / 10 - F_{(ant)}}{2}$$

Para os Percentis:

$$P_n = Li + h \cdot \frac{n \cdot \Sigma fi / 100 - F_{(ant)}}{f}$$

Consideremos a seguinte distribuição de frequências em classe:

Classes	f_i
150 ⊢ 154	4
154 ⊢ 158	9
158 ⊢ 162	11
162 ⊢ 166	8
166 ⊢ 170	5
170 ⊢ 174	3
	$\Sigma = 40$

Determine o 1º decil (D1) e o 90º percentil (P90).
1º decil (D1):
1º passo: determinar a classe quartílica para o Q1:
$\Sigma fi/10 = 1. 40/10 = 4$

Classes	f_i	F_i
150 ⊢ 154	4	4
154 ⊢ 158	9	13
158 ⊢ 162	11	24
162 ⊢ 166	8	32
166 ⊢ 170	5	37
170 ⊢ 174	3	40
	$\Sigma = 40$	

$$D_n = Li + h \cdot \frac{n \cdot \Sigma fi / 10 - F_{(ant)}}{f}$$

$$D_n = 150 + 4 \cdot \frac{[4 - 0]}{4}$$

$D_n = 154$

90º percentil (P90):

1º passo: determinar a classe quartílica para o Q1:

Σ fi/100 = 90. 40/100 = 36

$$P_n = Li + h \cdot \frac{n \cdot \Sigma fi / 100 - F_{(ant)}}{f}$$

$$P_{90} = 166 + 4 \cdot \frac{(90 \cdot 40/100 - 32)}{5}$$

$$D_n = 169,2$$

No caso da Mediana, vimos que ela divide o conjunto em duas metades. Já o Quartil, separa o conjunto em quatro partes iguais; o Decil, em dez partes e, finalmente, o Centil (ou Percentil), em cem partes iguais. Observemos esta relação visual entre as separatrizes:

```
!------------------!-------------------!
                   Md
!---------!---------!---------!---------!
          Q1        Q2        Q3
!---!---!---!---!---!---!---!---!---!---!
    D1  D2  D3  D4  D5  D6  D7  D8  D9
!---!---!---!---!---!---!---!---!---!---!
    C10 C20 C30 C40 C50 C60 C70 C80 C90
```

Concluímos que:

Md = Q2 = D5 = C50

RACIOCÍNIO LÓGICO-MATEMÁTICO

1 PROPOSIÇÕES

1.1 Definições

Proposição é uma sentença declarativa que admite apenas um dos dois valores lógicos (verdadeiro ou falso). As sentenças podem ser classificadas em abertas – que são as expressões que não podemos identificar como verdadeiras ou falsas – ou fechadas – que são as expressões que podemos identificar como verdadeiras ou falsas.

A seguir exemplos de algumas sentenças:

p: Danilo tem duas empresas.
Q: Susana comprou um carro novo.
a: Beatriz é inteligente.
B: 2 + 7 = 10

Nos exemplos acima, as letras do alfabeto servem para representar (simbolizar) as proposições.

1.1.1 Valores lógicos das proposições

Uma proposição só pode ser classificada em dois valores lógicos, que são: **Verdadeiro (V)** ou **Falso (F)**, não admitindo outro valor.

As proposições têm três princípios básicos, no entanto, o princípio fundamental é:

- **Princípio da não contradição:** diz que uma proposição não pode ser verdadeira e falsa ao mesmo tempo.
- **Os outros dois são:**
- **Princípio da identidade:** diz que uma proposição verdadeira sempre será verdadeira e uma falsa sempre será falsa.
- **Princípio do terceiro excluído:** diz que uma proposição só pode ter dois valores lógicos, – verdadeiro ou falso – se **não existir** um terceiro valor.

Interrogações, exclamações, ordens e frase sem verbo não são proposições.

Que dia é hoje?
Que maravilha!
Estudem muito.
Ótimo dia.

1.1.2 Sentenças abertas e quantificadores lógicos

Existem algumas sentenças abertas com incógnitas (termo desconhecido) ou com sujeito indefinido, como x + 2 = 5, ou seja, não sendo consideradas proposições, porque não se pode classificá-las sem saber o valor de x ou se ter a definição do sujeito. Com o uso dos **quantificadores lógicos**, tornam-se proposições, uma vez que eles passam a dar valor ao x ou definir o sujeito.

Os quantificadores lógicos são:

∀: para todo; qualquer que seja; todo;

∃: existe; existe pelo menos um; algum;

∄: não existe; nenhum.

x + 2 = 5 (sentença aberta – não é proposição).

p: ∃ x, x + 2 = 5 (lê-se: existe x tal que, x + 2 =5). Agora é proposição, porque é possível classificar a proposição como verdadeira, já que sabemos que tem um valor de x que somado a dois é igual a cinco.

1.1.3 Negação de proposição (modificador lógico)

Negar uma proposição significa modificar o seu valor lógico, ou seja, se uma proposição é verdadeira, a sua negação será falsa, e se uma proposição for falsa, a sua negação será verdadeira.

Os símbolos da negação são (~) ou (¬) antes da letra que representa a proposição.

p: 3 é ímpar.
~p: 3 **não** é ímpar.
¬p: 3 é **par** (outra forma de negar a proposição).
~p: não é verdade que 3 é ímpar (outra forma de negar a proposição).
¬p: é mentira que 3 é ímpar (outra forma de negar a proposição).

Lei da dupla negação:

~(~p) = p, negar uma proposição duas vezes significa voltar para a própria proposição:

q: 2 é par;
~q: 2 não é par;
~(~q): 2 **não** é **ímpar**;
Portanto:
q: 2 é par.

1.1.4 Tipos de proposição

Simples ou atômica: são únicas, com apenas um verbo (ação), não pode ser dividida/separada (fica sem sentido) e não tem conectivo lógico.

Na proposição "João é professor", tem-se uma única informação, com apenas um verbo. Não é possível separá-la e não ter um conectivo.

Composta ou molecular: tem mais de uma proposição simples, unidas pelos conectivos lógicos. Podem ser divididas/separadas e ter mais de um verbo (pode ser o mesmo verbo referido mais de uma vez).

"Pedro é advogado e João é professor". É possível separar em duas proposições simples: "Pedro é advogado" e "João é professor".

Simples (atômicas)	Compostas (moleculares)
Não têm conectivo lógico	Têm conectivo lógico
Não podem ser divididas	Podem ser divididas
1 verbo	+ de 1 verbo

Conectivo lógico

Serve para unir as proposições simples, formando proposições compostas. São eles:

e: conjunção (∧)

ou: disjunção (∨)

ou... ou: disjunção exclusiva ($\veebar$)

se..., então: condicional (→)

se..., e somente se: bicondicional (↔)

Alguns autores consideram a negação (~) como um conectivo, aqui não faremos isso, pois os conectivos servem para formar proposição composta, e a negação faz apenas a mudança do valor das proposições.

O e possui alguns sinônimos, que são: mas, porém, nem (nem = e não) e a vírgula. O condicional também tem alguns sinônimos que são: portanto, quando, como e pois (pois = condicional invertido, como: A, pois B = B → A).

a: Maria foi à praia.
b: João comeu peixe.
p: Se Maria foi a praia, então João comeu peixe.
q: ou 4 + 7 = 11 ou a Terra é redonda.

1.2 Tabela verdade e valores lógicos das proposições compostas

A tabela verdade é um mecanismo usado para dar valor às proposições compostas (podendo ser verdadeiras ou falsas), por meio de seus respectivos conectivos.

A primeira coisa que precisamos saber numa tabela verdade é o seu número de linhas, e que esse depende do número de proposições simples que compõem a proposição composta.

Número de linhas = 2^n

Em que **n** é o número de proposições simples que compõem a proposição composta. Portanto, se houver 3 proposições simples formando a proposição composta, então, a tabela dessa proposição terá 8 linhas ($2^3 = 8$). Esse número de linhas da tabela serve para que tenhamos as possíveis relações entre V e F das proposições simples. Veja:

P	Q	R
V	V	V
V	V	F
V	F	V
V	F	F
F	V	V
F	V	F
F	F	V
F	F	F

Observe que temos as relações entre os valores lógicos das proposições, que são três verdadeiras (1ª linha), três falsas (última linha), duas verdadeiras e uma falsa (2ª, 3ª e 5ª linhas), e duas falsas e uma verdadeira (4ª, 6ª e 7ª linhas). Nessa demonstração, observamos uma forma prática de como organizar a tabela, sem se preocupar se foram feitas todas relações entre as proposições.

Para o correto preenchimento da tabela, devemos seguir algumas regras:

- Comece sempre pelas proposições simples e suas negações, se houver.
- Resolva os parênteses, colchetes e chaves, respectivamente (igual à expressão numérica), se houver.
- Faça primeiro as conjunções e disjunções, depois os condicionais e, por último, os bicondicionais.
- Em uma proposição composta, com mais de um conectivo, o conectivo principal será o que for resolvido por último (importante saber o conectivo principal).
- A última coluna da tabela deverá ser sempre a da proposição toda, conforme as demonstrações a seguir.

O valor lógico de uma proposição composta depende dos valores lógicos das proposições simples que a compõem e do conectivo utilizado. Veja a seguir.

Valor lógico de uma proposição composta por conjunção (e) = tabela verdade da conjunção ($\wedge$)

Conjunção e: p e q são proposições, sua conjunção é denotada por p $\wedge$ q. Essas proposições só são verdadeiras simultaneamente (se p ou q for falso, então p $\wedge$ q será falso).

| P $\wedge$ Q

P	Q	P $\wedge$ Q
V	V	V
V	F	F
F	V	F
F	F	F

| Representado por meio de conjuntos, temos: P $\wedge$ Q

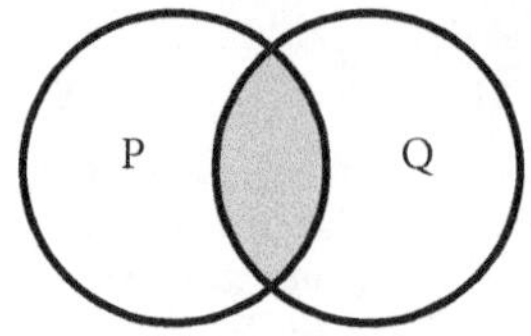

Valor lógico de uma proposição composta por disjunção (ou) = tabela verdade da disjunção ($\vee$)

Disjunção "ou": sejam p e q proposições, a disjunção é denotada por p $\vee$ q. Essas proposições só são falsas simultaneamente (se p ou q for verdadeiro, então p $\vee$ q será verdadeiro).

| P $\vee$ Q

P	Q	P $\vee$ Q
V	V	V
V	F	V
F	V	V
F	F	F

| Representado por meio de conjuntos, temos: P $\vee$ Q

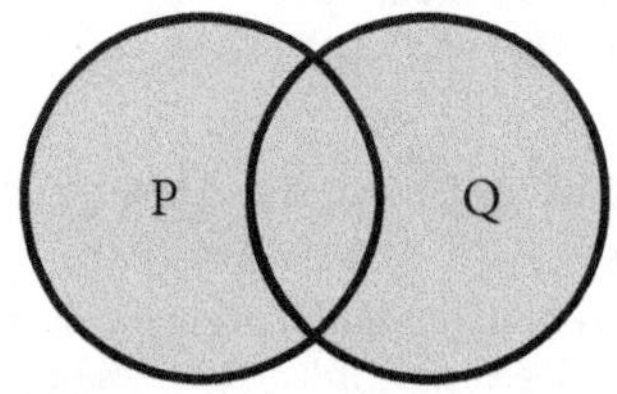

Valor lógico de uma proposição composta por disjunção exclusiva (ou, ou) = tabela verdade da disjunção exclusiva ($\veebar$)

Disjunção Exclusiva ou ..., ou ...: p e q são proposições, sua disjunção exclusiva é denotada por p $\veebar$ q. Essas proposições só são verdadeiras quando p e q tiverem valores diferentes/contrários (se p e q tiverem valores iguais, então p $\veebar$ q será falso).

| P $\veebar$ Q

P	Q	P $\veebar$ Q
V	V	F
V	F	V
F	V	V
F	F	F

| Representado por meio de conjuntos, temos: P $\veebar$ Q

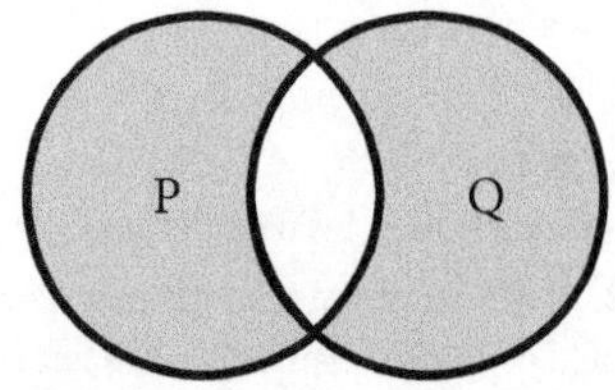

Valor lógico de uma proposição composta por condicional (se, então) = tabela verdade do condicional ($\rightarrow$)

Condicional Se p, e ntão q: p e q sãoproposições, sua condicional é denotada por p $\rightarrow$ q, onde se lê p condiciona q ou se p, então q. A proposição assume o valor falso somente quando p for verdadeira e q for falsa. A seguir, a tabela para a condicional de p e q.

| $P \to Q$

P	Q	P→Q
V	V	V
V	F	F
F	V	V
F	F	V

Dicas:

P é antecedente e Q é consequente = $P \to Q$

P é consequente e Q é antecedente = $Q \to P$

P é suficiente e Q é necessário = $P \to Q$

P é necessário e Q é suficiente = $Q \to P$

| Representado por meio de conjuntos, temos: $P \to Q$

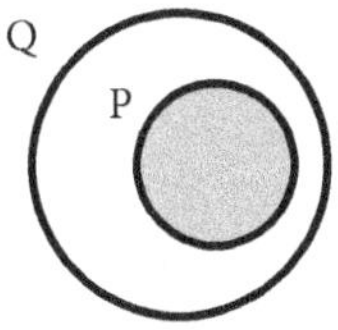

Valor lógico de uma proposição composta por bicondicional (se e somente se) = tabela verdade do bicondicional (↔)

Bicondicional se, e somente se: p e q sãoproposições, a bicondicional de p e q é denotada por $p \leftrightarrow q$, onde se lê p bicondicional q. Essas proposições só são verdadeias quando tiverem valores iguais (se p e q tiverem valores diferentes, então $p \leftrightarrow q$ será falso).

No bicondicional, P e Q são ambos suficientes e necessários ao mesmo tempo.

| $P \leftrightarrow Q$

P	Q	P↔Q
V	V	V
V	F	F
F	V	F
F	F	V

| Representado por meio de conjuntos, temos: $P \leftrightarrow Q$

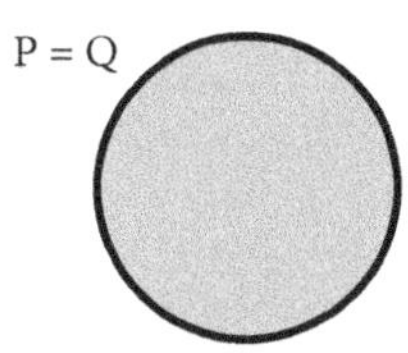

Proposição composta	Verdadeira quando:	Falsa quando:
$P \wedge Q$	P e Q são verdadeiras	Pelo menos uma falsa
$P \vee Q$	Pelo menos uma verdadeira	P e Q são falsas
$P \underline{\vee} Q$	P e Q têm valores diferentes	P e Q têm valores iguais
$P \to Q$	P = verdadeiro, Q = verdadeiro ou P = falso	P = verdadeiro e Q = falso
$P \leftrightarrow Q$	P e Q têm valores iguais	P e Q têm valores diferentes

1.3 Tautologias, contradições e contingências

- **Tautologia:** proposição composta que é **sempre verdadeira,** independente dos valores lógicos das proposições simples que a compõem.

  | $(P \wedge Q) \to (P \vee Q)$

P	Q	P∧Q	P∨Q	(P∧Q)→(P∨Q)
V	V	V	V	V
V	F	F	V	V
F	V	F	V	V
F	F	F	F	V

- **Contradição:** proposição composta que é **sempre falsa,** independente dos valores lógicos das proposições simples que a compõem.

  | $\sim(P \vee Q) \wedge P$

P	Q	P∨Q	~(P∨Q)	~(P∨Q)∧P
V	V	V	F	F
V	F	V	F	F
F	V	V	F	F
F	F	F	V	F

- **Contingência:** ocorre quando não é tautologia nem contradição.

  | $\sim(P \underline{\vee} Q) \leftrightarrow P$

P	Q	P⊻Q	~(P⊻Q)	~(P⊻Q)↔P
V	V	F	V	V
V	F	V	F	F
F	V	V	F	V
F	F	F	V	F

1.4 Equivalências lógicas

Duas ou mais proposições compostas são equivalentes, quando são formadas pelas mesmas proposições simples, e suas tabelas verdades (resultado) são iguais.

Fique Ligado
Atente-se para o princípio da equivalência. A tabela verdade está aí só para demonstrar a igualdade.

Seguem algumas demonstrações importantes:

- **$P \wedge Q = Q \wedge P$:** trocar as proposições de lugar – chamada de **recíproca.**

P	Q	P∧Q	Q∧P
V	V	V	V
V	F	F	F
F	V	F	F
F	F	F	F

- **$P \vee Q = Q \vee P$:** trocar as proposições de lugar – chamada de **recíproca**.

P	Q	$P \vee Q$	$Q \vee P$
V	V	V	V
V	F	V	V
F	V	V	V
F	F	F	F

$P \veebar Q = Q \veebar P$: trocar as proposições de lugar – chamada de **recíproca**.

$P \veebar Q = \sim P \veebar \sim Q$: negar as proposições – chamada de **contrária**.

$P \veebar Q = \sim Q \veebar \sim P$: trocar as proposições de lugar e negar – chamada de **contrapositiva.**

$P \veebar Q = (P \wedge \sim Q) \vee (\sim P \wedge Q)$: observe a seguir a exclusividade dessa disjunção.

P	Q	~P	~Q	$P \wedge \sim Q$	$\sim P \wedge Q$	$P \veebar Q$	$Q \veebar P$	$\sim P \veebar \sim Q$	$\sim Q \veebar \sim P$	$(P \wedge \sim Q) \vee (\sim P \wedge Q)$
V	V	F	F	F	F	F	F	F	F	F
V	F	F	V	V	F	V	V	V	V	V
F	V	V	F	F	V	V	V	V	V	V
F	F	V	V	F	F	F	F	F	F	F

$P \leftrightarrow Q = Q \leftrightarrow P$: trocar as proposições de lugar – chamada de **recíproca**.

$P \leftrightarrow Q = \sim P \leftrightarrow \sim Q$: negar as proposições – chamada de **contrária.**

$P \leftrightarrow Q = \sim Q \leftrightarrow \sim P$: trocar as proposições de lugar e negar – chamada de **contrapostiva.**

$P \leftrightarrow Q = (P \rightarrow Q) \wedge (Q \rightarrow P)$: observe a seguir a condicional para os dois lados, ou seja, bicondicional.

P	Q	~P	~Q	$P \rightarrow Q$	$Q \rightarrow P$	$P \leftrightarrow Q$	$Q \leftrightarrow P$	$\sim P \leftrightarrow \sim Q$	$\sim Q \leftrightarrow \sim P$	$(P \rightarrow Q) \wedge (Q \rightarrow P)$
V	V	F	F	V	V	V	V	V	V	V
V	F	F	V	F	V	F	F	F	F	F
F	V	V	F	V	F	F	F	F	F	F
F	F	V	V	V	V	V	V	V	V	V

Fique Ligado
A disjunção exclusiva e o bicondicional são as proposições com o maior número de equivalências.

$P \rightarrow Q = \sim Q \rightarrow \sim P$: trocar as proposições de lugar e negar – chamada de **contrapositiva**.

$P \rightarrow Q = \sim P \vee Q$: negar o antecedente ou manter o consequente.

P	Q	~P	~Q	$P \rightarrow Q$	$\sim Q \rightarrow \sim P$	$\sim P \vee Q$
V	V	F	F	V	V	V
V	F	F	V	F	F	F
F	V	V	F	V	V	V
F	F	V	V	V	V	V

Equivalências importantes e mais cobradas em concursos.

1.4.1 Negação de proposição composta

São também equivalências lógicas. Veja

▷ **$\sim(P \wedge Q) = \sim P \vee \sim Q$** (Leis de Morgan)

Para negar a conjunção, troca-se o conectivo **e** ($\wedge$) por **ou** ($\vee$) e nega-se as proposições que a compõem.

P	Q	~P	~Q	$P \wedge Q$	$\sim(P \wedge Q)$	$\sim P \vee \sim Q$
V	V	F	F	V	F	F
V	F	F	V	F	V	V
F	V	V	F	F	V	V
F	F	V	V	F	V	V

▷ **$\sim(P \vee Q) = \sim P \wedge \sim Q$** (Leis de Morgan)

Para negar a disjunção, troca-se o conectivo **ou** ($\vee$) por **e** ($\wedge$) e negam-se as proposições simples que a compõem.

P	Q	~P	~Q	$P \vee Q$	$\sim(P \veebar Q)$	$\sim P \wedge \sim Q$
V	V	F	F	V	F	F
V	F	F	V	V	F	F
F	V	V	F	V	F	F
F	F	V	V	F	V	V

▷ **$\sim(P \rightarrow Q) = P \wedge \sim Q$**

Para negar o condicional, mantém-se o antecedente e nega-se o consequente.

P	Q	~Q	$P \rightarrow Q$	$\sim(P \rightarrow Q)$	$P \wedge \sim Q$
V	V	F	V	F	F
V	F	V	F	V	V
F	V	F	V	F	F
F	F	V	V	F	F

▷ **$\sim(P \veebar Q) = P \leftrightarrow Q$**

Para negar a disjunção exclusiva, faz-se o bicondicional ou nega-se a disjunção exclusiva com a própria disjunção exclusiva, mas negando apenas uma das proposições que a compõe.

P	Q	$P \veebar Q$	$\sim(P \veebar Q)$	$P \leftrightarrow Q$
V	V	F	V	V
V	F	V	F	F
F	V	V	F	F
F	F	F	V	V

▷ **$\sim(P \leftrightarrow Q) = (P \veebar Q)$**

Para negar a bicondicional, faz-se a disjunção exclusiva ou nega-se o bicondicional com o próprio bicondicional, mas negando apenas uma das proposições que a compõe.

P	Q	$P \leftrightarrow Q$	$\sim(P \leftrightarrow Q)$	$P \veebar Q$
V	V	V	F	F
V	F	F	V	V
F	V	F	V	V
F	F	V	F	F

1.5 Relação entre todo, algum e nenhum

Têm algumas relações entre si, conhecidas como **quantificadores lógicos.** Veja:

"Todo A é B" equivale a **"nenhum A não é B"**, vice-versa.

| "todo amigo é bom = nenhum amigo não é bom."

"Nenhum A é B" equivale a **"todo A não é B"**, vice-versa.

| "nenhum aluno é burro = todo aluno não é burro."

"Todo A é B" tem como negação **"algum A não é B",** vice-versa.

| ~(todo estudante tem insônia) = algum estudante não tem insônia.

"Nenhum A é B" tem como negação **"algum A é B",** vice-versa.

| ~(algum sonho é impossível) = nenhum sonho é impossível.

Representado em forma de conjuntos:

TODO A é B:

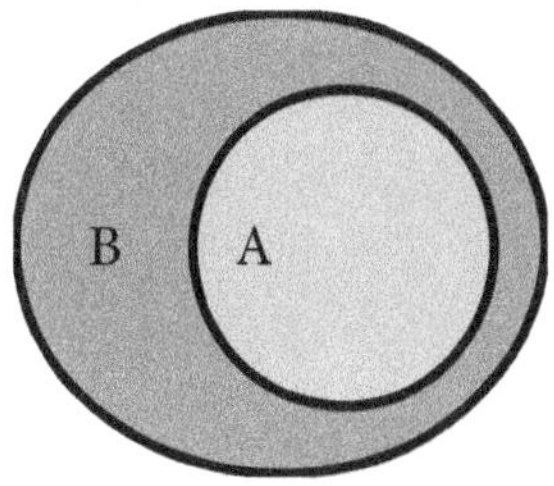

ALGUM A é B:

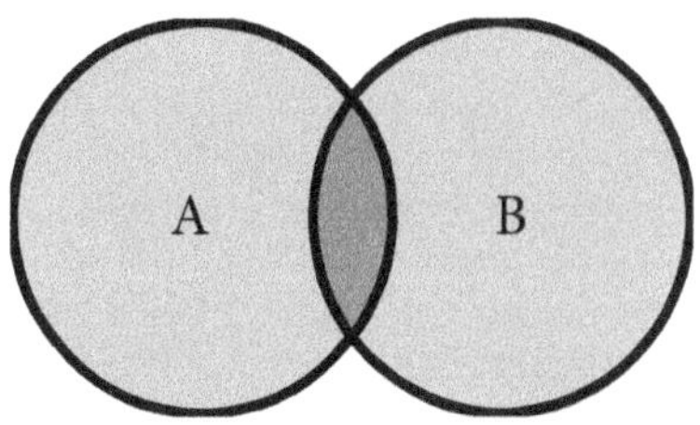

NENHUM A é B:

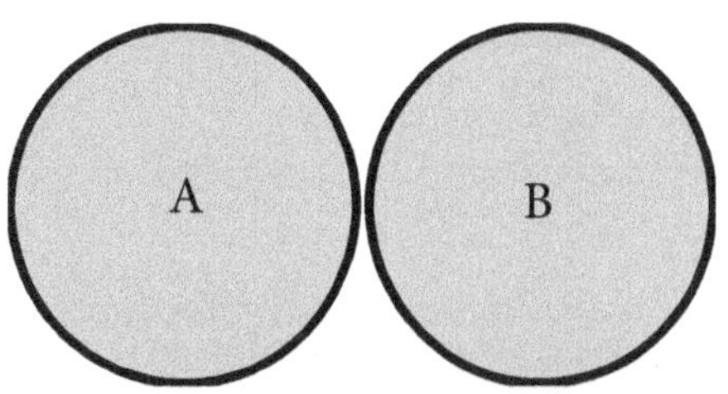

Relação de Equivalência	Relação de Negação
Todo A é B = Nenhum A não é B. *Todo diretor é bom ator. = Nenhum diretor é mau ator.*	Todo A é B = Algum A não é B. *Todo policial é honesto. = Algum policial não é honesto.*
Nenhum A é B = Todo A não é B. *Nenhuma mulher é legal. = Toda mulher não é legal.*	Nenhum A é B = Algum A é B. *Nenhuma ave é mamífera. = Alguma ave é mamífera.*

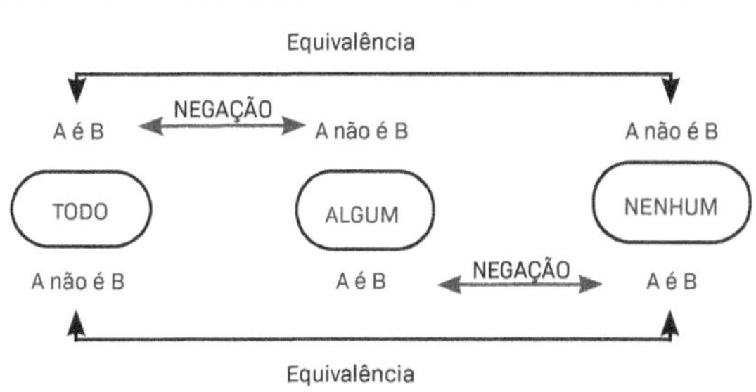

2 ARGUMENTOS

Os argumentos são uma extensão das proposições, mas com algumas características e regras próprias. Veja:

2.1 Definições

Argumento é um conjunto de proposições, divididas em premissas (proposições iniciais – hipóteses) e conclusões (proposições finais – teses).

> p_1: Toda mulher é bonita.
> p_2: Toda bonita é charmosa.
> p_3: Maria é bonita.
> c: Portanto, Maria é charmosa.
> p_1: Se é homem, então gosta de futebol.
> p_2: Mano gosta de futebol.
> c: Logo, Mano é homem.

p1, p2, p3, pn, correspondem às premissas, e c à conclusão.

2.1.1 Representação dos argumentos

Os argumentos podem ser representados das seguintes formas:

$$\begin{array}{c} P_1 \\ P_2 \\ P_3 \\ \dots \\ \underline{P_n} \\ C \end{array}$$

ou

$$P_1 \wedge P_2 \wedge P_3 \wedge \dots \wedge P_n \rightarrow C$$

ou

$$P_1, P_2, P_3, \dots, Pn \vdash C$$

2.1.2 Tipos de argumentos

A seguir, conheça os tipos de argumentos.

Dedução

O argumento dedutivo é aquele que procede de proposições gerais para as proposições particulares. Esta forma de argumento é válida quando suas premissas, sendo verdadeiras, fornecem uma conclusão também verdadeira.

> p_1: Todo professor é aluno.
> p_2: Daniel é professor.
> c: Logo, Daniel é aluno.

Indução

O argumento indutivo é o contrário do argumento dedutivo, procede de proposições particulares para proposições gerais. Quanto mais informações nas premissas, maior chance da conclusão estar correta.

> p_1: Cerveja embriaga.
> p_2: Uísque embriaga.
> p_3: Vodca embriaga.
> c: Portanto, toda bebida alcoólica embriaga.

Analogia

As analogias são comparações (nem sempre verdadeiras). Neste caso, procede de uma proposição conhecida para outra desconhecida, mas semelhante. Na analogia, não temos certeza.

> p_1: No Piauí faz calor.
> p_2: No Ceará faz calor.
> p_3: No Paraná faz calor.
> c: Sendo assim, no Brasil faz calor.

Falácia

As falácias são falsos argumentos, logicamente inconsistentes, inválidos ou que não provam o que dizem.

> p_1: Eu passei num concurso público.
> p_2: Você passou num concurso público.
> c: Logo, todos passaram num concurso público.

Silogismos

Tipo de argumento formado por três proposições, sendo duas premissas e uma conclusão. São em sua maioria dedutivos.

> p_1: Todo estudioso passará no concurso.
> p_2: Beatriz é estudiosa.
> c: Portanto, Beatriz passará no concurso.

2.1.3 Classificação dos argumentos

Os argumentos só podem ser classificados como válidos ou inválidos:

Válidos ou bem construídos

Os argumentos são válidos quando as premissas garantirem a conclusão, ou seja, quando a conclusão for uma consequência obrigatória do seu conjunto de premissas.

> p_1: Toda mulher é bonita.
> p_2: Toda bonita é charmosa.
> p_3: Maria é mulher.
> c: Portanto, Maria é bonita e charmosa.

Se Maria é mulher, toda mulher é bonita e toda bonita é charmosa, conclui-se que Maria só pode ser bonita e charmosa.

Inválidos ou mal construídos

Os argumentos são inválidos quando as premissas **não** garantem a conclusão, ou seja, quando a conclusão **não** for uma consequência obrigatória do seu conjunto de premissas.

> p_1: Todo professor é aluno.
> p_2: Daniel é aluno.
> c: Logo, Daniel é professor.

Se Daniel é aluno, nada garante que ele seja professor, pois o que sabemos é que todo professor é aluno, não o contrário.

Alguns argumentos serão classificados apenas por meio desse conceito (da GARANTIA).

2.2 Métodos para classificar os argumentos

Os argumentos nem sempre podem ser classificados da mesma forma, por isso existem os métodos para sua classificação. Veja:

- **1º método:** diagramas lógicos (ou método dos conjuntos).

Utilizado sempre que houver as expressões **todo**, **algum** ou **nenhum** e seus respectivos sinônimos.

Fique ligado

Esse método é muito utilizado pelas bancas de concursos e tende a confundir o concurseiro, principalmente nas questões em que temos mais de uma opção de diagrama para o mesmo enunciado. Lembre-se que quando isso ocorrer, a questão só estará correta se a conclusão estiver presente em todas as representações e se todos os diagramas corresponderem à mesma condição.

Representaremos o que for dito em forma de conjuntos e verificaremos se a conclusão está correta (presente nas representações).

As representações genéricas são:

TODO A é B:

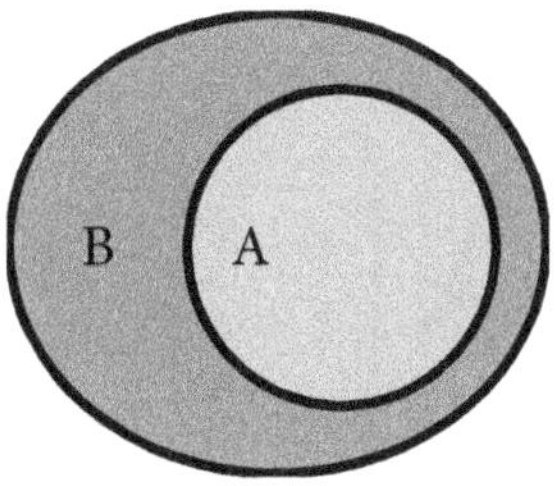

ALGUM A é B:

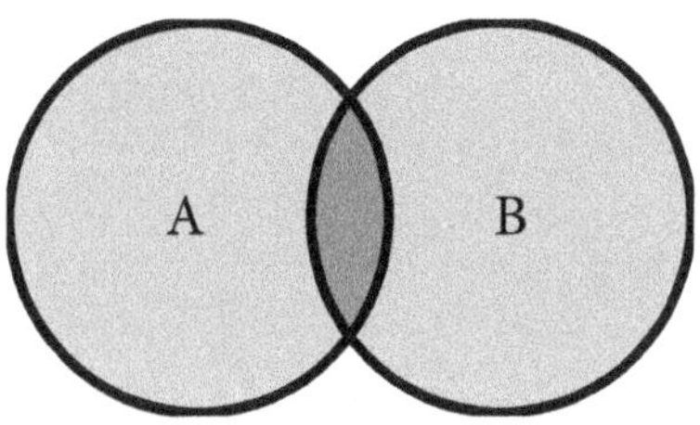

NENHUM A é B:

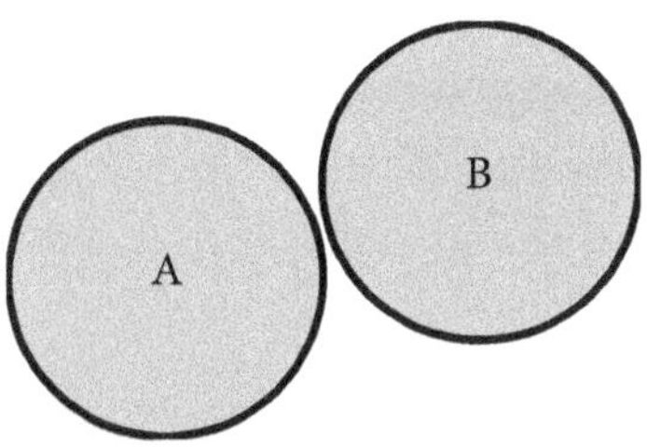

▹ **2º método:** premissas verdadeiras (proposição simples ou conjunção).

Utilizado sempre que não for possível os diagramas lógicos e se houver proposição simples ou conjunção.

A proposição simples ou a conjunção serão os pontos de partida da resolução, já que consideraremos todas as premissas verdadeiras e elas só admitem uma maneira de serem verdadeiras.

O método considera todas as premissas como verdadeiras, dá valor às proposições simples que as compõem e, no final, avalia a conclusão. Se a conclusão for verdadeira o argumento é válido, porém se a conclusão for falsa o argumento é inválido.

Premissas verdadeiras e conclusão verdadeira = argumento válido.

Premissas verdadeiras e conclusão falsa = argumento inválido.

▹ **3º método:** conclusão falsa (proposição simples, disjunção ou condicional).

Utilizado sempre que não for possível um dos dois métodos citados anteriormente e se na conclusão houver proposição simples, disjunção ou condicional.

A proposição simples, a disjunção ou o condicional serão os pontos de partida da resolução, já que consideraremos a conclusão como sendo falsa e elas só admitem um jeito de serem falsas.

O método considera a conclusão como falsa, dá valor às proposições simples que as compõem, pressupondo as premissas como verdadeiras e atribui valor às proposições simples das premissas. Se a conclusão for falsa e as premissas verdadeiras, o argumento será inválido; porém se uma das premissas mudar de valor, então o argumento passa a ser válido.

Conclusão falsa e premissas verdadeiras = argumento inválido.

Conclusão falsa e pelo menos uma premissa falsa = argumento válido.

Para o 2º método e o 3º método, podemos definir a validade dos argumentos da seguinte forma:

Premissas	Conclusão	Argumento
Verdadeiras	Verdadeira	Válido
Verdadeiras	Falsa	Inválido
Pelo menos uma falsa	Falsa	Válido

▹ **4º método:** tabela verdade.

Utilizado em último caso, quando não for possível usar qualquer um dos anteriores.

Depende da quantidade de proposições simples que tiver o argumento, esse método fica inviável, pois temos que desenhar a tabela verdade. No entanto, esse método é um dos mais garantidos nas resoluções das questões de argumentos.

Consiste em desenhar a tabela verdade do argumento em questão e avaliar se as linhas em que as premissas forem todas verdadeiras – ao mesmo tempo – a conclusão também será toda verdadeira. Caso isso ocorra, o argumento será válido, porém se uma das linhas em que as premissas forem todas verdadeiras e a conclusão for falsa, o argumento será inválido.

Linhas da tabela verdade em que as premissas são todas verdadeiras e a conclusão, for verdadeira = argumento válido.

Linhas da tabela verdade em que as premissas são todas verdadeiras e pelo menos uma conclusão for falsa = argumento inválido.

3 PSICOTÉCNICOS

Questões psicotécnicas são as que não precisamos de conhecimento adicional para resolvê-las. As questões podem ser de associações lógicas, verdades e mentiras, sequências lógicas, problemas com datas – calendários, sudoku, entre outras.

Abordar-se-á, agora, as questões mais simples do raciocínio lógico para uma melhor familiarização.

Não existe teoria, somente prática e é com ela que vamos trabalhar e aprender.

01. (FCC) Considere que os dois primeiros pares de palavras foram escritos segundo determinado critério.

Temperamento → totem

Traficante → tetra

Massificar → ?

De acordo com esse mesmo critério, uma palavra que substituiria o ponto de interrogação é:

a) ramas.
b) maras.
c) armas.
d) samar.
e) asmar.

Resposta: C.

Ao analisar os dois primeiros pares de palavras, observamos que a segunda palavra de cada par é formada pela última sílaba + a primeira sílaba da primeira palavra do par, logo, teremos AR + MAS = armas.

02. (FCC) Observe atentamente a disposição das cartas em cada linha do esquema seguinte. A carta que está oculta é:

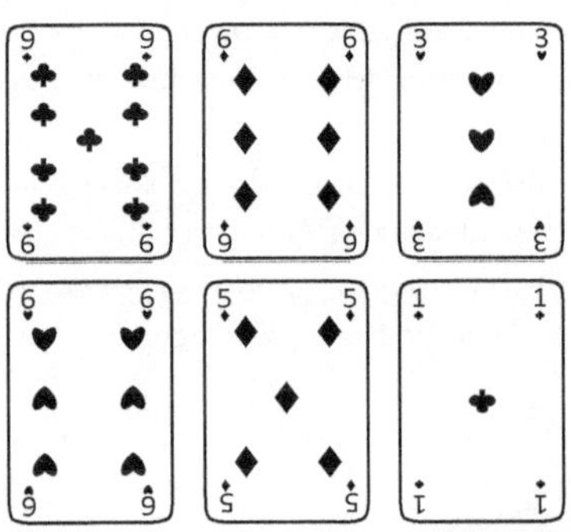

a) 

b) 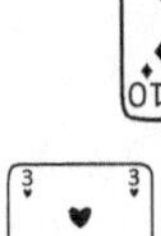

c) 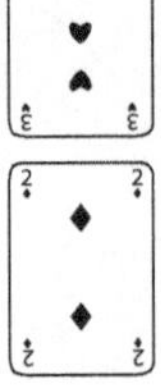

d) 

e) 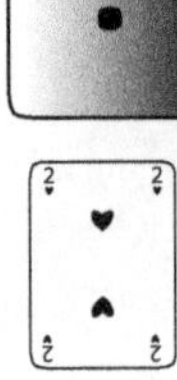

Resposta: A.

Ao observar cada linha (horizontal), temos nas duas primeiras três naipes iguais (copas, paus e ouros, só mudando a ordem). A terceira carta é o resultado da subtração da primeira pela segunda; portanto, a carta que está oculta tem que ser o 3 de copas, pois 10 – 7 = 3 e o naipe que não apareceu na terceira linha foi o de copas.

03. (FCC) Considere a sequência de figuras abaixo. A figura que substitui corretamente a interrogação é:

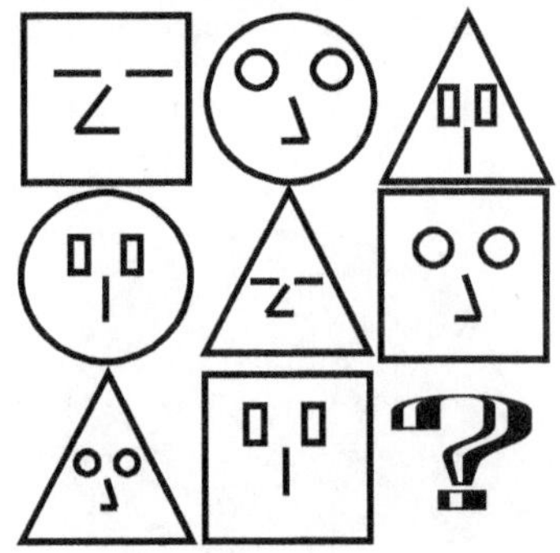

a) 

b) 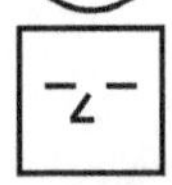

c) 

d) 

e) 

Resposta: A.

Observe que em cada fila (linha ou coluna) temos um círculo, um triângulo e um quadrado, fazendo o contorno da careta. Os olhos são círculos, quadrados ou tiras; o nariz é reto, para direita ou para esquerda; sendo assim, no ponto de interrogação o que está faltando é a carta redonda com os olhos em tiras e o nariz para a esquerda.

04. (FGV) Certo dia, três amigos fizeram, cada um deles, uma afirmação:

Aluísio: Hoje não é terça-feira.

Benedito: Ontem foi domingo.

Camilo: Amanhã será quarta-feira.

Sabe-se que um deles mentiu e que os outros dois falaram a verdade. Assinale a alternativa que indique corretamente o dia em que eles fizeram essas afirmações.

a) Sábado.
b) Domingo.
c) Segunda-feira.
d) Terça-feira.
e) Quarta-feira.

Resposta: C.

Com base no que foi dito na questão, Benedito e Camilo não podem estar falando a verdade, pois teríamos dois dias diferentes. Conclui-se que Aluísio e Benedito falaram a verdade, e que Camilo está mentindo. Logo, o dia em que foi feita a afirmação é uma segunda-feira.

05. (FUMARC) Heloísa, Bernardo e Antônio são três crianças. Uma delas tem 12 anos a outra tem 10 anos e a outra 8 anos. Sabe-se que apenas uma das seguintes afirmações é verdadeira:

I. Bernardo tem 10 anos.
II. Heloísa não tem 10 anos.
III. Antônio não tem 12 anos.

Considerando estas informações é correto afirmar que:

a) Heloísa tem 12 anos, Bernardo tem 10 anos e Antônio tem 8 anos.
b) Heloísa tem 12 anos, Bernardo tem 8 anos e Antônio tem 10 anos.
c) Heloísa tem 10 anos, Bernardo tem 8 anos e Antônio tem 12 anos.
d) Heloísa tem 10 anos, Bernardo tem 12 anos e Antônio tem 8 anos.

Resposta: D.

Como a questão informa que só uma afirmação é verdadeira, vejamos: se **I** for a verdadeira, teremos Bernardo e Heloísa, com 10 anos, o que pelo enunciado não é possível; se **II** for a verdadeira, teremos Bernardo e Heloísa com 8 anos, o que também não é possível; se **III** for a verdadeira, teremos Heloísa com 10 anos, Bernardo com 12 anos e Antônio com 8 anos.

06. (FCC) Na sentença seguinte falta a última palavra. Você deve escolher a alternativa que apresenta a palavra que MELHOR completa a sentença.

Devemos saber empregar nosso tempo vago; podemos, assim, desenvolver hábitos agradáveis e evitar os perigos da:

a) Desdita.
b) Pobreza.
c) Ociosidade.
d) Bebida.
e) Doença.

Resposta: C.

Qual dessas alternativas tem a palavra que mais se relaciona com tempo vago? A palavra é OCIOSIDADE.

No livro *Alice no País dos Enigmas*, o professor de matemática e lógica Raymond Smullyan apresenta vários desafios ao raciocínio lógico que têm como objetivo distinguir entre verdadeiro e falso. Considere o seguinte desafio inspirado nos enigmas de Smullyan.

Duas pessoas carregam fichas nas cores branca e preta. Quando a primeira pessoa carrega a ficha branca, ela fala somente a verdade, mas, quando carrega a ficha preta, ela fala somente mentiras. Por outro lado, quando a segunda pessoa carrega a ficha branca, ela fala somente mentira, mas, quando carrega a ficha preta, fala somente verdades.

Com base no texto acima, julgue o item a seguir.

07. (CESPE) Se a primeira pessoa diz "Nossas fichas não são da mesma cor" e a segunda pessoa diz "Nossas fichas são da mesma cor", então, pode-se concluir que a segunda pessoa está dizendo a verdade.

Certo ( ) Errado ( )

Resposta: Certo.

Ao analisar, a seguir, linha por linha da tabela, encontramos contradições nas três primeiras linhas, ficando somente a quarta linha como certa, o que garante que a segunda pessoa está falando a verdade.

1ª pessoa: Nossas fichas não são da mesma cor	2ª pessoa: Nossas fichas são da mesma cor
Ficha branca (verdade)	Ficha branca (mentira)
Ficha branca (verdade)	Ficha preta (verdade)
Ficha preta (mentira)	Ficha branca (mentira)
Ficha preta (mentira)	Ficha preta (verdade)

Uma proposição é uma afirmação que pode ser julgada como verdadeira (V) ou falsa (F), mas não como ambas. As proposições são usualmente simbolizadas por letras maiúsculas do alfabeto, como, por exemplo, P, Q, R etc. Se a conexão de duas proposições é feita pela preposição "e", simbolizada usualmente por $\wedge$, então obtém-se a forma $P \wedge Q$, lida como "P e Q" e avaliada como V se P e Q forem V, caso contrário, é F. Se a conexão for feita pela preposição "ou", simbolizada usualmente por $\vee$, então obtém-se a forma $P \vee Q$, lida como "P ou Q" e avaliada como F se P e Q forem F, caso contrário, é V. A negação de uma proposição é simbolizada por $\neg P$, e avaliada como V, se P for F, e como F, se P for V.

Um argumento é uma sequência de proposições P1 , P2 , ..., Pn , chamadas premissas, e uma proposição Q, chamada conclusão. Um argumento é válido, se Q é V sempre que P1, P2, ..., Pn forem V, caso contrário, não é argumento válido.

A partir desses conceitos, julgue o próximo item.

08. (CESPE) O quadro abaixo pode ser completamente preenchido com algarismos de 1 a 6, de modo que cada linha e cada coluna tenham sempre algarismos diferentes.

Certo ( ) Errado ( )

1				3	2
		5	6		1
	1	6		5	
5	4			2	
	3	2	4		
4			2		3

Resposta: Certo.

Vamos preencher o quadro, de acordo com o que foi pedido:

1	6	4	5	3	2
3	2	5	6	4	1
2	1	6	3	5	4
5	4	3	1	2	6
6	3	2	4	1	5
4	5	1	2	6	3

R
L
M

4 CONJUNTOS

4.1 Definição

Os conjuntos numéricos são advindos da necessidade de contar ou quantificar as coisas ou os objetos, adquirindo características próprias que os diferem. Os componentes de um conjunto são chamados de elementos. Costuma-se representar um conjunto nomeando os elementos um a um, colocando-os entre chaves e separando-os por vírgula,o que chamamos de representação por extensão. Para nomear um conjunto, usa-se geralmente uma letra maiúscula.

$A = \{1,2,3,4,5\} \rightarrow$ **conjunto finito**

$B = \{1,2,3,4,5,...\} \rightarrow$ **conjunto infinito**

Ao montar o conjunto das vogais do alfabeto, os **elementos** serão a, e, i, o, u.

A nomenclatura dos conjuntos é formada pelas letras maiúsculas do alfabeto.

Conjunto dos estados da região Sul do Brasil:
A = {Paraná, Santa Catarina, Rio Grande do Sul}.

4.1.1 Representação dos conjuntos

Os conjuntos podem ser representados em **chaves** ou em **diagramas**.

Fique ligado

Quando é dada uma característica dos elementos de um conjunto, diz-se que ele está representado por compreensão.

A = {x | x é um múltiplo de dois maior que zero}

▹ **Representação em chaves**

Conjunto dos estados brasileiros que fazem fronteira com o Paraguai:
B = {Paraná, Mato Grosso do Sul}.

▹ **Representação em diagramas**

Conjunto das cores da bandeira do Brasil:

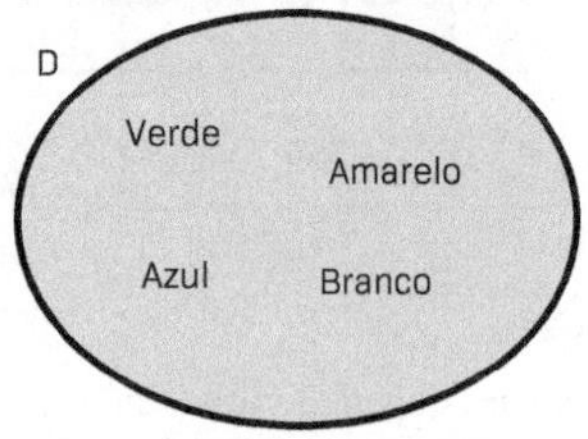

4.1.2 Elementos e relação de pertinência

Quando um elemento está em um conjunto, dizemos que ele pertence a esse conjunto. A relação de pertinência é representada pelo símbolo ∈ (pertence).

Conjunto dos algarismos pares: **G** = {2, 4, 6, 8, 0}.
Observe que:
$4 \in G$
$7 \notin G$

4.1.3 Conjuntos unitário, vazio e universo

Conjunto unitário: possui um só elemento.

Conjunto da capital do Brasil: K = {Brasília}

Conjunto vazio: simbolizado por Ø ou {}, é o conjunto que não possui elemento.

Conjunto dos estados brasileiros que fazem fronteira com o Chile:
M = Ø.

Conjunto universo: em inúmeras situações é importante estabelecer o conjunto U ao qual pertencem os elementos de todos os conjuntos considerados. Esse conjunto é chamado de conjunto universo. Assim:

- Quando se estuda as letras, o conjunto universo das letras é o alfabeto.
- Quando se estuda a população humana, o conjunto universo é constituído de todos os seres humanos.

Para descrever um conjunto A por meio de uma propriedade característica p de seus elementos, deve-se mencionar, de modo explícito ou não, o conjunto universo U no qual se está trabalhando.

$A = \{x \in R \mid x>2\}$, onde $U = R \rightarrow$ forma explícita.
$A = \{x \mid x > 2\} \rightarrow$ forma implícita.

4.2 Subconjuntos

Diz-se que B é um subconjunto de A se todos os elementos de B pertencem a A.

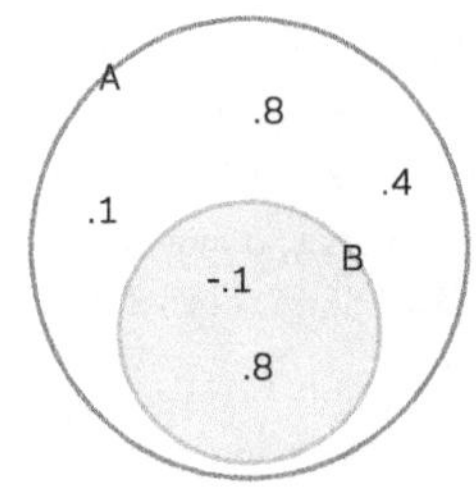

Deve-se notar que A = {-1, 0, 1, 4, 8} e B = {-1, 8}, ou seja, todos os elementos de B também são elementos do conjunto **A.**

- Os símbolos ⊂ (contido), ⊃ (contém), ⊄ (não está contido) e ⊅ (não contém) são utilizados para relacionar conjuntos.

  Nesse caso, diz-se que B está contido em A ou B é subconjunto de A ($B \subset A$). Pode-se dizer também que A contém B ($A \supset B$).

Observações:

- Se $A \subset B$ e $B \subset A$, então A = B.
- Para todo conjunto A, tem-se $A \subset A$.
- Para todo conjunto A, tem-se $\varnothing \subset A$, onde Ø representa o conjunto vazio.
- Todo conjunto é subconjunto de si próprio ($D \subset D$).
- O conjunto vazio é subconjunto de qualquer conjunto ($\varnothing \subset D$).
- Se um conjunto A possui p elementos, então ele possui 2p subconjuntos.
- O conjunto formado por todos os subconjuntos de um conjunto A, é denominado conjunto das partes de A. Assim, se A = {4, 7}, o conjunto das partes de A, é dado por {Ø, {4}, {7}, {4, 7}}.

4.3 Operações com conjuntos

União de conjuntos: a união de dois conjuntos quaisquer será representada por $A \cup B$ e terá os elementos que pertencem a A ou a B, ou seja, todos os elementos.

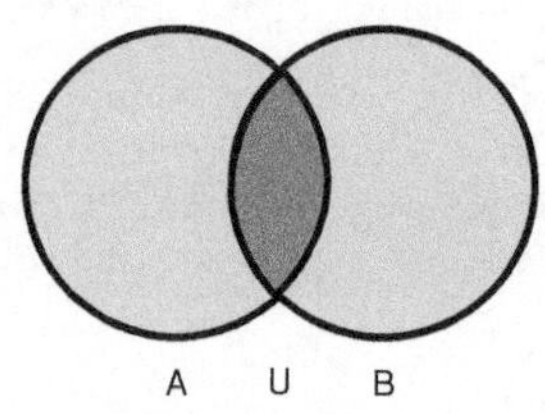

Interseção de conjuntos: a interseção de dois conjuntos quaisquer será representada por $A \cap B$. Os elementos que fazem parte do conjunto interseção são os elementos comuns aos dois conjuntos.

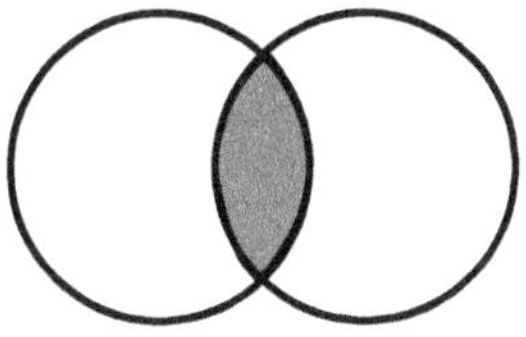

A ∩ B

Conjuntos disjuntos: se dois conjuntos não possuem elementos em comum, diz-se que eles são disjuntos. Simbolicamente, escreve-se $A \cap B = \varnothing$. Nesse caso, a união dos conjuntos A e B é denominada união disjunta. O número de elementos $A \cap B$ nesse caso é igual a zero.

$$n(A \cap B) = 0$$

Seja $A = \{1, 2, 3, 4, 5\}$, $B = \{1, 5, 6, 3\}$, $C = \{2, 4, 7, 8, 9\}$ e $D = \{10, 20\}$. Tem-se:
$A \cup B = \{1, 2, 3, 4, 5, 6\}$
$B \cup A = \{1, 2, 3, 4, 5, 6\}$
$A \cap B = \{1, 3, 5\}$
$B \cap A = \{1, 3, 5\}$
$A \cup B \cup C = \{1, 2, 3, 4, 5, 6, 7, 8, 9\}$ e
$A \cap D = \varnothing$
É possível notar que A, B e C são todos disjuntos com D, mas A, B e C não são dois a dois disjuntos.

Diferença de conjuntos: a diferença de dois conjuntos quaisquer será representada por A – B e terá os elementos que pertencem somente a A, mas não pertencem a B, ou seja, que são exclusivos de A.

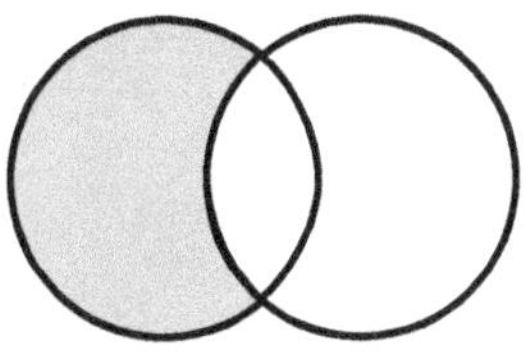

A - B

Complementar de um conjunto: se A está contido no conjunto universo U, o complementar de A é a diferença entre o conjunto universo e o conjunto A, será representado por CU(A) = U - A e terá todos os elementos que pertencem ao conjunto universo, menos os que pertencem ao conjunto A.

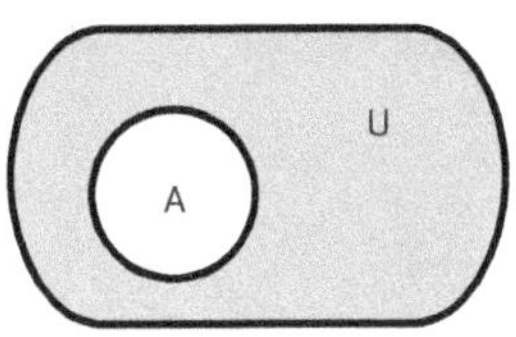

$C_p(A)$

DIREITO CONSTITUCIONAL

1 PRINCÍPIOS FUNDAMENTAIS

Os Princípios fundamentais, também chamados de Princípios constitucionais, formam a **base de toda a organização do Estado Brasileiro**. Como bem citado por José Afonso da Silva, na obra *Curso de Direito Constitucional Positivo*, "os Princípios Fundamentais visam essencialmente definir e caracterizar a coletividade política e o Estado e enumerar as principais opções político-constitucionais".

Exatamente em razão de sua importância, a Constituição Federal os colocou logo no início, pois eles são a base de todo o texto. O que se segue a partir desses princípios é mero desdobramento de seu conteúdo.

Quem se prepara para concurso público deve saber que, quando esse tema é abordado, costuma-se trabalhar questões com o conteúdo previsto nos arts. 1º ao 4º do texto constitucional. Geralmente, aparece apenas texto constitucional puro, mas, dependendo do concurso, as bancas costumam cobrar questões doutrinárias mais difíceis.

Quais princípios serão abordados?

- Princípio da tripartição dos poderes;
- Princípio federativo;
- Princípio republicano;
- Presidencialismo;
- Princípio democrático;
- Fundamentos da República Federativa do Brasil;
- Objetivos fundamentais da República Federativa do Brasil;
- Princípios que regem as relações internacionais do Brasil.

1.1 Princípio da tripartição dos poderes

Esse princípio, também chamado de princípio da separação dos poderes, originou-se, historicamente, numa tentativa de limitar os poderes do Estado. Alguns filósofos perceberam que, se o poder do Estado estivesse dividido entre três entidades diferentes, seria possível que a sociedade exercesse um maior controle de sua utilização.

Na verdade, a divisão não é do poder estatal, haja vista ser ele uno, indivisível e indelegável, mas apenas uma divisão das suas funções. Nos dizeres de José Afonso da Silva, na obra *Curso de Direito Constitucional Positivo*:

> O poder político, uno, indivisível e indelegável, se desdobra e se compõe de várias funções, fato que permite falar em distinções das funções, que fundamentalmente são três: a legislativa, a executiva e a jurisdicional.

A previsão constitucional desse princípio encontra-se no art. 2º, que diz:

> ***Art. 2º*** *São Poderes da União, independentes e harmônicos entre si, o Legislativo, o Executivo e o Judiciário.*

Esses são os três poderes, cada qual responsável pelo desenvolvimento de uma função principal do Estado:

- **Poder Executivo:** função principal (típica) de administrar o Estado.
- **Poder Legislativo:** função principal (típica) de legislar e fiscalizar as contas públicas.
- **Poder Judiciário:** função principal (típica) jurisdicional.

Além da sua própria função, a Constituição criou uma sistemática que permite a cada um dos poderes o exercício da função do outro poder. Essa função acessória chamamos de **função atípica:**

- **Poder Executivo:** função atípica de legislar e julgar.
- **Poder Legislativo:** função atípica de administrar e julgar.
- **Poder Judiciário:** função atípica de administrar e legislar.

Dessa forma, pode-se dizer que além da própria função, cada poder exerce de forma acessória a função do outro poder.

Uma pergunta sempre surge na cabeça dos candidatos: qual dos três poderes é mais importante?

A única resposta possível é a inexistência de poder mais importante. Cada poder possui sua própria função de forma que não se pode afirmar que exista hierarquia entre os poderes do Estado.

Eles são independentes e harmônicos entre si, e para se garantir essa harmonia, a doutrina norte-americana desenvolveu um sistema que mantém a igualdade entre os poderes: **sistema de freios e contrapesos** *(checks and balances)*.

O sistema de freios e contrapesos adotado pela nossa Constituição, revela-se nas inúmeras medidas previstas no texto constitucional que condicionam a competência de um poder à apreciação de outro poder de forma a garantir o equilíbrio entre os três poderes. A seguir estão alguns exemplos delas:

- **Necessidade de sanção do chefe do Poder Executivo** para que um projeto de lei aprovado pelo Poder Legislativo possa entrar em vigor.
- **Processo do chefe do Poder Executivo** por crime de responsabilidade a ser realizado no Senado Federal, cuja sessão de julgamento é presidida pelo presidente do STF.
- **Necessidade de apreciação** pelo Poder Legislativo das Medidas Provisórias editadas pelo chefe do Poder Executivo.
- **Nomeação dos ministros** do STF é feita pelo Presidente da República depois de aprovada pelo Senado Federal.

Em todas as hipóteses acima apresentadas, faz-se necessária a participação de mais de um Poder para a consecução de um ato administrativo. Isso cria uma verdadeira relação de interdependência entre os poderes, o que garante o equilíbrio entre eles.

Por último, não se pode esquecer que a separação dos poderes é uma das cláusulas pétreas por força do art. 60, § 4º, inciso III, da Constituição Federal.

Significa dizer que a separação dos poderes não pode ser abolida do texto constitucional por meio de emenda:

> ***Art. 60*** *[...]*
> *§ 4º Não será objeto de deliberação a proposta de emenda tendente a abolir: [...]*
> *III – A separação dos Poderes.*

1.2 Princípio federativo

Esse princípio apresenta a forma de Estado adotada no Brasil: federação. A forma de Estado reflete o modo de exercício do poder político em função do território. É uma forma composta ou complexa, visto que prevalece a pluralidade de poderes políticos internos. Está baseada na descentralização política do Estado, cuja representação se dá por meio de quatro entes federativos:

- **União;**
- **Estados;**
- **Distrito Federal;**
- **Municípios.**

Cada ente federativo possui sua **própria autonomia política**, o que **não** pode ser confundido com o atributo da soberania, pertencente ao Estado Federal.

A autonomia de cada ente confere-lhe a capacidade política de, inclusive, criar sua própria Constituição. Apesar de cada ente federativo possuir essa independência, não se pode esquecer que a existência do pacto federativo pressupõe a existência de uma Constituição Federal e da impossibilidade de separação (princípio da indissolubilidade do vínculo federativo). Havendo quebra do pacto federativo, a Constituição Federal prevê como instrumento de manutenção da forma de Estado a chamada Intervenção Federal, a qual será estudada em momento oportuno.

Não existe hierarquia entre os entes federativos. O que os distingue é a competência que cada um recebeu da Constituição Federal. Deve-se ressaltar que os estados e o Distrito Federal possuem direito de participação na formação da vontade nacional ao possuírem representantes no Senado Federal. Os municípios não possuem representantes no Senado Federal. Caracteriza-se, ainda, pela existência de um guardião da Constituição Federal, o Supremo Tribunal Federal (STF). A doutrina tem apontado para algumas características da forma federativa brasileira:

- **Tricotômica:** a Federação é constituída em três níveis: federal, estadual e municipal. O Distrito Federal não é considerado nessa classificação, haja vista possuir competência híbrida, ou seja, ora age como estado ora como município.
- **Centrífuga:** essa característica reflete a formação da federação brasileira. É a formação "de dentro para fora". A força de criação do estado federal brasileiro surgiu a partir de um Estado Unitário para a criação de um estado federado, ou seja, o poder centralizado que se torna descentralizado. O poder político era concentrado nas mãos de um só ente e, depois, passa a fazer parte de vários entes federativos.
- **Por desagregação:** ocorre quando um estado unitário resolve se descentralizar politicamente, desagregando o poder central em favor de vários entes titulares de poder político.

Como última observação, não menos importante, a **forma federativa de Estado** também é uma **cláusula pétrea.**

Depois de estudar os princípios da tripartição dos poderes e o poder federativo, passa-se a ver como eles estão estruturados dentro da República Federativa do Brasil. Uma informação importante antes disso: a autonomia política existente em cada ente federativo pode ser percebida por meio de existência dos poderes em cada um.

- União
  - Poder Executivo – Presidente da República.
  - Poder Legislativo – Congresso Nacional.
  - Poder Judiciário – STF e demais órgãos judiciais federais.
- Estados
  - Poder Executivo – Governador.
  - Poder Legislativo – Assembleia Legislativa.
  - Poder Judiciário – Tribunal de Justiça.
- Municípios
  - Poder Executivo – Prefeito.
  - Poder Legislativo – Câmara de Vereadores.
  - Poder Judiciário – Não existe.
- Distrito Federal
  - Poder Executivo – Governador.
  - Poder Legislativo – Câmara Legislativa.
  - Poder Judiciário – Tribunal de Justiça.

1.3 Princípio republicano

O princípio republicano representa a **forma de governo** adotada no Brasil. A forma de governo reflete o modo de aquisição e exercício do poder político, além de medir a relação existente entre o governante e o governado.

A melhor forma de entender esse instituto é conhecendo suas características. A primeira característica decorre da análise etimológica da expressão *res publica*. Essa expressão, que dá origem ao princípio ora estudado, significa coisa pública, ou seja, em um Estado republicano, o governante cuida da coisa pública, governa para o povo.

Outra característica importante é a temporariedade. Esse atributo revela o caráter temporário do exercício do poder político. Por causa desse princípio, em nosso Estado, o governante permanece no poder por tempo determinado.

Em uma República, o governante é escolhido pelo povo. Essa é a chamada eletividade. O poder político é adquirido pelas eleições, sendo que a vontade popular se concretiza nas urnas.

Por fim, em um Estado republicano, o governante pode ser responsabilizado por seus atos.

A forma de governo republicana se contrapõe à monarquia, cujas características são opostas às estudadas aqui.

É importante destacar que o princípio republicano não é uma cláusula pétrea, pois esse princípio não se encontra listado no rol das cláusulas pétreas do art. 60, § 4º, da Constituição Federal. Apesar disso, a Constituição o considerou como princípio sensível. Princípios sensíveis são aqueles que, se tocados, ensejarão a chamada Intervenção Federal, conforme previsto no art. 34, inciso VII, da Constituição Federal de 1988:

> ***Art. 34*** *A União não intervirá nos Estados nem no Distrito Federal, exceto para: [...]*
> *VII – assegurar a observância dos seguintes princípios constitucionais:*
> *a) forma republicana, sistema representativo e regime democrático.*

1.4 Presidencialismo

O Presidencialismo é o sistema de governo adotado no Brasil. O sistema de governo rege a relação entre o Poder Executivo e o Legislativo medindo o grau de dependência entre eles. No presidencialismo, prevalece a separação entre os Poderes Executivo e Legislativo, os quais são independentes e harmônicos entre si.

A Constituição Federal de 1988 declara, em seu art. 76, que:

> *O Poder Executivo é exercido pelo Presidente da República, auxiliado pelos Ministros de Estado.*

O Presidencialismo possui uma característica muito importante, que é a concentração das funções executivas em uma só pessoa, o Presidente, o qual é eleito pelo povo, e exerce ao mesmo tempo três funções: chefe de Estado, chefe de governo, e chefe da Administração Pública.

A função de chefe de Estado diz respeito a todas as atribuições do presidente nas relações externas do País. Como chefe de governo, o presidente possui inúmeras atribuições internas no que tange à governabilidade do país. Já como chefe da Administração Pública, o presidente exercerá as funções relacionadas com a chefia da Administração Pública federal.

1.5 Regime democrático

Este princípio revela o regime de governo adotado no Brasil. Caracteriza-se pela existência do Estado Democrático de Direito e pela preservação da dignidade da pessoa humana.

A democracia significa o governo do povo, pelo povo e para o povo. É a chamada soberania popular. Sua fundamentação constitucional encontra-se no art. 1º da CF/1988/1988:

> ***Art. 1º** [...]*
>
> ***Parágrafo único.** Todo o poder emana do povo, que o exerce por meio de representantes eleitos ou diretamente, nos termos desta Constituição.*

Esse princípio também é conhecido como princípio sensível e, no Brasil, caracteriza-se por seu exercício se dar de forma direta e indireta. Por esse motivo, a democracia brasileira é conhecida como semidireta ou participativa. Esse tema, porém, será abordado na seção sobre **Direitos Políticos**.

- Forma de Estado → Federativa
- Forma de Governo → Republicana
- Sistema de Estado → Presidencialista
- Regime de Estado → Democrático

1.6 Fundamentos da República Federativa do Brasil

Entre os Princípios Constitucionais mais importantes, destacam-se os Fundamentos da República Federativa do Brasil, os quais estão elencados no art. 1º da Constituição Federal de 1988:

> ***Art. 1º** A República Federativa do Brasil, formada pela união indissolúvel dos Estados e Municípios e do Distrito Federal, constitui-se em Estado Democrático de Direito e tem como fundamentos:*
>
> *I – A soberania;*
>
> *II – A cidadania;*
>
> *III – A dignidade da pessoa humana;*
>
> *IV – Os valores sociais do trabalho e da livre iniciativa;*
>
> *V – O pluralismo político.*

- **Soberania:** é um fundamento que possui estreita relação com o Poder do Estado. É a capacidade que o Estado tem de impor sua vontade. Esse princípio possui uma dupla acepção: soberania interna e externa.
- **A soberania interna** é a capacidade de impor o poder estatal no âmbito interno, perante os administrados, sem se sujeitar a qualquer outro poder.
- **A soberania externa** é percebida pelo reconhecimento dos outros Estados soberanos de que o Estado Brasileiro possui sua própria autonomia no âmbito internacional.
- **Cidadania:** como princípio revela a condição jurídica de quem é titular de direitos políticos. Ela permite ao indivíduo que possui vínculo jurídico com o Estado participar de suas decisões e escolher seus representantes. O exercício da cidadania guarda estreita relação com a democracia, pois essa autoriza a participação popular na formação da vontade estatal.
- **Dignidade da pessoa humana:** é considerada o princípio com maior hierarquia axiológica da Constituição. Sua importância se traduz na medida em que deve ser assegurada, primordialmente, pelo Estado, mas também deve ser observada nas relações particulares. Como fundamento, embasa toda a gama de direitos fundamentais, os quais estão ligados em sua origem a esse princípio. A dignidade da pessoa humana representa o núcleo mínimo de direitos e garantias que devem ser assegurados aos seres humanos.
- **Valor social do trabalho e da livre iniciativa:** revela a adoção de uma economia capitalista ao mesmo tempo em que elege o trabalho como elemento responsável pela valorização social. Ao mesmo tempo em que a Constituição garante uma liberdade econômica, protege o trabalho como elemento relacionado à dignidade do indivíduo como membro da sociedade.
- **Pluralismo político:** ao contrário do que parece, não está relacionado apenas com a pluralidade de partidos políticos, devendo ser entendido sob um sentido mais amplo, pois revela uma sociedade em que pluralidade de ideias se torna um ideal a ser preservado. Liberdades, como de expressão, religiosa ou política estão entre as formas de manifestação desse princípio.

1.7 Objetivos fundamentais da República Federativa do Brasil

Outro grupo de princípios constitucionais que costuma ser cobrado em prova é o dos objetivos da República Federativa do Brasil, os quais estão previstos em um rol exemplificativo no art. 3º da Constituição Federal de 1988:

> ***Art. 3º** Constituem objetivos fundamentais da República Federativa do Brasil:*
>
> *I – Construir uma sociedade livre, justa e solidária;*
>
> *II – Garantir o desenvolvimento nacional;*
>
> *III – Erradicar a pobreza e a marginalização e reduzir as desigualdades sociais e regionais;*
>
> *IV – Promover o bem de todos, sem preconceitos de origem, raça, sexo, cor, idade e quaisquer outras formas de discriminação.*

Os objetivos são verdadeiras metas a serem perseguidas pelo Estado com o fim de garantir os ditames constitucionais. Deve-se ter muita atenção em relação a esses dispositivos, pois eles costumam ser cobrados em prova fazendo-se alterações dos termos constitucionais.

Outra característica que distingue os fundamentos dos objetivos é o fato de os fundamentos serem nominados com substantivos ao passo que os objetivos se iniciam com verbos. Essa diferença pode ajudar a perceber qual a resposta correta na prova.

1.8 Princípios que regem as relações internacionais do Brasil

Têm-se os princípios que regem as relações internacionais, os quais estão previstos no art. 4º da Constituição Federal de 1988:

> ***Art. 4º** A República Federativa do Brasil rege-se nas suas relações internacionais pelos seguintes princípios:*
>
> *I – Independência nacional;*
>
> *II – Prevalência dos direitos humanos;*
>
> *III – Autodeterminação dos povos;*
>
> *IV – Não intervenção;*
>
> *V – Igualdade entre os Estados;*
>
> *VI – Defesa da paz;*
>
> *VII – Solução pacífica dos conflitos;*
>
> *VIII – Repúdio ao terrorismo e ao racismo;*
>
> *IX – Cooperação entre os povos para o progresso da humanidade;*
>
> *X – Concessão de asilo político.*
>
> ***Parágrafo único.** A República Federativa do Brasil buscará a integração econômica, política, social e cultural dos povos da América Latina, visando à formação de uma comunidade latino-americana de nações.*

Esses princípios revelam características muito interessantes do Brasil, ressaltando sua soberania e independência em relação aos outros Estados do mundo.

- **Independência nacional:** destaca, no âmbito da soberania externa, a relação do país com os demais estados, uma relação de igualdade, sem estar subjugado a outro Estado.
- **Prevalência dos direitos humanos:** vai ao encontro do fundamento da dignidade da pessoa humana, característica muito importante que se revela por meio do grande rol de direitos e garantias fundamentais previstos na Constituição Federal.

- **Autodeterminação dos povos:** por esse princípio, respeitam-se as decisões e escolhas de cada povo. Entende-se que cada povo é capaz de escolher o seu próprio caminho político e de resolver suas crises internas sem necessidade de intervenção externa de outros países.
- **Não intervenção:** no mesmo sentido de preservação e respeito à soberania dos demais Estados.
- **Igualdade entre os Estados:** sendo que cada país é reconhecido como titular de soberania na mesma proporção que os demais, sem hierarquia entre eles.
- **Defesa da paz:** princípio fundamental que funciona como bandeira defendida pelo Brasil em suas relações internacionais.
- **Solução pacífica dos conflitos:** revela o lado conciliador do governo brasileiro, que por vezes intermedeia relações conturbadas entre outros chefes de estado.
- **Repúdio ao terrorismo e ao racismo:** é princípio decorrente da dignidade da pessoa humana; terrorismo e racismo são tomados como inaceitáveis em sociedades modernas.
- **Cooperação entre os povos para o progresso da humanidade:** envolvimento em pesquisas científicas para cura de doenças, bem como na defesa e preservação do meio ambiente, entre outros.
- **Concessão de asilo político:** como princípio constitucional, fundamenta a decisão brasileira de amparar estrangeiros que estejam sendo perseguidos em seus países por questões políticas ou de opinião.

Destaca-se, entre os princípios que regem as relações internacionais, um mandamento para que a República Federativa do Brasil busque a integração econômica, política, social e cultural dos povos da América Latina, visando à formação de uma comunidade latino-americana de nações. Repare que o texto constitucional mencionou América Latina, não América do Sul. Parece não haver muita diferença, mas esse tema já foi cobrado em prova e a troca dos termos é considerada errada.

2 DIREITOS FUNDAMENTAIS - REGRAS GERAIS

2.1 Conceito

Os direitos e garantias fundamentais são institutos jurídicos que foram criados no decorrer do desenvolvimento da humanidade e se constituem de normas protetivas que formam um núcleo mínimo de prerrogativas inerentes à condição humana.

2.1.1 Amplitude horizontal e amplitude vertical

Possuem como objetivo principal a proteção do indivíduo diante do poder do Estado. Mas não só do Estado. Os direitos e garantias fundamentais também constituem normas de proteção do indivíduo em relação aos outros indivíduos da sociedade.

E é exatamente nesse ponto que surgem os conceitos de **amplitude vertical e amplitude horizontal.**

- **Amplitude vertical:** é o efeito protetor que as normas definidoras de direitos e garantias fundamentais produzem para um indivíduo diante do Estado.
- **Amplitude horizontal:** é o efeito protetor que as normas definidoras de direitos e garantias fundamentais produzem para um indivíduo diante dos outros indivíduos.

2.2 Classificação

A Constituição Federal, quando se refere aos direitos fundamentais, classifica-os em cinco grupos:

- Direitos e deveres individuais e coletivos;
- Direitos sociais;
- Direitos de nacionalidade;
- Direitos políticos;
- Partidos políticos.

Essa classificação encontra-se distribuída entre os arts. 5º e 17 do texto constitucional e é normalmente chamada pela doutrina de Conceito Formal dos Direitos Fundamentais. O Conceito Formal é o que a Constituição Federal resolveu classificar como sendo Direito Fundamental. É o rol de direitos fundamentais previstos expressamente no texto constitucional.

Costuma-se perguntar nas provas: "O rol de direitos fundamentais é um rol exaustivo? Ou melhor, taxativo?" O que se quer saber é se o rol de direitos fundamentais é só aquele que está expresso na Constituição ou não.

Responde-se a essa questão com o § 2º do art. 5º, que diz:

> *§ 2º Os direitos e garantias expressos nesta Constituição não excluem outros decorrentes do regime e dos princípios por ela adotados, ou dos tratados internacionais em que a República Federativa do Brasil seja parte.*

Isso significa que o rol não é taxativo, mas exemplificativo. A doutrina costuma chamar esse parágrafo de cláusula de abertura material, que é exatamente a possibilidade de existirem outros direitos fundamentais, ainda que fora do texto constitucional. Esse seria o conceito material dos direitos fundamentais, ou seja, todos os direitos fundamentais que possuem a essência fundamental, ainda que não estejam expressos no texto constitucional.

2.3 Características

O elemento jurídico acima abordado, além de explicar a possibilidade de se inserirem novos direitos fundamentais no rol dos que já existem expressamente na Constituição Federal, também constitui uma das características que serão abordadas a seguir:

- **Historicidade:** essa característica revela que os direitos fundamentais são frutos da evolução histórica da humanidade. Significa que eles evoluem com o passar do tempo.
- **Inalienabilidade:** os direitos fundamentais não podem ser alienados, não podem ser negociados, não podem ser transigidos.
- **Irrenunciabilidade:** os direitos fundamentais não podem ser renunciados.
- **Imprescritibilidade:** os direitos fundamentais não se sujeitam aos prazos prescricionais. Não se perde um direito fundamental pelo decorrer do tempo.
- **Universalidade:** os direitos fundamentais pertencem a todas as pessoas, independentemente da sua condição.
- **Máxima Efetividade:** essa característica é mais uma imposição ao Estado, que está coagido a garantir a máxima efetividade dos direitos fundamentais. Esses direitos não podem ser ofertados de qualquer forma. É necessário que eles sejam garantidos da melhor forma possível.
- **Concorrência:** os direitos fundamentais podem ser utilizados em conjunto com outros direitos. Não é necessário abandonar um para usufruir outro direito.
- **Complementariedade:** um direito fundamental não pode ser interpretado sozinho. Cada direito deve ser analisado juntamente com outros direitos fundamentais, bem como com outros institutos jurídicos.
- **Proibição do retrocesso:** essa característica proíbe que os direitos já conquistados sejam perdidos.
- **Limitabilidade:** não existe direito fundamental absoluto. São direitos relativos.
- **Não Taxatividade:** essa característica, já tratada anteriormente, diz que o rol de direitos fundamentais é apenas exemplificativo, tendo em vista a possibilidade de inserção de novos direitos.

2.4 Dimensões dos direitos fundamentais

As dimensões, também conhecidas por gerações de direitos fundamentais, são uma classificação adotada pela doutrina que leva em conta a ordem cronológica de reconhecimento desses direitos. São cinco as dimensões atualmente reconhecidas:

- **1ª dimensão:** foram os primeiros direitos conquistados pela humanidade. São direitos relacionados à liberdade, em todas as suas formas. Possuem um caráter negativo diante do Estado, tendo em vista ser utilizado como uma verdadeira limitação ao poder estatal, ou seja, o Estado, diante dos direitos de primeira dimensão, fica impedido de agir ou interferir na sociedade. São verdadeiros direitos de defesa com caráter individual. Estão entre estes direitos as liberdades públicas, civis e políticas.
- **2ª dimensão:** estes direitos surgem na tentativa de reduzirem as desigualdades sociais provocadas pela primeira dimensão. Por isso, são conhecidos como direitos de igualdade. Para reduzir as diferenças sociais, o Estado precisa interferir na sociedade: essa interferência reflete a conduta positiva adotada por meio de prestações sociais. São exemplos de direitos de segunda dimensão: os direitos sociais, econômicos e culturais.
- **3ª dimensão:** aqui estão os conhecidos direitos de fraternidade. São direitos que refletem um sentimento de solidariedade entre os povos na tentativa de preservarem os direitos de toda a coletividade. São de terceira geração o direito ao meio ambiente saudável, o direito ao progresso da humanidade, ao patrimônio comum, entre outros.

D C O N

- **4ª dimensão:** esses direitos ainda não possuem um posicionamento pacífico na doutrina, mas costuma-se dizer que nesta dimensão ocorre a chamada globalização dos direitos fundamentais. São direitos que rompem com as fronteiras entre os Estados. São direitos de todos os seres humanos, independentemente de sua condição, como o direito à democracia, ao pluralismo político. São também considerados direitos de 4ª geração os direitos mais novos, que estão em construção, como o direito genético ou espacial.
- **5ª dimensão:** essa é a mais nova dimensão defendida por alguns doutrinadores. É formado basicamente pelo direito à paz. Esse seria o direito mais almejado pelo homem e que consubstancia a reunião de todos os outros direitos.

Deve-se ressaltar que esses direitos, à medida que foram sendo conquistados, complementavam os direitos anteriores, de forma que não se pode falar em substituição ou superação de uma geração sobre a outra, mas em cumulação, de forma que hoje podemos usufruir de todos os direitos pertencentes a todas as dimensões.

Para não se esquecer das três primeiras dimensões é só lembrar-se do lema da Revolução Francesa: Liberdade (1ª dimensão), Igualdade (2ª dimensão) e Fraternidade (3ª dimensão).

2.5 Titulares dos direitos fundamentais

2.5.1 Quem são os titulares dos direitos fundamentais?

A própria Constituição Federal responde a essa pergunta quando diz no *caput* do art. 5º que são titulares "os brasileiros e estrangeiros residentes no país". Mas será que é necessário residir no país para que o estrangeiro tenha direitos fundamentais?

Imaginemos um avião cheio de alemães que está fazendo uma escala no Aeroporto Municipal de Cascavel-PR.

Nenhum dos alemães reside no país. Seria possível entrar no avião e matar todas aquelas pessoas, haja vista não serem titulares de direitos fundamentais por não residirem no país? É claro que não. Para melhor se compreender o termo "residente", o STF o tem interpretado de forma mais ampla no sentido de abarcar todos aqueles que estão no país. Ou seja, todos os que estão no território brasileiro, independentemente de residirem no país, são titulares de direitos fundamentais.

Mas será que, para ser titular de direitos fundamentais, é necessário ter a condição humana? Ao contrário do que parece, não é necessário. Tem-se reconhecido como titulares de direitos fundamentais as pessoas jurídicas. Ressalta-se que não só as pessoas jurídicas de direito privado, mas também as pessoas jurídicas de direito público.

Os animais não são considerados titulares de direitos fundamentais, mas isso não significa que seja possível maltratá-los. Na prática, a Constituição Federal de 1988 os protege contra situações de maus-tratos. O STF já se pronunciou sobre a "briga de galo" e a "farra do boi", declarando-as inconstitucionais. Quanto à "vaquejada", o Supremo se manifestou acerca da admissibilidade parcial, desde que não figure flagelação do animal. Por fim, o tema de "rodeios" ainda não foi pleiteado. De outro lado, mortos podem ser titulares de direitos fundamentais, desde que o direito seja compatível (por exemplo: honra).

2.6 Cláusulas pétreas fundamentais

O art. 60, § 4º da Constituição Federal de 1988, traz o rol das chamadas **Cláusulas Pétreas:**

> *§ 4º Não será objeto de deliberação a proposta de emenda tendente a abolir:*
>
> *I – A forma federativa de Estado;*
>
> *II – O voto direto, secreto, universal e periódico;*
>
> *III – A separação dos Poderes;*
>
> *IV – Os direitos e garantias individuais.*

As Cláusulas Pétreas são núcleos temáticos formados por institutos jurídicos de grande importância, os quais não podem ser retirados da Constituição. Observe-se que o texto proíbe a abolição desses princípios, mas não impede que eles sejam modificados, no caso, para melhor. Isso já foi cobrado em prova. É importante notar que o texto constitucional prevê no inciso IV como sendo Cláusulas Pétreas apenas os direitos e garantias individuais. Pela literalidade da Constituição, não são todos os direitos fundamentais que são protegidos por esse instituto, mas apenas os de caráter individual. Parte da doutrina e da jurisprudência entende que essa proteção deve ser ampliada, abrangendo os demais direitos fundamentais. Deve-se ter atenção com esse tema em prova, pois já foram cobrados os dois posicionamentos.

2.7 Eficácia dos direitos fundamentais

O § 1º do art. 5º da Constituição Federal de 1988 prevê que:

> *§ 1º As normas definidoras dos direitos e garantias fundamentais têm aplicação imediata.*

Quando a Constituição Federal de 1988 se refere à aplicação de uma norma, na verdade está falando da sua eficácia.

Esse tema é sempre cobrado em provas de concurso. Com o intuito de obter uma melhor compreensão, é necessário conceituar, classificar e diferenciar os vários níveis de eficácia das normas constitucionais.

Para que uma norma constitucional seja aplicada é indispensável que a ela possua eficácia, a qual é a capacidade que uma norma jurídica tem de produzir efeitos.

Se os efeitos produzidos se restringem ao âmbito normativo, tem-se a chamada **eficácia jurídica**, ao passo que, se os efeitos são concretos, reais, tem-se a chamada **eficácia social.** Eficácia jurídica, portanto, é a capacidade que uma norma constitucional tem de revogar todas as outras normas que com ela apresentem divergência. Já a eficácia social, também conhecida como efetividade, é a aplicabilidade na prática, concreta, da norma. Todas as normas constitucionais possuem eficácia jurídica, mas nem todas possuem eficácia social. Logo, é possível afirmar que todas as normas constitucionais possuem eficácia. O problema surge quando uma norma constitucional não pode ser aplicada na prática, ou seja, não possui eficácia social.

Para explicar esse fenômeno, foram desenvolvidas várias classificações acerca do grau de eficácia de uma norma constitucional. A classificação mais adotada pela doutrina e mais cobrada em prova é a adotada pelo professor José Afonso da Silva, na obra *Curso de Direito Constitucional Positivo*. Para esse estudioso, a eficácia social se classifica em:

- **Eficácia plena:** são aquelas **autoaplicáveis.** São normas que possuem aplicabilidade direta, imediata e integral. Seus efeitos práticos são plenos. É uma norma que não depende de complementação legislativa para produzir efeitos. Veja os exemplos: art. 1º; art. 5º, *caput* e incisos XXXV e XXXVI; art. 19; art. 21; art. 53; art. 60, § 1º e 4º; art. 69; art. 128, § 5º, incisos I e II; art. 145, § 2º; entre outros.
- **Eficácia contida:** também são **autoaplicáveis**. Assim como as normas de eficácia plena, elas possuem **aplicabilidade direta e imediata**. Contudo, sua aplicação não é integral. É neste ponto que a eficácia contida se diferencia da eficácia plena. A norma de eficácia contida nasce plena, mas pode ser restringida por outra norma.

- Daí a doutrina chamá-la de norma contível, restringível ou redutível. Essas espécies permitem que outra norma reduza a sua aplicabilidade. São normas que produzem efeitos imediatos, mas esses efeitos podem ser restringidos. Por exemplo: art. 5º, incisos VII, XII, XIII, XV, XXVII e XXXIII; art. 9º; art. 37, inciso I; art. 170, parágrafo único; entre outros.
- **Eficácia limitada:** são desprovidas de eficácia social. Diz-se que as normas de eficácia limitada não são autoaplicáveis, possuem aplicabilidade indireta, mediata e reduzida ou diferida.
- São normas que dependem de outra para produzirem efeitos. O que as difere das normas de eficácia contida é a dependência de outra norma para que produza efeitos sociais. Enquanto as de eficácia contida produzem efeitos imediatos, os quais poderão ser restringidos posteriormente, as de eficácia limitada dependem de outra norma para produzirem efeitos. Deve-se ter cuidado para não pensar que essas espécies normativas não possuem eficácia. Como se afirmou anteriormente, elas possuem eficácia jurídica, mas não possuem eficácia social. As normas de eficácia limitada são classificadas, ainda, em:
- **Normas de eficácia limitada de princípio institutivo:** são aquelas que dependem de outra norma para organizar ou instituir estruturas, entidades ou órgãos. Por exemplo: art. 18, § 2º; art. 22, parágrafo único; art. 25, § 3º; art. 33; art. 88; art. 90, § 2º; art. 102, § 1º; art. 107, § 1º; art. 113; art. 121; art. 125, § 3º; art. 128, § 5º; art. 131; entre outros.
- **Normas de eficácia limitada de princípio programático:** são aquelas que apresentam verdadeiros objetivos a serem perseguidos pelo Estado, programas a serem implementados. Em regra, possuem fins sociais. Por exemplo: art. 7º, incisos XI, XX e XXVII; art. 173, § 4º; arts. 196; 205; 215; 218; 227; entre outros.

O Supremo Tribunal Federal (STF) possui algumas decisões que conferiram o grau de eficácia limitada aos seguintes dispositivos: art. 5º, inciso LI; art. 37, inciso I; art. 37, inciso VII; art. 40, § 4º; art. 18, § 4º.

Feitas as considerações iniciais sobre esse tema, resta saber o que o § 1º do art. 5º da Constituição Federal de 1988 quis dizer com "aplicação imediata". Para traduzir essa expressão, basta analisar a explicação apresentada anteriormente. Segundo a doutrina, as normas que possuem aplicação imediata ou são de eficácia plena ou contida. Ao que parece, o texto constitucional quis restringir a eficácia dos direitos fundamentais em plena ou contida, não existindo, em regra, normas definidoras de direitos fundamentais com eficácia limitada. Entretanto, pelos próprios exemplos aqui apresentados, não é essa a realidade do texto constitucional. Certamente, existem normas de eficácia limitada entre os direitos fundamentais (art. 7º, incisos XI, XX e XXVII). A dúvida que surge então é: como responder na prova?

A doutrina e o STF têm entendido que, apesar do texto expresso na Constituição Federal, existem normas definidoras de direitos fundamentais que não possuem aplicabilidade imediata, as quais são de eficácia limitada. Diante dessa contradição, a doutrina tem orientado no sentido de se conferir a maior eficácia possível aos direitos fundamentais. Em prova, pode ser cobrada tanto uma questão abordando o texto puro da Constituição Federal quanto o posicionamento da doutrina. Deve-se responder conforme for perguntado.

A Constituição previu dois instrumentos para garantir a efetividade das normas de eficácia limitada: **Ação Direta de Inconstitucionalidade por Omissão** e o **Mandado de Injunção.**

2.8 Força normativa dos tratados internacionais

Uma regra muito importante para a prova é a que está prevista no § 3º do art. 5º da Constituição Federal de 1988:

> *§ 3º Os tratados e convenções internacionais sobre direitos humanos que forem aprovados, em cada Casa do Congresso Nacional, em dois turnos, por três quintos dos votos dos respectivos membros, serão equivalentes às emendas constitucionais.*

Esse dispositivo constitucional apresenta a chamada força normativa dos tratados internacionais.

Segundo o texto constitucional, é possível que um tratado internacional possua força normativa de emenda constitucional, desde que preencha os seguintes requisitos:

- Deve falar de direitos humanos;
- Deve ser aprovado nas duas casas legislativas do Congresso Nacional, ou seja, na Câmara dos Deputados e no Senado Federal;
- Deve ser aprovado em dois turnos em cada casa;
- Deve ser aprovado por 3/5 dos membros em cada turno de votação, em cada casa.

Preenchidos esses requisitos, o Tratado Internacional terá força normativa de **Emenda à Constituição.**

Mas surge a seguinte questão: e se o Tratado Internacional for de Direitos Humanos e não preencher os requisitos constitucionais previstos no § 3º do art. 5º da Constituição? Qual será sua força normativa? Segundo o STF, caso o Tratado Internacional fale de direitos humanos, mas não preencha os requisitos do § 3º do art. 5º da CF/1988/1988, ele terá força normativa de **norma supralegal.**

Ainda há os tratados internacionais que não falam de direitos humanos. São tratados que falam de outros temas, por exemplo, o comércio. Esses tratados possuem força normativa de **lei ordinária.**

Em suma, são três as forças normativas dos Tratados Internacionais:

- Emenda à Constituição;
- Norma supralegal;
- Lei ordinária.

2.9 Tribunal Penal Internacional (TPI)

Há outra regra muito interessante prevista no § 4º do art. 5º da Constituição Federal de 1988:

> *§ 4º O Brasil se submete à jurisdição de Tribunal Penal Internacional a cuja criação tenha manifestado adesão.*

É o chamado **Tribunal Penal Internacional.** Mas o que é o Tribunal Penal Internacional? É uma corte permanente, localizada em Haia, na Holanda, com competência de julgamento dos crimes contra a humanidade.

É um Tribunal, pois tem função jurisdicional; é penal porque só julga crimes; é internacional, haja vista sua competência não estar restrita à fronteira de um só Estado.

Mas uma coisa deve ser esclarecida. O TPI não julga qualquer tipo de crime. Só os crimes que tenham repercussão para toda a humanidade. Geralmente, são crimes de guerra, agressão estrangeira, genocídio, dentre outros.

Apesar de ser um tribunal com atribuições jurisdicionais, o TPI não faz parte do Poder Judiciário brasileiro. Sua competência é complementar à jurisdição nacional, não ofendendo, portanto, a soberania do Estado brasileiro. Isso significa que o TPI só age quando a Justiça Brasileira se omite ou é ineficaz.

2.10 Direitos e garantias

Muitos questionam se direitos e garantias são a mesma coisa, mas a melhor doutrina tem diferenciado esses dois institutos.

Os direitos são os próprios direitos previstos na Constituição Federal de 1988. São os bens jurídicos tutelados pela Constituição. Eles representam por si só esses bens.

As garantias são instrumentos de proteção dos direitos. São ferramentas disponibilizadas pela Constituição para a fruição dos direitos.

Apesar da diferença entre os dois institutos é possível afirmar que **toda garantia é um direito.**

3 DIREITOS E DEVERES INDIVIDUAIS E COLETIVOS

A Constituição Federal, ao disciplinar os direitos individuais, os coloca basicamente no art. 5º. Logo no *caput* desse artigo, já aparece uma classificação didática dos direitos ali previstos:

> ***Art. 5º*** *Todos são iguais perante a lei, sem distinção de qualquer natureza, garantindo-se aos brasileiros e aos estrangeiros residentes no País a inviolabilidade do direito à vida, à liberdade, à igualdade, à segurança e à propriedade, nos termos seguintes:*

Para estudarmos os direitos individuais, utilizaremos os cinco grupos de direitos previstos no *caput* do art. 5º:

- **Direito à vida;**
- **Direito à igualdade;**
- **Direito à liberdade;**
- **Direito à propriedade;**
- **Direito à segurança.**

Percebe-se que os 78 incisos do art. 5º, de certa forma, decorrem de um desses direitos que podem ser chamados de **"direitos raízes"**. Utilizando essa divisão, a seguir serão abordados os incisos mais importantes desse artigo, tendo em vista a preparação para a prova. Logicamente, não conseguiremos abordar todos os incisos, o que não tira a responsabilidade de lê-los.

3.1 Direito à vida

Ao falar desse direito, que é considerado pela doutrina como o **direito mais fundamental de todos**, por ser um pressuposto para o exercício dos demais direitos, enfrenta-se um primeiro desafio: esse direito é absoluto?

Assim como os demais direitos, o direito à vida não é absoluto. São várias as justificativas existentes para considerá-lo um direito passível de flexibilização.

3.1.1 Pena de morte

Existe pena de morte no Brasil? A resposta é sim. A alínea "a" do inciso XLVII do art. 5º traz essa previsão expressamente:

> *XLVII – Não haverá penas:*
> *a) de morte, salvo em caso de guerra declarada, nos termos do art. 84, XIX;*

Todas as vezes que a Constituição traz uma negação acompanhada de uma exceção, estamos diante de uma possibilidade.

3.1.2 Aborto

A prática de aborto no Brasil é permitida? O art. 128 do Código Penal Brasileiro apresenta duas possibilidades de prática de aborto que são verdadeiras excludentes de ilicitude:

> ***Art. 128*** *Não se pune o aborto praticado por médico:*
> *Aborto necessário*
> *I – Se não há outro meio de salvar a vida da gestante;*
> *Aborto sentimental*
> *II – Se a gravidez resulta de estupro e o aborto é precedido de consentimento da gestante ou, quando incapaz, de seu representante legal.*

São os **abortos necessário** e **sentimental**. Aborto necessário é aquele praticado para salvar a vida da gestante e o aborto sentimental é utilizado nos casos de estupro. Essas duas exceções à prática do crime de aborto são hipóteses em que se permite a sua prática no direito brasileiro. Além dessas duas hipóteses previstas expressamente na legislação brasileira, o STF também reconhece a possibilidade da prática de aborto do feto anencéfalo (feto sem cérebro). Mais uma vez, o direito à vida encontra-se flexibilizado.

3.1.3 Legítima defesa e estado de necessidade

Esses dois institutos, também excludentes de ilicitude do crime, são outras possibilidades de limitação do direito à vida, conforme disposto no art. 23 do Código Penal Brasileiro:

> ***Art. 23*** *Não há crime quando o agente pratica o fato:*
> *I – Em estado de necessidade;*
> *II – Em legítima defesa;*

Em linhas gerais e de forma exemplificativa, o estado de necessidade permite que, diante de uma situação de perigo, uma pessoa possa, para salvar uma vida, tirar a vida de outra pessoa. Na legítima defesa, caso sua vida seja ameaçada por alguém, existe legitimidade em retirar a vida de quem o ameaçou.

Outro ponto que deve ser ressaltado é que o direito à vida não está subordinado apenas ao fato de se estar vivo. Quando a constituição protege o direito à vida, a faz em suas diversas acepções. Existem dispositivos constitucionais que protegem o direito à vida no que tange a sua preservação da integridade física e moral (art. 5º, incisos III, V, XLVII e XLIX; art. 199, § 4º). A Constituição também protege o direito à vida no que tange à garantia de uma vida com qualidade (arts. 6º; 7º, inciso IV; 196; 205; 215).

3.2 Direito à igualdade

3.2.1 Igualdade formal e igualdade material

Possui como sinônimo o termo Isonomia. A doutrina classifica esse direito em:

- **Igualdade formal:** traduz-se no termo "todos são iguais perante a lei, sem distinção de qualquer natureza". É o previsto no *caput* do art. 5º. É uma igualdade jurídica, que não se preocupa com a realidade, mas apenas evita que alguém seja tratado de forma discriminatória.
- **Igualdade material:** também chamada de igualdade efetiva ou substancial. É a igualdade que se preocupa com a realidade. Traduz-se na seguinte expressão: "tratar os iguais com igualdade e os desiguais com desigualdade, na medida das suas desigualdades". Esse tipo de igualdade confere um tratamento com justiça para aqueles que não a possuem.

A igualdade formal é a regra utilizada pelo Estado para conferir um tratamento isonômico entre as pessoas. Contudo, por diversas vezes, um tratamento igualitário não consegue atender a todas as necessidades práticas. Faz-se necessária a utilização da igualdade em seu aspecto material para que se consiga produzir um verdadeiro tratamento isonômico.

Imaginemos as relações entre homens e mulheres. A regra é que homem e mulher são tratados da mesma forma conforme previsto no inciso I do art. 5º:

> *I – Homens e mulheres são iguais em direitos e obrigações, nos termos desta Constituição;*

Contudo, em diversas situações, homens e mulheres serão tratados de forma diferente:

- **Licença-maternidade:** tem duração de 120 dias para a mulher. Para o homem, apenas 5 dias de licença-paternidade;
- **Aposentadoria:** a mulher se aposenta 5 anos mais cedo que o homem;
- **Serviço militar obrigatório:** só o homem está obrigado.

Essas são algumas das situações em que são permitidos tratamentos desiguais entre as pessoas. As razões que justificam essa discriminação são as diferenças efetivas que existem entre os homens e as mulheres em cada uma das hipóteses. Exemplificando, a mulher tem mais tempo para se recuperar em razão da nítida distinção do desgaste feminino para o masculino no que tange ao parto. É indiscutível que, por mais desgastante que seja o nascimento de um filho para o pai, nada se compara ao sofrimento suportado pela mãe. Por essa razão, a licença-maternidade é maior que a licença-paternidade.

3.2.2 Igualdade nos concursos públicos

O tema diz respeito à igualdade nos concursos públicos. Seria possível restringir o acesso a um cargo público em razão do sexo de uma pessoa? Ou por causa de sua altura? Ou ainda, pela idade que possui?

Essas questões encontram a mesma resposta: sim! É possível, desde que os critérios discriminatórios preencham alguns requisitos:

- **Deve ser fixado em lei:** não basta que os critérios estejam previstos no edital, precisam estar previstos em lei, no seu sentido formal.
- **Deve ser necessário ao exercício do cargo:** o critério discriminatório deve ser necessário ao exercício do cargo. A título de exemplo: seria razoável exigir para um cargo de policial militar, altura mínima ou mesmo, idade máxima, que representam vigor físico, tendo em vista a natureza do cargo que exige tal condição. As mesmas condições não poderiam ser exigidas para um cargo de técnico judiciário, por não serem necessárias ao exercício do cargo.

Em suma, podem ser exigidos critérios discriminatórios desde que previstos em lei e que sejam necessários ao exercício do cargo, observados os critérios de proporcionalidade e razoabilidade.

Esse tema sempre tem sido alvo de questões em prova, principalmente sob o aspecto jurisprudencial.

3.2.3 Ações afirmativas

Como formas de concretização da igualdade material foram desenvolvidas políticas públicas de compensação dirigidas às minorias sociais chamadas de **ações afirmativas ou discriminações positivas**. São verdadeiras ações de cunho social que visam a compensar possíveis perdas que determinados grupos sociais tiveram ao longo da história de suas vidas. Quem nunca ouviu falar nas "quotas para os pobres nas Universidades" ou ainda, "reserva de vagas para deficientes em concursos públicos"? Essas são algumas das espécies de ações afirmativas desenvolvidas no Brasil.

Mas por que reservar vagas para deficientes em concursos públicos? O deficiente, qualquer que seja sua deficiência, quando se prepara para um concurso público possui muito mais dificuldade que uma pessoa que tem a plenitude de seu vigor físico. Em razão dessa diferença, o Estado, na tentativa de reduzir a desigualdade existente entre os concorrentes, resolveu compensar a limitação de um portador de necessidades especiais reservando-lhe vagas especiais.

Perceba que, ao contrário do que parece, quando se reservam vagas num concurso público para deficientes estamos diante de um nítido tratamento discriminatório, que nesse caso é justificável pelas diferenças naturais entre o concorrente sadio e o concorrente deficiente. Lembre-se de que igualdade material é tratar iguais com igualdade e desiguais com desigualdade. O que se faz por meio dessas políticas de compensação é tratar os desiguais com desigualdade, na medida de suas desigualdades. Só dessa forma é possível alcançar um verdadeiro tratamento isonômico entre os candidatos.

Por fim, destaca-se o fato de o STF ter declarado constitucional a política de cotas étnico-raciais para seleção de estudantes em universidades públicas pacificando uma discussão antiga sobre esse tipo de ação afirmativa.

3.3 Direito à liberdade

O direito à liberdade pertence à primeira geração de direitos fundamentais por expressarem os direitos mais ansiados pelos indivíduos como forma de defesa diante do Estado. O que se verá a seguir são algumas das acepções desse direito que podem ser cobradas em prova.

3.3.1 Liberdade de ação

O inciso II do art. 5º apresenta aquilo que a doutrina chama de liberdade de ação:

> *II – Ninguém será obrigado a fazer ou deixar de fazer alguma coisa senão em virtude de lei;*

Essa é a liberdade por excelência. Segundo o texto constitucional, a liberdade só pode ser restringida por lei. Por isso, dizemos que esse inciso também apresenta o **princípio da legalidade.**

A liberdade pode ser entendida de duas formas, a depender do destinatário da mensagem:

- **Para o particular:** liberdade significa "fazer tudo que não for proibido".
- **Para o agente público:** liberdade significa "poder fazer tudo o que for determinado ou permitido pela lei".

3.3.2 Liberdade de locomoção

Uma das liberdades mais almejadas pelos indivíduos durante as lutas sociais é o grande carro-chefe na limitação dos poderes do Estado. O inciso XV do art. 5º já diz:

> *XV – É livre a locomoção no território nacional em tempo de paz, podendo qualquer pessoa, nos termos da lei, nele entrar, permanecer ou dele sair com seus bens;*

Perceba-se que o direito explanado nesse inciso não possui caráter absoluto, haja vista ter sido garantido em tempo de paz. Isso significa que em momentos sem paz seriam possíveis restrições às liberdades de locomoção. Destaca-se o Estado de Sítio que pode ser decretado nos casos previstos no art. 137 da Constituição Federal de 1988. Nessas circunstâncias, seriam possíveis maiores restrições à chamada liberdade de locomoção por meio de medidas autorizadas pela própria Constituição Federal:

> ***Art. 137** O Presidente da República pode, ouvidos o Conselho da República e o Conselho de Defesa Nacional, solicitar ao Congresso Nacional autorização para decretar o estado de sítio nos casos de:*
>
> *I – Comoção grave de repercussão nacional ou ocorrência de fatos que comprovem a ineficácia de medida tomada durante o estado de defesa;*
>
> *II – Declaração de estado de guerra ou resposta a agressão armada estrangeira.*
>
> ***Art. 139** Na vigência do estado de sítio decretado com fundamento no art. 137, I, só poderão ser tomadas contra as pessoas as seguintes medidas:*
>
> *I – Obrigação de permanência em localidade determinada;*
>
> *II – Detenção em edifício não destinado a acusados ou condenados por crimes comuns;*

Outro ponto interessante refere-se à possibilidade de qualquer pessoa entrar, permanecer ou sair do país com seus bens. Esse direito também não pode ser encarado de forma absoluta, haja vista a possibilidade de se exigir declaração de bens ou pagamento de imposto quando da entrada no país com bens. Nesse caso, liberdade de locomoção não se confunde com imunidade tributária.

Caso a liberdade de locomoção seja restringida por ilegalidade ou abuso de poder, a Constituição reservou um poderoso instrumento garantidor, o chamado *Habeas corpus*.

> ***Art. 5º** [...]*
>
> *LXVIII – conceder-se-á "Habeas corpus" sempre que alguém sofrer ou se achar ameaçado de sofrer violência ou coação em sua liberdade de locomoção, por ilegalidade ou abuso de poder;*

3.3.3 Liberdade de pensamento

Essa liberdade serve de amparo para uma série de possibilidades no que tange ao pensamento. Assim como os demais direitos fundamentais, a manifestação do pensamento não possui caráter absoluto, sendo restringido pela própria Constituição Federal, que proíbe seu exercício de forma anônima:

> ***Art. 5º** [...]*
>
> *IV – É livre a manifestação do pensamento, sendo vedado o anonimato;*

A vedação ao anonimato, além de ser uma garantia ao exercício da manifestação do pensamento, possibilita o exercício do direito de resposta caso alguém seja ofendido.

Sobre Denúncia Anônima, é importante fazer uma observação. Diante da vedação constitucional ao anonimato, poder-se-ia imaginar que essa ferramenta de combate ao crime fosse considerada inconstitucional. Contudo, não tem sido esse o entendimento do STF. A denúncia anônima pode até ser utilizada como ferramenta de comunicação do crime, mas não pode servir como amparo para a instauração do Inquérito Policial, muito menos como fundamento para condenação de quem quer que seja.

3.3.4 Liberdade de consciência e crença religiosa

Uma primeira pergunta deve ser feita acerca da liberdade religiosa em nosso país: qual a religião oficial do Brasil? A única resposta possível: é nenhuma. A liberdade religiosa do Estado brasileiro é incompatível com a existência de uma religião oficial. É o que apresenta o inciso VI do art. 5º:

> *VI – É inviolável a liberdade de consciência e de crença, sendo assegurado o livre exercício dos cultos religiosos e garantida, na forma da lei, a proteção aos locais de culto e a suas liturgias;*

Esse inciso marca a liberdade religiosa existente no Brasil. Por esse motivo, dizemos que o Brasil é um Estado laico, leigo ou não confessional. Isso significa, basicamente, que no Brasil existe uma relação de separação entre Estado e Igreja. Essa relação entre o Estado e a Igreja encontra, inclusive, vedação expressa no texto constitucional:

> ***Art. 19** É vedado à União, aos Estados, ao Distrito Federal e aos Municípios:*
>
> *I – Estabelecer cultos religiosos ou igrejas, subvencioná-los, embaraçar-lhes o funcionamento ou manter com eles ou seus representantes relações de dependência ou aliança, ressalvada, na forma da lei, a colaboração de interesse público;*

Por causa da liberdade religiosa, é possível exercer qualquer tipo de crença no país. É possível ser católico, protestante, mulçumano, ateu ou satanista. Isso é liberdade de crença ou consciência. Liberdade de crer ou não crer. Perceba que o inciso VI, além de proteger as crenças e cultos, também protege as suas liturgias. Apesar do amparo constitucional, não se pode utilizar esse direito para praticar atos contrários às demais normas do direito brasileiro como, por exemplo, sacrificar seres humanos como forma de prestar culto a determinada divindade. Isso a liberdade religiosa não ampara.

Outro dispositivo importante é o previsto no inciso VII:

> ***Art. 5º** [...]*
>
> *VII – É assegurada, nos termos da lei, a prestação de assistência religiosa nas entidades civis e militares de internação coletiva;*

Nesse inciso, a Constituição Federal de 1988 garantiu a assistência religiosa nas entidades de internação coletivas, sejam elas civis ou militares. Entidades de internação coletivas são quartéis, hospitais ou hospícios. Em razão dessa garantia constitucional, é comum encontrarmos nesses estabelecimentos capelas para que o direito seja exercido.

Apesar da importância dos dispositivos analisados anteriormente, nenhum é mais cobrado em prova que o inciso VIII:

> ***Art. 5º** [...]*
>
> *VIII – Ninguém será privado de direitos por motivo de crença religiosa ou de convicção filosófica ou política, salvo se as invocar para eximir-se de obrigação legal a todos imposta e recusar-se a cumprir prestação alternativa, fixada em lei;*

Estamos diante do instituto da Escusa de Consciência. Esse direito permite a qualquer pessoa que, em razão de sua crença ou consciência, deixe de cumprir uma obrigação imposta sem que com isso sofra alguma consequência em seus direitos. Tal permissivo constitucional encontra uma limitação prevista expressamente no texto em análise. No caso de uma obrigação imposta a todos, se o indivíduo se recusar ao seu cumprimento, ser-lhe-á oferecida uma prestação alternativa. Não a cumprindo também, a Constituição permite que direitos sejam restringidos. O art. 15 prescreve que os direitos restringidos serão os direitos políticos:

> ***Art. 15** É vedada a cassação de direitos políticos, cuja perda ou suspensão só se dará nos casos de: [...]*
>
> *IV – Recusa de cumprir obrigação a todos imposta ou prestação alternativa, nos termos do art. 5º, VIII;*

3.3.5 Liberdade de reunião

Acerca dessa liberdade, é importante ressaltar as condições estabelecidas pelo texto constitucional:

> ***Art. 5º** [...]*
>
> *XVI – Todos podem reunir-se pacificamente, sem armas, em locais abertos ao público, independentemente de autorização, desde que não frustrem outra reunião anteriormente convocada para o mesmo local, sendo apenas exigido prévio aviso à autoridade competente;*

Enumerando-as, de forma a facilitar o estudo, tem-se que as condições estabelecidas para o exercício do direito à reunião são:

- **Reunião pacífica:** não se legitima uma reunião que tenha fins não pacíficos.
- **Sem armas:** para evitar a violência ou coação por meio de armas.
- **Locais abertos ao público:** encontra-se subentendida a reunião em local fechado.
- **Independente de autorização:** não precisa de autorização.
- **Necessidade de prévio aviso.**
- **Não frustrar outra reunião convocada anteriormente para o mesmo local:** garantia de isonomia no exercício do direito prevalecendo o de quem exerceu primeiro.

Sobre o exercício da liberdade de reunião é importante saber que ele não depende de autorização, mas necessita de prévio aviso.

Outro ponto que já foi alvo de questão de prova é a possibilidade de restrição desse direito no Estado de Sítio e no Estado de Defesa. O problema está na distinção entre as limitações que podem ser adotadas em cada uma das medidas:

> ***Art. 136** [...]*
>
> *§ 1º O decreto que instituir o estado de defesa determinará o tempo de sua duração, especificará as áreas a serem abrangidas e indicará, nos termos e limites da lei, as medidas coercitivas a vigorarem, dentre as seguintes:*
>
> *I – Restrições aos direitos de:*
>
> *a) reunião, ainda que exercida no seio das associações;*

D C O N

> *Art. 139. Na vigência do estado de sítio decretado com fundamento no art. 137, I, só poderão ser tomadas contra as pessoas as seguintes medidas: [...]*
>
> *IV – Suspensão da liberdade de reunião;*

Ao passo que no **estado de defesa** ocorrerão **restrições** ao direito de reunião, no **estado de sítio** ocorrerá a **suspensão** desse direito.

3.3.6 Liberdade de associação

São vários os dispositivos constitucionais que regulam a liberdade de associação:

> ***Art. 5º** [...]*
>
> *XVII – É plena a liberdade de associação para fins lícitos, vedada a de caráter paramilitar;*
>
> *XVIII – A criação de associações e, na forma da lei, a de cooperativas independem de autorização, sendo vedada a interferência estatal em seu funcionamento;*
>
> *XIX – As associações só poderão ser compulsoriamente dissolvidas ou ter suas atividades suspensas por decisão judicial, exigindo-se, no primeiro caso, o trânsito em julgado;*
>
> *XX – Ninguém poderá ser compelido a associar-se ou a permanecer associado;*
>
> *XXI – As entidades associativas, quando expressamente autorizadas, têm legitimidade para representar seus filiados judicial ou extrajudicialmente;*

O primeiro ponto que dever ser lembrado é que a liberdade de associação só poderá ser usufruída para fins lícitos sendo proibida a criação de associação paramilitar.

Entende-se como associação de caráter paramilitar toda organização paralela ao Estado, sem legitimidade, com estrutura e organização tipicamente militar. São as facções criminosas, milícias ou qualquer outra organização que possua fins ilícitos e alheios aos do Estado.

Destaca-se, com a mesma importância, a dispensa de autorização e interferência estatal no funcionamento e criação das associações.

Maior destaque deve ser dado ao inciso XIX, que condiciona qualquer limitação às atividades associativas a uma decisão judicial. As associações podem ter suas atividades **suspensas** ou **dissolvidas**. Em qualquer um dos casos deve haver **decisão judicial**. No caso da **dissolução**, por ser uma medida mais grave, não basta qualquer decisão judicial, tem que ser **transitada em julgado**. Isso significa uma decisão definitiva, à qual não caiba mais recurso.

O inciso XX tutela a chamada liberdade associativa, pela qual ninguém será obrigado a se associar ou mesmo a permanecer associado a qualquer entidade associativa.

Por fim, temos o inciso XXI, que permite às associações que representem seus associados tanto na esfera judicial quanto na administrativa desde que possuam expressa autorização. Expressa autorização significa por escrito, por meio de instrumento legal que comprove a autorização.

Vale destacar que, para suspender as atividades de uma associação, basta qualquer decisão judicial; para dissolver, tem que haver decisão judicial transitada em julgado.

3.4 Direito à propriedade

Quando se fala em direito à propriedade, alguns atributos que lhe são inerentes aparecem imediatamente. Propriedade é a faculdade que uma pessoa tem de usar, gozar dispor de um bem. O texto constitucional garante esse direito de forma expressa:

> ***Art. 5º** [...]*
>
> *XXII – É garantido o direito de propriedade.*

Apesar de esse direito aparentar possuir um caráter absoluto, quando se investiga mais a fundo esse tema, percebe-se que ele possui vários limitadores no próprio texto constitucional. E é isso que se passa a analisar agora.

3.4.1 Limitações

Dentre as limitações existentes na Constituição, estão: função social, requisição administrativa, desapropriação, bem de família, propriedade imaterial e direito à herança.

3.4.2 Função social

A Constituição Federal de 1988 exige, em seu art. 5º, que a propriedade atenda a sua função social:

> *XXIII – A propriedade atenderá a sua função social;*

Isso significa que a propriedade não é tão individual quanto pensamos. A necessidade de observância da função social demonstra que a propriedade é muito mais que uma titularidade privada. Esse direito possui reflexos em toda a sociedade. É só imaginar uma propriedade imóvel, um terreno urbano, que, apesar de possuir um proprietário, fica abandonado. Cresce o mato, as pessoas começam a jogar lixo naquele lugar, alguns criminosos começam a utilizar aquele ambiente para prática de atividades ilícitas. Veja quantas coisas podem acontecer numa propriedade e que importarão em consequências gravosas para o meio social mais próximo. É por isso que a propriedade tem que atender a sua função social.

3.4.3 Requisição administrativa

Consta no inciso XXV do art. 5º:

> *XXV – No caso de iminente perigo público, a autoridade competente poderá usar de propriedade particular, assegurada ao proprietário indenização ulterior, se houver dano;*

Essa é a chamada Requisição Administrativa. Esse instituto permite que a propriedade seja limitada pela necessidade de se solucionar situação de perigo público. Não se trata de uma forma de desapropriação, pois o dono da propriedade requisitada não a perde, apenas a empresta para uso público, sendo garantido, posteriormente, havendo dano, direito a indenização. Esse instituto limita o caráter absoluto da propriedade.

3.4.4 Desapropriação

É a perda da propriedade. Esse é o limitador por excelência do direito, restringindo o caráter perpétuo da propriedade. A seguir, estão exemplificadas as três modalidades de desapropriação.

- **Desapropriação pelo mero interesse público:** essa modalidade é utilizada pelo Estado quando o interesse social ou a utilidade pública prevalecem sobre o direito individual. Nesse tipo de desapropriação, destaca-se que o proprietário nada fez para merecê-la, contudo, o interesse público exige que determinada área seja desapropriada. É o caso de construção de uma rodovia que exige a desapropriação de várias propriedades para o asfaltamento da via.
- Deve ser destacado que essa modalidade de desapropriação gera direito à indenização, que deve ser paga em dinheiro, previamente e com valor justo.
- Conforme o texto da Constituição Federal de 1988:

  > ***Art. 5º** [...]*
  >
  > *XXIV – A lei estabelecerá o procedimento para desapropriação por necessidade ou utilidade pública, ou por interesse social, mediante justa e prévia indenização em dinheiro, ressalvados os casos previstos nesta Constituição;*

- **Desapropriação-sanção:** nesta modalidade, o proprietário, por algum motivo, não observou a função social da propriedade. Por esse motivo, é chamada de Desapropriação-sanção, haja vista ser uma verdadeira punição. Segundo a Constituição Federal de

1988, essa desapropriação gera direito à indenização, que deverá ser paga em títulos da dívida pública ou agrária. Segundo os arts. 182, § 4º, inciso III e 184 da Constituição Federal de 1988:

> ***Art. 182*** *[...]*
>
> *§ 4º É facultado ao Poder Público municipal, mediante lei específica para área incluída no plano diretor, exigir, nos termos da lei federal, do proprietário do solo urbano não edificado, subutilizado ou não utilizado, que promova seu adequado aproveitamento, sob pena, sucessivamente, de:*
>
> *I – Parcelamento ou edificação compulsórios;*
>
> *II – Imposto sobre a propriedade predial e territorial urbana progressivo no tempo;*
>
> *III – Desapropriação com pagamento mediante títulos da dívida pública de emissão previamente aprovada pelo Senado Federal, com prazo de resgate de até dez anos, em parcelas anuais, iguais e sucessivas, assegurados o valor real da indenização e os juros legais.*
>
> ***Art. 184*** *Compete à União desapropriar por interesse social, para fins de reforma agrária, o imóvel rural que não esteja cumprindo sua função social, mediante prévia e justa indenização em títulos da dívida agrária, com cláusula de preservação do valor real, resgatáveis no prazo de até vinte anos, a partir do segundo ano de sua emissão, e cuja utilização será definida em lei.*

- **Desapropriação confiscatória:** ***é a desapropriação que ocorre com a propriedade utilizada para cultivo de plantas psicotrópicas. Nesse caso, não haverá indenização, mas o proprietário poderá ser processado pela prática de ilícito penal.***

> ***Art. 243*** *As propriedades rurais e urbanas de qualquer região do País onde forem localizadas culturas ilegais de plantas psicotrópicas ou a exploração de trabalho escravo na forma da lei serão expropriadas e destinadas à reforma agrária e a programas de habitação popular, sem qualquer indenização ao proprietário e sem prejuízo de outras sanções previstas em lei, observado, no que couber, o disposto no art. 5º.*
>
> ***Parágrafo único.*** *Todo e qualquer bem de valor econômico apreendido em decorrência do tráfico ilícito de entorpecentes e drogas afins e da exploração de trabalho escravo será confiscado e reverterá a fundo especial com destinação específica, na forma da lei.*

Atenção!

Desapropriação por interesse público → indenizada em dinheiro.
Desapropriação-sanção → indenizada em títulos da Dívida Pública.
Desapropriação confiscatória → não tem direito à indenização.

3.4.5 Bem de família

A Constituição consagra uma forma de proteção às pequenas propriedades rurais chamada de bem de família:

> ***Art. 5º*** *[...]*
>
> *XXVI – A pequena propriedade rural, assim definida em lei, desde que trabalhada pela família, não será objeto de penhora para pagamento de débitos decorrentes de sua atividade produtiva, dispondo a lei sobre os meios de financiar o seu desenvolvimento; =*

O mais importante para prova é atentar para os requisitos estabelecidos no inciso, quais sejam:

- **Pequena propriedade rural:** não se trata de qualquer propriedade.
- **Definida em lei:** não em outra espécie normativa.
- **Trabalhada pela família:** não por qualquer pessoa.
- **Débitos decorrentes da atividade produtiva:** não por qualquer débito.

3.4.6 Propriedade imaterial

Além das propriedades sobre bens materiais, a Constituição também consagra normas de proteção sobre a propriedade de bens imateriais. São duas as propriedades consagradas: autoral e industrial.

- **Propriedade autoral:** encontra-se protegida nos incisos XXVII e XXVIII do art. 5º:

> *XXVII – Aos autores pertence o direito exclusivo de utilização, publicação ou reprodução de suas obras, transmissível aos herdeiros pelo tempo que a lei fixar;*
>
> *XXVIII – São assegurados, nos termos da lei:*
>
> *a) a proteção às participações individuais em obras coletivas e à reprodução da imagem e voz humanas, inclusive nas atividades desportivas;*
>
> *b) o direito de fiscalização do aproveitamento econômico das obras que criarem ou de que participarem aos criadores, aos intérpretes e às respectivas representações sindicais e associativas;*

- **Propriedade industrial:** encontra-se protegida no inciso XXIX:

> *XXIX – A lei assegurará aos autores de inventos industriais privilégio temporário para sua utilização, bem como proteção às criações industriais, à propriedade das marcas, aos nomes de empresas e a outros signos distintivos, tendo em vista o interesse social e o desenvolvimento tecnológico e econômico do País;*

Uma relação muito interessante entre a propriedade autoral e a industrial está no tempo de proteção previsto na Constituição Federal de 1988. Observe-se que na propriedade autoral o direito do autor é vitalício, tendo em vista a previsão de possibilidade de transmissão desses direitos aos herdeiros. Contudo, quando nas mãos dos sucessores, a proteção será pelo tempo que a lei fixar, ou seja, temporário.

Já na propriedade industrial, a proteção do próprio autor já possui caráter temporário.

3.4.7 Direito à herança

De nada adiantaria tanta proteção à propriedade se esse bem jurídico não pudesse ser transmitido por meio da sucessão de bens aos herdeiros após a morte. O direito à herança, consagrado expressamente na Constituição, traduz-se no coroamento do direito de propriedade. É a grande força motriz desse direito. Só faz sentido ter direito à propriedade se esse direito possa ser transferido aos herdeiros.

> ***Art. 5º*** *[...]*
>
> *XXX – É garantido o direito de herança;*
>
> *XXXI – A sucessão de bens de estrangeiros situados no País será regulada pela lei brasileira em benefício do cônjuge ou dos filhos brasileiros, sempre que não lhes seja mais favorável a lei pessoal do de cujus;*

Destaque especial deve ser dado ao inciso XXXI, que prevê a possibilidade de aplicação de lei estrangeira no país em casos de sucessão de bens de pessoa estrangeira desde que esses bens estejam situados no Brasil. A Constituição Federal permite que seja aplicada a legislação mais favorável aos herdeiros, quer seja a lei brasileira, quer seja a lei estrangeira.

3.5 Direito à segurança

Ao se referir à segurança como direito individual, o art. 5º pretende significar "segurança jurídica "que trata de normas de pacificação social e que produzem uma maior segurança nas relações sociais. Esse é o ponto alto dos direitos individuais. Sem dúvida, aqui está a maior quantidade de questões cobradas em prova.

3.5.1 Princípio da segurança nas relações jurídicas

Este princípio tem como objetivo garantir a estabilidade das relações jurídicas. Veja o que diz a Constituição:

> ***Art. 5º*** *[...]*
>
> *XXXVI – A lei não prejudicará o direito adquirido, o ato jurídico perfeito e a coisa julgada;*

Os três institutos aqui protegidos encontram seu conceito formalizado na ***Lei de Introdução às Normas do Direito brasileiro.***

D C O N

> *Art. 6º [...]*
> *§ 1º Reputa-se ato jurídico perfeito o já consumado segundo a lei vigente ao tempo em que se efetuou.*
> *§ 2º Consideram-se adquiridos assim os direitos que o seu titular, ou alguém por ele, possa exercer, como aqueles cujo começo do exercício tenha termo pré-fixo, ou condição pré-estabelecida inalterável, a arbítrio de outrem.*
> *§ 3º Chama-se coisa julgada ou caso julgado a decisão judicial de que já não caiba recurso.*

Em linhas gerais, pode-se assim conceituá-los:

- **Direito adquirido:** direito já incorporado ao patrimônio do titular.
- **Ato jurídico perfeito:** ato jurídico que já atingiu seu fim. Ato jurídico acabado, aperfeiçoado, consumado.
- **Coisa julgada:** sentença judicial transitada em julgado. Aquela sentença em relação à qual não cabe mais recurso.

De uma coisa não se pode esquecer: a proibição de retroatividade da lei nos casos aqui estudados não se aplica às leis mais benéficas, ou seja, uma lei mais benéfica poderá produzir efeitos em relação ao direito adquirido, ao ato jurídico perfeito e à coisa julgada.

3.5.2 Devido processo legal

O devido processo legal possui como objetivo principal limitar o poder do Estado. Esse princípio condiciona a restrição da liberdade ou dos bens de um indivíduo à existência de um procedimento estatal que respeite todos os direitos e garantias processuais previstos na lei. É o que diz o inciso LIV do art. 5º:

> *LIV – Ninguém será privado da liberdade ou de seus bens sem o devido processo legal;*

A exigência constitucional de existência de processo aplica-se tanto aos processos judiciais quanto aos procedimentos administrativos.

Desse princípio, surge a garantia constitucional à **proporcionalidade** e **razoabilidade.** Da mesma forma, é durante o devido processo legal que poderão ser exercidos os direitos ao contraditório e à ampla defesa, que serão analisados a seguir.

3.5.3 Contraditório e ampla defesa

Essas garantias constitucionais, conforme já salientado, decorrem do devido processo legal. São utilizadas como ferramenta de defesa diante das acusações impostas pelo Estado ou por um particular nos processos judiciais e administrativos:

> *Art. 5º [...]*
> *LV – Aos litigantes, em processo judicial ou administrativo, e aos acusados em geral são assegurados o contraditório e ampla defesa, com os meios e recursos a ela inerentes;*

Mas o que significam o contraditório e a ampla defesa?

Contraditório é o direito de contradizer, contrariar, contraditar. Se alguém diz que você é ou fez alguma coisa, o contraditório lhe permite dizer que não é e que não fez o que lhe foi imputado. É simplesmente o direito de contrariar. Já a **ampla defesa** é a possibilidade de utilização de todos os meios admitidos em direito para se defender de uma acusação.

Em regra, o contraditório e a ampla defesa são garantidos em todos os processos judiciais ou administrativos, contudo, a legislação brasileira previu alguns procedimentos administrativos incompatíveis com o exercício desse direito:

- Inquérito policial.
- Sindicância investigativa.
- Inquérito civil.

Em suma, nos procedimentos investigatórios que não possuem o condão de punir o investigado não serão garantidos o contraditório e a ampla defesa.

Observem-se as Súmulas Vinculantes do Supremo Tribunal Federal que versam sobre esse tema:

> ***Súmula Vinculante nº 3 – STF*** *Nos processos perante o Tribunal de Contas da União asseguram-se o contraditório e a ampla defesa quando da decisão puder resultar anulação ou revogação de ato administrativo que beneficie o interessado, excetuada a apreciação da legalidade do ato de concessão inicial de aposentadoria, reforma e pensão.*
> ***Súmula Vinculante nº 5 – STF*** *A falta de defesa técnica por advogado no processo administrativo disciplinar não ofende a Constituição.*
> ***Súmula Vinculante nº 14 – STF*** *É direito do defensor, no interesse do representado, ter acesso amplo aos elementos de prova que, já documentados em procedimento investigatório realizado por órgão com competência de polícia judiciária, digam respeito ao exercício do direito de defesa.*
> ***Súmula Vinculante nº 21 – STF*** *É inconstitucional a exigência de depósito ou arrolamento prévios de dinheiro ou bens para admissibilidade de recurso administrativo.*

3.5.4 Proporcionalidade e razoabilidade

Eis uma garantia fundamental que não está expressa no texto constitucional apesar de ser um dos institutos mais utilizados pelo Supremo em suas decisões atuais. Trata-se de um princípio implícito, cuja fonte é o princípio do devido processo legal. Esses dois institutos jurídicos são utilizados como parâmetro de ponderação quando adotadas medidas pelo Estado, principalmente no que tange à restrição de bens e direitos dos indivíduos. Duas palavras esclarecem o sentido dessas garantias: necessidade e adequação.

Para saber se um ato administrativo observou os critérios de proporcionalidade e razoabilidade, deve-se questionar se o ato foi necessário e se foi adequado à situação.

Para exemplificar, imaginemos que um determinado fiscal sanitário, ao inspecionar um supermercado, depara-se com um pote de iogurte com a data de validade vencida há um dia. Imediatamente, ele prende o dono do mercado, dá dois tiros para cima, realiza revista manual em todos os clientes e funcionários do mercado e aplica uma multa de dois bilhões de reais. Pergunta-se: será que a medida adotada pelo fiscal foi necessária? Foi adequada? Certamente que não. Logo, a medida não observou os princípios da razoabilidade e proporcionalidade.

É importante deixar claro que os princípios da proporcionalidade e da razoabilidade estão implícitos no texto constitucional, ou seja, não estão previstos expressamente.

3.5.5 Inadmissibilidade das provas ilícitas

Uma das garantias mais importantes do direito brasileiro é a inadmissibilidade das provas ilícitas. Encontra-se previsto expressamente no inciso LVI do art. 5º:

> *LVI – São inadmissíveis, no processo, as provas obtidas por meios ilícitos.*

Em razão dessa garantia, é proibida a produção de provas ilícitas num processo sob pena de nulidade processual. Em regra, a prova ilícita produz nulidade de tudo o que a ela estiver relacionado. Esse efeito decorre da chamada **Teoria dos Frutos da Árvore Envenenada.** Segundo a teoria, se a árvore está envenenada, os frutos também o serão. Se uma prova foi produzida de forma ilícita, as demais provas dela decorrentes também serão ilícitas (ilicitude por derivação). Contudo, deve-se ressaltar que essa teoria é aplicada de forma restrita no direito brasileiro, ou seja, encontrada uma prova ilícita num processo, não significa que todo o processo será anulado, mas apenas os atos e demais provas que decorreram direta ou indiretamente daquela produzida de forma ilícita.

Caso existam provas autônomas produzidas em conformidade com a lei, o processo deve prosseguir ainda que tenham sido encontradas e retiradas as provas ilícitas. Logo, é possível afirmar que a existência de uma prova ilícita no processo não anula de pronto todo o processo.

Deve-se destacar, ainda, a única possibilidade já admitida de prova ilícita nos tribunais brasileiros: a produzida em legítima defesa.

3.5.6 Inviolabilidade domiciliar

Essa garantia protege o indivíduo em seu recinto mais íntimo: a casa. A Constituição dispõe que:

> ***Art. 5º** [...]*
>
> *XI – A casa é asilo inviolável do indivíduo, ninguém nela podendo penetrar sem consentimento do morador, salvo em caso de flagrante delito ou desastre, ou para prestar socorro, ou, durante o dia, por determinação judicial.*

Como regra, só se pode entrar na casa de uma pessoa com o seu consentimento. Excepcionalmente, a Constituição Federal admite a entrada sem consentimento do morador nos casos de:

- Flagrante delito.
- Desastre.
- Prestar socorro.
- Determinação Judicial – só durante o dia.

No caso de determinação judicial, a entrada se dará apenas durante o dia. Nos demais casos, a entrada será permitida a qualquer hora.

Alguns conceitos importantes: o que é casa? O que pode ser entendido como casa para efeito de inviolabilidade? A jurisprudência tem interpretado o conceito de casa de forma ampla, em consonância com o disposto nos arts. 245 e 246 do Código de Processo Penal:

> ***Art. 245** As buscas domiciliares serão executadas de dia, salvo se o morador consentir que se realizem à noite, e, antes de penetrarem na casa, os executores mostrarão e lerão o mandado ao morador, ou a quem o represente, intimando-o, em seguida, a abrir a porta.*
>
> ***Art. 246** Aplicar-se-á também o disposto no artigo anterior, quando se tiver de proceder a busca em compartimento habitado ou em aposento ocupado de habitação coletiva ou em compartimento não aberto ao público, onde alguém exercer profissão ou atividade.*

O STF já considerou como casa, para efeitos de inviolabilidade, oficina mecânica, quarto de hotel ou escritório profissional.

Outra questão relevante é saber o que é dia? Dois são os posicionamentos adotados na doutrina:

- Das 6 h às 18 h.
- Da aurora ao crepúsculo.

Segundo a jurisprudência, isso deve ser resolvido no caso concreto, tendo em vista variação de fusos horários existentes em nosso país, bem como a ocorrência do horário de verão. Na prática, é possível entrar na casa independentemente do horário, desde que seja durante o dia.

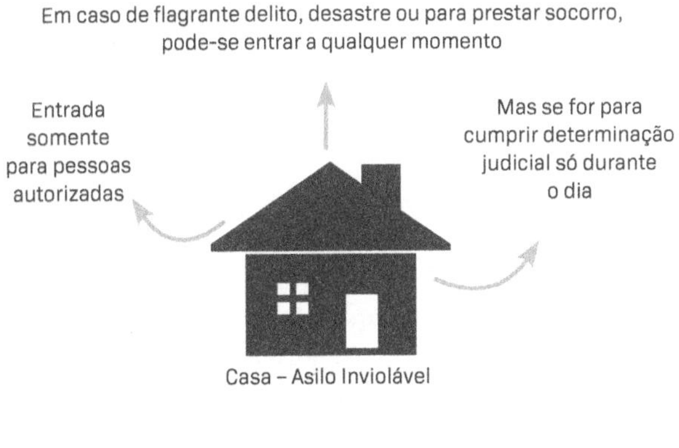

3.5.7 Princípio da inafastabilidade da jurisdição

Esse princípio, também conhecido como princípio do livre acesso ao poder judiciário ou direito de ação, garante, nos casos de necessidade, o acesso direto ao Poder Judiciário. Também, decorre desse princípio a ideia de que não é necessário o esgotamento das vias administrativas para ingressar com uma demanda no Poder Judiciário. Assim prevê a Constituição Federal:

> ***Art. 5º** [...]*
>
> *XXXV – A lei não excluirá da apreciação do Poder Judiciário lesão ou ameaça a direito;*

Perceba que a proteção possui sentido duplo: lesão ou ameaça à lesão. Significa dizer que a garantia pode ser utilizada tanto de forma preventiva como de forma repressiva. Tanto para prevenir a ofensa a direito como para reprimir a ofensa já cometida.

Quanto ao acesso ao Judiciário independentemente do esgotamento das vias administrativas, há algumas peculiaridades previstas na legislação brasileira:

- **Justiça desportiva:** a Constituição Federal de 1988 prevê no art. 217 que o acesso ao Poder Judiciário está condicionado ao esgotamento das vias administrativas.

  > ***Art. 217** [...]*
  >
  > *§ 1º O Poder Judiciário só admitirá ações relativas à disciplina e às competições desportivas após esgotarem-se as instâncias da justiça desportiva, regulada em lei.*

- **Compromisso arbitral:** a Lei nº 9.307/1996 prevê que as partes, quando em discussão patrimonial, poderão optar pela arbitragem como forma de resolução de conflito. Não se trata de uma instância administrativa de curso forçado, mas de uma opção facultada às partes.
- *Habeas data:* o art. 8º da Lei nº 9.507/1997 exige, para impetração do *habeas data*, a comprovação da recusa ao acesso à informação. Parte da doutrina não considera isso como exigência de prévio esgotamento da via administrativa, mas condição da ação. Veja-se a súmula nº 2 do STJ:

  > ***Súmula nº 2** – STJ Não cabe "Habeas Data" se não houve recusa de informações por parte da autoridade administrativa.*

- **Reclamação Constitucional:** o art. 7º, § 1º da Lei nº 11.417/2006, que regula a edição de Súmulas Vinculantes, prevê que só será possível a Reclamação Constitucional nos casos de omissão ou ato da Administração Pública que contrarie ou negue vigência à Súmula Vinculante, após o esgotamento das vias administrativas.

3.5.8 Gratuidade das certidões de nascimento e de óbito

A Constituição Federal de 1988 traz expressamente que:

> *Art. 5º, LXXVI. São gratuitos para os reconhecidamente pobres, na forma da lei:*
>
> *a) o registro civil de nascimento;*
>
> *b) a certidão de óbito;*

Observe-se que o texto constitucional condiciona o benefício da gratuidade do registro de nascimento e da certidão de óbito apenas para os reconhecidamente pobres. Entretanto, a Lei nº 6.015/1973 prevê que:

> ***Art. 30** Não serão cobrados emolumentos pelo registro civil de nascimento e pelo assento de óbito, bem como pela primeira certidão respectiva.*
>
> *§ 1º Os reconhecidamente pobres estão isentos de pagamento de emolumentos pelas demais certidões extraídas pelo cartório de registro civil.*

D
C
O
N

Perceba que essa lei amplia o benefício garantido na Constituição para todas as pessoas no que tange ao registro e à aquisição da primeira certidão de nascimento e de óbito. Quanto às demais vias, só serão garantidas aos reconhecidamente pobres. Deve-se ter cuidado com essa questão em prova, pois deve ser levado em conta se a pergunta tem como referência a Constituição ou não.

3.5.9 Celeridade processual

Traz o texto constitucional:

> ***Art. 5º*** *[...]*
> *LXXVIII – A todos, no âmbito judicial e administrativo, são assegurados a razoável duração do processo e os meios que garantam a celeridade de sua tramitação.*

Essa é a garantia da celeridade processual. Decorre do princípio da eficiência que obriga o Estado a prestar assistência em tempo razoável. Celeridade quer dizer rapidez, mas uma rapidez com qualidade. Esse princípio é aplicável nos processos judiciais e administrativos, visa dar maior efetividade a prestação estatal. Deve-se garantir o direito antes que o seu beneficiário deixe de precisar. Após a inclusão desse dispositivo entre os direitos fundamentais, várias medidas para acelerar a prestação jurisdicional foram adotadas, dentre as quais destacam-se:

- Juizados especiais;
- Súmula vinculante;
- Realização de inventários e partilhas por vias administrativas;
- Informatização do processo.

Essas são algumas das medidas que foram adotadas para trazer mais celeridade ao processo.

3.5.10 Erro judiciário

Dispositivo de grande utilidade social que funciona como limitador da arbitrariedade estatal. O Estado, no que tange à liberdade do indivíduo, não pode cometer erros sob pena de ter que indenizar o injustiçado. Isso é o que prevê o inciso LXXV do art. 5º:

> *LXXV – O Estado indenizará o condenado por erro judiciário, assim como o que ficar preso além do tempo fixado na sentença;*

3.5.11 Publicidade dos atos processuais

Em regra, os atos processuais são públicos. Essa publicidade visa a garantir maior transparência aos atos administrativos bem como permite a fiscalização popular. Além disso, atos públicos possibilitam um exercício efetivo do contraditório e da ampla defesa. Entretanto, essa publicidade comporta algumas exceções:

> ***Art. 5º*** *[...]*
> *LX – A lei só poderá restringir a publicidade dos atos processuais quando a defesa da intimidade ou o interesse social o exigirem;*

Nos casos em que a intimidade ou o interesse social exigirem, a publicidade poderá ser restringida apenas aos interessados. Imaginemos uma audiência em que estejam envolvidas crianças; nesse caso, como forma de preservação da intimidade, o juiz poderá restringir a participação na audiência apenas aos membros da família e demais interessados.

3.5.12 Sigilo das comunicações

Uma das normas mais importantes da Constituição Federal que versa sobre segurança jurídica é esta:

> ***Art. 5º*** *[...]*
> *XII – É inviolável o sigilo da correspondência e das comunicações telegráficas, de dados e das comunicações telefônicas, salvo, no último caso, por ordem judicial, nas hipóteses e na forma que a lei estabelecer para fins de investigação criminal ou instrução processual penal;*

Esse dispositivo prevê quatro formas de comunicação que possuem proteção constitucional:

- Sigilo da correspondência;
- Comunicação telegráfica;
- Comunicação de dados;
- Comunicações telefônicas.

Dessas quatro formas de comunicação, apenas uma obteve autorização de violação do sigilo pelo texto constitucional: as comunicações telefônicas. Deve-se tomar cuidado com esse tema em prova. Segundo o texto expresso, só as comunicações telefônicas poderão ter o seu sigilo violado. E só o juiz poderá fazê-lo, com fins definidos também pela Constituição, os quais são para investigação criminal e instrução processual penal.

Entretanto, considerando a inexistência de direito fundamental absoluto, a jurisprudência tem considerado a possibilidade de quebra dos demais sigilos, desde que seja determinada por ordem judicial.

No que tange ao sigilo dos dados bancários, fiscais, informáticos e telefônicos, a jurisprudência tem permitido sua quebra por determinação judicial, determinação de Comissão Parlamentar de Inquérito, requisição do Ministério Público, solicitação da autoridade fazendária.

3.5.13 Tribunal do Júri

O Tribunal do Júri é uma instituição pertencente ao Poder Judiciário, que possui competência específica para julgar determinados tipos de crime. O Júri é formado pelo Conselho de Sentença, que é presidido por um Juiz Togado e por sete jurados que efetivamente farão o julgamento do acusado. A ideia do Tribunal do Júri é que o acusado seja julgado por seus pares.

A Constituição Federal apresenta alguns princípios que regem esse tribunal:

> ***Art. 5º*** *[...]*
> *XXXVIII – É reconhecida a instituição do júri, com a organização que lhe der a lei, assegurados:*
> *a) a plenitude de defesa;*
> *b) o sigilo das votações;*
> *c) a soberania dos veredictos;*
> *d) a competência para o julgamento dos crimes dolosos contra a vida.*

Segundo esse texto, o Tribunal do Júri é regido pelos seguintes princípios:

- **Plenitude de defesa:** esse princípio permite que no júri sejam utilizadas todas as provas permitidas em direito. Aqui, o momento probatório é bastante explorado haja vista a necessidade de se convencer os jurados que são pessoas comuns da sociedade.
- **Sigilo das votações:** o voto é sigiloso. Durante o julgamento não é permitido que um jurado converse com o outro sobre o julgamento sob pena de nulidade;
- **Soberania dos veredictos:** o que for decidido pelos jurados será considerado soberano. Nem o Juiz presidente poderá modificar o julgamento. Aqui quem decide são os jurados;
- **Competência para julgar os crimes dolosos contra a vida:** o júri não julga qualquer tipo de crime, mas apenas os dolosos contra a vida. Crimes dolosos, em simples palavras, são aqueles praticados com intenção, com vontade. São diferentes dos crimes culposos, os quais são praticados sem intenção.

3.5.14 Princípio da anterioridade

O inciso XXXIX do art. 5º da Constituição Federal de 1988 apresenta o chamado princípio da anterioridade penal:

> *XXXIX – Não há crime sem lei anterior que o defina, nem pena sem prévia cominação legal.*

Esse princípio decorre na necessidade de se prever antes da aplicação da pena, a conduta que é considerada como crime e a pena que deverá ser cominada. Mais uma regra de segurança jurídica.

3.5.15 Princípio da irretroatividade

Esse princípio também possui sua importância ao prever que a lei penal não poderá retroagir, salvo se for para beneficiar o réu.

> ***Art. 5º** [...]*
>
> *XL – A lei penal não retroagirá, salvo para beneficiar o réu.*

3.5.16 Crimes imprescritíveis, inafiançáveis e insuscetíveis de graça e anistia

Os dispositivos a seguir estão entre os mais cobrados em prova. O ideal é que sejam memorizados na ordem proposta no quadro abaixo:

> ***Art. 5º** [...]*
>
> *XLII – A prática do racismo constitui crime inafiançável e imprescritível, sujeito à pena de reclusão, nos termos da lei;*
>
> *XLIII – A lei considerará crimes inafiançáveis e insuscetíveis de graça ou anistia a prática da tortura, o tráfico ilícito de entorpecentes e drogas afins, o terrorismo e os definidos como crimes hediondos, por eles respondendo os mandantes, os executores e os que, podendo evitá-los, se omitirem;*
>
> *XLIV – Constitui crime inafiançável e imprescritível a ação de grupos armados, civis ou militares, contra a ordem constitucional e o Estado Democrático.*

Atenção

Crimes imprescritíveis → racismo; ação de grupos armados.
Crimes inafiançáveis → racismo; ação de grupos armados; tráfico; terrorismo, tortura; crimes hediondos.
Crimes insuscetíveis de graça e anistia → tráfico; terrorismo; tortura; crimes hediondos.

Os crimes inafiançáveis englobam todos os crimes previstos no art. 5º, incisos XLII, XLIII e XLIV.

Os crimes que são insuscetíveis de graça e anistia não são imprescritíveis, e vice e versa. Dessa forma, nunca pode existir, na prova, uma questão que trabalhe com as duas classificações ao mesmo tempo.

Nunca, na prova, pode haver uma questão em que se apresentem as três classificações ao mesmo tempo.

3.5.17 Princípio da personalidade da pena

Assim diz o inciso XLV, do art. 5º da Constituição Federal de 1988:

> *XLV – Nenhuma pena passará da pessoa do condenado, podendo a obrigação de reparar o dano e a decretação do perdimento de bens ser, nos termos da lei, estendidas aos sucessores e contra eles executadas, até o limite do valor do patrimônio transferido.*

Esse inciso diz que a pena é pessoal, quem comete o crime responde pelo crime, de forma que não é possível que uma pessoa cometa um crime e outra responda pelo crime em seu lugar, porque a pena é pessoal.

É necessário prestar atenção ao tema, pois já apareceu em prova tanto na forma de um problema quanto com a modificação do próprio texto constitucional. Esse princípio da personalidade da pena diz que a pena é pessoal, isto é, a pena não pode passar para outra pessoa, mas permite que a responsabilidade pelos danos civis possa passar para seus herdeiros. Para exemplificar, imaginemos que uma determinada pessoa assalta uma padaria e consegue roubar uns R$ 50.000,00.

Em seguida, a polícia prende o ladrão por ter roubado a padaria. Em regra, todo crime cometido gera uma responsabilidade penal prevista no Código Penal brasileiro. Ainda, deve-se ressarcir os danos causados à vítima. Se ele roubou R$50.000,00, tem que devolver, no mínimo, esse valor à vítima.

É muito difícil conseguir o montante voluntariamente, por isso, é necessário entrar com uma ação civil *ex delicto* para reaver o dinheiro referente ao crime cometido. O dono da padaria entra com a ação contra o bandido pedindo os R$ 50.000,00 acrescidos juros e danos morais. Enquanto ele cumpre a pena, a ação está tramitando. Ocorre que o preso se envolve numa confusão dentro da penitenciária e acaba morrendo.

O preso possui alguns filhos, os quais são seus herdeiros. Quando os bens passam aos herdeiros, chamamos isso de sucessão. Quando foram contabilizar os bens que o bandido tinha, perceberam que sobraram apenas R$ 30.000,00, valor que deve ser dividido entre os herdeiros. Pergunta:

O homem que cometeu o crime estava cumprindo pena, mas ele morreu. Qual filho assume o lugar dele? O mais velho ou o mais novo?

Nenhum dos dois, porque a pena é personalíssima. Só cumpre a pena quem praticou o crime.

É possível que a responsabilidade de reparar os danos materiais exigidos pelo dono da padaria recaia sobre seus herdeiros?

Sim. A Constituição diz que os herdeiros respondem com o valor do montante recebido, até o limite da herança recebida.

O dono da padaria pediu R$ 50.000,00, mas só sobraram R$ 30.000,00. Os filhos terão que inteirar esse valor até completar os R$ 50.000,00?

Não, pois a Constituição diz que os sucessores respondem até o limite do patrimônio transferido. Ou seja, se só são transferidos R$ 30.000,00, então os herdeiros só vão responder pela indenização com esses R$ 30.000,00. E o os outros R$ 20.000,00, quem vai pagar? Ninguém. O dono da padaria fica com esse prejuízo.

3.5.18 Penas proibidas e permitidas

Vejamos agora dois incisos do art. 5º da Constituição Federal de 1988, que sempre caem em prova juntos: incisos XLVI e XLVII. Há no inciso XLVI as penas permitidas e no XLVII as penas proibidas. Mas como isso cai em prova? O examinador pega uma pena permitida e diz que é proibida ou pega uma proibida e diz que é permitida. Conforme os incisos:

> ***Art. 5º** [...]*
>
> *XLVI – A lei regulará a individualização da pena e adotará, entre outras, as seguintes:*
>
> *a) privação ou restrição da liberdade;*
>
> *b) perda de bens;*
>
> *c) multa;*
>
> *d) prestação social alternativa;*
>
> *e) suspensão ou interdição de direitos.*

Aqui há o rol de penas permitidas. Memorize essa lista para lembrar quais são as penas permitidas. Atenção para uma pena que é pouco comum e que geralmente em prova é colocada como pena proibida, que é a pena de perda de bens.

Veja o próximo inciso com o rol de penas proibidas:

> *XLVII – Não haverá penas:*
>
> *a) de morte, salvo em caso de guerra declarada, nos termos do art. 84, XIX;*
>
> *b) de caráter perpétuo;*
>
> *c) de trabalhos forçados;*
>
> *d) de banimento;*
>
> *e) cruéis.*

D
C
O
N

Essas são as penas que não podem ser aplicadas no Brasil. E, na prova, é cobrado da seguinte forma: existe pena de morte no Brasil? Deve-se ter muita atenção com esse tema, pois apesar de a Constituição ter dito que é proibida, existe uma exceção: no caso de guerra declarada. Essa exceção é uma verdadeira possibilidade, de forma que se deve afirmar que existe pena de morte no Brasil. Apesar de a regra ser a proibição, existe a possibilidade de sua aplicação. Só como curiosidade, a pena de morte no Brasil é regulada pelo Código Penal Militar, a qual será executada por meio de fuzilamento.

A próxima pena proibida é a de caráter perpétuo. Não existe esse tipo de pena no Brasil, pois as penas aqui são temporárias. No Brasil, uma pessoa só fica presa por, no máximo, 40 anos.

A outra pena é a de trabalhos forçados. É aquela pena em que o sujeito é obrigado a trabalhar de forma a denegrir a sua condição como ser humano. Esse tipo de pena não é permitido no Brasil.

Há ainda a pena de banimento, que é a expulsão do brasileiro, tanto nato como naturalizado.

Por fim, a Constituição veda a aplicação de penas cruéis. Pena cruel é aquela que denigre a condição humana, expõe o indivíduo a situações desumanas, vexatórias, que provoquem intenso sofrimento.

3.5.19 Princípio da individualização da pena

Nos termos do art. 5º, inciso XLVIII, da Constituição Federal de 1988:

> *XLVIII – A pena será cumprida em estabelecimentos distintos, de acordo com a natureza do delito, a idade e o sexo do apenado;*

Esse dispositivo traz uma regra muito interessante, o princípio da individualização da pena. Significa que a pessoa, quando cumprir sua pena, deve cumpri-la em estabelecimento e condições compatíveis com a sua situação. Se mulher, deve cumprir com mulheres; se homem, cumprirá com homens; se reincidente, com reincidentes; se réu primário, com réus primários; e assim por diante. O ideal é que cada situação possua um cumprimento de pena adequado que propicie um melhor acompanhamento do poder público e melhores condições para a ressocialização.

3.5.20 Regras sobre prisões

São vários os dispositivos constitucionais previstos no art. 5º, da Constituição Federal de 1988, que se referem às prisões:

> *LXI – Ninguém será preso senão em flagrante delito ou por ordem escrita e fundamentada de autoridade judiciária competente, salvo nos casos de transgressão militar ou crime propriamente militar, definidos em lei;*
>
> *LXII – A prisão de qualquer pessoa e o local onde se encontre serão comunicados imediatamente ao juiz competente e à família do preso ou à pessoa por ele indicada;*
>
> *LXIII – O preso será informado de seus direitos, entre os quais o de permanecer calado, sendo-lhe assegurada a assistência da família e de advogado;*
>
> *LXIV – O preso tem direito à identificação dos responsáveis por sua prisão ou por seu interrogatório policial;*
>
> *LXV – A prisão ilegal será imediatamente relaxada pela autoridade judiciária;*
>
> *LXVI – Ninguém será levado à prisão ou nela mantido, quando a lei admitir a liberdade provisória, com ou sem fiança;*
>
> *LXVII – Não haverá prisão civil por dívida, salvo a do responsável pelo inadimplemento voluntário e inescusável de obrigação alimentícia e a do depositário infiel.*

Como destaque para provas, é importante enfatizar o disposto no inciso LXVII, o qual prevê duas formas de prisão civil por dívida:

- **Devedor de pensão alimentícia;**
- **Depositário infiel.**

Apesar de a Constituição Federal de 1988 apresentar essas duas possibilidades de prisão civil por dívida, o STF tem entendido que só existe uma: a prisão do devedor de pensão alimentícia. Isso significa que o depositário infiel não poderá ser preso. Essa é a inteligência da Súmula Vinculante nº 25:

> ***Súmula Vinculante nº 25*** *É ilícita a prisão civil de depositário infiel, qualquer que seja a modalidade do depósito.*

Em relação a esse assunto, deve-se ter muita atenção ao resolver a questão. Se a Banca perguntar conforme a Constituição Federal, responde-se segundo a Constituição Federal. Mas se perguntar à luz da jurisprudência, responde-se conforme o entendimento do STF.

Atenção

Constituição Federal → duas formas de prisão civil → depositário infiel e devedor de pensão alimentícia.
STF → uma forma de prisão civil → devedor de pensão alimentícia.

3.5.21 Extradição

Fruto de acordo internacional de cooperação, a extradição permite que determinada pessoa seja entregue a outro país para que seja responsabilizada pelo cometimento de algum crime. Existem duas formas de extradição:

- **Extradição ativa:** quando o Brasil pede para outro país a extradição de alguém.
- **Extradição passiva:** quando algum país pede para o Brasil a extradição de alguém.

A Constituição Federal preocupou-se em regular apenas a extradição passiva por meios dos incisos LI e LII do art. 5º:

> *LI – Nenhum brasileiro será extraditado, salvo o naturalizado, em caso de crime comum, praticado antes da naturalização, ou de comprovado envolvimento em tráfico ilícito de entorpecentes e drogas afins, na forma da lei;*
>
> *LII – Não será concedida extradição de estrangeiro por crime político ou de opinião.*

De acordo com a inteligência desses dispositivos, três regras podem ser adotadas em relação à extradição passiva:

- **Brasileiro nato:** nunca será extraditado.
- **Brasileiro naturalizado:** será extraditado em duas hipóteses: crime comum cometido antes da naturalização comprovado envolvimento com o tráfico ilícito de drogas, antes ou depois da naturalização.
- **Estrangeiro:** poderá ser extraditado salvo em dois casos: **crime político e crime de opinião.**

Na **extradição ativa**, qualquer pessoa pode ser extraditada, inclusive o brasileiro nato. Deve-se ter muito cuidado com essa questão em prova. Lembre-se de que a extradição ativa ocorre quando o Brasil pede a extradição de um criminoso para outro país. Isso pode ser feito pedindo a extradição de qualquer pessoa que o Brasil queira punir.

Quais princípios que regem a extradição no país?

- **Princípio da reciprocidade:** o Brasil só extradita ao país que extradita para o Brasil. Deve haver acordo ou tratado de extradição entre o país requerente e o Brasil.
- **Princípio da especialidade:** o extraditando só poderá ser processado e julgado pelo crime informado no pedido de extradição.
- **Comutação da pena:** o país requerente deverá firmar um compromisso de comutar a pena prevista em seu país quando a pena a ser aplicada for proibida no Brasil.
- **Dupla tipicidade ou dupla incriminação:** só se extradita se a conduta praticada for considerada crime no Brasil e no país requerente.

Deve-se ter muito cuidado para não confundir extradição com entrega, deportação, expulsão ou banimento.

- **Extradição:** a extradição, como se viu, é instituto de cooperação internacional entre países soberanos para a punição de criminosos. Pela extradição, um país entrega o criminoso a outro país para que ele seja punido pelo crime praticado.
- **Entrega:** é o ato por meio do qual o país entrega uma pessoa para ser julgada no Tribunal Penal Internacional.
- **Deportação:** é a retirada do estrangeiro que tenha entrado de forma irregular no território nacional.
- **Expulsão:** é a retirada do estrangeiro que tenha praticado um ato ofensivo ao interesse nacional conforme as regras estabelecidas no Estatuto do Estrangeiro (art. 65, Lei nº 6.815/1980).
- **Banimento:** é uma das penas proibidas no direito brasileiro que consiste na expulsão de brasileiros para fora do território nacional.

3.5.22 Princípio da presunção da inocência

Também conhecido como princípio da não culpabilidade, essa regra de segurança jurídica garante que ninguém poderá ser condenado sem antes haver uma sentença penal condenatória transitada em julgado. Ou seja, uma sentença judicial condenatória definitiva:

> *Art. 5º [...]*
>
> *LVII – Ninguém será considerado culpado até o trânsito em julgado de sentença penal condenatória.*

3.5.23 Identificação criminal

> *Art. 5º [...]*
>
> *LVIII – O civilmente identificado não será submetido a identificação criminal, salvo nas hipóteses previstas em lei.*

A Constituição garante que não será identificado criminalmente quem possuir identificação pública capaz de identificá-lo. Contudo, a Lei nº 12.037/2009 prevê hipóteses nas quais será possível a identificação criminal mesmo de quem apresentar outra identificação:

> *Art. 3º Embora apresentado documento de identificação, poderá ocorrer identificação criminal quando:*
>
> *I – O documento apresentar rasura ou tiver indício de falsificação;*
>
> *II – O documento apresentado for insuficiente para identificar cabalmente o indiciado;*
>
> *III – O indiciado portar documentos de identidade distintos, com informações conflitantes entre si;*
>
> *IV – A identificação criminal for essencial às investigações policiais, segundo despacho da autoridade judiciária competente, que decidirá de ofício ou mediante representação da autoridade policial, do Ministério Público ou da defesa;*
>
> *V – Constar de registros policiais o uso de outros nomes ou diferentes qualificações;*
>
> *VI – O estado de conservação ou a distância temporal ou da localidade da expedição do documento apresentado impossibilite a completa identificação dos caracteres essenciais.*

3.5.24 Ação penal privada subsidiária da pública

> *Art. 5º [...]*
>
> *LIX – Será admitida ação privada nos crimes de ação pública, se esta não for intentada no prazo legal.*

Em regra, nos crimes de ação penal pública, o titular da ação penal é o Ministério Público. Contudo, havendo omissão ou mesmo desídia por parte do órgão ministerial, o ofendido poderá promover a chamada ação penal privada subsidiária da pública. Esse tema encontra-se disciplinado no art. 29 do Código de Processo Penal:

> *Art. 29 Será admitida ação privada nos crimes de ação pública, se esta não for intentada no prazo legal, cabendo ao Ministério Público aditar a queixa, repudiá-la e oferecer denúncia substitutiva, intervir em todos os termos do processo, fornecer elementos de prova, interpor recurso e, a todo tempo, no caso de negligência do querelante, retomar a ação como parte principal.*

3.6 Remédios constitucionais

Os remédios constitucionais são espécies de garantias constitucionais que visam a proteger determinados direitos e até outras garantias fundamentais. São poderosas ações constitucionais que estão disciplinadas no texto da Constituição.

3.6.1 *Habeas corpus*

Sem dúvida, esse remédio constitucional é o mais importante para prova, haja vista a sua utilização para proteger um dos direitos mais ameaçados do indivíduo: a liberdade de locomoção. Vejamos o que diz o texto constitucional:

> *Art. 5º [...]*
>
> *LXVIII – Conceder-se-á "Habeas corpus" sempre que alguém sofrer ou se achar ameaçado de sofrer violência ou coação em sua liberdade de locomoção, por ilegalidade ou abuso de poder.*

É essencial, conhecer os elementos necessários para a utilização dessa ferramenta.

Deve-se compreender que o *Habeas corpus* é utilizado para proteger a liberdade de locomoção. Em relação a isso, é preciso estar atento, pois ele não tutela qualquer liberdade, mas apenas a liberdade de locomoção.

Outro ponto fundamental é que ele poderá ser utilizado tanto de forma preventiva quanto de forma repressiva.

- *Habeas corpus* **preventivo**: é aquele utilizado para prevenir a violência ou coação à liberdade de locomoção.
- *Habeas corpus* **repressivo**: é utilizado para reprimir à violência ou coação a liberdade de locomoção, ou seja, é utilizado quando a restrição da liberdade de locomoção já ocorreu.

Percebe-se que não é a qualquer tipo de restrição à liberdade de locomoção que caberá o remédio, mas apenas àquelas cometidas com ilegalidade ou abuso de poder.

Nas relações processuais que envolvem a utilização do *Habeas corpus*, é possível identificar a participação de três figurantes: o impetrante, o paciente e a autoridade coatora.

- **Impetrante:** o impetrante é a pessoa que impetra a ação. Quem entra com a ação. A titularidade dessa ferramenta é Universal, pois qualquer pessoa pode impetrar o HC. Não precisa sequer de advogado. Sua possibilidade é tão ampla que não precisa possuir capacidade civil ou mesmo qualquer formalidade. Esse remédio é desprovido de condições que impeçam sua utilização da forma mais ampla possível. Poderá impetrar essa ação tanto uma pessoa física quanto jurídica.
- **Paciente:** o paciente é quem teve a liberdade de locomoção restringida. Ele será o beneficiário do *Habeas corpus*. Pessoa jurídica não pode ser paciente de *Habeas corpus*, pois a liberdade de locomoção é um direito incompatível com sua natureza jurídica.
- **Autoridade coatora:** é quem restringiu a liberdade de locomoção com ilegalidade ou abuso de poder. Poderá ser tanto uma autoridade privada quanto uma autoridade pública.

Outra questão interessante que está prevista na Constituição é a gratuidade dessa ação:

> *Art. 5º [...]*
>
> *LXXVII – São gratuitas as ações de Habeas corpus e Habeas Data, e, na forma da lei, os atos necessários ao exercício da cidadania.*

A Constituição Federal de 1988 proíbe a utilização desse remédio constitucional em relação às punições disciplinares militares. É o que prevê o art. 142, § 2º:

> *§ 2º Não caberá "Habeas corpus" em relação a punições disciplinares militares.*

Contudo, o STF tem admitido o remédio quando impetrado por razões de ilegalidade da prisão militar. Quanto ao mérito da prisão, deve-se aceitar a vedação Constitucional, mas em relação às legalidades da prisão, prevalece o entendimento de que o remédio seria possível.

D
C
O
N

Também não cabe *Habeas corpus* em relação às penas pecuniárias, multas, advertências ou, ainda, nos processos administrativos disciplinares e no processo de *Impeachment*. Nesses casos, o não cabimento deve-se ao fato de que as medidas não visam restringir a liberdade de locomoção.

Por outro lado, a jurisprudência tem admitido o cabimento para impugnar inserção de provas ilícitas no processo ou quando houver excesso de prazo na instrução processual penal.

Por último, cabe ressaltar que o magistrado poderá concedê-lo de ofício.

3.6.2 *Habeas data*

O *habeas data* cuja previsão está no inciso LXXII do art. 5º tem como objetivo proteger a liberdade de informação:

> *LXXII – conceder-se-á "Habeas Data":*
>
> *a) para assegurar o conhecimento de informações relativas à pessoa do impetrante, constantes de registros ou bancos de dados de entidades governamentais ou de caráter público;*
>
> *b) para a retificação de dados, quando não se prefira fazê-lo por processo sigiloso, judicial ou administrativo.*

Duas são as formas previstas na Constituição para utilização desse remédio:

- **Para conhecer a informação.**
- **Para retificar a informação.**

É importante ressaltar que só caberá o remédio em relação às informações do próprio impetrante.

As informações precisam estar em um banco de dados governamental ou de caráter público, o que significa que seria possível entrar com um *habeas data* contra um banco de dados privado desde que tenha caráter público.

Da mesma forma que o *habeas corpus*, o *habeas data* também é gratuito:

> ***Art. 5º** [...]*
>
> *LXXVII – São gratuitas as ações de "Habeas corpus" e "Habeas Data", e, na forma da lei, os atos necessários ao exercício da cidadania.*

3.6.3 Mandado de segurança

O mandado de segurança é um remédio muito cobrado em prova em razão dos seus requisitos:

> ***Art. 5º, CF/1988/1988** [...]*
>
> *LXIX – Conceder-se-á mandado de segurança para proteger direito líquido e certo, não amparado por "Habeas corpus" ou "Habeas Data", quando o responsável pela ilegalidade ou abuso de poder for autoridade pública ou agente de pessoa jurídica no exercício de atribuições do Poder Público.*

Como se pode ver, o mandado de segurança será cabível proteger direito líquido e certo desde que não amparado por *Habeas corpus* ou h*abeas data*. O que significa dizer que será cabível desde que não seja para proteger a liberdade de locomoção e a liberdade de informação. Esse é o chamado caráter subsidiário do mandado de segurança.

O texto constitucional exigiu também para a utilização dessa ferramenta a ilegalidade e o abuso de poder praticado por autoridade pública ou privada, desde que esteja no exercício de atribuições do poder público.

O mandado de segurança possui prazo decadencial para ser utilizado: 120 dias.

Existe também o mandado de segurança coletivo:

> ***Art. 5º** [...]*
>
> *LXX – O mandado de segurança coletivo pode ser impetrado por:*
>
> *a) partido político com representação no Congresso Nacional;*
>
> *b) organização sindical, entidade de classe ou associação legalmente constituída e em funcionamento há pelo menos um ano, em defesa dos interesses de seus membros ou associados.*

Observadas as regras do mandado de segurança individual, o mandado de segurança coletivo possui alguns requisitos que lhe são peculiares: os legitimados para propositura.

São legitimados para propor o mandado de segurança coletivo:

- **Partidos políticos com representação no Congresso Nacional:** para se ter representação no Congresso Nacional, basta um membro em qualquer uma das casas.
- **Organização sindical.**
- **Entidade de classe.**
- **Associação.**

Desde que legalmente constituída e em funcionamento há, pelo menos, um ano. Segundo o STF, a necessidade de estar constituída e em funcionamento há pelo menos um ano só se aplica às associações. A Banca FCC entende que esse requisito se aplica a todas as entidades.

3.6.4 Mandado de injunção

O mandado de injunção é uma ferramenta mais complexa para se entender. Vejamos o que diz a Constituição Federal de 1988:

> ***Art. 5º** [...]*
>
> *LXXI – Conceder-se-á mandado de injunção sempre que a falta de norma regulamentadora torne inviável o exercício dos direitos e liberdades constitucionais e das prerrogativas inerentes à nacionalidade, à soberania e à cidadania.*

O seu objetivo é suprir a omissão legislativa que impede o exercício de direitos fundamentais. Algumas normas constitucionais para que produzam efeitos dependem da edição de outras normas infraconstitucionais. Essas normas são conhecidas por sua eficácia como normas de eficácia limitada. O mandado de injunção visa a corrigir a ineficácia das normas com eficácia limitada.

Todas as vezes que um direito deixar de ser exercido pela ausência de norma regulamentadora, será cabível esse remédio.

No que tange à efetividade da decisão, deve-se esclarecer a possibilidade de adoção por parte do STF de duas correntes doutrinárias:

- **Teoria concretista geral:** o Poder Judiciário concretiza o direito no caso concreto aplicando seu dispositivo com efeito *erga omnes*, para todos os casos iguais;
- **Teoria concretista individual:** o Poder Judiciário concretiza o direito no caso concreto aplicando seu dispositivo com efeito *inter partes*, ou seja, apenas com efeito entre as partes.

3.6.5 Ação popular

A ação popular é uma ferramenta fiscalizadora utilizada como espécie de exercício direto dos direitos políticos. Por isso, só poderá ser utilizada por cidadãos. Segundo o inciso LXXIII do art. 5º da Constituição Federal de 1988:

> *LXXIII – Qualquer cidadão é parte legítima para propor ação popular que vise a anular ato lesivo ao patrimônio público ou de entidade de que o Estado participe, à moralidade administrativa, ao meio ambiente e ao patrimônio histórico e cultural, ficando o autor, salvo comprovada má-fé, isento de custas judiciais e do ônus da sucumbência.*

Além da previsão constitucional, essa ação encontra-se regulamentada pela Lei nº 4.717/1965. Percebe-se que seu objetivo consiste em proteger o patrimônio público, a moralidade administrativa, o meio ambiente e o patrimônio histórico e cultural.

O autor não precisa pagar custas judiciais ou ônus de sucumbência, salvo se houver má-fé.

4 DIREITOS SOCIAIS E NACIONALIDADE

4.1 Direitos sociais

4.1.1 Prestações positivas

Os direitos sociais encontram-se previstos a partir do art. 6º até o art. 11 da Constituição Federal de 1988. São normas que se concretizam por meio de prestações positivas por parte do Estado, haja vista objetivarem reduzir as desigualdades sociais.

Deve-se dar destaque para o art. 6º, que foi alterado pela Emenda Constitucional nº 90/2015 e que possivelmente será objeto de questionamento em concurso público:

> ***Art. 6º*** *São direitos sociais a educação, a saúde, a alimentação, o trabalho, a moradia, o transporte, o lazer, a segurança, a previdência social, a proteção à maternidade e à infância, a assistência aos desamparados, na forma desta Constituição.*
>
> ***Parágrafo único.*** *Todo brasileiro em situação de vulnerabilidade social terá direito a uma renda básica familiar, garantida pelo poder público em programa permanente de transferência de renda, cujas normas e requisitos de acesso serão determinados em lei, observada a legislação fiscal e orçamentária. (Incluído pela EC nº 114/2021)*

Boa parte dos direitos aqui previstos necessita de recursos financeiros para serem implementados, o que acaba por dificultar sua plena eficácia.

No entanto, antes de avançar nessa parte do conteúdo, faz-se necessário dizer que costumam ser cobradas questões de provas que abordam apenas o texto puro da Constituição Federal de 1988. A principal orientação, portanto, é que se dedique tempo à leitura da Constituição Federal, mais precisamente, do art. 7º, que possui vários dispositivos que podem ser trabalhados em prova.

4.1.2 Reserva do possível

Seria possível exigir do Estado a concessão de um direito social quando tal direito não fosse assegurado de forma condizente com sua previsão constitucional? A título de exemplo, veremos um dispositivo dos direitos sociais dos trabalhadores:

> ***Art. 7º*** *[...]*
>
> *IV – Salário-mínimo, fixado em lei, nacionalmente unificado, capaz de atender a suas necessidades vitais básicas e às de sua família com moradia, alimentação, educação, saúde, lazer, vestuário, higiene, transporte e previdência social, com reajustes periódicos que lhe preservem o poder aquisitivo, sendo vedada sua vinculação para qualquer fim.*

Observe-se que a Constituição Federal de 1988 garante que o salário-mínimo deve atender às necessidades vitais básicas do trabalhador e de sua família com moradia, alimentação, educação, saúde, lazer, vestuário, higiene, transporte e previdência social. Entendendo que os direitos sociais são espécies de direitos fundamentais e, analisando-os sob o dispositivo previsto no § 1º do art. 5º, segundo o qual "as normas definidoras de direitos e garantias fundamentais têm aplicação imediata", pergunta-se: seria possível entrar com uma ação visando a garantir o disposto no inciso IV, que está sendo analisado?

Certamente não. Para se garantir tudo o que está previsto no referido inciso, seria necessário que o salário-mínimo valesse, em média, por volta de R$ 3.000,00. Agora, imagine se algum trabalhador conseguisse esse benefício por meio de uma decisão judicial, o que não fariam todos os demais trabalhadores do país.

Se o Estado fosse obrigado a pagar esse valor para todos os trabalhadores, os cofres públicos rapidamente quebrariam. Para se garantir essa estabilidade, foi desenvolvida a **Teoria da Reserva do Possível**, por meio da qual o Estado pode alegar essa impossibilidade financeira para atender algumas demandas, como o aumento do salário-mínimo. Quando o poder público for demandado para garantir algum benefício de ordem social, poderá ser alegada, previamente, a impossibilidade financeira para concretização do direito sob o argumento da reserva do possível.

4.1.3 Mínimo existencial

Por causa da Reserva do Possível, o Estado passou a se esconder atrás dessa teoria, eximindo-se da sua obrigação social de garantia dos direitos tutelados na Constituição Federal. Tudo o que era pedido para o Estado era negado sob o argumento de que "não era possível". Para trazer um pouco de equilíbrio a essa relação, foi desenvolvida outra teoria chamada de Mínimo Existencial. Essa teoria permite que os poderes públicos deixem de atender algumas demandas em razão da reserva do possível, mas exige que seja garantido o mínimo existencial.

4.1.4 Princípio da proibição ou retrocesso ou efeito cliquet

Uma regra que funciona com caráter de segurança jurídica é a proibição do retrocesso. Esse dispositivo proíbe que os direitos sociais já conquistados sejam esvaziados ou perdidos sob pena de desestruturação social do país.

4.1.5 Salário-mínimo

Feitas algumas considerações iniciais sobre a doutrina social, segue-se à análise de alguns dispositivos que se encontram no art. 7º da Constituição Federal de 1988:

> *IV – Salário-mínimo, fixado em lei, nacionalmente unificado, capaz de atender a suas necessidades vitais básicas e às de sua família com moradia, alimentação, educação, saúde, lazer, vestuário, higiene, transporte e previdência social, com reajustes periódicos que lhe preservem o poder aquisitivo, sendo vedada sua vinculação para qualquer fim.*

Vários pontos são relevantes nesse inciso. Primeiramente, é importante comentar o trecho "fixado em lei". Segundo o texto constitucional, o salário-mínimo só poderá ser fixado em Lei; entretanto, no dia 25 de fevereiro de 2011 foi publicada a Lei nº 12.382, que prevê a possibilidade de fixação do salário-mínimo por meio de Decreto do Poder Executivo. Questionado no STF, o guardião da Constituição considerou constitucional a fixação de salário-mínimo por meio de Decreto Presidencial.

D
C
O
N

Outro ponto interessante diz respeito ao salário-mínimo ser nacionalmente unificado. Muitos acham que alguns estados da federação fixam valores referentes ao salário-mínimo maiores do que o fixado nacionalmente. O STF já afirmou que os Estados não podem fixar salário-mínimo diferente do nacionalmente unificado. O que cada Estado pode fixar é o piso salarial da categoria de trabalhadores com valor maior que o salário-mínimo.

Algumas súmulas vinculantes do STF são importantes, pois se referem ao salário-mínimo:

> **Súmula Vinculante nº 4** *Salvo nos casos previstos na Constituição, o salário-mínimo não pode ser usado como indexador de base de cálculo de vantagem de servidor público ou de empregado, nem ser substituído por decisão judicial.*
>
> **Súmula Vinculante nº 6** *Não viola a Constituição o estabelecimento de remuneração inferior ao salário-mínimo para as praças prestadoras de serviço militar inicial.*
>
> **Súmula Vinculante nº 15** *O cálculo de gratificações e outras vantagens do servidor público não incide sobre o abono utilizado para se atingir o salário-mínimo.*
>
> **Súmula Vinculante 16:** *Os Arts. 7º, IV, e 39, § 3º (redação da EC nº 19/1998) da Constituição referem-se ao total da remuneração percebida pelo servidor público.*

4.1.6 Prescrição trabalhista

Um dos dispositivos previstos no art. 7º da Constituição Federal de 1988 mais cobrados em prova é o inciso XXIX:

> *XXIX – Ação, quanto aos créditos resultantes das relações de trabalho, com prazo prescricional de cinco anos para os trabalhadores urbanos e rurais, até o limite de dois anos após a extinção do contrato de trabalho.*

Imaginemos, por exemplo, uma pessoa que tenha exercido sua função no período noturno, em uma empresa, durante 20 anos. Contudo, em todos esses anos de trabalho, ela não recebeu nenhum adicional noturno. Ao ter seu contrato de trabalho rescindido, ela poderá ingressar em juízo pleiteando as verbas trabalhistas não pagas. Tendo em vista a existência de prazo prescricional para reaver seus direitos, o trabalhador terá o prazo de 2 anos para entrar com a ação, e só terá direito aos últimos 5 anos de adicional noturno.

Ressalta-se que esses 5 anos são contados a partir do dia em que se entrou com a ação. Se ele entrar com a ação no último dia do prazo de 2 anos, só terá direito a 3 anos de adicional noturno.

Nesse exemplo, se o trabalhador entrar com a ação no dia 01/01/2021, receberá os últimos 5 anos de adicional noturno, ou seja, até o dia 01/01/2016. Mas se o trabalhador entrar com a ação no dia 01/01/2023, último dia do prazo prescricional de 2 anos, ele terá direito aos últimos 5 anos de adicional noturno a contar do dia em que entrou com a ação. Isso significa que se depare o adicional noturno até o dia 01/01/2018. Perceba que, se o trabalhador demorar a entrar com a ação, ele perde os direitos trabalhistas anteriores ao prazo dos últimos 5 anos.

4.1.7 Proibição do trabalho noturno, perigoso e insalubre

Este inciso também é muito cotado para ser cobrado em prova. É importante lê-lo para que, em seguida, se possa responder a uma pergunta que fará entender o motivo de ele ser tão abordado em testes:

> ***Art. 7º** [...]*
> *XXXIII – Proibição de trabalho noturno, perigoso ou insalubre a menores de dezoito e de qualquer trabalho a menores de dezesseis anos, salvo na condição de aprendiz, a partir de quatorze anos.*

A pergunta é muito simples: a partir de qual idade pode trabalhar no Brasil? Você deve estar em dúvida: entre 16 e 14 anos. Isso é o que acontece com a maioria dos candidatos. Por isso, nunca esqueça: se temos uma regra e essa regra está acompanhada de uma exceção; temos, então, uma possibilidade.

Se a Constituição diz que é proibido o trabalho para os menores de 16 e, em seguida, excepciona essa regra dizendo que é possível a partir dos 14, na condição de aprendiz, ela quis dizer que o trabalho no Brasil se inicia aos 14 anos. Esse entendimento se fortalece à luz do art. 227, § 3º, inciso I:

> ***Art. 227** [...]*
> *§ 3º O direito a proteção especial abrangerá os seguintes aspectos:*
> *I – Idade mínima de quatorze anos para admissão ao trabalho, observado o disposto no art. 7º, XXXIII.*

4.1.8 Direitos dos empregados domésticos

O parágrafo único, do art. 7º, da Constituição Federal de 1988 assegurava ao trabalhador doméstico um número reduzido de direitos, se comparado com os demais empregados, urbanos ou rurais.

Nos termos da CF/1988/1988, estariam garantidos à categoria dos trabalhadores domésticos apenas os direitos previstos nos incisos IV, VI, VIII, XV, XVII, XVIII, XIX, XXI e XXIV, do art. 7º, bem como a sua integração à previdência social.

Com a promulgação da Emenda Constitucional nº 72, de 2 de abril de 2013, aquele parágrafo foi alterado para estender aos empregados domésticos praticamente todos os demais direitos constantes nos incisos, do art. 7º, da CF/1988.

A nova redação do parágrafo único, do art. 7º, da CF/1988 dispõe:

> ***Art. 7º** [...]*
> ***Parágrafo único.** São assegurados à categoria dos trabalhadores domésticos os direitos previstos nos incisos IV, VI, VII, VIII, X, XIII, XV, XVI, XVII, XVIII, XIX, XXI, XXII, XXIV, XXVI, XXX, XXXI e XXXIII e, atendidas as condições estabelecidas em lei e observada a simplificação do cumprimento das obrigações tributárias, principais e acessórias, decorrentes da relação de trabalho e suas peculiaridades, os previstos nos incisos I, II, III, IX, XII, XXV e XXVIII, bem como a sua integração à previdência social.*

4.1.9 Direitos coletivos dos trabalhadores

São basicamente os direitos relacionados à criação e organização das associações e sindicatos que estão previstos no art. 8º.

- **Princípio da unicidade sindical**

O primeiro direito coletivo refere-se ao princípio da unicidade sindical. Esse dispositivo proíbe a criação de mais de uma organização sindical, representativa de categoria profissional ou econômica, em uma mesma base territorial:

> ***Art. 8º** [...]*
> *II – É vedada a criação de mais de uma organização sindical, em qualquer grau, representativa de categoria profissional ou econômica, na mesma base territorial, que será definida pelos trabalhadores ou empregadores interessados, não podendo ser inferior à área de um Município.*

Em cada base territorial (federal, estadual, municipal ou distrital) só pode existir um sindicato representante da mesma categoria, lembrando que a base territorial mínima se refere à área de um município.

Exemplificando: só pode existir **um** sindicato municipal de pescadores no município de Cascavel. Só pode existir **um** sindicato estadual de pescadores no estado do Paraná. Só pode existir **um** sindicato federal de pescadores no Brasil. Contudo, é possível existirem vários sindicatos municipais de pescadores no Estado do Paraná.

- **Contribuição confederativa e sindical**

Essa questão costuma enganar até mesmo os mais preparados. Vejamos o que diz a Constituição Federal de 1988 no art. 8º, inciso IV:

> *IV – A assembleia geral fixará a contribuição que, em se tratando de categoria profissional, será descontada em folha, para custeio do sistema confederativo da representação sindical respectiva, independentemente da contribuição prevista em lei.*

A primeira coisa que se deve perceber é a existência de duas contribuições nesse inciso. Uma chamada de **contribuição confederativa** a outra de **contribuição sindical.**

A **contribuição confederativa** é a prevista nesse inciso, fixada pela assembleia geral, descontada em folha para custear o sistema confederativo. Essa contribuição é aquela paga às organizações sindicais e que só é obrigada aos filiados e aos sindicatos. Não possui natureza tributária, por isso obriga apenas as pessoas que voluntariamente se filiam a uma entidade sindical.

A **contribuição sindical**, que é a contribuição prevista em lei, mais precisamente na Consolidação das Leis Trabalhistas (Decreto-Lei nº 5.452/1943), deve ser paga por todos os trabalhadores ainda que profissionais liberais. Sua natureza é tributária, não possuindo caráter facultativo.

CONTRIBUIÇÃO	
Confederativa	**Sindical**
Fixada pela Assembleia	Fixada pela CLT
Natureza não tributária	Natureza tributária
Obrigada apenas aos filiados a sindicatos	Obrigada a todos os trabalhadores

- **Liberdade de associação**

Esse inciso costuma ser cobrado em prova devido às inúmeras possibilidades de se modificar o seu texto:

> ***Art. 8º** [...]*
> *V – Ninguém será obrigado a filiar-se ou a manter-se filiado a sindicato.*

É a liberdade de associação que permite aos trabalhadores escolherem se desejam ou não se filiar a um determinado sindicato. Ninguém será obrigado a filiar-se ou a manter-se filiado.

- **Participação do aposentado no sindicato**

Esse inciso também possui aplicação semelhante ao anterior, portanto, deve haver uma leitura atenta aos detalhes que podem ser modificados em prova:

> ***Art. 8º** [...]*
> *VII – O aposentado filiado tem direito a votar e ser votado nas organizações sindicais.*

- **Estabilidade sindical**

A estabilidade sindical constitui norma de proteção aos dirigentes sindicais que possui grande utilidade ao evitar o cometimento de arbitrariedades por partes das empresas em retaliação aos representantes dos empregados:

> ***Art 8º** [...]*
> *VIII – É vedada a dispensa do empregado sindicalizado a partir do registro da candidatura a cargo de direção ou representação sindical e, se eleito, ainda que suplente, até um ano após o final do mandato, salvo se cometer falta grave nos termos da lei.*

O importante aqui é entender o período de proteção que a Constituição Federal de 1988 garantiu aos dirigentes sindicais. A estabilidade se inicia com o registro da candidatura e permanece, com o candidato eleito, até um ano após o término do seu mandato. Ressalte-se que essa proteção contra despedida arbitrária não prospera diante do cometimento de falta grave.

4.2 Direitos de nacionalidade

A nacionalidade é um vínculo jurídico existente entre um indivíduo e um Estado. Esse vínculo jurídico é a ligação existente capaz de gerar direitos e obrigações entre a pessoa e o Estado.

A aquisição da nacionalidade decorre do nascimento ou da manifestação de vontade. Quando a nacionalidade é adquirida pelo nascimento, estamos diante da chamada **nacionalidade originária.** Mas, se for adquirida por meio da manifestação de vontade, estamos diante de uma **nacionalidade secundária.**

A **nacionalidade originária**, também chamada de aquisição de nacionalidade primária, é aquela involuntária. Decorre do nascimento desde que preenchidos os requisitos previstos na legislação. Um brasileiro que adquire nacionalidade originária é chamado de nato.

Dois critérios foram utilizados em nossa Constituição para se conferir a nacionalidade originária: *jus solis* e *jus sanguinis.*

- ***Jus solis:*** esse é critério do solo, critério territorial. Serão considerados brasileiros natos as pessoas que nascerem no território nacional. Esse é o critério adotado como regra no texto constitucional.
- ***Jus sanguinis:*** esse é o critério do sangue. Serão considerados brasileiros natos os descendentes de brasileiros, ou seja, aqueles que possuem o sangue brasileiro.

A **nacionalidade secundária** ou adquirida é a aquisição que depende de uma manifestação de vontade. É voluntária e, quem a adquire, possui a qualificação de naturalizado.

4.2.1 Conflito de nacionalidade

Alguns países adotavam apenas o critério *jus sanguinis*, outros somente o critério *jus solis*, e isso gerou alguns problemas que a doutrina nominou de conflito de nacionalidade. O conflito de nacionalidade pode ser de duas formas: positivo e negativo.

- **Conflito positivo:** ocorre quando o indivíduo adquire várias nacionalidades. Ele será chamado de polipátrida.
- **Conflito negativo:** ocorre quando o indivíduo não adquire qualquer nacionalidade. Esse será chamado de apátrida (*heimatlos*).

Para evitar a ocorrência desses tipos de conflito, os países têm adotado critérios mistos de aquisição de nacionalidade originária, a exemplo do próprio Brasil.

A seguir, serão analisadas várias hipóteses previstas no art. 12 da Constituição Federal de aquisição de nacionalidade tanto originária quanto secundária.

4.2.2 Nacionalidade originária

As hipóteses de aquisição da nacionalidade originária estão previstas no art. 12, I da Constituição Federal, e são:

> ***Art. 12** São brasileiros:*
>
> *I – Natos:*
>
> *a) os nascidos na República Federativa do Brasil, ainda que de pais estrangeiros, desde que estes não estejam a serviço de seu país;*
>
> *b) os nascidos no estrangeiro, de pai brasileiro ou mãe brasileira, desde que qualquer deles esteja a serviço da República Federativa do Brasil;*
>
> *c) os nascidos no estrangeiro de pai brasileiro ou de mãe brasileira, desde que sejam registrados em repartição brasileira competente ou venham a residir na República Federativa do Brasil e optem, em qualquer tempo, depois de atingida a maioridade, pela nacionalidade brasileira.*

A primeira hipótese, prevista na alínea "a", adotou para aquisição o critério *jus solis*, ou seja, serão considerados brasileiros natos aqueles que nascerem no país ainda que de pais estrangeiros, desde que, os pais não estejam a serviço do seu país. Para que os filhos de pais estrangeiros fiquem impedidos de adquirirem a nacionalidade brasileira, é preciso que ambos os pais sejam estrangeiros, mas basta que apenas um deles esteja a serviço do seu país. Se os pais estrangeiros estiverem a serviço de outro país, a doutrina tem entendido que não se aplicará a vedação.

Já a segunda hipótese, adotada na alínea "b", utilizou o critério *jus sanguinis* para fixação da nacionalidade originária. Serão brasileiros natos os nascidos fora do país, filho de pai ou mãe brasileira, desde que qualquer deles esteja a serviço da República Federativa do Brasil. Estar a serviço do país significa estar a serviço de qualquer ente federativo (União, estados, Distrito Federal ou municípios) incluídos os órgãos e entidades da administração indireta (fundações, autarquias, empresas públicas e sociedades de economia mista).

A terceira hipótese, prevista na alínea "c", apresenta, na verdade, duas possibilidades: uma depende do registro a outra depende da opção confirmativa.

Primeiro, temos a regra aplicada aos nascidos no estrangeiro, filho de pai brasileiro ou mãe brasileira, condicionada à aquisição da nacionalidade ao registro em repartição brasileira competente. Nessa hipótese, adota-se o critério *jus sanguinis* acompanhado do registro em repartição brasileira.

Em seguida, temos a segunda possibilidade destinada aos nascidos no estrangeiro de pai brasileiro ou de mãe brasileira, que venham a residir na República Federativa do Brasil e optem (opção confirmativa), em qualquer tempo, depois de atingida a maioridade, pela nacionalidade brasileira.

Essa é a chamada nacionalidade protestativa, pois depende da manifestação de vontade por parte do interessado. Deve-se ter cuidado com a condição para a manifestação da vontade que só pode ser exercida depois de atingida a maioridade, apesar de não existir tempo limite para o exercício desse direito.

4.2.3 Nacionalidade secundária

A seguir, serão apresentadas as hipóteses de aquisição de nacionalidade secundária:

> ***Art. 12** [...]*
>
> *II – Naturalizados:*
>
> *a) Os que, na forma da lei, adquiram a nacionalidade brasileira, exigidas aos originários de países de língua portuguesa apenas residência por um ano ininterrupto e idoneidade moral;*
>
> *b) os estrangeiros de qualquer nacionalidade, residentes na República Federativa do Brasil há mais de quinze anos ininterruptos e sem condenação penal, desde que requeiram a nacionalidade brasileira.*

A primeira hipótese de naturalização, prevista na alínea "a" do inciso II, é a chamada naturalização ordinária. Essa naturalização apresenta uma forma de aquisição prevista em lei. Esta Lei é a nº 6.815/1980, que traz algumas regras para aquisição de nacionalidade, as quais não serão estudadas neste momento. O que interessa agora para a prova é a segunda parte da alínea, que confere um tratamento diferenciado para os originários de países de língua portuguesa, para quem será exigida apenas residência por um ano ininterrupto e idoneidade moral. Entende-se país de língua portuguesa qualquer país que possua a língua portuguesa como língua oficial (Angola, Portugal, Timor Leste, entre outros). Essa forma de naturalização não gera direito subjetivo ao estrangeiro, o que significa que ele poderá pleitear sua naturalização e essa poderá ser indeferida pelo Chefe do Poder Executivo, haja vista se tratar de um ato discricionário.

A alínea "b" do inciso II apresenta a chamada naturalização extraordinária ou quinzenária. Essa hipótese é destinada a qualquer estrangeiro e será exigida residência ininterrupta pelo prazo de 15 anos e não existência de condenação penal. Nessa espécie, não há discricionariedade em conceder a naturalização, pois ela gera direito subjetivo ao estrangeiro que tenha preenchido os requisitos.

O melhor é não esquecer que a ausência temporária da residência não quebra o vínculo ininterrupto exigido para a naturalização no país. Também deve ser ressaltado que não existe naturalização tácita ou automática, sendo exigido requerimento de quem desejar se naturalizar no Brasil.

4.2.4 Português equiparado

Art. 12 [...]

§ 1º Aos portugueses com residência permanente no País, se houver reciprocidade em favor de brasileiros, serão atribuídos os direitos inerentes ao brasileiro, salvo os casos previstos nesta Constituição.

Trata-se do chamado português equiparado ou quase nacional. Segundo o dispositivo, a Constituição assegura aos portugueses tratamento diferenciado, como se fossem brasileiros. Não se trata de uma hipótese de naturalização, nesse caso são atribuídos os mesmos direitos inerentes ao brasileiro.

Essa condição depende de reciprocidade por parte de Portugal. O Brasil possui um acordo internacional com Portugal por meio do Decreto nº 3.927/2001 que promulgou o Tratado de Cooperação, Amizade e Consulta Brasil/Portugal. Havendo o mesmo tratamento a um brasileiro quando estiver no país português, serão garantidos tratamentos diferenciados aos portugueses que aqui estiverem desde que manifestem interesse no recebimento desse tratamento diferenciado. Ressalta-se que para requerer esse tipo de tratamento será necessária, além do requerimento, a constituição de residência permanente no Brasil.

Por fim, não se pode esquecer de que o tratamento dado aos portugueses os equipara aos brasileiros naturalizados.

4.2.5 Tratamento diferenciado entre brasileiros

O § 2º do art. 12 proíbe o tratamento diferenciado entre brasileiros natos e naturalizados:

§ 2º A lei não poderá estabelecer distinção entre brasileiros natos e naturalizados, salvo nos casos previstos nesta Constituição.

O próprio dispositivo excepciona a regra permitindo que a Constituição Federal estabeleça tratamento diferenciado entre brasileiros natos e naturalizados. São quatro os tratamentos diferenciados estabelecidos pelo texto constitucional:

- **Cargos privativos de brasileiros natos;**
- **Funções privativas de brasileiros natos;**
- **Regras de extradição;**
- **Propriedade de empresas de jornalística ou de radiodifusão.**

O § 3º apresenta a primeira hipótese de distinção dentre brasileiros natos e naturalizados:

§ 3º São privativos de brasileiro nato os cargos:
I – De Presidente e Vice-Presidente da República;
II – De Presidente da Câmara dos Deputados;
III – De Presidente do Senado Federal;
IV – De Ministro do Supremo Tribunal Federal;
V – Da carreira diplomática;
VI – de oficial das Forças Armadas;
VII – De Ministro de Estado da Defesa.

Os cargos privativos aos brasileiros natos são muito incidentes em provas. Por esse motivo, sugere-se que sejam memorizados. Dois critérios foram utilizados para escolha desses cargos. O primeiro está relacionado com os cargos que sucedem o Presidente da República (presidente e vice-Presidente da República, presidente da Câmara dos Deputados, presidente do Senado Federal e ministro do Supremo Tribunal Federal). O segundo critério diz respeito à segurança nacional (carreira diplomática, oficial das forças armadas e ministro do Estado da Defesa).

As funções privativas de brasileiros natos estão previstas no art. 89, inciso VII da Constituição Federal de 1988:

Art. 89 *O Conselho da República é órgão superior de consulta do Presidente da República, e dele participam:*
I – O Vice-Presidente da República;
II – O Presidente da Câmara dos Deputados;
III – O Presidente do Senado Federal;
IV – Os líderes da maioria e da minoria na Câmara dos Deputados;
V – Os líderes da maioria e da minoria no Senado Federal;
VI – O Ministro da Justiça;
VII – Seis cidadãos brasileiros natos, com mais de trinta e cinco anos de idade, sendo dois nomeados pelo Presidente da República, dois eleitos pelo Senado Federal e dois eleitos pela Câmara dos Deputados, todos com mandato de três anos, vedada a recondução.

A terceira possibilidade de tratamento diferenciado diz respeito às regras de extradição previstas no inciso LI do art. 5º da Constituição Federal de 1988:

LI – Nenhum brasileiro será extraditado, salvo o naturalizado, em caso de crime comum, praticado antes da naturalização, ou de comprovado envolvimento em tráfico ilícito de entorpecentes e drogas afins, na forma da lei.

A quarta previsão está no art. 222 da Constituição Federal de 1988:

Art. 222 *A propriedade de empresa jornalística e de radiodifusão sonora e de sons e imagens é privativa de brasileiros natos ou naturalizados há mais de dez anos, ou de pessoas jurídicas constituídas sob as leis brasileiras e que tenham sede no País.*

4.2.6 Perda da nacionalidade

A seguir serão trabalhadas as hipóteses de perda da nacionalidade. Uma pergunta: brasileiro nato pode perder a nacionalidade?

Vejamos o que diz a Constituição Federal:

Art. 12, § 4º *Será declarada a perda da nacionalidade do brasileiro que:*
I – Tiver cancelada sua naturalização, por sentença judicial, em virtude de atividade nociva ao interesse nacional;
II – Adquirir outra nacionalidade, salvo nos casos:
a) de reconhecimento de nacionalidade originária pela lei estrangeira;
b) de imposição de naturalização, pela norma estrangeira, ao brasileiro residente em estado estrangeiro, como condição para permanência em seu território ou para o exercício de direitos civis.

Ao se analisar o dispositivo do *caput* desse parágrafo, é possível concluir que as regras são para os brasileiros natos ou naturalizados.

Mas vale a pena verificar cada hipótese:

- O inciso I deixa claro que é uma hipótese aplicada apenas aos brasileiros naturalizados (cancelamento de naturalização). Se o indivíduo tem seu vínculo com o Estado cancelado por decisão judicial, não há que se falar em permanência da nacionalidade brasileira;
- O inciso II já não permite a mesma conclusão, haja vista ter considerado qualquer brasileiro. Logo, ao brasileiro, seja ele nato ou naturalizado, que adquirir outra nacionalidade, será declarada a perda da nacionalidade, pelo menos em regra. Essa regra possui duas exceções: nos casos de reconhecimento de nacionalidade originária estrangeira ou de imposição de naturalização, não será declarada a perda da nacionalidade brasileira. É nestas hipóteses que se encontram permitidas as situações de dupla nacionalidade que conhecemos.

Uma questão interessante surge: seria possível a reaquisição da nacionalidade brasileira?

Uma vez perdida a nacionalidade, tem-se entendido que é possível a sua reaquisição dependo da forma que foi perdida.

Se o indivíduo perde a nacionalidade com fundamento no inciso I, por cancelamento de naturalização, só seria possível a reaquisição por meio de ação rescisória.

Caso o indivíduo perca a nacionalidade por ter adquirido outra, que revela a hipótese do inciso II, também será possível a reaquisição por decreto presidencial (art. 36, Lei nº 818/1949).

Apesar da divergência doutrinária, prevalece o entendimento de que o brasileiro, após a reaquisição, volta à condição anterior, ou seja, se era brasileiro nato, volta a ser nato, se era naturalizado, volta como naturalizado.

5 ORGANIZAÇÃO POLÍTICO-ADMINISTRATIVA

Para que se possa compreender a organização político-administrativa do Estado brasileiro, faz-se necessário, primeiramente, entender como se deu essa formação. Para isso, será abordado o princípio federativo.

5.1 Princípio federativo: entes federativos

A forma de Estado adotada no Brasil é a federativa. Quando se afirma que o nosso Estado é uma Federação, quer-se dizer como se dá o exercício do poder político em função do território. Em um Estado Federal, existe pluralidade de poderes políticos internos, os quais se organizam de forma descentralizada. No Brasil, são quatro poderes políticos, também chamados de entes federativos:

- **União;**
- **Estados;**
- **Distrito Federal;**
- **Municípios.**

Essa organização é baseada na autonomia política de cada ente federativo. Deve-se estar atento a esse tema em prova, pois as bancas gostam de trocar autonomia por soberania. Cada ente possui sua própria autonomia, enquanto o Estado Federal possui a soberania. A autonomia de cada ente federativo se dá no âmbito político, financeiro, orçamentário, administrativo e em qualquer outra área permitida pela Constituição Federal:

> ***Art. 18*** *A organização político-administrativa da República Federativa do Brasil compreende a União, os Estados, o Distrito Federal e os Municípios, todos autônomos, nos termos desta Constituição.*

Deve-se destacar, inclusive, que o pacto federativo sobrevive em torno da Constituição Federal, que impede sua dissolução sob pena de se decretar Intervenção Federal:

> ***Art. 34*** *A União não intervirá nos Estados nem no Distrito Federal, exceto para:*
>
> *I – Manter a integridade nacional.*

A proibição de secessão, que impede a separação de um ente federativo, também é conhecida como princípio da indissolubilidade.

Outro ponto muito cobrado em prova diz respeito à inexistência de hierarquia entre os entes federativos. O que distingue um ente federativo do outro não é a superioridade, mas a distribuição de competências feita pela própria Constituição Federal de 1988. Não se deve esquecer também que as Unidades da Federação possuem representação junto ao Poder Legislativo da União, mais precisamente, no Senado Federal.

Em razão dessa organização completamente diferenciada, a doutrina classifica a federação brasileira de várias formas:

- **Tricotômica:** federação constituída em três níveis: federal, estadual e municipal. O Distrito Federal não é considerado nessa classificação, haja vista possuir competência híbrida, agindo tanto como um Estado quanto como Município.
- **Centrífuga:** característica que reflete a formação da federação brasileira. É a formação "de dentro para fora". O movimento é de centrifugadora. A força de criação do estado federal brasileiro surgiu a partir de um Estado Unitário para a criação de um estado federado, ou seja, o poder centralizado que se torna descentralizado. O poder político era concentrado nas mãos de um só ente e depois passa a fazer parte de vários entes federativos.
- **Por desagregação:** ocorre quando um Estado Unitário resolve se descentralizar politicamente, desagregando o poder central em favor de vários entes titulares de poder político.

Mais uma característica que não pode ser ignorada em prova: a forma Federativa de Estado é uma **cláusula pétrea**, conforme dispõe o art. 60, § 4º, inciso I:

> ***Art. 60*** *[...]*
>
> *§ 4º Não será objeto de deliberação a proposta de emenda tendente a abolir:*
>
> *I – A forma federativa de Estado.*

Cumpre lembrar de que a capital do Brasil é Brasília. Deve-se ter cuidado: há questão de prova que diz que a capital é o Distrito Federal. O Distrito Federal é um ente federativo, ao passo que Brasília é uma região administrativa dentro do Distrito Federal:

> ***Art. 18*** *[...]*
>
> *§ 1º Brasília é a Capital Federal.*

Outra coisa com a qual se deve ter cuidado diz respeito aos territórios federais:

> ***Art. 18*** *[...]*
>
> *§ 2º Os Territórios Federais integram a União, e sua criação, transformação em Estado ou reintegração ao Estado de origem serão reguladas em lei complementar.*

Esses não são entes federativos, pois não possuem autonomia política. São pessoas jurídicas de direito público que possuem apenas capacidade administrativa. Sua natureza jurídica é de autarquia federal e só podem ser criados por lei federal. Para sua criação se faz necessária a aprovação das populações diretamente envolvidas, por meio de plebiscito, parecer da Assembleia Legislativa e lei complementar federal. Os territórios são administrados por governadores escolhidos pelo Presidente da República e podem ser divididos em municípios. Cada território elegerá quatro deputados federais, mas não poderá eleger Senador da República. Seguem abaixo vários dispositivos da Constituição Federal de 1988 que regulamentam os territórios:

> ***Art. 18*** *[...]*
>
> *§ 3º Os Estados podem incorporar-se entre si, subdividir-se ou desmembrar-se para se anexarem a outros, ou formarem novos Estados ou Territórios Federais, mediante aprovação da população diretamente interessada, através de plebiscito, e do Congresso Nacional, por lei complementar.*
>
> ***Art. 45*** *[...]*
>
> *§ 2º Cada Território elegerá quatro Deputados.*
>
> ***Art. 48*** *Cabe ao Congresso Nacional, com a sanção do Presidente da República, não exigida esta para o especificado nos Arts. 49, 51 e 52, dispor sobre todas as matérias de competência da União, especialmente sobre:[...]*
>
> *VI – Incorporação, subdivisão ou desmembramento de áreas de Territórios ou Estados, ouvidas as respectivas Assembleias Legislativas.*
>
> ***Art. 84*** *Compete privativamente ao Presidente da República: [...]*
>
> *XIV – Nomear, após aprovação pelo Senado Federal, os Ministros do Supremo Tribunal Federal e dos Tribunais Superiores, os Governadores de Territórios, o Procurador-geral da República, o presidente e os diretores do banco central e outros servidores, quando determinado em lei.*

A Constituição Federal autoriza a divisão dos Territórios em Municípios. Os Territórios com mais de 100.000 habitantes possuirão Poder Judiciário próprio, bem como membros do Ministério Público e Defensores Públicos Federais. Poderão ainda eleger membros para Câmara Territorial:

> ***Art. 33*** *[...]*
>
> *§ 1º Os Territórios poderão ser divididos em Municípios, aos quais se aplicará, no que couber, o disposto no Capítulo IV deste Título. [...]*
>
> *§ 3º Nos Territórios Federais com mais de cem mil habitantes, além do Governador nomeado na forma desta Constituição, haverá órgãos judiciários de primeira e segunda instância, membros do Ministério Público e defensores públicos federais; a lei disporá sobre as eleições para a Câmara Territorial e sua competência deliberativa.*

D
C
O
N

5.1.1 Vedações constitucionais

A Constituição Federal de 1988 fez questão de estabelecer algumas vedações expressas aos entes federativos, as quais estão previstas no art. 19:

> ***Art. 19*** *É vedado à União, aos Estados, ao Distrito Federal e aos Municípios:*
>
> *I – Estabelecer cultos religiosos ou igrejas, subvencioná-los, embaraçar-lhes o funcionamento ou manter com eles ou seus representantes relações de dependência ou aliança, ressalvada, na forma da lei, a colaboração de interesse público;*
>
> *II – Recusar fé aos documentos públicos;*
>
> *III – Criar distinções entre brasileiros ou preferências entre si.*

A primeira vedação decorre da laicidade do Estado brasileiro, ou seja, não possuímos religião oficial no Brasil, em razão da situação de separação entre Estado e Igreja. A segunda vedação decorre da presunção de veracidade dos documentos públicos. E, por último, contemplando o princípio da isonomia, o qual será tratado em momento oportuno, fica vedado estabelecer distinções entre brasileiros ou preferências entre si. Atente-se a esta questão.

5.1.2 Características dos entes federativos

- **União**

Muitos sentem dificuldade em visualizar a União, tendo em vista ser um ente meio abstrato. O que se precisa saber é que a União é uma pessoa jurídica de direito público interno ao mesmo tempo em que é pessoa jurídica de direito público externo. É o Poder Central responsável por assuntos de interesse geral do Estado e que representa os demais entes federativos. Apesar de não possuir o atributo de soberania, a União exerce essa soberania em nome do Estado Federal. É só pensar na representação internacional do Estado. Quem celebra tratados internacionais? É o chefe do executivo da União, o Presidente da República.

Um dos temas mais cobrados em prova são os Bens da União. Os bens da União estão previstos no art. 20 da Constituição Federal:

> ***Art. 20*** *São bens da União:*
>
> *I – Os que atualmente lhe pertencem e os que lhe vierem a ser atribuídos;*
>
> *II – As terras devolutas indispensáveis à defesa das fronteiras, das fortificações e construções militares, das vias federais de comunicação e à preservação ambiental, definidas em lei;*
>
> *III – Os lagos, rios e quaisquer correntes de água em terrenos de seu domínio, ou que banhem mais de um Estado, sirvam de limites com outros países, ou se estendam a território estrangeiro ou dele provenham, bem como os terrenos marginais e as praias fluviais;*
>
> *IV – As ilhas fluviais e lacustres nas zonas limítrofes com outros países; as praias marítimas; as ilhas oceânicas e as costeiras, excluídas, destas, as que contenham a sede de Municípios, exceto aquelas áreas afetadas ao serviço público e a unidade ambiental federal, e as referidas no art. 26, II;*
>
> *V – Os recursos naturais da plataforma continental e da zona econômica exclusiva;*
>
> *VI – O mar territorial;*
>
> *VII – Os terrenos de marinha e seus acrescidos;*
>
> *VIII – os potenciais de energia hidráulica;*
>
> *IX – Os recursos minerais, inclusive os do subsolo;*
>
> *X – As cavidades naturais subterrâneas e os sítios arqueológicos e pré-históricos;*
>
> *XI – As terras tradicionalmente ocupadas pelos índios.*
>
> *§ 1º É assegurada, nos termos da lei, à União, aos Estados, ao Distrito Federal e aos Municípios a participação no resultado da exploração de petróleo ou gás natural, de recursos hídricos para fins de geração de energia elétrica e de outros recursos minerais no respectivo território, plataforma continental, mar territorial ou zona econômica exclusiva, ou compensação financeira por essa exploração. (Redação dada pela Emenda Constitucional nº 102/2019)*
>
> *§ 2º A faixa de até cento e cinquenta quilômetros de largura, ao longo das fronteiras terrestres, designada como faixa de fronteira, é considerada fundamental para defesa do território nacional, e sua ocupação e utilização serão reguladas em lei.*

Esse artigo, quando cobrado em prova, costuma ser trabalhado apenas com o texto literal da Constituição. A dica de estudo é a memorização dos bens que são considerados da União. Contudo, alguns bens necessitam de uma explicação maior para que sejam compreendidos.

- **Terras devolutas**

O inciso II fala das chamadas terras devolutas, mas o que significa terras devolutas? São terras que estão sob o domínio da União sem qualquer destinação, nem pública nem privada. Serão da União apenas as terras devolutas indispensáveis à defesa das fronteiras, das fortificações e construções militares, das vias federais de comunicação e à preservação ambiental, conforme definição em lei. As demais terras devolutas serão de propriedade dos Estados Membros nos termos do art. 26, incisos IV:

> ***Art. 26*** *Incluem-se entre os bens dos Estados: [...]*
>
> *IV – As terras devolutas não compreendidas entre as da União.*

- **Mar Territorial, Plataforma Continental e Zona Econômica Exclusiva (ZEE)**

Os incisos IV e V apresentam três bens que são muito interessantes e que se confundem nas cabeças dos alunos: mar territorial, plataforma continental e Zona Econômica Exclusiva. A Lei nº 8.617/1993 esclarece as diferenças entre esses institutos.

O mar territorial é formado por uma faixa de água marítima ao longo da costa brasileira, com uma dimensão de 12 milhas marítimas, contadas a partir da linha base. A plataforma continental é o prolongamento natural do território terrestre, compreendidos o leito e o subsolo do mar até a distância de 200 milhas marítimas ou até o bordo exterior da margem continental.

A ZEE é a extensão situada além do mar territorial até o limite das 200 milhas marítimas.

Acerca desse tema sempre há confusão. O mar territorial é extensão do território nacional sobre qual o Estado exerce sua soberania. Já a plataforma continental e a zona econômica exclusiva são águas internacionais onde o direito à soberania do Estado se limita à exploração e ao aproveitamento, à conservação e a gestão dos recursos naturais, vivos ou não vivos, das águas sobrejacentes ao leito do mar, do leito do mar e seu subsolo, e no que se refere a outras atividades com vistas à exploração e ao aproveitamento da zona para fins econômicos.

- **Estados**

Os estados são pessoas jurídicas de direito público interno, entes federativos detentores de autonomia própria. Essa autonomia se percebe pela sua capacidade de auto-organização, autogoverno, autoadministração. Destaca-se, ainda, o seu poder de criação da própria Constituição Estadual, bem como das demais normas de sua competência:

> ***Art. 25*** *Os Estados organizam-se e regem-se pelas Constituições e leis que adotarem, observados os princípios desta Constituição.*

Percebe-se, ainda, o seu autogoverno à medida que cada Estado organiza seus próprios Poderes: Poder Legislativo (Assembleia Legislativa), Poder Executivo (Governador) e Poder Judiciário (Tribunal de Justiça). Destacam-se também suas autonomias administrativa, tributária e financeira.

Segundo o art. 18, § 3º, da Constituição Federal de 1988:

> ***Art. 18*** *[...]*
>
> *§ 3º Os Estados podem incorporar-se entre si, subdividir-se ou desmembrar-se para se anexarem a outros, ou formarem novos Estados ou Territórios Federais, mediante aprovação da população diretamente interessada, através de plebiscito, e do Congresso Nacional, por lei complementar.*

O que se precisa lembrar para a prova é que, para se criar outro Estado, faz-se necessária a aprovação da população diretamente interessada por meio de plebiscito e que essa criação depende de lei complementar federal. A Constituição Federal de 1988 prevê ainda a oitiva das Assembleias Legislativas envolvidas na modificação:

> ***Art. 48*** *Cabe ao Congresso Nacional, com a sanção do Presidente da República, não exigida esta para o especificado nos Arts. 49, 51 e 52, dispor sobre todas as matérias de competência da União, especialmente sobre: [...]*
>
> *IV – Incorporação, subdivisão ou desmembramento de áreas de Territórios ou Estados, ouvidas as respectivas Assembleias Legislativas.*

Em razão de sua autonomia, a Constituição Federal de 1988 apresentou um rol de bens que pertencem aos Estados:

> ***Art. 26*** *Incluem-se entre os bens dos Estados:*
>
> *I – As águas superficiais ou subterrâneas, fluentes, emergentes e em depósito, ressalvadas, neste caso, na forma da lei, as decorrentes de obras da União;*
>
> *II – As áreas, nas ilhas oceânicas e costeiras, que estiverem no seu domínio, excluídas aquelas sob domínio da União, Municípios ou terceiros;*
>
> *III – As ilhas fluviais e lacustres não pertencentes à União;*
>
> *IV – As terras devolutas não compreendidas entre as da União.*

Algumas regras em relação à Organização dos Poderes Legislativo e Executivo no âmbito dos Estados também aparecem na Constituição Federal de 1988. Quando cobradas em prova, a leitura e memorização dos artigos abaixo se tornam essenciais:

> ***Art. 27*** *O número de Deputados à Assembleia Legislativa corresponderá ao triplo da representação do Estado na Câmara dos Deputados e, atingido o número de trinta e seis, será acrescido de tantos quantos forem os Deputados Federais acima de doze.*
>
> *§ 1º Será de quatro anos o mandato dos Deputados Estaduais, aplicando-se-lhes as regras desta Constituição sobre sistema eleitoral, inviolabilidade, imunidades, remuneração, perda de mandato, licença, impedimentos e incorporação às Forças Armadas.*
>
> *§ 2º O subsídio dos Deputados Estaduais será fixado por lei de iniciativa da Assembleia Legislativa, na razão de, no máximo, setenta e cinco por cento daquele estabelecido, em espécie, para os Deputados Federais, observado o que dispõem os Arts. 39, § 4º, 57, § 7º, 150, II, 153, III, e 153, § 2º, I.*
>
> *§ 3º Compete às Assembleias Legislativas dispor sobre seu regimento interno, polícia e serviços administrativos de sua secretaria, e prover os respectivos cargos.*
>
> *§ 4º A lei disporá sobre a iniciativa popular no processo legislativo estadual.*
>
> ***Art. 28*** *A eleição do Governador e do Vice-Governador de Estado, para mandato de quatro anos, realizar-se-á no primeiro domingo de outubro, em primeiro turno, e no último domingo de outubro, em segundo turno, se houver, do ano anterior ao do término do mandato de seus antecessores, e a posse ocorrerá em primeiro de janeiro do ano subsequente, observado, quanto ao mais, o disposto no art. 77.*
>
> *§ 1º Perderá o mandato o Governador que assumir outro cargo ou função na Administração Pública direta ou indireta, ressalvada a posse em virtude de concurso público e observado o disposto no art. 38, I, IV e V.*
>
> *§ 2º Os subsídios do Governador, do Vice-Governador e dos Secretários de Estado serão fixados por lei de iniciativa da Assembleia Legislativa, observado o que dispõem os Arts. 37, XI, 39, § 4º, 150, II, 153, III, e 153, § 2º, I.*

- **Municípios**

Os municípios são elencados pela Constituição Federal de 1988 como entes federativos dotados de autonomia, a qual se percebe pela sua capacidade de auto-organização, autogoverno e autoadministração. São regidos por lei orgânica e possui Executivo e Legislativo próprio, os quais são representados, respectivamente, pela Prefeitura e pela Câmara Municipal e que são regulamentados pelos arts. 29 e 29-A da Constituição Federal de 1988. O examinador pode explorar, em prova de concurso público, questões que requeiram a memorização desses artigos. Para entender por que ele faria isso, recomenda-se a leitura:

> ***Art. 29*** *O Município reger-se-á por lei orgânica, votada em dois turnos, com o interstício mínimo de dez dias, e aprovada por dois terços dos membros da Câmara Municipal, que a promulgará, atendidos os princípios estabelecidos nesta Constituição, na Constituição do respectivo Estado e os seguintes preceitos:*
>
> *I – Eleição do Prefeito, do Vice-Prefeito e dos Vereadores, para mandato de quatro anos, mediante pleito direto e simultâneo realizado em todo o País;*
>
> *II – Eleição do Prefeito e do Vice-Prefeito realizada no primeiro domingo de outubro do ano anterior ao término do mandato dos que devam suceder, aplicadas as regras do art. 77, no caso de Municípios com mais de duzentos mil eleitores;*
>
> *III – Posse do Prefeito e do Vice-Prefeito no dia 1º de janeiro do ano subsequente ao da eleição;*
>
> *IV – Para a composição das Câmaras Municipais, será observado o limite máximo de:*
>
> *a) 9 (nove) Vereadores, nos Municípios de até 15.000 (quinze mil) habitantes;*
>
> *b) 11 (onze) Vereadores, nos Municípios de mais de 15.000 (quinze mil) habitantes e de até 30.000 (trinta mil) habitantes;*
>
> *c) 13 (treze) Vereadores, nos Municípios com mais de 30.000 (trinta mil) habitantes e de até 50.000 (cinquenta mil) habitantes;*
>
> *d) 15 (quinze) Vereadores, nos Municípios de mais de 50.000 (cinquenta mil) habitantes e de até 80.000 (oitenta mil) habitantes;*
>
> *e) 17 (dezessete) Vereadores, nos Municípios de mais de 80.000 (oitenta mil) habitantes e de até 120.000 (cento e vinte mil) habitantes;*
>
> *f) 19 (dezenove) Vereadores, nos Municípios de mais de 120.000 (cento e vinte mil) habitantes e de até 160.000 (cento sessenta mil) habitantes;*
>
> *g) 21 (vinte e um) Vereadores, nos Municípios de mais de 160.000 (cento e sessenta mil) habitantes e de até 300.000 (trezentos mil) habitantes;*
>
> *h) 23 (vinte e três) Vereadores, nos Municípios de mais de 300.000 (trezentos mil) habitantes e de até 450.000 (quatrocentos e cinquenta mil) habitantes;*
>
> *i) 25 (vinte e cinco) Vereadores, nos Municípios de mais de 450.000 (quatrocentos e cinquenta mil) habitantes e de até 600.000 (seiscentos mil) habitantes;*
>
> *j) 27 (vinte e sete) Vereadores, nos Municípios de mais de 600.000 (seiscentos mil) habitantes e de até 750.000 (setecentos cinquenta mil) habitantes;*
>
> *k) 29 (vinte e nove) Vereadores, nos Municípios de mais de 750.000 (setecentos e cinquenta mil) habitantes e de até 900.000 (novecentos mil) habitantes;*
>
> *l) 31 (trinta e um) Vereadores, nos Municípios de mais de 900.000 (novecentos mil) habitantes e de até 1.050.000 (um milhão e cinquenta mil) habitantes;*
>
> *m) 33 (trinta e três) Vereadores, nos Municípios de mais de 1.050.000 (um milhão e cinquenta mil) habitantes e de até 1.200.000 (um milhão e duzentos mil) habitantes;*
>
> *n) 35 (trinta e cinco) Vereadores, nos Municípios de mais de 1.200.000 (um milhão e duzentos mil) habitantes e de até 1.350.000 (um milhão e trezentos e cinquenta mil) habitantes;*

o) 37 (trinta e sete) Vereadores, nos Municípios de 1.350.000 (um milhão e trezentos e cinquenta mil) habitantes e de até 1.500.000 (um milhão e quinhentos mil) habitantes;

p) 39 (trinta e nove) Vereadores, nos Municípios de mais de 1.500.000 (um milhão e quinhentos mil) habitantes e de até 1.800.000 (um milhão e oitocentos mil) habitantes;

q) 41 (quarenta e um) Vereadores, nos Municípios de mais de 1.800.000 (um milhão e oitocentos mil) habitantes e de até 2.400.000 (dois milhões e quatrocentos mil) habitantes;

r) 43 (quarenta e três) Vereadores, nos Municípios de mais de 2.400.000 (dois milhões e quatrocentos mil) habitantes e de até 3.000.000 (três milhões) de habitantes;

s) 45 (quarenta e cinco) Vereadores, nos Municípios de mais de 3.000.000 (três milhões) de habitantes e de até 4.000.000 (quatro milhões) de habitantes;

t) 47 (quarenta e sete) Vereadores, nos Municípios de mais de 4.000.000 (quatro milhões) de habitantes e de até 5.000.000 (cinco milhões) de habitantes;

u) 49 (quarenta e nove) Vereadores, nos Municípios de mais de 5.000.000 (cinco milhões) de habitantes e de até 6.000.000 (seis milhões) de habitantes;

v) 51 (cinquenta e um) Vereadores, nos Municípios de mais de 6.000.000 (seis milhões) de habitantes e de até 7.000.000 (sete milhões) de habitantes;

w) 53 (cinquenta e três) Vereadores, nos Municípios de mais de 7.000.000 (sete milhões) de habitantes e de até 8.000.000 (oito milhões) de habitantes; e

x) 55 (cinquenta e cinco) Vereadores, nos Municípios de mais de 8.000.000 (oito milhões) de habitantes;

V – Subsídios do Prefeito, do Vice-Prefeito e dos Secretários Municipais fixados por lei de iniciativa da Câmara Municipal, observado o que dispõem os Arts. 37, XI, 39, § 4º, 150, II, 153, III, e 153, § 2º, I;

VI – O subsídio dos Vereadores será fixado pelas respectivas Câmaras Municipais em cada legislatura para a subsequente, observado o que dispõe esta Constituição, observados os critérios estabelecidos na respectiva Lei Orgânica e os seguintes limites máximos:

a) em Municípios de até dez mil habitantes, o subsídio máximo dos Vereadores corresponderá a vinte por cento do subsídio dos Deputados Estaduais;

b) em Municípios de dez mil e um a cinquenta mil habitantes, o subsídio máximo dos Vereadores corresponderá a trinta por cento do subsídio dos Deputados Estaduais;

c) em Municípios de cinquenta mil e um a cem mil habitantes, o subsídio máximo dos Vereadores corresponderá a quarenta por cento do subsídio dos Deputados Estaduais;

d) em Municípios de cem mil e um a trezentos mil habitantes, o subsídio máximo dos Vereadores corresponderá a cinquenta por cento do subsídio dos Deputados Estaduais;

e) em Municípios de trezentos mil e um a quinhentos mil habitantes, o subsídio máximo dos Vereadores corresponderá a sessenta por cento do subsídio dos Deputados Estaduais;

f) em Municípios de mais de quinhentos mil habitantes, o subsídio máximo dos Vereadores corresponderá a setenta e cinco por cento do subsídio dos Deputados Estaduais;

VII – O total da despesa com a remuneração dos Vereadores não poderá ultrapassar o montante de cinco por cento da receita do Município;

VIII – Inviolabilidade dos Vereadores por suas opiniões, palavras e votos no exercício do mandato e na circunscrição do Município;

IX – Proibições e incompatibilidades, no exercício da vereança, similares, no que couber, ao disposto nesta Constituição para os membros do Congresso Nacional e na Constituição do respectivo Estado para os membros da Assembleia Legislativa;

X – Julgamento do Prefeito perante o Tribunal de Justiça;

XI – Organização das funções legislativas e fiscalizadoras da Câmara Municipal;

XII – Cooperação das associações representativas no planejamento municipal;

XIII – Iniciativa popular de projetos de lei de interesse específico do Município, da cidade ou de bairros, através de manifestação de, pelo menos, cinco por cento do eleitorado;

XIV – Perda do mandato do Prefeito, nos termos do art. 28, parágrafo único.

***Art. 29-A** O total da despesa do Poder Legislativo Municipal, incluídos os subsídios dos Vereadores e excluídos os gastos com inativos, não poderá ultrapassar os seguintes percentuais, relativos ao somatório da receita tributária e das transferências previstas no § 5º do art. 153 e nos arts. 158 e 159, efetivamente realizado no exercício anterior: (Conforme Emenda Constitucional nº 109/2021) [...]*

I – 7% (sete por cento) para Municípios com população de até 100.000 (cem mil) habitantes;

II – 6% (seis por cento) para Municípios com população entre 100.000 (cem mil) e 300.000 (trezentos mil) habitantes;

III – 5% (cinco por cento) para Municípios com população entre 300.001 (trezentos mil e um) e 500.000 (quinhentos mil) habitantes;

IV – 4,5% (quatro inteiros e cinco décimos por cento) para Municípios com população entre 500.001 (quinhentos mil e um) e 3.000.000 (três milhões) de habitantes;

V – 4% (quatro por cento) para Municípios com população entre 3.000.001 (três milhões e um) e 8.000.000 (oito milhões) de habitantes;

VI – 3,5% (três inteiros e cinco décimos por cento) para Municípios com população acima de 8.000.001 (oito milhões e um) habitantes.

§ 1º A Câmara Municipal não gastará mais de setenta por cento de sua receita com folha de pagamento, incluído o gasto com o subsídio de seus Vereadores.

§ 2º Constitui crime de responsabilidade do Prefeito Municipal:

I – Efetuar repasse que supere os limites definidos neste artigo;

II – Não enviar o repasse até o dia vinte de cada mês; ou

III – Enviá-lo a menor em relação à proporção fixada na Lei Orçamentária.

§ 3º. Constitui crime de responsabilidade do Presidente da Câmara Municipal o desrespeito ao § 1º deste artigo.

Mesmo sendo dotada de autonomia federativa, sua organização possui algumas limitações impostas pela própria Constituição. Entre essas limitações, deve-se destacar a ausência de Poder Judiciário no âmbito municipal, cuja função jurisdicional é exercida pelos órgãos do Judiciário federal e estadual. É importante lembrar que não existe representante municipal no Congresso Nacional.

A Constituição Federal de 1988 permite que sejam criados novos municípios, conforme as regras estabelecidas no art. 18, § 4º:

> ***Art. 18** [...]*
>
> *§ 4º A criação, a incorporação, a fusão e o desmembramento de Municípios, far-se-ão por lei estadual, dentro do período determinado por Lei Complementar Federal, e dependerão de consulta prévia, mediante plebiscito, às populações dos Municípios envolvidos, após divulgação dos Estudos de Viabilidade Municipal, apresentados e publicados na forma da lei.*

Perceba que as regras são um pouco diferentes das necessárias para a criação de Estados. A primeira coisa que deve ser lembrada é que a criação será por lei ordinária estadual, desde que haja autorização emanada de lei complementar federal. As populações diretamente envolvidas na modificação devem ser consultadas por meio de plebiscito. E, por último, não se pode esquecer a exigência de Estudo de Viabilidade Municipal. Para prova, memorize essas condições.

Um fato curioso é que apesar de não existir ainda uma Lei Complementar Federal autorizando o período de criação de Municípios, vários Municípios foram criados na vigência de Constituição Federal, o que obrigou o Congresso Nacional a aprovar a Emenda Constitucional nº

57/2008, que acrescentou o art. 96 ao Ato das Disposições Constitucionais Transitórias (ADCT), convalidando a criação dos Municípios até 31 de dezembro de 2006:

> ***Art. 96*** *Ficam convalidados os atos de criação, fusão, incorporação e desmembramento de Municípios, cuja lei tenha sido publicada até 31 de dezembro de 2006, atendidos os requisitos estabelecidos na legislação do respectivo Estado à época de sua criação.*

- **Distrito Federal**

Se questionarem se o Distrito Federal é um Estado ou é um Município, a resposta será: "O Distrito Federal não é Estado nem Município, é Distrito Federal."

A Constituição Federal afirma que o Distrito Federal é ente federativo assim como a União, os Estados e os Municípios. Esse ente federativo é conhecido pela sua autonomia e por sua competência híbrida. Quando se fala em competência híbrida, quer-se dizer que o DF pode exercer competências tanto de Estado quanto de Município:

> ***Art. 32*** *[...]*
>
> *§ 1º Ao Distrito Federal são atribuídas as competências legislativas reservadas aos Estados e Municípios.*

Caracteriza a sua autonomia o fato de poder criar a sua própria lei orgânica, bem como a existência do Poder Executivo (governador), Legislativo (Câmara Legislativa) e Judiciário (Tribunal de Justiça do Distrito Federal e Territórios):

> ***Art. 32*** *O Distrito Federal, vedada sua divisão em Municípios, reger-se-á por lei orgânica, votada em dois turnos com interstício mínimo de dez dias, e aprovada por dois terços da Câmara Legislativa, que a promulgará, atendidos os princípios estabelecidos nesta Constituição.*
>
> *§ 2º A eleição do Governador e do Vice-Governador, observadas as regras do art. 77, e dos Deputados Distritais coincidirá com a dos Governadores e Deputados Estaduais, para mandato de igual duração.*
>
> *§ 3º Aos Deputados Distritais e à Câmara Legislativa aplica-se o disposto no art. 27.*

Como se pode depreender da leitura do artigo, a autonomia do DF possui algumas limitações, por exemplo, a vedação da sua divisão em Municípios. Nesse mesmo sentido, deve-se lembrar que o Distrito Federal não possui competência para organizar e manter as Polícias Civil e Militar, o Corpo de Bombeiros Militar, o Poder Judiciário, o Ministério Público e a Defensoria Pública. Nesses casos, a competência foi conferida à União:

> ***Art. 32*** *[...]*
>
> *§ 4º Lei federal disporá sobre a utilização, pelo Governo do Distrito Federal, da polícia civil, da polícia penal, da polícia militar e do corpo de bombeiros militar. (Redação dada pela Emenda Constitucional nº 104/2019)*
>
> ***Art. 21*** *Compete à União:[...]*
>
> *XIII – organizar e manter o Poder Judiciário, o Ministério Público do Distrito Federal e dos Territórios e a Defensoria Pública dos Territórios;*
>
> *XIV – organizar e manter a polícia civil, a polícia penal, a polícia militar e o corpo de bombeiros militar do Distrito Federal, bem como prestar assistência financeira ao Distrito Federal para a execução de serviços públicos, por meio de fundo próprio; (Redação dada pela Emenda Constitucional nº 104/2019)*

Por fim, é importante lembrar que o Distrito Federal não se confunde com Brasília. Isso é facilmente percebido pela leitura do art. 18:

> ***Art. 18*** *A organização político-administrativa da República Federativa do Brasil compreende a União, os Estados, o Distrito Federal e os Municípios, todos autônomos, nos termos desta Constituição.*
>
> *§ 1º Brasília é a Capital Federal.*

O Distrito Federal é ente federativo, ao passo que Brasília é a capital federal. Sob a ótica da organização administrativa do DF, pode-se afirmar que Brasília é uma das regiões administrativas do Distrito Federal, haja vista não poder o DF ser dividido em municípios.

5.1.3 Competências dos entes federativos

Como já foi visto, entre os entes federativos não existe hierarquia. Mas o que diferencia um ente federativo do outro? A diferença está na distribuição das competências pela Constituição. Cada ente federativo possui sua parcela de responsabilidades estabelecidas dentro da Constituição Federal de 1988.

Para a fixação dessas competências, a Constituição fez uso do princípio da predominância de interesse. Esse princípio define a abrangência das competências de cada ente com base na predominância de interesse. Para a União, em regra, foram previstas competências de interesse geral, de toda a coletividade. Para os Estados, a Constituição reservou competências de interesse regional. Aos municípios, competências de interesse local. E, por fim, ao Distrito Federal, foram reservadas competências de interesse local e regional, razão pela qual a doutrina chama de competência híbrida.

As competências são classificadas em dois tipos:

- **Competências materiais ou administrativas:** são aquelas que preveem ações a serem desempenhadas pelos entes federativos.
- **Competências legislativas:** estão relacionadas com a capacidade que um ente federativo possui de criar leis, inovar o ordenamento jurídico. Primeiramente, serão analisadas as competências administrativas de todos os entes federativos. De início, será abordada a União.

5.1.4 Competências administrativas

A União possui duas formas de competências materiais: exclusiva e comum. As competências exclusivas estão previstas no art. 21 da Constituição Federal de 1988:

> ***Art. 21*** *Compete à União:*
>
> *I – Manter relações com Estados estrangeiros e participar de organizações internacionais;*
>
> *II – Declarar a guerra e celebrar a paz;*
>
> *III – Assegurar a defesa nacional;*
>
> *IV – Permitir, nos casos previstos em lei complementar, que forças estrangeiras transitem pelo território nacional ou nele permaneçam temporariamente;*
>
> *V – Decretar o estado de sítio, o estado de defesa e a intervenção federal;*
>
> *VI – Autorizar e fiscalizar a produção e o comércio de material bélico;*
>
> *VII – Emitir moeda;*
>
> *VIII – Administrar as reservas cambiais do País e fiscalizar as operações de natureza financeira, especialmente as de crédito, câmbio e capitalização, bem como as de seguros e de previdência privada;*
>
> *IX – Elaborar e executar planos nacionais e regionais de ordenação do território e de desenvolvimento econômico e social;*
>
> *X – Manter o serviço postal e o correio aéreo nacional;*
>
> *XI – Explorar, diretamente ou mediante autorização, concessão ou permissão, os serviços de telecomunicações, nos termos da lei, que disporá sobre a organização dos serviços, a criação de um órgão regulador e outros aspectos institucionais;*
>
> *XII – Explorar, diretamente ou mediante autorização, concessão ou permissão:*
>
> *a) os serviços de radiodifusão sonora, e de sons e imagens;*
>
> *b) os serviços e instalações de energia elétrica e o aproveitamento energético dos cursos de água, em articulação com os Estados onde se situam os potenciais hidroenergéticos;*
>
> *c) a navegação aérea, aeroespacial e a infraestrutura aeroportuária;*

d) os serviços de transporte ferroviário e aquaviário entre portos brasileiros e fronteiras nacionais, ou que transponham os limites de Estado ou Território;

e) os serviços de transporte rodoviário interestadual e internacional de passageiros;

f) os portos marítimos, fluviais e lacustres;

XIII – organizar e manter o Poder Judiciário, o Ministério Público do Distrito Federal e dos Territórios e a Defensoria Pública dos Territórios;

XIV – organizar e manter a polícia civil, a polícia penal, a polícia militar e o corpo de bombeiros militar do Distrito Federal, bem como prestar assistência financeira ao Distrito Federal para a execução de serviços públicos, por meio de fundo próprio; (Redação dada pela Emenda Constitucional nº 104/2019)

XV – Organizar e manter os serviços oficiais de estatística, geografia, geologia e cartografia de âmbito nacional;

XVI – Exercer a classificação, para efeito indicativo, de diversões públicas e de programas de rádio e televisão;

XVII – Conceder anistia;

XVIII – Planejar e promover a defesa permanente contra as calamidades públicas, especialmente as secas e as inundações;

XIX – Instituir sistema nacional de gerenciamento de recursos hídricos e definir critérios de outorga de direitos de seu uso;

XX – Instituir diretrizes para o desenvolvimento urbano, inclusive habitação, saneamento básico e transportes urbanos;

XXI – Estabelecer princípios e diretrizes para o sistema nacional de viação;

XXII – Executar os serviços de polícia marítima, aeroportuária e de fronteiras;

XXIII – Explorar os serviços e instalações nucleares de qualquer natureza e exercer monopólio estatal sobre a pesquisa, a lavra, o enriquecimento e reprocessamento, a industrialização e o comércio de minérios nucleares e seus derivados, atendidos os seguintes princípios e condições:

a) toda atividade nuclear em território nacional somente será admitida para fins pacíficos e mediante aprovação do Congresso Nacional;

b) sob regime de permissão, são autorizadas a comercialização e a utilização de radioisótopos para pesquisa e uso agrícolas e industriais; (Redação dada pela Emenda Constitucional nº 118, de 2022)

c) sob regime de permissão, são autorizadas a produção, a comercialização e a utilização de radioisótopos para pesquisa e uso médicos; (Redação dada pela Emenda Constitucional nº 118, de 2022)

d) a responsabilidade civil por danos nucleares independe da existência de culpa;

XXIV – organizar, manter e executar a inspeção do trabalho;

XXV – estabelecer as áreas e as condições para o exercício da atividade de garimpagem, em forma associativa.

XXVI – organizar e fiscalizar a proteção e o tratamento de dados pessoais, nos termos da lei. (Incluído pela Emenda Constitucional nº 115/2022)

Essas competências são exclusivas, pois a União exclui a possibilidade de outro ente federativo realizá-la. Por isso, diz-se que são indelegáveis. Só a União pode fazer.

A outra competência material da União é a comum. Ela é comum a todos os entes federativos, União, estados, Distrito Federal e municípios. Vejamos o que diz o art. 23 da Constituição Federal de 1988:

***Art. 23** É competência comum da União, dos Estados, do Distrito Federal e dos Municípios:*

I – Zelar pela guarda da Constituição, das leis e das instituições democráticas e conservar o patrimônio público;

II – Cuidar da saúde e assistência pública, da proteção e garantia das pessoas portadoras de deficiência;

III – Proteger os documentos, as obras e outros bens de valor histórico, artístico e cultural, os monumentos, as paisagens naturais notáveis e os sítios arqueológicos;

IV – Impedir a evasão, a destruição e a descaracterização de obras de arte e de outros bens de valor histórico, artístico ou cultural;

V – Proporcionar os meios de acesso à cultura, à educação, à ciência, à tecnologia, à pesquisa e à inovação;

VI – Proteger o meio ambiente e combater a poluição em qualquer de suas formas;

VII – Preservar as florestas, a fauna e a flora;

VIII – Fomentar a produção agropecuária e organizar o abastecimento alimentar;

IX – Promover programas de construção de moradias e a melhoria das condições habitacionais e de saneamento básico;

X – Combater as causas da pobreza e os fatores de marginalização, promovendo a integração social dos setores desfavorecidos;

XI – Registrar, acompanhar e fiscalizar as concessões de direitos de pesquisa e exploração de recursos hídricos e minerais em seus territórios;

XII – Estabelecer e implantar política de educação para a segurança do trânsito.

***Parágrafo único.** Leis complementares fixarão normas para a cooperação entre a União e os Estados, o Distrito Federal e os Municípios, tendo em vista o equilíbrio do desenvolvimento e do bem-estar em âmbito nacional.*

Agora vejamos as competências materiais dos Estados. A primeira de que já se falou, é a competência comum prevista no art. 23, analisada anteriormente.

Os Estados também possuem a chamada competência residual, reservada ou remanescente. Está prevista no art. 25, § 1º, o qual cita que estão reservadas aos Estados as competências que não lhe sejam vedadas pela Constituição. Significa dizer que os Estados poderão fazer tudo aquilo que não for competência da União ou do Município:

***Art. 25** [...]*

§ 1º São reservadas aos Estados as competências que não lhes sejam vedadas por esta Constituição.

Em relação às competências administrativas dos Municípios, a Constituição previu duas espécies: Comum e Exclusiva. A competência comum está prevista no art. 23 e já foi vista anteriormente. A competência exclusiva está no art. 30, incisos III a IX da Constituição Federal de 1988:

***Art. 30** Compete aos Municípios:[...]*

III – Instituir e arrecadar os tributos de sua competência, bem como aplicar suas rendas, sem prejuízo da obrigatoriedade de prestar contas e publicar balancetes nos prazos fixados em lei;

IV – Criar, organizar e suprimir distritos, observada a legislação estadual;

V – Organizar e prestar, diretamente ou sob regime de concessão ou permissão, os serviços públicos de interesse local, incluído o de transporte coletivo, que tem caráter essencial;

VI – Manter, com a cooperação técnica e financeira da União e do Estado, programas de educação infantil e de ensino fundamental;

VII – Prestar, com a cooperação técnica e financeira da União e do Estado, serviços de atendimento à saúde da população;

VIII – Promover, no que couber, adequado ordenamento territorial, mediante planejamento e controle do uso, do parcelamento e da ocupação do solo urbano;

IX – Promover a proteção do patrimônio histórico-cultural local, observada a legislação e a ação fiscalizadora federal e estadual.

No âmbito das competências administrativas, temos as competências do Distrito Federal que são chamadas de híbridas. O Distrito Federal pode fazer tudo o que for de competência dos Estados ou dos Municípios.

5.1.5 Competências legislativas

Vejamos agora as competências legislativas de cada ente federativo. Primeiramente, no que diz respeito às competências legislativas da União, elas podem ser privativas ou concorrentes.

As competências privativas da União estão previstas no art. 22 da Constituição Federal de 1988 e possuem como característica principal a possibilidade de delegação mediante Lei Complementar aos Estados:

> ***Art. 22*** *Compete privativamente à União legislar sobre:*
>
> *I – Direito civil, comercial, penal, processual, eleitoral, agrário, marítimo, aeronáutico, espacial e do trabalho;*
>
> *II – Desapropriação;*
>
> *III – Requisições civis e militares, em caso de iminente perigo e em tempo de guerra;*
>
> *IV – Águas, energia, informática, telecomunicações e radiodifusão;*
>
> *V – Serviço postal;*
>
> *VI – Sistema monetário e de medidas, títulos e garantias dos metais;*
>
> *VII – Política de crédito, câmbio, seguros e transferência de valores;*
>
> *VIII – Comércio exterior e interestadual;*
>
> *IX – Diretrizes da política nacional de transportes;*
>
> *X – Regime dos portos, navegação lacustre, fluvial, marítima, aérea e aeroespacial;*
>
> *XI – Trânsito e transporte;*
>
> *XII – Jazidas, minas, outros recursos minerais e metalurgia;*
>
> *XIII – Nacionalidade, cidadania e naturalização;*
>
> *XIV – Populações indígenas;*
>
> *XV – Emigração e imigração, entrada, extradição e expulsão de estrangeiros;*
>
> *XVI – Organização do sistema nacional de emprego e condições para o exercício de profissões;*
>
> *XVII – Organização judiciária, do Ministério Público do Distrito Federal e dos Territórios e da Defensoria Pública dos Territórios, bem como organização administrativa destes;*
>
> *XVIII – Sistema estatístico, sistema cartográfico e de geologia nacionais;*
>
> *XIX – Sistemas de poupança, captação e garantia da poupança popular;*
>
> *XX – Sistemas de consórcios e sorteios;*
>
> *XXI – normas gerais de organização, efetivos, material bélico, garantias, convocação, mobilização, inatividades e pensões das polícias militares e dos corpos de bombeiros militares; (Redação dada pela Emenda Constitucional nº 103/2019)*
>
> *XXII – Competência da polícia federal e das polícias rodoviária e ferroviária federais;*
>
> *XXIII – Seguridade social;*
>
> *XXIV – Diretrizes e bases da educação nacional;*
>
> *XXV – Registros públicos;*
>
> *XXVI – Atividades nucleares de qualquer natureza;*
>
> *XXVII – Normas gerais de licitação e contratação, em todas as modalidades, para as administrações públicas diretas, autárquicas e fundacionais da União, Estados, Distrito Federal e Municípios, obedecido o disposto no art. 37, XXI, e para as empresas públicas e sociedades de economia mista, nos termos do art. 173, § 1º, III;*
>
> *XXVIII – Defesa territorial, defesa aeroespacial, defesa marítima, defesa civil e mobilização nacional;*
>
> *XXIX – Propaganda comercial.*
>
> *XXX – proteção e tratamento de dados pessoais. (Incluído pela Emenda Constitucional nº 115/2022)*
>
> ***Parágrafo único.*** *Lei complementar poderá autorizar os Estados a legislar sobre questões específicas das matérias relacionadas neste artigo.*

As competências concorrentes, previstas no art. 24 da Constituição, podem ser exercidas de forma concorrentes pela União, pelos Estados e pelo Distrito Federal. Atenção: Município não possui competência concorrente. Vejamos o que diz o citado artigo:

> ***Art. 24*** *Compete à União, aos Estados e ao Distrito Federal legislar concorrentemente sobre:*
>
> *I – Direito tributário, financeiro, penitenciário, econômico e urbanístico;*
>
> *II – Orçamento;*
>
> *III – Juntas comerciais;*
>
> *IV – Custas dos serviços forenses;*
>
> *V – Produção e consumo;*
>
> *VI – Florestas, caça, pesca, fauna, conservação da natureza, defesa do solo e dos recursos naturais, proteção do meio ambiente e controle da poluição;*
>
> *VII – Proteção ao patrimônio histórico, cultural, artístico, turístico e paisagístico;*
>
> *VIII – Responsabilidade por dano ao meio ambiente, ao consumidor, a bens e direitos de valor artístico, estético, histórico, turístico e paisagístico;*
>
> *IX – Educação, cultura, ensino, desporto, ciência, tecnologia, pesquisa, desenvolvimento e inovação;*
>
> *X – Criação, funcionamento e processo do juizado de pequenas causas;*
>
> *XI – Procedimentos em matéria processual;*
>
> *XII – Previdência social, proteção e defesa da saúde;*
>
> *XIII – Assistência jurídica e Defensoria pública;*
>
> *XIV – Proteção e integração social das pessoas portadoras de deficiência;*
>
> *XV – Proteção à infância e à juventude;*
>
> *XVI – Organização, garantias, direitos e deveres das polícias civis.*
>
> *§ 1º No âmbito da legislação concorrente, a competência da União limitar-se-á a estabelecer normas gerais.*
>
> *§ 2º A competência da União para legislar sobre normas gerais não exclui a competência suplementar dos Estados.*
>
> *§ 3º Inexistindo lei federal sobre normas gerais, os Estados exercerão a competência legislativa plena, para atender a suas peculiaridades.*
>
> *§ 4º A superveniência de lei federal sobre normas gerais suspende a eficácia da lei estadual, no que lhe for contrário.*

No âmbito das competências concorrentes, algumas regras são fundamentais para a prova. Aqui, a participação da União é no sentido de fixar normas gerais, ficando os Estados com a competência de suplementar a legislação federal. Caso a União não legisle sobre determinada matéria de competência concorrente, nasce para o Estado o direito de legislar de forma plena sobre a matéria. Contudo, resolvendo a União legislar sobre matéria já regulada pelo Estado, a lei estadual ficará com sua eficácia suspensa pela lei federal nos pontos discordantes. Deve-se ter cuidado com esse último ponto. Não ocorre revogação da lei estadual pela lei federal, haja vista não existir hierarquia entre leis de entes federativos distintos. O que ocorre, como bem explicitou a Constituição Federal, é a suspensão da eficácia.

Quanto às competências dos Estados, há as seguintes espécies: residual, por delegação da União, concorrente suplementar e expressa.

A competência residual dos Estados é também chamada de competência remanescente ou reservada. Está prevista no art. 25, § 1º, que prevê que aos estados serão reservadas todas as competências que não sejam previstas a União ou aos municípios. Deve-se lembrar que esse dispositivo fundamenta tanto as competências materiais quanto as legislativas:

> ***Art. 25*** *[...]*
>
> *§ 1º São reservadas aos Estados as competências que não lhes sejam vedadas por esta Constituição.*

Outra competência dos Estados é a por delegação da União, que decorre da possibilidade de serem delegadas as competências privativas da União mediante Lei Complementar. Encontra-se prevista no art. 22, parágrafo único:

> ***Art. 22** [...]*
>
> ***Parágrafo único.** Lei complementar poderá autorizar os Estados a legislar sobre questões específicas das matérias relacionadas neste artigo.*

Temos ainda as competências concorrentes suplementares previstas no art. 24, § 2º da Constituição Federal de 1988. Essas suplementam a competência legislativa da União no âmbito das competências concorrentes permitindo, inclusive, que os Estados legislem de forma plena quando não existir lei federal sobre o assunto:

> ***Art. 24** [...]*
>
> *§ 2º A competência da União para legislar sobre normas gerais não exclui a competência suplementar dos Estados.*
>
> *§ 3º Inexistindo lei federal sobre normas gerais, os Estados exercerão a competência legislativa plena, para atender a suas peculiaridades.*

Há também as competências expressas dos Estados, as quais podem ser encontradas nos art. 18, § 4º e 25, §§ 2º e 3º da Constituição Federal:

> ***Art. 18** [...]*
>
> *§ 4º A criação, a incorporação, a fusão e o desmembramento de Municípios, far-se-ão por lei estadual, dentro do período determinado por Lei Complementar Federal, e dependerão de consulta prévia, mediante plebiscito, às populações dos Municípios envolvidos, após divulgação dos Estudos de Viabilidade Municipal, apresentados e publicados na forma da lei.*
>
> ***Art. 25,** § 2º Cabe aos Estados explorar diretamente, ou mediante concessão, os serviços locais de gás canalizado, na forma da lei, vedada a edição de medida provisória para a sua regulamentação.*
>
> *§ 3º Os Estados poderão, mediante lei complementar, instituir regiões metropolitanas, aglomerações urbanas e microrregiões, constituídas por agrupamentos de municípios limítrofes, para integrar a organização, o planejamento e a execução de funções públicas de interesse comum.*

Para os Municípios, a Constituição previu dois tipos de competência legislativa: exclusiva e suplementar. A legislativa exclusiva dos Municípios está prevista no art. 30, I, o qual menciona que os Municípios possuem competência para legislar sobre assuntos de interesse local:

> ***Art. 30** Compete aos Municípios:*
>
> *I – Legislar sobre assuntos de interesse local.*

A competência legislativa suplementar está prevista no art. 30, II, que permite aos Municípios legislar de forma suplementar a Legislação Federal e Estadual:

> ***Art. 30** Compete aos Municípios: [...]*
>
> *II – Suplementar a legislação federal e a estadual no que couber.*

Por fim, nós há a competência legislativa do Distrito Federal que, conforme já dito, é híbrida, permitindo ao Distrito Federal legislar sobre as matérias de competência dos estados e dos municípios. Apesar dessa competência ampla, a Constituição resolveu estabelecer algumas limitações a sua autonomia legislativa excluindo algumas matérias de sua competência. Segundo o art. 21, incisos XIII e XIV da Constituição Federal de 1988, o Distrito Federal não possui competência para organizar e legislar sobre alguns dos seus órgãos: Poder Judiciário, Polícia Militar, Corpo de Bombeiros Militar e Polícia Civil.

> ***Art. 21** Compete à União:[...]*
>
> *XIII – Organizar e manter o Poder Judiciário, o Ministério Público do Distrito Federal e dos Territórios e a Defensoria Pública dos Territórios.*
>
> *XIV – organizar e manter a polícia civil, a polícia penal, a polícia militar e o corpo de bombeiros militar do Distrito Federal, bem como prestar assistência financeira ao Distrito Federal para a execução de serviços públicos, por meio de fundo próprio;*

Dicas para os concursos

Não se deve confundir as competências exclusivas com as privativas da União. **Competência exclusiva** é administrativa e indelegável. **Competência privativa** é legislativa e delegável. Não se deve confundir as **competências comuns** com as **concorrentes**. **Competência comum** é comum a todos os entes e é administrativa. **Competência concorrente** é só para União, estados e o Distrito Federal além de ser legislativa. Município tem competência comum, mas não tem concorrente.

Competências administrativas

- **União**
    - Exclusiva (art. 21)
    - Comum (art. 23)
- **Estados**
    - Comum (art. 23)
    - Residual, reservada, remanescente (art. 25, §1º)
- **Municípios**
    - Comum (art. 23)
    - Exclusiva (art. 30, III-IX)
- **Distrito Federal**
    - Competência híbrida

Competências legislativas

- **União**
    - Privativa (art. 22)
    - Concorrente (art. 24)
- **Estados**
    - Concorrente suplementar (art. 24)
    - Residual reservada remanescente (art. 25, §1º)
    - Por delegação da União (art. 22, parágrafo único)
    - Expressos (art. 25, §§2º e 3º)
- **Municípios**
    - Exclusiva (art. 30, I)
    - Suplementar ao Estado (art. 30, II)
- **Distrito Federal**
    - Competência híbrida (Estados e Municípios)

5.2 Intervenção

A Constituição Federal de 1988 está assentada no princípio federativo como forma de Estado adotada no Brasil. O fato de sermos uma federação reflete inúmeras características, dentre as quais se destaca a autonomia de cada ente federativo. A autonomia é atributo inerente aos entes federativos que exclui a possibilidade de hierarquia entre eles bem como a possibilidade de intervenção de um ente federativo no outro.

A regra constitucional é a da não intervenção. Contudo, excepcionalmente, a Constituição Federal de 1988 previu hipóteses taxativas que permitem a um ente federativo intervir em outro ente em situações que visem à preservação da unidade do pacto federativo, a garantia da soberania nacional e de princípios fundamentais.

A União poderá intervir nos estados e no Distrito Federal e os estados poderão intervir em seus Municípios. A União não pode intervir em município, salvo se for um município pertencente a Território Federal. Destaca-se, novamente, que a possibilidade de intervenção é uma exceção e só poderá ocorrer nas hipóteses taxativamente elencadas na Constituição Federal de 1988.

Outra regra comum às intervenções é que a competência para as decretar é exclusiva do chefe do Poder Executivo. Se a intervenção é federal, a competência para decretar é do Presidente da República. Se a intervenção é estadual, a competência é do Governador de Estado.

A seguir serão abordadas as espécies de intervenção.

5.2.1 Intervenção federal

A intervenção federal é a intervenção da União nos Estados ou nos Municípios pertencentes aos Territórios Federais e será decretada pelo Presidente da República.

Como dito anteriormente, a possibilidade de intervenção federal constitui exceção prevista em rol taxativo, conforme disposto no art. 34:

> ***Art. 34** A União não intervirá nos Estados nem no Distrito Federal, exceto para:*
>
> *I – Manter a integridade nacional;*
>
> *II – Repelir invasão estrangeira ou de uma unidade da Federação em outra;*
>
> *III – Pôr termo a grave comprometimento da ordem pública;*
>
> *IV – Garantir o livre exercício de qualquer dos Poderes nas unidades da Federação;*
>
> *V – Reorganizar as finanças da unidade da Federação que:*
>
> *a) suspender o pagamento da dívida fundada por mais de dois anos consecutivos, salvo motivo de força maior;*
>
> *b) deixar de entregar aos Municípios receitas tributárias fixadas nesta Constituição, dentro dos prazos estabelecidos em lei;*
>
> *VI – Prover a execução de lei federal, ordem ou decisão judicial;*
>
> *VII – Assegurar a observância dos seguintes princípios constitucionais:*
>
> *a) forma republicana, sistema representativo e regime democrático;*
>
> *b) direitos da pessoa humana;*
>
> *c) autonomia municipal;*
>
> *d) prestação de contas da Administração Pública, direta e indireta;*
>
> *e) aplicação do mínimo exigido da receita resultante de impostos estaduais, compreendida a proveniente de transferências, na manutenção e desenvolvimento do ensino e nas ações e serviços públicos de saúde.*

A partir desse artigo, a doutrina classificou a intervenção federal em dois tipos:

- **Intervenção federal espontânea:** ou de ofício, é aquela em que o Chefe do Poder Executivo, de forma discricionária, decreta a intervenção independentemente de provocação de outros órgãos. A decretação de ofício ocorrerá nas hipóteses previstas nos incisos I, II, III do art. 34:

> ***Art. 34** A União não intervirá nos Estados nem no Distrito Federal, exceto para:*
>
> *I – Manter a integridade nacional;*
>
> *II – Repelir invasão estrangeira ou de uma unidade da Federação em outra;*
>
> *III – Pôr termo a grave comprometimento da ordem pública.*

- **Intervenção federal provocada:** é aquela que depende da provocação dos órgãos legitimados pela Constituição Federal de 1988, conforme o art. 36:

> ***Art. 36** A decretação da intervenção dependerá:*
>
> *I – No caso do art. 34, IV, de solicitação do Poder Legislativo ou do Poder Executivo coacto ou impedido, ou de requisição do Supremo Tribunal Federal, se a coação for exercida contra o Poder Judiciário;*
>
> *II – No caso de desobediência a ordem ou decisão judiciária, de requisição do Supremo Tribunal Federal, do Superior Tribunal de Justiça ou do Tribunal Superior Eleitoral;*
>
> *III – De provimento, pelo Supremo Tribunal Federal, de representação do Procurador-geral da República, na hipótese do art. 34, VII, e no caso de recusa à execução de lei federal.*

A provocação se dá por meio de solicitação ou requisição. A solicitação não obriga o Presidente da República a decretar a medida, ao contrário da requisição, que está revestida de obrigatoriedade na qual caberá ao presidente apenas executá-la.

A decretação de intervenção federal por solicitação ocorrerá na hipótese do art. 34, inciso IV, a qual compete ao Poder Executivo ou Legislativo das Unidades da Federação solicitar a execução da medida quando se acharem coagidos ou impedidos de executarem suas atribuições constitucionais.

A decretação de intervenção federal por requisição ocorrerá nas hipóteses previstas no art. 34, incisos IV, VI e VII. No inciso IV, a requisição caberá ao Supremo Tribunal Federal quando a coação for exercida contra o Poder Judiciário. No inciso VI, a requisição virá do STF, STJ ou do TSE quando houver desobediência de ordem judicial. Nos incisos VI e VII, a requisição será do Supremo quando houver representação interventiva feita pelo Procurador Geral da República nos casos de recusa de execução de lei federal ou ofensa aos princípios sensíveis.

D C O N

O decreto interventivo especificará todas as condições em que ocorrerá a medida e terá eficácia imediata após a sua decretação pelo Presidente da República. Após sua decretação, a medida será submetida a apreciação do Congresso Nacional no prazo de 24 horas:

> ***Art. 36** [...]*
>
> *§ 1º O decreto de intervenção, que especificará a amplitude, o prazo e as condições de execução e que, se couber, nomeará o interventor, será submetido à apreciação do Congresso Nacional ou da Assembleia Legislativa do Estado, no prazo de vinte e quatro horas.*
>
> *§ 2º Se não estiver funcionando o Congresso Nacional ou a Assembleia Legislativa, far-se-á convocação extraordinária, no mesmo prazo de vinte e quatro horas.*

Caberá ao Congresso Nacional aprovar ou suspender a execução da Intervenção:

> ***Art. 49** É da competência exclusiva do Congresso Nacional:[...]*
>
> *IV – Aprovar o estado de defesa e a intervenção federal, autorizar o estado de sítio, ou suspender qualquer uma dessas medidas.*

Nas hipóteses de intervenção decretada por requisição do Poder Judiciário previstas no art. 34, VI e VII, a Constituição dispensou a necessidade e apreciação do Congresso Nacional, destacando que, nesses casos, o decreto limitar-se-á a suspensão do ato impugnado, caso essa medida seja suficiente para conter a crise. Se a mera suspensão do ato não restabelecer a normalidade, poderão ser adotadas outras medidas com o mesmo objetivo:

> ***Art. 36** [...]*
>
> *§ 3º Nos casos do art. 34, VI e VII, ou do art. 35, IV, dispensada a apreciação pelo Congresso Nacional ou pela Assembleia Legislativa, o decreto limitar-se-á a suspender a execução do ato impugnado, se essa medida bastar ao restabelecimento da normalidade.*

Não podemos esquecer que nos casos de intervenção espontânea ou provocada por solicitação, o Presidente deverá consultar, antes da decretação, o Conselho da República e o Conselho da Defesa Nacional que emitirão parecer opinativo sobre a situação:

> ***Art. 90** Compete ao Conselho da República pronunciar-se sobre:*
>
> *I – Intervenção federal, estado de defesa e estado de sítio;*

> *Art. 91 [...]*
>
> *§ 1º Compete ao Conselho de Defesa Nacional:[...]*
>
> *II – Opinar sobre a decretação do estado de defesa, do estado de sítio e da intervenção federal.*

Cessando a crise, a ordem será restabelecida, inclusive com o retorno das autoridades públicas afastadas, caso não possuam outra incompatibilidade:

> *Art. 36 [...]*
>
> *§ 4º Cessados os motivos da intervenção, as autoridades afastadas de seus cargos a estes voltarão, salvo impedimento legal.*

Apesar de a Constituição Federal não mencionar sobre a possibilidade de controle judicial da intervenção, seria possível que ocorresse este controle caso os limites constitucionais estabelecidos fossem desrespeitados. Ressalta-se que contra a intervenção em si não cabe atuação do Poder Judiciário, considerando ser essa uma medida de natureza política.

5.2.2 Intervenção estadual

A intervenção estadual poderá ocorrer nos Municípios localizados em seu território mediante decreto do Governador do Estado nas hipóteses previstas no art. 35:

> *Art. 35 O Estado não intervirá em seus Municípios, nem a União nos Municípios localizados em Território Federal, exceto quando:*
>
> *I – Deixar de ser paga, sem motivo de força maior, por dois anos consecutivos, a dívida fundada;*
>
> *II – Não forem prestadas contas devidas, na forma da lei;*
>
> *III – Não tiver sido aplicado o mínimo exigido da receita municipal na manutenção e desenvolvimento do ensino e nas ações e serviços públicos de saúde;*
>
> *IV – O Tribunal de Justiça der provimento a representação para assegurar a observância de princípios indicados na Constituição Estadual, ou para prover a execução de lei, de ordem ou de decisão judicial.*

Devem ser atendidos os mesmos requisitos da intervenção federal: temporariedade, controle político pelo legislativo e decreto do Chefe do Executivo.

Na hipótese do inciso IV, a intervenção dependerá de representação interventiva do Procurador-geral de Justiça, sendo dispensada a apreciação da Assembleia Legislativa. Segundo o STF, essa decisão do Tribunal de Justiça que autoriza a intervenção do Estado no Município possui natureza político-administrativa e tem caráter definitivo, sendo insuscetível de recurso extraordinário para o STF.

6 DEFESA DO ESTADO E DAS INSTITUIÇÕES DEMOCRÁTICAS

No título V, arts. 136 a 144, a Constituição Federal de 1988 apresenta instrumentos eficazes na proteção do Estado e de toda estrutura democrática. Os instrumentos disponibilizados são o Sistema Constitucional de Crises que compreende o Estado de Defesa e o Estado de Sítio, Forças Armadas e Segurança Pública, os quais serão analisados a partir de agora.

6.1 Sistema constitucional de crises

O Sistema constitucional de crises é um conjunto de medidas criadas pela Constituição Federal para restabelecer a ordem constitucional em momentos de crises político-institucionais. Antes de tratar das espécies em si, deve-se ressaltar algumas características essenciais desses institutos.

É necessário partir do pressuposto de que o **estado de sítio é mais grave que o estado de defesa.** Essa compreensão permite entender que as medidas adotadas no estado de sítio serão mais gravosas que no estado de defesa.

Outro ponto interessante são os princípios que regem o Sistema constitucional de crises. As duas medidas devem observar os seguintes princípios:

- **Necessidade:** as medidas só podem ser decretadas em último caso.
- **Proporcionalidade:** as medidas adotadas devem ser proporcionais aos problemas existentes.
- **Temporariedade:** as medidas do sistema constitucional de crises devem ser temporárias. Devem durar apenas o tempo necessário para resolver a crise.
- **Legalidade:** as medidas devem guardar respeito à lei. E aqui é possível vislumbrar duas perspectivas acerca da legalidade:
- ***Stricto sensu:*** as medidas devem respeitar os limites estabelecidos nos Decretos Presidenciais que autorizam a execução. É uma perspectiva mais restrita da legalidade;
- ***Lato sensu:*** as medidas precisam respeitar a lei em sentido amplo, ou seja, toda a legislação brasileira, incluindo a Constituição Federal.

6.1.1 Estado de defesa

O estado de defesa está regulamentado no art. 136 da Constituição e o seu *caput* apresenta algumas informações importantíssimas:

> ***Art. 136*** *O Presidente da República pode, ouvidos o Conselho da República e o Conselho de Defesa Nacional, decretar estado de defesa para preservar ou prontamente restabelecer, em locais restritos e determinados, a ordem pública ou a paz social ameaçadas por grave e iminente instabilidade institucional ou atingidas por calamidades de grandes proporções na natureza.*

Esse dispositivo enumera as **hipóteses de cabimento da medida ou quais são os seus objetivos**: preservar ou prontamente restabelecer a ordem pública ou a paz social ameaçadas por grave e iminente instabilidade institucional ou atingidas por calamidades de grandes proporções na natureza. Qualquer circunstância dessas autoriza a decretação de estado de defesa. Lembre-se de que esse rol é taxativo. Só essas situações podem autorizar a medida.

Um detalhe interessante e que pode funcionar como ponto de distinção entre o Estado de Sítio e de Defesa é a área abrangida. O texto constitucional apresentado determina que as áreas abrangidas pela medida sejam locais restritos e determinados.

Outro ponto importante e que é frequente cobrado em prova diz respeito ao tempo de duração do Estado de Defesa. Segundo o art. 136, § 2º, essa medida de contenção de crises poderá durar 30 dias, podendo prorrogar mais uma vez por igual período:

> *§ 2º O tempo de duração do estado de defesa não será superior a trinta dias, podendo ser prorrogado uma vez, por igual período, se persistirem as razões que justificaram a sua decretação.*

Não se esqueça de que o prazo só poderá ser prorrogado uma única vez.

Como característica principal da execução do estado de defesa está a possibilidade de se restringirem alguns direitos, os quais estão previamente definidos nos §§ 1º a 3º do art. 136 da Constituição Federal de 1988:

> *§ 1º O decreto que instituir o estado de defesa determinará o tempo de sua duração, especificará as áreas a serem abrangidas e indicará, nos termos e limites da lei, as medidas coercitivas a vigorarem, dentre as seguintes:*
>
> *I – restrições aos direitos de:*
>
> *a) reunião, ainda que exercida no seio das associações;*
>
> *b) sigilo de correspondência;*
>
> *c) sigilo de comunicação telegráfica e telefônica;*
>
> *II – ocupação e uso temporário de bens e serviços públicos, na hipótese de calamidade pública, respondendo a União pelos danos e custos decorrentes.*
>
> *§ 3º. Na vigência do estado de defesa:*
>
> *I – a prisão por crime contra o Estado, determinada pelo executor da medida, será por este comunicada imediatamente ao juiz competente, que a relaxará, se não for legal, facultado ao preso requerer exame de corpo de delito à autoridade policial;*
>
> *II – a comunicação será acompanhada de declaração, pela autoridade, do estado físico e mental do detido no momento de sua autuação;*
>
> *III – a prisão ou detenção de qualquer pessoa não poderá ser superior a dez dias, salvo quando autorizada pelo Poder Judiciário;*
>
> *IV – é vedada a incomunicabilidade do preso.*

Alguns pontos merecem um destaque especial. Devido à gravidade da situação e à excepcionalidade das medidas, a Constituição Federal de 1988 autoriza a restrição de vários direitos fundamentais, por exemplo, o direito de reunião, o sigilo das correspondências, das comunicações telegráficas e telefônicas.

Essas medidas restritivas dispensam autorização judicial, inclusive a decretação de prisão que será determinada pela própria autoridade executora do estado de defesa e poderá durar até dez dias. A prisão deverá ser comunicada imediatamente ao juiz o qual poderá prorrogá-la por período superior.

Não se deve esquecer que, mesmo em um momento de crise, como esse em que muitos direitos constitucionais são flexibilizados, é vedada pela Constituição Federal de 1988 a incomunicabilidade do preso. A ele deverá ser garantido o direito de falar com seu familiar ou advogado, além do direito de ter preservada sua integridade.

Para que seja decretado o estado de defesa, a Constituição previu alguns procedimentos. Primeiramente, deve-se lembrar que a decretação é competência do Presidente da República. Antes de executar a medida, ele deverá consultar o Conselho de Defesa Nacional e o Conselho da República os quais emitirão um parecer acerca da situação. Apesar da obrigatoriedade em ouvir os conselhos, o presidente não está vinculado aos seus pareceres. Significa dizer que os pareceres emitidos pelos conselhos são meramente opinativos.

Ouvidos os conselhos, o presidente decreta a medida e imediatamente submete o decreto ao Congresso Nacional para aprovação.

A decisão do Congresso Nacional é definitiva. Caso o decreto seja rejeitado, o estado de defesa cessa imediatamente.

> *Art. 136 [...]*
>
> *§ 4º Decretado o estado de defesa ou sua prorrogação, o Presidente da República, dentro de vinte e quatro horas, submeterá o ato com a respectiva justificação ao Congresso Nacional, que decidirá por maioria absoluta.*
>
> *§ 5º Se o Congresso Nacional estiver em recesso, será convocado, extraordinariamente, no prazo de cinco dias.*
>
> *§ 6º O Congresso Nacional apreciará o decreto dentro de dez dias contados de seu recebimento, devendo continuar funcionando enquanto vigorar o estado de defesa.*
>
> *§ 7º Rejeitado o decreto, cessa imediatamente o estado de defesa.*

Apesar de ser caracterizado por medidas excepcionais, que restringem sobremaneira os direitos e garantias fundamentais, o controle constitucional de crises não está imune à fiscalização por parte dos poderes públicos. Havendo excessos nas medidas adotadas, a Constituição Federal de 1988 prevê a possibilidade de responsabilização dos agentes por seus atos. A doutrina constitucional prevê duas formas de controle: controle político e controle jurisdicional.

O controle político é realizado basicamente pelo Congresso Nacional, que o efetuará de três formas:

- **Imediato:** ocorre logo após a decretação da medida conforme o § 4º do art. 136.
- **Concomitante:** ocorre durante a execução do estado de defesa conforme § 6º do art. 136 e art. 140.

> ***Art. 140*** *A Mesa do Congresso Nacional, ouvidos os líderes partidários, designará Comissão composta de cinco de seus membros para acompanhar e fiscalizar a execução das medidas referentes ao estado de defesa e ao estado de sítio.*

- **Sucessivo (posterior):** ocorre após a execução da medida nos termos do art. 141:

> ***Art. 141*** *Cessado o estado de defesa ou o estado de sítio, cessarão também seus efeitos, sem prejuízo da responsabilidade pelos ilícitos cometidos por seus executores ou agentes.*
>
> ***Parágrafo único.*** *Logo que cesse o estado de defesa ou o estado de sítio, as medidas aplicadas em sua vigência serão relatadas pelo Presidente da República, em mensagem ao Congresso Nacional, com especificação e justificação das providências adotadas, com relação nominal dos atingidos e indicação das restrições aplicadas.*

O Controle Jurisdicional é o realizado pelo Poder Judiciário, e ocorrerá de duas formas:

- **Concomitante:** durante a execução da medida. Veja-se o disposto no art. 136, § 3º.
- **Sucessivo (Posterior):** após a execução da medida nos termos do art. 141.

6.1.2 Estado de sítio

O estado de sítio é mais gravoso que o estado de defesa. Por consequência, as medidas adotadas nesse caso terão maior efeito restritivo aos direitos fundamentais.

Primeiramente são abordadas às hipóteses de cabimento do estado de sítio, que estão previstas no art. 137, incisos I e II:

> *I – comoção grave de repercussão nacional ou ocorrência de fatos que comprovem a ineficácia de medida tomada durante o estado de defesa;*
>
> *II – declaração de estado de guerra ou resposta a agressão armada estrangeira.*

A doutrina faz uma distinção interessante entre os dois incisos, classificando-os em **repressivo** e **defensivo**. O **estado de sítio repressivo** está previsto no inciso I, haja vista ser necessária a atuação dos poderes públicos para conter a situação de crise. Já o inciso II, é chamado de **estado de sítio defensivo**, pois o poder público utiliza a medida como forma de se defender de agressões externas.

Um ponto distintivo entre o **estado de defesa** e o **estado de sítio**, muito cobrado em prova, refere-se à área abrangida. Segundo o inciso I do art. 137, será decretada a medida quando a crise tiver repercussão nacional. Quando o candidato encontrar na prova o termo "repercussão nacional", deve associar com o **estado de sítio**. Diferentemente, se estiver escrito "local restrito e determinado", relacionar o dispositivo com **estado de defesa**.

Um tema muito cobrado em prova é o tempo de duração do estado de sítio. Vejamos o que diz o §1º do art. 138:

> *§ 1º O estado de sítio, no caso do art. 137, I, não poderá ser decretado por mais de trinta dias, nem prorrogado, de cada vez, por prazo superior; no do inciso II, poderá ser decretado por todo o tempo que perdurar a guerra ou a agressão armada estrangeira.*

Qual o prazo de duração do estado de sítio? Depende da hipótese de cabimento.

Segundo o § 1º, se a hipótese for a do inciso I do art. 137, o prazo será de 30 dias prorrogáveis por mais 30 dias enquanto for necessário para conter a situação. Cuidado com este prazo, pois a Constituição deixou transparecer que ele não pode ser prorrogado, contudo, o que ela quis dizer é que não pode ser prorrogado por mais de 30 dias todas as vezes que for prorrogado. Dessa forma, ele poderá ser prorrogado indefinidamente, enquanto for necessário.

Já no caso do inciso II, a Constituição regula o estado de sítio em caso de guerra ou agressão estrangeira e prevê que a medida durará enquanto for necessária para repelir a agressão estrangeira ou acabar com a guerra. Logo, o estado de sítio nestes casos não possui prazo certo para terminar.

No que tange às medidas coercitivas que podem ser adotadas no Estado de Sítio, a Constituição prevê no art. 139:

> ***Art. 139*** *Na vigência do estado de sítio decretado com fundamento no art. 137, I, só poderão ser tomadas contra as pessoas as seguintes medidas:*
>
> *I – obrigação de permanência em localidade determinada;*
>
> *II – detenção em edifício não destinado a acusados ou condenados por crimes comuns;*
>
> *III – restrições relativas à inviolabilidade da correspondência, ao sigilo das comunicações, à prestação de informações e à liberdade de imprensa, radiodifusão e televisão, na forma da lei;*
>
> *IV – suspensão da liberdade de reunião;*
>
> *V – busca e apreensão em domicílio;*
>
> *VI – intervenção nas empresas de serviços públicos;*
>
> *VII – requisição de bens.*
>
> ***Parágrafo único.*** *Não se inclui nas restrições do inciso III a difusão de pronunciamentos de parlamentares efetuados em suas Casas Legislativas, desde que liberada pela respectiva Mesa.*

O dispositivo só regulamentou as restrições adotadas na hipótese do inciso I do art. 137, qual seja: comoção grave de repercussão nacional ou ocorrência de fatos que comprovem a ineficácia de medida tomada durante o estado de defesa. Esse rol de medidas é taxativo, restringindo a atuação do poder público durante sua aplicação. No caso do art. 137, inciso II, a Constituição nada disse, o que levou a doutrina a concluir a possibilidade de adoção de qualquer medida necessária para conter a situação, desde que compatíveis com a ordem constitucional e com as leis brasileiras.

Como se pode perceber, as medidas aqui são mais gravosas que as adotadas no **estado de defesa**, e isso pode ser muito bem notado pela distinção feita entre o estado de defesa e de sítio no que se refere à liberdade de reunião. Enquanto no **estado de defesa** a liberdade de reunião sofre restrições, aqui ela será suspensa.

Outro dispositivo importante é o previsto no parágrafo único, que isenta os pronunciamentos dos parlamentares efetuados em suas Casas das restrições impostas no inciso III do artigo em análise, desde que liberadas pelas respectivas mesas. As demais restrições devem ser lidas e memorizadas, pois podem ser cobradas em prova.

Vejamos agora como é o procedimento de decretação do estado de sítio:

> ***Art. 137*** *O Presidente da República pode, ouvidos o Conselho da República e o Conselho de Defesa Nacional, solicitar ao Congresso Nacional autorização para decretar o estado de sítio nos casos de:*
>
> ***Parágrafo único.*** *O Presidente da República, ao solicitar autorização para decretar o estado de sítio ou sua prorrogação, relatará os motivos determinantes do pedido, devendo o Congresso Nacional decidir por maioria absoluta.*
>
> ***Art. 138*** *O decreto do estado de sítio indicará sua duração, as normas necessárias a sua execução e as garantias constitucionais que ficarão suspensas, e, depois de publicado, o Presidente da República designará o executor das medidas específicas e as áreas abrangidas.[...]*
>
> *§ 2º Solicitada autorização para decretar o estado de sítio durante o recesso parlamentar, o Presidente do Senado Federal, de imediato, convocará extraordinariamente o Congresso Nacional para se reunir dentro de cinco dias, a fim de apreciar o ato.*
>
> *§ 3º O Congresso Nacional permanecerá em funcionamento até o término das medidas coercitivas.*

A **decretação do estado de sítio** fica a cargo do Presidente da República após ouvir o Conselho da República e o Conselho de Defesa Nacional. A consulta é obrigatória, mas os pareceres dos conselhos não vinculam o presidente. Apesar da similaridade de procedimentos, aqui o presidente tem que solicitar autorização do Congresso Nacional antes de decretar o estado de sítio. Essa diferença é bastante cobrada em prova.

Ao passo que, **no estado de defesa**, o presidente decreta a medida e depois apresenta para o Congresso avaliar. No **estado de sítio**, antes de decretar, o presidente deve sujeitar a medida à apreciação do Congresso Nacional.

Essa característica demonstra que, assim como no estado de defesa, a medida está sujeita a controle dos outros poderes. Sendo assim, verifica-se que a fiscalização será feita tanto pelos órgãos políticos quanto pelos órgãos jurisdicionais.

Tem-se controle político quando realizado pelo Congresso Nacional, o qual se dará de forma:

- **Prévio:** ocorre quando o Congresso Nacional autoriza a execução da medida;
- **Concomitante:** ocorre durante a execução da medida;

  > ***Art. 140*** *A Mesa do Congresso Nacional, ouvidos os líderes partidários, designará Comissão composta de cinco de seus membros para acompanhar e fiscalizar a execução das medidas referentes ao estado de defesa e ao estado de sítio.*

- **Sucessivo (posterior):** ocorre após a execução da medida;

  > ***Art. 141*** *Cessado o estado de defesa ou o estado de sítio, cessarão também seus efeitos, sem prejuízo da responsabilidade pelos ilícitos cometidos por seus executores ou agentes.*
  >
  > ***Parágrafo único.*** *Logo que cesse o estado de defesa ou o estado de sítio, as medidas aplicadas em sua vigência serão relatadas pelo Presidente da República, em mensagem ao Congresso Nacional, com especificação e justificação das providências adotadas, com relação nominal dos atingidos e indicação das restrições aplicadas.*

Também existe o controle jurisdicional executado pelos órgãos do Poder Judiciário, o qual se dará de forma:

- **Concomitante:** durante a execução da medida. Apesar de não haver previsão constitucional expressa, qualquer lesão ou ameaça a direito poderá ser apreciada pelo Poder Judiciário;
- **Sucessiva (posterior):** após a execução da medida nos termos do art. 141.

6.2 Forças Armadas

6.2.1 Instituições

As Forças Armadas são formadas por instituições que compõem a estrutura de defesa do Estado, a Marinha, o Exército e a Aeronáutica. Possuem como funções principais a defesa da pátria, a garantia dos poderes constitucionais, da lei e da ordem. Apesar de sua vinculação à União, suas atribuições têm caráter nacional e podem ser exercidas em todo o território brasileiro:

> ***Art. 142*** *As Forças Armadas, constituídas pela Marinha, pelo Exército e pela Aeronáutica, são instituições nacionais permanentes e regulares, organizadas com base na hierarquia e na disciplina, sob a autoridade suprema do Presidente da República, e destinam-se à defesa da Pátria, à garantia dos poderes constitucionais e, por iniciativa de qualquer destes, da lei e da ordem.*

Segundo o *caput* do art. 142, são classificadas como instituições permanentes e regulares. Estão sempre prontas para agir. São regulares, pois desempenham funções sistemáticas e dependem de um efetivo de servidores para realizá-las.

Ainda, destaca-se a base de sua organização na hierarquia e na disciplina. Esses atributos típicos da Administração Pública são ressaltados nessas instituições devido ao caráter militar que possuem. As Forças Armadas valorizam demasiadamente essa estrutura hierárquica, com regulamentos que garantem uma distribuição do efetivo em diversos níveis de escalonamento, cujo comando supremo está nas mãos do Presidente da República.

Em linhas gerais, a Constituição Federal de 1988 previu algumas regras para o funcionamento das instituições militares:

> ***Art. 142*** *[...]*
>
> *§ 1º Lei complementar estabelecerá as normas gerais a serem adotadas na organização, no preparo e no emprego das Forças Armadas.*
>
> *§ 3º Os membros das Forças Armadas são denominados militares, aplicando-se-lhes, além das que vierem a ser fixadas em lei, as seguintes disposições:*
>
> *I – as patentes, com prerrogativas, direitos e deveres a elas inerentes, são conferidas pelo Presidente da República e asseguradas em plenitude aos oficiais da ativa, da reserva ou reformados, sendo-lhes privativos os títulos e postos militares e, juntamente com os demais membros, o uso dos uniformes das Forças Armadas;*
>
> *II – o militar em atividade que tomar posse em cargo ou emprego público civil permanente, ressalvada a hipótese prevista no art. 37, inciso XVI, alínea "c", será transferido para a reserva, nos termos da lei;*
>
> *III – o militar da ativa que, de acordo com a lei, tomar posse em cargo, emprego ou função pública civil temporária, não eletiva, ainda que da administração indireta, ressalvada a hipótese prevista no art. 37, inciso XVI, alínea "c", ficará agregado ao respectivo quadro e somente poderá, enquanto permanecer nessa situação, ser promovido por antiguidade, contando-se-lhe o tempo de serviço apenas para aquela promoção e transferência para a reserva, sendo depois de dois anos de afastamento, contínuos ou não, transferido para a reserva, nos termos da lei;*
>
> *IV – ao militar são proibidas a sindicalização e a greve;*
>
> *V – o militar, enquanto em serviço ativo, não pode estar filiado a partidos políticos;*
>
> *VI – o oficial só perderá o posto e a patente se for julgado indigno do oficialato ou com ele incompatível, por decisão de tribunal militar*

DCON

de caráter permanente, em tempo de paz, ou de tribunal especial, em tempo de guerra;

VII – o oficial condenado na justiça comum ou militar a pena privativa de liberdade superior a dois anos, por sentença transitada em julgado, será submetido ao julgamento previsto no inciso anterior;

VIII – aplica-se aos militares o disposto no art. 7º, incisos VIII, XII, XVII, XVIII, XIX e XXV, e no art. 37, incisos XI, XIII, XIV e XV, bem como, na forma da lei e com prevalência da atividade militar, no art. 37, inciso XVI, alínea "c";

IX – (Revogado pela Emenda Constitucional nº 41, de 19.12.2003).

X – a lei disporá sobre o ingresso nas Forças Armadas, os limites de idade, a estabilidade e outras condições de transferência do militar para a inatividade, os direitos, os deveres, a remuneração, as prerrogativas e outras situações especiais dos militares, consideradas as peculiaridades de suas atividades, inclusive aquelas cumpridas por força de compromissos internacionais e de guerra.

6.2.2 *Habeas corpus*

A Constituição declarou expressamente o não cabimento de *Habeas corpus* nas punições disciplinares militares:

> ***Art. 142** [...]*
>
> *§ 2º Não caberá Habeas corpus em relação a punições disciplinares militares.*

Essa vedação decorre do regime constritivo rigoroso existente nas instituições castrenses, o qual permite como sanção administrativa a prisão. Deve-se ter muito cuidado com isso em prova. Segundo o STF, se o *Habeas corpus* versar sobre a ilegalidade da prisão, ele será admitido, ficando a vedação subordinada apenas ao seu mérito.

6.2.3 Vedações

Como foi dito anteriormente, o regime militar é bem rigoroso e a Constituição apresentou algumas vedações que sempre caem em prova:

> ***Art. 142** [...]*
>
> *IV – ao militar são proibidas a sindicalização e a greve;*
>
> *V – o militar, enquanto em serviço ativo, não pode estar filiado a partidos políticos;*

A sindicalização e a greve são medidas que dificultam o trabalho do militar, pois o influencia a questionar as ordens recebidas de seus superiores. As atribuições dos militares dependem de uma obediência irrestrita, por essa razão a Constituição os impediu de se organizarem em sindicatos e de realizarem movimentos paredistas.

Quanto à vedação de filiação ao partido político, deve-se destacar que o militar, para que desenvolva suas atividades com eficiência, não pode se sujeitar às correntes político-partidárias. O militar deve obedecer apenas à Constituição Federal e executar suas atividades com determinação. Essa vedação não o impede de se candidatar a cargo eletivo, desde que não seja conscrito. Aqui cabe citar o art. 14, § 8º da Constituição Federal de 1988:

> *§ 8º O militar alistável é elegível, atendidas as seguintes condições:*
>
> *I – se contar menos de dez anos de serviço, deverá afastar-se da atividade;*
>
> *II – se contar mais de dez anos de serviço, será agregado pela autoridade superior e, se eleito, passará automaticamente, no ato da diplomação, para a inatividade.*

6.2.4 Serviço militar obrigatório

Outro tema importante acerca das Forças Armadas é a existência do serviço militar obrigatório, previsto no art. 143:

> ***Art. 143** O serviço militar é obrigatório nos termos da lei.*
>
> *§ 1º Às Forças Armadas compete, na forma da lei, atribuir serviço alternativo aos que, em tempo de paz, após alistados, alegarem imperativo de consciência, entendendo-se como tal o decorrente de crença religiosa e de convicção filosófica ou política, para se eximirem de atividades de caráter essencialmente militar.*
>
> *§ 2º as mulheres e os eclesiásticos ficam isentos do serviço militar obrigatório em tempo de paz, sujeitos, porém, a outros encargos que a lei lhes atribuir.*

A lei que regula o serviço militar obrigatório é a Lei nº 4.375/1964, a qual obriga todos os brasileiros a se alistarem. Destaca-se que essa obrigatoriedade não se aplica aos eclesiásticos (líderes religiosos) e às mulheres, em tempos de paz, o que nos conduz à conclusão de que eles poderiam ser convocados em momentos de guerra ou mobilização nacional.

O § 1º apresenta um tema que já foi cobrado em prova: a dispensa do serviço obrigatório pela escusa de consciência. Isso ocorre quando o indivíduo se recusa a cumprir a obrigação essencialmente militar que é imposta pela Constituição Federal em razão da sua convicção filosófica, religiosa ou política. O referido parágrafo, em consonância com o inciso VIII do art. 5º, permite que nesses casos o interessado tenha respeitado o seu direito de escolha e de livre consciência desde que cumpra a prestação alternativa regulamentada na Lei nº 8.239/1991, a qual consiste no desempenho de atribuições de caráter administrativo, assistencial, filantrópico ou produtivo, em substituição às atividades de caráter essencialmente militar. Não havendo o cumprimento da atividade obrigatória ou da prestação alternativa fixada em lei, o art. 15 prevê como consequência a restrição dos direitos políticos:

> ***Art. 15** É vedada a cassação de direitos políticos, cuja perda ou suspensão só se dará nos casos de:[...]*
>
> *IV – recusa de cumprir obrigação a todos imposta ou prestação alternativa, nos termos do art. 5º, VIII.*

Acerca desse tema, um problema surge na doutrina. A Constituição não estabelece de forma clara qual consequência deverá ser aplicada ao indivíduo que se recusa a cumprir a obrigação ou a prestação alternativa. A Lei nº 8.239/1991, que regula a prestação alternativa ao serviço militar obrigatório, prevê que será declarada a suspensão dos direitos políticos de quem se recusar a cumprir a obrigação e a prestação alternativa. A doutrina tem se dividido entre as duas possibilidades: perda ou suspensão dos direitos políticos.

6.3 Órgãos de segurança pública

Conforme prescrito no *caput* do art. 144, a segurança pública é dever do Estado e tem como objetivo a preservação da ordem pública e da incolumidade das pessoas e do patrimônio. Esse tema é certo em concursos públicos da área de Segurança Pública e deve ser estudado com o foco na memorização de todo o artigo. Um dos pontos mais importantes está na definição de quais órgãos compõem a chamada segurança pública, os quais estão listados de forma taxativa no art. 144:

> ***Art. 144** A segurança pública, dever do Estado, direito e responsabilidade de todos, é exercida para a preservação da ordem pública e da incolumidade das pessoas e do patrimônio, através dos seguintes órgãos:*
>
> *I – polícia federal;*
>
> *II – polícia rodoviária federal;*
>
> *III – polícia ferroviária federal;*
>
> *IV – polícias civis;*
>
> *V – polícias militares e corpos de bombeiros militares.*
>
> *VI – polícias penais federal, estaduais e distrital.*

O STF já decidiu que esse rol é taxativo e que os demais entes federativos estão vinculados à classificação proposta pela Constituição. Diante disso, conclui-se que os estados, Distrito Federal e municípios estão proibidos de criar outros órgãos de segurança pública diferentes dos estabelecidos na Constituição Federal.

Ainda, como fruto dessa taxatividade, deve-se afirmar que nenhum outro órgão além dos estabelecidos nesse artigo poderá ser considerado como sendo de Segurança Pública. Isso se aplica às Guardas Municipais, aos Agentes Penitenciários, aos Agentes de Trânsito e aos Seguranças Privados.

Há ainda a chamada Força Nacional de Segurança, instituição criada como fruto de um acordo de cooperação entre os estados e o Distrito Federal que possui o objetivo de apoiar ações de segurança pública nesses locais. Apesar de ser formado por membros dos órgãos de segurança pública de todo o país, não se pode afirmar, principalmente numa prova de concurso, que essa instituição faça parte dos órgãos de Segurança Pública.

Não se pode esquecer das Polícias Legislativas criadas no âmbito da Câmara dos Deputados e do Senado Federal, previstas nos arts. 51, inciso IV e 52, inciso XIII. Também não entram na classificação de órgãos de Segurança Pública para a prova, pois não estão no rol do art. 144:

> ***Art. 51*** *Compete privativamente à Câmara dos Deputados:[...]*
>
> *IV – dispor sobre sua organização, funcionamento, polícia, criação, transformação ou extinção dos cargos, empregos e funções de seus serviços, e a iniciativa de lei para fixação da respectiva remuneração, observados os parâmetros estabelecidos na lei de diretrizes orçamentárias.*
>
> ***Art. 52*** *Compete privativamente ao Senado Federal: [...]*
>
> *XIII – dispor sobre sua organização, funcionamento, polícia, criação, transformação ou extinção dos cargos, empregos e funções de seus serviços, e a iniciativa de lei para fixação da respectiva remuneração, observados os parâmetros estabelecidos na lei de diretrizes orçamentárias.*

Cada um dos órgãos será organizado em estatuto próprio, conforme preleciona o § 7º do art. 144:

> *§ 7º. A lei disciplinará a organização e o funcionamento dos órgãos responsáveis pela segurança pública, de maneira a garantir a eficiência de suas atividades.*

6.3.1 Polícia Administrativa e Polícia Judiciária

Antes de iniciar uma análise mais detida do artigo em questão, uma importante distinção doutrinária deve ser feita em relação às polícias de segurança pública: Polícia Administrativa e Polícia Judiciária.

- **Polícia Administrativa** é a polícia preventiva. Sua atividade ocorre antes do cometimento da infração penal com o intuito de impedir a sua ocorrência. Sua atuação é ostensiva, ou seja, visível pelos membros da sociedade. É aquela polícia a que recorremos quando temos um problema. Uma característica marcante das polícias ostensivas é o seu uniforme. É a vestimenta que identifica um policial ostensivo. O maior exemplo de polícia administrativa é a Polícia Militar. Também são consideradas como polícia preventiva: Polícia Federal (em situações específicas), Polícia Rodoviária Federal, Polícia Ferroviária Federal e Corpo de Bombeiros Militar.
- **Polícia Judiciária** é a polícia repressiva. Sua atividade ocorre após o cometimento da infração penal, quando a atuação da polícia preventiva não surtiu efeito. Sua atividade é investigativa com o fim de encontrar os elementos comprobatórios do ilícito penal cometido. O resultado do trabalho das polícias judiciárias é utilizado posteriormente pelo Ministério Público para subsidiar sua atuação junto ao Poder Judiciário. Daí a razão do nome ser Polícia Judiciária. O resultado de seu trabalho é utilizado pelo Poder Judiciário em seus julgamentos. Atente-se para a seguinte diferença, pois já caiu em prova de concurso: a Polícia Judiciária não faz parte do Poder Judiciário, mas do Poder Executivo. São consideradas como Polícia Judiciária a Polícia Civil e a Polícia Federal. A Polícia Militar também possui atribuições repressivas quando atua na investigação de crimes cometidos por policiais militares.

Além dessa classificação, pode-se distinguir os órgãos do art. 144 em federais e estaduais, a depender da sua vinculação federativa:

- **Federais:** Polícia Federal, Polícia Rodoviária Federal e Polícia Ferroviária Federal;
- **Estaduais:** Polícia Civil, Polícia Militar e Corpo de Bombeiro Militar.

Feitas essas considerações iniciais, prossegue-se agora com a análise de cada um dos órgãos de segurança pública do art. 144.

6.3.2 Polícia Federal

A Polícia Federal é o órgão de segurança pública com maior quantidade de atribuições previstas na Constituição Federal, razão pela qual é a mais cobrada em prova:

> *§ 1º A polícia federal, instituída por lei como órgão permanente, organizado e mantido pela União e estruturado em carreira, destina-se a:*
>
> *I – apurar infrações penais contra a ordem política e social ou em detrimento de bens, serviços e interesses da União ou de suas entidades autárquicas e empresas públicas, assim como outras infrações cuja prática tenha repercussão interestadual ou internacional e exija repressão uniforme, segundo se dispuser em lei;*
>
> *II – prevenir e reprimir o tráfico ilícito de entorpecentes e drogas afins, o contrabando e o descaminho, sem prejuízo da ação fazendária e de outros órgãos públicos nas respectivas áreas de competência;*
>
> *III – exercer as funções de polícia marítima, aeroportuária e de fronteiras;*
>
> *IV – exercer, com exclusividade, as funções de polícia judiciária da União.*

Deve-se destacar, como característica principal, a sua atuação como Polícia Judiciária exclusiva da União. É ela quem atuará na repressão dos crimes cometidos contra a União e suas entidades autárquicas e empresas públicas. Apesar de mencionar algumas entidades da administração indireta, não se mencionou as sociedades de economia mista. Isso força uma conclusão de que a Polícia Federal não tem atribuição nos crimes que envolvam interesses de sociedades de economia mista.

As demais atribuições serão exercidas concomitantemente com outros órgãos, limitando a exclusividade de sua atuação apenas à função investigativa no âmbito da União.

6.3.3 Polícia Rodoviária Federal

A Polícia Rodoviária Federal é órgão da União responsável pelo patrulhamento das rodovias federais:

> *§ 2º A polícia rodoviária federal, órgão permanente, organizado e mantido pela União e estruturado em carreira, destina-se, na forma da lei, ao patrulhamento ostensivo das rodovias federais.*

Eventualmente, sua atuação se estenderá às rodovias estaduais ou distritais mediante convênio firmado entre os entes federativos. Não havendo esse convênio, o patrulhamento das rodovias estaduais e distritais fica a cargo das Polícias Militares. É comum no âmbito das Polícias Militares a criação de batalhões ou companhias com essa atribuição específica, as chamadas Polícias Rodoviárias.

6.3.4 Polícia Ferroviária Federal

A Polícia Ferroviária Federal é o órgão da União responsável pelo patrulhamento das ferrovias federais:

> *§ 3º. A polícia ferroviária federal, órgão permanente, organizado e mantido pela União e estruturado em carreira, destina-se, na forma da lei, ao patrulhamento ostensivo das ferrovias federais.*

Diante da pouca relevância das ferrovias no Brasil, esse órgão ficou no esquecimento durante vários anos. No dia 5 agosto de 2011, a presidente Dilma sancionou a Lei nº 12.462, que criou no âmbito do Ministério da Justiça a Polícia Ferroviária Federal. O efetivo que comporá essa nova estrutura se originará das instituições que anteriormente cuidavam das ferrovias:

> ***Art. 48*** *A Lei nº 10.683, de 28 de maio de 2003, passa a vigorar com as seguintes alterações:*
>
> ***Art. 29*** *[...]*
>
> *XIV – Do Ministério da Justiça: o Conselho Nacional de Política Criminal e Penitenciária, o Conselho Nacional de Segurança Pública, o Conselho Federal Gestor do Fundo de Defesa dos Direitos Difusos, o Conselho Nacional de Combate à Pirataria e Delitos contra a Propriedade Intelectual, o Conselho Nacional de Arquivos, o Conselho Nacional de Políticas sobre Drogas, o Departamento de Polícia Federal, o Departamento de Polícia Rodoviária Federal, o Departamento de Polícia Ferroviária Federal, a Defensoria Pública da União, o Arquivo Nacional e até 6 (seis) Secretarias;*
>
> *§ 8º Os profissionais da Segurança Pública Ferroviária oriundos do grupo Rede, Rede Ferroviária Federal (RFFSA), da Companhia Brasileira de Trens Urbanos (CBTU) e da Empresa de Trens Urbanos de Porto Alegre (Trensurb) que estavam em exercício em 11 de dezembro de 1990, passam a integrar o Departamento de Polícia Ferroviária Federal do Ministério da Justiça (NR).*

6.3.5 Polícia Civil

Essa é a Polícia Judiciária no âmbito dos estados e do Distrito Federal. É dirigida por delegados de polícia de carreira e possui atribuição subsidiária à da Polícia Federal e à da Polícia Militar. Significa dizer que o que não for atribuição da Polícia Federal ou da Polícia Militar será da Polícia Civil:

> *§ 4º. às polícias civis, dirigidas por delegados de polícia de carreira, incumbem, ressalvada a competência da União, as funções de polícia judiciária e a apuração de infrações penais, exceto as militares.*

6.3.6 Polícia Militar e Corpo de Bombeiros Militar

Essas duas instituições possuem caráter essencialmente ostensivo dentro das atribuições próprias. A Polícia Militar é responsável pelo policiamento ostensivo e preservação da ordem pública.

É a Polícia Militar quem exerce a função principal de prevenção do crime. Quando se pensa em polícia, certamente é a primeira que vem à mente, pois é vista pela sociedade. Já o Corpo de Bombeiros Militar, apesar de não ser órgão policial, possui atribuição de segurança pública à medida que executa atividades de defesa civil. São responsáveis por uma atuação voltada para a proteção da sociedade, prestação de socorro, atuação em incêndios e acidentes. Destaca-se pela agilidade no atendimento, o que muitas vezes acaba por coibir maiores tragédias:

> *§ 5º às polícias militares cabem a polícia ostensiva e a preservação da ordem pública; aos corpos de bombeiros militares, além das atribuições definidas em lei, incumbe a execução de atividades de defesa civil.*
>
> *§ 6º As polícias militares e corpos de bombeiros militares, forças auxiliares e reserva do Exército, subordinam-se, juntamente com as polícias civis, aos Governadores dos Estados, do Distrito Federal e dos Territórios.*

Por serem corporações militares, a eles se aplicam as mesmas regras que são aplicadas às Forças Armadas, como a proibição de greve, filiação partidária e sindicalização.

São ainda consideradas forças auxiliares e reserva do Exército. Significa que, em um momento de necessidade de efetivo, seria possível a convocação de Policiais e Bombeiros Militares como força reserva e de apoio.

Estão subordinados aos governadores dos estados, a Distrito Federal e dos territórios a quem compete a gestão da Segurança Pública em cada ente federativo.

No que tange à Polícia Militar, ao Corpo de Bombeiros Militares e à Polícia Civil do Distrito Federal, há um detalhe que não pode ser esquecido, pois já foi cobrado em prova. Apesar da subordinação destas forças ao governador do Distrito Federal, a competência para legislar e manter estas corporações é da União.

Aqui há uma exceção na autonomia federativa do Distrito Federal, que está prevista expressamente na Constituição no art. 21, XIV:

> ***Art. 21*** *Compete à União:*
>
> *XIV – organizar e manter a polícia civil, a polícia penal, a polícia militar e o corpo de bombeiros militar do Distrito Federal, bem como prestar assistência financeira ao Distrito Federal para a execução de serviços públicos, por meio de fundo próprio; (Redação dada pela Emenda Constitucional nº 104/2019)*

6.3.7 Polícias penais

A Emenda Constitucional nº 104/2019 introduziu no rol de entidades de segurança pública as chamadas polícias penais.

De acordo com o art. 144, § 5º-A da Constituição Federal de 1988, cabe às polícias penais, vinculadas ao órgão administrador do sistema penal da unidade federativa a que pertencem, a segurança dos estabelecimentos penais.

DIREITO ADMINISTRATIVO

1 PRINCÍPIOS FUNDAMENTAIS DA ADMINISTRAÇÃO PÚBLICA

Neste momento, o objetivo é conhecer o rol de princípios fundamentais que norteiam e orientam toda a atividade administrativa do Estado, bem como toda a atuação da Administração Pública Direta e indireta.

Tais princípios são de observância obrigatória para toda a Administração Pública, quer da União, dos estados, do Distrito Federal, quer dos municípios. São considerados expressos, pois estão descritos expressamente no *caput* do art. 37 da Constituição Federal de 1988.

> ***Art. 37*** *A Administração Pública Direta e indireta de qualquer dos Poderes da União, dos Estados, do Distrito Federal e dos Municípios obedecerá aos princípios de legalidade, impessoalidade, moralidade, publicidade e eficiência e, também, ao seguinte. (Ver CF/1988)*

1.1 Classificação

Os princípios da Administração Pública são classificados como princípios explícitos (expressos) e implícitos.

É importante apontar que não existe relação de subordinação e de hierarquia entre os princípios expressos e os implícitos; na verdade, essa relação não existe entre nenhum princípio.

Isso quer dizer que, em um aparente conflito entre os princípios, um não exclui o outro, pois deve o administrador público observar ambos ao mesmo tempo, devendo nortear sua decisão na obediência de todos os princípios fundamentais pertinentes ao caso em concreto.

Como exemplo, não pode o administrador público deixar de observar o princípio da legalidade para buscar uma atuação mais eficiente (de acordo com o princípio da eficiência), devendo ele, na colisão entre os dois princípios, observar a lei e ainda buscar a eficiência conforme os meios que lhes seja possível.

Os **princípios explícitos** ou expressos são aqueles que estão descritos no *caput* do art. 37 da CF/1988. São eles:

- Legalidade;
- Impessoalidade;
- Moralidade;
- Publicidade;
- Eficiência.

Os **princípios implícitos** são aqueles que não estão descritos no *caput* do art. 37 da Constituição Federal. São eles:

- Supremacia do interesse público;
- Indisponibilidade do interesse público;
- Motivação;
- Razoabilidade;
- Proporcionalidade;
- Autotutela;
- Continuidade dos serviços públicos;
- Segurança jurídica, entre outros.

A seguir, analisaremos as características dos princípios fundamentais da Administração Pública que mais aparecem nas provas de concurso público.

1.2 Princípios explícitos da Administração Pública

1.2.1 Princípio da legalidade

O princípio da legalidade está previsto em dois lugares distintos na Constituição Federal. Em primeiro plano, no art. 5º, inciso II: *ninguém será obrigado a fazer ou deixar de fazer alguma coisa senão em virtude de lei.* O princípio da legalidade regula a vida dos particulares e, ao particular, é facultado fazer tudo que a lei não proíbe; é o chamado princípio da autonomia da vontade. Essa regra não deve ser aplicada à Administração Pública.

Em segundo plano, o art. 37, *caput* do texto Constitucional, determina que a Administração Pública somente pode fazer aquilo que a lei determina ou autoriza. Assim, em caso de omissão legislativa (falta de lei), a Administração Pública está proibida de agir.

Nesse segundo caso, a lei deve ser entendida em sentido amplo, o que significa que a Administração Pública deve obedecer aos mandamentos constitucionais, às leis formais e materiais (leis complementares, leis delegadas, leis ordinárias, medidas provisórias) e também às normas infralegais (decretos, resoluções, portarias, entre outros), e não somente a lei em sentido estrito.

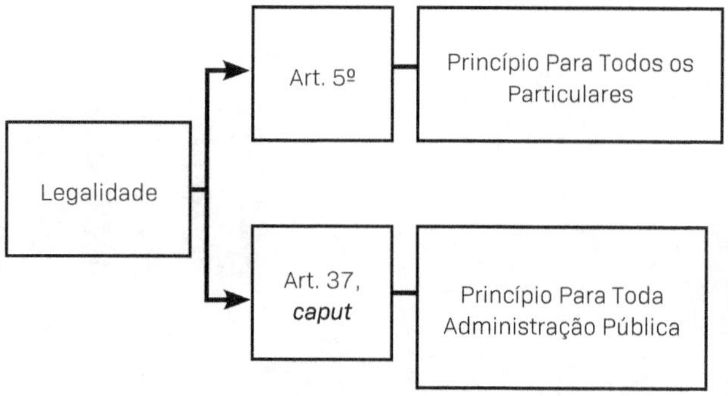

1.2.2 Princípio da impessoalidade

O princípio da impessoalidade determina que todas as ações da Administração Pública devem ser revestidas de finalidade pública. Além disso, como segunda vertente, proíbe a promoção pessoal do agente público, como determina o art. 37, § 1º da Constituição Federal de 1988:

> ***Art. 37, § 1º*** *A publicidade dos atos, programas, obras, serviços e campanhas dos órgãos públicos deverá ter caráter educativo, informativo ou de orientação social, dela não podendo constar nomes, símbolos ou imagens que caracterizem promoção pessoal de autoridades ou servidores públicos.*

O princípio da impessoalidade é tratado sob dois prismas, a saber:

- Como determinante da finalidade de toda atuação administrativa (também chamado de princípio da **finalidade**, considerado constitucional implícito, inserido no princípio expresso da impessoalidade).
- Como vedação a que o agente público se promova à custa das realizações da Administração Pública (vedação à promoção pessoal do administrador público pelos serviços, obras e outras realizações efetuadas pela Administração Pública).

É pelo princípio da impessoalidade que dizemos que o agente público age em imputação à pessoa jurídica a que está ligado, ou seja, pelo princípio da impessoalidade as ações do agente público são determinadas como se o próprio Estado estivesse agindo.

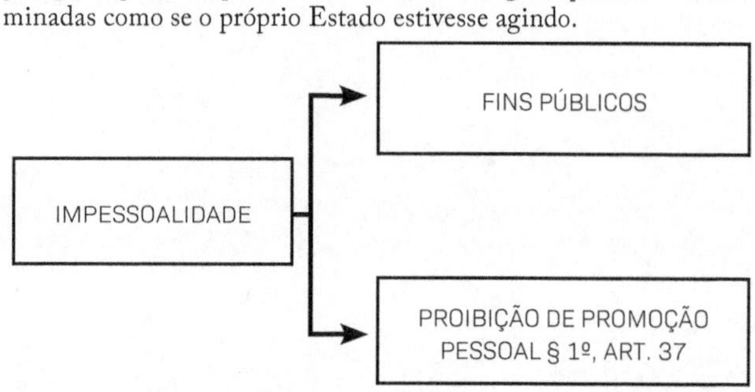

1.2.3 Princípio da moralidade

O princípio da moralidade é um complemento ao da legalidade, pois nem tudo que é legal é moral. Dessa forma, o Estado impõe a sua administração a atuação segundo a lei e também segundo a moral administrativa. Tal princípio traz para o agente público o dever de probidade. Esse dever é sinônimo de atuação com ética, decoro, honestidade e boa-fé.

O princípio da moralidade determina que o agente deva sempre trabalhar com ética e em respeito aos princípios morais da Administração Pública. O princípio está intimamente ligado ao dever de probidade (honestidade) e sua não observação acarreta a aplicação do art. 37, § 4º da Constituição Federal de 1988 e a Lei nº 8.429/1992 (Lei de Improbidade Administrativa).

> ***Art. 37, § 4º*** *Os atos de improbidade administrativa importarão a suspensão dos direitos políticos, a perda da função pública, a indisponibilidade dos bens e o ressarcimento ao erário, na forma e gradação previstas em lei, sem prejuízo da ação penal cabível.*

O desrespeito ao princípio da moralidade afeta a própria legalidade do ato administrativo, ou seja, leva a anulação do ato, e ainda pode acarretar a responsabilização dos agentes por improbidade administrativa.

O princípio da moralidade não se refere ao senso comum de moral, que é formado por meio das instituições que passam pela vida da pessoa, como família, escola, igreja, entre outras. Para a Administração Pública, esse princípio refere-se à moralidade administrativa, que está inserida no corpo das normas de Direito Administrativo.

1.2.4 Princípio da publicidade

Esse princípio deve ser entendido como aquele que determina que os atos da Administração sejam claros quanto à sua procedência. Por esse motivo, em regra, os atos devem ser publicados em diário oficial e, além disso, a Administração deve tornar o fato acessível (público). Tornar público é, além de publicar em diário oficial, apresentar os atos na internet, pois esse meio, hoje, é o que deixa todas as informações acessíveis.

O princípio da publicidade apresenta dupla acepção em face do sistema constitucional vigente:

- Exigência de publicação em órgão oficial como requisito de eficácia dos atos administrativos que devam produzir efeitos externos e dos atos que impliquem ônus para o patrimônio público.

Essa regra não é absoluta, pois, em defesa da intimidade e também do Estado, alguns atos públicos não precisam ser publicados:

> ***Art. 5º, X, CF/1988*** *São invioláveis a intimidade, a vida privada, a honra e a imagem das pessoas, assegurado o direito a indenização pelo dano material ou moral decorrente de sua violação.*
>
> ***Art. 5º, XXXIII, CF/1988*** *Todos têm direito a receber dos órgãos públicos informações de seu interesse particular, ou de interesse coletivo ou geral, que serão prestadas no prazo da lei, sob pena de responsabilidade, ressalvadas aquelas cujo sigilo seja imprescindível à segurança da sociedade e do Estado.*

Assim, o ato que tiver em seu conteúdo uma informação sigilosa ou relativa à intimidade da pessoa tem de ser resguardado no devido sigilo.

- Exigência de transparência da atuação administrativa:

> ***Art. 5º, XXXIII, CF/1988*** *Todos têm direito a receber dos órgãos públicos informações de seu interesse particular, ou de interesse coletivo ou geral, que serão prestadas no prazo da lei, sob pena de responsabilidade, ressalvadas aquelas cujo sigilo seja imprescindível à segurança da sociedade e do Estado.*

O princípio da publicidade orientou o poder legislativo nacional a editar a Lei nº 12.527/2011, que regulamenta o dispositivo do art. 5º, inciso XXXIII, da Constituição Federal de 1988. Dispõe sobre o acesso à informação pública, sobre a informação sigilosa, sua classificação, bem como a informação pessoal, entre outras providências. Tal dispositivo merece ser lido, pois essa lei transpassa toda a essência do princípio da publicidade.

Podemos inclusive afirmar que esse princípio foi materializado em lei após a edição da Lei nº 12.527/2011. Veja a seguir a redação do art. 3º dessa lei:

> ***Art. 3º*** *Os procedimentos previstos nesta Lei destinam-se a assegurar o direito fundamental de acesso à informação e devem ser executados em conformidade com os princípios básicos da Administração Pública e com as seguintes diretrizes:*
>
> *I - Observância da publicidade como preceito geral e do sigilo como exceção;*
>
> *II - Divulgação de informações de interesse público, independentemente de solicitações;*
>
> *III - Utilização de meios de comunicação viabilizados pela tecnologia da informação;*
>
> *IV - Fomento ao desenvolvimento da cultura de transparência na Administração Pública;*
>
> *V - Desenvolvimento do controle social da Administração Pública.*

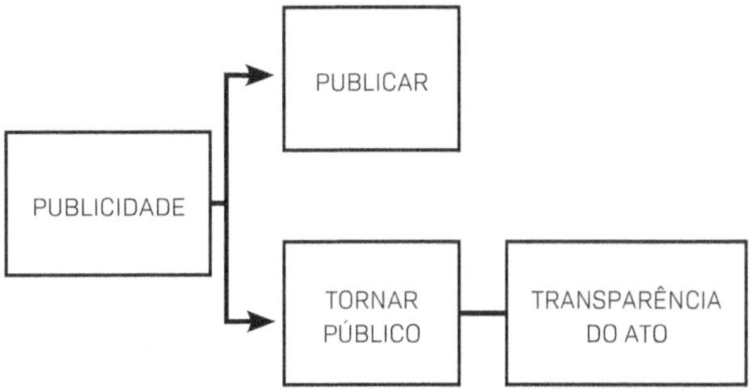

1.2.5 Princípio da eficiência

O princípio da eficiência foi o último a ser inserido no bojo do texto constitucional. Esse princípio foi incluído com a Emenda Constitucional nº 19/1998), e apresenta dois aspectos principais:

- Relativamente à forma de atuação do agente público, espera-se o melhor desempenho possível de suas atribuições, a fim de obter os melhores resultados.
- Quanto ao modo de organizar, estruturar e disciplinar a Administração Pública, exigiu-se que esse seja o mais racional possível, no intuito de alcançar melhores resultados na prestação dos serviços públicos.

> ***Art. 37, § 8º, CF/1988*** *A autonomia gerencial, orçamentária e financeira dos órgãos e entidades da Administração Direta e indireta poderá ser ampliada mediante contrato, a ser firmado entre seus administradores e o poder público, que tenha por objeto a fixação de metas de desempenho para o órgão ou entidade, cabendo à lei dispor sobre.*

O princípio da eficiência orienta a atuação da Administração Pública de forma que essa busque o melhor custo-benefício no exercício de suas atividades, ou seja, os serviços públicos devem ser prestados com adequação às necessidades da sociedade que o custeia.

A atuação da Administração Pública tem que ser eficiente, o que acarreta ao agente público o dever de agir com presteza, esforço, rapidez e rendimento funcional. Seu descumprimento poderá acarretar a perda do seu cargo por baixa produtividade apurada em procedimento da avaliação periódica de desempenho, tanto antes da aquisição da estabilidade, como também após.

1.3 Princípios implícitos da Administração Pública

1.3.1 Princípio da supremacia do interesse público sobre o privado

Esse princípio é também considerado o norteador do Direito Administrativo. Ele determina que o Estado, quando trabalhando com o interesse público, se sobrepõe ao particular. Devemos lembrar que esse princípio deve ser utilizado pelo administrador público de forma razoável e proporcional para que o ato não se transforme em arbitrário e, consequentemente, ilegal.

É o fundamento das prerrogativas do Estado, ou seja, da relação jurídica desigual ou vertical entre o Estado e o particular. A exemplo, temos o poder de império do Estado (também chamado de poder extroverso), que se manifesta por meio da imposição da lei ao administrado, admitindo até o uso da força coercitiva para o cumprimento da norma. Assim sendo, a Administração Pública pode criar obrigações, restringir ou condicionar os direitos dos administrados.

Limitações:

- Respeito aos demais princípios.
- Não está presente diretamente nos atos de gestão (atos de gestão são praticados pela administração na qualidade de gestora de seus bens e serviços, sem exercício de supremacia sobre os particulares, assemelhando-se aos atos praticados pelas pessoas privadas. São exemplos de atos de gestão a alienação ou a aquisição de bens pela Administração Pública, o aluguel a um particular de um imóvel de propriedade de uma autarquia, entre outros).

Exemplos de incidência:

- Intervenção na propriedade privada.
- Exercício do poder de polícia, limitando ou condicionando o exercício de direito em prol do interesse público.
- Presunção de legitimidade dos atos administrativos.

1.3.2 Princípio da indisponibilidade do interesse público

Conforme dito anteriormente, o princípio da indisponibilidade do interesse público juntamente com o da supremacia do interesse público, formam os pilares do regime jurídico administrativo.

Esse princípio é o fundamento das **restrições** do Estado. Assim sendo, apesar de o princípio da supremacia do interesse público prever prerrogativas especiais para a Administração Pública em determinadas relações jurídicas com o administrado, tais poderes são ferramentas que a ordem jurídica confere aos agentes públicos para alcançar os objetivos do Estado. E o uso desses poderes, então, deve ser balizado pelo interesse público, o que impõe restrições legais a sua atuação, garantindo que a utilização do poder tenha por finalidade o interesse público e não o do administrador.

Assim, é vedada a renúncia do exercício de competência pelo agente público, pois a atuação desse não é balizada por sua vontade pessoal, mas, sim, pelo interesse público, também chamado de interesse da lei. Os poderes conferidos aos agentes públicos têm a finalidade de auxiliá-los a atingir tal interesse. Com base nessa regra, concluímos que esses agentes não podem dispor do interesse público, por não ser o seu proprietário, e sim o povo. Ao agente público cabe a gestão da Administração Pública em prol da coletividade.

1.3.3 Princípios da razoabilidade e proporcionalidade

Os princípios da razoabilidade e da proporcionalidade não se encontram expressos no texto constitucional. Esses são classificados como princípios gerais do Direito e são aplicáveis a vários ramos da ciência jurídica. São chamados de princípios da proibição de excesso do agente público.

A razoabilidade diz que toda atuação da Administração tem que seguir a teoria do homem médio, ou seja, as decisões devem ser tomadas segundo o critério da maioria das pessoas "racionais", sem exageros ou deturpações.

- **Razoabilidade:** adequação entre meios e fins. O princípio da proporcionalidade diz que o agente público deve ser proporcional no uso da força para o cumprimento do bem público, ou seja, nas aplicações de penalidades pela Administração deve ser levada em conta sempre a gravidade da falta cometida.
- **Proporcionalidade:** vedação de imposição de obrigações, restrições e sanções em medida superior àquela estritamente necessária ao interesse público.

Podemos dar como exemplo a atuação de um fiscal sanitário, que esteja vistoriando dois estabelecimentos e, em um deles, encontre um quilo de carne estragada e, no outro, encontre uma tonelada.

Na aplicação da penalidade, deve ser respeitada tanto a razoabilidade quanto a proporcionalidade, ou seja, aplica-se, no primeiro, uma penalidade pequena, uma multa, por exemplo, e, no segundo, uma penalidade grande, suspensão de 90 dias.

Veja que o administrador não pode fazer menos ou mais do que a lei determina, isso em obediência ao princípio da legalidade, senão cometerá abuso de poder.

1.3.4 Princípio da autotutela

O princípio da autotutela propicia o controle da Administração Pública sob seus próprios atos em dois pontos específicos:

- **De legalidade:** em que a Administração Pública pode controlar seus próprios atos quando eivados de vício de ilegalidade, sendo provocado ou de ofício.
- **De mérito:** em que a Administração Pública pode revogar seus atos por conveniência e oportunidade.

> ***Súmula nº 473 – STF*** *A Administração pode anular seus próprios atos, quando eivados de vícios que os tornam ilegais, porque deles não se originam direitos; ou revogá-los, por motivo de conveniência ou oportunidade, respeitados os direitos adquiridos, e ressalvada, em todos os casos, a apreciação judicial.*

O princípio da autotutela não exclui a possibilidade de controle jurisdicional do ato administrativo previsto no art. 5º, inciso XXXV, da Constituição Federal de 1988: a lei não excluirá da apreciação do Poder Judiciário lesão ou ameaça a direito.

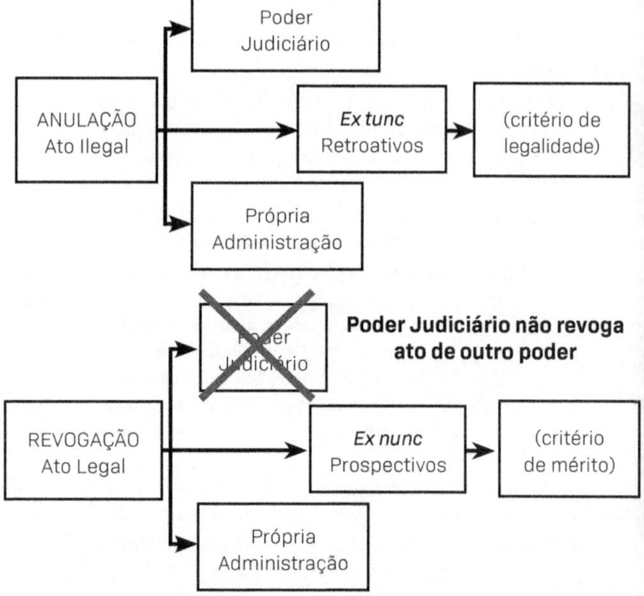

1.3.5 Princípio da ampla defesa

A ampla defesa determina que todos que sofrerem medidas de caráter de pena terão direito a se defender de todos os meios disponíveis legais em direito. Está previsto nos processos administrativos disciplinares:

> ***Art. 5º, LV, CF/1988*** *Aos litigantes, em processo judicial ou administrativo, e aos acusados em geral são assegurados o contraditório e ampla defesa, com os meios e recursos a ela inerentes;*

1.3.6 Princípio da continuidade do serviço público

O princípio da continuidade do serviço público tem como escopo (objetivo) não prejudicar o atendimento dos serviços essenciais à população. Assim, evitam que esses sejam interrompidos.

Regra

- Os serviços públicos devem ser adequados e ininterruptos.

Exceção

- Aviso prévio;
- Situações de emergência.

Alcance

- Todos os prestadores de serviços públicos;
- Administração Direta;
- Administração Indireta;
- Concessionárias, autorizatárias e permissionárias de serviços públicos.

Efeitos

- Restrição de direitos das prestadoras de serviços públicos, bem como dos agentes envolvidos na prestação desses serviços, a exemplo do direito de greve.

Dessa forma, quem realiza o serviço público se submete a algumas restrições:

- Restrição ao direito de greve, art. 37, inciso VII, da Constituição Federal de 1988;
- Suplência, delegação e substituição – casos de funções vagas temporariamente;
- Impossibilidade de alegar a exceção do contrato não cumprido, somente em casos em que se configure uma impossibilidade de realização das atividades;
- Possibilidade da encampação da concessão do serviço, retomada da administração do serviço público concedido no prazo na concessão, quando o serviço não é prestado de forma adequada.

O Código de Defesa do Consumidor, em seu art. 22, assegura ao consumidor que os serviços essenciais devem ser contínuos, caso contrário, aos responsáveis, caberá indenização. O referido código não diz quais seriam esses serviços essenciais. Podemos usar, como analogia, o art. 10 da Lei nº 7.783/1989, que enumera os que seriam considerados fundamentais:

> ***Art. 10*** *São considerados serviços ou atividades essenciais:*
>
> *I - Tratamento e abastecimento de água; produção e distribuição de energia elétrica, gás e combustíveis;*
>
> *II - Assistência médica e hospitalar;*
>
> *III - Distribuição e comercialização de medicamentos e alimentos;*
>
> *IV - Funerários;*
>
> *V - Transporte coletivo;*
>
> *VI - Captação e tratamento de esgoto e lixo;*
>
> *VII - Telecomunicações;*
>
> *VIII - Guarda, uso e controle de substâncias radioativas, equipamentos e materiais nucleares;*
>
> *IX - Processamento de dados ligados a serviços essenciais;*
>
> *X - controle de tráfego aéreo e navegação aérea;*
>
> *XI - Compensação bancária.*

1.3.7 Princípio da segurança jurídica

Esse princípio veda a aplicação retroativa da nova interpretação da norma.

Caso uma regra tenha a sua redação ou interpretação revogada ou alterada, os atos praticados durante a vigência da norma antiga continuam valendo, pois tal princípio visa resguardar o direito adquirido, o ato jurídico perfeito e a coisa julgada.

Assim, temos que a nova interpretação da norma, via de regra, somente terá efeitos prospectivos, ou seja, da data em que for revogada para frente, não atingindo os atos praticados na vigência da norma antiga.

2 DEVERES E PODERES ADMINISTRATIVOS

Para um desempenho adequado do papel que compete à Administração Pública, o ordenamento jurídico confere a ela poderes e deveres especiais. Conheceremos seus deveres e poderes de modo a diferenciar a aplicabilidade de um ou de outro poder ou dever na análise de casos concretos, bem como apresentado nas questões de concurso público.

2.1 Deveres

Os deveres da Administração Pública são um conjunto de obrigações de direito público que a ordem jurídica confere aos agentes públicos com o objetivo de permitir que o Estado alcance seus fins.

O fundamento desses deveres é o princípio da indisponibilidade do interesse público, pois, como a Administração Pública é uma ferramenta do Estado para alcançar seus objetivos, não é permitido ao agente público usar dos seus poderes para satisfazer interesses pessoais ou de terceiros. Com base nessa regra, concluímos que esses agentes não podem dispor do interesse público, por não ser o seu proprietário, e sim o povo. A ele cabe a gestão da Administração Pública em prol da coletividade.

A doutrina, de modo geral, enumera como alguns dos principais deveres impostos aos agentes administrativos pelo ordenamento jurídico quatro obrigações administrativas, a saber:

- Poder-dever de agir;
- Dever de eficiência;
- Dever de probidade;
- Dever de prestar contas.

2.1.1 Poder-dever de agir

O poder-dever de agir determina que toda a Administração Pública tem que agir em caso de determinação legal. Contudo, essa é temperada, uma vez que o administrador precisa ter possibilidade real de atuar.

> ***Art. 37, § 6º, CF/1988*** *Policiais em serviço que presenciam um cidadão ser assaltado e morto e nada fazem. Nessa situação, além do dever imposto por lei, havia a possibilidade de agir. Nesse caso concreto, gera-se a possibilidade de indenização por parte do Estado, com base na responsabilidade civil do Estado.*

Enquanto, no direito privado, agir é uma faculdade do administrador, no direito público, agir é um dever legal do agente público.

Em decorrência dessa regra temos que os **poderes** administrativos são **irrenunciáveis**, devendo ser **obrigatoriamente exercidos** por seus titulares nas situações cabíveis.

A inércia do agente público acarreta responsabilização a ela por abuso de poder na modalidade omissão. A Administração Pública também responderá pelos danos patrimoniais ou morais decorrentes da omissão na esfera cível.

2.1.2 Dever de eficiência

A Constituição implementou o dever de eficiência com a introdução da Emenda Constitucional nº 19 de 1998, a chamada reforma administrativa. Esse novo modelo instituiu a denominada "administração gerencial", tendo vários exemplos dispostos no corpo do texto constitucional, como:

- Possibilidade de perda do cargo de servidor estável em razão de insuficiência de desempenho (art. 41, § 1º, inciso III);
- O estabelecimento como condição para o ganho da estabilidade de avaliação de desempenho (art. 41, § 4º);
- A possibilidade da celebração de contratos de gestão (art. 37, § 8º);
- A exigência de participação do servidor público em cursos de aperfeiçoamento profissional como um dos requisitos para a promoção na carreira (art. 39, § 2º).

2.1.3 Dever de probidade

O dever de probidade determina que todo administrador público, no desempenho de suas atividades, atue sempre com ética, honestidade e boa-fé, em consonância com o princípio da moralidade administrativa.

> ***Art. 37, § 4º, CF/1988*** *Os atos de improbidade administrativa importarão a suspensão dos direitos políticos, a perda da função pública, a indisponibilidade dos bens e o ressarcimento ao erário, na forma e gradação previstas em lei, sem prejuízo da ação penal cabível.*

Efeitos

- A suspensão dos direitos políticos;
- Perda da função pública;
- Ressarcimento ao erário;
- Indisponibilidade dos bens.

2.1.4 Dever de prestar contas

O dever de prestar contas decorre diretamente do princípio da indisponibilidade do interesse público, sendo pertinente à função do agente público, que é simples gestão da coisa pública.

> ***Art. 70, Parágrafo único, CF/1988*** *Prestará contas qualquer pessoa física ou jurídica, pública ou privada, que utilize, arrecade, guarde, gerencie ou administre dinheiros, bens e valores públicos ou pelos quais a União responda, ou que, em nome dessa, assuma obrigações de natureza pecuniária.*

2.2 Poderes administrativos

São mecanismos que, utilizados isoladamente ou em conjunto, permitem que a Administração Pública possa cumprir suas finalidades. Dessa forma, os poderes administrativos representam um conjunto de prerrogativas de direito público que a ordem jurídica confere aos agentes administrativos para o fim de permitir que o Estado alcance os seus fins.

O fundamento desses poderes é o princípio da supremacia do interesse público, pois, como a Administração Pública é uma ferramenta do Estado para alcançar seus objetivos, e tais objetivos são de interesse de toda coletividade, é necessário que o Estado possa ter prerrogativas especiais na busca de seus objetivos. Como exemplo, podemos citar a aplicação de uma multa de trânsito. Imagine que a lei fale que ultrapassar o sinal vermelho é errado, mas que o Estado não tenha o poder de aplicar a multa. De nada vale a previsão da infração na lei.

São poderes administrativos descritos pela doutrina pátria:

- Poder vinculado;
- Poder discricionário;
- Poder hierárquico;
- Poder disciplinar;
- Poder regulamentar;
- Poder de polícia.

2.2.1 Poder vinculado

O poder vinculado determina que o administrador somente pode fazer o que a lei determina; aqui não se gera poder de escolha, ou seja, está o administrador preso (vinculado) aos ditames da lei.

O agente público não pode fazer considerações de conveniência e oportunidade. Caso descumpra a única hipótese prevista na lei para orientar a sua conduta, praticará um ato ilegal, assim, deve o ato ser anulado.

2.2.2 Poder discricionário

O poder discricionário gera a margem de escolha, que é a conveniência e a oportunidade, o mérito administrativo. Diz-se que o agente público pode agir com liberdade de escolha, mas sempre respeitando os parâmetros da lei.

Duas são as vertentes que autorizam o poder discricionário: a lei e os conceitos jurídicos indeterminados. Esses últimos são determinações da própria lei, por exemplo: quando a lei prevê a boa-fé, quem decide se o administrado está de boa ou má-fé é o agente público, sempre sendo razoável e proporcional.

2.2.3 Poder hierárquico

Manifesta a noção de um escalonamento vertical da Administração Pública, já que temos a subordinação entre órgãos e agentes, sempre no âmbito de uma mesma pessoa jurídica.

É interessante salientar que não há subordinação nem hierarquia:

- Entre pessoas distintas.
- Entre os poderes da república.
- Entre a administração e o administrado.

Suas prerrogativas são:

- **Dar ordens:** cabe ao subordinado o dever de obediência, salvo nos casos de ordens manifestamente ilegais.
- Fiscalizar a atuação dos subordinados.
- Revisar os atos dos subordinados e, nessa atribuição:
- Manter os atos vinculados legais e os atos discricionários legais convenientes e oportunos.
- Convalidar os atos com defeitos sanáveis.
- Anular os atos ilegais.
- Revogar os atos discricionários legais inconvenientes e inoportunos.
- Aplicar sanções aos servidores que praticarem infrações funcionais.

A caraterística marcante é o grau de subordinação entre órgãos e agentes, sempre dentro da estrutura da mesma pessoa jurídica. O controle hierárquico permite que o superior aprecie todos os aspectos dos atos de seus subordinados (quanto à legalidade e quanto ao mérito administrativo) e pode ocorrer de ofício ou a pedido, quando for interesse de terceiros, por meio de recurso hierárquico.

- **Delegação**

Competência: é o ato discricionário, revogável a qualquer tempo, mediante o qual o superior hierárquico confere o exercício temporário de algumas de suas atribuições, originariamente pertencentes ao seu cargo, a um subordinado.

É importante alertar que, excepcionalmente, a lei admite a delegação para outro órgão que não seja hierarquicamente subordinado ao delegante, conforme podemos constatar da redação do art. 12 da Lei nº 9.784/1999:

> ***Art. 12*** *Um órgão administrativo e seu titular poderão, se não houver impedimento legal, delegar parte da sua competência a outros órgãos ou titulares, ainda que estes não lhe sejam hierarquicamente subordinados, quando for conveniente, em razão de circunstâncias de índole técnica, social, econômica, jurídica ou territorial.*

São características da delegação:

- **Não podem ser delegados:**
  - Edição de atos de caráter normativo;
  - A decisão de recursos administrativos;
  - As matérias de competência exclusiva do órgão ou autoridade.
- **Consequências:**
  - **Não acarreta renúncia de competências;**
  - Transfere o exercício da atribuição e não a titularidade, pois pode ser revogada a delegação a qualquer tempo pela autoridade delegante;
  - O ato de delegação e sua revogação deverão ser publicados em meio oficial.
  - **Avocação.**

Competência: avocar é o ato discricionário mediante o qual o superior hierárquico traz para si o exercício temporário de determinada competência, atribuída por lei a um subordinado.

Cabimento: é uma medida excepcional e deve ser fundamentada.

Restrições: não podem ser avocadas competências exclusivas do subordinado.

Consequências: desonera o agente de qualquer responsabilidade relativa ao ato praticado pelo superior hierárquico.

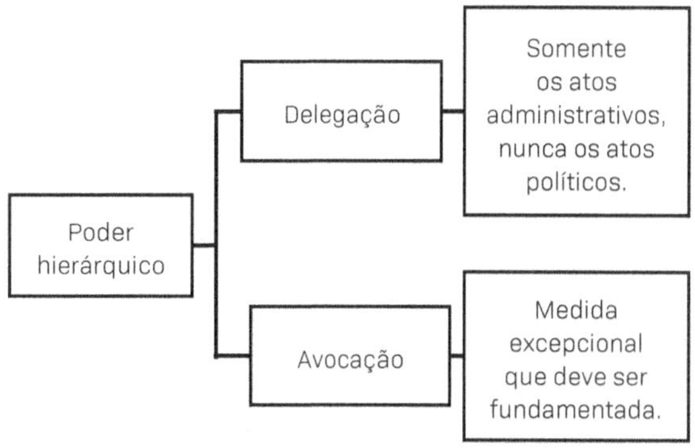

Atenção!

Segundo a Lei nº 9.784/1999, que trata do processo administrativo federal:

Art. 13. *Não podem ser objeto de delegação:*

I - a edição de atos de caráter normativo;

II - a decisão de recursos administrativos;

III - as matérias de competência exclusiva do órgão ou autoridade.

2.2.4 Poder disciplinar

O poder disciplinar é uma espécie de poder-dever de agir da Administração Pública. Dessa forma, o administrador público atua de forma a punir internamente as infrações cometidas por seus agentes e, em exceção, atua de forma a punir particulares que mantenham um vínculo jurídico específico com a Administração.

O poder disciplinar não pode ser confundido com o *jus puniendi* do Estado, ou seja, com o poder do Estado de aplicar a lei penal a quem comete uma infração penal.

Em regra, o poder disciplinar é discricionário, algumas vezes, é vinculado. Essa discricionariedade se encontra na escolha da quantidade de sanção a ser aplicada dentro das hipóteses previstas na lei, e não na faculdade de punir ou não o infrator, pois puni-lo é um dever. Assim, a punição não é discricionária, quantidade de punição que em regra é, porém, é importante lembrar que, quando a lei apontar precisamente a penalidade ou a quantidade dela que deve ser aplicada para determinada infração, o poder disciplinar será vinculado.

2.2.5 Poder regulamentar

Quando a Administração atua punindo particulares (comuns) que cometeram falta, ela está usando o poder de polícia. Contudo, quando atua penalizando particulares que mantenham um vínculo jurídico específico (plus), estará utilizando o poder disciplinar.

Existem duas formas de manifestação do poder regulamentar: o decreto regulamentar e o autônomo, sendo que o primeiro é a regra e o segundo é a exceção.

- **Decreto regulamentar**

Também denominado decreto executivo ou regulamento executivo.

O decreto regulamentar é uma prerrogativa dos chefes do poder executivo de regulamentar a lei para garantir a sua fiel aplicação.

- **Restrições**
  - Não inova o ordenamento jurídico;
  - Não pode alterar a lei;
  - Não pode criar direitos e obrigações;
  - Caso o decreto regulamentar extrapole os limites da lei, haverá quebra do princípio da legalidade. Nessa situação, se do decreto regulamentar for federal, caberá ao Congresso Nacional sustar os seus dispositivos violadores da lei.

- **Exercício**
  - Somente por decretos dos chefes do poder Executivo (presidente da República, governadores e prefeitos), sendo uma competência exclusiva, indelegável a qualquer outra autoridade.
- **Natureza**
  - Decreto: natureza secundária ou derivada;
  - Lei: natureza primária ou originária.
- **Prazo para regulamentação**
  - A ausência do prazo é inconstitucional;
  - Enquanto não regulamentada, a lei é inexequível (não pode ser executada);
  - Se o chefe do Executivo descumprir o prazo, a lei se torna exequível (pode ser executada);
  - A competência para editar decreto regulamentar não pode ser objeto de delegação.
- **Decreto autônomo**

A Emenda Constitucional nº 32, alterou o art. 84 da Constituição Federal e deu ao seu inciso VI a seguinte redação:

> ***Art. 84*** *Compete privativamente ao Presidente da República: [...]*
> *VI. dispor, mediante decreto, sobre:*
> *a) organização e funcionamento da administração federal, quando não implicar aumento de despesa nem criação ou extinção de órgãos públicos;*
> *b) extinção de funções ou cargos públicos, quando vagos; [...]*

Essa previsão se refere ao que a doutrina chama de decreto autônomo, pois se refere à predição para o presidente da república tratar mediante decreto de determinados assuntos, sem lei anterior, balizando a sua atuação, pois a baliza foi a própria Constituição Federal. O decreto é autônomo porque não depende de lei.

Características:

- Inova o ordenamento jurídico;
- O decreto autônomo tem natureza primária ou originária;
- Somente pode tratar das matérias descritas no art. 84, inciso VI, da Constituição Federal de 1988;
- O presidente da República poderá delegar as atribuições mencionadas para edição de decretos autônomos aos ministros de Estado, ao procurador-geral da República ou ao advogado-geral da União, que observarão os limites traçados nas respectivas delegações, conforme prevê o inciso único do art. 84.

As regras relativas às competências do presidente da República no uso do decreto regulamentar e do autônomo são estendidas aos demais chefes do executivo nacional dentro das suas respectivas administrações públicas. Assim, governadores e prefeitos podem tratar, mediante decreto autônomo, dos temas estaduais e municipais de suas respectivas administrações que o presidente da República pode resolver, mediante decreto autônomo, na esfera da Administração Pública federal.

2.2.6 Poder de polícia

O Código Tributário Nacional, em seu art. 78, ao tratar dos fatos geradores das taxas, assim conceitua poder de polícia:

> ***Art. 78*** *Considera-se poder de polícia atividade da Administração Pública que, limitando ou disciplinando direito, interesse ou liberdade, regula a prática de ato ou abstenção de fato, em razão de interesse público concernente à segurança, à higiene, à ordem, aos costumes, à disciplina da produção e do mercado, ao exercício de atividades econômicas dependentes de concessão ou autorização do Poder Público, à tranquilidade pública ou ao respeito à propriedade e aos direitos individuais ou coletivos.*

O **conceito** de poder de polícia é a faculdade que dispõe a Administração Pública para condicionar, restringir o uso, o gozo de bens, atividades e direitos individuais, em benefício da coletividade ou do próprio Estado.

É competente para exercer o poder de polícia administrativa sobre uma dada atividade o ente federado, ao qual a Constituição da República atribui competência para legislar sobre essa mesma atividade, para regular a prática dessa.

Assim, podemos dizer que o poder de polícia é discricionário em regra, podendo ser vinculado nos casos em que a lei determinar. Ele dispõe que toda a Administração Pública pode condicionar ou restringir os direitos dos administrados em caso de não cumprimento das determinações legais.

O poder de polícia **fundamenta-se no império** do Estado **(poder extroverso)**, que decorre do princípio da supremacia do interesse público, pois, por meio de imposições limitando ou restringindo a esfera jurídica dos administrados, visa à Administração Pública à defesa de um bem maior, que é proteção dos direitos da coletividade, pois o interesse público prevalece sobre os particulares.

- **Atributos do Poder de Polícia**

Discricionariedade: o poder de polícia, em regra, é discricionário, pois dá margem de liberdade dentro dos parâmetros legais ao administrador público para agir; contudo, se a lei exigir, tal poder pode ser vinculado.

O Estado escolhe as atividades que sofrerão as fiscalizações da polícia administrativa. Essa escolha é manifestação da discricionariedade do poder de polícia do Estado. Também é manifestação da discricionariedade do poder de polícia a majoração da quantidade de pena aplicada a quem cometer uma infração sujeita à disciplina do poder de polícia.

Nos casos em que a lei prevê uma pena que tenha duração no tempo e não fixar exatamente a quantidade, dando uma margem de escolha de quantidade ao julgador, temos o exercício do poder discricionário na atuação de polícia e, como limite desse poder de punir, temos a própria lei que traz a ordem de polícia e ainda os princípios da razoabilidade e da proporcionalidade que vedam a aplicação da pena em proporção superior à gravidade do fato ilícito praticado.

O cabimento se aplica em autorização da lei e medida urgente.

Autoexecutoriedade: é a prerrogativa da Administração Pública de executar diretamente as decisões decorrentes do poder de polícia, por seus próprios meios, sem precisar recorrer ao judiciário.

A autoexecutoriedade no uso do poder de polícia não é absoluta, tendo natureza relativa, ou seja, não são todos os atos decorrentes do poder de polícia que são autoexecutórios. Para que um ato assim ocorra, é necessário que ele seja exigível e executório ao mesmo tempo.

Exigibilidade: exigível é aquela conduta prevista na norma que, caso seja infringida, pode ser aplicada uma **coerção indireta**, ou seja, caso a pessoa venha a sofrer uma penalidade e se recuse a aceitar a aplicação da sanção, a aplicação dessa somente poderá ser executada por decisão judicial. É o caso das multas, por exemplo, que podem ser lançadas a quem comete uma infração de trânsito, a administração não pode receber o valor devido por meio da coerção, caso a pessoa penalizada se recuse a pagar a multa, o seu recebimento dependerá de execução judicial pela Administração Pública. A exigibilidade é uma característica de todos os atos praticados no exercício do poder de polícia.

Executoriedade: executória é a norma que, caso seja desrespeitada, permite a aplicação de uma **coerção direta**, ou seja, a administração pode utilizar da força coercitiva para garantir a aplicação da penalidade, sem precisar recorrer ao Judiciário.

É o caso das sanções de interdição de estabelecimentos comerciais, suspensão de direitos, entre outras. Não são todas as medidas decorrentes do poder de polícia executórias.

O ato de polícia para ser autoexecutório precisa ser ao mesmo tempo exigível e executório, ou seja, nem todos os atos decorrentes do poder de polícia são autoexecutórios.

Coercibilidade: esse atributo informa que as determinações da Administração Pública podem ser impostas coercitivamente ao administrado, ou seja, o particular é obrigado a observar os ditames da administração. Caso ocorra resistência por parte desse, a Administração Pública estará autorizada a usar força, independentemente de autorização judicial, para fazer com que seja cumprida a regra de polícia. Todavia, os meios utilizados pela administração devem ser legítimos, humanos e compatíveis com a urgência e a necessidade da medida adotada.

- **Classificação**

O poder de polícia pode ser originário, no caso da Administração Pública Direta e derivada. Quando diz respeito às autarquias, a doutrina orienta que fundações públicas, sociedade de economia mista e empresas públicas não possuem o poder de polícia em suas ações.

Poder de polícia originário:

- Dado à Administração Pública Direta.

Poder de polícia delegado:

- Dado às pessoas da Administração Pública Indireta que possuem personalidade jurídica de direito público. Esse poder somente é proporcionado para as autarquias ligadas à Administração Indireta.

O poder de polícia não pode ser exercido por particulares ou por pessoas jurídicas de direito privado da Administração Indireta, entretanto, o STJ em uma recente decisão entendeu que os atos de consentimento de polícia e de fiscalização dessa, que por si só não têm natureza coercitiva, podem ser delegados às pessoas jurídicas de direito privado da Administração Indireta.

- **Meios de atuação**

O poder de polícia pode ser exercido tanto preventivamente quanto repressivamente.

Prevenção: manifesta-se por meio da edição de atos normativos de alcance geral, como leis, decretos, resoluções, entre outros, e também por meio de várias medidas administrativas, como a fiscalização, a vistoria, a notificação, a licença, a autorização, entre outras.

Repressão: manifesta-se por meio da aplicação de punições, como multas, interdição de direitos, destruição de mercadorias etc.

- **Ciclo de polícia**

O ciclo de polícia se refere às fases de atuação desse poder, ordem de polícia, consentimento, fiscalização e sanção de polícia. Para se completar, esse ciclo pode passar por quatro fases distintas:

Ordem de polícia: é a lei inovadora que tem trazido limites ou condições ao exercício de atividades privadas ou uso de bens.

Consentimento: é a autorização prévia fornecida pela Administração para a prática de determinada atividade privada ou para usar um bem.

Fiscalização: é a verificação, por parte da Administração Pública, para certificar-se de que o administrado está cumprindo as exigências contidas na ordem de polícia para a prática de determinada atividade privada ou uso de bem.

Sanção de Polícia: é a coerção imposta pela administração ao particular que pratica alguma atividade regulada por ordem de polícia em descumprimento com as exigências contidas.

É importante destacar que o ciclo de polícia não precisa necessariamente comportar essas quatro fases, pois as de ordem e fiscalização devem sempre estar presentes em qualquer atuação de polícia administrativa, todavia, as fases de consentimento e de sanção não estarão presentes em todos os ciclos de polícia.

- **Prescrição**

O prazo de prescrição das ações punitivas decorrentes do exercício do poder de polícia é de **5 anos** para a esfera federal, conforme constata-se na redação do art. 1º da Lei nº 9.873/1999:

> *Art. 1º Prescreve em cinco anos a ação punitiva da Administração Pública Federal, direta e indireta, no exercício do poder de polícia, objetivando apurar infração a legislação em vigor, contados da data da prática do ato ou, no caso de infração permanente ou continuada, do dia em que tiver cessado.*

Polícia Administrativa x Polícia Judiciária

Polícia Administrativa: atua visando evitar a prática de infrações administrativas, tem natureza preventiva, entretanto, em alguns casos ela pode ser repressiva. A polícia administrativa atua sobre atividades privadas, bens ou direitos.

Polícia Judiciária: atua com o objetivo de reprimir a infração criminal, tem natureza repressiva, mas, em alguns casos, pode ser preventiva. Ao contrário da polícia administrativa que atua sobre atividades privadas, bens ou direitos, a atuação da judiciária recai sobre as pessoas.

- **Poder de polícia prestação de serviços públicos**

Não podemos confundir toda atuação estatal com a prestação de serviços públicos, pois, dentre as diversas atividades desempenhadas pela Administração Pública, temos, além da prestação de serviços públicos, o exercício do poder de polícia, o fomento, a intervenção na propriedade privada, entre outras.

Distingue-se o poder de polícia da prestação de serviços públicos, pois essa é uma atividade positiva, que se manifesta numa obrigação de fazer.

Poder de polícia: atividade negativa, que traz a noção de não fazer, proibição, excepcionalmente pode trazer uma obrigação de fazer. Seu exercício sofre tributação mediante taxa e é indelegável a particulares.

Serviço público: atividade positiva, que traz a noção de fazer algo. Sua remuneração se dá por meio da tarifa, que não é um tributo, mas, sim, uma espécie de preço público, e o serviço público, mesmo sendo de titularidade exclusiva do Estado, é delegável a particulares.

2.2.7 Abuso de poder

O administrador público tem de agir, obrigatoriamente, em obediência aos princípios constitucionais, do contrário, sua ação pode ser arbitrária e, consequentemente, ilegal, o que gerará o chamado abuso de poder.

- **Excesso de poder:** quando o agente público atua fora dos limites de sua esfera de competência.
- **Desvio de poder:** quando a atuação do agente, embora dentro de sua órbita de competência, contraria a finalidade explícita ou implícita na lei que determinou ou autorizou a sua atuação, tanto é desvio de poder a conduta contrária à finalidade geral (ou mediata) do ato – o interesse público –, quanto a que discrepe de sua finalidade específica (ou imediata).
- **Omissão de poder:** ocorre quando o agente público fica inerte diante de uma situação em que a lei impõe o uso do poder.

Atenção!

Todos os atos que forem praticados com abuso de poder são ilegais e devem ser anulados; essa anulação pode acontecer tanto pela via administrativa quanto pela via judicial.
O remédio constitucional para combater o abuso de poder é o Mandado de Segurança.

3 AGENTES PÚBLICOS

Estudaremos a seguir os agentes públicos, sua finalidade, seu papel na estrutura da Administração Pública, bem como as diversas classificações relativas ao tema.

3.1 Conceito

Considera-se agente público toda pessoa física que exerça, ainda que transitoriamente ou sem remuneração, por eleição, nomeação, designação, contratação ou qualquer outra forma de investidura ou vínculo, mandato, cargo, emprego ou função pública.

3.2 Classificação

- Agentes políticos.
- Agentes administrativos.
- Particulares em colaboração com o poder público.

3.2.1 Agentes políticos

Os agentes políticos estão nos mais altos escalões do Poder Público. São responsáveis pela elaboração das diretrizes governamentais e pelas funções de direção, orientação e supervisão geral da Administração Pública.

- **Características**
- Sua competência é haurida da Constituição Federal.
- Não se sujeitam às regras comuns aplicáveis aos servidores públicos em geral.
- Normalmente, são investidos em seus cargos por meio de eleição, nomeação ou designação.
- Não são hierarquizados, subordinando-se tão somente à Constituição Federal.

Exceção: auxiliares imediatos dos chefes do Executivo são, hierarquizados, pois se subordinam ao líder desse poder.

Exemplos: ministros de Estado e secretários estaduais e municipais.

Tabela de Agentes Políticos

Poder	Federal	Estadual	Municipal
Executivo	Presidente da República; Ministros de estados	Governadores; secretários estaduais	Prefeitos; secretários municipais
Legislativo	Deputados federais; senadores	Deputados estaduais	Vereadores
Judiciário	Membros do Poder Judiciário Federal	Membros do Poder Judiciário Estadual	Não há
Ministério Público	Membros do Ministério Público Federal	Membros do Ministério Público Estadual	Não há

3.2.2 Agentes administrativos

São as pessoas que exercem atividade pública de natureza profissional, permanente e remunerada, estão sujeitos à hierarquia funcional e ao regime jurídico estabelecido pelo ente ao qual pertencem. O vínculo entre esses agentes e o ente ao qual estão ligados é um vínculo de natureza permanente.

- **Servidores públicos (estrito):** são os titulares de cargos públicos (efetivos e comissionados), são vinculados ao seu cargo por meio de um estatuto estabelecido pelo ente contratante.
- **Empregados públicos:** são os ocupantes de Emprego Público; são vinculados ao seu emprego por meio da Consolidação das Leis do Trabalho (CLT).
- **Temporários:** são contratados por tempo determinado para atender necessidade temporária de excepcional interesse público. Exercem função pública temporária e remunerada, estão vinculados à Administração Pública por meio de um contrato de direito público e não de natureza trabalhista. O meio utilizado pelo Estado para selecionar os temporários é o processo seletivo simplificado e não o concurso público.

Algumas doutrinas dividem a classificação dos servidores públicos em sentido amplo e em estrito. Nesse último caso, servidor público é o que consta acima, ou seja, somente os titulares de cargos públicos; já em sentido amplo, adota-se a seguinte regra: servidor público é um gênero que comporta três espécies: os servidores estatutários, os empregados públicos e os servidores temporários. Então, caso se adote o conceito de servidor público em sentido amplo, este será sinônimo de agente administrativo.

Servidor público (amplo)
Servidor estatutário = servidor público (estrito) Empregado público = empregado público Servidor temporário = temporário

3.2.3 Particulares em colaboração com o Poder Público

- **Agentes honoríficos:** são cidadãos que transitoriamente são requisitados ou designados para prestar certos serviços públicos específicos em razão da sua honra, da sua conduta cívica ou de sua notória capacidade profissional. Geralmente atuam sem remuneração. São os mesários, jurados, entre outros.
- **Agentes delegados:** são particulares que recebem a incumbência de exercer determinada atividade, obra ou serviço, por sua conta e risco e em nome próprio, sob permanente fiscalização do poder contratante, ou seja, são aquelas pessoas que recebem a incumbência de prestar certas atividades do Estado por meio da descentralização por delegação. São elas:
  - Autorizatárias de serviços públicos;
  - Concessionárias de serviços públicos;
  - Permissionárias de serviços públicos.
- **Agentes credenciados:** são os particulares que recebem a incumbência de representar a administração em determinado ato ou praticar certa atividade específica, mediante remuneração do poder público credenciante.

4 ATO ADMINISTRATIVO

4.1 Conceito de ato administrativo

Ato administrativo é toda manifestação unilateral de vontade da Administração Pública, que, agindo nessa qualidade, tenha por fim imediato adquirir, resguardar, transferir, modificar, extinguir e declarar direitos, ou impor obrigações aos administrados ou a si própria.

Da prática dos atos administrativos gera-se superioridade e efeitos jurídicos.

4.2 Elementos de validade do ato administrativo

4.2.1 Competência

Poderes que a lei confere aos agentes públicos para exercer funções com o mínimo de eficácia. A competência tem caráter instrumental, ou seja, é um instrumento outorgado para satisfazer interesses públicos - finalidade pública.

Características da competência:

- **Obrigatoriedade:** ela é obrigatória para todos os agentes e órgãos públicos.
- **Irrenunciabilidade:** a competência é um poder-dever de agir e não pode ser renunciada pelo detentor do poder-dever. Contudo, tem caráter relativo uma vez que a competência pode ser delegada ou pode ocorrer a avocação.
- **Intransferível:** mesmo após a delegação, a competência pode ser retomada a qualquer tempo pelo titular do poder-dever, por meio da figura da revogação.
- **Imodificável:** pela vontade do agente, pois somente a lei determina competências.
- **Imprescritível:** a competência pode ser executada a qualquer tempo. Somente a lei pode exercer a função de determinar prazos prescricionais. Por exemplo: o art. 54 da Lei nº 9.784/1999 determina o prazo decadência de cinco anos para anular atos benéficos para o administrado de boa-fé.

4.2.2 Finalidade

Visa sempre ao interesse público e à finalidade específica prevista em lei. Por exemplo: remoção de ofício.

4.2.3 Forma

O ato administrativo é, em regra, formal e escrito.

4.2.4 Motivo

O motivo é a causa imediata do ato administrativo. É a situação de fato e de direito que determina ou autoriza a prática do ato, ou, em outras palavras, o pressuposto fático e jurídico (ou normativo) que enseja a prática do ato.

> ***Art. 40, § 1º, II, "a", CF/1988*** *Trata da aposentadoria por tempo de contribuição.*

Atenção!

A Lei nº 9.784/1999, que trata dos processos administrativos no âmbito da União, reza pelo princípio do informalismo, admitindo que existam atos verbais ou por meio de sinais (de acordo com o contexto).

4.2.5 Objeto

É o ato em si, ou seja, no caso da remoção o ato administrativo é o próprio instituto da remoção.

Por exemplo: demissão – quanto ao ato de demissão deve ter o agente competente para determiná-lo (competência), depois disso, deve ser revertido de forma escrita (forma), a finalidade deve ser o interesse público (finalidade), o motivo deve ser embasado em lei, ou seja, os casos do art. 132 da Lei nº 8.112/1990, o objeto é o próprio instituto da demissão que está prescrito em lei.

4.2.6 Motivação

É a exteriorização por escrito dos motivos que levaram a produção do ato.

- Faz parte do elemento "forma" e não do "motivo".
- Teoria dos motivos determinantes.

A motivação é elemento de controle de validade dos atos administrativos. Se ela for falsa, o ato é ilegal, independentemente da sua qualidade (discricionário ou vinculado).

Devem ser motivados:

- Todos os atos administrativos vinculados;
- Alguns atos administrativos discricionários (atos punitivos, que geram despesas, dentre outros).

A Lei nº 9.784/1999, em seu art. 50, traz um rol dos atos que devem ser motivados:

> ***Art. 50*** *Os atos administrativos deverão ser motivados, com indicação dos fatos e dos fundamentos jurídicos, quando:*
>
> *I - Neguem, limitem ou afetem direitos ou interesses;*
>
> *II - Imponham ou agravem deveres, encargos ou sanções;*
>
> *III - Decidam processos administrativos de concurso ou seleção pública;*
>
> *IV - Dispensem ou declarem a inexigibilidade de processo licitatório;*
>
> *V - Decidam recursos administrativos;*
>
> *VI - Decorram de reexame de ofício;*
>
> *VII - Deixem de aplicar jurisprudência firmada sobre a questão ou discrepem de pareceres, laudos, propostas e relatórios oficiais;*
>
> *VIII - Importem anulação, revogação, suspensão ou convalidação de ato administrativo.*
>
> ***§ 1º*** *A motivação deve ser explícita, clara e congruente, podendo consistir em declaração de concordância com fundamentos de anteriores pareceres, informações, decisões ou propostas, que, nesse caso, serão parte integrante do ato.*
>
> ***§ 2º*** *Na solução de vários assuntos da mesma natureza, pode ser utilizado meio mecânico que reproduza os fundamentos das decisões, desde que não prejudique direito ou garantia dos interessados.*
>
> ***§ 3º*** *A motivação das decisões de órgãos colegiados e comissões ou de decisões orais constará da respectiva ata ou de termo escrito.*

4.3 Atributos do ato administrativo

São as qualidades especiais dos atos administrativos que lhes asseguram uma qualidade jurídica superior à dos atos de direito privado.

4.3.1 Presunção de legitimidade e veracidade

Presume-se, em caráter relativo, que os atos da administração foram produzidos em conformidade com a lei e os fatos deles. Para os administrados, são obrigatórios. Ocorre, aqui, a inversão do ônus da prova (cabe ao administrado provar que o ato é vicioso).

4.3.2 Consequências

Imediata executoriedade do ato administrativo, mesmo impugnado pelo administrado. Até decisão que reconhece o vício ou susta os efeitos do ato.

Impossibilidade de o Poder Judiciário analisar, de ofício, elementos de validade do ato não expressamente impugnados pelo administrado.

4.3.3 Imperatividade

Imperativo, ou seja, é impositivo e independe da anuência do administrado, com exceção de:

- **Atos negociais:** a Administração concorda com uma pretensão do administrado ou reconhece que ela satisfaz os requisitos para o exercício de certo direito (autorização e permissão – discricionário; licença – vinculado).

- **Atos enunciativos:** declaram um fato ou emitem uma opinião sem que tal manifestação produza por si só efeitos jurídicos.

Atenção!
Relacionado ao ***poder extroverso*** do Estado (expressão italiana do autor Renato Aless), esse poder é usado como sinônimo para imperatividade nas provas de concurso.

4.3.4 Autoexecutoriedade

O ato administrativo, uma vez produzido pela Administração, é passível de execução imediata, independentemente de manifestação do Poder Judiciário.

Deve haver previsão legal, a exceção existe em casos de emergência. Esse atributo incide em todos os atos, com exceção dos enunciativos e negociais. A Administração não goza de autoexecutoriedade na cobrança de débito, quando o administrado resiste ao pagamento.

4.3.5 Tipicidade

O ato deve observar a forma e o tipo previsto em lei para sua produção.

4.4 Classificação dos atos administrativos

- **Atos vinculados:** são os que a Administração pratica sem margem alguma de liberdade de decisão, pois a lei previamente determinou o único comportamento possível a ser obrigatoriamente adotado sempre que se configure a situação objetiva descrita na lei. Não cabe ao agente público apreciar a situação objetiva descrita nela.
- **Atos discricionários:** a Administração pode praticar, com certa liberdade de escolha, nos termos e limites da lei, quanto ao seu conteúdo, seu modo de realização, sua oportunidade e sua conveniência administrativa.
- **Atos gerais:** caracterizam-se por não possuir destinatários determinados. Os atos gerais são sempre determinados e prevalecem sobre os individuais. Podem ser revogados a qualquer tempo. Por exemplo: são os decretos regulamentares. Esses atos necessitam ser publicados em meio oficial.
- **Atos individuais:** são aqueles que possuem destinatários certos (determinados), produzindo diretamente efeitos concretos, constituindo ou declarando situação jurídicas subjetivas. Por exemplo: nomeação em concurso público e exoneração. Os atos podem ser discricionários ou vinculados e sua revogação somente é passível caso não tenha gerado direito adquirido.
- **Atos simples:** decorrem de uma única manifestação de vontade, de um único órgão.
- **Atos complexos:** necessitam, para formação de seu conteúdo, da manifestação de vontade de dois ou mais órgãos.
- **Atos compostos:** o seu conteúdo depende de manifestação de vontade de um único órgão, contudo, para funcionar, necessita de outro ato que o aprove.

Diferenças entre Ato Complexo e Ato Composto

Ato Complexo
1 ato, 2 vontades e 2 ou + órgãos
Ato Composto
2 atos, 2 vontades, 1 órgão com aprovação de outro

Ato complexo	Ato composto
1 ato	2 atos
2 vontades	2 vontades
2 ou + órgãos	1 órgão com a aprovação de outro

Espécies de Atos Administrativos

- Normativo;
- Ordinatórios;
- Negociais;
- Enunciativos;
- Punitivos.

4.4.1 Atos normativos

São atos caracterizados pela generalidade e pela abstração, isto é, um ato normativo não é prescrito para uma situação determinada, mas para todos os eventos assemelhados; a abstração deriva do fato desse ato não representar um caso concreto, determinado, mas, sim, um caso abstrato, descrito na norma e possível de acontecer no mundo real. A regra abstrata deve ser aplicada no caso concreto.

Finalidade: regulamentar as leis e uniformizar procedimentos administrativos.

Características:

- Não possuem destinatários determinados;
- Correspondem aos atos gerais;
- Não pode inovar o ordenamento jurídico;
- Controle.

Regra: os atos administrativos normativos não podem ser atacados mediante recursos administrativos ou judiciais.

Exceção: atos normativos que gerarem efeitos concretos para determinado destinatário podem ser impugnados pelo administrado na via judicial ou administrativa. Por exemplo: decretos regulamentares, instruções normativas, atos declaratórios normativos.

4.4.2 Atos ordinários

São atos administrativos endereçados aos servidores públicos em geral.

Finalidade: divulgar determinações aplicáveis ao adequado desempenho de suas funções.

Características

- Atos internos;
- Decorrem do exercício do poder hierárquico;
- Vinculam os servidores subordinados ao órgão que o expediu;
- Não atingem os administrados;
- Estão hierarquicamente abaixo dos atos normativos;
- Devem obediência aos atos normativos que tratem da mesma matéria relacionada ao ato ordinatório.
- Por exemplo: instruções, circulares internas, portarias, ordens de serviço.

4.4.3 Atos negociais

São atos administrativos editados quando o ordenamento jurídico exige que o particular obtenha anuência prévia da Administração para realizar determinada atividade de interesse dele ou exercer determinado direito.

Finalidade: satisfação do interesse público, ainda que essa possa coincidir com o interesse do particular que requereu o ato.

Características:

- Os atos negociais não são imperativos, coercitivos e autoexecutórios;
- Os atos negociais não podem ser confundidos com contratos, pois, nesses existe manifestação de vontade bilateral e, nos atos negociais, nós temos uma manifestação de vontade unilateral da Administração Pública, que é provocada mediante requerimento do particular.

Os atos negociais também são divididos em vinculados, discricionários, definitivos e precários:

- **Atos negociais vinculados:** reconhecem um direito subjetivo do particular, mediante um requerimento, desse particular, comprovando preencher os requisitos que a lei exige para a anuência do direito, a Administração obrigatoriamente deve praticar o ato.
- **Atos negociais discricionários:** não reconhecem um direito subjetivo do particular, pois, mesmo que esse atenda às exigências necessárias para a obtenção do ato, a Administração poderá não o praticar, decidindo se executa ou não o ato por juízo de conveniência e oportunidade.
- **Atos negociais definitivos:** não comportam revogação, são atos vinculados, mas podem ser anulados ou cassados. Assim, esses atos geram, ao particular, apenas uma expectativa de definitividade.
- **Atos negociais precários**: podem ser revogados a qualquer tempo, são atos discricionários; geralmente, a revogação do ato negocial não gera direito de indenização ao particular.

Os atos negociais apresentam as seguintes espécies:

- **Licença:** fundamenta-se no poder de polícia da Administração. É ato vinculado e definitivo, pois reconhece um direito subjetivo do particular, mediante um requerimento desse, comprovando preencher os requisitos que a lei exige. Para a anuência do direito, a Administração, obrigatoriamente, deve praticar o ato. A licença não comporta revogação, mas ela pode ser anulada ou cassada. Assim, esses atos geram, ao particular, apenas uma expectativa de definitividade.

  Por exemplo: alvará para a realização de uma obra, alvará para o funcionamento de um estabelecimento comercial, licença para dirigir, licença para exercer uma profissão.
- **Admissão:** é o ato unilateral e vinculado pelo qual a Administração faculta a alguém a inclusão em estabelecimento governamental para o gozo de um serviço público. O ato de admissão não pode ser negado aos que preencham as condições normativas requeridas.

  Por exemplo: ingresso em estabelecimento oficial de ensino na qualidade de aluno; o desfrute dos serviços de uma biblioteca pública como inscrito entre seus usuários.
- **Aprovação:** é o ato unilateral e discricionário pelo qual a Administração faculta a prática de ato jurídico (aprovação prévia) ou manifesta sua concordância com ato jurídico já praticado (aprovação *a posteriori*).
- **Homologação**: é o ato unilateral e vinculado de controle pelo qual a Administração concorda com um ato jurídico ou série de atos (procedimento) já praticados, verificando a consonância deles com os requisitos legais condicionadores de sua válida emissão.
- **Autorização:** na maior parte das vezes em que é praticado, fundamenta-se no poder de polícia do Estado quando a lei exige a autorização como condicionante para prática de uma determinada atividade privada ou para o uso de bem público. Todavia, a autorização também pode representar uma forma de descentralizar, por delegação, serviços públicos para o particular.
  - A autorização é caracterizada por uma predominância do interesse do particular que solicita o ato, todavia, também existe interesse público na prática desse ato.
  - É um ato discricionário, pois não reconhece um direito subjetivo do particular; mesmo que esse atenda às exigências necessárias para a obtenção do ato, a Administração poderá não o praticar, decidindo se desempenha ou não o ato por juízo de conveniência e oportunidade.
  - É um ato precário, pois pode ser revogado a qualquer tempo. Via de regra, a revogação da autorização não gera direito de indenização ao particular, mas, caso a autorização tenha sido concedida por prazo certo, pode haver o direito de indenização para o particular.
- **Prazo:** a autorização é concedida sem prazo determinado, todavia, pode havê-la outorgada por prazo certo.
  - Por exemplo: atividades potencialmente perigosas e que podem colocar em risco a coletividade, por isso, a necessidade de regulação do Estado; autorização para porte de arma de fogo; autorização para a prestação de serviços privados de educação e saúde; autorização de uso de bem público; autorização de serviço público: prestação de serviço de táxi.
- **Permissão:** é o ato administrativo discricionário e precário, pelo qual a Administração Pública consente ao particular o exercício de uma atividade de interesse predominantemente da coletividade.
  - A permissão apresenta as seguintes características: pode ser concedida por prazo certo e pode ser imposta condições ao particular.
  - A permissão é um ato precário, pois pode ser revogada a qualquer tempo. Via de regra, a revogação da permissão não gera direito de indenização ao particular, mas, caso a autorização tenha sido concedida por prazo certo ou sob condições, pode haver o direito de indenização para o particular.
  - A permissão concedida ao particular, por meio de um ato administrativo, não se confunde com a permissão para a prestação de serviços públicos. Nesse último caso, representa uma espécie de descentralização por delegação realizada por meio de contrato.
  - Por exemplo: permissão de uso de bem público.

4.4.4 Atos enunciativos

São atos administrativos enunciativos aqueles que têm por finalidade declarar um juízo de valor, uma opinião ou um fato.

Características:

- Não produzem efeitos jurídicos por si só;
- Não contêm uma manifestação de vontade da administração.

Seguem alguns exemplos de atos enunciativos:

- **Certidão:** é uma cópia de informações registradas em banco de dados da Administração. Geralmente, é concedida ao particular mediante requerimento da informação registrada pela Administração.
- **Atestado:** declara uma situação de que a Administração tomou conhecimento em virtude da atuação de seus agentes. O atestado não se assemelha à certidão, pois essa declara uma informação constante em banco de dados e aquele declara um fato que não corresponde a um registro de um arquivo da Administração.
- **Parecer:** é um documento técnico, confeccionado por órgão especializado na respectiva matéria tema do parecer, em que o órgão emite sua opinião relativa ao assunto.
- **Apostila:** apostilar significa corrigir, emendar, complementar um documento. É o aditamento de um contrato administrativo ou de um ato administrativo. É um ato de natureza aditiva, pois sua finalidade é adicionar informações a um registro já existente.
  - Por exemplo: anotar alterações na situação funcional de um servidor.

4.4.5 Atos punitivos

São os atos administrativos por meio dos quais a Administração Pública impõe sanções a seus servidores ou aos administrados.

Fundamento:

- **Poder disciplinar:** quando o ato punitivo atinge servidores públicos e particulares ligados à Administração por algum vínculo jurídico específico.

- **Poder de polícia:** quando o ato punitivo atinge particulares não ligados à Administração Pública por um vínculo jurídico específico.

Os atos punitivos podem ser internos e externos:

- **Atos punitivos internos:** têm como destinatários os servidores públicos e aplicam penalidades disciplinares, ou seja, os atos punitivos internos decorrem sempre do poder disciplinar.
- **Atos punitivos externos:** têm como destinatários os particulares. Podem ter fundamento decorrente do poder disciplinar, quando punem particulares sujeitos à disciplina administrativa, ou podem ter fundamento no poder de polícia, quando punem particulares não ligados à Administração Pública.

Todo ato punitivo interno decorre do poder disciplinar, mas nem todo ato que decorre do poder punitivo que surge do poder disciplinar é um ato punitivo interno, pois, quando a Administração Pública aplica punição aos particulares ligados à administração, essa punição decorre do poder disciplinar, mas também representa um ato punitivo externo.

Todo ato punitivo decorrente do poder de polícia é um ato punitivo externo, pois, nesse caso, temos a Administração punindo sempre o particular.

4.5 Extinção dos atos administrativos

4.5.1 Anulação ou controle de legalidade

É o desfazimento do ato administrativo que decorre de vício de legalidade ou de legitimidade na prática do ato.

Cabimento

- Ato discricionário;
- Ato vinculado.

Competência para anular

- **Entidade da Administração Pública que praticou o ato:** pode anular o ato a pedido do interessado ou de ofício em razão do princípio da autotutela.
- **Poder Judiciário:** pode anular somente por provocação do interessado.

Efeitos da anulação: *ex tunc*, retroagem desde a data da prática do ato, impugnando a validade do ato.

Prazo: 5 anos.

- Contagem;
- Prática do ato.

No caso de efeitos patrimoniais contínuos, a partir do primeiro pagamento.

4.5.2 Revogação ou controle de mérito

É o desfazimento do ato administrativo por motivos de conveniência e oportunidade.

Cabimento

- Ato discricionário legal, inconveniente e inoportuno;
- Não é cabível a revogação de ato vinculado.

A competência para revogar é apenas a entidade da Administração Pública que praticou o ato.

Não pode o controle de mérito ser feito pelo Poder Judiciário na sua função típica de julgar. Todavia, a Administração Pública está presente nos três poderes da União e, caso uma entidade dos Poderes Judiciário, Legislativo ou Executivo pratique ato discricionário legal, que com o passar do tempo, se mostre inconveniente e inoportuno, somente a entidade que criou o ato tem competência para revogá-lo.

Assim, o Poder Judiciário não tem competência para exercer o controle de mérito dos atos da Administração Pública, mas essa prática atos administrativos e cabe somente a ela a revogação de seus atos.

Efeitos da revogação: *ex nunc*, não retroagem, ou seja, a revogação gera efeitos prospectivos, para frente.

4.5.3 Cassação

É o desfazimento do ato administrativo decorrente do descumprimento dos requisitos que permitem a manutenção do ato. Na maioria das vezes, a cassação representa uma sanção aplicada ao particular que deixou de atender às condições exigidas para a manutenção do ato.

Como exemplo, temos a cassação da carteira de motorista, que nada mais é do que a cassação de um ato administrativo classificado como licença. A cassação da licença para dirigir decorre da prática de infrações de trânsito praticadas pelo particular, assim, nesse caso, essa cassação é uma punição.

4.5.4 Convalidação

Convalidação é a correção com efeitos retroativos do ato administrativo com defeito sanável, o qual pode ser considerado:

- **Vício de competência relativo à pessoa**
  - **Exceção:** competência exclusiva (não cabe convalidação).
  - O vício de competência relativo à matéria não é considerado um defeito sanável e também não cabe convalidação.
- **Vício de forma**
  - **Exceção:** a lei determina que a forma seja elemento essencial de validade de determinado ato (também não cabe convalidação).
- **Convalidação tácita**
  - O art. 54 da Lei nº 9.784/1999 prevê que a Administração tem o direito de anular os atos administrativos de que decorram efeitos favoráveis para os destinatários. O prazo é de 5 anos, contados da data em que forem praticados, salvo comprovada má-fé. Transcorrido esse prazo, o ato foi convalidado, pois não pode ser mais anulado pela Administração.
- **Convalidação expressa**

Art. 55, Lei nº 9.784/1999 Em decisão na qual se evidencie não acarretarem lesão ao interesse público nem prejuízo a terceiros, os atos que apresentarem defeitos sanáveis poderão ser convalidados pela própria Administração.

5 IMPROBIDADE ADMINISTRATIVA

A improbidade administrativa está prevista no texto constitucional em seu art. 37, § 4º, que prevê:

> ***Art. 37, § 4º, CF/1988*** *Os atos de improbidade administrativa importarão a suspensão dos direitos políticos, a perda da função pública, a indisponibilidade dos bens e o ressarcimento ao erário, na forma e gradação previstas em lei, sem prejuízo da ação penal cabível.*

A norma constitucional determinou que os atos de improbidade administrativa deveriam ser regulamentados para a sua execução, o que ocorreu com a edição da Lei nº 8.429/1992 por meio da Lei nº 14.230/2021, que dispõe sobre as sanções aplicáveis aos agentes públicos nos casos de enriquecimento ilícito no exercício de mandato, cargo, emprego ou função na Administração Pública Direta, Indireta ou fundacional e dá outras providências.

5.1 Sujeitos

5.1.1 Sujeito passivo (vítima)

A Administração Direta, Indireta ou fundacional de qualquer dos Poderes da União, dos estados, do Distrito Federal, dos municípios, de território, de empresa incorporada ao patrimônio público ou de entidade para cuja criação ou custeio o erário haja concorrido ou concorra com mais de 50% do patrimônio ou da receita anual.

Entidade que receba subvenção, benefício ou incentivo, fiscal ou creditício, de órgão público, bem como daquelas para cuja criação ou custeio o erário haja concorrido ou concorra com menos de cinquenta por cento do patrimônio ou da receita anual, limitando-se, nesses casos, a sanção patrimonial à repercussão do ilícito sobre a contribuição dos cofres públicos.

5.1.2 Sujeito ativo (pessoa que pratica o ato de improbidade administrativa)

Agente público (exceção agente político sujeito a crime de responsabilidade Supremo Tribunal Federal), servidores ou não, com algum tipo de vínculo nas entidades que podem ser vítimas de improbidade administrativa.

Conceito de agente público para aplicação da lei
Reputa-se agente público, para os efeitos dessa lei, todo aquele que exerce, ainda que transitoriamente ou sem remuneração, por eleição, nomeação, designação, contratação ou qualquer outra forma de investidura ou vínculo, mandato, cargo, emprego ou função nas entidades mencionadas no artigo anterior. Qualquer pessoa que induza ou concorra com o agente público ou que se beneficie do ato. As disposições dessa lei são aplicáveis, no que couber, àquele que, mesmo não sendo agente público, induza ou concorra para a prática do ato de improbidade ou dele se beneficie sob qualquer forma direta ou indireta.

5.2 Regras gerais

Os agentes públicos de qualquer nível ou hierarquia são obrigados a velar pela estrita observância dos princípios de legalidade, impessoalidade, moralidade e publicidade no trato dos assuntos que lhe são afetos.

Ocorrendo lesão ao patrimônio público por ação ou omissão, dolosa ou culposa, do agente ou de terceiros, dar-se-á o integral ressarcimento do dano.

No caso de enriquecimento ilícito, o agente público ou terceiro beneficiário perderá os bens ou valores acrescidos ao seu patrimônio.

Quando o ato de improbidade causar lesão ao patrimônio público ou ensejar enriquecimento ilícito, como medida cautelar, caberá à autoridade administrativa responsável pelo inquérito representar ao Ministério Público, para a indisponibilidade dos bens do indiciado.

O sucessor daquele que causar lesão ao patrimônio público ou se enriquecer ilicitamente está sujeito às cominações dessa lei até o limite do valor da herança.

5.3 Atos de improbidade administrativa

As modalidades estão previstas do art. 9º ao 11, da Lei nº 8.429/1992, e constituem um rol exemplificativo, ou seja, no caso concreto, podem existir outras situações capituladas como improbidade que não estão expressamente previstas no texto da lei.

5.3.1 Enriquecimento ilícito

> ***Art. 9º*** *Constitui ato de improbidade administrativa importando em enriquecimento ilícito auferir, mediante a prática de ato doloso, qualquer tipo de vantagem patrimonial indevida em razão do exercício de cargo, de mandato, de função, de emprego ou de atividade nas entidades referidas no art. 1º desta Lei, e notadamente:*
>
> *I - Receber, para si ou para outrem, dinheiro, bem móvel ou imóvel, ou qualquer outra vantagem econômica, direta ou indireta, a título de comissão, percentagem, gratificação ou presente de quem tenha interesse, direto ou indireto, que possa ser atingido ou amparado por ação ou omissão decorrente das atribuições do agente público;*
>
> *II - Perceber vantagem econômica, direta ou indireta, para facilitar a aquisição, permuta ou locação de bem móvel ou imóvel, ou a contratação de serviços pelas entidades referidas no art. 1º por preço superior ao valor de mercado;*
>
> *III - Perceber vantagem econômica, direta ou indireta, para facilitar a alienação, permuta ou locação de bem público ou o fornecimento de serviço por ente estatal por preço inferior ao valor de mercado;*
>
> *IV - Utilizar, em obra ou serviço particular, qualquer bem móvel, de propriedade ou à disposição de qualquer das entidades referidas no art. 1º desta Lei, bem como o trabalho de servidores, de empregados ou de terceiros contratados por essas entidades;*
>
> *V - Receber vantagem econômica de qualquer natureza, direta ou indireta, para tolerar a exploração ou a prática de jogos de azar, de lenocínio, de narcotráfico, de contrabando, de usura ou de qualquer outra atividade ilícita, ou aceitar promessa de tal vantagem;*
>
> *VI - Receber vantagem econômica de qualquer natureza, direta ou indireta, para fazer declaração falsa sobre qualquer dado técnico que envolva obras públicas ou qualquer outro serviço ou sobre quantidade, peso, medida, qualidade ou característica de mercadorias ou bens fornecidos a qualquer das entidades referidas no art. 1º desta Lei;*
>
> *VII - Adquirir, para si ou para outrem, no exercício de mandato, de cargo, de emprego ou de função pública, e em razão deles, bens de qualquer natureza, decorrentes dos atos descritos no caput deste artigo, cujo valor seja desproporcional à evolução do patrimônio ou à renda do agente público, assegurada a demonstração pelo agente da licitude da origem dessa evolução;*
>
> *VIII - Aceitar emprego, comissão ou exercer atividade de consultoria ou assessoramento para pessoa física ou jurídica que tenha interesse suscetível de ser atingido ou amparado por ação ou omissão decorrente das atribuições do agente público, durante a atividade;*
>
> *IX - Perceber vantagem econômica para intermediar a liberação ou aplicação de verba pública de qualquer natureza;*
>
> *X - Receber vantagem econômica de qualquer natureza, direta ou indiretamente, para omitir ato de ofício, providência ou declaração a que esteja obrigado;*
>
> *XI - Incorporar, por qualquer forma, ao seu patrimônio, bens, rendas, verbas ou valores integrantes do acervo patrimonial das entidades mencionadas no art. 1º dessa lei;*
>
> *XII - Usar, em proveito próprio, bens, rendas, verbas ou valores integrantes do acervo patrimonial das entidades mencionadas no art. 1º dessa lei.*

5.3.2 Prejuízo ao erário

Dos atos de improbidade administrativa que causam prejuízo ao erário:

> ***Art. 10*** *Constitui ato de improbidade administrativa que causa lesão ao erário qualquer ação ou omissão dolosa, que enseje, efetiva e comprovadamente, perda patrimonial, desvio, apropriação, malbaratamento*

D A D M

ou dilapidação dos bens ou haveres das entidades referidas no art. 1º desta Lei, e notadamente:

I - Facilitar ou concorrer, por qualquer forma, para a indevida incorporação ao patrimônio particular, de pessoa física ou jurídica, de bens, de rendas, de verbas ou de valores integrantes do acervo patrimonial das entidades referidas no art. 1º desta Lei;

II - Permitir ou concorrer para que pessoa física ou jurídica privada utilize bens, rendas, verbas ou valores integrantes do acervo patrimonial das entidades mencionadas no art. 1º desta lei, sem a observância das formalidades legais ou regulamentares aplicáveis à espécie;

III - Doar à pessoa física ou jurídica bem como ao ente despersonalizado, ainda que de fins educativos ou assistências, bens, rendas, verbas ou valores do patrimônio de qualquer das entidades mencionadas no art. 1º desta lei, sem observância das formalidades legais e regulamentares aplicáveis à espécie;

IV - Permitir ou facilitar a alienação, permuta ou locação de bem integrante do patrimônio de qualquer das entidades referidas no art. 1º desta lei, ou ainda a prestação de serviço por parte delas, por preço inferior ao de mercado;

V - Permitir ou facilitar a aquisição, permuta ou locação de bem ou serviço por preço superior ao de mercado;

VI - Realizar operação financeira sem observância das normas legais e regulamentares ou aceitar garantia insuficiente ou inidônea;

VII - Conceder benefício administrativo ou fiscal sem a observância das formalidades legais ou regulamentares aplicáveis à espécie;

VIII - Frustrar a licitude de processo licitatório ou de processo seletivo para celebração de parcerias com entidades sem fins lucrativos, ou dispensá-los indevidamente, acarretando perda patrimonial efetiva;

IX - Ordenar ou permitir a realização de despesas não autorizadas em lei ou regulamento;

X - Agir ilicitamente na arrecadação de tributo ou de renda, bem como no que diz respeito à conservação do patrimônio público;

XI - Liberar verba pública sem a estrita observância das normas pertinentes ou influir de qualquer forma para a sua aplicação irregular;

XII - Permitir, facilitar ou concorrer para que terceiro se enriqueça ilicitamente;

XIII - Permitir que se utilize, em obra ou serviço particular, veículos, máquinas, equipamentos ou material de qualquer natureza, de propriedade ou à disposição de qualquer das entidades mencionadas no art. 1º desta lei, bem como o trabalho de servidor público, empregados ou terceiros contratados por essas entidades.

XIV - Celebrar contrato ou outro instrumento que tenha por objeto a prestação de serviços públicos por meio da gestão associada sem observar as formalidades previstas na lei;

XV - Celebrar contrato de rateio de consórcio público sem suficiente e prévia dotação orçamentária, ou sem observar as formalidades previstas na lei.

XVI - Facilitar ou concorrer, por qualquer forma, para a incorporação, ao patrimônio particular de pessoa física ou jurídica, de bens, rendas, verbas ou valores públicos transferidos pela Administração Pública a entidades privadas mediante celebração de parcerias, sem a observância das formalidades legais ou regulamentares aplicáveis à espécie;

XVII - Permitir ou concorrer para que pessoa física ou jurídica privada utilize bens, rendas, verbas ou valores públicos transferidos pela Administração Pública a entidade privada mediante celebração de parcerias, sem a observância das formalidades legais ou regulamentares aplicáveis à espécie;

XVIII - Celebrar parcerias da Administração Pública com entidades privadas sem a observância das formalidades legais ou regulamentares aplicáveis à espécie;

XIX - Agir para a configuração de ilícito na celebração, na fiscalização e na análise das prestações de contas de parcerias firmadas pela Administração Pública com entidades privadas;

XX - Liberar recursos de parcerias firmadas pela Administração Pública com entidades privadas sem a estrita observância das normas pertinentes ou influir de qualquer forma para a sua aplicação irregular.

XXI - (Revogado pela Lei nº 14.230/2021).

5.3.3 Atos que atentem aos princípios da Administração Pública

***Art. 11** Constitui ato de improbidade administrativa que atenta contra os princípios da Administração Pública a ação ou omissão dolosa que viole os deveres de honestidade, de imparcialidade e de legalidade, caracterizada por uma das seguintes condutas:*

I e II (Revogados pela Lei nº 14.230/2021).

III - Revelar fato ou circunstância de que tem ciência em razão das atribuições e que deva permanecer em segredo, propiciando beneficiamento por informação privilegiada ou colocando em risco a segurança da sociedade e do Estado;

IV - Negar publicidade aos atos oficiais, exceto em razão de sua imprescindibilidade para a segurança da sociedade e do Estado ou de outras hipóteses instituídas em lei;

V - Frustrar, em ofensa à imparcialidade, o caráter concorrencial de concurso público, de chamamento ou de procedimento licitatório, com vistas à obtenção de benefício próprio, direto ou indireto, ou de terceiros;

VI - Deixar de prestar contas quando esteja obrigado a fazê-lo, desde que disponha das condições para isso, com vistas a ocultar irregularidades;

VII - Deixar de prestar contas quando esteja obrigado a fazê-lo, desde que disponha das condições para isso, com vistas a ocultar irregularidades;

VIII - Descumprir as normas relativas à celebração, fiscalização e aprovação de contas de parcerias firmadas pela Administração Pública com entidades privadas. (Redação dada pela Lei nº 13.019, de 2014)

IX e X -(Revogados pela Lei nº 14.230/2021).

5.4 Efeitos da lei

A lei de improbidade administrativa gera quatro efeitos.

- Suspensão dos direitos políticos;
- Perda da função pública;
- Indisponibilidade dos bens;
- Ressarcimento ao erário.

A suspensão dos direitos políticos e a perda da função pública somente se dão depois do trânsito em julgado da sentença condenatória. A indisponibilidade dos bens não constitui penalidade, mas, sim medida cautelar e pode se dar mesmo antes do início da ação.

O ressarcimento ao erário, por sua vez, constitui a responsabilidade civil do agente, ou seja, a obrigação de reparar o dano.

5.5 Sanções

5.5.1 Natureza das sanções

Administrativa

- Perda da função pública;
- Proibição de contratar com o poder público;
- Proibição de receber benefícios ou incentivos fiscais do poder público.

Civil

- Ressarcimento ao erário;
- Perda dos bens;
- Multa.

Política

- Suspensão dos direitos políticos.

Medida cautelar

- A indisponibilidade dos bens visa à garantia da aplicação das penalidades civis.
- Não estabelece sanções penais, mas, se o fato também for tipificado como crime, haverá tal responsabilidade.

5.5.2 Penalidades

- **Enriquecimento ilícito:** perda dos bens ou valores acrescidos ilicitamente ao patrimônio; perda da função pública; suspensão dos direitos políticos até 14 anos; pagamento de multa civil equivalente ao valor do acréscimo patrimonial; e proibição de contratar com o Poder Público ou receber benefícios ou incentivos fiscais ou creditícios, direta ou indiretamente, ainda que por intermédio de pessoa jurídica da qual seja sócio majoritário, por prazo não superior a 14 anos.
- **Prejuízo ao erário:** perda dos bens ou valores acrescidos ilicitamente ao patrimônio, se concorrer essa circunstância; perda da função pública; suspensão dos direitos políticos até 12 anos; pagamento de multa civil equivalente ao valor do dano; e proibição de contratar com o poder público ou receber benefícios ou incentivos fiscais ou creditícios, direta ou indiretamente, ainda que por intermédio de pessoa jurídica da qual seja sócio majoritário, por prazo não superior a 12 anos.
- **Atos que atentem contra os princípios da Administração Pública:** pagamento de multa civil de até 24 vezes o valor da remuneração percebida pelo agente; e proibição de contratar com o Poder Público ou receber benefícios ou incentivos fiscais ou creditícios, direta ou indiretamente, ainda que por intermédio de pessoa jurídica da qual seja sócio majoritário, por prazo não superior a 4 anos.

5.5.3 Punições

Art. 12 da Lei nº 8.429/1992			
Modalidades Sanções	Enriquecimento Ilícito (art. 9º)	Prejuízo ao Erário (art. 10)	Afronta os princípios (art. 11)
Suspensão dos direitos políticos	Até 14 anos	Até 12 anos	-
Multa civil	Equivalente ao valor do acréscimo	Equivalente ao valor do dano	Até 24X o valor da remuneração
Proibição de contratar com a administração	Não superior a 14 anos	Não superior a 12 anos	Não superior a 4 anos

Aplicação das sanções: na fixação das penas previstas, o juiz levará em conta a extensão do dano causado, assim como o proveito patrimonial obtido pelo agente.

Independe de aprovação ou rejeição de contas pelos órgãos de controle.

5.6 Prescrição

Os atos de improbidade administrativa prescrevem, segundo o art. 23 da Lei nº 8.429/1992:

> ***Art. 23*** *A ação para a aplicação das sanções previstas nesta Lei prescreve em 8 (oito) anos, contados a partir da ocorrência do fato ou, no caso de infrações permanentes, do dia em que cessou a permanência.*
>
> *I a III Revogados pela Lei nº 14.230/2021.*
>
> ***§ 1º*** *A instauração de inquérito civil ou de processo administrativo para apuração dos ilícitos referidos nesta Lei suspende o curso do prazo prescricional por, no máximo, 180 (cento e oitenta) dias corridos, recomeçando a correr após a sua conclusão ou, caso não concluído o processo, esgotado o prazo de suspensão.*
>
> ***§ 2º*** *O inquérito civil para apuração do ato de improbidade será concluído no prazo de 365 (trezentos e sessenta e cinco) dias corridos, prorrogável uma única vez por igual período, mediante ato fundamentado submetido à revisão da instância competente do órgão ministerial, conforme dispuser a respectiva lei orgânica.*
>
> ***§ 3º*** *Encerrado o prazo previsto no § 2º deste artigo, a ação deverá ser proposta no prazo de 30 (trinta) dias, se não for caso de arquivamento do inquérito civil.*
>
> ***§ 4º*** *O prazo da prescrição referido no caput deste artigo interrompe-se:*
>
> *I - Pelo ajuizamento da ação de improbidade administrativa;*
>
> *II - Pela publicação da sentença condenatória;*
>
> *III - Pela publicação de decisão ou acórdão de Tribunal de Justiça ou Tribunal Regional Federal que confirma sentença condenatória ou que reforma sentença de improcedência;*
>
> *IV - Pela publicação de decisão ou acórdão do Superior Tribunal de Justiça que confirma acórdão condenatório ou que reforma acórdão de improcedência;*
>
> *V - Pela publicação de decisão ou acórdão do Supremo Tribunal Federal que confirma acórdão condenatório ou que reforma acórdão de improcedência.*
>
> ***§ 5º*** *Interrompida a prescrição, o prazo recomeça a correr do dia da interrupção, pela metade do prazo previsto no caput deste artigo.*
>
> ***§ 6º*** *A suspensão e a interrupção da prescrição produzem efeitos relativamente a todos os que concorreram para a prática do ato de improbidade.*
>
> ***§ 7º*** *Nos atos de improbidade conexos que sejam objeto do mesmo processo, a suspensão e a interrupção relativas a qualquer deles estendem-se aos demais.*
>
> ***§ 8º*** *O juiz ou o tribunal, depois de ouvido o Ministério Público, deverá, de ofício ou a requerimento da parte interessada, reconhecer a prescrição intercorrente da pretensão sancionadora e decretá-la de imediato, caso, entre os marcos interruptivos referidos no § 4º, transcorra o prazo previsto no § 5º deste artigo.*

Atenção!
As ações de ressarcimento ao erário dos prejuízos causados por atos dolosos de improbidade administrativa são imprescritíveis.

DIREITO PENAL

1 TEORIA DA LEI PENAL

1.1 Introdução ao estudo do Direito Penal

A **infração penal** é um gênero que se divide em duas espécies: crimes (conduta mais gravosa) e contravenções penais (conduta de menor gravidade). Essa divisão é chamada de dicotômica. A diferença básica incide sobre as penas aplicáveis aos infratores: enquanto o crime é punível com pena de reclusão e detenção, as contravenções penais implicam em prisão simples e multa, que pode ser aplicada de forma cumulativa ou não.

Para que a conduta seja definida como crime, tem de estar tipificada (escrita) em alguma norma penal. Não somente o próprio Código Penal as descreve, mas também as leis complementares penais ou leis especiais, ex.: Lei nº 10.826/2003 (Estatuto do Desarmamento), Lei nº 9.455/1997 (Lei de Tortura), entre outras. Por conseguinte, o Decreto-lei nº 3.688/1941 prevê as contravenções penais, que também são conhecidas como crime anão ou delito liliputiano, visto seu reduzido potencial ofensivo. Como essa espécie de infração não é o objetivo do estudo, não convém aprofundar o assunto, basta apenas ressaltar que contravenção penal não admite tentativa. No entanto, no crime, a modalidade tentada é punível, desde que exista previsão legal (Código Penal).

- Para configurar infração penal, são necessários alguns pressupostos:
  - Deve ser uma **conduta humana**, ou seja, o simples ataque de um animal não configura crime, porém, caso ele seja instigado por uma pessoa, o animal passa a ser um mero objeto utilizado na prática da conduta do agressor.
  - Deve ser uma **ação consciente**, possível de ser prevista pelo agente. Quando a conduta do agente se der com imprudência, negligência ou imperícia, responderá de forma **culposa**. Entretanto, se realmente houver intenção, ou seja, se a conduta do indivíduo for motivada por desejo ou propósito específico, tem-se a conduta **dolosa**.
  - Necessita ser **voluntária**. Caso o agente, por exemplo, venha a agredir alguém por conta de um espasmo muscular, essa conduta é tida como involuntária.
- A infração penal sempre gera um resultado que pode ser:
  - **Naturalístico:** quando ocorre efetivamente a lesão de um bem jurídico tutelado. Por exemplo, no crime de homicídio, o resultado naturalístico ocorre com a interrupção da vida da vítima, pois a conduta modificou o mundo exterior, tanto do *de cujus* (falecido) como de seus familiares.
  - **Jurídico:** ocorre quando a lesão não se consuma. Utilizando o mesmo exemplo apresentado anteriormente, ocorreria caso o agressor não tivesse êxito na sua conduta. Ele responderia pela tentativa de homicídio, desde que não tivesse causado lesão corporal. Convém ressaltar que, embora o agente não obtenha êxito no resultado pretendido, o Código Penal sempre punirá por aquilo que o agente queria fazer (elemento subjetivo), contudo, nesse caso, gerou apenas um resultado jurídico.

Fique ligado

Todo crime gera um resultado, porém nem todo crime gera um resultado naturalístico (lesão).

1.2 Teoria do crime

Sendo o crime (delito) espécie da infração penal, possui uma nova divisão. Nesse caso, existem diversas correntes doutrinárias que definem esse conceito, entretanto, adotaremos a majoritária, a qual vigora no Direito Penal brasileiro, classificada como Teoria Finalista Tripartida ou Tripartite.

- Crime delito:

Fato típico (está escrito, definido como crime)

\+

Ilícito (antijurídico, contrário à lei)

\+

Culpável (culpabilidade)

1.2.1 Conceito de crime no Direito Penal brasileiro

- **Fato típico:** para ser considerado fato típico, é fundamental que a conduta esteja tipificada, ou seja, escrita em alguma norma penal. Não obstante, é necessário que exista:
  - **Conduta:** é a ação do agente, seja ela culposa (descuidada) ou dolosa, intencional; comissiva (ação) ou omissiva (deixar de fazer).
  - **Resultado:** naturalístico (modificação provocada no mundo exterior pela conduta) ou jurídico (quando não houver resultado jurídico, não há crime).
  - **Nexo causal:** é o elo entre a ação e o resultado, ou seja, se o resultado foi provocado diretamente pela ação do agente, há nexo causal.
  - **Tipicidade:** a conduta tem de ser considerada crime e deve estar tipificada, ou seja, escrita na norma penal.
- **Ilícito (antijurídico):** a ação do agente tem de ser ilícita, pois nosso ordenamento jurídico prevê legalidade em determinadas situações que, mesmo sendo antijurídicas, serão permissivas. São as chamadas excludentes de ilicitude ou de antijuridicidade, sendo elas: legítima defesa, estado de necessidade, estrito cumprimento do dever legal ou exercício regular de um direito.

Fique ligado

Caso não existam alguns desses elementos na conduta, pode-se dizer que o fato é atípico.

- **Culpável (culpabilidade):** é o juízo de reprovação que recai na conduta típica e ilícita. Em alguns casos, mesmo o agente cometendo um fato típico e ilícito, ele não poderá ser culpável, ou seja, não poderá receber uma sanção penal, pois incidirá nas excludentes de culpabilidade. A mais conhecida é a inimputabilidade em razão da idade, ou seja, é o agente menor de 18 anos em conflito com a lei, o qual não comete crime, mas ato infracional análogo aos delitos previstos no Código Penal. É quando, no momento da ação ou da omissão, o agente é totalmente incapaz de entender o caráter ilícito do fato ou de determinar-se de acordo com esse entendimento. Ainda dentro dessa espécie, haverá três desdobramentos: imputabilidade, potencial consciência da ilicitude e exigibilidade de conduta diversa.

Para que o crime ocorra, é necessário preencher todos os requisitos anteriores. Caso haja exclusão de alguns dos elementos do fato típico ou se não for ilícito/antijurídico, tem-se a exclusão do crime. Caso não possa ser culpável, o agente será **isento** de pena.

Pode ocorrer de o agente cometer um fato descrito como crime – matar alguém – e esse fato não ser considerado crime. Ex.: quem mata em legítima defesa comete um fato típico, ou seja, escrito e definido como crime. Contudo, esse fato não é ilícito, pois a própria lei autoriza o sujeito a matar em certos casos pré-definidos.

Pode ocorrer também de o agente cometer um fato definido como crime, ou seja, fato típico – escrito e definido no Código Penal – e ilícito, o ordenamento jurídico não autorizar aquela conduta, e mesmo assim ficar **isento de pena**. Assim, pode o sujeito cometer um crime e não ter pena. Ex.: quem é obrigado a cometer um crime, uma pessoa encosta a arma carregada na cabeça de outra e diz que, se ela não cometer tal crime, morrerá.

1.2.2 Princípio da legalidade (anterioridade – reserva legal)

> ***Art. 1º, CP*** *Não há crime sem lei anterior que o defina. Não há pena sem prévia cominação legal.*

Somente haverá crime quando existir perfeita correspondência entre a conduta praticada e a previsão legal (Reserva Legal), que não pode ser vaga, ou seja, deve ser específica. Exige-se que a lei esteja em vigor no momento da prática da infração penal (Anterioridade). O fundamento constitucional é o art. 5º, inciso XXXIX.

> ***Art. 5º, XXXIX, CF/1988*** *não há crime sem lei anterior que o defina, nem pena sem prévia cominação legal;*

- ▷ Princípio: *nullum crimen, nulla poena sine praevia lege* (não há crime nem pena sem lei prévia).

As normas penais incriminadoras não são proibitivas, mas descritivas. Ex.: o art. 121 dispõe que matar alguém, no Código Penal, não é proibitivo, ou seja, não descreve "não matar". O tipo penal prevê uma conduta, que, se cometida, possuirá uma sanção (punição).

A analogia no Direito Penal só é aceita para beneficiar o agente. Ex.: no antigo ordenamento jurídico, só era permitido realizar o aborto em decorrência do estupro, entretanto, a norma penal não abrangia o caso de atentado violento ao pudor (qualquer outro contato íntimo que não seja relação sexual vaginal). Caso a mulher viesse a engravidar em decorrência disso, realizava-se a analogia *in bonam partem*, permitindo também, nesse caso, o aborto. Contudo, cabe destacar que, atualmente, não há mais previsão do crime de atentado violento ao pudor no Código Penal, visto que hoje a conduta é tipificada no delito de estupro.

Fique ligado

Medida provisória não pode dispor sobre matéria penal, criar crimes e cominar penas, art. 62, § 1º, I, "b", da Constituição Federal de 1988, somente lei ordinária.

- ▷ Analogia no Direito Penal:
  - *In malan partem* (prejudicar): não é aceita.
  - *In bonam partem* (beneficiar): aceita.

Normas penais em branco são aquelas que precisam ser complementadas para que analisemos o caso concreto. Ex.: a vigente Lei nº 11.343/2006 (Lei de Drogas) dispõe sobre diversas condutas ilícitas, entretanto, o que é droga? Para constatar se determinada substância é droga ou não, o tipo penal deve ser complementado pela Portaria nº 344/1998 da Agência Nacional de Vigilância Sanitária (Anvisa), em que todas as substâncias que estiverem descritas serão consideradas como droga.

Fique ligado

O princípio da reserva legal admite o uso de normas penais em branco.

A **analogia penal** é diferente de **interpretação analógica**. Nessa situação, a conduta do agente é analisada dentro da própria norma penal, ou seja, é observado a forma como a conduta foi praticada, quais os meios utilizados. Assim, a interpretação analógica sempre será possível, ainda que mais gravosa para o agente.

> ***Art. 121, CP*** *Matar alguém:*
> *Pena – Reclusão, de seis a vinte anos. [...]*
> *§ 2º Se o homicídio é cometido: [...]*
> *III – Com emprego de veneno, fogo, explosivo, asfixia, tortura ou outro meio insidioso ou cruel, ou de que possa resultar perigo comum; [...]*
> *Pena – Reclusão, de doze a trinta anos.*

Nessa situação, caso o agente tenha cometido o homicídio utilizando de alguma das formas expostas no inciso III, ocorrerá a aplicação de uma pena mais gravosa, visto que a conduta qualifica o crime.

1.3 Interpretação da lei penal

A matéria **interpretação da lei penal** passou a ser abordada com mais frequência pelos editais de concursos públicos. No entanto, quando cobrada, não costuma gerar muita dificuldade. Isso porque, geralmente, a banca examinadora aborda uma espécie de interpretação e questiona o seu significado na questão.

A interpretação da lei penal consiste em buscar o significado e a extensão da letra da lei em relação à realidade e à vontade do legislador. Assim, a interpretação da lei penal se divide em relação ao sujeito, ao modo e ao resultado.

1.3.1 Quanto ao sujeito

Autêntica ou legislativa

É aquela realizada pelo mesmo órgão da qual emana, podendo vir no próprio texto legislativo ou em lei posterior. Ex.: conceito de funcionário público previsto no art. 327 do CP.

> ***Art. 327, CP*** *Considera-se funcionário público, para os efeitos penais, quem, embora transitoriamente ou sem remuneração, exerce cargo, emprego ou função pública.*

Doutrina

É aquela realizada pelos doutrinadores – estudiosos do Direito Penal – normalmente encontrada em livros, artigos e documentos. Ex.: Código Penal comentado.

Jurisprudencial ou judicial

É aquela realizada pelo Poder Judiciário na aplicação do caso concreto, na busca pela vontade da lei. É a análise das decisões reiteradas sobre determinado assunto legal. Ex.: súmulas do Tribunais Superiores e súmulas vinculantes.

1.3.2 Quanto ao modo

Literal ou gramatical

É aquela que busca o sentido literal das palavras.

Teleológica

É aquela que busca compreender a intenção ou a vontade da lei.

Histórica

É aquela que busca compreender o sentido da lei por meio da análise de momento e contexto histórico em que foi editada.

Sistemática

É aquela que analisa o sentido da lei em conjunto com todo o ordenamento jurídico (as legislações em vigor, os princípios gerais de Direito, a doutrina e a jurisprudencial).

Progressiva

É aquela que busca adaptar a lei aos progressos obtidos pela sociedade.

1.3.3 Quanto ao resultado

Declarativa

É aquela em que se encontra a perfeita correspondência entre a letra da lei e a intenção do legislador.

Restritiva

É aquela em que se restringe o alcance da letra da lei para que corresponda à real intenção do legislador. A lei diz mais do que deveria dizer.

Extensiva

É aquela em que se amplia o alcance da letra da lei para que corresponda à real intenção do legislador. A lei diz menos do que deveria dizer.

Analógica

É aquela em que a lei penal permite a ampliação de seu conteúdo por meio da utilização de uma expressão genérica ou aberta pelo legislador. Ex.:

> ***Art. 121, § 2º, III, CP*** *Homicídio qualificado por emprego de veneno, fogo, explosivo, asfixia, tortura ou outro meio insidioso ou cruel, ou de que possa resultar perigo comum.*

1.4 Conflito aparente de normas penais

Fala-se em conflito aparente de normas penais quando duas ou mais normas aparentemente parecem reger o mesmo tema. Na prática, uma conduta pode se enquadrar em mais de um tipo penal, mas isso é tão somente aparente, pois os princípios do Direito Penal resolvem esse fato. São eles:

- Princípio da especialidade;
- Princípio da subsidiariedade;
- Princípio da consunção;
- Princípio da alternatividade.

1.4.1 Princípio da especialidade

A regra, nesse caso, é que a norma especial prevalecerá sobre a norma geral. Dessa forma, a norma no tipo penal incriminador é mais completa que a prevista na norma geral.

Isso ocorre, por exemplo, no crime de homicídio e infanticídio. O crime de infanticídio possui, em sua elementar, dados complementares que o tornam mais especial – completo – que a norma geral. Repare nas elementares do art. 123 do CP:

- Matar o próprio filho;
- Logo após o parto;
- Sob o estado puerperal.

Esses são dados que, se presentes, tornam a conduta de matar alguém um crime específico, diferente do homicídio. Logo, o art. 123 (infanticídio) é considerado especial em relação ao art. 121 (homicídio), que pode ser entendido, nesse caso, como uma conduta genérica.

1.4.2 Princípio da subsidiariedade

Esse princípio é utilizado sempre que a norma principal mais grave não puder ser utilizada. Nesse caso, usamos a norma subsidiária menos gravosa.

A subsidiariedade pode ser expressa ou tácita. Será expressa sempre que o próprio artigo de lei assim determinar. Um bom exemplo é o art. 239, que trata da simulação de casamento. O tipo penal prevê pena de detenção, de 1 a 3 anos, se o fato não constituir elemento de crime mais grave. Assim, caso não tenha ocorrido crime mais grave, será aplicada a pena expressa em lei. Porém, se ocorrer crime mais grave, deve ser aplicado somente esse, ficando atípico o fato menos grave.

A subsidiariedade tácita ocorre quando não há expressa referência na lei, mas se um fato mais grave ocorrer, a norma subsidiária ficará afastada. Isso ocorre, por exemplo, no crime do art. 311 do Código de Trânsito Brasileiro (CTB). O artigo expressa a proibição da conduta de trafegar em velocidade incompatível com a segurança nas proximidades de escolas, hospitais, estações de embarques e desembarques de passageiros, logradouros estreitos ou onde houver grande movimentação ou concentração de pessoas, gerando perigo de dano.

Contudo, se o agente estiver conduzindo nessas condições e acabar por atropelar e matar alguém, responderá pelo crime do art. 302 do CTB, que descreve a figura do homicídio culposo na direção de veículo automotor. Assim, esse crime – mais grave – afastará aquele crime de perigo.

1.4.3 Princípio da consunção

Esse princípio pode ocorrer quando um crime "meio" é necessário ou durante a fase normal de preparação para outro crime. Ex.: o crime de lesão corporal fica absorvido pelo crime de homicídio, ou mesmo o crime de invasão de domicílio que fica absorvido pelo crime de furto.

Não estamos falando em norma especial ou geral, mas no crime mais grave que absorveu o crime menos grave, que simplesmente foi um meio necessário para a execução da conduta mais gravosa.

Ocorre também o princípio da consunção quando, por exemplo, o agente falsifica um documento com o intuito de cometer o crime de estelionato. Como o crime de falsificação é o meio necessário para o crime de estelionato, funcionando como a elementar fraude, fica por esse absorvido.

Nesse sentido, o Superior Tribunal de Justiça (STJ) editou a Súmula nº 17, que diz o seguinte:

> ***Súmula nº 17 – STJ*** *Quando o falso se exaure no estelionato, sem mais potencialidade lesiva, é por este absorvido.*

Outro ponto importante é quando se trata do assunto de crime progressivo e progressão criminosa. No **crime progressivo,** o agente tem um fim específico mais grave, contudo, necessariamente deve passar por fases anteriores menos graves. No final das contas, o crime progressivo é um meio para um fim. Isso ocorre no caso do dolo de matar, em que o agente obrigatoriamente tem de ferir a vítima antes, causando lesões corporais.

Aqui, tem-se a aplicação do princípio da consunção. Por outro lado, a progressão criminosa ocorre quando o dolo inicial é menos grave e, no decorrer da conduta, o agente muda sua intenção para uma conduta mais grave (repare que há dois dolos). Tem-se como exemplo do agente que inicia a conduta com o dolo de lesionar e desfere socos na vítima; contudo, no decorrer da ação, muda de intenção lhe desfere golpes de faca, causando o resultado morte. Veja que há duas intenções, contudo, o Código Penal punirá o agente somente pelo crime mais grave. Assim, no caso exemplificado, também se aplica o princípio da consunção.

No entanto, pode ocorrer progressão criminosa com a incidência do concurso material, ou seja, aplicação de mais de um crime. Isso ocorre, por exemplo, no crime de roubo em que o agente, no meio da conduta, resolve estuprar a vítima, ou seja, tem-se a progressão criminosa com dois dolos, em que o agente responderá por dois crimes diversos.

1.4.4 Princípio da alternatividade

Esse princípio é aplicado nos chamados crimes de ação múltipla ou de conteúdo variado. Tem-se como exemplo o art. 33 da Lei nº 11.343/2006:

> ***Art. 33, Lei nº 11.343/2006*** *Importar, exportar, remeter, preparar, produzir, fabricar, adquirir, vender, expor à venda, oferecer, ter em depósito, transportar, trazer consigo, guardar, prescrever, ministrar, entregar a consumo ou fornecer drogas, ainda que gratuitamente, sem autorização ou em desacordo com determinação legal ou regulamentar:*
> *Pena – Reclusão de 5 (cinco) a 15 (quinze) anos e pagamento de 500 (quinhentos) a 1.500 (mil e quinhentos) dias-multa.*

Assim, pode-se afirmar que, se o agente tiver um depósito e vender a droga, não responderá por dois crimes, mas somente por crime único. Isso ocorre porque qualquer ação nuclear do tipo representa o mesmo crime. Na prática, não há concurso material, respondendo o agente por uma pena somente.

Fique ligado

Costume **não** revoga nem altera lei.

Pode-se dizer que há três princípios intrínsecos no art. 1º do Código Penal: da legalidade, da anterioridade e da reserva legal. É importante ressaltar que apenas a lei ordinária pode versar sobre matéria penal, tanto para criá-las quanto para extingui-las.

Não obstante, convém ressaltar os preceitos existentes nos tipos penais. Ex.: art. 121, do Código Penal - matar alguém -, cuja pena é de 6 a 20 anos. O preceito primário seria a conduta do agente - matar alguém - e o preceito secundário seria a cominação da pena de 6 a 20 anos. Para ser considerado crime, é fundamental que existam os dois preceitos.

1.5 Lei penal no tempo

> ***Art. 2º, CP*** *Ninguém pode ser punido por fato que lei posterior deixa de considerar crime, cessado em virtude dela a execução e os efeitos penais da sentença condenatória.*
> ***Parágrafo único.*** *A Lei posterior, que de qualquer forma modo favorecer o agente, aplica-se aos fatos anteriores, ainda que decididos por sentença transitada em julgado.*

1.5.1 Conflito temporal

Regra: irretroatividade da lei.

Exceção: retroatividade para beneficiar o réu.

1.5.2 Retroatividade da lei

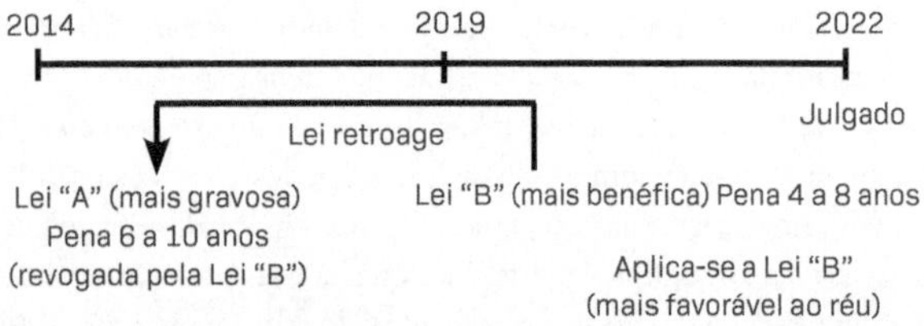

Em regra, o Código Penal sempre adota a lei vigente ("A") no momento da ação ou omissão do agente. Assim, se um crime for cometido nessa época, o agente responderá pelo fato descrito no tipo penal. Contudo, por vezes, o processo estende-se no tempo, e o julgamento do agente demora a acontecer. Nesse lapso temporal, caso sobrevenha uma nova lei ("B"), que torne mais branda a sanção aplicada, esta retroagirá ao tempo do fato, beneficiando o réu.

1.5.3 Ultratividade da lei

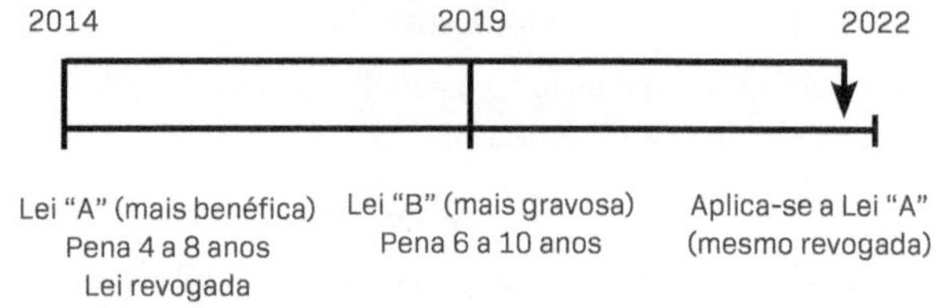

- ▷ Lei "A" (mais benéfica). Pena de 4 a 8 anos. Lei revogada.
- ▷ Lei "B" (mais gravosa). Pena de 6 a 10 anos.
- ▷ Aplica-se a Lei "A" (mesmo revogada).

Não obstante a regra da irretroatividade, pode ocorrer a chamada ultratividade de lei mais benéfica. Seria o caso que, no momento da ação, vigorava a lei "A", entretanto, no decorrer do processo, entrou em vigência nova lei "B", revogando a Lei "A", tornando mais gravosa a conduta anteriormente praticada pelo agente.

Assim, no momento do julgamento, ocorrerá a ultratividade da lei, ou seja, a lei "A", mesmo não estando mais em vigor, ultra-agirá ao momento do julgamento para beneficiar o réu, por ser menos gravosa a punição que o agente receberá.

1.5.4 *Abolitio criminis* (abolição do crime)

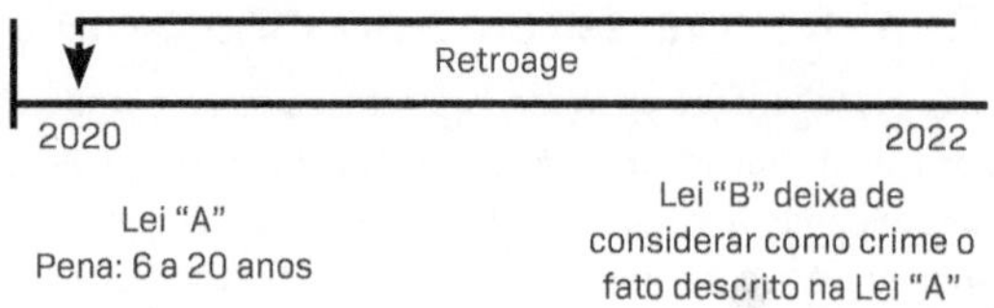

- ▷ Lei "A". Pena de 6 a 20 anos.
- ▷ Lei "B" deixa de considerar como crime o fato descrito na Lei "A".

Consequências:

- ▷ Tranca e extingue o inquérito policial e a ação penal;
- ▷ Cassa imediatamente a execução de todos os efeitos penais;
- ▷ Não alcança os efeitos civis da condenação.

Em relação à *abolitio criminis*, ocorre o seguinte fato: quando uma conduta que antes era tipificada como crime pelo Código Penal deixa de existir, ou seja, passa a não ser mais considerada crime, dizemos que ocorreu a abolição do crime. Diante disso, cessam imediatamente todos os efeitos penais que incidiam sobre o agente: tranca e extingue o inquérito policial. Caso o acusado esteja preso, deve ser posto em liberdade. Entretanto, não extingue os efeitos civis, ou seja, caso o agente tenha sido impelido em ressarcir a vítima da sua conduta mediante o pagamento de multa, essa ainda assim deverá ser paga.

É importante ressaltar que a lei que beneficia o réu não se trata de uma faculdade do juiz, mas de um dever que deve ser adotado em benefício do acusado.

1.6 Crimes permanentes ou continuados

Nos crimes permanentes, ou seja, naqueles em que a consumação se prolonga no tempo, aplica-se ao fato a lei que estiver em vigência quando cessada a atividade, mesmo que mais grave (severa) que a lei em vigência quando da prática do primeiro ato executório. O crime se perpetua no tempo, enquanto não cessada a permanência. É o que ocorre, por exemplo, com o crime de sequestro e cárcere privado. Assim, será aplicada a lei que estiver em vigência quando da libertação da vítima. Observa-se, então, o momento em que cessa a permanência, para daí se determinar qual é a norma a ser aplicada. É o que estabelece a Súmula nº 711 do Supremo Tribunal Federal (STF).

> ***Súmula nº 711 – STF*** *A lei penal mais grave aplica-se ao crime continuado ou ao crime permanente, se a sua vigência é anterior à cessação da continuidade ou da permanência.*

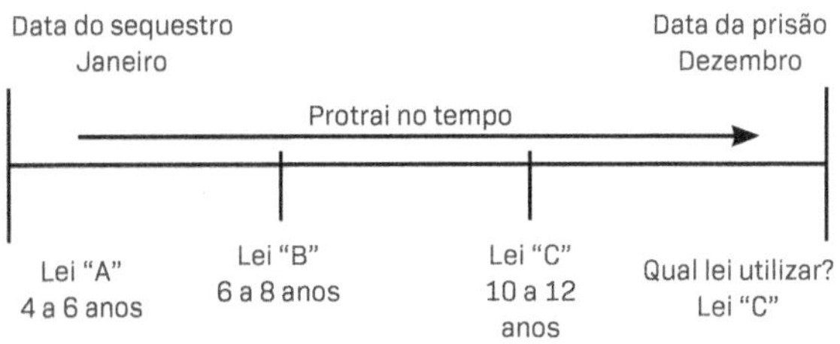

O sequestro é um crime que se protrai no tempo, ou seja, a todo instante ele está se consumando; qualquer que seja o momento da prisão, o agente estará em flagrante. Assim, nos casos de crimes permanentes ou continuados, aplica-se a pena quando cessar a conduta do agente, ainda que mais grave ou mais branda. Independe, nessa circunstância, a quantificação da pena, isto é, a lei vigente será considerada no momento que cessou a conduta do agente ou a privação de liberdade da vítima, com a prisão dos acusados.

1.7 Lei excepcional ou temporária

> ***Art. 3º, CP*** *A Lei excepcional ou temporária, embora decorrido o período de sua duração ou cessada as circunstâncias que a determinaram, aplica-se ao fato praticado durante sua vigência.*

- **Lei excepcional:** utilizada em períodos de anormalidade social.

  | Guerra, calamidades públicas, enchentes, grandes eventos etc.

- **Lei temporária:** período previamente fixado pelo legislador.

  | Lei que configura o crime de pescar em certa época do ano (Piracema). Após lapso de tempo previamente determinado, a lei deixa de considerar tal conduta como crime.

  | De 2005 a 2006, o fato "A" era considerado crime. Aqueles que infringiram a lei responderam posteriormente, mesmo o fato não sendo considerado mais crime.

  | Só ocorre retroatividade se a lei posterior expressamente determinar.

É importante ressaltar que são leis excepcionais e temporárias, ou seja, a lei vigorará por determinado tempo. Após o prazo determinado, tal conduta não será mais considerada crime. Entretanto, durante a sua vigência, todos aqueles que cometerem o fato tipificado em tais normas, mesmo encerrada sua vigência, serão punidos.

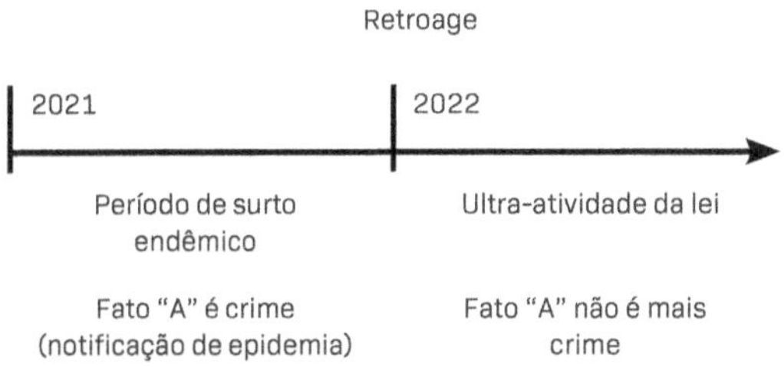

Fique ligado

Não existe *abolitio criminis* de lei temporária ou excepcional.

1.8 Tempo do crime

> ***Art. 4º, CP*** *Considera-se praticado o crime no momento da ação ou omissão, ainda que outro seja o momento do resultado.*

- **Teoria da atividade:** o crime reputa-se praticado no momento da conduta (momento da execução).

Fique ligado

A imputabilidade do agente deve ser aferida quando o crime é praticado.

Esse princípio traz o momento da ação do crime, ou seja, independentemente do resultado, para aplicação da lei penal, é considerado o momento exato da prática delituosa, seja ela comissiva (ação) ou omissiva (omissão). Ex.: o menor "A" comete disparos de arma de fogo contra "B", vindo a feri-lo. Entretanto, devido às lesões causadas pelos disparos, três meses depois do fato, "B" vem a falecer. Nessa época, mesmo "A" tendo completado sua maioridade penal (18 anos), ainda assim não poderá ser punido, pois, quando praticou a conduta (disparos contra "B") era inimputável.

Devemos, contudo, ficar atentos aos crimes permanentes e continuados. É o caso do sequestro, por exemplo, em que o crime se consuma a todo instante em que houver a privação de liberdade da vítima.

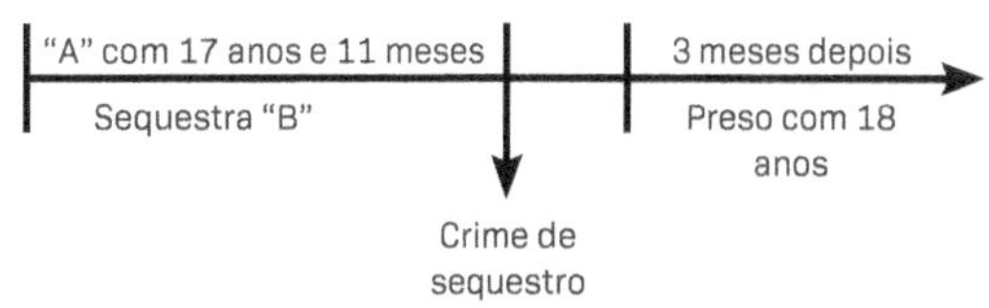

No exemplo em questão, "A" não será mais inimputável, pois, no momento de sua prisão, já completou 18 anos, não sendo considerado o momento em que se iniciou a ação, mas, sim, quando cessou.

1.9 Lugar do crime

> ***Art. 6º, CP*** *Considera-se praticado o crime no lugar em que ocorreu a ação ou omissão, no todo ou em parte, bem como onde se produziu ou deveria produzir-se o resultado.*

- **Teoria da ubiquidade:** utilizada no caso de um crime ser praticado em território nacional e o resultado ser produzido no estrangeiro. O foro competente será tanto o lugar da ação ou omissão quanto o local em que produziu ou deveria produzir-se o resultado.

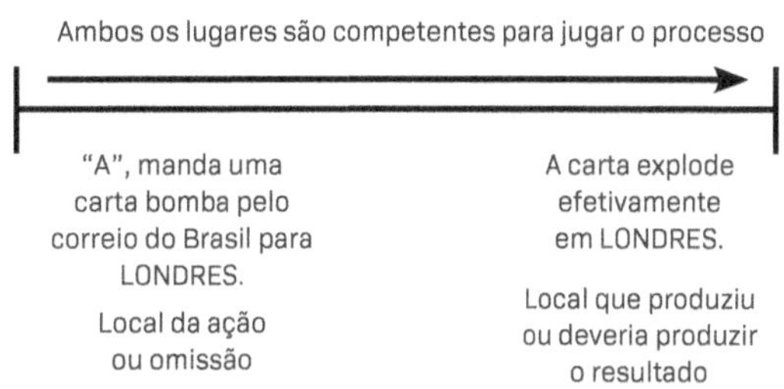

| "A", residente no Brasil, enviou uma carta-bomba pelo correio para Londres, na Inglaterra. Assim, a carta efetivamente explode naquele país. Desse modo, tanto o Brasil quanto a Inglaterra serão competentes para julgar "A". Não se aplica a teoria do "resultado".

Fique ligado

Não confundir os artigos:
- Lugar/ubiquidade: art. 6º;
- Tempo/atividade: art. 4º.

D P E N

1.10 Lei penal no espaço

- ▷ Código Penal (CP):
  - Territorialidade (art. 5º);
  - Extraterritorialidade (art. 7º).
- ▷ Código Processual Penal (CPP): regras específicas.

A territorialidade refere-se à aplicação da lei penal dentro do próprio Estado que a editou. Dessa forma, quando se aplica a lei brasileira em território nacional, utiliza-se o conceito de territorialidade.

A territorialidade é tratada no art. 5º do CP:

> ***Art. 5º, CP*** *Aplica-se a lei brasileira, sem prejuízo de convenções, tratados e regras de Direito Internacional, ao crime cometido no território nacional.*

1.10.1 Territorialidade

Antes de iniciar o estudo deste tópico, tenha em mente que estudaremos a Lei Penal e não a Lei Processual Penal, que segue outra regra específica. Aqui, trataremos de como se comporta a lei penal brasileira quando ocorrerem crimes no exterior, ou seja, a extraterritorialidade da lei penal. Portanto, a extraterritorialidade abrange apenas a lei penal, excluindo-se a lei processual pena

1.10.2 Território nacional próprio

- ▷ Lei brasileira:
  - Sem prejuízo;
  - Convenções, tratados e regras internacionais;
  - Imunidades.

> ***Art. 5º, § 1º, CP*** *Para os efeitos penais, consideram-se como extensão do território nacional as embarcações e aeronaves brasileiras, de natureza pública ou a serviço do governo brasileiro onde quer que se encontrem, bem como as aeronaves e as embarcações brasileiras, mercantes ou de propriedade privada, que se achem, respectivamente, no espaço aéreo correspondente ou em alto-mar.*

Considera-se como território nacional:

- Embarcação ou aeronave brasileira pública (em qualquer lugar);
- Embarcação ou aeronave brasileira privada a serviço do Estado brasileiro (em qualquer lugar);
- Embarcação ou aeronave brasileira mercante ou privada, desde que não esteja em território alheio.

A extraterritorialidade é tratada no art. 7º, CP.

1.10.3 Território nacional

Território nacional é o espaço onde determinado Estado possui sua soberania.

Os elementos que constituem um Estado soberano são:

- ▷ Território;
- ▷ Povo;
- ▷ Soberania – governo autônomo e independente.

Considera-se como território nacional as limitações geográficas do país, incluindo o mar territorial, que representa a extensão de 12 milhas do mar a contar da costa, sempre na maré baixa. O Código Penal considera também como território nacional o espaço aéreo respectivo e o espaço aéreo correspondente ao território nacional. Esse sempre deve ser considerado como território próprio.

É preciso considerar também como território nacional o chamado território por extensão, assimilação ou impróprio, que é descrito no § 1º do art. 5º do Código Penal.

> ***Art. 5º, CP*** *[...]*
>
> *§ 1º Para os efeitos penais, consideram-se como extensão do território nacional as embarcações e aeronaves brasileiras, de natureza pública ou a serviço do governo brasileiro, onde quer que se encontrem, bem como as aeronaves e as embarcações brasileiras, mercantes ou de natureza privada, que se achem, respectivamente no espaço aéreo correspondente ou em alto mar.*
>
> *§ 2º É também aplicável a lei brasileira aos crimes praticados a bordo de aeronaves ou embarcações estrangeiras, de propriedade privada, achando-se aquelas em pouso no território nacional ou em voo no espaço aéreo correspondente, e estas em porto ou mar territorial do Brasil.*

A lei penal aplica-se em todo o território nacional próprio ou por assimilação. Por esse princípio, aplica-se aos nacionais ou estrangeiros (mesmo que irregulares) a lei penal brasileira. Contudo, em alguns casos, mesmo o fato sendo praticado no Brasil, não se aplica a lei penal. Isso se dá em razão de convenções, tratados e regras de Direito Internacional em que o Brasil desiste de punir a conduta, ou seja, nesses casos não se aplicará a lei brasileira.

Dessa forma, o princípio da territorialidade da lei penal é mitigado, isto é, não é adotado de forma absoluta e, sim, temperada. Por esse motivo denomina-se princípio da territorialidade temperada.

Pode-se citar como exemplo as imunidades diplomáticas e consulares concedidas aos diplomatas e aos cônsules que exercem suas atividades no Brasil, por meio de adesão do Brasil às convenções de Viena (1961 e 1963).

Quando se fala em território nacional, obrigatoriamente devem ser analisadas algumas regras: todas as embarcações ou aeronaves brasileiras de natureza pública, onde quer que se encontrem, são consideradas extensão do território nacional.

Embarcações e aeronaves de natureza privada serão consideradas extensão do território nacional quando estiverem, respectivamente, em alto mar, no mar territorial brasileiro ou no espaço aéreo correspondente.

Fique ligado

As embarcações e aeronaves de natureza privada que não estiverem a serviço do Brasil somente responderão pela lei brasileira se estiverem em território nacional.

> Um navio brasileiro privado que se encontre no mar territorial da Argentina se submeterá às leis penais argentinas, ou seja, caso um brasileiro mate alguém naquele local, a lei a ser aplicada é a lei penal argentina, pois o navio não está a serviço do Brasil. Por outro lado, se o navio estiver em alto mar ("terra de ninguém"; aplica-se o princípio do pavilhão ou da bandeira) e ostentar a bandeira brasileira e lá um tripulante matar o outro, a competência é da lei brasileira.

A mesma regra aplica-se às aeronaves. Outra questão interessante é o caso de uma aeronave a serviço do Brasil (Força Aérea Brasileira) pousar em um país distinto e o piloto cometer um crime. Nesse caso, aplica-se a lei brasileira. Caso a aeronave seja particular, aplica-se a lei do país onde a aeronave tiver pousado.

Outra questão interessante é se o piloto sair do aeroporto e cometer um crime do lado de fora. Nesse caso, deve ser questionado se o piloto estava em serviço oficial ou não, pois, caso esteja, aplica-se a lei penal brasileira; em caso contrário, aplica-se a lei do país onde o crime foi cometido.

Resumo dos conceitos

- ▷ **Território nacional:** é o espaço onde determinado Estado exerce com exclusividade sua soberania.

- **Território próprio:** toda a extensão territorial geográfica (o mapa), acrescida do mar territorial, que possui a extensão de 12 milhas mar adentro, a contar da baixa maré (litoral).
- **Território por extensão:** embarcações e aeronaves brasileiras – públicas ou a serviço do Estado (qualquer lugar do mundo) e privadas em águas ou terras de ninguém.
- **Territorialidade:** aplicação da lei penal no território nacional.
- **Territorialidade absoluta:** impossibilidade para aplicação de convenções, tratados e regras de Direito Internacional ao crime cometido no território nacional.
- **Territorialidade temperada:** adota como regra a aplicação da lei penal brasileira no território nacional. Entretanto, com determinadas hipóteses, permite a aplicação de lei penal estrangeira a fatos cometidos no Brasil (art. 5º, CP).
- **Imunidade:** exclusão da aplicação da lei penal.
- **Imunidade diplomática e consular:** são imunidades previstas em convenções internacionais chanceladas pelo Brasil.
- **Imunidade parlamentar:** previstas na Constituição Federal aos membros do Poder Legislativo.

1.10.4 Princípios da aplicação da lei penal no espaço

Princípio da territorialidade

A lei penal de um país será aplicada aos crimes cometidos dentro de seu território. O Estado soberano tem o dever de exercer jurisdição sobre as pessoas que estejam sem seu território.

Princípio da nacionalidade

É classificado também como **princípio da personalidade**. Os cidadãos de determinado país devem obediência às suas leis, onde quer que se encontrem. Esse princípio pode ser dividido em:

- **Princípio da nacionalidade ativa:** aplica-se a lei nacional ao cidadão que comete crime no estrangeiro, independentemente da nacionalidade do sujeito passivo ou do bem jurídico lesado.
- **Princípio da nacionalidade passiva:** o fato praticado pelo cidadão nacional deve atingir um bem jurídico de seu próprio estado ou de um concidadão.

Princípio da defesa, real ou de proteção

Considera-se a nacionalidade do bem jurídico lesado (sujeito passivo), independentemente da nacionalidade do sujeito ativo ou do local da prática do crime.

Princípio da justiça penal universal ou da universalidade

Todo Estado tem o direito de punir todo e qualquer crime, independentemente da nacionalidade do criminoso, do bem jurídico lesado ou do local em que o crime foi praticado, bastando que o criminoso encontre-se dentro de seu território. Assim, qualquer pessoa que cometa crime dentro do território nacional será processada e julgada aqui.

Princípio da representação

A lei penal brasileira também será aplicada aos delitos cometidos em aeronaves e embarcações privadas brasileiras quando se encontrarem no estrangeiro e não venham a ser julgadas.

Fique ligado

O Código Penal brasileiro adota o **princípio da territorialidade** como regra e os outros como exceção. Assim, os outros princípios visam disciplinar a aplicação extraterritorial da lei penal brasileira.

1.10.5 Extraterritorialidade

> ***Art. 7º, CP*** *Ficam sujeitos à lei brasileira, embora cometidos no estrangeiro:*
>
> *I – Os crimes:*
>
> *a) contra a vida ou a liberdade do Presidente da República;*
>
> *b) contra o patrimônio ou a fé pública da União, do Distrito Federal, de Estado, de Território, de Município, de empresa pública, sociedade de economia mista, autarquia ou fundação instituída pelo Poder Público;*
>
> *c) contra a administração pública, por quem está a seu serviço;*
>
> *d) de genocídio, quando o agente for brasileiro ou domiciliado no Brasil;*
>
> *II – Os crimes:*
>
> *a) que, por tratado ou convenção, o Brasil se obrigou a reprimir;*
>
> *b) praticados por brasileiro;*
>
> *c) praticados em aeronaves ou embarcações brasileiras, mercantes ou de propriedade privada, quando em território estrangeiro e aí não sejam julgados.*
>
> *§ 1º Nos casos do inciso I, o agente é punido segundo a lei brasileira, ainda que absolvido ou condenado no estrangeiro.*
>
> *§ 2º Nos casos do inciso II, a aplicação da lei brasileira depende do concurso das seguintes condições:*
>
> *a) entrar o agente no território nacional;*
>
> *b) ser o fato punível também no país em que foi praticado;*
>
> *c) estar o crime incluído entre aqueles pelos quais a lei brasileira autoriza a extradição;*
>
> *d) não ter sido o agente absolvido no estrangeiro ou não ter aí cumprido a pena;*
>
> *e) não ter sido o agente perdoado no estrangeiro ou, por outro motivo, não estar extinta a punibilidade, segundo a lei mais favorável.*
>
> *§ 3º A lei brasileira aplica-se também ao crime cometido por estrangeiro contra brasileiro fora do Brasil, se, reunidas as condições previstas no parágrafo anterior:*
>
> *a) não foi pedida ou foi negada a extradição;*
>
> *b) houve requisição do Ministro da Justiça.*

A regra é que a lei penal brasileira aplica-se apenas aos crimes praticados no Brasil (conforme estudado no art. 5º do Código Penal). No entanto, há situações em que, por força do art. 7º, o Estado pode aplicar sua legislação penal no estrangeiro. Nessa norma, encontram-se diversos princípios. São eles:

- **Princípio da defesa ou real:** amplia a aplicação da lei penal em decorrência da gravidade da lesão. É o aplicável no art. 7º, nas alíneas do inciso I:

> *a) contra a vida ou a liberdade do Presidente da República.*

Caso seja a prática de latrocínio, não há a extensão da lei brasileira, visto que o latrocínio é considerado crime contra o patrimônio.

> *b) contra o patrimônio ou a fé pública da União, do Distrito Federal, de Estado, de Território, de Município, de empresa pública, sociedade de economia mista, autarquia ou fundação instituída pelo Poder Público;*
>
> *c) contra a administração pública, por quem está a seu serviço;*
>
> *d) de genocídio, quando o agente for brasileiro ou domiciliado no Brasil.*

Há discussão sobre qual é o princípio aplicável nesse caso, havendo quem sustente ser o princípio da defesa, o da nacionalidade ativa ou o da justiça penal universal.

Princípio da justiça penal universal (também chamada de justiça cosmopolita): amplia a aplicação da legislação penal brasileira em decorrência da de tratado ou convenção que o Brasil é signatário. Vem normatizada pelo art. 7º, II, "a":

> *a) Que, por tratado ou convenção, o Brasil se obrigou a reprimir.*

Princípio da nacionalidade ativa: amplia a aplicação da legislação penal brasileiro ao exterior caso o crime seja praticado por brasileiro. Está prevista no art. 7º, II, "b":

> *b) Praticados por brasileiro.*

Princípio da representação (também chamado de pavilhão ou da bandeira ou da substituição): amplia a aplicação da legislação penal brasileira em decorrência do local em que o crime é praticado. Vem normatizada pelo art. 7º, II, "c":

> *c) Praticados em aeronaves ou embarcações brasileiras, mercantes ou de propriedade privada, quando em território estrangeiro e aí não sejam julgados.*

Princípio da nacionalidade passiva: amplia a aplicação da legislação penal brasileira em decorrência da nacionalidade da vítima do crime. Vem normatizada pelo art. 7º, § 3º:

> *§ 3º A lei brasileira aplica-se também ao crime cometido por estrangeiro contra brasileiro fora do Brasil.*

A regra de que a legislação penal brasileira será aplicada no exterior vale apenas para os crimes e nunca para as contravenções penais. Apesar de a lei prever, no art. 7º, que a lei brasileira também será aplicada no exterior, há determinadas regras para essa aplicação, também normatizadas pelos parágrafos do artigo em questão.

- **Extraterritorialidade incondicionada:** é a prevista para os casos normatizados no art. 7º, I, "a" a "d". Segundo o Código Penal, o agente será processado de acordo com a lei brasileira, mesmo se for absolvido ou condenado no exterior (conforme normatizado pelo § 1º do art. 7º). Não exige qualquer condição.
- **Extraterritorialidade condicionada:** é a prevista para os casos normatizados no art. 7º, § 2º, alíneas "a" até "e". São as condições:

> *a) Entrar o agente no território nacional.*
>
> *b) Ser o fato punível também no país em que foi praticado.*
>
> *c) Estar o crime incluído entre aqueles pelos quais a lei brasileira autoriza a extradição.*
>
> *d) Não ter sido o agente absolvido no estrangeiro ou cumprido a pena.*
>
> *e) Não ter sido o agente perdoado no estrangeiro.*

Não estará extinta a punibilidade do agente, seja pela brasileira ou pela lei estrangeira.

- **Extraterritorialidade hipercondicionada:** é prevista para os casos normatizados no art. 7º, § 3º. É chamado pela doutrina de hipercondicionada porque exige, além das condições da extraterritorialidade condicionada, outras duas. São condições:
  - Não ser pedida ou, se pleiteada, negada a extradição;
  - Requisição do ministro da justiça.

1.11 Pena cumprida no estrangeiro

> ***Art. 8º, CP*** *A pena cumprida no estrangeiro atenua a pena imposta no Brasil pelo mesmo crime, quando diversas, ou nela é computada, quando idênticas.*

Caso o agente seja processado, condenado e tenha cumprido pena no exterior, estipula-se no art. 7º que, caso venha a ser condenado pelo mesmo fato no Brasil (no caso da extraterritorialidade incondicionada), deverá se verificar.

Se as penas são idênticas, ou seja, da mesma natureza, deverá ser computada como cumprida no Brasil. Ex.: as duas são privativas de liberdade.

Se as penas são diversas, ou seja, de natureza diferente, deverá haver uma atenuação. Ex.: no exterior, o agente cumpriu pena restritiva de liberdade e, no Brasil, foi condenado e teve sua pena substituída pela prestação de serviços comunitários. Nesse caso, deverá ser atenuada a pena no Brasil.

1.12 Eficácia de sentença estrangeira

> ***Art. 9º, CP*** *A sentença estrangeira, quando a aplicação da lei brasileira produz na espécie as mesmas consequências, pode ser homologada no Brasil para:*
>
> *I – Obrigar o condenado à reparação do dano, a restituições e a outros efeitos civis;*
>
> *II – Sujeitá-lo a medida de segurança.*
>
> ***Parágrafo único.*** *A homologação depende:*
>
> *a) para os efeitos previstos no inciso I, de pedido da parte interessada;*
>
> *b) para os outros efeitos, da existência de tratado de extradição com o país de cuja autoridade judiciária emanou a sentença, ou, na falta de tratado, de requisição do Ministro da Justiça.*

A regra geral é de que a sentença penal estrangeira não precisa ser homologada para produzir efeitos no Brasil. No entanto, o art. 9º traz duas situações que necessitam da homologação para que a sentença produza efeitos no Brasil. São elas:

- Para a produção de efeitos civis (por exemplo, reparação de danos, restituições, entre outros): nesse caso, depende do pedido da parte interessada.
- Para a aplicação de medida de segurança ao agente da infração penal: caso exista tratado de extradição, necessita de requisição do procurador-geral da República. Caso inexista tratado de extradição, necessita de requisição do ministro da Justiça.

1.13 Contagem de prazo

> ***Art. 10, CP*** *O dia do começo inclui-se no cômputo do prazo. Contam-se os dias, os meses e os anos pelo calendário comum.*

A regra aqui é diferente da processual, visto que o dia em que se começa a contar o prazo penal é incluído no cômputo do prazo. Ex.: imagine que determinado agente tenha praticado uma infração penal em 10 de agosto de 2014. Supondo que essa infração penal possui um prazo prescricional de 8 anos, a pretensão punitiva prescreverá em 9 de agosto de 2022.

1.14 Frações não computáveis da pena

> ***Art. 11, CP*** *Desprezam-se, nas penas privativas de liberdade e nas restritivas de direitos, as frações de dia, e, na pena de multa, as frações de cruzeiro.*

Caso após o cálculo da pena, remanesçam frações de dia. Ex.: o agente é condenado à pena de 15 dias de detenção, com uma causa de aumento de 1/2, sendo a pena final de 22,5 dias. Com a aplicação do art. 11, despreza-se a fração de metade e a pena final é de 22 dias. Do mesmo modo, aplica-se a regra à pena de multa, não sendo condenado o agente a pagar os centavos do valor aplicado.

1.15 Legislação especial

> ***Art. 12, CP*** *As regras gerais deste Código aplicam-se aos fatos incriminados por lei especial, se esta não dispuser de modo diverso.*

As infrações penais não estão descritas apenas no Código Penal, mas também em outras leis, chamadas de leis especiais. Nesses casos, são aplicadas as regras gerais do Código Penal, desde que a legislação especial não disponha de modo diverso.

2 TEORIA GERAL DO CRIME

2.1 Relação de causalidade

2.1.1 Teoria da equivalência dos antecedentes

A ação ou omissão tem que dar causa ao resultado.

Relação de causalidade

Art. 13, CP *O resultado, de que depende a existência do crime, somente é imputável a quem lhe deu causa. Considera-se causa a ação ou omissão sem a qual o resultado não teria ocorrido.*

Ação ou omissão

↓

Nexo causal (relação entre o agente e o resultado naturalístico)

↓

Resultado (lesão)

Nesse caso, antes de tudo, é importante mencionar sobre a responsabilidade do agente. Para o Código Penal, existem duas formas de responsabilidade: subjetiva e objetiva.

- **Subjetiva:** o agente pode ser punido na modalidade culposa, quando não queria o resultado. É o imperito, imprudente ou negligente. A modalidade dolosa ocorre quando o agente quis ou assumiu o risco do resultado. O Código Penal sempre punirá sobre aquilo que o agente queria causar, sobre a intenção no momento da conduta.
- **Objetiva:** a responsabilidade objetiva não é mais adotada, visto que sempre haveria a punição por dolo, não se admitindo a forma culposa.

"A" dispara dois tiros em "B". Os tiros efetivamente acertam "B" causando sua morte. Nessa situação, a ação de "A" deu causa ao resultado (morte de "B"), mantendo uma relação de causa × efeito, com resultado naturalístico: morte.

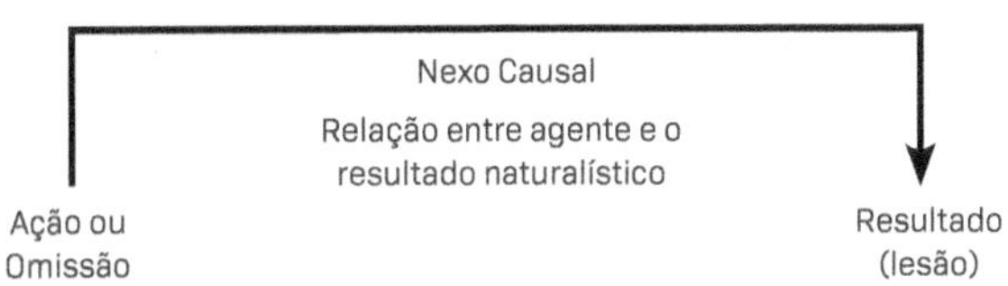

Superveniência de causa independente

Art. 13, § 1º, CP *A superveniência de causa relativamente independente exclui a imputação quando, por si só, produziu o resultado; os fatos anteriores, entretanto, imputam-se a quem os praticou.*

Ex. 1: "A" atira em "B", contudo, "B" morre devido a um veneno ingerido anteriormente. A causa efetiva da morte de "B" foi envenenamento e não o disparo efetuado por "A". Nessa situação, "A" responderá apenas por tentativa de homicídio. Neste exemplo, a causa da morte não foi efetivamente o tiro disparado por "A", mas o veneno ingerido anteriormente. Assim, não foi efetivamente o disparo que causou o resultado naturalístico da morte de "B".

Ex. 2: "A" atira na cabeça de "B", que é socorrido por uma ambulância e, no trajeto para o hospital, o veículo capota causando a morte de "B". Mesmo "A" tendo concorrido diretamente para que "B" estivesse na ambulância, o Código Penal manda que "A" responda somente por tentativa de homicídio. O fato que ocorre após a conduta do agente, entretanto, não ocorreria se a ação ou omissão não tivesse acontecido.

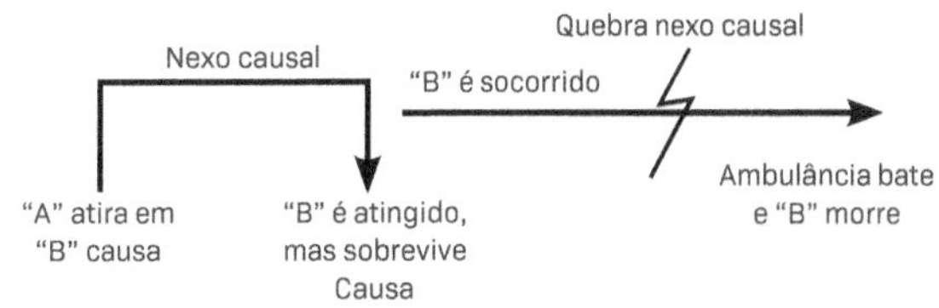

No exemplo anterior, digamos que "B" tenha sido socorrido com sucesso. Entretanto, devido ao ferimento na cabeça, precisou submeter-se a uma intervenção cirúrgica imprescindível e, durante o procedimento, devido a complicações, vem a falecer. Nessa situação, "A" responderá por homicídio consumado, pois ninguém está obrigado a submeter-se a intervenções cirúrgicas. A mesma situação ocorre se, devido à internação, "B" contraia infecção hospitalar, vindo a falecer. Nessas duas hipóteses, "A" responderá pelo crime consumado, segundo entendimento do Superior Tribunal de Justiça (STJ). Cabe ressaltar que mesmo "B" estando no hospital, se ele falecer devido a um desmoronamento provocado por um terremoto, haverá novamente a quebra do nexo causal, como no acidente com a ambulância. Assim, "A" responderá somente pela tentativa de homicídio.

2.1.2 Relevância da omissão

O "dever" de agir é um dever jurídico. Quando da omissão, o agente tem a possibilidade e o dever jurídico de agir, mas se omite. Ex.: dois policiais observam uma pessoa sendo vítima de roubo e nada fazem. Nesse caso, os agentes, tendo a possibilidade e o dever de agir, omitiram-se. Nessa situação, ambos responderão pelo resultado, ou seja, por roubo.

Art. 13, § 2º, CP *A omissão é penalmente relevante quando o omitente devia e podia agir para evitar o resultado. O dever de agir incumbe a quem:*

a) Tenha por Lei obrigação de cuidado, proteção ou vigilância; (dever legal)

Pai que deixa de alimentar o filho, que vem a morrer de inanição; carcereiro que observa o preso agonizando à beira da morte e nada faz.

b) De outra forma, assumiu a responsabilidade de impedir o resultado; (dever do garantidor)

Babá que descuida da criança e a deixa morrer; salva-vidas que observa banhista se afogar e nada faz.

c) Com seu comportamento anterior, criou o risco da ocorrência do resultado.

Homem propõe-se a ajudar um idoso a atravessar a rua, porém, no meio do caminho, o homem abandona o idoso, que morre atropelado.

Esses crimes são chamados de crimes omissivos impróprios, comissivos por omissão ou ainda participação por omissão. Em todos esses casos, o omitente responderá pelo resultado, a não ser que este não lhe possa ser atribuído nem por dolo nem por culpa. O agente deve ter consciência de que se encontra na função de agente garantidor.

2.2 Consumação e tentativa

Art. 14, CP *Diz-se do crime:*

I – Consumado, quando nele se reúnem todos os elementos de sua definição legal.

DPEN

Para que o crime seja consumado, é necessário que ele percorra todas as fases do *iter criminis*: cogitação, preparação, execução e consumação. O agente, com sua conduta, "caminha" por todas as fases até atingir o resultado.

> Fabrício tem vontade de matar (*animus necandi*) Marcelo, e pensa em uma forma de consumar seu desejo (cogitação). Para isso, compra um revólver e munições (preparação) e desloca-se até a casa da vítima. Ao avistar Marcelo, inicia os disparos (execução) contra ele, ferindo-o mortalmente (consumação).

O Código Penal não admite a punição nas fases de **cogitação** e **preparação**, salvo se constituírem **crimes autônomos**. No caso citado anteriormente, se Fabrício fosse preso quando estava com o revólver, deslocando-se à casa de Marcelo para matá-lo, configuraria apenas o crime de porte ilegal de arma de fogo, não podendo ser, de forma alguma, punido pela tentativa de matar Marcelo. Só é possível punir a intenção do agente a partir do momento que entra na esfera de **execução**.

Outro exemplo seria a união de três ou mais pessoas que planejam assaltar um banco e, para isso, compram ferramentas (picaretas, pás, marretas), conseguem a planta do banco e alugam uma casa nas proximidades. Contudo, quando planejavam o assalto, já munidos com toda parafernália, são surpreendidos pela polícia. Nesse caso, essas pessoas não responderão pelo crime de "roubo" (art. 157, CP), na forma tentada, mas pelo crime de associação criminosa (art. 288, CP). Mesmo com a posse de todos os materiais que seriam utilizados, eles não haviam entrado na esfera de execução do roubo.

Por conseguinte, o Código Penal sempre punirá o agente por aquilo que ele queria cometer (**elemento subjetivo**), ou seja, qual era a intenção do agente, ainda que o resultado seja outro. Ex.: "A", com intenção de matar "B", efetua vários disparos em sua direção, contudo, acerta apenas um tiro no dedo do pé de "B". Independentemente desse resultado, "A" responderá por tentativa de homicídio, pois essa era sua intenção inicial.

É importante sempre atentar-se para a vontade do agente, pois o Código Penal irá puni-lo somente pelo resultado ao qual quis causar, ou seja, sempre pelo elemento subjetivo do agente.

2.2.1 Tentativa

Diz-se que o crime é tentado quando iniciada a execução, que não se consuma por circunstâncias alheias à vontade do agente.

Não se admite tentativa para:

- Crime culposo;
- Contravenções Penais (art. 4º, L, CP);
- Mera conduta;
- Crime preterdoloso.

Alguns tipos penais não aceitam a forma "tentada". Assim, o fato de iniciar a execução já o torna consumado, como o crime de concussão (art. 316, CP). Nessas situações, a consumação é um mero exaurimento.

Os crimes "tentados" são aqueles que iniciam a fase de execução, mas não chegam à consumação por circunstâncias alheias à vontade do agente, ou seja, o autor quer praticar a conduta, mas é impedido de alguma forma.

> Ex. 1: "A", com intenção de matar "B", compra um revólver, mas, ao encontrar "B", quando iniciaria os disparos, é flagrado por um policial, que o impede.
>
> Ex. 2: "A", com intenção de matar "B", compra um revólver, mas, ao encontrar "B" do outro lado da rua, atinge uma caçamba de entulhos que trafegava pela via quando começa a efetuar os disparos.

As circunstâncias alheias à vontade do agente podem ser quaisquer fatos que impeçam a consumação do crime.

2.2.2 Pena do crime tentado

É a mesma do crime consumado, contudo, deve ser reduzida de 1/3 a 2/3. Quanto mais próximo o crime chegar da consumação, maior deve ser a pena aplicada e menor será a redução de tempo.

Se, quando iniciada a execução, o crime não se consumar por circunstâncias alheias à vontade do agente, incidirá a pena do crime consumado, com redução no *quantum* da pena.

Homicídio: pena de 6 a 20 anos.

> Lucas fez disparos contra José causando sua morte. Pena: 12 anos.

Tentativa de homicídio: pena de 6 a 20 anos reduzida de 1/3 a 2/3.

> Ex. 1: Lucas fez disparos contra José, que foi ferido, socorrido e sobreviveu. Pena: de 4 anos (melhor cenário) a 8 anos (pior cenário).
>
> Ex. 2: Lucas, armado de pistola, efetua 15 disparos contra José, ficando este em coma por 40 dias, quase vindo a falecer, mas consegue sobreviver. Pena: mesmo nesse caso, haverá redução de pena. Porém, a pena mínima (8 anos ou 1/3) deve ser aplicada.

Existem dois tipos de tentativa: a perfeita e a imperfeita. Ambas podem ser cruentas e incruentas.

A **tentativa perfeita** (crime falho) ocorre quando o agente esgotar todos os meios, vindo a acertar ou não a vítima. A **tentativa imperfeita** ocorre quando o agente NÃO esgotou todos os meios, mesmo que já tenha atingido a vítima ou ainda sem feri-la, por circunstâncias alheias à sua vontade.

A doutrina ainda classifica a tentativa em idônea ou inidônea (também apelidada de "crime impossível") quanto à possibilidade de alcançar o resultado.

2.3 Desistência voluntária e arrependimento eficaz

> ***Art. 15, CP*** *O agente que, voluntariamente, desiste de prosseguir na execução ou impede que o resultado se produza, só responde pelos atos já praticados.*

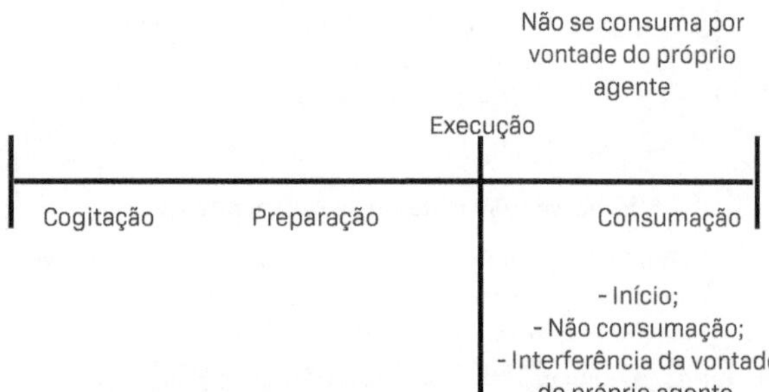

- **Desistência voluntária:** o agente interrompe voluntariamente a execução do crime, impedindo a consumação. Nessa situação, o agente poderia efetuar mais disparos, porém desiste de continuar a efetuá-los e vai embora. É importante ressaltar que a desistência não teve influência de nenhuma outra circunstância, senão a vontade do próprio agente.

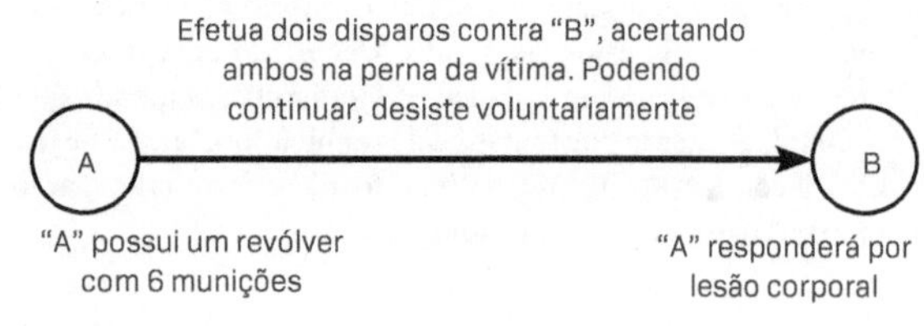

- **Arrependimento eficaz:** encerrada a execução do crime, o agente voluntariamente impede o resultado. Aqui, ele leva a execução até o fim, contudo, com sua ação, impede que o resultado seja produzido.

Nessa situação, o agente esgota os meios, efetuando todos os disparos, mas, após finalizá-los, arrepende-se do que fez e socorre a vítima, levando-a para um hospital, o que garante que ela seja salva.

A "desistência voluntária" (ato negativo) e o "arrependimento eficaz" (ato positivo) têm como consequência a desclassificação da figura típica, ou seja, exclui a modalidade tentada. Dessa forma, o agente responderá pelos atos até então praticados. Nessas situações, considera-se a lesão corporal.

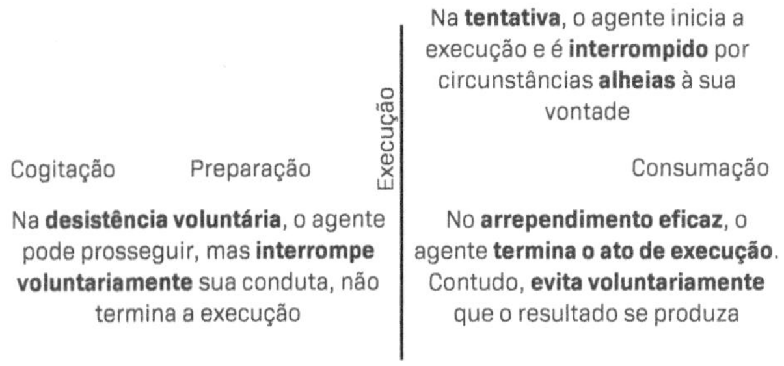

- ▷ **Tentativa:** após o início da execução, o crime não se consuma por circunstâncias alheias à vontade do agente.
- ▷ **Desistência voluntária:** mesmo podendo prosseguir, o agente desiste, interrompe por sua vontade própria.
- ▷ **Arrependimento eficaz:** finalizados todos os atos de execução, o agente, por vontade própria, socorre a vítima, impedindo que o resultado (morte) ocorra.

2.4 Arrependimento posterior

> ***Art. 16, CP*** *Nos crimes cometidos sem violência ou grave ameaça à pessoa, reparado o dano ou restituída a coisa, até o recebimento da denúncia ou da queixa, por ato voluntário do agente, a pena será reduzida de um a dois terços.*

É requisito fundamental que não ocorra violência ou ameaça grave. Após a consumação do crime, antes do recebimento da denúncia ou queixa (início da ação penal), o agente repara o dano causado anteriormente. Ex.: um rapaz é preso pelo furto (art. 155, CP) de uma televisão de 14 polegadas, mas, antes do recebimento da denúncia, seu advogado ou representante legal repara à vítima todos os danos que o agente causou quando subtraiu o bem. Nessa hipótese, a pena do agente será reduzida.

Caso a reparação do dano ocorra após o recebimento da denúncia, não se fala mais em arrependimento posterior, mas em circunstância atenuante (prevista no art. 65, III, "b", do Código Penal). Da mesma forma, o arrependimento posterior não é reconhecido quando o bem é apreendido pela autoridade policial e restituído à vítima, pois depende da voluntariedade do agente.

2.5 Crime impossível ("quase crime")

> ***Art. 17, CP*** *Não se pune a tentativa quando, por ineficácia absoluta do meio ou por absoluta impropriedade do objeto, é impossível consumar-se o crime.*

- ▷ **Ineficácia absoluta do meio:** o meio empregado ou o instrumento utilizado para a execução do crime jamais levarão o agente à consumação.
  - Tentar matar alguém utilizando uma arma de brinquedo;
  - Tentar envenenar alguém com sal.

    > "A", com a intenção de envenenar "B", coloca sal - erro de tipo putativo - em sua comida, pensando ser arsênico.
- ▷ **Impropriedade absoluta do objeto material:** nessa hipótese, a pessoa ou a coisa sobre a qual recai a conduta é absolutamente inidônea para produção de algum resultado lesivo.
  - Matar quem já está morto.

    > "A", com intenção de matar "B" enquanto este está dormindo, efetua vários disparos. Contudo, "B" já estava morto devido ao veneno administrado por "C" horas atrás.

Embora o elemento subjetivo do agente seja o dolo (homicídio), a conduta não será punível, pois o meio empregado "sal" ou o objeto material tornam o crime impossível de ser consumado.

Caso a ineficácia absoluta do meio seja relativa, será considerado crime. Ex.: a quase impossibilidade de cometer um crime com uma arma antiga de colecionador, usada na Segunda Guerra Mundial. Entretanto, caso a arma tenha potencial para causar lesão (esteja funcionando), o crime que o agente tentou praticar com a arma será considerado punível.

2.6 Crime doloso

> ***Art. 18, CP*** *Diz-se o crime:*
>
> *I – doloso, quando o agente quis o resultado ou assumiu o risco de produzi-lo.*

- ▷ **Dolo direto:** o agente quis o resultado.
- ▷ **Doloso indireto ou indeterminado:** o agente assumiu o risco de produzir o resultado (dolo eventual).

> Ex. 1: "A" atira em direção de "B" querendo matá-lo.
>
> Ex. 2: o caçador "A" efetua vários disparos a fim de abater um animal. Contudo, "A" é advertido por "B" que há um local habitado na direção em que está atirando. "A" não se importa e continua os disparos, mesmo consciente de que pode acertar alguém. Um de seus projéteis acerta "C", um inocente morador das redondezas. Nessa situação, deverá "A" responder por homicídio doloso (eventual), pois assumiu o risco de produzir o resultado não observando a advertência que "B" lhe havia feito. O agente sabe o que pode vir a causar, mas não se importa com o resultado.
>
> Ex. 3: "A", dirigindo em altíssima velocidade e disputando um racha com amigos perto de uma movimentada escola, atropela "B", estudante, no momento que este atravessava a via. "A" tinha consciência de que sua conduta poderia matar alguém, contudo, não se importou em continuar. Novamente, o agente sabe que pode acontecer, mas não se importa.

- ▷ **Dolo direto:** teoria da vontade – quer o resultado.
- ▷ **Dolo eventual:** teoria do assentimento – assume o risco de produzir o resultado.

2.7 Crime culposo

> ***Art. 18, CP*** *Diz-se o crime: [...]*
>
> *II – culposo, quando o agente deu causa ao resultado por imprudência, negligência ou imperícia.*
>
> ***Parágrafo único.*** *Salvo os casos expressos em lei, ninguém pode ser punido por fato previsto como crime, senão quando o pratica dolosamente.*

2.7.1 Culpa

Na conduta culposa, há uma ação voluntária dirigida a uma finalidade lícita, mas, pela quebra do dever de cuidado a todos exigidos, sobrevém um resultado ilícito não desejado, cujo risco nem sequer foi assumido.

2.7.2 Requisitos do crime culposo

- **Quebra do dever objetivo de cuidado:** a culpa decorre da comparação que se faz entre o comportamento realizado pelo sujeito no plano concreto e aquele que uma pessoa de prudência normal, mediana, teria naquelas mesmas circunstâncias. Haverá a conduta culposa sempre que o evento decorrer da quebra do dever de cuidado por parte do agente mediante uma conduta imperita, negligente ou imprudente.
- **Previsibilidade:** não basta tão somente a quebra do dever de cuidado para que o agente responda pela modalidade culposa, pois é necessário que as consequências de sua ação descuidada sejam previsíveis.

2.7.3 Modalidades do crime culposo

- **Imprudência:** é o fazer sem a obrigação de cuidado. É a culpa de quem age, ou seja, aquela que surge durante a realização de um fato sem o cuidado necessário. Ex.: ultrapassagem em local proibido, excesso de velocidade, trafegar na contramão, manejar arma carregada, atravessar o sinal vermelho etc.
- **Imperícia:** é a falta de conhecimento técnico ou habilitação para o exercício de profissão ou atividade. Ex.: médico que, ao realizar uma cirurgia, esquece uma pinça dentro do abdômen do paciente; atirador de elite que acerta a vítima em vez de acertar o criminoso; médico que faz uma cirurgia de lipoaspiração e causa a morte de paciente etc.
- **Negligência:** é o não fazer sem a obrigação de cuidado. É a culpa na sua forma omissiva. Consiste em deixar alguém não tomar o cuidado devido antes de começar a agir. Ex.: deixar de conferir os pneus antes de viajar ou realizar a devida manutenção do veículo; deixar substância tóxica ao alcance de crianças etc.

2.7.4 Culpa consciente

Na culpa consciente, o agente antevê o resultado, mas não o aceita, não se conforma com ele. O agente age na crença de que não causará o resultado danoso. Ex.: o atirador de facas do circo atira as facas na crença de que, habilidoso, acertará a maçã. Mas, ao contrário do que acreditava, ele acerta uma espectadora.

2.8 Preterdolo

> ***Art. 19, CP*** *Pelo resultado que agrava especialmente a pena, só responde o agente que o houver causado ao menos culposamente.*

Quando o resultado agravador for imputado a título de culpa, tem-se o crime preterdoloso. Nele, o agente quer praticar determinado crime, mas acaba excedendo-se e produzindo culposamente um resultado mais gravoso do que o desejado. Ex.: o agente desfere um soco no rosto da vítima com a intenção de lesioná-la, no entanto, ela perde o equilíbrio, bate a cabeça e morre.

Veja a previsão de latrocínio, que admite a figura do preterdolo, e da lesão corporal seguida de morte, que se aplica ao exemplo mencionado.

> ***Art. 157, CP*** *Subtrair coisa móvel alheia, para si ou para outrem, mediante grave ameaça ou violência à pessoa, ou depois de havê-la, por qualquer meio, reduzido à impossibilidade de resistência: [...]*
>
> *Pena – Reclusão, de quatro a dez anos, e multa.*
>
> *§ 3º Se da violência resulta lesão corporal grave, a pena é de reclusão, de sete a quinze anos, além da multa; se resulta morte, a reclusão é de vinte a trinta anos, sem prejuízo da multa.*
>
> ***Art. 129, CP*** *Ofender a integridade corporal ou a saúde de outrem: [...]*
>
> *§ 3º Se resulta morte e as circunstâncias evidenciam que o agente não quis o resultado, nem assumiu o risco de produzi-los;*
>
> *Pena – Reclusão, de quatro a doze anos.*

2.9 Erro sobre elemento do tipo

> ***Art. 20, CP*** *O erro sobre elemento constitutivo do tipo legal de crime exclui o dolo, mas permite a punição por crime culposo, se previsto em lei.*

- **Elementares:** é a descrição típica do crime. Geralmente o próprio *caput*. Quando ausente a elementar, o crime não existe.

> ***Art. 155, CP*** *Subtrair coisa alheia móvel:*

Caso o indivíduo subtraia coisa própria por engano não haverá o crime, pouco importando sua intenção. Assim, se o agente subtrai sua própria bicicleta por engano, pensando que está a subtrair bicicleta de seu vizinho não comete crime algum. Não há como punir uma pessoa que subtrai suas próprias coisas.

- **Circunstâncias:** são dados assessórios do crime, que, se suprimidos, não impedem a punição do agente. Só servem para aumentar ou diminuir a pena. Ex.: ladrão que furta um bem de pequeno valor pensando ser de grande valor. Ele responderá pelo furto simples sem redução de pena do privilégio.

2.9.1 Erro essencial

Incide sobre situação e tem tal importância para o tipo que, se o erro não existisse, o agente não teria cometido o crime ou, pelo menos, não naquelas circunstâncias.

2.9.2 Erro inevitável (invencível ou escusável)

É aquele que não podia ter sido evitado, nem mesmo com o emprego de uma diligência mediana.

Nessas duas situações (invencível ou escusável), exclui-se o dolo e a culpa do agente. Assim, exclui-se o crime.

> Ex. 1: o agente furta caneta pensando que é dele próprio.
>
> Ex. 2: sujeito que mantém conjunção carnal com uma menor de 13 anos que aparenta ter 20 anos pela sua proporção física.
>
> Ex. 3: bêbado que sai de uma festa e liga carro alheio com sua chave, sendo o carro de mesma cor e modelo que o seu.

2.9.3 Erro evitável (vencível ou inescusável)

É aquele que poderia ser evitado pela prudência normal do homem médio. Exclui o dolo, mas permite a modalidade culposa se prevista em lei. Quando não prevista a modalidade culposa, não ocorre o crime.

> Ex. 1: caçador confunde vulto em uma moita com o animal que caçava e atira, vindo a causar a morte de um lavrador. Nessa situação, caso o fato seja previsível, deverá o caçador responder por homicídio culposo.
>
> Ex. 2: o agente bêbado sai de uma festa e, ao observar um carro idêntico ao seu, tenta abri-lo com a chave do próprio carro. Não obtendo êxito, quebra o vidro com uma pedra, força a ignição e vai para casa. Nesse caso, ainda que a conduta do agente seja reprovável, não há que se falar em crime, pois o furto não prevê a modalidade culposa. Assim, tem-se a exclusão da tipicidade.

2.9.4 Erro de tipo acidental

Já o erro de tipo acidental não exclui o crime, visto que o agente manifesta o elemento subjetivo do tipo e apenas erra na execução da ação criminosa.

- **Erro sobre o objeto (*error in objecto*):** o agente furta um quadro que acredita ser verdadeiro, mas no outro dia descobre que é falso. Aqui, ele responde como se tivesse furtado o quadro verdadeiro.
- **Erro sobre a pessoa (*error in persona*):** o agente tenta matar "A", mas mata "B", executando fielmente o que havia planejado. Nesse caso, responde normalmente pelo homicídio da vítima desejada.

- **Erro sobre a execução (*aberratio ictus*):** o agente tenta matar sua namorada ao vê-la com outro, mas por não saber manusear a arma, acerta em pessoa diversa quando atira. Nesse caso, responderá como se tivesse matado a namorada. Possui previsão no art. 73 do CP.
- **Resultado diverso do pretendido (*aberratio criminis*):** ocorre resultado diverso do pretendido. A consequência para o agente é responder pelo crime, a título de culpa (se houver), conforme art. 74 do CP. Se ocorrer também o resultado pretendido, haverá concurso formal (1 ação = 2 crimes).
- **Erro sucessivo (dolo geral ou *aberratio causae*):** o agente, após acreditar ter matado a sogra por veneno, "desova" o corpo em um lago. Após a perícia analisar o caso, é constatado que não houve morte por envenenamento, mas por afogamento. Nessa situação, o agente responde como se tivesse envenenado a vítima.

2.10 Erro sobre a pessoa

> ***Art. 20, CP** [...]*
>
> *§ 3º O erro quanto à pessoa contra a qual o crime é praticado não isenta de pena. Não se consideram, neste caso, as condições ou qualidades da vítima, senão as da pessoa contra quem o agente queria praticar o crime.*

É o erro na representação do agente, que olha um desconhecido e o confunde com a pessoa que quer atingir. O erro é tão irrelevante, que o legislador determinou que o autor fosse punido pelo crime que efetivamente cometeu contra o terceiro inocente (vítima efetiva), como se tivesse atingido a pretendida (vítima virtual). Ex.: "A" atira em "B" por engano, pois pensava que "B" fosse seu pai, quem realmente queria matar. Nessa situação, será considerado para aplicação da pena como se "A" tivesse matado seu pai.

Essa situação é considerada um irrelevante penal, ou seja, o agente quer cometer uma coisa (matar "C"), entretanto, acaba matando "B". Porém, independentemente do resultado, o Código Penal sempre adota o elemento subjetivo, ou seja, punirá o agente pelo fato que ele realmente quis praticar. Como no exemplo o agente queria matar seu pai, incidirá ainda aumento de pena – agravante genérica (art. 61, II, "e", CP).

2.11 Erro sobre a ilicitude do fato

2.11.1 Erro de proibição

> ***Art. 21, CP** O desconhecimento da lei é inescusável. O erro sobre a ilicitude do fato, se inevitável, isenta de pena; se evitável, poderá diminuí-la de um sexto a um terço.*

É a compreensão errada de determinada regra legal pode levar o agente a supor que certa conduta seja lícita. Ex.: um rústico aldeão, que nasceu e passou toda a sua vida em um vilarejo afastado no sertão, agride levemente sua mulher, por suspeitar de traição. É de irrelevante importância se o aldeão sabia ou não que sua conduta era ilícita.

Nesse caso, há crime, porém o CP determina que, devido às circunstâncias (por força do ambiente onde vive e as experiências acumuladas do agente), o sujeito não terá pena, ou seja, exclui-se a culpabilidade. Nessa situação, como o agente é de lugar ermo e não possui conhecimento suficiente sobre fatos que não são permitidos, o juiz não aplicará pena, embora a conduta seja criminosa.

2.11.2 Tipos de erro de proibição

- **Erro inevitável ou escusável:** é isento de pena. Ex.: o caso de uma dona de casa de prostituição, cujo funcionamento era de pleno conhecimento das autoridades fiscais e com alvará de funcionamento fornecido pela prefeitura, apresenta circunstância que sugeriam o desempenho de atividade lícita.

> ***Art. 21, CP** [...]*
>
> ***Parágrafo único.** Considera-se evitável o erro se o agente atua ou se omite sem a consciência da ilicitude do fato, quando lhe era possível, nas circunstâncias, ter ou atingir essa consciência.*

- **Erro evitável ou inescusável:** não isenta de pena, mas terá direito a uma redução de pena de 1/6 a 1/3. Ex.: atendente de farmácia que, apesar de ter ciência de que a venda de medicamentos com tarja preta configura transgressão administrativa, não tem consciência de que tal prática, com relação a alguns dos medicamentos controlados, caracteriza também crime de tráfico de drogas.

Observe o quadro a seguir.

Erro de tipo		Erro de proibição
O agente erra sobre dados do próprio crime. Isento do dolo e culpa, se inevitável, e isento de dolo, mas permite a punição por culpa se evitável.	×	O agente acha que sua conduta é legal, quando na verdade é ilegal. Aqui o agente comete crime, mas não tem pena, pois a culpabilidade fica excluída.

É importante diferenciarmos bem a relação entre erro de tipo (exclui o crime) e erro de proibição (isento de pena). No erro de tipo, o agente sabe que sua conduta é ilícita, entretanto, erra sobre o próprio tipo penal, ou seja, sua intenção é realizar uma conduta, mas acaba cometendo outra. No erro de proibição, o agente desconhece o caráter ilícito do fato, imagina estar praticando uma conduta lícita, quando na verdade é ilícita (criminosa).

2.12 Coação irresistível e obediência hierárquica

> ***Art. 22, CP** Se o fato é cometido sob coação irresistível ou em estrita obediência a ordem, não manifestamente ilegal, de superior hierárquico, só é punível o autor da coação ou da ordem.*

Para que se possa considerar alguém culpado do cometimento de uma infração penal, é necessário que o ato tenha sido praticado em condições e circunstâncias normais, pois, do contrário, não será possível exigir do sujeito conduta diferente daquela que acabou efetivamente praticando.

Nessa situação, o agente (autor mediato) obriga uma terceira pessoa (autor imediato) a cometer um crime ou cumprir uma ordem ilegal. A pessoa coagida não será punida; a punição será de quem a coagiu e a obrigou a realizar a conduta contra seu consentimento.

2.12.1 Coação irresistível

É o emprego de força física ou de grave ameaça para que alguém faça ou deixe de fazer alguma coisa.

- **Coação física (*vis absoluta*):** o sujeito não comete crime. Ex.: "A" imobiliza "B"; em seguida, "A" coloca uma arma na mão de "B" e o força a apertar o gatilho, sendo que o disparo acerta "C", que morre. Nessa situação, devido à coação física irresistível, "B" não comete crime. "A" responderá por homicídio. A coação física recai sobre a conduta do agente (elemento do fato típico), pois este foi forçado. Nessa situação, exclui-se o crime.
- **Coação moral (*vis relativa*):** o sujeito comete um crime, mas ocorre isenção de pena. Ex.: "A" encosta uma arma carregada na cabeça "B" e ordena que ele atire em "C". Caso contrário, quem morrerá é "B". Assim, "B" atira e "C" morre. Nessa situação, ambos cometem crime ("A" e "B"). Contudo, somente "A" terá pena. "B" estará **isento** de pena devido a **coação moral irresistível** e inexigibilidade de conduta diversa.

Assim, mesmo "B" tendo praticado o ato, sua conduta foi forçada mediante grave ameaça moral, e, temendo por sua própria vida, cometeu o crime. Nessa situação, a conduta de "B" é típica e ilícita, contudo, não culpável, pois ficará isento de pena.

2.12.2 Obediência hierárquica

É a obediência à ordem não manifestamente ilegal de superior hierárquico, tornando viciada a vontade do subordinado e afastando a exigência de conduta diversa. Também exclui a culpabilidade.

- **Ordem de superior hierárquico:** é a manifestação de vontade do titular de uma função pública a um funcionário que lhe é subordinado.

> Um delegado de polícia manda seu subordinado, aspirante recém-chegado à corporação, que prenda um desafeto do agente, para que esse aprenda uma lição. Caso o aspirante cumpra a ordem ilegal de seu superior, ambos cometerão crime (abuso de autoridade), pois embora haja ordem de superior, o aspirante não é obrigado a cumpri-la.

- **Ordem manifestamente não ilegal:** a ordem deve ser aparentemente legal. Se for manifestamente ilegal, deve o subordinado responder pelo crime.

> Um delegado de polícia determina que o agente prenda Antônio, indiciado por crime de latrocínio, alegando que Antônio tem contra si um mandado de prisão expedido pela autoridade judiciária. O agente prende Antônio e o conduz até a delegacia. Acontece que não existia mandado algum contra Antônio. Nessa situação, o delegado e o agente cometeram crime de abuso de autoridade. Contudo, somente o delegado terá pena, enquanto o agente ficará isento devido à "aparência" de ordem manifestamente não ilegal.

Nessa conduta, o agente pensava estar praticando uma ação lícita, entretanto, foi enganado por seu superior, sob alegação de posse de falso mandado de prisão.

2.13 Exclusão da ilicitude

> ***Art. 23, CP*** *Não há crime quando o agente pratica o fato:*
>
> *I – Em estado de necessidade;*
>
> *II – Em legítima defesa;*
>
> *III – Em estrito cumprimento de dever legal ou no exercício regular de direito.*

2.13.1 Excesso punível

> ***Art. 23, CP*** *[...]*
>
> ***Parágrafo único.*** *O agente, em qualquer das hipóteses deste artigo, responderá pelo excesso doloso ou culposo.*

O agente que extrapolar os limites das excludentes deve responder pelo resultado produzido de forma dolosa ou culposa.

> Lucas saca sua arma para matar Manoel, que, prevendo o ocorrido, pega sua própria arma e atira primeiro, ferindo Lucas. Mesmo após a cessação da agressão por parte de Lucas, Manoel efetua mais dois disparos para garantir o resultado. Nessa situação, Manoel excedeu-se e deverá responder por homicídio na modalidade dolosa.

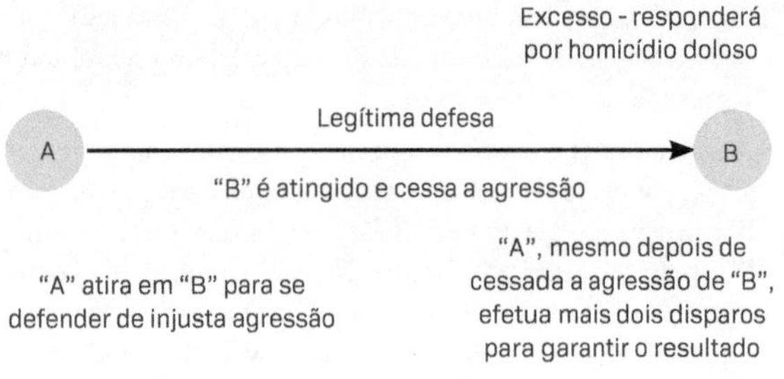

Não obstante, as excludentes de ilicitude, como o próprio nome já diz, excluem o caráter ilícito do fato, tornando a conduta lícita e jurídica.

Crime

- Fato típico.
- Ilícito (antijurídico):
  - Estado de necessidade;
  - Estrito cumprimento do dever legal;
  - Legítima defesa;
  - Exercício regular do direito.

Ocorrendo o fato diante de uma dessas excludentes, exclui-se também o crime.

São situações em que a norma penal permite que se cometa crime em determinadas situações, pois, apesar de serem condutas ilícitas, o agente não será punido.

2.13.2 Estado de necessidade

> ***Art. 24, CP*** *Considera-se em estado de necessidade quem pratica o fato para salvar de perigo atual, que não provocou por sua vontade, nem podia de outro modo evitar, direito próprio ou alheio, cujo sacrifício, nas circunstâncias, não era razoável exigir-se.*

Ocorre quando um bem é lesado para se salvar outro bem em perigo de ser igualmente ofendido. Ambos os possuidores desses bens têm direito de agir para se proteger.

Requisitos para configuração do estado de necessidade:

- Perigo atual;
- Direito próprio ou alheio;
- Perigo não causado voluntariamente pelo agente;
- Inevitabilidade de comportamento;
- Razoabilidade do sacrifício;
- Requisito subjetivo.

> Ex. 1: em um cruzeiro marítimo, 10 passageiros estão a bordo de um navio. No entanto, só existem 9 salva-vidas e o navio está afundando em alto-mar. O único que ficou sem o apetrecho não sabe nadar e, para salvar sua vida do perigo atual, desfere facadas em outro passageiro para conseguir se salvar.
>
> Ex. 2: trabalhador desempregado vê os filhos passarem fome, entra em supermercado e furta dois pacotes de arroz e um pedaço de carne seca (furto famélico).
>
> Ex. 3: cidadão não tem carteira de motorista e observa um motorista em avançado estado de infarto. Nessa situação, toma a direção de veículo automotor e dirige perigosamente até o hospital, gerando perigo de dano.

Não incidirá em estado de necessidade caso o agente dê causa ao acontecimento.

> ***Art. 24, § 1º, CP*** *Não pode alegar estado de necessidade quem tinha o deve legal de enfrentar o perigo.*

> Um exemplo disso é o bombeiro. Ele poderá recusar-se a participar de uma situação perigosa, quando for impossível o salvamento ou quando o risco for inútil.

2.13.3 Legítima defesa

A lei não permite o emprego da violência física como meio para repelir injúrias ou palavras caluniosas, visto que não existe legítima defesa da honra. Somente a vida ou a integridade física são abrangidas pelo instituto da legítima defesa.

Admite-se a excludente de legítima defesa real contra quem pratica o fato acobertado por causa de exclusão da culpabilidade, como o inimputável.

Nos termos do Código Penal e na descrição da excludente de ilicitude, haverá legítima defesa sucessiva na hipótese de excesso, que permite a defesa legítima do agressor inicial.

É possível legítima defesa de provocações por meio de injúrias verbais, segundo sua intensidade e conforme as circunstâncias, que podem ou não ser agressão.

- Agressão de inimputável constitui legítima defesa.
- Agressão decorrente de desafio, duelo, convite para briga não constitui legítima defesa.
- Agressão passada constitui vingança, e não, legítima defesa.
- Agressão futura não autoriza legítima defesa (mal futuro).
- Não existe legítima defesa da honra.
- O agente tem de saber que está na legítima defesa.

Legítima defesa e porte ilegal de arma de fogo: se portar anteriormente, responde pelo crime do art. 14 ou art. 16, *caput* do Estatuto do Desarmamento (Lei nº 10.826/2003). Se for contemporâneo, não responde pelo crime dos artigos mencionados.

> ***Art. 25, CP*** *Entende-se em legítima defesa quem, usando moderadamente dos meios necessários, repele injusta agressão, atual ou iminente, a direito seu ou de outrem.*
>
> ***Parágrafo único.*** *Observados os requisitos previstos no caput deste artigo, considera-se também em legítima defesa o agente de segurança pública que repele agressão ou risco de agressão a vítima mantida refém durante a prática de crimes.*

Há uma previsão de legítima defesa para agentes de segurança pública que repelem agressão ou risco de agressão atual ou iminente à vítima mantida refém durante a prática de crimes.

Conclui-se que não há nada de novo, senão já preenchidos todos os requisitos da legítima defesa do *caput* do art. 25 do Código Penal (CP). No entanto, a novidade está no novíssimo art. 14-A do Código de Processo Penal (também introduzido pelo Pacote Anticrime). Esses agentes terão um inquérito **privilegiado** e com direito a contraditório (direito a serem **citados em 48 horas** e ampla defesa com direito a **defensor**).

Ocorre um efetivo ataque ilícito contra o agente ou terceiro, legitimando repulsa.

Requisitos para que subsista a legítima defesa:

- Agressão humana;
- Agressão injusta;
- Agressão atual ou iminente;
- Agressão a direito próprio ou a terceiro;
- Meios necessários;
- Requisito subjetivo.

> Ex. 1: "A", desafeto de "B", arma-se com um machado e, prestes a desferir um golpe, é surpreendido pela reação de "B", que saca um revólver e efetua um disparo.
>
> Ex. 2: "A", munido de um cão, atiça o animal na direção de "B", que, para repelir a injusta agressão, atira no enfurecido animal.
>
> Ex. 3: "A", menor de idade, pega um fuzil e, prestes a atirar em "B", é surpreendido por esse, que pega uma bazuca, único meio de proteção disponível no momento, vindo a "explodir" "A".

Os meios necessários para conter a injusta agressão podem ser quaisquer que estejam disponíveis, inexistindo equiparação dos meios utilizados.

É necessário que seja atual e iminente. Caso "B", ferido por "A", desloque-se até sua casa depois de sofrida agressão para apanhar revólver com intuito de se defender, não será mais válido, caso venha efetuar disparos contra "A".

Não configura legítima defesa:

> Ex. 1: "A", marido traído, chega à casa e surpreende "C", sua esposa, em conjunção carnal com "B". Enfurecido, pega sua arma e dispara contra a esposa traidora.
>
> Ex. 2: "A", surpreendido por cão feroz, dispara para que não seja atacado.
>
> Ex. 3: "A", desafeto de "B", sai à procura dele e efetua disparo. Mais tarde, provou-se que "B" também estava armado e queria igualmente executar "A".

2.13.4 Estrito cumprimento do dever legal

Em síntese, é a ação praticada por um dever imposto por lei. É necessário que o cumprimento seja nos exatos ditames da lei. Do contrário, o agente incorrerá em excesso, podendo responder criminalmente.

> Ex. 1: policial que prende foragido da justiça, vindo a causar-lhe lesões devido à sua resistência.
>
> Ex. 2: soldado que, em tempos de guerra, executa inimigo.
>
> Ex. 3: a execução efetuada pelo carrasco, quando o ordenamento jurídico admite.

2.13.5 Exercício regular de direito

É o desempenho de uma atividade ou prática de uma conduta autorizada em lei.

> Ex. 1: tratamento médico ou intervenção cirúrgica, em que o médico comete lesão corporal para realizar o ato cirúrgico.
>
> Ex. 2: ofendículos (exercício regular do direito de defesa da propriedade), cerca elétrica, cacos de vidro, arame farpado etc.

2.14 Imputabilidade penal

> ***Art. 26, CP*** *É isento de pena o agente que, por doença mental ou desenvolvimento mental incompleto ou retardado, era, ao tempo da ação ou da omissão, inteiramente incapaz de entender o caráter ilícito do fato ou de determinar-se de acordo com esse entendimento.*
>
> ***Redução de pena***
>
> ***Parágrafo único.*** *A pena pode ser reduzida de um a dois terços, se o agente, em virtude de perturbação de saúde mental ou por desenvolvimento mental incompleto ou retardado não era inteiramente capaz de entender o caráter ilícito do fato ou de determinar-se de acordo com esse entendimento.*

Imputabilidade é a capacidade de entender o caráter ilícito do fato e de determinar-se de acordo com esse entendimento. É a capacidade de entendimento e a faculdade de controlar e comandar suas próprias ações, ou seja, é a capacidade de compreensão do agente de que sua conduta é ilícita, inapropriada. É um dos elementos da culpabilidade, a qual é substrato do conceito analítico de crime.

- **Imputável (regra):** pode-se imputar (aplicar) pena ao sujeito.
- **Inimputável (exceção):** não pode sofrer pena.

2.14.1 Exclusão da imputabilidade

Doença mental

Inclui-se doença mental de qualquer ordem, compreendendo a infindável gama de moléstias mentais.

> Alcoolismo patológico.

Desenvolvimento mental incompleto ou retardado

> Silvícola inadaptado (índio) menor de 18 anos.

Sistema adotado pela legislação brasileira

Regra: biopsicológico. Não basta ter a enfermidade. No momento da ação ou omissão, o sujeito precisa estar inteiramente incapaz de entender e compreender o caráter ilícito do fato e determinar-se de acordo com esse entendimento.

Exceção: biológico. Basta tão somente a menoridade (menos de 18 anos) para configurar a inimputabilidade (art. 27, CP).

Embriaguez

Art. 28, CP [...]

II – A embriaguez, voluntária ou culposa, pelo álcool ou substância de efeitos análogos.

§ 1º É isento de pena o agente que, por embriaguez completa, proveniente de caso fortuito ou força maior, era, ao tempo da ação ou da omissão, inteiramente incapaz de entender o caráter ilícito do fato ou de determinar-se de acordo com esse entendimento.

- **Não exclui a imputabilidade:** voluntária, culposa, preordenada.
- **Exclui a imputabilidade:** caso fortuito, força maior.

A embriaguez não exclui a imputabilidade, quais sejam: a voluntária (toma bebida alcoólica por conta própria); a culposa (toma além da conta) e a preordenada (toma para criar coragem), sendo que a última é causa de aumento de pena (agravante genérica – art. 61, II, "l"). Nesse caso, aplica-se a teoria da *actio libera in causa*.

Art. 28, § 2º, CP *A pena pode ser reduzida de um a dois terços, se o agente, por embriaguez, proveniente de caso fortuito ou força maior, não possuía, ao tempo da ação ou da omissão, a plena capacidade de entender o caráter ilícito do fato ou de determinar-se de acordo com esse entendimento.*

No caso da embriaguez por caso fortuito, caso ela seja completa, será causa de isenção de pena; caso seja semicompleta (semi-imputabilidade), incidirá em diminuição de pena (redução de culpabilidade) de 1/3 a 2/3.

Emoção e paixão

Art. 28, CP *Não excluem a imputabilidade penal:*

I – A emoção ou a paixão;

A emoção pode, em alguns casos, servir como diminuição de pena (privilégio), como no caso do homicídio e lesão corporal privilegiados. São requisitos: a emoção deve ser intensa; o agente deve estar sob o domínio dessa emoção; deve ter sido provocado por ato injusto da vítima; a reação do agente deve ocorrer logo após a provocação.

A injusta provocação pode ser de forma indireta. Ex.: alguém que maltrata um animal, com intenção de provocar o agente, utilizando desse objeto (um cachorro) para obter seu desejo.

Menores de 18 anos

Art. 27, CP *Os menores de 18 (dezoito) anos são penalmente inimputáveis, ficando sujeitos às normas estabelecidas na legislação especial.*

2.14.2 Fundamento constitucional

O art. 228 da Constituição Federal de 1988 prevê que são penalmente inimputáveis os menores de 18 anos, sujeitos às normas de legislação especial.

2.14.3 Critério adotado pelo Código Penal – sistema biológico

Os menores de 18 anos não sofrem sanção penal pela prática do ato ilícito, em decorrência da ausência de culpabilidade. Estão sujeitos ao procedimento e às medidas socioeducativas previstas no Estatuto da Criança e do Adolescente (ECA - Lei nº 8.069/1990) em virtude das condutas descritas como crime e contravenção penal, se consideradas ato infracional.

Para auxiliar, convém lembrar as excludentes de imputabilidade.

Excluída imputabilidade (inimputabilidade)

- Menoridade;
- Doença mental;
- Desenvolvimento mental:
  - Incompleto;
  - Retardado.
- Embriaguez completa:
  - Caso fortuito;
  - Força maior.

De acordo com entendimento, essas são as causas justificantes para a exclusão da imputabilidade; podemos dizer que são elementos da culpabilidade. Esta é substrato que compõe o conceito analítico de crime, juntamente com fato típico e a ilicitude.

2.15 Concurso de pessoas

Art. 29, CP *Quem, de qualquer modo, concorre para o crime incide nas penas a este cominadas, na medida de sua culpabilidade.*

Sujeitos da infração penal:

- Sujeito ativo (quem comete a ação);
- Sujeito passivo (quem sofre a ação).

Quem pode ser sujeito ativo da infração penal:

- Maiores de 18 anos – o menor comete ato infracional (tudo que representa crime, para o menor de idade é ato infracional, que, na verdade, constitui um tipo específico tratado no ECA).
- Pessoas jurídicas em atos lesivos ao meio ambiente.
- As pessoas jurídicas podem ser responsabilizadas penalmente.

O **concurso de pessoas**, também conhecido como **concurso de agentes**, ocorre quando duas ou mais pessoas concorrem para o mesmo crime. Colaborar ou concorrer para o crime é praticar o ato (moral ou material) que tenha relevância para a perpetração do ilícito.

2.15.1 Requisitos para concursos de pessoas

Pluralidade de agentes

Quem participa da execução do crime é coautor. Quem não executa o verbo do tipo é partícipe.

> Ex. 1: "A" segura "B" enquanto "C" o esfaqueia até a morte. "A" e "C" são coautores do crime de homicídio. Há divisão de tarefas no crime, pois ambos participam da execução.
>
> Ex. 2: "A" empresta arma para "B", que utiliza a arma para executar "C". Assim, "B" é autor (executou) e "A" é partícipe (auxiliou de forma material).

O Código Penal adotou a **teoria monista de agentes**, ou seja, todos responderão pelo mesmo crime, independentemente de qual seja a sua participação.

Relevância causal

A conduta deverá ser relevante. Do contrário, não ocorrerá o concurso de pessoas.

> "A" empresta arma para "B", que, para matar, "C" usa um pedaço de pau. Nessa situação, o auxílio de "A" foi irrelevante para que o crime acontecesse e somente "B" responde por homicídio. Contudo, se, ao emprestar a arma, "A" de qualquer forma incentivou moralmente a atitude de "B", esse será partícipe do crime de homicídio. Se não houve nexo entre o homicídio e o empréstimo da arma, nessa situação, a conduta de "A" é atípica.

Liame subjetivo

É a vontade de participar do crime. Pelo menos um agente tem de querer participar do crime do outro.

> "A", desafeto de "B", posiciona-se para matá-lo. "C", também inimigo mortal de "B", sabendo da vontade de "A", adere à vontade dele e juntos disparam a arma. Ambos responderão por homicídio como coautores.

Identidade de infração

O Código Penal adotou a **teoria unitária ou monista**, em que todos que concorrem para o crime responderão pelo mesmo crime, na medida de sua culpabilidade (responsabilidade).

2.15.2 Teorias do concurso de pessoas

Teoria do *caput*

- **Regra:** monista/igualitária/unitária.
- **Exceção:** pluralista (não tem concurso de pessoas).

> Corrupção passiva e ativa.

Teoria do autor

- **Regra:** restritiva (Código Penal). Quem pratica o núcleo do tipo (verbo).
- **Exceção:** domínio do fato (doutrina e jurisprudência); Teoria do Partícipe.
- Acessoriedade limitada.

Não pratica o verbo; contudo, auxilia de qualquer forma.

- Moral: instigado ou induzido.
- Material: qualquer auxílio.
- Não ocorre concurso de pessoas.
- Autor mediato (homem por trás).
- Autoria colateral.
- Participação inócua (ineficaz).
- Crimes de concurso necessário.

Autoria sucessiva ou participação sucessiva tem concurso de pessoas.

> Associação criminosa, de acordo com o art. 288 do CP.

A exceção é a teoria pluralista.

> Corrupção passiva e ativa.

Autor (teoria restrita), quem pratica o núcleo do tipo (verbo).

Partícipe, não pratica o verbo; contudo, auxilia de qualquer forma.

- Moral: instigado ou induzido.
- Material: qualquer auxílio.

Mandante = partícipe.

Autor mediato (não ocorre concurso).

São usados como instrumentos do crime:

- Inimputável;
- Doente mental;
- Coação irresistível;
- Obediência hierárquica.

Exceção: teoria pluralista.

2.15.3 Participação em crime diverso

***Art. 29, CP** [...]*

§ 1º Se a participação for de menor importância, a pena pode ser diminuída de um sexto a um terço.

§ 2º Se algum dos concorrentes quis participar de crime menos grave, ser-lhe-á aplicada a pena deste; essa pena será aumentada até metade, na hipótese de ter sido previsível o resultado mais grave.

Há hipóteses, todavia, em que o partícipe colabora com um crime e o autor, no momento da prática do ilícito, vai além do imaginado pelo partícipe.

> Dois indivíduos combinam um furto. Um deles fica no carro esperando pela fuga e o outro entra na residência. No interior da casa, o autor, além de furtar, encontra a moradora e dispara vários tiros contra ela. Nessa situação, por força do art. 29, § 2º, do CP, os agentes deverão responder por crimes diferentes. O que ficou no carro responde por furto (pois era esse ato que queria praticar) e, o autor, por latrocínio.

2.16 Circunstâncias incomunicáveis

***Art. 30, CP** Não se comunicam as circunstâncias e as condições de caráter pessoal, salvo quando elementares do crime.*

> "A", funcionário público, convida "B" para furtar a repartição pública em que trabalha. "B", desconhecendo a função de "A", acaba aceitando. Nesse caso, "A" responderá por peculato (art. 312, CP) e "B" por furto (art. 155, CP). Porém, caso "B" soubesse da função pública de "A", ambos responderiam por peculato.

***Art. 31, CP** O ajuste, a determinação ou instigação e o auxílio, salvo disposição expressa em contrário, não são puníveis, se o crime não chega, pelo menos, a ser tentado.*

Atualmente, o induzimento, a instigação e o auxílio material ao suicídio ou à automutilação configuraram o crime, com ou sem resultados. De crime eminentemente material, converteu-se, por força da Lei nº 13.968/2019, em crime formal.

Fique ligado

No crime culposo, admite-se coautoria, mas não participação. Não existe tentativa em crime preterdoloso.

3 CRIMES CONTRA A PESSOA

Os direitos e as garantias individuais não têm caráter absoluto, por esse motivo, o direito à vida é relativo.

A única exceção sobre a pena de morte é em caso de guerra externa (art. 5º, XLVII, "a", CF/1988).

O crime de homicídio, por sua vez, capitulado nos crimes contra a vida, está descrito no art. 121 do Código Penal, e versa sobre a eliminação da vida humana extrauterina.

Vejamos no quadro a seguir quais são os crimes dolosos contra a vida, e suas principais peculiaridades:

<table>
<tr><th>Crimes contra a vida</th><td rowspan="5">São todos crimes processados mediante ação penal pública incondicionada.
São julgados pelo Tribunal do Júri.
Obs.: o homicídio culposo é julgado pelo juízo singular (vara criminal).</td></tr>
<tr><td>Homicídio (art. 121, CP)</td></tr>
<tr><td>Participação em suicídio ou a automutilação (art. 122, CP)</td></tr>
<tr><td>Infanticídio (art. 123, CP)</td></tr>
<tr><td>Aborto (arts. 124 a 126, CP)</td></tr>
</table>

Dos crimes culposos contra a vida, só há o homicídio. Os demais não comportam a modalidade culposa, o aborto culposo pode ser resultado qualificado, mas ele não é crime autônomo. Também não há infanticídio culposo. Apenas o homicídio admite a forma culposa.

3.1 Crimes contra a vida

3.1.1 Homicídio

Art. 121, CP *Matar alguém:*

Pena – Reclusão, de seis a vinte anos.

Caso de diminuição de pena

§ 1º Se o agente comete o crime impelido por motivo de relevante valor social ou moral, ou sob o domínio de violenta emoção, logo em seguida a injusta provocação da vítima, o juiz pode reduzir a pena de um sexto a um terço.

Homicídio qualificado

§ 2º Se o homicídio é cometido:

I – mediante paga ou promessa de recompensa, ou por outro motivo torpe;

II – por motivo fútil;

III – com emprego de veneno, fogo, explosivo, asfixia, tortura ou outro meio insidioso ou cruel, ou de que possa resultar perigo comum;

IV – à traição, de emboscada, ou mediante dissimulação ou outro recurso que dificulte ou torne impossível a defesa do ofendido;

V – para assegurar a execução, a ocultação, a impunidade ou vantagem de outro crime:

Pena – Reclusão, de doze a trinta anos.

Feminicídio

VI – contra a mulher por razões da condição de sexo feminino:

VII – contra autoridade ou agente descrito nos arts. 142 e 144 da Constituição Federal, integrantes do sistema prisional e da Força Nacional de Segurança Pública, no exercício da função ou em decorrência dela, ou contra seu cônjuge, companheiro ou parente consanguíneo até terceiro grau, em razão dessa condição:

VIII – com emprego de arma de fogo de uso restrito ou proibido:

Pena – Reclusão, de doze a trinta anos.

*§ 2º-**A** Considera-se que há razões de condição de sexo feminino quando o crime envolve:*

I – violência doméstica e familiar;

II – menosprezo ou discriminação à condição de mulher.

Homicídio culposo

§ 3º Se o homicídio é culposo:

Pena – Detenção, de um a três anos.

Aumento de pena

§ 4º No homicídio culposo, a pena é aumentada de 1/3 (um terço), se o crime resulta de inobservância de regra técnica de profissão, arte ou ofício, ou se o agente deixa de prestar imediato socorro à vítima, não procura diminuir as conseqüências do seu ato, ou foge para evitar prisão em flagrante. Sendo doloso o homicídio, a pena é aumentada de 1/3 (um terço) se o crime é praticado contra pessoa menor de 14 (quatorze) ou maior de 60 (sessenta) anos.

§ 5º Na hipótese de homicídio culposo, o juiz poderá deixar de aplicar a pena, se as conseqüências da infração atingirem o próprio agente de forma tão grave que a sanção penal se torne desnecessária.

§ 6º A pena é aumentada de 1/3 (um terço) até a metade se o crime for praticado por milícia privada, sob o pretexto de prestação de serviço de segurança, ou por grupo de extermínio.

§ 7º A pena do feminicídio é aumentada de 1/3 (um terço) até a metade se o crime for praticado:

I – durante a gestação ou nos 3 (três) meses posteriores ao parto;

II – contra pessoa menor de 14 (catorze) anos, maior de 60 (sessenta) anos, com deficiência ou portadora de doenças degenerativas que acarretem condição limitante ou de vulnerabilidade física ou mental;

III – na presença física ou virtual de descendente ou de ascendente da vítima;

IV – em descumprimento das medidas protetivas de urgência previstas nos incisos I, II e III do caput do art. 22 da Lei nº 11.340, de 7 de agosto de 2006.

O homicídio é a morte injusta de uma pessoa praticada por outrem. De acordo com Nelson Hungria, é o crime por excelência.

No art. 121, *caput,* tem-se o chamado homicídio doloso simples. No art. 121, § 1º, tem-se o chamado homicídio doloso privilegiado (causa de diminuição de pena); o § 2º traz o homicídio doloso qualificado; no § 3º, prevê o homicídio culposo; no § 4º, o Código Penal (CP) estabelece hipóteses de causa de aumento (majorantes) de pena no homicídio culposo; e, por fim, o § 5º traz o Perdão Judicial.

O homicídio preterdoloso está previsto no art. 129, § 3º do CP: é a lesão corporal seguida de morte.

Homicídio não é genocídio, são dois crimes distintos. Nem todo homicídio em massa será considerado genocídio. Para ser genocídio, a conduta deve se enquadrar na Lei nº 2.889/1956, o agente deve ter a vontade/propósito de exterminar total ou parcialmente um grupo étnico, social ou religioso. Se o objetivo não for esse, não há se falar em genocídio. Pode ser genocídio segregando membros de um grupo, impedindo o nascimento no seio de um grupo. Foi o que Saddam Hussein fez com os curdos no Iraque, por exemplo.

3.1.2 Homicídio simples

Art. 121, CP *Matar alguém.*

- **Sujeito ativo:** é crime comum, pode ser praticado por qualquer pessoa.
- **Sujeito passivo:** da mesma forma, pode ser qualquer pessoa. Magalhães Noronha entende que o Estado também figura como vítima do homicídio, justificando existir um interesse do ente político na conservação da vida humana, sua condição de existência.

Conduta punida

A conduta punível nesse tipo penal nada mais é que tirar a vida de alguém. Atente-se para a diferença:

- **Vida intrauterina:** abortamento – aborto.
- **Vida extrauterina:** homicídio ou infanticídio.

Quanto ao início do parto, existem três correntes:

- **1ª corrente:** dá-se com o completo e total desprendimento do feto das entranhas maternas;
- **2ª corrente:** ocorre desde as dores do parto;
- **3ª corrente:** ocorre com a dilatação do colo do útero.

Forma de execução: trata-se de delito de execução livre, podendo ser praticado por ação ou omissão, meios de execução diretos ou indiretos.

Vale ressaltar que a finalidade do agente pode servir como privilégio ou como qualificadora.

Tipo subjetivo: o art. 121, *caput* é punido a título de dolo direto ou dolo eventual.

Verifica-se o dolo eventual quando o agente assumiu o risco de praticar a conduta delituosa. Atualmente, os tribunais entendem que, quando o agente, embriagado, pratica homicídio de trânsito, pode ser condenado pelo homicídio do art. 121 do CP, tendo em vista que, ao ingerir bebida alcoólica e tomar a direção de um veículo, assumiu o risco de produzir o evento danoso.

Consumação e tentativa

Trata-se de delito material ou de resultado, ou seja, o delito consuma-se com a morte. A morte dá-se com a cessação da atividade encefálica. Cessando a atividade encefálica, o agente será considerado morto, conforme se extrai da Lei nº 9.434/1997 (Lei de Transplantes). A tentativa é possível, considerando que o homicídio se trata de crime plurissubsistente, permitindo o fracionamento da execução.

O homicídio simples pode ser considerado crime hediondo quando praticado em atividade típica de grupo de extermínio, conforme prevê o art. 1º da Lei nº 8.072/1990 (Lei dos Crimes Hediondos). É o chamado homicídio condicionado. O homicídio também pode ser praticado através de relações sexuais ou atos libidinosos.

> "A", portador do vírus HIV (Aids) e sabedor desta condição, com a intenção de matar, tem relação sexual com "B", com o fim de transmitir voluntária e dolosamente o vírus a este último. Nesta situação, após a transmissão, enquanto "B" não morrer, "A" responderá por tentativa de homicídio, após a morte de "B", "A" responderá por homicídio consumado.

3.1.3 Homicídio privilegiado

> ***Art. 121, § 1º, CP*** *Se o agente comete o crime impelido por motivo de relevante valor social ou moral, ou sob o domínio de violenta emoção, logo em seguida a injusta provocação da vítima, ou juiz pode reduzir a pena de um sexto a um terço.*

O homicídio privilegiado é causa de diminuição de pena, havendo a redução de 1/6 a 1/3. Essa diminuição de pena é direito subjetivo do réu, sendo que, presentes os requisitos, o juiz deve reduzir a pena.

Hipóteses privilegiadoras

- Se o agente comete o crime por motivo de relevante valor social.

No valor social, o agente mata para atender os interesses de toda coletividade.

> Matar estuprador do bairro; matar um assassino que aterroriza a cidade.

- **Se o agente comete o crime por relevante valor moral:** o agente mata para atender interesses particulares, diferente do valor social.

Esses interesses morais são ligados aos sentimentos de compaixão, misericórdia ou piedade.

> Eutanásia; "A" mata "B", porque este matou seu filho.

- Se o agente comete o crime sob o domínio de violenta emoção, logo em seguida a injusta provocação da vítima – homicídio emocional.

Atente-se que domínio não se confunde com mera influência. A mera influência é uma atenuante de pena prevista no art. 65 do CP.

É necessário observar que o homicídio deve ocorrer logo após a injusta provocação da vítima, ou seja, deve haver imediatidade da reação (reação sem intervalo temporal). A jurisprudência entende que, enquanto perdurar o domínio da violenta emoção, a reação será considerada imediata.

Observa-se, ainda, que a provocação da vítima deve ser injusta, e isso não traduz, necessariamente, um fato típico. Pode haver injusta provocação sem configurar fato típico, mas serve para configurar o homicídio emocional. Ex.: adultério.

Vale ressaltar que se for injusta a agressão da vítima, será caso de legitima defesa.

O privilégio é sempre circunstância do crime. As circunstâncias subjetivas são incomunicáveis, nos termos do art. 30 do CP. Já as circunstâncias objetivas são comunicáveis, nos termos do art. 30, *in fine*.

Circunstâncias subjetivas	Circunstâncias objetivas
Não se comunicam.	Comunicam-se
Ligam-se ao motivo ou estado anímico do agente.	Ligam-se ao meio/modo de execução
Como as privilegiadoras aqui citadas são subjetivas, não haverá comunicabilidade em relação aos demais autores do crime, logo não se aplica ao coautor se não restarem comprovados os mesmos requisitos.	

3.1.4 Homicídio qualificado

O homicídio qualificado é sempre crime hediondo.

> ***Homicídio qualificado***
> ***Art. 121, CP*** *[...]*
> *§ 2º Se o homicídio é cometido:*
> *I – Mediante paga ou promessa de recompensa, ou por outro motivo torpe;*
> *II – Por motivo fútil;*
> *III – Com emprego de veneno, fogo, explosivo, asfixia, tortura ou outro meio insidioso ou cruel, ou de que possa resultar perigo comum;*
> *IV – À traição, de emboscada, ou mediante dissimulação ou outro recurso que dificulte ou torne impossível a defesa do ofendido;*
> *V – Para assegurar a execução, a ocultação, a impunidade ou vantagem de outro crime:*
> *Pena – Reclusão, de doze a trinta anos.*

Motivo torpe

É o motivo abjeto, ignóbil, vil, espelhando ganância.

É indagado se a qualificadora da torpeza se aplica também ao mandante, ou apenas para o executor.

Alguns autores dizem que a resposta depende se a qualificadora for compreendida como elementar ou circunstância. Entendendo que se trata de circunstância, somente o executor responde pelo homicídio qualificado já que a circunstância subjetiva não se comunica. Por outro lado, entendendo que se trata de elementar subjetiva do crime, haverá comunicabilidade, estendendo-se a qualificadora ao mandante (ambos respondem pela qualificadora – mandante e executor).

Atualmente, prevalece a segunda hipótese, ou seja, que se trata de elementar subjetiva do crime, respondendo o mandante e o executor pelo crime qualificado.

D P E N

Mediante pagamento ou promessa de recompensa

Fique ligado
Ciúme não é considerado motivo torpe. **Ausência** de motivo não é considerado motivo fútil. Um motivo não pode ser **fútil** e **torpe** ao mesmo tempo, pois um exclui o outro.

No caso de o agente matar mediante pagamento ou promessa de recompensa de natureza diversa da econômica, por exemplo, sexual, continua se tratando de motivo torpe, pois não deixa de se ajustar ao encerramento genérico, somente não configurando o exemplo dado no início do inciso. É o chamado homicídio mercenário.

O homicídio mercenário nada mais é que um exemplo de torpeza. O executor é chamado de matador de aluguel.

O crime, mediante pagamento ou promessa, é crime de concurso necessário (plurissubsistente – plurilateral – plurissubjetivo), exigindo-se pelo menos duas pessoas (mandante e executor).

Neste caso, necessariamente a natureza é econômica, logo, se a vantagem era promessa sexual, entre outras, não incidirá a qualificadora.

No inciso I, o legislador encerrou de forma genérica, o que permite a interpretação analógica, ou seja, permite ao juiz a análise de outras situações que aqui podem se enquadrar.

Motivo fútil

Segundo alguns especialistas, é aquele que ocorre quando o móvel apresenta real desproporção entre o delito e a sua causa moral. Tem-se a pequeneza do motivo (matar por pouca coisa). Ex.: briga de trânsito.

Tem caráter **subjetivo**, pois se refere à motivação do agente para cometer o crime.

É um motivo insignificante, de pouca importância, completamente desproporcional à natureza do crime praticado.

Atente-se que, motivo fútil não se confunde com motivo injusto, uma vez que a injustiça é característica de todo e qualquer crime – injusto penal.

Se não há motivo comprovado nos autos, poderá ser denunciado por homicídio qualificado pelo motivo fútil? Aqui há duas correntes:

- **1ª corrente:** a ausência de motivos equipara-se ao motivo fútil, pois seria um contrassenso conceber que o legislador punisse com pena mais grave quem mata por futilidade, permitindo que o que age sem qualquer motivo receba sanção mais branda. **(majoritária)**
- **2ª corrente:** a ausência de motivos não pode ser equiparada ao motivo fútil, sob pena de se ofender o princípio da reserva legal. É o que entende Cezar Roberto Bitencourt. Para ele, o legislador deve incluir a ausência de motivo no rol das qualificadoras.

Com emprego de veneno, fogo, explosivo, asfixia, tortura ou outro meio insidioso ou cruel, ou de que possa resultar em perigo comum, no inciso III, novamente é possível a interpretação analógica, tendo como exemplos o emprego de veneno, fogo, explosivo, asfixia ou tortura.

Tem caráter objetivo, pois se refere aos meios empregados pelo agente para o cometimento do homicídio.

No caso do emprego de veneno, é imprescindível que a vítima desconheça estar ingerindo a substância letal.

No caso de tortura, o agente emprega crueldade na conduta, provocando na vítima sofrimento desnecessário antes da morte.

Homicídio qualificado pela tortura (art. 121, § 2º, III, CP)	Tortura com resultado morte (art. 1º, § 3º, Lei nº 9.455/1997)
Morte **dolosa**	Morte **preterdolosa**
O agente utiliza a tortura para provocar a morte da vítima.	O agente tem o dolo de torturar a vítima, e da tortura resulta culposamente sua morte.
Competência do Tribunal do Júri.	Competência do Juízo Singular (vara criminal).
A tortura foi o meio utilizado para a morte.	A tortura foi o fim desejado, mas a morte foi culposa.

A traição, de emboscada, ou mediante dissimulação ou outro recurso que dificulte ou torne impossível a defesa do ofendido

No inciso IV, o legislador prevê como exemplos a traição, emboscada ou dissimulação, finalizando de maneira genérica, o que também permite a interpretação analógica.

Tem caráter objetivo (modo de execução do crime).

- **Traição:** ataque desleal, quebra de confiança.
- **Emboscada:** aquele que ataca a vítima com surpresa. Ele se oculta para surpreender a vítima.
- **Dissimulação:** significa fingimento, disfarçando o agente a sua intenção hostil.

> Aquele que convida para ir à casa de outrem e, lá chegando, mata o convidado.

Para assegurar a execução, ocultação, a impunidade ou vantagem de outro crime

O inciso V possui caráter subjetivo (refere-se aos motivos do crime). Trata das hipóteses de conexão teleológica e consequencial.

Quando se comete o crime para assegurar a execução, classifica-se o homicídio como qualificado teleológico.

> "A", pretendendo cometer um crime de extorsão mediante sequestro contra uma pessoa muito importante e para assegurar a execução, mata o segurança do empresário.

Já o homicídio consequencial apresenta as seguintes hipóteses:

- **Ocultação:** quer evitar a descoberta do crime cometido pelo agente. Ex.: ocultar o cadáver após o homicídio;
- **Impunidade:** o criminoso procura evitar que se descubra que ele foi o autor do crime. Ex.: matar a testemunha ocular de um crime;
- **Vantagem:** o agente quer usufruir a vantagem decorrente da prática de outro crime. Ex.: um ladrão mata o outro para ficar com todo o dinheiro do roubo praticado por ambos.

O STF tem admitido a coexistência do privilégio (caráter subjetivo) com as qualificadoras de caráter objetivo (chamado homicídio privilegiado-qualificado).

> "A" matou "B" envenenado porque este estuprou a filha daquele.

O homicídio privilegiado-qualificado não é considerado hediondo (pois a existência do privilégio afasta a hediondez do homicídio qualificado).

Fique ligado
Matar para assegurar uma contravenção penal não qualifica o crime nesta modalidade, mas pode qualificá-lo pelo motivo fútil.

Matar por ocasião de outro crime, sem vínculo finalístico, não qualifica o crime.

O crime futuro deve ocorrer para gerar a conexão teleológica? O crime futuro não precisa ocorrer para gerar esta qualificadora, bastando matar para essa finalidade.

Há possibilidades de o homicídio qualificado ser privilegiado quando as qualificadoras são objetivas. Ou seja, uma das privilegiadoras e uma das qualificadoras do meio cruel ou da torpeza (objetivas).

Para a maioria da doutrina, o homicídio qualificado, quando também for privilegiado, não será hediondo, uma vez que o privilégio é preponderante.

3.1.5 Feminicídio

> ***Art. 121, § 2º, CP** [...]*
> *VI – Contra a mulher por razões da condição de sexo feminino:*
> *Pena – Reclusão, de doze a trinta anos.*
> *§ 2º-A Considera-se que há razões de condição de sexo feminino quando o crime envolve:*
> *I – Violência doméstica e familiar;*
> *II – Menosprezo ou discriminação à condição de mulher. [...]*
> *§ 7º A Pena do feminicídio é aumentada de 1/3 (um terço) até a metade se o crime for praticado:*
> *I – Durante a gestação ou nos 3 (três) meses posteriores ao parto;*
> *II – Contra pessoa menor de 14 (catorze) anos, maior de 60 (sessenta) anos, com deficiência ou portadora de doenças degenerativas que acarretem condição limitante ou de vulnerabilidade física ou mental;*
> *III – Na presença física ou virtual de descendente ou de ascendente da vítima;*
> *IV – Em descumprimento das medidas protetivas de urgência previstas nos incisos I, II e III do caput do art. 22 da Lei nº 11.340, de 7 de agosto de 2006.*
> *Pena – Reclusão, de doze a trinta anos.*

A Lei nº 13.104/2015 introduziu no Código Penal uma nova figura típica: o feminicídio. A pena para o homicídio qualificado é de 12 a 30 anos de prisão, e será aumentada em um terço se o crime acontecer durante a gestação ou nos três meses posteriores ao parto; se for contra pessoa menor de 14 anos, maior de 60 anos, com deficiência ou portadora de doenças degenerativas que acarretem condição limitante ou de vulnerabilidade física ou mental. Também se o homicídio for cometido na presença física ou virtual de descendente ou ascendente da vítima, e se for durante o descumprimento das medidas protetivas de urgência previstas nos incisos I, II e III do *caput* do art. 22 da Lei nº 11.340/2006.

Pode-se definir como uma qualificadora do crime de homicídio motivada pelo ódio contra as mulheres, tendo como motivador as circunstâncias específicas em que o pertencimento da mulher ao sexo feminino é central na prática do delito. Entre essas circunstâncias estão incluídos: os assassinatos em contexto de violência doméstica ou familiar e o menosprezo ou discriminação à condição de mulher.

O feminicídio é qualificadora conhecida como crime fétido.

Razões de gênero: a qualificadora do feminicídio não poderá ser provada por um laudo pericial ou exame cadavérico, porque nem sempre um assassinado de uma mulher será considerado feminicídio. Assim, para ser configurada a qualificadora do feminicídio, a acusação tem de provar que o crime foi cometido contra a mulher por razões da condição de sexo feminino.

O § 2º-A foi acrescentado como norma explicativa para esclarecer as situações em que a morte da mulher ocorreu em razão da condição de sexo feminino, podendo se dar em duas situações:

- Violência doméstica e familiar;
- Menosprezo ou discriminação à condição de mulher;

O art. 121, § 7º, do CP, estabelece causas de aumento de pena para o crime de feminicídio.

A pena será aumentada de 1/3 até a metade se for praticado:

- Durante a gravidez ou nos 3 meses posteriores ao parto;
- Contra pessoa menor de 14 anos, maior de 60 anos, com deficiência ou portadora de doenças degenerativas que acarretem condição limitante ou de vulnerabilidade física ou mental;
- Na presença física ou virtual de ascendente ou descendente da vítima;
- Em descumprimento das medidas protetivas de urgência previstas nos incisos I, II e III do *caput* do art. 22 da Lei nº 11.340, de 7 de agosto de 2006.

> ***Art. 1º, Lei nº 8.072/1990** São considerados hediondos os seguintes crimes, todos tipificados no Decreto-lei nº 2.848, de 7 de dezembro de 1940 – Código Penal, consumados ou tentados:*
> *I – homicídio (art. 121), quando praticado em atividade típica de grupo de extermínio, ainda que cometido por um só agente, e homicídio qualificado (art. 121, § 2º, incisos I, II, III, IV, V, VI e VII e VIII);*

Como todo homicídio qualificado, o feminicídio também é considerado hediondo de acordo com o art. 1º da Lei nº 8.072/1990 (Lei de Crimes Hediondos).

3.1.6 Homicídio funcional

Essa qualificadora foi inserida pelas Leis nº 13.142/2015 e nº 13.964/2019, que acrescentaram objetivamente essa conduta no rol dos crimes hediondos (art. 1º, I e I-A, da Lei nº 8.072/1990) e também aumentou a pena de 1/3 a 2/3 no art. 129, § 12 (lesão corporal).

> ***Art. 121, VII, CP** Contra autoridade ou agente descrito nos arts. 142 e 144 da Constituição Federal, integrantes do sistema prisional e da Força Nacional de Segurança Pública, no exercício da função ou em decorrência dela, ou contra seu cônjuge, companheiro ou parente consanguíneo até terceiro grau, em razão dessa condição:*

- São autoridades previstas no art. 142 da CF/1988:

> ***Art. 142, CF/1988** As Forças Armadas, constituídas pela Marinha, pelo Exército e pela Aeronáutica, são instituições nacionais permanentes e regulares, organizadas com base na hierarquia e na disciplina, sob a autoridade suprema do Presidente da República, e destinam-se à defesa da Pátria, à garantia dos poderes constitucionais e, por iniciativa de qualquer destes, da lei e da ordem.*

- São autoridades do art. 144 da CF/1988:

> ***Art. 144, CF/1988** A segurança pública, dever do Estado, direito e responsabilidade de todos, é exercida para a preservação da ordem pública e da incolumidade das pessoas e do patrimônio, através dos seguintes órgãos:*
> *I – Polícia federal;*
> *II – Polícia rodoviária federal;*
> *III – Polícia ferroviária federal;*
> *IV – Polícias civis;*
> *V – Polícias militares e corpos de bombeiros militares.*
> *VI – polícias penais federal, estaduais e distrital.*

A qualificadora do inciso VII objetiva prevenir ou reduzir crimes contra pessoas que atuam na área de segurança pública, no combate à criminalidade. É norma penal em branco, pois precisa ser complementada pelos arts. 142 e 144 da Constituição Federal (CF), mencionados anteriormente.

- Homicídio com emprego de arma de fogo de uso restrito ou proibido.

O inciso VIII foi acrescentado pela Lei nº 13.964/2019 (Pacote Anticrime). Foi objeto de veto pelo presidente da República, mas, em 19/04/2021, foi afastado pelo Congresso Nacional (em vigência).

Trata-se de qualificadora objetiva, ou seja, refere-se ao meio de execução utilizado pelo agente (arma de fogo de uso restrito/proibido).

É norma penal em branco ao quadrado: necessita de complemento normativo, a fim de definir quais armas são de uso restrito/proibido. No caso, a definição é extraída do Decreto nº 10.030/2019.

Trata-se de qualificadora com natureza de crime hediondo, por força do art. 1º, I, da Lei nº 8.072/1990.

3.1.7 Homicídio culposo

> ***Art. 121, § 3º, CP*** *Se o homicídio é culposo:*
> *Pena – Detenção, de um a três anos.*

Fique ligado
Não incide aumento quando o agente foge em razão de sérias ameaças de linchamento.

Ocorre o homicídio culposo quando o agente realiza uma conduta voluntária, com violação de dever objetivo de cuidado imposto a todos, por negligência, imprudência ou imperícia, produzindo, por consequência, um resultado (morte) involuntário, não previsto nem querido, mas objetivamente previsível, que podia ter sido evitado caso observasse a devida atenção.

Modalidades de culpa:

- **Negligência:** culpa negativa. O agente deixa de fazer aquilo que a cautela manda. Ex.: viajar de carro com os freios danificados.
- **Imprudência: culpa positiva.** O agente pratica um ato perigoso. Ex.: trafegar com veículo no centro da cidade a 180 km/h.
- **Imperícia:** culpa profissional. É a falta de aptidão para o exercício de arte, profissão ou ofício para a qual o agente, apesar de autorizado a exercê-la, não possui conhecimentos teóricos ou práticos para tanto. Ex.: Médico ginecologista que começa a realizar cirurgias plásticas sem especialização para tanto.

Por se tratar de infração de médio potencial ofensivo (já que a pena mínima é de um ano), há possibilidade de suspensão condicional do processo.

Já quando ocorre o delito previsto no art. 302 do Código de Trânsito Brasileiro (CTB) – homicídio culposo na condução de veículo automotor – a pena é detenção de 2 a 4 anos + a suspensão ou proibição da permissão de conduzir veículo.

Art. 121, § 3º, CP	Art. 302, CTB
Norma geral	Norma especial: na direção de veículo automotor
Pena varia de 1 a 3 anos – infração penal de médio potencial ofensivo	A pena é de 2 a 4 anos à infração penal de grande potencial ofensivo
Admite a suspensão do processo	Não admite suspensão condicional do processo

Aumento de pena

> ***Art. 121, § 4º, CP*** *No homicídio culposo, a pena é aumentada de 1/3 (um terço), se o crime resulta de inobservância de regra técnica de profissão, arte ou ofício, ou se o agente deixa de prestar imediato socorro à vítima, não procura diminuir as consequências do seu ato, ou foge para evitar prisão em flagrante. Sendo doloso o homicídio, a pena é aumentada de 1/3 (um terço) se o crime é praticado contra pessoa menor de 14 (quatorze) ou maior de 60 (sessenta) anos.*

Aqui, tem-se o rol das majorantes do homicídio doloso e o rol das majorantes do homicídio culposo.

Aumento de pena de 1/3:

- **Se o crime resulta de inobservância de regra técnica de profissão, arte ou ofício:** neste caso, apesar do agente dominar a técnica, não observa o caso concreto. É diferente da imperícia, pois nessa hipótese, o agente não domina a técnica.
- **Se o agente deixa de prestar imediato socorro à vítima:** neste caso, é necessário para a incidência da majorante que o socorro seja possível, e que o agente não tenha risco pessoal na conduta.

Não incide aumento quando terceiros prestarem socorro ou morte instantânea incontestável: neste caso, não incide também o art. 135 do CP (omissão de socorro), para evitar o *bis in idem*.

De acordo com o STF, se o autor do crime, apesar de reunir condições de socorrer a vítima não o faz, concluindo pela inutilidade da ajuda em face da gravidade da lesão, sofre a majorante do art. 121, § 4º, do CP:

- Se não procura diminuir as consequências do seu ato;
- **Se foge para evitar prisão em flagrante:** para a maioria da doutrina esta majorante é aplicável, pois o agente demonstra, ao fugir do flagrante, ausência de escrúpulo e diminuta responsabilidade moral, lembrando que prejudica as investigações.

Para a doutrina moderna, essa majorante não deveria incidir, pois a pessoa estaria obrigada, nessa hipótese, a produzir prova contra si mesma, o que vai de encontro ao instituto de liberdade, e já que a fuga sem violência não é crime e daí que não poderia também incidir essa majorante.

No homicídio doloso, a pena é aumentada de 1/3 se o crime é praticado contra:

- Menor de 14 anos;
- Maior de 60 anos (não abrange aquele que tem idade igual a 60 anos).

A idade da vítima deve ser conhecida pelo agente.

E se, quando do disparo de arma de fogo, a vítima tenha menos de 14 anos, e quando falece já é maior de 14, incide a majorante? Sim, neste caso, analisa-se se na ocasião da ação a vítima era menor de 14 anos (teoria da atividade).

Perdão judicial

> ***Art. 121, § 5º, CP*** *Na hipótese de homicídio culposo, o juiz poderá deixar de aplicar a pena, se as consequências da infração atingirem o próprio agente de forma tão grave que a sanção penal se torne desnecessária.*

Segundo alguns autores, o perdão judicial é o instituto pelo qual o Juiz, não obstante a prática de um fato típico e ilícito, por um agente comprovadamente culpado, deixa de lhe aplicar, nas hipóteses taxativamente previstas em lei, o preceito sancionador cabível, levando em consideração determinadas circunstâncias que concorrem para o evento.

O perdão judicial somente é concedido após a sentença, é uma causa extintiva da punibilidade. Caso seja indagado pelo examinador acerca da diferença do perdão judicial para o perdão do ofendido, é necessário observar que:

- **Perdão judicial:**
  - É ato unilateral (não precisa ser aceito pelo agente);
  - Homicídio culposo ou lesão corporal culposa.
- **Perdão do ofendido:**
  - É ato bilateral (precisa ser aceito pelo agente);
  - Somente na ação penal privada.

> O perdão judicial somente ocorre no homicídio culposo, se as circunstâncias da infração atingirem o agente de forma tão grave que a sanção penal se torne desnecessária. Pai culposamente atropela filho na garagem de casa.

Natureza jurídica da sentença concessiva de perdão judicial de acordo com a Súmula nº 18 do STJ: a sentença concessiva do perdão judicial é declaratória da extinção da punibilidade, não subsistindo qualquer efeito condenatório.

Fique ligado

O art. 120 do CP prevê que a sentença que conceder perdão judicial não será considerada para efeitos de reincidência.

- **Perdão judicial e Código de Trânsito Brasileiro:** o perdão judicial no CTB estava previsto no art. 300, mas este foi vetado.

Causa específica de aumento de pena

> ***Art. 121, § 6º, CP*** *A pena é aumentada de 1/3 (um terço) até a metade se o crime for praticado por milícia privada, sob o pretexto de prestação de serviço de segurança, ou por grupo de extermínio.*

Esse parágrafo foi introduzido no Código Penal pela Lei nº 12.720/2012, juntamente com a mudança no § 7º do crime de lesão corporal (art. 129, CP) e o novo crime de constituição de milícia privada (art. 288-A, CP).

É uma majorante de concurso necessário, visto que um grupo não pode ser constituído por uma ou duas pessoas.

O legislador omitiu qual o número mínimo exigido para a configuração desses grupos de extermínio ou milícias, mas a interpretação que predomina é de no mínimo 3 pessoas.

Para que ocorra essa causa especial de aumento de pena, faz-se necessário um especial fim de agir do grupo de milícia privada (pretexto de prestação de serviço de segurança). Essa majorante também é aplicada se for cometida por somente um integrante do grupo, somente se o referido homicídio já teria sido planejado pela milícia anteriormente. Um exemplo seria o que ocorre nas favelas do Rio de Janeiro.

3.1.8 Induzimento, instigação ou auxílio ao suicídio ou à automutilação

> ***Art. 122, CP*** *Induzir ou instigar alguém a suicidar-se ou a praticar automutilação ou prestar-lhe auxílio material para que o faça:*
>
> *Pena – Reclusão, de 6 (seis) meses a 2 (dois) anos.*
>
> *§ 1º Se da automutilação ou da tentativa de suicídio resulta lesão corporal de natureza grave ou gravíssima, nos termos dos §§ 1º e 2º do art. 129 deste Código:*
>
> *Pena – Reclusão, de 1 (um) a 3 (três) anos.*
>
> *§ 2º Se o suicídio se consuma ou se da automutilação resulta morte:*
>
> *Pena – Reclusão, de 2 (dois) a 6 (seis) anos.*
>
> *§ 3º A pena é duplicada:*
>
> *I – se o crime é praticado por motivo egoístico, torpe ou fútil;*
>
> *II – se a vítima é menor ou tem diminuída, por qualquer causa, a capacidade de resistência.*
>
> *§ 4º A pena é aumentada até o dobro se a conduta é realizada por meio da rede de computadores, de rede social ou transmitida em tempo real.*
>
> *§ 5º Aumenta-se a pena em metade se o agente é líder ou coordenador de grupo ou de rede virtual.*
>
> *§ 6º Se o crime de que trata o § 1º deste artigo resulta em lesão corporal de natureza gravíssima e é cometido contra menor de 14 (quatorze) anos ou contra quem, por enfermidade ou deficiência mental, não tem o necessário discernimento para a prática do ato, ou que, por qualquer outra causa, não pode oferecer resistência, responde o agente pelo crime descrito no § 2º do art. 129 deste Código.*
>
> *§ 7º Se o crime de que trata o § 2º deste artigo é cometido contra menor de 14 (quatorze) anos ou contra quem não tem o necessário discernimento para a prática do ato, ou que, por qualquer outra causa, não pode oferecer resistência, responde o agente pelo crime de homicídio, nos termos do art. 121 deste Código.*

Para o Direito Penal brasileiro, não é passível de punição a conduta do agente que tem como objetivo o extermínio da sua própria vida, ou seja, aquele que comete o suicídio (autocídio/autoquiria), bem como a possível lesão que o sujeito venha a sofrer caso sua tentativa não obtenha sucesso, devido à falta de previsão legal para tal conduta.

Contudo, o objetivo da norma penal ao tipificar essa conduta é punir o agente que participa na ocorrência do crime, auxiliando, induzindo ou instigando alguém a cometer o suicídio.

Classificação

É crime simples, comum, e formal, pois sua consumação independe de resultado. É crime de forma livre. Pode ser praticado por ação ou por **omissão imprópria**, quando presente o dever de agir (art. 13, § 2º, CP).

Condutas acessórias à prática do suicídio:

- **Induzir:** implantar a ideia.
- **Instigar:** reforçar a ideia preexistente.
- **Auxiliar:** intromissão no processo físico de causação.

Fique ligado

O crime previsto no art. 122 do CP é um crime condicionado ao resultado (morte ou lesão), pois se não se consumar, não terá relevância penal alguma e, portanto, não admite tentativa.

Sujeitos

Sujeito ativo: crime comum, pode ser praticado por qualquer um.

Sujeito passivo: alguém que tenha capacidade para agir, pois, caso contrário, será crime de homicídio. Se ela tiver relativa capacidade (de 14 até fazer 18 anos – art. 224, "a", e 217-A, CP), incorrerá na pena do art. 122, § 3º, II, do CP.

Natureza jurídica do art. 122 do CP: de acordo com Nelson Hungria, Luiz Regis Prado, Aníbal Bruno e Rogério Greco é uma condição objetiva de punibilidade porque o crime se perfaz quando se instiga, induz ou auxilia. Entretanto, cabe destacar que a nova redação do art. 122 não mais condiciona a existência do crime ao resultado lesão grave ou morte. Assim, a prática de umas condutas de induzir, instigar ou auxiliar o suicídio ou à automutilação já é suficiente para configurar o crime, com ou sem resultado.

> ***Art. 13, § 2º, CP*** *A omissão é penalmente relevante quando o omitente devia e podia agir para evitar o resultado. O dever de agir incumbe a quem:*
>
> *a) Tenha por lei obrigação de cuidado, proteção ou vigilância;*
>
> *b) De outra forma, assumiu a responsabilidade de impedir o resultado;*
>
> *c) Com seu comportamento anterior, criou o risco da ocorrência do resultado.*

A conduta só é punida na forma dolosa (o agente que participa), não existindo previsão para modalidade culposa.

Descrição do crime: é conhecido também como o crime de participação em suicídio. Ademais, a participação deve dirigir-se a pessoa(as) determinada(as), pois não é punível a participação genérica (um filme, livro, que estimule o pensamento suicida).

Sendo a conduta criminosa composta por vários verbos (induzir, instigar, auxiliar), ainda que o agente realize as três condutas, o crime será único, respondendo desta forma, apenas pelo art. 122 do CP.

> Na participação material, o auxílio deve ser acessório, pois, caso seja direto e imediato, o crime será o de homicídio, visto que o sujeito não pode, em hipótese alguma, realizar uma conduta apta a eliminar a vida da vítima. "A" empresta sua arma de fogo para "B", contudo, "B" solicita para que esse ("A") efetue o disparo em sua cabeça.

D P E N

O auxílio deve ser eficaz, ou seja, precisa contribuir efetivamente para o suicídio. Desse modo, se "A" empresta uma arma de fogo para "B" se matar, mas este acaba utilizando uma corda (enforcamento), nesse caso, a conduta de "A" será atípica.

Exige-se que o agente imprima seriedade em sua conduta, querendo que a vítima efetivamente se suicide (dolo).

Não há crime se o agente fala, por brincadeira, para a vítima se matar e esta realmente se mata.

> Não caracteriza constrangimento ilegal a coação (força) exercida para impedir o suicídio (art. 146, § 3º, II, CP). "A" induz "B" a suicidar-se e "C" empresta a arma de fogo. "B" se mata. "A" e "C" responderão como autores do crime previsto no art. 122 do CP.

- **Pacto de morte ou suicídio a dois**

Duas pessoas resolvem se suicidar conjuntamente. Ex.: câmara de gás. Podem ocorrer as seguintes situações:		
"A" e "B" sobreviveram e não ocorreu lesão corporal grave (ou gravíssima)	Os dois abriram a torneira de gás	Os dois responderão por tentativa de homicídio
"A" e "B" sobreviveram e não ocorreu lesão corporal grave (ou gravíssima)	"A" abriu a torneira	"A" responderá por tentativa de homicídio e "B" não responderá por nada (fato atípico)
"A" e "B" sobreviveram, mas "B" ficou com lesão corporal grave (ou gravíssima)	"A" abriu a torneira	"A" responderá por tentativa de homicídio e "B" responderá por participação em suicídio (art. 122)
"A" morreu e "B" sobreviveu	"A" abriu a torneira	"B" responderá por participação em suicídio (art. 122)
"A" morreu e "B" sobreviveu	"B" abriu a torneira	"B" responderá por homicídio

Roleta-russa e duelo americano

Os sobreviventes responderão pelo crime	
Roleta-russa	A arma de fogo (revólver) é municiada com um único projétil, sendo o gatilho acionado por ambos os participantes – conforme sua ordem – girando o "tambor" da arma a cada nova tentativa. "A" gira o tambor, mira em sua cabeça, e aciona o gatilho
Duelo-americano	Existem duas armas, sendo que apenas uma está municiada, cada um escolhe a sua e efetiva o disparo contra si mesmo, desconhecendo qual efetivamente está carregada

Formas qualificadas

Verifica-se que, com as modificações introduzidas no referido crime, tem-se agora as qualificadoras de lesão grave ou gravíssima (que antes tornava atípico o crime) e morte, em que ambas eram apenas consideradas como condição para a tipificação do crime:

- Se da automutilação ou da tentativa de suicídio resulta lesão corporal de natureza grave ou gravíssima, nos termos dos §§ 1º e 2º do art. 129 deste Código – pena de 1 a 3 anos;
- Se o suicídio se consuma ou se da automutilação resulta morte – pena de 2 a 6 anos.

Formas majoradas

A pena é duplicada (aqui o aumento será aplicado em dobro, o que não é até o dobro, mas, sim, em dobro):

- Se o crime é praticado por motivo egoístico, torpe ou fútil;
- Se a vítima é menor ou tem diminuída, por qualquer causa, a capacidade de resistência.

A pena é aumentada até o dobro se a conduta é realizada por meio da rede de computadores, de rede social ou transmitida em tempo real.

Aumenta-se a pena em metade se o agente é líder ou coordenador de grupo ou de rede virtual.

O que antes também não era previsto, agora se tem uma maior punição dos líderes/administradores/fundadores de grupos de comunicação, devido ao seu imenso poder de persuasão sobre seus "seguidores".

3.1.9 Infanticídio

> ***Art. 123, CP*** *Matar, sob a influência do estado puerperal, o próprio filho, durante o parto ou logo após:*
>
> *Pena – Detenção, de dois a seis anos.*

O art. 123 do CP é um homicídio especial, dotado de especializantes, possuindo pena menor, o que implica o fato de ser considerado homicídio privilegiado.

Requisitos

- Praticado pela própria mãe contra seu filho.
- Durante ou logo após o parto.
- Contra recém-nascido (neonato).
- Sob influência de estado puerpério (lapso temporal até que a mulher volte ao ciclo menstrual normal).

Trata-se de crime próprio (praticado pela própria mãe).

É um crime comissivo (ação) ou omissivo (omissão imprópria), sendo também um crime material, consuma-se, efetivamente, com a morte da vítima.

Sujeitos

Sujeito ativo: o sujeito ativo aqui é a mãe, sob influência do estado puerperal.

Indaga-se se o crime em questão admite concurso de pessoas (coautoria e participação)? Sobre essa pergunta existem duas correntes:

- **1ª corrente:** o estado puerperal é condição personalíssima incomunicável, logo, não admite concurso de pessoas. Mas se atente que o CP não reconhece essa condição personalíssima – não tem previsão do art. 30 do CP.
- **2ª corrente:** o estado puerperal é condição pessoal comunicável, pelo que é admitido o concurso de agentes (majoritária).

Alguns autores dividem dessa forma:

- **1ª situação:** parturiente e médico matam o nascente ou o neonato. Parturiente responde pelo art. 123 e médico também responde pelo art. 123 em coautoria.
- **2ª situação:** parturiente, auxiliada pelo médico, mata nascente ou neonato. A parturiente responde pelo art. 123 e o médico também, como partícipe.

- **3ª situação:** médico, auxiliado pela parturiente, mata nascente ou neonato. O médico responderá pelo crime de homicídio e a parturiente, também responderá pelo art. 121 do CP na qualidade de partícipe. Mas aqui surgem duas correntes em face da injustiça existente. Corrente majoritária: o médico responde pelo art. 121 do CP e a parturiente responde pelo art. 123 para sanar a injustiça existente.

Sujeito passivo: é o próprio filho, ou seja, somente aquele que é o nascente (durante o parto) ou neonato (logo após o parto).

Diante da especialidade, tanto do sujeito ativo como do sujeito passivo, o crime é considerado bipróprio.

Supondo que a mãe mate aquele que supõe ser seu filho, mas na verdade é filho de outrem. Nesse caso continuará respondendo pelo crime de infanticídio, diante da aplicação do art. 20, § 3º, do CP (erro quanto à pessoa) que determina a consideração das qualidades da vítima virtual.

Conduta

A conduta punível é tirar a vida extrauterina do próprio filho, durante ou logo após o parto.

Tem-se o **matar** + as seguintes especializantes: elemento temporal constitutivo do tipo – durante ou logo após o parto. Se for antes do parto, o crime é de aborto. Se, após o parto, o crime é de homicídio.

- **Influência do estado puerperal:** a doutrina afirma que, o "logo após" perdura enquanto presente a influência do estado puerperal. Enquanto a gestante estiver sob a influência do estado puerperal, o elemento temporal constitutivo estará presente. Estado puerperal é um desequilíbrio fisio-psíquico.
- **Estado puerperal:** conforme Sanches, é o estado que envolve a parturiente durante a expulsão da criança do ventre materno, produzindo profundas alterações psíquicas e físicas.

Puerpério é o período que se estende do início do parto até a volta da mulher às condições pré-gravidez.

É preciso, também, que haja uma relação de causa e efeito entre o estado puerperal e o crime, pois nem sempre ele produz perturbações psíquicas na parturiente. Esse alerta se encontra na exposição de motivos do CP.

Dependendo do grau do estado puerperal, é possível que a parturiente seja tratada como inimputável ou semi-imputável. Dependendo do grau de desequilíbrio fisio-psíquico, a parturiente pode sofrer o mesmo tratamento do inimputável ou semi-imputável. Essa é a posição de Mirabete.

Tipo subjetivo

O crime descrito no art. 123 é punido a título de dolo, não havendo possibilidade de punição na modalidade culposa.

Consumação e tentativa: o crime consuma-se com a morte, sendo perfeitamente possível a tentativa.

3.1.10 Aborto provocado pela gestante ou com seu consentimento

> ***Art. 124, CP*** *Provocar aborto em si mesma ou consentir que outrem lhe provoque:*
>
> *Pena – Detenção, de um a três anos.*

O crime de aborto ocorre quando há a interrupção da gravidez, ocasionando a morte do produto da geração, procriação, concepção, ou seja, é a eliminação da vida intrauterina.

Sob o aspecto jurídico, a gravidez tem início com a nidação (implantação do óvulo fecundado no útero – parede uterina).

Portanto, não há crime de aborto quando da utilização de meios que inibem a fixação do ovo na parede uterina. É o que ocorre com o diafragma intrauterino (DIU).

- **Espécies de aborto:**
  - **Criminoso:** interrupção dolosa da gravidez (arts. 124 a 127, CP).
    - **Legal ou permitido:** não há crime por expressa previsão legal (art. 128, CP):
    - Quando não há outro meio para salvar a vida da gestante (aborto necessário ou terapêutico);
    - Quando a gravidez resulta de estupro (aborto sentimental ou humanitário).
  - **Natural:** interrupção espontânea da gravidez. Não há crime.
  - **Acidental:** a gestante sofre um acidente qualquer e perde o bebê. Não é crime, por ausência de dolo.
  - **Eugênico ou eugenésico:** interrupção da gravidez quando há anomalia ou algum defeito genético. É crime, exceto o aborto de anencéfalo.
  - **Econômico ou social:** interrupção da gravidez para não agravar a situação de miséria enfrentada pela mãe ou por sua família. É crime.

Objetividade jurídica

A objetividade jurídica é a vida humana. No aborto provocado por terceiro sem o consentimento da gestante (art. 125), protege-se também a integridade física e psíquica da gestante.

Objeto material

O objeto material é o produto da concepção (óvulo fecundado, embrião ou feto).

Deve haver prova da gravidez, pois se a mulher não está grávida, ou se o feto já havia morrido por outro motivo qualquer, será crime impossível por absoluta impropriedade do objeto (art. 17, CP).

O feto deve estar alojado no útero materno. Desse modo, se ocorrer a destruição de um tubo de ensaio que contém um óvulo fertilizado *in vitro*, não haverá aborto.

O feto não necessita ter viabilidade; basta que esteja vivo antes do crime.

Sujeitos do crime

- **Sujeito ativo:** os crimes do art. 124 do CP são de mão própria, pois somente a gestante pode provocar aborto em si mesma ou consentir que um terceiro lhe provoque. Não admitem coautoria, mas admite participação. É crime comum nos demais casos.
- **Sujeito passivo:** é o feto. No aborto provocado por terceiro sem o consentimento da gestante (art. 125), as vítimas são o feto e a gestante.

É crime de forma livre. Pode ser praticado de forma comissiva ou omissiva (ex.: deixar dolosamente de ingerir medicamentos necessários para a preservação da gravidez). Se, contudo, o meio de execução for absolutamente ineficaz será crime impossível (ex.: despachos, rezas e simpatias).

Elemento subjetivo

É o dolo direto ou eventual. Não existe o crime de aborto culposo.

Se a própria gestante agir culposamente e ensejar o aborto, o fato será atípico. Já o terceiro que provoca aborto por culpa responde por lesão corporal culposa contra a gestante.

Consumação e tentativa

Ocorre com a morte do feto. É dispensável a expulsão do produto da concepção. É admitida a tentativa. Ex.: realizou manobras abortivas e o feto foi expulso com vida: tentativa de aborto.

Ex. 1: o agente quer ferir a gestante e realiza manobras abortivas e o feto é expulso com vida – lesão corporal grave (aceleração de parto – art. 129, § 1º, IV, CP).

Ex. 2: realizou manobras abortivas e o feto foi expulso com vida. Logo em seguida, o agente mata o feto – tentativa de aborto e homicídio em concurso material.

Ex. 3: realizou manobras abortivas e o feto foi expulso com vida, mas morreu alguns dias depois em razão da manobra realizada – aborto consumado.

Classificação doutrinária

O aborto é crime material, próprio e de mão própria ou comum, instantâneo, comissivo ou omissivo, de dano, unissubjetivo, unilateral ou de concurso eventual, plurissubjetivo ou de concurso necessário, plurissubsistente, de forma livre, progressivo.

O art. 20 da Lei Contravenções Penais diz que constitui contravenção penal a conduta de anunciar processo, substância ou objeto destinado a provocar aborto.

Análise do tipo penal

▹ **1ª parte:** provocar aborto em si.

É o autoaborto, um crime próprio e de mão própria.

Admite participação:

Mulher gestante ingere medicamento abortivo que lhe foi dado por seu namorado e provoca o aborto. Nessa situação, a gestante é autora de autoaborto e seu namorado é partícipe (induzir, instigar ou auxiliar) desse crime. Todavia, se o namorado tivesse executado qualquer ato de provocação do aborto seria autor do crime previsto no art. 126 do CP (aborto com o consentimento da gestante).

O partícipe do autoaborto, além de responder por esse crime, pratica ainda homicídio culposo ou lesão corporal culposa se ocorrer morte ou lesão corporal grave em relação à gestante, pois o disposto no art. 127 não se aplica ao crime do art. 124.

Quanto à gestante que provoca aborto em si mesma, o aborto legal ou permitido, duas situações podem ocorrer:

- Se for aborto necessário ou terapêutico: não há crime (estado de necessidade);
- Se for aborto sentimental ou humanitário: há crime, pois nesta modalidade somente é autorizado no aborto praticado pelo médico.

▹ **2ª parte:** consentir para que terceiro lhe provoque o aborto.

O legislador criou uma exceção à teoria monista ou unitária no concurso de pessoas (art. 29, *caput*, CP) e criou crimes distintos: a gestante responde pelo art. 124, 2ª parte, do CP, e o terceiro que provoca o aborto responde pelo art. 126 do CP.

Esse crime é de mão própria, pois somente a gestante pode prestar o consentimento. Não admite coautoria, mas admite participação.

A gestante dever ter capacidade e discernimento para consentir (ser maior de 14 anos e ter integridade mental). E o consentimento deve ser válido (isento de fraude e não tenha sido obtido por meio de violência ou grave ameaça).

3.1.11 Aborto provocado por terceiro

Art. 125, CP *Provocar aborto, sem o consentimento da gestante:*

Pena – Reclusão, de três a dez anos.

Sujeito ativo: qualquer pessoa.

Sujeito passivo: produto da concepção feto e a gestante.

Trata-se da forma mais grave do crime de aborto, pois é cometido sem o consentimento da gestante.

De acordo com a jurisprudência, aquele que desfere chute no ventre de mulher, sabendo de sua gravidez, responde pelo crime de aborto (art. 127, CP).

Art. 126, CP *Provocar aborto com o consentimento da gestante:*

Pena – Reclusão, de um a quatro anos.

Parágrafo único. *Aplica-se a pena do artigo anterior, se a gestante não é maior de quatorze anos, ou é alienada ou débil mental, ou se o consentimento é obtido mediante fraude, grave ameaça ou violência.*

Considerações

É crime de concurso necessário.

O legislador criou uma exceção à teoria monista ou unitária no concurso de pessoas (art. 29, *caput*, CP) e criou crimes distintos: a gestante responde pelo art. 124, 2ª parte, CP, e o terceiro que provoca o aborto responde pelo art. 126 do CP.

O consentimento da gestante (expresso ou tácito) deve subsistir até a consumação do aborto. Se durante a prática do crime ela se arrepender e solicitar ao terceiro a paralisação das manobras letais, mas não for obedecida, para ela o fato será atípico, e o terceiro responderá pelo crime do art. 125 do CP.

Se três ou mais pessoas associarem-se para o fim de praticarem abortos, responderão pelo crime de associação criminosa (art. 288, CP) em concurso material com os abortos efetivamente realizados.

Se não tiver o consentimento da gestante responde pelo art. 125 do CP.

Caso a gestante consentir, mas seu consentimento não seja válido, por se enquadrar em alguma das hipóteses do parágrafo único do art. 126 (gestante não maior de 14 anos ou alienada mental ou consentimento obtido por meio de fraude, grave ameaça ou violência), os agentes responderão pelo crime do art. 125 do CP.

3.1.12 Forma qualificada

Art. 127, CP *As penas cominadas nos dois artigos anteriores são aumentadas de um terço, se, em consequência do aborto ou dos meios empregados para provocá-lo, a gestante sofre lesão corporal de natureza grave; e são duplicadas, se, por qualquer dessas causas, lhe sobrevém a morte.*

Fique ligado

O aborto de feto anencefálico é uma espécie de aborto eugênico.

Esses resultados são preterdolosos advindos da prática abortiva, ou seja, são resultados que só poderão ser imputados a título de culpa. Se houver dolo em relação a esses resultados, haverá concurso.

3.1.13 Aborto necessário

Art. 128, CP *Não se pune o aborto praticado por médico:*

Aborto necessário

I – se não há outro meio de salvar a vida da gestante;

Depende de dois requisitos:

▹ Que a vida da gestante corra perigo em razão da gravidez;

▹ Que não exista outro meio de salvar sua vida.

O risco para a vida da gestante não precisa ser atual. Basta que exista, isto é, que no futuro possa colocar em perigo a vida da mulher.

Não necessita do consentimento da gestante e não haverá crime quando a gestante se recusa a fazê-lo e o médico provoca o aborto necessário.

Se o aborto necessário for realizado por **enfermeira**, ou por qualquer pessoa que não o médico, duas situações podem ocorrer:

▹ Há perigo atual para a gestante: estado de necessidade (art. 24, CP);

▹ Não há perigo atual: há crime de aborto.

3.1.14 Aborto no caso de gravidez resultante de estupro

> ***Art. 127, II, CP*** *Se a gravidez resulta de estupro e o aborto é precedido de consentimento da gestante ou quando incapaz, de seu representante legal.*

Necessita de três requisitos:

- Ser praticado por médico;
- Consentimento válido da gestante ou de seu representante legal (se for incapaz);
- Gravidez resultante de estupro.

Nesta hipótese, como não há perigo atual para a vida da gestante, haverá o crime de aborto se praticado por qualquer pessoa que não seja o médico.

O aborto será permitido mesmo que a gravidez resulte de ato libidinoso diverso da conjunção carnal (ex.: sexo anal, estupro de vulnerável) em razão da mobilidade dos espermatozoides. É considerada uma hipótese de analogia *in bonam partem*.

Não se exige autorização judicial para a realização desta espécie de aborto permitido.

São causas especiais de exclusão da ilicitude. Embora o aborto praticado em tais situações seja fato típico, não há crime pelo fato de serem hipóteses admitidas pelo ordenamento jurídico.

Ambos devem ser praticados por médico (este não precisa de autorização judicial para realizar estas espécies de aborto).

- **Aborto sentimental:** também é autorizado quando a gravidez decorrer de estupro de vulnerável (analogia *in bonam partem*).
- **Aborto econômico:** não está previsto no ordenamento jurídico. Se praticado, será crime de aborto.

De acordo com o Código Penal, existem apenas duas modalidades permissivas de aborto previstas no art. 128 do CP: aborto necessário e aborto sentimental.

No entanto, em abril de 2012, o STF, no julgamento da ADPF nº 54, passou a admitir uma terceira modalidade: o aborto de feto anencefálico (malformação fetal que leva à ausência de cérebro e à impossibilidade de vida).

Para tanto, não há necessidade de autorização judicial. Basta um laudo formal do médico atestando a anencefalia e a inviabilidade de vida.

3.2 Lesões corporais

> ***Art. 129, CP*** *Ofender a integridade corporal ou a saúde de outrem:*
> *Pena – Detenção, de três meses a um ano.*
> ***Lesão corporal de natureza grave***
> *§ 1º Se resulta:*
> *I – Incapacidade para as ocupações habituais, por mais de trinta dias;*
> *II – Perigo de vida;*
> *III – Debilidade permanente de membro, sentido ou função;*
> *IV – Aceleração de parto:*
> *Pena – Reclusão, de um a cinco anos.*
> *§ 2º Se resulta:*
> *I – Incapacidade permanente para o trabalho;*
> *II – Enfermidade incurável;*
> *III – Perda ou inutilização do membro, sentido ou função;*
> *IV – Deformidade permanente;*
> *V – Aborto:*
> *Pena – Reclusão, de dois a oito anos.*
> ***Lesão corporal seguida de morte***
> *§ 3º Se resulta morte e as circunstâncias evidenciam que o agente não quis o resultado, nem assumiu o risco de produzi-lo:*
> *Pena – Reclusão, de quatro a doze anos.*
> ***Diminuição de pena***
> *§ 4º Se o agente comete o crime impelido por motivo de relevante valor social ou moral ou sob o domínio de violenta emoção, logo em seguida a injusta provocação da vítima, o juiz pode reduzir a pena de um sexto a um terço.*
> *Substituição da Pena:*
> *§ 5º O juiz, não sendo graves as lesões, pode ainda substituir a pena de detenção pela de multa, de duzentos mil réis a dois contos de réis:*
> *I – Se ocorre qualquer das hipóteses do parágrafo anterior;*
> *II – Se as lesões são recíprocas.*
> *Lesão Corporal Culposa*
> *§ 6º Se a lesão é culposa:*
> *Pena – Detenção, de dois meses a um ano.*
> ***Aumento de pena***
> *§ 7º Aumenta-se a pena de 1/3 (um terço) se ocorrer qualquer das hipóteses dos §§ 4º e 6º do art. 121 deste Código.*
> *§ 8º Aplica-se à lesão culposa o disposto no § 5º do art. 121.*
> ***Violência doméstica***
> *§ 9º Se a lesão for praticada contra ascendente, descendente, irmão, cônjuge ou companheiro, ou com quem conviva ou tenha convivido, ou, ainda, prevalecendo-se o agente das relações domésticas, de coabitação ou de hospitalidade.*
> *Pena – Detenção, de 3 (três) meses a 3 (três) anos.*
> *§ 10 Nos casos previstos nos §§ 1º a 3º deste artigo, se as circunstâncias são as indicadas no § 9º deste artigo, aumenta-se a pena em 1/3 (um terço).*
> *§ 11 Na hipótese do § 9º deste artigo, a pena será aumentada de um terço se o crime for cometido contra pessoa portadora de deficiência.*
> *§ 12 Se a lesão for praticada contra autoridade ou agente descrito nos arts. 142 e 144 da Constituição Federal, integrantes do sistema prisional e da Força Nacional de Segurança Pública, no exercício da função ou em decorrência dela, ou contra seu cônjuge, companheiro ou parente consanguíneo até terceiro grau, em razão dessa condição, a pena é aumentada de um a dois terços.*

Essa qualificadora foi inserida pela Lei nº 13.142/2015.

São autoridades previstas na Constituição Federal:

> ***Art. 142, CF/1988*** *As Forças Armadas, constituídas pela Marinha, pelo Exército e pela Aeronáutica, são instituições nacionais permanentes e regulares, organizadas com base na hierarquia e na disciplina, sob a autoridade suprema do presidente da República, e destinam-se à defesa da Pátria, à garantia dos poderes constitucionais e, por iniciativa de qualquer destes, da lei e da ordem. [...]*
> ***Art. 144, CP*** *A segurança pública, dever do Estado, direito e responsabilidade de todos, é exercida para a preservação da ordem pública e da incolumidade das pessoas e do patrimônio, através dos seguintes órgãos: [...]*
> *I – Polícia federal;*
> *II – Polícia rodoviária federal;*
> *III – Polícia ferroviária federal;*
> *IV – Polícias civis;*
> *V – Polícias militares e corpos de bombeiros militares;*
> *VI – polícias penais federal, estaduais e distrital (EC nº 104/2019).*
> *§ 8º Guardas municipais.*
> ***Art. 129, § 13, CP*** *Se a lesão for praticada contra a mulher, por razões da condição do sexo feminino, nos termos do § 2º-A do art. 121 deste Código: (Incluído pela Lei nº 14.188, de 2021)*
> *Pena – Reclusão, de 1 (um) a 4 (quatro anos). (Incluído pela Lei nº 14.188, de 2021)*

Lesão corporal é a ofensa humana direcionada à integridade corporal ou à saúde de outra pessoa, quer do ponto de vista anatômico, quer do ponto de vista fisiológico ou mental. A dor, por si só, não caracteriza lesão corporal.

No crime de lesão corporal, protege-se a incolumidade física em sentido amplo: saúde física ou corporal; saúde fisiológica (correto funcionamento do organismo) e saúde mental (psicológica).

Topografia do art. 129	
caput	Lesão dolosa leve
§ 1º	Lesão dolosa grave - Atenção! O § 1º não traz somente a lesão dolosa grave. Ele também tem lesão preterdolosa grave.
§ 2º	Lesão dolosa gravíssima - também no § 2º tem preterdolo
§ 3º	Lesão seguida de morte - está genuinamente preterdolosa
§ 4º	Lesão dolosa privilegiada
§ 5º	Lesão culposa
§ 6º	Majorantes
§ 7º	Perdão judicial
§§ 9º, 10 e 11	Violência doméstica e familiar - aqui não é só contra mulher
§ 12	Praticada contra autoridade policial
§ 13	Praticada contra a mulher, por razões da condição do sexo feminino

Classificação

Pode ser praticado por ação ou omissão, quando presente o dever de agir para evitar o resultado, art. 13, § 2º, do CP. A mãe que deixa o filho pequeno sozinho na cama, desejando que ele caísse e se machucasse.

É crime de forma livre. Pode ser praticado por ação ou omissão. Pratica lesão quem cria ferimento ou quem agrava o ferimento que já existe.

Elemento subjetivo é o dolo (direto ou eventual) conhecido como *animus laedendi*, mas há também a culpa no § 6º (lesão corporal culposa) e o preterdolo no § 3º (lesão corporal seguida de morte).

Fique ligado
Qual crime é praticado pelo policial militar que agride uma pessoa? Abuso de autoridade e lesão corporal.

Sujeitos do crime

Sujeito ativo: é crime comum, podendo ser praticado por qualquer pessoa.

Sujeito passivo: em regra, qualquer pessoa.

Exceções: art. 129, § 1º, IV (aceleração de parto) e art. 129, § 2º, V (lesão que resulta aborto). Nessas duas hipóteses, as vítimas são, necessariamente, gestantes. Também na lesão qualificada pela violência doméstica a vítima precisa ser ascendente, descendente, irmã, cônjuge ou companheira do agressor. No § 13, da Lei nº 14.188/2021, a vítima, necessariamente, é mulher.

Consumação e tentativa

Por ser crime material, consuma-se com a efetiva lesão da vítima. A pluralidade de lesões contra a mesma vítima e no mesmo contexto temporal caracteriza crime único, mas deve influenciar na dosimetria da pena-base (art. 59, CP).

A tentativa só é cabível nas modalidades dolosas. Não cabe tentativa na lesão culposa e na lesão corporal seguida de morte.

- **Lesão corporal (art. 29, CP):** lesionar a vítima.
- **Contravenção penal de vias de fato (art. 21, Lei das Contravenções Penais):** agredir a vítima, sem lesioná-la. Ex.: empurrão, puxão de cabelo.

Lesão corporal leve

A ação penal é pública condicionada à representação da vítima, de competência dos juizados especiais criminais (art. 88, Lei nº 9.099/1995).

O conceito de lesão leve é considerado por exclusão: será de natureza leve se não for a lesão de natureza grave ou gravíssima.

Há jurisprudência admitindo o princípio da insignificância na lesão corporal, quanto às lesões levíssimas. Na doutrina, esse posicionamento é adotado por José Henrique Pierangeli.

3.2.1 Lesão corporal de natureza grave

> ***Art. 129, § 1º, CP*** *Se resulta:*
> *I – Incapacidade para as ocupações habituais, por mais de trinta dias;*
> *II – Perigo de vida;*
> *III – Debilidade permanente de membro, sentido ou função;*
> *IV – Aceleração de parto:*
> *Pena – Reclusão, de um a cinco anos.*

Trata-se de infração de médio potencial ofensivo, considerando que a pena mínima é de 1 ano. A ação penal é pública incondicionada.

Incapacidade para as ocupações habituais por mais de 30 dias

As ocupações habituais são aquelas rotineiras, físicas ou mentais, do cotidiano do ofendido e não apenas seu trabalho. É suficiente tratar-se de ocupação concreta, pouco importando se lucrativa ou não.

A atividade deve ser lícita, sendo indiferente se moral ou imoral.

Um bebê de tenra idade pode ser vítima dessa lesão? A resposta é afirmativa e há jurisprudência nesse sentido, trazendo como exemplo a hipótese em que o bebê, em razão da agressão não pode ser alimentado, pelo prazo de 30 dias.

É irrelevante a idade da vítima (pode ser idosa ou criança).

São exigidos dois exames periciais: um inicial realizado logo após o crime; e um exame complementar realizado logo que decorra o prazo de 30 dias da data do crime.

Supondo que a vítima sofra uma lesão ficando com um hematoma no olho, e, por vergonha não saiu de casa pelo prazo superior a 30 dias, nessa hipótese, restou configurado o delito de lesões corporais graves? Ensina a doutrina, seguida pela jurisprudência, que a relutância por vergonha de praticar as ocupações habituais não agrava o crime. É a lesão que deve incapacitar o agente e não a vergonha da lesão.

Perigo de vida

Perigo de vida é a possibilidade grave, concreta e imediata de a vítima morrer em consequência das lesões sofridas. Trata-se de perigo concreto, comprovado por perícia médica, que deve indicar, de modo preciso e fundamentado, no que consistiu o perigo de vida proporcionado à vítima. Nesta hipótese, é crime tipicamente preterdoloso, pois o resultado agravador deve resultar de culpa do agente.

Se o agente, ao praticar a lesão, quis o resultado ou assumiu o risco de produzi-lo, responderá por tentativa de homicídio.

O crime preterdoloso não está apenas na lesão corporal seguida de morte. O perigo de vida é um resultado necessariamente preterdoloso.

Debilidade permanente de membro, sentido ou função

Debilidade é a diminuição ou o enfraquecimento da capacidade funcional. Há de ser permanente, isto é, duradoura e de recuperação incerta. Não se exige perpetuidade. Ex.: o agente não fica cego, mas tem reduzida a capacidade visual.

Membros	São os braços, as pernas, as mãos e os pés.
Sentidos	São os mecanismos sensoriais por meio dos quais percebemos o mundo externo: visão, audição, tato, olfato e paladar.
Função	É a atividade inerente a um órgão ou aparelho do corpo humano: respiratória, circulatória, digestiva etc.

A perda ou inutilização de membro sentido ou função é lesão corporal gravíssima (art. 129, § 2º, III, CP).

Órgãos duplos (como rins, olhos, pulmões): a perda de um deles caracteriza lesão grave pela debilidade permanente. Já a perda de ambos configura lesão corporal gravíssima pela perda ou inutilização.

A recuperação do membro, sentido ou função por meio cirúrgico ou ortopédico não exclui a qualificadora, pois a vítima não é obrigada a submeter-se a tais procedimentos.

Aceleração de parto

É a antecipação do parto, o parto prematuro. A criança nasce com vida e continua a viver.

Para incidir essa qualificadora do inciso IV, é imprescindível que o agente saiba ou pudesse saber que a vítima da lesão era gestante, sob pena de restar caracterizada a responsabilidade penal objetiva, vedada pelo ordenamento jurídico. É necessário observar ainda que, em nenhuma dessas hipóteses o agente aceita ou quer o abortamento.

Se em consequência da lesão o feto for expulso morto do ventre materno, o crime será de lesão corporal gravíssima em razão do aborto (art. 129, § 2º, V, CP).

3.2.2 Lesão corporal dolosa gravíssima

> ***Art. 129, § 2º, CP** Se resulta:*
> *I – Incapacidade permanente para o trabalho;*
> *II – Enfermidade incurável;*
> *III – Perda ou inutilização do membro, sentido ou função;*
> *IV – Deformidade permanente;*
> *V – Aborto.*
> *Pena – Reclusão, de dois a oito anos.*

Em concurso, restou indagado se a expressão gravíssima era criação da lei, doutrina ou jurisprudência. Referida expressão é criação da doutrina que foi seguida pela jurisprudência.

A Lei nº 9.455/1997, que é a lei de tortura, adotou a expressão doutrinária gravíssima. Na lei de tortura, no art. 1º, § 3º, há expressa menção à lesão grave ou gravíssima.

Incapacidade permanente para o trabalho

Deve tratar-se de incapacidade genérica para o trabalho, ou seja, a vítima fica impossibilitada de exercer qualquer tipo de atividade laborativa remunerada.

A incapacidade não significa perpetuidade, basta que seja uma incapacidade duradoura, dilatada no tempo.

Enfermidade incurável

É a alteração prejudicial da saúde por processo patológico, físico ou psíquico, que não pode ser eficazmente combatida com os recursos da medicina à época do crime. Deve ser provada por exame pericial.

Também é considerada incurável a enfermidade que somente pode ser enfrentada por procedimento cirúrgico complexo ou mediante tratamentos experimentais ou penosos, pois a vítima não pode ser obrigada a enfrentar tais situações.

A transmissão intencional do vírus da Aids no Brasil é tida como de natureza letal, pelo que é considerada tentativa de homicídio. O certo seria a criação de tipo penal específico sobre a transmissão intencional do vírus da Aids.

Em recente julgado, o STF afastou essa ideia. A Suprema Corte entendeu, recentemente, que não se trata de tentativa de homicídio a transmissão intencional do vírus da Aids.

Perda ou inutilização de membro, sentido ou função

- **Perda:** é a amputação, a destruição ou privação de membro (ex.: arrancar um braço), sentido (ex.: perda da audição), função (ex.: ablação do pênis que extingue a função reprodutora). Pode concretizar-se por meio de mutilação (o membro, sentido ou função é eliminado diretamente pela conduta do agressor) ou amputação (resulta da intervenção médico-cirúrgica realizada para salvar a vida do ofendido).
- **Inutilização:** falta de aptidão do órgão para desempenhar sua função específica. O membro ou órgão continua ligado ao corpo da vítima, mas incapacitado para desempenhar as atividades que lhe são próprias. Ex.: a vítima ficou paraplégica.

A correção corporal da vítima por meios ortopédicos ou próteses não afasta a qualificadora, ao contrário do reimplante realizado com êxito.

A perda de parte do movimento de um membro (braço, perna, mão ou pé) configura lesão grave pela debilidade permanente. Todavia, a perda de todo o movimento caracteriza lesão corporal gravíssima pela inutilização.

Deformidade permanente

Segundo doutrina, a jurisprudência majoritária, essa qualificadora está intimamente relacionada a questões estéticas. Desse modo, precisa ser visível, mas não necessariamente na face, e capaz de causar impressão vexatória em quem olha a vítima.

A vítima não é obrigada a se submeter a intervenção cirúrgica para a reparação da deformidade. Caso, no entanto, submeta-se e a deformidade seja corrigida, desaparecerá a qualificadora, sendo cabível, inclusive, a revisão criminal. A correção da deformidade com o uso de prótese (ex.: olho de vidro, orelha de borracha ou aparelho ortopédico) não exclui a qualificadora.

Aborto

Essa qualificadora é necessariamente preterdolosa. Há dolo na lesão e culpa no aborto. Se o agente quer, ou assume o risco do aborto, haverá concurso de crimes.

A interrupção da gravidez, com a consequente morte do produto da concepção, deve ter sido provocada culposamente, pois se trata de crime preterdoloso. Se a morte do feto foi proposital, o sujeito responderá por dois crimes: lesão corporal em concurso formal impróprio com aborto sem o consentimento da gestante (art. 125). É obrigatório o conhecimento da gravidez por parte do agressor.

3.2.3 Lesão corporal seguida de morte

> ***Art. 129, § 3º, CP** Se resulta morte e as circunstâncias evidenciam que o agente não quis o resultado, nem assumiu o risco de produzi-lo.*
> *Pena – Reclusão, de quatro a doze anos.*

É crime exclusivamente preterdoloso (dolo no antecedente [lesão] e culpa no consequente [morte]). Esse crime não vai a júri, considerando que não há dolo na morte.

A morte foi ocasionada a título culposo – temos o típico caso de crime preterdoloso (dolo na conduta antecedente e culpa na posterior).

Se presente o dolo direto ou dolo eventual quanto ao resultado morte, o sujeito responderá por homicídio doloso.

Essa modalidade de lesão corporal não admite tentativa.

3.2.4 Lesão corporal privilegiada

Diminuição de pena

Art. 129, § 4º, CP *Se o agente comete o crime impelido por motivo de relevante valor social ou moral ou sob o domínio de violenta emoção, logo em seguida a injusta provocação da vítima, o juiz pode reduzir a pena de um sexto a um terço.*

Esse privilégio se aplica a todos os tipos de lesão dolosa, contudo, é incabível nas lesões culposas.

São as mesmas características do homicídio privilegiado (art. 121, § 1º, CP).

Substituição da pena

Art. 129, § 5º, CP *O juiz, não sendo graves as lesões, pode ainda substituir a pena de detenção pela de multa:*

I – Se ocorre qualquer das hipóteses do parágrafo anterior;

II – Se as lesões são recíprocas.

A situação da substituição de penas somente se aplica ao *caput*, considerando que exige que as lesões corporais não sejam graves. A possibilidade de substituição, assim, somente se dá com a hipótese de lesões leves.

- Quando a lesão corporal leve for privilegiada: desse modo, caso as lesões sejam leves, o juiz terá duas opções: reduzir a pena de 1/6 a 1/3 (§ 4º) ou substituí-la por multa (§ 5º);
- Se as lesões leves forem recíprocas: uma pessoa agride outra e, cessada essa primeira agressão, ocorre uma outra lesão pela primeira vítima.

3.2.5 Lesão corporal culposa

Art. 129, § 6º, CP *Se a lesão é culposa:*

Pena – Detenção, de dois meses a um ano.

Ocorre lesão corporal culposa quando o agente faltou com seu dever de cuidado objetivo por meio de imprudência, negligência ou imperícia. Desse modo, as consequências, embora previsíveis, não foram previstas pelo agente, ou se foram, ele não assumiu o risco de produzir o resultado.

Essa espécie de lesão depende de representação da vítima ou de seu representante legal (art. 88, Lei nº 9.099/1995), pois é crime de ação penal pública condicionada a representação e infração penal de menor potencial ofensivo (pena máxima menor que 2 anos).

Diferentemente do que ocorre com as lesões dolosas (que podem ser leves, graves ou gravíssimas), o CP não fez distinção com relação às lesões culposas. Desse modo, qualquer que seja a intensidade da lesão, o agente responderá por lesão corporal culposa. A gravidade da lesão será levada em consideração na fixação da pena-base (art. 59).

3.2.6 Aumento de pena

Art. 129, § 7º, CP *Aumenta-se a pena de um terço, se ocorrer qualquer das hipóteses do art. 121, §§ 4º e 6º.*

Art. 121, § 4º, CP *No homicídio culposo, a pena é aumentada de 1/3 (um terço), se o crime resulta de inobservância de regra técnica de profissão, arte ou ofício, ou se o agente deixa de prestar imediato socorro à vítima, não procura diminuir as consequências do seu ato, ou foge para evitar prisão em flagrante. Sendo DOLOSO o homicídio, a pena é aumentada de 1/3 (um terço) se o crime é praticado contra pessoa menor de 14 (quatorze) ou maior de 60 (sessenta) anos.*

Art. 121, § 6º, CP *A pena é aumentada de 1/3 (um terço) até a metade se o crime for praticado por milícia privada, sob o pretexto de prestação de serviço de segurança, ou por grupo de extermínio.*

Art. 121, § 8º, CP *Aplica-se à lesão culposa o disposto no § 5º do art. 121.*

Art. 121, § 5º, CP *Na hipótese de homicídio CULPOSO, o juiz poderá deixar de aplicar a pena, se as consequências da infração atingirem o próprio agente de forma tão grave que a sanção penal se torne desnecessária.*

Violência doméstica

Art. 129, CP *[...]*

§ 9º Se a lesão for praticada contra ascendente, descendente, irmão, cônjuge ou companheiro, ou com quem conviva ou tenha convivido, ou, ainda, prevalecendo-se o agente das relações domésticas, de coabitação ou de hospitalidade:

Pena – Detenção, de 3 (três) meses a 3 (três) anos.

§ 10 Nos casos previstos nos §§ 1º a 3º deste artigo, se as circunstâncias são as indicadas no § 9º deste artigo, aumenta-se a pena em 1/3 (um terço).

§ 11 Na hipótese do § 9º deste artigo, a pena será aumentada de um terço se o crime for cometido contra pessoa portadora de deficiência.

A forma qualificada do § 9º só se aplica à lesão corporal leve.

§ 13 Se a lesão for praticada contra a mulher, por razões da condição do sexo feminino, nos termos do § 2º-A do art. 121 deste Código:

Pena – Reclusão, de 1 (um) a 4 (quatro anos).

A Lei nº 14.188/2021 acrescentou o § 13 ao art. 129. Trata-se de nova qualificadora para a lesão corporal simples (leve) cometida contra a mulher por razões da condição do sexo feminino. Assim, se a lesão for praticada contra a mulher, por razões da condição do sexo feminino, a conduta se enquadra no § 13 do art.129.

Nos demais casos (ex.: vítima homem) a conduta continua sendo tipificada no § 9º do art. 129 do CP.

Se a lesão for grave, gravíssima ou seguida de morte, aplica-se o § 1º (grave), § 2º (gravíssima) ou o § 3º (lesão seguida de morte) cumulada com a causa de aumento de pena do § 10.

Pode ser causa supralegal de exclusão da ilicitude (somente na lesão corporal leve), desde que presentes os seguintes requisitos, cumulativos:

- Deve ser expresso;
- Deve ser livre (não pode ter sido concedido em razão de coação ou ameaça);
- Deve ser moral e respeitar os bons costumes;
- Deve ser prévio à consumação da lesão;
- O ofendido deve ser capaz para consentir (maior de 18 anos e mentalmente capaz).

É irrelevante o consentimento do ofendido nos crimes de lesão corporal grave, gravíssima e seguida de morte, pois o bem jurídico protegido nestas hipóteses é indisponível.

Autolesão: em razão do princípio da alteridade, não se pune a autolesão. Todavia, pode caracterizar o crime descrito no art. 171, § 2º V, do CP (fraude para recebimento de indenização ou valor de seguro).

> Jogador de golfe quebra o próprio braço para receber o valor do seguro.

Lesões em atividades esportivas: há a exclusão da ilicitude em razão do exercício regular do direito.

Cirurgias emergenciais: se há risco de morte do paciente, o médico que atua sem o consentimento do operado estará amparado pelo estado de necessidade de terceiro. Se não há risco de morte, a cirurgia depende de consentimento da vítima ou de seu representante legal para afastar o crime pelo exercício regular do direito.

Cirurgia de mudança de sexo: não há crime de lesão corporal gravíssima por ausência de dolo de lesionar a integridade corporal ou a saúde do paciente. Atualmente é permitida a realização dessa cirurgia – redesignação sexual – inclusive na rede pública de saúde (Portaria nº 1.707/2008, do Ministério da Saúde). Desse modo, o médico que realiza este procedimento não comete crime por estar acobertado pelo exercício regular de direito.

Cirurgia de esterilização sexual: não há crime na conduta do médico que realiza esta cirurgia (vasectomia, ligadura de trompas etc.) com a autorização do paciente, apesar da eliminação da função reprodutora. Exercício regular de direito.

3.3 Periclitação da vida e da saúde

3.3.1 Perigo de contágio venéreo

> ***Art. 130, CP*** *Expor alguém, por meio de relações sexuais ou qualquer ato libidinoso, a contágio de moléstia venérea, de que sabe ou deve saber que está contaminado:*
>
> *Pena – Detenção, de três meses a um ano, ou multa.*
>
> *§ 1º Se é intenção do agente transmitir a moléstia:*
>
> *Pena – Reclusão, de um a quatro anos, e multa.*
>
> *§ 2º Somente se procede mediante representação.*

Esse crime configura-se quando o agente transmite ou expõe a perigo de contágio de uma doença venérea (sífilis, gonorreia etc.), bem como, caso ele a desconheça, venha a infectar uma possível vítima.

A forma de transmitir a doença pode ser por meio de relações sexuais (conjunção carnal), ou por qualquer outro ato libidinoso (ação que satisfaça a libido do agente, beijo lascivo, sexo oral, sexo anal, masturbação etc.).

Se a intenção do agente é transmitir a doença, por tratar-se de crime formal, não é necessário o contágio.

Fique ligado

A Aids não é considerada uma moléstia venérea, visto que pode ser contraída ou transmitida de diversas formas, além do contato sexual.

O § 1º traz a forma qualificada do crime, ou seja, quando o agente tem a intenção (dolo) de transmitir a doença.

3.3.2 Perigo de contágio de moléstia grave

> ***Art. 131, CP*** *Praticar, com o fim de transmitir a outrem moléstia grave de que está contaminado, ato capaz de produzir o contágio:*
>
> *Pena – Reclusão, de um a quatro anos, e multa.*

Trata-se de crime de dano (caso exponha a perigo sem querer ou assumir o risco será hipótese do art. 132 do CP), Formal (não precisa transmitir) e de forma livre.

Nesse delito, o agente tem o fim especial de agir, ou seja, pratica um ato (diverso do contato sexual) com a intenção de transmitir uma moléstia grave (qualquer doença que acarrete prejuízo a saúde da vítima – não sendo venérea), por exemplo, sarampo, tuberculose etc.

Ademais, em relação à AIDS, visto seu grau letal, é considerado como tentativa de homicídio (art. 121, CP), não há possibilidade alguma de enquadrá-la como moléstia grave.

3.3.3 Perigo para vida ou saúde de outrem

> ***Art. 132, CP*** *Expor a vida ou a saúde de outrem a perigo direto e iminente:*
>
> *Pena – Detenção, de três meses a um ano, se o fato não constitui crime mais grave.*
>
> ***Parágrafo único.*** *A pena é aumentada de um sexto a um terço se a exposição da vida ou da saúde de outrem a perigo decorre do transporte de pessoas para a prestação de serviços em estabelecimentos de qualquer natureza, em desacordo com as normas legais.*

Estará configurado o crime quando o agente, de qualquer forma, expõe ao perigo a vida de uma pessoa determinada. Tal ação pode ser praticada de forma livre, ou seja, não exige uma conduta específica.

Soltar uma pedra do alto de um viaduto sobre um carro que passa pela rodovia com intenção de causar um acidente.

Caso a conduta do agente não seja contra uma pessoa determinada, restará configurado crime diverso que será avaliado de acordo com a situação (arts. 250 a 259, CP).

3.3.4 Abandono de incapaz

> ***Art. 133, CP*** *Abandonar pessoa que está sob seu cuidado, guarda, vigilância ou autoridade, e, por qualquer motivo, incapaz de defender-se dos riscos resultantes do abandono:*
>
> *Pena – Detenção, de seis meses a três anos.*
>
> *§ 1º Se do abandono resulta lesão corporal de natureza grave:*
>
> *Pena – Reclusão, de um a cinco anos.*
>
> *§ 2º Se resulta a morte:*
>
> *Pena – Reclusão, de quatro a doze anos.*
>
> ***Aumento de pena***
>
> *§ 3º As penas cominadas neste artigo aumentam-se de um terço:*
>
> *I – Se o abandono ocorre em lugar ermo;*
>
> *II – Se o agente é ascendente ou descendente, cônjuge, irmão, tutor ou curador da vítima.*
>
> *III – Se a vítima é maior de 60 (sessenta) anos.*

Trata-se de crime próprio. O tipo penal incrimina a conduta do agente, que tendo o dever de cuidado, guarda, vigilância ou autoridade abandona, desampara, deixa de prestar o devido cuidado com aquele que seja incapaz de se proteger (defender). O agente possui a condição de garantidor – dever de agir.

> A mãe deixa o filho em um parque central enquanto percorre lojas realizando compras, ou então, deixa-o dentro do veículo enquanto está no interior de um supermercado. Uma babá, que deixa a criança sozinha dentro de casa enquanto vai à feira.

O incapaz não precisa ser necessariamente uma criança. Por exemplo, uma instrutora de escola de natação que deixa os alunos sozinhos na piscina enquanto vai ao banheiro.

Se o abandono se dá em uma situação em que não há risco, não haverá crime. Para a existência do delito deve haver o dolo de perigo.

Ademais, os parágrafos primeiro e segundo qualificam o crime quando do abandono resultar lesão corporal de natureza grave, ou a morte do incapaz. Por conseguinte, a pena será aumentada (majorante) quando o abandono ocorrer em local ermo, se o incapaz for ascendente, descendente, cônjuge, irmão, tutor, curador, ou se a vítima for maior de 60 anos, conforme o § 3º do referido artigo.

3.3.5 Exposição ou abandono de recém-nascido

> ***Art. 134, CP*** *Expor ou abandonar recém-nascido, para ocultar desonra própria:*
>
> *Pena – Detenção, de seis meses a dois anos.*
>
> *§ 1º Se do fato resulta lesão corporal de natureza grave:*
>
> *Pena – Detenção, de um a três anos.*
>
> *§ 2º Se resulta a morte:*
>
> *Pena – Detenção, de dois a seis anos.*

Esse delito é considerado uma forma privilegiada do crime de abandono de incapaz, artigo anterior, no entanto, nesse caso, a vítima é determinada (o recém-nascido) ademais, tal conduta visa a proteção da honra do agente.

Pode-se citar o exemplo de uma jovem de 18 anos, mãe solteira, que abandona seu filho recém-nascido para preservar sua imagem perante a família.

Por conseguinte, também existe a forma qualificada do crime, expressa nos parágrafos primeiro e segundo, no caso de a ação resultar em lesão corporal de natureza grave ou a morte do recém-nascido.

3.3.6 Omissão de socorro

Art. 135, CP Deixar de prestar assistência, quando possível fazê-lo sem risco pessoal, à criança abandonada ou extraviada, ou à pessoa inválida ou ferida, ao desamparo ou em grave e iminente perigo; ou não pedir, nesses casos, o socorro da autoridade pública:

Pena – Detenção, de um a seis meses, ou multa.

***Parágrafo único.** A pena é aumentada de metade, se da omissão resulta lesão corporal de natureza grave, e triplicada, se resulta a morte.*

Essa norma penal tipifica a conduta omissa do agente que não presta auxílio – desde que tal prestação não incorra em risco pessoal – ou, quando não puder fazê-lo, deixa de pedir o socorro da autoridade pública.

Classificação

É considerado um crime comum, visto que pode ser praticado por qualquer pessoa.

É um crime omissivo próprio ou puro, pois a conduta omissiva está prevista no artigo em análise, ocorrendo quando o agente deixa de fazer o que lhe é imposto por lei – prestar socorro.

Comumente é praticado apenas por uma pessoa, sendo que é perfeitamente possível que haja o concurso de agentes (art. 29, CP).

Sujeitos do crime

Sendo crime comum, o sujeito ativo pode ser qualquer pessoa, enquanto o sujeito passivo são as pessoas elencadas no *caput* do próprio artigo: criança abandonada ou extraviada (perigo abstrato). Pessoa ferida ou inválida com sérias dificuldades de movimentação (perigo abstrato). Ao desamparo ou em grave e eminente perigo (perigo concreto).

Consumação e tentativa

O crime se consuma no momento da omissão. Ademais, não se configura o crime quando a vítima ofereça resistência que torne impossível a prestação de auxílio, ou então, caso ela esteja manifestamente em óbito.

Não admite tentativa.

Descrição do crime

O crime pode ser cometido de duas formas distintas:

- ▹ **Falta de assistência imediata:** o agente pode prestar socorro, sem risco pessoal, mas deliberadamente não o faz.
- ▹ **Falta de assistência mediata:** o agente não pode prestar pessoalmente o socorro, mas também não solicita o auxílio da autoridade pública.

A simples condição de médico não o coloca como garantidor.

Pessoa inválida e pessoa ferida: é imprescindível que se encontrem ao desamparo no momento da omissão.

Se apenas uma pessoa presta o socorro, quando diversas poderiam tê-lo feito sem risco pessoal, não há crime para ninguém.

Omissão de socorro a pessoa idosa (igual ou superior a 60 anos), responde conforme o art. 97, da Lei nº 10.741/2003 (Estatuto do Idoso) – princípio da especialidade.

***Parágrafo único.** A pena é aumentada de metade, se da omissão resulta lesão corporal de natureza grave, e triplicada, se resulta a morte.*

A causa de aumento de pena é exclusivamente preterdolosa, o agente tem o dolo de se omitir (não presta o socorro) e disto, acaba resultando uma consequência não desejada pelo omitente.

3.3.7 Condicionamento de atendimento médico-hospitalar emergencial

Art. 135-A, CP Exigir cheque-caução, nota promissória ou qualquer garantia, bem como o preenchimento prévio de formulários administrativos, como condição para o atendimento médico-hospitalar emergencial:

Pena – Detenção, de 3 (três) meses a 1 (um) ano, e multa.

***Parágrafo único.** A pena é aumentada até o dobro se da negativa de atendimento resulta lesão corporal de natureza grave, e até o triplo se resulta a morte.*

Esse delito tipifica a conduta do estabelecimento que presta atendimento médico-hospitalar emergencial e venha a exigir cheque, nota promissória ou qualquer garantia, como também, que sejam preenchidos formulários como condição necessária para que o socorro/atendimento médico seja prestado.

Existe ainda o aumento de pena, tratado no parágrafo único, que incide quando a conduta negativa resulta em lesão corporal grave ou morte.

Inserido no Código Penal pela Lei nº 12.653/2012, a fim de coibir uma prática que era comum em estabelecimentos médico-hospitalares particulares.

3.3.8 Maus-tratos

Art. 136, CP Expor a perigo a vida ou a saúde de pessoa sob sua autoridade, guarda ou vigilância, para fim de educação, ensino, tratamento ou custódia, quer privando-a de alimentação ou cuidados indispensáveis, quer sujeitando-a a trabalho excessivo ou inadequado, quer abusando de meios de correção ou disciplina:

Pena – Detenção, de dois meses a um ano, ou multa.

§ 1º Se do fato resulta lesão corporal de natureza grave:

Pena – Reclusão, de um a quatro anos.

§ 2º Se resulta a morte:

Pena – Reclusão, de quatro a doze anos.

§ 3º Aumenta-se a pena de um terço, se o crime é praticado contra pessoa menor de 14 (catorze) anos.

Esse artigo tipifica a conduta do agente que pratica, sob a pessoa que esteja subordinada à sua autoridade, guarda ou vigilância, atos não condizentes como forma ou a pretexto de educá-la, ensiná-la, tratá-la ou reprimi-la.

Classificação

Trata-se de crime próprio, ou seja, o sujeito ativo deve ser superior hierárquico do sujeito passivo.

É um crime comissivo ou omissivo, porém suas condutas são vinculadas, ou seja, o artigo traz, expressamente, a forma como a conduta do agente deve ocorrer.

Haverá crime único desde que as condutas sejam praticadas contra a mesma vítima e no mesmo contexto fático.

Sujeitos do crime

Sujeito ativo: é um crime próprio, ou seja, somente aquele que tem o sujeito passivo sob sua autoridade, guarda ou vigilância, para fins de educação, ensino, tratamento ou custódia.

Sujeito passivo: é aquele que se encontra sob a autoridade, guarda ou vigilância de outra pessoa, para fins de educação, ensino, tratamento ou custódia.

Consumação e tentativa

O crime consuma-se com a exposição da vítima ao perigo. Não se exige o dano efetivo.

A conduta de privação de alimentos ou cuidados indispensáveis (modalidade omissiva) não admite tentativa. Contudo, as demais condutas admitem a tentativa.

Descrição do crime

Apenas pode ser executado pelos meios/condutas indicados no tipo penal, sendo as seguintes:

- ▹ Privar a vítima de alimentos ou cuidados indispensáveis: caso a intenção do agente, ao privar a vítima de alimentos, seja matá-la, responderá pelo crime de homicídio (tentado ou consumado);
- ▹ Sujeitar a vítima a trabalhos excessivos ou inadequados;
- ▹ Abusar dos meios de disciplina ou correção.

As formas qualificadas do crime de maus-tratos (lesão corporal de natureza grave e morte) são exclusivamente preterdolosas – conduta dolosa no antecedente e culpa no consequente.

Aumenta-se a pena de 1/3 se o crime é praticado contra pessoa menor de 14 anos.

A esposa não pode ser vítima de maus-tratos pelo marido, visto que não se encontra sob sua autoridade, guarda ou vigilância. Desse modo, o marido poderá responder pelo crime de lesão corporal (art. 129, CP).

Tratando-se de criança ou adolescente sujeita à autoridade, guarda ou vigilância de alguém e submetida a vexame ou constrangimento, aplica-se o art. 232 da Lei nº 8.069/1990 (ECA): submeter criança ou adolescente sob sua autoridade, guarda ou vigilância a vexame ou a constrangimento: *Pena – Detenção de seis meses a dois anos.*

A diferença entre o crime de maus-tratos e o crime de tortura (Lei nº 9.455/1997), reside no fato de que nessa a vítima é submetida a intenso sofrimento físico ou mental como forma de aplicar castigo pessoal ou medida de caráter preventivo (art. 1º, II, Lei nº 9.455/1997).

Caso a vítima seja idosa, incide o crime previsto no art. 99 da Lei nº 10.741/2003 (Estatuto do Idoso).

3.4 Rixa

> ***Art. 137, CP*** *Participar de rixa, salvo para separar os contendores:*
> *Pena – Detenção, de quinze dias a dois meses, ou multa.*
> ***Parágrafo único.*** *Se ocorre morte ou lesão corporal de natureza grave, aplica-se, pelo fato da participação na rixa, a pena de detenção, de seis meses a dois anos.*

A rixa é um conflito tumultuoso que ocorre entre três ou mais pessoas, acompanhada de vias de fato (luta, briga), em que os participantes desferem violências recíprocas, não sendo possível identificar dois grupos distintos.

Trata-se de crime comum, pois pode ser praticado por qualquer pessoa. Ainda, enquadra-se em um delito plurissubjetivo, plurilateral ou de concurso necessário, visto que, para configurar o crime, devem existir no mínimo três pessoas. Por conseguinte, basta que apenas um dos participantes seja imputável (dois menores e um maior de 18 anos).

Também é considerado um crime de condutas contrapostas, ou seja, todos os participantes trocam agressões entre si, ora apanham, ora batem.

Sujeitos do crime

No crime de rixa, ao mesmo tempo em que o agente é sujeito ativo, ele também é sujeito passivo, pois assim como agride também sofre agressão – reciprocidade.

Consumação e tentativa

A consumação ocorre quando os participantes iniciam as vias de fato ou ainda as violências recíprocas.

Admite a tentativa, quando ocorre, por exemplo, a intervenção policial quando se iniciariam as agressões.

Descrição do crime

Os três ou mais rixosos devem combater entre si, pois participa da rixa quem nela pratica, agressivamente, atos de violência material.

Não há rixa quando lutam entre si dois ou mais grupos contrários, perfeitamente definidos. Nesse caso, os membros de cada grupo devem ser responsabilizados pelos ferimentos produzidos nos membros do grupo contrário.

> O crime pode ser praticado de forma comissiva (o agente participa efetivamente da rixa) ou omissiva (quando o omitente podia e devia agir para evitar o resultado). O policial que assiste a três pessoas brigando entre si e nada faz para impedir o resultado.

Não há crime na conduta de quem ingressou no tumulto somente para separar os contendores.

Sendo considerado um crime de perigo abstrato, para que se configure o delito não há necessidade de que os participantes sofram lesões, o simples fato de participar da rixa já configura o em crime.

O contato físico é dispensável, sendo perfeitamente possível a rixa a distância com o arremesso de objetos, tiros etc.

Na possibilidade em que ocorrer lesão corporal de natureza leve em algum dos participantes e o agente que a causou possa ser identificado, nessa hipótese, ele responderá pelo crime de rixa em concurso material com o crime de lesão, se resulta em lesão corporal grave/gravíssima ou a morte, estará configurado o crime de rixa qualificada.

A briga entre torcidas não configura rixa, mas, sim, o tipo penal descrito no art. 41-B da Lei nº 10.671/2003 (Estatuto do Torcedor). Trata-se de um tipo penal específico incluído pela Lei nº 12.299/2010.

Rixa qualificada também é conhecida como rixa complexa.

> ***Parágrafo único.*** *Se ocorre morte ou lesão corporal de natureza grave, aplica-se, pelo fato da participação na rixa, a pena de detenção, de seis meses a dois anos.*

Trata-se de um dos últimos resíduos da responsabilidade penal objetiva – antigamente adotada pelo ordenamento jurídico brasileiro –, pois, nessa hipótese, independe qual dos rixosos foi o responsável pela produção do resultado agravador (lesão corporal grave ou morte) todos aqueles que participaram responderão na modalidade qualificada.

Ainda, não importa se a morte ou a lesão corporal grave seja produzida em um dos rixosos ou então em uma terceira pessoa, alheia à rixa (apaziguador ou mero transeunte).

Há aqui três sistemas de punição:

- **Sistema da solidariedade absoluta:** se da rixa resultar lesão grave ou morte, todos os participantes respondem pelo evento (lesão grave ou homicídio), independentemente de se apurar quem foi seu real autor.
- **Sistema da cumplicidade correspectiva:** havendo lesão grave ou morte, e não sendo apurado seu autor, todos os participantes respondem por esse resultado, sofrendo, entretanto, sanção intermediária à de um autor e de um partícipe.
- **Sistema da autonomia:** a rixa é punida por si mesma, independentemente do resultado morte ou lesão grave, o qual, se ocorrer, somente qualificará o delito. Apenas o causador da lesão grave ou morte, se identificado, é que responderá também pelos delitos dos arts. 121 e 129 do CP.

O CP adotou o princípio ou sistema da autonomia, nos termos do art. 137, parágrafo único:

> ***Parágrafo único.*** *Se ocorre morte ou lesão corporal de natureza grave, aplica-se, pelo fato da participação na rixa, a pena de detenção, de seis meses a dois anos.*

Até mesmo o rixoso que sofreu lesão corporal grave responde pela rixa qualificada (todos os que se envolvem no tumulto, daí sobrevindo lesão corporal grave ou morte respondem pela rixa qualificada).

O resultado agravador (lesão corporal grave ou a morte) pode ser doloso ou culposo, não se tratando de crime essencialmente preterdoloso.

Caso o resultado seja lesões leves ou ocorra uma tentativa de homicídio, não é capaz de qualificar a rixa.

> "A" participou da rixa, mas abandonou antes da produção do resultado agravador (lesão corporal grave ou morte). "A" responde por rixa qualificada, pois concorreu com seu comportamento anterior para a produção do resultado. "A" ingressou na rixa depois da produção do resultado agravador (lesão corporal grave ou morte). "A" responde por rixa simples.

3.4.1 Rixa × legítima defesa

Durante uma rixa um dos participantes, "A" empunha uma arma para matar "B"; este, em sua defesa, consegue defender-se, toma a arma de "A" e o mata. Nessa situação, caso "A" conseguisse matar "B", deveria responder pelo crime de rixa qualificada (resultando morte de um dos participantes) em concurso material com o crime de homicídio. Contudo, como "B" conseguiu reagir, em relação ao crime de homicídio que "A" tentara contra ele, caberá à exclusão de ilicitude (legítima defesa) em relação ao crime de homicídio (morte de "A"), porém, ainda assim, "B" e "C" responderão por rixa qualificada, pois a legítima defesa não é relevante para excluir a qualificação do crime de rixa.

D P E N

4 CRIMES CONTRA O PATRIMÔNIO

4.1 Furto

> ***Art. 155, CP** Subtrair, para si ou para outrem, coisa alheia móvel:*
> *Pena – Reclusão, de um a quatro anos, e multa.*
> *§ 1º A pena aumenta-se de um terço, se o crime é praticado durante o repouso noturno.*
> *§ 2º Se o criminoso é primário, e é de pequeno valor a coisa furtada, o juiz pode substituir a pena de reclusão pela de detenção, diminuí-la de um a dois terços, ou aplicar somente a pena de multa.*
> *§ 3º Equipara-se à coisa móvel a energia elétrica ou qualquer outra que tenha valor econômico.*
> ***Furto qualificado***
> *§ 4º A pena é de reclusão de dois a oito anos, e multa, se o crime é cometido:*
> *I – com destruição ou rompimento de obstáculo à subtração da coisa;*
> *II – com abuso de confiança, ou mediante fraude, escalada ou destreza;*
> *III – com emprego de chave falsa;*
> *IV – mediante concurso de duas ou mais pessoas.*
> *§ 4º-A A pena é de reclusão de 4 (quatro) a 10 (dez) anos e multa, se houver emprego de explosivo ou de artefato análogo que cause perigo comum.*
> *§ 4º-B A pena é de reclusão, de 4 (quatro) a 8 (oito) anos, e multa, se o furto mediante fraude é cometido por meio de dispositivo eletrônico ou informático, conectado ou não à rede de computadores, com ou sem a violação de mecanismo de segurança ou a utilização de programa malicioso, ou por qualquer outro meio fraudulento análogo.*
> *§ 4º-C. A pena prevista no § 4º-B deste artigo, considerada a relevância do resultado gravoso:*
> *I – aumenta-se de 1/3 (um terço) a 2/3 (dois terços), se o crime é praticado mediante a utilização de servidor mantido fora do território nacional;*
> *II – aumenta-se de 1/3 (um terço) ao dobro, se o crime é praticado contra idoso ou vulnerável.*
> *§ 5º A pena é de reclusão de três a oito anos, se a subtração for de veículo automotor que venha a ser transportado para outro Estado ou para o exterior.*
> *§ 6º A pena é de reclusão de 2 (dois) a 5 (cinco) anos se a subtração for de semovente domesticável de produção, ainda que abatido ou dividido em partes no local da subtração.*
> *§ 7º A pena é de reclusão de 4 (quatro) a 10 (dez) anos e multa, se a subtração for de substâncias explosivas ou de acessórios que, conjunta ou isoladamente, possibilitem sua fabricação, montagem ou emprego.*

O crime de furto está descrito no rol dos crimes contra o patrimônio, mais precisamente, no Título II do Código Penal. Furto é se apropriar de algo alheio para si ou para outra pessoa.

Existem várias modalidades de furto, dentre as quais se destacam: o furto de coisa comum, furto privilegiado e o furto qualificado. Há que se distinguir furto de roubo: a principal diferença entre os dois é que no roubo há emprego de violência e no furto não há.

Bem jurídico tutelado

Tutela-se o patrimônio, a posse e a detenção, desde que legítimas.

Classificação

É considerado um crime comum (praticado por qualquer pessoa) e material (para sua consumação exige um resultado naturalístico).

É um crime doloso (ânimo de assenhoramento definitivo da coisa. Vontade de se tornar dono/proprietário do bem).

Sujeitos do crime

Sujeito ativo: qualquer pessoa (exceto o proprietário).

Sujeito passivo: qualquer pessoa (proprietário, possuidor ou detentor do bem). Pode ser pessoa física ou jurídica.

Consumação e tentativa

De acordo com a teoria da inversão da posse, ocorre a consumação do furto quando o bem sai da esfera de disponibilidade da vítima e passa para a do autor do delito.

De acordo com o STJ, não se exige a posse mansa e pacífica do bem para a sua consumação, bastando que o agente obtenha a simples posse do bem, ainda que por um curto período.

Precedentes do STJ e STF considera-se consumado o crime de furto com a simples posse, ainda que breve, do bem subtraído, não sendo necessária que ela se dê de forma mansa e pacífica, bastando que cesse a clandestinidade, ainda que por curto espaço de tempo.

- Pungista (vulgarmente conhecido como batedor de carteira) coloca a mão no bolso da vítima, mas a carteira está no outro bolso: tentativa de furto;
- Pungista coloca a mão no bolso da vítima, mas a carteira está em casa: crime impossível (art. 17, CP).

Furto consumado

- Há perda dos bens subtraídos.
- Auto de Prisão em Flagrante (APF) de apenas um dos agentes e fuga dos comparsas.
- Subtração e posse de apenas parte dos bens.
- APF no caso de flagrante presumido.
- Por circunstâncias alheias à vontade do agente, este não consegue consumar o furto. É admitida a tentativa, pois se trata de crime material (exige resultado).

Tipo subjetivo

O delito é punido a título de dolo, mas, atente-se que é necessária a vontade de apoderamento definitivo, ou seja, a intenção de não mais devolver a coisa à vítima.

O furto de uso é fato atípico. Mas, para ser caracterizado o furto de uso são necessários três requisitos: a intenção desde o início de uso momentâneo da coisa, ser coisa não consumível (infungível) e a restituição seja imediata e integral à vítima.

Qual crime pratica o proprietário que subtrai coisa sua na legítima posse de terceiro? Há prática do delito de exercício arbitrário das próprias razões. Aqui, pode se enquadrar no art. 345 ou no art. 346 do CP, a depender da qualidade da posse do agente.

- **A coisa pública de uso comum, pode ser objeto material de furto?**

A coisa pública, de uso comum, a todos pertence, não podendo ser subtraída e configurar furto. Sucede que, dependendo da situação, há possibilidade da prática de crime ambiental, do delito de usurpação de águas e do crime de dano. Ex.: furto de parte de estátua.

A vigilância física ou eletrônica em estabelecimentos comerciais torna o crime impossível? Primeiramente, deve-se analisar a natureza do equipamento. Se, por exemplo, há um equipamento que impede por si só a saída do estabelecimento com o bem, seria configurado o crime impossível. O fato de haver câmeras ou seguranças apenas dificulta a consumação.

4.1.1 Furto noturno

> ***Art. 155, § 1º, CP** A pena aumenta-se de um terço, se o crime é praticado durante o repouso noturno.*

O repouso noturno só era aplicado ao furto simples (*caput*). Porém, atualmente a jurisprudência admite a previsão do aumento de pena tanto para o furto simples (*caput*) quanto para o furto qualificado (§§ 4º e 5º).

Aplica-se essa causa de aumento de pena, desde que o fato seja praticado durante o repouso noturno. Não importa se a casa estava ou não habitada, ou o seu morador estava ou não dormindo (divergência).

Aplica-se essa majorante, também, aos furtos cometidos durante o repouso noturno em veículos estacionados em vias públicas, bem como em estabelecimentos comerciais (divergência jurisprudencial).

- **Repouso noturno:** período em que as pessoas se recolhem em suas casas para descansarem (dormirem). Varia conforme a região: grandes metrópoles ou pequenas cidades do interior.
- **Noite:** ausência de luz solar. Período que vai da aurora ou crepúsculo.

4.1.2 Furto privilegiado

> ***Art. 155, § 2º, CP*** *Se o criminoso é primário, e é de pequeno valor a coisa furtada, o juiz pode substituir a pena de reclusão pela de detenção, diminuí-la de um a dois terços, ou aplicar somente a pena de multa.*

Aplica-se apenas ao furto simples (*caput*) e ao furto noturno. Não se aplica ao furto qualificado (§§ 4º e 5º).

Criminoso primário: aquele que não é reincidente. Não precisa ser portador de bons antecedentes. Se já transcorrido o prazo de 5 anos entre a data de cumprimento ou extinção da pena e a infração penal posterior, o agente readquire a sua condição de primário (art. 64, I, CP).

Coisa subtraída de pequeno valor: bem cujo valor seja de até um salário-mínimo na data do fato.

"Coisa de pequeno valor" não se confunde com "coisa de valor insignificante". A primeira, se também presente a primariedade do agente, enseja a incidência do privilégio; a segunda conduz à atipicidade do fato, em decorrência do princípio da insignificância (criminalidade de bagatela).

Presentes esses dois requisitos legais, o juiz é obrigado a aplicar o privilégio ao criminoso (direito subjetivo do acusado).

4.1.3 Furto qualificado-privilegiado

O STF aceita a possibilidade de se aplicar o privilégio (art. 155, § 2º, CP) às figuras qualificadas (art. 155, §§ 4º e 5º, CP) desde que não haja imposição isolada de pena de multa em decorrência do privilégio.

O STF entendeu que no furto qualificado pelo concurso de agentes, não há óbice ao reconhecimento do privilégio, desde que estejam presentes os requisitos ensejadores de sua aplicação, quais sejam, a primariedade do agente e o pequeno valor da coisa furtada.

> *§ 3º Equipara-se à coisa móvel a energia elétrica ou qualquer outra que tenha valor econômico.*

Trata-se de norma penal interpretativa. Entende por qualquer outra energia térmica, mecânica, radioatividade e genética (sêmen de animal).

4.1.4 Furto de sinal de TV a cabo

1ª corrente: não é crime. A energia se consome, se esgota e pode, inclusive, terminar, ao passo que sinal de TV não se consome, não diminui. É adotada por Bittencourt.

2ª corrente: o furto de sinal de TV encaixa-se no § 3º do art. 155, pois é uma forma de energia. É uma corrente adotada pelo STJ.

Furto de energia × estelionato no consumo de energia

- **Furto de energia elétrica**

  No furto de energia elétrica, o agente não está autorizado via contrato, consumir energia. O agente, mediante artifício, por exemplo, ligação clandestina, subtrai a energia.

- **Estelionato no consumo de energia**

  Nesse caso o agente está autorizado, via contrato, a consumir energia. O agente, mediante fraude, altera o medidor de consumo da energia, indicando valor menor que o efetivamente consumido.

4.1.5 Furto qualificado

> *§ 4º A pena é de reclusão de dois a oito anos, e multa, se o crime é cometido:*
>
> *I – Com destruição ou rompimento de obstáculo à subtração da coisa;*

> Arrombamento de fechaduras, janelas, portas, cadeados, cofres, trincos.

Se o obstáculo destruído for inerente à própria coisa não incidirá esta forma qualificada.

> Quebrar o vidro da porta de um carro com o objetivo de furtar o veículo (furto simples). Todavia, caso o agente quebre o vidro apenas para viabilizar o furto do *CD-player*, ou de qualquer outro objeto que se encontra em seu interior, responderá por furto qualificado.

Se o agente apenas desliga o alarme, não incidirá a qualificadora, pois não houve destruição ou rompimento de obstáculo.

Caso a violência seja empregada após a consumação do furto, o agente responderá por furto em concurso com o crime de dano (art. 163).

O furto de uma bolsa para obter o que está em seu interior não qualifica o delito, pois a bolsa não é obstáculo e, sim, forma de transportar as coisas. O obstáculo seria um cadeado.

Há decisões que entendem pela aplicabilidade da qualificadora quando há ligação direta no veículo.

> ***Art. 155, II, CP*** *Com abuso de confiança, ou mediante fraude, escalada ou destreza;*

- Confiança é circunstância subjetiva incomunicável no concurso de pessoas (art. 30, CP).

  > Famulato (furto praticado por empregado doméstico contra o patrão).

  Essa qualificadora pressupõe dois requisitos:
- A vítima tem de depositar, por qualquer motivo (amizade, parentesco, relações profissionais etc.), uma especial confiança no agente.
- O agente deve se aproveitar de alguma facilidade decorrente da confiança nele depositada para cometer o crime.

Furto mediante abuso de confiança: o agente tem mero contato com a coisa. O agente pode até ter posse, mas essa é uma posse precária vigiada. O dolo está presente desde o início da posse.

Apropriação indébita: o agente exerce a posse em nome de outrem. O agente tem posse desvigiada. O dolo é superveniente à posse.

Fraude é o artifício (emprego de algum objeto, instrumento ou vestimenta para enganar o titular do bem) ou ardil (conversa enganosa), isto é, o meio enganoso empregado pelo agente para diminuir a vigilância da vítima ou de terceiro sobre um bem móvel, permitindo ou facilitando sua subtração.

- A fraude como qualificadora há de ser empregada antes ou durante a subtração da coisa, ou seja, antecede a consumação do crime.
- Um ponto muito relevante é a diferenciação entre furto mediante fraude e estelionato.

Destreza: trata-se de peculiar habilidade física ou manual permitindo ao agente despojar a vítima sem que esta perceba. Ex.: batedores de carteira ou punguistas.

- **Furto mediante fraude:** é qualificadora do crime. Deve ser empregada antes ou durante a subtração do bem. É utilizada para **diminuir a vigilância** da vítima sobre o bem, permitindo ou facilitando a substrução. Há a subtração do bem sem que a vítima perceba.

> "A" e "B", bandidos, se disfarçam de técnicos de TV a cabo e pedem para consertar a TV de "C". Enquanto "C" permanece em seu quarto "A" e "B" aproveitam sua distração para furtar objetos na sala de estar.

- **Estelionato (art. 171, CP):** é elementar do crime. Antecede o apossamento da coisa. É utilizada para induzir a vítima em erro, mediante uma falsa percepção da realidade. Ocorre a entrega espontânea (embora viciada) do bem pela vítima ao agente.

> "A" se disfarça de manobrista e fica parado em frente a um restaurante. "B" entrega seu veículo para que o falso manobrista o estacione. "A" desaparece com o carro.

> ***Art. 155, III, CP*** *Com emprego de chave falsa;*

Segundo alguns autores, chave falsa é todo o instrumento, com ou sem forma de chave, destinado a abrir fechaduras. Ex.: grampos, arames, estiletes, micha etc.

A chave verdadeira, obtida fraudulentamente, não gera a qualificadora do inciso III.

> ***Art. 155, IV, CP*** *Mediante concurso de duas ou mais pessoas.*

Responderá por furto qualificado mesmo se um dos integrantes for menor de 18 anos.

> *§ 4º-A A pena é de reclusão de 4 (quatro) a 10 (dez) anos e multa, se houver emprego de explosivo ou de artefato análogo que cause perigo comum.*

A Lei nº 13.645/2018 inseriu uma nova qualificadora ao crime de furto, com o intuito de criminalizar mais gravemente a conduta relacionada à subtração com o emprego de explosivo ou artefato análogo, como o que acontece com os caixas de banco.

> *§ 4º-**B** A pena é de reclusão, de 4 (quatro) a 8 (oito) anos, e multa, se o furto mediante fraude é cometido por meio de dispositivo eletrônico ou informático, conectado ou não à rede de computadores, com ou sem a violação de mecanismo de segurança ou a utilização de programa malicioso, ou por qualquer outro meio fraudulento análogo.*
>
> *§ 4º-C A pena prevista no § 4º-B deste artigo, considerada a relevância do resultado gravoso:*
>
> *I – aumenta-se de 1/3 (um terço) a 2/3 (dois terços), se o crime é praticado mediante a utilização de servidor mantido fora do território nacional;*
>
> *II – aumenta-se de 1/3 (um terço) ao dobro, se o crime é praticado contra idoso ou vulnerável.*

A Lei nº14.155/2021 alterou as disposições do art. 155 e inseriu o § 4º-B, prevendo nova qualificadora ao delito de furto quando cometido mediante fraude por meio de dispositivo eletrônico ou informático. Também acrescentou o § 4º-C, passando a prever duas causas de aumento para a conduta do § 4º-B, quando o delito de furto mediante fraude em dispositivo eletrônico for cometido por meio de servidor localizado fora do território brasileiro ou contra idoso ou pessoa vulnerável.

A fim de incidência da nova qualificadora, pode-se citar a conduta do agente que invade computador de terceiro e nele instala programa malicioso (*malware*) e, então, descobre senhas bancárias e subtrai valores da conta bancária da vítima, por exemplo.

> *§ 5º A pena é de reclusão de 3 (três) a 8 (oito) anos, se a subtração for de veículo automotor que venha a ser transportado par outro Estado ou para o exterior.*
>
> *§ 6º A pena é de reclusão de 2 (dois) a 5 (cinco) anos se a subtração for de semovente domesticável de produção, ainda que abatido ou dividido em partes no local da subtração.*
>
> *§ 7º A pena é de reclusão de 4 (quatro) a 10 (dez) anos e multa, se a subtração for de substâncias explosivas ou de acessórios que, conjunta ou isoladamente, possibilitem sua fabricação, montagem ou emprego.*

Ademais, outra modificação feita pela Lei nº 13.654/2018 foi a inserção do § 7º no art. 155 do CP. Essa alteração pune mais gravemente a subtração de explosivos ou acessórios para a fabricação, montagem ou emprego.

4.1.6 Bens imóveis e energia elétrica

Os bens considerados imóveis pela legislação civil e que puderem ser deslocados de um local para outro podem ser objeto de furto. Ex.: navios, prédios, terrenos, carro, moto, animal de estimação, celular.

A energia elétrica ou qualquer outra que possua valor econômico é equiparada a coisa móvel (art. 155, § 3º, CP). Ex.: energia genética, energia nuclear, energia mecânica. Desse modo, a ligação clandestina de energia elétrica "gato" é crime de furto.

4.1.7 Modalidades de furto

Abigeato: furto de gado.

Famulato: furto praticado pelo empregado doméstico contra o patrão. Não precisa ser realizado na residência do patrão, pode ser em qualquer lugar.

Furto famélico: hipótese em que o agente subtrai alimentos para saciar sua fome ou de sua família, pois se encontra em situação de extrema miséria e pobreza.

O furto famélico configura estado de necessidade, preenchidos os seguintes requisitos:

- Fato praticado para mitigar a fome;
- Que haja subtração de coisa capaz de contornar imediatamente e diretamente a emergência (fome);
- Inevitabilidade do comportamento lesivo;
- Impossibilidade de trabalho ou insuficiência dos recursos auferidos.

Somente pode ser aplicado o furto famélico àquele que está desempregado? Não. Caso os recursos obtidos sejam insuficientes, pode ser reconhecido o furto famélico.

O consentimento do ofendido, antes ou durante a subtração, torna o fato atípico (bem disponível), mas após a subtração, o fato será típico.

Não existe furto culposo.

É possível o furto privilegiado + repouso noturno.

É possível o furto privilegiado + furto qualificado desde que não haja imposição isolada da pena de multa em decorrência do privilégio.

4.1.8 Princípio da insignificância no furto

O princípio da insignificância é causa supralegal de exclusão da tipicidade (o fato não será crime).

Exige a presença dos seguintes requisitos:

- **Requisitos objetivos:** mínima ofensividade da conduta; ausência de periculosidade social; reduzido grau de reprovabilidade do comportamento; e inexpressividade da lesão jurídica.
- **Requisitos subjetivos:** importância do objeto material para a vítima (situação econômica + valor sentimental do bem); e circunstâncias e resultado do crime.

O princípio da insignificância, desde que presentes seus requisitos objetivos e subjetivos, é em tese aplicável tanto ao furto simples como ao furto qualificado. Ex.: duas pessoas, em concurso de agentes, furtam uma penca de bananas.

Subtração de cartão bancário ou de crédito: não há crime de furto (princípio da insignificância). Eventual utilização do cartão, para saques em dinheiro ou compras em geral, caracteriza o crime de estelionato (art. 171, CP).

4.1.9 Furtos × outros crimes semelhantes

Principais diferenças entre os crimes que mais são confundidos em provas de concurso:

Furto × apropriação indébita

O furto é diferente da apropriação indébita (art. 168, CP), pois no primeiro a posse é vigiada e a subtração reside exatamente na retirada do bem dessa esfera de vigilância. Já no segundo, a vítima entrega ao agente a posse desvigiada de um bem.

Furto × peculato

O funcionário público que subtrai ou concorre para que seja subtraído bem público ou particular, que se encontra sob a guarda ou custódia da Administração Pública, valendo-se da facilidade que seu cargo lhe proporciona, pratica o crime de peculato furto (art. 312, § 1º, CP), também conhecido como peculato impróprio.

Furto × exercício arbitrário das próprias razões

Se um credor subtrai bens do devedor para se ressarcir de dívida não paga, o crime não será de furto, mas de exercício arbitrário das próprias razões (art. 345, CP).

É pacífico o entendimento de que a coisa abandonada (*res derelicta*), a coisa de ninguém (*res nullius*) não podem ser objeto do crime de furto, como também a coisa perdida (*res desperdita*), porém a coisa perdida constitui o crime de apropriação de coisa achada (art. 169, II, CP).

O ser humano não pode ser objeto de furto, salvo se forem partes definidas e com valor econômico. Ex.: cabelo.

Cadáver pode ser objeto de furto, desde que possua dono. Ex.: cadáver de faculdade de Medicina.

> ***Art. 155, § 5º, CP*** *A pena é de reclusão de três a oito anos, se a subtração for de veículo automotor que venha a ser transportado para outro Estado ou para o exterior.*

Essa qualificadora só incide quando o furto for de veículo automotor, não abrangendo embarcação nem aeronave, além disso, o veículo automotor deve ser levado para outro estado ou país. O legislador esqueceu-se de colocar o DF na qualificadora, porém a doutrina entende que o Distrito Federal está abrangido também, pois a norma ao utilizar a expressão estado considerou os entes da federação, dentre eles o Distrito Federal.

Não basta a mera intenção de ultrapassar os limites do estado ou do país, é necessária a transposição de fronteiras para que o delito qualificado seja consumado.

4.1.10 Furto de coisa comum

> ***Art. 156, CP*** *Subtrair o condômino, coerdeiro ou sócio, para si ou para outrem, a quem legitimamente a detém, a coisa comum:*
>
> *Pena – Detenção, de seis meses a dois anos, ou multa.*
>
> *§ 1º Somente se procede mediante representação.*
>
> *§ 2º Não é punível a subtração de coisa comum fungível, cujo valor não excede a quota a que tem direito o agente.*

4.2 Roubo

> ***Art. 157, CP*** *Subtrair coisa móvel alheia, para si ou para outrem, mediante grave ameaça ou violência a pessoa, ou depois de havê-la, por qualquer meio, reduzido à impossibilidade de resistência:*
>
> *Pena – Reclusão, de quatro a dez anos, e multa.*
>
> *§ 1º Na mesma pena incorre quem, logo depois de subtraída a coisa, emprega violência contra pessoa ou grave ameaça, a fim de assegurar a impunidade do crime ou a detenção da coisa para si ou para terceiro.*
>
> *§ 2º A pena aumenta-se de 1/3 (um terço) até metade:*
>
> *I – (Revogado.);*
>
> *II – se há o concurso de duas ou mais pessoas;*
>
> *III – se a vítima está em serviço de transporte de valores e o agente conhece tal circunstância.*
>
> *IV – se a subtração for de veículo automotor que venha a ser transportado para outro Estado ou para o exterior;*
>
> *V – se o agente mantém a vítima em seu poder, restringindo sua liberdade.*
>
> *VI – se a subtração for de substâncias explosivas ou de acessórios que, conjunta ou isoladamente, possibilitem sua fabricação, montagem ou emprego.*
>
> *VII – se a violência ou grave ameaça é exercida com emprego de arma branca;*
>
> *§ 2º-A A pena aumenta-se de 2/3 (dois terços):*
>
> *I – se a violência ou ameaça é exercida com emprego de arma de fogo;*
>
> *II – se há destruição ou rompimento de obstáculo mediante o emprego de explosivo ou de artefato análogo que cause perigo comum.*
>
> *§ 2º-B Se a violência ou grave ameaça é exercida com emprego de arma de fogo de uso restrito ou proibido, aplica-se em dobro a pena prevista no caput deste artigo.*
>
> *§ 3º Se da violência resulta:*
>
> *I – lesão corporal grave, a pena é de reclusão de 7 (sete) a 18 (dezoito) anos, e multa;*
>
> *II – morte, a pena é de reclusão de 20 (vinte) a 30 (trinta) anos, e multa.*

O crime de roubo está tipificado no rol dos crimes contra o patrimônio. Esse crime assemelha-se muito ao crime de furto, contudo possui elementos que, agregados à conduta "subtrair", formam um novo crime.

No roubo, há a subtração de coisa móvel alheia, porém com o emprego de violência ou grave ameaça contra a pessoa, elementos esses que empregados, fazem com que a vítima entregue a coisa móvel, funcionando como circunstâncias especiais que revelam a distinção para o crime furto.

Classificação

É crime comum/formal (STJ e STF)/instantâneo/plurissubsistente/de dano/de concurso eventual.

Ofende o patrimônio, a integridade física e a liberdade individual da vítima (crime complexo).

É crime de forma livre: admite qualquer meio de execução.

- **Emprego de grave ameaça:** denominada de violência moral ou *vis compulsiva* (consiste na promessa de mal grave, iminente e passível de realização);
- **Emprego de violência:** denominada de violência própria, violência física ou *vis absoluta* (consiste no emprego de força física sobre a vítima, mediante lesão corporal ou vias de fato, para facilitar a subtração do bem;
- Qualquer outro meio que reduza a vítima à impossibilidade de resistência.

Também conhecida como **violência imprópria ou violência indireta**. Abrange todos os outros meios (diferentes da violência ou grave ameaça) que impossibilitam a resistência da vítima no momento da execução do roubo. Ex.: drogar ou embriagar a vítima, usar soníferos (golpe do "boa noite, Cinderela") ou hipnose etc.

Não admite o princípio da insignificância, pois o desvalor da conduta é elevado, o que justifica a rigorosa atuação do Direito Penal.

O elemento subjetivo é o dolo e exige-se o fim de assenhoramento definitivo da coisa (*animus rem sibi habendi*). Não é admitida a modalidade culposa.

O crime de roubo admite arrependimento posterior? Para a maioria da doutrina, o roubo próprio admite arrependimento posterior quando praticado mediante violência imprópria (ex.: uso de psicotrópicos). Para a minoria, violência imprópria não admite arrependimento posterior, pois não deixa de ser espécie de violência.

Sujeitos do crime

Sujeito ativo: qualquer pessoa (crime comum), exceto o proprietário da coisa alheia móvel.

Sujeito passivo: o proprietário, possuidor ou detentor da coisa alheia móvel, assim como qualquer outra pessoa que seja atingida pela violência ou grave ameaça. Pessoa jurídica também pode ser sujeito passivo.

Consumação e tentativa

Consuma-se o crime de roubo quando o agente torna-se possuidor do bem subtraído mediante grave ameaça ou violência. Para que o agente torne-se possuidor, é desnecessário que a coisa saia da esfera de vigilância da vítima, bastando que cesse a clandestinidade ou a violência. Para essa corrente, o crime de roubo é formal.

A tentativa é plenamente admitida, haja vista o caráter plurissubsistente do crime de roubo.

- **Situações nas quais o roubo é considerado consumado:** destruição ou perda do bem subtraído. Prisão em flagrante de um dos ladrões e fuga do(s) comparsa(s) com o bem subtraído.

4.2.1 Roubo impróprio

Art. 157, § 1º, CP *Na mesma pena incorre quem, logo depois de subtraída a coisa, emprega violência contra pessoa ou grave ameaça, a fim de assegurar a impunidade do crime ou a detenção da coisa para si ou para terceiro.*

	Roubo próprio (*caput*)	Roubo impróprio (§ 1º)
Meios de execução	Violência ou grave ameaça ou qualquer outro meio que reduza a vítima à impossibilidade de resistência (violência imprópria)	Violência ou grave ameaça
Momento de emprego do meio de execução	Antes ou durante a subtração do bem	Logo depois de subtrair a coisa, mas antes da consumação do furto
Finalidade do meio de execução	Permitir a subtração do bem	Assegurar a impunidade do crime ou a detenção da coisa (o bem já foi subtraído)

O roubo impróprio não admite a violência imprópria (qualquer outro meio que reduza a vítima à impossibilidade de resistência). **Para se falar em roubo impróprio, é imprescindível o prévio apoderamento da coisa.**

O roubo impróprio consuma-se quando o sujeito utiliza a violência à pessoa ou grave ameaça, ainda que não tenha êxito em sua finalidade de assegurar a impunidade do crime ou a detenção da coisa subtraída para si ou para terceiro (**é crime formal**).

4.2.2 Causas de aumento de pena

§ 2º A pena aumenta-se de um terço até metade:

I – (Revogado.);

II – Se há o concurso de duas ou mais pessoas;

III – Se a vítima está em serviço de transporte de valores e o agente conhece tal circunstância.

IV – Se a subtração for de veículo automotor que venha a ser transportado para outro Estado ou para o exterior;

V – Se o agente mantém a vítima em seu poder, restringindo sua liberdade.

Se o crime é cometido em concurso de agentes e somente um deles utiliza a arma, a causa de aumento de pena se estende a todos os envolvidos no roubo, independentemente de serem coautores ou partícipes.

Arma de fogo	Efetivo uso: incide a causa de aumento. Porte ostensivo: incide a causa de aumento. Porte simulado de arma: não incide a causa de aumento, mas caracteriza o roubo simples (grave ameaça).
Arma com defeito	Absoluta ineficácia de arma: não incide a causa de aumento, mas caracteriza o roubo simples (grave ameaça). Relativa ineficácia de arma: incide a causa do aumento.
Arma desmuniciada	Não incide a causa de aumento, mas caracteriza o roubo simples (grave ameaça). Conforme entendimento do STF, a arma desmuniciada ou sem possibilidade de pronto municiamento não configura o crime tipificado no art. 14 da Lei nº 10.826/2003 (Estatuto do Desarmamento).
Arma de brinquedo	Não incide a causa de aumento, mas caracteriza o roubo simples (grave ameaça).

- Se há o concurso de duas ou mais pessoas: incide essa qualificadora ainda que um dos envolvidos seja inimputável (ex.: menor de 18 anos) ou não possa ser identificado. Essa qualificadora incide ainda que apenas um dos envolvidos no roubo pratique atos executórios ou esteja presente no local do crime. Desse modo, aplica-se tanto aos coautores quanto aos partícipes.
- Se a vítima está em serviço de transporte de valores e o agente conhece tal circunstância: tem por finalidade conceder maior proteção às pessoas que prestam serviços relacionados ao transporte de valores, excluindo-se o proprietário dos bens. Ex.: carros-fortes, *office-boys*, estagiários, funcionários de bancos etc. Exige-se que o agente tenha conhecimento dessa circunstância.
- Se a subtração for de veículo automotor que venha a ser transportado para outro estado ou para o exterior: fundamenta-se na maior dificuldade de recuperação do bem pela vítima, quando ocorre a transposição de fronteiras estaduais ou internacionais.

Não incide essa causa de aumento de pena na hipótese de transporte de componentes isolados (peças) do veículo automotor para outro estado ou para o exterior.

Essa majorante só incide quando o roubo for de veículo automotor, não abrangendo embarcação nem aeronave. Além disso, a causa de aumento de pena somente terá incidência quando o veículo automotor efetivamente for transportado para outro estado ou para o exterior.

A majorante é compatível com a forma tentada em uma única hipótese: quando o agente é perseguido logo após a subtração e foge em direção à fronteira de outro país ou estado, mas acaba sendo preso antes que transponha a fronteira. Nesse caso, basta a intenção do agente de transpor a fronteira para a aplicação do aumento de pena.

> Um veículo foi roubado e desmanchado em Cascavel (PR) e suas peças foram encaminhadas para São Paulo ou para o Paraguai.

- Se o agente mantém a vítima em seu poder, restringindo sua liberdade: na hipótese dessa qualificadora, a vítima deve ter restringida sua liberdade por tempo juridicamente relevante. Ex.: Marcelo, mediante grave ameaça, subtrai o carro de Rafael e com ele permanece até abandoná-lo em um local distante, evitando, dessa forma, o pedido de socorro às autoridades.
- Se a subtração for de substâncias explosivas ou de acessórios que, conjunta ou isoladamente, possibilitem sua fabricação, sua montagem ou seu emprego.

Trata-se de mais uma alteração marcada pela Lei nº 13.654/2018. Nesse caso, vale a pena destacar o objeto material do roubo. Em se tratando de explosivos ou acessórios para fabricação, montagem ou emprego, haverá aumento de pena.

Fique ligado

Em se tratando de simulacro, permanece o entendimento de que ainda é roubo (pois tem capacidade de constranger), mas é descaracterizado do aumento de pena!

4.2.3 Se a violência ou ameaça é exercida com emprego de arma de fogo

Aqui incide o aumento apenas com o uso da arma de fogo (arma própria) e desde que não seja de uso restrito ou proibido (já que, com a alteração do Pacote Anticrime, agora há a previsão do § 2º-B com aumento de pena até o dobro).

Outra inovação do mesmo pacote legislativo foi a "ressurreição" do uso de arma branca (ou arma imprópria) no § 2º em seu inciso VII (aumento de 1/3 a 1/2).

> *§ 2º-A A pena aumenta-se de 2/3 (dois terços):*
>
> *I – se a violência ou ameaça é exercida com emprego de arma de fogo.*

A Lei nº 13.654/2018 inseriu o § 2º-A, restringindo o aumento de pena no crime de furto. Agora, será considerado aumento de pena apenas em se tratando de arma própria (fogo), não abrangendo mais a arma imprópria. Além disso, entende o STF que é desnecessária a perícia na arma e a apreensão (desde que haja outros meios de prova) para o enquadramento do aumento. Cabe à parte comprovar a ineficácia do meio.

> *II – se há destruição ou rompimento de obstáculo mediante o emprego de explosivo ou de artefato análogo que cause perigo comum.*

Perceba aqui a única diferença com furto (art. 155), já que lá, no furto, há a previsão de qualificadora para rompimento ou destruição de obstáculo em qualquer modalidade de ruptura ou destruição. Ao contrário aqui, no roubo (art. 157), não se trata de qualificadora, mas, sim, de majorante (ou causa de aumento) em que apenas incidirá tal majoração caso de rompimento ou destruição com explosivos ou artefato análogo.

A inovação do **Pacote Anticrime** consistiu no aumento em dobro para tal utilização de arma de uso proibido como fruto da violência ou ameaça empregada pelo agente, além de também ter inserido tal previsão no rol dos crimes hediondos.

4.2.4 Roubo qualificado

> *§ 3º Se da violência resulta:*
>
> *I – lesão corporal grave, a pena é de reclusão de 7 (sete) a 18 (dezoito) anos, e multa;*
>
> *II – morte, a pena é de reclusão de 20 (vinte) a 30 (trinta) anos, e multa.*

Assim, existem duas qualificadoras do crime de roubo: a qualificação por lesão grave e ou pela morte, fato conhecido como latrocínio.

De acordo com o texto legal, somente é possível a incidência das qualificadoras quando o resultado agravador resultar de violência. Desse modo, se resultar de grave ameaça não incidirá esta qualificadora.

Imagine a seguinte situação hipotética: "A" apontou uma arma de fogo para "B", senhora de 80 anos, e anunciou o assalto. "B", com o susto da situação, sofreu um infarto fulminante e morreu em razão da grave ameaça empregada, momento em que "A" subtrai a bolsa da vítima. Nessa situação, "A" responderá por roubo consumado em concurso formal com homicídio culposo.

Segundo o art. 1º, II, "c" da Lei nº 8.072/1990, o latrocínio, consumado ou tentado, **é crime hediondo**.

De acordo com a Súmula nº 603 do STF, a competência para o processo e julgamento do latrocínio é do juiz singular e não do Tribunal do Júri. Isso ocorre porque o latrocínio é crime contra o patrimônio e o Tribunal do Júri só é competente para julgar os crimes dolosos contra a vida.

O resultado agravador (morte) pode ter sido causado de forma **dolosa ou culposa**. Percebe-se, então, que o latrocínio não é crime exclusivamente preterdoloso (dolo no antecedente e culpa no consequente). Admite-se a tentativa se o resultado agravador, morte, ocorrer de forma dolosa.

Qual crime pratica o assaltante que, duas semanas após o delito, mata gerente que o reconheceu como um dos criminosos? Não pode ser o art. 157, § 3º, uma vez que exige o fator tempo e o fator nexo. O crime será de roubo em concurso material com homicídio qualificado pela conexão consequencial.

> ***Súmula nº 610 – STF*** *Há crime de latrocínio, quando o homicídio se consuma, ainda que não realize o agente a subtração de bens da vítima.*

Atenção para as seguintes situações:

Subtração do bem	Morte da vítima	Latrocínio
Consumada	Consumada	Consumado
Tentada	Consumada	Consumado
Tentada	Tentada	Tentado
Consumada	Tentada	Tentado

4.3 Extorsão

> ***Art. 158, CP*** *Constranger alguém, mediante violência ou grave ameaça, e com o intuito de obter para si ou para outrem indevida vantagem econômica, a fazer, tolerar que se faça ou deixar fazer alguma coisa:*
>
> *Pena – Reclusão, de quatro a dez anos, e multa.*
>
> *§ 1º Se o crime é cometido por duas ou mais pessoas, ou com emprego de arma, aumenta-se a pena de um terço até metade.*
>
> *§ 2º Aplica-se à extorsão praticada mediante violência o disposto no § 3º do artigo anterior.*
>
> *§ 3º Se o crime é cometido mediante a restrição da liberdade da vítima, e essa condição é necessária para a obtenção da vantagem econômica, a pena é de reclusão, de 6 (seis) a 12 (doze) anos, além da multa; se resulta lesão corporal grave ou morte, aplicam-se as penas previstas no art. 159, §§ 2º e 3º, respectivamente.*

A extorsão, ao contrário do roubo, não pode ser praticada mediante violência imprópria (qualquer outro meio que reduza a vítima à impossibilidade de resistência).

Segundo Nelson Hungria, uma das formas mais frequentes de extorsão é a famosa "chantagem" (praticada mediante ameaça de revelação de fatos escandalosos ou difamatórios, para coagir o ameaçado a "comprar" o silêncio do ameaçador). Trata-se de crime de ação penal pública incondicionada.

Classificação

Extorsão é crime comum/de forma livre/formal/instantâneo/plurissubsistente/de dano/doloso (não admite a modalidade culposa)/de concurso eventual.

É considerado um crime complexo, pois protege vários bens jurídicos (patrimônio, integridade física e liberdade individual).

É crime formal de consumação antecipada. A obtenção da indevida vantagem econômica pelo agente é exaurimento do crime que será levado em consideração na dosimetria da pena-base (art. 59, CP).

Sujeitos do crime

Por ser um crime comum, não se exige uma qualidade especial do sujeito ativo ou passivo, portanto pode ser cometido/sofrido por qualquer pessoa.

Consumação e tentativa

> ***Súmula nº 96 – STJ*** *O crime de extorsão consuma-se independentemente da obtenção da vantagem indevida.*

A tentativa é admitida.

4.3.1 Aumento de pena

- Se o crime é cometido por duas ou mais pessoas;
- Se o crime é cometido com emprego de arma.

4.3.2 Extorsão qualificada

> ***Art. 158, § 2º, CP*** *Aplica-se à extorsão praticada mediante violência o disposto no § 3º do artigo anterior.*

Se, da **violência** resulta lesão corporal grave (7 a 18 anos), se resulta morte (20 a 30 anos).

Se o resultado agravador (lesão corporal grave ou morte) ocorrer em razão da grave ameaça empregada, o agente responderá pelo crime de extorsão simples (*caput*).

A extorsão qualificada pela morte, consumada ou tentada é **crime hediondo** (art. 1º, III, Lei nº 8.072/1990).

4.3.3 Extorsão mediante restrição da liberdade da vítima

> *§ 3º Se o crime é cometido mediante a restrição da liberdade da vítima, e essa condição é necessária para a obtenção da vantagem econômica, a pena é de reclusão, de 6 (seis) a 12 (doze) anos, além da multa; se resulta lesão corporal grave ou morte, aplicam-se as penas previstas no art. 159, §§ 2º e 3º, respectivamente.*

Popularmente conhecido como o crime de "sequestro relâmpago". Esse delito, além de atentar contra o patrimônio da vítima, viola também sua liberdade de locomoção. Ex.: "A", mediante uso de arma de fogo, ameaça de morte "B", que estava saindo de sua residência, e o constrange a dirigir seu veículo até um caixa eletrônico para que "B" saque dinheiro para entregar a "A".

Diferencia-se do Roubo (art. 157, § 2º, V, CP), pois é imprescindível um comportamento de "B" (digitar a senha do cartão do banco) para a consumação do crime de extorsão.

4.3.4 Sequestro relâmpago × extorsão mediante sequestro

- **Sequestro relâmpago (art. 158, § 3º, CP):** restrição da liberdade. Não há encarceramento da vítima. Finalidade de se obter indevida vantagem econômica.
- **Extorsão mediante sequestro (art. 159, CP):** privação da liberdade. A vítima é colocada no cárcere. Finalidade de se obter qualquer vantagem, como condição ou preço do resgate.

Se a vantagem é devida (legítima), verdadeira ou supostamente, o agente responderá pelo crime de exercício arbitrário das próprias razões (art. 345, CP).

A vantagem indevida deve ser econômica, pois se não o for, estará afastado o crime de extorsão. Ex.: "A", mediante violência ou grave ameaça, coage "B" a assumir a autoria de um crime de difamação praticado contra "C".

4.3.5 Diferenças entre o crime de extorsão e roubo

- **Roubo:** o ladrão subtrai. O agente busca vantagem imediata. Não admite bens imóveis. Admite violência imprópria. A colaboração da vítima é dispensável.
- **Extorsão:** o extorsionário faz com que a vítima lhe entregue. O agente busca vantagem mediata (futura). Admite bens imóveis também. Não admite violência imprópria. A colaboração da vítima é indispensável.

4.3.6 Diferenças entre o crime de extorsão e constrangimento ilegal

A **extorsão** distingue-se do crime de constrangimento ilegal (art. 146, CP), pois, no primeiro, há a presença de um elemento subjetivo do tipo (especial fim de agir do agente) representado pela vontade de **obter indevida vantagem econômica, para si ou para outrem**.

4.3.7 Diferenças entre o crime de extorsão e concussão

- **Extorsão (art. 158):** crime contra o patrimônio. Há emprego de violência ou grave ameaça. Em regra, é praticado por particular, mas funcionário público pode praticar caso empregue violência ou grave ameaça.
- **Concussão (art. 316):** crime contra a Administração Pública. Não há emprego de violência ou grave ameaça. Em regra, é praticado por funcionário público, mas particular pode ser coautor ou partícipe.

É possível concurso de crimes de roubo e extorsão, por exemplo o agente, após roubar o carro da vítima, a obriga a entregar o cartão bancário com a senha, conforme STJ.

4.4 Extorsão mediante sequestro

> ***Art. 159, CP*** *Sequestrar pessoa com o fim de obter, para si ou para outrem, qualquer vantagem, como condição ou preço do resgate:*
>
> *Pena – Reclusão, de oito a quinze anos.*
>
> *§ 1º Se o sequestro dura mais de 24 (vinte e quatro) horas, se o sequestrado é menor de 18 (dezoito) ou maior de 60 (sessenta) anos, ou se o crime é cometido por bando ou quadrilha:*
>
> *Pena – Reclusão, de doze a vinte anos.*
>
> *§ 2º Se do fato resulta lesão corporal de natureza grave:*
>
> *Pena – Reclusão, de dezesseis a vinte e quatro anos.*
>
> *§ 3º Se resulta a morte:*
>
> *Pena – Reclusão, de vinte e quatro a trinta anos.*
>
> *§ 4º Se o crime é cometido em concurso, o concorrente que o denunciar à autoridade, facilitando a libertação do sequestrado, terá sua pena reduzida de um a dois terços.*

Objetividade jurídica

Patrimônio e liberdade individual. Integridade física e vida humana (§§ 2º e 3º).

- **É crime complexo.** Resulta da fusão da extorsão (art. 158) e sequestro (art. 148).

Objeto material

A pessoa privada de sua liberdade e também aquela lesada em seu patrimônio.

É crime hediondo em todas as suas modalidades (tentados ou consumados) (art. 1º, IV, Lei nº 8.072/1990).

Núcleo do tipo

"Sequestrar": privar uma pessoa de sua liberdade de locomoção por tempo juridicamente relevante.

Sujeitos do crime

Sujeito ativo: qualquer pessoa (crime comum). Se o sujeito ativo for funcionário público e cometer o crime no exercício de suas funções, responderá também pelo crime de abuso de autoridade (Lei nº 13.869/2019). Pessoa que simula o próprio sequestro para extorquir seus pais, mediante o auxílio de terceiros, responde por extorsão (art. 158).

Sujeito passivo: pessoa que sofre a lesão patrimonial e pessoa privada de sua liberdade. A vítima deve ser necessariamente uma pessoa humana. Desse modo, a privação da liberdade de um animal (de extinção ou raça) configura o crime de extorsão (art. 158, CP). Se a vítima for menor de 18 anos ou maior de 60 anos, o crime será qualificado (§ 1º).

Supondo que haja subtração de animal de outrem e informa que somente será devolvido caso seja pago resgate. Há prática do crime de extorsão mediante sequestro? Não haverá tal crime já que o tipo penal se remete à pessoa. Nessa hipótese, será configurado o delito de extorsão.

Elemento subjetivo

Dolo + (especial fim de agir) com o fim de obter, para si ou para outrem, qualquer vantagem, como condição ou preço do resgate. Não se admite a modalidade culposa.

Espécie da vantagem

A maioria da doutrina entende que a vantagem deve ser econômica e indevida.

Se a vantagem for devida, o agente responderá pelos crimes de sequestro (art. 148) e exercício arbitrário das próprias razões (art. 345) em concurso formal.

Consumação e tentativa

Consuma-se com a privação da liberdade da vítima, independente da obtenção da vantagem pelo agente. É crime formal. A tentativa é possível.

Juízo competente

O juízo competente para julgamento é o do local em que ocorreu o sequestro da vítima, e não o da entrega do eventual resgate.

Se os parentes da vítima realizarem o pagamento do resgate, ocorrerá o exaurimento do crime.

Crime permanente

É **crime permanente** (a consumação se prolonga no tempo e dura todo o período em que a vítima estiver privada de sua liberdade).

Por ser crime permanente, é cabível a prisão em flagrante a qualquer tempo, enquanto durar a permanência.

A privação da liberdade do sequestrado há de ser mantida por tempo juridicamente relevante.

Classificação doutrinária

Crime comum/de forma livre/formal/permanente/plurissubsistente/de dano/de concurso eventual.

Ação penal

A ação penal é pública incondicionada em todas as espécies do crime.

Figuras qualificadas

> *§ 1º Se o sequestro dura mais de 24 (vinte e quatro) horas, se o sequestrado é menor de 18 (dezoito) ou maior de 60 (sessenta) anos, ou se o crime é cometido por bando ou quadrilha.*
>
> *Pena – Reclusão de 12 a 20 anos.*

Incide a qualificadora quando na data do sequestro a vítima possuía, por exemplo, 59 anos e 11 meses e na data da libertação possuía mais de 60 anos, pois o crime de extorsão mediante sequestro é crime permanente (a consumação prolonga-se no tempo por vontade do agente).

E se o crime se deu em exatas 24 horas, incide a qualificadora? Não. Tem que ser mais de 24 horas.

Se o crime é cometido por associação criminosa e esta for usada para qualificar o delito, não pode haver a punição pelo art. 288 do CP, sob pena de ocorrência do *bis in idem*.

> *§ 2º Se do fato resulta lesão corporal de natureza grave:*
>
> *Pena – Reclusão de 16 a 24 anos.*
>
> *§ 3º Se resulta a morte:*
>
> *Pena – Reclusão de 24 a 30 anos.*

No roubo e na extorsão só existe a qualificadora quando a lesão corporal de natureza grave ou a morte resultam da "violência", ao passo que, nessa hipótese, o crime será qualificado quando do fato resultar lesão corporal de natureza grave ou morte. Portanto o resultado agravador pode ser provocado por violência própria, violência imprópria ou grave ameaça.

Não incidirá esta qualificadora se o resultado agravador for produzido por força maior, caso fortuito ou culpa de terceiro. Ex.: cai um raio no barraco onde a vítima era mantida em cativeiro e esta morre.

A morte ou lesão corporal grave podem ter sido provocadas dolosa ou culposamente. Não é crime exclusivamente preterdoloso (dolo no antecedente e culpa no consequente).

A pena da extorsão mediante sequestro qualificada pela morte (24 a 30 anos) é a maior do Código Penal.

Delação premiada

> *§ 4º Se o crime é cometido em concurso, o concorrente que o denunciar à autoridade,* ***facilitando a libertação do sequestrado,*** *terá sua pena reduzida de um a dois terços.*

É causa especial de diminuição da pena que somente pode ser aplicada pelo juiz (delegados e promotores não podem).

Requisitos para a incidência deste parágrafo:

- Prática do crime em concurso de pessoas: não é exigível associação criminosa, basta o concurso de pessoas;
- Esclarecimento por parte de um dos criminosos a autoridade sobre o crime;
- Facilitação da libertação do sequestrado, ou seja, que a delação seja eficaz.

De acordo com a jurisprudência, deve ser aplicada a delação premiada quando a vítima é libertada diretamente por um dos sequestradores.

A redução de pena é proporcional conforme a maior ou menor colaboração do agente. Quanto mais auxiliar, maior a redução.

A delação deve ser eficaz, ou seja, deve ter contribuído decisivamente para a libertação da vítima. Desse modo, a pena não será diminuída se o refém foi solto por outro motivo qualquer, diverso da informação prestada pelo sequestrador.

Presentes os requisitos legais, o juiz é obrigado a reduzir a pena do criminoso (é direito subjetivo do réu).

A redução da pena da delação premiada não se comunica aos demais coautores ou partícipes que não denunciaram o fato à autoridade (circunstância pessoal), pois não facilitaram a libertação do refém.

4.5 Extorsão indireta

> ***Art. 160, CP*** *Exigir ou receber, como garantia de dívida, abusando da situação de alguém, documento que pode dar causa a procedimento criminal contra a vítima ou contra terceiro:*
>
> *Pena – Reclusão, de um a três anos, e multa.*

O crime de extorsão se consuma quando é realizada a conduta de constrangimento mediante o uso de violência ou grave ameaça, portanto, considerado crime formal. A obtenção da vantagem indevida configura mero exaurimento do crime.

4.6 Usurpação

Alteração de limites

> ***Art. 161, CP*** *Suprimir ou deslocar tapume, marco, ou qualquer outro sinal indicativo de linha divisória, para apropriar-se, no todo ou em parte, de coisa imóvel alheia:*
>
> *Pena – Detenção, de um a seis meses, e multa.*
>
> *§ 1º Na mesma pena incorre quem:*

Usurpação de águas

> *I – Desvia ou represa, em proveito próprio ou de outrem, águas alheias;*

Esbulho possessório

> *II – Invade, com violência a pessoa ou grave ameaça, ou mediante concurso de mais de duas pessoas, terreno ou edifício alheio, para o fim de esbulho possessório.*
>
> *§ 2º Se o agente usa de violência, incorre também na pena a esta cominada.*
>
> *§ 3º Se a propriedade é particular, e não há emprego de violência, somente se procede mediante queixa.*

4.6.1 Supressão ou alteração de marca em animais

> ***Art. 162, CP*** *Suprimir ou alterar, indevidamente, em gado ou rebanho alheio, marca ou sinal indicativo de propriedade:*
>
> *Pena – Detenção, de seis meses a três anos, e multa.*

4.7 Dano

> ***Art. 163, CP*** *Destruir, inutilizar ou deteriorar coisa alheia:*
>
> *Pena – Detenção, de um a seis meses, ou multa.*
>
> ***Parágrafo único.*** *Se o crime é cometido:*
>
> *I – Com violência à pessoa ou grave ameaça;*
>
> *II – Com emprego de substância inflamável ou explosiva, se o fato não constitui crime mais grave;*
>
> *III – Contra o patrimônio da União, de Estado, do Distrito Federal, de Município ou de autarquia, fundação pública, empresa pública, sociedade de economia mista ou empresa concessionária de serviços públicos;*
>
> *IV – Por motivo egoístico ou com prejuízo considerável para a vítima:*
>
> *Pena – Detenção, de seis meses a três anos, e multa, além da pena correspondente à violência.*

Objetividade jurídica

Patrimônio das pessoas físicas ou jurídicas.

Não há crime de dano quando a conduta do agente recair sobre *res derelicta* (coisa abandonada) ou *res nullius* (coisa de ninguém). Todavia, se a conduta recair sobre *res desperdita* (coisa perdida) haverá crime, pois se trata de coisa alheia.

Objeto material

Coisa alheia, móvel ou imóvel, sobre a qual incide a conduta do agente.

Dano em documentos (públicos ou privados)

Se o agente danificou para impedir utilização do documento como prova de algum fato juridicamente relevante, responderá pelo crime de supressão de documento (art. 305, CP). Todavia, se a conduta foi praticada unicamente com o objetivo de prejudicar o patrimônio da vítima, responderá o agente pelo crime de dano (art. 163, CP).

Tipo misto alternativo, crime de ação múltipla ou de conteúdo variado

Haverá crime único na prática de várias condutas com objeto material no mesmo contexto fático.

É crime de forma livre = admite qualquer meio de execução.

Pode ser praticado por omissão, desde que presente o dever jurídico de agir (art. 13, § 2º, CP).

Empregada doméstica deixa, dolosamente, de fechar as janelas da casa da patroa durante uma chuva para que sejam danificados os objetos eletrônicos da casa.

O agente que pratica a conduta de pichar, grafitar ou por qualquer outro meio conspurcar (poluir) edificação ou monumento urbano responderá pelo crime previsto no art. 65 da Lei nº 9.605/1998 (Lei dos Crimes Ambientais).

Núcleos do tipo

Destruir: extinguir a coisa (dano físico total). Ex.: quebrar totalmente um espelho; queimar um telefone celular.

Inutilizar: tornar uma coisa imprestável aos fins a que se destina.

> Retirar a bateria de um carro.

Deteriorar: estragar parcialmente um bem, diminuindo-lhe o valor ou a utilidade (dano físico parcial). Ex.: riscar a lataria de um veículo.

Conduta de fazer desaparecer coisa alheia não é crime de dano.

> Ex. 1: Pedro faz sumir o celular de Rafael, seu desafeto. Nessa situação, Pedro responderá civilmente por sua conduta. Não responderá pelo crime de dano (art. 163, CP).
>
> Ex. 2: "A" abre a porteira da fazenda de "B", seu desafeto, para que desapareça o cavalo de propriedade deste último. "A" responderá civilmente por sua conduta.

Sujeitos do crime

Sujeito ativo: é crime comum, pode ser praticado por qualquer pessoa, exceto o proprietário da coisa.

Se o proprietário danificar coisa própria, que se acha em poder de terceiro por determinação judicial ou convenção, responderá pelo previsto no art. 346 do CP.

Sujeito passivo: qualquer pessoa (proprietário ou possuidor legítimo da coisa).

Elemento subjetivo

É o dolo. A finalidade do agente deve ser unicamente destruir, inutilizar ou deteriorar coisa alheia.

Fique ligado

Não existe o crime de dano culposo.

Se o dano se constituir em meio para a prática de outro crime, ou então como qualificadora de outro crime, será por este absorvido. Ex.: furto qualificado pela destruição ou rompimento de obstáculo (art. 155, § 4º, I, CP): o dano, crime-meio, será absorvido pelo furto, crime-fim.

Consumação e tentativa

É crime material. Desse modo, ele se consuma quando o agente efetivamente destrói, inutiliza ou deteriora a coisa alheia. A tentativa é plenamente possível.

4.7.1 Dano simples

O crime de dano simples (*caput*) é Infração de Menor Potencial Ofensivo (IMPO), de competência do juizado especial e de ação penal privada (art. 167, CP).

Classificação doutrinária

Crime comum/material/doloso/de forma livre/instantâneo/plurissubjetivo/de concurso eventual e não transeunte (deixa vestígios materiais).

4.7.2 Dano qualificado

> ***Art. 163, CP** [...]*
>
> ***Parágrafo único.** Se o crime é cometido:*
>
> *I – Com violência à pessoa ou grave ameaça;*
>
> *II – Com emprego de substância inflamável ou explosiva, se o fato não constitui crime mais grave;*
>
> *III – Contra o patrimônio da União, de Estado, do Distrito Federal, de Município ou de autarquia, fundação pública, empresa pública, sociedade de economia mista ou empresa concessionária de serviços públicos;*
>
> *IV – Por motivo egoístico ou com prejuízo considerável para a vítima:*
>
> *Pena – Detenção, de seis meses a três anos, e multa, além da pena correspondente à violência.*

4.7.3 Com violência à pessoa ou grave ameaça

A vítima da violência ou grave ameaça pode ser pessoa diversa da vítima do dano. Ex.: ameaçar a empregada doméstica de seu vizinho para quebrar a vidraça de sua janela.

A violência ou grave ameaça deve ocorrer antes ou durante a prática do crime de dano, pois, se ocorrer depois, o agente responderá pelo crime de dano simples em concurso material com o crime de lesão corporal (art. 129) ou ameaça (art. 147).

De acordo com o art. 167, do CP, nesta hipótese de dano a ação penal será pública incondicionada.

4.7.4 Com emprego de substância inflamável ou explosiva, se o fato não constitui crime mais grave

A expressão "**se o fato não constitui crime mais grave**" informa que essa qualificadora é expressamente subsidiária, ou seja, somente incidirá o dano qualificado quando a lesão ao patrimônio alheio não caracterizar um crime mais grave, nem funcionar como meio de execução de um delito mais grave. Ex.: "A" explode o carro de "B" que estava no estacionamento: "A" responderá pelo crime de dano qualificado. Todavia se "A" explodiu o carro de "B" com a intenção de matá-lo, e efetivamente alcançou esse resultado responderá pelo crime de homicídio qualificado (art. 121, § 2º, III, CP).

De acordo com o art. 167 do CP, nesta hipótese de dano, **a ação penal será pública incondicionada.**

4.7.5 Contra o patrimônio da União, de estado, do DF, de município ou de autarquia, fundação pública, empresa pública, sociedade de economia mista ou empresa concessionária de serviços públicos

A Lei nº 13.531/2017 adicionou ao crime de dano qualificado todos os entes da Administração Direta mais os concessionários de serviços públicos, o que de fato foi bem aplicado ao que acontece no dia a dia.

De acordo com o entendimento do STJ, o preso que danifica (destrói, deteriora ou inutiliza) as paredes e grades da cela dos presídios ou delegacias, com o objetivo de fuga não responde pelo crime de dano. Vejamos uma jurisprudência sobre o tema:

> ***Art. 163, III, parágrafo único, CP***
>
> *1. Conforme entendimento, há muito fixado nesta Corte Superior (STF), para a configuração do crime de dano, previsto no art. 163 do CPB, é necessário que a vontade seja voltada para causar prejuízo patrimonial ao dono da coisa (animus nocendi). Dessa forma, o preso que destrói ou inutiliza as grades da cela onde se encontra, com o intuito exclusivo de empreender fuga, não comete crime de dano. 2. Parecer do MPF pela concessão da ordem. 3. Ordem concedida, para absolver o paciente do crime de dano contra o patrimônio público.*

De acordo com o art. 167, do CP, nesta hipótese de dano **a ação penal será pública incondicionada.**

4.7.6 Por motivo egoístico ou com prejuízo considerável para a vítima

Motivo egoístico é aquele ligado à obtenção de um futuro benefício, de ordem moral ou econômica. Ex.: "A" e "B" foram aprovados na segunda fase do concurso de delegado de Polícia Civil de um estado qualquer. Então, no dia da prova oral, "A" sabota o carro de "B" para que este não consiga chegar a tempo para realizar o exame e seja eliminado do concurso.

De acordo com o art. 167 do CP, nesta hipótese de dano, **a ação penal é privada.**

Fique ligado

Aquele que destrói cadáver ou parte dele responde pelo crime previsto no art. 211 do CP.

4.8 Introdução ou abandono de animais em propriedade alheia

> ***Art. 164, CP** Introduzir ou deixar animais em propriedade alheia, sem consentimento de quem de direito, desde que o fato resulte prejuízo:*
>
> *Pena – Detenção, de quinze dias a seis meses, ou multa.*

4.9 Dano em coisa de valor artístico, arqueológico ou histórico

> ***Art. 165, CP** Destruir, inutilizar ou deteriorar coisa tombada pela autoridade competente em virtude de valor artístico, arqueológico ou histórico:*
>
> *Pena – Detenção, de seis meses a dois anos, e multa.*

D P E N

4.10 Alteração de local especialmente protegido

Art. 166, CP Alterar, sem licença da autoridade competente, o aspecto de local especialmente protegido por lei:

Pena – Detenção, de um mês a um ano, ou multa.

Ação penal

Art. 167, CP Nos casos do art. 163, do inciso IV do seu parágrafo e do art. 164, somente se procede mediante queixa.

4.11 Apropriação indébita

Art. 168, CP Apropriar-se de coisa alheia móvel, de que tem a posse ou a detenção:

Pena – Reclusão, de um a quatro anos, e multa.

§ 1º A pena é aumentada de um terço, quando o agente recebeu a coisa:

I – Em depósito necessário;

II – Na qualidade de tutor, curador, síndico, liquidatário, inventariante, testamenteiro ou depositário judicial;

III – Em razão de ofício, emprego ou profissão.

A principal característica do crime de apropriação indébita é a existência de uma situação de quebra de confiança, pois a vítima entrega, voluntariamente, uma coisa móvel ao agente, e este, logo em seguida, inverte seu ânimo no tocante ao bem, passando a comportar-se como seu dono.

Objetividade jurídica

Apoderamento de coisa alheia móvel, sem o consentimento do proprietário.

Objeto material

Coisa alheia móvel sobre a qual recai a conduta criminosa (imóveis não).

Para o STJ, é possível a prática do crime de apropriação indébita de coisas fungíveis (móveis que podem substituir-se por outros da mesma espécie, qualidade e quantidade). Ex.: dinheiro.

Núcleo do tipo

É o verbo "apropriar" que significa tomar para si, fazer sua coisa alheia.

Posse/detenção legítima e desvigiada

A posse ou a detenção do bem deve ser legítima e também desvigiada. Desse modo, o crime de apropriação indébita deve preencher os seguintes requisitos.

A vítima entrega o bem voluntariamente: se houver fraude para a entrega o crime será de estelionato, se houver violência ou grave ameaça à pessoa o crime será de roubo ou de extorsão.

O agente tem a posse ou detenção desvigiada do bem: se a posse ou detenção for vigiada e o bem for retirado da vítima sem sua autorização o crime será de furto.

O agente recebe o bem de boa-fé: se ao receber o bem o agente já tinha a intenção de apropriar-se dele, o crime será de estelionato. Observação: a boa-fé é presumida.

Modificação posterior no comportamento do agente: após entrar licitamente (de boa-fé) na posse ou detenção da coisa, o agente passa a se comportar como se fosse dono. Momento em que apresenta seu ânimo de assenhoramento definitivo (*animus rem sibi habendi*). Essa alteração no comportamento do agente ocorre de duas formas:

Prática de algum ato de disposição (venda, doação, locação, troca etc.). Também conhecida como apropriação indébita própria.

Recusa na restituição (a vítima solicita a devolução do bem e o agente expressamente se recusa a devolver). Também denominada **negativa de restituição**.

Sujeitos do crime

Sujeito ativo: qualquer pessoa, desde que tenha a posse ou detenção lícita da coisa alheia móvel. Sempre pessoa diversa do proprietário.

Sujeito passivo: proprietário ou possuidor (pessoa física ou jurídica) do bem.

> Se o agente é funcionário público e apropria-se de dinheiro, valor ou qualquer outro bem móvel, público ou particular (sob a guarda ou custódia da Administração Pública), de que tem a posse em razão do cargo, responderá pelo crime de peculato-apropriação (art. 312, *caput*, 1ª parte, CP). Em regra, a prova desse delito depende da prática de algum ato incompatível com a vontade de restituir.

Elemento subjetivo

Dolo. Doutrina e jurisprudência defendem a necessidade do ânimo de assenhoramento definitivo da coisa. Desse modo, não responderá por este crime aquele que simplesmente se esquece de devolver o bem na data previamente combinada. Não se admite a modalidade culposa.

Apropriação indébita "de uso"

Não se pune a apropriação indébita "de uso": situação em que a pessoa usa momentaneamente a coisa alheia, para, em seguida, restituí-la integralmente ao seu proprietário.

Diferenças entre apropriação indébita e estelionato

- **Apropriação indébita (art. 168, CP):** o dolo é posterior ou subsequente. A pessoa recebe a posse ou detenção de coisa de maneira legítima, surgindo a vontade de se apropriar posteriormente. Ex.: pessoa vai a uma locadora de veículos, aluga um veículo, gosta dele e decide não devolver.
- **Estelionato (art. 171, CP):** o dolo é anterior ou antecedente. O agente já possuía a intenção de se apropriar do bem antes de alcançar a sua posse ou detenção. Ex.: pessoa vai a uma locadora de veículos, já com a intenção de alugar o veículo e não o devolver.

Consumação

Ocorre quando o agente inverte seu ânimo em relação a coisa alheia móvel, ou seja, ele passa a se comportar como dono do bem. Pode se dar de duas maneiras:

- **Apropriação indébita própria:** consuma-se com a prática de algum ato de disposição do bem, incompatível com a condição de possuidor ou detentor. Ex.: vender, doar, permutar, emprestar o bem.
- **Negativa de restituição:** consuma-se no momento em que o agente se recusar expressamente a devolver o bem ao seu proprietário.

Tentativa

A apropriação indébita própria admite tentativa. Ex.: "A" é preso em flagrante quando doava os DVDs de "B", do qual tinha a posse legítima e desvigiada.

A apropriação indébita negativa de restituição não admite tentativa (*conatus*), pois é crime unissubsistente: ou o sujeito recusa a devolver o bem, e o crime estará consumado, ou o devolve ao dono, e o fato será atípico.

Ação penal

A ação penal é pública incondicionada.

Competência

Local em que o agente se apropria da coisa alheia móvel, dela dispondo ou negando-se a restituí-la ao seu titular. (art. 70, *caput*, CPP).

Quando o crime de apropriação indébita for praticado por algum representante (comercial ou não) da vítima, a competência será do local em que o agente deveria ter prestado contas dos valores recebidos.

Classificação doutrinária

Crime comum/material/de forma livre/de concurso eventual/doloso/em regra plurissubsistente, ou unissubsistente (negativa de restituição) /instantâneo. Ex.: o art. 102 do Estatuto do Idoso (Lei nº 10.741/2003) prevê uma modalidade especial de apropriação indébita, quando praticada contra idoso:

> ***Art. 102, CP.*** *Apropriar-se de ou desviar bens, proventos, pensão ou qualquer outro rendimento do idoso, dando-lhes aplicação diversa da de sua finalidade:*
>
> *Pena – Reclusão de 1 a 4 anos.*

O art. 5º, *caput*, da Lei nº 7.492/1986 (Lei dos Crimes contra o Sistema Financeiro Nacional) também contém uma modalidade especial de apropriação indébita:

> ***Art. 5º, CP.*** *Apropriar-se, quaisquer das pessoas mencionadas no art. 25 desta lei, de dinheiro, título, valor ou qualquer outro bem móvel de que tem a posse, ou desviá-lo em proveito próprio ou alheio:*
>
> *Pena – Reclusão de 2 a 6 anos e multa.*

Trata-se de crime próprio, pois somente pode ser praticado pelo controlador e pelos administradores de instituição financeira (diretores e gerentes).

4.11.1 Aumento de pena

> *§ 1º A pena é aumentada de um terço, quando o agente recebeu a coisa:*
>
> *I – Em depósito necessário;*
>
> *II – Na qualidade de tutor, curador, síndico, liquidatário, inventariante, testamenteiro ou depositário judicial;*
>
> *III – Em razão de ofício, emprego ou profissão.*

A pena será aumentada de um terço quando o agente recebeu a coisa:

- Em depósito necessário:

De acordo com a doutrina majoritária, essa causa de aumento de pena incide apenas no **depósito necessário miserável, previsto no art. 647, II, do Código Civil** (é o que se efetua por ocasião de alguma calamidade, como inundação, incêndio, saque ou naufrágio).

- Na qualidade de tutor, curador, síndico, liquidatário, inventariante, testamenteiro ou depositário judicial:

O fundamento do tratamento penal mais rigoroso repousa na relevância das funções exercidas pelas pessoas indicadas neste inciso, as quais recebem coisas alheias para guardar consigo, necessariamente, até o momento da devolução.

Fique ligado

A palavra "síndico" deve ser substituída pela expressão "administrador judicial", em razão da alteração ocorrida pela Lei nº 11.101/2005 (Lei de Falência e Recuperação Judicial do Empresário e da Sociedade Empresária).

- Em razão de ofício, emprego ou profissão: não necessita de relação de confiança entre o agente e a vítima.
- **Emprego:** prestação de serviço em subordinação e dependência. Ex.: dono de um supermercado e seus funcionários.
- **Ofício:** ocupação mecânica ou manual, que necessita de um determinado grau de habilidade, e que seja útil ou necessário às pessoas em geral. Ex.: mecânico, sapateiro etc.
- **Profissão:** atividade em que não há hierarquia e necessita de conhecimentos específicos (técnico e intelectual). Ex.: advogado, dentista, médico, arquiteto, contador etc.

4.11.2 Apropriação indébita privilegiada

O art. 170 do CP dispõe o seguinte: nos crimes previstos neste capítulo, aplica-se o disposto no art. 155, § 2º.

> ***Art. 155, § 2º, CP*** *Se o criminoso é primário, e é de pequeno valor a coisa furtada, o juiz pode substituir a pena de reclusão pela de detenção, diminuí-la de um a dois terços, ou aplicar somente a pena de multa.*

Portanto, é possível a caracterização da apropriação indébita privilegiada, em qualquer de suas espécies.

> ***Art. 168-A, CP*** *Deixar de repassar à previdência social as contribuições recolhidas dos contribuintes, no prazo e forma legal ou convencional:*
>
> *Pena – Reclusão, de 2 (dois) a 5 (cinco) anos, e multa.*
>
> *§ 1º Nas mesmas penas incorre quem deixar de:*
>
> *I – Recolher, no prazo legal, contribuição ou outra importância destinada à previdência social que tenha sido descontada de pagamento efetuado a segurados, a terceiros ou arrecadada do público;*
>
> *II – Recolher contribuições devidas à previdência social que tenham integrado despesas contábeis ou custos relativos à venda de produtos ou à prestação de serviços;*
>
> *III – Pagar benefício devido a segurado, quando as respectivas cotas ou valores já tiverem sido reembolsados à empresa pela previdência social.*
>
> *§ 2º É extinta a punibilidade se o agente, espontaneamente, declara, confessa e efetua o pagamento das contribuições, importâncias ou valores e presta as informações devidas à previdência social, na forma definida em lei ou regulamento, antes do início da ação fiscal.*
>
> *§ 3º É facultado ao juiz deixar de aplicar a pena ou aplicar somente a de multa se o agente for primário e de bons antecedentes, desde que:*
>
> *I – Tenha promovido, após o início da ação fiscal e antes de oferecida a denúncia, o pagamento da contribuição social previdenciária, inclusive acessórios; ou*
>
> *II – O valor das contribuições devidas, inclusive acessórios, seja igual ou inferior àquele estabelecido pela previdência social, administrativamente, como sendo o mínimo para o ajuizamento de suas execuções fiscais.*
>
> *§ 4º A faculdade prevista no § 3º deste artigo não se aplica aos casos de parcelamento de contribuições cujo valor, inclusive dos acessórios, seja superior àquele estabelecido, administrativamente, como sendo o mínimo para o ajuizamento de suas execuções fiscais.*

Objetividade jurídica

Seguridade social (saúde, previdência e assistência social – art. 194, CF/1988). Não se trata de crime contra o patrimônio.

Objeto material

Contribuição previdenciária arrecadada e não recolhida.

Núcleo do tipo

Deixar de repassar, significa **deixar de recolher**. Recolher é depositar a quantia recebida – descontada ou cobrada.

É crime omissivo próprio ou puro (não admite tentativa).

Lei penal em branco homogênea

Deve ser complementada pela legislação previdenciária em relação aos prazos de recolhimento.

Sujeitos do crime

Sujeito ativo: qualquer pessoa, crime comum (admite coautoria e participação).

Fique ligado

Pessoa jurídica não pode ser sujeito ativo.

Sujeito passivo: União Federal.

Competência

Sendo o sujeito ativo União Federal, a competência será da Justiça Federal (crime praticado em detrimento dos interesses da União).

Elemento subjetivo

É o dolo.

É dispensável (prescindível) o fim de assenhoramento definitivo (*animus rem sibi habendi*), pois o núcleo do tipo é "deixar de repassar", e não "se apropriar" como no crime de apropriação indébita.

Não admite a forma culposa.

Consumação

Para a maioria da doutrina, é crime formal. Para o STF, é crime material, pois deve haver a efetiva lesão aos cofres da União.

Se a conduta for praticada mediante fraude, o crime será de sonegação de contribuição previdenciária, previsto no art. 337-A do CP.

É crime unissubsistente

A conduta se exterioriza em um único ato, suficiente para a consumação.

Ação penal

Ação penal pública incondicionada.

Hipótese de dificuldades financeiras

Firmou-se o entendimento de que há inexigibilidade de conduta diversa (causa supralegal de exclusão da culpabilidade).

O STJ já decidiu que o fato é atípico em face da ausência de dolo.

Extinção da punibilidade

> *§ 2º É extinta a punibilidade se o agente, espontaneamente, declara, confessa e efetua o pagamento das contribuições, importâncias ou valores e presta as informações devidas à previdência social, na forma definida em lei ou regulamento, antes do início da ação fiscal.*

A ação fiscal tem início com a lavratura do Termo de Início da Ação Fiscal (TIAF).

Para que ocorra a extinção da punibilidade, devem-se preencher, cumulativamente, três requisitos:

- Espontânea declaração e confissão do débito;
- Prestação de informações à Previdência Social;
- Pagamento integral do débito previdenciário antes do início da ação fiscal.

Perdão judicial e aplicação isolada de pena de multa

> *§ 3º É facultado ao juiz deixar de aplicar a pena ou aplicar somente a de multa se o agente for primário e de bons antecedentes, desde que:*
>
> *I – Tenha promovido, após o início da ação fiscal e antes de oferecida a denúncia, o pagamento da contribuição social previdenciária, inclusive acessórios; ou*

Fique ligado

Para o STJ, o pagamento integral do débito previdenciário, antes ou depois do recebimento da denúncia, é causa de extinção da punibilidade (art. 9º, § 2º, Lei nº 10.684/2003) (HC 63.168/SC).

A hipótese do inciso I não se aplica mais, em razão regra contida no art. 9, § 2º, da Lei nº 10.684/2003, e do entendimento do STJ sobre o assunto.

> *II – O valor das contribuições devidas, inclusive acessórios, seja igual ou inferior àquele estabelecido pela previdência social, administrativamente, como sendo o mínimo para o ajuizamento de suas execuções fiscais.*

Perdão judicial e parcelamento

> *§ 4º A faculdade prevista no § 3º deste artigo não se aplica aos casos de parcelamento de contribuições cujo valor, inclusive dos acessórios, seja superior àquele estabelecido, administrativamente, como sendo o mínimo para o ajuizamento de suas execuções fiscais.*

Justa causa e prévio esgotamento da via administrativa

A Lei nº 9.430/1996 dispõe sobre a legislação tributária federal, as contribuições para a seguridade social, o processo administrativo de consulta; e dá outras providências:

> ***Art. 83, CP*** *A representação fiscal para fins penais relativa aos crimes contra a ordem tributária previstos nos arts. 1º e 2º da Lei nº 8.137, de 27 de dezembro de 1990, e aos crimes contra a Previdência Social, previstos nos arts. 168-A e 337-A do Decreto-lei nº 2.848, de 7 de dezembro de 1940 (Código Penal), será encaminhada ao Ministério Público depois de proferida a decisão final, na esfera administrativa, sobre a exigência fiscal do crédito tributário correspondente.*
>
> *§ 1º Na hipótese de concessão de parcelamento do crédito tributário, a representação fiscal para fins penais somente será encaminhada ao Ministério Público após a exclusão da pessoa física ou jurídica do parcelamento.*
>
> *§ 2º É suspensa a pretensão punitiva do Estado referente aos crimes previstos no caput, durante o período em que a pessoa física ou a pessoa jurídica relacionada com o agente dos aludidos crimes estiver incluída no parcelamento, desde que o pedido de parcelamento tenha sido formalizado antes do recebimento da denúncia criminal.*
>
> *§ 3º A prescrição criminal não corre durante o período de suspensão da pretensão punitiva.*
>
> *§ 4º Extingue-se a punibilidade dos crimes referidos no caput quando a pessoa física ou a pessoa jurídica relacionada com o agente efetuar o pagamento integral dos débitos oriundos de tributos, inclusive acessórios, que tiverem sido objeto de concessão de parcelamento.*

Forma privilegiada

Nos termos do art. 170 do CP, aplica-se o art. 155, § 2º para esse crime (forma privilegiada).

4.11.3 Apropriação de coisa havida por erro, caso fortuito ou força da natureza

> ***Art. 169, CP*** *Apropriar-se alguém de coisa alheia vinda ao seu poder por erro, caso fortuito ou força da natureza:*
>
> *Pena – Detenção, de um mês a um ano, ou multa.*
>
> ***Parágrafo único.*** *Na mesma pena incorre:*
>
> *I – Quem acha tesouro em prédio alheio e se apropria, no todo ou em parte, da quota a que tem direito o proprietário do prédio;*
>
> *II – Quem acha coisa alheia perdida e dela se apropria, total ou parcialmente, deixando de restituí-la ao dono ou legítimo possuidor ou de entregá-la à autoridade competente, dentro no prazo de quinze dias.*
>
> ***Art. 170, CP*** *Nos crimes previstos neste Capítulo, aplica-se o disposto no art. 155, § 2º.*

4.12 Estelionato e outras fraudes

__Art. 171, CP__ Obter, para si ou para outrem, vantagem ilícita, em prejuízo alheio, induzindo ou mantendo alguém em erro, mediante artifício, ardil, ou qualquer outro meio fraudulento:

Pena – Reclusão, de um a cinco anos, e multa, de quinhentos mil réis a dez contos de réis.

§ 1º Se o criminoso é primário, e é de pequeno valor o prejuízo, o juiz pode aplicar a pena conforme o disposto no art. 155, § 2º.

§ 2º Nas mesmas penas incorre quem:

I – vende, permuta, dá em pagamento, em locação ou em garantia coisa alheia como própria;

II – vende, permuta, dá em pagamento ou em garantia coisa própria inalienável, gravada de ônus ou litigiosa, ou imóvel que prometeu vender a terceiro, mediante pagamento em prestações, silenciando sobre qualquer dessas circunstâncias;

III – defrauda, mediante alienação não consentida pelo credor ou por outro modo, a garantia pignoratícia, quando tem a posse do objeto empenhado;

IV – defrauda substância, qualidade ou quantidade de coisa que deve entregar a alguém;

V – destrói, total ou parcialmente, ou oculta coisa própria, ou lesa o próprio corpo ou a saúde, ou agrava as conseqüências da lesão ou doença, com o intuito de haver indenização ou valor de seguro;

VI – emite cheque, sem suficiente provisão de fundos em poder do sacado, ou lhe frustra o pagamento.

§ 2º-A A pena é de reclusão, de 4 (quatro) a 8 (oito) anos, e multa, se a fraude é cometida com a utilização de informações fornecidas pela vítima ou por terceiro induzido a erro por meio de redes sociais, contatos telefônicos ou envio de correio eletrônico fraudulento, ou por qualquer outro meio fraudulento análogo. (Incluído pela Lei nº 14.155, de 2021)

§ 2º-B A pena prevista no § 2º-A deste artigo, considerada a relevância do resultado gravoso, aumenta-se de 1/3 (um terço) a 2/3 (dois terços), se o crime é praticado mediante a utilização de servidor mantido fora do território nacional.

§ 3º A pena aumenta-se de um terço, se o crime é cometido em detrimento de entidade de direito público ou de instituto de economia popular, assistência social ou beneficência.

§ 4º A pena aumenta-se de 1/3 (um terço) ao dobro, se o crime é cometido contra idoso ou vulnerável, considerada a relevância do resultado gravoso.

§ 5º Somente se procede mediante representação, salvo se a vítima for:

I – a Administração Pública, direta ou indireta;

II – criança ou adolescente;

III – pessoa com deficiência mental; ou

IV – maior de 70 (setenta) anos de idade ou incapaz.

Esse crime tem o objetivo de punir a conduta do agente que, utilizando-se de **fraude**, induz ou mantém alguém em erro, no intuito de obter uma vantagem ilícita sobre a vítima.

Classificação

Trata-se de comum, ou seja, pode ser praticado por qualquer pessoa.

É um crime instantâneo – consuma-se no momento da prática do ato – com efeitos permanentes.

Admite a modalidade comissiva (pratica a conduta do estelionato) ou omissiva (mantém a vítima em erro).

Sujeitos do crime

Sujeito ativo: sendo um crime comum, admite qualquer pessoa.

Sujeito passivo: qualquer pessoa – física ou jurídica – que seja mantida em erro, desde que seja determinada, NÃO se admite uma vítima incerta.

O crime de estelionato exige vítima certa e determinada, logo, se a vítima for incerta ou indeterminada, trata-se de crime contra a economia popular (art. 2º, XI, Lei nº 1.521/1951).

| Adulteração de balança, de bomba de combustível, de taxímetro.

Se a vítima for incapaz ou alienada, o crime será o do art. 173 do CP: abuso de incapazes.

__Art. 173, CP__ Abusar, em proveito próprio ou alheio, de necessidade, paixão ou inexperiência de menor, ou da alienação ou debilidade mental de outrem, induzindo qualquer deles à prática de ato suscetível de produzir efeito jurídico, em prejuízo próprio ou de terceiro.

Consumação e tentativa

Admite tentativa, ademais a fraude deve ser idônea a ludibriar a vítima, pois, do contrário, será **crime impossível** em face da ineficácia absoluta do meio de execução (art. 17, CP).

Consuma-se com a obtenção da vantagem ilícita causando o prejuízo à vítima, passando pelos momentos de:

- Emprego de fraude pelo agente;
- Situação de erro na qual a vítima é colocada ou mantida;
- Obtenção de vantagem ilícita pelo agente;
- Prejuízo sofrido pela vítima.

Descrição

A vantagem **ilícita** deve ser de natureza econômica (patrimonial): se a vantagem for **lícita**, estará configurado o crime de exercício arbitrário das próprias razões, art. 345 do CP: *fazer justiça pelas próprias mãos, para satisfazer pretensão, **embora legítima**, salvo quando a lei o permite.*

- O STF entendeu que o ponto eletrônico, ou a cola eletrônica são fatos atípicos em face da inexistência de vantagem econômica. Esse foi o entendimento prevalecente, apesar de haver minoria do STF que afirma tratar-se de fato típico.
- O silêncio pode ser usado como meio fraudulento para a prática de estelionato, bem como a mentira (tem que ser fraudulenta).
- A fraude bilateral não exclui o crime.

Formas de execução

Ardil: caracteriza-se pela fraude de forma intelectual, fraude moral, representada pela conversa enganosa. É a lábia. Ex.: "A", alegando ser especialista em manutenção de computadores, convence "B" a entregar-lhe seu notebook para conserto.

Artifício: caracteriza-se pela fraude de forma material. O agente utiliza algum instrumento ou objeto para enganar a vítima. Ex.: "A" se disfarça de manobrista e fica parado na porta de um restaurante para que "B" voluntariamente lhe entregue seu carro. Ou ainda, aquele que utiliza o bilhete premiado ou um documento falso.

Qualquer outro meio fraudulento: é uma situação de interpretação analógica. O silêncio. "A" comerciante entrega a "B", cliente, troco além do devido, mas este nada fala e nada faz, ficando com o dinheiro para si.

Estelionato e crime impossível: qualquer que seja o meio de execução (artifício, ardil ou outro meio fraudulento) empregado na prática da conduta, somente haverá a tentativa quando apresentar idoneidade para enganar a vítima. A idoneidade leva em conta as condições pessoais do ofendido. Se o meio fraudulento for capaz de enganar a vítima, estará caracterizado o *conatus*. Caso não tenha intenção de iludir a vítima ou apresente-se grosseiro será crime impossível, pois há impropriedade absoluta do meio de execução (art. 17, CP).

Estelionato e reparação do dano: a reparação do dano não apaga o crime de estelionato, porém, dependendo do momento que ocorrer a indenização à vítima, podem ocorrer as seguintes situações:

- Se anterior ao recebimento da denúncia ou queixa, é possível o reconhecimento do arrependimento posterior, isso diminuirá a pena de 1/3 a 2/3, nos termos do art. 16 do CP.
- Se antes da sentença, pode ser aplicada a atenuante genérica de acordo com o art. 65, III, "b", parte final, do CP.
- Se posterior à sentença, não surte efeito algum.

Pratica estelionato em sua modalidade fundamental (art. 171, *caput*, CP):

> Ex. 1: "A" portando folha de cheque de "B" chega ao comércio e, passando-se por "B", emite a cártula e obtém vantagem em prejuízo alheio.
>
> Ex. 2: "A" se apodera (furto, roubo) de folha de cheque de "B" e a preenche indevidamente utilizando-a como meio fraudulento para induzir ou manter alguém em erro, e, por consequência, obtém vantagem ilícita em prejuízo alheio.
>
> Ex. 3: "A" está com sua conta bancária encerrada, mas continua comprando objetos e pagando com as folhas de cheques que ainda possui.
>
> Ex. 4: "A" cria uma conta bancária com documentos falsos e, posteriormente, emite cheques sem suficiente provisão de fundos para comprar objetos.

4.12.1 Estelionato privilegiado

§1º Se o criminoso é primário, e é de pequeno valor o prejuízo, o juiz pode aplicar a pena conforme o disposto no art. 155, §2º.

O prejuízo de "pequeno valor" deve ser dano igual ou inferior a um salário-mínimo vigente à época do fato.

4.12.2 Absorção do crime de falso

***Súmula nº 17 – STJ** Quando o falso se exaure no estelionato, sem mais potencialidade lesiva, é por este absorvido.*

Empregando a fraude, sem a intenção de se enriquecer e só com a intenção de prejudicar alguém, não se trata de estelionato. É necessário buscar a obtenção de indevida vantagem econômica.

Quando o agente, mediante fraude, consegue obter da vítima um título de crédito, o delito está consumado? Não, enquanto o título não é convertido em valor material, não há efetivo proveito do agente, podendo ser impedido de realizar a conversão por circunstâncias alheias a sua vontade. Assim, o crime ainda está na fase de execução. (**majoritária**).

4.12.3 Figuras equiparadas

§ 2º Nas mesmas penas incorre quem:

Disposição de coisa alheia como própria

I – Vende, permuta, dá em pagamento, em locação ou em garantia coisa alheia como própria;

Nessa situação, admite-se que o bem seja móvel ou imóvel. É quando o agente, na posse do bem de um terceiro, utiliza-o como se fosse próprio.

> O inquilino de um imóvel, que aluga para uma terceira pessoa por um valor superior, na intenção de obter lucro, sem o consentimento ou ciência do proprietário real do imóvel.

Alienação ou oneração fraudulenta de coisa própria

II – Vende, permuta, dá em pagamento ou em garantia coisa própria inalienável, gravada de ônus ou litigiosa, ou imóvel que prometeu vender a terceiro, mediante pagamento em prestações, silenciando sobre qualquer dessas circunstâncias;

Nessa situação, o bem é da própria pessoa, podendo também ser imóvel ou móvel.

Ex.: o agente vende veículo para três pessoas ao mesmo tempo, no entanto, tal bem se encontra em busca e apreensão por falta de pagamento, existe um ônus judicial sobre o patrimônio.

Trata-se de crime de duplo resultado: vantagem + prejuízo, punindo-se aquele que pratica um dos núcleos do tipo, silenciando sobre a circunstância.

Defraudação de penhor

III – Defrauda, mediante alienação não consentida pelo credor ou por outro modo, a garantia pignoratícia, quando tem a posse do objeto empenhado;

Seria a hipótese em que, um devedor, recebendo algo como penhor (garantia) de um credor, pratica ato de posse do bem, sem o consentimento dele (credor).

Ex.: um empresário resolve penhorar seu veículo para levantar fundos para o investimento na sua empresa, entretanto a empresa que penhorou o veículo decide alugá-lo para que possa obter lucro.

Fraude na entrega de coisa

IV – Defrauda substância, qualidade ou quantidade de coisa que deve entregar a alguém;

Pode ocorrer tanto em bens móveis quanto imóveis. Ex.: uma construtora vende imóveis na planta com dimensão de 200 m^2, contudo, ao cabo das obras, na entrega da chave aos proprietários, esses constatam que os imóveis só possuem 170 m^2.

Caso a qualidade, quantidade do objeto seja superior, não existe o crime (se o imóvel tivesse 230 m^2, por exemplo).

Deve-se ter em mente que, na hipótese de relação comercial, pode-se estar diante do art. 175 do CP.

Fraude para recebimento de indenização ou valor de seguro

V – Destrói, total ou parcialmente, ou oculta coisa própria, ou lesa o próprio corpo ou a saúde, ou agrava as consequências da lesão ou doença, com o intuito de haver indenização ou valor de seguro;

É pressuposto fundamental deste crime, a prévia existência de um contrato de seguro em vigor. Caso não exista seguro, será crime impossível, diante da impropriedade absoluta do objeto material (art. 17, CP). Nessa situação, o sujeito passivo desse crime será necessariamente a seguradora, sendo também admissível a hipótese de tentativa.

Por conseguinte, é um crime formal, ou seja, consuma-se com a prática da conduta típica (destruir, ocultar, autolesionar e agravar), ainda que o sujeito não consiga alcançar a indevida vantagem econômica pretendida.

Fique ligado

Somente existe o crime, quando provado que, desde o início, existe a má-fé do agente, ou seja, desde o momento em que colocou o cheque em circulação ele já não tinha intenção de honrar seu pagamento; seja pela ausência de suficiência de provisão de fundos, seja pela frustração de seu pagamento. Assim, deve haver a finalidade específica que é a intenção de fraudar/enganar a vítima. Cuidado para não confundir esta hipótese de estelionato com o crime de incêndio doloso qualificado (art. 250, § 1º, I, CP). Ex.: Marcelo ateou fogo em sua loja de tecidos, com a finalidade de obter o respectivo seguro, colocando em risco os imóveis vizinhos. Em razão dessa conduta, Marcelo responderá por crime de incêndio doloso qualificado pelo intuito de obter vantagem econômica em proveito próprio.

Na hipótese em que a fraude é perpetrada por terceiro, sem o conhecimento do segurado, sabendo que esse será o beneficiário do valor da apólice, o delito será o previsto no art. 171, ***caput***, do CP.

Fraude no pagamento por meio de cheque

VI – Emite cheque, sem suficiente provisão de fundos em poder do sacado, ou lhe frustra o pagamento.

Sujeito ativo: é um crime próprio (o titular da conta bancária), ademais, admite coautoria e participação.

Sujeito passivo: a pessoa física ou jurídica que suporta prejuízo patrimonial.

Súmula nº 246 – STF *Comprovado não ter havido fraude, não se configura crime de emissão de cheque sem fundos.*

"A" compra um produto na loja de "B", no momento da compra não possui dinheiro na conta. Ocorre que pretendia realizar o depósito na conta antes que "B" apresentasse a folha de cheque ao banco. Todavia, acaba se esquecendo de realizar o depósito. Desse modo, o cheque é devolvido por falta de fundos. **Não é crime**, pois o inciso VI do art. 171 do CP, não admite a forma culposa.

Essa modalidade de estelionato se consuma no instante em que o banco se nega a efetuar o pagamento do cheque, quer pela ausência de fundos, quer pelo recebimento de contraordem (sustação) expedida pelo correntista, daí resulta o prejuízo patrimonial do ofendido. É crime material.

A falsidade ideológica é *ante factum* impunível, pois quem assina o cheque é o responsável pela fraude e não outra pessoa.

O crime do inciso VI do art. 171, pode ser praticado de duas formas:

- O agente coloca o cheque em circulação sem ter dinheiro suficiente na conta;
- O agente possui fundos quando da emissão do cheque, no entanto, antes do beneficiário apresentar o título, o agente retira todo o numerário depositado ou apresenta uma contraordem de pagamento (sustação).

Fraude do cheque ocorre pelo agente que tem a conta encerrada, não é este estelionato do inciso VI, é estelionato simples do *caput*.

Competência até o recebimento da denúncia

A Lei nº 14.155/2021 realizou importante alteração na competência para o julgamento do crime de estelionato, sobretudo a fraude no pagamento por meio de cheque.

Até então, as Súmulas nº 521 do STF e nº 244 do STJ, previam que o foro do local onde se deu a recusa do pagamento pelo sacado era competente para o processo e julgamento dos crimes de estelionato.

Não obstante, a Lei nº 14.155/2021, inseriu o § 4º ao art. 70 do CPP, prevendo o seguinte:

§ 4º Nos crimes previstos no art. 171 do Código Penal, quando praticados mediante depósito, mediante emissão de cheques sem suficiente provisão de fundos em poder do sacado ou com o pagamento frustrado ou mediante transferência de valores, a competência será definida pelo local do domicílio da vítima, e, em caso de pluralidade de vítimas, a competência firmar-se-á pela prevenção.

Como se observa, agora a regra é que o Juízo competente é do local do domicílio da vítima, independentemente de onde se deu a recusa do cheque, ou no caso de transferência de valores, o local onde o autor obteve a vantagem.

Assim, restam superadas as Súmulas nº 521 do STF e nº 244 do STJ.

Desse modo, entende-se que o pagamento de cheque sem previsão de fundos, até o recebimento da denúncia, impede o prosseguimento da ação penal, ou seja, é causa extintiva de punibilidade.

Na hipótese do inciso VI do art. 171, a tentativa é possível, ex.: o correntista dolosamente emite um cheque sem suficiente provisão de fundos, mas seu pai, agindo sem seu conhecimento, deposita montante superior em sua conta corrente antes da apresentação da folha de cheque.

Segundo STJ, a emissão de cheques como garantia de dívida (pós-datado), e não como ordem de pagamento à vista, não constitui crime de estelionato, na modalidade prevista no art. 171, § 2º, VI, do CP. Entretanto, é possível a responsabilização do agente pelo estelionato na modalidade fundamental, se demonstrado seu dolo em obter vantagem ilícita em prejuízo alheio no momento da emissão fraudulenta do cheque.

Mas se atente que, se o agente pós-datar o cheque sabendo da inexistência de fundos, há má-fé e configurará o art. 171, *caput*, do CP. Assim, se emissão do cheque é fraudulenta (presente a má-fé) caracteriza o art. 171, *caput*.

Não é crime de estelionato a emissão de cheque sem fundos para pagamento de:

- Dívida anteriormente existente: nessa hipótese a razão do prejuízo da vítima é diferente da fraude no pagamento por meio de cheque. Ex.: "A" compra algumas roupas fiado na loja de "B" e não efetua o pagamento na data combinada. Seis meses após a compra, após insistentes cobranças de "B", "A" emite um cheque sem fundos para quitar a dívida.
- Dívidas de jogos ilícitos. Ex.: apostas ilegais ou jogo do bicho.
- Programas sexuais com prostitutas ou garotos de programa.

Cheque

- Emitir cheque, encerrando, logo após, a conta: tem-se o art. 171, § 2º, VI, aplicando-se as Súmulas nº 521 do STF e nº 224 do STJ.
- Emitir cheque de conta encerrada: aplica-se o art. 171, *caput*, sem aplicação das súmulas.
- Frustrar pagamento de cheque para não pagamento de dívida de jogo é crime? Nos termos do art. 814 do CC, as dívidas de jogo não obrigam a pagamento, mas não se pode recobrar dívida dessa natureza então paga.

Fraude eletrônica

§ 2º A pena é de reclusão, de 4 (quatro) a 8 (oito) anos, e multa, se a fraude é cometida com a utilização de informações fornecidas pela vítima ou por terceiro induzido a erro por meio de redes sociais, contatos telefônicos ou envio de correio eletrônico fraudulento, ou por qualquer outro meio fraudulento análogo.

Súmula nº 73 – STJ *A utilização de papel-moeda grosseiramente falsificado configura, em tese, o crime de estelionato, de competência da Justiça Estadual.*

A Lei nº 14.155/2021 inseriu o § 2º-A, que prevê a qualificadora do estelionato mediante fraude eletrônica. Nesse caso, o agente obtém vantagem ilícita com a utilização de informações fornecidas pela vítima ou por terceiro induzido a erro por meio de redes sociais (Facebook, Instagram etc.), contatos telefônicos ou e-mail fraudulento.

A título de exemplo, tem-se a situação típica em que o agente insere anúncio falso em página clonada na internet, e a vítima, confiando na idoneidade da oferta e do produto, realiza o pagamento, mas não recebe o bem ofertado.

§ 2º-B A pena prevista no § 2º-A deste artigo, considerada a relevância do resultado gravoso, aumenta-se de 1/3 (um terço) a 2/3 (dois terços), se o crime é praticado mediante a utilização de servidor mantido fora do território nacional.

A Lei nº 14.155/2021 também inseriu causa de aumento nos casos em que a conduta prevista no § 2º-A ocorra mediante servidor localizado no exterior, sendo a pena majorada de 1/3 a 2/3 (art. 171, § 3º, CP). A pena aumenta-se de 1/3 se o crime for cometido em detrimento

D P E N

de entidade de direito público ou de instituto de economia popular, assistência social ou beneficência.

Fundamenta-se na maior extensão dos danos produzidos, pois com a lesão ao patrimônio público e ao interesse social toda coletividade é prejudicada.

> ***Súmula nº 24 – STJ*** *Aplica-se ao crime de estelionato, em que figure como vítima entidade autárquica da Previdência Social, a qualificadora do § 3º do art. 171, CP.*

Não se aplica o § 3º no caso de estelionato contra o Banco do Brasil, considerando que esta não é entidade de Direito Público.

Jogos de azar: há o crime de estelionato caso seja empregado meio fraudulento visando eliminar totalmente a possibilidade de vitória por parte dos jogadores.

Adulteração de máquina de caça-níquel para que os apostadores nunca vençam.

Falsidade documental: o sujeito que falsifica documento (público ou particular) e, posteriormente, dele se vale para enganar alguém, obtendo vantagem ilícita em prejuízo alheio responderia, EM TESE, por dois crimes: estelionato e falsidade documental (art. 171, *caput*, e art. 297 [documento público] ou art. 298 [documento particular]), contudo, nessa situação, o crime de estelionato absorve o crime de falsidade documental. É esse o teor da súmula do STJ:

> ***Súmula nº 17 – STJ*** *Quando o falso se exaure no estelionato, sem mais potencialidade lesiva, é por este absorvido.*

Ocorre o princípio da consunção, que é quando o crime-fim (estelionato) absorve o crime-meio (falsidade documental). Isso desde que a fé pública, o patrimônio ou outro bem jurídico qualquer não possam mais ser atacados pelo documento falsificado e utilizado por alguém como meio fraudulento para obtenção de vantagem ilícita em prejuízo alheio.

> *§ 4º A pena aumenta-se de 1/3 (um terço) ao dobro, se o crime é cometido contra idoso ou vulnerável, considerada a relevância do resultado gravoso.*

Por fim, a Lei nº 14.155/2021 também alterou o art. 171, § 4º, do CP. Anteriormente, nos casos em que o crime era cometido contra idoso, a pena era aplicada em dobro. Contudo, a nova previsão determina que a pena pode ser majorada de 1/3 até o dobro. Assim, trata-se de *novatio legis in mellius* (mais benéfica).

4.12.4 Competência

O art. 70 do CPP prevê que a competência será, em regra, determinada pelo lugar em que se consumar a infração. Verifica-se nessa regra que no estelionato o juízo competente será o do local em que o sujeito obteve a vantagem ilícita em prejuízo alheio. Contudo, cumpre destacar que nos casos da prática de estelionato mediante depósito, mediante emissão de cheques sem suficiente provisão de fundos em poder do sacado ou com o pagamento frustrado ou mediante transferência de valores, a competência será definida pelo local do domicílio da vítima, nos termos do art. 70, § 4º, do CPP (Lei nº 14.155/2021).

> ***Súmula nº 107 – STJ*** *Compete à justiça comum estadual processar e julgar crime de estelionato praticado mediante falsificação das guias de recolhimento das contribuições previdenciárias, quando não ocorre lesão à autarquia federal.*

É crime de competência da Justiça Estadual. No entanto, será de competência da Justiça Federal quando for praticado em detrimento de bens, serviços ou interesses da União ou suas entidades autárquicas ou empresas públicas (art. 109, IV, CF/1988).

> ***Súmula nº 48 – STJ*** *Compete ao juízo do local da obtenção da vantagem ilícita processar e julgar crime de estelionato cometido mediante falsificação de cheque. Esta súmula está relacionada ao crime definido pelo estelionato em sua modalidade fundamental (caput).*

4.12.5 Ação penal

Perceba *mais uma alteração do Pacote Anticrime, estabelecendo o § 5º*, agora *expressamente, que a ação penal será condicionada à representação, salvo quando a vítima for:*

- *a Administração Pública, direta ou indireta;*
- *criança ou adolescente;*
- *pessoa com deficiência mental;*
- *maior de 70 anos de idade ou incapaz.*

4.13 Duplicata simulada

> ***Art. 172, CP*** *Emitir fatura, duplicata ou nota de venda que não corresponda à mercadoria vendida, em quantidade ou qualidade, ou ao serviço prestado.*
>
> *Pena – Detenção, de 2 (dois) a 4 (quatro) anos, e multa.*
>
> ***Parágrafo único.*** *Nas mesmas penas incorrerá aquele que falsificar ou adulterar a escrituração do Livro de Registro de Duplicatas.*

4.14 Abuso de incapazes

> ***Art. 173, CP*** *Abusar, em proveito próprio ou alheio, de necessidade, paixão ou inexperiência de menor, ou da alienação ou debilidade mental de outrem, induzindo qualquer deles à prática de ato suscetível de produzir efeito jurídico, em prejuízo próprio ou de terceiro:*
>
> *Pena – Reclusão, de dois a seis anos, e multa.*

4.15 Induzimento à especulação

> ***Art. 174, CP*** *Abusar, em proveito próprio ou alheio, da inexperiência ou da simplicidade ou inferioridade mental de outrem, induzindo-o à prática de jogo ou aposta, ou à especulação com títulos ou mercadorias, sabendo ou devendo saber que a operação é ruinosa:*
>
> *Pena – Reclusão, de um a três anos, e multa.*

4.16 Fraude no comércio

> ***Art. 175, CP*** *Enganar, no exercício de atividade comercial, o adquirente ou consumidor:*
>
> *I – Vendendo, como verdadeira ou perfeita, mercadoria falsificada ou deteriorada;*
>
> *II – Entregando uma mercadoria por outra:*
>
> *Pena – Detenção, de seis meses a dois anos, ou multa.*
>
> *§ 1º Alterar em obra que lhe é encomendada a qualidade ou o peso de metal ou substituir, no mesmo caso, pedra verdadeira por falsa ou por outra de menor valor; vender pedra falsa por verdadeira; vender, como precioso, metal de outra qualidade:*
>
> *Pena – Reclusão, de um a cinco anos, e multa.*
>
> *§ 2º É aplicável o disposto no art. 155, § 2º.*

4.17 Outras fraudes

> ***Art. 176, CP*** *Tomar refeição em restaurante, alojar-se em hotel ou utilizar-se de meio de transporte sem dispor de recursos para efetuar o pagamento:*
>
> *Pena – Detenção, de quinze dias a dois meses, ou multa.*
>
> ***Parágrafo único.*** *Somente se procede mediante representação, e o juiz pode, conforme as circunstâncias, deixar de aplicar a pena.*

4.18 Fraudes e abusos na fundação ou administração de sociedade por ações

> ***Art. 177, CP*** *Promover a fundação de sociedade por ações, fazendo, em prospecto ou em comunicação ao público ou à assembleia, afirmação falsa sobre a constituição da sociedade, ou ocultando fraudulentamente fato a ela relativo:*
>
> *Pena – Reclusão, de um a quatro anos, e multa, se o fato não constitui crime contra a economia popular.*

§ 1º Incorrem na mesma pena, se o fato não constitui crime contra a economia popular:

I – O diretor, o gerente ou o fiscal de sociedade por ações, que, em prospecto, relatório, parecer, balanço ou comunicação ao público ou à assembleia, faz afirmação falsa sobre as condições econômicas da sociedade, ou oculta fraudulentamente, no todo ou em parte, fato a elas relativo;

II – O diretor, o gerente ou o fiscal que promove, por qualquer artifício, falsa cotação das ações ou de outros títulos da sociedade;

III – O diretor ou o gerente que toma empréstimo à sociedade ou usa, em proveito próprio ou de terceiro, dos bens ou haveres sociais, sem prévia autorização da assembleia geral;

IV – O diretor ou o gerente que compra ou vende, por conta da sociedade, ações por ela emitidas, salvo quando a lei o permite;

V – O diretor ou o gerente que, como garantia de crédito social, aceita em penhor ou em caução ações da própria sociedade;

VI – O diretor ou o gerente que, na falta de balanço, em desacordo com este, ou mediante balanço falso, distribui lucros ou dividendos fictícios;

VII – O diretor, o gerente ou o fiscal que, por interposta pessoa, ou conluiado com acionista, consegue a aprovação de conta ou parecer;

VIII – O liquidante, nos casos dos nºs I, II, III, IV, V e VII;

IX – O representante da sociedade anônima estrangeira, autorizada a funcionar no País, que pratica os atos mencionados nos nºs I e II, ou dá falsa informação ao governo.

§ 2º Incorre na pena de detenção, de seis meses a dois anos, e multa, o acionista que, a fim de obter vantagem para si ou para outrem, negocia o voto nas deliberações de assembleia geral.

4.19 Emissão irregular de conhecimento de depósito ou warrant

***Art. 178, CP** Emitir conhecimento de depósito ou warrant, em desacordo com disposição legal:*

Pena – Reclusão, de um a quatro anos, e multa.

4.20 Fraude à execução

***Art. 179, CP** Fraudar execução, alienando, desviando, destruindo ou danificando bens, ou simulando dívidas:*

Pena – Detenção, de seis meses a dois anos, ou multa.

***Parágrafo único.** Somente se procede mediante queixa.*

4.21 Receptação

***Art. 180, CP** Adquirir, receber, transportar, conduzir ou ocultar, em proveito próprio ou alheio, coisa que sabe ser produto de crime, ou influir para que terceiro, de boa-fé, a adquira, receba ou oculte:*

Pena – Reclusão, de um a quatro anos, e multa.

Receptação qualificada

§ 1º Adquirir, receber, transportar, conduzir, ocultar, ter em depósito, desmontar, montar, remontar, vender, expor à venda, ou de qualquer forma utilizar, em proveito próprio ou alheio, no exercício de atividade comercial ou industrial, coisa que deve saber ser produto de crime:

Pena – Reclusão, de três a oito anos, e multa.

§ 2º Equipara-se à atividade comercial, para efeito do parágrafo anterior, qualquer forma de comércio irregular ou clandestino, inclusive o exercício em residência.

§ 3º Adquirir ou receber coisa que, por sua natureza ou pela desproporção entre o valor e o preço, ou pela condição de quem a oferece, deve presumir-se obtida por meio criminoso:

Pena – Detenção, de um mês a um ano, ou multa, ou ambas as penas.

§ 4º A receptação é punível, ainda que desconhecido ou isento de pena o autor do crime de que proveio a coisa.

§ 5º Na hipótese do § 3º, se o criminoso é primário, pode o juiz, tendo em consideração as circunstâncias, deixar de aplicar a pena. Na receptação dolosa aplica-se o disposto no § 2º do art. 155.

§ 6º Tratando-se de bens e instalações do patrimônio da União, Estado, Município, empresa concessionária de serviços públicos ou sociedade de economia mista, a pena prevista no caput deste artigo aplica-se em dobro.

Receptação de animal

***Art. 180-A, CP** Adquirir, receber, transportar, conduzir, ocultar, ter em depósito ou vender, com a finalidade de produção ou de comercialização, semovente domesticável de produção, ainda que abatido ou dividido em partes, que deve saber ser produto de crime:*

Pena – Reclusão, de 2 (dois) a 5 (cinco) anos, e multa.

O art. 180 do CP tipifica a conduta do agente que adquire, recebe, transporta, conduz, dentre outras condutas, com intuito de obter vantagem, produto de crime (furto, roubo, extorsão, estelionato etc.). É considerado como delito, a conduta de adquirir (receptação própria), como a de influenciar para que uma terceira pessoa adquira esses produtos (receptação imprópria).

Classificação

A conduta do *caput* é considerada como um crime comum, pois pode ser praticada por qualquer agente. Ademais, no § 1º, considera-se crime próprio, pois exige uma qualidade específica do agente, devendo ele ser comerciante ou industrial, mesmo que ele exerça de forma clandestina ou ilegal. Ex.: um ferro velho que vende peças de veículos furtados.

A receptação é crime acessório, pois depende da existência do crime anterior. Não é necessário que o crime anterior seja contra o patrimônio. Ex.: receptar bem oriundo do crime de corrupção passiva.

É um crime de ação múltipla e conteúdo variado, ou seja, a prática de várias condutas contra o mesmo bem, caracteriza crime único (adquire e vende).

O bem imóvel não pode ser objeto material do crime de receptação, somente bens móveis.

Sujeitos do crime

Sujeito ativo (*caput*): pode ser qualquer pessoa, exceto quem seja autor ou coautor do crime antecedente (furto, extorsão, roubo).

Sujeito ativo (da receptação qualificada § 1º): é um crime próprio, somente aquela pessoa que desempenha atividade comercial ou industrial.

Dono de ferro velho de carros e peças usadas.

- ▹ Admite a participação.
- ▹ A atividade deve ser habitual ou contínua.

Sujeito passivo: é a vítima do crime anterior, ou seja, donde veio o produto do furto.

Consumação e tentativa

Receptação própria (*caput*): adquirir, receber – crime material/ instantâneo – transportar, conduzir ou ocultar – crime permanente – ambos admitem a tentativa.

Receptação imprópria (2ª parte do *caput*): influir – crime formal e unissubsistente – não admite tentativa.

4.21.1 Receptação própria × imprópria

Própria: adquirir, receber, transportar, conduzir ou ocultar, em proveito próprio ou alheio, coisa que sabe ser produto de crime.

Imprópria: ou **influir** para que terceiro, de boa-fé, a adquira, receba ou oculte.

Na receptação **imprópria**, caso o agente influenciador seja o autor do crime antecedente, responderá **apenas** por esse delito, e não pela receptação. Trata-se de *post factum impunível*. Ex.: "A" coautor do furto de um computador, influi para que "B", de boa-fé, o compre.

A expressão "coisa que sabe" é indicativa de dolo direto e implicitamente abrange o dolo eventual? Prevalece que, a expressão coisa que sabe indica apenas dolo direto. Assim, o *caput* do artigo não pune o dolo eventual.

Imagine que Rogério venda um carro à Vânia. Uma semana após a venda, Vânia ficou sabendo que o carro é produto de crime, mas permanece com ele. Houve prática de receptação? Nesse caso, não se pode esquecer que se trata de dolo superveniente, e esse não configura o crime. Assim, o dolo superveniente não configura o crime. A má-fé deve ser contemporânea a qualquer das condutas previstas no tipo.

4.21.2 Receptação culposa

> *§ 3º Adquirir ou receber coisa que, por sua natureza ou pela desproporção entre o valor e o preço, ou pela condição de quem a oferece, deve presumir-se obtida por meio criminoso:*
>
> *Pena – Detenção, de 1 (um) mês a 1 (um) ano, ou multa, ou ambas as penas.*

É necessário observar três circunstâncias que indicam ser o bem produto de crime:

- ▷ Sua natureza;
- ▷ Desproporção entre valor e preço;
- ▷ Condição de quem a oferece.

No crime de receptação simples (*caput*), é necessário que o agente tenha certeza de que o bem é produto de crime, pois, em caso de dúvida (culpa ou dolo eventual), o agente responderá pelo crime de receptação culposa (§ 3º).

4.21.3 Norma penal explicativa

> *§ 4º A receptação é punível, ainda que desconhecido ou isento de pena o autor do crime de que proveio a coisa.*

Ainda que ocorra a extinção da punibilidade do crime antecedente, haverá o crime de receptação (art. 180, CP).

| A morte do agente do crime anterior, prescrição etc.

Esse parágrafo dá certa autonomia ao crime de receptação em relação ao crime antecedente.

> Ricardo, menor de idade, subtrai o DVD de um veículo e o vende a Marcelo, o qual conhece a origem criminosa do bem. Nesta situação, mesmo sendo Ricardo inimputável, Marcelo responderá pelo crime de receptação.

Segundo alguns autores, a receptação é crime acessório e pressupõe outro crime para que exista. Sucede que não há submissão à punição do crime principal para que seja punido, ou seja, sua punição é independente.

Se o crime pressuposto está prescrito ou teve extinta a punibilidade, não desaparece a receptação.

4.21.4 Receptação privilegiada

> *§ 5º Na hipótese do § 3º Receptação culposa, se o criminoso é primário, pode o juiz, tendo em consideração as circunstâncias, deixar de aplicar a pena. Na receptação dolosa aplica-se o disposto no § 2º do art. 155.*
>
> ***Art. 155, § 2º*** *Se o criminoso é primário, e é de pequeno valor a coisa furtada, o juiz pode substituir a pena de reclusão pela de detenção, diminuí-la de um a dois terços, ou aplicar somente a pena de multa.*

A receptação privilegiada (2ª parte do § 5º) somente se aplica à receptação dolosa (própria ou imprópria); culposa e qualificada, não!

Receptação culposa (§ 3º) + Criminoso primário + Tendo em consideração as circunstâncias = Perdão judicial (juiz deixa de aplicar a pena)	Receptação dolosa (*caput*) + Criminoso primário + Coisa de pequeno valor = Art. 155, § 2º, CP: Substituir a pena de reclusão pena de detenção; Diminuí-la de 1/3 a 2/3 ou aplicar somente a pena de multa

4.21.5 Aumento de pena

> *§ 6º Tratando-se de bens e instalações do patrimônio da União, estado, município, empresa concessionária de serviços públicos ou sociedade de economia mista, a pena prevista no caput deste artigo aplica-se em dobro.*

Fique ligado
Caso o bem seja produto de contravenção penal, não existirá o crime de receptação. O fato será atípico, pois esse delito somente existe em caso de bem produto de crime.

Aplicável somente para a receptação **simples** (*caput*). Não se aplica à receptação qualificada nem à culposa.

É possível a **receptação da receptação**, por exemplo, "A" adquire um relógio produto de furto e o vende a "B", este vende o mesmo bem a "C" ciente de sua origem criminosa.

> ***Art. 180-A, CP*** *Adquirir, receber, transportar, conduzir, ocultar, ter em depósito ou vender, com a finalidade de produção ou de comercialização, semovente domesticável de produção, ainda que abatido ou dividido em partes, que deve saber ser produto de crime:*
>
> *Pena – Reclusão, de 2 (dois) a 5 (cinco) anos, e multa.*

4.22 Disposições gerais

4.22.1 Imunidades penais absolutas ou escusas absolutórias

> ***Art. 181, CP*** *É isento de pena quem comete qualquer dos crimes previstos neste título, em prejuízo:*
>
> *I – Do cônjuge, na constância da sociedade conjugal;*
>
> *II – De ascendente ou descendente, seja o parentesco legítimo ou ilegítimo, seja civil ou natural.*

Trata-se de causa de extinção da punibilidade. No caso do inciso I, abrange-se também a união estável, os separados de fato e ainda as uniões homoafetivas. Não importa o regime de comunhão de bens do casamento. Ex.: separação total de bens.

No caso do inciso II, não se aplica esta escusa na hipótese de parentesco por afinidade (sogra, genro, cunhado...). Outrossim, verifica-se que não há abrangência aos colaterais e afins.

4.22.2 Imunidade patrimonial relativa

> ***Art. 182, CP*** *Somente se procede mediante representação, se o crime previsto neste título é cometido em prejuízo:*
>
> *I – Do cônjuge desquitado ou judicialmente separado;*
>
> *II – De irmão, legítimo ou ilegítimo;*
>
> *III – De tio ou sobrinho, com quem o agente coabita.*

Após a entrada em vigor da Lei nº 6.515/1977, o desquite não existe mais no ordenamento jurídico brasileiro.

Aos ex-cônjuges divorciados não se aplica essa imunidade.

No caso dos incisos II e III, é necessária efetiva coabitação, para incidência dessa imunidade.

Fique ligado

Esse é um dos artigos do Código Penal que mais caem em concurso. Portanto, é muito importante decorá-lo!

4.22.3 Inaplicabilidade das imunidades

> ***Art. 183, CP*** *Não se aplica o disposto nos dois artigos anteriores:*
>
> *I – Se o crime é de roubo ou de extorsão, ou, em geral, quando haja emprego de grave ameaça ou violência à pessoa;*
>
> *II – Ao estranho que participa do crime;*
>
> *III – Se o crime é praticado contra pessoa com idade igual ou superior a 60 (sessenta) anos.*

Fique ligado

Esse inciso foi incluído pelo Estatuto do Idoso (Lei nº 10.741/2003). **Preste muita atenção,** pois este é um dos dispositivos deste assunto que mais cai em concurso público.

▷ **É aplicada a imunidade na violência doméstica e familiar contra a mulher no ambiente familiar?**

- **1ª corrente:** para Maria Berenice Dias, jurista brasileira, não se admite imunidade patrimonial na violência doméstica e familiar contra a mulher, benefício afastado pelo art. 7º, IV, da Lei nº 11.340/2006.
- **2ª corrente:** diz que a Lei Maria da Penha não vedou, expressamente, qualquer imunidade, diferente do Estatuto do Idoso que vedou a imunidade para o idoso.

Tem prevalecido a 2ª corrente.

DPEN

5 CRIMES CONTRA A ADMINISTRAÇÃO PÚBLICA

5.1 Crimes praticados por funcionário público contra a administração em geral

5.1.1 Peculato

> ***Art. 312, CP*** *Apropriar-se o funcionário público de dinheiro, valor ou qualquer outro bem móvel, público ou particular, de que tem a posse em razão do cargo, ou desviá-lo, em proveito próprio ou alheio:*
>
> *Pena – Reclusão, de dois a doze anos, e multa.*
>
> *§ 1º Aplica-se a mesma pena, se o funcionário público, embora não tendo a posse do dinheiro, valor ou bem, o subtrai, ou concorre para que seja subtraído, em proveito próprio ou alheio, valendo-se de facilidade que lhe proporciona a qualidade de funcionário.*
>
> ***Peculato culposo***
>
> *§ 2º Se o funcionário concorre culposamente para o crime de outrem:*
>
> *Pena – Detenção, de três meses a um ano.*
>
> *§ 3º No caso do parágrafo anterior, a reparação do dano, se precede à sentença irrecorrível, extingue a punibilidade; se lhe é posterior, reduz de metade a pena imposta.*

Esse artigo tem por objetivo tipificar a conduta do funcionário público que, aproveitando do cargo que ocupa, apropria-se de bem público ou particular. É necessário que o agente utilize das facilidades do seu cargo, pois, se não o fizer, responderá normalmente, a depender do caso concreto, nos crimes elencados no Título II – Dos Crimes Contra o Patrimônio, do Código Penal. Por exemplo, o furto (art. 155, CP).

Peculato apropriação

> ***Art. 312, CP* Apropriar-se** *o funcionário público de dinheiro, valor ou qualquer outro bem* **móvel, público ou particular**, *de que tem a posse em razão do cargo. [...]*

Nessa situação, o funcionário público já possui a posse ou detenção lícita do bem (em razão do cargo que ocupa), porém passa a se comportar como se fosse o dono (pratica atos de disposição da coisa, venda, troca, doação etc.), não mais devolvendo ou restituindo o bem à Administração Pública.

Peculato-desvio

> ***Art. 312, CP*** *[...] ou desviá-lo, em proveito próprio ou alheio.*

Também chamado de **peculato próprio**, valendo-se do cargo, o agente desvia, em proveito próprio ou de outrem, dinheiro, valor ou qualquer outro bem móvel, público ou particular.

Peculato furto

Também chamado de **peculato impróprio**. Só haverá esse crime se o funcionário público se valer dessa qualidade para subtrair o bem; caso contrário, o crime será o de furto (art. 155, CP). Caso o particular não tenha conhecimento da qualidade de funcionário público, responderá por furto, enquanto esse último responderá por peculato. Ex.: **a)** "A", funcionário público, valendo-se do cargo, subtrai bem móvel da administração com auxílio de "B", o qual conhecia sua função. Ambos respondem por peculato (art. 312, CP); b) "A", funcionário público, valendo-se do cargo, subtrai bem móvel da administração com auxílio de "B", o qual desconhecia a função de "A". "A" responderá por peculato (art. 312, CP) e "B", por furto (art. 155, CP); c) "A", funcionário público, sem aproveitar do cargo que ocupa, com auxílio de "B", subtrai bem móvel da repartição em que "A" trabalha. Ambos respondem por furto (art. 155, CP).

São considerados crimes próprios, pois exigem a qualidade de funcionário público para sua classificação. A conduta é sempre dolosa (apropriar-se, desviar, subtrair). Existe, no entanto, previsão para modalidade culposa (vide § 2º, peculato culposo).

É um crime comissivo, por conseguinte, pode incorrer em omissão imprópria, quando o agente, como garantidor, podendo evitar, nada faz para que o crime não seja consumado (art. 13, § 2º, CP).

Sujeitos do crime

Sujeito ativo: o funcionário público (crime próprio), mas se admite coautoria e participação de particulares, desde que tenham conhecimento da qualidade de funcionário público do agente. Se comprovado que o particular desconhecia a qualidade funcional do agente, responde por apropriação indébita.

Sujeito passivo: o Estado e, secundariamente, o particular (pessoa física ou jurídica), diretamente lesada em seu patrimônio.

Consumação e tentativa

Admite tentativa, salvo o peculato culposo, pois os crimes culposos não admitem a modalidade culposa.

Peculato apropriação e peculato furto são crimes materiais, pois estarão consumados com a efetiva posse do bem móvel. No caso do peculato-desvio, é um crime formal, pois se consuma quando ocorre o desvio do destino da verba.

Figura culposa

> ***Art. 312, § 2º, CP*** *Se o funcionário concorre culposamente para o crime de outrem:*

Essa situação ocorre quando o funcionário público, por imprudência, imperícia ou negligência, permite que um terceiro pratique um crime contra a Administração Pública. Caso o agente não seja funcionário público, ou sendo, não se utilize das facilidades que o cargo lhe proporciona para a subtração, incorrerá no crime de furto.

É importante considerar que:

- É o único crime culposo da espécie dos delitos funcionais;
- É o único crime de menor potencial ofensivo entre os delitos funcionais.

O funcionário público só responderá por esse crime se o crime doloso de outrem (terceiro) chegar a se consumar.

Qual crime de outrem? Qualquer crime ou apenas algumas modalidades de crime? O § 2º merece uma interpretação topográfica. Então, esse crime de outrem só pode ser o do § 1º. Desse modo, só existe o crime de peculato culposo quando o funcionário público concorre culposamente para um peculato-furto ou peculato próprio (apropriação ou desvio), de outrem. Prevalece essa corrente, que é a restritiva.

No que tange ao diretor de sindicato que se apropria de quantia, ele não praticará peculato, pois não é funcionário público, sequer por equiparação. Não é o diretor de sindicato funcionário público típico ou atípico.

> *§ 3º No caso do parágrafo anterior, a reparação do dano, se precede à sentença irrecorrível, extingue a punibilidade; se lhe é posterior, reduz de metade a pena imposta.*

No crime de peculato culposo, a reparação do dano, se precede (é anterior) à sentença irrecorrível, extingue a punibilidade; se é posterior, reduz pela metade a pena imposta – somente para o caso de peculato culposo. No peculato doloso, não é possível aplicação do § 3º.

Sentença irrecorrível

Antes da sentença irrecorrível, extingue a punibilidade. Para a reparação do dano após a sentença irrecorrível, há redução de metade da pena imposta, e isso é feito pelo juiz da execução penal.

Peculato × roubo

Se a posse do bem (peculato apropriação ou desvio) decorre de violência ou grave ameaça, há crime de roubo (art. 157) ou extorsão (art. 158, CP).

O peculato de uso não é crime, mas pode caracterizar ato de improbidade administrativa (art. 9º, Lei nº 8.429/1992). É o fato em que, por exemplo, um funcionário público apropria-se temporariamente de veículo público, no intuito de realizar diligências de caráter pessoal, restituindo o veículo ao pátio da repartição logo após o uso.

Se há desvio da verba em proveito da própria Administração, com utilização diversa da prevista em sua destinação, configura-se o crime do art. 315 do CP.

Princípio da insignificância

O princípio da insignificância é causa supralegal de exclusão da tipicidade, ou seja, o fato não será considerado crime. Assim, há duas posições sobre o assunto:

- **STJ: não admite** a incidência do princípio da insignificância nos crimes contra a Administração Pública, pois a norma penal busca resguardar o aspecto patrimonial e a moral administrativa (Súmula nº 599).
- **STF: admite** a aplicação do princípio da insignificância nos crimes contra a administração pública (HC 107370/SP, rel. Min. Gilmar Mendes, 26/04/2011).

5.1.2 Peculato mediante erro de outrem

> ***Art. 313, CP*** *Apropriar-se de dinheiro ou qualquer utilidade que, no exercício do cargo, recebeu por erro de outrem:*
> *Pena – Reclusão, de um a quatro anos, e multa.*

Conduta

Pune-se a conduta do agente que inverter, no exercício do seu cargo, a posse de valores recebidos por erro de terceiro. O bem apoderado, ao contrário do que ocorre no peculato apropriação, não está naturalmente na posse do agente, derivando de erro alheio.

O erro do ofendido deve ser espontâneo, pois, se provocado pelo funcionário, poderá configurar o crime de estelionato.

Classificação

É considerado crime próprio, pois exige a qualidade de funcionário público para sua classificação.

A conduta é sempre dolosa (apropriar-se). Não existe, no entanto, a forma culposa.

É um crime comissivo, por conseguinte, pode incorrer em omissão imprópria, quando o agente, como garantidor, podendo evitar, nada faz para que o crime não seja consumado (art. 13, § 2º, CP).

Sujeitos do crime

Sujeito ativo: o funcionário público (crime próprio), mas se admite coautoria e participação de particulares, desde que tenham conhecimento da qualidade de funcionário público do agente.

Sujeito passivo: o Estado e, secundariamente, o particular (pessoa física ou jurídica), diretamente lesada em seu patrimônio.

Consumação e tentativa

Admite tentativa!

Sendo um crime material, consuma-se com a efetiva apropriação. Nesse caso, há divergência – alguns autores sustentam que a consumação se dará somente quando o agente percebe o erro de terceiro e não o desfaz, ou seja, a consumação não se dá no momento do recebimento da coisa, mas no instante em que o agente se apropria da coisa recebida por erro, agindo como se fosse dono.

Descrição

O funcionário público que, no exercício do cargo, recebeu de terceiro, o qual estava em erro, dinheiro ou qualquer outra utilidade e não prossegue com a efetiva destinação correta do recurso.

Apropriação coisa havida por erro

Se o funcionário público apropriou-se de dinheiro ou qualquer utilidade que recebeu fora do exercício do cargo, responderá pelo crime de apropriação de coisa havida por erro, caso fortuito ou força da natureza.

> ***Art. 169, CP*** *Apropriar-se alguém de coisa alheia vinda ao seu poder por erro, caso fortuito ou força da natureza.*

Se o particular, por engano quanto à pessoa, coisa ou obrigação, entrega objeto a funcionário público, em razão do cargo deste, e se ele se apropria do bem, há crime de peculato mediante erro de outrem (art. 313, CP).

5.1.3 Inserção de dados falsos em sistema de informações

> ***Art. 313-A, CP*** *Inserir ou facilitar, o funcionário autorizado, a inserção de dados falsos, alterar ou excluir indevidamente dados corretos nos sistemas informatizados ou bancos de dados da Administração Pública com o fim de obter vantagem indevida para si ou para outrem ou para causar dano:*
> *Pena – Reclusão, de 2 (dois) a 12 (doze) anos, e multa.*

Pune-se a conduta do funcionário público autorizado que insere ou facilita inserção de dados falsos, altera ou exclui indevidamente dados nos sistemas de informação da Administração Pública com o objetivo de receber vantagem indevida. Tal crime é também conhecido como **peculato eletrônico**.

Classificação

Trata-se de crime de mão própria, pois exige a qualidade de funcionário público autorizado para sua classificação, ou seja, não é qualquer funcionário público, mas, sim, aquele autorizado a inserir, alterar ou excluir dados nos sistemas informatizados ou banco de dados.

A conduta é sempre dolosa (inserir, alterar ou excluir). Não existe, no entanto, a possibilidade da forma culposa.

É um crime comissivo, por conseguinte, pode incorrer em omissão imprópria, quando o agente, como garantidor, podendo evitar, nada faz para que o crime não seja consumado (art. 13, § 2º, CP).

Sujeitos do crime

Sujeito ativo: o funcionário público autorizado (crime de mão própria), sendo possível a coautoria e participação do particular que tenha consciência da função pública do agente.

Sujeito passivo: o Estado e, secundariamente, o particular (pessoa física ou jurídica), diretamente lesada em seu patrimônio.

Consumação e tentativa

Admite tentativa: sendo um crime formal, consuma-se com a devida inserção, alteração ou exclusão, não sendo necessário o efetivo recebimento da vantagem indevida, considerada apenas mero exaurimento do crime.

Visa punir o funcionário autorizado, o qual detém acesso aos sistemas de informação da Administração Pública e, aproveitando-se dessa situação, realiza condutas indevidas causando prejuízo para Administração, bem como aos particulares.

Erro de tipo

É possível a ocorrência do erro do tipo, escusável ou inescusável, do agente que acredita estar agindo corretamente e acaba inserindo, excluindo ou alterando de forma equivocada dados verdadeiros.

Mesmo sendo um crime de mão própria, é possível a figura da participação e coautoria, seja ela material ou moral.

5.1.4 Modificação ou alteração não autorizada de sistema de informações

> ***Art. 313-B, CP*** *Modificar ou alterar, o funcionário, sistema de informações ou programa de informática sem autorização ou solicitação de autoridade competente:*
>
> *Pena – Detenção, de 3 (três) meses a 2 (dois) anos, e multa.*
>
> ***Parágrafo único.*** *As penas são aumentadas de um terço até a metade se da modificação ou alteração resulta dano para a Administração Pública ou para o administrado.*

Consiste em punir a conduta do funcionário público que modifica ou altera, sem autorização, os sistemas de informações da Administração Pública.

Classificação

É considerado crime próprio, pois exigem a qualidade de funcionário público para sua classificação.

A conduta é sempre dolosa (modificar, alterar). Não existe, no entanto, a possibilidade da forma culposa.

É um crime comissivo, por conseguinte, pode incorrer em omissão imprópria, quando o agente, como garantidor, podendo evitar, nada faz para que o crime não seja consumado (art. 13, § 2º, CP).

Sujeitos do crime

Sujeito ativo: funcionário público (crime próprio), não exigindo a qualidade de ser funcionário autorizado; ademais, é possível a coautoria e a participação do particular que tenha consciência da função pública do agente.

Sujeito passivo: o Estado e, secundariamente, o particular (pessoa física ou jurídica), diretamente prejudicada.

Consumação e tentativa

Admite tentativa.

O crime consuma-se no momento da efetiva modificação ou alteração do sistema de informação, sendo que, se resultar em dano, é causa de aumento de pena conforme parágrafo único do art. 313-B, CP.

Descrição

Para configuração do crime em tela, é necessário que a modificação ou alteração ocorra sem autorização, pois tal conduta resume-se ao dolo do agente, à vontade livre de provocar as modificações.

Os crimes previstos nos arts. 313-A e 313-B, do CP, são conhecidos como peculato eletrônico.

5.1.5 Extravio, sonegação ou inutilização de livro ou documento

> ***Art. 314, CP*** *Extraviar livro oficial ou qualquer documento, de que tem a guarda em razão do cargo; sonegá-lo ou inutilizá-lo, total ou parcialmente:*
>
> *Pena – Reclusão, de um a quatro anos, se o fato não constitui crime mais grave.*

Para a configuração desse crime, é indispensável que o funcionário público tenha a posse do livro ou documento em razão do cargo que ocupa. É considerado um **crime subsidiário**.

Classificação

É considerado crime próprio, pois exige a qualidade de funcionário público para sua classificação. A conduta é sempre dolosa (extravio, inutilização, sonegação). Não existe, no entanto, a possibilidade da forma culposa.

É um crime comissivo, por conseguinte, pode incorrer em omissão imprópria, quando o agente, como garantidor, podendo evitar, nada faz para que o crime não seja consumado (art. 13, § 2º, CP).

Sujeitos do crime

Sujeito ativo: somente funcionário público (crime próprio); ademais, é possível a coautoria e participação do particular que tenha consciência da função pública do agente. Sendo o sujeito ativo servidor em exercício junto à repartição fiscal ou tributária, o extravio de livre oficial, processo fiscal ou qualquer documento por ele causado, configura crime especial previsto no art. 3º, I, da Lei nº 8.137/1990.

Sujeito passivo: o Estado e, por conseguinte, o particular (pessoa física ou jurídica) prejudicada.

Consumação e tentativa

Admite tentativa.

O crime consuma-se no momento do efetivo extravio ou inutilização, mesmo que seja de forma parcial, bem como com a sonegação.

Descrição

Por ser um crime subsidiário, a depender do resultado naturalístico que ocasionar, o crime será absorvido de acordo com sua especificidade (princípio da consunção), conforme em alguns dos casos expostos a seguir:

- Quando há o dolo específico de agir, responde pelo art. 305 do CP;
- Caso o funcionário não seja o responsável pela guarda do livro ou do documento, responderá pelo art. 337 do CP;
- Se praticado por advogado ou procurador, responderá pelo art. 356 do CP.

O crime tipificado no art. 314, além de ser próprio, é subsidiário em relação ao delito previsto no art. 305, que exige dolo específico. O quadro a seguir apresenta as diferenças.

	Art. 305 *Supressão de documento público.*	***Art. 314*** *Extravio, sonegação ou inutilização de livro ou documento.*
Objetividade jurídica	Crime contra a fé pública	Crime contra a Administração Pública
Sujeito ativo	Qualquer pessoa (crime comum)	Funcionário público (crime próprio)
Conduta	Destruir, suprimir ou ocultar documento público ou particular verdadeiro	Extraviar, sonegar ou inutilizar livro oficial ou qualquer documento de que tem guarda em razão do cargo
Tipo subjetivo	Há finalidade específica de tirar proveito próprio ou de outrem, ou visando causar prejuízo alheio	Não se exige qualquer finalidade específica
Pena	Reclusão, de 2 a 6 anos, e multa, se o documento é público, e reclusão, de 1 a 5 anos, e multa, se o documento é particular	Reclusão de 1 a 4 anos, se o fato não constitui crime mais grave

5.1.6 Emprego irregular de verbas ou rendas públicas

> ***Art. 315, CP*** *Dar às verbas ou rendas públicas aplicação diversa da estabelecida em lei:*
>
> *Pena – Detenção, de um a três meses, ou multa.*

Esse tipo penal visa penalizar o administrador público que destina verba pública para projetos, despesas ou gastos que não foram previstos no Orçamento Público (OP) ou, então, que não foram autorizados pela Lei Orçamentária Anual.

Classificação

São considerados crimes próprios, pois exigem a qualidade específica do funcionário público dotado de competência para utilizar e destinar as verbas públicas.

A conduta é sempre dolosa (destinar a verba para outra situação a qual não era prevista). Não existe possibilidade para modalidade culposa.

É um crime comissivo, por conseguinte, pode incorrer em omissão imprópria, quando o agente, como garantidor, podendo evitar, nada faz para que o crime não seja consumado (art. 13, § 2º, CP).

Sujeitos do crime

Sujeito ativo: é crime próprio, pois o sujeito ativo será somente aquele funcionário público que tenha o poder de administração de verbas ou rendas pública (ex.: presidente da República, ministros, governadores etc.); ademais, é possível a coautoria e a participação do particular que tenha consciência da função pública do agente. Tratando-se de prefeito municipal, há crime próprio, prevalecendo pelo princípio da especialidade o disposto no art. 1º, III, do Decreto-lei nº 201/1967.

Sujeito passivo: o Estado e, secundariamente, o particular (pessoa física ou jurídica), diretamente prejudicada.

Consumação e tentativa

Admite tentativa.

O crime consuma-se no momento da efetiva destinação ou aplicação das verbas ou rendas públicas. A simples destinação, sem posterior aplicação, constitui tentativa, gerando perigo para a regularidade administrativa.

Descrição

Caso o agente público seja o presidente da República, ele responderá pela Lei de Improbidade Administrativa (art. 11, Lei nº 1.079/1950). Por conseguinte, sendo prefeito, responderá pelo art. 1º, III, do Decreto-lei nº 201/1967.

Entendimento do STF

Segundo o STF:

> ***RT 617/396:*** *se o orçamento for aprovado por decreto do próprio Poder Executivo, e não por lei, não há o que se falar nesse crime.*
>
> ***RT 883/462:*** *para que caracterize esse crime, é necessário que a lei que destina as verbas ou rendas públicas seja em sentido formal e material.*

5.1.7 Concussão

> ***Art. 316, CP*** *Exigir, para si ou para outrem, direta ou indiretamente, ainda que fora da função ou antes de assumi-la, mas em razão dela, vantagem indevida:*
>
> *Pena – Reclusão, de 2 (dois) a 12 (doze) anos, e multa.*
>
> *§ 1º Se o funcionário exige tributo ou contribuição social que sabe ou deveria saber indevido, ou, quando devido, emprega na cobrança meio vexatório ou gravoso, que a lei não autoriza:*
>
> *Pena – Reclusão, de três a oito anos, e multa.*
>
> *§ 2º Se o funcionário desvia, em proveito próprio ou de outrem, o que recebeu indevidamente para recolher aos cofres públicos:*
>
> *Pena – Reclusão, de dois a doze anos, e multa.*

No crime de concussão, o funcionário público exige uma vantagem indevida e a vítima, temendo represálias, cede a essa exigência. Trata-se de uma forma especial de extorsão, executada por funcionário público.

Classificação

São considerados crimes próprios, pois exigem uma qualidade específica: ser funcionário público.

A conduta é sempre dolosa (exigir). Não existe possibilidade para modalidade culposa.

É um crime comissivo, por conseguinte, pode incorrer em omissão imprópria, quando o agente, como garantidor, podendo evitar, nada faz para que o crime não seja consumado (art. 13, § 2º, CP).

Sujeitos do crime

Sujeito ativo: somente funcionário público (crime próprio); ademais, é possível a coautoria e participação do particular que tenha consciência da função pública do agente.

Sujeito passivo: o Estado e, por conseguinte, o particular (pessoa física ou jurídica) prejudicada.

Consumação e tentativa

Admite tentativa.

O crime é formal, assim, está consumado no momento da exigência.

Descrição

Sendo um crime formal, e a consumação ocorrendo com a mera exigência da vantagem indevida, pouco importa se o funcionário público recebe ou não. Porém, caso receba, haverá o exaurimento do crime.

> **Fique ligado**
>
> É atípica a conduta do particular (vítima) que efetivamente entregou o dinheiro exigido pelo funcionário público, pois ele agiu dessa forma por medo de represálias.

Vantagem devida

Se a vantagem for devida, o agente funcionário público responderá pelo crime de abuso de autoridade (Lei nº 13.869/2019).

> *O particular que se disfarça de policial e exige dinheiro (vantagem indevida) para não efetuar a prisão de alguém responderá pelo crime de extorsão (art. 158, CP).*

Caso a vantagem seja para a própria Administração Pública, poderá haver o crime de excesso de exação (art. 316, § 1º, CP).

Mesmo que seja funcionário público, mas não tenha a competência para a prática do mal prometido, não responde por esse crime, mas por extorsão.

No crime de concussão, o agente exige a vantagem indevida. Ademais, no crime de corrupção passiva (art. 317, CP), o agente solicita, recebe ou aceita promessa de vantagem indevida.

5.1.8 Excesso de exação

> ***Art. 316, CP*** *[...]*
>
> *§ 1º Se o funcionário exige tributo ou contribuição social que sabe ou deveria saber indevido, ou, quando devido, emprega na cobrança meio vexatório ou gravoso, que a lei não autoriza:*
>
> *Pena – Reclusão, de três a oito anos, e multa.*
>
> *§2º Se o funcionário desvia, em proveito próprio ou de outrem, o que recebeu indevidamente para recolher aos cofres públicos:*
>
> *Pena – Reclusão, de dois a doze anos, e multa.*

Trata-se da cobrança integral e pontual de tributos, em que o funcionário público exige ilegalmente tributo ou contribuição social em benefício da Administração Pública.

Classificação

É considerado crime próprio, pois exige uma qualidade específica, ser funcionário público.

A conduta é sempre dolosa (exigir tributo ou contribuição social ou desviar o recebimento indevido). Não existe possibilidade para modalidade culposa.

É um crime comissivo, por conseguinte, pode incorrer em omissão imprópria, quando o agente, como garantidor, podendo evitar, nada faz para que o crime não seja consumado (art. 13, § 2º, CP).

Sujeitos do crime

Sujeito ativo: somente funcionário público (crime próprio); ademais, é possível a coautoria e a participação do particular que tenha consciência da função pública do agente.

Sujeito passivo: o Estado e, por conseguinte, o particular (pessoa física ou jurídica) prejudicada.

Consumação e tentativa

Admite tentativa.

O § 1º do art. 316, do CP diz que o crime é formal, assim, está consumado no momento da exigência do tributo ou contribuição social por meio vexatório e gravoso, mesmo que a vítima não realize o pagamento. Já o § 2º refere-se ao crime material, sendo consumado no momento que ocorre o desvio em proveito próprio ou de outrem, tendo recebido indevidamente.

Descrição

- Art. 316, 1ª parte, § 1º do excesso de exação: Exigir um tributo ou contribuição social que sabe ou deveria saber indevido. Ex.: tributo que já foi pago pelo contribuinte; ou quantia cobrada é superior à fixada em lei.

  O referido tipo penal configura-se com a conduta do funcionário público exigir um tributo ou contribuição social devido, porém empregando meio vexatório ou gravoso, que a lei não autoriza. Ex.: meio vexatório = humilhar, causar vergonha ou constrangimento na vítima. Meio gravoso = causar despesas adicionais ao contribuinte.
- **Art. 316, § 2º, CP (forma qualificada):** o desvio do tributo ou contribuição social indevido ocorre antes de sua incorporação aos cofres públicos, pois, caso ocorra depois, o funcionário público responderá pelo crime de peculato desvio.

Tributos

De acordo com o STF, existem cinco espécies de tributos: **impostos, taxas, contribuições de melhoria, empréstimos compulsórios e contribuições sociais.**

Segundo o STJ, **a custa e os emolumentos concernentes aos serviços notariais e registrais possuem natureza tributária**, qualificando-se como taxas remuneratórias de serviços públicos. Desse modo, comete o crime de excesso de exação aquele que exige custas ou emolumentos que sabe ou deveria saber indevido.

Prevalece que a expressão "deveria saber" configura dolo eventual, entretanto, há doutrina no sentido de que se trata de modalidade culposa do tipo.

5.1.9 Corrupção passiva

> ***Art. 317, CP*** *Solicitar ou receber, para si ou para outrem, direta ou indiretamente, ainda que fora da função ou antes de assumi-la, mas em razão dela, vantagem indevida, ou aceitar promessa de tal vantagem:*
>
> *Pena – Reclusão, de 2 (dois) a 12 (doze) anos, e multa.*
>
> *§ 1º A pena é aumentada de um terço, se, em consequência da vantagem ou promessa, o funcionário retarda ou deixa de praticar qualquer ato de ofício ou o pratica infringindo dever funcional.*
>
> *§ 2º Se o funcionário pratica, deixa de praticar ou retarda ato de ofício, com infração de dever funcional, cedendo a pedido ou influência de outrem:*
>
> *Pena – Detenção, de três meses a um ano, ou multa.*

Apesar de possuir certas semelhanças com o delito de concussão, nesse delito, pode-se dizer que é menos constrangedor para a vítima, pois não há a coação moral da exigência, a honra da imagem do emprego vexatório; ocorre apenas a solicitação, o recebimento ou a simples promessa de recebimento.

Classificação

É considerado crime próprio, pois exigem uma qualidade específica: ser funcionário público.

A conduta é sempre dolosa (solicita, recebe ou aceita promessa). Não existe possibilidade para modalidade culposa.

É um crime comissivo, por conseguinte, pode incorrer em omissão imprópria, quando o agente, como garantidor, podendo evitar, nada faz para que o crime não seja consumado (art. 13, § 2º, CP).

Sujeitos do crime

Sujeito ativo: é o funcionário público no exercício da função, aquele fora da função, mas em razão dela, ou o particular que está na iminência de assumir, e atue criminosamente em razão dela. Pode ter a participação do particular que tenha consciência da função pública do agente.

Sujeito passivo: o Estado e, por conseguinte, o particular (pessoa física ou jurídica) prejudicada. O particular só será vítima se a corrupção partir do funcionário corrupto.

Consumação e tentativa

Admite tentativa somente na modalidade solicitar, quando formulada por meio escrito (carta interceptada).

O crime é formal, assim, nesse delito, existem três momentos em que o crime pode se consumar. No momento da **solicitação,** no momento do **recebimento** ou, então, no instante em que o agente aceita a **promessa de recebimento**. Independe do efetivo pagamento ou recebimento para o crime estar consumado; caso ocorra, será mero exaurimento do crime.

Descrição

Solicitar: a conduta parte do funcionário público, que pede a vantagem indevida. Nessa situação, o funcionário público responde por corrupção passiva e **o particular, caso entregue a vantagem indevida, não responderá por crime algum (fato atípico).**

Receber: a conduta parte do particular que oferece a vantagem indevida e o funcionário público recebe. Nessa situação, o funcionário público responde por corrupção passiva e o particular, por corrupção ativa.

Aceitar promessa de tal vantagem: a conduta parte do particular, que promete vantagem indevida ao funcionário público e este aceita a promessa. Nessa situação, o funcionário público responde por corrupção passiva e o particular, por corrupção ativa.

Fique ligado

Não é necessário que o funcionário público efetivamente receba a vantagem prometida, pois o crime estará consumado com a mera aceitação de promessa.

Espécies de corrupção passiva

- **Corrupção passiva própria:** o funcionário público negocia um ato ilícito. Ex.: a Polícia Rodoviária Federal (PRF) solicita R$ 100,00 para não multar motorista sem carteira de habilitação.
- **Corrupção passiva imprópria:** o funcionário público negocia um ato lícito. Ex.: juiz de Direito recebe dinheiro de autor de ação judicial para agilizar os trâmites do processo.

Mesmo que a propina seja para a prática de ato legal, ocorrerá o crime em estudo. Ex.: comerciantes dão dinheiro para que policiais militares realizem rondas diárias no bairro onde os comerciantes trabalham. É crime, pois os servidores públicos já são remunerados pelo Estado para realizarem essas atividades.

Promessa vantagem indevida

Particular que oferece ou promete vantagem indevida: o particular que oferece ou promete vantagem indevida ao funcionário público responde pelo crime de corrupção ativa (art. 333, CP).

Exceção à teoria unitária ou monista no concurso de pessoas:

> ***Art. 29, CP*** *Quem, de qualquer modo, concorre para o crime incide nas penas a este cominadas, na medida de sua culpabilidade.*

Portanto, a regra é que todos aqueles que concorrem para a prática de um crime responderão pelo mesmo crime. Como se trata de **exceção,** o funcionário público que recebe ou aceita promessa de vantagem indevida responde por corrupção passiva (art. 317), enquanto o particular que oferece ou promete vantagem indevida responde por corrupção ativa (art. 333).

Não configura o crime de corrupção passiva o recebimento, pelo funcionário público, de gratificações usuais de pequeno valor por serviços extraordinários (desde que não se trate de ato contrário à lei) ou pequenas doações ocasionais, geralmente no Natal ou no Ano Novo.

Caso a vantagem recebida seja revertida em favor da própria Administração Pública não haverá o crime de corrupção passiva. Todavia, o funcionário público estará sujeito à prática de ato de improbidade administrativa (Lei nº 8.429/1992).

Aumento de pena

> ***Art. 317, § 1º, CP*** *pena é aumentada de um terço, se, em consequência da vantagem ou promessa, o funcionário retarda ou deixa de praticar qualquer ato de ofício ou o pratica infringindo dever funcional.*

O que seria o exaurimento do crime funciona como causa de aumento de pena para o funcionário público. A pena será aumentada em 1/3.

Se a violação praticada pelo agente público constitui, por si só, um novo crime, haverá concurso formal ou material entre a corrupção e a infração dela resultante. Todavia, nessa hipótese, a corrupção deixa de ser qualificada, pois, do contrário, incidirá no *bis in idem*, considerando-se o mesmo fato duas vezes em prejuízo do funcionário réu.

Corrupção passiva privilegiada

> ***Art. 317, § 2º, CP*** *Se o funcionário pratica, deixa de praticar ou retarda ato de ofício, com infração de dever funcional, cedendo a pedido ou influência de outrem:*
>
> *Pena – Detenção, de três meses a um ano, ou multa.*

Punem-se, nesse dispositivo, os famigerados favores administrativos. Nessa hipótese, o particular não oferece ou promete vantagem indevida ao funcionário público; ele apenas pede para que este "dê um jeitinho" de praticar, deixar de praticar ou retardar ato de ofício, com infração de dever funcional.

> Marcelo é abordado em uma *blitz* e seu veículo está com o Imposto sobre Propriedades de Veículos Automotores (IPVA) atrasado. Diante disso, ele pede ao policial rodoviário que não aplique a devida multa ou apreenda seu veículo. O policial atende ao pedido. Nessa situação, o policial praticou o crime de corrupção passiva privilegiada e Marcelo é partícipe desse crime.

O § 2º tem grande incidência em concursos. É o famoso "dar um jeitinho".

Diferenças importantes

- **Corrupção passiva privilegiada (art. 317, § 2º, CP):** ocorre quando o funcionário pratica, deixa de praticar ou retarda ato de ofício, com infração de dever funcional, **cedendo a pedido ou influência de outrem**.
- **Prevaricação (art. 319, CP):** ocorre quando se retarda ou deixa de praticar, indevidamente, ato de ofício, ou ao praticá-lo contra disposição expressa de lei **para satisfazer interesse ou sentimento pessoal**. Não há intervenção alheia nesse crime.

5.1.10 Facilitação de contrabando ou descaminho

> ***Art. 318, CP*** *Facilitar, com infração de dever funcional, a prática de contrabando ou descaminho (art. 334):*
>
> *Pena – Reclusão, de 3 (três) a 8 (oito) anos, e multa.*

Conduta: a conduta criminosa consiste em facilitar, por ação ou omissão, o contrabando ou o descaminho.

Sujeitos do crime

Sujeito ativo: é crime próprio; somente o funcionário público incumbido de impedir a prática do contrabando ou descaminho poderá intentá-lo. Caso não ostente essa atribuição funcional, responderá pelo delito de contrabando ou descaminho, na condição de partícipe.

Sujeito passivo: o Estado.

Exceção à teoria unitária ou monista no concurso de pessoas (art. 29, CP)

O funcionário público que facilita, com infração de dever funcional, a prática de contrabando ou descaminho, responde pelo crime do art. 318. Já o particular que realiza o contrabando ou descaminho responde pelo crime do art. 334 ou art. 334-A.

Conceito

> *Se a mercadoria importada ou exportada for arma de fogo, acessório ou munição, sem autorização da autoridade competente, o agente responderá pelo crime previsto no art. 18 da Lei nº 10.826/2003 (Estatuto do Desarmamento) = tráfico internacional de arma de fogo.*

Contrabando: é a importação ou exportação de mercadoria cuja entrada ou saída é proibida no Brasil. Ex.: máquinas caça-níquel, cigarros, quando em desacordo com autorização legal.

Descaminho: a importação ou exportação é permitida, porém o agente frauda o pagamento do tributo devido.

Consumação

Ocorre quando o funcionário público efetivamente facilita o contrabando ou descaminho. É crime formal ou de consumação antecipada.

Não é necessário que a outra pessoa (autor do crime de contrabando ou descaminho – art. 334) tenha sucesso em sua empreitada criminosa. Desse modo, mesmo que essa outra pessoa não obtenha êxito na realização do crime do art. 334, o crime de contrabando e descaminho estará consumado, pois é crime formal.

Tentativa

Admitida somente na forma comissiva (ação). A forma omissiva não admite o *conatus*.

Elemento subjetivo

> ***Súmula nº 151 – STJ*** *A competência para o processo e julgamento por crime de contrabando e descaminho define-se pela prevenção do Juízo Federal do lugar da apreensão dos bens.*

Não se admite a modalidade culposa, somente dolosa.

Competência

Os crimes de contrabando e descaminho é da competência da **Justiça Federal**, pois ofende interesse da União (art. 109, IV, CF/1988).

Prevenir e reprimir o contrabando e o descaminho são atribuições da Polícia Federal (art. 144, § 1º, II, CF/1988).

5.1.11 Prevaricação

> ***Art. 319, CP*** *Retardar ou deixar de praticar, indevidamente, ato de ofício, ou praticá-lo contra disposição expressa de lei, para satisfazer interesse ou sentimento pessoal:*
>
> *Pena – Detenção, de três meses a um ano, e multa.*

Para que configure o delito de prevaricação, faz-se necessário que a ação ou omissão seja praticada de maneira indevida e infrinja o dever funcional do agente público.

Classificação

É considerado crime de mão própria, pois exige uma qualidade específica (ser funcionário público) e possuir determinado dever funcional. Assim, é imprescindível que o funcionário tenha a atribuição para a prática do ato, pois, do contrário, não se pode considerar violação ao dever funcional.

A conduta é sempre dolosa, a qual se divide em três tipos:

- Retardar indevidamente ato de ofício;
- Deixar de praticar ato de ofício;
- Praticar contra disposição expressa em lei.

Não admite a forma culposa.

Sujeitos do crime

Sujeito ativo: somente funcionário público (crime próprio).

Sujeito passivo: o Estado e, por conseguinte, o particular (pessoa física ou jurídica) prejudicada.

Consumação e tentativa

Consuma-se o crime com o retardamento, a omissão ou a prática do ato, sendo dispensável a satisfação do interesse visado pelo servidor.

A tentativa não é admitida nas condutas de retardar ou deixar de praticar, pois é crime omissivo próprio ou puro. Já a conduta de praticá-lo contra disposição expressa de lei admite a tentativa por ser crime comissivo, ou seja, que exige uma ação.

É um crime formal. Para sua consumação, basta a intenção do funcionário público de satisfazer interesse ou sentimento pessoal, mesmo que não consiga êxito na concretização desse resultado.

Descrição

Crime de ação múltipla ou de conteúdo variado: retardar, deixar de praticar ou praticá-lo. A realização de mais de uma dessas ações, no mesmo contexto fático, caracteriza crime único. Todavia, tal fato será levado em conta pelo juiz no momento de fixação da pena-base (art. 59, CP).

Considerações

Retardar (atrasar/adiar): o funcionário público não realiza o ato de ofício dentro do prazo legal.
Deixar de praticar (abster-se de praticar): não praticar o ato de ofício

+

Indevidamente (injustificavelmente/ilegalmente)

=

Prevaricação

Nessas duas hipóteses, a prevaricação é crime omissivo próprio ou puro (condutas omissivas). Não admite tentativa (*conatus*). Não há crime quando o funcionário público deixa de agir em razão de caso fortuito ou força maior. Ex.: a falta de efetivo (pessoal) na repartição, incêndio, inundação etc.

Praticar (realizar um ato)

+

Contra disposição expressa de lei

=

Prevaricação

Nessa hipótese, a prevaricação é crime comissivo. Admite tentativa (*conatus*).

Pessoalidade

Interesse pessoal: é qualquer vantagem ou proveito de caráter moral ou patrimonial. Caso o funcionário público exija ou receba uma vantagem indevida a pretexto de praticar, retardar ou omitir a prática de um ato de ofício, o crime será de concussão (art. 316, CP) ou corrupção passiva (art. 317, CP).

Sentimento pessoal: vingança, ódio, amizade, inimizade, inveja, amor.

> Promotor de Justiça solicita o arquivamento de inquérito policial que investiga crime que supostamente foi praticado por seu amigo de infância.

A desídia (preguiça), a negligência ou o comodismo (sem o fim de satisfazer interesse ou sentimento pessoal): não há crime de prevaricação. Todavia, o funcionário público poderá incorrer em ato de improbidade administrativa.

Diferenças importantes

- **Prevaricação (art. 319, CP):** retardar ou deixar de praticar indevidamente ato de ofício, ou praticá-lo contra disposição expressa de lei, para satisfazer interesse ou sentimento pessoa.
- **Condescendência criminosa (art. 320, CP):** deixar o funcionário, por indulgência, de responsabilidade subordinado que cometeu infração no exercício do cargo ou, quando lhe falte competência, não levar o fato ao conhecimento da autoridade competente.

5.1.12 Prevaricação imprópria

> ***Art. 319-A, CP*** *Deixar o Diretor de Penitenciária e/ou agente público de cumprir seu dever de vedar ao preso o acesso a aparelho telefônico, de rádio ou similar, que permita a comunicação com outros presos ou com o ambiente externo:*
>
> *Pena – Detenção, de 3 (três) meses a 1 (um) ano.*

Esse crime foi introduzido pela Lei nº 11.466/2007 e recebe várias denominações por parte da doutrina –prevaricação imprópria, prevaricação em presídios, omissão do dever de vedar ao preso o acesso a aparelhos de comunicação. Todas essas classificações são aceitáveis, haja vista o legislador não conferir, na elaboração do tipo, o *nomem iuris* da conduta, deixando para que a doutrina o fizesse.

Classificação

É um crime doloso, não exigindo qualquer fim específico da conduta. Não é admitida a culpa.

É um crime simples, pois ofende um único bem jurídico, e é um crime próprio, ou seja, podendo ser cometido somente por agente público que tenha o dever funcional de impedir a entrada de aparelhos de comunicação, como o diretor de Penitenciária e/ou agente público.

Sujeitos do crime

Sujeito ativo: por ser um crime próprio, pode ser cometido por agente público, que deve ser interpretado de forma restrita, pois o agente deve ser incumbido de evitar a conduta descrita no tipo. Para exemplificar, podemos citar os agentes penitenciários, carcereiros e até mesmo pelos policiais responsáveis pela escolta.

O preso que for encontrado na posse de aparelho de comunicação não comete esse crime, contudo, incide em falta grave. Já o particular que fornece o aparelho para o preso comete o crime do art. 349-A do CP.

Consumação e tentativa

Por ser um crime formal, dá-se a consumação quando o agente público ou diretor de Penitenciária não faz nada para impedir a entrada de aparelho de comunicação ao preso, contudo, devendo saber que tal situação é ilícita. É dispensável o efetivo acesso do preso ao aparelho de comunicação.

Não é possível a tentativa, haja vista ser esse um crime omissivo próprio.

Descrição do crime

A finalidade desse crime é impedir que o preso tenha acesso a qualquer tipo de aparelho de comunicação que possa se comunicar com qualquer pessoa (familiares, advogados, outros presos). Os aparelhos eletrônicos podem ser telefones (fixos ou móveis) *walkie-talkies* ou uma *webcam*, por exemplo.

O fato é atípico quando o aparelho não tem nenhuma capacidade de comunicação ou, de qualquer forma, impossibilitado de funcionar. O mesmo acontece para cópias falsas de aparelhos.

Telefones celulares sem crédito tipificam a conduta, pois se verifica a possibilidade da obtenção de créditos de formas ilícitas, por exemplo, extorsões baseadas em falsos sequestros. Caracteriza-se a conduta até mesmo quando o aparelho não tiver bateria, visto que existem meios alternativos para sua ativação.

5.1.13 Condescendência criminosa

> ***Art. 320, CP*** *Deixar o funcionário, por indulgência, de responsabilizar subordinado que cometeu infração no exercício do cargo ou, quando lhe falte competência, não levar o fato ao conhecimento da autoridade competente:*
>
> *Pena – Detenção, de quinze dias a um mês, ou multa.*

Esse tipo penal tem por objetivo punir o superior hierárquico que, por indulgência (clemência), deixa de punir seu subordinado, bem como aquele que, sem competência para responsabilização, tendo conhecimento de alguma infração, não leva a informação aquém de competência para punir o agente público.

Tem como base o poder disciplinar da Administração Pública.

Classificação

É considerado um crime próprio: omissivo próprio, ou seja, ato está na inação (deixar de agir).

O dolo está na conduta de se **omitir**, assim, não admite a forma culposa.

Sujeitos do crime

Sujeito ativo: somente funcionário público hierarquicamente superior ao servidor infrator.

Sujeito passivo: o Estado e, por conseguinte, o particular, pessoa física ou jurídica prejudicada.

Consumação e tentativa

Não admite tentativa.

É um crime formal e omissivo próprio ou puro. Consuma-se quando o funcionário superior, depois de tomar conhecimento da infração, suplanta prazo legalmente previsto para a tomada de providências contra o subordinado infrator.

Descrição do crime

O crime ocorre com a mera omissão do funcionário público que, ao tomar conhecimento da infração (administrativa ou penal) cometida pelo subordinado no exercício do cargo, deixa de tomar qualquer providência para responsabilizá-lo ou, quando lhe faltar competência para tanto, não levar o fato ao conhecimento da autoridade competente. Não necessita da efetiva impunidade do infrator.

> *Se o funcionário público superior hierárquico omite-se para atender sentimento ou interesse pessoal, responderá pelo crime de prevaricação. Se o superior hierárquico omite-se com o objetivo de receber alguma vantagem indevida do funcionário público infrator, responderá pelo crime de corrupção passiva (art. 317, CP). Não configura o crime em tela eventuais irregularidades praticadas pelo subordinado extra offício (fora do cargo) e toleradas pelo superior hierárquico.*

O fato será atípico quando o superior hierárquico, por negligência, não tomar conhecimento da infração cometida pelo funcionário público subalterno no exercício do cargo.

Nexo funcional

Deve haver o nexo funcional, ou seja, a infração deve ter sido praticada no exercício do cargo público ocupado pelo funcionário público.

> **Policial** civil pratica peculato e o delegado, após tomar conhecimento do caso, por indulgência (tolerância), não faz nada.

Indulgência: é sinônimo de tolerância, perdão, clemência.

5.1.14 Advocacia administrativa

> ***Art. 321, CP*** *Patrocinar, direta ou indiretamente, interesse privado perante a administração pública, valendo-se da qualidade de funcionário:*
>
> *Pena – Detenção, de um a três meses, ou multa.*
>
> ***Parágrafo único.*** *Se o interesse é ilegítimo:*
>
> *Pena – Detenção, de três meses a um ano, além da multa.*

Esse delito visa tipificar a conduta do agente que tem por objetivo defender, apadrinhar, advogar, interesse alheio perante a Administração Pública.

Classificação

É considerado crime próprio, pois exige uma qualidade específica: ser funcionário público.

A conduta é sempre dolosa. Pode ser praticada pela ação ou omissão. Não existe possibilidade para modalidade culposa.

É um crime comissivo, por conseguinte, pode incorrer em omissão imprópria, quando o agente, como garantidor, podendo evitar, nada faz para que o crime não seja consumado (art. 13, § 2º, CP).

Sujeitos do crime

Sujeito ativo: somente funcionário público (crime próprio). Não necessariamente advogado, como diversas questões afirmam. Admite-se o concurso de terceiro não qualificado, na modalidade de coautoria ou participação, desde que conhecedor da condição funcional do agente público.

Sujeito passivo: o Estado e, por conseguinte, o particular (pessoa física ou jurídica) prejudicada.

Consumação e tentativa

Admite tentativa.

Consuma-se com a prática de ato revelador do patrocínio, que ofenda a moralidade administrativa, independentemente de obtenção de vantagem.

Descrição do crime

Utilizando da qualidade de funcionário, o agente público defende interesse alheio de forma direta: pelo próprio funcionário ou, então, de forma indireta, pela participação de terceiro.

Necessidade de patrocínio

A advocacia administrativa exige mais do que um mero ato de encaminhamento ou protocolado de papéis. É necessário que se verifique o efetivo patrocínio de uma causa, complexa ou não, perante a administração.

Figura qualificadora

Parágrafo único. *Se o interesse é ilegítimo:*

Para ensejar na qualificadora, o agente que pratica o ato de patrocínio deve ter conhecimento de que o pleito é ilegítimo.

Responsabilidade

Caso o patrocínio seja referente à instauração de processo licitatório ou à celebração de contrato junto à Administração Pública, cuja invalidação seja decretada pelo Judiciário, o agente responderá pelo delito do art. 337-G do CP.

5.1.15 Violência arbitrária

> ***Art. 322, CP*** *Praticar violência, no exercício de função ou a pretexto de exercê-la:*
>
> *Pena – Detenção, de seis meses a três anos, além da pena correspondente à violência.*

Esse delito tem por objetivo tipificar a conduta do agente público que atua com violência no exercício da sua função ou a pretexto dela. A Lei nº 13.869/2019 (Abuso de Autoridade) deve revitalizar a aplicação, ainda que subsidiária, do delito de violência arbitrária, visto que parcela doutrina entendia que ter ocorrido sua revogação tácita pela revogada Lei nº 4.898/1965.

Classificação

A conduta é sempre dolosa: pode ser praticada pela ação ou omissão. Não existe possibilidade para modalidade culposa.

É um crime comissivo, por conseguinte, pode incorrer em omissão imprópria, quando o agente, como garantidor, podendo evitar, nada faz para que o crime não seja consumado (art. 13, § 2º, CP).

Sujeitos do crime

Sujeito ativo: somente funcionário público (crime próprio); não exige a qualidade específica de ser um policial; ademais, é possível a coautoria e participação do particular que tenha consciência da função pública do agente.

Sujeito passivo: o Estado e, por conseguinte, o particular (pessoa física ou jurídica) prejudicada.

Consumação e tentativa

Admite tentativa.

Consuma-se no momento da prática do ato de violência (ação), com a lesão provocada.

Descrição do crime

Não é condição necessária que para incidir em violência arbitrária ou abuso de autoridade a condição específica de policial. Ex.: um fiscal sanitário que, no gozo de suas atribuições, ao encontrar uma bandeja de iogurte vencida, decide por lacrar o estabelecimento pelo prazo de 90 dias, além da aplicação da multa de R$ 100 mil. Nessa hipótese, é claro observar que o agente abusou da atribuição do seu cargo prejudicando um particular, pois sua decisão não foi proporcional ao agravo.

Figura qualificadora especial

Caso o agente seja ocupante de cargo em comissão, função de direção ou assessoramento (art. 327, § 2º, CP). O simples emprego de intimidação moral, formada por ameaças, não é suficiente para caracterizar o crime desse artigo.

A pena do crime de violência arbitrária será somada à pena correspondente à violência.

5.1.16 Abandono de função

> ***Art. 323, CP*** *Abandonar cargo público, fora dos casos permitidos em lei:*
>
> *Pena – Detenção, de quinze dias a um mês, ou multa.*
>
> *§ 1º Se do fato resulta prejuízo público:*
>
> *Pena – Detenção, de três meses a um ano, e multa.*
>
> *§ 2º Se o fato ocorre em lugar compreendido na faixa de fronteira:*
>
> *Pena – Detenção, de um a três anos, e multa.*

Tutela-se o regular desenvolvimento das atividades administrativas, punindo-se a interrupção do trabalho do servidor público que abandona suas atividades, fora dos casos permitidos em lei.

Classificação

Trata-se de um crime de mão própria, ou seja, que só pode ser cometido pelo próprio agente.

É um crime omissivo próprio, cometido por um funcionário específico, quando não cumpre com suas funções.

Pune-se somente na modalidade dolosa.

Sujeitos do crime

Sujeito ativo: embora o dispositivo diga abandono de função, entende a doutrina que somente o funcionário ocupante de cargo público pode cometer o crime, logo, não prevalece a regra do art. 327 do CP.

Sujeito passivo: a Administração Pública.

Consumação e tentativa

Não admite tentativa.

É consumado após um tempo relevante, sendo previsto uma probabilidade de dano à Administração, porém sem necessidade que esse realmente ocorra para a efetiva consumação do crime.

Há doutrinadores que dizem que só haverá o crime de abandono após 31 dias ou mais de ausência injustificada no trabalho.

Descrição do crime

Forma qualificada pelo prejuízo

> *§ 1º Se do fato resulta prejuízo público:*
>
> *Pena – Detenção, de três meses a um ano, e multa.*

Nessa hipótese, compreende duas espécies de prejuízo, sendo o prejuízo social ou coleto, bem como aquele que afeta os serviços públicos e o interesse da coletividade.

Forma qualificada pelo lugar de fronteira

> *§ 2º Se o fato ocorre em lugar compreendido na faixa de fronteira:*
>
> *Pena – Detenção, de um a três anos, e multa.*

Considera-se fronteira a faixa situada até 150 km de largura, ao longo das fronteiras terrestres.

5.1.17 Exercício funcional ilegalmente antecipado ou prolongado

> ***Art. 324, CP*** *Entrar, no exercício de função pública antes de satisfeitas as exigências legais, ou continuar a exercê-la, sem autorização, depois de saber oficialmente que foi exonerado, removido, substituído ou suspenso:*
>
> *Pena – Detenção, de quinze dias a um mês, ou multa.*

O exercício ilegal de função pública afeta toda uma estrutura organizacional da Administração Pública, influindo diretamente na prestação de serviço público e no seu normal funcionamento. O referido crime tem por finalidade punir quem entra, exerce ou continua no serviço público de forma ilegal. É um crime de ação penal pública incondicionada.

Classificação

É um crime simples, de mão própria e formal.

É um crime doloso, não existindo a modalidade culposa.

Sujeitos do crime

Sujeito ativo: é o funcionário público já nomeado que ainda não cumpriu todas as exigências para entrar no cargo ou que deixou de ser funcionário por ter sido exonerado, suspenso, removido etc. Se for pessoa inteiramente alheia à função pública, o crime é o previsto no art. 328 do CP.

Sujeito passivo: é o Estado.

Consumação e tentativa

Por ser um crime formal, o delito consuma-se com o primeiro ato realizado pelo funcionário público em alguma das condições do tipo penal, não necessitando que a Administração Pública sofra um efetivo dano ou prejuízo. A tentativa é possível, haja vista o caráter plurissubsistente do crime.

Descrição do crime

A primeira parte do *caput* versa uma norma penal em branco homogênea, pois necessita de complementação por legislação específica para saber quais são as exigências legais. Já a segunda parte do *caput* descreve um elemento normativo específico, sendo necessário que o agente tenha o efetivo conhecimento de sua situação perante a Administração Pública.

Aquele que ingressa no exercício da função pública, antes de apresentar sua declaração de bens, incide no crime em tela se praticar algum ato inerente ao cargo.

5.1.18 Violação de sigilo funcional

> ***Art. 325, CP*** *Revelar fato de que tem ciência em razão do cargo e que deva permanecer em segredo, ou facilitar-lhe a revelação:*
>
> *Pena – Detenção de seis meses a dois anos, ou multa, se o fato não constitui crime mais grave.*
>
> *§ 1º Nas mesmas penas deste artigo incorre quem:*
>
> *I – Permite ou facilita, mediante atribuição, fornecimento e empréstimo de senha ou qualquer outra forma, o acesso de pessoas não autorizadas a sistemas de informações ou banco de dados da Administração Pública;*
>
> *II – Se utiliza, indevidamente, do acesso restrito.*
>
> *§ 2º Se da ação ou omissão resulta dano à Administração Pública ou a outrem:*
>
> *Pena – Reclusão, de dois a seis anos, e multa.*

Certos assuntos da Administração Pública possuem caráter sigiloso e são imprescindíveis à segurança da sociedade e do Estado. Esse artigo tem por finalidade preservar os interesses públicos, privados e coletivos do sigilo das informações necessárias ao normal funcionamento da máquina pública. É um crime de ação penal pública incondicionada.

Classificação

É um crime simples, de mão própria (somente pode ser cometido por funcionário público que tenha o dever de assegurar o sigilo) e formal. É considerado um crime doloso, não tendo especificado em seu tipo penal um especial fim de agir. Não admite a modalidade culposa.

Sujeitos do crime

Sujeito ativo: por ser um crime de mão própria, exige-se uma qualidade especial do sujeito ativo do crime, podendo ser tanto o funcionário público em efetivo exercício, quanto o aposentado, afastado ou em disponibilidade, podendo o particular ser partícipe do crime (art. 325, CP) se concorreu de qualquer modo com a revelação da informação.

Sujeito passivo: é o ente público que teve seu segredo revelado e, eventualmente, o particular lesado pela revelação do segredo.

Consumação e tentativa

O delito passa a ser consumado quando a informação sigilosa é revelada à terceira pessoa, não exigindo que tal informação seja de conhecimento geral do público. A tentativa somente é aceita se for uma conduta por escrito e, por circunstâncias alheias à vontade do agente, a carta não chega ao destino.

Descrição do crime

- **Figuras equiparadas do § 1º:** inciso I. Ex.: "A", analista da Receita Federal, revela a senha do banco de dados do cadastro dos contribuintes, para que sua amiga encontre o endereço de seu ex-namorado; "A", analista da Receita Federal, utiliza a senha restrita do banco de dados dos servidores para descobrir informações fiscais de seus colegas de repartição.
- **Qualificadora do § 2º:** existe a lesão à Administração Pública ou a algum particular, ou seja, é considerado um crime de dano. Aplicando-se o princípio da especialidade, a violação de sigilo funcional envolvendo certames de interesse público não caracteriza o crime do art. 325, mas, sim, o do art. 311-A do CP.

5.1.19 Violação de sigilo de proposta de concorrência

> ***Art. 326, CP*** *Devassar o sigilo de proposta de concorrência pública, ou proporcionar a terceiro o ensejo de devassá-lo:*
>
> *Pena – Detenção, de três meses a um ano, e multa.*

Revogado tacitamente pelo art. 337-J do Código Penal, pois se trata de norma contemporânea, que incrimina a prática do delito não só em concorrência, mas em qualquer modalidade de licitação.

5.1.20 Funcionário público

> ***Art. 327, CP*** *Considera-se funcionário público, para os efeitos penais, quem, embora transitoriamente ou sem remuneração, exerce cargo, emprego ou função pública.*
>
> *§ 1º Equipara-se a funcionário público: quem exerce cargo, emprego ou função em entidade paraestatal, e quem trabalha para empresa prestadora de serviço contratada ou conveniada para a execução de atividade típica da Administração Pública.*
>
> *§ 2º A pena será aumentada da terça parte quando os autores dos crimes previstos neste Capítulo forem ocupantes de cargos em comissão ou de função de direção ou assessoramento de órgão da administração direta, sociedade de economia mista, empresa pública ou fundação instituída pelo poder público.*

Para fins penais, considera-se funcionário público aquele que trabalha para uma empresa particular que mantém convênio com o Poder Público, e para este presta serviço.

São funcionários públicos não só aqueles que desempenham cargos criados por lei, regularmente investidos e nomeados, remunerados pelos cofres públicos, como também os que exercem emprego público (contratados, mensalistas, diaristas, tarefeiros, nomeados a título precário) e, ainda, todos que, de qualquer forma, exercem função pública.

D P E N

6 CRIMES PRATICADOS POR PARTICULAR CONTRA A ADMINISTRAÇÃO EM GERAL

6.1 Usurpação de função pública

Art. 328, CP *Usurpar o exercício de função pública:*

Pena – Detenção, de três meses a dois anos, e multa.

Parágrafo único. *Se do fato o agente aufere vantagem:*

Pena – Reclusão, de dois a cinco anos, e multa.

Introdução

Esse tipo penal foi criado com o intuito de punir aquele que exerce função pública sem possuir legitimidade para tanto, pois o Estado tem interesse em preservação da função das pessoas realmente investidas ao exercício das funções públicas. É um crime de ação penal pública incondicionada.

Classificação

É um crime simples, comum e formal.

É considerado um crime doloso, não dependendo de nenhuma finalidade. Não é admitida a culpa.

Sujeitos do crime

Sujeito ativo: por ser um crime comum, pode ser praticado por qualquer pessoa, inclusive por funcionário público. Ex.: um escrivão que atue exercendo tarefas exclusivas de um delegado de Polícia.

Sujeito passivo: imediatamente é a Administração Pública e, secundariamente, a pessoa física ou jurídica à qual recaiu a conduta criminosa.

Consumação e tentativa

Trata-se de crime formal. Consuma-se o delito com a prática de ato exclusivo, que só pode ser praticado por pessoa legalmente investida no ofício usurpado.

A tentativa é plenamente possível, como quando o sujeito chega à função, mas não pratica nenhum ato inerente a ela.

Descrição do crime

A figura qualificada (art. 328, parágrafo único) refere-se a um crime material, visto que o agente aufere vantagem do delito, sendo a vantagem de qualquer natureza.

6.2 Resistência

Art. 329, CP *Opor-se à execução de ato legal, mediante violência ou ameaça a funcionário competente para executá-lo ou a quem lhe esteja prestando auxílio:*

Pena – Detenção, de dois meses a dois anos.

§ 1º Se o ato, em razão da resistência, não se executa:

Pena – Reclusão, de um a três anos.

§ 2º As penas deste artigo são aplicáveis sem prejuízo das correspondentes à violência.

Introdução

É um crime de ação penal pública incondicionada.

Esse artigo visa proteger a Administração Pública e, também, a atuação do funcionário público na realização de atos legais e a integridade física e moral do particular que lhe presta auxílio.

Classificação

É um crime **pluriofensivo** (atinge mais de um bem jurídico), comum e formal.

É um crime doloso e mais a intenção de impedir a execução do ato legal (especial fim de agir). Não se admite a modalidade culposa.

Sujeitos do crime

Sujeito ativo: pode ser praticado por qualquer pessoa (crime comum). O funcionário público pode ser sujeito ativo desse crime nas situações em que age como particular.

Fique ligado

É indispensável que o particular esteja efetivamente acompanhado do funcionário público competente para a execução do ato, para que se caracterize o crime de resistência, pois caso o particular esteja sozinho, o agente responderá por outro crime (lesão corporal, ameaça, tentativa de homicídio etc.).

O sujeito ativo (autor) pode ser pessoa alheia à execução do ato legal. Ex.: filho que procura resistir à prisão legítima do pai mediante violência ou grave ameaça.

Sujeito passivo: primariamente o Estado e, secundariamente, o funcionário público agredido ou ameaçado pela resistência.

Consumação e tentativa

É crime formal. Não importa se o agente consegue ou não impedir a execução do ato legal, o crime estará consumado. Em regra, admite tentativa, com exceção de ameaça verbal.

Descrição do crime

Opor-se: impedir a execução do ato legal. O ato legal deve ser específico e concreto, isto é, apto a gerar efeitos imediatos e dirigido a pessoa determinada.

Espécies de resistência

Resistência ativa: é o crime de resistência do art. 329, *caput*, do Código Penal.

Resistência passiva: o agente, sem o emprego de violência ou ameaça a funcionário público competente ou a quem lhe presta auxílio, opõe-se à execução de ato legal. Ex.: "A", policial civil, cumprirá um mandado de prisão preventiva expedido em face de "B"; este, por sua vez, agarra-se a um poste para não ser preso. Nessa hipótese, (resistência passiva) não se configura o crime de resistência. Todavia, o agente responderá pelo crime de desobediência (art. 330, CP).

Violência: a violência deve ser dirigida contra pessoa, pois, se for dirigida contra coisa, o agente responderá pelo crime de dano qualificado (art. 163, parágrafo único, III, CP). A violência deve ser empregada durante a execução do ato legal, pois, se for empregada antes ou depois, o agente responderá pelo crime de ameaça (art. 147, CP) ou lesão corporal (art. 129, CP). A violência deve ser empregada para impedir o cumprimento da ordem; se for outra a causa, o crime será outro.

Figura qualificada (art. 329, § 1º, CP): o que seria o exaurimento do crime funciona como uma qualificadora. Nessa hipótese, o crime é material.

Legalidade do ato

Legalidade do ato: o ato deve ser legal, mesmo que injusto. Ex.: o juiz decretou a prisão preventiva de "A", pois ele é o principal suspeito de ter estuprado oito mulheres em uma pequena cidade do interior. No momento da realização da prisão, "A" agrediu os policiais militares, pois jurava ser inocente. Uma semana após a prisão, "B", o verdadeiro estuprador, fez duas novas vítimas e foi preso em flagrante. O juiz mandou soltar "A", mas este responderá pelo crime de resistência, pois o ato, apesar de injusto, era legal.

6.3 Desobediência

Art. 330, CP *Desobedecer a ordem legal de funcionário público:*

Pena – Detenção, de quinze dias a seis meses, e multa.

O crime de desobediência, também conhecido como "resistência passiva", apresenta pontos em comum com o crime de resistência (art. 329, CP), porém se diferencia pela ausência de violência ou grave ameaça ao funcionário público ou a pessoa que está auxiliando o funcionário. É um crime de ação penal pública incondicionada.

Classificação

É um crime simples, comum e formal. Pode ser praticado por ação ou por omissão.

Dolo. O agente deve ter consciência da legalidade da ordem e da competência do funcionário público, sob pena de atipicidade do fato (o fato não será crime). Não se admite a modalidade culposa.

Sujeitos do crime

Sujeito ativo: qualquer pessoa, desde que vinculada ao cumprimento da ordem legal imposta pela autoridade pública. Se o agente devia cumprir a ordem, por dever de ofício, tipifica-se, em tese, o delito de prevaricação.

Sujeito passivo: é o Estado de forma imediata e mediatamente é o funcionário público o qual teve a ordem descumprida injustificadamente.

Consumação e tentativa

- A consumação depende do tipo de ordem:

Se for uma **omissão** do agente: quando o agente atuar, violando, assim, a ordem de abster-se.

Se for uma **ação** do agente: quando transcorrer o prazo para que o agente realize determinado ato e este não cumpra a ordem dada.

Admite-se a tentativa na modalidade comissiva (ação). Não é cabível na modalidade omissiva.

Conduta

Desobedecer (recusar cumprimento/desatender/descumprir) ordem legal de funcionário público competente para emiti-la. Necessita da presença de dois requisitos:

Existência de uma ordem legal: não se trata de uma mera solicitação ou pedido.

Ordem emanada de funcionário público competente: o funcionário deve possuir competência funcional para emitir a ordem.

Legalidade

Segundo a Jurisprudência, pratica o crime de desobediência o indivíduo que se recusa a identificar-se criminalmente nos casos previstos em lei. Assim, como o indiciado que se recusa a identificar-se civilmente.

Pratica o crime previsto no art. 307, da Lei nº 9.503/1997 (Código de Trânsito Brasileiro), o indivíduo que viola a suspensão ou proibição de se obter a permissão ou a habilitação para dirigir veículo automotor.

Desobediência × resistência

- **Desobediência (art. 330, CP):** não há emprego de violência ou ameaça.
- **Resistência (art. 329, CP):** há emprego de violência ou ameaça.

Apontamentos

- Não é crime de desobediência a conduta do agente que se recusa a realizar:
  - Teste de bafômetro;
  - Exame de sangue (hematológico);
  - Exame de DNA;
  - Dosagem alcoólica;
  - Exame grafotécnico.

Lembre-se de que ninguém é obrigado a produzir prova contra si mesmo, pois se trata de desdobramento lógico da garantia constitucional ao silêncio.

6.4 Desacato

> ***Art. 331, CP*** *Desacatar funcionário público no exercício da função ou em razão dela:*
>
> *Pena – Detenção, de seis meses a dois anos, ou multa.*

Todo funcionário público representa o Estado e age em seu nome a todo o momento em que exerce sua função. O crime de desacato (art. 331, CP) foi criado com o intuito de proteger o agente público e o prestígio da função exercida pelo funcionário público. É um crime de ação penal pública incondicionada.

Classificação

Crime de forma livre, admitindo qualquer meio de execução.

É um crime formal. Independe, para sua consumação, de um resultado naturalístico.

Dolo. Vontade livre e consciente de agir com a finalidade de desprestigiar a função pública do ofendido. Não se admite a modalidade culposa.

Sujeitos do crime

Sujeito ativo: crime comum (pode ser praticado por qualquer pessoa).

É possível que o funcionário público seja autor do crime de desacato, pois, ao cometer este delito, ele se despe de sua qualidade de funcionário público e passa a atuar como um particular. Nessa situação, não importa se o agente é ou não superior hierárquico do funcionário público ofendido.

Fique ligado

Não há crime de desacato na hipótese em que o ofendido, no momento da conduta, não possui mais a condição de funcionário público (ex.: aposentado, demitido etc.). Todavia, poderá haver crime contra a honra (calúnia/difamação/injúria), pois nesse caso há lesão contra um particular e não contra a Administração Pública.

O advogado pode praticar (ser sujeito ativo) o crime de desacato caso ofenda funcionário público no exercício da função ou em razão dela.

Sujeito passivo: o Estado, primariamente, e o funcionário público ofendido, secundariamente.

Será vítima somente o funcionário público assim definido no *caput* do art. 327 do CP, não abrangendo o equiparado.

Consumação e tentativa

É crime formal. Ocorre quando o funcionário público é ofendido. Não importa se sente ou não ofendido com os atos praticados. Não é necessário que outras pessoas presenciem a ofensa proferida.

Admite-se a tentativa, salvo quando a ofensa é praticada verbalmente.

Descrição do crime

O autor desse crime deve ter ciência de que o ofendido é funcionário público e encontra-se no exercício da função pública ou que a ofensa é proferida em razão dela. Deve ter ainda o propósito de desprestigiar a função pública do funcionário público (especial fim de agir).

Não é necessário que o funcionário público se encontre no interior da repartição pública; basta que esteja no exercício da função pública. Ex.: Marcelo encontra o juiz de Direito no supermercado e o chama de corrupto. Haverá crime único de desacato caso o agente ofenda vários funcionários públicos no mesmo contexto fático, pois o sujeito passivo é a Administração Pública.

Considerações

Não haverá o crime de desacato caso a ofensa diga respeito à vida particular do funcionário público. Todavia, poderá caracterizar crime contra a honra. Ex.: afirmar que o promotor de Justiça foi visto saindo de um prostíbulo.

Vejamos as diferenças entre os crimes de injúria (art. 140, CP) e desacato (art. 331, CP).

- **Desacato (art. 331, CP):**
  - A ofensa é proferida na **presença** do funcionário público;
  - Crime contra a administração pública;
  - Ação penal pública incondicionada.
- **Injúria (art. 140, CP):**
  - A ofensa é proferida na ausência do funcionário público;
  - Crime contra a honra;
  - **Regra:** ação penal iniciativa privada.

6.5 Tráfico de influência

Art. 332, CP *Solicitar, exigir, cobrar ou obter, para si ou para outrem, vantagem ou promessa de vantagem, a pretexto de influir em ato praticado por funcionário público no exercício da função:*

Pena – Reclusão, de 2 (dois) a 5 (cinco) anos, e multa

Parágrafo único. *A pena é aumentada da metade, se o agente alega ou insinua que a vantagem é também destinada ao funcionário.*

O crime de tráfico de influência foi criado pela Lei nº 9.127/1995, porém, antes de sua criação, o delito era chamado de exploração de prestígio (art. 357, CP), sendo um crime contra a administração da Justiça e o tráfico de influência (art. 332, CP) contra a Administração Pública. O crime em apreço é de ação penal pública incondicionada.

Classificação

É classificado como crime simples, comum e formal.

É um crime doloso e com um especial fim de agir (vantagem para si ou para outrem). Não é admitida a modalidade culposa.

Sujeitos do crime

Sujeito ativo: por ser um crime comum, pode ser praticado por qualquer pessoa.

Sujeito passivo: de maneira imediata, é o Estado e, mediatamente, o comprador da influência (pessoa que paga ou promete vantagem), com o fim de obter benefício do funcionário público.

Consumação e tentativa

É um crime de consumação antecipada ou formal, caracterizando-se pela realização da conduta descrita no tipo penal, independentemente da obtenção da vantagem.

Fique ligado

Com o núcleo do tipo "obter", o crime é material, consumando o delito no momento da obtenção da vantagem.

Tentativa é possível em determinados casos, do contrário não será admitida, pois se a conduta for realizada verbalmente não há que se falar em tentativa.

Descrição do crime

Por haver vários núcleos do tipo (exigir, solicitar, obter, cobrar), o crime de tráfico de influência é classificado como crime de ação múltipla ou de conteúdo variado, respondendo o agente se praticado no mesmo contexto fático, por crime único, mesmo se realizar mais de um núcleo do tipo.

Segundo STJ, é dispensável para a caracterização do delito que o agente efetivamente influa em ato praticado por funcionário público; basta que ele alegue ter condições para tanto. Ex.: "A", dizendo ser amigo de um delegado de Polícia, sem realmente sê-lo, solicita a "B" que entregue certo valor a pretexto de convencer (influir) o delegado a não instaurar uma investigação contra o filho de "A".

Influência

Caso a aludida influência seja real, poderá haver outro crime (corrupção).

Causa de aumento de pena, parágrafo único

Caso o agente, além de toda a fraude empregada, alegue que a vantagem também se destina ao funcionário público, será aquele merecedor de pena majorada, visto que o bem jurídico tutelado no tipo é mais gravemente afetado, qual seja, o prestígio da Administração Pública.

6.6 Corrupção ativa

Art. 333, CP *Oferecer ou prometer vantagem indevida a funcionário público, para determiná-lo a praticar, omitir ou retardar ato de ofício:*

Pena – Reclusão, de 2 (dois) a 12 (doze) anos, e multa.

Parágrafo único. *A pena é aumentada de um terço, se, em razão da vantagem ou promessa, o funcionário retarda ou omite ato de ofício, ou o pratica infringindo dever funcional.*

O crime de corrupção ativa está tipificado no art. 333 do Código Penal e faz parte dos crimes cometidos por particular contra a Administração Pública. Isso não quer dizer que não possa ser cometido por funcionário público que, se praticá-lo, se despirá de sua função pública e agirá como particular.

É um crime de ação penal pública incondicionada.

Classificação

É considerado um crime formal que, para sua consumação, não se exige um resultado.

Classificado como plurissubsistente, podendo sua conduta ser fracionada em diversos atos.

É um crime doloso, acrescido de um especial fim de agir (determinar o funcionário público a praticar, omitir ou retardar ato de ofício).

Sujeitos do crime

Sujeito ativo: crime comum (qualquer pessoa).

Funcionário público também pode ser sujeito ativo desse crime, desde que realize a conduta sem se aproveitar das facilidades inerentes à sua condição funcional. Ex.: Marcelo, analista judiciário do TRF, oferece dinheiro a um delegado de Polícia para que este não o prenda em flagrante pela prática do crime de porte ilegal de arma de fogo.

O particular só responderá por corrupção ativa se este oferecer ou prometer vantagem indevida. A simples entrega de vantagem ilícita solicitada por funcionário público não configura crime nesses casos, o particular será vítima secundária de corrupção passiva (art. 317, CP).

Sujeito passivo: o Estado e, secundariamente, a pessoa física ou jurídica prejudicada pela conduta criminosa.

Consumação e tentativa

É crime formal. Ocorre a consumação com a oferta ou promessa de vantagem indevida ao funcionário público, independentemente de sua aceitação. Ao oferecer ou prometer algo, o crime já está consumado.

Também não é necessária a prática, omissão ou retardamento do ato de ofício. Desse modo, se o agente oferece ou promete a vantagem indevida ao funcionário público, o crime estará consumado. A tentativa é possível, salvo quando o crime é praticado verbalmente.

Descrição do crime

Vantagem indevida: não precisa ser necessariamente patrimonial/econômica. Pode ter qualquer natureza: patrimonial, sexual, moral etc.

Meios de execução: o delito de corrupção ativa pode ser praticado de duas formas:

- **Oferecer vantagem indevida:** a conduta parte do particular que põe à disposição a vantagem indevida ao funcionário público e este a recebe. Desse modo, o particular praticou o crime de corrupção ativa (art. 333, CP) e o funcionário público, o crime de corrupção passiva (art. 317, CP).

- **Promete vantagem indevida:** a conduta parte do particular que promete a vantagem indevida ao funcionário público e este a aceita. Desse modo, o particular praticou o crime de corrupção ativa (art. 333, CP) e o funcionário público, o crime de corrupção passiva (art. 317, CP). Não é necessário que o particular efetivamente cumpra sua promessa para que ocorra a consumação do delito; basta a simples promessa.

Não se configura a infração penal quando a oferta ou promessa tem o fim de impedir ou retardar ato ilegal.

Aumento de pena

Parágrafo único. A pena é aumentada de um terço, se, em razão da vantagem ou promessa, o funcionário retarda ou omite ato de ofício, ou o pratica infringindo dever funcional.

A corrupção ativa é um crime formal. Desse modo, o que seria o exaurimento do crime (retardar ou omitir ato de ofício, ou o praticar infringindo dever funcional) funciona como uma causa de aumento de pena.

Considerações

O crime de corrupção ativa é uma exceção à Teoria Unitária ou Monista do concurso de pessoas (art. 29, CP), pois o particular que oferece ou promete vantagem indevida responde pelo crime de corrupção ativa (art. 333, CP); já o funcionário público que recebe ou aceita promessa de vantagem indevida responde pelo crime de corrupção passiva (art. 317, CP).

É possível que ocorra o crime de corrupção ativa sem que ocorra corrupção passiva. Ex.: Marcelo oferece ou promete dinheiro, vantagem indevida, para que Lucas, que é delegado de Polícia, não o prenda em flagrante, mas Lucas não recebe ou aceita a promessa.

Também é possível que ocorra o crime de corrupção passiva sem que ocorra corrupção ativa. Ex.: Ronaldo, auditor fiscal, solicita vantagem indevida a André, empresário, para não aplicar uma multa milionária na empresa deste último. Duas situações podem ocorrer: André realiza a entrega da vantagem indevida, ou não. Nas duas hipóteses, apenas Ronaldo praticou crime, pois a conduta de André é atípica.

Apontamentos

Na hipótese em que o particular pede para o funcionário público "dar um jeitinho", ele não responderá pelo crime de corrupção ativa, pois o agente não ofereceu nem prometeu vantagem indevida. Nessa hipótese, duas situações podem ocorrer:

- O funcionário público "dá o jeitinho". Ele responderá por corrupção passiva privilegiada (art. 317, § 2º, CP) e o particular será partícipe desse crime;
- O funcionário público não "dá o jeitinho". Assim, o fato é atípico para ambos.

6.7 Contrabando e descaminho

Antes da publicação da Lei nº 13.008/2014, o art. 334 do Código Penal tipificava a prática dos crimes de contrabando e descaminho como crime único, atribuindo pena de reclusão de 1 a 4 anos. Com a atual redação, ocorre a separação dos crimes de contrabando e descaminho, tornando-os crimes autônomos.

6.7.1 Descaminho

Art. 334, CP *Iludir, no todo ou em parte, o pagamento de direito ou imposto devido pela entrada, pela saída ou pelo consumo de mercadoria*

Pena – Reclusão, de 1 (um) a 4 (quatro) anos.

§ 1º Incorre na mesma pena quem:

I – pratica navegação de cabotagem, fora dos casos permitidos em lei;

II – pratica fato assimilado, em lei especial, a descaminho;

III – vende, expõe à venda, mantém em depósito ou, de qualquer forma, utiliza em proveito próprio ou alheio, no exercício de atividade comercial ou industrial, mercadoria de procedência estrangeira que introduziu clandestinamente no País ou importou fraudulentamente ou que sabe ser produto de introdução clandestina no território nacional ou de importação fraudulenta por parte de outrem;

IV – adquire, recebe ou oculta, em proveito próprio ou alheio, no exercício de atividade comercial ou industrial, mercadoria de procedência estrangeira, desacompanhada de documentação legal ou acompanhada de documentos que sabe serem falsos.

§ 2º Equipara-se às atividades comerciais, para os efeitos deste artigo, qualquer forma de comércio irregular ou clandestino de mercadorias estrangeiras, inclusive o exercido em residências.

§ 3º A pena aplica-se em dobro se o crime de descaminho é praticado em transporte aéreo, marítimo ou fluvial.

No descaminho, as mercadorias apreendidas são legais no território brasileiro, porém não há o devido pagamento de tributos pela entrada e saída de mercadorias.

Descrição do crime

> **Fique ligado**
>
> Apesar de existir divergência entre o STF e o STJ, é cabível o princípio da insignificância no crime de descaminho. Para a aplicação desse princípio, o STJ estipula o valor de R$ 10 mil, enquanto o STF entende que o valor é de R$ 20 mil. Diante disso, é de suma importância atentar-se para o comando da questão e observar qual dos posicionamentos a banca abordará.

Objeto material: tributos não recolhidos.

Núcleo do tipo: iludir, ou seja, ludibriar, frustrar o pagamento do tributo.

Sujeito ativo: crime comum (qualquer pessoa). Por ser um crime comum, pode ser praticado por qualquer pessoa, até mesmo um funcionário público, desde que o funcionário não tenha o dever funcional de impedir a prática do crime de contrabando e descaminho.

Sujeito passivo: o Estado. Ex.: Tício, policial civil, auxilia Caio a contrabandear caixas de cigarro para o outro lado da fronteira. Tício não tem um especial dever funcional de evitar tal conduta, portanto, responderá pelo crime de descaminho ou contrabando capitulados, respectivamente, nos arts. 334 e 334-A do CP, como partícipe ou coautor, a depender do contexto fático.

6.7.2 Contrabando

Art. 334-A, CP *Importar ou exportar mercadoria proibida:*

Pena – Reclusão, de 2 (dois) a 5 (cinco) anos.

§ 1º Incorre na mesma pena quem:

I – pratica fato assimilado, em lei especial, a contrabando;

II – importa ou exporta clandestinamente mercadoria que dependa de registro, análise ou autorização de órgão público competente;

III – reinsere no território nacional mercadoria brasileira destinada à exportação;

IV – vende, expõe à venda, mantém em depósito ou, de qualquer forma, utiliza em proveito próprio ou alheio, no exercício de atividade comercial ou industrial, mercadoria proibida pela lei brasileira;

V – adquire, recebe ou oculta, em proveito próprio ou alheio, no exercício de atividade comercial ou industrial, mercadoria proibida pela lei brasileira.

§ 2º Equipara-se às atividades comerciais, para os efeitos deste artigo, qualquer forma de comércio irregular ou clandestino de mercadorias estrangeiras, inclusive o exercido em residências.

§ 3º A pena aplica-se em dobro se o crime de contrabando é praticado em transporte aéreo, marítimo ou fluvial.

Diferentemente do que ocorre no descaminho, no crime de contrabando as mercadorias são proibidas no território brasileiro. Dessa forma, não é possível a aplicação do princípio da insignificância.

Descrição do crime

Objeto material: mercadoria contrabandeada.

Núcleos do tipo: importar, exportar mercadoria contrabandeada.

Sujeito ativo: crime comum (qualquer pessoa).

Sujeito passivo: o Estado.

Fique ligado

A importação de bebidas é legal, porém a legislação traz uma restrição quanto à quantidade. Caso ocorra o excesso da quantidade permitida, incidirá o contrabando (art. 334-A). Diferentemente ocorre no caso do crime de descaminho (art. 334), no qual ocorre a sonegação do tributo devido.

É mais uma exceção à Teoria Monista ou Unitária no concurso de pessoas (art. 29, *caput*, CP). Haja vista a conduta do funcionário público que facilita o contrabando ou descaminho (art. 318, CP) ser mais reprovável em razão de sua natureza funcional perante a Administração Pública, as condutas foram separadas e com penas distintas, porém, ambos os crimes tipificam o mesmo resultado, qual seja, o descaminho ou o contrabando.

O funcionário público que:

- Não possui o dever funcional de impedir o contrabando ou descaminho. Será coautor ou partícipe do crime de contrabando ou descaminho (art. 334, CP).
- Possui o dever funcional de impedir a prática do contrabando ou descaminho e concorre para a realização de qualquer destes crimes. Responderá pelo crime de facilitação de contrabando ou descaminho (art. 318, CP).

Trata-se de mais uma exceção à Teoria Unitária ou Monista do concurso de pessoas (art. 29, CP).

São crimes materiais (consumam-se com a produção de um resultado):

- **Contrabando:** o agente importa ou exporta a mercadoria proibida pelas vias ordinárias (caminhos normais), ou seja, pela fiscalização alfandegária. O crime estará consumado no instante em que a mercadoria é liberada pela autoridade alfandegária. O agente se vale dos meios clandestinos para importar ou exportar a mercadoria proibida. O crime estará consumado no momento da entrada ou saída da mercadoria do território nacional.
- **Descaminho:** consuma-se com a liberação da mercadoria (permitida) sem o pagamento de tributo devido pela sua entrada ou saída do Brasil.

No crime de contrabando, a mercadoria não precisa ser necessariamente estrangeira (produzida no exterior). Desse modo, é possível a fabricação da mercadoria em território nacional desde que seja destinada exclusivamente à exportação. Ex.: empresa fabrica explosivos no Brasil e exporta-os para a Coreia do Norte. Posteriormente, um norte-coreano ingressa com esses explosivos em território brasileiro.

Crimes específicos: por ter natureza genérica ou residual, o crime de contrabando e descaminho somente será aplicado quando a conduta de descaminho ou contrabando de mercadoria não configurar algum crime específico. Ex.: o indivíduo que importar ou exportar drogas, sem autorização ou em desacordo com determinação legal, responderá pelo crime de tráfico internacional de drogas (art. 33, Lei nº 11.343/2006 – Lei de Drogas).

> ***Súmula nº 151 – STJ*** *A competência para o processo e julgamento por crime de contrabando ou descaminho define-se pela prevenção do Juízo Federal do lugar da apreensão dos bens.*

O indivíduo que importar ou exportar arma de fogo, acessório ou munição, sem autorização da autoridade competente, responderá pelo crime de tráfico internacional de arma de fogo (art. 18, Lei nº 10.826/2003 – Estatuto do Desarmamento).

Competência para julgamento: Justiça Federal, pois ofendem interesses da União (art. 109, IV, CF/1988).

6.7.3 Impedimento, perturbação ou fraude de concorrência

> ***Art. 335, CP*** *Impedir, perturbar ou fraudar concorrência pública ou venda em hasta pública, promovida pela administração federal, estadual ou municipal, ou por entidade paraestatal; afastar ou procurar afastar concorrente ou licitante, por meio de violência, grave ameaça, fraude ou oferecimento de vantagem:*
>
> *Pena – Detenção, de seis meses a dois anos, ou multa, além da pena correspondente à violência.*
>
> ***Parágrafo único.*** *Incorre na mesma pena quem se abstém de concorrer ou licitar, em razão da vantagem oferecida.*

Revogado tacitamente pelos pelo art. 337-I do Código Penal, visto que o tipo penal possui maior abrangência.

6.7.4 Inutilização de edital ou de sinal

> ***Art. 336, CP*** *Rasgar ou, de qualquer forma, inutilizar ou conspurcar edital afixado por ordem de funcionário público; violar ou inutilizar selo ou sinal, empregado por determinação legal ou por ordem de funcionário público, para identificar ou cerrar qualquer objeto:*
>
> *Pena – Detenção, de um mês a um ano, ou multa.*

O que é protegido nesse crime é a Administração Pública, pois acarreta complicação ao interesse público e o normal desenvolvimento de suas atividades.

Classificação

É considerado um crime simples, pois ofende um único bem jurídico e material, pois, para sua consumação, gera um resultado naturalístico.

É um crime doloso, não possuindo um especial fim de agir. Não é admitida a modalidade culposa.

Sujeitos do crime

Sujeito ativo: por ser um crime comum, pode ser praticado por qualquer pessoa, inclusive funcionário público.

Sujeito passivo: o Estado.

Consumação e tentativa

É exigido para sua consumação um resultado naturalístico, não sendo suficiente para a consumação a conduta descrita no tipo. É possível que haja o fracionamento do *iter criminis*, portanto, é admitida a tentativa.

Descrição do crime

Edital: tem natureza administrativa (licitação) ou judicial (citação).

Selo ou sinal: qualquer tipo de marca feita por determinação legal (lacre de interdição da vigilância sanitária).

Núcleos do tipo: rasgar, inutilizar, conspurcar (sujar) e violar.

Não haverá o crime se os objetos materiais referidos no tipo perderam utilidade, como na hipótese do edital com prazo vencido.

Não pratica o crime aquele que reage, moderadamente, contra ato abusivo (ilegal) de funcionário público, rasgando, por exemplo, tira de papel afixada por oficial de Justiça na porta de sua moradia, anunciando seu despejo.

6.7.5 Subtração ou inutilização de livro ou documento

> ***Art. 337, CP*** *Subtrair, ou inutilizar, total ou parcialmente, livro oficial, processo ou documento confiado à custódia de funcionário, em razão de ofício, ou de particular em serviço público:*
>
> *Pena – Reclusão, de dois a cinco anos, se o fato não constitui crime mais grave.*

Essa conduta de subtração, inutilização de livro oficial, processo ou documento é prevista em vários tipos do Código Penal. As leituras dos arts. 305, 314, 337 e 356 são relativamente semelhantes, porém cada crime possui uma especificação diferente que os caracteriza. Esse crime é de ação penal pública incondicionada.

Classificação

Considerado um crime simples, pois ofende um único bem jurídico e comum, podendo ser praticado por qualquer pessoa.

É um crime doloso e não depende de nenhuma finalidade específica. Não admite a modalidade culposa.

Sujeitos do crime

Sujeito ativo: por ser um crime comum, pode ser cometido por qualquer pessoa, desde que não seja pelo funcionário público responsável pela custódia dos documentos. Caso o agente seja funcionário público, incumbido em razão do ofício (*ratione officio*) da guarda dos objetos materiais, a conduta será enquadrada no art. 314 do CP. Se o agente for advogado ou procurador que, nessa qualidade, tiver retirado o processo ou documentos, o crime será o do art. 356 do CP.

Sujeito passivo: primeiramente é o Estado, e secundariamente, a pessoa jurídica ou física que foi prejudicada pela ação criminosa.

Consumação e tentativa

Consuma-se o crime no momento da subtração de livro oficial, processo ou documento, mediante apoderamento do agente ou no momento da inutilização total ou parcial da coisa.

A tentativa é possível pelo fato de o crime ser de caráter plurissubsistente.

Descrição do crime

Subtrair e inutilizar são os núcleos do tipo. Subtrair é retirar um dos elementos do tipo (livro oficial, processo ou documento) da custódia do funcionário público, apoderando-se do item.

6.7.6 Sonegação de contribuição previdenciária

> ***Art. 337-A, CP*** *Suprimir ou reduzir contribuição social previdenciária e qualquer acessório, mediante as seguintes condutas:*
>
> *I – Omitir de folha de pagamento da empresa ou de documento de informações previsto pela legislação previdenciária segurados, empregado, empresário, trabalhador avulso ou trabalhador autônomo ou a este equiparado que lhe prestem serviços;*
>
> *II – Deixar de lançar mensalmente nos títulos próprios da contabilidade da empresa as quantias descontadas dos segurados ou as devidas pelo empregador ou pelo tomador de serviços;*
>
> *III – Omitir, total ou parcialmente, receitas ou lucros auferidos, remunerações pagas ou creditadas e demais fatos geradores de contribuições sociais previdenciárias:*
>
> *Pena – Reclusão, de 2 (dois) a 5 (cinco) anos, e multa.*
>
> *§ 1º É extinta a punibilidade se o agente, espontaneamente, declara e confessa as contribuições, importâncias ou valores e presta as informações devidas à previdência social, na forma definida em lei ou regulamento, antes do início da ação fiscal.*

No caso do § 1º, preenchidos os requisitos para a concessão, é dever do juiz conceder o perdão ou aplicar a pena de multa. Trata-se de direito público subjetivo do réu.

> *§ 2º É facultado ao juiz deixar de aplicar a pena ou aplicar somente a de multa se o agente for primário e de bons antecedentes, desde que: [...]*
>
> *II – O valor das contribuições devidas, inclusive acessórios, seja igual ou inferior àquele estabelecido pela previdência social, administrativamente, como sendo o mínimo para o ajuizamento de suas execuções fiscais.*
>
> *§ 3º Se o empregador não é pessoa jurídica e sua folha de pagamento mensal não ultrapassa R$ 1.510,00 (um mil, quinhentos e dez reais), o juiz poderá reduzir a pena de um terço até a metade ou aplicar apenas a de multa.*
>
> *§ 4º O valor a que se refere o parágrafo anterior será reajustado nas mesmas datas e nos mesmos índices do reajuste dos benefícios da previdência social.*

7 CRIMES CONTRA A ADMINISTRAÇÃO DA JUSTIÇA

7.1 Denunciação caluniosa

Art. 339, CP Dar causa à instauração de inquérito policial, de procedimento investigatório criminal, de processo judicial, de processo administrativo disciplinar, de inquérito civil ou de ação de improbidade administrativa contra alguém, imputando-lhe crime, infração ético-disciplinar ou ato ímprobo de que o sabe inocente: (Redação dada pela Lei nº 14.110, de 2020)

Pena – Reclusão, de dois a oito anos, e multa.

§ 1º A pena é aumentada de sexta parte, se o agente se serve de anonimato ou de nome suposto.

§ 2º A pena é diminuída de metade, se a imputação é de prática de contravenção.

O crime de denunciação caluniosa – também chamado de calúnia qualificada – está capitulado no art. 339 do Código Penal e versa sobre dar causa à instauração de algum procedimento de investigação contra alguém, imputando-lhe falsamente crime, sabendo que esse não o cometeu. O crime de denunciação caluniosa é de ação penal pública incondicionada.

Classificação

É considerado um crime pluriofensivo, ou seja, ofende mais de um bem jurídico como estudaremos no tópico **sujeitos do crime**, desse mesmo artigo.

É um crime comum, podendo ser praticado por qualquer pessoa e unissubjetivo, praticado por um só agente, mas admite concurso de pessoas.

O elemento subjetivo é o dolo direto, pois é indispensável que o agente tenha o conhecimento da inocência da pessoa a quem imputou falsamente o crime, segundo STJ.

Sujeitos do crime

Sujeito ativo: qualquer pessoa (crime comum).

Sujeito passivo: o Estado e a pessoa acusada falsamente de crime.

Consumação e tentativa

Por ser um crime material, consuma-se quando se tem a efetiva instauração da investigação policial, de processo judicial, instauração de investigação administrativa, inquérito civil ou ação de improbidade administrativa contra alguém que o sabe ser inocente. É admitida a tentativa. Ex.: "A" vai à Delegacia e, de forma dolosa, imputa "B" à prática de um crime de roubo, de que o sabia não ter cometido, com o fim de instaurar inquérito policial contra "B". O delegado, contudo, já havia encerrado o referido caso e prendido o verdadeiro responsável pelo crime. Constatando a manobra de "A", o delegado o prendeu em flagrante.

É importante observar que não é necessário que a informação seja formalizada no inquérito policial. Basta que a conduta criminosa desencadeie atos preliminares de investigação. Aqui já se encontra consumado o crime e esse é o entendimento que prevalece.

Descrição do crime

A falsa imputação deve estar relacionada com crime, se for contravenção, estará caracterizada a forma privilegiada de denunciação caluniosa (art. 339, § 2º, CP).

A expressão "contra alguém" versa que deve ser dada a falsa imputação de pessoa determinada, indicando nome e atributos pessoais.

Considerações

Diferenças entre o crime de calúnia e denunciação caluniosa:

- **Calúnia (art. 138, CP):** caluniar alguém, imputando-lhe falsamente fato definido como crime. É crime contra a honra. Regra: ação penal privada. Não admite a imputação falsa de contravenção penal.
- **Denunciação caluniosa (art. 339, CP):** dar causa à instauração de investigação policial, de processo judicial, instauração de investigação administrativa, inquérito civil ou ação de improbidade administrativa contra alguém, imputando-lhe crime de que o sabe inocente. É crime contra a Administração da Justiça. Ação Penal Pública Incondicionada.

> José assaltou o banco → calúnia.
>
> José assaltou o banco: eu afirmo isso para o Delegado, querendo a instauração de procedimento inútil e criminoso → denunciação caluniosa.

O advogado não tem imunidade penal na calúnia, tampouco na denunciação caluniosa.

Fique ligado

Pode ser praticado o crime de denunciação caluniosa até mesmo pelo promotor de Justiça, que denuncia alguém sabendo ser inocente. Essa denúncia criminosa do promotor de Justiça é denominada denúncia temerária ou abusiva.

7.1.1 Denunciação caluniosa privilegiada

§ 2º A pena é diminuída de metade, se a imputação é de prática de contravenção.

A pena é reduzida de metade se a imputação é de contravenção penal. Passa-se a ter infração de menor potencial ofensivo, admitindo-se a suspensão condicional do processo.

7.2 Comunicação falsa de crime ou contravenção

Art. 340, CP Provocar a ação de autoridade, comunicando-lhe a ocorrência de crime ou contravenção que sabe não se ter verificado:

Pena – Detenção, de um a seis meses, ou multa.

Introdução

Em que pese ser muito semelhante o *caput* ao crime de denunciação caluniosa, veremos que suas diferenças são facilmente perceptíveis.

Classificação

É considerado um **crime simples** por ofender um único bem jurídico, e **comum**, podendo ser cometido por qualquer pessoa.

É um crime **causal** ou **material**, sendo que a consumação depende de alguma medida tomada pela autoridade.

O elemento subjetivo do agente é o dolo direto, portanto, se a pessoa tem **dúvida** sobre a existência da infração o fato é atípico. Ex.: "A" não tem certeza se seu relógio foi furtado ou foi perdido e, mesmo assim, comunica à autoridade), não tendo previsão da modalidade culposa.

Sujeitos do crime

Sujeito ativo: por ser um crime comum ou geral, pode ser cometido por qualquer pessoa.

Sujeito passivo: o Estado.

Consumação e tentativa

Por ser um crime material, a mera comunicação falsa não é suficiente para a consumação do delito, exigindo a provocação da ação da autoridade para fazer algo (conduta positiva). Consuma-se quando a autoridade toma providência para apurar a ocorrência do crime, ou contravenção, comunicado falsamente.

A tentativa é possível. Ex.: um indivíduo comunica à autoridade um crime ou contravenção que sabe inexistente e, por circunstâncias alheias à sua vontade, a autoridade não toma nenhuma providência. Nesse caso, tem-se o crime tentado.

Descrição do crime

O delito é comunicação falsa de crime ou contravenção (art. 340, CP). O agente não acusa nenhuma pessoa, mas registra a ocorrência de um crime inexistente. Se o agente vier a individualizar o autor, o STF já decidiu: responde por denunciação caluniosa (art. 339, CP).

"Provocar" significa dar causa à ação da autoridade, podendo ocorrer de várias formas; uma delas é que o crime ou contravenção penal comunicado não existiu ou houve o fato, mas foi absolutamente diverso do comunicado para a autoridade. Por isso, é considerado um crime de forma livre.

Considerações

Caracteriza uma figura equiparada de estelionato (art. 171, § 2º, V, CP) quando a comunicação falsa de crime ou contravenção é um meio fraudulento para que o agente obtenha o valor do seguro. O delito (art. 340, CP) torna-se um *antefactum* impunível. Aplica-se o princípio da consunção. Ex.: "A" esconde seu automóvel, que é amparado por contrato de seguro, e comunica à autoridade que sofreu um furto, já com a intenção de receber o dinheiro do seguro.

Atentem-se às diferenças:

- Na **denunciação caluniosa,** o agente imputa a infração penal imaginária à pessoa certa e determinada.
- Na **comunicação falsa de crime**, apenas comunica a fantasiosa infração, não a imputando a ninguém ou, imputando, aponta personagem fictício.

7.3 Autoacusação falsa

> ***Art. 341, CP*** *Acusar-se, perante a autoridade, de crime inexistente ou praticado por outrem:*
>
> *Pena – Detenção, de três meses a dois anos, ou multa.*

O que leva uma pessoa a se autoacusar falsamente tem fundamento em vários motivos. Ex.: alguém que recebe certa vantagem para assumir um crime praticado por outra pessoa ou o próprio pai diz ter sido o autor de um delito para que o filho não seja preso.

Para evitar esse comportamento, o crime de autoacusação falsa está tipificado no art. 341 do Código Penal – crime de ação penal pública incondicionada.

Classificação

É um crime simples por ofender um único bem jurídico, que é a Administração da Justiça; e comum, podendo ser cometido por qualquer pessoa. É um crime doloso, não tendo previsão para crime culposo.

Trata-se de crime formal, não exigindo, para sua consumação, um resultado naturalístico, sendo possível a tentativa.

Sujeitos do crime

Sujeito ativo: por ser um crime comum, pode ser praticado por qualquer pessoa; porém, se ocorreu realmente o crime, não pode ser sujeito ativo o próprio autor, coautor ou partícipe do crime ocorrido.

Sujeito passivo: o Estado.

Consumação e tentativa

É um crime formal, consumando-se quando o sujeito efetua a autoacusação perante a autoridade, independentemente se a autoridade tomou alguma providência. A tentativa só é possível quando a autoacusação é cometida por meio escrito, não se admitindo quando praticado verbalmente.

Descrição do crime

Não há que se falar em autoacusação falsa quando essa conduta for de **contravenção penal**.

O agente que se autoacusa não pode ser autor, coautor ou partícipe do delito anterior.

A autoridade que recebe essa notícia de crime legalmente deve ter poderes de investigar a prática de delitos.

Não configura o crime quando o réu chama para si a exclusiva responsabilidade de ilícito penal, de que deve ser considerado concorrente (RT 371/160).

Considerações

Para facilitar o entendimento do crime, vejamos alguns exemplos.

Vantagem pecuniária. Ex.: "A" recebe dinheiro do verdadeiro autor do crime para se autoacusar.

Sacrifício. Ex.: mãe autoacusa-se para livrar o filho que cometeu um crime.

Exibicionismo. Ex.: criminoso autoacusa-se para que tenha reputação entre a bandidagem de sua comunidade.

Álibi. Ex.: "A" imputa a si próprio crime menos grave para se livrar de crime mais grave, alegando ser no mesmo horário, porém em lugar diferente. Supondo que Lucas assuma autoria de crime praticado por outrem, e não só assume a autoria, mas também imputa a coautoria a outrem, que não o autor do delito.

7.4 Falso testemunho ou falsa perícia

> ***Art. 342, CP*** *Fazer afirmação falsa, ou negar ou calar a verdade como testemunha, perito, contador, tradutor ou intérprete em processo judicial, ou administrativo, inquérito policial, ou em juízo arbitral:*
>
> *Pena – Reclusão, de um a três anos, e multa.*
>
> *§ 1º As penas aumentam-se de um sexto a um terço se o crime é praticado mediante suborno ou se cometido com o fim de obter prova destinada a produzir efeito em processo penal, ou em processo civil em que for parte entidade da administração pública direta ou indireta.*
>
> *§ 2º O fato deixa de ser punível se, antes da sentença no processo em que ocorreu o ilícito, o agente se retrata ou declara a verdade.*

Muitas vezes, o testemunho é o único meio probatório para a autoridade competente louvar-se da decisão. A testemunha que mente, nega ou cala a verdade não sacrifica apenas interesses individuais, mas atinge o Estado, responsável por assegurar a eficácia da justiça.

O Código Penal, visando preservar a busca pela verdade, versa em seu art. 342 sobre o crime de falso testemunho ou falsa perícia, sendo esse um crime de ação penal pública incondicionada.

Classificação

É um crime de ação múltipla ou de conteúdo variado, pois a prática de várias condutas típicas no tocante ao mesmo objeto material acarreta crime único.

Trata-se de crime de médio potencial ofensivo, admitindo-se a suspensão condicional do processo.

É um crime doloso, não exigindo qualquer finalidade específica. Trata-se de um crime de mão própria, comissivo ou omissivo e instantâneo.

Sujeitos do crime

Sujeito ativo: crime de mão própria, somente podendo ser praticado pela testemunha, perito, contador, tradutor ou intérprete.

- **Crime de mão própria:** em que pese o STF já ter admitido a coautoria quando o advogado instrui a testemunha, são frequentes as decisões de Tribunais afirmando a incompatibilidade do instituto com o delito de falso testemunho, face à sua característica de mão própria. Assim, deve tratar-se de mera participação.

Toda testemunha pratica o delito, ou apenas aquela que presta compromisso? A corrente majoritária entende que se a lei não submete a testemunha informante ao compromisso de dizer a verdade, não pode cometer o ilícito do art. 342 do CP. Entretanto, já teve julgados no STF dizendo ser crime.

A vítima, por não ser testemunha (sequer equiparada), não pratica o crime do art. 322, podendo ser autora de outro delito, como denunciação caluniosa (art. 339, CP).

Sujeito passivo: é o Estado e, secundariamente, a pessoa prejudicada pelo falso testemunho ou pela falsa perícia.

Consumação e tentativa

Consumação ocorre quando o depoimento é encerrado ou que o laudo pericial, os cálculos, a tradução ou a interpretação são entregues concluídos. É admitida a tentativa.

É fato atípico a conduta de mentir para evitar sua própria incriminação, pois ninguém é obrigado a produzir prova contra si mesmo.

Descrição do crime

Testemunha: pessoa chamada para depor no processo, sob o compromisso de dizer a verdade fática.

Perito: quem fornece laudos técnicos de conhecimentos específicos, que escapam da ciência do juiz.

Contador: especialista em assuntos contábeis. Pessoa que apresenta os cálculos a serem eventualmente efetuados.

Tradutor: tem a função de adaptar textos em língua estrangeira para o idioma pátrio.

Intérprete: responsável pela comunicação daquele que não conhece o idioma nacional.

O crime em tela possui três núcleos:

- **Fazer afirmação falsa:** falsidade positiva; mentir para a autoridade. Ex.: Marcelo mente para o juiz, dizendo que, na data do crime, estava viajando com Ronaldo (acusado) para Florianópolis.
- **Negar a verdade:** falsidade negativa; recusar-se a confirmar a veracidade de um fato. Ex.: "A" nega que presenciou o latrocínio praticado por "B" contra "C".
- **Calar a verdade:** reticência; permanecer em silêncio sobre a verdade de determinado fato.

O juiz, durante a oitiva da testemunha, formula várias perguntas a esta, mas ela nada responde.

O agente deve saber que falta com a verdade. Não há crime quando a testemunha ou o perito é acometido por erro indesejado, pelo esquecimento dos fatos ou mesmo pela deformação inconsciente da lembrança em razão da passagem do tempo.

É imprescindível que a falsidade verse sobre fato juridicamente relevante (apto a influir de algum modo na decisão final da causa). Desse modo, exige-se que a falsidade tenha potencialidade lesiva, de modo a influir no futuro julgamento da causa.

Considerações

Falso testemunho e carta precatória: na hipótese de falso testemunho prestado por meio de carta precatória, o foro competente para processar e julgar esse crime é do juízo deprecado (comarca onde o falso testemunho foi prestado e onde o delito consumou-se).

Falso testemunho em CPI: responde pelo crime previsto no art. 4º, II da Lei nº 1.579/1952 a pessoa que presta falso testemunho perante Comissão Parlamentar de Inquérito (CPI).

> *O compromisso de dizer a verdade (art. 203, CPP) representa mera formalidade relacionada ao procedimento para a oitiva do juiz. Desse modo, tal ato é dispensável para a caracterização do crime.*

Fique ligado

O depoimento falso, prestado perante autoridade incompetente, não exclui o crime. O depoimento falso, prestado em processo nulo, exclui o crime.

Apontamentos

Teoria subjetiva: o crime em estudo adotou a teoria subjetiva – só há crime quando o depoente (testemunha) tem consciência da divergência entre sua versão e o fato presenciado. Desse modo, é possível que haja o crime de falso testemunho ainda que o fato seja verdadeiro. Nessa hipótese, é necessário que a testemunha narre um fato que realmente ocorreu, mas não foi presenciado por ela.

Se o falso testemunho ou a falsa perícia se der perante a Justiça do Trabalho, seu processo e seu julgamento estarão afetos ao juízo criminal federal, por ser atingido interesse da União.

Fique ligado

É perfeitamente possível o falso testemunho sobre fato verdadeiro, como no caso do agente que detalha minuciosamente episódios verdadeiros/ocorridos que jamais presenciou.

7.4.1 Aumento de pena

> *§ 1º As penas aumentam-se de um sexto a um terço, se o crime é praticado mediante suborno ou se cometido com o fim de obter prova destinada a produzir efeito em processo penal, ou em processo civil em que for parte entidade da administração pública direta ou indireta.*

São três as causas de aumento de pena: mediante suborno; com o fim de obter prova destinada a produzir efeito em processo penal; e com o fim de obter prova destinada a produzir efeito em processo civil em que for parte entidade da Administração Pública Direta ou Indireta.

Fique ligado

Se o perito, contador, tradutor ou intérprete solicitar, receber ou aceitar promessa de vantagem indevida a fim de fazer afirmação falsa, negar ou calar a verdade, mas não o faz, incorrerá no crime de corrupção ativa, pois o crime em estudo depende da efetiva afirmação falsa, negação ou omissão da verdade.

Retratação – art. 342, § 2º: o fato deixa de ser punível se, antes da sentença, no processo em que ocorreu o ilícito, o agente retrata-se ou declara a verdade. Trata-se de causa de extinção da punibilidade (art. 107, VI, CP).

A retratação formulada pelo autor deve comunicar-se aos partícipes do delito.

Em processo de competência do Tribunal do Júri, é possível a retratação extintiva da punibilidade, mesmo após a decisão de pronúncia, desde que anterior à sentença de mérito.

7.5 Corrupção ativa de testemunha ou perito

> ***Art. 343, CP*** *Dar, oferecer ou prometer dinheiro ou qualquer outra vantagem a testemunha, perito, contador, tradutor ou intérprete, para fazer afirmação falsa, negar ou calar a verdade em depoimento, perícia, cálculos, tradução ou interpretação:*
>
> *Pena – Reclusão, de três a quatro anos, e multa.*

Fique ligado

O tipo pode ser executado de forma livre (palavras, escritos, gestos etc.). Entretanto, se o agente utilizar-se de violência ou grave ameaça, o crime será o de coação no curso do processo (art. 344, CP).

> ***Parágrafo único.*** *As penas aumentam-se de um sexto a um terço, se o crime é cometido com o fim de obter prova destinada a produzir efeito em processo penal ou em processo civil em que for parte entidade da administração pública direta ou indireta.*

Conduta: trata-se de modalidade especial de corrupção ativa, abrangendo o mesmo comportamento criminoso, acrescido do núcleo dar. Para configurar o delito em tela, é necessário que haja algum procedimento oficial em andamento.

Consumação: trata-se de crime formal, logo, consuma-se com a simples realização de uma das condutas previstas no *caput*, sendo desnecessária a prática de qualquer ato pelos possíveis corrompidos.

7.6 Coação no curso do processo

> ***Art. 344, CP*** *Usar de violência ou grave ameaça, com o fim de favorecer interesse próprio ou alheio, contra autoridade, parte, ou qualquer outra pessoa que funciona ou é chamada a intervir em processo judicial, policial ou administrativo, ou em juízo arbitral:*
>
> *Pena – Reclusão, de um a quatro anos, e multa, além da pena correspondente à violência.*
>
> ***Parágrafo único.*** *A pena aumenta-se de 1/3 (um terço) até a metade se o processo envolver crime contra a dignidade sexual.*

A razão pela qual existe esse crime é para impedir que frustrem a eficiência da Administração da Justiça com violência ou ameaças e para garantir o regular andamento dos processos ou em juízo arbitral. Crime este de ação penal pública incondicionada.

Classificação

É um crime **pluriofensivo**, pois atinge mais de um bem jurídico, primeiramente a Administração da Justiça e, secundariamente, a integridade física ou a liberdade individual.

Doloso e com um especial fim de agir, apresentado no tipo com o fim de favorecer interesse próprio ou alheio. Não admite a modalidade culposa.

Considerado um crime comum, instantâneo, de concurso eventual, e em regra comissivo.

Sujeitos do crime

Sujeito ativo: por ser um crime comum, pode ser cometido por qualquer pessoa, não sendo necessário que o agente tenha interesse no próprio processo.

Sujeito passivo: é o Estado, de forma mediata, e secundariamente, figurará no polo passivo o indivíduo que sofreu a coação. Magistrado, delegado, réu, testemunha, jurado etc.

Consumação e tentativa

Ocorre a consumação no momento do emprego da violência ou grave ameaça do agente. A tentativa é possível, visto que o crime tem caráter plurissubsistente. Ex.: "A" manda uma carta ameaçadora para uma testemunha de um processo judicial, mas, por circunstâncias alheias à sua vontade, a carta extravia-se nos Correios.

Segundo STJ, o crime de coação no curso do processo, por ser um crime formal, consuma-se apenas com o emprego da grave ameaça ou violência contra qualquer das pessoas referidas no art. 344 do CP, independentemente do efetivo resultado pretendido ou de a vítima ter ficado intimidada (STJ. REsp 819.763/PR).

Descrição do crime

Se a conduta descrita no tipo penal for realizada no curso de processo de uma CPI, o agente incidirá no crime previsto no art. 4º, I, da Lei nº 1.579/1952, que versa sobre as Comissões Parlamentares de Inquérito.

Não basta para a configuração do delito que a violência ou grave ameaça seja proferida às pessoas do art. 344. É necessário que haja o interesse de favorecimento próprio ou alheio. Ex.: "A", amigo do réu, ameaça a testemunha a depor em favor do amigo; "B", réu em processo judicial, intimida o perito a não revelar o verdadeiro resultado do laudo pericial.

Considerações

Se da conduta criminosa resulta violência, restarão caracterizados dois crimes, incidindo em concurso material obrigatório, somando as penas da coação no curso do processo mais o crime de violência (lesão corporal ou homicídio).

7.6.1 Aumento de pena

A Lei nº 14.245/2021, conhecida como Lei Mariana Ferrer, inovou ao acrescentar ao art. 344, parágrafo único, prevendo nova hipótese de causa de aumento de 1/3 até a 1/2, no caso de a coação ocorrer o curso do processo nos casos que envolvam crimes contra dignidade sexual.

Assim, o aumento de pena incidirá caso a coação seja referente a algum crime contra a dignidade sexual, como estupro, violação, importunação ou assédio.

7.7 Exercício arbitrário das próprias razões

> ***Art. 345, CP*** *Fazer justiça pelas próprias mãos, para satisfazer pretensão, embora legítima, salvo quando a lei o permite:*
>
> *Pena – Detenção, de quinze dias a um mês, ou multa, além da pena correspondente à violência.*
>
> ***Parágrafo único.*** *Se não há emprego de violência, somente se procede mediante queixa.*

Como disposto no art. 345 do Código Penal, não é aceita a justiça entre particulares, e a ninguém é dado o direito de versar sobre a justiça privada se não o próprio Poder Judiciário, que tem a competência para resolver as divergências existentes entre os indivíduos. Em regra, esse crime é de ação penal privada, contudo, será de ação penal pública incondicionada se estiver presente a violência.

Classificação

É um crime simples, pois atinge um único bem jurídico, e comum, cometido por qualquer pessoa.

É um crime doloso, acompanhado com um elemento subjetivo específico "para satisfazer pretensão, embora legítima. Não é admitida a modalidade culposa. Em regra, é comissivo e instantâneo, consumando-se em um momento determinado.

A ação penal será pública incondicionada quando o crime é praticado em detrimento do patrimônio ou interesse da União, do estado ou do município.

Sujeitos do crime

Sujeito ativo: pode ser cometido por qualquer pessoa, mas se o agente for funcionário público e cometer o delito prevalecendo-se de sua condição, serão imputados dois crimes: exercício arbitrário das próprias razões + abuso de autoridade (Lei nº 4.898/1965). Ex.: "A", policial, proprietário de uma casa, encosta a viatura na frente de seu imóvel, entra na residência e, de arma em punho, expulsa "B", que não pagou o aluguel do mês anterior.

Sujeito passivo: primeiramente é o Estado e, secundariamente, a pessoa física ou jurídica prejudicada pela conduta criminosa.

Fique ligado

Não é regra que, sendo funcionário, responda por abuso de autoridade, somente se ele se prevalecer das condições de seu cargo.

Consumação e tentativa

Existe divergência entre os doutrinadores, mas majoritariamente foi classificado como um crime formal, consumando-se mesmo que a pretensão não seja atingida.

É plenamente aceitável a tentativa, visto o caráter plurissubsistente (ação composta por vários atos) do crime.

Descrição do crime

O núcleo do tipo "fazer justiça pelas próprias mãos" tem o sentido de satisfazer pretensão pessoal. Essa pretensão pode ser de qualquer natureza, ligada ou não à propriedade, mas se exigindo ao menos uma aparência de direito legítimo. Ex.: marido indignado com a traição da esposa, expulsa-a da casa que construíram juntos.

A pretensão deve ser legítima, pois, do contrário, a conduta acarretará a incidência de outros crimes, como furto, roubo, estelionato, apropriação indébita, entre outros. Ex.: "A", indignado com a traição de sua esposa, vai até a casa de "B", que é o homem que se deitou com ela e, para fazer justiça com as próprias mãos, obriga a mulher de "B" a manter relações sexuais com "A".

7.8 Subtração ou dano de coisa própria em poder de terceiro

Art. 346, CP Tirar, suprimir, destruir ou danificar coisa própria, que se acha em poder de terceiro por determinação judicial ou convenção:

Pena – Detenção, de seis meses a dois anos, e multa.

Sujeitos do crime

Sujeito ativo: somente pode ser executado pelo proprietário da coisa (crime próprio). O concurso de pessoas é plenamente possível.

Sujeito passivo: será o Estado e, secundariamente, o indivíduo possuidor da coisa ou aquele contra quem foi empregada violência.

7.9 Fraude processual

Art. 347, CP Inovar artificiosamente, na pendência de processo civil ou administrativo, o estado de lugar, de coisa ou de pessoa, com o fim de induzir a erro o juiz ou o perito:

Pena – Detenção, de três meses a dois anos, e multa.

***Parágrafo único.** Se a inovação se destina a produzir efeito em processo penal, ainda que não iniciado, as penas aplicam-se em dobro.*

O crime de fraude processual é um crime tacitamente subsidiário, somente sendo aplicável quando o fato não constituir crime mais grave. Delito este de ação penal pública incondicionada.

Classificação

Considera-se um **crime simples**, pois ofende um único bem jurídico, que é a Administração da Justiça.

O crime de fraude processual também é considerado um **crime formal** ou de consumação antecipada, pois independe do resultado naturalístico. Em regra, é comissivo, considerado também um crime de dano, pois causa lesão à Administração da Justiça.

Crime de concurso eventual, normalmente praticado por um só agente, mas o concurso é plenamente possível.

Sujeitos do crime

Sujeito ativo: crime comum, é passível de ser cometido por qualquer pessoa (vítima, acusado ou mesmo advogado). Foge ao alcance do tipo o perito, uma vez que, se inovar o estado de coisa, pessoa ou lugar no decorrer dos exames periciais, incorrerá no crime previsto no art. 342 do CP.

Sujeito passivo: de forma imediata é o Estado e, de forma mediata, é a pessoa prejudicada no processo administrativo, penal ou civil.

Consumação e tentativa

Consuma-se no momento em que o agente utiliza o meio fraudulento para a inovação na pendência do processo.

A tentativa, entretanto, deve apresentar potencialidade real para enganar o juiz ou o perito. Se o artifício (fraude) for grosseiro ou perceptível, é crime impossível (art. 17, CP) por ineficácia absoluta do meio.

Para o STJ, não é exigido para a consumação do crime de fraude processual que o juiz ou o perito sejam realmente induzidos a erro; basta que a inovação seja apta para produzir o resultado, mesmo que a pessoa não tenha interesse no processo (STJ. HC 137.206/SP).

Descrição do crime

É um crime doloso e também necessita de um elemento subjetivo específico, que é a intenção de induzir a erro o juiz ou perito, não sendo admitida a modalidade culposa. Estado de lugar, de coisa ou de pessoa é onde deve recair a conduta artificiosa, para enganar o juiz ou perito. Ex.: limpar as manchas de sangue onde ocorreu o crime/colocar uma arma de fogo na mão de uma pessoa assassinada para simular um suicídio.

Nem toda inovação caracteriza o surgimento do crime de fraude processual, pois esse elemento normativo do tipo deve ser empregado de forma artificiosa (ardil, fraude).

O parágrafo único aparentemente versa **uma causa especial de aumento de pena** sendo um tipo penal autônomo, pois a conduta de inovar artificiosamente foi cometida em processo penal que ainda não foi iniciado.

- ▷ Trata-se de infração subsidiária, logo absorvida quando a finalidade constituir crime mais grave.

Conduta: os objetos materiais do crime são taxativos e, dessa forma, descabida qualquer integração analógica em relação às inovações que poderão ser praticadas pelo agente. Pressupõe-se a existência de processo (civil ou administrativo) em andamento.

Em atenção ao princípio da inexigibilidade de conduta diversa, já se entendeu que não ocorre o ilícito quando o autor de um crime de homicídio nega a autoria e dá sumiço à arma, atuando no direito natural de autodefesa (RT 258/356).

7.10 Favorecimento pessoal

Art. 348, CP Auxiliar a subtrair-se à ação de autoridade pública autor de crime a que é cominada pena de reclusão:

Pena – Detenção, de um a seis meses, e multa.

§ 1º Se ao crime não é cominada pena de reclusão:

Pena – Detenção, de quinze dias a três meses, e multa.

§ 2º Se quem presta o auxílio é ascendente, descendente, cônjuge ou irmão do criminoso, fica isento de pena.

O crime de favorecimento pessoal basicamente consiste em prestar auxílio ao agente condenado com pena de reclusão, para que escape da ação da autoridade pública. É um crime de ação penal pública incondicionada.

Classificação

Em análise ao art. 348 do CP, pode ser verificado que se trata de um crime acessório, pois depende da prática anterior de um crime com pena de reclusão (contravenção não).

Somente pode ser praticado de forma comissiva (ação), não havendo possibilidade de auxílio à subtração de autor de crime mediante uma conduta omissiva.

Sujeitos do crime

Sujeito ativo: não é exigida qualquer qualidade específica do agente.

A vítima do crime anterior pode ser sujeito ativo do crime de favorecimento pessoal (art. 348, CP). Ex.: uma vítima de roubo (art. 157, CP), logo após a ocorrência do crime, engana os policiais, prestando-lhes falsas informações do paradeiro do criminoso para que tenha êxito em sua fuga.

Sujeito passivo: o Estado.

Consumação e tentativa

Por ser um crime material, o crime consuma-se com o efetivo auxílio, ainda que seja por curto período. Caso o criminoso tenha sido pego, o agente responderá pelo crime da mesma forma, já que a conduta de auxiliar o criminoso teve êxito, mesmo que breve. É plenamente possível a tentativa.

O agente que deixa de comunicar à autoridade pública o local onde está escondido o autor do crime. Mesmo que essa circunstância seja de conhecimento do agente, não comete crime algum.

Descrição do crime

Não é necessário que o autor do crime esteja em perseguição, fuga ou sendo procurado pela autoridade pública no momento em que recebe o auxílio; basta que, de forma idônea, o agente auxilie o criminoso a escapar da ação da autoridade pública.

É importante ressaltar que, se quem presta o auxílio é cônjuge, ascendente, descendente ou irmão do criminoso, fica isento de pena. É a chamada escusa absolutória, presente no art. 348, § 2º, do CP.

Não existe o crime de favorecimento pessoal (art. 348, CP) quando a conduta de auxiliar a subtrair-se à ação de autoridade pública for referente a um crime cometido por um agente menor de idade ou qualquer outro inimputável, já que estes inimputáveis não cometem crimes, mas atos infracionais que acabarão sofrendo medidas de proteção ou medidas socioeducativas no caso dos menores de idade ou medidas de segurança quando forem doentes mentais ou tiverem desenvolvimento mental incompleto ou retardado.

Não há crime quando o agente estiver em escusa absolutória (cônjuge, ascendente, descendente ou irmão), quando o agente que cometeu o crime anterior estiver acobertado por uma excludente de ilicitude ou causa excludente de culpabilidade. Se o agente for absolvido pelo crime anterior, estará excluído o crime de favorecimento pessoal.

O favorecimento deve ocorrer após o cometimento do crime e nunca para o cometimento do crime. Se o favorecimento for ajustado previamente, antes da consumação do crime, incidirá o agente como partícipe segundo o art. 29 do Código Penal: *Quem, de qualquer modo, concorre para o crime, incide nas penas a este cominadas, na medida de sua culpabilidade.*

O agente que presta o auxílio deve ter ciência da atual situação do criminoso, se não, tem-se excluído o dolo. Ex.: Tício, de forma voluntária, empresta seu carro a Mévio para que este faça uma viagem de negócios, quando, na verdade, Mévio, que acabara de cometer um crime, pretendia fugir da polícia. Dessa forma, Tício não responde pelo crime.

7.11 Favorecimento real

> ***Art. 349, CP*** *Prestar a criminoso, fora dos casos de coautoria ou de receptação, auxílio destinado a tornar seguro o proveito do crime:*
>
> *Pena – Detenção, de um a seis meses, e multa.*

O Código Penal prevê mais uma espécie de favorecimento, demonstrando ser este um crime acessório, pois necessita de algum crime já praticado anteriormente não alcançando as contravenções penais.

Classificação

É um crime de forma livre, ou seja, o favorecimento pode acontecer de diversas formas, como esconder o bem subtraído, aplicar no banco os valores provenientes de um estelionato, deixar um cofre aberto para que o agente que cometeu o crime guarde os documentos roubados no assalto etc.

É um crime doloso com um elemento subjetivo específico, no qual a finalidade do agente é tornar seguro o proveito do crime, porquanto o agente deve ter a ciência de que seu comportamento será efetivo para auxiliar o criminoso, não se admitindo, portanto, a modalidade culposa.

Sujeitos do crime

Sujeito ativo: o crime de favorecimento real é comum, podendo ser praticado por qualquer pessoa, salvo coautor ou partícipe do crime que antecede o favorecimento. Ex.: Tício, conhecido de Mévio, dispõe-se a auxiliar Mévio a esconder o dinheiro que será roubado de uma casa lotérica. Se efetivamente vier a ocorrer o roubo, Tício será partícipe do crime por auxiliar Mévio. O intuito de auxiliar deve vir de forma posterior ao cometimento do crime.

Sujeito passivo: o Estado e, secundariamente, a vítima de delito cometido anteriormente.

Consumação e tentativa

É considerado um crime formal ou de consumação antecipada, ou seja, o crime consuma-se no instante em que o agente presta devido auxílio ao criminoso no intuito de tornar seguro o proveito do crime, mesmo que não venha a ocorrer efetivamente essa finalidade. A tentativa é plenamente aceitável em face do caráter plurissubsistente do delito.

Descrição do crime

O auxílio deve ser destinado a tornar seguro o proveito do crime.

- **Favorecimento pessoal (art. 348, CP):**
  - **Objeto material:** autor de crime anterior; busca-se a fuga do criminoso.
  - **Resultado:** crime material (prevalece).
  - **Escusa absolutória:** possui hipótese de escusa absolutória, se quem presta o auxílio é cônjuge, ascendente, descendente ou irmão do criminoso, fica isento de pena. É a chamada escusa absolutória, presente no art. 348, § 2º, do CP.
- **Favorecimento real (art. 349, CP):**
  - **Objeto material:** proveito de crime anterior; presta-se auxílio não ao criminoso em si, mas indiretamente, assegurando para ele a ocultação da coisa, proveito do crime (real).
  - **Resultado:** crime formal.
  - **Escusa absolutória:** não tem previsão de escusa absolutória.

Para que possa ocorrer o crime do art. 349, é necessário que o crime anterior tenha alcançado a consumação e, se no crime não houve qualquer tipo de proveito, também não haverá o crime de favorecimento real.

Considerações

Quem estuda de maneira superficial o crime de favorecimento real certamente poderia interpretar de forma errônea as diferenças entre os crimes de receptação própria (art. 180, *caput*, CP) na modalidade "ocultar" e favorecimento real (art. 349, CP). Vamos observar as diferenças:

- **Receptação própria "ocultar" (art. 180, *caput*, 1ª parte, CP):** crime contra o patrimônio. Quem se beneficia é qualquer outra pessoa que não seja o autor do crime anteriormente praticado. Exige-se que o proveito seja econômico.
- **Favorecimento real (art. 349, CP):** crime contra a Administração da Justiça. O próprio autor do crime anteriormente cometido é o beneficiado pela conduta. O proveito pode ser tanto econômico quanto de outra natureza.

7.12 Favorecimento real impróprio

> ***Art. 349-A, CP.*** *Ingressar, promover, intermediar, auxiliar ou facilitar a entrada de aparelho telefônico de comunicação móvel, de rádio ou similar, sem autorização legal, em estabelecimento prisional.*
>
> *Pena – Detenção, de 3 (três) meses a 1 (um) ano.*

Esse crime foi introduzido pela Lei nº 12.012/2009, não tendo sido atribuída a ele nenhuma denominação, transferindo, assim, essa tarefa à jurisprudência e à doutrina.

Classificação

É um crime de ação múltipla ou de conteúdo variado, ou seja, se o agente vier a cometer mais de um núcleo do tipo no mesmo contexto fático, configurará crime único. É um crime de forma livre, admitindo qualquer meio de execução. Ex.: a esposa de um detento que oculta um aparelho celular em suas partes íntimas e leva ao interno no dia de visita, joga o aparelho por cima dos muros da cadeia ou coloca-o no interior de alimentos como bolo ou torta.

Sujeitos do crime

Sujeito ativo: por se tratar de um crime comum, pode ser praticado por qualquer pessoa. Vale ressaltar que até mesmo um preso pode ser sujeito ativo do crime tipificado no art. 349-A, se ele estiver em alguma permissão de saída ou saída temporária. Também pode ser partícipe, por exemplo, o preso que induz sua esposa a levar a ele o aparelho de comunicação.

Sujeito passivo: o Estado.

Consumação e tentativa

É considerado crime de mera conduta, ou seja, a lei não prevê qualquer resultado naturalístico. Consuma-se o crime quando é praticada qualquer das condutas descritas no tipo, como ingressar, promover, intermediar, auxiliar ou facilitar a entrada de aparelho de comunicação ou similar em estabelecimento prisional.

A tentativa é plenamente possível. Ex.: Tício, em horário de visita, ao tentar ingressar no presídio onde seu primo está preso, esconde em sua blusa um aparelho celular e acaba sendo preso em flagrante durante a revista pessoal.

Descrição do crime

O objeto material do crime pode ser qualquer instrumento que tenha potencial de comunicação. Ex.: aparelho telefônico, *walkie-talkie*, *webcam*.

Não é exigido qualquer fim específico; basta o dolo, por parte do agente, de levar ao poder do preso o aparelho de comunicação.

7.13 Exercício arbitrário ou abuso de poder

Art. 350, CP (Revogado.)

Os crimes de exercício arbitrário e abuso de poder, tanto o *caput* como as figuras equiparadas do parágrafo único, foram revogados pela Lei nº 13.869/2019 (abuso de autoridade).

7.14 Fuga de pessoa presa ou submetida à medida de segurança

Súmula nº 75 – STJ *Compete à justiça comum estadual processar e julgar o policial militar por crime de promover ou facilitar a fuga de preso de estabelecimento penal.*

Art. 351, CP *Promover ou facilitar a fuga de pessoa legalmente presa ou submetida a medida de segurança detentiva:*

Pena – Detenção, de seis meses a dois anos.

§ 1º Se o crime é praticado à mão armada, ou por mais de uma pessoa, ou mediante arrombamento, a pena é de reclusão, de dois a seis anos.

§ 2º Se há emprego de violência contra pessoa, aplica-se também a pena correspondente à violência.

§ 3º A pena é de reclusão, de um a quatro anos, se o crime é praticado por pessoa sob cuja custódia ou guarda está o preso ou o internado.

§ 4º No caso de culpa do funcionário incumbido da custódia ou guarda, aplica-se a pena de detenção, de três meses a um ano, ou multa.

7.15 Evasão mediante violência contra a pessoa

Art. 352, CP *Evadir-se ou tentar evadir-se o preso ou o indivíduo submetido a medida de segurança detentiva, usando de violência contra a pessoa:*

Pena – Detenção, de três meses a um ano, além da pena correspondente à violência.

7.16 Arrebatamento de preso

Art. 353, CP *Arrebatar preso, a fim de maltratá-lo, do poder de quem o tenha sob custódia ou guarda:*

Pena – Reclusão, de um a quatro anos, além da pena correspondente à violência.

Conduta

Somente uma conduta é prevista para a prática do crime, consubstanciada no núcleo "arrebatar preso", com o fim de maltratá-lo (linchamento). Arrebatar significa arrancar, levar, retirar com violência. Se não tiver o fim de maltratá-lo, não configurará esse crime, mas poderá incorrer no art. 351 do CP.

O arrebatamento de pessoa submetida à medida de segurança (ou adolescente apreendido) com a finalidade de maltratá-la não configurará o crime do art. 353 do CP. Nesses casos, a retirada do internado da custódia da autoridade será atípica, respondendo o agente somente por eventual conduta posterior praticada contra o arrebatado (morte, lesões corporais etc.).

7.17 Motim de presos

Art. 354, CP *Amotinarem-se presos, perturbando a ordem ou disciplina da prisão:*

Pena – Detenção, de seis meses a dois anos, além da pena correspondente à violência.

Considerações

No tipo penal, não há descrição de quantos presos são necessários para configurar o motim. Para alguns autores, três presos são suficientes. Já Mirabete exige no mínimo quatro. Todavia, nenhum entendimento está consolidado, sendo essencial que constitua um ajuntamento tumultuário de aprisionados.

7.18 Patrocínio infiel

Art. 355, CP *Trair, na qualidade de advogado ou procurador, o dever profissional, prejudicando interesse, cujo patrocínio, em juízo, lhe é confiado:*

Pena – Detenção, de seis meses a três anos, e multa.

Patrocínio simultâneo ou tergiversação

Parágrafo único. *Incorre na pena deste artigo o advogado ou procurador judicial que defende na mesma causa, simultânea ou sucessivamente, partes contrárias.*

Sujeitos

Sujeito ativo: o crime em tela somente poderá ser praticado por advogado ou procurador judicial devidamente inscrito nos quadros da OAB. Não estão incluídos no dispositivo os promotores e procuradores de Justiça.

Sujeito passivo: o Estado e, possivelmente, o outorgante do mandato que foi prejudicado.

Conduta

Pode se dar por ação (ex.: manifesta-se no processo de forma contrária aos interesses da parte defendida) ou por omissão (ex.: deixa de recorrer).

O patrocínio infiel deve ser empreendido em causa judicial, pouco importando a natureza ou espécie. Dessa forma, a atuação extrajudicial do profissional, como em inquérito policial, sindicância etc. não caracteriza o crime em estudo, sendo o agente passível apenas de punição disciplinar.

Consumação e tentativa

O crime consuma-se com a ocorrência do efetivo prejuízo ao patrocinado, ainda que a situação possa ser revertida.

A tentativa é possível apenas na forma comissiva.

O dispositivo traz duas formas de infidelidade profissional:

- **Patrocínio simultâneo:** consiste na conduta do advogado ou procurador que, concomitantemente, zela (ainda que por interposta pessoa) pelos interesses de partes contrárias.
- **Patrocínio sucessivo ou tergiversação:** consiste na conduta do advogado que renuncia ao mandato de uma parte (ou por ela é dispensado) e passa, em seguida, a representar a outra.

De acordo com o parágrafo único, é dispensável a comprovação de efetivo prejuízo ao patrocinado traído – delito formal.

7.19 Sonegação de papel ou objeto de valor probatório

Art. 356, CP *Inutilizar, total ou parcialmente, ou deixar de restituir autos, documento ou objeto de valor probatório, que recebeu na qualidade de advogado ou procurador:*

Pena – Detenção, de seis meses a três anos, e multa.

7.20 Exploração de prestígio

> ***Art. 357, CP*** *Solicitar ou receber dinheiro ou qualquer outra utilidade, a pretexto de INFLUIR em juiz, jurado, órgão do Ministério Público, funcionário de justiça, perito, tradutor, intérprete ou testemunha:*
>
> *Pena – Reclusão, de um a cinco anos, e multa.*
>
> ***Parágrafo único.*** *As penas aumentam-se de um terço, se o agente alega ou insinua que o dinheiro ou utilidade também se destina a qualquer das pessoas referidas neste artigo.*

Introdução

Versa de forma similar ao crime de tráfico de influência (art. 332, CP). Com a edição da Lei nº 9.127/1995, esses dois crimes foram diferenciados e o art. 332 passou a ser o crime de tráfico de influência. Esse delito é de ação penal pública incondicionada.

Classificação

É um **crime simples**, pois ofende um único bem jurídico: a Administração da Justiça.

É considerado um **crime comum**, podendo ser praticado por qualquer pessoa.

É um **crime formal** quando o agente **solicitar** ou **receber** material.

É conhecido como um **crime de ação múltipla ou de conteúdo variado**, pois, mesmo o agente praticando mais de uma ação do tipo no mesmo contexto, responderá por um único crime.

Sujeitos do crime

Sujeito ativo: por ser considerado um crime comum, pode ser cometido por qualquer pessoa, pois a própria descrição do crime não exige qualquer qualidade do agente.

Sujeito passivo: o Estado, o servidor utilizado na fraude e a pessoa ludibriada pelo agente.

Consumação e tentativa

A consumação dependerá da conduta praticada. Se a conduta do agente for solicitar, o crime consuma-se com o simples pedido, independentemente do aceite da vítima enganada (crime formal).

A tentativa é possível, porém dependerá de como será praticado o delito. Ex.: "A", alegando conhecer um jurado, sem realmente conhecê-lo, solicita a "B" determinada vantagem para supostamente convencer o jurado a absolver seu irmão, réu em determinada ação penal.

Descrição do crime

Exige-se um especial fim de agir por parte do agente, portanto, só caracteriza o crime na forma dolosa, não admitindo a forma culposa.

7.20.1 Aumento de pena

> ***Parágrafo único.*** *As penas aumentam-se de um terço, se o agente alega ou insinua que o dinheiro ou utilidade também se destina a qualquer das pessoas referidas no artigo.*

Não é exigida a afirmação explícita de qualquer das pessoas indicadas no *caput* do art. 357; basta a insinuação.

Se restar provado que o destinatário da vantagem é uma das pessoas indicadas no tipo penal, restará a este a corrupção passiva (art. 317, CP). Ao particular e ao intermediador, restará o crime de corrupção ativa (art. 333, CP).

Considerações

- **Exploração de prestígio (art. 357, CP):** solicitar ou receber. Ato de disposição específica relativa aos órgãos ou funcionários da administração da justiça.
- **Tráfico de influência (art. 332, CP):** solicitar, exigir, cobrar ou obter. Ato praticado por funcionário público no exercício da função.

7.21 Violência ou fraude em arrematação judicial

> ***Art. 358, CP*** *Impedir, perturbar ou fraudar arrematação judicial; afastar ou procurar afastar concorrente ou licitante, por meio de violência, grave ameaça, fraude ou oferecimento de vantagem:*
>
> *Pena – Detenção, de dois meses a um ano, ou multa, além da pena correspondente à violência.*

7.22 Desobediência à decisão judicial sobre perda ou suspensão de direito

> ***Art. 359, CP*** *Exercer função, atividade, direito, autoridade ou múnus, de que foi suspenso ou privado por decisão judicial:*
>
> *Pena – Detenção, de três meses a dois anos, ou multa.*

D P E N

DIREITO PROCESSUAL PENAL

1 INTRODUÇÃO AO DIREITO PROCESSUAL PENAL

Toda vez que ocorre a prática de um delito, nasce para o Estado o *jus puniendi*, ou seja, o direito de punir do Estado, sempre pautado no devido processo legal. Tal mandamento deriva do Estado Democrático de Direito. Cumpre frisar que o Estado não pode simplesmente aplicar qualquer pena, mas, sim, seguir o mandamento constitucional previsto no art. 5º, XLVII:

> ***Art. 5º, CF/1988*** *[...]*
>
> *XLVII – não haverá penas:*
>
> *a) de morte, salvo em caso de guerra declarada, nos termos do art. 84, XIX;*
>
> *b) de caráter perpétuo;*
>
> *c) de trabalhos forçados;*
>
> *d) de banimento;*
>
> *e) cruéis.*

Assim, visa-se respeitar a dignidade da pessoa humana, harmonizando-a com as medidas legais pertinentes à elucidação de um delito, bem como a consequente aplicação posterior da pena.

Desse modo, definimos o processo penal como um conjunto de normas jurídicas tendentes a direcionar a atuação da polícia judiciária, assim como de todo o Poder Judiciário criminal, objetivando uma investigação, um processo e uma sentença justa, que se fundamentem na verdade dos fatos, a fim de respeitar todos os direitos constitucionais do homem, a ampla defesa, a presunção de inocência, dentre outros. Nesse sentido, verificamos nos comandos a seguir relacionados, previstos no art. 5º da CF/1988:

> ***Art. 5º, CF/1988*** *[...]*
>
> *III – ninguém será processado nem sentenciado senão pela autoridade competente;*
>
> *LIV – ninguém será privado da liberdade ou de seus bens sem o devido processo legal;*
>
> *LV – aos litigantes, em processo judicial ou administrativo, e aos acusados em geral são assegurados o contraditório e ampla defesa, com os meios e recursos a ela inerentes;*
>
> *LVI – são inadmissíveis, no processo, as provas obtidas por meios ilícitos;*
>
> *LVII – ninguém será considerado culpado até o trânsito em julgado de sentença penal condenatória.*

Por fim, cabe ressaltar que a prisão ocorre no Brasil conforme mandamento também presente no inciso LXI do art. 5º da CF/1988:

> ***Art. 5º, LXI, CF/1988*** *Ninguém será preso senão em flagrante delito ou por ordem escrita e fundamentada de autoridade judiciária competente, salvo nos casos de transgressão militar ou crime propriamente militar, definidos em lei.*

1.1 Lei Processual Penal no espaço

O Código de Processo Penal, em seu art. 1º, estabelece o princípio da territorialidade da Lei Processual Penal *(Locus Regit Actum ou Lex Fori)*, de modo que se aplicam em território brasileiro as normas de cunho processual penal a todas as infrações penais relacionadas com o Estado brasileiro, de maneira a não haver hipóteses de extraterritorialidade de Lei Processual Penal.

> ***Art. 1º, CPP*** *O processo penal reger-se-á, em todo o território brasileiro, por este Código, ressalvados:*
>
> *I – os tratados, as convenções e regras de Direito Internacional;*
>
> *II – as prerrogativas constitucionais do presidente da República, dos ministros de Estado, nos crimes conexos com os do presidente da República, e dos ministros do Supremo Tribunal Federal, nos crimes de responsabilidade;*
>
> *III – os processos da competência da Justiça Militar;*
>
> *IV – os processos da competência do tribunal especial;*
>
> *V – os processos por crimes de imprensa.*
>
> ***Parágrafo único.*** *Aplicar-se-á, entretanto, este Código aos processos referidos nºs IV e V, quando as leis especiais que os regulam não dispuserem de modo diverso.*

Ao falar sobre território, faz-se necessário buscar seu conceito na própria lei, ou seja, no Código Penal Brasileiro, conforme esculpido definição presente no em seu art. 5º:

> ***Art. 5º, CP*** *Aplica-se a lei brasileira, sem prejuízo de convenções, tratados e regras de direito internacional, ao crime cometido no território nacional.*
>
> *§ 1º Para os efeitos penais, consideram-se como extensão do território nacional as embarcações e aeronaves brasileiras, de natureza pública ou a serviço do governo brasileiro onde quer que se encontrem, bem como as aeronaves e as embarcações brasileiras, mercantes ou de propriedade privada, que se achem, respectivamente, no espaço aéreo correspondente ou em alto-mar.*
>
> *§ 2º É também aplicável a lei brasileira aos crimes praticados a bordo de aeronaves ou embarcações estrangeiras de propriedade privada, achando-se aquelas em pouso no território nacional ou em voo no espaço aéreo correspondente, e estas em porto ou mar territorial do Brasil.*

1.2 Lei Processual Penal no tempo

> ***Art. 2º, CPP*** *A lei processual penal aplicar-se-á desde logo, sem prejuízo da validade dos atos realizados sob a vigência da lei anterior.*

Este artigo contempla o princípio da aplicação imediata (*tempus regit actum*). Deste princípio derivam duas regras fundamentais:

- A lei genuinamente processual tem aplicação imediata;
- A vigência dessa nova lei não invalida os atos processuais anteriores já praticados.

1.3 Interpretação da Lei Processual Penal

> ***Art. 3º, CPP*** *A lei processual penal admitirá interpretação extensiva e aplicação analógica, bem como o suplemento dos princípios gerais de direito.*

A aplicação da Lei Processual Penal segue as mesmas regras de hermenêutica que disciplinam a interpretação da legislação em geral. Interpretar significa definir o sentido e o alcance de determinado conceito.

Em função da impossibilidade de se poder escrever na lei todo seu significado ou, ainda, de se prever todas as situações possíveis de ocorrer efetivamente, o art. 3º do Código de Processo Penal prevê que a Lei Processual Penal admitirá:

- Interpretação extensiva;
- Aplicação analógica;
- Suplemento dos princípios gerais de Direito.

2 INQUÉRITO POLICIAL

A persecução criminal apresenta dois momentos distintos: o da investigação e o da ação penal. A investigação é a atividade preparatória da ação penal, de caráter preliminar e informativo. Já a ação penal consiste no pedido de julgamento da pretensão punitiva.

Em outros termos, a persecução penal estatal se constitui de duas etapas:

- Investigação preliminar: gênero do qual é espécie o inquérito policial, cujo objetivo é formar lastro probatório mínimo para a deflagração válida da fase seguinte;
- Processo penal: é desencadeado pela propositura de ação penal perante o judiciário.

Crime	Persecução Investigações + Processo judicial	Pena

2.1 Conceito de inquérito policial

Inquérito policial (IP) é um **procedimento administrativo** inquisitivo, anterior ao processo, presidido pela autoridade policial (delegado de Polícia) que conduz diligências, as quais objetivam apurar: autoria (responsável pelo crime); materialidade (existência) e circunstâncias com a finalidade de possibilitar que o titular da ação penal possa ingressar em juízo.

2.2 Natureza jurídica

Trata-se de um **procedimento administrativo**, quando verificamos o quesito Procedimento – uma vez que não se trata de processo judicial nem de processo administrativo, porquanto dele não resulta a imposição direta de nenhuma sanção.

O IP é um procedimento administrativo, porque é realizado pela polícia judiciária, que é um órgão do Poder Executivo, que tem como função típica administrar a coisa pública.

2.3 Características do inquérito policial

2.3.1 Inquisitivo

No inquérito policial não há partes, acusação e defesa; temos somente o delegado de Polícia investigando um crime e, consequentemente, um suspeito. Nele, não há contraditório nem ampla defesa.

A investigação não observa o contraditório, pois a Polícia não tem a obrigação de avisar um suspeito que o está investigando; e não há ampla defesa, porque o inquérito não pode, em regra, fundamentar uma sentença condenatória, tendo o suspeito possibilidade de se defender durante o processo.

> ***Art. 5º, LV, CF/1988*** *Aos litigantes, em processo judicial ou administrativo, e aos acusados em geral são assegurados o contraditório e ampla defesa, com os meios e recursos a ela inerentes.*

Como na fase da investigação não existe nenhuma acusação nem partes, não há que se falar em contraditório e ampla defesa, pois o Direito Constitucional previsto no art. 5º, LV, da CF/1988 é válido para as partes de um processo. Além do inquérito policial não ter partes, é um procedimento e não um processo, conforme descrito na Constituição Federal.

2.3.2 Escrito

Todas as diligências realizadas no curso de um inquérito policial devem ser passadas a termo (escritas), para que seja facilitada a troca de informações entre os órgãos responsáveis pela persecução penal.

O delegado de Polícia tem a faculdade de filmar ou gravar diligências realizadas, mas isso não afasta a obrigação de transcrever todas por escrito.

> ***Art. 405, § 1º, CPP*** *Sempre que possível, o registro dos depoimentos do investigado, indiciado, ofendido e testemunhas será feito pelos meios ou recursos de gravação magnética, estenotipia, digital ou técnica similar, inclusive audiovisual, destinada a obter maior fidelidade das informações.*

Assim, é possível que o delegado, havendo meios, documente os atos do IP por meio das tecnologias existentes, inclusive captação de som e imagem.

2.3.3 Discricionário

Discricionariedade é a liberdade dentro da lei (esta determina ou autoriza a atuação do Estado). Assim, o delegado tem liberdade para a adoção e condução das diligências adotadas no curso de um inquérito policial.

O art. 6º do CPP traz um rol de possíveis procedimentos que podem ser adotados pela Polícia na condução de um inquérito; ele não é taxativo, pois a Polícia pode adotar qualquer uma daquelas diligências na ordem que entender melhor, ou seja, o rol é exemplificativo.

Não podemos entender discricionariedade como uma faculdade do delegado de iniciar ou não uma investigação, porque, conforme veremos adiante, em alguns casos a investigação é obrigatória. A discricionariedade refere-se ao fato de o delegado, sendo obrigado ou não a investigar, poder adotar as diligências que considere convenientes para a solução do crime, desde que esteja prevista tal diligência na lei.

Explica essa regra o fato de que cada crime é um acontecimento único no mundo e, assim, a solução deles não tem uma receita certa, devendo a autoridade policial saber utilizar, dentre os meios disponíveis, aqueles adequados à solução do caso.

2.3.4 Oficial

A realização do inquérito policial é atribuição de um órgão oficial do Estado (Polícia Judiciária), com a presidência deste incumbida à autoridade policial do respectivo órgão (delegado de Polícia – art. 2º, § 1º, Lei nº 12.830/2013).

> ***Art. 2º, Lei nº 12.830/2013*** *As funções de polícia judiciária e a apuração de infrações penais exercidas pelo delegado de polícia são de natureza jurídica, essenciais e exclusivas de Estado.*

2.3.5 Oficioso

Ao tomar conhecimento de notícia de crime de ação penal pública incondicionada, a autoridade policial é obrigada a agir de ofício, independentemente de provocação da vítima e/ou qualquer outra pessoa.

Deve instaurar o inquérito policial de ofício, nos termos do art. 5º, I, do CPP, procedendo, então, às diligências investigatórias para obter elementos de informação quanto à infração penal e sua autoria.

No caso de crimes de ação penal pública condicionada à representação e de ação penal de iniciativa privada, a instauração do IP está condicionada à manifestação da vítima ou de seu representante legal.

2.3.6 Sigiloso

Ao contrário do que ocorre no processo, o inquérito não comporta publicidade, sendo procedimento essencialmente sigiloso, disciplinando o art. 20, do CPP:

> ***Art. 20, CPP*** *A autoridade assegurará no inquérito o sigilo necessário à elucidação do fato ou exigido pelo interesse da sociedade.*

Classificação do sigilo:

- **Sigilo externo**: destinado aos terceiros desinteressados e à imprensa;
- **Sigilo Interno**: destinado aos interessados no processo.

O sigilo do IP não atinge o juiz e o membro do Ministério Público.

Quanto ao advogado do investigado, o Estatuto da OAB traz, em art. 7º, XIV, a seguinte redação:

> ***Art. 7º, EOAB*** *São direitos do advogado: [...]*
>
> *XIV – examinar, em qualquer instituição responsável por conduzir investigação, mesmo sem procuração, autos de flagrante e de investigações de qualquer natureza, findos ou em andamento, ainda que conclusos à autoridade, podendo copiar peças e tomar apontamentos, em meio físico ou digital.*

Súmula Vinculante nº 14 – STF

É direito do defensor, no interesse do representado, ter acesso amplo aos elementos de prova que, já documentados em procedimento investigatório realizado por órgão com competência de polícia judiciária, digam respeito ao exercício do direito de defesa.

2.3.7 Indisponível

A persecução criminal é de ordem pública e, uma vez iniciado o inquérito, o delegado de Polícia não pode dispor dele. Se diante de uma circunstância fática o delegado percebe que não houve crime, nem em tese, não deve iniciar o inquérito policial. Contudo, uma vez iniciado o procedimento investigativo, deve levá-lo até o final, não podendo arquivá-lo em virtude de expressa vedação contida no art. 17 do CPP.

Art. 17, CPP *A autoridade policial não poderá mandar arquivar autos de inquérito.*

2.3.8 Dispensável

Da leitura de dispositivos que regem a persecução penal preliminar, a exemplo art. 39, § 5º, do CPP, podemos concluir que o inquérito não é imprescindível para a propositura da ação penal.

Art. 39, § 5º, CPP *O órgão do Ministério Público dispensará o inquérito, se com a representação forem oferecidos elementos que o habilitem a promover a ação penal, e, neste caso, oferecerá a denúncia no prazo de quinze dias.*

O inquérito visa coletar indícios de autoria e materialidade do crime para que o titular da ação penal possa ingressar em juízo. Assim, se ele tiver esses indícios colhidos por outros meios, como por um inquérito não policial, o inquérito policial se torna dispensável.

Súmula nº 234 – STJ

A participação de membro do Ministério Público na fase investigatória criminal não acarreta seu impedimento ou suspeição para o oferecimento da denúncia.

2.4 Valor probatório do inquérito policial

O inquérito policial tem valor probatório relativo, pois ele serve para embasar o início do processo, mas não tem a força de, sozinho, sustentar uma sentença condenatória, porque as provas colhidas durante o IP não se submeteram ao contraditório e à ampla defesa. Enfatizamos que o valor probatório é relativo, uma vez que não fundamenta uma decisão judicial, porém pode dar margem à abertura de um processo criminal contra alguém.

Art. 155, CPP *O juiz formará sua convicção pela livre apreciação da prova produzida em contraditório judicial, não podendo fundamentar sua decisão exclusivamente nos elementos informativos colhidos na investigação, ressalvadas as provas cautelares, não repetíveis e antecipadas.*

2.4.1 Provas cautelares, não repetíveis e antecipadas

São as provas extraídas do inquérito policial e que têm a força de, eventualmente, sustentar uma sentença condenatória, conforme orienta o art. 155 do CPP.

Provas cautelares

São aquelas em que existe um risco de desaparecimento do objeto pelo decurso do tempo. Justificam-se pela necessidade, pela urgência.

Provas não renováveis ou irrepetíveis

São colhidas na fase investigatória, porque não podem ser produzidas novamente na fase processual devido ao seu fácil perecimento.

Perícia nos vestígios do crime: para que essas provas tenham valor probatório de justificar uma sentença na fase processual, é necessário que elas sejam submetidas à ampla defesa e ao contraditório diferido ou postergado, ou seja, durante a fase processual.

Prova antecipada

Aqui, referimo-nos às provas que, em regra, deveriam ser colhidas durante o curso do processo, e não durante o inquérito policial. Em alguns casos, é possível que o juiz antecipe a oitiva de uma testemunha para a fase das investigações, quando houver receio de que ela morra (idade avançada ou doença grave) ou, então, que a vítima se mude definitivamente para outro lugar, inviabilizando sua audição.

Art. 225, CPP *Se qualquer testemunha houver de ausentar-se, ou, por enfermidade ou por velhice, inspirar receio de que ao tempo da instrução criminal já não exista, o juiz poderá, de ofício ou a requerimento de qualquer das partes, tomar-lhe antecipadamente o depoimento.*

2.5 Vícios

Os vícios do inquérito policial são seus defeitos ou suas nulidades, e a dúvida é se aqueles podem ou não causar nulidades ao processo futuro. A resposta é negativa, pois o IP não tem a força de condenar ninguém; assim, seus defeitos serão apurados pelos órgãos competentes (Corregedoria, Ministério Público). Dessa forma, podemos concluir que o delegado não pode ser considerado impedido ou suspeito de presidir o IP pelas futuras partes.

2.6 Procedimento investigatório face aos servidores vinculados aos órgãos da segurança da pública (art. 144, CF/1988)

A Lei nº 13.964/2019 (Pacote Anticrime) incluiu o art. 14-A ao Código de Processo Penal, com a seguinte redação:

Art. 14-A, CPP *Nos casos em que servidores vinculados às instituições dispostas no art. 144 da Constituição Federal figurarem como investigados em inquéritos policiais, inquéritos policiais militares e demais procedimentos extrajudiciais, cujo objeto for a investigação de fatos relacionados ao uso da força letal praticados no exercício profissional, de forma consumada ou tentada, incluindo as situações dispostas no art. 23 do Decreto-lei nº 2.848, de 7 de dezembro de 1940 (Código Penal), o indiciado poderá constituir defensor.*

§ 1º Para os casos previstos no caput deste artigo, o investigado deverá ser citado da instauração do procedimento investigatório, podendo constituir defensor no prazo de até 48 (quarenta e oito) horas a contar do recebimento da citação.

§ 2º Esgotado o prazo disposto no § 1º deste artigo com ausência de nomeação de defensor pelo investigado, a autoridade responsável pela investigação deverá intimar a instituição a que estava vinculado o investigado à época da ocorrência dos fatos, para que essa, no prazo de 48 (quarenta e oito) horas, indique defensor para a representação do investigado.

§ 3º Havendo necessidade de indicação de defensor nos termos do § 2º deste artigo, a defesa caberá preferencialmente à Defensoria Pública, e, nos locais em que ela não estiver instalada, a União ou a Unidade da Federação correspondente à respectiva competência territorial do procedimento instaurado deverá disponibilizar profissional para acompanhamento e realização de todos os atos relacionados à defesa administrativa do investigado.

§ 4º A indicação do profissional a que se refere o § 3º deste artigo deverá ser precedida de manifestação de que não existe defensor público lotado na área territorial onde tramita o inquérito e com atribuição para nele atuar, hipótese em que poderá ser indicado profissional que não integre os quadros próprios da Administração.

§ 5º Na hipótese de não atuação da Defensoria Pública, os custos com o patrocínio dos interesses dos investigados nos procedimentos de que trata este artigo correrão por conta do orçamento próprio da instituição a que este esteja vinculado à época da ocorrência dos fatos investigados.

§ 6º As disposições constantes deste artigo se aplicam aos servidores militares vinculados às instituições dispostas no art. 142 da Constituição Federal, desde que os fatos investigados digam respeito a missões para a Garantia da Lei e da Ordem.

2.7 Incomunicabilidade

É importante saber que a incomunicabilidade não foi recepcionada pela CF/1988 e está tacitamente sem efeitos, mas suas regras são cobradas em questão de concurso.

> ***Art. 21, CPP*** *A incomunicabilidade do indiciado dependerá sempre de despacho nos autos e somente será permitida quando o interesse da sociedade ou a conveniência da investigação o exigir.*
>
> ***Parágrafo único.*** *A incomunicabilidade, que não excederá de três dias, será decretada por despacho fundamentado do Juiz, a requerimento da autoridade policial, ou do órgão do Ministério Público, respeitado, em qualquer hipótese, o disposto no artigo 89, inciso III, do Estatuto da Ordem dos Advogados do Brasil.*

2.8 Notícia crime

Notícia crime (*notitia criminis*) é o conhecimento espontâneo ou provocado por parte da autoridade policial de um fato aparentemente criminoso. Por meio dela, a autoridade policial dará início às investigações.

2.8.1 Classificação da notícia crime

Ela é classificada em direta ou indireta, conforme veremos a seguir:

- **Notícia crime direta (cognição imediata ou espontânea):** a autoridade policial toma conhecimento de um fato supostamente criminoso por meio da atuação da própria Polícia, quando noticiado o crime pela imprensa ou comunicado anonimamente por um particular.
- **Notícia crime indireta (cognição mediata ou provocada):** a Polícia Judiciária toma conhecimento do crime por meio da comunicação de um terceiro identificado.

2.8.2 Espécies de notícia crime indireta

Requerimento

É a comunicação de um fato supostamente criminoso, realizado pela vítima ou por seu representante legal. Além de comunicar o crime, também serve como um pedido para que a Polícia inicie as investigações.

Segundo o CPP, diante de um requerimento, o delegado pode recusar-se a iniciar as investigações e, nesse caso, é cabível recurso ao chefe de Polícia (art. 5º, § 2º, CPP).

> ***Art. 5º, § 2º, CPP*** *Do despacho que indeferir o requerimento de abertura de inquérito caberá recurso para o chefe de Polícia.*

Requisição

É a comunicação do crime feita à autoridade policial pelo promotor ou pelo juiz e uma determinação para o início das investigações. O delegado não pode se recusar a cumprir uma requisição.

> ***Art. 13, CPP*** *Incumbirá ainda à autoridade policial:*
>
> *I – fornecer às autoridades judiciárias as informações necessárias à instrução e julgamento dos processos;*
>
> *II – **realizar as diligências requisitadas pelo juiz ou pelo Ministério Público;***
>
> *III – cumprir os mandados de prisão expedidos pelas autoridades judiciárias;*
>
> *IV – representar acerca da prisão preventiva.*

Representação

É a comunicação do crime e, também, uma autorização para que o Estado atue, seja investigando e/ou processando o possível autor. A representação é apresentada pela vítima ou por seu representante legal nos crimes de ação penal pública condicionada a ela.

É importante saber que a falta da representação nos casos em que a investigação dependa dela impede a atuação do Estado, ou seja, a Polícia não pode investigar o fato, não pode lavrar um auto de prisão em flagrante e não haverá processo.

Requisição do ministro da justiça

É a comunicação do crime e, também, uma autorização política para que o delegado inicie as investigações. Será necessária especificamente em crimes de ação penal pública condicionada à requisição do Ministro da Justiça, a qual não tem caráter de ordem como a do juiz ou do promotor. O nome requisição foi adotado, porque o ato é praticado por uma autoridade da alta cúpula do Poder Executivo.

2.8.3 Notícia crime com força coercitiva ou notícia crime por apresentação

É comunicação de um crime decorrente de uma prisão em flagrante, porque a notícia crime manifesta-se com a simples apresentação do autor do delito à autoridade policial, pela pessoa que realizou a prisão.

2.9 Prazos para conclusão do inquérito policial

O inquérito policial não pode se estender indefinidamente (é temporário), dispondo o Código de Processo Penal e a legislação extravagante acerca dos prazos de sua conclusão.

2.9.1 Regra geral

Como regra geral, para os crimes da atribuição da Polícia Civil estadual, o prazo para a conclusão do inquérito é de 10 dias, estando o indiciado preso (prazo improrrogável), e de 30 dias, se o agente está solto. Este prazo comporta prorrogação, a requerimento do delegado e mediante autorização do juiz (art. 10, CPP), não especificando a lei qual o tempo de prorrogação nem quantas vezes poderá ocorrer, o que nos leva a crer que esta se dá em razão da natureza das diligências necessárias e a complexidade da investigação.

> ***Art. 10, CPP*** *O inquérito deverá terminar no prazo de 10 dias, se o indiciado tiver sido preso em flagrante, ou estiver preso preventivamente, contado o prazo, nesta hipótese, a partir do dia em que se executar a ordem de prisão, ou no prazo de 30 dias, quando estiver solto, mediante fiança ou sem ela.*

Com o advento da Lei nº 13.964/2019, foi acrescentado o art. 3º-B ao CPP, o qual se encontra no tópico "Juiz das Garantias", passando a dispor, dentre as várias competências do juiz das garantias, a possibilidade de que este possa prorrogar o inquérito policial quando o investigado estiver preso.

> ***Art. 3º-B, § 2º, CPP*** *Se o investigado estiver preso, o juiz das garantias poderá, mediante representação da autoridade policial e ouvido o Ministério Público, prorrogar, uma única vez, a duração do **inquérito por até 15 (quinze) dias**, após o que, se ainda assim a investigação não for concluída, a prisão será imediatamente relaxada.*

Reprodução simulada do fato

> ***Art. 7º, CPP*** *Para verificar a possibilidade de haver a infração sido praticada de determinado modo, a autoridade policial poderá proceder à reprodução simulada dos fatos, desde que esta não contrarie a moralidade ou a ordem pública.*

A reprodução simulada do fato é a famosa reconstituição do crime; tem a finalidade de verificar se a infração foi praticada de determinado modo. Nesse caso, o suspeito não é obrigado a contribuir com a diligência, mas é obrigado a comparecer.

Indiciamento

É o ato da autoridade policial que comunica a uma pessoa que ela é a suspeita de ter praticado determinado crime e está sendo investigada em um inquérito policial. O indiciamento não é um ato discricionário, pois se fundamenta nas provas colhidas durante as diligências. Se as provas apontam um suspeito, ele deve ser indiciado; se não apontam, o delegado não pode indiciar ninguém.

> ***Art. 2º, § 6º, Lei nº 12.830/2013*** *O indiciamento, privativo do delegado de polícia, dar-se-á por ato fundamentado, mediante análise técnico-jurídica do fato, que deverá indicar a autoria, materialidade e suas circunstâncias.*

Procedimento especial no CPP

Art. 13-A, CPP *Nos crimes previstos nos arts. 148, 149 e 149-A, no § 3º do art. 158 e no art. 159 do Decreto-lei nº 2.848, de 7 de dezembro de 1940 (Código Penal), e no art. 239 da Lei nº 8.069, de 13 de julho de 1990 (Estatuto da Criança e do Adolescente), o membro do Ministério Público ou o delegado de polícia poderá requisitar, de quaisquer órgãos do poder público ou de empresas da iniciativa privada, dados e informações cadastrais da vítima ou de suspeitos.*

Parágrafo único. *A requisição, que será atendida no prazo de 24 (vinte e quatro) horas, conterá:*

I – o nome da autoridade requisitante;

II – o número do inquérito policial; e

III – a identificação da unidade de polícia judiciária responsável pela investigação.

Art. 13-B *Se necessário à prevenção e à repressão dos crimes relacionados ao tráfico de pessoas, o membro do Ministério Público ou o delegado de polícia poderão requisitar, mediante autorização judicial, às empresas prestadoras de serviço de telecomunicações e/ou telemática que disponibilizem imediatamente os meios técnicos adequados – como sinais, informações e outros – que permitam a localização da vítima ou dos suspeitos do delito em curso.*

§ 1º Para os efeitos deste artigo, sinal significa posicionamento da estação de cobertura, setorização e intensidade de radiofrequência.

§ 2º Na hipótese de que trata o caput, o sinal:

I – não permitirá acesso ao conteúdo da comunicação de qualquer natureza, que dependerá de autorização judicial, conforme disposto em lei;

II – deverá ser fornecido pela prestadora de telefonia móvel celular por período não superior a 30 (trinta) dias, renovável por uma única vez, por igual período;

III – para períodos superiores àquele de que trata o inciso II, será necessária a apresentação de ordem judicial.

§ 3º Na hipótese prevista neste artigo, o inquérito policial deverá ser instaurado no prazo máximo de 72 (setenta e duas) horas, contado do registro da respectiva ocorrência policial.

§ 4º Não havendo manifestação judicial no prazo de 12 (doze) horas, a autoridade competente requisitará às empresas prestadoras de serviço de telecomunicações e/ou telemática que disponibilizem imediatamente os meios técnicos adequados – como sinais, informações e outros – que permitam a localização da vítima ou dos suspeitos do delito em curso, com imediata comunicação ao juiz.

Final do inquérito policial

O inquérito policial é finalizado com a produção de um documento chamado relatório. Nele, o delegado relatará as diligências realizadas.

O delegado não deve emitir opinião no relatório – ressalva feita à Lei nº 11.343/2006 (Lei de Drogas), prevendo que, na elaboração do relatório, a autoridade policial deva justificar as razões que a levaram à classificação do delito (art. 52).

Após a confecção do relatório, o IP estará concluído.

Destino dos autos do inquérito policial

Os autos do inquérito, integrados ao relatório, serão remetidos ao Judiciário (art. 10, § 1º, CPP), para que sejam acessados pelo titular da ação penal.

> ***Art. 10, § 1º, CPP*** *A autoridade fará minucioso relatório do que tiver sido apurado e enviará autos ao juiz competente.*

Arquivamento do inquérito

> ***Art. 28, CPP*** *Ordenado o arquivamento do inquérito policial ou de quaisquer elementos informativos da mesma natureza, o órgão do Ministério Público comunicará à vítima, ao investigado e à autoridade policial e encaminhará os autos para a instância de revisão ministerial para fins de homologação, na forma da lei. (Redação dada pela Lei nº 13.964/2019)*

Ordenado o arquivamento do IP, o membro do Ministério Público comunicará à vítima, ao investigado e à autoridade policial, devendo, ainda, encaminhar os autos para a instância de revisão ministerial para fins de homologação.

Assim, atualmente, o controle do arquivamento é feito pelo próprio órgão ministerial (MP) e não mais pelo juiz.

Efeitos do arquivamento do inquérito policial

Arquivado o inquérito policial, por despacho do juiz, a requerimento do promotor de Justiça, não pode a ação penal ser iniciada sem novas provas (Súmula nº 524 – STF). Assim, o arquivamento do IP veda o oferecimento da denúncia para a promoção da ação penal, mas tal vedação não é absoluta, pois, se surgirem novas provas, a acusação poderá ser oferecida e ser iniciada a ação penal.

> ***Art. 18, CPP*** *Depois de ordenado o arquivamento do inquérito pela autoridade judiciária, por falta de base para a denúncia, a autoridade policial poderá proceder a novas pesquisas, se de outras provas tiver notícia.*

3 AÇÃO PENAL

A ação penal é o início para todo o processo penal.

3.1 Condições da ação penal

Possibilidade jurídica do pedido

Para atender a essa condição, a ação penal precisa apenas ter sido ajuizada com base em conduta que demonstre fato típico.

Essa conduta típica se mostra quando cumprido o requisito da possibilidade jurídica do pedido.

Interesse de agir

No Processo Penal, a lide tem, **obrigatoriamente**, que ser resolvida pelas vias judiciárias. Assim, o titular da ação penal deverá provocar o Judiciário.

O interesse de agir, no Processo Penal, está muito ligado à utilização da via correta para dar andamento na lide.

Legitimidade *ad causam*

Trata-se de quem é pertinente para estar em determinado polo da demanda. O Ministério Público, por exemplo, deve estar no polo ativo no caso de denúncia de crimes hediondos, assim como o réu deve estar em polo passivo no processo.

3.2 Espécies de ação penal

Pública

- Incondicionada;
- Condicionada:
  - Representação ofendido;
  - Requisição Ministro da Justiça.

Privada

- Exclusiva;
- Personalíssima;
- Subsidiária da Pública;

3.3 Ação penal incondicionada

É a regra em nosso ordenamento processual penal. A titularidade é do Ministério Público de forma privativa, ou seja, somente ele possui o poder postulatório como pressuposto processual para a provocação do Poder Judiciário.

Há, no entanto, exceções a essa titularidade:

- Nesse caso, a lei deverá determinar se é **ação penal pública condicionada** ou **ação penal privada**;
- Nos casos em que o crime praticado atenta contra patrimônio ou interesse da União, estados e municípios, a ação penal **será sempre pública**.

> ***Art. 24, CPP*** *Nos crimes de ação pública, esta será promovida por denúncia do Ministério Público, mas dependerá, quando a lei o exigir, de requisição do Ministro da Justiça, ou de representação do ofendido ou de quem tiver qualidade para representá-lo. [...]*
>
> *§ 2º Seja qual for o crime, quando praticado em detrimento do patrimônio ou interesse da União, Estado e Município, a ação penal será pública.*

3.4 Princípios que regem a ação penal incondicionada

Obrigatoriedade

Se houver todos os indícios da materialidade do fato (delito), o MP **deverá** oferecer a denúncia.

Exceção: nos juizados especiais, já que nesses casos o titular da ação e o infrator transacionam de forma que não haja o ajuizamento da demanda.

Indisponibilidade

Após ter sido ajuizada a ação penal pública, seu titular **não poderá desistir ou transigir**.

O MP **não** poderá desistir da ação penal.

> ***Art. 42, CPP*** *O Ministério Público não poderá desistir da ação penal.*

Oficialidade

A ação penal pública **deverá** ser ajuizada por um órgão oficial. Se passado o prazo legal para ajuizamento da ação e o MP não o tiver feito, a lei prevê que o ofendido poderá promover a ação penal privada subsidiária da pública.

Durante o **prazo legal**, a ação penal pública é **exclusiva do MP**. O prazo legal para que o ofendido possa ajuizar a ação penal privada subsidiária da pública é de **6 meses**. Após este prazo, caso o ofendido não tenha ajuizado a ação, **a legitimidade volta a ser do MP, exclusivamente**, desde que não tenha sido extinta a punibilidade.

Divisibilidade

Caso haja **mais de 1 infrator**, o MP pode ajuizar a demanda apenas a um ou alguns deles, podendo deixar os demais para a demanda posterior. O MP **não** está obrigado a oferecer a denúncia sempre que uma investigação criminal for instaurada. Há casos em que o inquérito policial será arquivado.

> ***Art. 28, CPP*** *Ordenado o arquivamento do inquérito policial ou de quaisquer elementos informativos da mesma natureza, o órgão do Ministério Público comunicará à vítima, ao investigado e à autoridade policial e encaminhará os autos para a instância de revisão ministerial para fins de homologação, na forma da lei.*

3.5 Ação penal pública condicionada

Nesse caso, para que o MP possa ser o titular da ação penal e exercer de forma legítima tal direito, deverá estar presente o critério de **procedibilidade**, que nada mais é do que a requisição do ministro da Justiça ou, ainda, a representação do ofendido.

Nos casos de requisição do Ministro da Justiça, bem como do condicionamento à representação do ofendido, a representação admite retratação, desde que feita até o momento do oferecimento da denúncia.

No caso em que for ajuizada a ação penal sem a representação, tal nulidade poderá ser sanada se a vítima a apresentar em juízo dentro do prazo de 6 meses – já mencionado anteriormente.

A representação **não poderá ser dividida no que diz respeito aos autores do fato**. Mesmo não podendo haver fracionamento da representação, nada impede o MP de denunciar apenas um infrator por vez, de acordo como o que vimos no processo de divisibilidade.

Ofendido menor ou incapaz

Representante legal tem legitimidade.

Não tem representante legal?

Interesses colidem com os do representante?

- Juiz deverá nomear curador (art. 33, CPP);
- Tal curador não está obrigado a oferecer representação, apenas a analisar o que é bom ou não para o ofendido.

Prazo para representação: **6 meses**, a contar da data em que se é conhecido o autor do delito.

Representação poderá ser feita perante:

- MP;
- Autoridade policial;
- Juiz.

Nos casos de ação penal pública condicionada à requisição do ministro da Justiça:

- Apenas para determinados crimes;
- **Não** há prazo decadencial para o oferecimento da requisição, desde que não esteja extinta a punibilidade do crime em questão.

3.6 Ação penal privada exclusiva

A vontade do ofendido em oferecer ou não a denúncia se sobrepõe ao interesse público.

Princípios

- **Oportunidade:** o ofendido ou demais legitimados poderão avaliar se darão ou não início ao processo, levando em consideração a **conveniência do ajuizamento da ação**.
- **Disponibilidade:** o ofendido (titular) pode desistir da ação penal.
- **Indivisibilidade:** não será possível fracionar a ação penal no que diz respeito aos infratores.

> ***Art. 48, CPP*** *A queixa contra qualquer dos autores do crime obrigará ao processo de todos, e o Ministério Público velará pela sua indivisibilidade.*
>
> ***Art. 49*** *A renúncia ao exercício do direito de queixa, em relação a um dos autores do crime, a todos se estenderá.*

Prazo decadencial: **6 meses** contados a partir do momento em que o ofendido fica ciente de quem foi o infrator.

A queixa poderá ser oferecida:

- Pessoalmente;
- Por procurador com poderes especiais.

Ofendido faleceu. Quem pode ajuizar a ação penal?

- Cônjuge;
- Ascendente;
- Descendente;
- Irmão.

A ordem acima deverá ser respeitada.

Início do prazo para os legitimados

- **Ação penal já ajuizada:** prazo de **60 dias** para prosseguir na ação.
- **Ação penal ainda não ajuizada:** prazo se inicia com o óbito do ofendido.
- **Exceção**: ainda não era sabido o provável infrator.

3.7 Ação penal privada subsidiária da pública

Trata-se do caso em que a ação penal é pública, no entanto, por inércia do MP, é concedido por lei o direito de ajuizar a ação ao ofendido.

> ***Art. 29, CPP*** *Será admitida ação privada nos crimes de ação pública, se esta não for intentada no prazo legal, cabendo ao Ministério Público aditar a queixa, repudiá-la e oferecer denúncia substitutiva, intervir em todos os termos do processo, fornecer elementos de prova, interpor recurso e, a todo tempo, no caso de negligência do querelante, retomar a ação como parte principal.*

O ofendido terá o prazo de **6 meses** para oferecer a denúncia, que começa a correr a partir de findo o prazo para que o MP a ofereça.

> ***Art. 38, CPP*** *Salvo disposição em contrário, o ofendido, ou seu representante legal, decairá no direito de queixa ou de representação, se não o exercer dentro do prazo de seis meses, contado do dia em que vier a saber quem é o autor do crime, ou, no caso do art. 29 do dia em que se esgotar o prazo para o oferecimento da denúncia.*

Iniciado tal prazo para o ofendido, tanto ele quanto o MP têm legitimidade para oferecer a denúncia. Findo o prazo de **6 meses,** o ofendido perde o direito de ajuizar a ação penal, retornando tal direito exclusivamente para o MP.

Na ação penal privada subsidiária da pública, o MP atua como fiscal da lei, porém com atribuições mais amplas.

Nesses casos, o MP pode:

- **Aditar a queixa:** pode se referir a diversos aspectos (inclusão de réus, por exemplo).
- **Repudiar a queixa**: somente poderá fazê-lo quando alegar que não houve inércia.
- **Retomar a ação como parte principal**: o ofendido deixa a desejar na forma como conduz a causa e o MP retoma a ação como parte principal.

3.8 Ação penal personalíssima

Tipo de ação penal personalíssima exclusiva, na qual apenas o ofendido pode ajuizar a ação.

Caso o ofendido venha a falecer, não há a hipótese de estender a legitimidade aos sucessores.

Se o ofendido for menor, não há a possibilidade de o representante ajuizar a demanda.

3.9 Denúncia e queixa

Elementos

- **Exposição do fato criminoso:** a inicial deverá expor de forma detalhada o fato criminoso.
- **Qualificação do acusado:** a inicial deverá conter a qualificação do acusado. Caso não haja qualificação suficiente, deverão ser indicados elementos que tornem possível a identificação (tatuagem, marcas no corpo, características físicas).
- **Tipificação do delito:** deverá indicar qual dispositivo legal o acusado violou. Não é elemento indispensável.
- **Rol de testemunhas:** a inicial deverá conter o rol de testemunhas, caso haja.
- **Endereçamento:** a peça acusatória deverá ser endereçada ao juiz competente para apreciação do caso. O endereçamento errado não invalidará a peça.
- **Redação em vernáculo:** todos os atos processuais deverão ser redigidos em língua portuguesa.
- **Subscrição:** a inicial deverá ser assinada pelo membro do MP ou advogado querelante, quando for o caso.

3.10 Acordo de não persecução penal

Trata-se de uma espécie de transação, entre o MP e o suposto infrator, em que há uma transação penal buscando evitar o ajuizamento da ação.

> ***Art. 28-A, CPP*** *Não sendo caso de arquivamento e tendo o investigado confessado formal e circunstancialmente a prática de infração penal sem violência ou grave ameaça e com pena mínima inferior a 4 (quatro) anos, o Ministério Público poderá propor acordo de não persecução penal, desde que necessário e suficiente para reprovação e prevenção do crime,* ***mediante as seguintes condições ajustadas cumulativa e alternativamente****:*
>
> *I –* ***reparar o dano ou restituir a coisa à vítima****, exceto na impossibilidade de fazê-lo;*
>
> *II –* ***renunciar voluntariamente a bens e direitos indicados pelo Ministério Público*** *como instrumentos, produto ou proveito do crime;*
>
> *III –* ***prestar serviço à comunidade ou a entidades públicas por período correspondente à pena mínima*** *cominada ao delito diminuída de um a dois terços, em local a ser indicado pelo juízo da execução, na forma do art. 46 do Decreto-lei nº 2.848, de 7 de dezembro de 1940 (Código Penal);*
>
> *IV –* ***pagar prestação pecuniária****, a ser estipulada nos termos do art. 45 do Decreto-lei nº 2.848, de 7 de dezembro de 1940 (Código Penal), a entidade pública ou de interesse social, a ser indicada pelo juízo da execução, que tenha, preferencialmente, como função proteger bens jurídicos iguais ou semelhantes aos aparentemente lesados pelo delito; ou*
>
> *V –* ***cumprir, por prazo determinado, outra condição indicada pelo Ministério Público****, desde que proporcional e compatível com a infração penal imputada.*

§ 1º Para aferição da pena mínima cominada ao delito a que se refere o caput deste artigo, serão consideradas as causas de aumento e diminuição aplicáveis ao caso concreto.

§ 2º O disposto no caput deste artigo não se aplica nas seguintes hipóteses:

I – se for cabível transação penal de competência dos Juizados Especiais Criminais, nos termos da lei;

II – se o investigado for reincidente ou se houver elementos probatórios que indiquem conduta criminal habitual, reiterada ou profissional, exceto se insignificantes as infrações penais pretéritas;

III – ter sido o agente beneficiado nos 5 anos anteriores ao cometimento da infração, em acordo de não persecução penal, transação penal ou suspensão condicional do processo; e

IV – nos crimes praticados no âmbito de violência doméstica ou familiar, ou praticados contra a mulher por razões da condição de sexo feminino, em favor do agressor.

§ 3º O acordo de não persecução penal será formalizado por escrito e será firmado pelo membro do Ministério Público, pelo investigado e por seu defensor.

§ 4º Para a homologação do acordo de não persecução penal, será realizada audiência na qual o juiz deverá verificar a sua voluntariedade, por meio da oitiva do investigado na presença do seu defensor, e sua legalidade.

§ 5º Se o juiz considerar inadequadas, insuficientes ou abusivas as condições dispostas no acordo de não persecução penal, devolverá os autos ao Ministério Público para que seja reformulada a proposta de acordo, com concordância do investigado e seu defensor.

§ 6º Homologado judicialmente o acordo de não persecução penal, o juiz devolverá os autos ao Ministério Público para que inicie sua execução perante o juízo de execução penal.

§ 7º O juiz poderá recusar homologação à proposta que não atender aos requisitos legais ou quando não for realizada a adequação a que se refere o § 5º deste artigo.

§ 8º Recusada a homologação, o juiz devolverá os autos ao Ministério Público para a análise da necessidade de complementação das investigações ou o oferecimento da denúncia.

§ 9º A vítima será intimada da homologação do acordo de não persecução penal e de seu descumprimento.

§ 10 Descumpridas quaisquer das condições estipuladas no acordo de não persecução penal, o Ministério Público deverá comunicar ao juízo, para fins de sua rescisão e posterior oferecimento de denúncia.

§ 11 O descumprimento do acordo de não persecução penal pelo investigado também poderá ser utilizado pelo Ministério Público como justificativa para o eventual não oferecimento de suspensão condicional do processo.

§ 12 A celebração e o cumprimento do acordo de não persecução penal não constarão de certidão de antecedentes criminais, exceto para os fins previstos no inciso III do § 2º deste artigo.

§ 13 Cumprido integralmente o acordo de não persecução penal, o juízo competente decretará a extinção de punibilidade.

§ 14 No caso de recusa, por parte do Ministério Público, em propor o acordo de não persecução penal, o investigado poderá requerer a remessa dos autos a órgão superior, na forma do art. 28 deste Código.

Pressupostos para proposição

- Infração penal;
- Sem violência ou grave ameaça;
- Pena **mínima inferior a 4 anos**;
- Acordo suficiente e necessário para prevenção do crime.

3.11 Da ação penal

Art. 24, CPP *Nos crimes de **ação pública**, esta **será promovida por denúncia do Ministério Público**, mas dependerá, quando a lei o exigir, de requisição do Ministro da Justiça, ou de representação do ofendido ou de quem tiver qualidade para representá-lo.*

*§ 1º No **caso de morte do ofendido ou quando declarado ausente por decisão judicial**, o **direito de representação** passará ao **cônjuge, ascendente, descendente ou irmão**.*

*§ 2º Seja qual for o **crime**, quando **praticado em detrimento do patrimônio** ou **interesse da União, Estado e Município**, a **ação penal será pública**.*

Art. 25 *A representação será irretratável, depois de oferecida a denúncia.*

Art. 26 *A ação penal, nas contravenções, será iniciada com o auto de prisão em flagrante ou por meio de portaria expedida pela autoridade judiciária ou policial.*

Art. 27 *Qualquer pessoa do povo poderá provocar a iniciativa do Ministério Público, nos casos em que caiba a ação pública, fornecendo-lhe, por escrito, informações sobre o fato e a autoria e indicando o tempo, o lugar e os elementos de convicção.*

Art. 28 *Ordenado o arquivamento do inquérito policial ou de quaisquer elementos informativos da mesma natureza, o órgão do Ministério Público comunicará à vítima, ao investigado e à autoridade policial e encaminhará os autos para a instância de revisão ministerial para fins de homologação, na forma da lei.*

§ 1º Se a vítima, ou seu representante legal, não concordar com o arquivamento do inquérito policial, poderá, no prazo de 30 dias do recebimento da comunicação, submeter a matéria à revisão da instância competente do órgão ministerial, conforme dispuser a respectiva lei orgânica.

§ 2º Nas ações penais relativas a crimes praticados em detrimento da União, Estados e Municípios, a revisão do arquivamento do inquérito policial poderá ser provocada pela chefia do órgão a quem couber a sua representação judicial.

Art. 28-A *Não sendo caso de arquivamento e tendo o investigado confessado formal e circunstancialmente a prática de infração penal sem violência ou grave ameaça e com pena mínima inferior a **4 anos**, o Ministério Público poderá propor acordo de não persecução penal, desde que necessário e suficiente para reprovação e prevenção do crime, mediante as seguintes condições ajustadas cumulativa e alternativamente:*

*I – **reparar o dano** ou restituir a coisa à vítima, exceto na impossibilidade de fazê-lo;*

*II – **renunciar voluntariamente** a bens e direitos indicados pelo Ministério Público como instrumentos, produto ou proveito do crime;*

*III – **prestar serviço à comunidade** ou a entidades públicas por período correspondente à pena mínima cominada ao delito diminuída de um a dois terços, em local a ser indicado pelo juízo da execução, na forma do art. 46 do Decreto-lei nº 2.848, de 7 de dezembro de 1940 (Código Penal);*

*IV – **pagar prestação pecuniária**, a ser estipulada nos termos do art. 45 do Decreto-lei nº 2.848, de 7 de dezembro de 1940 (Código Penal), a entidade pública ou de interesse social, a ser indicada pelo juízo da execução, que tenha, preferencialmente, como função proteger bens jurídicos iguais ou semelhantes aos aparentemente lesados pelo delito; ou*

*V – **cumprir, por prazo determinado, outra condição indicada pelo Ministério Público**, desde que proporcional e compatível com a infração penal imputada.*

§ 1º Para aferição da pena mínima cominada ao delito a que se refere o caput deste artigo, serão consideradas as causas de aumento e diminuição aplicáveis ao caso concreto.

§ 2º O disposto no caput deste artigo não se aplica nas seguintes hipóteses:

I – se for cabível transação penal de competência dos Juizados Especiais Criminais, nos termos da lei;

II – se o investigado for reincidente ou se houver elementos probatórios que indiquem conduta criminal habitual, reiterada ou profissional, exceto se insignificantes as infrações penais pretéritas;

*III – ter sido o agente beneficiado nos **5 anos** anteriores ao cometimento da infração, em acordo de não persecução penal, transação penal ou suspensão condicional do processo; e*

IV – nos crimes praticados no âmbito de violência doméstica ou familiar, ou praticados contra a mulher por razões da condição de sexo feminino, em favor do agressor.

§ 3º O acordo de não persecução penal será formalizado por escrito e será firmado pelo membro do Ministério Público, pelo investigado e por seu defensor.

§ 4º Para a homologação do acordo de não persecução penal, será realizada audiência na qual o juiz deverá verificar a sua voluntariedade, por meio da oitiva do investigado na presença do seu defensor, e sua legalidade.

§ 5º Se o juiz considerar inadequadas, insuficientes ou abusivas as condições dispostas no acordo de não persecução penal, devolverá os autos ao Ministério Público para que seja reformulada a proposta de acordo, com concordância do investigado e seu defensor.

§ 6º Homologado judicialmente o acordo de não persecução penal, o juiz devolverá os autos ao Ministério Público para que inicie sua execução perante o juízo de execução penal.

§ 7º O juiz poderá recusar homologação à proposta que não atender aos requisitos legais ou quando não for realizada a adequação a que se refere o § 5º deste artigo.

§ 8º Recusada a homologação, o juiz devolverá os autos ao Ministério Público para a análise da necessidade de complementação das investigações ou o oferecimento da denúncia.

§ 9º A vítima será intimada da homologação do acordo de não persecução penal e de seu descumprimento.

§ 10 Descumpridas quaisquer das condições estipuladas no acordo de não persecução penal, o Ministério Público deverá comunicar ao juízo, para fins de sua rescisão e posterior oferecimento de denúncia.

§ 11 O descumprimento do acordo de não persecução penal pelo investigado também poderá ser utilizado pelo Ministério Público como justificativa para o eventual não oferecimento de suspensão condicional do processo.

§ 12 A celebração e o cumprimento do acordo de não persecução penal não constarão de certidão de antecedentes criminais, exceto para os fins previstos no inciso III do § 2º deste artigo

§ 13 Cumprido integralmente o acordo de não persecução penal, o juízo competente decretará a extinção de punibilidade.

§ 14 No caso de recusa, por parte do Ministério Público, em propor o acordo de não persecução penal, o investigado poderá requerer a remessa dos autos a órgão superior, na forma do art. 28 deste Código.

Art. 29 *Será admitida ação privada nos crimes de ação pública, se esta não for intentada no prazo legal, cabendo ao Ministério Público aditar a queixa, repudiá-la e oferecer denúncia substitutiva, intervir em todos os termos do processo, fornecer elementos de prova, interpor recurso e, a todo tempo, no caso de negligência do querelante, retomar a ação como parte principal.*

Art. 30 *Ao ofendido ou a quem tenha qualidade para representá-lo caberá intentar a* ***ação privada****.*

Art. 31 *No caso de morte do ofendido ou quando declarado ausente por decisão judicial, o direito de oferecer queixa ou prosseguir na ação passará ao cônjuge, ascendente, descendente ou irmão.*

Art. 32 *Nos crimes de ação privada, o juiz, a requerimento da parte que comprovar a sua pobreza, nomeará advogado para promover a ação penal.*

§ 1º Considerar-se-á pobre a pessoa que não puder prover às despesas do processo, sem privar-se dos recursos indispensáveis ao próprio sustento ou da família.

§ 2º Será prova suficiente de pobreza o atestado da autoridade policial em cuja circunscrição residir o ofendido.

Art. 33 *Se o ofendido for* ***menor*** *de* ***18 anos****, ou* ***mentalmente enfermo****, ou* ***retardado mental****, e não tiver representante legal, ou colidirem os interesses deste com os daquele, o direito de queixa poderá ser exercido por curador especial, nomeado, de ofício ou a requerimento do Ministério Público, pelo juiz competente para o processo penal.*

Art. 34 *Se o ofendido for* ***menor de 21 e maior de 18 anos****, o direito de queixa poderá ser exercido por ele ou por seu representante legal.*

Art. 36 *Se comparecer mais de uma pessoa com direito de queixa, terá preferência o cônjuge, e, em seguida, o parente mais próximo na ordem de enumeração constante do art. 31. Podendo, entretanto, qualquer delas prosseguir na ação, caso o querelante desista da instância ou a abandone.*

Art. 37 *As fundações, associações ou sociedades legalmente constituídas poderão exercer a ação penal, devendo ser representadas por quem os respectivos contratos ou estatutos designarem ou, no silêncio destes, pelos seus diretores ou sócios-gerentes.*

Art. 38 *Salvo disposição em contrário, o ofendido, ou seu representante legal, decairá no direito de queixa ou de representação, se não o exercer dentro do prazo de seis meses, contado do dia em que vier a saber quem é o autor do crime, ou, no caso do art. 29 do dia em que se esgotar o prazo para o oferecimento da denúncia.*

Parágrafo único*. Verificar-se-á a decadência do direito de queixa ou representação, dentro do mesmo prazo, nos casos dos arts. 24, parágrafo único, e 31.*

Art. 39 *O direito de representação poderá ser exercido, pessoalmente ou por procurador com poderes especiais, mediante declaração, escrita ou oral, feita ao juiz, ao órgão do Ministério Público, ou à autoridade policial.*

§ 1º A representação feita oralmente ou por escrito, sem assinatura devidamente autenticada do ofendido, de seu representante legal ou procurador, será reduzida a termo, perante o juiz ou autoridade policial, presente o órgão do Ministério Público, quando a este houver sido dirigida.

§ 2º A representação conterá todas as informações que possam servir à apuração do fato e da autoria.

§ 3º Oferecida ou reduzida a termo a representação, a autoridade policial procederá a inquérito, ou, não sendo competente, remetê-lo-á à autoridade que o for.

§ 4º A representação, quando feita ao juiz ou perante este reduzida a termo, será remetida à autoridade policial para que esta proceda a inquérito.

§ 5º O órgão do Ministério Público dispensará o inquérito, se com a representação forem oferecidos elementos que o habilitem a promover a ação penal, e, neste caso, oferecerá a denúncia no prazo de quinze dias.

Art. 40 *Quando, em autos ou papéis de que conhecerem, os juízes ou tribunais verificarem a existência de crime de ação pública, remeterão ao Ministério Público as cópias e os documentos necessários ao oferecimento da denúncia.*

Art. 41 *A denúncia ou queixa conterá a exposição do fato criminoso, com todas as suas circunstâncias, a qualificação do acusado ou esclarecimentos pelos quais se possa identificá-lo, a classificação do crime e, quando necessário, o rol das testemunhas.*

Art. 42 O Ministério Público não poderá desistir da ação penal*.*

Art. 43*. (Revogado pela Lei nº 11.719/2008).*

Art. 44 *A queixa poderá ser dada por procurador com poderes especiais, devendo constar do instrumento do mandato o nome do querelante e a menção do fato criminoso, salvo quando tais esclarecimentos dependerem de diligências que devem ser previamente requeridas no juízo criminal.*

Art. 45 *A queixa, ainda quando a ação penal for privativa do ofendido, poderá ser aditada pelo Ministério Público, a quem caberá intervir em todos os termos subsequentes do processo.*

Art. 46 *O prazo para oferecimento da denúncia, estando o réu preso, será de* ***5 dias****, contado da data em que o órgão do Ministério Público receber os autos do inquérito policial, e de* ***15 dias****, se o réu estiver solto ou afiançado. No último caso, se houver devolução do inquérito à autoridade policial (art. 16), contar-se-á o prazo da data em que o órgão do Ministério Público receber novamente os autos.*

§ 1º Quando o Ministério Público dispensar o inquérito policial, o prazo para o oferecimento da denúncia contar-se-á da data em que tiver recebido as peças de informações ou a representação

§ 2º O prazo para o aditamento da queixa será de ***3 dias****, contado da data em que o órgão do Ministério Público receber os autos, e, se este não se pronunciar dentro do tríduo, entender-se-á que não tem o que aditar, prosseguindo-se nos demais termos do processo.*

Art. 47 *Se o Ministério Público julgar necessários maiores esclarecimentos e documentos complementares ou novos elementos de convicção, deverá requisitá-los, diretamente, de quaisquer autoridades ou funcionários que devam ou possam fornecê-los.*

Art. 48 *A queixa contra qualquer dos autores do crime obrigará ao processo de todos, e o Ministério Público velará pela sua indivisibilidade.*

Art. 49 *A renúncia ao exercício do direito de queixa, em relação a um dos autores do crime, a todos se estenderá.*

Art. 50 *A renúncia expressa constará de declaração assinada pelo ofendido, por seu representante legal ou procurador com poderes especiais.*

Parágrafo único*. A renúncia do representante legal do menor que houver completado 18 (dezoito) anos não privará este do direito de queixa, nem a renúncia do último excluirá o direito do primeiro.*

Art. 51 *O perdão concedido a um dos querelados aproveitará a todos, sem que produza, todavia, efeito em relação ao que o recusar.*

Art. 52 *Se o querelante for* ***menor de 21 e maior de 18 anos****, o direito de perdão poderá ser exercido por ele ou por seu representante legal, mas o perdão concedido por um, havendo oposição do outro, não produzirá efeito.*

Art. 53 *Se o querelado for mentalmente enfermo ou retardado mental e não tiver representante legal, ou colidirem os interesses deste com os do querelado, a aceitação do perdão caberá ao curador que o juiz lhe nomear.*

Art. 54 *Se o querelado for* ***menor de 21 anos****, observar-se-á, quanto à aceitação do perdão, o disposto no art. 52.*

Art. 55 *O perdão poderá ser aceito por procurador com poderes especiais.*

Art. 56 *Aplicar-se-á ao perdão extraprocessual expresso o disposto no art. 50.*

Art. 57 *A renúncia tácita e o perdão tácito admitirão todos os meios de prova.*

Art. 58 *Concedido o perdão, mediante declaração expressa nos autos, o querelado será intimado a dizer, dentro de três dias, se o aceita, devendo, ao mesmo tempo, ser cientificado de que o seu silêncio importará aceitação.*

Parágrafo único. Aceito o perdão, o juiz julgará extinta a punibilidade.

Art. 59 *A aceitação do perdão fora do processo constará de declaração assinada pelo querelado, por seu representante legal ou procurador com poderes especiais.*

Art. 60 *Nos casos em que somente se procede mediante queixa, considerar-se-á perempta a ação penal:*

I – quando, iniciada esta, o querelante deixar de promover o andamento do processo durante ***30 dias*** *seguidos;*

II – quando, falecendo o querelante, ou sobrevindo sua incapacidade, não comparecer em juízo, para prosseguir no processo, dentro do prazo de ***60 dias****, qualquer das pessoas a quem couber fazê-lo, ressalvado o disposto no art. 36;*

III – quando o querelante deixar de comparecer, sem motivo justificado, a qualquer ato do processo a que deva estar presente, ou deixar de formular o pedido de condenação nas alegações finais;

IV – quando, sendo o querelante pessoa jurídica, esta se extinguir sem deixar sucessor.

Art. 61 *Em qualquer fase do processo, o juiz, se reconhecer extinta a punibilidade, deverá declará-lo de ofício.*

Parágrafo único*. No caso de requerimento do Ministério Público, do querelante ou do réu, o juiz mandará autuá-lo em apartado, ouvirá a parte contrária e, se o julgar conveniente, concederá o prazo de cinco dias para a prova, proferindo a decisão dentro de cinco dias ou reservando-se para apreciar a matéria na sentença final.*

Art. 62 *No caso de morte do acusado, o juiz somente à vista da certidão de óbito, e depois de ouvido o Ministério Público, declarará extinta a punibilidade.*

4 LEI Nº 9.099/1995 - JUIZADOS ESPECIAIS CÍVEIS E CRIMINAIS

Os Juizados Especiais Cíveis e Criminais, órgãos da Justiça Ordinária, serão criados pela União, no Distrito Federal e nos territórios, e pelos estados, para conciliação, processo, julgamento e execução, nas causas de sua competência.

Essa lei aplica-se para a Justiça Comum Estadual. Na **Justiça Federal**, ela pode ser utilizada de forma **subsidiária**, pois o Juizado Especial Federal tem legislação própria (Lei nº 10.259/2001).

O processo orientar-se-á pelos critérios da **oralidade, simplicidade, informalidade, economia processual e celeridade**, buscando, sempre que possível, a conciliação ou a transação.

O sistema dos **Juizados Especiais Civis** (JEC) aplica-se para **causas cíveis de menor complexidade**, enquanto os **Juizados Especiais Criminais** (JECrim) são utilizados **em infrações penais de menor potencial ofensivo.**

4.1 Juizados Especiais Criminais (JECRIM)

4.1.1 Disposições gerais

O Juizado Especial Criminal, **provido por juízes togados ou togados e leigos**, tem competência para a conciliação, o julgamento e a execução das **infrações penais de menor potencial ofensivo**, respeitadas as regras de conexão e continência.

Na hipótese de reunião de processos, perante o juízo comum ou o tribunal do júri, decorrentes da aplicação das regras de conexão e continência, **observar-se-ão os institutos da transação penal e da composição dos danos civis.**

- Consideram-se infrações penais de menor potencial ofensivo (para os efeitos da Lei nº 9.099/1995):
  - As contravenções penais;
  - Os crimes a que a lei comine pena máxima não superior a 2 anos (cumulada ou não com multa).

O processo perante o Juizado Especial orientar-se-á pelos critérios de oralidade, simplicidade, informalidade, economia processual e celeridade, objetivando, sempre que possível, a reparação dos danos sofridos pela vítima e a aplicação de pena não privativa de liberdade.

4.1.2 Competência e atos processuais

A competência do Juizado é determinada pelo lugar em que foi praticada a infração penal.

Os atos processuais serão públicos e poderão realizar-se em horário noturno e em qualquer dia da semana, conforme dispuserem as normas de organização judiciária.

Os atos processuais serão válidos sempre que preencherem as finalidades para as quais foram realizados, atendidos os critérios indicados no art. 62 da Lei nº 9.099/1995 (critérios da oralidade, informalidade, economia processual e celeridade, objetivando, sempre que possível, a reparação dos danos sofridos pela vítima e a aplicação de pena não privativa de liberdade).

No âmbito do Juizado Especial Criminal, a nulidade somente será pronunciada se houver prejuízo para alguma das partes.

A prática de atos processuais em outras comarcas poderá ser solicitada por qualquer meio hábil de comunicação.

Somente serão registrados por escrito os atos havidos por essenciais. Os atos realizados em audiência de instrução e julgamento poderão ser gravados em fita magnética ou equivalente.

A citação será pessoal e far-se-á no próprio Juizado, sempre que possível, ou por mandado. Não encontrado o acusado para ser citado, o juiz encaminhará as peças existentes ao Juízo comum para adoção do procedimento previsto em lei.

A intimação far-se-á por correspondência, com aviso de recebimento pessoal ou, tratando-se de pessoa jurídica ou firma individual, mediante entrega ao encarregado da recepção, que será obrigatoriamente identificado, ou, sendo necessário, por oficial de justiça, independentemente de mandado ou carta precatória, ou ainda por qualquer meio idôneo de comunicação.

Dos atos que forem praticados em audiência, são consideradas intimadas desde logo cientes as partes, os interessados e defensores.

Do ato de intimação do autor do fato e do mandado de citação do acusado, constará a necessidade de seu comparecimento acompanhado de advogado, com a advertência de que, na sua falta, ser-lhe-á designado defensor público.

4.1.3 Fase preliminar

A autoridade policial que tomar conhecimento da ocorrência lavrará termo circunstanciado e o encaminhará imediatamente ao Juizado, com o autor do fato e a vítima, providenciando-se as requisições dos exames periciais necessários.

Depois da ocorrência do fato, a autoridade policial lavra o Termo Circunstanciado (TC) e encaminha para o Juizado. Não há inquérito nesse momento.

Se o autor do fato (trata-se do réu, mas a lei usa o termo "autor do fato") que, após a lavratura do termo, for imediatamente encaminhado ao juizado ou assumir o compromisso de a ele comparecer, não se imporá prisão em flagrante nem se exigirá fiança.

Em caso de violência doméstica, o juiz poderá determinar, como medida de cautela, seu afastamento do lar, domicílio ou local de convivência com a vítima.

Comparecendo o autor do fato e a vítima, e não sendo possível a realização imediata da audiência preliminar, será designada data próxima, da qual ambos sairão cientes.

Na falta do comparecimento de qualquer dos envolvidos, a Secretaria providenciará sua intimação e, se for o caso, a do responsável civil (intimação feita na forma dos arts. 67 e 68 da Lei nº 9.099/1995).

Na audiência preliminar, presente o representante do Ministério Público, o autor do fato e a vítima e, se possível, o responsável civil, acompanhados por seus advogados, o juiz esclarecerá sobre a possibilidade da composição dos danos e da aceitação da proposta de aplicação imediata de pena não privativa de liberdade.

A conciliação será conduzida pelo juiz ou também por conciliador (sob orientação do juiz).

Esses conciliadores são auxiliares da Justiça, recrutados, na forma da lei local, **preferentemente** entre bacharéis em Direito (mas aqueles que exerçam funções na administração da Justiça Criminal estão excluídos, não podem atuar como conciliadores).

Na audiência de conciliação, devem estar presentes o juiz, o promotor, a vítima e o autor do fato. Nessa audiência, eles podem fazer acordo.

A composição (acordo) dos danos civis:

- Será reduzida a escrito;
- Homologada pelo juiz (sentença irrecorrível);
- Eficácia de título a ser executado no juízo civil competente.

Tratando-se de ação penal de iniciativa privada ou de ação penal pública condicionada à representação, o acordo homologado acarreta a **renúncia ao direito de queixa ou representação**.

Não obtida a composição dos danos civis, será dada imediatamente ao ofendido a oportunidade de exercer o direito de **representação verbal, que será reduzida a termo**. O não oferecimento da representação na audiência preliminar não implica decadência do direito, que poderá ser exercido no prazo previsto em lei.

Havendo representação ou tratando-se de crime de ação penal pública incondicionada, não sendo caso de arquivamento, o Ministério Público poderá propor a aplicação imediata de pena restritiva de direitos ou multas, a ser especificada na proposta.

Nas hipóteses de ser a pena de multa a única aplicável, o juiz poderá reduzi-la **até a metade**.

Entretanto, **não se admitirá a proposta** se ficar comprovado:

- Ter sido o autor da infração **condenado**, pela prática de crime, à pena **privativa de liberdade**, por **sentença definitiva**;
- Ter sido o agente beneficiado anteriormente, no prazo de **5 anos**, pela aplicação de pena restritiva ou multa;
- **Não indicarem** os antecedentes, a conduta social e a personalidade do agente, bem como os motivos e as circunstâncias, **ser necessária e suficiente a adoção da medida**.

Se a proposta for aceita pelo autor da infração e seu defensor, será submetida à apreciação do juiz.

Se acolher essa proposta, o juiz aplicará a pena restritiva de direitos ou multa, que não importará em reincidência, sendo registrada apenas para impedir novamente o mesmo benefício no prazo de 5 anos.

A imposição dessa sanção não constará de certidão de antecedentes criminais, salvo para os fins previstos no mesmo dispositivo, e não terá efeitos civis, cabendo aos interessados propor ação cabível no juízo cível.

Dessa sentença cabe apelação (mas ela segue as regras previstas para esse recurso na Lei nº 9.099/1995).

4.1.4 Procedimento sumaríssimo

Na ação penal de iniciativa pública, quando não houver aplicação de pena, pela ausência do autor do fato (ou pela não ocorrência da aceitação da proposta), o Ministério Público oferecerá ao juiz, de imediato, denúncia oral, se não houver necessidade de diligências imprescindíveis.

Para o oferecimento da denúncia, que será elaborada com base no termo de ocorrência, com dispensa do inquérito policial, prescindir-se-á do exame do corpo de delito quando a materialidade do crime estiver aferida por boletim médico ou prova equivalente (nesse caso, então, não é preciso o exame de corpo de delito).

Se a complexidade ou circunstâncias do caso não permitirem a formulação da denúncia, o Ministério Público poderá requerer ao juiz o encaminhamento das peças existentes, na forma do parágrafo único do art. 66 da Lei nº 9.099/1995. Não encontrado o acusado para ser citado, o juiz encaminhará as peças existentes ao Juízo comum para adoção do procedimento previsto em lei.

Na ação penal **de iniciativa do ofendido**, poderá ser oferecida **queixa oral**, cabendo ao juiz verificar se a complexidade e as circunstâncias do caso determinam a adoção das providências previstas no parágrafo único do art. 66 dessa lei.

Oferecida a denúncia ou queixa, será reduzida a termo, entregando-se cópia ao acusado, que com ela ficará citado e imediatamente cientificado da designação de dia e hora para a audiência de instrução e julgamento, da qual também tomarão ciência o Ministério Público, o ofendido, o responsável civil e seus advogados.

Se o acusado não estiver presente, será citado na forma dos arts. 66 e 68 da Lei nº 9.099/1995 (pessoalmente no próprio Juizado ou por mandado) e cientificado da data da audiência de instrução e de julgamento, devendo a ela trazer suas testemunhas ou apresentar requerimento para intimação, no mínimo, 5 dias antes de sua realização.

Não estando presentes o ofendido e o responsável civil, serão intimados nos termos do art. 67 desta lei para comparecerem à audiência de instrução e julgamento (intimado por carta com aviso de recebimento ou qualquer outro meio idôneo).

As testemunhas arroladas serão intimadas por correspondência com aviso de recebimento ou qualquer outro meio idôneo.

No dia e hora designados para a audiência de instrução e julgamento, se na fase preliminar não tiver havido possibilidade de tentativa de conciliação e de oferecimento de proposta pelo Ministério Público, proceder-se-á a tentativa de conciliação (na forma estudada – fase preliminar).

Nenhum ato será adiado, determinando o juiz, **quando imprescindível a condução coercitiva** de quem deva comparecer.

Aberta a audiência, será dada a palavra ao defensor para responder à acusação. Após isso, o juiz receberá, ou não, a denúncia ou queixa; havendo recebimento, serão ouvidas a vítima e as testemunhas de acusação e defesa, interrogando-se a seguir o acusado, se presente, passando-se imediatamente aos debates orais e à prolação da sentença.

Todas as provas serão produzidas na audiência de instrução e julgamento, podendo o juiz limitar ou excluir as que considerar excessivas, impertinentes ou protelatórias.

> ***Art. 81** [...]*
>
> ***§ 1º**-A Durante a audiência, todas as partes e demais sujeitos processuais presentes no ato deverão respeitar a dignidade da vítima, sob pena de responsabilização civil, penal e administrativa, cabendo ao juiz garantir o cumprimento do disposto neste artigo, vedadas:*
>
> *I – a manifestação sobre circunstâncias ou elementos alheios aos fatos objeto de apuração nos autos;*
>
> *II – a utilização de linguagem, de informações ou de material que ofendam a dignidade da vítima ou de testemunhas.*

De todo o ocorrido na audiência, será lavrado termo, assinado pelo juiz e pelas partes, contendo breve resumo dos fatos relevantes ocorridos em audiência e a sentença. A sentença, dispensado o relatório, mencionará os elementos de convicção do juiz.

O recurso cabível no caso de decisão que rejeite a denúncia ou queixa e também da sentença é a **apelação**, que poderá ser julgada por turma composta de três juízes em exercício no primeiro grau de jurisdição, reunidos na sede do Juizado.

A apelação será interposta no prazo de **10 dias**, contados da ciência da sentença pelo Ministério Público, pelo réu e seu defensor, por petição escrita, da qual constarão as razões e o pedido do recorrente (o recorrido será intimado para oferecer resposta escrita também no prazo de 10 dias).

As partes poderão requerer a transcrição da gravação da fita magnética e serão intimadas da data da sessão de julgamento pela imprensa.

Se a sentença for confirmada pelos próprios fundamentos, a súmula do julgamento servirá de acórdão (nesse caso, a turma recursal confirmou a sentença dada, o acórdão é simplificado, consistirá apenas na súmula do julgamento).

Embargos de declaração:

- Recurso cabível quando houver obscuridade, contradição, omissão ou dúvida (em sentença ou em acórdão);
- Serão opostos por escrito ou oralmente;
- Opostos no prazo de cinco dias (contados da ciência da decisão).

Os embargos de declaração interrompem o prazo para a interposição de recurso.

Os erros materiais podem ser corrigidos de ofício (o próprio juiz corrige, sem que ninguém requeira).

4.1.5 Execução

Se a única pena aplicada for a de multa, seu cumprimento se dará mediante pagamento na Secretaria do Juizado. Efetuado o pagamento, o juiz declarará extinta a punibilidade, determinando que a condenação **não fique constando** dos registros criminais, exceto para fins de requisição judicial.

Mas, caso não seja efetuado o pagamento de multa, será feita a conversão **em pena privativa da liberdade**, ou **restritiva de direitos**, nos termos previstos em lei.

A execução das penas privativas de liberdade e restritivas de direitos, ou de multa cumulada com estas, será processada perante o órgão competente, nos termos da lei.

4.1.6 Despesas processuais

Nos casos de homologação do acordo civil e aplicação de pena restritiva de direitos ou multa, as despesas processuais serão reduzidas, conforme dispuser lei estadual.

4.1.7 Disposições finais

Além das hipóteses do Código Penal e da legislação especial, dependerá de representação a ação penal relativa aos crimes de lesões corporais leves e lesões culposas.

Nos crimes em que a pena mínima cominada for igual ou inferior a 1 ano, abrangidas ou não por esta lei, o Ministério Público, ao oferecer a denúncia, poderá propor a suspensão do processo, por 2 a 4 anos, desde que o acusado não esteja sendo processado ou não tenha sido condenado por outro crime, presentes os demais requisitos que autorizariam a suspensão condicional da pena (os requisitos para suspensão da pena são tratados no art. 77 do Código Penal).

Aceita a proposta pelo acusado e seu defensor, na presença do juiz, este, recebendo a denúncia, **poderá suspender o processo**, submetendo o acusado **a período de prova**, sob as **seguintes condições**:

- Reparação do dano (salvo impossibilidade de fazê-lo);
- Proibição de frequentar determinados lugares;
- Proibição de ausentar-se da comarca onde reside, sem autorização do juiz;
- Comparecimento pessoal e obrigatório a juízo, mensalmente, para informar e justificar suas atividades.

O juiz **poderá especificar outras condições** a que fica subordinada a suspensão, desde que adequadas ao fato e à situação pessoal do acusado.

A suspensão poderá ser revogada se o acusado vier a ser processado, no curso do prazo, por contravenção, ou descumprir qualquer outra condição imposta.

Se no curso do prazo da suspensão o beneficiário vier a ser processado por outro crime ou não efetuar a reparação do dano (sem motivo justificado), a suspensão será revogada.

Expirado o prazo sem revogação, o juiz declarará extinta a punibilidade. Não correrá a prescrição durante o prazo de suspensão do processo.

Se o acusado não aceitar a proposta para que seja feita a suspensão, o processo prosseguirá em seus ulteriores termos.

As disposições desta lei não se aplicam aos processos penais cuja instrução já estiver iniciada.

Sobre esse assunto, veja a ADIN nº 1.719/1990 do STF:

> *O Tribunal, por votação unânime, deferiu, em parte, o pedido de medida cautelar, para, sem redução de texto e dando interpretação conforme à Constituição, excluir, com eficácia ex tunc, da norma constante do art. 90 da Lei nº 9099/1995, o sentido que impeça a aplicação de normas de direito penal, com conteúdo mais favorável ao réu, aos processos penais com instrução já iniciada à época da vigência desse diploma legislativo.*

As disposições previstas na Lei nº 9.099/1995 **não se aplicam no âmbito da Justiça Militar.**

Nos casos em que esta lei passa a exigir representação para a propositura da ação penal pública, o ofendido ou seu representante legal será **intimado para oferecê-la no prazo de 30 dias, sob pena de decadência.**

Aplicam-se subsidiariamente as disposições dos Códigos Penal e de Processo Penal, no que não forem incompatíveis com esta lei.

4.1.8 Disposições finais comuns

A lei estadual disporá sobre o Sistema de Juizados Especiais Cíveis e Criminais, sua organização, composição e competência.

Os serviços de cartório poderão ser prestados, e as audiências realizadas fora da sede da Comarca, em bairros ou cidades a ela pertencentes, ocupando instalações de prédios públicos, de acordo com audiências previamente anunciadas.

Os estados, o Distrito Federal e os territórios criarão e instalarão os Juizados Especiais no prazo de 6 meses, a contar da vigência desta Lei.

No prazo de 6 meses, contado da publicação da Lei nº 9.099/1995, serão criados e instalados os Juizados Especiais Itinerantes, que deverão dirimir, prioritariamente, os conflitos existentes nas áreas rurais ou nos locais de menor concentração populacional.

LEIS ESPECIAIS

1 LEI Nº 10.826/2003 - ESTATUTO DO DESARMAMENTO

1.1 Conceitos introdutórios

O Estatuto do Desarmamento é uma lei que possui normas de Direito Administrativo, Penal e Processual Penal, iremos focar o estudo acerca das infrações penais; contudo, para entender determinados pontos existentes na Lei, será necessário o conhecimento básico de alguns conceitos iniciais.

Por exemplo, o órgão responsável pela autorização e pelo registro de arma de fogo, em regra, é o SINARM (Sistema Nacional de Armas), alocado na Polícia Federal e instituído pelo Ministério da Justiça, cujas competências são exauridas do art. 3º da referida Lei.

1.1.1 Objetivo

▷ **Os objetivos estão expostos na ementa da Lei, quais sejam:**

- Dispõe sobre registro, posse, porte e comercialização de armas de fogo e munição;
- Dispõe sobre o Sistema Nacional de Armas – SINARM;
- Define crimes; e
- Dá outras providências.

O Estatuto tem incriminação apenas das armas de fogo, acessórios, munições e artefatos explosivos ou incendiários, não se aplicando às armas brancas (arts. 18 e 19 da LCP, ou art. 242 do ECA).

1.1.2 Norma penal em branco

▷ **A Lei nº 10.826/2003 não definiu o conceito do que é:**

- Arma de fogo, acessório e munição;
- De uso permitido, restrito e proibido; e
- Artefato explosivo ou incendiário.

Tais definições e outros complementos são regulados por diversos decretos, dentre eles: Decreto nº 9.607/2018 (Política Nacional de Exportação e Importação de Produtos de Defesa), , Decreto nº 9.847/2019 (Regulamento acerca do porte, da comercialização, do SIN'ARM e do SIGMA), Decreto nº 10.030/2019 (Regulamento de Produtos Controlados pelo Comando do Exército), Decreto nº 11.366/2023, além de outros.

Definições dadas pelo Decreto nº 10.030/2019 (Anexo III) e Inclusões e alterações dadas pelo Decreto nº 10.627/2021	
Acervo de cidadão	Acervo de cidadão - Relação das armas de fogo pertencentes a uma pessoa física, destinadas à sua defesa pessoal para segurança própria.
Acessório de arma de fogo	artefatos listados nominalmente na legislação como Produto Controlado pelo Exército - PCE que, acoplados a uma arma, possibilitam a alteração da configuração normal do armamento, tal como um supressor de som.
Acessório explosivo	Engenho não muito sensível, de elevada energia de ativação, que tem por finalidade fornecer energia suficiente à continuidade de um trem explosivo e que necessita de um acessório iniciador para ser ativado.
Arma de fogo	Arma que arremessa projéteis empregando a força expansiva dos gases, gerados pela combustão de um propelente confinado em uma câmara, normalmente solidária a um cano, que tem a função de dar continuidade à combustão do propelente, além de direção e estabilidade ao projétil.
Carregador	Depósito ou receptáculo para armazenamento de cartuchos de munição para disparo em armas de fogo, integrante ou destacável do armamento.
Explosivo	Tipo de matéria que, quando iniciada, sofre decomposição muito rápida, com grande liberação de calor e desenvolvimento súbito de pressão.

Definições dadas pelo Anexo I do Decreto nº 10.030/2019	
Arma de fogo de uso permitido	As armas de fogo semiautomáticas ou de repetição que sejam: a) de porte, cujo calibre nominal, com a utilização de munição comum, não atinja, na saída do cano de prova, energia cinética superior a mil e duzentas libras-pé ou mil seiscentos e vinte joules; b) portáteis de alma lisa; ou c) portáteis de alma raiada, cujo calibre nominal, com a utilização de munição comum, não atinja, na saída do cano de prova, energia cinética superior a mil e duzentas libras-pé ou mil seiscentos e vinte joules.
Arma de fogo de uso restrito	As armas de fogo automáticas e as semiautomáticas ou de repetição que sejam: a) não portáteis; b) de porte, cujo calibre nominal, com a utilização de munição comum, atinja, na saída do cano de prova, energia cinética superior a mil e duzentas libras-pé ou mil seiscentos e vinte joules; ou c) portáteis de alma raiada, cujo calibre nominal, com a utilização de munição comum, atinja, na saída do cano de prova, energia cinética superior a mil e duzentas libras-pé ou mil seiscentos e vinte joules.
Arma de fogo de uso proibido	a) as armas de fogo classificadas de uso proibido em acordos e tratados internacionais dos quais a República Federativa do Brasil seja signatária; ou b) as armas de fogo dissimuladas, com aparência de objetos inofensivos.
Munição de uso restrito	As munições que: a) atinjam, na saída do cano de prova de armas de porte ou portáteis de alma raiada, energia cinética superior a mil e duzentas libras-pé ou mil seiscentos e vinte joules; b) sejam traçantes, perfurantes ou fumígenas; c) sejam granadas de obuseiro, de canhão, de morteiro, de mão ou de bocal; ou d) sejam rojões, foguetes, mísseis ou bombas de qualquer natureza.
Munição de uso proibido	As munições que sejam assim definidas em acordo ou tratado internacional de que a República Federativa do Brasil seja signatária e as munições incendiárias ou químicas.

Arma de fogo de porte	As armas de fogo de dimensões e peso reduzidos que podem ser disparadas pelo atirador com apenas uma de suas mãos, a exemplo de pistolas, revólveres e garruchas.
Arma de fogo portátil	As armas de fogo que, devido às suas dimensões ou ao seu peso, podem ser transportadas por uma pessoa, tais como fuzil, carabina e espingarda.
Arma de fogo não portátil art. 2º, IX)	As armas de fogo que, devido às suas dimensões ou ao seu peso, precisam ser transportadas por mais de uma pessoa, com a utilização de veículos, automotores ou não, ou sejam fixadas em estruturas permanentes.

Classificação e definição das armas de fogo: a classificação e definição das armas de fogo de uso permitido, restrito ou proibido, além das obsoletas e de valor histórico, serão disciplinadas por ato do chefe do Poder Executivo Federal, por meio de proposta do Comando do Exército, conforme expõe o caput do art. 23 do referido estatuto.

Art. 23 A classificação legal, técnica e geral bem como a definição das armas de fogo e demais produtos controlados, de usos proibidos, restritos, permitidos ou obsoletos e de valor histórico serão disciplinadas em ato do chefe do Poder Executivo Federal, mediante proposta do Comando do Exército.

§ 1º Todas as munições comercializadas no País deverão estar acondicionadas em embalagens com sistema de código de barras, gravado na caixa, visando possibilitar a identificação do fabricante e do adquirente, entre outras informações definidas pelo regulamento desta Lei.

§ 2º Para os órgãos referidos no art. 6º, somente serão expedidas autorizações de compra de munição com identificação do lote e do adquirente no culote dos projéteis, na forma do regulamento desta Lei.

§ 3º As armas de fogo fabricadas a partir de 1 (um) ano da data de publicação desta Lei conterão dispositivo intrínseco de segurança e de identificação, gravado no corpo da arma, definido pelo regulamento desta Lei, exclusive para os órgãos previstos no art. 6º.

§ 4º As instituições de ensino policial e as guardas municipais referidas nos incisos III e IV do 'caput' do art. 6º desta Lei e no seu § 7º Poderão adquirir insumos e máquinas de recarga de munição para o fim exclusivo de suprimento de suas atividades, mediante autorização concedida nos termos definidos em regulamento.

Em muitos lugares na referida Lei, haverá expressões que determinam a necessidade de complemento normativo, tais como: na forma [...], nas condições [...], nos termos do regulamento desta Lei; sem autorização ou em desacordo com determinação legal ou regulamentar.

1.1.3 SINARM e registro

***Art. 1º** O Sistema Nacional de Armas – SINARM, instituído no Ministério da Justiça, no âmbito da Polícia Federal, tem circunscrição em todo o território nacional.*

O SINARM é órgão vinculado à Polícia Federal e o responsável pelo cadastramento e registro das armas de fogo em território nacional, salvo as das Forças Armadas e Auxiliares, bem como as dos órgãos que constem em seus registros próprios (art. 2º, parágrafo único) — estas serão cadastradas no SIGMA.

***Art. 2º** Ao SINARM compete:*

I – identificar as características e a propriedade de armas de fogo, mediante cadastro;

II – cadastrar as armas de fogo produzidas, importadas e vendidas no País;

III – cadastrar as autorizações de porte de arma de fogo e as renovações expedidas pela Polícia Federal;

IV – cadastrar as transferências de propriedade, extravio, furto, roubo e outras ocorrências suscetíveis de alterar os dados cadastrais, inclusive as decorrentes de fechamento de empresas de segurança privada e de transporte de valores;

V – identificar as modificações que alterem as características ou o funcionamento de arma de fogo;

VI – integrar no cadastro os acervos policiais já existentes;

VII – cadastrar as apreensões de armas de fogo, inclusive as vinculadas a procedimentos policiais e judiciais;

VIII – cadastrar os armeiros em atividade no País, bem como conceder licença para exercer a atividade;

IX – cadastrar mediante registro os produtores, atacadistas, varejistas, exportadores e importadores autorizados de armas de fogo, acessórios e munições;

X – cadastrar a identificação do cano da arma, as características das impressões de raiamento e de microestriamento de projétil disparado, conforme marcação e testes obrigatoriamente realizados pelo fabricante;

XI – informar às Secretarias de Segurança Pública dos Estados e do Distrito Federal os registros e autorizações de porte de armas de fogo nos respectivos territórios, bem como manter o cadastro atualizado para consulta.

***Parágrafo único.** As disposições deste artigo não alcançam as armas de fogo das Forças Armadas e Auxiliares, bem como as demais que constem dos seus registros próprios.*

Armas de fogo de uso restrito: compete ao Comando do Exército autorizar a aquisição e registrar as armas de fogo de uso restrito (art. 3º, parágrafo único).

***Art. 3º** É obrigatório o registro de arma de fogo no órgão competente.*

***Parágrafo único.** As armas de fogo de uso restrito serão registradas no Comando do Exército, na forma do regulamento desta Lei.*

***Art. 27** Caberá ao Comando do Exército autorizar, excepcionalmente, a aquisição de armas de fogo de uso restrito.*

***Parágrafo único.** O disposto neste artigo não se aplica às aquisições dos Comandos Militares.*

1.1.4 Da posse de arma de fogo

A regra geral é que a população não tenha arma de fogo, daí o nome "Estatuto do Desarmamento". Contudo, um particular poderá obter a autorização para **posse de arma de fogo de uso permitido** (há diferença entre "posse" e "porte") caso preencha os requisitos necessários do art. 4º, que são, entre outros: curso técnico, avaliação psicológica, pagamento de taxas; bem como a idade mínima de 25 anos (art. 28).

***Art. 4º** Para adquirir arma de fogo de uso permitido o interessado deverá, além de declarar a efetiva necessidade, atender aos seguintes requisitos:*

I – comprovação de idoneidade, com a apresentação de certidões negativas de antecedentes criminais fornecidas pela Justiça Federal, Estadual, Militar e Eleitoral e de não estar respondendo a inquérito policial ou a processo criminal, que poderão ser fornecidas por meios eletrônicos;

II – apresentação de documento comprobatório de ocupação lícita e de residência certa;

III – comprovação de capacidade técnica e de aptidão psicológica para o manuseio de arma de fogo, atestadas na forma disposta no regulamento desta Lei.

§ 1º O SINARM expedirá autorização de compra de arma de fogo após atendidos os requisitos anteriormente estabelecidos, em nome do requerente e para a arma indicada, sendo intransferível esta autorização.

§ 2º A aquisição de munição somente poderá ser feita no calibre correspondente à arma registrada e na quantidade estabelecida no regulamento desta Lei.

§ 3º A empresa que comercializar arma de fogo em território nacional é obrigada a comunicar a venda à autoridade competente, como também a manter banco de dados com todas as características da arma e cópia dos documentos previstos neste artigo.

§ 4º A empresa que comercializa armas de fogo, acessórios e munições responde legalmente por essas mercadorias, ficando registradas como de sua propriedade enquanto não forem vendidas.

§ 5º A comercialização de armas de fogo, acessórios e munições entre pessoas físicas somente será efetivada mediante autorização do SINARM.

§ 6º A expedição da autorização a que se refere o §1º será concedida, ou recusada com a devida fundamentação, no prazo de 30 (trinta) dias úteis, a contar da data do requerimento do interessado.

§ 7º O registro precário a que se refere o §4º prescinde do cumprimento dos requisitos dos incisos I, II e III deste artigo.

§ 8º Estará dispensado das exigências constantes do inciso III do 'caput' deste artigo, na forma do regulamento, o interessado em adquirir arma de fogo de uso permitido que comprove estar autorizado a portar arma com as mesmas características daquela a ser adquirida.

***Art. 28** É vedado ao menor de 25 (vinte e cinco) anos adquirir arma de fogo, ressalvados os integrantes das entidades constantes dos incisos I, II, III, V, VI, VII e X do 'caput' do art. 6º desta Lei.*

Diferenciação entre posse e porte: a posse de arma de fogo restringe-se à circunscrição residencial ou empresarial – desde que seja o proprietário ou o responsável legal. Já o porte é a autorização de levar a arma de fogo consigo além desses locais.

***Art. 5º** O certificado de Registro de Arma de Fogo, com validade em todo o território nacional, autoriza o seu proprietário a manter a arma de fogo exclusivamente no interior de sua residência ou domicílio, ou dependência desses, ou, ainda, no seu local de trabalho, desde que seja ele o titular ou o responsável legal pelo estabelecimento ou empresa.*

§ 1º O certificado de registro de arma de fogo será expedido pela Polícia Federal e será precedido de autorização do SINARM.

§ 2º Os requisitos de que tratam os incisos I, II e III do art. 4º deverão ser comprovados periodicamente, em período não inferior a 3 (três) anos, na conformidade do estabelecido no regulamento desta Lei, para a renovação do Certificado de Registro de Arma de Fogo.

§ 3º O proprietário de arma de fogo com certificados de registro de propriedade expedido por órgão estadual ou do Distrito Federal até a data da publicação desta Lei que não optar pela entrega espontânea prevista no art. 32 desta Lei deverá renová-lo mediante o pertinente registro federal, até o dia 31 de dezembro de 2008, ante a apresentação de documento de identificação pessoal e comprovante de residência fixa, ficando dispensado do pagamento de taxas e do cumprimento das demais exigências constantes dos incisos I a III do 'caput' do art. 4º desta Lei.

§ 4º Para fins do cumprimento do disposto no §3º deste artigo, o proprietário de arma de fogo poderá obter, no Departamento de Polícia Federal, certificado de registro provisório, expedido na rede mundial de computadores — internet, na forma do regulamento e obedecidos os procedimentos a seguir:

I – emissão de certificado de registro provisório pela internet, com validade inicial de 90 (noventa) dias; e

II – revalidação pela unidade do Departamento de Polícia Federal do certificado de registro provisório pelo prazo que estimar como necessário para a emissão definitiva do certificado de registro de propriedade.

§5º Aos residentes em área rural, para os fins do disposto no 'caput' deste artigo, considera-se residência ou domicílio toda a extensão do respectivo imóvel rural.

Do porte de arma de fogo

***Art. 6º** É proibido o porte de arma de fogo em todo o território nacional, salvo para os casos previstos em legislação própria e para:*

I – os integrantes das Forças Armadas;

II – os integrantes de órgãos referidos nos incisos I, II, III, IV e V do 'caput' do art. 144 da Constituição Federal e os da Força Nacional de Segurança Pública (FNSP);

III – os integrantes das guardas municipais das capitais dos Estados e dos Municípios com mais de 500.000 (quinhentos mil) habitantes, nas condições estabelecidas no regulamento desta Lei;

IV – os integrantes das guardas municipais dos Municípios com mais de 50.000 (cinquenta mil) e menos de 500.000 (quinhentos mil) habitantes, quando em serviço;

V – os agentes operacionais da Agência Brasileira de Inteligência e os agentes do Departamento de Segurança do Gabinete de Segurança Institucional da Presidência da República;

VI – os integrantes dos órgãos policiais referidos no art. 51, IV, e no art. 52, XIII, da Constituição Federal;

VII – os integrantes do quadro efetivo dos agentes e guardas prisionais, os integrantes das escoltas de presos e as guardas portuárias;

VIII – as empresas de segurança privada e de transporte de valores constituídas, nos termos desta Lei;

IX – para os integrantes das entidades de desporto legalmente constituídas, cujas atividades esportivas demandem o uso de armas de fogo, na forma do regulamento desta Lei, observando-se, no que couber, a legislação ambiental.

X – integrantes das Carreiras de Auditoria da Receita Federal do Brasil e de Auditoria-Fiscal do Trabalho, cargos de Auditor-Fiscal e Analista Tributário.

XI – os tribunais do Poder Judiciário descritos no art. 92 da Constituição Federal e os Ministérios Públicos da União e dos Estados, para uso exclusivo de servidores de seus quadros pessoais que efetivamente estejam no exercício de funções de segurança, na forma de regulamento a ser emitido pelo Conselho Nacional de Justiça – CNJ e pelo Conselho Nacional do Ministério Público – CNMP.

§1º As pessoas previstas nos incisos I, II, III, V e VI do 'caput' deste artigo terão direito de portar arma de fogo de propriedade particular ou fornecida pela respectiva corporação ou instituição, mesmo fora de serviço, nos termos do regulamento desta Lei, com validade em âmbito nacional para aquelas constantes dos incisos I, II, V e VI.

§ 1º-A (Revogado)

§ 1º-B Os integrantes do quadro efetivo de agentes e guardas prisionais poderão portar arma de fogo de propriedade particular ou fornecida pela respectiva corporação ou instituição, mesmo fora de serviço, desde que estejam:

I – submetidos a regime de dedicação exclusiva;

II – sujeitos à formação funcional, nos termos do regulamento; e

III – subordinados a mecanismos de fiscalização e de controle interno.

§ 1º-C (Vetado)

§ 2º A autorização para o porte de arma de fogo aos integrantes das instituições descritas nos incisos V, VI, VII e X do 'caput' deste artigo está condicionada à comprovação do requisito a que se refere o inciso III do 'caput' do art. 4º desta Lei nas condições estabelecidas no regulamento desta Lei.

§ 3º A autorização para o porte de arma de fogo das guardas municipais está condicionada à formação funcional de seus integrantes em estabelecimentos de ensino de atividade policial, à existência de mecanismos de fiscalização e de controle interno, nas condições estabelecidas no regulamento desta Lei, observada a supervisão do Ministério da Justiça.

§ 4º Os integrantes das Forças Armadas, das polícias federais e estaduais e do Distrito Federal, bem como os militares dos Estados e do Distrito Federal, ao exercerem o direito descrito no art. 4º, ficam dispensados do cumprimento do disposto nos incisos I, II e III do mesmo artigo, na forma do regulamento desta Lei.

§ 5º Aos residentes em áreas rurais, maiores de 25 (vinte e cinco) anos que comprovem depender do emprego de arma de fogo para prover sua subsistência alimentar familiar será concedido pela Polícia Federal o porte de arma de fogo, na categoria caçador para subsistência, de uma

arma de uso permitido, de tiro simples, com 1 (um) ou 2 (dois) canos, de alma lisa e de calibre igual ou inferior a 16 (dezesseis), desde que o interessado comprove a efetiva necessidade em requerimento ao qual deverão ser anexados os seguintes documentos:

I – documento de identificação pessoal;

II – comprovante de residência em área rural; e

III – atestado de bons antecedentes.

§ 6º O caçador para subsistência que der outro uso à sua arma de fogo, independentemente de outras tipificações penais, responderá, conforme o caso, por porte ilegal ou por disparo de arma de fogo de uso permitido. (Redação dada pela Lei nº 11.706, de 2008)

§ 7º Aos integrantes das guardas municipais dos Municípios que integram regiões metropolitanas será autorizado porte de arma de fogo, quando em serviço.

Art. 7º *As armas de fogo utilizadas pelos empregados das empresas de segurança privada e de transporte de valores, constituídas na forma da lei, serão de propriedade, responsabilidade e guarda das respectivas empresas, somente podendo ser utilizadas quando em serviço, devendo essas observar as condições de uso e de armazenagem estabelecidas pelo órgão competente, sendo o certificado de registro e a autorização de porte expedidos pela Polícia Federal em nome da empresa.*

§ 1º O proprietário ou diretor responsável de empresa de segurança privada e de transporte de valores responderá pelo crime previsto no parágrafo único do art. 13 desta Lei, sem prejuízo das demais sanções administrativas e civis, se deixar de registrar ocorrência policial e de comunicar à Polícia Federal perda, furto, roubo ou outras formas de extravio de armas de fogo, acessórios e munições que estejam sob sua guarda, nas primeiras 24 (vinte e quatro) horas depois de ocorrido o fato.

§ 2º A empresa de segurança e de transporte de valores deverá apresentar documentação comprobatória do preenchimento dos requisitos constantes do art. 4º desta Lei quanto aos empregados que portarão arma de fogo.

§ 3º A listagem dos empregados das empresas referidas neste artigo deverá ser atualizada semestralmente junto ao SINARM.

Art. 7º-A *As armas de fogo utilizadas pelos servidores das instituições descritas no inciso XI do art. 6º serão de propriedade, responsabilidade e guarda das respectivas instituições, somente podendo ser utilizadas quando em serviço, devendo estas observar as condições de uso e de armazenagem estabelecidas pelo órgão competente, sendo o certificado de registro e a autorização de porte expedidos pela Polícia Federal em nome da instituição.*

§ 1º A autorização para o porte de arma de fogo de que trata este artigo independe do pagamento de taxa.

§ 2º O presidente do tribunal ou o chefe do Ministério Público designará os servidores de seus quadros pessoais no exercício de funções de segurança que poderão portar arma de fogo, respeitado o limite máximo de 50% (cinquenta por cento) do número de servidores que exerçam funções de segurança.

§ 3º O porte de arma pelos servidores das instituições de que trata este artigo fica condicionado à apresentação de documentação comprobatória do preenchimento dos requisitos constantes do art. 4º desta Lei, bem como à formação funcional em estabelecimentos de ensino de atividade policial e à existência de mecanismos de fiscalização e de controle interno, nas condições estabelecidas no regulamento desta Lei.

§ 4º A listagem dos servidores das instituições de que trata este artigo deverá ser atualizada semestralmente no SINARM.

§ 5º As instituições de que trata este artigo são obrigadas a registrar ocorrência policial e a comunicar à Polícia Federal eventual perda, furto, roubo ou outras formas de extravio de armas de fogo, acessórios e munições que estejam sob sua guarda, nas primeiras 24 (vinte e quatro) horas depois de ocorrido o fato.

Art. 8º *As armas de fogo utilizadas em entidades desportivas legalmente constituídas devem obedecer às condições de uso e de armazenagem estabelecidas pelo órgão competente, respondendo o possuidor ou o autorizado a portar a arma pela sua guarda na forma do regulamento desta Lei.*

O porte de arma de fogo, geralmente, é proibido (principalmente aos particulares), porém, com regras específicas, os arts. 6º, 7º e 8º autorizam alguns agentes (a maioria se trata de órgãos públicos de segurança pública). Além de outros que possuem autorização emanada de outras leis específicas.

Basicamente, é autorizado para Agentes Públicos (em serviço ou fora dele):

Forças Armadas (art. 6º, *caput*, I)
Art. 142, *caput*, CF/1988: Marinha; Aeronáutica; Exército.
Órgãos de Segurança Pública e Força Nacional de Segurança Pública (art. 6º, caput, II)
Art. 144, *caput*, CF/1988: Polícia Federal; Polícia Rodoviária Federal; Polícia Ferroviária Federal; Polícias Civis; Polícias Militares e Corpo de Bombeiros Militares; Polícias penais federal, estaduais e distrital; Força Nacional de Segurança Pública – FNSP.
Guardas Municipais* (art. 6º, caput, III)
Capitais de Estado e Municípios com mais de 500 mil habitantes.
GSI-PR e ABIN (art. 6º, caput, V)
Agentes Operacionais da ABIN; Agentes de Segurança Presidencial do GSI-PR.
Polícia Legislativa Federal (art. 6º, caput, VI)
Polícia da Câmara dos Deputados (art. 51, IV, CF/1988); Polícia do Senado (art. 52, XIII, CF/1988).

Agentes Públicos (apenas em serviço):

Guardas Municipais* (art. 6º, caput, IV, e § 7º)
Municípios com **mais de 50** mil habitantes e **menos de 500** mil habitantes (art. 6º, caput, IV); Municípios que integrem **regiões metropolitanas** (art. 6º, § 7º).
Guardas prisionais e portuárias (art. 6º, caput, VII)
Agentes e guardas prisionais (poderão obter o porte para uso fora de serviço, desde que preencham os requisitos do § 1º-B do art. 6º); Integrantes de escolta de presos; Guardas portuários.
Auditoria Fiscal Federal Tributária e Trabalhista (art. 6º, *caput*, X).
Auditor-Fiscal da Receita Federal; Analista Tributário da Receita Federal; Auditor-Fiscal do Trabalho Federal.
Agentes de Segurança do Poder Judiciário e Ministério Público (art. 6º, caput, XI)
Porte em nome da instituição e uso em serviço: competência da **Polícia Federal** (art. 7º-A).

Particulares:

Empresas de Segurança Privada e de Transporte de Valores (art. 6º, caput, VIII)
Porte em nome da empresa e uso apenas em serviço: competência da **Polícia Federal** (art. 7º).
Caçador para subsistência (art. 6º, §§ 5º e 6º)
Porte "caçador para subsistência" (residente em área rural): competência da **Polícia Federal**.
Atiradores, caçadores e colecionadores (art. 9º)
Integrantes (art. 6º, caput, IX) e entidades desportivas (art. 8º). Registro e porte de trânsito (guia de tráfego): competência do **Comando do Exército** (art. 9º).

Estrangeiros no Brasil:

Responsáveis pela segurança de cidadãos estrangeiros em visita ou sediados no Brasil.
Autorização do porte de arma de fogo: competência do **Ministério da Justiça** (art. 9º).
Representantes estrangeiros em competição internacional oficial de tiro no Brasil.
Registro e porte de trânsito: competência do **Comando do Exército** (art. 9º).

Art. 9º Compete ao Ministério da Justiça a autorização do porte de arma para os responsáveis pela segurança de cidadãos estrangeiros em visita ou sediados no Brasil e, ao Comando do Exército, nos termos do regulamento desta Lei, o registro e a concessão de porte de trânsito de arma de fogo para colecionadores, atiradores e caçadores e de representantes estrangeiros em competição internacional oficial de tiro realizada no território nacional.

Autorização conforme os órgãos	
Ministério da Justiça	Autorização do porte de arma para: Seguranças de cidadãos estrangeiros em visita ou sediados no Brasil.
Comando do Exército	Registro e concessão de porte de trânsito de arma de fogo para: Colecionadores; Atiradores; Caçadores; e Representantes estrangeiros em competição internacional oficial de tiro realizada no território nacional.

Perda automática: aquele que for abordado ou detido em estado de embriaguez ou sob o efeito drogas perderá automaticamente a eficácia do porte de arma de fogo (art. 10, § 2º).

***Art. 10** A autorização para o porte de arma de fogo de uso permitido, em todo o território nacional, é de competência da Polícia Federal e somente será concedida após autorização do SINARM.*

§1º A autorização prevista neste artigo poderá ser concedida com eficácia temporária e territorial limitada, nos termos de atos regulamentares, e dependerá de o requerente:

I – demonstrar a sua efetiva necessidade por exercício de atividade profissional de risco ou de ameaça à sua integridade física;

II – atender às exigências previstas no art. 4º desta Lei;

III – apresentar documentação de propriedade de arma de fogo, bem como o seu devido registro no órgão competente.

§ 2º A autorização de porte de arma de fogo, prevista neste artigo, perderá automaticamente sua eficácia caso o portador dela seja detido ou abordado em estado de embriaguez ou sob efeito de substâncias químicas ou alucinógenas.

Fique ligado
O uso ostensivo de arma de fogo para aqueles que possuem o porte é proibido. Ou seja, o sujeito que leva a arma consigo, mas a deixa aparecer. O resultado é o mesmo para quem seja detido embriagado portando a arma de fogo: cassação do porte e apreensão da arma (art. 20, Decreto nº 9.847/2019).

***Art. 11** Fica instituída a cobrança de taxas, nos valores constantes do Anexo desta Lei, pela prestação de serviços relativos:*

I – ao registro de arma de fogo;

II – à renovação de registro de arma de fogo;

III – à expedição de segunda via de registro de arma de fogo;

IV – à expedição de porte federal de arma de fogo;

V – à renovação de porte de arma de fogo;

VI – à expedição de segunda via de porte federal de arma de fogo.

§ 1º Os valores arrecadados destinam-se ao custeio e à manutenção das atividades do SINARM, da Polícia Federal e do Comando do Exército, no âmbito de suas respectivas responsabilidades.

§ 2º São isentas do pagamento das taxas previstas neste artigo as pessoas e as instituições a que se referem os incisos I a VII e X e o § 5º do art. 6º desta Lei.

***Art. 11-A** O Ministério da Justiça disciplinará a forma e as condições do credenciamento de profissionais pela Polícia Federal para comprovação da aptidão psicológica e da capacidade técnica para o manuseio de arma de fogo.*

§1º Na comprovação da aptidão psicológica, o valor cobrado pelo psicólogo não poderá exceder ao valor médio dos honorários profissionais para realização de avaliação psicológica constante do item 1.16 da tabela do Conselho Federal de Psicologia.

§ 2º Na comprovação da capacidade técnica, o valor cobrado pelo instrutor de armamento e tiro não poderá exceder R$ 80,00 (oitenta reais), acrescido do custo da munição.

§ 3º A cobrança de valores superiores aos previstos nos §§ 1º e 2º deste artigo implicará o descredenciamento do profissional pela Polícia Federal.

1.1.5 Do comércio

A **comercialização, produção, importação, exportação ou manutenção** de armas de fogo em território nacional são permitidas desde que o estabelecimento comercial tenha sido previamente *autorizado pelo Comando do Exército (art. 24) e cadastrado no SINARM* (art. 2º, IX).

***Art. 24** Excetuadas as atribuições a que se refere o art. 2º desta Lei, compete ao Comando do Exército autorizar e fiscalizar a produção, exportação, importação, desembaraço alfandegário e o comércio de armas de fogo e demais produtos controlados, inclusive o registro e o porte de trânsito de arma de fogo de colecionadores, atiradores e caçadores.*

Comércio entre pessoas físicas: o comércio entre pessoas físicas só é possível mediante *autorização prévia do SINARM* (art. 4º, § 5º), bem como a atividade de armeiro (art. 2º, VIII).

Fique ligado
A proibição não se restringe apenas às armas de fogo, mas também às armas de brinquedos (art. 26).

***Art. 26** São vedadas a fabricação, a venda, a comercialização e a importação de brinquedos, réplicas e simulacros de armas de fogo, que com estas se possam confundir.*

***Parágrafo único.** Excetuam-se da proibição as réplicas e os simulacros destinados à instrução, ao adestramento, ou à coleção de usuário autorizado, nas condições fixadas pelo Comando do Exército.*

1.1.6 Das armas de fogo apreendidas

Destinatário das armas de fogo apreendidas (art. 25): deverão ser encaminhadas ao Comando do Exército pela autoridade judiciária competente, em até 48 horas, desde que já tenha sido feito o laudo pericial, a juntada aos autos e não mais interessem à persecução penal, a fim de serem destruídas ou doadas aos órgãos de segurança pública (art. 144, CF/1988) ou às Forças Armadas (art. 142, CF/1988).

> ***Art. 25*** *As armas de fogo apreendidas, após a elaboração do laudo pericial e sua juntada aos autos, quando não mais interessarem à persecução penal serão encaminhadas pelo juiz competente ao Comando do Exército, no prazo de até 48 (quarenta e oito) horas, para destruição ou doação aos órgãos de segurança pública ou às Forças Armadas, na forma do regulamento desta Lei. (Redação dada pela Lei nº 13.886/2019)*
>
> *§ 1º As armas de fogo encaminhadas ao Comando do Exército que receberem parecer favorável à doação, obedecidos o padrão e a dotação de cada Força Armada ou órgão de segurança pública, atendidos os critérios de prioridade estabelecidos pelo Ministério da Justiça e ouvido o Comando do Exército, serão arroladas em relatório reservado trimestral a ser encaminhado àquelas instituições, abrindo-se-lhes prazo para manifestação de interesse.*
>
> *§1º-A As armas de fogo e munições apreendidas em decorrência do tráfico de drogas de abuso, ou de qualquer forma utilizadas em atividades ilícitas de produção ou comercialização de drogas abusivas, ou, ainda, que tenham sido adquiridas com recursos provenientes do tráfico de drogas de abuso, perdidas em favor da União e encaminhadas para o Comando do Exército, devem ser, após perícia ou vistoria que atestem seu bom estado, destinadas com prioridade para os órgãos de segurança pública e do sistema penitenciário da unidade da federação responsável pela apreensão.*
>
> *§ 2º O Comando do Exército encaminhará a relação das armas a serem doadas ao juiz competente, que determinará o seu perdimento em favor da instituição beneficiada.*
>
> *§ 3º O transporte das armas de fogo doadas será de responsabilidade da instituição beneficiada, que procederá ao seu cadastramento no SINARM ou no SIGMA.*
>
> *§ 4º (Vetado)*
>
> *§ 5º O Poder Judiciário instituirá instrumentos para o encaminhamento ao SINARM ou ao SIGMA, conforme se trate de arma de uso permitido ou de uso restrito, semestralmente, da relação de armas acauteladas em juízo, mencionando suas características e o local onde se encontram.*

1.1.7 Do Banco Nacional de Perfis Balísticos

Criação do Banco Nacional de Perfis Balísticos: a Lei nº 13.964/2019 (Pacote Anticrime) incluiu o art. 34-A no Estatuto do Desarmamento a fim de auxiliar o trabalho pericial com sistema automatizado e integrado.

> ***Art. 34-A*** *Os dados relacionados à coleta de registros balísticos serão armazenados no Banco Nacional de Perfis Balísticos.*
>
> *§ 1º O Banco Nacional de Perfis Balísticos tem como objetivo cadastrar armas de fogo e armazenar características de classe e individualizadoras de projéteis e de estojos de munição deflagrados por arma de fogo.*
>
> *§ 2º O Banco Nacional de Perfis Balísticos será constituído pelos registros de elementos de munição deflagrados por armas de fogo relacionados a crimes, para subsidiar ações destinadas às apurações criminais federais, estaduais e distritais.*
>
> *§ 3º O Banco Nacional de Perfis Balísticos será gerido pela unidade oficial de perícia criminal.*
>
> *§ 4º Os dados constantes do Banco Nacional de Perfis Balísticos terão caráter sigiloso, e aquele que permitir ou promover sua utilização para fins diversos dos previstos nesta Lei ou em decisão judicial responderá civil, penal e administrativamente.*
>
> *§ 5º É vedada a comercialização, total ou parcial, da base de dados do Banco Nacional de Perfis Balísticos.*
>
> *§ 6º A formação, a gestão e o acesso ao Banco Nacional de Perfis Balísticos serão regulamentados em ato do Poder Executivo federal.*

Justificado no Projeto de Lei nº 882/2019, de autoria do então Ministro Sérgio Moro, segundo o qual:

> *Registre-se, ainda, a introdução do art. 34-A., que disciplina a coleta de dados e armazenamento de perfis balísticos, através de um Banco Nacional gerenciados por Unidade Oficial de Perícia Criminal. Trata-se de modalidade de prova técnica essencial para a apuração de crimes praticados com arma de fogo, entre eles o homicídio, cujos índices de apuração não têm sido positivos. A Secretaria Nacional de Segurança Pública – SENASP, em nota técnica manifestou-se afirmando: 'A Criação do Banco Nacional de Perfis Balísticos, com sistemas automatizados em rede integrada, possibilitará a elucidação dos crimes envolvendo armas de fogo como Homicídios, Feminicídios, Latrocínios, Roubos, crimes realizados por Organizações Criminosas, dentre outros.'.*

1.2 Dos crimes e das penas

Bem jurídico tutelado: é a segurança pública e a paz social (incolumidade pública): preserva-se a coletividade e não apenas uma única pessoa, ou seja, **não é a incolumidade física**. A segurança pública, de acordo com a CF/1988 (art. 144, *caput*), é dever do Estado, porém de responsabilidade de todos. Assim, aqueles que atentem contra a preservação da ordem social e da incolumidade pública serão punidos de acordo com a Lei.

Ação penal: é pública incondicionada, uma vez que o bem jurídico tutelado pela norma é a incolumidade pública.

Sujeito passivo: o sujeito passivo imediato é a coletividade, ou seja, trata-se de crime vago e, em regra, de perigo abstrato e de mera conduta. Quase todos os delitos são dolosos e comissivos; contudo, haverá um ou outro que será culposo ou omissivo, como é o caso da omissão de cautela (art. 13, *caput*).

Fiança e liberdade provisória: geralmente, os crimes previstos na Lei nº 10.826/2003 são suscetíveis de liberdade provisória (todos) e afiançáveis (salvo os arts. 16, 17 e 18).

Delitos hediondos: os arts. 16, 17 e 18 são considerados crimes hediondos (art. 1º, parágrafo único, Lei nº 8.072/1990) e, por conseguinte, insuscetíveis de anistia, graça, indulto e fiança.

Inconstitucionalidade do art. 21º e dos parágrafos únicos dos arts. 14º e 15º: tais dispositivos foram considerados inconstitucionais segundo o Supremo Tribunal Federal (STF/ADI 3.112), uma vez que não estão incluídos no rol constitucional dos delitos inafiançáveis, conforme os incisos XLII, XLIII, XLIV, do art. 5º, da Carta Magna, quais sejam: racismo, tortura, tráfico ilícito de drogas, terrorismo, crimes hediondos e ação de grupos armados contra a ordem constitucional e o Estado Democrático.

> ***A proibição de estabelecimento de fiança*** *para os delitos de 'porte ilegal de arma de fogo de uso permitido' e de 'disparo de arma de fogo',* ***mostra-se desarrazoada,*** *porquanto são crimes de mera conduta, que não se equiparam aos crimes que acarretam lesão ou ameaça de lesão à vida ou à propriedade.* ***[...] Insusceptibilidade de liberdade provisória*** *quanto aos delitos elencados nos arts. 16, 17 e 18.* ***Inconstitucionalidade reconhecida,*** *visto que o texto magno não autoriza a prisão 'ex lege', em face dos princípios da presunção de inocência e da obrigatoriedade de fundamentação dos mandados de prisão pela autoridade judiciária competente. [...] Ação julgada procedente, em parte, para declarar a* ***inconstitucionalidade dos parágrafos únicos dos artigos 14 e 15 e do artigo 21*** *da Lei nº 10.826, de 22 de dezembro de 2003. STF, ADI 3.112/DF, Rel. Min. Ricardo Lewandowski, julgado em 02/05/2007, Tribunal Pleno, DJe 26/10/2007.*

Norma penal em branco: por se tratar de norma penal em branco, a definição de arma de fogo, munição e acessórios de uso permitido, restrito ou proibido e artefatos explosivos constam em outras normas infralegais. Lembre-se de que o Estatuto do Desarmamento cuida apenas de arma de fogo, acessórios e munições, mas não de arma branca (o porte dela poderá configurar contravenção penal).

Apenas um delito qualificado: somente o crime de "posse ou porte ilegal de arma de fogo de uso proibido" é qualificado (art. 16, §2º), já os arts. 19 e 20 se referem a majorantes (causas de aumento de pena).

Abolitio criminis **temporária ou vacatio legis indireta:**

> ***Art. 30*** *Os possuidores e proprietários de arma de fogo de uso permitido ainda não registrada deverão solicitar seu registro até o dia 31 de dezembro de 2008, mediante apresentação de documento de identificação pessoal e comprovante de residência fixa, acompanhados de nota fiscal de compra ou comprovação da origem lícita da posse, pelos meios de prova admitidos em direito, ou declaração firmada na qual constem as características da arma e a sua condição de proprietário, ficando este dispensado do pagamento de taxas e do cumprimento das demais exigências constantes dos incisos I a III do 'caput' do art. 4º desta Lei. (Redação dada pela Lei nº 11.706, de 19/06/2008) (Prazo prorrogado até 31/12/2009, de acordo com o art. 20 da Lei nº 11.922/2009)*
>
> ***Parágrafo único.*** *Para fins do cumprimento do disposto no 'caput' deste artigo, o proprietário de arma de fogo poderá obter, no Departamento de Polícia Federal, certificado de registro provisório, expedido na forma do §4º do art. 5º desta Lei.*
>
> ***Art. 31*** *Os possuidores e proprietários de armas de fogo adquiridas regularmente poderão, a qualquer tempo, entregá-las à Polícia Federal, mediante recibo e indenização, nos termos do regulamento desta Lei.*
>
> ***Art. 32*** *Os possuidores e proprietários de arma de fogo poderão entregá-la, espontaneamente, mediante recibo, e, presumindo-se de boa-fé, serão indenizados, na forma do regulamento, ficando extinta a punibilidade de eventual posse irregular da referida arma.*

A abolitio criminis temporária a que se referem os arts. 30 e 32 é aplicável somente à **posse de arma de fogo de uso permitido (art. 12),** contudo, há duas datas que distinguem a aplicação:

- **Até 23/10/2005:** além do art. 12, também era cabível à "posse de arma de fogo de uso permitido com numeração raspada ou suprimida" (art. 16, § 1º, IV).

> ***Súmula nº 513*** **– STJ**: *A 'abolitio criminis' temporária prevista na Lei nº 10.826/2003 aplica-se ao crime de posse de arma de fogo de uso permitido com numeração, marca ou qualquer outro sinal de identificação raspado, suprimido ou adulterado, praticado somente até 23/10/2005.*

- **Após 23/10/2005 e até 31/12/2009:** somente aplicável ao art. 12, a posse de arma de fogo de uso permitido.

> *É típica a conduta de possuir arma de fogo de uso permitido com numeração, marca ou qualquer outro sinal de identificação raspado, suprimido ou adulterado, praticada após 23/10/2005, pois, em relação a esse delito, a 'abolitio criminis' temporária cessou nessa data, termo final da prorrogação dos prazos previstos na redação original dos arts. 30 e 32 da Lei nº 10.826/2003. A nova redação do art. 32 da Lei nº 10.826/2003, trazida pela Lei nº 11.706/2008, não mais suspendeu, temporariamente, a vigência da norma incriminadora ou instaurou uma 'abolitio criminis' temporária — conforme operado pelo art. 30 da mesma lei —, mas instituiu uma causa permanente de exclusão da punibilidade, consistente na entrega espontânea da arma. A causa extintiva da punibilidade, na hipótese legal, consiste em ato jurídico (entrega espontânea da arma), e tão somente se tiver havido a sua efetiva prática é que a excludente produzirá seus efeitos. Se isso não ocorreu, não é caso de aplicação da excludente. STJ, REsp 1.311.408/RN, Rel. Min. Sebastião Reis Júnior, julgado em 13/03/2013, Terceira Seção, DJe 20/05/2013.*

1.2.1 Posse irregular de arma de fogo de uso permitido (art. 12)

> ***Art. 12*** *Possuir ou manter sob sua guarda arma de fogo, acessório ou munição, de uso permitido, em desacordo com determinação legal ou regulamentar, no interior de sua residência ou dependência desta, ou, ainda no seu local de trabalho, desde que seja o titular ou o responsável legal do estabelecimento ou empresa:*
>
> ***Pena*** *– detenção, de 1 (um) a 3 (três) anos, e multa.*

Cuida-se, aqui, exclusivamente da **posse** de arma de fogo, acessório ou munição, **de uso permitido**. Portanto, atente-se se houver a expressão "porte", "de uso restrito" ou "de uso proibido", pois incorrerá em outro tipo penal: ou art. 14, ou art. 16.

Veja que o tipo penal versa apenas sobre arma de fogo, bem como toda a Lei nº 10.826/2003. Portanto, é **fato atípico** para o Estatuto do Desarmamento a posse ou o porte de **arma branca**, mas será contravenção penal (art. 19, LCP).

Descrição do crime

Sujeito ativo: é comum na primeira parte (não necessita de qualidade especial); enquanto, na segunda, é próprio, uma vez que somente "o titular ou o responsável legal do estabelecimento ou empresa" pode cometê-lo.

Condutas: como o tipo penal possui mais de um verbo, "possuir" e "manter", é considerado de ação múltipla (de conteúdo variado, tipo misto alternativo ou multinuclear).

Delimitação espacial: em sua residência, dependências dela ou em seu local de trabalho desde que seja o titular ou responsável pela empresa.

Caminhão não é residência (STJ): se o delito é de posse de arma de fogo e ocorreu dentro do prazo da 'vacatio legis' indireta, a pena deve ser extinta, mas tal causa de extinção não se estende ao porte de arma de fogo encontrada dentro do caminhão que o paciente dirigia. O conceito de residência não se confunde com o de veículo-caminhão, pois este é mero instrumento de trabalho. STJ, HC 116.052/MG, Rel. Min. Jane Silva (Des. Conv. do TJ/MG), julgado em 20/11/2008, 6ª Turma, DJe 09/12/2008.

Caminhão não é local de trabalho (STJ): configura delito de porte ilegal de arma de fogo se a arma é apreendida no interior de caminhão. O caminhão não é um ambiente estático, não podendo ser reconhecido como local de trabalho. STJ, REsp 1.219.901/MG, Rel. Min. Sebastião Reis Júnior, julgado em 24/04/2012, 6ª Turma, DJe 10/05/2012 (Vide Inf. 496).

Objeto material: arma de fogo, acessório ou munição, de uso permitido (norma penal em branco).

Elemento normativo jurídico: em desacordo com determinação legal ou regulamentar, isto é, sem o certificado de registro de arma de fogo (norma penal em branco).

Elemento subjetivo: delito exclusivamente doloso (não há tipificação da modalidade culposa) e sem necessidade de fim específico (dolo genérico).

Consumação e tentativa: trata-se de crime de perigo abstrato e de mera conduta, não necessitando de resultado naturalístico, além de ser delito permanente em que a sua consumação se protrai no tempo, portanto, a prisão em flagrante é possível em qualquer momento enquanto perdurar a sua guarda ou posse. Ainda que seja de difícil ocorrência, a tentativa é possível (plurissubsistente).

Sursis processual: trata-se de crime de médio potencial ofensivo (a pena mínima é de até 1 ano e a máxima é superior a 2 anos), no qual será julgado pelo Juizado Comum, contudo é cabível a suspensão condicional do processo (art. 89, Lei nº 9.099/1995).

Ação penal pública incondicionada: por se tratar de crime de perigo abstrato, no qual o bem jurídico tutelado é a incolumidade pública.

Fiança policial: uma vez que a pena máxima não é superior a 4 anos nem está no rol constitucional dos crimes inafiançáveis (art. 5º, incisos XLII, XLIII e XLIV, CF/1988), é possível a liberdade provisória mediante fiança policial (art. 322, CPP).

1.2.2 Omissão de cautela (art. 13º)

> ***Art. 13*** *Deixar de observar as cautelas necessárias para impedir que menor de 18 (dezoito) anos ou pessoa portadora de deficiência mental se apodere de arma de fogo que esteja sob sua posse ou que seja de sua propriedade:*
>
> ***Pena*** *– detenção, de 1 (um) a 2 (dois) anos, e multa.*
>
> ***Parágrafo único.*** *Nas mesmas penas incorrem o proprietário ou diretor responsável de empresa de segurança e transporte de valores que deixarem de registrar ocorrência policial e de comunicar à Polícia Federal perda, furto, roubo ou outras formas de extravio de arma de fogo, acessório ou munição que estejam sob sua guarda, nas primeiras 24 (vinte e quatro) horas depois de ocorrido o fato.*

Devemos ter cuidado quanto a esse artigo, pois, **no *caput***, é um **delito culposo**; já **no parágrafo único, é doloso** (crime autônomo). Dessa forma, analisaremos as condutas em separado, inicialmente pela omissão de cautela prevista no caput.

As penas são as mesmas para as duas condutas, tanto no caput, quanto no parágrafo único, sendo que, em ambos os casos, estamos tratando de **infração de menor potencial ofensivo**: com pena máxima de 2 anos (art. 61, Lei nº 9.099/1995). Portanto, será julgado pelo Juizado Especial Criminal (JECRIM) e é admissível as suas benesses (art. 2º, Lei nº 9.099/1995), por exemplo: a transação penal e o sursis processual (art. 89, Lei nº 9.099/1995).

Ação penal: pública e incondicionada, de igual modo toda a Lei nº 10.826/2003, por se tratar de crimes de perigo em que o bem jurídico tutelado é a incolumidade pública.

Fiança em sede policial: também é possível nas duas situações, uma vez que a pena máxima é inferior a 4 anos.

Descrição do crime (*caput*)

Sujeitos do crime: com relação ao sujeito ativo é próprio, na medida em que o agente é o possuidor ou proprietário da arma de fogo; já o sujeito passivo imediato é a coletividade (crime vago) e, mediatamente, qualquer menor de 18 anos ou deficiente mental que venha efetivamente a se apoderar da arma de fogo: comum.

Objeto material: somente arma de fogo, porém de qualquer porte, seja de uso permitido, restrito ou proibido. Assim, será fato atípico quando se tratar de munições ou acessórios.

Elemento subjetivo e conduta: é a culpa na modalidade negligência, com a conduta de "deixar de observar as cautelas necessárias" (omissão do dever objetivo de cuidado).

Consumação e tentativa: consuma-se no exato momento em que há o apossamento pelo menor de 18 ou deficiente mental da arma de fogo independentemente da ocorrência de deflagração de munição ou crime mais grave (crime instantâneo e de perigo). Dessa forma, caso o agente viva sozinho e esqueça a arma de fogo sobre a mesa, será fato atípico, bem como se ele tiver o zelo necessário. Por exemplo, imagine que o agente tenha guardado a arma em um cofre, mas de qualquer forma a criança venha a se apoderar dela furtando a chave do cofre: não haverá crime. Outrossim, por ser delito culposo e omissivo puro, não se admite a tentativa: ou se consuma, ou não há crime.

Concurso material: caso o menor de 18 anos, ou o deficiente mental que tenha se apoderado da arma de fogo, venha a cometer um crime, por exemplo, um homicídio, o agente possuidor ou proprietário da arma de fogo responderá pela infração do art. 13 (omissão de cautela) e pelo outro delito cometido.

Fique ligado

É muito comum as bancas de concursos cobrarem acerca desse crime relacionado ao deficiente físico, mas é incorreto. Portanto, tenha muito cuidado e lembre-se que são apenas dois sujeitos que descrevem o tipo penal sobre se apoderar da arma de fogo:

Menor de 18 anos de idade;

Pessoa com deficiência mental.

Deficiente físico: (fato atípico)

Descrição do crime (parágrafo único)

Sujeitos do crime: em relação ao sujeito ativo é próprio, pois somente "o proprietário ou diretor responsável" da empresa de segurança e transporte de valores poderá cometê-lo; já o sujeito passivo imediato é a coletividade (crime vago), contudo, há dois obstáculos nos estudos: o registro policial (qualquer delegacia) e a comunicação à Polícia Federal (especificamente).

Objeto material: arma de fogo, acessório ou munição que estejam sob sua guarda.

Elemento subjetivo e conduta: é exclusivamente doloso (não se admite a modalidade culposa) com condutas omissivas próprias de "deixar de registrar" ocorrência policial do sumiço e "deixar de comunicar" à Polícia Federal.

Consumação e tentativa: consuma-se após 24 horas do efetivo conhecimento do furto ou extravio (crime a prazo). Por conta disso, não se inicia a contagem do tempo enquanto não houver o conhecimento "do sumiço". A tentativa não é possível, por ser um crime omissivo próprio (ou omissivo puro).

1.2.3 Porte ilegal de arma de fogo de uso permitido (art. 14)

> ***Art. 14*** *Portar, deter, adquirir, fornecer, receber, ter em depósito, transportar, ceder, ainda que gratuitamente, emprestar, remeter, empregar, manter sob guarda ou ocultar arma de fogo, acessório ou munição, de uso permitido, sem autorização e em desacordo com determinação legal ou regulamentar:*
>
> ***Pena*** *– reclusão, de 2 (dois) a 4 (quatro) anos, e multa.*
>
> ***Parágrafo único.*** *O crime previsto neste artigo é inafiançável, salvo quando a arma de fogo estiver registrada em nome do agente. (Vide Adin 3.112-1)*

Semelhantemente ao art. 12, este delito prevê incriminação pelo porte de arma de fogo, acessório ou munição, de uso permitido. Cuidado, pois, caso o agente possua autorização para posse de arma de fogo de uso permitido em sua residência e a leve consigo para o seu local de trabalho, sem ser proprietário ou responsável legal, configurará crime previsto no art. 14: porte ilegal de arma de fogo de uso permitido.

Além disso, se a arma de fogo, acessório ou munição forem "de uso restrito" ou "de uso proibido", o crime será o do art. 16 (posse ou porte ilegal de arma de fogo de uso restrito ou proibido).

Fique ligado

Cuida-se apenas de arma de fogo (toda a Lei nº 10.826/2003); portanto, é fato atípico para o Estatuto do Desarmamento o porte de arma branca: será contravenção penal (art. 19, LCP).

Descrição do crime

Sujeito ativo: comum, uma vez que qualquer pessoa pode cometê-lo, até mesmo um integrante dos órgãos de segurança pública cujo porte seja deferido, basta que esteja com arma de fogo diversa da qual lhe foi autorizada. Por exemplo: um policial militar que transporte no seu carro uma Winchester.44, do século XIX, totalmente funcional, que tenha ganhado de seu avô, porém sem certificado de registro (CR).

Condutas: como possui 13 verbos, é considerado tipo misto alternativo (de ação múltipla, de conteúdo variado ou multinuclear); assim, no mesmo contexto fático, a prática de mais de uma conduta pelo mesmo agente será crime único, por força do princípio da alternatividade.

Objeto material: arma de fogo, acessório ou munição, de uso permitido (norma penal em branco).

Arma desmuniciada, com defeito parcial e totalmente inapta: com relação à capacidade lesiva da arma, devemos entender como é a jurisprudência dos Tribunais Superiores e como é cobrado em prova, havendo algumas situações.

- **Arma desmontada ou desmuniciada:** é crime, do mesmo modo que carregar apenas uma única munição.

> *O Supremo Tribunal Federal firmou o entendimento de que é de perigo abstrato o crime de porte ilegal de arma de fogo, sendo, portanto,* ***irrelevante*** *para sua configuração encontrar-se a* ***arma desmontada ou desmuniciada****. STF, HC 95.861/RJ, Rel. p/ ac. Min. Dias Toffoli, julgado em 02/06/2015, 2ª Turma, DJe 01/07/2015.*
>
> *Este Superior Tribunal de Justiça tem jurisprudência pacificada no sentido de que o* ***porte ilegal de arma de fogo desmuniciada ou desmontada configura hipótese de perigo abstrato,*** *bastando apenas a prática do ato de levar consigo para a consumação do delito. Dessa forma, eventual nulidade do laudo pericial, ou até mesmo a sua ausência,* ***não impede o enquadramento da conduta.*** *STJ, AgRg no REsp 1.390.999/SP, Rel. Min. Laurita Vaz, julgado em 27/03/2014, 5ª Turma, DJe 03/04/2014. Precedente: STJ, AgRg no AREsp 179.022/DF, Rel. Min. Assusete Magalhães, julgado em 07/02/2013, 6ª Turma, DJe 05/04/2013.*

- **Arma com defeito parcial:** trata-se de objeto material com impropriedade relativa e, portanto, é típica.

> *O mero fato de o* ***funcionamento de arma de fogo não ser perfeito*** *não afasta a tipicidade material do* ***crime definido*** *no art. 14 da Lei nº 10.826/2003. STF, HC 93.816/RS, Rel. Min. Joaquim Barbosa, julgado em 06/05/2008, 2ª Turma, DJe 01/08/2008 (Vide Inf. 505).*

- **Arma totalmente inidônea:** crime impossível, pela impropriedade absoluta do objeto material ou ineficácia absoluta do meio.

> ***Não está caracterizado o crime*** *de porte ilegal de* ***arma de fogo*** *quando o instrumento apreendido sequer pode ser enquadrado no conceito técnico de arma de fogo, por estar quebrado e, de acordo com laudo pericial,* ***totalmente inapto*** *para realizar disparos. STJ, AgRg no AREsp 397.473/DF, Rel. Min. Marco Aurélio Bellizze, julgado 19/08/2014, 5ª Turma, DJe 25/08/2014 (Vide Inf. 544).*

Fique ligado

Para configurar o crime impossível, não só a arma de fogo deve ser totalmente inapta, mas também a arma estar desmuniciada ou as munições serem totalmente inaptas (deflagradas e percutidas ou estragadas).

> *A Terceira Seção desta Corte pacificou entendimento no sentido de que o tipo penal de posse ou porte ilegal de arma de fogo cuida-se de delito de mera conduta ou de perigo abstrato, sendo irrelevante a demonstração de seu efetivo caráter ofensivo. Na hipótese, contudo, em que demonstrada por laudo pericial a* ***total ineficácia da arma de fogo*** *(inapta a disparar)* ***e das munições apreendidas*** *(deflagradas e percutidas), deve ser reconhecida a atipicidade da conduta perpetrada, diante da ausência de afetação do bem jurídico incolumidade pública, tratando-se de* ***crime impossível pela ineficácia absoluta do meio****. STJ, REsp 1.451.397/MG, Rel. Min. Maria Thereza de Assis Moura, julgado em 15/09/2015, 6ª Turma, DJe 01/10/2015 (Vide Inf. 570).*

É crime		
Arma desmontada ou desmuniciada.	Arma com defeito parcial.	Arma inapta e municiada.

Elemento subjetivo: delito exclusivamente doloso (não há tipificação da modalidade culposa) e sem necessidade de fim específico (dolo genérico).

Elemento normativo jurídico: sem autorização e em desacordo com determinação legal ou regulamentar (norma penal em branco).

Consumação e tentativa: é instantâneo nas condutas: adquirir, fornecer, receber, ceder, emprestar, remeter e empregar; permanente nas demais. A tentativa é possível.

Ação penal: pública incondicionada, por se tratar de crime de perigo abstrato e de mera conduta, no qual o bem jurídico tutelado é a incolumidade pública (segurança pública e paz social).

Fiança policial: o parágrafo único foi considerado inconstitucional pelo STF (ADI 3.112), portanto, é possível a fiança em sede policial (art. 322, CPP), já que sua pena máxima é de 4 anos e não está no rol constitucional dos crimes inafiançáveis (art. 5º, incs. XLII, XLIII e XLIV, CF/1988).

Concurso de crimes: normalmente, o porte ilegal de arma de fogo, tanto de uso permitido quanto de uso restrito, é crime-meio (menor e menos grave) para se atingir um crime-fim (maior e mais grave). Dessa forma, poderá ou não ocorrer a absorção do porte pelo crime mais grave (princípio da consunção), desde que seja no mesmo contexto fático. Por exemplo, o agente porta arma de fogo para o cometimento de um único homicídio ou roubo, então será possível a aplicação da consunção, havendo crime único. Portanto, tenha cuidado.

- **Roubo e porte, no mesmo contexto (logo após):** é crime único (princípio da consunção).

> *O crime de porte de arma é* ***absorvido*** *pelo de roubo quando restar evidenciado o nexo de dependência ou de subordinação entre as duas condutas e que os delitos foram praticados em um mesmo contexto fático — o que caracteriza o princípio da consunção. STJ, Jurisprudência em Teses nº 51. Precedentes: HC 315.059/SP; AgRg no AREsp 484.845/DF; HC 249.718/RJ; HC 228.062/SC; HC 206.274/SP; HC 71.696/PR; HC 156.621/SP; HC 138.530/SP.*
>
> *PRINCÍPIO DA CONSUNÇÃO. ABSORÇÃO DO PORTE ILEGAL DE ARMA PELO CRIME PATRIMONIAL. A posse de arma de fogo,* ***logo após*** *a execução de roubo com o seu emprego,* ***não constitui crime autônomo*** *previsto no art. 16, §1º, IV, da Lei nº 10.826/03, por se encontrar na linha de desdobramento do crime patrimonial. STF, RHC 123.399/RJ, Rel. Min. Dias Toffoli, julgado em 30/09/2014, 1ª Turma, DJe 17/11/2014.*

- **Roubo e porte, em contexto diverso (dias após):** configura concurso material de crimes (delitos autônomos).

> *PRINCÍPIO DA CONSUNÇÃO. INAPLICABILIDADE. CIRCUNSTÂNCIAS FÁTICAS DISTINTAS. DELITOS AUTÔNOMOS. [...] o acusado foi flagrado na* ***posse ilegal da arma de fogo em momento distinto*** *ao da prática do crime de roubo, caracterizando, assim, uma nova conduta autônoma e independente, o que* ***impede a aplicação do princípio da consunção****. STJ, AgRg no AREsp 988.625/ES, Rel. Min. Ribeiro Dantas, julgado em 07/03/2017, 5ª Turma, DJe 15/03/2017. No mesmo sentido: HC 241.666/SP, HC 317.337/RJ.*

- **Homicídio e porte de arma de fogo: há duas situações possíveis:**

Caso ocorra **no mesmo contexto fático**, será **crime único**. Por exemplo, imagine que, logo após a prisão do estuprador de sua filha, o pai, sob o domínio de violenta emoção, saque a arma do coldre do policial que estava levando o meliante e, então, dispare contra o bandido.

> *A jurisprudência desta Corte Superior de Justiça orienta no sentido de que* ***o crime de homicídio absorve o de porte ilegal de arma de fogo*** *quando as duas condutas delituosas guardem, entre si, uma* ***relação de meio e fim*** *estreitamente vinculadas. STJ, HC 126.944/MS, Rel. Min. Jorge Mussi, julgado em 04/03/2010, 5ª Turma, DJe 05/04/2010.*

L E S P

Se o agente não possuir autorização de posse nem porte, mas tiver a arma de fogo previamente **(contexto diverso)**, haverá **concurso de crimes.**

> *A conduta de portar armas ilegalmente **não pode ser absorvida** pelo crime de homicídio qualificado, quando resta evidenciada a existência de crimes autônomos, sem nexo de dependência ou subordinação. STJ, HC 226.373/SP, Rel. Min. Laurita Vaz, julgado em 26/02/2013, 5ª Turma, DJe 06/03/2013.*

> *Embora seja admissível, não se revela possível, 'in casu', a aplicação do princípio da consunção, porquanto a conduta de portar a arma de um lado, e a tentativa de homicídio de outro, ao que se tem, decorrem de desígnios autônomos **não se verificando a relação de meio e fim** que autoriza a absorção de uma figura típica pela outra. STJ, HC 101.127/SP, Rel. Min. Felix Fischer, julgado em 02/10/2008, 5ª Turma, DJe 10/11/2008.*

- **Legítima defesa absorve o homicídio, mas não o porte ilegal de arma de fogo:** trata-se de delito autônomo.

> ***Não se comunica** a excludente de ilicitude que é a legítima defesa, relativa ao homicídio, **ao crime autônomo de porte ilegal de arma**. STF, HC 120.678/PR, Rel. p/ ac. Min. Marco Aurélio, julgado em 24/02/2015, 1ª Turma, DJe 06/04/2015.*

Multiplicidade de armas do mesmo tipo penal: o porte de mais de uma arma de fogo, munição ou acessório, no mesmo contexto, e do mesmo tipo penal (e.g.: ou apenas do art. 14, ou apenas do art. 16), não configura concurso de crimes, mas, sim, crime único (princípio da consunção).

> *A apreensão de **mais de uma** arma de fogo, acessório ou munição, em um **mesmo contexto** fático, não caracteriza concurso formal ou material de crimes, mas **delito único**. STJ, Jurisprudência em Teses nº 23. Precedentes: HC 228.231/SP; HC 163.783/RJ; HC 194.697/SP; HC 104.669/RJ; HC 110.800/SP; AREsp 303.312/SP (Vide Inf. 488).*

Multiplicidade de armas de tipos penais diferentes: o porte de mais de uma arma de fogo, munição ou acessório, no mesmo contexto, de uso permitido (art. 14) e de uso restrito ou proibido (art. 16), haverá concurso de crimes, porque estão em tipos penais diferentes. Quanto ser concurso material ou formal de crimes, há divergência doutrinária e, por conseguinte, a banca irá mencionar que ocorrerá apenas o concurso de crimes (sem adentrar às suas espécies, material ou formal).

> ***Não há crime único,** podendo haver concurso formal, quando, no mesmo contexto fático, o agente incide nas condutas dos arts. 14 (porte ilegal de arma de fogo de uso permitido) e 16 (posse ou porte ilegal de arma de fogo de uso restrito) da Lei nº 10.826/2003. STJ, Jurisprudência em Teses nº 23. Precedentes: HC 130.797/SP; HC 162.018/SP.*

Não há crime único, podendo haver concurso material, quando, no mesmo contexto fático, o agente incide nas condutas dos arts. 14 (porte ilegal de arma de fogo de uso permitido) e 16 (posse ou porte ilegal de arma de fogo de uso restrito) da Lei nº 10.826/2003. STJ, Jurisprudência em Teses nº 23. Precedentes: HC 211.834/SP; REsp 1.418.900/AL.

Fique ligado

O Estatuto do Desarmamento prevê a incriminação não só de armas de fogo, mas também de munições e acessórios. Sendo assim, a conduta de levar consigo munições sem a referida arma de fogo, incorrerá em crime previsto no Estatuto (Lei nº 10.826/2003), até mesmo se estiver com partes da arma de fogo ou com ela desmuniciada. Do mesmo modo, quando se tratar de acessórios, por exemplo, uma mira telescópica.

1.2.4 Disparo de arma de fogo (art. 15)

> ***Art. 15** Disparar arma de fogo ou acionar munição em lugar habitado ou em suas adjacências, em via pública ou em direção a ela, desde que essa conduta não tenha como finalidade a prática de outro crime:*
>
> ***Pena** – reclusão, de 2 (dois) a 4 (quatro) anos, e multa.*
>
> ***Parágrafo único.** O crime previsto neste artigo é inafiançável. (Vide Adin 3.112-1)*

Cuida-se de crime subsidiário (soldado reserva), isto é, se o agente tiver intenção de crime mais grave, então será absorvido pelo delito maior. Além disso, só existirá o crime se for praticado em local habitado ou em sua direção.

Descrição do crime

Sujeito ativo: é comum, uma vez que pode ser praticado por qualquer pessoa.

Elemento subjetivo e conduta: é o dolo (não há modalidade culposa) de "disparar" arma de fogo ou "acionar" munição (tipo misto alternativo).

Delimitação espacial: são duas situações que devem ser somadas para o crime existir: em lugar habitado ou em suas adjacências; e em via pública ou em direção a ela. Se o agente efetuar o disparo em local ermo e desabitado, por exemplo. em uma área rural sem pessoas aos arredores, será fato atípico.

Objeto material: arma de fogo ou munição, de uso permitido, restrito ou proibido (norma penal em branco). O tipo penal não mencionou sobre "acessório" (fato atípico).

Consumação e tentativa: consuma-se no momento em que se der o disparo da arma ou o acionamento da munição (delito instantâneo) e de mera conduta (não é obrigatória ocorrência de resultado naturalístico a bem jurídico individual), sendo possível a tentativa (plurissubsistente).

- **Absorção do porte pelo disparo:** há duas situações a depender do contexto.
  - **No mesmo contexto:** será **crime único,** havendo absorção do porte de arma de fogo de uso permitido (art. 14) pelo disparo de arma de fogo (princípio da consunção).

> *A jurisprudência desta Corte possui entendimento firmado no sentido de que não é automática a aplicação do princípio da consunção para **absorção do** delito de **porte** de arma de fogo **pelo** de **disparo**, dependendo das circunstâncias em que ocorreram as condutas. [...] Na hipótese dos autos, as instâncias ordinárias reconheceram que os crimes foram praticados no **mesmo contexto** fático, devendo ser aplicado o referido postulado para que a **conduta menos grave** (porte ilegal de arma de fogo) seja **absorvida pela conduta mais grave** (disparo de arma de fogo). STJ, AgRg no REsp 1.331.199/PR, Rel. Min. Ericson Maranho (Des. Conv. do TJ/SP), julgado em 23/10/2014, 6ª Turma, DJe 10/11/2014.*

  - **Em momentos distintos (contexto diverso):** haverá **concurso de crimes** (delitos autônomos).

> *Segundo iterativa jurisprudência desta Corte, **não há falar em aplicação do princípio da consunção** quando dos delitos de porte ilegal de arma e disparo de arma de fogo são praticados em **momentos diversos**, em **contextos distintos**. STJ, CC 134.342/GO, Rel. Min. Newton Trisotto (Des. Conv. do TJ/SC), julgado em 22/04/2015, 3ª Seção, DJe 05/05/2015. Precedentes: HC 128.533/MG; AgRg no REsp 1.347.003/SC; HC 214.606/RJ.*

Concurso de crimes: normalmente, quando a finalidade for crime mais grave, então este absorverá o disparo, por se tratar de crime subsidiário, descrito no trecho: "desde que essa conduta não tenha como finalidade a prática de outro crime" (subsidiariedade explícita). Por exemplo: o agente dispara arma de fogo com a finalidade de se cometer um homicídio. Entretanto, o problema surge se o delito não for mais grave, há divergência doutrinária, como é o exemplo do disparo de arma de fogo e lesão corporal de natureza leve.

> *Nesse sentido, discorre Fernando Capez (apud Gonçalves & Júnior, 2016): Em resumo, o delito previsto no art. 15, 'caput', da Lei nº 10.826/2003 não é absorvido pelo crime de lesões corporais de natureza leve, em face de sua maior gravidade. Entendemos que **o agente responde por ambos os crimes em concurso**.*

1.2.5 Posse ou porte ilegal de arma de fogo de uso restrito (art. 16)

> ***Art. 16** Possuir, deter, portar, adquirir, fornecer, receber, ter em depósito, transportar, ceder, ainda que gratuitamente, emprestar, remeter, empregar, manter sob sua guarda ou ocultar arma de fogo, acessório ou munição de uso restrito, sem autorização e em desacordo com determinação legal ou regulamentar: (Redação dada pela Lei nº 13.964/2019)*
>
> ***Pena** – reclusão, de 3 (três) a 6 (seis) anos, e multa.*

§ 1º Nas mesmas penas incorre quem: (Redação dada pela Lei nº 13.964/2019)

I – suprimir ou alterar marca, numeração ou qualquer sinal de identificação de arma de fogo ou artefato;

II – modificar as características de arma de fogo, de forma a torná-la equivalente a arma de fogo de uso proibido ou restrito ou para fins de dificultar ou de qualquer modo induzir a erro autoridade policial, perito ou juiz;

III – possuir, deter, fabricar ou empregar artefato explosivo ou incendiário, sem autorização ou em desacordo com determinação legal ou regulamentar;

IV – portar, possuir, adquirir, transportar ou fornecer arma de fogo com numeração, marca ou qualquer outro sinal de identificação raspado, suprimido ou adulterado;

V – vender, entregar ou fornecer, ainda que gratuitamente, arma de fogo, acessório, munição ou explosivo a criança ou adolescente; e

VI – produzir, recarregar ou reciclar, sem autorização legal, ou adulterar, de qualquer forma, munição ou explosivo.

§ 2º Se as condutas descritas no 'caput' e no §1º deste artigo envolverem arma de fogo de uso proibido, a pena é de reclusão, de 4 (quatro) a 12 (doze) anos. (Incluído pela Lei nº 13.964/2019)

Cuida-se, não só da posse, mas também do porte (além de outras 12 condutas previstas no caput e mais outras 19 figuras equiparadas no § 1º) de arma de fogo, acessório ou munição **de uso restrito (*caput*)** ou **de uso proibido** (§ 2º), bem como as formas equiparadas (§ 1º).

Delito hediondo: o art. 16 foi incluído no rol dos crimes hediondos pela Lei nº 13.497/2017. Todavia, com o advindo da Lei nº 13.964/2019, promoveu-se uma alteração nesse dispositivo prevendo ser hediondo "o crime de posse ou porte ilegal de arma de fogo de uso proibido" (art. 1º, parágrafo único, II, Lei nº 8.072/1990).

Desde a Lei nº 13.497/2017 se discutia acerca do alcance da hediondez do art. 16º do Estatuto do Desarmamento: somente o caput ou todo o artigo (caput e figuras equiparadas). De acordo com o Superior Tribunal de Justiça – STJ, todo o art. 16 possui natureza hedionda.

INFORMATIVO Nº 657 – STJ

A qualificação de hediondez aos crimes do art. 16 da Lei nº 10.826/2003, inserida pela Lei nº 13.497/2017, abrange os tipos do 'caput' e as condutas equiparadas previstas no seu parágrafo único. O art. 16 da Lei nº 10.826/2003 (Estatuto do Desarmamento) prevê gravosas condutas de contato com 'arma de fogo, acessório ou munição de uso proibido ou restrito', vindo seu parágrafo único a acrescer figuras equiparadas — em gravidade e resposta criminal. Dessa forma, ainda que algumas das condutas equiparadas possam ser praticadas com armas de uso permitido, o legislador as considerou graves ao ponto de torná-las com reprovação criminal equivalente às condutas do 'caput'. No art. 1º, parágrafo único, da Lei nº 8.072/1990, com redação dada pela Lei nº 13.497/2017, o legislador limitou-se a prever que o delito descrito no art. 16 da Lei nº 10.826/2003 é considerado hediondo. Assim, como a equiparação é tratamento igual para todos os fins, considerando equivalente o dano social e equivalente também a necessária resposta penal, salvo ressalva expressa, ao ser qualificado como hediondo o art. 16 da Lei nº 10.826/2003, as condutas equiparadas devem receber igual tratamento. STJ, Informativo nº 657, HC 526.916/SP, Rel. Min. Nefi Cordeiro, julgado em 01/10/2019, 6ª Turma, DJe 08/10/2019.

Reviveu-se a discussão pela doutrina a partir da Lei nº 13.964/2019, na medida em que o nomen juris foi alterado para "posse ou porte ilegal de arma de fogo de uso proibido", ou seja, o art. 16 do Estatuto do Desarmamento só é hediondo quando envolver arma de fogo de uso proibido.

Inafiançável e insuscetível de graça, anistia e indulto: por se tratar de delito hediondo, não há possibilidade de fiança nem perdão pelos dispositivos da graça, da anistia e do indulto (art. 2º, caput, Lei nº 8.072/1990), mas ainda é suscetível de liberdade provisória (art. 2º, § 3º, Lei nº 8.072/1990).

Descrição do crime (*caput*)

Sujeito ativo: é comum, uma vez que pode ser praticado por qualquer pessoa.

Elemento subjetivo e conduta: exclusivamente doloso (não há modalidade culposa) e, como possui 14 verbos, é considerado de ação múltipla (de conteúdo variado, tipo misto alternativo ou multinuclear).

Objeto material: no caput, trata-se apenas de arma de fogo, acessório ou munição de uso restrito.

Consumação e tentativa: em regra, é delito instantâneo, nas condutas: adquirir, fornecer, ceder, emprestar, remeter e empregar. Será permanente, nas condutas: possuir, deter, portar, ter em depósito, transportar, manter sob sua guarda e ocultar arma de fogo. Não há a necessidade de resultado naturalístico a integridade física individual, haja vista ser crime de mera conduta e de perigo abstrato. A tentativa é possível (plurissubsistente).

Formas equiparadas (§ 1º): as condutas previstas no § 1º sujeitam o agente às mesmas penas previstas no caput. Estende-se o alcance de incriminação da norma, abarcando as armas de fogo, acessórios e munições de uso restrito, de uso permitido (conspurcadas) e artefatos explosivos ou incendiários.

Forma qualificada (§ 2º): a pena será de reclusão de 4 (quatro) a 12 (doze) anos se a arma de fogo for de uso proibido.

Conflito aparente de normas: por força do princípio da especialidade, quando houver conflito entre normas penais e o objeto material for arma de fogo, acessório ou munição, então prevalecerá o Estatuto do Desarmamento.

Conduta	Conflito	Prevalece
Numeração, marca ou qualquer outro sinal de identificação raspado, suprimido ou adulterado	Arts. 12 e 14 (Est. do Desarmamento)	Art. 16, § 1º, I e IV (Est. do Desarmamento)
Fraude processual em arma de fogo	Art. 347 do CP	Art. 16, § 1º, II (Est. do Desarmamento)
Ceder arma de fogo, acessório, munição ou explosivo à criança ou ao adolescente	Art. 242 do ECA	Art. 16, § 1º, V (caso a arma não seja de fogo, então se aplicará o ECA)
Possuir, deter, fabricar ou empregar artefato explosivo ou incendiário, sem autorização ou em desacordo com determinação legal ou regulamentar	Art. 253 do CP	Art. 16, § 1º, III (Est. do Desarmamento)

<table>
<tr><td rowspan="6">Arma de fogo</td><td rowspan="3">De uso permitido</td><td>Posse</td><td>Art.12</td></tr>
<tr><td>Porte</td><td>Art.14</td></tr>
<tr><td>Adulterada</td><td>Art.16</td></tr>
<tr><td rowspan="3">De uso restrito</td><td>Posse</td><td rowspan="3">Art.16</td></tr>
<tr><td>Porte</td></tr>
<tr><td>Adulterada</td></tr>
</table>

1.2.6 Comércio ilegal de arma de fogo (art. 17)

Art. 17 *Adquirir, alugar, receber, transportar, conduzir, ocultar, ter em depósito, desmontar, montar, remontar, adulterar, vender, expor à venda, ou de qualquer forma utilizar, em proveito próprio ou alheio, no exercício de atividade comercial ou industrial, arma de fogo, acessório ou munição, sem autorização ou em desacordo com determinação legal ou regulamentar:*

Pena *– reclusão, de 6 (seis) a 12 (doze) anos, e multa. (Redação dada pela Lei nº 13.964/2019)*

§ 1º Equipara-se à atividade comercial ou industrial, para efeito deste artigo, qualquer forma de prestação de serviços, fabricação ou comércio irregular ou clandestino, inclusive o exercido em residência. (Redação dada pela Lei nº 13.964/2019)

§ 2º Incorre na mesma pena quem vende ou entrega arma de fogo, acessório ou munição, sem autorização ou em desacordo com a determinação legal ou regulamentar, a agente policial disfarçado, quando presentes elementos probatórios razoáveis de conduta criminal preexistente. (Incluído pela Lei nº 13.964/2019)

Por mais que o nome do crime dê a impressão de ser "compra e venda" (comércio) apenas de "armas de fogo" (comércio ilegal de arma de fogo), o tipo penal abarca não só a atividade comercial, mas também a industrial e a prestadora de serviços, bem como os acessórios e as munições.

Descrição do crime

Sujeito ativo: é próprio, uma vez que somente o agente que estiver "no exercício de atividade comercial ou industrial" (habitualidade preexistente), sem autorização ou em desacordo com determinação legal ou regulamentar. Se cometido por qualquer um dos agentes listados nos arts. 6º, 7º ou 8º, haverá aumento de metade da pena (art. 20).

Atividade irregular ou residencial (§ 1º): o exercício habitual exercido de forma irregular, clandestino ou residencial será equiparado à atividade comercial ou industrial.

Armeiro: o exercício da atividade de armeiro, sem a devida licença, pode sujeitar o infrator às penas do art. 17, § 1º, da Lei nº 10.826/03.

> ***Art. 4º, Portaria nº 2.259/2011 (DG-DPF)*** *O armeiro não poderá prestar qualquer serviço aos possuidores de armas de fogo não registradas ou sem os documentos de que trata o artigo anterior, devendo, nesse caso, informar imediatamente à Polícia Federal.*
>
> ***Art. 5º*** *É vedado ao armeiro a realização de recarga de munição, assim como adquirir, deter ou manter em depósito equipamento ou material destinado a esse fim.*
>
> ***Art. 6º*** *[...]*
>
> ***§2º*** *É vedada a modificação das características da arma de fogo, de forma a torná-la equivalente a arma de fogo de uso proibido ou restrito ou para fins de dificultar ou de qualquer modo induzir a erro autoridade policial, perito ou juiz.*
>
> ***Art. 7º*** *A licença concedida ao armeiro não implica autorização para a fabricação artesanal de armas, armações, canos, ferrolhos, e nem para a comercialização do material que tiver posse em razão de seu ofício.*

Elemento subjetivo e conduta: delito exclusivamente doloso (não se admite a forma culposa) e de tipo misto alternativo (de ação múltipla, de conteúdo variado ou multinuclear), por haver 14 verbos.

Objeto material: arma de fogo, acessório ou munição, sem autorização ou em desacordo com determinação legal ou regulamentar.

Forma simples *(caput):* a punição na modalidade simples só é cabível ao objeto material de uso permitido (reclusão, de 6 a 12 anos, e multa).

Forma majorada: se a arma de fogo, acessório ou munição forem de uso proibido ou restrito, então haverá aumento de metade da pena (art. 19).

Consumação e tentativa: instantâneo nas modalidades: adquirir, receber, desmontar, montar, remontar, adulterar, vender ou utilizar; e permanente nas demais: alugar, transportar, conduzir, ocultar, ter em depósito, expor à venda. A tentativa é admissível (plurissubsistente).

Delito hediondo: a Lei nº 13.964/2019, incluiu o art. 17 do referido Estatuto no rol dos crimes hediondos (art. 1º, parágrafo único, III, Lei nº 8.072/1990).

Inafiançável e insuscetível de graça, anistia e indulto: por se tratar de delito hediondo, não há possibilidade de fiança nem perdão pelos dispositivos da graça, da anistia e do indulto (art. 2º, caput, Lei nº 8.072/1990), mas ainda é suscetível de liberdade provisória (art. 2º, § 3º, Lei nº 8.072/1990).

Prisão por agente encoberto (§ 2º): a Lei nº 13.964/2019 (Pacote Anticrime) acrescentou a possibilidade de prisão em flagrante, por agente policial disfarçado, de quem vender ou entregar arma de fogo, acessório ou munição, desde que a conduta criminal seja preexistente. Não haverá crime impossível por obra do agente provocador, o chamado flagrante preparado (Súmula nº 145 – STF).

Justificado no Projeto de Lei nº 882/2019, de autoria do Ministro Sérgio Moro, segundo o qual:

> *Vale aqui lembrar que as operações policiais disfarçadas, 'undercover operations' nos Estados Unidos, são extremamente eficazes naquele país. A exigência de indícios de conduta criminal pré-existente visa evitar aquilo que os norte-americanos chamam de 'entrapment', quando um agente policial provoca a prática de um crime por parte de um inocente e não de um criminoso. A Súmula nº 145 do STF (Não há crime, quando a preparação do flagrante pela polícia torna impossível a sua consumação) não é óbice para a sua aplicação, pois, além de antiga e ter analisado matéria legal, o Supremo vem temperando sua rigidez. No HC 67.908/SP, julgado pela 2ª Turma do STF em 08/03/1990, decidiu-se, cf. ementa, que 'denunciado o paciente pela guarda de haxixe, para comercialização, ato preexistente à venda ficta da substância entorpecente aos policiais — não há falar em crime impossível em face da provocação do flagrante'. O mesmo entendimento foi manifestado no HC 69.476/SP, julgado também pela 2ª Turma do STF em 04/08/1992 ('Posse de entorpecente pelo réu, que preexistia à atuação do agente provocador, ao manifestar interesse pela aquisição da droga, para fixar a prova pelo crime já consumado. Não é invocável, na espécie, a Súmula 145'). De teor semelhante, encontram-se ainda o HC 72.674/SP, julgado em 26/03/1996, pela 2ª Turma do STF; o HC 73.898/SP, julgado pela 2ª Turma do STF em 21/05/1996; o HC 74.510/SP, julgado pela 1ª Turma do STF em 08/10/1996; e o HC 81.970/SP, julgado pela 1ª Turma do STF em 28/06/2002.*

1.2.7 Tráfico internacional de arma de fogo (art. 18º)

> ***Art. 18*** *Importar, exportar, favorecer a entrada ou saída do território nacional, a qualquer título, de arma de fogo, acessório ou munição, sem autorização da autoridade competente:*
>
> ***Pena*** *– reclusão de 8 (oito) a 16 (dezesseis) anos, e multa. (Redação dada pela Lei nº 13.964/2019)*
>
> ***Parágrafo único.*** *Incorre na mesma pena quem vende ou entrega arma de fogo, acessório ou munição, em operação de importação, sem autorização da autoridade competente, a agente policial disfarçado, quando presentes elementos probatórios razoáveis de conduta criminal preexistente. (Incluído pela Lei nº 13.964/2019)*

Descrição do crime

Sujeito ativo: pode ser praticado por qualquer pessoa, por isso se trata de crime comum. Por força da conduta "favorecer a qualquer título", agentes públicos, em serviço, também incorrerão no delito que, de qualquer forma, favorecerem (não evitarem ou buscar evitar, dolosamente). Se cometido por qualquer um dos agentes listados nos arts. 6º, 7º ou 8º, haverá aumento de metade da pena (art. 20).

Elemento subjetivo e conduta: é o dolo (não há conduta culposa) da internacionalidade de forma ilegal, atinge os interesses não só da coletividade (segurança pública), mas também da União pela ausência de pagamento dos tributos de importação ou exportação. Como possui 3 verbos, é considerado de conteúdo variado (multinuclear, tipo misto alternativo ou de ação múltipla).

Objeto material: arma de fogo, acessório ou munição, sem autorização da autoridade competente.

Forma simples *(caput):* a punição na modalidade simples só é cabível ao objeto material de uso permitido (reclusão, de 8 a 16 anos, e multa).

Forma majorada: se a arma de fogo, acessório ou munição forem de uso proibido ou restrito, então haverá aumento de metade da pena (art. 19).

Consumação e tentativa: consuma-se no exato momento da entrada no território nacional ou da saída dele (delito instantâneo), não necessitando de efetiva entrega a seu destinatário, venda ou utilização dos objetos (crime formal). É admissível a tentativa (plurissubsistente).

Justiça Federal: os crimes previstos no Estatuto do Desarmamento, em regra, são de competência da Justiça Estadual, porém o tráfico internacional de armas compete à Justiça Federal, pois ofende os interesses da União (art. 21º, XXII, e art. 109, IV e V, da CF/1988) que exerce o controle alfandegário.

Delito hediondo: a Lei nº 13.964/2019, incluiu o tráfico internacional de armas de fogo no rol dos crimes hediondos (art. 1º, parágrafo único, IV, Lei nº 8.072/1990).

Inafiançável e insuscetível de graça, anistia e indulto: por se tratar de delito hediondo, não há possibilidade de fiança nem perdão pelos dispositivos da graça, da anistia e do indulto (art. 2º, caput, Lei nº 8.072/1990), mas ainda é suscetível de liberdade provisória (art. 2º, § 3º, Lei nº 8.072/1990).

Prisão por agente encoberto (par. único): a Lei nº 13.964/2019 (Pacote Anticrime) acrescentou a possibilidade de prisão em flagrante, por agente policial disfarçado, de quem vender ou entregar arma de fogo, acessório ou munição, desde que a conduta criminal seja preexistente. Não haverá crime impossível por obra do agente provocador, o chamado flagrante preparado (Súmula nº 145 – STF).

Conflito aparente de normas

Por força do princípio da especialidade, quando os crimes de contrabando (art. 334-A, CP) e a facilitação de contrabando ou descaminho (art. 318, CP) tiverem por objeto armas de fogo, acessórios e munições, então, incorrerá no art. 18 do Estatuto do Desarmamento.

Crime	Conflito	Prevalece
Contrabando	Art. 334-A do CP	Art. 18 (Est. do Desarmamento)
Facilitação de contrabando ou descaminho	Art. 318 do CP	Art. 18 (Est. do Desarmamento)

1.2.8 Aumento de pena (arts. 19 e 20)

> ***Art. 19*** *Nos crimes previstos nos arts. 17 e 18, a pena é aumentada da metade se a arma de fogo, acessório ou munição forem de uso proibido ou restrito.*
>
> ***Art. 20*** *Nos crimes previstos nos arts. 14, 15, 16, 17 e 18, a pena é aumentada da metade se:*
>
> *I – forem praticados por integrante dos órgãos e empresas referidas nos arts. 6º, 7º e 8º desta Lei; ou*
>
> *II – o agente for reincidente específico em crimes dessa natureza. (Incluído pela Lei nº 13.964, de 24/12/2019)*

▷ **Basicamente, haverá aumento de metade da pena em duas situações:**

- **Quanto ao objeto material:** de uso restrito ou proibido (nos arts. 17 e 18).
- **Quanto ao sujeito ativo:** agente listado nos arts. 6º, 7º e 8º; ou reincidente específico (nos arts. 14 a 18).

1.2.9 Liberdade provisória (art. 21)

> ***Art. 21*** *Os crimes previstos nos arts. 16, 17 e 18 são insuscetíveis de liberdade provisória.*

Tal artigo foi considerado inconstitucional pelo STF (ADI 3.112), bem como os parágrafos únicos dos arts. 14 e 15. Portanto, **todos** os crimes do Estatuto do Desarmamento **admitem a liberdade provisória** e, ressalvando os arts. 16, 17 e 18 (delitos hediondos), também admitem a fiança.

> *A **proibição de estabelecimento de fiança** para os delitos de 'porte ilegal de arma de fogo de uso permitido' e de 'disparo de arma de fogo', mostra-se **desarrazoada**, porquanto são crimes de mera conduta, que não se equiparam aos crimes que acarretam lesão ou ameaça de lesão à vida ou à propriedade. [...] **Insusceptibilidade de liberdade provisória** quanto aos delitos elencados nos arts. 16, 17 e 18. **Inconstitucionalidade reconhecida**, visto que o texto magno não autoriza a prisão 'ex lege', em face dos princípios da presunção de inocência e da obrigatoriedade de fundamentação dos mandados de prisão pela autoridade judiciária competente. [...] Ação julgada procedente, em parte, para declarar a **inconstitucionalidade** dos **parágrafos únicos dos artigos 14 e 15 e do artigo 21** da Lei nº 10.826, de 22 de dezembro de 2003. STF, ADI 3.112/DF, Rel. Min. Ricardo Lewandowski, julgado em 02/05/2007, Tribunal Pleno, DJe 26/10/2007.*

2 LEI Nº 13.869/2019 - ABUSO DE AUTORIDADE

2.1 Aspectos gerais

2.1.1 Contexto da lei

Em setembro de 2019 tivemos a publicação da Lei nº 13.869/2019, nossa nova Lei de Abuso de Autoridade, a qual revogou expressamente a Lei nº 4.898/1965 – antiga Lei de Abuso de Autoridade - além de alterar diversos dispositivos de outras leis em vigor.

2.1.2 Finalidade da lei

Estudamos em Direito Administrativo que o Estado e seus agentes possuem algumas prerrogativas não extensíveis aos particulares, como por exemplo a presunção de legitimidade de seus atos (são, a princípio, considerados praticados de acordo com a lei). Contudo, não raro temos a ocorrência de condutas praticadas por agentes estatais que extrapolam ou se desviam dos limites da lei, caracterizando-se em verdadeiro abuso da autoridade legitimamente conferida a eles.

Com isso, surge a necessidade de contenção e punição desses atos praticados em desconformidade com a legislação. Várias são as normas, administrativas, cíveis e penais, que visam punir o agente público que abusa de seu poder. Temos como exemplo os crimes do Código Penal, notadamente os cometidos contra a Administração Pública, que buscam, mesmo que de forma indireta quanto ao abuso, punir tais atos praticados por agentes públicos. Da mesma forma, há normas administrativas, como a Lei de Improbidade, que sancionam administrativamente tais condutas.

Ao lado dessas normas, tínhamos a Lei mº 4.898/1965, a qual, como vimos, foi revogada pela nova Lei de Abuso de Autoridade - Lei nº 13.869/2019 – atualmente em vigor e que, nas palavras de Greco e Sanches, tem por finalidade: *modernizar a prevenção e repressão aos comportamentos abusivos de poder no trato dos direitos fundamentais do cidadão, colocando em mira a conduta de autoridades e agentes públicos*[1].

2.1.3 Organização

Vale ressaltar ainda que a Lei nº 13.869/2019 é dividida nos seguintes Capítulos:

Capítulo I	DISPOSIÇÕES GERAIS
Capítulo II	DOS SUJEITOS DO CRIME
Capítulo III	DA AÇÃO PENAL
Capítulo IV	DOS EFEITOS DA CONDENAÇÃO E DAS PENAS RESTRITIVAS DE DIREITOS
Capítulo V	DAS SANÇÕES DE NATUREZA CIVIL E ADMINISTRATIVA
Capítulo VI	**DOS CRIMES E DAS PENAS**
Capítulo VII	DO PROCEDIMENTO
Capítulo VIII	DISPOSIÇÕES FINAIS

2.2 Sujeitos do crime e características gerais

Art. 1º *Esta Lei define os crimes de abuso de autoridade, cometidos por agente público, servidor ou não, que, no exercício de suas funções ou a pretexto de exercê-las, abuse do poder que lhe tenha sido atribuído.*

§ 1º As condutas descritas nesta Lei constituem crime de abuso de autoridade quando praticadas pelo agente com a finalidade específica de prejudicar outrem ou beneficiar a si mesmo ou a terceiro, ou, ainda, por mero capricho ou satisfação pessoal.

§ 2º A divergência na interpretação de lei ou na avaliação de fatos e provas não configura abuso de autoridade.

Art. 2º *É sujeito ativo do crime de abuso de autoridade qualquer agente público, servidor ou não, da administração direta, indireta ou fundacional de qualquer dos Poderes da União, dos Estados, do Distrito Federal, dos Municípios e de Território, compreendendo, mas não se limitando a:*

I - Servidores públicos e militares ou pessoas a eles equiparadas;

II - Membros do Poder Legislativo;

III - membros do Poder Executivo;

IV - Membros do Poder Judiciário;

V - Membros do Ministério Público;

VI - Membros dos tribunais ou conselhos de contas.

Parágrafo único. *Reputa-se agente público, para os efeitos desta Lei, todo aquele que exerce, ainda que transitoriamente ou sem remuneração, por eleição, nomeação, designação, contratação ou qualquer outra forma de investidura ou vínculo, mandato, cargo, emprego ou função em órgão ou entidade abrangidos pelo caput deste artigo.*

2.2.1 Sujeitos ativo

Quanto ao sujeito ativo (quem pratica o crime), como se extrai da leitura do art. 1°, *caput* c/c art. 2°, os crimes da Lei nº 13.869/2019 são próprios (exigirão uma condição especial do sujeito ativo), os quais somente poderão ser cometidos por **agente público**.

Mas qual o conceito "Agente Público" para os fins da mencionada Lei?

É um conceito bastante amplo. Resumindo e esquematizando o disposto no art. 2°, temos que se trata:

Aquele que exerce cargo, emprego, função ou mandato na administração direta ou indireta ou funcional de qualquer dos poderes da União dos Poderes da União, dos Estados, do Distrito Federal, dos Municípios e de Território	
Ainda que de forma transitória ou sem remuneração (Ex.: mesários eleitorais, jurados).	Por qualquer forma de investidura ou vínculo (Ex.: eleição, nomeação, designação, contratação).

O art. 2°, em seus incisos, traz um rol exemplificativo de sujeitos ativos, sem prejuízo de vários outros exemplos: servidores públicos; empregados públicos; agentes políticos; militares, etc.

2.2.2 No exercício de suas funções ou a pretexto de exercê-las

Segundo o art. 1°, os crimes da Lei poderão ser cometidos por agente público: que estiver **no exercício da sua função pública** (Ex.: policial em serviço); bem como por aquele que, embora não esteja no exercício da função (Ex.: policial de folga), cometer o ato invocando a sua condição de autoridade pública, ou seja, **a pretexto de exercê-la**.

Exige-se, portanto, que a conduta cometida guarde relação com a função pública do sujeito ativo para que tenhamos a configuração de crime contido na lei (que pode estar exercendo-a efetivamente ou mesmo atuando a pretexto de exercê-la).

2.2.3 Agente público de férias ou licença

Poderá ser sujeito ativo de crime da Lei nº 13.869/2019. Isso porque quando está de férias ou licença o agente público conserva o seu vínculo com a Administração Pública e, como vimos, é possível que

1 GRECO, Rogério. CUNHA, Rogério Sanches. Abuso de Autoridade Lei n° 13.869/2019 comentada artigo por artigo. Salvador: Juspodivm, 2020, p. 12.

o abuso seja cometido não só no exercício da função, mas também a pretexto de exercê-la.

2.2.4 Agente público aposentado ou demitido

Nesses casos, o sujeito não mais possui vínculo funcional com a Administração Pública (não é mais "agente público" para fins da lei), não podendo cometer, em regra, crime de abuso de autoridade.

2.2.5 Múnus público

Aquele que exerce múnus público (um tipo de encargo imposto pela lei) - como por exemplo o tutor, curador, inventariante - não é "agente público" para os fins da Lei de Abuso de Autoridade, não podendo assim ser considerado sujeito ativo dos delitos tipificados na mencionada norma.

2.2.6 Concurso de pessoas

Como são crimes próprios, os delitos da Lei nº 13.869/2019 admitem tanto coautoria quanto participação.

Assunto interessante diz respeito à possibilidade de o particular cometer crime da nova Lei de Abuso de Autoridade: **via de regra não cometerá**, haja vista que não é "agente público" para os fins do mencionado art. 2°.

Contudo, existe uma possibilidade de o particular responder pelo delito: quando pratica-lo conjuntamente com um "agente público", ou seja, atuando como coautor ou partícipe (concurso de pessoas). Dessa forma, sozinho, o particular nunca cometerá crime da Lei de Abuso de Autoridade.

E por qual razão o particular também responderá por crime da Lei nº 13.869/2019, nesse caso de concurso de pessoas? Explicamos. O art. 30 do Código Penal dispõe que *não se comunicam as condições de caráter pessoal, salvo quando elementares do crime.* Ou seja, quando houver uma **elementar**, essa irá se comunicar (aos coautores e partícipes do delito).

Elementares são, basicamente, os dados fundamentais/principais de uma conduta criminosa. Nos crimes da Lei nº 13.869/2019, a condição de "agente público" é uma elementar, portanto ela irá se comunicar, se transmitir do agente público ao particular, respondendo, ambos, por crime de Abuso de Autoridade. Obviamente se o particular desconhecer a condição de agente público do seu parceiro, não responderá por crime de abuso

2.3 Bem jurídico e sujeito passivo

Os bens jurídicos tutelados, ou seja, os valores fundamentais que a Lei nº 13.869/2019 buscou proteger ao criminalizar as condutas de abuso de autoridade são dois: **o regular funcionamento da Administração Pública**, a qual não pode admitir que as condutas de seus agentes estejam em desconformidade com a lei; **os direitos fundamentais das vítimas**, as quais sofreram o ato de abuso por parte do agente estatal.

Analisando os bens jurídicos protegidos pela Lei, teremos que, à semelhança, são dois os sujeitos passivos (vítimas) do crime de abuso: tanto o **Estado**, responsável pela "máquina pública", quanto a pessoa (física ou jurídica) que sofreu a conduta ilegal por parte do agente estatal

2.4 Elemento subjetivo

Todos os crimes previstos na Lei nº 13.869/2019 são **dolosos** - não há delito de abuso de autoridade culposo - e exigem, além do dolo genérico (presente em todo crime doloso), um especial fim de agir, o qual encontra-se previsto no art. 1°, §1°

2.5 Ação penal e competência

> ***Art. 3º*** *Os crimes previstos nesta Lei são de ação penal pública incondicionada.*
>
> *§ 1º Será admitida ação privada se a ação penal pública não for intentada no prazo legal, cabendo ao Ministério Público aditar a queixa, repudiá-la e oferecer denúncia substitutiva, intervir em todos os termos do processo, fornecer elementos de prova, interpor recurso e, a todo tempo, no caso de negligência do querelante, retomar a ação como parte principal.*
>
> *§ 2º A ação privada subsidiária será exercida no prazo de 6 (seis) meses, contado da data em que se esgotar o prazo para oferecimento da denúncia.*

2.5.1 Ação penal

Todos os crimes da Lei de Abuso de Autoridade serão processados e julgados mediante ação penal pública incondicionada.

O art. 3°, em seus §§ 1° e 2°, traz a chamada ação penal privada subsidiária da pública, que consiste na possibilidade de admissão da ação penal privada para crimes que se processam originariamente sob ação penal pública, caso essa não seja intentada no prazo legal[2] pelo Ministério Público (titular dessa espécie de ação penal). Aqui a lei praticamente repetiu o já previsto no Código de Processo Penal, o qual aborda essa temática com mais detalhamento.

Observe que, mesmo no caso de admissão da ação penal privada subsidiária da pública, o Ministério Público continua tendo um amplo poder de gerência, podendo: aditar ou repudiar a queixa (oferecendo denúncia substitutiva); intervir em todos os termos do processo; fornecer elementos de prova; interpor recurso; e, a todo tempo, no caso de negligência do querelante, retomar a ação como parte principal. Além disso, note que o prazo de exercício dessa espécie de ação será de 6 meses, a contar da data em que se esgotar o prazo para oferecimento da denúncia. Transcorrido o prazo mencionado sem que a vítima tenha oferecido a queixa subsidiária, opera-se a decadência do direito de ação (o MP continua legitimado a oferecer a denúncia enquanto não extinta a punibilidade do crime, Ex.: prescrição).

2.5.2 Competência

A competência para julgamento dos crimes de abuso de autoridade é, via de regra, da **Justiça Comum Estadual**.

Poderemos ter também o julgamento pela **Justiça Comum Federal** se vislumbrarmos, no caso concreto, alguma das hipóteses previstas no art. 109 da CF, com destaque para o inciso IV (ofensa a algum bem, serviço ou interesse da União, suas autarquias ou empresas públicas).

> **Ex.:** crime de abuso de autoridade cometido no interior de órgão público federal (bem da União).

E o crime da Lei nº 13.869/2019 praticado por militar? De qual Justiça é a competência?

Segundo a melhor doutrina, se praticado por militar **no exercício de suas funções/em serviço**, competência da **Justiça Militar**. Vamos explicar melhor. Esse é um ponto que tem que ficar bem claro, pois trata-se de uma novidade introduzida pela **Lei nº 13.491/2017**.

Antes da edição da **Lei nº 13.491/2017**, mesmo praticado por militar, os crimes previstos nas leis penais especiais seriam sempre de competência da Justiça Comum. Isso porque a Justiça Militar julga apenas crimes militares e, anteriormente à lei citada, crime militar era definido como aquele contido no Código Penal Militar. Porém, a partir da vigência da mencionada norma, houve **alteração no conceito de crime militar** (em tempo de paz), de forma que atualmente os crimes militares são,

2 O prazo para oferecimento da denúncia encontra-se previsto no art. 46 do CPP: 5 dias estando o réu preso; 15 dias estando o réu solto ou afiançado.

além dos previstos no CPM: **aqueles contidos nas leis penais especiais e também no Código Penal (comum)**, desde **que sejam praticados em alguma das situações elencadas no art. 9°, II do CPM.**

Dessa forma, o crime de abuso de autoridade cometido por militar, em alguma das situações do art. 9, II do CPM (Ex.: em serviço), será julgado pela **Justiça Militar** (haja vista se tratar de crime militar por extensão/equiparação).

2.6 Efeitos da condenação e penas restritivas de direitos

> ***Art. 4º*** *São efeitos da condenação:*
>
> *I - Tornar certa a obrigação de indenizar o dano causado pelo crime, devendo o juiz, a requerimento do ofendido, fixar na sentença o valor mínimo para reparação dos danos causados pela infração, considerando os prejuízos por ele sofridos;*
>
> *II - A inabilitação para o exercício de cargo, mandato ou função pública, pelo período de 1 (um) a 5 (cinco) anos;*
>
> *III - a perda do cargo, do mandato ou da função pública.*
>
> ***Parágrafo único.*** *Os efeitos previstos nos incisos II e III do caput deste artigo são condicionados à ocorrência de reincidência em crime de abuso de autoridade e não são automáticos, devendo ser declarados motivadamente na sentença.*

2.6.1 Efeitos da condenação

No art. 4° da Lei estão previstos os efeitos extrapenais aplicáveis a quem for condenado por crime de abuso de autoridade. É interessante pontuar que alguns desses efeitos são automáticos, não necessitando de fundamentação pelo juiz quando da prolação da sentença condenatória (inciso I[3]) – uma vez condenado por crime da lei, automaticamente lhe será imposto tal efeito, quando for o caso.

Contudo, outros deles exigirão a devida fundamentação pelo magistrado para a sua caracterização (incisos II e III) – se o juiz, na sentença condenatória, nada diz a respeito desses efeitos, eles não serão impostos ao condenado. Quanto a esses, também é obrigatória a presença de reincidência específica, ou seja, que o condenado seja reincidente **em crime da Lei nº 13.869/2019** (foi condenado definitivamente por delito da Lei de Abuso de Autoridade e, posteriormente).

Para além do mencionado, o desafio do futuro aprovado aqui é memorizar o texto legal. Dessa forma, segue um esquema com as principais informações a serem gravadas:

São efeitos da condenação		
Perda de cargo, do mandato ou da função pública.	Inabilitação para o exercício de cargo, mandato ou função pública - 1 a 5 anos.	Torna certa a obrigação de indenizar o dano causado pelo crime + devendo o juiz, a requerimento do ofendido, fixar na sentença o valor mínimo para reparação dos danos, considerando os prejuízos sofridos.
Esse efeito é condicionado a ocorrência de reincidência em crime de abuso de autoridade e não automático.		

> ***Art. 5º*** *As penas restritivas de direitos substitutivas das privativas de liberdade previstas nesta Lei são:*
>
> *I - Prestação de serviços à comunidade ou a entidades públicas;*
>
> *II - Suspensão do exercício do cargo, da função ou do mandato, pelo prazo de 1 (um) a 6 (seis) meses, com a perda dos vencimentos e das vantagens;*
>
> ***Parágrafo único.*** *As penas restritivas de direitos podem ser aplicadas autônoma ou cumulativamente.*

2.6.2 Penas restritivas de direitos

O art. 5° traz as penas restritivas de direitos substitutivas das penas privativas de liberdade específicas para crimes da lei de abuso de autoridade, as quais podem ser aplicadas de forma autônoma (apenas uma delas) ou cumulativa (as duas em conjunto). Embora a lei anuncie quais são as penas substitutivas possíveis, nada diz a respeito dos requisitos para se operar essa substituição (quanto a esse ponto, deveremos observar o previsto no art. 44 do Código Penal).

Da mesma forma que o art. 4°, para provas de concursos a memorização do dispositivo é fundamental. Portanto, saiba:

Art. 5º - Penas Restritivas de Direito Substitutivas (aplicadas - autônoma ou cumulativamente):	
Prestação de serviços à comunidade ou entidades públicas.	Suspensão do exercício do cargp, função ou do mandato, pelo prazo de 1 a 6 meses + com a perda dos vencimentos e das vantagens.

2.7 Sanções de natureza civil e administrativa

> ***Art. 6°*** *As penas previstas nesta Lei serão aplicadas independentemente das sanções de natureza civil ou administrativa cabíveis.*
>
> ***Parágrafo único.*** *As notícias de crimes previstos nesta Lei que descreverem falta funcional serão informadas à autoridade competente com vistas à apuração.*
>
> ***Art. 7°*** *As responsabilidades civil e administrativa são independentes da criminal, não se podendo mais questionar sobre a existência ou a autoria do fato quando essas questões tenham sido decididas no juízo criminal.*
>
> ***Art. 8°*** *Faz coisa julgada em âmbito cível, assim como no administrativo-disciplinar, a sentença penal que reconhecer ter sido o ato praticado em estado de necessidade, em legítima defesa, em estrito cumprimento de dever legal ou no exercício regular de direito.*

2.7.1 Princípio da independência das instâncias

Via de regra, quanto à diversidade de punições a um ato ilícito vigora o princípio da independência das instâncias: as esferas cível, administrativa e penal são autônomas, ou seja, não guardam qualquer relação de dependência entre si. Por exemplo, para que se apure a responsabilização criminal de um ato de abuso de autoridade, não é necessário aguardar a instauração ou mesmo o encerramento do processo administrativo disciplinar (e vice-versa). É nesse sentido o teor do art. 6°, *caput* da Lei.

Além disso, é possível que um único ato de abuso de autoridade dê ensejo a três espécies diferentes de responsabilização: ADMINISTRATIVA + CIVIL + PENAL (as quais, em regra, são independes).

Contudo, pela leitura dos dispositivos seguintes – art. 7° e 8° - inferimos que o princípio mencionado não é absoluto, comportando duas exceções positivadas na Lei nº 13.869/2019:

Se o juízo do crime já decidiu a respeito da existência ou autoria do fato (materialidade e autoria):	→	Essas questões não poderão ser novamente questionadas nas esferas cível e administrativa

3 Sendo mais específico, doutrina especializada entende que a primeira parte do inciso I é efeito automático da condenação, enquanto a segunda parte do dispositivo (*devendo o juiz, a requerimento do ofendido, fixar na sentença o valor mínimo para reparação dos danos causados pela infração, considerando os prejuízos por ele sofridos*) exigirá requerimento do ofendido para sua incidência (efeito não automático).

Ou seja, o que foi decidido na esfera criminal em relação a existência ou autoria do fato, por meio de sentença penal condenatória (ou absolutória), torna-se imutável para as demais, retirando parcela da "independência" dessas instâncias.

A sentença penal que reconhecer ter sido o ato praticado em estado de necessidade, legítima defesa, estrito cumprimento de dever legal ou exercício regular de direito:	→	Faz coisa julgada no âmbito cível e administrativo

A sentença penal que reconhecer alguma das causas de exclusão da ilicitude do art. 23 CP, de igual modo, é imodificável nas demais esferas, esvaziando também parte da "independência" das mesmas.

2.7.2 Notificação falta funcional

Conforme disposto no art. 6°, parágrafo único no caso de notícia de crime que descreva também alguma falta funcional (âmbito administrativo), tal fato será comunicado à autoridade competente com vistas à respectiva apuração da responsabilidade disciplinar.

As condutas descritas na Lei constituem criem de abuso de autoridade quando praticadas pelo agente com finalidade específica de (solo específico):	
Prejudicar outrem	Benificiar a terceiro
Benificiar a si mesmo	Ou, ainda, por mero capricho ou satisfação pessoal

Portanto, pelo menos em regra, sem a existência de alguma dessas finalidades específicas não há que se falar em crime da Lei de Abuso de Autoridade. Ok!

Então para a caracterização dos delitos da Lei nº 13.869/2019 é necessário que se alcance alguma das finalidades citadas?

Não é necessário que se alcance, mas apenas que haja a pretensão, a intenção, o fim específico de abusar de seu poder, praticando alguma das condutas tipificadas na lei, para se chegar a qualquer dessas finalidades (mesmo que ela não seja alcançada).

2.8 Divergência na interpretação de lei ou na avaliação de fatos e provas

É certo que o operador do Direito, rotineiramente, se vê diante da necessidade de interpretar leis ou dispositivos de leis, bem como avaliar fatos e provas nas mais diversas situações. É comum que existam divergências entre os operadores quanto a interpretação ou avaliação desses fatos, isso é inclusive muito salutar. A divergência leva ao aprofundamento da questão, o que poderá gerar um raciocínio melhor construído, uma tese melhor trabalhada.

Atento a isso, o legislador previu no art. 1°, §2° que:

> ***Art. 1°, § 2º*** *A divergência na interpretação de lei ou na avaliação de fatos e provas não configura abuso de autoridade.*

Dessa forma, não que se falar em crime de abuso de autoridade no caso de mera divergência na interpretação de lei ou na avaliação de fatos e provas.

2.9 Procedimento

> ***Art. 39*** *Aplicam-se ao processo e ao julgamento dos delitos previstos nesta Lei, no que couber, as disposições do Decreto-Lei nº 3.689, de 3 de outubro de 1941 (Código de Processo Penal), e da Lei nº 9.099, de 26 de setembro de 1995.*

Diferentemente do previsto na antiga lei de abuso de autoridade (Lei nº 4.898/1965), a qual previa um procedimento especial aos seus crimes, a Lei nº 13.869/2019 dispõe em seu art. 39 que aplicam-se aos delitos as normas de processo e julgamento contidas no Código de Processo Penal ou na Lei nº 9.099/1995 (Juizados Especiais Criminais).

De forma objetiva, saiba que a nova Lei de Abuso de Autoridade traz um padrão quanto à sanção penal privativa de liberdade, de modo que os delitos são punidos de duas uma:

- **Ou detenção de 6 meses a 2 anos (menor potencial ofensivo): nesse caso, aplicar-se-ão as disposições da Lei nº 9.099/1995:** procedimento sumaríssimo, institutos despenalizadores e demais disposições da lei.
- **Ou detenção de 1 a 4 anos (médio potencial ofensivo):** para esses, aplicar-se-ão as disposições do CPP. Sendo mais específico, em regra incidirá o procedimento especial reservado ao processo e julgamento dos crimes de responsabilidade dos funcionários públicos (arts. 513 a 518 do CPP), aplicando-se subsidiariamente as normas do procedimento ordinário.

Ressaltamos, por fim, a possibilidade de aplicação da Lei nº 9.099/1995 (no que for compatível), em especial o instituto da suspensão condicional do processo (pois todos os crimes da nova lei de abuso de autoridade possuem pena mínima igual ou inferior a 1 ano).

2.10 Crimes em espécie

A partir do art. 9° nós temos a previsão dos crimes em espécie da nova lei de abuso de autoridade. Certamente a maior parte das questões irão exigir do candidato o conhecimento da letra da lei, principalmente nesse momento inicial, no qual são escassas as decisões jurisprudenciais sobre o tema e as discussões doutrinárias ainda embrionárias.

Inicialmente, como forma de sistematizar os temas, elencaremos aqui ensinamentos sobre os seguintes pontos (alguns já abordados anteriormente, mas que merecem atenção do futuro aprovado, pois aproveitam a todos os crimes da lei): **elemento subjetivo; modalidades da conduta; objeto material.**

2.10.1 Elemento subjetivo

Os crimes previstos na lei são todos dolosos (não há abuso de autoridade culposo). Além disso, não basta o chamado "dolo genérico" (ou simplesmente "dolo"), pois, como já estudado, os delitos exigirão também uma finalidade específica (dolo específico), constante no art. 1°, §1° da Lei.

2.10.2 Modalidades comissiva e omissiva

Em regra, os crimes da lei serão cometidos mediante ação (crimes comissivos), contudo, alguns outros delitos exigirão uma omissão por parte do agente público para sua caracterização (crimes omissivos). Saiba, portanto, que a Lei prevê tanto crimes comissivos quanto omissivos.

2.10.3 Objeto material

É a pessoa ou coisa sob a qual recai a conduta do agente, no caso dos delitos da Lei nº 13.869/2019, cuida-se da pessoa física ou jurídica que sofreu o ato consistente em crime de abuso de autoridade.

2.10.4 Art. 9°

> ***Art. 9º*** *Decretar medida de privação da liberdade em manifesta desconformidade com as hipóteses legais:*
> *Pena - detenção, de 1 (um) a 4 (quatro) anos, e multa.*
> ***Parágrafo único.*** *Incorre na mesma pena a autoridade judiciária que, dentro de prazo razoável, deixar de:*
> ***I*** *- Relaxar a prisão manifestamente ilegal;*

II - Substituir a prisão preventiva por medida cautelar diversa ou de conceder liberdade provisória, quando manifestamente cabível;

III - deferir liminar ou ordem de habeas corpus, quando manifestamente cabível.

Conduta Típica

Estamos diante da conduta de agente público que decreta medida de privação da liberdade em **manifesta**[4] desconformidade com a lei. O conceito de "medida de privação de liberdade" é amplo, abrangendo a **prisão cautelar** (flagrante, preventiva, temporária), **prisão definitiva** (em razão de sentença condenatória transitada em julgado), **prisão civil** (dívida de alimentos) e internação de menor infrator (Lei nº 8.069/1990).

Portanto, trata-se da situação na qual o sujeito ativo, em manifesta desconformidade com o previsto em lei e abusando de seu poder, ordena a privação de liberdade de uma pessoa.

> **Ex.:** juiz que decreta a prisão temporária de um sujeito em razão do cometimento do crime de ameaça (art. 147 CP). Tal ordem é manifestamente ilegal, haja vista que o delito do art. 147 CP não consta no rol da Lei nº 7.960/1989 (prisão temporária).

Figuras equiparadas

No parágrafo único nós temos algumas figuras equiparadas, ou seja, cada inciso constitui um crime autônomo, mas que receberá a mesma consequência penal da conduta prevista no *caput*, incorrendo na mesma pena a autoridade judiciária que, **dentro de prazo razoável, deixar de:**

- **Relaxar prisão manifestamente ilegal:** juiz que ao receber o preso em flagrante, na audiência de custódia, e verificada nítida ilegalidade na prisão, deixa de relaxa-la, convertendo-a em prisão preventiva;
- **Substituir a prisão preventiva por medida cautelar diversa ou de conceder liberdade provisória, quando manifestamente cabível:** conduta do juiz que ao receber preso em flagrante na audiência de custódia - sendo caso de flagrante lícito - e diante da evidente ausência dos requisitos para decretação da prisão preventiva (art. 312 c/c art. 313 do CPP), mesmo assim decide ordena-la, deixando de conceder a liberdade provisória manifestamente cabível;
- **Deferir liminar ou ordem de *habeas corpus*, quando manifestamente cabível:** imagine que um juiz esteja há vários meses com um pedido liminar ou de *habeas corpus* concluso para seu julgamento em processo criminal e, ainda, é manifestamente cabível o pleiteado pela defesa. Mesmo diante de tal situação, o juiz dolosamente se mantém inerte, não deferindo o pedido nitidamente cabível.

Sujeitos do crime

Sujeito ativo: em relação ao *caput*, poderá ser qualquer agente público, na forma do art. 2°, pois todo agente estatal é passível de decretar medida de privação de liberdade em **manifesta** desconformidade com a lei; quanto ao parágrafo único, será apenas quem se enquadrar na qualidade de autoridade judiciária: Juiz, Desembargador, Ministro.

Sujeito passivo: tanto o Estado quanto a pessoa que sofreu a conduta ilegal por parte do agente público.

Modalidades comissiva e omissiva

O verbo "decretar" (*caput*) exige uma ação por parte do sujeito ativo (crime comissivo). Contudo, no tocante ao verbo "deixar" parágrafo único) temos delito praticado por omissão (crime omissivo próprio).

2.10.5 Art. 10

Art. 10 *Decretar a condução coercitiva de testemunha ou investigado manifestamente descabida ou sem prévia intimação de comparecimento ao juízo:*

Pena - detenção, de 1 (um) a 4 (quatro) anos, e multa.

Conduta típica

Em breves palavras, condução coercitiva consiste em levar alguém, ainda que contra a sua vontade, à presença de determinada autoridade para que possa realizar algum ato proveitoso à persecução penal. Segundo o CPP, existe a possibilidade de condução coercitiva em relação aos seguintes sujeitos: **vítima** (art. 201, §1°); **acusado** (art. 260); **testemunha** (art. 218); **perito** (art. 278).

Embora haja todas essas possibilidades, teremos o crime do art. 10 quando o agente público legitimado decretar condução coercitiva, de **testemunha ou investigado** (apenas esses), em uma de duas situações:

- **Quando manifestamente descabida a medida:** citamos como exemplo uma condução coercitiva do investigado para interrogatório em sede policial. O STF recentemente reconheceu a impossibilidade de condução coercitiva de investigado ou réu objetivando a realização de interrogatório na fase investigatória ou judicial, considerando não recepcionada a parte do art. 260 do CPP que dispõe sobre a possibilidade de aplicação da medida "*para interrogatório*";
- **Quando não tenha havido prévia intimação de comparecimento ao juízo:** sem intimação prévia e o subsequente não comparecimento na data agendada de forma injustificada, a condução coercitiva de testemunha ou investigado configurará o crime do art. 10.

Sujeitos do crime

Sujeito ativo: para melhor doutrina, a condução coercitiva pode ser determinada por várias autoridades, como por exemplo: juiz; autoridade policial; membro do Ministério Público. Dessa forma, não só o juiz como também qualquer agente público com atribuição para determinar a medida poderá ser sujeito ativo do crime

2.10.6 Art. 12

Art. 12 *Deixar injustificadamente de comunicar prisão em flagrante à autoridade judiciária no prazo legal:*

Pena - detenção, de 6 (seis) meses a 2 (dois) anos, e multa.

Parágrafo único. *Incorre na mesma pena quem:*

I - Deixa de comunicar, imediatamente, a execução de prisão temporária ou preventiva à autoridade judiciária que a decretou;

II - Deixa de comunicar, imediatamente, a prisão de qualquer pessoa e o local onde se encontra à sua família ou à pessoa por ela indicada;

III - deixa de entregar ao preso, no prazo de 24 (vinte e quatro) horas, a nota de culpa, assinada pela autoridade, com o motivo da prisão e os nomes do condutor e das testemunhas;

IV - Prolonga a execução de pena privativa de liberdade, de prisão temporária, de prisão preventiva, de medida de segurança ou de internação, deixando, sem motivo justo e excepcionalíssimo, de executar o alvará de soltura imediatamente após recebido ou de promover a soltura do preso quando esgotado o prazo judicial ou legal.

Conduta típica

Os delitos do art. 12 criminalizam o descumprimento de certos deveres legais, inerentes ao momento da prisão ou à execução da pena e de observância obrigatória pelos agentes públicos encarregados. Não se trata de discutir a legalidade da prisão em si, mas sim o cumprimento ou não de deveres correlatos, previstos em lei.

O art. 12, inicialmente, pune o agente público que deixa injustificadamente[5] de comunicar prisão em flagrante à autoridade judiciária no prazo legal. Esse dever de comunicação encontra-se previsto no art. 306, *caput* do CPP (bem como no art. 5°, LXII, CF) que anuncia, dentre outros, a exigência de comunicação imediata da prisão em flagrante de qualquer pessoa ao juiz competente, o qual, uma vez descumprido, caracterizará o crime em questão.

Perceba que o prazo legal dessa comunicação - conforme extraído da letra do art. 306, *caput, CPP* - é **imediatamente**. Contudo, ressaltamos que para boa parte da **doutrina é lícito que a comunicação da prisão se dê no prazo de 24 horas** (aplicando-se, por extensão, o

4 Cuida-se de um elemento normativo a ser esclarecido pelo intérprete. Os mesmo acontece em relação aos termos "dentro de prazo razoável", "manifestamente cabível", presentes no parágrafo único e incisos.

5 Se houver justo motivo, por exemplo falha nos sistemas de comunicação, não há crime.

prazo para remessa do auto de prisão em flagrante ao juiz - art. 306, §1°, CPP), sem que haja crime algum.

Por outro lado, também encontramos entendimento que interpreta literalmente o art. 306, *caput*, CPP, assim se a comunicação da prisão ao juiz não ocorrer imediatamente haverá o delito do art. 12, *caput* da Lei nº 13.869/2019. Para prova objetiva, recomendamos essa interpretação literal do dispositivo.

Figuras equiparadas

No parágrafo único nós temos algumas figuras equiparadas, ou seja, cada inciso constitui um crime autônomo, mas que receberá a mesma consequência penal da conduta prevista no *caput*, incorrendo na mesma pena quem:

- **Deixa de:** comunicar, imediatamente, a **execução** de prisão temporária ou **preventiva à autoridade judiciária** que a decretou. Cuida-se de um dever prescrito pelo art. 289-A, §3° do CPP. Quanto ao alcance da expressão "imediatamente" – aqui e no inciso II - valem as mesmas observações feitas ao *caput*;

Fique ligado

Autoridade policial que cumpre prisão preventivamente legalmente autorizada por juiz, porém não o comunica imediatamente sobre a execução da medida.

- **Deixa de:** comunicar, imediatamente, a prisão de qualquer pessoa e o local onde se encontra **à sua família ou à pessoa por ela indicad**a. Esses também são deveres, à semelhança do *caput*, previstos no art. 306 do CPP (bem como no art. 5°, LXII, CF);
- **Deixa de:** entregar ao preso, no prazo de 24 (vinte e quatro) horas, a **nota de culpa**, assinada pela autoridade, com o motivo da prisão e o nome do condutor e das testemunhas. O dever de entrega da nota de culpa no prazo de 24 horas encontra-se previsto no art. 306, §2° do CPP;
- **Deixa:** sem justo e excepcionalíssimo motivo, de **executar imediatamente** alvará de soltura de preso ou **promover a sua soltura** quando esgotado o prazo judicial ou legal, prolongando, dessa forma, a execução de **pena privativa de liberdade**, de **prisão temporária ou preventiva, de medida de segurança ou de internação**.

É certo que se houver justo motivo para a não execução imediata do alvará/não promoção de soltura, não há crime.

> **Ex.:** atraso em virtude de rebelião no presídio ou diante de falha nos sistemas de comunicação, etc.

Sujeitos do crime

Sujeito ativo: será qualquer agente público com atribuição de praticar as condutas previstas nos tipos penais.

Modalidade omissiva

O crime do art. 12 (*caput* ou parágrafo único) reclama conduta omissiva por parte do sujeito ativo (crime omissivo próprio). Excepcionalmente aqui, não há modalidade comissiva do delito.

2.10.7 Art. 13

> ***Art. 13*** *Constranger o preso ou o detento, mediante violência, grave ameaça ou redução de sua capacidade de resistência, a:*
>
> *I - Exibir-se ou ter seu corpo ou parte dele exibido à curiosidade pública;*
>
> *II - Submeter-se a situação vexatória ou a constrangimento não autorizado em lei;*
>
> *III - produzir prova contra si mesmo ou contra terceiro:*
>
> *Pena - detenção, de 1 (um) a 4 (quatro) anos, e multa, sem prejuízo da pena cominada à violência.*

Conduta típica

O crime do art. 13 objetiva tutelar a integridade física e moral do preso ou detento, a qual encontra respaldo em dispositivos constitucionais (art. 5°, XLIX - *é assegurado aos presos o respeito à integridade física e moral*) e legais (art. 41, VIII, LEP - *constituem direitos do preso: proteção contra qualquer forma de sensacionalismo*). Nesse sentido, o mencionado delito tipifica a conduta do agente público que constrange/obriga o preso ou detento, mediante violência, grave ameaça ou redução de sua capacidade de resistência (violência imprópria), a:

- **Exibir-se ou ter seu corpo ou parte dele exibido à curiosidade pública:** essa última expressão indica a ausência de finalidade pública na exibição da pessoa presa ou detida, ou seja, o objetivo é saciar a curiosidade de terceiros e não uma efetiva e razoável contribuição à persecução penal;

> **Ex.:** policial que coloca pessoa presa em flagrante dentro do "baú" da viatura (bagageiro adaptado) e comunica à imprensa para que possam fotografá-lo e exibi-lo à curiosidade pública. Nessa situação, o constrangimento foi realizado mediante violência imprópria, pois o preso, subjugado na parte traseira da viatura, encontrava-se com sua capacidade de resistência reduzida.

Ressaltamos que a exposição da imagem de pessoa presa, mesmo que contra sua vontade, mas com o objetivo de auxiliar na elucidação do delito e desde que dentro de limites razoáveis e proporcionais ao atingimento da finalidade pública, não configurará o delito em questão. Podemos citar a divulgação à imprensa das fotos de pessoa presa suspeita de cometer vários delitos contra a dignidade sexual, para que seja possível a identificação de outras possíveis vítimas.

- **Submeter-se a situação vexatória ou a constrangimento não autorizado em lei:** policial que, mediante grave ameaça, constrange pessoa presa a gravar um vídeo de desculpas, chorando e se auto ofendendo, em razão dos delitos praticados;

Vale ressaltar que se a situação causar vexame ou constrangimento, porém for autorizada pela lei, não há crime.

> **Ex.:** prisão preventiva lícita, decretada pelo juiz e executada na empresa do detido, na presença de seus funcionários.

- **Produzir prova contra si mesmo ou contra terceiro:** O tipo penal consagra o princípio do *nemo tenetur se detegere* ou direito a não auto incriminação, o qual garante ao réu o direito de não praticar nenhum comportamento ativo que possa auto incriminá-lo. Tipifica também o constrangimento à produção de prova contra terceiro.

> **Ex.:** escrivão de polícia que constrange pessoa detida, mediante grave ameaça, a fornecer um fio de seu cabelo para que se realize exame de DNA, necessário a comprovar a materialidade de um crime de estupro (art. 213 CP).

Sem prejuízo da pena cominada à violência

Observe que, se para cometer o delito do art. 13 o agente público se valer do emprego de violência à vítima, teremos concurso de crimes - por expressa disposição legal: *detenção, de 1 (um) a 4 (quatro) anos, e multa, **sem prejuízo da pena cominada à violência.***

Sujeitos do crime

Sujeito ativo: é o agente público que praticar a conduta prevista no tipo penal (não se enquadram como sujeito ativo do delito, os profissionais da imprensa que, porventura, venham a capturar imagens do preso ou detento – não são "agentes públicos").

2.10.8 Art. 15

> ***Art. 15 Constranger*** *a depor,* ***sob ameaça de prisão,*** *pessoa que, em razão de função, ministério, ofício ou profissão, deva guardar segredo ou resguardar sigilo:*
>
> *Pena - detenção, de 1 (um) a 4 (quatro) anos, e multa.*
>
> ***Parágrafo único.*** *Incorre na mesma pena quem prossegue com o interrogatório:*
>
> *I - de pessoa que tenha decidido exercer o direito ao silêncio; ou*
>
> *II - de pessoa que tenha optado por ser assistida por advogado ou defensor público, sem a presença de seu patrono.*

L E S P

O núcleo do tipo (verbo) deste crime é **constranger**. Este delito só poder ser praticado por ação, não cabe imputação por omissão.

Sujeito passivo: Os sujeitos passivos deste crime estão previstos no art. 207 do Código de Processo Penal.

> ***Art. 207*** *São proibidas de depor as pessoas que, em razão de função, ministério, ofício ou profissão, devam guardar segredo, salvo se, desobrigadas pela parte interessada, quiserem dar o seu testemunho.*

Exemplos:

- Um padre em relação a uma confissão;
- Um psicólogo em relação ao seu paciente;
- Advogado.

Essas pessoas não podem ser constrangidas a depor, ainda que estejam desobrigadas pela parte interessada.

Esse constrangimento não é feito de qualquer forma para a caracterização deste delito. O constrangimento deve ser feito sobre a ameaça de prisão.

Pois, a maioria da doutrina, Renato Brasileiro, Renee do O', Rogério Greco e **Rogério Sanches Cunha, entende que esse crime é um crime de ação vinculada.**

Já no parágrafo único do art. 15 da Lei nº 13.869/2019 trata de um crime em que o sujeito passivo do crime só podem ser o **acusado ou réu**, uma vez que se trata de interrogatório.

O interrogatório divide-se em duas fases.

- A 1º fase trata-se da qualificação do interrogando. Na qual a autoridade policial coleta dados de identificação do acusado/réu, por exemplo, seu nome, endereço, idade;
- Já na 2º fase trata-se do mérito, do fato em si.

O crime em análise recai sobre a segunda fase do interrogatório, na qual se discute o mérito, ou seja, o que aconteceu de fato.

Fique ligado

Um delegado de polícia inicia o interrogatório. Porém, o interrogando suscita seu direito ao silêncio e o delegado continua estimulando-o a fala, não respeitando assim o direito ao silêncio do acusado. Caracteriza-se o crime do art. 15, parágrafo único, I da Lei nº 13.869/2019.

A primeira fase ou parte do interrogatório não dá ao interrogando o direito ao silêncio quanto menos a faltar com a verdade, pois trata-se de informações sobre a sua identidade. Por isso, não cabe a alegação de autodefesa neste momento do interrogatório, conforme demonstra a Súmula nº 522 do STJ.

Além disso, incorre no art. 68 da Lei de Contravenções Penais o interrogando que mentir ou silenciar seus dados pessoais na fase de qualificação do interrogatório (1º fase).

> ***Súmula nº 522 - STJ***
> *A conduta de atribuir-se falsa identidade perante autoridade policial é típica, ainda que em situação de alegada autodefesa.*

Sujeito ativo

Qualquer agente público com atribuição de praticar as funções descritas no tipo penal.

2.10.9 Art. 15-A

Recentemente, por meio da Lei nº 14.321/2022, um novo crime foi adicionado à Lei de Abuso de Autoridade (Lei nº 13.869/2019), que trata da **violência institucional**.

> ***Art. 15-A*** *Submeter a vítima de infração penal ou a testemunha de crimes violentos a procedimentos desnecessários, repetitivos ou invasivos, que a leve a reviver, sem estrita necessidade:*
> *I - a situação de violência; ou*
> *II - outras situações potencialmente geradoras de sofrimento ou estigmatização:*
> *Pena - detenção, de 3 (três) meses a 1 (um) ano, e multa.*
> *§ 1º Se o agente público permitir que terceiro intimide a vítima de crimes violentos, gerando indevida revitimização, aplica-se a pena aumentada de 2/3 (dois terços).*
> *§ 2º Se o agente público intimidar a vítima de crimes violentos, gerando indevida revitimização, aplica-se a pena em dobro.*

Essa tipificação trata da possibilidade de a vítima sofrer indiretamente em razão do delito que foi praticado contra ela, através da sua submissão a procedimentos repetitivos ou desnecessários, dentro de instituições estatais (delegacia, fórum), fazendo com que ela reviva o evento traumático da violência ou sofrimento.

Esse processo de sofrimento causado é denominado de **vitimização secundária** ou **revitimização.** Em suma, são situações em que o sofrimento não decorre diretamente da violência praticada contra a vítima, mas que se dá em decorrência de procedimentos institucionais.

- Pode acontecer, por exemplo, em tomada de depoimentos ou em virtude de um mau atendimento nos órgãos públicos;

Portanto, o art. 15-A da Lei de Abuso de Autoridade visa punir a conduta de agentes públicos que submetam **vítima de infração penal ou testemunha de crime violento** a um processo de revitimização.

Outro ponto que merece destaque, diz respeito à pena cominada para o crime de violência institucional**: detenção de 3 (três) meses a 1 (um) ano.** É a menor pena da Lei nº 13.869/2019 e, por se tratar de delito de menor potencial ofensivo, é cabível o procedimento do Juizado Especial Criminal (Lei nº 9.099/1995) e os benefícios que dele decorrem.

- Ainda que incidam as causas de aumento de pena, previstas no §1º e §2º, o crime continua sendo de menor potencial ofensivo, vez que não ultrapassa o limite máximo de 2 anos.

Em seguida, vale salientar quais indivíduos podem ser vítimas desse crime:

- As vítimas de infração penal;
- A testemunha de crimes violentos. Nesse ponto, **obrigatoriamente** a testemunha deve ser de crimes violentos, não de qualquer tipo de infração penal.

Prosseguindo, ainda no *caput* do art. 15-A, a lei menciona *"procedimentos desnecessários, repetitivos ou invasivos"*. Não há especificação de quais procedimentos se enquadram nesse conceito, mas são considerados quaisquer procedimentos em que a vítima é submetida perante um agente público e que diga respeito à infração penal.

Só haverá a conduta criminosa, caso a lembrança dos eventos criminosos seja desnecessária, ou seja, quando **não houver a estrita necessidade.**

- Imagine que determinada pessoa foi vítima de uma tentativa de homicídio. Ela deverá ser ouvida em sede policial, para a elucidação do fato, ato que **obrigatoriamente** deve ocorrer e será inevitável que ela reviva os eventos traumáticos que passou;

Ainda, a vítima foi intimada para prestar este depoimento em horário no qual ela poderá se locomover, após total recuperação de sua saúde. Chegando no órgão público, foi tratada com a cordialidade devida. Veja que ela não foi submetida a um procedimento desnecessário, portanto, não haverá crime por parte do agente público.

Agora, em sentido contrário, veja outro exemplo:

- Imagine uma testemunha de um crime de homicídio (crime violento). O delegado que estava conduzindo a investigação desse delito achou que o primeiro depoimento prestado por essa testemunha não seria suficiente para se chegar à identificação do autor do crime;

O delegado, por sua vez, tem a convicção de que tal testemunha sabe quem é o autor, mas não quer revelar. Diante disso, dolosamente, ordena que a testemunha seja intimada toda semana, por várias vezes, para prestar múltiplos depoimento até que ela revele o que ele deseja.

Perceba que o delegado (agente público) submeteu uma testemunha de crime violento a procedimento desnecessário e repetitivo, fazendo-a reviver os eventos traumáticos sem que houvesse estrita necessidade em fazê-lo. Nesse caso, presente o dolo específico, haverá o crime de violência institucional (art. 15-A).

Causas de aumento de pena

Primeiramente, ambas as causas de aumento possuem uma característica em comum: serão aplicadas quando há **intimidação à vítima de crime violento que cause uma indevida revitimização.**

Em segundo lugar, as duas causas são aplicáveis somente **às vítimas de crimes violentos**, de modo que as testemunhas (citadas pelo *caput*) não são abrangidas pelas causas de aumento.

Terceiro, está presente o ato de **intimidar** a vítima, que é uma postura ainda mais hostil do que aquela prevista no *caput.*

Agora, especificamente sobre o §1º, trata-se da situação em que o agente público adota uma postura omissiva e permite que um **terceiro intimide a vítima** de crime violento, causando indevida revitimização (aplica-se a pena aumentada de 2/3).

Quanto ao §2º, trata-se da situação em que o **próprio agente público intimida a vítima** de crime violento, causando indevida revitimização (aplica-se a pena em dobro).

Característica comum	§ 1º	§ 2º
Intimidação da vítima de crime violento, causando indevida revitimação.	Agente público se omite e permite que terceiro intimide a vitima.	Quando o próprio agente público pratica a intimação.

Sujeitos do crime

Em relação ao **sujeito ativo**, poderá ser qualquer agente público com atribuição de aplicar o procedimento (ex: juiz, delegado, promotor de justiça, etc). Assim, como todos os crimes da Lei de Abuso de Autoridade, trata-se de um crime próprio.

Já o **sujeito passivo** é a vítima de infração penal ou testemunha de crime violento. Lembrando que no contexto das causas de aumento (§§1º e 2º), apenas a vítima de crime violento pode figurar como sujeito passivo.

Consumação do crime

O crime de violência institucional é um **crime formal**, ou seja, consuma-se com a mera prática da conduta e não exige a ocorrência do resultado naturalístico (alteração no mundo natural).

Tal delito se consuma com a submissão da vítima aos procedimentos desnecessários, repetitivos ou invasivos que a fazem reviver, sem estrita necessidade, a situação de violência, sofrimento ou estigmatização.

A tentativa é possível. Cuida-se, ainda, de crime de perigo concreto.

2.10.10 Art. 16

> ***Art. 16 Deixar de identificar-se ou identificar-se falsamente ao preso*** *por ocasião de sua captura ou quando deva fazê-lo durante sua detenção ou prisão:*
>
> *Pena - detenção, de 6 (seis) meses a 2 (dois) anos, e multa.*
>
> ***Parágrafo único.*** *Incorre na mesma pena quem, como responsável por* ***interrogatório*** *em sede de* ***procedimento investigatório de infração penal, deixa de identificar-se*** *ao preso* ***ou atribui a si mesmo falsa identidade, cargo ou função.***

Tem-se neste dispositivo a consagração de um direito fundamental previsto no art. 5, LXIV da CRFB/88, a saber, a identificação dos agentes responsáveis por sua prisão (art.16, caput) ou interrogatório (art. 16, parágrafo único).

> *LXIV - o preso tem direito à identificação dos responsáveis por sua prisão ou por seu interrogatório policial;*

Caput

O art. 16, *caput* pode ser praticado tanto por ação ou por omissão. Por omissão quando o agente deixar de identificar-se. Por ação quando ele utilizar-se de identificação falsa.

Sujeito passivo: é somente o **preso**, seja na captura, detenção ou prisão.

Sujeito ativo: qualquer agente público com atribuição de praticar as funções descritas no tipo penal.

Parágrafo único

É um crime equiparado ao art. 16, *caput.* Contudo, o PÚ fala em atribui a si mesmo falsa **identidade, cargo ou função** enquanto no *caput* fala-se apenas em identidade/identificação.

Neste ponto, a doutrina diverge, pois, para alguns no caput não abrangerá cargo ou função. Portanto, no art. 16, *caput,* se o agente público se identificar falsamente quanto a cargo ou função **não** haveria tipicidade.

Já no parágrafo único do mesmo dispositivo, se o agente público se identificar falsamente quanto a cargo ou função haveria tipicidade.

No parágrafo único do art. 16 também configura-se o crime por ação ou omissão.

Sujeitos do crime

Sujeito passivo: o mesmo sujeito passivo do *caput*, o preso! Contudo, apenas no momento do interrogatório de procedimento investigatório de infração penal. Por isso, a maioria da doutrina diz que este delito em fase pré-processual. Não cabe falar em caracterização do delito na fase processual penal/ fase judicial.

Sujeito ativo: qualquer agente público com atribuição de praticar as funções descritas no tipo penal, autoridade policial, membro do Ministério Público, desde que na fase pré-processual.

2.10.11 Art. 18

> ***Art. 18 Submeter o preso a interrogatório policial durante o período de repouso noturno****, salvo se capturado em flagrante delito ou se ele, devidamente assistido, consentir em prestar declarações:*
>
> *Pena - detenção, de 6 (seis) meses a 2 (dois) anos, e multa.*

Em regra, o interrogatório não pode ser feito em horário de repouso noturno, ou seja, horário de descanso.

Contudo, há duas exceções, se o preso for capturado em flagrante delito no horário de descanso noturno ou se ele, estando assistido, desejar prestar declarações.

Sujeitos do crime

Sujeito passivo: o sujeito passivo é o preso, porém a tipificação só ocorre se o ato se der em sede de inquérito policial.

Sujeito ativo: somente a autoridade policial (Delegado de Polícia).

Repouso noturno

A lei em análise é silente a respeito do conceito de repouso noturno. Por isso, há bastante divergência doutrinária acerca do assunto.

Contudo, segundo Renato Brasileiro, aplica-se para fins de conceituação de repouso noturno o art. 22, § 1º, inciso III da Lei nº 13.869/2019, aplica-se um prazo da própria Lei de Abuso de Autoridade.

Portanto, o período compreendido entre 21h (vinte e uma horas) até 5h (cinco horas).

> ***Art. 22*** *Invadir ou adentrar, clandestina ou astuciosamente, ou à revelia da vontade do ocupante, imóvel alheio ou suas dependências, ou nele permanecer nas mesmas condições, sem determinação judicial ou fora das condições estabelecidas em lei:*
>
> *Pena - detenção, de 1 (um) a 4 (quatro) anos, e multa.*
>
> *§ 1º Incorre na mesma pena, na forma prevista no* ***caput*** *deste artigo, quem:*
>
> *III - cumpre mandado de busca e apreensão domiciliar* ***após as 21h (vinte e uma horas) ou antes das 5h (cinco horas).***

Ex.: A autoridade policial inicia o interrogatório do preso antes das 20 horas, contudo, as 20 horas e 50 minutos, ele percebe que aquele interrogatório não está finalizado ainda e que seu término não está próximo, ou seja, ele precisaria continuar o interrogatório após as 21 horas.

Neste caso, ele pode continuar com o interrogatório, mesmo ultrapassando o horário das 21 horas ou ele deve interromper o interrogatório e dar continuidade após o horário de repouso noturno?

Para Renato Brasileiro, o Delegado de Polícia deverá interromper o interrogatório e retomá-lo no dia seguinte após as 5 horas. Num entendimento diferente do que se aplica aos mandados de busca e apreensão.

2.10.12 Art. 19

> ***Art. 19 Impedir ou retardar, injustificadamente,*** *o envio de pleito de preso à autoridade judiciária competente para a apreciação da legalidade de sua prisão ou das circunstâncias de sua custódia:*
>
> *Pena - detenção, de 1 (um) a 4 (quatro) anos, e multa.*
>
> ***Parágrafo único.*** *Incorre na mesma pena o magistrado que, ciente do impedimento ou da demora,* ***deixa*** *de tomar as providências tendentes a saná-lo ou, não sendo competente para decidir sobre a prisão,* ***deixa*** *de enviar o pedido à autoridade judiciária que o seja.*

Este artigo busca proteger o direito fundamental ao direito de petição, art. 5, XXXIV da CRFB/88.

> ***Art. 5º*** *Todos são iguais perante a lei, sem distinção de qualquer natureza, garantindo-se aos brasileiros e aos estrangeiros residentes no País a inviolabilidade do direito à vida, à liberdade, à igualdade, à segurança e à propriedade, nos termos seguintes:*
>
> *XXXIV - são a todos assegurados, independentemente do pagamento de taxas:*
>
> *a) o* ***direito de petição aos Poderes Públicos*** *em defesa de direitos ou contra ilegalidade ou abuso de poder;*

Caput

Para que haja a tipificação deste crime faz-se necessário que a conduta do agente público ocorra de forma **injustificada,** pois, caso exista uma justificativa a conduta será atípica.

Os núcleos do tipo penal em análise são impedir ou retardar, os quais podem ocorrer **por ação ou omissão**. Uma vez que o verbo impedir demonstra uma ação do sujeito ativo, já o verbo retardar traz uma ideia de um não fazer, ou seja, uma omissão.

Ex.: O preso redige um habeas corpus requerendo sua soltura para o juiz. Entretanto, o diretor do estabelecimento prisional, a fim de prejudicar dolosamente o preso, impede que esse habeas corpus chegue ao juiz. Restará configurado o crime do art. 19, caput da Lei nº 13.869/2019.

Sujeitos do crime

Sujeito ativo: trata-se de crime próprio, somente o agente público pode cometê-lo.

Sujeito passivo: o sujeito passivo deste crime é somente o preso.

Porém, para configuração do delito o **pedido** do preso terá de ser necessariamente **a autoridade judiciária (juiz) competente para apreciar sua prisão ou qualquer circunstância relativa a sua custódia.**

Parágrafo único

No parágrafo únci do art. 19 da Lei nº 13.869/2019 estão previstas as figuras equiparadas ao crime do *caput* do referido artigo. A conduta deste crime apenas se configura por omissão.

Sujeito ativo: também é crime próprio, porém, o sujeito ativo deste crime é somente o magistrado (juiz, desembargador ou ministro).

Art. 19 da Lei nº 13.869/2019	
Caput	Parágrafo único
Ação ou Omissão	Apenas por Omissão

2.10.13 Art. 20

> ***Art. 20*** *Impedir,* ***sem justa causa, a entrevista pessoal e reservada do preso com seu advogado:***
>
> *Pena - detenção, de 6 (seis) meses a 2 (dois) anos, e multa.*
>
> ***Parágrafo único.*** *Incorre na mesma pena quem* ***impede o preso,*** *o* ***réu solto ou o investigado*** *de* ***entrevistar-se pessoal e reservadamente com seu advogado ou defensor, por prazo razoável, antes de audiência judicial,*** *e de sentar-se ao seu lado e com ele comunicar-se durante a audiência, salvo no curso de interrogatório ou no caso de audiência realizada por videoconferência.*

Caput

A conduta deste crime é impedir a entrevista pessoal e reservada do preso com seu advogado.

A entrevista pessoal e reservada do preso com seu advogado é assegurada constitucionalmente como um direito fundamental previsto no art. 5º, LXIII da CRFB/88.

> *LXIII -* ***o preso*** *será informado de seus direitos, entre os quais o de permanecer calado, sendo-lhe* ***assegurada a assistência*** *da família e* ***de advogado;***

Sujeitos do crime

Sujeito ativo: trata-se de crime próprio somente o agente público pode cometê-lo.

Sujeito passivo: no caput do art. 20 da Lei de Abuso de Autoridade o sujeito passivo é **apenas o preso**, diferentemente do parágrafo único do mesmo artigo.

Parágrafo único

Trata-se de uma figura equiparada ao art. 20, caput. Por isso, a conduta deste crime também é impedir a entrevista pessoal e reservada do preso com seu advogado, porém, por prazo razoável antes da audiência ou de sentar-se ao seu lado e com ele comunicar-se durante a audiência.

Exceções:

- Interrogatório em juízo;
- Audiência realizada por videoconferência.

Segundo a maioria da doutrina, a exceção do interrogatório é mencionada porque, no interrogatório, o sistema vigente é o presidencialista, ou seja, as perguntas serão realizadas diretamente do juiz para o interrogando. As partes levaram suas perguntas ao juiz e ele as fará diretamente ao acusado/réu.

Sujeito ativo: somente o magistrado/autoridade judiciária (juiz, desembargador ou ministro).

Sujeito passivo: o sujeito passivo deste crime pode ser preso, réu solto ou investigado.

2.10.14 Art. 21

> ***Art. 21*** *Manter presos de ambos os sexos na mesma cela ou espaço de confinamento:*
>
> *Pena - detenção, de 1 (um) a 4 (quatro) anos, e multa.*
>
> ***Parágrafo único.*** *Incorre na mesma pena quem mantém, na mesma cela, criança ou adolescente na companhia de maior de idade ou em ambiente inadequado, observado o disposto na Lei nº 8.069, de 13 de julho de 1990 (Estatuto da Criança e do Adolescente).*

Este crime visa proteger o direito do preso previsto no art. 82 da Lei de Execução Penal (LEP).

> ***Art. 82*** *Os estabelecimentos penais destinam-se ao condenado, ao submetido à medida de segurança, ao preso provisório e ao egresso.*
>
> ***§ 1° A mulher e o maior de sessenta anos, separadamente, serão recolhidos a estabelecimento próprio e adequado à sua condição pessoal.***
>
> *§ 2º - O mesmo conjunto arquitetônico poderá abrigar estabelecimentos de destinação diversa desde que devidamente isolados.*

Cela ou espaço de confinamento

Cela é o local onde ficam os presos definitivos ou provisórios, seja em penitenciárias ou delegacias.

Espaço de confinamento é qualquer outro local enclausurado onde fique o preso que não seja uma cela destinado ao preso provisório ou definitivo. Ex.: baú da viatura/gaiola.

Transexuais e travestis

Há uma intensa discussão doutrinária envolvendo os transexuais e travestis no que tange a questão de qual seria a cela e espaço de confinamento adequado a este grupo de pessoas.

Alguns entendem que os transexuais, de maneira geral, devem ser recolhidos em celas femininas.

Outros doutrinadores vão entender que neste caso vale a opção do indivíduo que está preso. Caso o indivíduo do gênero masculino se identifique com o gênero feminino, mesmo não tendo realizado cirurgia de redesignação sexual, sem alteração no registro civil, deve ser recolhido em unidade prisional feminina.

Segundo Nucci, "(...)Há, certamente, a omissão legislativa – e não deveria ter acontecido - onde prender travesti e transexuais. Já que inexiste clara definição, não se pode processar por abuso de autoridade o lugar onde se coloca, preso, a pessoa travesti ou transexual, vale dizer, em cela masculina ou feminina.(...)"

Cuida-se de tema que carece de uniformização pelos tribunais superiores.

Sujeitos do crime

Sujeito ativo: Somente aquele agente público com atribuição de praticar as funções descritas no tipo penal tanto para a tipificação do *caput* quanto do parágrafo único do art. 21 da Lei de Abuso de Autoridade.

Parágrafo único

A figura descrita no parágrafo único da art. 21 é equiparada a conduta do art. 21, *caput* e nela incorre o agente que, na mesma cela, colocar criança ou adolescente na companhia de maior de idade ou em ambiente inadequado. Para a interpretação do art. 21, parágrafo único faz-se necessário remeter-se aos arts. 94 e 123 do Estatuto da Criança e do Adolescente.

> ***Art. 94*** *As entidades que desenvolvem programas de internação têm as seguintes obrigações, entre outras:*
>
> *I - observar os direitos e garantias de que são titulares os adolescentes;*
>
> *II - não restringir nenhum direito que não tenha sido objeto de restrição na decisão de internação;*
>
> *III - oferecer atendimento personalizado, em pequenas unidades e grupos reduzidos;*
>
> *IV - preservar a identidade e oferecer ambiente de respeito e dignidade ao adolescente;*
>
> *V - diligenciar no sentido do restabelecimento e da preservação dos vínculos familiares;*
>
> *VI - comunicar à autoridade judiciária, periodicamente, os casos em que se mostre inviável ou impossível o reatamento dos vínculos familiares;*
>
> *VII - oferecer instalações físicas em condições adequadas de habitabilidade, higiene, salubridade e segurança e os objetos necessários à higiene pessoal;*
>
> *VIII - oferecer vestuário e alimentação suficientes e adequados à faixa etária dos adolescentes atendidos;*
>
> *IX - oferecer cuidados médicos, psicológicos, odontológicos e farmacêuticos;*
>
> *X - propiciar escolarização e profissionalização;*
>
> *XI - propiciar atividades culturais, esportivas e de lazer;*
>
> *XII - propiciar assistência religiosa àqueles que desejarem, de acordo com suas crenças;*
>
> *XIII - proceder a estudo social e pessoal de cada caso;*
>
> *XIV - reavaliar periodicamente cada caso, com intervalo máximo de seis meses, dando ciência dos resultados à autoridade competente;*
>
> *XV - informar, periodicamente, o adolescente internado sobre sua situação processual;*
>
> *XVI - comunicar às autoridades competentes todos os casos de adolescentes portadores de moléstias infecto-contagiosas;*
>
> *XVII - fornecer comprovante de depósito dos pertences dos adolescentes;*
>
> *XVIII - manter programas destinados ao apoio e acompanhamento de egressos;*
>
> *XIX - providenciar os documentos necessários ao exercício da cidadania àqueles que não os tiverem;*
>
> *XX - manter arquivo de anotações onde constem data e circunstâncias do atendimento, nome do adolescente, seus pais ou responsável, parentes, endereços, sexo, idade, acompanhamento da sua formação, relação de seus pertences e demais dados que possibilitem sua identificação e a individualização do atendimento.*
>
> *§ 1° Aplicam-se, no que couber, as obrigações constantes deste artigo às entidades que mantêm programas de acolhimento institucional e familiar.*
>
> *§ 2º No cumprimento das obrigações a que alude este artigo as entidades utilizarão preferencialmente os recursos da comunidade.*
>
> ***Art. 123*** *A internação deverá ser cumprida em entidade exclusiva para adolescentes, em local distinto daquele destinado ao abrigo, obedecida rigorosa separação por critérios de idade, compleição física e gravidade da infração.*

2.10.15 Art. 22

> *Art. 22 Invadir ou adentrar, clandestina ou astuciosamente, ou à revelia da vontade do ocupante, imóvel alheio ou suas dependências, ou nele permanecer nas mesmas condições, sem determinação judicial ou fora das condições estabelecidas em lei:*
>
> *Pena – detenção, de 1 (um) a 4 (quatro) anos, e multa.*
>
> *§ 1º Incorre na mesma pena, na forma prevista no* ***caput*** *deste artigo, quem:*
>
> *I – coage alguém, mediante violência ou grave ameaça, a franquear-lhe o acesso a imóvel ou suas dependências;*
>
> *III – cumpre mandado de busca e apreensão domiciliar após as 21h (vinte e uma horas) ou antes das 5h (cinco horas).*
>
> ***§ 2º Não haverá crime se o ingresso for para prestar socorro, ou quando houver fundados indícios que indiquem a necessidade do ingresso em razão de situação de flagrante delito ou de desastre*** *(***excludentes de ilicitude****).*

Caput

Invadir, adentrar ou permanecer clandestinamente ou astuciosamente, a à revalia da vontade do ocupante	—	Imovél alheio ou suas depedênciaas (Ex.: quintal, garagem)	—	Tudo isso sem determinação legal ou em desacordo com a lei

Quando que o ingresso ou permanência em imóvel alheio descumprirá as condições estabelecidas na lei?

> ***Art. 5, XI, CRFB/88*** *A casa é asilo inviolável do indivíduo, ninguém nela podendo penetrar sem consentimento do morador, salvo em caso de flagrante delito ou desastre, ou para prestar socorro, ou, durante o dia, por determinação judicial;*

Ou seja, quando não for hipótese de:

- Flagrante delito;
- Desastre;
- Prestação de socorro; ou
- Durante o dia, por determinação judicial.

Figura equiparada

Coage alguém, mediate violência ou grave	—	a franquear-lhe o acesso a imóvel ou suas dependências
Cumpre mandado de busca e apreensão domiciliar	—	após as 21h (vinte e uma horas) ou antes das 5h (cinco horas)

> **Ex.:** um policial que chega na residência do suspeito da prática do crime, porém, sem ordem judicial e sem elementos para um flagrante. Esse mesmo policial começa a coagir o investigado, dizendo que já há inquérito instaurado, e que ele teria de consentir com a entrada, caso contrário ele iria "ferrar" o investigado no inquérito policial. E diz mais:

- Quem não deve não teme. Então, você tem de me deixar entrar, eu vou interpretar que você está devendo alguma coisa.

Nesta situação, há uma coação mediante grave ameaça para que o morador franqueie, ou seja, permita a entrada no imóvel ou sua dependência. Isso figura a conduta típica do art. 22, § 1º, I da **Lei nº 13.869/2019.**

O inciso III pressupõe que há um mandado judicial a ser realizado, portanto, ele precisa ser cumprido durante o dia.

A Constituição Federal não traz o conceito de dia deixando a cargo do legislador infraconstitucional e a jurisprudência definirem este conceito. A Lei nº 13.869/2019 definiu que o conceito de dia, para o cumprimento de mandado de busca e apreensão, abrange o horário de 5 (cinco) horas e 21 (vinte e uma) horas.

Portanto, cumprir ordem judicial de busca e apreensão, depois das 21 horas e antes das 5horas, configura crime de abuso de autoridade, na forma do art. 22, § 1º, inciso III da **Lei nº 13.869/2019.**

Antes da Lei de Abuso de Autoridade, para o conceito de dia utilizava-se o critério cronológico, ou seja, dia era o horário das 6 (seis) horas até as 18 (dezoito) horas.

- Imagine que policiais munidos de um mandado de busca e apreensão domiciliar ingressam no imóvel do suspeito as 20 (vinte) horas.

  Nesta situação há crime de abuso de autoridade? Não!

  Essa prova será considerada lícita?

Para boa parte da doutrina (Renato Brasileiro, Norberto Avena, Guilherme de Souza Nucci):

Neste caso, a prova é totalmente lícita, válida e constitucional. Isso porque o critério do art. 22, § 1º, inciso III da **Lei nº 13.869/2019, além de definir um tipo penal, também será determinante quanto a licitude da prova, ou seja, se a prova é lícita ou não.**

Sujeitos do crime

Sujeito ativo: todo o art. 22 da **Lei nº 13.869/2019 é crime próprio, apenas podendo cometê-lo o agente público.**

Conduta

- **Omissiva:** permanecer - Caput.
- **Comissiva:** demais verbos do caput e § 1º .

Faz-se necessário observar que o art. 22 da Lei de Abuso de Autoridade "equivale" ao crime de invasão de domicílio, a diferença está no sujeito ativo desses delitos.

Por isso, **a Lei nº 13.869/2019 REVOGOU o art. 150, § 2º do CP** que era uma causa de aumento de pena do crime de violação de domicílio (quando o crime fosse cometido por funcionário público).

2.10.16 Art. 23

> ***Art. 23*** *Inovar artificiosamente, no curso de diligência, de investigação ou de processo, o estado de lugar, de coisa ou de pessoa, com o fim de eximir-se de responsabilidade ou de responsabilizar criminalmente alguém ou agravar-lhe a responsabilidade:*
>
> *Pena – detenção, de 1 (um) a 4 (quatro) anos, e multa.*

> **Ex.:** policial, autor de crime de homicídio, que no decorrer das investigações forja uma carta de comunicação de suicídio, dando a entender ter sido redigida pela vítima, com o intento de fazer cessar a persecução penal.

Ou seja, o termo "inovar artificiosamente" significa criar, montar algo que não corresponde à realidade. Ademais, esta inovação deve estar minimamente apta a enganar alguém, caso contrário não haverá crime (crime impossível).

> ***Parágrafo único.*** *Incorre na mesma pena quem pratica a conduta com o intuito de:*
>
> *I – eximir-se de responsabilidade civil ou administrativa por excesso praticado no curso de diligência;*

Imagine que em determinada diligência, o policial comete excesso no momento do cumprimento de uma ordem de busca e apreensão (quebrou vários móveis da residência). Sabendo que este excesso certamente resultaria em uma responsabilização cível ou administrativa, ele adultera as imagens das câmeras de segurança daquele local com o objetivo de eximir-se dessa provável responsabilidade.

Perceba que o agente não cometeu infração penal com o excesso, porém ele certamente lhe gerará responsabilidade na esfera cível ou administrativa. Na verdade, o crime ocorre quando, diante do excesso, o sujeito pratica a conduta para eximir-se de uma das responsabilidades mencionadas.

II - omitir dados ou informações ou divulgar dados ou informações incompletos para desviar o curso da investigação, da diligência ou do processo.

A omissão ou incompletude do dado ou informação tem como finalidade necessária embaraçar o andamento de investigação, diligência ou processo.

Neste delito (como um todo), cabe salientar que o sujeito ativo pode ser qualquer agente público capaz de praticar os atos descritos.

2.10.17 Art. 24

Art. 24 *Constranger, sob violência ou grave ameaça, funcionário ou empregado de instituição hospitalar pública ou privada a admitir para tratamento pessoa cujo óbito já tenha ocorrido, com o fim de alterar local ou momento de crime, prejudicando sua apuração:*

Pena - detenção, de 1 (um) a 4 (quatro) anos, e multa, além da pena correspondente à violência.

Imagine que um policial está com um suspeito da prática de um crime e, após espanca-lo, o suspeito acaba falecendo. Diante da situação, sabendo que o indivíduo estava morto, o policial leva-o até um hospital para que o médico receba o falecido como se vivo estivesse, com o objetivo de alterar o momento da morte. O médico nega realizar o ato ilícito proposto, então o policial o ameaça de morte para que faça sua vontade.

Nesse caso, perceba que o objetivo do agente foi o de alterar o momento da morte, **prejudicando a apuração do crime.** Além disso, destaca-se que o agente necessariamente deve saber que o indivíduo já está sem vida.

No exemplo acima o agente responderá pelo delito do art. 24 da Lei nº 13.869/2019 em concurso com o art. 121, CP (homicídio – considerando o dolo de matar), haja vista o teor do preceito secundário daquele, o qual estabelece pena de detenção, de 1 a 4 anos, e multa, além da pena correspondente à violência (a grave ameaça será absorvida pelo crime da Lei nº 13.869/2019).

Novamente, o sujeito ativo, como um todo, pode ser qualquer agente público.

2.10.18 Art. 25

Art. 25 *Proceder à obtenção de prova, em procedimento de investigação ou fiscalização, por meio manifestamente ilícito:*

Pena - detenção, de 1 (um) a 4 (quatro) anos, e multa.

Observado que o *caput* menciona procedimentos de investigação ou fiscalização, pode-se afirmar que o crime também é aplicável a procedimentos administrativos (da Receita Federal, por exemplo).

Imagine que um investigador de polícia deseje colher elementos de autoria e materialidade de determinada infração penal, mas está encontrando muita dificuldade. Posteriormente, ele toma conhecimento de que o suspeito da infração se comunica através de cartas com outro criminoso e certamente ali estarão presentes elementos de autoria e materialidade do crime. No entanto não foi concedida autorização judicial para interceptação das correspondências.

Então, mesmo sem autorização, o policial vai até a caixa de correspondências do suspeito e retira as cartas lá presentes, onde realmente constam evidências da autoria e materialidade.

Claramente o policial obteve as provas de forma ilícita, violando o sigilo da correspondência (art. 5°, XII da CF) e agindo sem autorização judicial.

Parágrafo único. *Incorre na mesma pena quem faz uso de prova, em desfavor do investigado ou fiscalizado, com prévio conhecimento de sua ilicitude.*

Perceba que no parágrafo único o agente não agiu para obter a prova ilícita (ela já existia), mas sim fez uso, em desfavor do investigado ou fiscalizado, de prova que já sabia ilícita.

O sujeito ativo desde delito, como um todo, pode ser qualquer agente público que praticar as condutas previstas no tipo.

2.10.19 Art. 27

Art. 27 *Requisitar instauração ou instaurar procedimento investigatório de infração penal ou administrativa, em desfavor de alguém, à falta de qualquer indício da prática de crime, de ilícito funcional ou de infração administrativa:*

Pena - detenção, de 6 (seis) meses a 2 (dois) anos, e multa.

Fique ligado

Existem duas ADINs (Ações Diretas de Inconstitucionalidade) em andamento cujo objeto é esse delito, mas nenhuma delas foi julgada até o momento. Portanto, o crime previsto neste artigo ainda é considerado constitucional.

Note que a instauração de procedimento investigatório deve ser contra alguém específico – não haverá crime se for uma investigação sem autoria definida.

> **Ex.:** imagine que um Delegado de Polícia tenha o seu vizinho como inimigo. Este vizinho recebeu uma ótima proposta de emprego e, sabendo disso, o delegado instaura um inquérito policial contra ele, acusando-o da prática de tráfico de drogas. O delegado sabe que este crime nunca ocorreu, mas tem como objetivo frustrar a contratação do vizinho no novo emprego.

Este artigo (entre outros da Lei de Abuso de Autoridade) é alvo de críticas, em razão da subjetividade por ele trazida – não é muito claro quando se caracteriza a "falta de qualquer indício", ficando a critério do intérprete na análise do caso concreto.

Além disso, alguns juristas afirmam que este crime pode servir como desestímulo ao início de novas investigações, quando os indícios ainda são muito frágeis, mas que poderiam ser enrijecidos no decurso do inquérito (ou procedimento administrativo).

Parágrafo único. *Não há crime quando se tratar de sindicância ou investigação preliminar sumária, devidamente justificada.*

O parágrafo único prevê que não haverá o crime quando se tratar de sindicância ou investigação preliminar sumária, devidamente justificada. Assim, havendo qualquer indício, por menor que seja, da prática de crime, infração funcional ou administrativa, não responderá pelo delito em questão o agente público que instaurar ou requisitar o procedimento (aliás, esse será o seu dever).

O sujeito ativo desde delito, como um todo, pode ser qualquer agente público que praticar as condutas previstas no tipo.

2.10.20 Art. 28

Art. 28 *Divulgar gravação ou trecho de gravação sem relação com a prova que se pretenda produzir, expondo a intimidade ou a vida privada ou ferindo a honra ou a imagem do investigado ou acusado:*

Pena - detenção, de 1 (um) a 4 (quatro) anos, e multa.

Infelizmente, o legislador não deixou claro quais tipos de gravação podem ser considerados para fins deste delito. No entanto, a doutrina entende que a "gravação" é resultado de uma anterior interceptação ou de anterior escuta realizada.

Ou seja, o crime trata da divulgação da *mídia* em que está armazenada a comunicação anteriormente interceptada. Podem ser comunicações telefônicas ou ambientais (reguladas pela Lei 9.296/96).

- **Relembrando o que se compreende por interceptação ambiental:** são sinais ópticos (filmagens), sinais acústicos (gravação de voz) ou sinais eletromagnéticos (ondas de rádio).

Ademais, ressalta-se que a gravação que foi divulgada (inteiramente ou trechos) deve ser sido interceptada de forma **lícita**. Isso porque, na hipótese de a interceptação ter ocorrido de forma ilícita, pode-se estar diante do crime do art. 10 da Lei nº 9.296/1996.

Além disso, para que tenhamos o delito do art. 28, o tipo penal exige que a conduta do sujeito ativo:

- Recaia sobre gravação ou trecho de gravação sem relação com a prova que se pretenda produzir. Portanto, caso a gravação ou trecho guarde relação com a prova a ser produzida, não haverá o crime do art. 28 (podendo estar caracterizado o delito do art. 10 ou 10-A da Lei nº 9.296/1996, a depender da espécie de comunicação – telefônica ou ambiental);
- Exponha a intimidade ou a vida privada ou fira a honra ou a imagem. Se a conduta não atacar algum desses direitos constitucionalmente garantidos, não teremos o crime;
- Tenha como destinatário o investigado (fase investigativa) ou acusado (fase judicial). Dessa forma, se a conduta recair sobre qualquer outra pessoa que não alguma das citadas, não haverá o crime.

O sujeito ativo desde delito é o agente público que deva assegurar a confidencialidade da gravação.

2.10.21 Art. 29

> ***Art. 29*** *Prestar informação falsa sobre procedimento judicial, policial, fiscal ou administrativo com o fim de prejudicar interesse de investigado:*
>
> *Pena - detenção, de 6 (seis) meses a 2 (dois) anos, e multa.*

A constitucionalidade desse delito também está sendo discutida em duas ADINs, mas até o momento não houve julgamento do feito. Por enquanto, é constitucional.

A informação falsa prestada pode estar relacionada aos âmbitos judicial, policial, fiscal ou administrativo. Outro ponto importante é que o sujeito deve saber que está prestando uma informação falsa, pois se trata de um crime doloso.

Ademais, a finalidade da informação falsa deve ser exclusivamente para prejudicar os interesses do investigado. Quando há a intenção de beneficiar o investigado, pode-se caracterizar o crime do art. 319 do Código Penal (prevaricação).

O sujeito ativo desde delito, como um todo, pode ser qualquer agente público que praticar as condutas previstas no tipo.

2.10.22 Art. 30

> ***Art. 30*** *Dar início ou proceder à persecução penal, civil ou administrativa sem justa causa fundamentada ou contra quem sabe inocente:*
>
> *Pena - detenção, de 1 (um) a 4 (quatro) anos, e multa.*

Para a caracterização deste delito, a persecução iniciada deve ser penal, civil ou administrativa, desde **que sem justa causa fundamentada** ou contra **pessoa que o sujeito ativo sabe inocente**.

- A ausência de justa causa é quando não existem elementos mínimos para que se inicie uma persecução (elementos mínimos de materialidade ou autoria), ou seja, ausência de lastro probatório mínimo.

Assim como outros artigos da Lei de Abuso de Autoridade, vários doutrinadores entendem que o art. 30 é inconstitucional, pois é muito vago o conceito do que seria uma persecução penal, civil ou **administrativa "sem justa causa"**, tornando subjetiva essa avaliação.

O sujeito ativo será o agente público que praticar a conduta prevista no tipo penal.

2.10.23 Art. 31

> ***Art. 31*** *Estender injustificadamente a investigação, procrastinando-a em prejuízo do investigado ou fiscalizado:*
>
> *Pena - detenção, de 6 (seis) meses a 2 (dois) anos, e multa.*

Primeiramente, note que o crime descrito não se restringe ao âmbito penal, pois o legislador utilizou os termos "investigado" e "fiscalizado" (englobando o âmbito administrativo também).

Outro elemento normativo fundamental é o termo *"estender injustificadamente"*. Novamente, a lei não explica o que se deve entender a partir disso. A doutrina aponta que não se trata de uma mera contagem de dias, em que há um limite máximo – deve-se considerar a **complexidade da investigação, o número de vítimas e quem de fato está procrastinando o caso.**

> ***Parágrafo único.*** *Incorre na mesma pena quem, inexistindo prazo para execução ou conclusão de procedimento, o estende de forma imotivada, procrastinando-o em prejuízo do investigado ou do fiscalizado.*

O parágrafo único traz uma conduta equiparada ao *caput*. Independentemente de haver ou não prazo para a conclusão de determinado procedimento, a procrastinação poderá ser verificada de acordo com o caso concreto.

O sujeito ativo será o agente público que incidir na conduta prevista no tipo penal.

Por sua vez, a conduta pode ser comissiva (ação) ou omissiva (omissão).

- Quando um delegado toma medidas protelatórias, com o intuito de prejudicar o investigado, há conduta **comissiva,** por exemplo;
- Quando o delegado se omite quanto ao andamento da investigação, com o intuito de prejudicar o investigado, há conduta **omissiva,** por exemplo.

2.10.24 Art. 32

> ***Art. 32*** *Negar ao interessado, seu defensor ou advogado acesso aos autos de investigação preliminar, ao termo circunstanciado, ao inquérito ou a qualquer outro procedimento investigatório de infração penal, civil ou administrativa, assim como impedir a obtenção de cópias, ressalvado o acesso a peças relativas a diligências em curso, ou que indiquem a realização de diligências futuras, cujo sigilo seja imprescindível:*
>
> *Pena - detenção, de 6 (seis) meses a 2 (dois) anos, e multa.*

Trata-se da conduta de negar ao interessado (ou ao seu defensor), o acesso aos autos ou à obtenção de cópias destes, podendo ser procedimento investigatório de infração penal, civil ou administrativa.

Existe ressalva quanto às diligências em andamento ou aquelas que estejam relacionadas com diligências futuras. Por exemplo, uma interceptação telefônica que está em curso. Portanto, como uma conclusão óbvia, não haverá crime quando a negativa de acesso aos autos estiver fundamentada na imprescindibilidade de sigilo da diligência (futura ou em andamento).

O presente texto legal possui inspiração no enunciado da Súmula Vinculante nº 14: *É direito do defensor, no interesse do representado, ter acesso amplo aos elementos de prova que, já documentados em procedimento investigatório realizado por órgão com competência de polícia judiciária, digam respeito ao exercício do direito de defesa.*

O sujeito ativo será o agente público que incidir na conduta prevista no tipo penal.

2.10.25 Art. 33

> ***Art. 33*** *Exigir informação ou cumprimento de obrigação, inclusive o dever de fazer ou de não fazer, sem expresso amparo legal:*
>
> *Pena - detenção, de 6 (seis) meses a 2 (dois) anos, e multa.*

O delito do art. 33 não deve ser confundido com o crime de **constrangimento ilegal**, previsto no art. 146 do Código Penal. Neste último, faz-se necessária a presença de violência ou grave ameaça, diferentemente do crime da Lei de Abuso de Autoridade. Outra diferença, diz respeito ao sujeito ativo – no crime do Código Penal não se exige a qualidade de agente público.

Também não se deve confundir este crime com a **extorsão**, do art. 158 do Código Penal, pelas mesmas razões apresentadas acima, além do fato de o crime de extorsão envolver vantagem de natureza patrimonial.

> ***Parágrafo único.*** *Incorre na mesma pena quem se utiliza de cargo ou função pública ou invoca a condição de agente público para se eximir de obrigação legal ou para obter vantagem ou privilégio indevido.*

Enquanto no caput o agente público exige o cumprimento de obrigação ou informação sem fundamento na lei, no parágrafo único ele utilizará o seu cargo ou função para se eximir de uma obrigação prevista na lei ou obter vantagem indevida.

Entendemos que a vantagem indevida pode ser de qualquer espécie (não necessariamente patrimonial).

> **Ex.:** policial que vai a uma boate e, na bilheteria, invoca a sua função pública para conseguir adentrar no estabelecimento de forma gratuita, obtendo assim uma vantagem indevida. Crime do art. 33, parágrafo único.

O sujeito ativo será o agente público que incidir na conduta prevista no tipo penal (*caput* e parágrafo único).

2.10.26 Art. 36

> ***Art. 36*** *Decretar, em processo judicial, a indisponibilidade de ativos financeiros em quantia que extrapole exacerbadamente o valor estimado para a satisfação da dívida da parte e, ante a demonstração, pela parte, da excessividade da medida, deixar de corrigi-la:*
>
> *Pena - detenção, de 1 (um) a 4 (quatro) anos, e multa.*

Veja que este crime possui dupla exigência para sua caracterização: **decretar** a indisponibilidade de ativos financeiros em quantia que extrapole exacerbadamente o valor estimado para a satisfação da dívida e, ante a demonstração, pela parte, da excessividade da medida, **deixar de corrigi-la**. O crime apenas estará configurado com a presença das duas condutas.

Ademais, é apresentada uma conduta comissiva (decretar) seguida de uma conduta omissiva (deixar de corrigir) – é o que a doutrina denomina de **crime de conduta mista**.

O sujeito ativo é a autoridade judiciária (juiz, desembargador, ministro), pois ela será a competente para decretar a indisponibilidade de ativos financeiros.

2.10.27 Art. 37

> ***Art. 37 Demorar demasiada e injustificadamente no exame de processo de que tenha requerido vista em órgão colegiado,*** *com o intuito de procrastinar seu andamento ou retardar o julgamento:*
>
> *Pena - detenção, de 6 (seis) meses a 2 (dois) anos, e multa.*

É bastante comum que os órgãos colegiados lidem com processos complexos, razão pela qual o pedido de vistas muitas vezes é necessário, para que o desembargador (por exemplo) analise o caso com mais atenção.

Contudo, embora salutar, em algumas ocasiões esses pedidos de vista atrasam de forma demasiada o andamento processual, podendo gerar danos irreversíveis (Ex.: prescrição). Nesse sentido foi editado o presente delito, o qual exigirá uma demora considerável e injustificada no exame de processo constante em órgão colegiado pelo sujeito ativo e, ainda, que essa conduta tenha por finalidade procrastinar seu andamento ou retardar o julgamento.

O sujeito ativo deve ser aquele que integra ou atua em órgão colegiado (desembargador, ministro, membro do Ministério Público, por exemplo). Ademais, trata-se de crime omissivo (não há modalidade comissiva do delito).

2.10.28 Art. 38

> ***Art. 38*** *Antecipar o responsável pelas investigações, por meio de comunicação, inclusive rede social, atribuição de culpa, antes de concluídas as apurações e formalizada a acusação:*
>
> *Pena - detenção, de 6 (seis) meses a 2 (dois) anos, e multa.*

Estamos diante da conduta do agente público, responsável pelas investigações, que antecipa, por meio de comunicação, inclusive rede social, atribuição de culpa, antes de concluídas as apurações (investigações) e formalizada a acusação (oferecimento da peça acusatória).

Imagine que um delegado de polícia, dolosamente, atribuía a culpa pelo cometimento de um crime a um investigado, através de um programa de televisão, mas sem indiciamento, finalização das investigações ou formalização da acusação. Nesta hipótese, temos o delito do art. 38.

Exige-se que a antecipação na atribuição de culpa se dê por meio de comunicação, inclusive rede social (crime de forma vinculada).

Renato Brasileiro acrescenta que "não haverá crime se a conduta for praticada no âmbito de uma conversa privada, por exemplo (v.g., conversa particular via whatsapp). A comunicação é o processo de informação que se realiza entre os comunicadores e a audiência, heterogênea e anônima, por meio de instrumentos que são os meios de comunicação".[6]

O sujeito ativo será o agente público que incidir na conduta prevista no tipo penal.

6 LIMA, Renato Brasileiro de. Legislação Criminal Especial Comentada. 9ª ed. Salvador: Juspodivm, 2021, p. 198.

3 LEI Nº 11.340/2006 - LEI MARIA DA PENHA

3.1 Origem da Lei Maria da Penha

É interesse o fato do qual se originou a Lei nº 11.340/2006, mais conhecida por Lei Maria da Penha, a qual foi uma determinação da Comissão Interamericana de Direitos Humanos, Renato Brasileiro Lima (2016, p. 899) explica a origem:

> *Em data de 22 de setembro de 2006, entrou em vigor a Lei nº 11.340/06, referente à violência doméstica e familiar contra a mulher.* ***Esta lei ficou conhecida como Lei Maria da Penha em virtude da grave violência de que foi vítima Maria da Penha Maia Fernandes:*** *em 29 de maio de 1983, na cidade de Fortaleza, a farmacêutica Maria da Penha, enquanto dormia, foi atingida por disparo de espingarda desferido por seu próprio marido. Por força desse disparo, que atingiu a vítima em sua coluna, Maria da Penha ficou paraplégica. Porém, as agressões não cessaram. Uma semana depois, a vítima sofreu nova violência por parte de seu então marido, tendo recebido uma descarga elétrica enquanto se banhava. O agressor foi denunciado em 28 de setembro de 1984. Devido a sucessivos recursos e apelos, sua prisão ocorreu somente em setembro de 2002. Por conta da lentidão do processo, e por envolver grave violação aos direitos humanos, o caso foi levado à Comissão Interamericana de Direitos Humanos, que publicou o Relatório nº 54/2001, no sentido de que a ineficácia judicial a impunidade e a impossibilidade de a vítima obter uma reparação mostra a falta de cumprimento do compromisso assumido pelo Brasil de reagir adequadamente ante a violência doméstica. Cinco anos depois da publicação do referido relatório, com o objetivo de coibir e reprimir a violência doméstica e familiar contra a mulher e superar uma violência há muito arraigada na cultura machista do povo brasileiro, entrou em vigor a Lei nº 11.340/06, que ficou mais conhecida como Lei Maria da Penha.*

Violação dos Direitos Humanos: a lei dita que a violência doméstica e familiar contra a mulher é uma conduta que viola os Direitos Humanos (art. 6º).

> ***Art. 6º*** *A violência doméstica e familiar contra a mulher constitui uma das formas de violação dos direitos humanos.*

3.2 Objetivos

Os objetivos estão expostos na ementa da Lei e no seu art. 1º, quais sejam:

- Cria mecanismos para coibir e prevenir a violência doméstica e familiar contra a mulher, nos termos do § 8º do art. 226 da Constituição Federal, da Convenção sobre a Eliminação de Todas as Formas de Violência contra a Mulher, da Convenção Interamericana para Prevenir, Punir e Erradicar a Violência contra a Mulher e de outros tratados internacionais ratificados pela República Federativa do Brasil;
- Dispõe sobre a criação dos Juizados de Violência Doméstica e Familiar contra a mulher;
- Estabelece medidas de assistência e proteção às mulheres em situação de violência doméstica e familiar;
- Altera o Código de Processo Penal, o Código Penal e a Lei de Execução Penal; e
- Dá outras providências.

O referido artigo remete ao § 8º, do art. 226, da CF/1988; porém, a mesma CF/1988 estabelece a proteção à família de forma genérica (a todos que integram a família), isto é, não diretamente à mulher.

3.3 Direitos das mulheres

> ***Art. 2º*** *Toda mulher, independentemente de classe, raça, etnia, orientação sexual, renda, cultura, nível educacional, idade e religião,* ***goza dos direitos fundamentais inerentes à pessoa humana,*** *sendo-lhe asseguradas as oportunidades e facilidades para viver sem violência, preservar sua saúde física e mental e seu aperfeiçoamento moral, intelectual e social.*
>
> ***Art. 3º*** *Serão asseguradas* ***às mulheres*** *as condições para o exercício efetivo dos direitos à vida, à segurança, à saúde, à alimentação, à educação, à cultura, à moradia, ao acesso à justiça, ao esporte, ao lazer, ao trabalho, à cidadania, à liberdade, à dignidade, ao respeito e à convivência familiar e comunitária.*
>
> *§ 1º O poder público desenvolverá políticas que visem garantir os direitos humanos das mulheres no âmbito das relações domésticas e familiares no sentido de resguardá-las de toda forma de negligência, discriminação, exploração, violência, crueldade e opressão.*
>
> *§ 2º Cabe à família, à sociedade e ao poder público criar as condições necessárias para o efetivo exercício dos direitos enunciados no 'caput'.*

Não é só dever do **poder público**, mas também da **família** e da **sociedade** criar condições para o exercício efetivo dos **direitos garantidos, direitos que estão descritos** no caput do art. 3º: direitos à vida, à segurança, à saúde, à alimentação, à educação, à cultura, à moradia, ao acesso à justiça, ao esporte, ao lazer, ao trabalho, à cidadania, à liberdade, à dignidade, ao respeito e à convivência familiar e comunitária (art. 3º, § 2º).

Todavia, cabe ao **poder público** (exclusivamente) **desenvolver políticas** a fim de garantir os **Direitos Humanos** das mulheres (art. 3º, § 1º).

3.4 Sujeitos da violência doméstica e familiar contra a mulher

> ***Art. 4º*** *Na interpretação desta Lei serão considerados os fins sociais a que ela se destina e, especialmente, as condições peculiares* ***das mulheres*** *em situação de violência doméstica e familiar.*

Sujeito passivo: exclusivamente a mulher, de nascença ou com transgenitalização, com a devida alteração em documento de registro civil de identificação autorizada por ordem judicial, em situação doméstica e/ou familiar.

Os homens não são sujeitos passivos dessa lei (travestis, homossexuais ou transexuais). Há doutrina (minoritária) no sentido de ser extensível aos transexuais sem cirurgia de mudança de sexo.

Deve-se caracterizar o vínculo familiar, de relação doméstica ou de afetividade; basicamente, a existência de laços de convivência entre os sujeitos ativo (agressor) e passivo (vítima), com ou sem habitação.

> *Lei nº 11.340/06. Sujeito passivo: mulher. 'In casu', a relação de violência retratada neste feito ocorreu entre dois irmãos.* ***Inaplicabilidade.*** *Precedentes.* ***STJ, HC 212.767/DF,*** *Rel. Min. Vasco Della Giustina (Desembargador convidado do TJRS), julgado em 13/09/2011, 6ª Turma, DJe 09/11/2011. Precedente do STJ: CC 88.027/MG.*

Assevera-se que também é válido para **hermafrodita** que fez procedimento médico para concluir a sua natureza feminina, conforme a jurisprudência do **TJSC:**

> *Conflito negativo de competência. Violência doméstica e familiar. Homologação de auto de prisão em flagrante. Agressões praticadas pelo companheiro contra pessoa civilmente identificada como sendo do sexo masculino.* ***Vítima submetida à cirurgia de adequação de sexo por ser hermafrodita. Adoção do sexo feminino.*** *Presença de órgãos reprodutores femininos que lhe conferem a condição de mulher. Retificação do registro civil já requerida judicialmente.* ***Possibilidade de aplicação, no caso concreto, da Lei nº 11.340/06.*** *Competência do juízo suscitante. Conflito improcedente.* ***TJSC, Conflito de Jurisdição nº 2009.006461-6,*** *da Capital, Rel. Des. Roberto Lucas Pacheco, julgado em 23/06/2009, 3ª Câmara Criminal, DJe 14/08/2009.*

Sujeito ativo: tanto o **homem** quanto a **mulher**, independentemente da opção sexual, por exemplo, em uma relação homoafetiva entre duas mulheres (art. 5º, parágrafo único).

Corrobora o STJ:

> *O sujeito passivo da violência doméstica objeto da Lei Maria da Penha é a mulher, já o sujeito ativo pode ser tanto o homem quanto a mulher, desde que fique caracterizado o vínculo de relação doméstica, familiar ou de afetividade, além da convivência, com ou sem coabitação.* ***STJ, Jurisprudência em Teses nº 41****. Precedentes: HC 277.561/AL; HC 250.435/RJ; HC 181.246/RS; HC 175.816/RS; CC 88.027/MG; RHC 46.278/AL (Vide Inf. 551).*

3.5 Alcance da Lei

> ***Art. 5º*** *Para os efeitos desta Lei configura violência doméstica e familiar contra a mulher qualquer ação ou omissão baseada no gênero que lhe cause morte, lesão, sofrimento físico, sexual ou psicológico e dano moral ou patrimonial:*
>
> *I – no âmbito da unidade doméstica, compreendida como o espaço de convívio permanente de pessoas, com ou sem vínculo familiar, inclusive as esporadicamente agregadas;*
>
> *II – no âmbito da família, compreendida como a comunidade formada por indivíduos que são ou se consideram aparentados, unidos por laços naturais, por afinidade ou por vontade expressa;*
>
> *III – em qualquer relação íntima de afeto, na qual o agressor conviva ou tenha convivido com a ofendida, independentemente de coabitação.*
>
> ***Parágrafo único.*** *As relações pessoais enunciadas neste artigo independem de orientação sexual.*

Mesmo que ocorra uma agressão contra a mulher, deve-se obrigatoriamente ser **baseada no gênero** para que seja aplicada a Lei Maria da Penha (art. 5º, caput).

Alcance da norma: a eficácia da lei em estudo tem alcance limitado a três situações (art. 5º,I, II e III):

- **Âmbito doméstico:** coabitação, hospitalar ou empregatício etc.

  A patroa que bate na empregada doméstica que dorme, uma ou duas vezes por semana, na residência da empregadora (sem vínculo familiar e esporadicamente agregada); ou, uma colega agride a outra, em uma república de estudantes (coabitação).

- **Âmbito familiar:** parentesco consanguíneo ou por afinidade.

  Numa perspectiva de gênero e em condições de hipossuficiência ou inferioridade física e econômica, a irmã mais velha (22 anos) agride violentamente a caçula (17 anos) durante as férias à beira-mar (irmã que bate na irmã); ou, na mesma motivação, a mãe que bate na filha e vice-versa.

- **Relação íntima de afeto:** casamento, noivado, namoro ou ex-namoro/noivado, separados, divorciados etc.

  Uma ex-namorada agride a ex-parceira, que nunca moraram juntas (relação homoafetiva independente de coabitação).

União homoafetiva e desnecessidade de coabitação: haverá aplicação da lei em apreço mesmo que em uma relação homossexual (art. 5º, parágrafo único) e sem coabitação (art. 5º, III).

Nesse sentido é a jurisprudência do STJ:

> ***Súmula nº 600* – STJ:** *Para a configuração da violência doméstica e familiar prevista no artigo 5º da Lei nº 11.340/2006 (Lei Maria da Penha) não se exige a coabitação entre autor e vítima.*
>
> *A violência doméstica abrange qualquer relação íntima de afeto, dispensada a coabitação.* ***STJ, Jurisprudência em Teses nº 41****. Precedentes: HC 280.082/RS; REsp 1.416.580/RJ; HC 181.246/RS; RHC 27.317/RJ; CC 91.979/MG; HC 179.130/SP; CC 107.238/MG; CC 105.201/MG (Vide Inf. 551).*
>
> *A Lei Maria da Penha atribuiu às uniões homoafetivas o caráter de entidade familiar, ao prever, no seu artigo 5º, parágrafo único, que as relações pessoais mencionadas naquele dispositivo independem de orientação sexual.* ***STJ, Jurisprudência em Teses nº 41****. Precedentes: REsp 1.183.378/RS; REsp 827.962/RS; REsp 1.026.981/RJ; REsp 1.236.524/SP.*

Rescindência de contrato de trabalho: o contrato de trabalho poderá ser rescindido, por culpa do empregador, se ele praticar qualquer forma de violência doméstica e familiar contra a mulher prevista na Lei Maria da Penha (Lei Complementar nº 150, de 1º/6/2015).

Necessidade de demonstração de vulnerabilidade: a doutrina tende a entender que há necessidade de demonstração de vulnerabilidade da vítima quando o **sujeito ativo for mulher**.

> *Para a aplicação da Lei nº 11.340/2006, há necessidade de demonstração da situação de vulnerabilidade ou hipossuficiência da mulher, numa perspectiva de gênero.* ***STJ, Jurisprudência em Teses nº 41.*** *Precedentes: AgRg no REsp 1.430.724/RJ; HC 181.246/RS; HC 175.816/RS; HC 176.196/RS; CC 96.533/MG (Vide Inf. 524).*

Desnecessidade de demonstração de vulnerabilidade: todavia, tem-se presumida a condição de vulnerável quando o **sujeito ativo for homem.**

> *A vulnerabilidade, hipossuficiência ou fragilidade da mulher têm-se como presumidas nas circunstâncias descritas na Lei nº 11.340/2006.* ***STJ, Jurisprudência em Teses nº 41.*** *Precedentes: RHC 55.030/RJ; HC 280.082/RS; REsp 1.416.580/RJ (Vide Inf. 539).*

3.6 Formas de violência doméstica e familiar contra a mulher

> ***Art. 7º*** *São formas de violência doméstica e familiar contra a mulher, entre outras:*
>
> *I – a violência física, entendida como qualquer conduta que ofenda sua integridade ou saúde corporal;*
>
> *II – a violência psicológica, entendida como qualquer conduta que lhe cause dano emocional e diminuição da autoestima ou que lhe prejudique e perturbe o pleno desenvolvimento ou que vise degradar ou controlar suas ações, comportamentos, crenças e decisões, mediante ameaça, constrangimento, humilhação, manipulação, isolamento, vigilância constante, perseguição contumaz, insulto, chantagem, violação de sua intimidade, ridicularização, exploração e limitação do direito de ir e vir ou qualquer outro meio que lhe cause prejuízo à saúde psicológica e à autodeterminação; (Redação dada pela Lei nº 13 –772/2018)*
>
> *III – a violência sexual, entendida como qualquer conduta que a constranja a presenciar, a manter ou a participar de relação sexual não desejada, mediante intimidação, ameaça, coação ou uso da força; que a induza a comercializar ou a utilizar, de qualquer modo, a sua sexualidade, que a impeça de usar qualquer método contraceptivo ou que a force ao matrimônio, à gravidez, ao aborto ou à prostituição, mediante coação, chantagem, suborno ou manipulação; ou que limite ou anule o exercício de seus direitos sexuais e reprodutivos;*
>
> *IV – a violência patrimonial, entendida como qualquer conduta que configure retenção, subtração, destruição parcial ou total de seus objetos, instrumentos de trabalho, documentos pessoais, bens, valores e direitos ou recursos econômicos, incluindo os destinados a satisfazer suas necessidades;*
>
> *V – a violência moral, entendida como qualquer conduta que configure calúnia, difamação ou injúria.*

Violência geral: diante deste artigo, é possível perceber que os meios de violência doméstica e familiar contra a mulher são amplos. Por isso, a doutrina a nomeou de **violência geral:** física, psicológica, sexual, patrimonial e moral (art. 7º,I a V).

Além disso, com relevância, não é qualquer ação ou omissão capaz de infligir sofrimento na mulher que se aplicará a Lei Maria da Penha, mas somente aquelas condutas que sejam algum tipo de ilícito civil ou penal (crime ou contravenção).

Ex.: imagine que Tício, namorado de Mévia, decida terminar o relacionamento com ela, que fica desconsolada e chora compulsivamente por mais de 30 dias sem parar, sem se alimentar direito, nem saindo de seu quarto, sofrendo de uma forma descomunal. Nessa situação hipotética, a Lei Maria da Penha não será aplicada.

A aplicação da Lei Maria da Penha está condicionada à coexistência de três requisitos: sujeito passivo (art. 4º), âmbito (art. 5º) e violência geral (art. 7º).

3.7 Requisitos para aplicar a Lei Maria da Penha

(1) Sujeito passivo	(1.1) mulher
(2) Âmbito	(2.1) doméstico (2.2) familiar (2.3) relação íntima de afeto
(3) Violência geral	(3.1) física (3.2) psicológica (3.3) sexual (3.4) patrimonial (3.5) moral

3.8 Da assistência à mulher em situação de violência doméstica e familiar

3.8.1 Das medidas integradas de prevenção

Art. 8º A política pública que visa coibir a violência doméstica e familiar contra a mulher far-se-á por meio de um conjunto articulado de ações da União, dos Estados, do Distrito Federal e dos Municípios e de ações não-governamentais, tendo por diretrizes:

I – a integração operacional do Poder Judiciário, do Ministério Público e da Defensoria Pública com as áreas de segurança pública, assistência social, saúde, educação, trabalho e habitação;

II – a promoção de estudos e pesquisas, estatísticas e outras informações relevantes, com a perspectiva de gênero e de raça ou etnia, concernentes às causas, às consequências e à frequência da violência doméstica e familiar contra a mulher, para a sistematização de dados, a serem unificados nacionalmente, e a avaliação periódica dos resultados das medidas adotadas;

III – o respeito, nos meios de comunicação social, dos valores éticos e sociais da pessoa e da família, de forma a coibir os papéis estereotipados que legitimem ou exacerbem a violência doméstica e familiar, de acordo com o estabelecido no inciso III do art. 1º, no inciso IV do art. 3º e no inciso IV do art. 221 da Constituição Federal;

IV – a implementação de atendimento policial especializado para as mulheres, em particular nas Delegacias de Atendimento à Mulher;

V – a promoção e a realização de campanhas educativas de prevenção da violência doméstica e familiar contra a mulher, voltadas ao público escolar e à sociedade em geral, e a difusão desta Lei e dos instrumentos de proteção aos direitos humanos das mulheres;

VI – a celebração de convênios, protocolos, ajustes, termos ou outros instrumentos de promoção de parceria entre órgãos governamentais ou entre estes e entidades não-governamentais, tendo por objetivo a implementação de programas de erradicação da violência doméstica e familiar contra a mulher;

VII – a capacitação permanente das Polícias Civil e Militar, da Guarda Municipal, do Corpo de Bombeiros e dos profissionais pertencentes aos órgãos e às áreas enunciados no inciso I quanto às questões de gênero e de raça ou etnia;

VIII – a promoção de programas educacionais que disseminem valores éticos de irrestrito respeito à dignidade da pessoa humana com a perspectiva de gênero e de raça ou etnia;

IX – o destaque, nos currículos escolares de todos os níveis de ensino, para os conteúdos relativos aos direitos humanos, à equidade de gênero e de raça ou etnia e ao problema da violência doméstica e familiar contra a mulher.

3.8.2 Da assistência à mulher em situação de violência doméstica e familiar

Art. 9º A assistência à mulher em situação de violência doméstica e familiar será prestada de forma articulada e conforme os princípios e as diretrizes previstos na Lei Orgânica da Assistência Social, no Sistema Único de Saúde, no Sistema Único de Segurança Pública, entre outras normas e políticas públicas de proteção, e emergencialmente quando for o caso.

§ 1º O juiz determinará, por prazo certo, a inclusão da mulher em situação de violência doméstica e familiar no cadastro de programas assistenciais do governo federal, estadual e municipal.

§ 2º O juiz assegurará à mulher em situação de violência doméstica e familiar, para preservar sua integridade física e psicológica:

I – acesso prioritário à remoção quando servidora pública, integrante da administração direta ou indireta;

II – manutenção do vínculo trabalhista, quando necessário o afastamento do local de trabalho, por até seis meses.

III – encaminhamento à assistência judiciária, quando for o caso, inclusive para eventual ajuizamento da ação de separação judicial, de divórcio, de anulação de casamento ou de dissolução de união estável perante o juízo competente. (Incluído pela Lei nº 13.894/2019)

§ 3º A assistência à mulher em situação de violência doméstica e familiar compreenderá o acesso aos benefícios decorrentes do desenvolvimento científico e tecnológico, incluindo os serviços de contracepção de emergência, a profilaxia das Doenças Sexualmente Transmissíveis (DST) e da Síndrome da Imunodeficiência Adquirida (AIDS) e outros procedimentos médicos necessários e cabíveis nos casos de violência sexual.

§ 4º Aquele que, por ação ou omissão, causar lesão, violência física, sexual ou psicológica e dano moral ou patrimonial a mulher fica obrigado a ressarcir todos os danos causados, inclusive ressarcir ao Sistema Único de Saúde (SUS), de acordo com a tabela SUS, os custos relativos aos serviços de saúde prestados para o total tratamento das vítimas em situação de violência doméstica e familiar, recolhidos os recursos assim arrecadados ao Fundo de Saúde do ente federado responsável pelas unidades de saúde que prestarem os serviços. (Incluído pela Lei nº 13.871/2019)

§ 5º Os dispositivos de segurança destinados ao uso em caso de perigo iminente e disponibilizados para o monitoramento das vítimas de violência doméstica ou familiar amparadas por medidas protetivas terão seus custos ressarcidos pelo agressor. (Incluído pela Lei nº 13.871/2019)

§ 6º O ressarcimento de que tratam os §§ 4º e 5º deste artigo não poderá importar ônus de qualquer natureza ao patrimônio da mulher e dos seus dependentes, nem configurar atenuante ou ensejar possibilidade de substituição da pena aplicada. (Incluído pela Lei nº 13.871/2019)

§ 7º A mulher em situação de violência doméstica e familiar tem prioridade para matricular seus dependentes em instituição de educação básica mais próxima de seu domicílio, ou transferi-los para essa instituição, mediante a apresentação dos documentos comprobatórios do registro da ocorrência policial ou do processo de violência doméstica e familiar em curso. (Incluído pela Lei nº 13.882/2019)

§ 8º Serão sigilosos os dados da ofendida e de seus dependentes matriculados ou transferidos conforme o disposto no §7º deste artigo, e o acesso às informações será reservado ao juiz, ao Ministério Público e aos órgãos competentes do poder público. (Incluído pela Lei nº 13.882/2019)

Prioridade de remoção de servidora pública: nos casos de violência doméstica e familiar contra a mulher que seja servidora pública da Administração Direta ou Indireta, o juiz deverá garantir prioridade na remoção desta para outro órgão a fim de garantir a integridade física e psicológica da vítima (art. 9º, § 2º, I).

Manutenção de vínculo trabalhista até 6 meses: quando houver necessidade de afastamento da vítima, o juiz garantirá a manutenção do vínculo trabalhista por até 6 (seis) meses objetivando a incolumidade dela (art. 9º, § 2º, II).

Ressarcimento ao Sistema Único de Saúde (SUS): a Lei nº 13.871/2019, que incluiu os §§ 4º, 5º e 6º, dispõe sobre a responsabilidade do agressor pelo ressarcimento dos custos relacionados aos serviços de saúde prestados pelo Sistema Único de Saúde (SUS) às vítimas de violência doméstica e familiar e aos dispositivos de segurança por elas utilizados. Todavia, tais parágrafos só tiveram vigência a partir de 2/11/2019 (45 dias após sua publicação no DOU).

Matrícula de dependentes na rede de educação básica: a Lei nº 13.882/2019, que incluiu os §§ 7º e 8º, dispõe sobre a garantia de matrícula dos dependentes da mulher vítima de violência doméstica e familiar em instituição de educação básica mais próxima de seu domicílio. Tais parágrafos possuem eficácia imediata, uma vez que a lei previu a sua vigência a partir do dia de sua publicação (publicado no DOU em 9/10/2019).

3.8.3 Do atendimento pela autoridade policial

Art. 10 *Na hipótese da iminência ou da prática de violência doméstica e familiar contra a mulher, à autoridade policial que tomar conhecimento da ocorrência adotará, de imediato, as providências legais cabíveis.*

Parágrafo único. *Aplica-se o disposto no 'caput' deste artigo ao descumprimento de medida protetiva de urgência deferida.*

Prioridade de atendimento policial: o art. 10 determina a atuação imediata pela autoridade policial que tomar conhecimento da iminência ou da prática de violência doméstica e familiar contra a mulher.

Art. 10-A *É direito da mulher em situação de violência doméstica e familiar o atendimento policial e pericial especializado, ininterrupto e prestado por servidores — preferencialmente do sexo feminino — previamente capacitados. (Artigo acrescido pela Lei nº 13.505/2017)*

§ 1º A inquirição de mulher em situação de violência doméstica e familiar ou de testemunha de violência doméstica, quando se tratar de crime contra a mulher, obedecerá às seguintes diretrizes:

I – salvaguarda da integridade física, psíquica e emocional da depoente, considerada a sua condição peculiar de pessoa em situação de violência doméstica e familiar;

II – garantia de que, em nenhuma hipótese, a mulher em situação de violência doméstica e familiar, familiares e testemunhas terão contato direto com investigados ou suspeitos e pessoas a eles relacionadas;

III – não revitimização da depoente, evitando sucessivas inquirições sobre o mesmo fato nos âmbitos criminal, cível e administrativo, bem como questionamentos sobre a vida privada.

§ 2º Na inquirição de mulher em situação de violência doméstica e familiar ou de testemunha de delitos de que trata esta Lei, adotar-se-á, preferencialmente, o seguinte procedimento:

I – a inquirição será feita em recinto especialmente projetado para esse fim, o qual conterá os equipamentos próprios e adequados à idade da mulher em situação de violência doméstica e familiar ou testemunha e ao tipo e à gravidade da violência sofrida;

II – quando for o caso, a inquirição será intermediada por profissional especializado em violência doméstica e familiar designado pela autoridade judiciária ou policial;

III – o depoimento será registrado em meio eletrônico ou magnético, devendo a degravação e a mídia integrar o inquérito.

Atendimento policial e pericial especializado: a Lei nº 13.505/2017, que incluiu os arts. 10-A, 12-A e 12-B, dispõe sobre o direito da mulher em situação de violência doméstica e familiar de ter atendimento policial e pericial especializado, ininterrupto e prestado por servidores — **preferencialmente do sexo feminino** — previamente capacitados.

Veja que o dispositivo não determina o atendimento obrigatório por servidores do sexo feminino, mas, sim, preferencialmente; isto é, na ausência delas, poderá o atendimento ser feito por agente policial masculino.

Diretrizes obrigatórias da inquirição (§ 1º)	Procedimento preferencial da inquirição (§ 2º)
I – Salvaguarda da integridade da depoente;	I – Recinto especial;
II – Ausência de contato direto com investigados, suspeitos ou pessoas relacionadas;	II – Intermediação por profissional especializado;
III – Não revitimização da depoente.	III– Registro em meio eletrônico ou magnético.

Art. 11 *No atendimento à mulher em situação de violência doméstica e familiar, a autoridade policial deverá, entre outras providências:*

I – garantir proteção policial, quando necessário, comunicando de imediato ao Ministério Público e ao Poder Judiciário;

II – encaminhar a ofendida ao hospital ou posto de saúde e ao Instituto Médico Legal;

III – fornecer transporte para a ofendida e seus dependentes para abrigo ou local seguro, quando houver risco de vida;

IV – se necessário, acompanhar a ofendida para assegurar a retirada de seus pertences do local da ocorrência ou do domicílio familiar;

V – informar à ofendida os direitos a ela conferidos nesta Lei e os serviços disponíveis, inclusive os de assistência judiciária para o eventual ajuizamento perante o juízo competente da ação de separação judicial, de divórcio, de anulação de casamento ou de dissolução de união estável. (Redação dada pela Lei nº 13.894/2019)

Providências durante o atendimento policial à mulher: o art. 11 lista certas providências que devem ser executadas pela autoridade policial que estiver atendendo a mulher em situação de violência doméstica e familiar, as quais não estão listadas em um rol taxativo, mas, sim, um rol exemplificativo, por força do termo: "[...] entre outras providências: [...]".

Providências durante o atendimento policial à mulher (art. 11)	
Garantir	Proteção policial (quando necessário).
Encaminhar	A ofendida ao hospital ou posto de saúde e ao IML.
Fornecer	Transporte para abrigo ou local seguro (quando houver risco de vida).
Acompanhar	Para assegurar a retirada de seus pertences (se necessário).
Informar	Os direitos e os serviços disponíveis.

Art. 12 *Em todos os casos de violência doméstica e familiar contra a mulher, feito o registro da ocorrência, deverá a autoridade policial adotar, de imediato, os seguintes procedimentos, sem prejuízo daqueles previstos no Código de Processo Penal:*

I – ouvir a ofendida, lavrar o boletim de ocorrência e tomar a representação a termo, se apresentada;

II – colher todas as provas que servirem para o esclarecimento do fato e de suas circunstâncias;

III – remeter, no prazo de 48 (quarenta e oito) horas, expediente apartado ao juiz com o pedido da ofendida, para a concessão de medidas protetivas de urgência;

IV – determinar que se proceda ao exame de corpo de delito da ofendida e requisitar outros exames periciais necessários;

V – ouvir o agressor e as testemunhas;

VI – ordenar a identificação do agressor e fazer juntar aos autos sua folha de antecedentes criminais, indicando a existência de mandado de prisão ou registro de outras ocorrências policiais contra ele;

VI-A – verificar se o agressor possui registro de porte ou posse de arma de fogo e, na hipótese de existência, juntar aos autos essa informação, bem como notificar a ocorrência à instituição responsável pela concessão do registro ou da emissão do porte, nos termos da Lei nº 10.826, de 22 de dezembro de 2003 (Estatuto do Desarmamento); (Incluído pela Lei nº 13.880/2019)

VII – remeter, no prazo legal, os autos do inquérito policial ao juiz e ao Ministério Público.

§ 1º O pedido da ofendida será tomado a termo pela autoridade policial e deverá conter:

I – qualificação da ofendida e do agressor;

II – nome e idade dos dependentes;

III – descrição sucinta do fato e das medidas protetivas solicitadas pela ofendida;

IV – informação sobre a condição de a ofendida ser pessoa com deficiência e se da violência sofrida resultou deficiência ou agravamento de deficiência preexistente. (Incluído pela Lei nº 13.836/2019)

§ 2º A autoridade policial deverá anexar ao documento referido no §1º o boletim de ocorrência e cópia de todos os documentos disponíveis em posse da ofendida.

§ 3º Serão admitidos como meios de prova os laudos ou prontuários médicos fornecidos por hospitais e postos de saúde.

Procedimentos após o registro de ocorrência (art. 12)	
Ouvir, lavrar e tomar	Ouvir a ofendida, lavrar o boletim de ocorrência e tomar a representação a termo, se apresentada;
Colher	Todas as provas que servirem para o esclarecimento do fato e de suas circunstâncias;
Remeter	No prazo de 48 (quarenta e oito) horas, expediente apartado ao juiz com o pedido da ofendida, para a concessão de medidas protetivas de urgência;
Determinar	Que se proceda ao exame de corpo de delito da ofendida e requisitar outros exames periciais necessários;
Ouvir	O agressor e as testemunhas;
Ordenar	A identificação do agressor e fazer juntar aos autos sua folha de antecedentes criminais, indicando a existência de mandado de prisão ou registro de outras ocorrências policiais contra ele;
Verificar	Se o agressor possui registro de porte ou posse de arma de fogo e, na hipótese de existência, juntar aos autos essa informação, bem como notificar a ocorrência à instituição responsável pela concessão do registro ou da emissão do porte, nos termos da Lei nº 10.826/03 (Estatuto do Desarmamento);
Remeter	No prazo legal, os autos do inquérito policial ao juiz e ao Ministério Público.

***Art. 12-A** Os Estados e o Distrito Federal, na formulação de suas políticas e planos de atendimento à mulher em situação de violência doméstica e familiar, darão prioridade, no âmbito da Polícia Civil, à criação de Delegacias Especializadas de Atendimento à Mulher (DEAMS), de Núcleos Investigativos de Feminicídio e de equipes especializadas para o atendimento e a investigação das violências graves contra a mulher. (Artigo acrescido pela Lei nº 13.505/2017)*

***Art. 12-B** (Vetado na Lei nº 13.505/2017)*

§ 1º (Vetado na Lei nº 13.505/2017)

§ 2º (Vetado na Lei nº 13.505/2017)

§ 3º A autoridade policial poderá requisitar os serviços públicos necessários à defesa da mulher em situação de violência doméstica e familiar e de seus dependentes. (Incluído pela Lei nº 13.505, de 8/11/2017)

***Art. 12-C** Verificada a existência de risco atual ou iminente à vida ou à integridade física ou psicológica da mulher em situação de violência doméstica e familiar, ou de seus dependentes, o agressor será imediatamente afastado do lar, domicílio ou local de convivência com a ofendida: (Redação dada pela Lei nº 14.188/2021)*

I – pela autoridade judicial;

II – pelo delegado de polícia, quando o Município não for sede de comarca; ou

III – pelo policial, quando o Município não for sede de comarca e não houver delegado disponível no momento da denúncia.

§ 1º Nas hipóteses dos incisos II e III do 'caput' deste artigo, o juiz será comunicado no prazo máximo de 24 (vinte e quatro) horas e decidirá, em igual prazo, sobre a manutenção ou a revogação da medida aplicada, devendo dar ciência ao Ministério Público concomitantemente.

§ 2º Nos casos de risco à integridade física da ofendida ou à efetividade da medida protetiva de urgência, não será concedida liberdade provisória ao preso.

3.9 Aspectos processuais relevantes

3.9.1 Competência mista e legislações aplicáveis

***Art. 13** Ao processo, ao julgamento e à execução das causas cíveis e criminais decorrentes da prática de violência doméstica e familiar contra a mulher aplicar-se-ão as normas dos Códigos de Processo Penal e Processo Civil e da legislação específica relativa à criança, ao adolescente e ao idoso que não conflitarem com o estabelecido nesta Lei.*

Aplicação subsidiária: por ser uma lei específica, a Lei Maria da Penha prevalece sobre a genérica naquilo que houver contradição, todavia, ainda se aplicará a lei geral quando aquela não versar sobre o assunto, por exemplo, os Códigos Processuais Penal e Civil (CPP e CPC), o Estatuto da Criança e do Adolescente (ECA), bem como o Estatuto do Idoso, entre outros.

3.9.2 Juizados de Violência Doméstica e Familiar contra a Mulher

***Art. 14** Os Juizados de Violência Doméstica e Familiar contra a Mulher, órgãos da Justiça Ordinária com **competência cível e criminal**, poderão ser criados pela União, no Distrito Federal e nos Territórios, e pelos Estados, para o processo, o julgamento e a execução das causas decorrentes da prática de violência doméstica e familiar contra a mulher.*

***Parágrafo único.** Os atos processuais poderão realizar-se em horário noturno, conforme dispuserem as normas de organização judiciária.*

Competência cumulativa: os juizados de violência doméstica e familiar contra a mulher possuem a cumulação de competência civil e criminal, bem como de outras causas decorrentes (art. 14, caput).

*Os Juizados de Violência Doméstica e Familiar contra a Mulher **têm competência cumulativa para o julgamento e a execução das causas decorrentes** da prática de violência doméstica e familiar contra a mulher, nos termos do art. 14, da Lei nº 11.340/2006. STJ, Jurisprudência em Teses nº 41. Precedentes: REsp 1.475.006/MT (Vide Inf. 550). (grifo nosso)*

Horário noturno: os atos processuais relativos à Lei Maria da Penha poderão se realizar em **horário noturno** (art. 14, parágrafo único).

***Art. 14-A** A ofendida tem a opção de propor ação de divórcio ou de dissolução de união estável no Juizado de Violência Doméstica e Familiar contra a Mulher. (Incluído pela Lei nº 13.894/2019)*

§ 1º Exclui-se da competência dos Juizados de Violência Doméstica e Familiar contra a Mulher a pretensão relacionada à partilha de bens.

§ 2º Iniciada a situação de violência doméstica e familiar após o ajuizamento da ação de divórcio ou de dissolução de união estável, a ação terá preferência no juízo onde estiver.

3.9.3 Opção da ofendida nos processos cíveis

***Art. 15** É competente, por opção da ofendida, para os processos cíveis regidos por esta Lei, o Juizado:*

I – do seu domicílio ou de sua residência;

II – do lugar do fato em que se baseou a demanda;

III – do domicílio do agressor.

3.9.4 Audiência de retratação

***Art. 16** Nas **ações penais públicas condicionadas à representação** da ofendida de que trata esta Lei, só será admitida a renúncia à representação perante o juiz, em audiência especialmente designada com tal finalidade, **antes do recebimento da denúncia** e ouvido o Ministério Público.*

Retratação da representação: nos casos de violência doméstica e familiar contra a mulher, somente será possível a **retratação da representação** (nos crimes de ação penal pública condicionada) **antes do recebimento da denúncia**.

A audiência de retratação prevista no art. 16 da Lei nº 11.340/06 apenas será designada no caso de **manifestação expressa ou tácita da vítima** *e desde que ocorrida* **antes do recebimento da denúncia.** ***STJ, Jurisprudência em Teses nº 41.*** *Precedentes: RHC 41.545/PB; HC 184.923/DF; AgRg no AREsp 40.934/DF; HC 167.898/MG; AgRg no Ag 1.380.117/SE; RHC 27.317/RJ; REsp 1.533.691/MG; AREsp 518.363/DF.(grifo nosso)*

O art. 16 da Lei Maria da Penha apresenta situação dilatada à regra geral descrita no CPP referente à retratação da representação (art. 25, CPP). Portanto, cuidado com esses temas em sua prova.

Retratação da representação	
Lei Maria da Penha	Até o **recebimento** da denúncia (por exemplo: a denúncia está em mãos do juiz, mas ainda não se iniciou o processo).
CPP	Até o **oferecimento** da denúncia (por exemplo: a denúncia ainda não foi encaminhada para o juiz, mas ainda está em mãos do Ministério Público).

3.9.5 Sanções vedadas

***Art. 17** É vedada a aplicação, nos casos de violência doméstica e familiar contra a mulher, de penas de cesta básica ou outras de prestação pecuniária, bem como a substituição de pena que implique o pagamento isolado de multa.*

Aplicação de pena de cesta básica ou de prestação pecuniária: a fim de desencorajar o agressor, o legislador proibiu (vedou) a **aplicação** de penas de cesta básica ou de prestação pecuniária (pagamento em dinheiro à vítima), bem como a **substituição** de pena pelo pagamento isolado de multa.

Substituição de pena privativa de liberdade por restritiva de direitos: o STJ determinou a impossibilidade de **substituição** de pena privativa de liberdade por restritiva de direitos, nos casos de violência doméstica e familiar contra a mulher.

***Súmula nº 588* – STJ:** *A prática de crime ou contravenção penal contra a mulher com violência ou grave ameaça no ambiente doméstico impossibilita a substituição da pena privativa de liberdade por restritiva de direitos.*

Princípio da insignificância e bagatela imprópria

Não se admite o **princípio da insignificância** (bagatela própria) para a violência doméstica e familiar contra a mulher.

***Súmula nº 589* – STJ:** *É inaplicável o princípio da insignificância nos crimes ou contravenções penais praticados contra a mulher no âmbito das relações domésticas.*

Nem mesmo a aplicação da bagatela imprópria:

***Não é possível** a aplicação dos **princípios da insignificância e da bagatela imprópria** nos delitos praticados com violência ou grave ameaça no âmbito das relações domésticas e familiares. **STJ, Jurisprudência em Teses nº 41.** Precedentes: REsp 1.537.749/DF; AgRg no REsp 1.464.335/MS; AgRg no AREsp 19.042/DF; REsp 1.538.562/SP; AREsp 652.428/DF; HC 317.781/MS. (grifo nosso)*

3.9.6 Vedação da Lei nº 9.099/1995

***Art. 41** Aos crimes praticados com violência doméstica e familiar contra a mulher, independentemente da pena prevista, não se aplica a Lei nº 9.099, de 26 de setembro de 1995.*

Não se aplica a **Lei nº 9.099/1995** (JECrim) à violência doméstica e familiar contra a mulher, em todos os sentidos: sursis processual (suspensão condicional do processo), transação penal, reparação dos danos, entre outros dispositivos.

***Súmula nº 536* – STJ:** *A suspensão condicional do processo e a transação penal não se aplicam na hipótese de delitos sujeitos ao rito da Lei Maria da Penha.*

Lesão corporal leve e culposa

***Súmula nº 542* – STJ:** *A ação penal relativa ao crime de lesão corporal resultante de violência doméstica contra a mulher é pública incondicionada.*

Os demais crimes são de ação penal pública condicionada à representação continuarão com a mesma regra do Código Penal ou outras Leis Penais Especiais, o que não se aplica à Lei Maria da Penha é a Lei nº 9.099/1995 (JECrim).

Na violência doméstica e familiar contra a mulher que gere lesão corporal leve ou culposa, a **ação penal é pública incondicionada.** Por exemplo: o **crime de ameaça** contra a mulher em situação de violência doméstica e familiar continua a ser de **ação penal pública condicionada** à representação da vítima, conforme dispõe o art. 147, parágrafo único, do Código Penal.

*O crime de lesão corporal, ainda que leve ou culposo, praticado contra a mulher no âmbito das relações domésticas e familiares, deve ser processado mediante ação penal pública incondicionada. **STJ, Jurisprudência em Teses nº 41.** Precedentes: REsp 1.537.749/DF; AgRg no REsp 1.442.015/MG; RHC 42.228/SP; AgRg no REsp 1.358.215/MG; RHC 45.444/MG; AgRg no REsp 1.428.577/DF; AgRg no HC 213.597/MT; HC 184.923/DF; RHC 33.881/MG; HC 242.458/DF (Vide Inf. 509).*

3.10 Medidas protetivas de urgência

3.10.1 Disposições gerais

***Art. 18** Recebido o expediente com o pedido da ofendida, caberá ao juiz, no prazo de 48 (quarenta e oito) horas:*

I – conhecer do expediente e do pedido e decidir sobre as medidas protetivas de urgência;

II – determinar o encaminhamento da ofendida ao órgão de assistência judiciária, quando for o caso, inclusive para o ajuizamento da ação de separação judicial, de divórcio, de anulação de casamento ou de dissolução de união estável perante o juízo competente; (Redação dada pela Lei nº 13.894/2019)

III – comunicar ao Ministério Público para que adote as providências cabíveis;

IV – determinar a apreensão imediata de arma de fogo sob a posse do agressor. (Incluído pela Lei nº 13.880/2019)

Atendimento policial e pericial especializado: a Lei nº 13.505/2017, que incluiu os arts. 10-A, 12-A e 12-B, dispõe sobre o direito da mulher em situação de violência doméstica e familiar de ter atendimento policial e pericial especializado, ininterrupto e prestado por servidores — **preferencialmente do sexo feminino** — previamente capacitados.

Art. 19 *As medidas protetivas de urgência poderão ser concedidas pelo juiz, a requerimento do Ministério Público ou a pedido da ofendida.*

§ 1º As medidas protetivas de urgência poderão ser concedidas de imediato, independentemente de audiência das partes e de manifestação do Ministério Público, devendo este ser prontamente comunicado.

§ 2º As medidas protetivas de urgência serão aplicadas isolada ou cumulativamente, e poderão ser substituídas a qualquer tempo por outras de maior eficácia, sempre que os direitos reconhecidos nesta Lei forem ameaçados ou violados.

§ 3º Poderá o juiz, a requerimento do Ministério Público ou a pedido da ofendida, conceder novas medidas protetivas de urgência ou rever aquelas já concedidas, se entender necessário à proteção da ofendida, de seus familiares e de seu patrimônio, ouvido o Ministério Público.

Ministério Público ou ofendida: as medidas protetivas de urgências necessitam de **autorização judicial** e poderão ser concedidas por: [1] requerimento do Ministério Público ou [2] pedido da ofendida. Sendo assim, não cabe à autoridade policial solicitar medida protetiva de urgência, conforme a ausência legal no art. 19.

Art. 20 *Em qualquer fase do inquérito policial ou da instrução criminal, caberá a prisão preventiva do agressor, decretada pelo juiz, de ofício, a requerimento do Ministério Público ou mediante representação da autoridade policial.*

Parágrafo único. *O juiz poderá revogar a prisão preventiva se, no curso do processo, verificar a falta de motivo para que subsista, bem como de novo decretá-la, se sobrevierem razões que a justifiquem.*

Ministério Público ou autoridade policial: a prisão preventiva do agressor necessita de **autorização judicial** e poderá ser concedida: [1] requerimento do Ministério Público ou [2] representação da autoridade policial — no inquérito policial ou na instrução criminal (durante o processo penal poderá o juiz decretá-la de ofício).

Art. 21 *A ofendida deverá ser notificada dos atos processuais relativos ao agressor, especialmente dos pertinentes ao ingresso e à saída da prisão, sem prejuízo da intimação do advogado constituído ou do defensor público.*

Parágrafo único. *A ofendida não poderá entregar intimação ou notificação ao agressor.*

Notificação dos atos processuais: a ofendida deve ser "notificada" (ou "cientificada") sobre todos os atos processuais que envolverem o agressor; vedando-se, entretanto, que ela entregue intimação ou notificação ao agressor.

3.10.2 Medidas protetivas de urgência que obrigam o agressor

Art. 22 *Constatada a prática de violência doméstica e familiar contra a mulher, nos termos desta Lei, o juiz poderá aplicar, de imediato, ao agressor, em conjunto ou separadamente, as seguintes medidas protetivas de urgência, entre outras:*

I – suspensão da posse ou restrição do porte de armas, com comunicação ao órgão competente, nos termos da Lei nº 10.826, de 22 de dezembro de 2003 (Estatuto do Desarmamento);

II – afastamento do lar, domicílio ou local de convivência com a ofendida;

III – proibição de determinadas condutas, entre as quais:

a) aproximação da ofendida, de seus familiares e das testemunhas, fixando o limite mínimo de distância entre estes e o agressor;

b) contato com a ofendida, seus familiares e testemunhas por qualquer meio de comunicação;

c) frequentação de determinados lugares a fim de preservar a integridade física e psicológica da ofendida;

IV – restrição ou suspensão de visitas aos dependentes menores, ouvida a equipe de atendimento multidisciplinar ou serviço similar;

V – prestação de alimentos provisionais ou provisórios.

VI – comparecimento do agressor a programas de recuperação e reeducação; e (Incluído pela Lei nº 13.984/2020)

VII – acompanhamento psicossocial do agressor, por meio de atendimento individual e/ou em grupo de apoio. (Incluído pela Lei nº 13.984/2020)

§ 1º As medidas referidas neste artigo não impedem a aplicação de outras previstas na legislação em vigor, sempre que a segurança da ofendida ou as circunstâncias o exigirem, devendo a providência ser comunicada ao Ministério Público.

§ 2º Na hipótese de aplicação do inciso I, encontrando-se o agressor nas condições mencionadas no 'caput' e incisos do art. 6º da Lei nº 10.826, de 22 de dezembro de 2003 (Estatuto do Desarmamento), o juiz comunicará ao respectivo órgão, corporação ou instituição as medidas protetivas de urgência concedidas e determinará a restrição do porte de armas, ficando o superior imediato do agressor responsável pelo cumprimento da determinação judicial, sob pena de incorrer nos crimes de prevaricação ou de desobediência, conforme o caso.

§ 3º Para garantir a efetividade das medidas protetivas de urgência, poderá o juiz requisitar, a qualquer momento, auxílio da força policial.

§ 4º Aplica-se às hipóteses previstas neste artigo, no que couber, o disposto no 'caput' e nos §§ 5º e 6º do art. 461 da Lei nº 5.869, de 11 de janeiro de 1973 (Código de Processo Civil).

Medidas isoladas ou cumulativamente: determina o caput do art. 22 que o juiz poderá, de imediato, aplicar as medidas protetivas de urgência isoladas ou cumulativamente, entre outras, ou seja, o rol é exemplificativo.

Comunicação ao Ministério Público (§ 1º): como o rol é exemplificativo, poderá o juiz competente aplicar outras medidas previstas na legislação em vigor, mas sempre notificando o Ministério Público.

Agentes de segurança pública (§ 2º): tratando-se de agentes de segurança previstos no rol do *caput* e incisos do art. 6º do Estatuto do Desarmamento, o juiz competente irá comunicar o órgão competente e o superior hierárquico ficará responsável pela restrição do porte do subordinado sob de pena de incorrer nos crimes de prevaricação ou desobediência, conforme o caso.

Auxílio da força policial (§ 3º): a fim de garantir a efetividade das medidas protetivas, o juiz poderá requisitar o auxílio da força policial.

Medidas protetivas de urgência que obrigam o agressor, entre outras (art. 22)	
Suspensão de posse/porte de armas	Com comunicação ao órgão competente, nos termos da Lei nº 10.826/2003 (Estatuto do Desarmamento).
Afastamento do lar	Ou local de convivência com a ofendida.
Proibição de condutas	a) aproximação da ofendida, de seus familiares e das testemunhas, fixando o limite mínimo de distância entre estes e o agressor; b) contato com a ofendida, seus familiares e testemunhas por qualquer meio de comunicação; c) frequentação de determinados lugares a fim de preservar a integridade física e psicológica da ofendida;
Restrição de visitas	Aos dependentes menores, ouvida a equipe de atendimento multidisciplinar ou serviço similar.
Prestação de alimentos	Provisionais ou provisórios.

3.10.3 Medidas protetivas de urgência à ofendida

Art. 23 Poderá o juiz, quando necessário, sem prejuízo de outras medidas:

I – encaminhar a ofendida e seus dependentes a programa oficial ou comunitário de proteção ou de atendimento;

II – determinar a recondução da ofendida e a de seus dependentes ao respectivo domicílio, após afastamento do agressor;

III – determinar o afastamento da ofendida do lar, sem prejuízo dos direitos relativos a bens, guarda dos filhos e alimentos;

IV – determinar a separação de corpos;

V – determinar a matrícula dos dependentes da ofendida em instituição de educação básica mais próxima do seu domicílio, ou a transferência deles para essa instituição, independentemente da existência de vaga. (Incluído pela Lei nº 13.882/2019)

Medidas protetivas de urgência à ofendida, entre outras (art. 23)	
Programa de proteção	Encaminhamento da ofendida e de seus dependentes à programa oficial ou comunitário de proteção ou de atendimento.
Recondução ao domicílio	Determinação de reconduzir a ofendida e seus dependentes ao respectivo domicílio, após afastamento do agressor.
Afastamento do lar	Determinação de afastar a ofendida do lar, sem prejuízo dos direitos relativos a bens, guarda dos filhos e alimentos.
Separação matrimonial	Determinação da separação de corpos.
Matrícula escolar	Determinação de matrícula dos dependentes da ofendida em instituição de educação básica mais próxima do seu domicílio, ou a transferência deles para essa instituição, independentemente da existência de vaga.

Art. 24 Para a proteção patrimonial dos bens da sociedade conjugal ou daqueles de propriedade particular da mulher, o juiz poderá determinar, liminarmente, as seguintes medidas, entre outras:

I – restituição de bens indevidamente subtraídos pelo agressor à ofendida;

II – proibição temporária para a celebração de atos e contratos de compra, venda e locação de propriedade em comum, salvo expressa autorização judicial;

III – suspensão das procurações conferidas pela ofendida ao agressor;

IV – prestação de caução provisória, mediante depósito judicial, por perdas e danos materiais decorrentes da prática de violência doméstica e familiar contra a ofendida.

***Parágrafo único.** Deverá o juiz oficiar ao cartório competente para os fins previstos nos incisos II e III deste artigo.*

Medidas protetivas do patrimônio da ofendida (art. 24)	
Restituição de bens	Indevidamente subtraídos pelo agressor à ofendida.
Proibição temporária	Para a celebração de atos e contratos de compra, venda e locação de propriedade em comum, salvo expressa autorização judicial.
Suspensão de procurações	Conferidas pela ofendida ao agressor.
Prestação de caução provisória	Mediante depósito judicial, por perdas e danos materiais decorrentes da prática de violência doméstica e familiar contra a ofendida.

3.10.4 Do crime de descumprimento de medidas protetivas de urgência

Descumprimento de medidas protetivas de urgência

***Art. 24-A** Descumprir decisão judicial que defere medidas protetivas de urgência previstas nesta Lei: (Incluído pela Lei nº 13.641/2018)*

***Pena** – detenção, de 3 (três) meses a 2 (dois) anos.*

§ 1º A configuração do crime independe da competência civil ou criminal do juiz que deferiu as medidas.

§ 2º Na hipótese de prisão em flagrante, apenas a autoridade judicial poderá conceder fiança.

§ 3º O disposto neste artigo não exclui a aplicação de outras sanções cabíveis.

Antes da Lei nº 13.641/2018, ao agente que descumprisse medida de protetiva de urgência, o juiz poderia aplicar outras sanções previstas, como, por exemplo, a possibilidade de se aplicar a prisão preventiva (art. 313, III, CPP). Portanto, antigamente o seu descumprimento não configurava crime na Lei Maria da Penha nem mesmo o de desobediência (art. 330, CP).

*O descumprimento de medida protetiva de urgência não configura o crime de desobediência, em face da existência de outras sanções previstas no ordenamento jurídico para a hipótese. **STJ, Jurisprudência em Teses nº 41.** Precedentes: AgRg no HC 305.448/RS; Ag no REsp 1.519.850/DF; HC 312.513/RS; AgRg no REsp 1454609/RS; AgRg no REsp 1.490.460/DF; HC 305.442/RS; AgRg no AREsp 575.017/DF; HC 299.165/RS; AgRg no REsp 1.482.990/MG; AgRg no REsp 1.477.632/DF (Vide Inf. 544).*

Sujeito ativo: é **próprio** (somente aquele que teve a medida protetiva de urgência decretada poderá cometê-lo).

Mesmo após a vigência da Lei nº 13.641/2018, não configura o delito de desobediência (art. 330, CP), mas, sim, o crime de **"descumprimento de medidas protetivas de urgência"** (art. 24-A, Lei nº 11.340/2006) — especial modalidade de desobediência.

Elemento subjetivo e conduta: é **doloso** (não admite a forma culposa) e **comissivo** (admite tentativa) ou **omissivo** (não admite tentativa).

Consumação e tentativa: trata-se de **delito instantâneo** (sua consumação se dá em momento certo: quando o agente comete a conduta proibida na decisão judicial ou deixa de praticar aquela que lhe foi ordenada) e; tanto é **plurissubsistente** (admite tentativa), na forma comissiva; como também, **unissubsistente** (não admite tentativa), na forma omissiva.

Princípio da especialidade: o crime de "descumprimento de medidas protetivas de urgência" (art. 24-A da Lei Maria da Penha) trata-se de especial modalidade de "desobediência" (art. 330 do Código Penal) e, por conseguinte, o tipo específico prevalece sobre o genérico, por força do princípio da especialidade.

Ação penal: é pública incondicionada, isto é, o Ministério Público deverá promover, privativamente, a ação penal pública (art. 129, I, CF/1988), assim que tiver conhecimento, não podendo desistir da ação penal (art. 42, CPP).

Inquérito policial: mesmo que se trate de infração penal de menor potencial ofensivo, não se aplicará os institutos referentes a esta infração (art. 61, Lei nº 9.099/1995), devendo, portanto, a autoridade policial instaurar inquérito policial de ofício assim que tomar conhecimento da materialidade do delito (art. 4º, caput, I, CPP).

Competência: é do Juizado de Violência Doméstica e Familiar Contra a Mulher (arts. 13 e 14).

Descumprimento de medida protetiva penal ou civil (§ 1º): o descumprimento de decisão judicial que defere medida protetiva de urgência prevista na Lei Maria da Penha não é somente a de cunho penal, mas também a civil, por exemplo, as impostas pelos arts. 22 a 24.

Inadmissibilidade de fiança em sede policial (§ 2º): cuidado, pois o art. 24-A da Lei Maria da Penha é delito afiançável em sede judicial, mas será inafiançável em sede policial. Assim, a fiança somente poderá ser decretada pelo juiz competente.

Outras sanções (§ 3º): o cometimento do crime em estudo não impede a aplicação de outras sanções cabíveis, como a prisão preventiva (art. 313, III, CPP).

3.10.5 Atuação do Ministério Público

Art. 25 O Ministério Público intervirá, quando não for parte, nas causas cíveis e criminais decorrentes da violência doméstica e familiar contra a mulher.

Art. 26 Caberá ao Ministério Público, sem prejuízo de outras atribuições, nos casos de violência doméstica e familiar contra a mulher, quando necessário:

I – requisitar força policial e serviços públicos de saúde, de educação, de assistência social e de segurança, entre outros;

II – fiscalizar os estabelecimentos públicos e particulares de atendimento à mulher em situação de violência doméstica e familiar, e adotar, de imediato, as medidas administrativas ou judiciais cabíveis no tocante a quaisquer irregularidades constatadas;

III – cadastrar os casos de violência doméstica e familiar contra a mulher.

"Custos legis": o Ministério Público, quando não for parte da ação, intervirá como fiscal da lei (art. 25).

Competências do Ministério Público (art. 26)	
Requisitar	**Força policial** e **serviços públicos** de saúde, de educação, de assistência social e de segurança, entre outros.
Fiscalizar	Os **estabelecimentos públicos** e **particulares** de atendimento à mulher em situação de violência doméstica e familiar.
Adotar	De imediato, as **medidas administrativas** ou **judiciais cabíveis** no tocante a quaisquer irregularidades constatadas.
Cadastrar	Os casos de violência doméstica e familiar contra a mulher (no banco de dados à que se referem os art. 38 e 38-A).

3.10.6 Da assistência judiciária

Art. 27 Em todos os atos processuais, cíveis e criminais, a mulher em situação de violência doméstica e familiar deverá estar acompanhada de advogado, ressalvado o previsto no art. 19 desta Lei.

Art. 28 É garantido a toda mulher em situação de violência doméstica e familiar o acesso aos serviços de Defensoria Pública ou de Assistência Judiciária Gratuita, nos termos da lei, em sede policial e judicial, mediante atendimento específico e humanizado.

Assistência Judiciária: a ofendida deve estar acompanhada de advogado, caso não tenha condições para o seu pagamento, o Estado deverá lhe garantir que seja assistida pela Defensoria Pública. Tal assistência possui dois parâmetros: no inquérito policial e no processo judicial; além de atendimento específico e humanizado.

3.11 Da equipe de atendimento multidisciplinar

Art. 29 Os Juizados de Violência Doméstica e Familiar contra a Mulher que vierem a ser criados poderão contar com uma equipe de atendimento multidisciplinar, a ser integrada por profissionais especializados nas áreas psicossocial, jurídica e de saúde.

Art. 30 Compete à equipe de atendimento multidisciplinar, entre outras atribuições que lhe forem reservadas pela legislação local, fornecer subsídios por escrito ao juiz, ao Ministério Público e à Defensoria Pública, mediante laudos ou verbalmente em audiência, e desenvolver trabalhos de orientação, encaminhamento, prevenção e outras medidas, voltados para a ofendida, o agressor e os familiares, com especial atenção às crianças e aos adolescentes.

Art. 31 Quando a complexidade do caso exigir avaliação mais aprofundada, o juiz poderá determinar a manifestação de profissional especializado, mediante a indicação da equipe de atendimento multidisciplinar.

Art. 32 O Poder Judiciário, na elaboração de sua proposta orçamentária, poderá prever recursos para a criação e manutenção da equipe de atendimento multidisciplinar, nos termos da Lei de Diretrizes Orçamentárias (LDO).

Equipe multidisciplinar: essa ajudará os Juizados de Violência Doméstica e Familiar Contra a Mulher, que contará com profissionais específicos nas áreas psicossocial, jurídica e de saúde; devendo o Poder Judiciário prever recursos para a manutenção da equipe multidisciplinar, conforme dispõe a LDO.

3.12 Disposições transitórias

Art. 33 Enquanto não estruturados os Juizados de Violência Doméstica e Familiar contra a Mulher, as varas criminais acumularão as competências cível e criminal para conhecer e julgar as causas decorrentes da prática de violência doméstica e familiar contra a mulher, observadas as previsões do Título IV desta Lei, subsidiada pela legislação processual pertinente.

Parágrafo único. *Será garantido o direito de preferência, nas varas criminais, para o processo e o julgamento das causas referidas no 'caput'.*

Locais em que não há Juizado de Violência Doméstica e Familiar Contra a Mulher: enquanto a comarca jurídica não possuir tais Juizados, ficará a cargo das **varas criminais** tais competências (cível e penal).

3.13 Disposições finais

Art. 34 A instituição dos Juizados de Violência Doméstica e Familiar contra a Mulher poderá ser acompanhada pela implantação das curadorias necessárias e do serviço de assistência judiciária.

Art. 35 A União, o Distrito Federal, os Estados e os Municípios poderão criar e promover, no limite das respectivas competências: (Vide Lei nº 14.316/2022)

I – centros de atendimento integral e multidisciplinar para mulheres e respectivos dependentes em situação de violência doméstica e familiar;

II – casas-abrigos para mulheres e respectivos dependentes menores em situação de violência doméstica e familiar;

III – delegacias, núcleos de defensoria pública, serviços de saúde e centros de perícia médico-legal especializados no atendimento à mulher em situação de violência doméstica e familiar;

IV – programas e campanhas de enfrentamento da violência doméstica e familiar;

V – centros de educação e de reabilitação para os agressores.

Art. 36 A União, os Estados, o Distrito Federal e os Municípios promoverão a adaptação de seus órgãos e de seus programas às diretrizes e aos princípios desta Lei.

Art. 37 A defesa dos interesses e direitos transindividuais previstos nesta Lei poderá ser exercida, concorrentemente, pelo Ministério Público e por associação de atuação na área, regularmente constituída há pelo menos um ano, nos termos da legislação civil.

Parágrafo único. *O requisito da pré-constituição poderá ser dispensado pelo juiz quando entender que não há outra entidade com representatividade adequada para o ajuizamento da demanda coletiva.*

Art. 38 As estatísticas sobre a violência doméstica e familiar contra a mulher serão incluídas nas bases de dados dos órgãos oficiais do Sistema de Justiça e Segurança a fim de subsidiar o sistema nacional de dados e informações relativo às mulheres.

Parágrafo único. *As Secretarias de Segurança Pública dos Estados e do Distrito Federal poderão remeter suas informações criminais para a base de dados do Ministério da Justiça.*

Art. 38-A O juiz competente providenciará o registro da medida protetiva de urgência. (Artigo acrescido pela Lei nº 13.827/2019)

Parágrafo único. As medidas protetivas de urgência serão, após sua concessão, imediatamente registradas em banco de dados mantido e regulamentado pelo Conselho Nacional de Justiça, garantido o acesso instantâneo do Ministério Público, da Defensoria Pública e dos órgãos de segurança pública e de assistência social, com vistas à fiscalização e à efetividade das medidas protetivas. (Redação pela Lei nº 14.310/2022)

Art. 39 A União, os Estados, o Distrito Federal e os Municípios, no limite de suas competências e nos termos das respectivas leis de diretrizes orçamentárias, poderão estabelecer dotações orçamentárias específicas, em cada exercício financeiro, para a implementação das medidas estabelecidas nesta Lei.

Art. 40 As obrigações previstas nesta Lei não excluem outras decorrentes dos princípios por ela adotados.

Art. 41 Aos crimes praticados com violência doméstica e familiar contra a mulher, independentemente da pena prevista, não se aplica a Lei nº 9.099, de 26 de setembro de 1995 (Lei dos Juizados Especiais Cíveis e Criminais).

Não se aplica a **Lei nº 9.099/1995** (JECrim) à violência doméstica e familiar contra a mulher, em todos os sentidos: sursis processual (suspensão condicional do processo), transação penal, reparação dos danos, entre outros dispositivos.

> ***Súmula nº 536*** *– STJ: A suspensão condicional do processo e a transação penal não se aplicam na hipótese de delitos sujeitos ao rito da Lei Maria da Penha.*

3.13.1 Lesão corporal leve e culposa

> ***Súmula nº 542*** *– STJ: A ação penal relativa ao crime de lesão corporal resultante de violência doméstica contra a mulher é pública incondicionada.*

Na violência doméstica e familiar contra a mulher que gere lesão corporal leve ou culposa, a **ação penal é pública incondicionada.**

Os demais crimes de ação penal pública condicionada à representação **continuarão** com a mesma regra do Código Penal ou outras Leis Penais Especiais, o que não se aplica à Lei Maria da Penha é a Lei nº 9.099/1995 (JECrim). Por exemplo: o **crime de ameaça** contra a mulher em situação de violência doméstica e familiar, continua a ser de **ação penal pública condicionada** à representação da vítima, conforme dispõe o art. 147, parágrafo único, do Código Penal.

> *O crime de lesão corporal, ainda que leve ou culposo, praticado contra a mulher no âmbito das relações domésticas e familiares, deve ser processado mediante ação penal pública incondicionada.* ***STJ, Jurisprudência em Teses nº 41.*** *Precedentes: REsp 1.537.749/DF; AgRg no REsp 1.442.015/MG; RHC 42.228/SP; AgRg no REsp 1.358.215/MG; RHC 45.444/MG; AgRg no REsp 1.428.577/DF; AgRg no HC 213.597/MT; HC 184.923/DF; RHC 33.881/MG; HC 242.458/DF (Vide Inf. 509).*

3.14 Alterações legislativas

Art. 42 O art. 313 do Decreto-Lei nº 3.689, de 3 de outubro de 1941 (Código de Processo Penal), passa a vigorar acrescido do seguinte inciso IV:

Art. 313 [...]

IV – se o crime envolver violência doméstica e familiar contra a mulher, nos termos da lei específica, para garantir a execução das medidas protetivas de urgência.

Art. 43 A alínea "f" do inciso II do art. 61 do Decreto-Lei nº 2.848, de 7 de dezembro de 1940 (Código Penal), passa a vigorar com a seguinte redação:

Art. 61[...]

I– [...]

f) com abuso de autoridade ou prevalecendo-se de relações domésticas, de coabitação ou de hospitalidade, ou com violência contra a mulher na forma da lei específica;

Art. 44 O art. 129 do Decreto-Lei nº 2.848, de 7 de dezembro de 1940 (Código Penal), passa a vigorar com as seguintes alterações:

Art. 129 [...]

§ 9º Se a lesão for praticada contra ascendente, descendente, irmão, cônjuge ou companheiro, ou com quem conviva ou tenha convivido, ou, ainda, prevalecendo-se o agente das relações domésticas, de coabitação ou de hospitalidade:

Pena *– detenção, de 3 (três) meses a 3 (três) anos [...]*

§ 11. Na hipótese do §9º deste artigo, a pena será aumentada de um terço se o crime for cometido contra pessoa portadora de deficiência.

Art. 45 O art. 152 da Lei nº 7.210, de 11 de julho de 1984 (Lei de Execução Penal), passa a vigorar com a seguinte redação:

Art. 152 [...]

Parágrafo único. *Nos casos de violência doméstica contra a mulher, o juiz poderá determinar o comparecimento obrigatório do agressor a programas de recuperação e reeducação.*

4 LEI Nº 11.343/2006 - LEI DE DROGAS (SISNAD)

Esta Lei institui o Sistema Nacional de Políticas Públicas sobre Drogas (Sisnad); prescreve medidas para prevenção do uso indevido, Fique ligado e reinserção social de usuários e dependentes de drogas; estabelece normas para repressão à produção não autorizada e ao tráfico ilícito de drogas e define crimes.

Drogas: as substâncias ou os produtos capazes de causar dependência, assim especificados em lei ou relacionados em listas atualizadas periodicamente pelo Poder Executivo da União.

Proibição: ficam proibidas, em todo o território nacional, as drogas, bem como o plantio, a cultura, a colheita e a exploração de vegetais e substratos dos quais possam ser extraídas ou produzidas drogas, ressalvada a hipótese de autorização legal ou regulamentar, bem como o que estabelece a Convenção de Viena, das Nações Unidas, sobre substâncias psicotrópicas, de 1971, a respeito de plantas de uso estritamente ritualístico-religioso.

Autorização: pode a União autorizar o plantio, a cultura e a colheita dos vegetais referidos no *caput* deste artigo, exclusivamente para fins medicinais ou científicos, em local e prazo predeterminados, mediante fiscalização, respeitadas as ressalvas supramencionadas.

4.1 Sistema nacional de políticas públicas sobre drogas

Finalidades: o Sisnad tem a finalidade de articular, integrar, organizar e coordenar as atividades relacionadas com: a prevenção do uso indevido, a Fique ligado e a reinserção social de usuários e dependentes de drogas; a repressão da produção não autorizada e do tráfico ilícito de drogas.

Entende-se por Sisnad o conjunto ordenado de princípios, regras, critérios e recursos materiais e humanos que envolvem as políticas, planos, programas, ações e projetos sobre drogas, incluindo-se nele, por adesão, os sistemas de políticas públicas sobre drogas dos estados, Distrito Federal e municípios.

O Sisnad atuará em articulação com o Sistema Único de Saúde (SUS) e com o Sistema Único de Assistência Social (SUAS).

4.1.1 Princípios e objetivos do sistema nacional de políticas públicas sobre drogas

Princípios do Sisnad:

> ***Art. 4º** [...]*
>
> *I – o respeito aos direitos fundamentais da pessoa humana, especialmente quanto à sua autonomia e à sua liberdade;*
>
> *II – o respeito à diversidade e às especificidades populacionais existentes;*
>
> *III – a promoção dos valores éticos, culturais e de cidadania do povo brasileiro, reconhecendo-os como fatores de proteção para o uso indevido de drogas e outros comportamentos correlacionados;*
>
> *IV – a promoção de consensos nacionais, de ampla participação social, para o estabelecimento dos fundamentos e estratégias do Sisnad;*
>
> *V – a promoção da responsabilidade compartilhada entre Estado e Sociedade, reconhecendo a importância da participação social nas atividades do Sisnad;*
>
> *VI – o reconhecimento da intersetorialidade dos fatores correlacionados com o uso indevido de drogas, com a sua produção não autorizada e o seu tráfico ilícito;*
>
> *VII – a integração das estratégias nacionais e internacionais de prevenção do uso indevido, Fique ligado e reinserção social de usuários e dependentes de drogas e de repressão à sua produção não autorizada e ao seu tráfico ilícito;*
>
> *VIII – a articulação com os órgãos do Ministério Público e dos Poderes Legislativo e Judiciário visando à cooperação mútua nas atividades do Sisnad;*
>
> *IX – a adoção de abordagem multidisciplinar que reconheça a interdependência e a natureza complementar das atividades de prevenção do uso indevido, Fique ligado e reinserção social de usuários e dependentes de drogas, repressão da produção não autorizada e do tráfico ilícito de drogas;*
>
> *X – a observância do equilíbrio entre as atividades de prevenção do uso indevido, Fique ligado e reinserção social de usuários e dependentes de drogas e de repressão à sua produção não autorizada e ao seu tráfico ilícito, visando a garantir a estabilidade e o bem-estar social;*
>
> *XI – a observância às orientações e normas emanadas do Conselho Nacional Antidrogas – Conad.*

Objetivos do Sisnad:

> ***Art. 5º** [...]*
>
> *I – contribuir para a inclusão social do cidadão, visando a torná-lo menos vulnerável a assumir comportamentos de risco para o uso indevido de drogas, seu tráfico ilícito e outros comportamentos correlacionados;*
>
> *II – promover a construção e a socialização do conhecimento sobre drogas no país;*
>
> *III – promover a integração entre as políticas de prevenção do uso indevido, Fique ligado e reinserção social de usuários e dependentes de drogas e de repressão à sua produção não autorizada e ao tráfico ilícito e as políticas públicas setoriais dos órgãos do Poder Executivo da União, Distrito Federal, Estados e Municípios;*
>
> *IV – assegurar as condições para a coordenação, a integração e a articulação das atividades.*

4.1.2 Composição do sistema nacional de políticas públicas sobre drogas

A organização do Sisnad assegura a orientação central e a execução descentralizada das atividades realizadas em seu âmbito, nas esferas federal, distrital, estadual e municipal e se constitui matéria definida no regulamento desta Lei.

4.1.3 Competências

Compete à União:

- Formular e coordenar a execução da Política Nacional sobre Drogas;
- Elaborar o Plano Nacional de Políticas sobre Drogas, em parceria com estados, Distrito Federal, municípios e a sociedade;
- Coordenar o Sisnad;
- Estabelecer diretrizes sobre a organização e funcionamento do Sisnad e suas normas de referência;
- Elaborar objetivos, ações estratégicas, metas, prioridades, indicadores e definir formas de financiamento e gestão das políticas sobre drogas;
- Promover a integração das políticas sobre drogas com os estados, o Distrito Federal e os municípios;
- Financiar, com estados, Distrito Federal e municípios, a execução das políticas sobre drogas, observadas as obrigações dos integrantes do Sisnad;
- Estabelecer formas de colaboração com estados, Distrito Federal e municípios para a execução das políticas sobre drogas;
- Garantir publicidade de dados e informações sobre repasses de recursos para financiamento das políticas sobre drogas;
- Sistematizar e divulgar os dados estatísticos nacionais de prevenção, tratamento, acolhimento, reinserção social e econômica e repressão ao tráfico ilícito de drogas;
- Adotar medidas de enfretamento aos crimes transfronteiriços;
- Estabelecer uma política nacional de controle de fronteiras, visando a coibir o ingresso de drogas no país.

4.2 Formulação das políticas sobre drogas

4.2.1 Plano nacional de políticas sobre drogas

Objetivos do plano nacional de políticas sobre drogas:

Art. 8º-D [...]

I – promover a interdisciplinaridade e integração dos programas, ações, atividades e projetos dos órgãos e entidades públicas e privadas nas áreas de saúde, educação, trabalho, assistência social, previdência social, habitação, cultura, desporto e lazer, visando à prevenção do uso de drogas, Fique ligado e reinserção social dos usuários ou dependentes de drogas;

II – viabilizar a ampla participação social na formulação, implementação e avaliação das políticas sobre drogas;

III – priorizar programas, ações, atividades e projetos articulados com os estabelecimentos de ensino, com a sociedade e com a família para a prevenção do uso de drogas;

IV – ampliar as alternativas de inserção social e econômica do usuário ou dependente de drogas, promovendo programas que priorizem a melhoria de sua escolarização e a qualificação profissional;

V – promover o acesso do usuário ou dependente de drogas a todos os serviços públicos;

VI – estabelecer diretrizes para garantir a efetividade dos programas, ações e projetos das políticas sobre drogas;

VII – fomentar a criação de serviço de atendimento telefônico com orientações e informações para apoio aos usuários ou dependentes de drogas;

VIII – articular programas, ações e projetos de incentivo ao emprego, renda e capacitação para o trabalho, com objetivo de promover a inserção profissional da pessoa que haja cumprido o plano individual de atendimento nas fases de tratamento ou acolhimento;

IX – promover formas coletivas de organização para o trabalho, redes de economia solidária e o cooperativismo, como forma de promover autonomia ao usuário ou dependente de drogas egresso de tratamento ou acolhimento, observando-se as especificidades regionais;

X – propor a formulação de políticas públicas que conduzam à efetivação das diretrizes e princípios;

XI – articular as instâncias de saúde, assistência social e de justiça no enfrentamento ao abuso de drogas; e

XII – promover estudos e avaliação dos resultados das políticas sobre drogas.

Plano: terá duração de 5 anos a contar de sua aprovação.

Poder Público: deverá dar a mais ampla divulgação ao conteúdo do Plano Nacional de Políticas sobre Drogas.

4.2.2 Conselhos de políticas sobre drogas

Conselhos de políticas sobre drogas: constituídos por estados, Distrito Federal e municípios, terão os seguintes objetivos:

Art. 8-E [...]

I – auxiliar na elaboração de políticas sobre drogas;

II – colaborar com os órgãos governamentais no planejamento e na execução das políticas sobre drogas, visando à efetividade das políticas sobre drogas;

III – propor a celebração de instrumentos de cooperação, visando à elaboração de programas, ações, atividades e projetos voltados à prevenção, tratamento, acolhimento, reinserção social e econômica e repressão ao tráfico ilícito de drogas;

IV – promover a realização de estudos, com o objetivo de subsidiar o planejamento das políticas sobre drogas;

V – propor políticas públicas que permitam a integração e a participação do usuário ou dependente de drogas no processo social, econômico, político e cultural no respectivo ente federado; e

VI – desenvolver outras atividades relacionadas às políticas sobre drogas em consonância com o Sisnad e com os respectivos planos.

4.2.3 Acompanhamento e da avaliação das políticas sobre drogas

Instituições com atuação nas áreas da Fique ligado à saúde e da assistência social: que atendam usuários ou dependentes de drogas devem comunicar ao órgão competente do respectivo sistema municipal de saúde os casos atendidos e os óbitos ocorridos, preservando a identidade das pessoas, conforme orientações emanadas da União.

Dados estatísticos nacionais de repressão ao tráfico ilícito de drogas integrarão sistema de informações do Poder Executivo.

4.3 Atividades de prevenção do uso indevido, Fique ligado e reinserção social de usuários e dependentes de drogas

4.3.1 Prevenção - diretrizes

Atividades de prevenção do uso indevido de drogas: constituem atividades de prevenção do uso indevido de drogas, para efeito desta Lei, aquelas direcionadas para a redução dos fatores de vulnerabilidade e risco e para a promoção e o fortalecimento dos fatores de proteção.

Devem observar os seguintes princípios e diretrizes:

Art. 19 [...]

I – o reconhecimento do uso indevido de drogas como fator de interferência na qualidade de vida do indivíduo e na sua relação com a comunidade à qual pertence;

II – a adoção de conceitos objetivos e de fundamentação científica como forma de orientar as ações dos serviços públicos comunitários e privados e de evitar preconceitos e estigmatização das pessoas e dos serviços que as atendam;

III – o fortalecimento da autonomia e da responsabilidade individual em relação ao uso indevido de drogas;

IV – o compartilhamento de responsabilidades e a colaboração mútua com as instituições do setor privado e com os diversos segmentos sociais, incluindo usuários e dependentes de drogas e respectivos familiares, por meio do estabelecimento de parcerias;

V – a adoção de estratégias preventivas diferenciadas e adequadas às especificidades socioculturais das diversas populações, bem como das diferentes drogas utilizadas;

VI – o reconhecimento do "não-uso", do "retardamento do uso" e da redução de riscos como resultados desejáveis das atividades de natureza preventiva, quando da definição dos objetivos a serem alcançados;

VII – o tratamento especial dirigido às parcelas mais vulneráveis da população, levando em consideração as suas necessidades específicas;

VIII – a articulação entre os serviços e organizações que atuam em atividades de prevenção do uso indevido de drogas e a rede de Fique ligado a usuários e dependentes de drogas e respectivos familiares;

IX – o investimento em alternativas esportivas, culturais, artísticas, profissionais, entre outras, como forma de inclusão social e de melhoria da qualidade de vida;

X – o estabelecimento de políticas de formação continuada na área da prevenção do uso indevido de drogas para profissionais de educação nos 3 (três) níveis de ensino;

XI – a implantação de projetos pedagógicos de prevenção do uso indevido de drogas, nas instituições de ensino público e privado, alinhados às Diretrizes Curriculares Nacionais e aos conhecimentos relacionados a drogas;

XII – a observância das orientações e normas emanadas do Conad;

XIII – o alinhamento às diretrizes dos órgãos de controle social de políticas setoriais específicas.

Dirigidas à criança e ao adolescente deverão estar em consonância com as diretrizes emanadas pelo Conselho Nacional dos Direitos da Criança e do Adolescente (Conanda).

4.3.2 Semana nacional de políticas sobre drogas

Fica instituída a Semana Nacional de Políticas sobre Drogas, comemorada anualmente, na quarta semana de junho. No período de que trata, serão intensificadas as ações de:

> *Art. 19-A [...]*
>
> *I – difusão de informações sobre os problemas decorrentes do uso de drogas;*
>
> *II – promoção de eventos para o debate público sobre as políticas sobre drogas;*
>
> *III – difusão de boas práticas de prevenção, tratamento, acolhimento e reinserção social e econômica de usuários de drogas;*
>
> *IV – divulgação de iniciativas, ações e campanhas de prevenção do uso indevido de drogas;*
>
> *V – mobilização da comunidade para a participação nas ações de prevenção e enfrentamento às drogas;*
>
> *VI – mobilização dos sistemas de ensino previstos na Lei nº 9.394, de 20 de dezembro de 1996 - Lei de Diretrizes e Bases da Educação Nacional, na realização de atividades de prevenção ao uso de drogas.*

4.3.3 Atividades de prevenção, tratamento, acolhimento e de reinserção social e econômica de usuários ou dependentes de drogas

Fique ligado ao usuário e dependente: constituem atividades de Fique ligado ao usuário e dependente de drogas e respectivos familiares, para efeito desta Lei, aquelas que visem à melhoria da qualidade de vida e à redução dos riscos e dos danos associados ao uso de drogas.

Reinserção social do usuário ou do dependente: constituem atividades de reinserção social do usuário ou do dependente de drogas e respectivos familiares, para efeito desta Lei, aquelas direcionadas para sua integração ou reintegração em redes sociais.

Princípios e diretrizes: atividades de Fique ligado e as de reinserção social do usuário e do dependente de drogas e respectivos familiares devem observar os seguintes princípios e diretrizes:

> *Art. 22 [...]*
>
> *I – respeito ao usuário e ao dependente de drogas, independentemente de quaisquer condições, observados os direitos fundamentais da pessoa humana, os princípios e diretrizes do Sistema Único de Saúde e da Política Nacional de Assistência Social;*
>
> *II – a adoção de estratégias diferenciadas de Fique ligado e reinserção social do usuário e do dependente de drogas e respectivos familiares que considerem as suas peculiaridades socioculturais;*
>
> *III – definição de projeto terapêutico individualizado, orientado para a inclusão social e para a redução de riscos e de danos sociais e à saúde;*
>
> *IV – Fique ligado ao usuário ou dependente de drogas e aos respectivos familiares, sempre que possível, de forma multidisciplinar e por equipes multiprofissionais;*
>
> *V – observância das orientações e normas emanadas do Conad;*
>
> *VI – o alinhamento às diretrizes dos órgãos de controle social de políticas setoriais específicas.*
>
> *VII – estímulo à capacitação técnica e profissional;*
>
> *VIII – efetivação de políticas de reinserção social voltadas à educação continuada e ao trabalho;*
>
> *IX – observância do plano individual de atendimento;*
>
> *X – orientação adequada ao usuário ou dependente de drogas quanto às consequências lesivas do uso de drogas, ainda que ocasional.*

4.3.4 Educação na reinserção social e econômica

Pessoas atendidas por órgãos integrantes do Sisnad: terão atendimento nos programas de educação profissional e tecnológica, educação de jovens e adultos e alfabetização.

4.3.5 Tratamento do usuário ou dependente de drogas

Redes dos serviços de saúde da união, dos estados, do distrito federal, dos municípios: desenvolverão programas de Fique ligado ao usuário e ao dependente de drogas, respeitadas as diretrizes do Ministério da Saúde e os princípios explicitados no art. 22 desta Lei, obrigatória a previsão orçamentária adequada.

Tratamento do usuário ou dependente de drogas: deverá ser ordenado em uma rede de Fique ligado à saúde, com prioridade para as modalidades de tratamento ambulatorial, incluindo excepcionalmente formas de internação em unidades de saúde e hospitais gerais nos termos de normas dispostas pela União e articuladas com os serviços de assistência social e em etapas que permitam:

- Articular a Fique ligado com ações preventivas que atinjam toda a população;
- Orientar-se por protocolos técnicos predefinidos, baseados em evidências científicas, oferecendo atendimento individualizado ao usuário ou dependente de drogas com abordagem preventiva e, sempre que indicado, ambulatorial;
- Preparar para a reinserção social e econômica, respeitando as habilidades e projetos individuais por meio de programas que articulem educação, capacitação para o trabalho, esporte, cultura e acompanhamento individualizado; e
- Acompanhar os resultados pelo SUS, Suas e Sisnad, de forma articulada.

União: caberá à União dispor sobre os protocolos técnicos de tratamento, em âmbito nacional.

Internação de dependentes de drogas: somente será realizada em unidades de saúde ou hospitais gerais, dotados de equipes multidisciplinares e deverá ser obrigatoriamente autorizada por médico devidamente registrado no Conselho Regional de Medicina (CRM) do Estado onde se localize o estabelecimento no qual se dará a internação.

Tipos de internação: são considerados 2 tipos de internação:

- **Internação voluntária:** aquela que se dá com o consentimento do dependente de drogas;
- **Internação involuntária:** aquela que se dá, sem o consentimento do dependente, a pedido de familiar ou do responsável legal ou, na absoluta falta deste, de servidor público da área de saúde, da assistência social ou dos órgãos públicos integrantes do Sisnad, com exceção de servidores da área de segurança pública, que constate a existência de motivos que justifiquem a medida.

Internação voluntária: deverá ser precedida de declaração escrita da pessoa solicitante de que optou por este regime de tratamento; seu término dar-se-á por determinação do médico responsável ou por solicitação escrita da pessoa que deseja interromper o tratamento.

- Deve ser realizada após a formalização da decisão por médico responsável;
- Será indicada depois da avaliação sobre o tipo de droga utilizada, o padrão de uso e na hipótese comprovada da impossibilidade de utilização de outras alternativas terapêuticas previstas na rede de Fique ligado à saúde;
- Perdurará apenas pelo tempo necessário à desintoxicação, no prazo máximo de 90 (noventa) dias, tendo seu término determinado pelo médico responsável;
- A família ou o representante legal poderá, a qualquer tempo, requerer ao médico a interrupção do tratamento.

Indicação: a internação, em qualquer de suas modalidades, só será indicada quando os recursos extra-hospitalares se mostrarem insuficientes.

Fique ligado!

Todas as internações e altas de que trata esta Lei deverão ser informadas, em, no máximo, de 72 horas, ao Ministério Público, à Defensoria Pública e a outros órgãos de fiscalização, por meio de sistema informatizado único, na forma do regulamento desta Lei.

Garantia de sigilo: é garantido o sigilo das informações disponíveis no sistema referido no § 7º e o acesso será permitido apenas às pessoas autorizadas a conhecê-las, sob pena de responsabilidade.

É vedada a realização de qualquer modalidade de internação nas comunidades terapêuticas acolhedoras.

4.3.6 Plano individual de atendimento

Atendimento ao usuário ou dependente de drogas: na rede de Fique ligado à saúde dependerá de: avaliação prévia por equipe técnica multidisciplinar e multissetorial; e elaboração de um Plano Individual de Atendimento (PIA).

Avaliação prévia da equipe técnica: subsidiará a elaboração e execução do projeto terapêutico individual a ser adotado, levantando-se no mínimo: o tipo de droga e o padrão de seu uso; e o risco à saúde física e mental do usuário ou dependente de drogas ou das pessoas com as quais convive.

PIA: deverá contemplar a participação dos familiares ou responsáveis, os quais têm o dever de contribuir com o processo, sendo esses, no caso de crianças e adolescentes, passíveis de responsabilização civil, administrativa e criminal, nos termos da Lei nº 8.069/1990 – Estatuto da Criança e do Adolescente (ECA).

Elaboração: o PIA será inicialmente elaborado sob a responsabilidade da equipe técnica do primeiro projeto terapêutico que atender o usuário ou dependente de drogas e será atualizado ao longo das diversas fases do atendimento.

- Os resultados da avaliação multidisciplinar;
- Os objetivos declarados pelo atendido;
- A previsão de suas atividades de integração social ou capacitação profissional;
- Atividades de integração e apoio à família;
- Formas de participação da família para efetivo cumprimento do plano individual;
- Designação do projeto terapêutico mais adequado para o cumprimento do previsto no plano; e
- As medidas específicas de Fique ligado à saúde do atendido.

Será elaborado no prazo de até 30 dias da data do ingresso no atendimento.

Informações produzidas na avaliação e as registradas no plano individual de atendimento são consideradas sigilosas.

União, estados, distrito federal e municípios: poderão conceder benefícios às instituições privadas que desenvolverem programas de reinserção no mercado de trabalho, do usuário e do dependente de drogas encaminhados por órgão oficial.

Instituições da sociedade civil: sem fins lucrativos, com atuação nas áreas da Fique ligado à saúde e da assistência social, que atendam usuários ou dependentes de drogas poderão receber recursos do Funad, condicionados à sua disponibilidade orçamentária e financeira.

Usuário e dependente de drogas: que, em razão da prática de infração penal, estiverem cumprindo pena privativa de liberdade ou submetidos a medida de segurança, têm garantidos os serviços de Fique ligado à sua saúde, definidos pelo respectivo sistema penitenciário.

4.3.7 Acolhimento em comunidade terapêutica acolhedora

Acolhimento do usuário ou dependente de drogas na comunidade terapêutica acolhedora caracteriza-se por:

- Oferta de projetos terapêuticos ao usuário ou dependente de drogas que visam à abstinência;
- Adesão e permanência voluntária, formalizadas por escrito, entendida como uma etapa transitória para a reinserção social e econômica do usuário ou dependente de drogas;
- Ambiente residencial, propício à formação de vínculos, com a convivência entre os pares, atividades práticas de valor educativo e a promoção do desenvolvimento pessoal, vocacionada para acolhimento ao usuário ou dependente de drogas em vulnerabilidade social;
- Avaliação médica prévia;
- Elaboração de plano individual de atendimento; e
- Vedação de isolamento físico do usuário ou dependente de drogas.

Fique ligado!

Não são elegíveis para o acolhimento as pessoas com comprometimentos biológicos e psicológicos de natureza grave que mereçam Fique ligado médico-hospitalar contínua ou de emergência, caso em que deverão ser encaminhadas à rede de saúde.

4.3.8 Crimes e das penas

Penas previstas: poderão ser aplicadas isolada ou cumulativamente, bem como substituídas a qualquer tempo, ouvidos o Ministério Público e o defensor.

Fique ligado!

Quem adquirir, guardar, tiver em depósito, transportar ou trouxer consigo, para consumo pessoal, drogas sem autorização ou em desacordo com determinação legal ou regulamentar, será submetido às seguintes penas: advertência sobre os efeitos das drogas; prestação de serviços à comunidade; medida educativa de comparecimento a programa ou curso educativo.

Medidas: às mesmas medidas submete-se quem, para seu consumo pessoal, semeia, cultiva ou colhe plantas destinadas à preparação de pequena quantidade de substância ou produto capaz de causar dependência física ou psíquica.

Juiz: para determinar se a droga destinava-se a consumo pessoal, o juiz atenderá à natureza e à quantidade da substância apreendida, ao local e às condições em que se desenvolveu a ação, às circunstâncias sociais e pessoais, bem como à conduta e aos antecedentes do agente.

Prestação de serviços à comunidade: será cumprida em programas comunitários, entidades educacionais ou assistenciais, hospitais, estabelecimentos congêneres, públicos ou privados sem fins lucrativos, que se ocupem, preferencialmente, da prevenção do consumo ou da recuperação de usuários e dependentes de drogas.

Poder Público: o juiz determinará ao Poder Público que coloque à disposição do infrator, gratuitamente, estabelecimento de saúde, preferencialmente ambulatorial, para tratamento especializado.

Imposição da medida educativa: o juiz, atendendo à reprovabilidade da conduta, fixará o número de dias-multa, em quantidade nunca inferior a 40 nem superior a 100, atribuindo depois a cada um, segundo a capacidade econômica do agente, o valor de um trinta avos até 3 vezes o valor do maior salário mínimo.

Valores decorrentes da imposição da multa: serão creditados à conta do Fundo Nacional Antidrogas.

Prescrição: prescrevem em 2 anos a imposição e a execução das penas, observado, no tocante à interrupção do prazo, o disposto nos arts. 107 e seguintes do Código Penal.

4.4 Repressão à produção não autorizada e ao tráfico ilícito de drogas

Licença prévia da autoridade competente: é indispensável a licença prévia da autoridade competente para produzir, extrair, fabricar, transformar, preparar, possuir, manter em depósito, importar, exportar, reexportar, remeter, transportar, expor, oferecer, vender, comprar, trocar, ceder ou adquirir, para qualquer fim, drogas ou matéria-prima destinada à sua preparação, observadas as demais exigências legais.

Plantações ilícitas: serão imediatamente destruídas pelo delegado de polícia, que recolherá quantidade suficiente para exame pericial, de tudo lavrando auto de levantamento das condições encontradas, com a delimitação do local, asseguradas as medidas necessárias para a preservação da prova.

Dispensa de autorização: em caso de ser utilizada a queimada para destruir a plantação, observar-se-á, além das cautelas necessárias à proteção ao meio ambiente, o disposto no Decreto nº 2.661/1998, no que couber, dispensada a autorização prévia do órgão próprio do Sistema Nacional do Meio Ambiente (Sisnama).

Glebas cultivadas com plantações ilícitas: serão expropriadas, conforme o disposto no art. 243 da Constituição Federal, de acordo com a legislação em vigor.

4.4.1 Crimes

> ***Art. 33*** *Importar, exportar, remeter, preparar, produzir, fabricar, adquirir, vender, expor à venda, oferecer, ter em depósito, transportar, trazer consigo, guardar, prescrever, ministrar, entregar a consumo ou fornecer drogas, ainda que gratuitamente, sem autorização ou em desacordo com determinação legal ou regulamentar:*
>
> ***Pena*** *– reclusão de 5 a 15 anos e pagamento de 500 a 1.500 dias-multa.*

Nas mesmas penas incorre quem:

> ***Art. 33*** *[...]*
>
> *I – importa, exporta, remete, produz, fabrica, adquire, vende, expõe à venda, oferece, fornece, tem em depósito, transporta, traz consigo ou guarda, ainda que gratuitamente, sem autorização ou em desacordo com determinação legal ou regulamentar, matéria-prima, insumo ou produto químico destinado à preparação de drogas;*
>
> *II – semeia, cultiva ou faz a colheita, sem autorização ou em desacordo com determinação legal ou regulamentar, de plantas que se constituam em matéria-prima para a preparação de drogas;*
>
> *III – utiliza local ou bem de qualquer natureza de que tem a propriedade, posse, administração, guarda ou vigilância, ou consente que outrem dele se utilize, ainda que gratuitamente, sem autorização ou em desacordo com determinação legal ou regulamentar, para o tráfico ilícito de drogas;*
>
> *IV – vende ou entrega drogas ou matéria-prima, insumo ou produto químico destinado à preparação de drogas, sem autorização ou em desacordo com a determinação legal ou regulamentar, a agente policial disfarçado, quando presentes elementos probatórios razoáveis de conduta criminal preexistente.*
>
> ***Art. 33**, §2º Induzir, instigar ou auxiliar alguém ao uso indevido de droga:*
>
> ***Pena** – detenção, de 1 a 3 anos, e multa de 100 a 300 dias-multa.*
>
> *Oferecer droga, eventualmente e sem objetivo de lucro, a pessoa de seu relacionamento, para juntos a consumirem:*

Pena – detenção, de 6 meses a 1 ano, e pagamento de 700 a 1.500 dias-multa, sem prejuízo das penas.

Delitos definidos: as penas poderão ser reduzidas de um sexto a dois terços, desde que o agente seja primário, de bons antecedentes, não se dedique às atividades criminosas nem integre organização criminosa.

> ***Art. 34*** *Fabricar, adquirir, utilizar, transportar, oferecer, vender, distribuir, entregar a qualquer título, possuir, guardar ou fornecer, ainda que gratuitamente, maquinário, aparelho, instrumento ou qualquer objeto destinado à fabricação, preparação, produção ou transformação de drogas, sem autorização ou em desacordo com determinação legal ou regulamentar:*
>
> ***Pena*** *– reclusão, de 3 a 10 anos, e pagamento de 1.200 a 2.000 dias-multa.*
>
> ***Art. 35*** *Associarem-se duas ou mais pessoas para o fim de praticar, reiteradamente ou não, qualquer dos crimes previstos:*
>
> ***Pena*** *– reclusão, de 3 a 10 anos, e pagamento de 700 a 1.200 dias-multa.*
>
> *Nas mesmas penas do caput deste artigo incorre quem se associa para a prática reiterada do crime definido.*
>
> ***Art. 36*** *Financiar ou custear a prática de qualquer dos crimes previstos:*
>
> ***Pena*** *– reclusão, de 8 a 20 anos, e pagamento de 1.500 a 4.000 dias-multa.*
>
> ***Art. 37*** *Colaborar, como informante, com grupo, organização ou associação destinados à prática de qualquer dos crimes previstos:*
>
> ***Pena*** *– reclusão, de 2 a 6 anos, e pagamento de 300 a 700 dias-multa.*
>
> ***Art. 38*** *Prescrever ou ministrar, culposamente, drogas, sem que delas necessite o paciente, ou fazê-lo em doses excessivas ou em desacordo com determinação legal ou regulamentar:*
>
> ***Pena*** *– detenção, de 6 meses a 2 anos, e pagamento de 50 a 200 dias-multa.*
>
> *O juiz comunicará a condenação ao Conselho Federal da categoria profissional a que pertença o agente.*
>
> ***Art. 39*** *Conduzir embarcação ou aeronave após o consumo de drogas, expondo a dano potencial a incolumidade de outrem:*
>
> ***Pena*** *– detenção, de 6 meses a 3 anos, além da apreensão do veículo, cassação da habilitação respectiva ou proibição de obtê-la, pelo mesmo prazo da pena privativa de liberdade aplicada, e pagamento de 200 a 400 dias-multa.*
>
> *As penas de prisão e multa, aplicadas cumulativamente com as demais, serão de 4 a 6 anos e de 400 a 600 dias-multa, se o veículo referido no caput deste artigo for de transporte coletivo de passageiros.*

Penas são aumentadas de um sexto a dois terços, se:

> ***Art. 40**, I - a natureza, a procedência da substância ou do produto apreendido e as circunstâncias do fato evidenciarem a transnacionalidade do delito;*
>
> *II - o agente praticar o crime prevalecendo-se de função pública ou no desempenho de missão de educação, poder familiar, guarda ou vigilância;*
>
> *III - a infração tiver sido cometida nas dependências ou imediações de estabelecimentos prisionais, de ensino ou hospitalares, de sedes de entidades estudantis, sociais, culturais, recreativas, esportivas, ou beneficentes, de locais de trabalho coletivo, de recintos onde se realizem espetáculos ou diversões de qualquer natureza, de serviços de tratamento de dependentes de drogas ou de reinserção social, de unidades militares ou policiais ou em transportes públicos;*
>
> *IV - o crime tiver sido praticado com violência, grave ameaça, emprego de arma de fogo, ou qualquer processo de intimidação difusa ou coletiva;*
>
> *V - caracterizado o tráfico entre Estados da Federação ou entre estes e o Distrito Federal;*

VI - sua prática envolver ou visar a atingir criança ou adolescente ou a quem tenha, por qualquer motivo, diminuída ou suprimida a capacidade de entendimento e determinação;

VII - o agente financiar ou custear a prática do crime.

Indiciado ou acusado: que colaborar voluntariamente com a investigação policial e o processo criminal na identificação dos demais coautores ou partícipes do crime e na recuperação total ou parcial do produto do crime, no caso de condenação, terá pena reduzida de um terço a dois terços.

Juiz, na fixação das penas: considerará, com preponderância sobre o previsto no art. 59, do Código Penal, a natureza e a quantidade da substância ou do produto, a personalidade e a conduta social do agente.

Fique ligado!

Na fixação da multa, o juiz, atendendo ao que dispõe a Lei, determinará o número de dias-multa, atribuindo a cada um, segundo as condições econômicas dos acusados, valor não inferior a um trinta avos nem superior a 5 vezes o maior salário mínimo.

Multas: que em caso de concurso de crimes serão impostas sempre cumulativamente, podem ser aumentadas até o décuplo se, em virtude da situação econômica do acusado, considerá-las o juiz ineficazes, ainda que aplicadas no máximo.

Crimes: são inafiançáveis e insuscetíveis de sursis, graça, indulto, anistia e liberdade provisória, vedada a conversão de suas penas em restritivas de direitos.

Livramento condicional: dar-se-á o livramento condicional após o cumprimento de dois terços da pena, vedada sua concessão ao reincidente específico.

É isento de pena o agente que, em razão da dependência, ou sob o efeito, proveniente de caso fortuito ou força maior, de droga, era, ao tempo da ação ou da omissão, qualquer que tenha sido a infração penal praticada, inteiramente incapaz de entender o caráter ilícito do fato ou de determinar-se de acordo com esse entendimento.

Absolver o agente: reconhecendo, por força pericial, que este apresentava, à época do fato previsto, as condições referidas, poderá determinar o juiz, na sentença, seu encaminhamento para tratamento médico adequado.

Penas: podem ser reduzidas de um terço a dois terços se, por força das circunstâncias, o agente não possuía, ao tempo da ação ou da omissão, a plena capacidade de entender o caráter ilícito do fato ou de determinar-se de acordo com esse entendimento.

Sentença condenatória: o juiz, com base em avaliação que ateste a necessidade de encaminhamento do agente para tratamento, realizada por profissional de saúde com competência específica na forma da lei, determinará que a tal se proceda.

4.4.2 Procedimento penal

Procedimento relativo aos processos por crimes: definidos neste Título rege-se pelo disposto neste Capítulo, aplicando-se, subsidiariamente, as disposições do Código de Processo Penal e da Lei de Execução Penal.

Agente de qualquer das condutas: salvo se houver concurso com os crimes, será processado e julgado, que dispõe sobre os Juizados Especiais Criminais.

Não se imporá prisão em flagrante: devendo o autor do fato ser imediatamente encaminhado ao juízo competente ou, na falta deste, assumir o compromisso de a ele comparecer, lavrando-se termo circunstanciado e providenciando-se as requisições dos exames e perícias necessários.

Ausente a autoridade judicial: as providências previstas serão tomadas de imediato pela autoridade policial, no local em que se encontrar, vedada a detenção do agente.

Agente: será submetido a exame de corpo de delito, se o requerer ou se a autoridade de polícia judiciária entender conveniente, e em seguida liberado.

Juizados especiais criminais: o Ministério Público poderá propor a aplicação imediata de pena, a ser especificada na proposta.

Condutas tipificadas: o juiz, sempre que as circunstâncias o recomendem, empregará os instrumentos protetivos de colaboradores e testemunhas.

4.4.3 Investigação

Prisão em flagrante: ocorrendo prisão em flagrante, a autoridade de polícia judiciária fará, imediatamente, comunicação ao juiz competente, remetendo-lhe cópia do auto lavrado, do qual será dada vista ao órgão do Ministério Público, em 24 horas.

Lavratura do auto de prisão em flagrante: para efeito da lavratura do auto de prisão em flagrante e estabelecimento da materialidade do delito, é suficiente o laudo de constatação da natureza e quantidade da droga, firmado por perito oficial ou, na falta deste, por pessoa idônea.

Perito que subscrever o laudo: não ficará impedido de participar da elaboração do laudo definitivo.

Cópia do auto de prisão em flagrante: recebida cópia do auto de prisão em flagrante, o juiz, no prazo de 10 dias, certificará a regularidade formal do laudo de constatação e determinará a destruição das drogas apreendidas, guardando-se amostra necessária à realização do laudo definitivo.

Destruição das drogas: será executada pelo delegado de polícia competente no prazo de 15 dias na presença do Ministério Público e da autoridade sanitária.

Local: será vistoriado antes e depois de efetivada a destruição das drogas, sendo lavrado auto circunstanciado pelo delegado de polícia, certificando-se neste a destruição total delas.

Destruição das drogas apreendidas sem a ocorrência de prisão em flagrante: será feita por incineração, no prazo máximo de 30 dias contados da data da apreensão, guardando-se amostra necessária à realização do laudo definitivo.

Inquérito policial: será concluído no prazo de 30 dias, se o indiciado estiver preso, e de 90 dias, quando solto. Os prazos podem ser duplicados pelo juiz, ouvido o Ministério Público, mediante pedido justificado da autoridade de polícia judiciária.

Findos os prazos: a autoridade de polícia judiciária, remetendo os autos do inquérito ao juízo: relatará sumariamente as circunstâncias do fato, justificando as razões que a levaram à classificação do delito, indicando a quantidade e natureza da substância ou do produto apreendido, o local e as condições em que se desenvolveu a ação criminosa, as circunstâncias da prisão, a conduta, a qualificação e os antecedentes do agente; ou requererá sua devolução para a realização de diligências necessárias.

Remessa dos autos: far-se-á sem prejuízo de diligências complementares: necessárias ou úteis à plena elucidação do fato, cujo resultado deverá ser encaminhado ao juízo competente até 3 dias antes da audiência de instrução e julgamento; necessárias ou úteis à indicação dos bens, direitos e valores de que seja titular o agente, ou que figurem em seu nome, cujo resultado deverá ser encaminhado ao juízo competente até 3 dias antes da audiência de instrução e julgamento.

Em qualquer fase da persecução criminal: relativa aos crimes previstos, são permitidos, além dos previstos em lei, mediante autorização judicial e ouvido o Ministério Público, os seguintes procedimentos investigatórios: a infiltração por agentes de polícia, em tarefas de investigação, constituída pelos órgãos especializados pertinentes; a não-atuação policial sobre os portadores de drogas, seus precursores químicos ou outros produtos utilizados em sua produção, que se encontrem no território brasileiro, com a finalidade de identificar e responsabilizar maior número de integrantes de operações de tráfico e distribuição, sem prejuízo da ação penal cabível.

Autorização: será concedida desde que sejam conhecidos o itinerário provável e a identificação dos agentes do delito ou de colaboradores.

4.4.4 Instrução criminal

Providências: recebidos em juízo os autos do inquérito policial, de Comissão Parlamentar de Inquérito ou peças de informação, dar-se-á vista ao Ministério Público para, no prazo de 10 dias, adotar uma das seguintes providências: requerer o arquivamento; requisitar as diligências que entender necessárias; oferecer denúncia, arrolar até 5 testemunhas e requerer as demais provas que entender pertinentes.

Oferecida a denúncia: o juiz ordenará a notificação do acusado para oferecer defesa prévia, por escrito, no prazo de 10 dias.

Resposta: consistente em defesa preliminar e exceções, o acusado poderá arguir preliminares e invocar todas as razões de defesa, oferecer documentos e justificações, especificar as provas que pretende produzir e, até o número de 5, arrolar testemunhas. Se a resposta não for apresentada no prazo, o juiz nomeará defensor para oferecê-la em 10 dias, concedendo-lhe vista dos autos no ato de nomeação.

Apresentada a defesa: o juiz decidirá em 5 dias.

Imprescindível: se entender imprescindível, o juiz, no prazo máximo de 10 dias, determinará a apresentação do preso, realização de diligências, exames e perícias.

Recebida a denúncia: o juiz designará dia e hora para a audiência de instrução e julgamento, ordenará a citação pessoal do acusado, a intimação do Ministério Público, do assistente, se for o caso, e requisitará os laudos periciais.

Condutas tipificadas como infração: o juiz, ao receber a denúncia, poderá decretar o afastamento cautelar do denunciado de suas atividades, se for funcionário público, comunicando ao órgão respectivo.

Audiência: será realizada dentro dos 30 dias seguintes ao recebimento da denúncia, salvo se determinada a realização de avaliação para atestar dependência de drogas, quando se realizará em 90 dias.

Audiência de instrução e julgamento: após o interrogatório do acusado e a inquirição das testemunhas, será dada a palavra, sucessivamente, ao representante do Ministério Público e ao defensor do acusado, para sustentação oral, pelo prazo de 20 minutos para cada um, prorrogável por mais 10, a critério do juiz.

Interrogatório: após proceder ao interrogatório, o juiz indagará das partes se restou algum fato para ser esclarecido, formulando as perguntas correspondentes se o entender pertinente e relevante.

Sentença: encerrados os debates, proferirá o juiz sentença de imediato, ou o fará em 10 dias, ordenando que os autos para isso lhe sejam conclusos.

Réu: nos crimes previstos, o réu não poderá apelar sem recolher-se à prisão, salvo se for primário e de bons antecedentes, assim reconhecido na sentença condenatória.

4.4.5 Apreensão, arrecadação e destinação de bens do acusado

Decreto: o juiz, a requerimento do Ministério Público ou do assistente de acusação, ou mediante representação da autoridade de polícia judiciária, poderá decretar, no curso do inquérito ou da ação penal, a apreensão e outras medidas assecuratórias nos casos em que haja suspeita de que os bens, direitos ou valores sejam produto do crime ou constituam proveito dos crimes previstos nesta Lei.

Código de processo penal: o juiz poderá determinar a prática de atos necessários à conservação dos bens, direitos ou valores.

Ordem de apreensão ou sequestro de bens, direitos ou valores: poderá ser suspensa pelo juiz, ouvido o Ministério Público, quando a sua execução imediata puder comprometer as investigações.

Medidas assecuratórias: se as medidas assecuratórias recaírem sobre moeda estrangeira, títulos, valores mobiliários ou cheques emitidos como ordem de pagamento, será determinada, imediatamente, a sua conversão em moeda nacional.

Moeda estrangeira apreendida em espécie: deve ser encaminhada a instituição financeira, ou equiparada, para alienação na forma prevista pelo Conselho Monetário Nacional.

Hipótese de impossibilidade da alienação: a moeda estrangeira será custodiada pela instituição financeira até decisão sobre o seu destino.

Após a decisão sobre o destino da moeda estrangeira: caso seja verificada a inexistência de valor de mercado, seus espécimes poderão ser destruídos ou doados à representação diplomática do país de origem.

Valores relativos às apreensões: feitas antes da data de entrada em vigor da Medida Provisória nº 885, de 17 de junho de 2019, e que estejam custodiados nas dependências do Banco Central do Brasil devem ser transferidos à Caixa Econômica Federal, no prazo de 360 dias, para que se proceda à alienação ou custódia, de acordo com o previsto nesta Lei.

Apreensão de veículos, embarcações, aeronaves e quaisquer outros meios de transporte e dos maquinários, utensílios, instrumentos e objetos de qualquer natureza utilizados para a prática dos crimes definidos nesta Lei será imediatamente comunicada pela autoridade de polícia judiciária responsável pela investigação ao juízo competente.

O juiz, no prazo de 30 dias contado da comunicação de que trata o *caput*, determinará a alienação dos bens apreendidos, excetuadas as armas, que serão recolhidas na forma da legislação específica.

Alienação: será realizada em autos apartados, dos quais constará a exposição sucinta do nexo de instrumentalidade entre o delito e os bens apreendidos, a descrição e especificação dos objetos, as informações sobre quem os tiver sob custódia e o local em que se encontrem.

Determinação da avaliação dos bens apreendidos: o juiz determinará a avaliação dos bens apreendidos, que será realizada por oficial de justiça, no prazo de 5 dias a contar da autuação, ou, caso sejam necessários conhecimentos especializados, por avaliador nomeado pelo juiz, em prazo não superior a 10 dias.Feita a avaliação, o juiz intimará o órgão gestor do Funad, o Ministério Público e o interessado para se manifestarem no prazo de 5 dias e, dirimidas eventuais divergências, homologará o valor atribuído aos bens.

Ministério Público: deve fiscalizar o cumprimento da regra estipulada. Aplica-se a todos os tipos de bens confiscados a regra estabelecida.

Bens móveis e imóveis: devem ser vendidos por meio de hasta pública, preferencialmente por meio eletrônico, assegurada a venda pelo maior lance, por preço não inferior a 50% do valor da avaliação judicial.

Juiz: ordenará às secretarias de fazenda e aos órgãos de registro e controle que efetuem as averbações necessárias, tão logo tenha conhecimento da apreensão.

Alienação: de veículos, embarcações ou aeronaves, a autoridade de trânsito ou o órgão congênere competente para o registro, bem como as secretarias de fazenda, devem proceder à regularização dos bens no prazo de 30 dias, ficando o arrematante isento do pagamento de multas, encargos e tributos anteriores, sem prejuízo de execução fiscal em relação ao antigo proprietário. Eventuais multas, encargos ou tributos pendentes de pagamento não podem ser cobrados do arrematante ou do órgão público alienante como condição para regularização dos bens.

Autoridade de trânsito ou órgão congênere: competente para o registro poderá emitir novos identificadores dos bens.

Interesse público na utilização: comprovado o interesse público na utilização de quaisquer dos bens de que trata o art. 61, os órgãos de polícia judiciária, militar e rodoviária poderão deles fazer uso, sob sua responsabilidade e com o objetivo de sua conservação, mediante autorização judicial, ouvido o Ministério Público e garantida a prévia avaliação dos respectivos bens.

Juízo: deve cientificar o órgão gestor do Funad para que, em 10 dias, avalie a existência do interesse público e indique o órgão que deve receber o bem.

Prioridade: os órgãos de segurança pública que participaram das ações de investigação ou repressão ao crime que deu causa à medida.

Autorização judicial de uso de bens: deverá conter a descrição do bem e a respectiva avaliação e indicar o órgão responsável por sua utilização.

Órgão responsável pela utilização do bem: deverá enviar ao juiz periodicamente, ou a qualquer momento quando por este solicitado, informações sobre seu estado de conservação.

Fique ligado!

Quando a autorização judicial recair sobre veículos, embarcações ou aeronaves, o juiz ordenará à autoridade ou ao órgão de registro e controle a expedição de certificado provisório de registro e licenciamento em favor do órgão ao qual tenha deferido o uso ou custódia, ficando este livre do pagamento de multas, encargos e tributos anteriores à decisão de utilização do bem até o trânsito em julgado da decisão que decretar o seu perdimento em favor da União.

Hipótese de levantamento: se houver indicação de que os bens utilizados na forma deste artigo sofreram depreciação superior àquela esperada em razão do transcurso do tempo e do uso, poderá o interessado requerer nova avaliação judicial.

Constatada a depreciação: o ente federado ou a entidade que utilizou o bem indenizará o detentor ou proprietário dos bens.

Depósito, em dinheiro, de valores referentes ao produto da alienação ou a numerários apreendidos ou que tenham sido convertidos deve ser efetuado na Caixa Econômica Federal, por meio de documento de arrecadação destinado a essa finalidade.

Depósitos: devem ser transferidos, pela Caixa Econômica Federal, para a conta única do Tesouro Nacional, independentemente de qualquer formalidade, no prazo de 24 horas, contado do momento da realização do depósito, onde ficarão à disposição do Funad.

Absolvição do acusado em decisão judicial: o valor do depósito será devolvido a ele pela Caixa Econômica Federal no prazo de até 3 dias úteis, acrescido de juros.

Hipótese de decretação do seu perdimento em favor da união: o valor do depósito será transformado em pagamento definitivo, respeitados os direitos de eventuais lesados e de terceiros de boa-fé.

Valores devolvidos pela caixa econômica federal: por decisão judicial, devem ser efetuados como anulação de receita do Funad no exercício em que ocorrer a devolução.

Caixa econômica federal: deve manter o controle dos valores depositados ou devolvidos.

Ao proferir a sentença, o juiz decidirá sobre: o perdimento do produto, bem, direito ou valor apreendido ou objeto de medidas assecuratórias; e o levantamento dos valores depositados em conta remunerada e a liberação dos bens utilizados.

Bens, direitos ou valores apreendidos em decorrência dos crimes tipificados nesta lei ou objeto de medidas assecuratórias: após decretado seu perdimento em favor da União, serão revertidos diretamente ao Funad.

Juiz: remeterá ao órgão gestor do Funad relação dos bens, direitos e valores declarados perdidos, indicando o local em que se encontram e a entidade ou o órgão em cujo poder estejam, para os fins de sua destinação nos termos da legislação vigente.

Transitada em julgado a sentença condenatória: o juiz do processo, de ofício ou a requerimento do Ministério Público, remeterá à Senad relação dos bens, direitos e valores declarados perdidos em favor da União, indicando, quanto aos bens, o local em que se encontram e a entidade ou o órgão em cujo poder estejam, para os fins de sua destinação nos termos da legislação vigente.

Antes de encaminhar os bens ao órgão gestor do FUNAD, o juíz deve:
***Art. 63**, §4-A, I – ordenar às secretarias de fazenda e aos órgãos de registro e controle que efetuem as averbações necessárias, caso não tenham sido realizadas quando da apreensão; e*
II – determinar, no caso de imóveis, o registro de propriedade em favor da União no cartório de registro de imóveis competente, nos termos do caput e do parágrafo único do art. 243 da Constituição Federal, afastada a responsabilidade de terceiros prevista no inciso VI do caput do art. 134 da Lei nº 5.172, de 25 de outubro de 1966 (Código Tributário Nacional), bem como determinar à Secretaria de Coordenação e Governança do Patrimônio da União a incorporação e entrega do imóvel, tornando-o livre e desembaraçado de quaisquer ônus para sua destinação.

Fique ligado!

Decorridos 360 dias do trânsito em julgado e do conhecimento da sentença pelo interessado, os bens apreendidos, os que tenham sido objeto de medidas assecuratórias ou os valores depositados que não forem reclamados serão revertidos ao Funad.

Pedido de restituição: nenhum pedido de restituição será conhecido sem o comparecimento pessoal do acusado, podendo o juiz determinar a prática de atos necessários à conservação de bens, direitos ou valores.

Juiz determinará a liberação total ou parcial dos bens, direitos e objeto de medidas assecuratórias: quando comprovada a licitude de sua origem, mantendo-se a constrição dos bens, direitos e valores necessários e suficientes à reparação dos danos e ao pagamento de prestações pecuniárias, multas e custas decorrentes da infração penal.

Senad: compete à Senad, do Ministério da Justiça e Segurança Pública, proceder à destinação dos bens apreendidos e não leiloados em caráter cautelar, cujo perdimento seja decretado em favor da União, por meio das seguintes modalidades: alienação, mediante: licitação; doação com encargo a entidades ou órgãos públicos, bem como a comunidades terapêuticas acolhedoras que contribuam para o alcance das finalidades do Funad; ou venda direta; incorporação ao patrimônio de órgão da administração pública, observadas as finalidades do Funad; destruição; ou inutilização.

Alienação por meio de licitação: deve ser realizada na modalidade leilão, para bens móveis e imóveis, independentemente do valor de avaliação, isolado ou global, de bem ou de lotes, assegurada a venda pelo maior lance, por preço não inferior a 50% do valor da avaliação.

Edital do leilão: será amplamente divulgado em jornais de grande circulação e em sítios eletrônicos oficiais, principalmente no Município em que será realizado, dispensada a publicação em diário oficial.

Alienações realizadas por meio de sistema eletrônico da administração pública: a publicidade dada pelo sistema substituirá a publicação em diário oficial e em jornais de grande circulação.

Alienação de imóveis: o arrematante fica livre do pagamento de encargos e tributos anteriores, sem prejuízo de execução fiscal em relação ao antigo proprietário.

Alienação de veículos: embarcações ou aeronaves deverão ser observadas as disposições desta Lei.

Ministério da Justiça e Segurança Pública, pode celebrar convênios ou instrumentos congêneres com órgãos e entidades da União, dos Estados, do Distrito Federal ou dos Municípios, bem como com comunidades terapêuticas acolhedoras, a fim de dar imediato cumprimento ao estabelecido neste artigo.

Observados os procedimentos licitatórios: previstos em lei, fica autorizada a contratação da iniciativa privada para a execução das ações de avaliação, de administração e de alienação dos bens a que se refere esta Lei.

Compete ao Ministério da Justiça e Segurança Pública regulamentar os procedimentos relativos à administração, à preservação e à destinação dos recursos provenientes de delitos e atos ilícitos e estabelecer os valores abaixo dos quais se deve proceder à sua destruição ou inutilização.

Produto da alienação dos bens apreendidos ou confiscados: será revertido integralmente ao Funad, vedada a sub-rogação sobre o valor da arrematação para saldar eventuais multas, encargos ou tributos pendentes de pagamento.

Hipótese de condenação por infrações: às quais esta Lei comine pena máxima superior a 6 anos de reclusão, poderá ser decretada a perda, como produto ou proveito do crime, dos bens correspondentes à diferença entre o valor do patrimônio do condenado e aquele compatível com o seu rendimento lícito.

Decretação da perda prevista: fica condicionada à existência de elementos probatórios que indiquem conduta criminosa habitual, reiterada ou profissional do condenado ou sua vinculação a organização criminosa.

Perda prevista: entende-se por patrimônio do condenado todos os bens: de sua titularidade, ou sobre os quais tenha domínio e benefício direto ou indireto, na data da infração penal, ou recebidos posteriormente; e transferidos a terceiros a título gratuito ou mediante contraprestação irrisória, a partir do início da atividade criminal.

Condenado: poderá demonstrar a inexistência da incompatibilidade ou a procedência lícita do patrimônio.

União: por intermédio da Senad, poderá firmar convênio com os Estados, com o Distrito Federal e com organismos orientados para a prevenção do uso indevido de drogas, a Fique ligado e a reinserção social de usuários ou dependentes e a atuação na repressão à produção não autorizada e ao tráfico ilícito de drogas, com vistas na liberação de equipamentos e de recursos por ela arrecadados, para a implantação e execução de programas relacionados à questão das drogas.

4.5 Cooperação internacional

De conformidade com os princípios da não-intervenção em assuntos internos, da igualdade jurídica e do respeito à integridade territorial dos Estados e às leis e aos regulamentos nacionais em vigor, e observado o espírito das Convenções das Nações Unidas e outros instrumentos jurídicos internacionais relacionados à questão das drogas, de que o Brasil é parte, o governo brasileiro prestará, quando solicitado, cooperação a outros países e organismos internacionais e, quando necessário, deles solicitará a colaboração, nas áreas de:

> ***Art. 65** [...]*
>
> *I – intercâmbio de informações sobre legislações, experiências, projetos e programas voltados para atividades de prevenção do uso indevido, de Fique ligado e de reinserção social de usuários e dependentes de drogas;*
>
> *II – intercâmbio de inteligência policial sobre produção e tráfico de drogas e delitos conexos, em especial o tráfico de armas, a lavagem de dinheiro e o desvio de precursores químicos;*
>
> *III – intercâmbio de informações policiais e judiciais sobre produtores e traficantes de drogas e seus precursores químicos.*

5 LEI Nº 9.455/1997 – LEI DE TORTURA

A prática da tortura encontra proibição expressa no art. 5º, inciso III, da Constituição Federal:

> *III – ninguém será submetido a tortura nem a tratamento desumano ou degradante.*

No mesmo sentido, a Convenção contra a Tortura e outros Tratamentos ou Penas Cruéis, Desumanos ou Degradantes (Decreto nº 40/1991) define que o termo "tortura" designa qualquer ato pelo qual dores ou sofrimentos agudos, físicos ou mentais, são infligidos intencionalmente a uma pessoa a fim de obter, dela ou de uma terceira pessoa, informações ou confissões; de castigá-la por ato que ela ou uma terceira pessoa tenha cometido ou seja suspeita de ter cometido; de intimidar ou coagir essa pessoa ou outras pessoas; ou por qualquer motivo baseado em discriminação de qualquer natureza; quando tais dores ou sofrimentos são infligidos por um funcionário público ou outra pessoa no exercício de funções públicas, ou por sua instigação, ou com seu consentimento ou sua aquiescência. Não se considerará como tortura as dores ou os sofrimentos que sejam consequência unicamente de sanções legítimas, ou que sejam inerentes a tais sanções ou delas decorram (art. 1º, 1).

Essa convenção determinou, em seu art. 4º, que cada Estado-Parte assegurará que os atos de tortura sejam considerados crimes segundo sua legislação penal.

A Lei nº 12.847/2013 instituiu o Sistema Nacional de Prevenção e Combate à Tortura (SNPCT), com o objetivo de fortalecer a prevenção e o combate à tortura, por meio de articulação e atuação cooperativa de seus integrantes, dentre outras formas, permitindo as trocas de informações e o intercâmbio de boas práticas.

Com esse objetivo, o Brasil editou a Lei nº 9.455/1997, para atender à Convenção assinada pelo País, com a finalidade de proteção de todos os seres humanos contra a prática de tortura.

Antes de dar prosseguimento a este estudo, devemos definir o que efetivamente se entende por tortura, levando em consideração a Lei nº 9.455/1997. Isso porque essa lei não seguiu integralmente o parâmetro legislativo que a fundamentou, permitindo a punição da tortura praticada não só por funcionário público, mas também por particulares. Nesse contexto, podemos entender a tortura como todo sofrimento físico ou mental que tenha como finalidade a obtenção de informação, declaração ou confissão; provocar uma ação ou omissão criminosa; causar sofrimento em razão de discriminação pela raça ou religião; ou ainda como meio de aplicação de castigo ou medida preventiva contra alguém sob sua guarda, poder ou autoridade.

Todos os crimes previstos na Lei de Tortura visam tutelar de maneira imediata o bem jurídico "dignidade humana". Sobre o tema, é relevante mencionar o precedente do Supremo Tribunal Federal sobre a definição de dignidade humana:

> *[..] a dignidade da pessoa humana precede a Constituição de 1988 e esta não poderia ter sido contrariada, em seu art. 1º, III, anteriormente a sua vigência. [..] Tem razão a arguente ao afirmar que a dignidade não tem preço. As coisas têm preço, as pessoas têm dignidade. A dignidade não tem preço, vale para todos quantos participam do humano. Estamos, todavia, em perigo quando alguém se arroga o direito de tomar o que pertence à dignidade da pessoa humana como um seu valor (valor de quem se arrogue a tanto). É que, então, o valor do humano assume forma na substância e medida de quem o afirme e o pretende impor na qualidade e quantidade em que o mensure. Então o valor da dignidade da pessoa humana já não será mais valor do humano, de todos quantos pertencem à humanidade, porém de quem o proclame conforme o seu critério particular. Estamos então em perigo, submissos à tirania dos valores. (STF, Pleno, ADPF 153, voto do rel. Min. Eros Grau, j. 29.04.2010, DJe 06.08.2010). (grifo nosso)*

De forma mediata, indireta, também se pretende tutelar a vida e a integralidade física da pessoa torturada.

Vale lembrar, ainda, que todos os crimes de tortura são dolosos, isto é, dependem da vontade consciente do agente que o realiza para sua caracterização. Em outras palavras, não há tortura culposa.

Em todos os casos, ademais, a ação penal será pública incondicionada, isto é, o Ministério Público não dependerá de representação da vítima para ingressar com a denúncia contra o suspeito.

Para facilitar o entendimento, vamos dividir a tortura em duas partes: inciso I e inciso II. Depois que tal assunto for compreendido, dividiremos cada parte conforme sua modalidade.

> ***Art. 1º** Constitui crime de tortura:*
>
> ***I** – constranger alguém com emprego de violência ou grave ameaça, causando-lhe sofrimento físico ou mental:*
>
> ***a)** com o fim de obter informação, declaração ou confissão da vítima ou de terceira pessoa;*
>
> *b) para provocar ação ou omissão de natureza criminosa;*
>
> *c) em razão de discriminação racial ou religiosa; (grifo nosso)*

A tortura prevista no inciso I fica condicionada ao preenchimento cumulativo de três elementos: o meio utilizado + as consequências sofridas pela vítima + a finalidade pretendida ou as razões do crime.

Meio utilizado	Violência ou grave ameaça
Consequências sofridas	Físicas ou mentais
Finalidades ou razões	Fim de obter informação, declaração ou confissão Provocar ação ou omissão de natureza criminosa Discriminação racial ou religiosa

Nessas hipóteses, o sujeito ativo pode ser qualquer pessoa, não se exigindo qualidade especial, de modo que o inciso I tratará de um crime comum.

> ***II** – submeter alguém, sob sua guarda, poder ou autoridade, com emprego de violência ou grave ameaça, a intenso sofrimento físico ou mental, como forma de aplicar castigo pessoal ou medida de caráter preventivo. (grifo nosso)*

Este inciso apresenta uma importante diferença com relação ao inciso anterior, pois trata de uma hipótese de crime próprio de tortura. Assim, o sujeito ativo nesse caso tem uma qualidade definida no tipo penal, de modo que somente os indivíduos nele descritos é que podem praticá-lo. Então, o crime descrito no inciso II somente será praticado por aquele que tem a guarda, o poder ou a autoridade sobre a vítima.

Sujeito ativo	Detentor	Guarda
		Poder
		Autoridade

E, ainda, devemos nos atentar à palavra "intenso". O legislador teve o cuidado de ressaltar que não será qualquer sofrimento a ser punido nesse tipo incriminador, apenas os que ensejam intenso sofrimento. A questão é que o intenso sofrimento é um tipo penal aberto, ou seja, dependerá do caso concreto para verificar sua aplicação, devendo o delegado de polícia apurar a intensidade do sofrimento recebido pela vítima, bem como ao Ministério Público comprovar a intensidade desse sofrimento e o juiz justificá-lo na sentença. Caso não seja verificado o "intenso sofrimento", o agente poderá responder pelo crime de maus-tratos.

Outro aspecto importante sobre este inciso é que há dolo específico nele, ou seja, a vontade de aplicar o sofrimento como forma de castigo pessoal ou medida de caráter preventivo.

O castigo se refere a uma conduta já praticada pela vítima. Assim, o agente tem a intenção de puni-la por algo já feito. Já a medida de caráter preventivo tem a finalidade de evitar que determinada conduta seja praticada, ela antecede a conduta, visando evitar sua ocorrência.

> *STJ. Recurso ordinário em habeas corpus. Tortura. Lesão corporal e cárcere privado. Crimes praticados em contexto de violência doméstica. Prisão em temporária convertida em preventiva. Circunstâncias dos crimes. Gravidade excessiva. Periculosidade social. Garantia da ordem pública. Custódia fundamentada e necessária. Condições pessoais favoráveis. Irrelevância. Coação ilegal não demonstrada. Reclamo improvido. 1. Não há o que se falar em constrangimento ilegal quando a constrição está devidamente justificada na garantia da ordem pública, em razão da gravidade efetiva dos delitos em tese praticados e da periculosidade social do acusado, bem demonstradas pelas circunstâncias em que ocorreu o fato criminoso. 2. Caso em que o recorrente foi denunciado pelos crimes de tortura, lesão corporal e cárcere privado, acusado de haver submetido um bebê de pouco mais de 1 ano de idade, que estava sob a sua autoridade, a intenso sofrimento físico e mental, utilizando de violência como forma de castigo pessoal, ofendendo também a sua integridade corporal. Além disso, o agente teria privado a liberdade da mãe da vítima, sua companheira, mediante cárcere privado, tentando evitar que a mesma prestasse socorro a filha que, em razão das agressões sofridas, se encontrava desfalecida. 3. Condições pessoais favoráveis não têm, em princípio, o condão de, isoladamente, revogar a prisão cautelar, se há nos autos elementos suficientes a demonstrar a necessidade da custódia. 4. Recurso ordinário improvido. (STJ – (5ª T.) – Rec. em HC 83785 – SP – Rel.: Min. Jorge Mussi – J. em 22/08/2017 – DJ 30/08/2017 – Doc. LEGJUR 177.1642.4004.6200)*

Depois de termos nos dedicado à observação de cada inciso, analisaremos o que eles têm de semelhante e depois os dividiremos conforme sua modalidade.

Primeiramente, é pertinente compreender que, em todas as modalidades descritas anteriormente, o crime de tortura é material, isto é, para que o crime se configure, é necessário que ocorra o resultado naturalístico. Em ambos, admite-se a tentativa e, ainda, a desistência voluntária. E em todos os casos, a ação será pública incondicionada.

Modalidades de tortura	
Tortura-prova	Art. 1º, I, "a"
Tortura-crime	Art. 1º, I, "b"
Tortura discriminatória	Art. 1º, I, "c"
Tortura-castigo	Art. 1º, II

> ***Art. 1º [...]***
>
> ***§ 1º** Na mesma pena incorre quem submete pessoa presa ou sujeita à medida de segurança a sofrimento físico ou mental, por intermédio da prática de ato não previsto em lei ou não resultante de medida legal. (grifo nosso)*
>
> ***Pena** – Reclusão, de dois a oito anos.*

Neste parágrafo, é possível observar que a exigência é quanto ao sujeito passivo, de modo que apenas poderão ser vítimas nesse tipo incriminador as pessoas que estão presas ou sujeitas à medida de segurança.

> ***Art. 1º [...]***
>
> ***§ 2º** Aquele que se omite em face dessas condutas, quando tinha o dever de evitá-las ou apurá-las, incorre na pena de detenção de um a quatro anos. (grifo nosso)*

Agora, falaremos da omissão diante da tortura. Nesse caso, o agente tinha o dever de evitar o cometimento da tortura ou de efetuar sua apuração, mas não o fez. Esse tipo penal tem uma peculiaridade, primeiramente temos que dividir o § 2º em duas partes.

A primeira parte diz respeito ao trecho "Aquele que se omite em face dessas condutas, quando tinha o dever de evitá-las"; portanto, estamos falando de um crime próprio, no qual somente podem ser sujeitos ativos as pessoas que tinham o dever de agir, as quais estão descritas no art. 13, § 2º do CP:

> ***Art. 13, CP [...]***
>
> *§ 2º A omissão é penalmente relevante quando o omitente devia e podia agir para evitar o resultado. O dever de agir incumbe a quem:*
>
> *a) tenha por lei obrigação de cuidado, proteção ou vigilância;*
>
> *b) de outra forma, assumiu a responsabilidade de impedir o resultado;*
>
> *c) com seu comportamento anterior, criou o risco da ocorrência do resultado.*

E a segunda parte se relaciona ao trecho " A omissão é penalmente relevante quando o omitente devia e podia agir para evitar o resultado". Neste caso, estamos falando de um crime próprio em que o sujeito ativo só poderá ser a autoridade competente para a apuração do fato.

Então, podemos concluir que o crime de omissão diante da tortura se divide em conduta omissiva de evitação e conduta omissiva de apuração.

Quem comete a tortura	→	Pena – Reclusão de 2 a 8 anos
Quem se omite a tortura	→	Pena – Detenção de 1 a 4 anos

> ***Art. 1º [...]***
>
> ***§ 3º** Se resulta lesão corporal de natureza grave ou gravíssima, a pena é de reclusão de quatro a dez anos; se resulta morte, a reclusão é de oito a dezesseis anos.*

A tortura será qualificada se dela houver como resultado lesão corporal de natureza grave, que são as hipóteses previstas no art. 129, § 1º, do CP, ou gravíssima, hipóteses previstas no art. 129, § 2º, do CP, ou se da tortura se resulta a morte.

5.1 Lesão corporal de natureza grave

> ***Art. 129, CP** [...]*
>
> ***§ 1º** Se resulta:*
>
> ***I** – Incapacidade para as ocupações habituais, por mais de trinta dias;*
>
> ***II** – perigo de vida;*
>
> ***III** – debilidade permanente de membro, sentido ou função;*
>
> ***IV** – aceleração de parto.*

5.2 Lesão corporal de natureza gravíssima

> ***Art. 129, CP** [...]*
>
> ***§ 2º** Se resulta:*
>
> ***I** – Incapacidade permanente para o trabalho;*
>
> ***II** – enfermidade incurável;*
>
> ***III** – perda ou inutilização do membro, sentido ou função;*
>
> ***IV** – deformidade permanente;*
>
> ***V** – aborto.*

Tortura que resulta lesão corporal grave	→	Pena - Reclusão de 4 a 10 anos
Tortura que resulta lesão corporal gravíssima	→	Pena - Reclusão em 4 a 10 anos
Tortura que resulta morte	→	Pena - Reclusão de 8 a 16 anos

A tortura qualificada pelo resultado morte ocorre quando há dolo na conduta antecedente (tortura) e dolo ou culpa na consequente (lesão ou morte), exatamente o que ocorreu. A vítima era agredida consecutivamente pelo réu, culminando com sua morte, e condená-lo pelo art. 121, § 2º, inciso III, do CP, e pelo art. 1º, inciso II, § 4º, inciso II, da Lei nº 9.455/1997, incidiria no bis in idem (TJRJ, Apelação Criminal 7.584/2009, rel. Des. Suely Lopes Magalhães, j. em 25/11/2009).

> ***Art. 1º*** *[...]*
>
> ***§ 4º*** *Aumenta-se a pena de um sexto até um terço:*
>
> ***I*** *– se o crime é cometido por agente público;*
>
> ***II*** *– se o crime é cometido contra criança, gestante, portador de deficiência, adolescente ou maior de 60 (sessenta) anos;*
>
> ***III*** *– se o crime é cometido mediante sequestro.*

Aumenta-se a pena de 1/6 a 1/3		
	Se cometido por agente público	**Funcionário público:** de acordo com o art. 327, do Código Penal, considera-se funcionário público, para os efeitos penais, quem, embora transitoriamente ou sem remuneração, exerce cargo, emprego ou função pública.
	Se cometido contra criança, gestante, portador de deficiência, adolescente ou maior de 60 anos	**Criança:** pessoa até 12 anos de idade incompletos (art. 2º da Lei 8.069/1990). **Adolescente:** pessoa entre 12 e 18 anos de idade (art. 2º da Lei 8.069/1990). **Portador de deficiência:** considera-se pessoa com deficiência aquela que tem impedimento de longo prazo de natureza física, mental, intelectual ou sensorial, o qual, em interação com uma ou mais barreiras, pode obstruir sua participação plena e efetiva na sociedade em igualdade de condições com as demais pessoas (art. 2º da Lei nº 13.146/2015). **Maior de 60 anos:** é a pessoa idosa conforme estabelece art. 1º do Estatuto do Idoso (Lei nº 10.741/2003).
	Se cometido mediante sequestro	**Sequestro:** é a privação da liberdade da vítima por tempo juridicamente relevante.

As causas de aumento de pena se aplicam também ao crime de omissão à tortura e às hipóteses de tortura qualificada, não se limitando aos crimes previstos no art. 1º.

> ***Art. 1º*** *[...]*
>
> ***§ 5º*** *A condenação acarretará a perda do cargo, função ou emprego público e a interdição para seu exercício pelo dobro do prazo da pena aplicada.*

Existem algumas pessoas que têm o dever de agir, ou seja, têm como obrigação o dever de proteger o indivíduo. Tanto no § 4º, inciso I, quanto no § 5º, o legislador visa garantir que o crime de tortura, quando praticado por agente público, tenha uma pena mais severa, uma vez que o agente público, dentro de suas funções, não age em nome próprio, mas, sim, em nome do Estado, sendo que é dever do Estado garantir a proteção aos indivíduos.

Assim, o crime de tortura, quando praticado por agente público, acarreta causa de aumento de pena e, ainda, perda do cargo e interdição para seu exercício.

Suponhamos que Afonso, carcereiro de determinado presídio, torture Daniel, sendo este um dos presos sob sua responsabilidade; suponhamos que Afonso seja condenado pelo crime de tortura e o juiz o sentencie a pena de 6 anos. Além da perda do cargo automática, Afonso só poderá exercer qualquer outra função pública depois de transcorrido o prazo de 12 anos, por força o previsto neste § 5º.

Vale ressaltar que a perda do cargo é, segundo o Supremo Tribunal Federal, efeito automático da condenação:

> *[...] a perda do cargo, função ou emprego público – que configura efeito extrapenal secundário – constitui consequência necessária que resulta, automaticamente, de pleno direito, da condenação penal imposta ao agente público pela prática do crime de tortura, ainda que se cuide de integrante da Polícia Militar, não se lhe aplicando, a despeito de tratar-se de Oficial da Corporação, a cláusula inscrita no art. 125, § 4º, da Constituição da República. Doutrina. Precedentes. (STF, 2ª T., AI 769.637, rel. Min. Celso de Melo, j. 25/06/2013, DJe 15/10/2013).*

No mesmo sentido: "A perda do cargo, função ou emprego público é efeito automático da condenação pela prática do crime de tortura, não sendo necessária fundamentação concreta para a sua aplicação (STJ, 6ª T., AgRg no Ag 1388953/SP, rel. Min.Maria Thereza de Assis Moura, j. 20/06/2013, DJe 28/06/2013)."

> ***Art. 1º*** *[...]*
>
> ***§ 6º*** *O crime de tortura é inafiançável e insuscetível de graça ou anistia.*

Temos aqui um aspecto muito importante que merece atenção: o § 6º segue estritamente o que dispõe a Constituição Federal:

> ***Art. 5º****, CF/1988 [...]*
>
> *XLIII – A lei considerará crimes inafiançáveis e insuscetíveis de graça ou anistia a prática da tortura, o tráfico ilícito de entorpecentes e drogas afins, o terrorismo e os definidos como crimes hediondos, por eles respondendo os mandantes, os executores e os que, podendo evitá-los, se omitirem.*

Devemos frisar é que, para fins de concurso, o crime de tortura é equiparado a crime hediondo. Então, além da regra constitucional e da Lei de Tortura, seguimos ainda a regra da Lei nº 8.072/1990:

> ***Art. 2º****, Lei nº 8.072/1990 Os crimes hediondos, a prática da tortura, o tráfico ilícito de entorpecentes e drogas afins e o terrorismo são insuscetíveis de:*
>
> ***I*** *– anistia, graça e indulto;*
>
> ***II*** *– fiança.*

Fique ligado!

Não esqueça que, para fins de concurso público, o crime de tortura é inafiançável, insuscetível de graça, anistia e indulto.

Embora haja discussão na doutrina, o Supremo Tribunal Federal decidiu que a Constituição Federal veda, implicitamente, o indulto àqueles que tenham praticado crimes hediondos e assemelhados (como é o caso da tortura), veja-se:

> *Crime hediondo: vedação de graça: inteligência. (...) é constitucional o art. 2º, I, da Lei nº 8.072/1990, porque, nele, a menção ao indulto é meramente expletiva da proibição de graça aos condenados por crimes hediondos ditada pelo art. 5º, XLIII, da Constituição. Na Constituição, a graça individual e o indulto coletivo - que ambos, tanto podem ser totais ou parciais, substantivando, nessa última hipótese, a comutação de pena - são modalidades do poder de graça do Presidente da República (art. 84, XII) - que, no entanto, sofre a restrição do art. 5º,*

XLIII, para excluir a possibilidade de sua concessão, quando se trata de condenação por crime hediondo. Proibida a comutação de pena, na hipótese do crime hediondo, pela Constituição, é irrelevante que a vedação tenha sido omitida no D. 3.226/99 (STF, 1ª T., HC 81.565, rel. Min. Sepúlveda Pertence, j. 19/02/2002, DJ 22/03/2002).

***Art. 1º** [...]*

***§ 7º** O condenado por crime previsto nesta Lei, salvo a hipótese do § 2º, iniciará o cumprimento da pena em regime fechado. (grifo nosso)*

Com exceção do crime de omissão à tortura, todos os crimes previstos nessa lei terão como regime inicial o fechado, sendo possível assim a progressão de regimes.

Súmula nº 698 – STF

Não se estende aos demais crimes hediondos a admissibilidade de progressão no regime de execução da pena aplicada ao crime de tortura.

Caso a questão pergunte sobre o início do cumprimento de pena de acordo com a jurisprudência do Supremo Tribunal Federal, a resposta será diferente do texto legal, pois a Corte Suprema entende inconstitucional qualquer determinação abstrata para o início do cumprimento de pena no regime fechado.

***Art. 2º** O disposto nesta Lei aplica-se ainda quando o crime não tenha sido cometido em território nacional, sendo a vítima brasileira ou encontrando-se o agente em local sob jurisdição brasileira.*

Aplicação extra territorial da Lei nº 9.455/1997	Caso o crime seja cometido **fora do território nacional** quando:	a vítima for brasileira ou o agente esteja em local sob jurisdição brasileira.

INFORMÁTICA

1 WINDOWS 10

O Microsoft Windows 10 é um sistema operacional lançado em 29 de julho de 2015. Essa versão trouxe inúmeras novidades, principalmente por conta da sua portabilidade para celulares e tablets.

1.1 Requisitos mínimos

Para instalar o Windows 10, o computador deve ter no mínimo 1 GB de memória RAM para computadores com processador 32 bits de 1 GHz, e 2 GB de RAM para processadores de 32 bits de 1 GHz. Todavia, recomenda-se pelo menos 4 GB.

A versão 32 bits do Windows necessita, inicialmente, de 16 GB de espaço livre em disco, enquanto o Windows 64 bits utiliza 20 GB. A resolução mínima recomendada para o monitor é de 1.024 × 768.

1.2 Diferenças em relação à versão anterior

O Windows 10 nasceu com a promessa de ser o último Windows lançado pela Microsoft, o que não significa que não será atualizado. A proposta da fabricante é não lançar mais versões, a fim de tornar as atualizações mais constantes, sem a necessidade de aguardar para atualizar junto com uma versão numerada. Em de outubro de 2021, o Windows 11 foi lançado e conta com um visual mais limpo e minimalista, incluindo ícones remodelados, janelas translúcidas, nova iconografia e um Menu Iniciar centralizado.

O objetivo do projeto do novo Windows foi baseado na interoperabilidade entre os diversos dispositivos como tablets, smartphones e computadores, de modo que a integração seja transparente, sem que o usuário precise, a cada momento, indicar o que deseja sincronizar.

A Charms Bar, presente no Windows 8 e 8.1, foi removida, e a tela inicial foi fundida ao botão (menu) Iniciar. Algumas outras novidades apresentadas pela Microsoft são:

- Xbox Live e novo Xbox app proporcionam novas experiências de jogo no Windows 10. No Xbox, é possível que jogadores e desenvolvedores acessem à rede de jogos do Xbox Live, tanto nos computadores quanto no Xbox One. Os jogadores podem capturar, editar e compartilhar seus melhores.
- Momentos no jogo com o Game DVR e disputar novos jogos com os amigos nos dispositivos, conectando a outros usuários do mundo todo. Os jogadores também podem disputar jogos no seu computador, transmitidos por stream diretamente do console Xbox One para o tablet ou computador Windows 10, dentro de casa.
- Sequential mode: em dispositivos 2 em 1, o Windows 10 alterna facilmente entre teclado, mouse, toque e tablet. À medida que detecta a transição, muda convenientemente para o novo modo.
- Novos apps universais: o Windows 10 oferece novos aplicativos de experiência, consistentes na sequência de dispositivos, para fotos, vídeos, música, mapas, pessoas e mensagens, correspondência e calendário. Esses apps integrados têm design atualizado e uniformidade de app para app e de dispositivo para dispositivo. O conteúdo é armazenado e sincronizado por meio do OneDrive, e isso permite iniciar uma tarefa em um dispositivo e continuá-la em outro.

1.2.1 Área de Trabalho

A barra de tarefas apresenta como novidade a busca integrada.

1.2.2 Cortana

Esse recurso opera junto ao campo de pesquisa localizado na barra de tarefas do Windows. É uma ferramenta de execução de comandos por voz, porém, ainda não conta com versão para o português do Brasil.

1.2.3 Continue de onde parou

Esse recurso permite uma troca entre computador, tablet e celular sem que o usuário tenha de salvar os arquivos e os enviar para os aparelhos; o próprio Windows se encarrega da sincronização.

Ao abrir um arquivo em um computador e editá-lo, basta abri-lo em outro dispositivo, de modo que as alterações já estarão acessíveis (a velocidade e disponibilidade dependem da conexão à internet).

1.2.4 Desbloqueio imediato de usuário

Trata-se de um recurso disponível que permite ao usuário que possua webcam usar uma forma de reconhecimento facial para *logar* no sistema, sem a necessidade de digitar senha.

1.2.5 Múltiplas áreas de trabalho

Uma das novidades do Windows 10 é a possibilidade de manipular "múltiplas Áreas de Trabalho", uma característica que já estava há tempos presente no Linux e no MacOS. Ao usar o atalho Windows + Tab, é possível criar uma Área de Trabalho e arrastar as janelas desejadas para ela.

1.2.6 Iniciar

Com essa opção em exibição, ao arrastar o mouse ligeiramente para baixo, são listados os programas abertos pela tela inicial. Programas abertos dentro do desktop não aparecem na lista, conforme ilustrado a seguir.

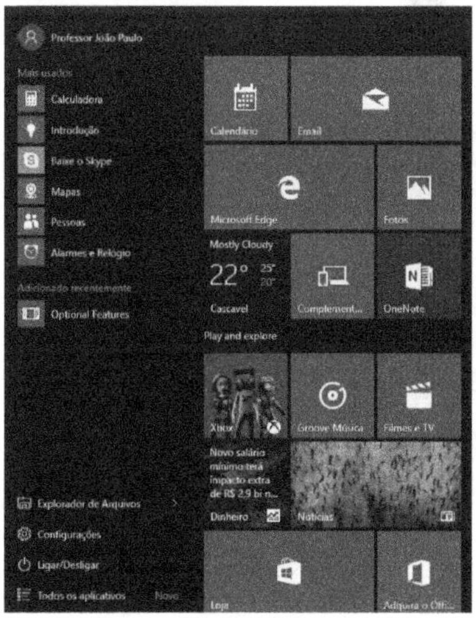

1.2.7 Aplicativos

Os aplicativos podem ser listados clicando-se no botão presente na parte inferior do botão Iniciar, mais à esquerda.

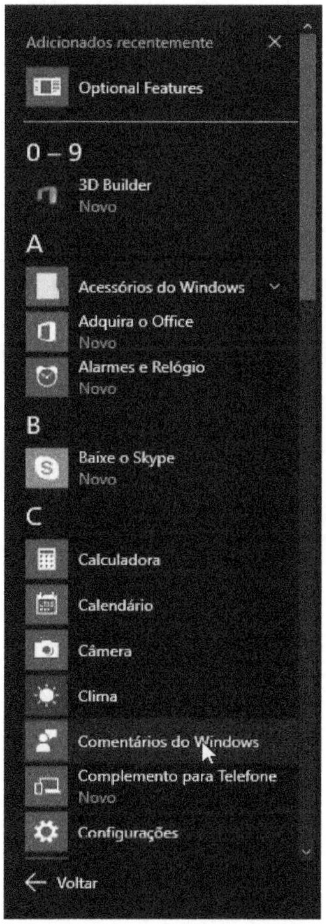

1.2.8 Acessórios

O Windows 10 reorganizou seus acessórios ao remover algumas aplicações para outro grupo (sistema do Windows).

Os aplicativos listados como acessórios são, efetivamente:

- Bloco de notas;
- Conexão de área de trabalho remota;
- Diário do Windows;
- Ferramenta de captura;
- Gravador de passos;
- internet Explorer;
- Mapa de caracteres;
- Notas autoadesivas;
- Painel de entrada de expressões matemática;
- Paint;
- Visualizador XPS;
- Windows Fax and Scan;
- Windows Media Player;
- WordPad.

1.2.9 Bloco de notas

O bloco de notas é um editor de texto simples, e apenas texto, ou seja, não aceita imagens ou formatações muito avançadas e são possíveis apenas algumas formatações de fonte: tipo/nome da fonte, estilo de fonte (negrito, itálico) e tamanho da fonte. A imagem a seguir ilustra a janela do programa.

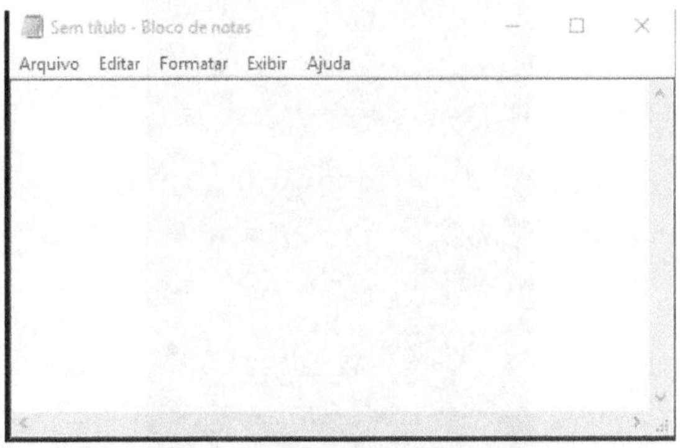

A cor da fonte não é uma opção de formatação presente. A janela a seguir ilustra as opções.

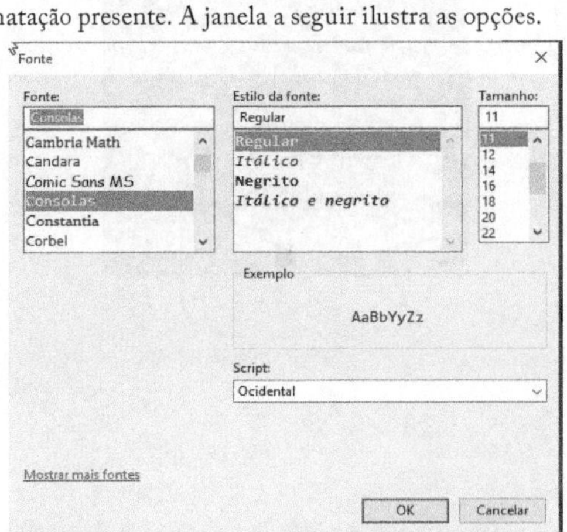

1.2.10 Conexão de área de trabalho remota

A conexão remota do Windows não fica ativa por padrão, por questões de segurança. Para habilitar a conexão, é necessário abrir a janela de configuração das Propriedades do Sistema, ilustrada a seguir. Essa opção é acessível pela janela Sistema do Windows.

A conexão pode ser limitada à rede por restrição de autenticação em nível de rede, ou pela internet, usando contas de e-mail da Microsoft. A figura a seguir ilustra a janela da Conexão de Área de Trabalho Remota.

1.2.11 Diário do Windows

A ferramenta Diário do Windows é uma novidade no Windows 8. Ela permite que o usuário realize anotações como em um caderno. Os recursos de formatação são limitados, de modo que o usuário pode escrever com fonte manuscrita ou por meio de caixas de texto.

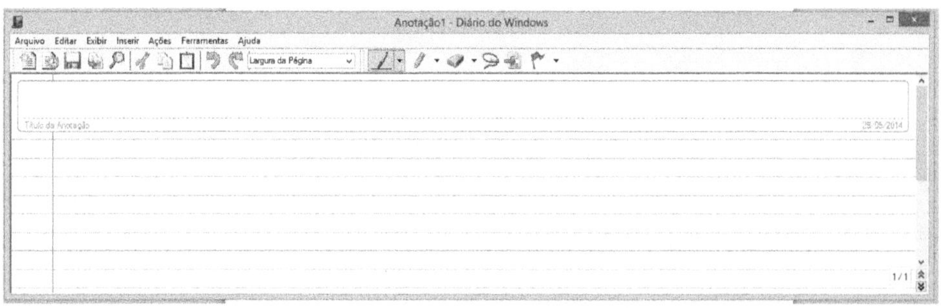

1.2.12 Ferramenta de captura

A ferramenta de captura, presente desde o Windows 7, permite o print de partes da tela do computador. Para tanto, basta selecionar a parte desejada usando o aplicativo.

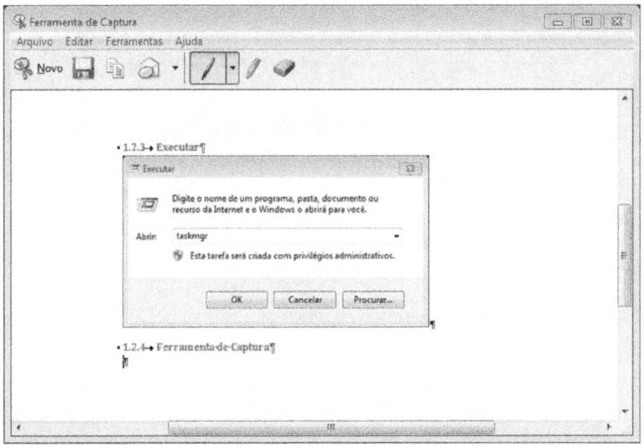

1.2.13 Gravador de passos

É um recurso vindo desde o Windows 8, muito útil para atendentes de suporte que precisam apresentar o passo a passo das ações que um usuário precisa executar para obter o resultado esperado. A figura a seguir ilustra a ferramenta com um passo gravado para exemplificação.

1.2.14 Mapa de caracteres

Frequentemente, faz-se necessário utilizar alguns símbolos diferenciados. Esses símbolos são chamados de caracteres especiais e esse recurso consegue listar os caracteres não presentes no teclado para cada fonte instalada no computador e copiá-los para a área de transferência do Windows.

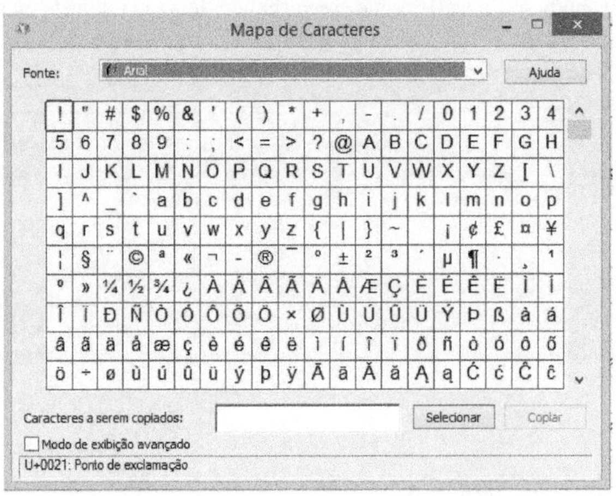

1.2.15 Notas autoadesivas

Por padrão, as notas autoadesivas são visíveis na Área de Trabalho, elas se parecem com post-its.

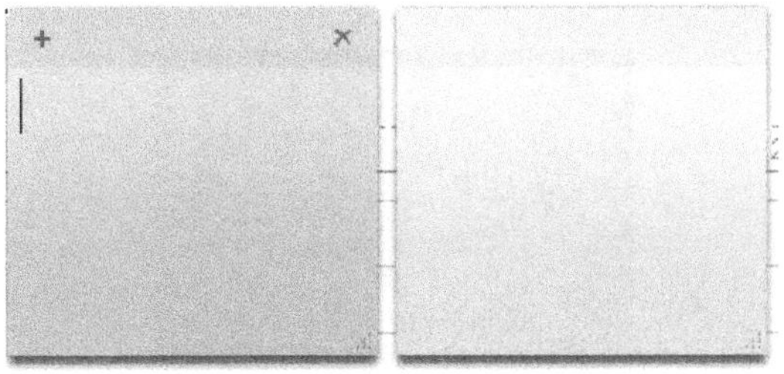

1.2.16 Painel de entrada de expressões matemáticas

Essa ferramenta possibilita o usuário de desenhar fórmulas matemáticas como integrais e somatórios, e ainda colar o resultado produzido em documentos. É possível fazer isso utilizando o mouse ou outro dispositivo de inserção como tablet canetas e mesas digitalizadoras.

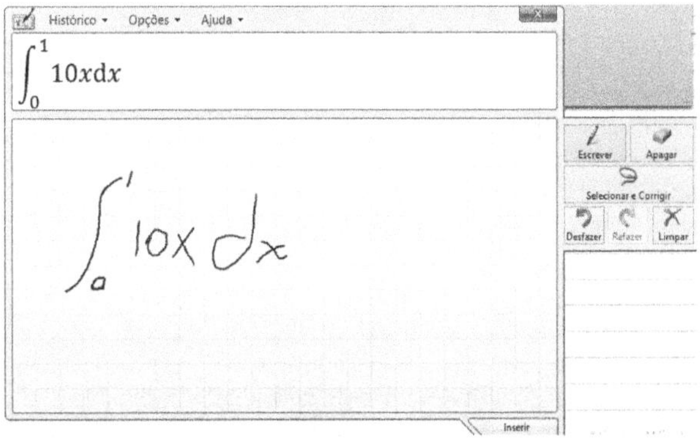

1.2.17 Paint

O tradicional editor de desenho do Windows, que salva seus arquivos no formato PNG, JPEG, JPG, GIF, TIFF e BMP (Bitmap), não sofreu mudanças em comparação com a versão presente no Windows 7.

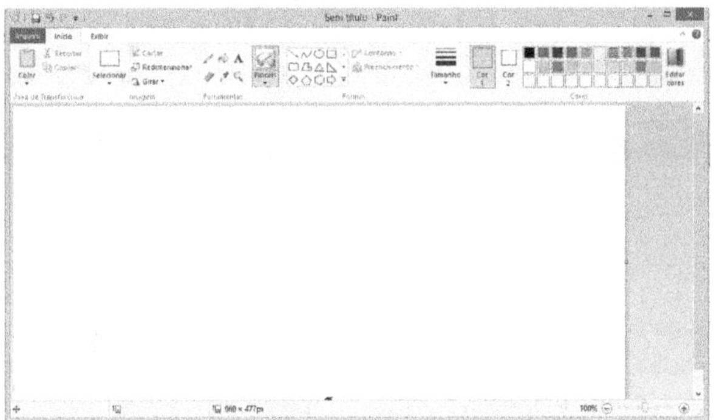

1.2.18 WordPad

É um editor de texto que faz parte do Windows, ao contrário do MS Word, com mais recursos que o Bloco de Notas.

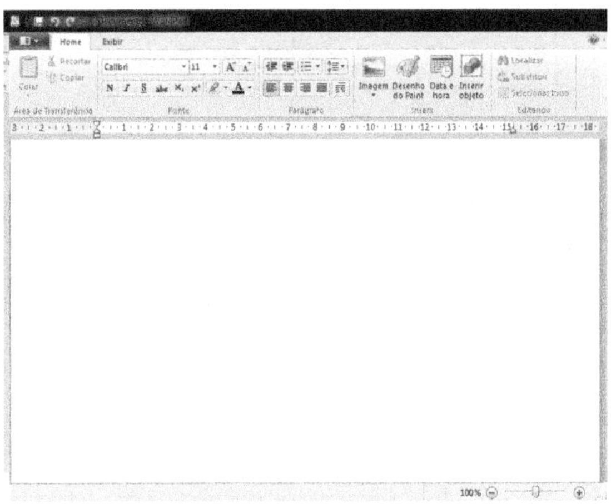

1.2.19 Facilidade de acesso

Anteriormente conhecida como ferramentas de acessibilidade, são recursos que têm por finalidade auxiliar pessoas com dificuldades para utilizar os métodos tradicionais de interação com o computador.

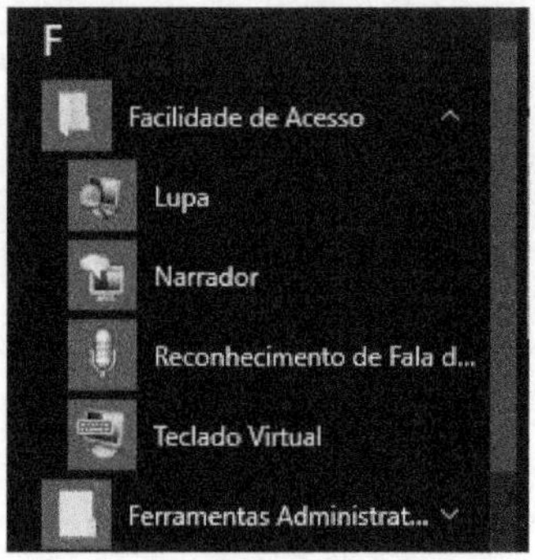

Lupa

Ao utilizar a lupa, pode-se ampliar a tela ao redor do ponteiro do mouse, como também é possível usar metade da tela do computador exibindo a imagem ampliada da área próxima ao cursor.

Narrador

O narrador é uma forma de leitor de tela que lê o texto das áreas selecionadas com o mouse.

Teclado virtual

O teclado virtual é um software que permite entrada de texto em programas de computador de maneira alternativa ao teclado convencional.

Fique ligado

É preciso ter muito cuidado para não confundir o teclado virtual do Windows com o teclado virtual usado nas páginas de internet Banking.

1.2.20 Calculadora

A calculadora do Windows 10 deixa de ser associada aos acessórios. Outra grande mudança é o fato de que sua janela pode ser redimensionada, bem como perde um modo de exibição, sendo eles: padrão, científica e programador. Apresenta inúmeras opções de conversões de medidas, conforme ilustrado respectivamente ilustradas a seguir.

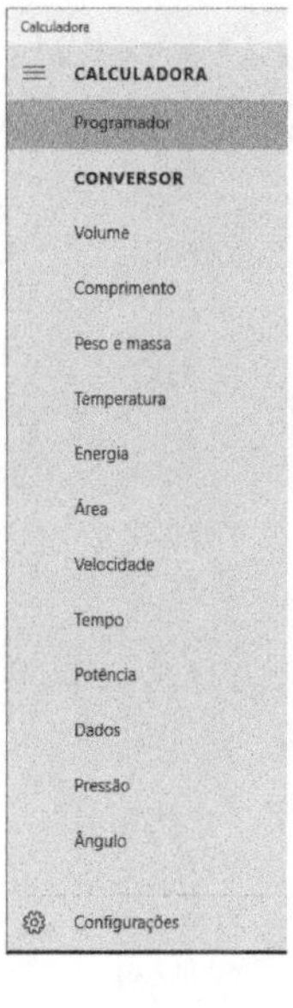

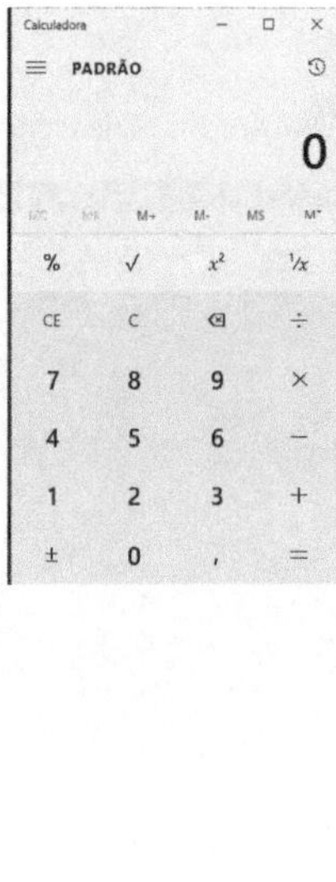

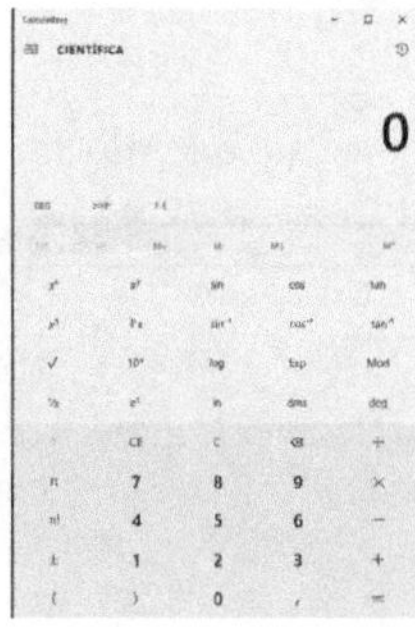

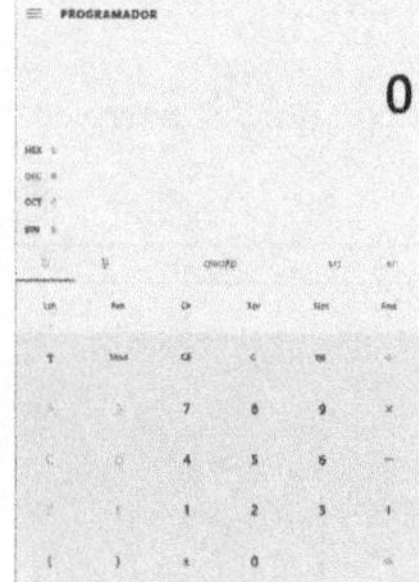

1.2.21 Painel de Controle

É o local onde se encontram as configurações do sistema operacional Windows e pode ser visualizado em dois modos: ícones ou categorias. As imagens a seguir representam, respectivamente, o modo ícones e o modo categorias.

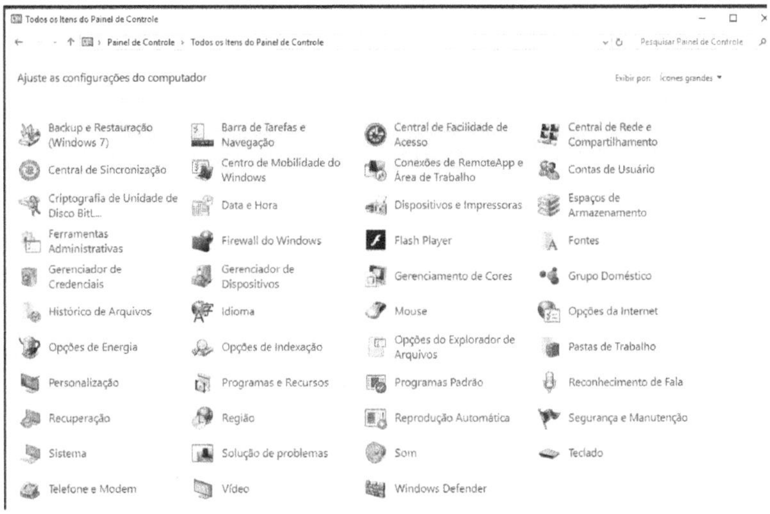

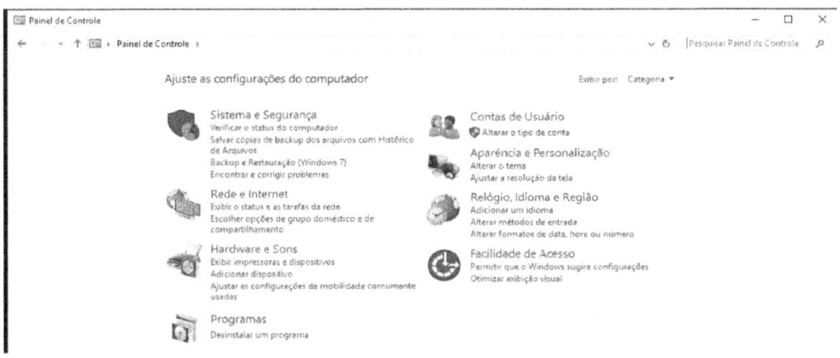

No modo categorias, as ferramentas são agrupadas de acordo com sua similaridade, como "Sistema e segurança", o que envolve o "Histórico de arquivos" e a opção "Corrigir problemas".

A opção para remover um programa possui uma categoria exclusiva chamada "Programas".

Na categoria "Relógio, idioma e região", temos acesso às opções de configuração do idioma padrão do sistema. Por consequência, é possível também o acesso às unidades métricas e monetárias, bem como alterar o layout do teclado ou botões do mouse.

Algumas das configurações também podem ser realizadas pela janela de configurações acessível pelo botão Iniciar.

1.2.22 Segurança e manutenção

Nessa seção, é possível verificar o nível de segurança do computador em relação ao sistema ou à possibilidade de invasão.

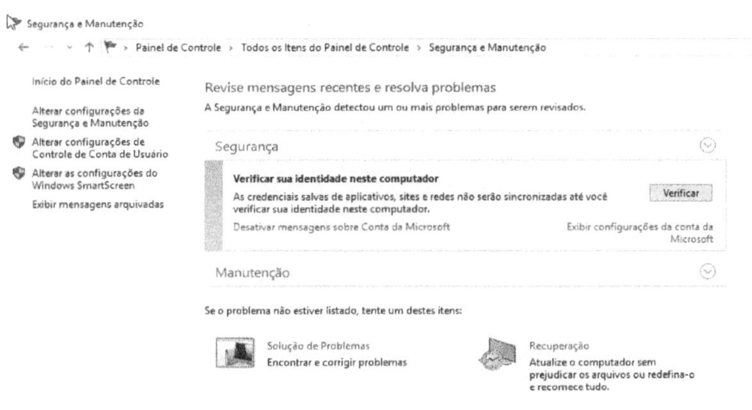

1.2.23 Windows Defender

No Windows 10, o Windows Defender passou a ser antivírus, além de ser antispyware.

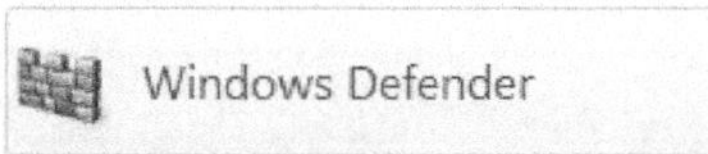

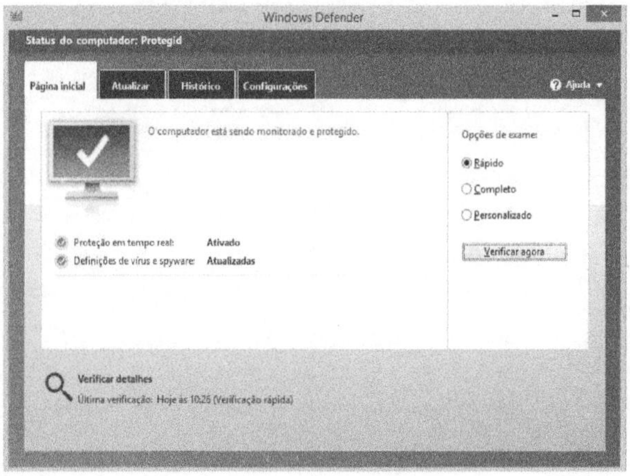

1.3 Estrutura de diretórios

Uma estrutura de diretórios é como o sistema operacional, em que organiza os arquivos, separando-os de acordo com sua finalidade.

O termo diretório é um sinônimo para pasta, que se diferencia apenas por ser utilizado, em geral, quando se cita alguma pasta "raiz" de um dispositivo de armazenamento ou partição.

Quando citamos o termo "raiz", estamos fazendo uma alusão a uma estrutura que se parece com uma árvore, que parte de uma raiz e cria vários galhos, que são as pastas, e as folhas, que são os arquivos. Dessa maneira, observamos que o **diretório raiz do Windows** é o diretório **C:** ou **C:\,** enquanto o **diretório Raiz do Linux** é o /.

1.4 Ferramentas administrativas

Compreende ferramentas como agendador de tarefas, limpeza de disco, monitoramento de desempenho, entre muitos outros, que auxiliam na manutenção e no bom funcionamento da máquina.

Limpeza de disco

Apaga os arquivos temporários, por exemplo, arquivos da Lixeira, da pasta "Temporários da internet" e, no caso do Windows, a partir da versão Vista, as miniaturas.

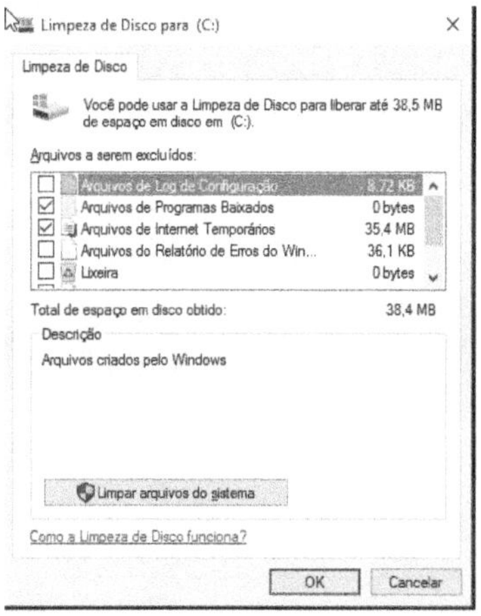

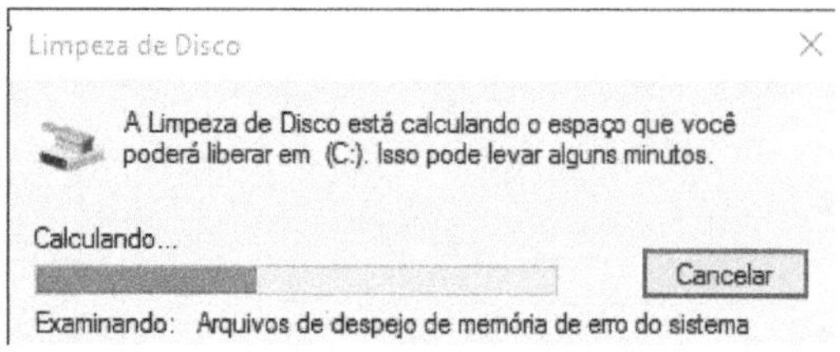

Lixeira

A capacidade da Lixeira do Windows é calculada. Assim, para HDs de até 40 GB, a capacidade é de 10%. Todavia, para discos rígidos maiores que 40 GB, o cálculo não é tão direto. Vamos a um exemplo: caso um HD possua o tamanho de 200 GB, é necessário descontar 40 GB, pois até 40 GB a lixeira possui capacidade de 10%; assim, sobram 160 GB. A partir desse valor, deve-se calcular mais 5%, ou seja, 8 GB. Com isso, a capacidade total da lixeira do HD de 200 GB fica com 4 GB + 8 GB = 12 GB.

Fique ligado

É importante, ainda, destacar que a capacidade da lixeira é calculada para cada unidade de armazenamento. Desse modo, se um HD físico de 500 GB estiver particionado, é necessário calcular separadamente a capacidade da lixeira para cada unidade.

A Lixeira é um local, e não uma pasta. Ela lista os arquivos que foram excluídos, porém nem todos aqueles que foram excluídos vão para a Lixeira. Vejamos a lista de situações em que um arquivo não será movido para a lixeira:

- Arquivos maiores do que a capacidade da Lixeira;
- Arquivos que estão compartilhados na rede;
- Arquivos de unidades removíveis;
- Arquivos que foram removidos de forma permanente pelo usuário.

Desfragmentar e otimizar unidades

É responsabilidade do Desfragmentador organizar os dados dentro do HD de maneira contínua/contígua para que o acesso às informações em disco seja realizado mais rapidamente.

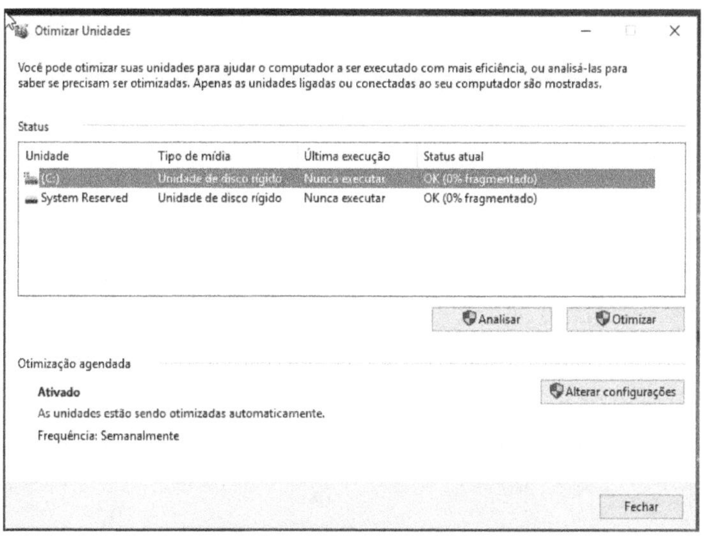

Configuração do sistema

A Configuração do Sistema é também acessível ao ser digitado o comando msconfig na janela "Executar". Essa ação permite configurar quais serviços serão carregados com o Sistema. No entanto, para fazer essa configuração, deve-se proceder ao acesso pelo "Gerenciador de tarefas".

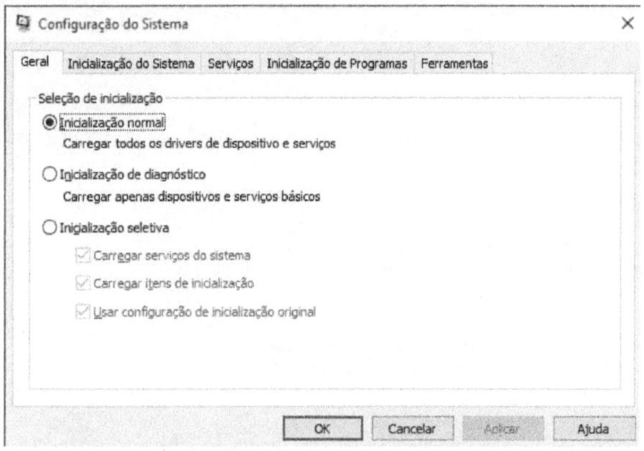

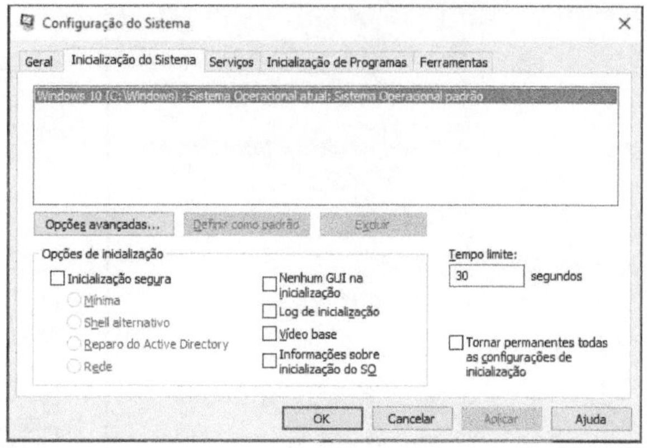

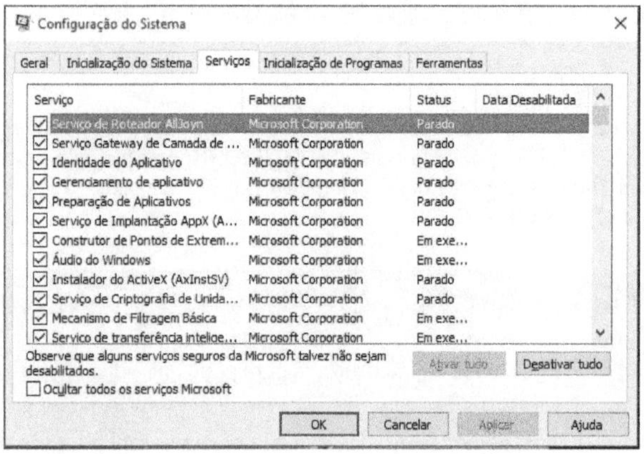

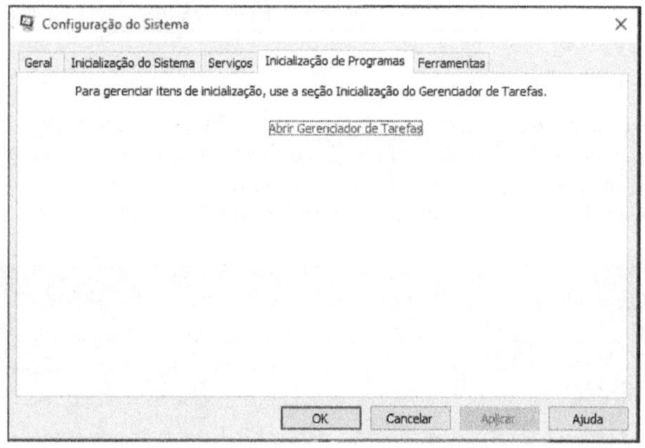

Monitor de recursos

Permite monitorar os recursos do computador e qual o uso que está sendo realizado.

ScanDisk

O ScankDisk é o responsável por verificar o HD em busca de falhas de disco. Muitas vezes, ele consegue corrigi-las.

1.5 Configurações

Uma novidade do Windows 10 é a opção "Configurações", presente no botão Iniciar, que apresenta uma estrutura similar ao Painel de Controle, realizando a separação por categorias de ferramentas, conforme ilustra a figura a seguir.

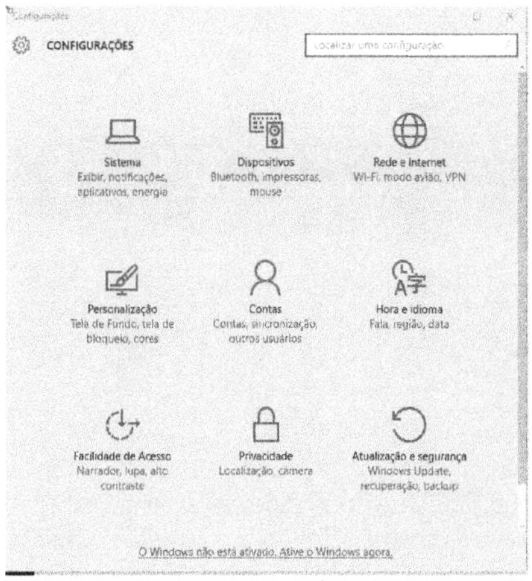

1.6 Sistema

Nessa opção, são apresentadas as ferramentas de configuração de resolução de tela, definição de monitor principal (caso possua mais de um), modos de gestão de energia (mais utilizados em notebooks).

Também é possível encontrar a opção "Mapas offline", que permite o download de mapas para a pesquisa e o uso por GPS, principalmente usado em dispositivos móveis ou dotados de GPS.

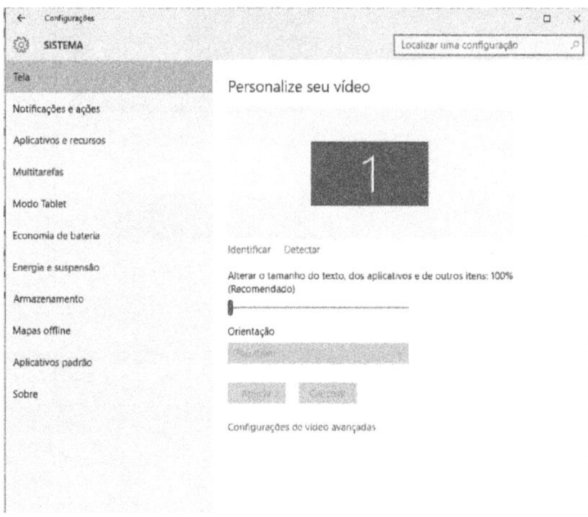

1.7 Dispositivos

Esse recurso lista os dispositivos que foram instalados em algum momento no sistema, como as impressoras.

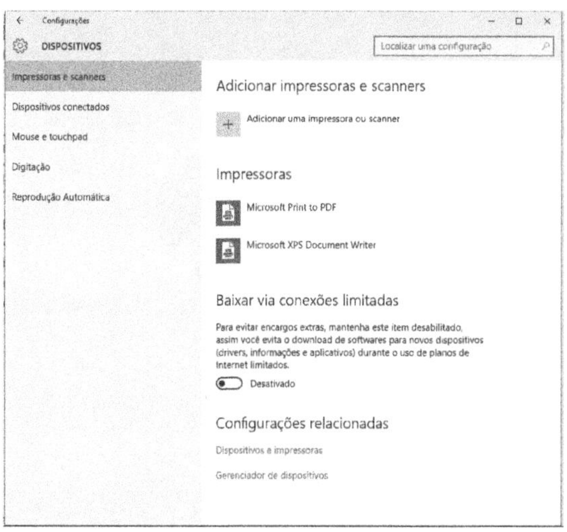

1.8 Rede e internet

Esse recurso serve para configurar rapidamente o proxy de uma rede, ou ativar/desativar a rede wi-fi, incluindo a opção para configurar uma rede VPN.

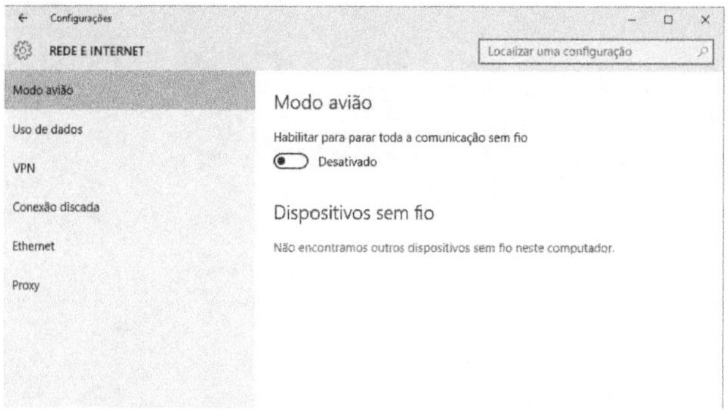

1.9 Personalização

Para personalizar os temas de cores da Área de Trabalho do Windows e os papéis de parede, a opção de personalização pode ser acessada pelas Configurações. Também é possível clicar com o botão direito do mouse sobre uma área vazia da Área de Trabalho e selecionar a opção "Personalizar".

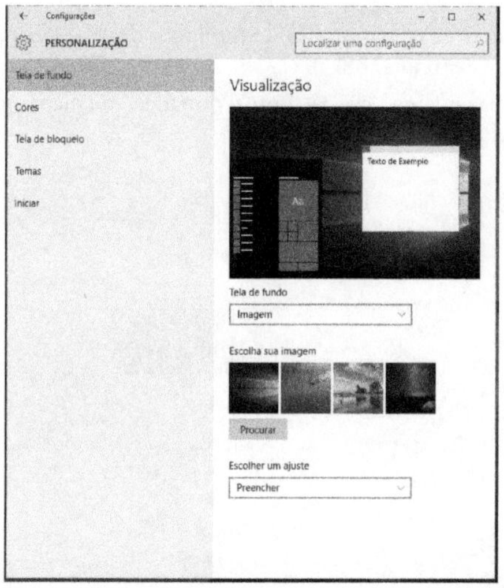

1.9.1 Contas

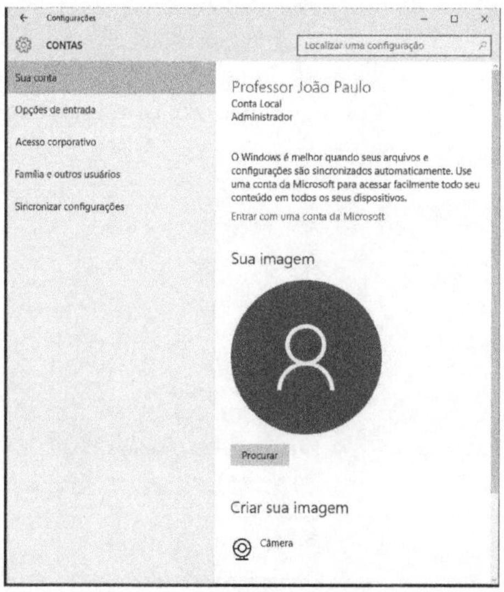

1.9.2 Hora e idioma

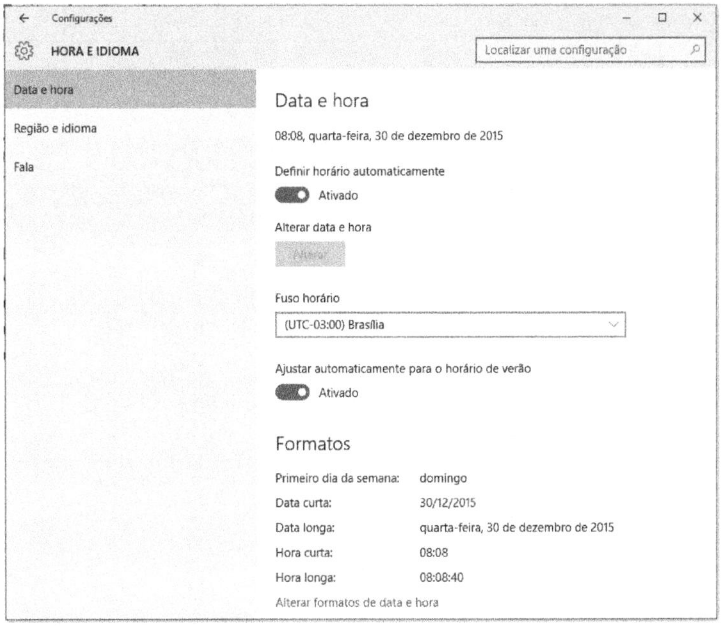

1.10 Facilidade de acesso

Além de contar com as ferramentas para acessibilidade, é possível configurar algumas características com alto contraste para melhorar o acesso ao uso do computador.

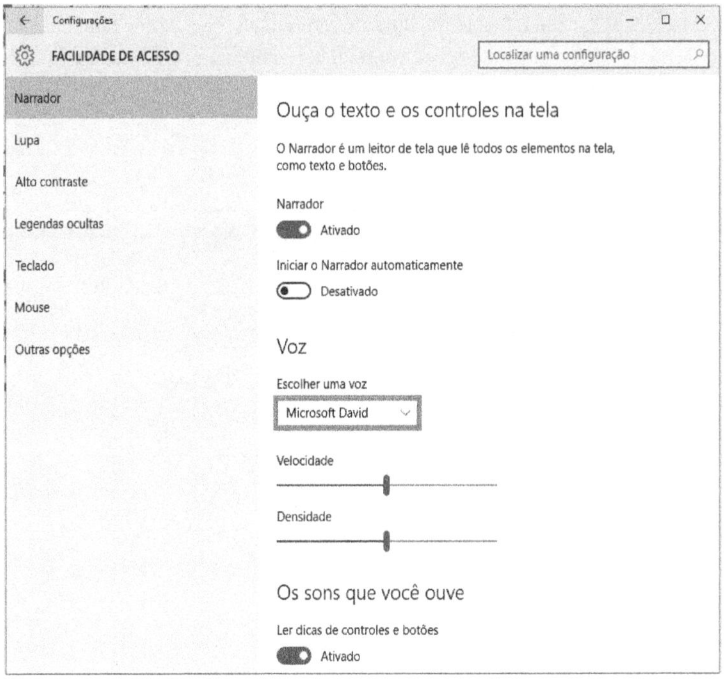

1.10.1 Privacidade

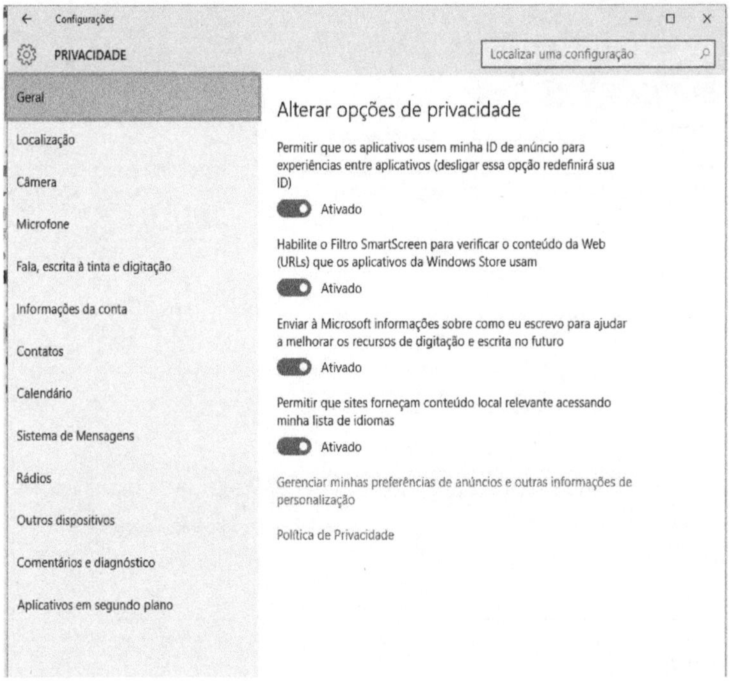

1.11 Atualização e segurança

Essa opção talvez seja uma das principais opções da janela de Configurações, pois, como necessidade mínima para a segurança, o sistema operacional deve estar sempre atualizado, assim como precisa possuir um programa antivírus que também esteja atualizado.

Vale lembrar que a realização periódica de backups também é considerada como um procedimento de segurança.

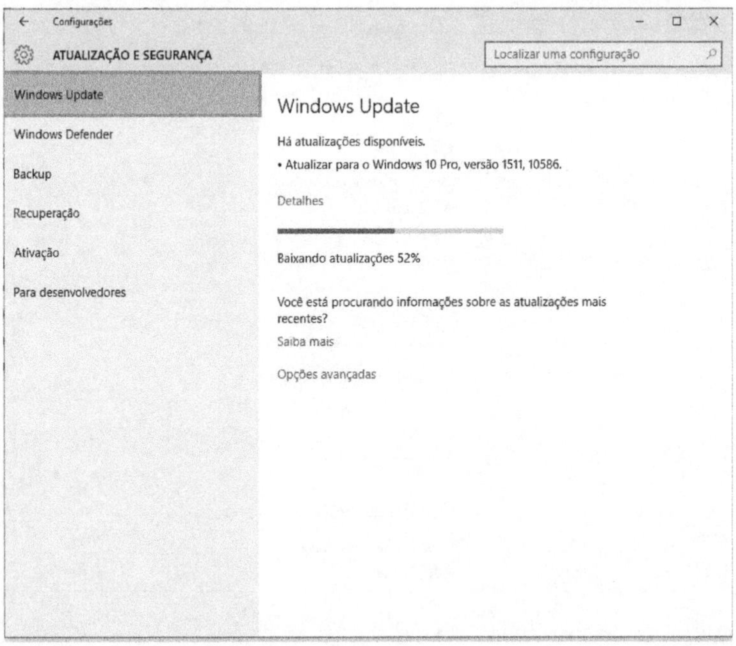

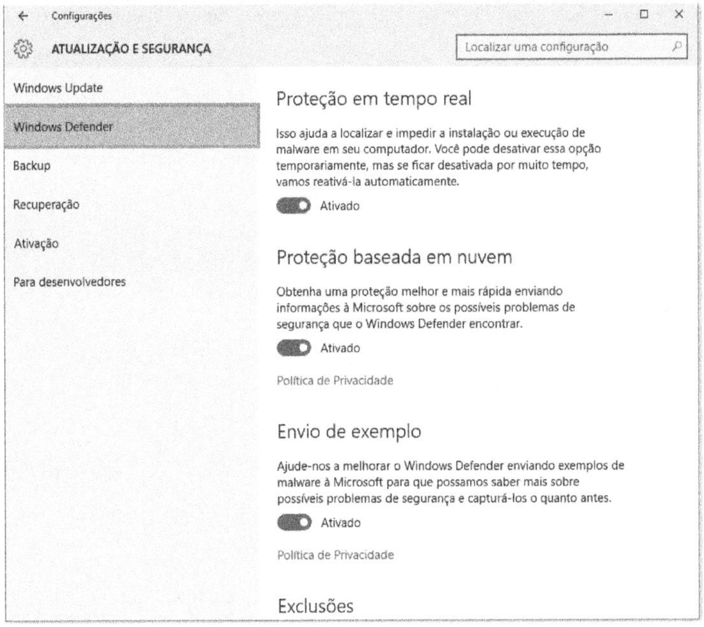

O Windows 10 realiza o backup dos arquivos usando a ferramenta "Histórico de arquivos", embora ainda permita realizar backups como no Windows 7.

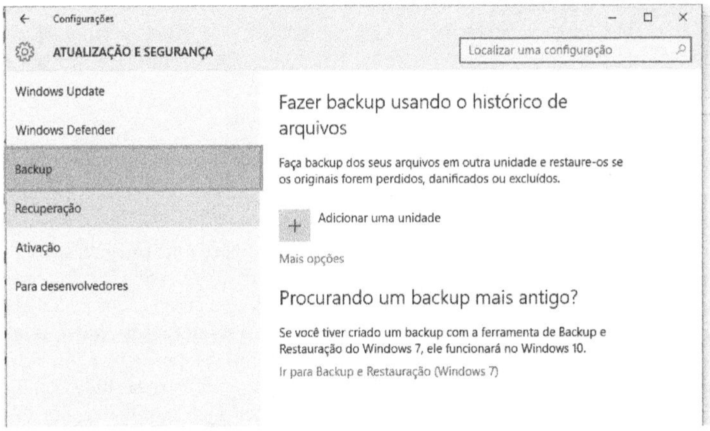

A opção "Para desenvolvedores" é uma novidade do Windows que assusta alguns usuários desavisados, pois, ao tentarem instalar algum aplicativo que não seja originário da loja da Microsoft, não conseguem. Esse impedimento ocorre por segurança. De qualquer forma, para poder instalar aplicativos "externos", basta selecionar a opção "Sideload" ou "Modo desenvolvedor".

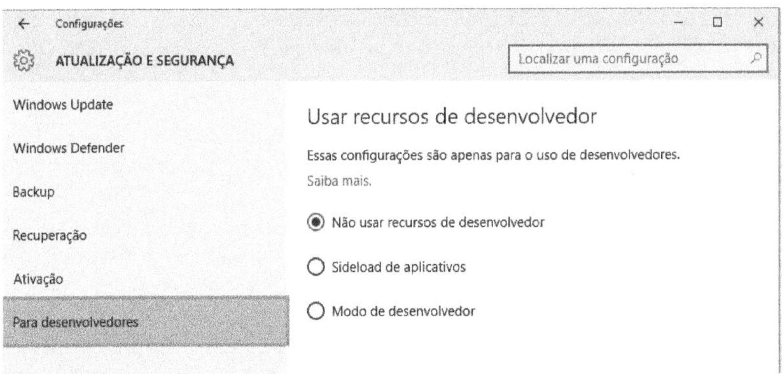

1.12 Backup no Windows 10

Um backup consiste em uma cópia de segurança dos arquivos, que deve ser feita periodicamente, preferencialmente em uma unidade de armazenamento separada do computador.

Apesar do nome cópia de segurança, um backup não impede que os dados sejam acessados por outros usuários. Ele é apenas uma salvaguarda dos dados para amenizar os danos de uma perda.

Nos Windows 8 e 10, o backup é gerenciado pelo "Histórico de arquivos", conforme a imagem a seguir.

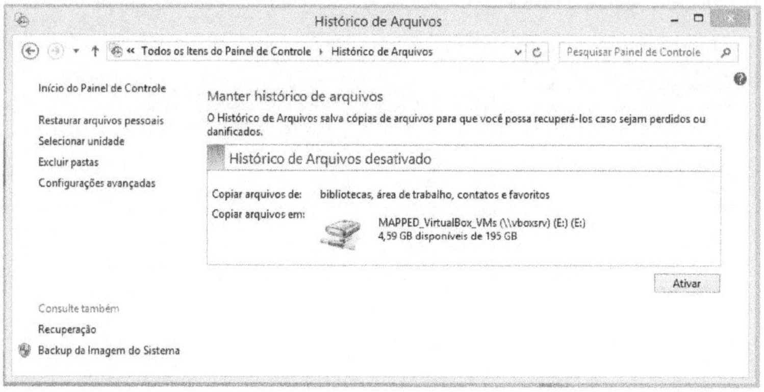

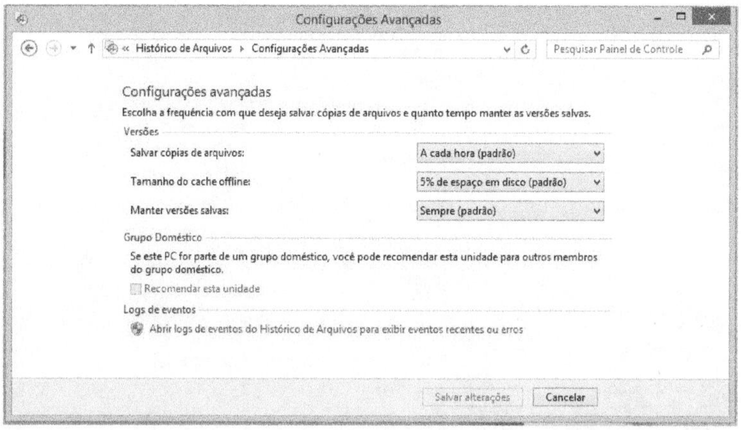

1.12.1 Backup da imagem do sistema

O Backup do Windows oferece a capacidade de criar uma imagem do sistema, que é uma imagem exata de uma unidade. Uma imagem do sistema inclui o Windows e as configurações do sistema, os programas e os arquivos. É possível usar esse recurso para restaurar o conteúdo do computador, caso o disco rígido ou o computador pararem de funcionar. Quando se restaura o computador a partir de uma imagem do sistema, trata-se de uma restauração completa; não é possível escolher itens individuais para a restauração, e todos os atuais programas, as configurações do sistema e os arquivos serão substituídos. Embora esse tipo de backup inclua arquivos pessoais, é recomendável fazer backup dos arquivos regularmente, usando o Backup do Windows, a fim de que seja possível restaurar arquivos e pastas individuais conforme a necessidade. Quando for configurado um backup de arquivos agendado, o usuário poderá escolher se deseja incluir uma imagem do sistema. Essa imagem do sistema inclui apenas as unidades necessárias à execução do Windows. É possível criar manualmente uma imagem do sistema, caso o usuário queira incluir unidades de dados adicionais.

1.12.2 Disco de restauração

O disco de restauração armazena os dados mais importantes do sistema operacional Windows, em geral, o que é essencial para seu funcionamento. Esse disco pode ser utilizado quando o sistema vier a apresentar problemas, por vezes decorrentes de atualizações.

1.12.3 Tipos de backup

- **Completo/Normal:** também chamado backup total, é aquele em que todos os dados são salvos em única cópia de segurança. Ele é indicado para ser feito com menor frequência, pois é o mais demorado para ser processado, como também para ser recuperado. Contudo, localizar um arquivo fica mais fácil, pois se tem apenas uma cópia dos dados.
- **Diferencial:** esse procedimento de backup grava os dados alterados desde o último backup completo. Assim, no próximo backup diferencial, somente serão salvos os dados modificados desde a última vez em que foi realizado o completo. No entanto, esse backup é mais lento de ser processado do que o backup incremental, porém é mais rápido de ser restaurado, pois é necessário apenas restaurar o último backup completo e o último diferencial.
- **Incremental:** nesse tipo de backup, são salvos apenas os dados que foram alterados após a última cópia de segurança realizada. Este procedimento é mais rápido de ser processado, porém leva mais tempo para ser restaurado, pois envolve restaurar todos os backups anteriores. Os arquivos gerados são menores do que os gerados pelo backup diferencial.
- **Diário:** um backup diário copia todos os arquivos selecionados que foram modificados no dia de execução do backup diário. Os arquivos não são marcados como aqueles passaram por backup (o atributo de arquivo não é desmarcado).
- **De cópia:** um backup de cópia copia todos os arquivos selecionados, mas não os marca como arquivos que passaram por backup (ou seja, o atributo de arquivo não é desmarcado). A cópia é útil caso o usuário queira fazer backup de arquivos entre os backups normal e incremental, pois ela não afeta essas outras operações.

1.13 Explorador de arquivos

Conhecido até o Windows 7 como Windows Explorer, o gerenciador de arquivos do Windows usa a chamada Interface Ribbon (por faixas) no Windows 8 e 10. Com isso, torna mais acessíveis algumas ferramentas como a opção para exibir as pastas e os arquivos ocultos.

A figura a seguir ilustra a janela "Computador", que apresenta os dispositivos e unidades de armazenamento locais como HDs e Drives de mídias ópticas, bem como as mídias removíveis.

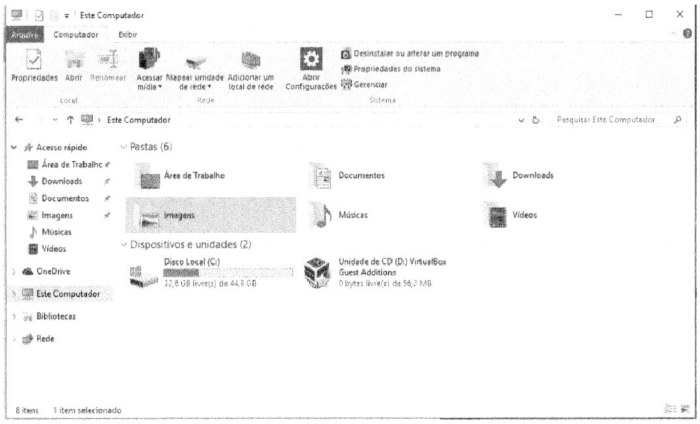

Um detalhe interessante sobre o Windows 10 é que as bibliotecas, conforme é possível verificar na imagem, não estão visíveis por padrão; o usuário precisa ativar sua exibição.

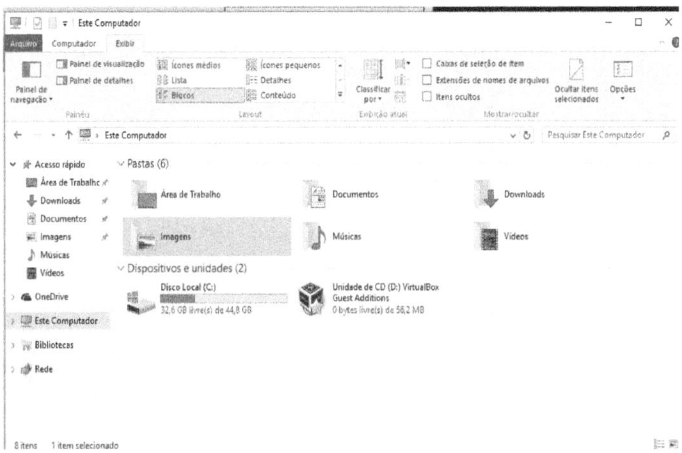

Ao selecionar arquivos ou pastas de determinados tipos, como imagens, algumas guias são exibidas como ilustra a série de figuras a seguir.

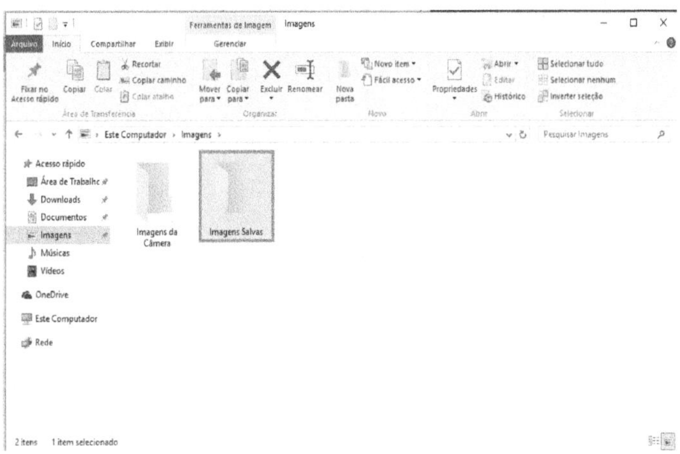

É possível notar que há opções específicas para facilitar o compartilhamento dos arquivos e pastas.

2 LINUX

Trata-se de um sistema operacional (SO) criado por Linus Torvald, com base na plataforma UNIX. Nesta seção são abordados os conceitos relacionados diretamente a algumas funcionalidades e definições deste sistema.

2.1 Dual boot

É possível instalar em um mesmo computador múltiplos sistemas operacionais, de forma que, ao ligar o computador, o usuário escolhe qual sistema deseja utilizar. A etapa de escolha do sistema é controlada por gerenciadores de boot; quando se instala o Linux, ele instala automaticamente um gerenciador de boot, como o GRUB e o LILO.

2.2 Distribuições

Uma distribuição Linux é uma cópia modificada e compartilhada com a comunidade. Isso se deve ao fato de ele ser um software livre e, assim, é permitido alterar uma distribuição e repassar a outras pessoas que, por sua vez, também podem efetuar as suas alterações.

Há sites, como o https://distrowatch.com/, por exemplo, em que existem mais de 300 distribuições Linux registradas. As principais são:

2.3 Estrutura de diretórios

A estrutura de diretórios define quais são as pastas do sistema e quais são as suas finalidades perante os programas e o próprio SO.

A estrutura de diretório do Linux, assim como a do Windows, possui caráter hierárquico, que toma como partida a raiz do sistema – no caso do Linux, a raiz do SO é o diretório / (barra). O termo raiz é atribuído, pois a estrutura de diretórios observada de forma inversa apresenta características de uma árvore que, a partir da raiz, possui seus galhos, as pastas e, por fim, suas folhas, os arquivos.

Diretórios	Funções
/dev	(devices): armazena os drivers/dev dos dispositivos.
/bin	(binaries): armazena os binários essenciais para o funcionamento do sistema. Como também comandos básicos do SO como rm, pwd, su, tar, entre outros.
/Sbin	(binaries): armazena os binários essenciais para o funcionamento do sistema que sejam vinculados ao Super Usuário (administrador).
/mnt	(Mount): conhecido como ponto de montagem padrão, é o local por meio do qual se tem acesso às unidades de armazenamento conectados no computador.
/etc	Armazena os arquivos de configuração do sistema operacional.
/boot	Arquivos necessários para o boot do sistema.
/tmp	Arquivos temporários.
/home	Armazena as pastas dos usuários.
/root	Diretório do administrador.

2.4 Gerenciadores de arquivos

O gerenciador de arquivo é o programa que permite navegar entre as pastas do computador, como também realizar tarefas do tipo copiar, recortar, colar, renomear e mover arquivos e pastas.

O Nautilus é o gerenciador de arquivos utilizado nas distribuições Linux que trabalham com a interface gráfica Gnome, enquanto as distribuições que utilizam o KDE têm como gerenciador de arquivos o Konqueror, que também pode ser utilizado como navegador de internet (o Nautilus tem essa opção desabilitada por segurança).

2.5 Terminal Linux

O Shell é o aplicativo que permite operar com o sistema operacional Linux por meio de linhas de comandos, ou seja, é o responsável por ler e interpretar um comando do usuário. Ele é similar ao Prompt de comandos no Windows (DOS).

2.6 Comandos Linux

Embora o Linux possua várias interfaces gráficas que podem ser utilizadas, a boa e velha linha de comando ainda é o caminho mais prático e rápido para a execução de muitas tarefas. Para facilitar o entendimento, a tabela a seguir contém os principais comandos suas ações:

Comandos	Funções
cd	Permite navegar entre as pastas.
ls	Lista arquivos e pastas do diretório atual.
clear	Limpa a tela.
exit	Sai do terminal.
cp	Copia um arquivo ou pasta especificado.
rm	Remove um arquivo ou pasta especificado.
init 0	Desliga o computador (é necessário ser administrador para executar este comando).
init 6	Reinicia o computador (é necessário ser administrador para executar este comando).
chmod	Permite alterar as permissões de arquivos e pastas.
mv	Move arquivos e pastas. Também pode ser utilizado para renomear um arquivo ou pasta.
pwd	Mostra o diretório em que você está.
mkdir	Cria um diretório.
reboot	Reinicia o sistema operacional.
tar	Empacota os arquivos e pastas em um único arquivo (não compacta).
gzip	Compacta os arquivos e/ou pastas em um mesmo arquivo.

3 WORD 365

O Microsoft 365 é uma assinatura que possui os recursos mais colaborativos e atualizados em uma experiência integrada e perfeita, como os do Office que possui o Word, o PowerPoint e o Excel. Possui ainda armazenamento *on-line* extra e recursos conectados à nuvem que permitem editar arquivos em tempo real entre várias pessoas, além de sempre ter correções e atualizações de segurança mais recentes e suporte técnico contínuo, sem nenhum custo extra. É possível pagar a assinatura mensalmente ou anualmente, e o plano Microsoft 365 *Family* permite compartilhar a assinatura com até seis pessoas da família e usar seus aplicativos em vários PCs, Macs, tablets e telefones.

3.1 Extensões

Até a versão 2003, os documentos eram salvos no formato ".doc". A partir da versão 2007, os documentos são salvos na versão ".docx". O padrão do Word 2019 continua com a extensão .docx "DOCX", mas podemos salvar arquivos nos formatos .odt (Writer), PDF,.doc, .rtf, entre outros.

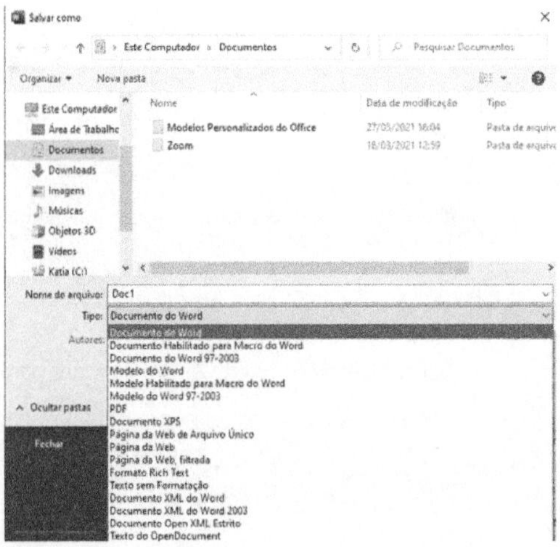

O Office 2019 é, também, vendido como uma compra única, o que significa tem um custo único e inicial para obter os aplicativos do Office para um computador. Compras únicas estão disponíveis para PCs e Macs. No entanto, não há opções de *upgrade*, o que significa que, caso seja necessário fazer um upgrade para a próxima versão principal, precisará comprá-la pelo preço integral.

Preste atenção a esses detalhes como extensão de arquivos, pois eles caem com frequência em provas de concurso.

Você poderá salvar os arquivos em uma versão anterior do Microsoft Office selecionando na lista "Salvar como", na caixa de diálogo. Por exemplo, é possível salvar o documento do Word 2013 (.docx) como um documento 97-2003 (.doc).

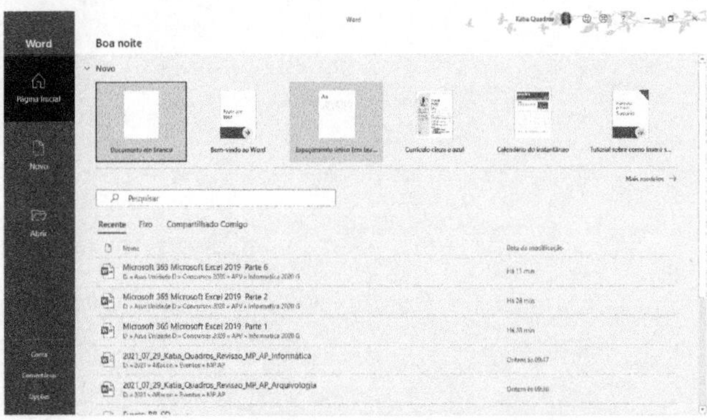

- **Barra de título:** em um novo documento, ela apresenta como título "Documento1". Quando o documento for salvo, ele apresentará o nome do documento nesta mesma barra.
- **Barra de acesso rápido:** é personalizável e contém um conjunto de comandos independentes da guia exibida no momento na "Faixa de opções".

- **Menu arquivo:** possui comandos básicos, que incluem – embora não estejam limitados a – Abrir, Salvar e Imprimir.

Note as entradas da coluna da esquerda, que, na prática, funciona como um painel. Elas prestam os clássicos serviços auxiliares de um menu "Arquivo" convencional, ou seja, Salvar, Salvar como, Abrir e Fechar o arquivo de trabalho.

Outras conhecidas como Novo: cria um arquivo e permite escolher entre centenas de modelos (*templates*) oferecidos.

- **Imprimir:** refere-se à impressão do documento.

Ao clicar em Imprimir, abrirá um menu dropdown, que mostra a impressora selecionada no momento. Um clique na lista suspensa mostrará outras impressoras disponíveis.

É possível imprimir tudo ou parte de um documento. As opções para escolher qual parte imprimir podem ser encontradas na guia "Imprimir", no modo de exibição do Microsoft Office *Backstage.* Em "Configurações", clique em Imprimir "Todas as páginas" para ver essas opções.

Quando há a necessidade de imprimir páginas alternadas no Word, é preciso digitar no formulário o intervalo desejado, como ˜Páginas: 3-6;8˜, em que "-"(aspas) significam "até" e ";" ou "e".

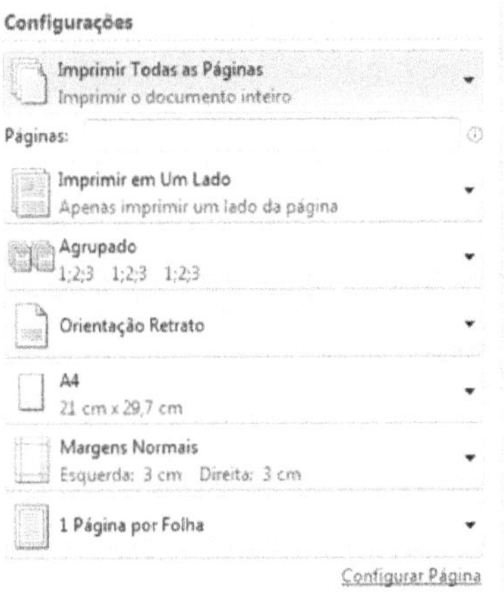

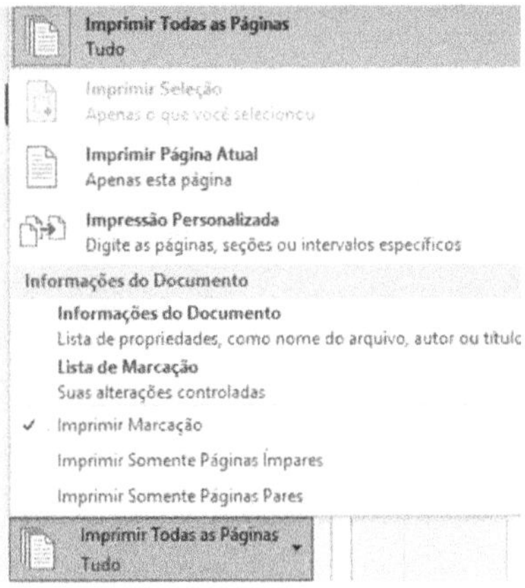

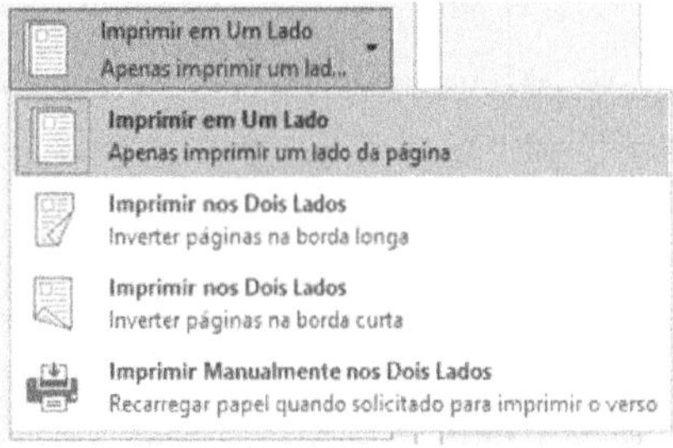

Ainda na opção "Imprimir", é possível visualizar como será feita impressão ao lado da lista de opções.

- **Arquivo/Opções:** esse comando traz muitas funcionalidades de configuração que estavam no menu Ferramentas do Word 2003.

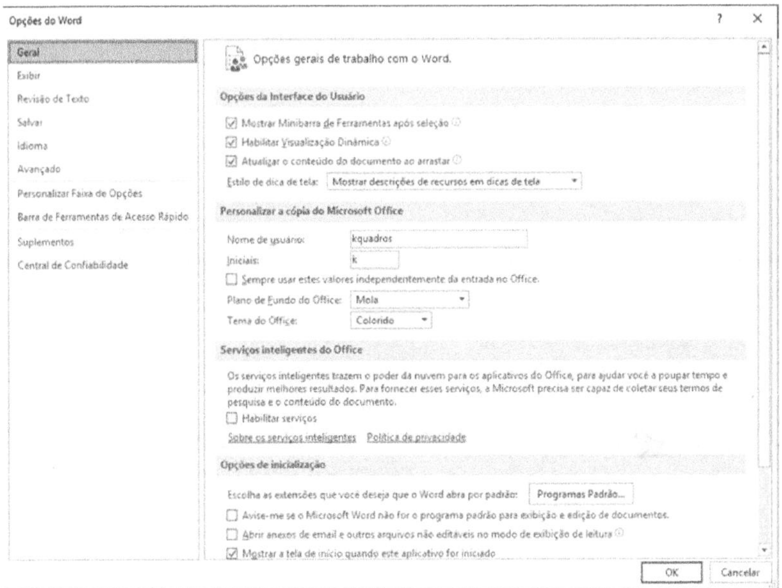

- **Autocorreção:** é possível corrigir automaticamente o arquivo, ou seja, o Word faz uma análise do documento e consegue resolver problemas como palavras duplicadas ou sem acento, ou mesmo o uso acidental da tecla Caps Lock.

A diferença trazida na versão 2013 é poder abrir documentos PDF e editá-los. Basta clicar em "Abrir" e escolher o arquivo. A seguinte mensagem é exibida pelo word:

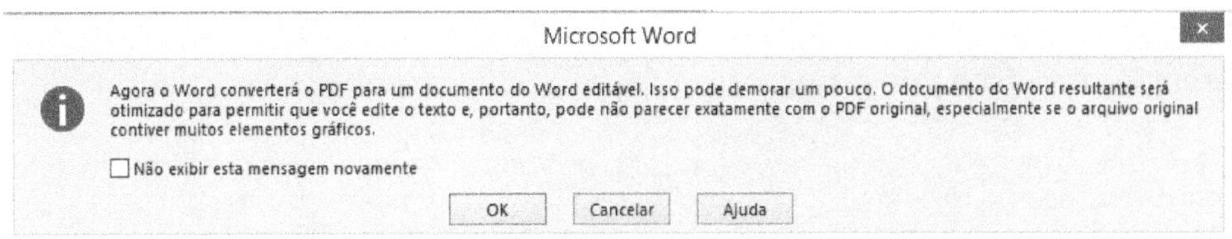

- **Abas ou guias:** todos os comandos e funcionalidades do Word 2013 estão dispostos em Guias. As Guias são divididas por Grupos de ferramentas. Alguns grupos possuem um pequeno botão na sua direita inferior que dão acesso a janelas de diálogo.

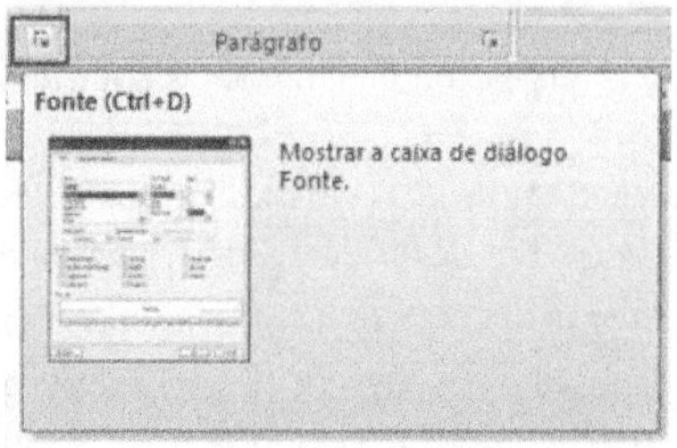

- **Guias contextuais:** essas guias são exibidas na Faixa de Opções somente quando relevantes para a tarefa atual, como formatar uma tabela ou uma imagem.

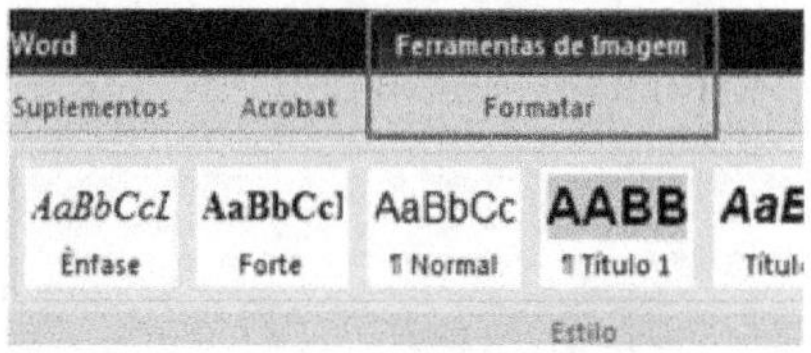

- **Barra de status:** contém informações sobre o documento, modos de exibição e zoom.

3.2 Selecionando texto

Selecionando pelo mouse: ao posicionar o mouse mais à esquerda do texto, o cursor, em forma de flecha branca, aponta para a direita:

- Ao dar um clique, ele seleciona toda a linha.
- Ao dar um duplo clique, ele seleciona todo o parágrafo.
- Ao dar um triplo cliquem, ele seleciona todo o texto.

Com o cursor no meio de uma palavra:

- Ao dar um clique, o cursor se posiciona onde foi clicado.
- Ao dar um duplo clique, ele seleciona toda a palavra.
- Ao dar um triplo clique ele seleciona todo o parágrafo.

É possível também clicar, manter o mouse pressionado e arrastá-lo até onde desejamos selecionar. Ou, ainda, clicar onde começa a seleção, pressionar a tecla SHIFT e clicar onde termina a seleção.

- Selecionar palavras alternadas: selecione a primeira palavra, pressione CTRL e vá selecionando as partes do texto que deseja modificar.

Pressionando ALT, selecionamos o texto em bloco:

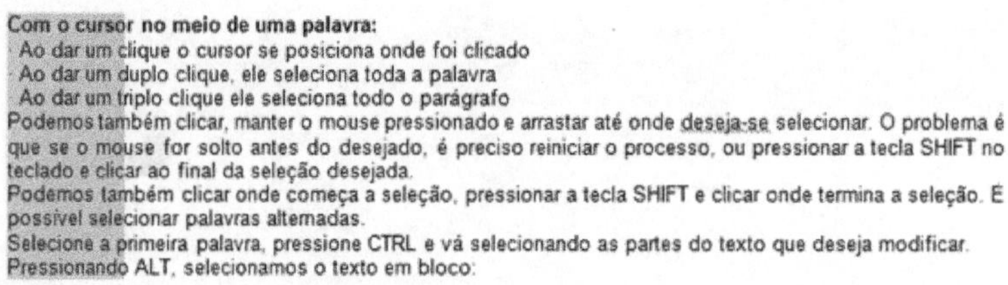
Com o cursor no meio de uma palavra:
Ao dar um clique o cursor se posiciona onde foi clicado
Ao dar um duplo clique, ele seleciona toda a palavra
Ao dar um triplo clique ele seleciona todo o parágrafo
Podemos também clicar, manter o mouse pressionado e arrastar até onde deseja-se selecionar. O problema é que se o mouse for solto antes do desejado, é preciso reiniciar o processo, ou pressionar a tecla SHIFT no teclado e clicar ao final da seleção desejada.
Podemos também clicar onde começa a seleção, pressionar a tecla SHIFT e clicar onde termina a seleção. É possível selecionar palavras alternadas.
Selecione a primeira palavra, pressione CTRL e vá selecionando as partes do texto que deseja modificar.
Pressionando ALT, selecionamos o texto em bloco:

3.3 Guia página inicial

Preste muita atenção nesta guia: é uma das mais cobradas em Word.

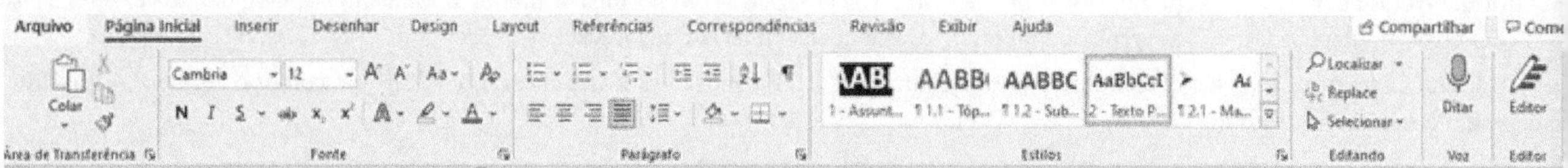

3.3.1 Grupo área de transferência

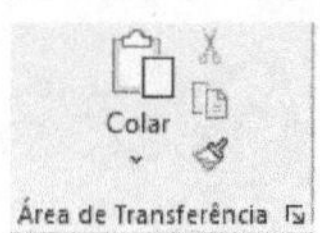

3.3.2 Copiar, Recortar e Colar

Copiar e Recortar enviam um texto ou um objeto selecionado para a área de transferência. Copiar permite que o texto ou objeto selecionado fique no local de origem também, e Recortar faz o contrário: o texto ou objeto selecionado é retirado do local de origem. Colar busca o que está na área de transferência.

Podem-se utilizar as teclas de atalho CTRL + C (copiar), CTRL + X (Recortar) e CTRL + V (Colar), ou o primeiro grupo na Guia Página Inicial.

3.3.3 Opções de colagem

- **Manter formatação original**: preserva a aparência do texto original.
- **Mesclar formatação**: altera a formatação para que ela corresponda ao texto ao redor.
- **Imagem:** cola imagem.
- **Manter somente texto**: remove toda a formatação original do texto. Se você usar a opção Manter Somente Texto para colar conteúdo que inclui imagens e uma tabela, as imagens serão omitidas do conteúdo colado, e a tabela será convertida em uma série de parágrafos.

3.3.4 Colar especial

- **CTRL + ALT + V:** cola um texto ou objeto, que esteja na área de transferência, sem formatação, no formato RTF ou no formato HTML.

3.3.5 Área de Transferência

- **CTRL + CC – Importante:** abre o painel de tarefa Área de Transferência. Você pode armazenar até 24 itens na área de transferência.

  Para abrir o painel, clique no botão ou use o atalho CTRL + CC, que deve estar configurado em Opções da Área de Transferência.

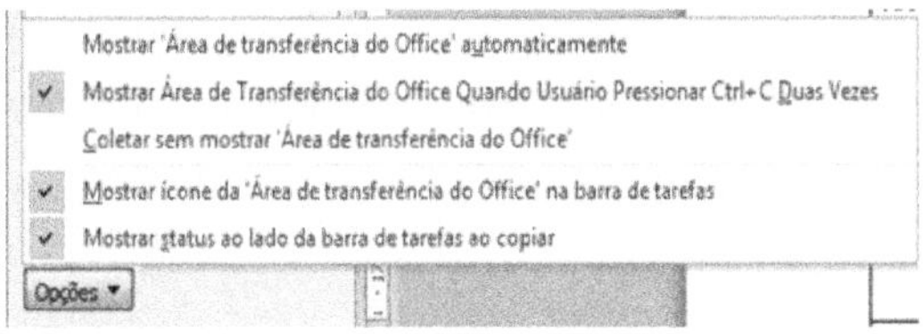

A Área de Transferência é uma área de armazenamento temporário de informações onde o que foi copiado ou movido de um lugar fica armazenado temporariamente. É possível selecionar o texto ou os elementos gráficos e, em seguida, usar os comandos Recortar ou Copiar para mover a seleção para a Área de Transferência, onde ela será armazenada até que o comando Colar seja acionado para inseri-la em algum outro lugar.

Quando são acionados o "Cortar" (CTRL + X) ou o "Copiar" (CTRL + C) de um elemento, este é conservado temporariamente na área de transferência.

3.3.6 Pincel de formatação

Este comando é amplamente cobrado em provas. Ele copia a formatação (fonte, cor, tamanho etc.) de um texto para aplicá-la a outro.

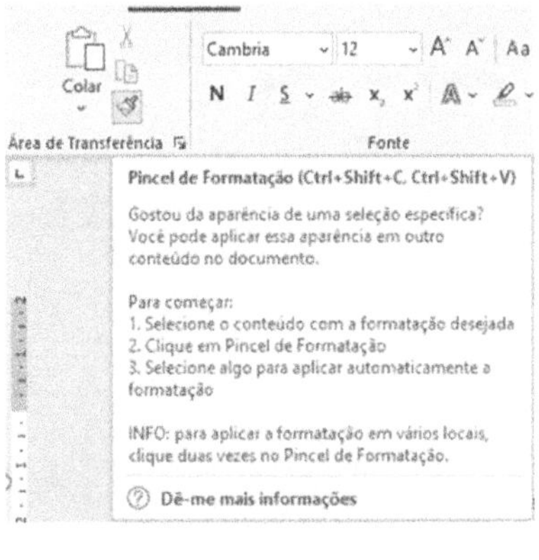

I N F O

3.3.7 Fonte

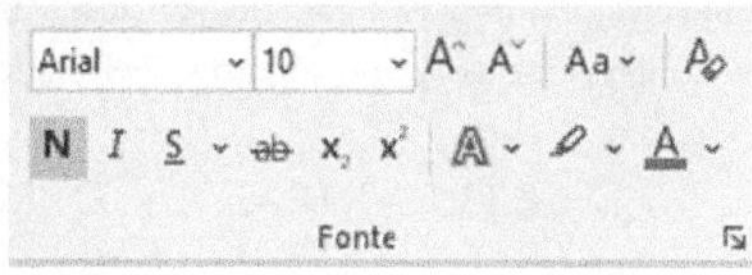

Para usar esse recurso, é possível usar os seguintes atalhos:

- **Abrir caixa de diálogo:** CTRL + D ou CTRL + SHIFT + P
- **Tipo e tamanho da fonte:** aumentar (CTRL + >) e Diminuir (CTRL + <)

3.3.8 Maiúsculas e minúsculas

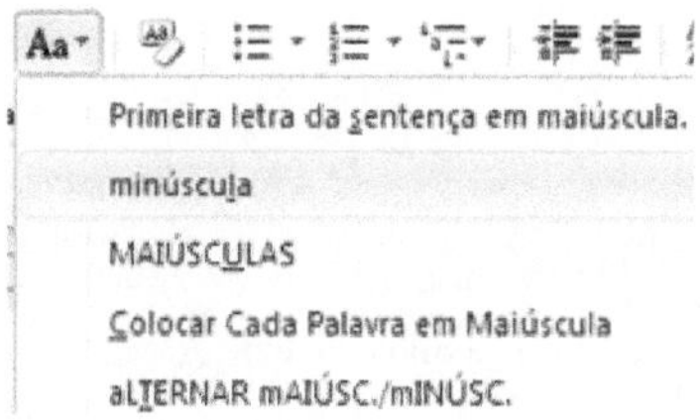

Para usar esse recurso, é possível usar os seguintes atalhos:

- **Abrir caixa de diálogo:** CTRL + SHIFT + A.

- **Negrito**: CTRL + N
- **Itálico**: CTRL + I
- **Sublinhado**: CTRL + S (na seta ao lado do botão há opções de sublinhado).
- **Tachado**: efeito de texto com uma linha no meio: TEXTO
- **Subscrito**: H_2O – CTRL + =
- **Sobescrito**: 2^2 – CTRL + SHIFT + +
- **Cor do realce do texto:** como se fosse um marcador de textos.

3.3.9 Cor da fonte

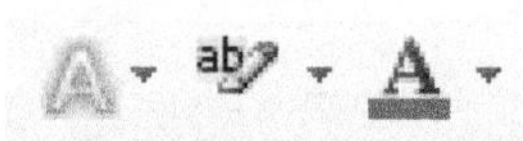

Ao pressionar o atalho CTRL + D, ou atalho CTRL + SHIFT + P ou ainda clicar no botão (Iniciador de caixa de diálogo) na parte inferior da guia, no grupo Fonte, a janela de diálogo FONTE é aberta.

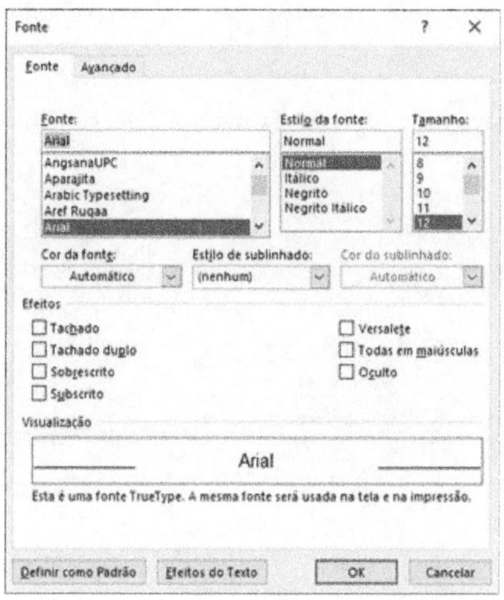

3.3.10 Parágrafo

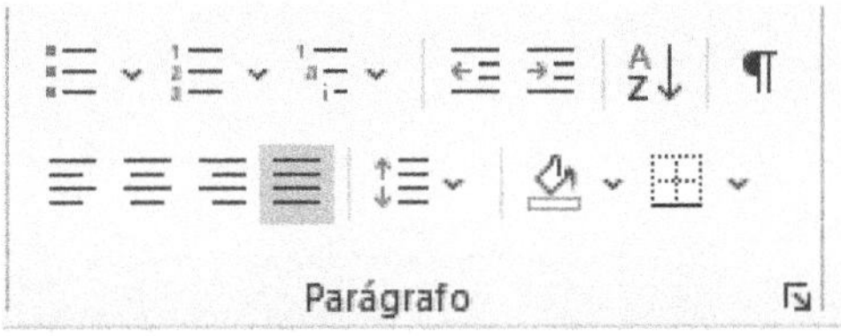

- ▷ **Marcadores**: ativa ou desativa marcadores (bullets points)
- ▷ **Numeração**: ativa ou desativa numeração, que pode ser com algarismos romanos, arábicos ou mesmo com letras maiúsculas e minúsculas.
- ▷ **Lista de vários níveis**: ativa ou desativa numeração de vários níveis, estilo tópicos e subtópicos.
- ▷ **Classificar:** abre caixa de diálogo onde podemos ordenar em ordem crescente ou decrescente os parágrafos do texto.
- ▷ **Mostrar tudo**: mostra marcas de parágrafo e outros símbolos de formatação ocultos. Esses símbolos não são imprimíveis.

3.3.11 Botões de alinhamento

É possível usar os seguintes recursos:

- **Alinhamento à esquerda:** CTRL + Q
- **Alinhamento centralizado:** CTRL + E
- **Alinhamento à direita:** CTRL + G
- **Alinhamento justificado:** CTRL + J
- **Botão sombreamento:** para colorir plano de fundo.
- **Botão bordas**: para inserir ou retirar bordas.

Na aba Quebra de linha e de página, temos o controle de linhas órfãs e viúvas.

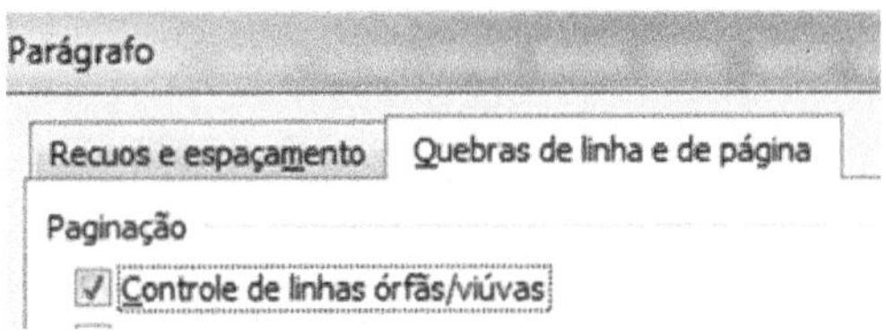

- ▷ **Linhas órfãs:** são as primeiras linhas dos parágrafos que têm as linhas subsequentes passadas para outra página.
- ▷ **Linhas viúvas:** são as linhas que ficam sozinhas em outra página, com o restante do parágrafo na página anterior.

3.3.12 Estilos

É possível fazer a maioria das alterações no texto pelo grupo Fonte, mas é trabalhoso. Uma maneira de fazer todas as alterações com um único comando é por meio dos estilos. Estilos é um conjunto de formatações predefinido, onde é possível fazer várias formatações em um texto com apenas um clique no botão do estilo escolhido.

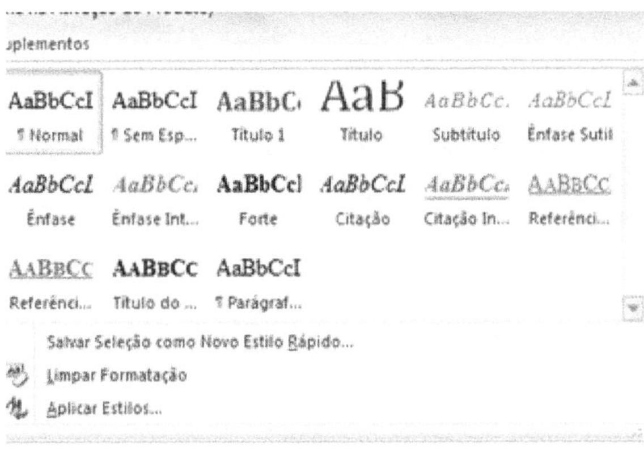

3.3.13 Editando

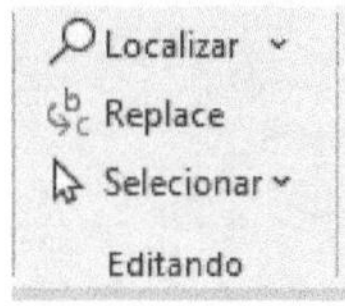

- ▹ **Localizar:** abre o painel de navegação para que se digite um texto para ser procurado no Word.
- ▹ **Localização avançada:** abre caixa de diálogo com opções avançadas para procurar um texto.
- ▹ **Ir Para:** permite ir para determinada página, tabela, gráfico, entre outros.
- ▹ **Substituir:** usado para substituir palavras em um texto. Você pode substituir uma palavra ou todas em uma única operação.
- ▹ **Selecionar:** seleciona textos ou objetos no documento.

3.4 Inserir

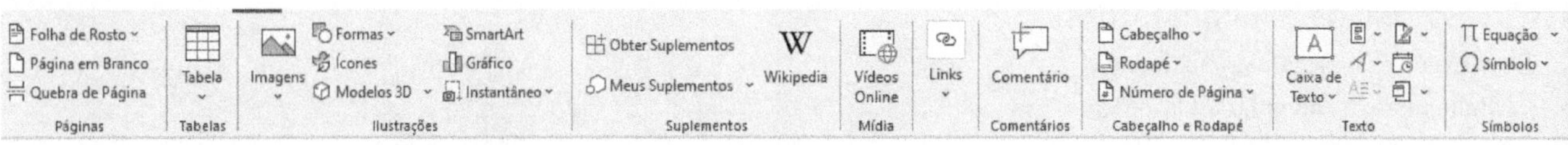

3.4.1 Páginas

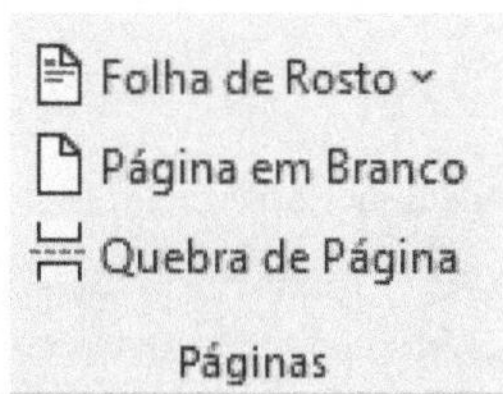

- ▹ **Folha de rosto:** insere uma folha de rosto já formatada ao documento.
- ▹ **Página em branco**: insere uma página em branco onde está o cursor.
- ▹ **Quebra de página:** insere uma quebra de página levando o texto para outra página.

3.4.2 Tabelas

Com o botão "Tabela", temos as funções Inserir Tabela, Desenhar Tabela, Converter Texto em Tabela, Inserir Planilha do Excel e Tabelas Rápidas. Quando o cursor é colocado dentro da tabela ou seleciona alguma área, aparece a guia de ferramentas de tabela, juntamente com o grupo Design e Layout.

Na guia Design é onde terão as opções para tratar as cores de sombreamento, bordas, linhas de cabeçalho da tabela. Na guia Layout, é possível trabalhar com inúmeras funcionalidades, como o botão Selecionar:

Ainda nesse grupo, há o botão "Exibir linhas de grade" e "Propriedades". Clicando em Propriedades, abrir, uma caixa de diálogo para configurar alinhamento, disposição do texto, especificar a altura da linha, largura da coluna ou célula será disposta na tela.

No grupo "Linhas e colunas", temos as opões de excluir células, colunas, linhas ou tabela, inserir linhas acima e abaixo e colunas esquerda e à direita.

No grupo Mesclar estão os botões para Mesclar células, Dividir células e Dividir Tabela.

Há, ainda alguns outros recursos presentes. São eles:

- ▹ **Tamanho da célula:** especifica a altura da linha e a largura da coluna. Há também os botões "Distribuir linhas" e "Distribuir colunas", que faz com que todas as linhas e colunas com as mesmas medidas.

- **Alinhamento:** alinhar parte superior à esquerda, alinhar parte superior no centro, alinhar parte superior à direita, centralizar à esquerda, centralizar, centralizar à direita, alinhar parte Inferior à esquerda, alinhar parte Inferior no centro, alinhar parte Inferior à direita. Depois, temos o botão de Direção do Texto e Margens da célula.
- **Classificar:** coloca o texto selecionado em ordem alfabética ou classifica dados numéricos.
- **Converter em texto:** muito importante para as provas. Possibilita converter uma tabela em um texto. É possível também converter texto em tabela, mas, para isso, é preciso clicar na Guia Inserir, no botão Tabela/Converter Texto em Tabela.
- **Movimentação na tabela:** movimente-se na tabela por meio das teclas setas, TAB, ou clicando com o mouse. A tecla ENTER não passará o cursor para outra célula da tabela, mas deixará a linha mais larga, logo, não é utilizada para a movimentação. **Contudo, preste atenção:** caso a tabela esteja no início de um documento, sem linha nenhuma anterior a ela (em branco ou não), posicionando o cursor na primeira célula da tabela e teclando ENTER, o Word criará uma linha em branco antes da tabela, movendo-a para baixo.

  Dica: ao pressionar a tecla TAB, se o cursor estiver na última célula da tabela, será adicionada uma nova linha na tabela.

3.4.3 Ilustrações

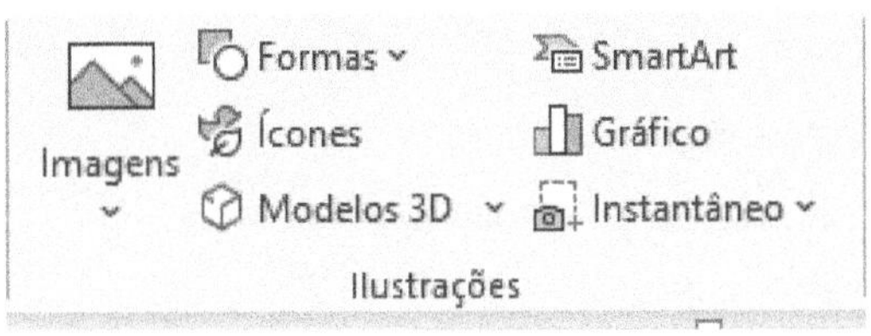

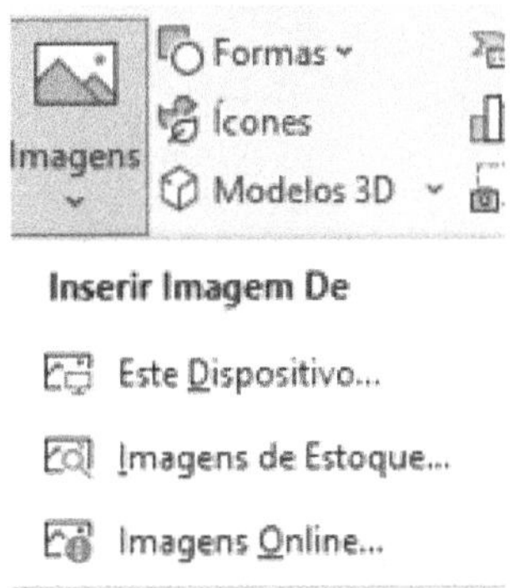

- **Opções de layout de uma imagem:** ao selecionar uma imagem, surge um botão, e, ao clicar nele, abre um menu com opções de Layout, no qual é possível escolher a maneira como seu objeto interage com o texto. Abre, ainda, lista com opção de formas para inserir no documento. Veja exemplos:

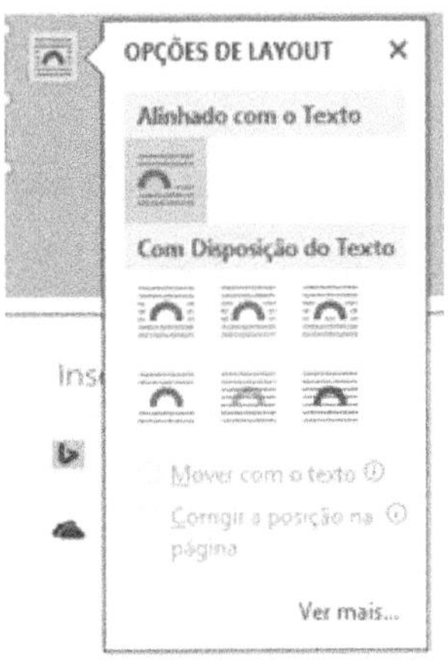

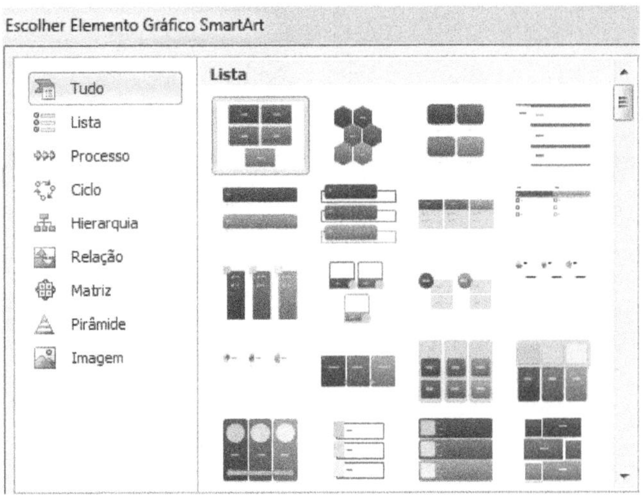

Abre caixa de diálogo para escolher um elemento gráfico como Fluxogramas, Organogramas, entre outros. Veja os tipos na imagem abaixo:

- **Instantâneo:** funciona como um *print screen* e possibilita selecionar a imagem que você quer colar em seu documento. 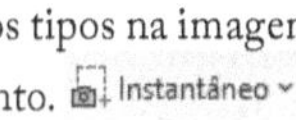
- **Gráfico:** botão para inserir gráfico com o auxílio do Excel. 

3.4.4 Suplementos

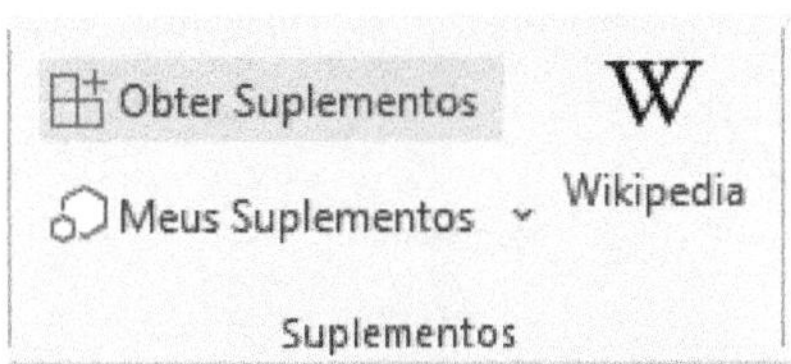

- **Obter suplementos:** é possível adicionar ou comprar aplicativos, como um dicionário, por exemplo. Para começar a usar um novo aplicativo, clique em Meus Suplementos.

3.4.5 Mídia

- **Vídeo online:** é possível adicionar vídeos on-line também. Para isso, acesse o grupo Média. Insira vídeos on-line para assistir diretamente no Word sem ter que sair do documento.

3.4.6 Links

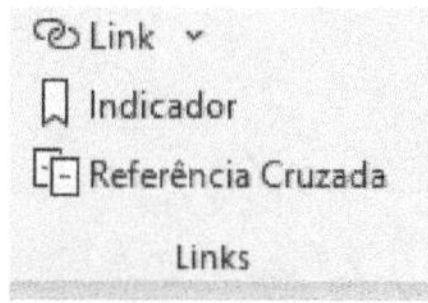

- Hiperlink: permite criar *links* para o mesmo documento ou outros documentos ou sites da internet.
- **Indicador:** cria um nome para um ponto específico do documento.
- **Referência cruzada:** permite criar *links* para redirecionar para uma figura ou tabela, por exemplo.

3.4.7 Cabeçalho e rodapé

Na Guia Contextual, podemos trabalhar com o Cabeçalho e Rodapé. Podemos inserir Número de Páginas, Data e Hora, Imagens, assim como inserir cabeçalhos e/ou rodapés diferentes em páginas pares e ímpares ou somente na primeira página.

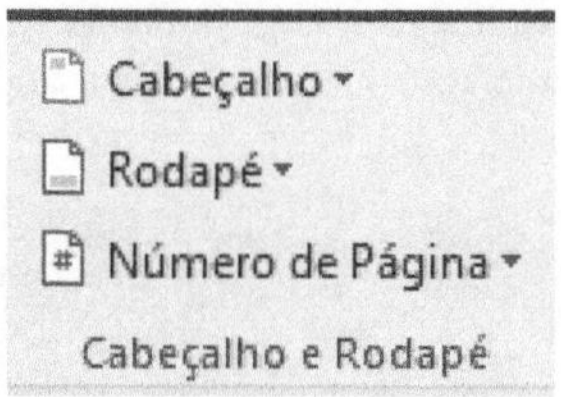

- **Navegação**: permite alternar entre Cabeçalho e Rodapé.
- **Fechar:** temos apenas o botão para sair do modo de edição do Cabeçalho e Rodapé.

3.4.8 Texto

- **Caixa e texto:** insere uma caixa de texto pré-formatada no documento.
- **Explorar partes rápidas:** insere trechos de conteúdo reutilizáveis, como data ou uma assinatura.
- **WordArt:** insere um texto decorativo no documento.
- **Capitular:** cria uma letra maiúscula, grande, no início do parágrafo.
- **Adicionar uma linha de assinatura:** insere uma linha de assinatura para identificar quem vai assinar.
- **Data e hora:** inserir Data e hora atual no documento.
- **Objeto:** para aplicar um objeto ou texto inserido de outro arquivo no seu documento

3.4.9 Grupo símbolos

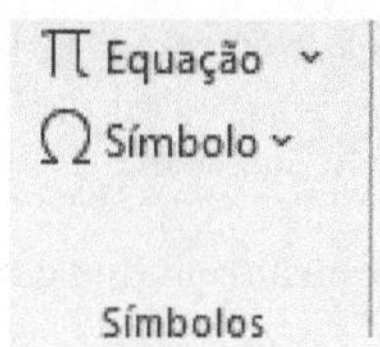

- **Equação:** permite inserir equações matemáticas ou desenvolver suas próprias equações usando uma biblioteca de símbolos matemáticos.
- **Símbolo:** utilizado para inserir símbolos que não constam no teclado, como símbolos de copyright, símbolo de marca registrada e outros.

3.5 Guia Design

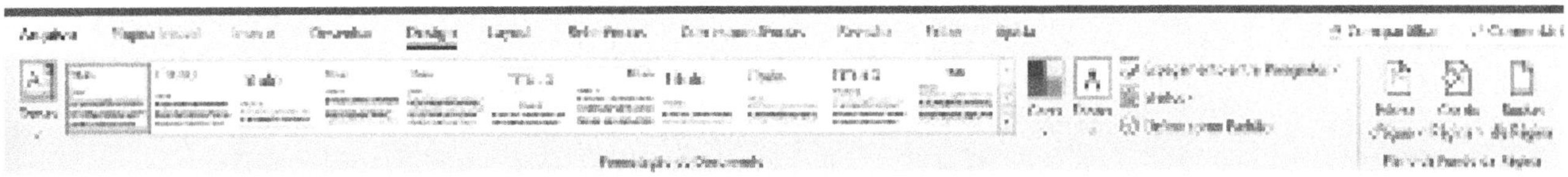

- **Temas:** botões para alterar o design geral do documento inteiro, incluindo cores, fontes e efeitos.

3.6 Guia Layout

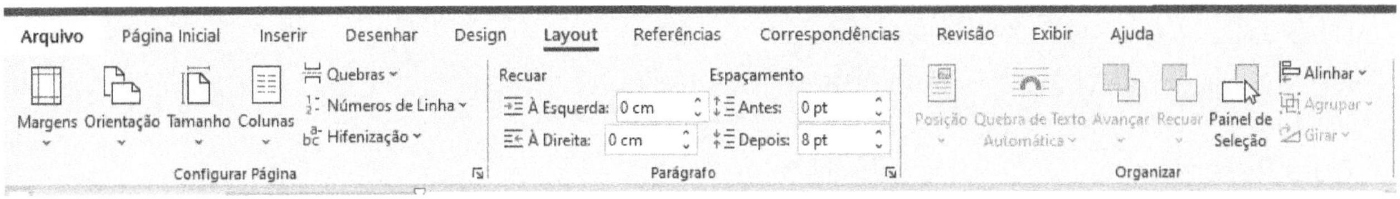

Botões para definir margens, orientação do papel (retrato ou paisagem) e tamanho do papel.

Em Margens personalizadas (acessível ao clicar no botão Margens), há uma caixa de diálogo

"Configurar Página, igual a velha conhecida do Office 2003, lembra? Lá temos configurações como margens, orientação do papel, layout entre outras.

- **Colunas:** para formatar o documento em colunas, com ou sem linha entre elas.
- **Quebras:** para adicionar páginas, seção ou quebras de colunas ao documento.
- **Número de linha:** para adicionar número de linhas à margem lateral de cada linha do documento.
- **Hifenização**: permite o word quebrar linhas entre as sílabas das palavras.
- **Configuração de página:** esse botão abre a caixa de diálogo Configurar Página.

3.6.1 Grupo Parágrafo

Permite configurações de Recuo do parágrafo e espaçamento entre linhas. Preste atenção aos botões dessas funcionalidades.

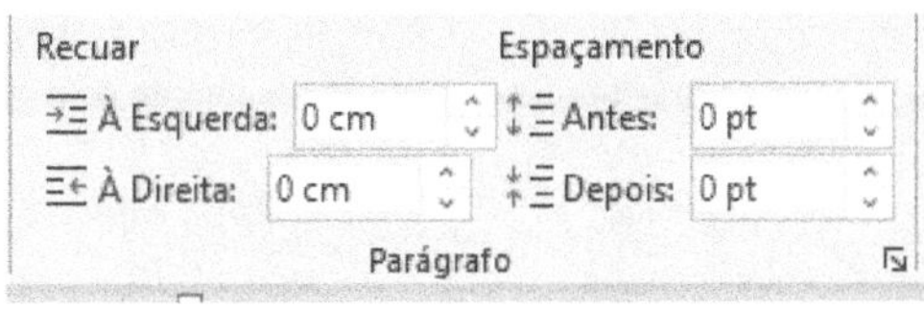

- **Parágrafo:** abre a caixa de diálogo parágrafo.

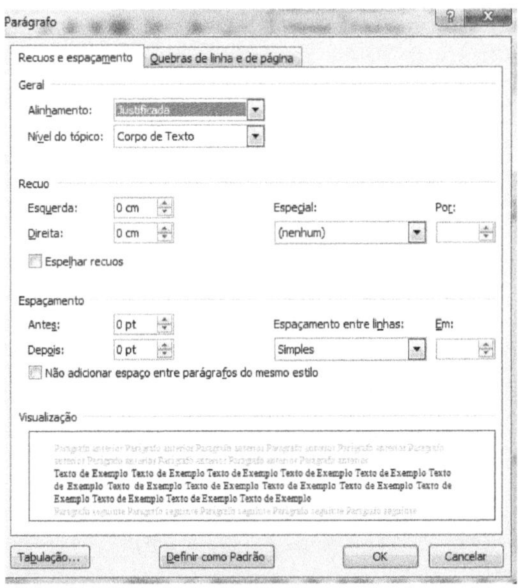

3.6.2 Organizar

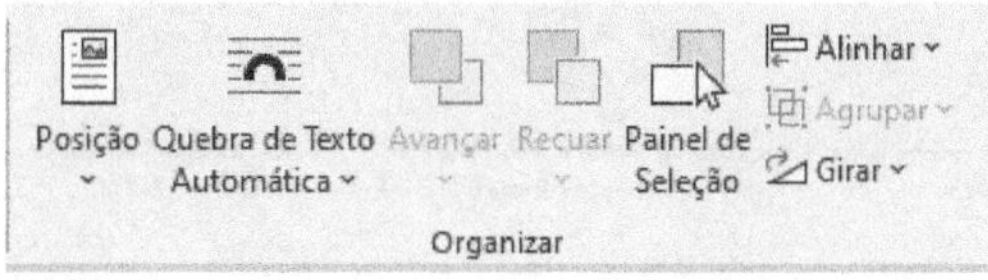

- ▹ **Posição:** configura o alinhamento da imagem no documento.
- ▹ **Quebra de texto automática:** altera a disposição do texto ao redor do objeto selecionado.
- ▹ **Avançar:** trará o objeto selecionado para a frente para que menos objetos fiquem à frente dele.
- ▹ **Recuar:** enviará o objeto selecionado para trás para que ele fique oculto atrás dos objetos à frente dele.
- ▹ **Painel de seleção:** mostra Painel de Seleção.
- ▹ **Alinhar:** alinhará o objeto selecionado em relação às margens.
- ▹ **Agrupar:** para agrupar objetos de forma que sejam tratados como um único.
- ▹ **Girar:** girar ou inverter o objeto selecionado.

3.7 Guia Referências

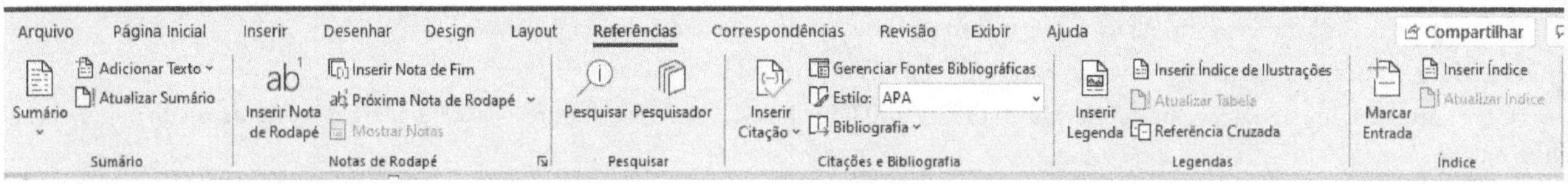

- ▹ **Sumário:** permite criar e editar um sumário para o documento ativo. Para isso acesse a guia Referências/Grupo Sumário/ Botão Sumário e escolha o tipo de sumário desejado.
- ▹ **Inserir nota de rodapé:** adiciona uma nota de rodapé. Para isso cursor após a palavra ou texto que deseje acrescentar na Nota de rodapé.
- ▹ **Inserir nota de fim:** adiciona uma nota de fim ao documento.
- ▹ **Próxima nota de rodapé:** útil para navegar até a próxima nota de rodapé do documento.
- ▹ **Mostrar notas:** mostra as notas inseridas no documento.

3.7.1 Citações e bibliografia

Uma bibliografia é uma lista de fontes, normalmente colocada no final de um documento, que você consultou ou citou na criação do documento. No Microsoft Word 2019, é possível gerar uma bibliografia automaticamente com base nas informações sobre a fonte fornecidas para o documento.

Toda vez que é criada é uma nova fonte (referência), as informações sobre são salvas no seu computador, para que você possa localizar e usar qualquer fonte que criou.

3.7.2 Legendas

Utilizado para inserir e gerenciar legendas de imagens.

3.7.3 Índice

Perceba que Guia Referências oferece funcionalidades referentes a edição de um livro ou produção de uma monografia ou um TCC. Basta dar uma olhada: sumário, citações, bibliografias.

A Guia Página Inicial é utilizada principalmente para a formatação do documento, a Guia Inserir para inserir elementos e assim por diante.

3.8 Guia Correspondências

Essa guia permite a criação de preenchimento envelopes de correspondência, etiquetas de endereçamento e de mala direta.

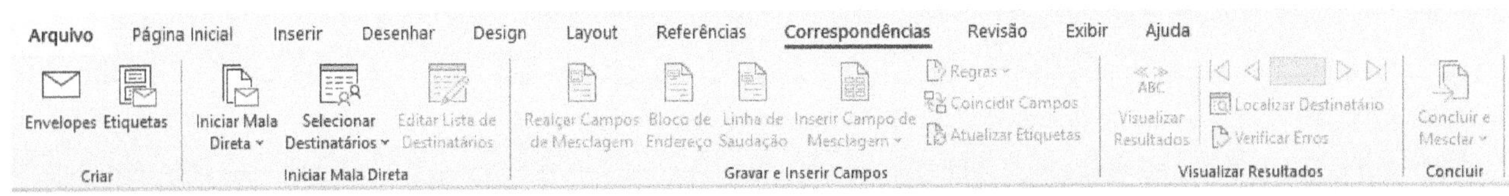

3.9 Revisão

Esta aba é destinada à revisão textual, por exemplo, verificação de ortografia, substituição por sinônimos, ajuste de idioma, tradução, entre outros.

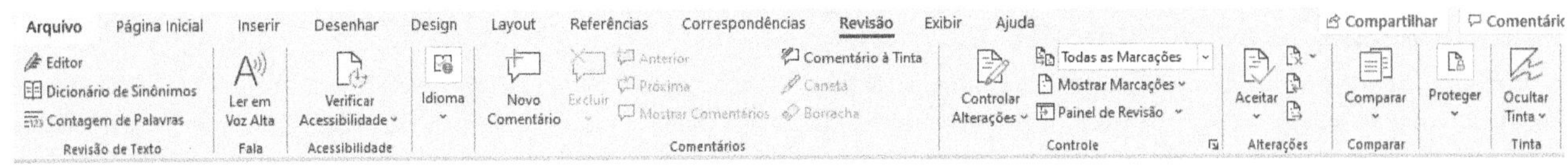

3.9.1 Revisão de texto

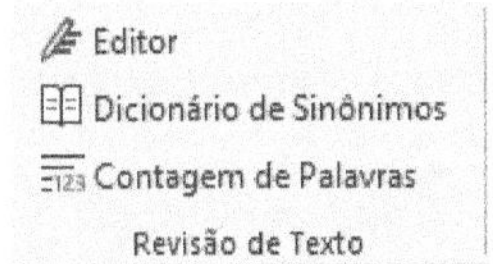

- **Editor/Ortografia e gramática:** inicia a correção ortográfica e gramatical do documento.
- **Dicionário de sinônimos:** sugere outras palavras com significado semelhante ao da palavra selecionada
- **Contagem de palavras:** para saber o número de palavras, caracteres, parágrafos e linhas no documento.

3.9.2 Idioma

Você pode traduzir texto escrito em outro idioma, como frases ou parágrafos e palavras individuais (com o Minitradutor), ou pode traduzir o arquivo inteiro.

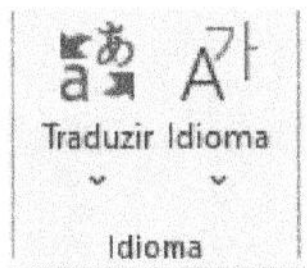

Se esta for a primeira utilização dos serviços de tradução, é preciso clicar em OK para instalar os dicionários bilíngues e habilitar o serviço de tradução no painel Pesquisa. Também é possível ver quais dicionários bilíngues e serviços de tradução automática foram habilitados, basta clicar no link Opções de tradução no painel Pesquisa.

3.10 Exibir

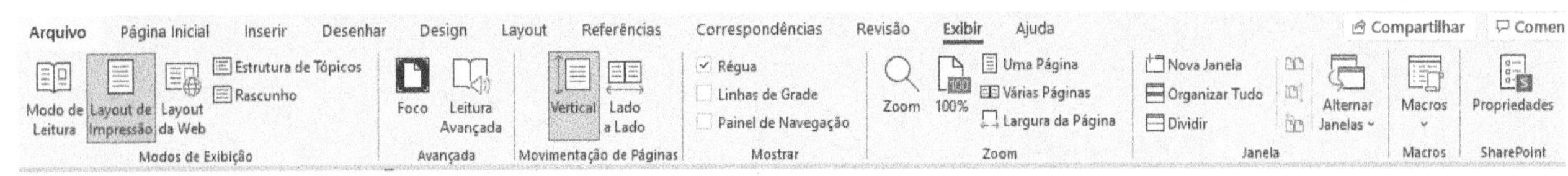

- **Modo de Leitura:** oculta as barras do documento, facilitando a leitura em tela.
- **Layout de impressão:** formato atual do documento - como ficará na folha impressa-. Esse modo de exibição é útil para editar cabeçalhos e rodapés, para ajustar margens e para trabalhar com colunas e objetos de desenho.
- **Layout da web: aproxima** o documento de uma visualização na internet. Esse formato existe, pois muitos usuários postam textos produzidos no Word em sites e blogs.
- **Estrutura de tópicos:** permite visualizar seu documento em tópicos, o formato terá melhor compreensão quando trabalharmos com marcadores.
- **Rascunho**: é o formato bruto, permite aplicar diversos recursos de produção de texto, porém não visualiza como impressão nem outro tipo de meio.

3.10.1 Janela

- **Nova janela:** abre o documento em uma nova janela.
- **Organizar tudo:** organiza as janelas abertas.
- **Dividir:** divide a janela de modo que fica com dupla barra de rolagem, dupla régua. Ideal para trabalhar com cabeçalhos de textos.

3.11 Barra de Status

A barra de status, que é uma área horizontal na parte inferior da janela do documento no Microsoft Word, fornece informações sobre o estado atual do que está sendo exibido na janela e quaisquer outras informações contextuais.

- **Número da página:** mostra o número da página atual e o número de páginas no documento.
- **Palavras:** mostra o número de palavras do documento e quando um texto for selecionado, mostra também o número de palavras que estão selecionadas.

Esta opção, mostra o status da verificação de ortografia e gramática. Quando o Word faz a verificação de erros, uma caneta animada aparece sobre o livro. Se nenhum erro for encontrado, será exibida uma marca de seleção. Se um erro for encontrado, será exibido um "X". Para corrigir o erro, clique duas vezes nesse ícone.

3.12 Visualização do Documento

É possível alterar a forma de visualização do documento. No rodapé, a direta da tela tem o controle de Zoom. Anterior a este controle de zoom temos os botões de forma de visualização de seu documento, que podem também ser acessados pela Aba Exibição, conforme já estudamos.

3.13 Atalhos

Arquivo	
Recurso	**Teclas de atalho**
Novo documento	CTRL + O
Abrir	CTRL + A
Salvar	CTRL + B
Salvar como	F12
Imprimir	CTRL + P
Visualizar impressão	CTRL + F2
Fechar	CTRL + W ou CTRL + F4
Sair	ALT + F4
Desfazer	CTRL + Z

Parágrafo	
Recurso	**Teclas de atalho**
Alinhar à esquerda	CTRL + Q
Centralizar	CTRL + E
Alinhar à direita	CTRL + G
Justificar	CTRL + J
Espaçamento parágrafo 1	CTRL + 1
Espaçamento parágrafo 1,5	CTRL + 5
Espaçamento parágrafo 1,5	CTRL + 2

Fonte	
Recurso	**Teclas de atalho**
Fonte	CTRL + D ou CTRL + SHIFT + P
Aumentar fonte	CTRL + SHIFT + >
Diminuir fonte	CTRL + SHIFT + <
Negrito	CTRL + N
Itálico	CTRL + I

Sublinhado	CTRL + S
Duplo sublinhado	CTRL + SHIFT + D
Maiúscula e minúscula	SHIFT + F3
Todas maiúsculas	CTRL + SHIFT + A
Realce	CTRL + ALT + H
Sobrescrito	CTRL + SHIFT + +
Subscrito	CTRL + =

Outros	
Recurso	**Teclas de atalho**
Ajuda	F1
Quebra de página	CTRL + Enter
Dicionário de sinônimos	SHIFT + F7
Verificação ortográfica	F7
Hipelink	CTRL + K

Edição	
Recurso	**Teclas de atalho**
Localizar	CTRL + L
Ir para	ALT + CTRL + G ou ALT + CTRL + F5

Geral	
Recurso	**Teclas de atalho**
Substituir	CTRL + U
Selecionar tudo	CTRL + T

4 EXCEL 365

O Microsoft 365 é uma assinatura que inclui os recursos mais colaborativos e atualizados em uma experiência integrada e perfeita, pois inclui os aplicativos robustos de trabalho do Office, como Word, PowerPoint e Excel. Com ele, também é possível também obter armazenamento on-line extra e recursos conectados à nuvem que permitem colaborar com arquivos em tempo real.

O objetivo da assinatura é disponibilizar os recursos, correções e atualizações de segurança mais recentes, além de suporte técnico contínuo, sem nenhum custo extra. É possível optar por pagar a assinatura mensal ou anual, e o plano Microsoft 365 Family permite compartilhar a assinatura com até seis pessoas e usar os aplicativos em vários PCs, Macs, tablets e telefones.

Há também a possibilidade de adquirir o Office 2019 como uma compra única, o que significa pagar um custo único e inicial para obter os aplicativos do Office para um computador. Compras únicas estão disponíveis para PCs e Macs. No entanto, não há opções de upgrade

Segundo a Microsoft, o Excel: é um programa de planilhas do sistema Microsoft Office. Pode ser usado para criar e formatar pastas de trabalho (um conjunto de planilhas), para analisar dados e tomar decisões de negócios mais bem informadas. Especificamente, o Excel é muito utilizado para acompanhar dados, criar modelos de análise de dados, criar fórmulas para fazer cálculos desses dados, organizar dinamicamente de várias maneiras e apresentá-los em diversos tipos de gráficos profissionais.

4.1 Características do Excel

- **Planilha eletrônica:** sistema composto de 1.048.576 linhas e 16.384 colunas.
- **Pastas de trabalho abertas:** limitado pela memória disponível e pelos recursos do sistema (o padrão é 1 planilha).
- **Intervalo de zoom:** 10%a 400% por cento.
- **Extensão**: .xlsx
- **Trabalhando com pastas de trabalho:** cada pasta de trabalho do MS-Excel **consiste em um documento com uma ou mais planilhas**, ou seja, uma pasta no sentido literal, contendo diversos documentos.

4.2 Interface

A interface do Excel segue o padrão dos aplicativos Office, com ABAS, botão Office, controle de Zoom na direita etc. O que muda são alguns grupos e botões exclusivos do Excel e as guias de planilha no rodapé.

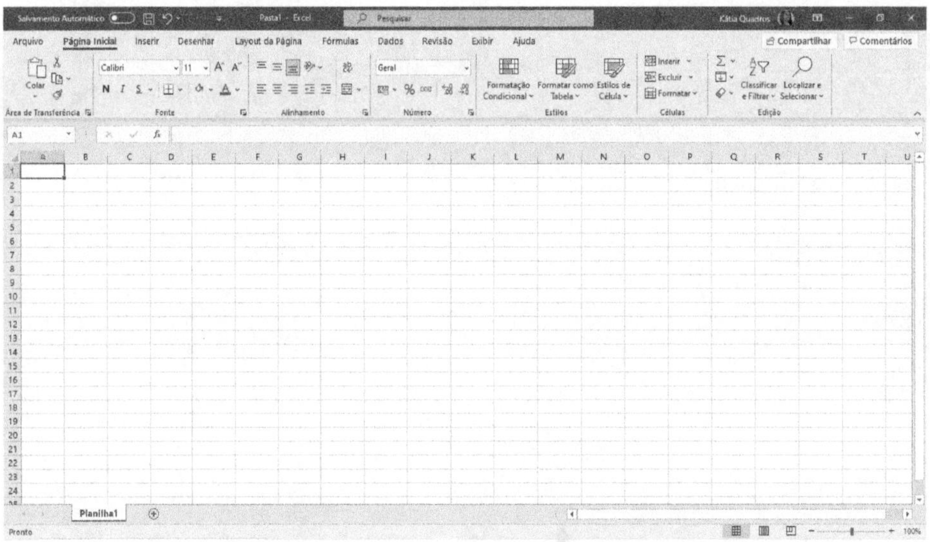

As linhas são identificadas por números e as colunas por letras. Desse modo, a junção de uma coluna e uma linha tem como resultado uma célula.

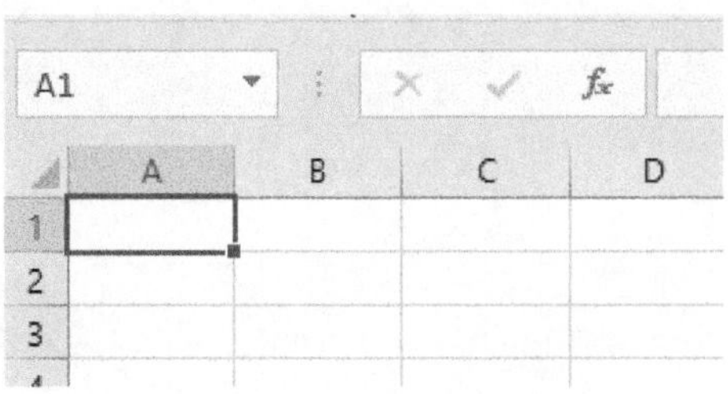

Na imagem mostrada, temos a célula A1 selecionada e podemos perceber uma caixa logo acima com o endereço da célula. Esta é a Caixa de Nome.

Ao lado temos a Barra de Fórmulas com os botões cancelar, inserir e inserir função.

4.3 Seleção de células

Se caso seja necessário selecionar mais de uma célula, basta manter pressionado o mouse e arrastar selecionando as células em sequência. Também, para selecionar células em sequência, clique na primeira célula, selecionando-a e em seguida pressione a tecla SHIFT e clique na última célula da sequência desejada.

Se precisar selecionar células alternadamente, clique sobre a primeira célula a ser selecionada, pressione CTRL e vá clicando nas que você quer selecionar. É possível também selecionar usando a combinação das setas do teclado com a tecla SHIFT.

4.4 Página Inicial

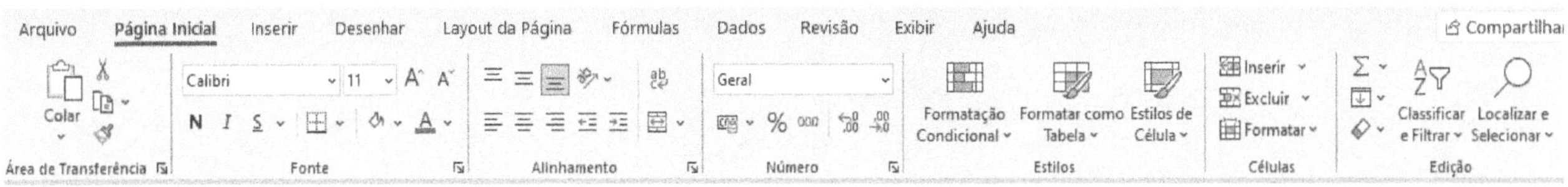

Nessa guia, temos recursos para a formatação das células. Nela é possível encontrar o grupo Fonte, que permite alterar a fonte a ser utilizada, o tamanho, aplicar negrito, itálico e sublinhado, linhas de grade, cor de preenchimento e cor de fonte. Ao clicar na faixa "Fonte", será mostrada a janela, conforme a imagem a seguir:

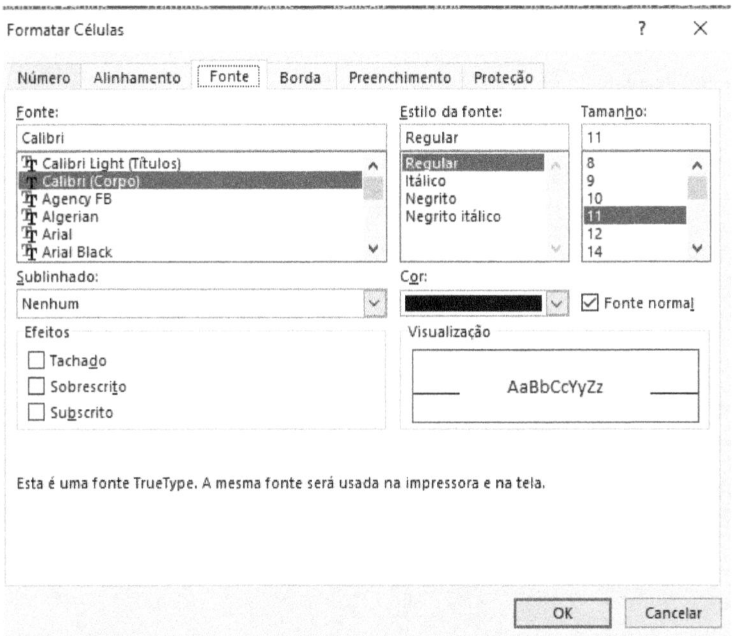

4.4.1 Alinhamento

O grupo Alinhamento permite definir o alinhamento do conteúdo da célula na horizontal e vertical, quebrar texto automaticamente, mesclar e centralizar.

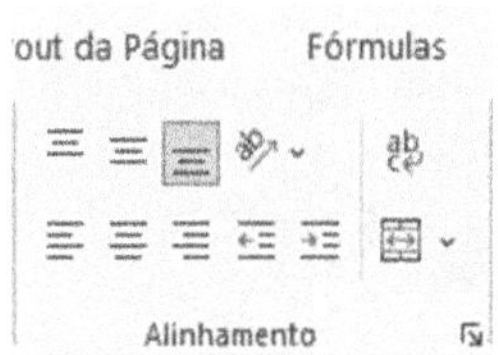

- **Botão Orientação:** permite girar o texto.

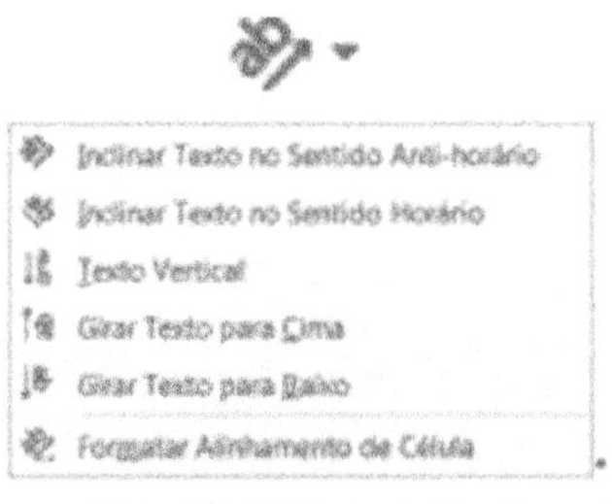

- **Mesclar e Centralizar:** torna duas ou mais células selecionadas em uma, centralizando o conteúdo da célula.
- **Mesclar através:** mescla somente em linha.
- **Mesclar célula:** apenas mescla sem centralizar.
- **Desfazer mesclagem de células:** desfaz a mesclagem das células.

4.4.2 Número

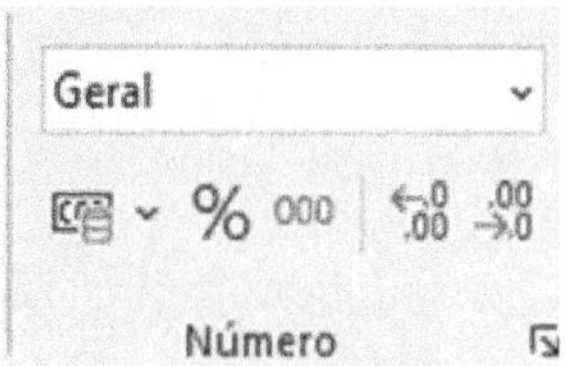

O grupo Número permite que se formatem os números de suas células. Ele dividido em categorias e dentro de cada categoria, possui exemplos de utilização e algumas personalizações, por exemplo, na categoria Moeda em que é possível definir o símbolo a ser usado e o número de casas decimais.

 Formato de número de contabilização: Para formatar como moeda. Ex: R$ 40,00.

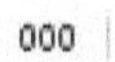 Separador de Milhares: Para formatar com duas casas decimais.

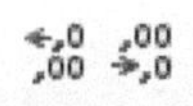 Aumentar e Diminuir casas decimais.

4.5 Formatação condicional

4.5.1 Página Inicial

Com essa funcionalidade podemos criar regras para evidenciar textos ou valores através de formatação de fonte ou preenchimento/sombreamento da célula, por exemplo. Podemos selecionar uma planilha inteira e definir uma regra, por exemplo, que números negativos ficarão automaticamente com fonte na cor vermelho e efeito negrito.

Tudo o que for digitado nestas células com valor negativo, ficarão na cor vermelho e efeito negrito.

4.6 Validação de dados – Guia dados

Use a validação de dados para restringir o tipo de dados ou os valores que os usuários inserem em células.

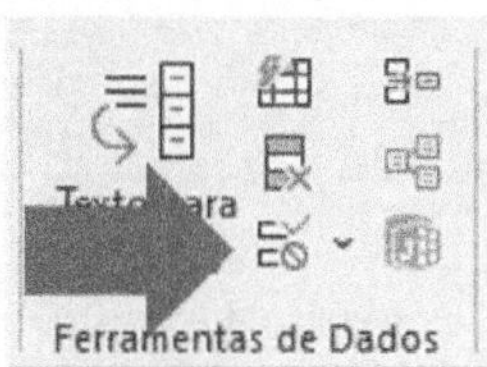

4.6.1 Texto para Colunas – Guia Dados

Pegue o texto em uma ou mais células e divida-o em várias células usando o Assistente para Converter Texto em Colunas.

4.6.2 Remover Duplicatas – Guia Dados

Quando você usa o recurso Remover Duplicatas, os dados duplicados são permanentemente excluídos.

4.6.3 Obter Dados - Guia Dados

O principal benefício da conexão com dados externos é que você pode analisar periodicamente esses dados no Microsoft Office Excel sem copiar repetidamente os dados, que é uma operação que pode ser demorada e propensa a erros. Depois de se conectar a dados externos, você também pode atualizar automaticamente (ou atualizar) sua Excel de trabalho da fonte de dados original sempre que a fonte de dados for atualizada com novas informações.

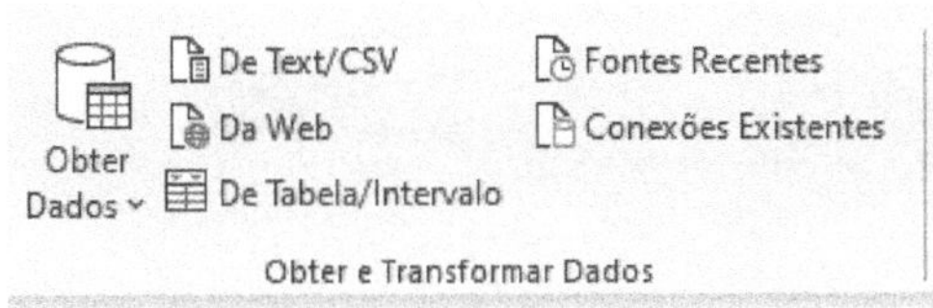

4.6.4 Atingir Meta - Guia Dados

Se você conhece o resultado que deseja obter de uma fórmula, mas não tem certeza sobre o valor de entrada necessário para chegar a esse resultado, use o recurso Atingir Meta.

Por exemplo, suponha que você precise pedir algum dinheiro emprestado. Você sabe quanto dinheiro quer, quanto tempo deseja usar para pagar o empréstimo e quanto pode pagar a cada mês. Você pode usar o recurso Atingir Meta para determinar qual taxa de juros você precisará garantir para atingir seu objetivo de empréstimo.

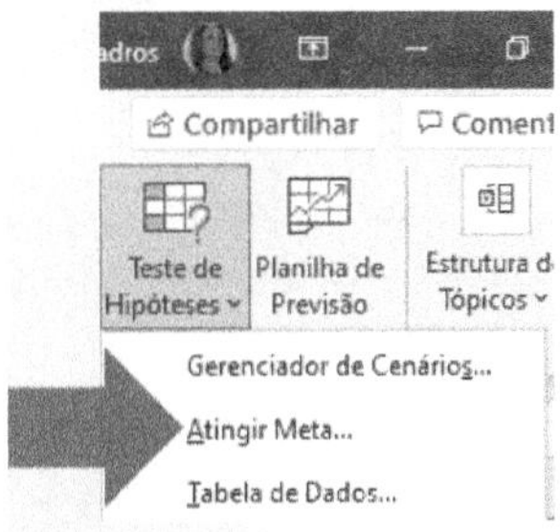

4.6.5 Impressão - Guia Arquivo

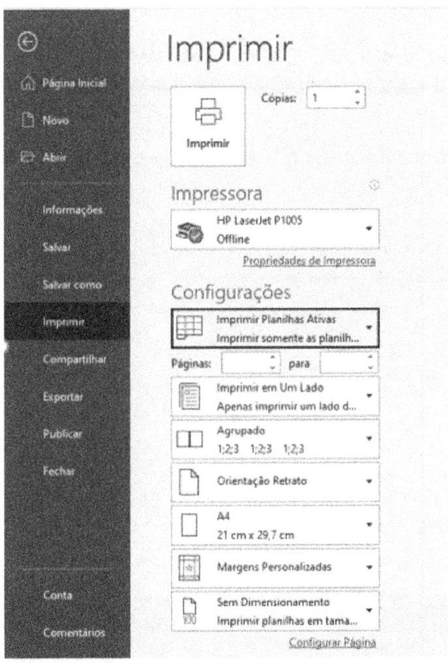

4.6.6 Classificar - Guia Página Inicial e Guia Dados

Permite classificar dados em ordem crescente ou decrescente. Pode ser com texto (alfabeticamente) ou números.

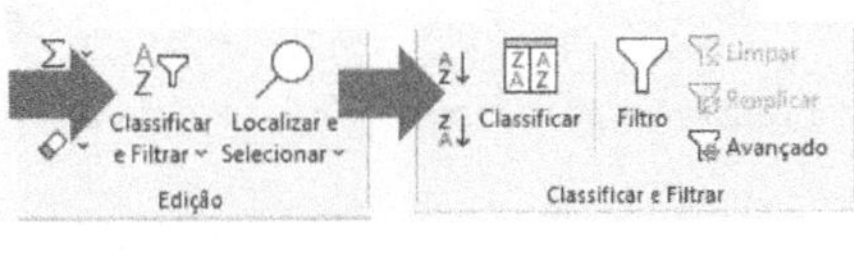

4.6.7 Filtrar – Guia Página Inicial e Guia dados

Organiza os dados para que seja mais fácil analisá-los. Por exemplo: Se tenho uma planilha com Homens e Mulheres, posso filtrar para que apareçam apenas as Mulheres. Perceba que as informações referentes aos Homens não são excluídas, apenas ficam ocultas, facilitando analisar apenas as informações referentes às mulheres.

Também posso filtrar por valores, pedindo para ocultar valores inferiores a R$ 1.000,00, por exemplo.

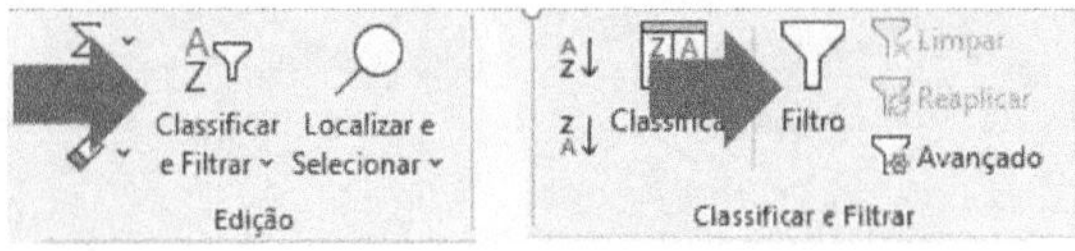

4.6.8 Tabela Dinâmica

Uma Tabela Dinâmica é uma ferramenta poderosa para calcular, resumir e analisar os dados que lhe permitem ver comparações, padrões e tendências nos dados.

Criar uma tabela dinâmica

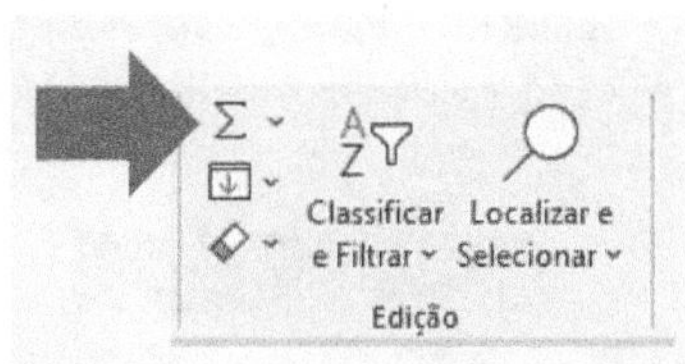

- ▹ Selecione as células a partir das quais você deseja criar uma Tabela Dinâmica.
- ▹ Observação: seus dados não devem ter linhas ou colunas vazias. Deve haver apenas uma única linha de título.
- ▹ Selecione Inserir > Tabela Dinâmica.
- ▹ Em Escolha os dados que você deseja analisar, selecione Selecionar uma tabela ou intervalo.
- ▹ Em Tabela/Intervalo, verifique o intervalo de células.
- ▹ Em Escolha onde deseja que o relatório da Tabela Dinâmica seja posicionado, selecione Nova Planilha para posicionar a Tabela Dinâmica em uma nova planilha, ou escolha Planilha Existente e selecione o local em que deseja exibir a Tabela Dinâmica.
- ▹ Selecione OK.

4.6.9 Rastrear Precedentes e Dependentes - Guia Fórmulas

- ▹ **Células precedentes**: células que são referidas por uma fórmula em outra célula. Por exemplo, se a célula D10 contiver a fórmula =B5, a célula B5 será um precedente para a célula D10.
- ▹ **Células dependentes**: essas células contêm fórmulas que se referem a outras células. Por exemplo, se a célula D10 contiver a fórmula =B5, a célula D10 é dependente da célula B5.

4.6.10 Guia Fórmula

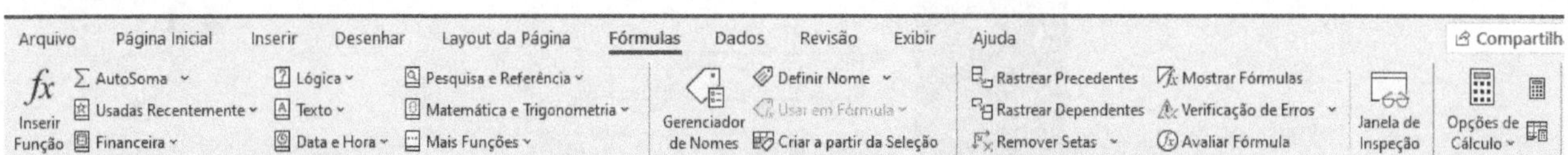

4.6.11 Transpor

Se tiver uma planilha com dados em colunas que você precisa girar para reorganizar em linhas, use o recurso Transpor. Com ele, você pode alternar rapidamente dados de colunas para linhas ou vice-versa.

Por exemplo, se seus dados se parecem com isso, com Regiões de Vendas nos títulos de coluna e Trimestres no lado esquerdo:

Vendas por região	Europa	Ásia	América do Norte
1º trim.	21.704.714	8.774.099	12.094.215
2º trim.	17.987.034	12.214.447	10.873.099
3º trim.	19.485.029	14.356.879	15.689.543
4º trim.	22.567.894	15.763.492	17.456.723

O recurso Transpor reorganizará a tabela de forma que os Trimestres sejam exibidos nos títulos de coluna e as Regiões de Vendas possam ser vistas à esquerda, assim:

Vendas por região	1º trim.	2º trim.	3º trim.	4º trim.
Europa	21.704.714	17.987.034	19.485.029	22.567.894
Ásia	8.774.099	12.214.447	14.356.879	15.763.492
América do Norte	12.094.215	10.873.099	15.689.543	17.456.723

4.6.12 Congelar Painéis

Quando você congela painéis, o Excel mantém linhas ou colunas específicas visíveis durante a rolagem na planilha. Por exemplo, se a primeira linha da planilha contiver rótulos, será possível congelá-la para garantir que os rótulos das colunas permaneçam visíveis enquanto você rola para baixo na planilha.

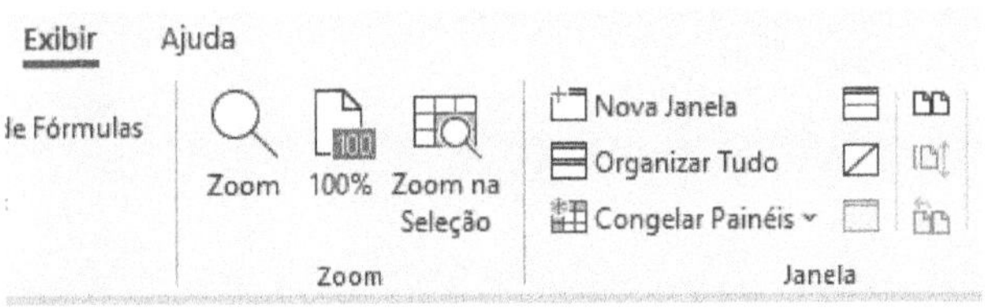

4.6.13 Dividir

▷ **Dividir**: Ao dividir divide painéis, o Excel cria duas ou quatro áreas separadas da planilha que podem ser roladas individualmente, enquanto as linhas e colunas da área não rolada permanecem visíveis.

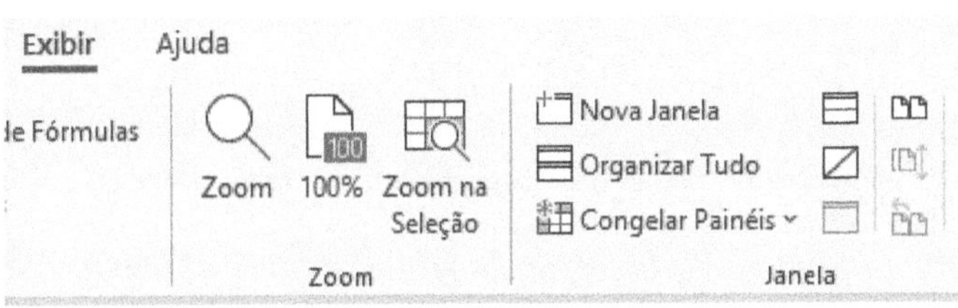

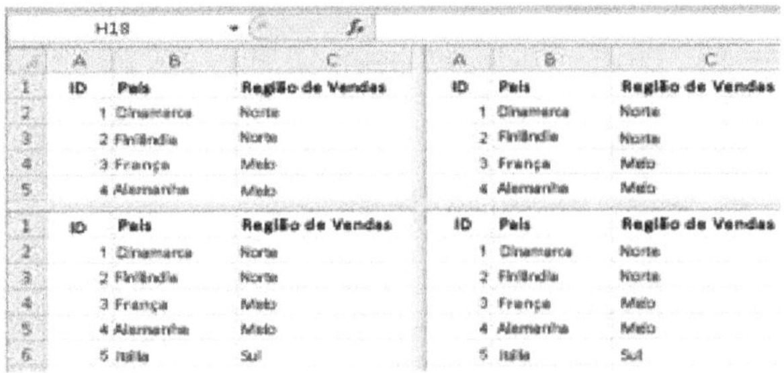

4.6.14 Utilização de fórmulas

A planilha do Excel reconhece um cálculo ou fórmula quando se inicializa a célula com o sinal de igual (=). E, além do sinal de = uma fórmula também pode ser precedida por: + (mais) ou - (menos).

Assim, é possível, por exemplo, somar em uma célula C3, o valor de uma célula A3 mais o valor de uma célula B3, como também, pode-se multiplicar, dividir, subtrair ou inserir outras fórmulas.

4.6.15 Operadores

OPERADOR ARITMÉTICO	SIGNIFICADO	EXEMPLO
+ (sinal de mais)	Adição	3+3
– (sinal de menos)	Subtração Negação	3–1 –1
* (asterisco)	Multiplicação	3*3
/ (sinal de divisão)	Divisão	3/3
% (sinal de porcentagem)	Porcentagem	20%
^ (acento circunflexo)	Exponenciação	3^2

OPERADOR DE COMPARAÇÃO	SIGNIFICADO	EXEMPLO
= (sinal de igual)	Igual a	A1=B1
> (sinal de maior que)	Maior que	A1>B1
< (sinal de menor que)	Menor que	A1<B1
>= (sinal de maior ou igual a)	Maior ou igual a	A1>B1
<= (sinal de menor ou igual a)	Menor ou igual a	A1<B1
<> (sinal de diferente de)	Diferente de	A1<>B1

OPERADOR DE TEXTO	SIGNIFICADO	EXEMPLO
& (E comercial)	Conecta, ou concatena, dois valores para produzir um valor de texto contínuo	("North"&"wind")

INFO

É importante ressaltar que o Excel trabalha com os parênteses, quando se pretende fazer vários cálculos em uma mesma célula, a fim de priorizar aqueles que devem ser realizados primeiramente.

1ª prioridade - % e ^
2ª prioridade - * e /
3ª prioridade - + e -

O valor médio do intervalo B1:B10 na planilha denominada Marketing na mesma pasta de trabalho.

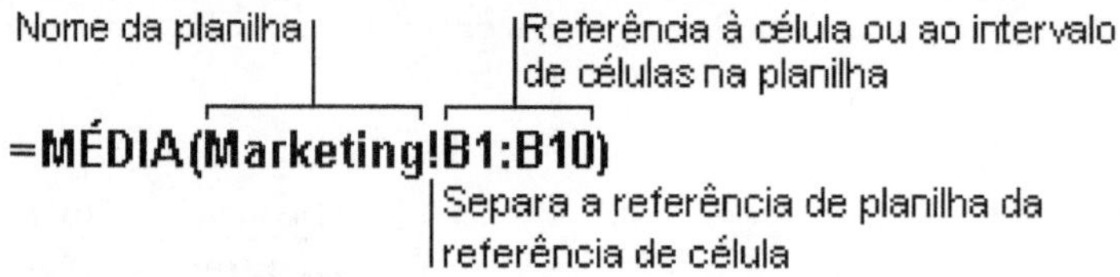

PARA SE REFERIR A	USE
A célula na coluna A e linha 10	A10
O intervalo de células na coluna A e linhas 10 a 20	A10:A20
O intervalo de células na linha 15 e colunas B até E	B15:E15
Todas as células na linha 5	5:5
Todas as células nas linhas 5 a 10	5:10
Todas as células na coluna H	H:H
Todas as células nas colunas H a J	H:J
O intervalo de células nas colunas A a E e linhas 10 a 20	A10:E20

Observe que o nome da planilha e um ponto de exclamação (!) precedem a referência de intervalo.

4.7 Funções

Funções são fórmulas predefinidas que efetuam cálculos usando valores específicos, denominados argumentos, em uma determinada ordem ou estrutura. As funções podem ser usadas para executar cálculos simples ou complexos.

4.7.1 SOMA

=SOMA(arg1;arg2;...;arg30)
=soma(a1:a5)
=soma(a1:a5;5)
=soma(a3;5;c1:c20)

B6 | fx =SOMA(B3:B5)

	A	B	C	D	E
1					
2	**Turma**	**Meninos**	**Meninas**	**Total**	
3	2504B	16	17		
4	7001A	14	20		
5	3602A	21	19		
6	**Total**	**51**			
7					

Fique ligado
Essa função soma dois ou mais números. É importante notar que a referência: (dois pontos) significa "ATÉ" e a referência ; (ponto e vírgula) significa "E". É possível usar os dois sinais numa mesma função.

4.7.2 MÉDIA

=MÉDIA(arg1;arg2;...;arg30)
=média(a1:a5)
=média(a1:a5;6)
=média(a3;2;c1:c10)

B6 | f_x =MÉDIA(B3:B5)

	A	B	C	D	E
1					
2	**Turma**	**Meninos**	**Meninas**	**Total**	
3	2504B	16	17		
4	7001A	14	20		
5	3602A	21	19		
6	**Total**	17			
7					

Fique ligado

A função MÉDIA soma os argumentos e divide pelo número de argumentos somados.
Por exemplo: MÉDIA(a1:a5)
A média, nesse exemplo, será a soma de a1, a2, a3, a4 e a5 dividido por 5.

4.7.3 MÁXIMO

Mostra o maior valor no intervalo.

=MÁXIMO(arg1;arg2;...arg30)
=máximo(c1:c10)
=máximo(c1:c10;3)

B6 | f_x =MÁXIMO(B3:B5)

	A	B	C	D	E
1					
2	**Turma**	**Meninos**	**Meninas**	**Total**	
3	2504B	16	17		
4	7001A	14	20		
5	3602A	21	19		
6	**Total**	21			
7					

4.7.4 MÍNIMO

Mostra o menor valor no intervalo.

=MÍNIMO(arg1;arg2;...arg30)
=mínimo(c1:c10)
=mínimo(c1:c10;3)

B6 | f_x =MÍNIMO(B3:B5)

	A	B	C	D	E
1					
2	**Turma**	**Meninos**	**Meninas**	**Total**	
3	2504B	16	17		
4	7001A	14	20		
5	3602A	21	19		
6	**Total**	14			
7					

4.7.5 MAIOR

Você pode usar esta função para selecionar um valor de acordo com a sua posição relativa. Por exemplo, você pode usar MAIOR para obter o primeiro, o segundo e o terceiro resultado e assim por diante.

Neste caso, o EXCEL deve mostrar o terceiro maior valor encontrado no intervalo A1:C3. O número 3 após o ";" é que indica essa posição.

=MAIOR(a1:c3;3)

C5		f_x =MAIOR(A1:C3;3)			
	A	**B**	**C**	**D**	**E**
1	2	3	5		
2	4	7	1		
3	6	8	0		
4					
5			6		
6					

4.7.6 MENOR

Você pode usar esta função para selecionar um valor de acordo com a sua posição relativa. Por exemplo, você pode usar MENOR para obter o primeiro, segundo e terceiro resultados para obter o primeiro, o segundo e o terceiro resultado e assim por diante.

| =MENOR(a1:c3;3)

Neste caso quero que o EXCEL mostre o terceiro menor valor encontrado no intervalo A1:C3.

C5		f_x =MENOR(A1:C3;3)			
	A	**B**	**C**	**D**	**E**
1	2	3	5		
2	4	7	1		
3	6	8	0		
4					
5			2		
6					

4.7.7 CONT.SE

Realiza a contagem de todas as células de um intervalo que satisfazem uma determinada condição.

| =CONT.SE(intervalo;condição)
| =cont.se(c3:c8;">=2")
| =cont.se(c3:c8;a2)

f_x =CONT.SE(C3:C8;C4)			
C	**D**	**E**	**F**
5			
5			
25			
	2		

Perceba que no exemplo queremos que o Excel conte o número de células que contenham o valor referido em C4 (condição), ou seja, o valor 5. As células que o Excel deve procurar e contar esse valor são as células C3 até C8 (intervalo). Nesse caso temos o resultado 2.

f_x =CONT.NÚM(C3:C8)			
C	**D**	**E**	**F**
5			
5			
25			
casa			
dia		4	
20/mar			

4.7.8 CONT.NÚM

Conta quantas células contêm números.

| =CONT.NÚM(intervalo)

4.7.9 CONT.VALORES

Conta o número de células que não estão vazias em um intervalo.

| =CONT.VALORES(intervalo)

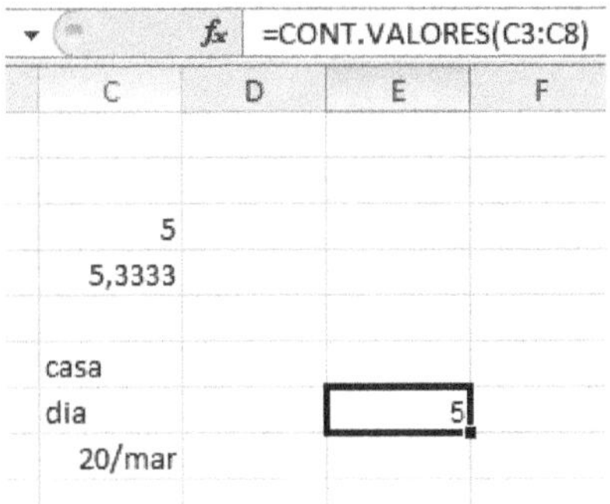

4.7.10 CONCATENAR

A função **CONCATENAR** agrupa cadeias de texto. Os itens agrupados podem ser texto, números, referências de células ou uma combinação desses itens. Por exemplo, se sua planilha contiver o nome de uma pessoa na célula A1 e o sobrenome da pessoa na célula B1, você poderá combinar os dois valores em outra célula usando a seguinte fórmula:

=CONCATENAR(A1;" ";B1)

O segundo argumento neste exemplo (" ") é um caractere de espaço. É preciso especificar quaisquer espaços ou pontuação que você deseja que sejam exibidos nos resultados como um argumento entre aspas.

Você também pode usar o caractere **&** para concatenar:

=CONCATENAR(A2&B2&" -"&C2&"anos")

ou

=A2&" "&B2&" - "&C2&" "&"anos"

ou ainda

=CONCATENAR(A2&" ";B2;"-"&C2&"anos")

Todas as formas estão corretas.

No exemplo abaixo, o examinador pediu que na célula C4 aparecesse o nome que está em A2, mais o sobrenome que está em B2 e a idade que está em C3, com devidos espaços e a palavra anos.

Os espaços e a palavra anos estão entre aspas, pois não são conteúdo de nenhuma célula e são textos. Textos devem ficar entre aspas nas fórmulas do Excel.

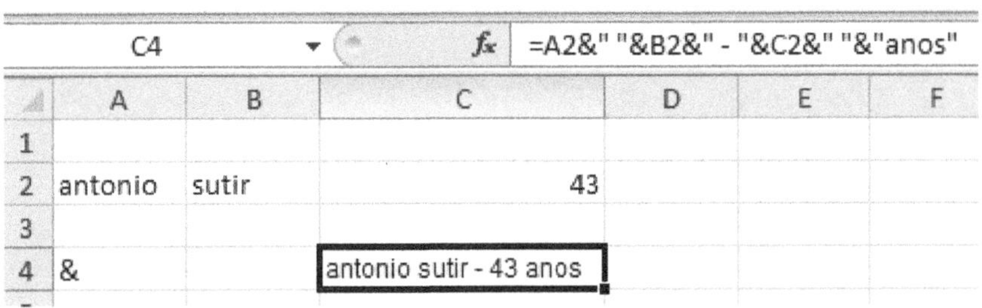

Podemos usar a função **CONCATENAR**:

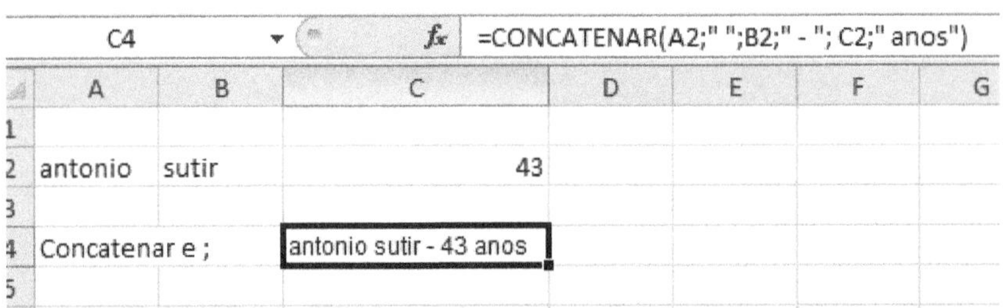

Podemos usar a função **CONCATENAR** e o operador de texto &:

C4 | =CONCATENAR(A2&" "&B2&" - "&C2&" anos")

	A	B	C	D	E	F	G
1							
2	antonio	sutir	43				
3							
4	& e concatenar		antonio sutir - 43 anos				

Podemos usar a função **CONCATENAR,** o operador de texto & e;.

C4 | =CONCATENAR(A2&" ";B2;" - "&C2&" anos")

	A	B	C	D	E	F	G
1							
2	antonio	sutir	43				
3							
4	&, Concatenar e ;		antonio sutir - 43 anos				
5							

4.7.11 E

TODOS os argumentos devem ser verdadeiros.

=E(E2>=7;F2>=75)

Então, temos a função E e as condições separadas por ";".

=E(E2>=7;F2>=75)

	C	D	E	F
			Nota	Freq
75			7	75
70			8	70
80			5	80
50			5	50
			VERDADEIRO	
			FALSO	
			FALSO	
			FALSO	

4.7.12 OU

Apenas um dos argumentos precisa ser verdadeiro.

=OU(E2>=7;F2>=75)

Então, temos a função OU e as condições separadas por ";".

=OU(E2>=7;F2>=75)

	C	D	E	F	G
			Nota	Freq	
75			7	75	
70			8	70	
30			5	80	
50			5	50	
			VERDADEIRO		
			VERDADEIRO		
			VERDADEIRO		
			FALSO		

4.7.13 SOMASE

| =SOMASE(intervalo;condição)
| =SOMASE(c1:c10;">5")

Nesse caso, o Excel realizará a soma apenas das células no intervalo C1 até C10 que contenham valores maiores que 5. Outros números são ignorados. Realiza a soma de todos os valores de um intervalo que satisfazem uma determinada condição.

A função SOMASE pode assumir a seguinte sintaxe:

| SOMASE(intervalo, critérios, [intervalo_soma])

fx =SOMASE(C1:C10;">5")

C	D	E
3		
3		
3		
3		
3		
3		
33		
3		
8		
4		
41		

Uma planilha do Microsoft Excel apresenta os valores a seguir.

	A	B
1	23	5
2	12	8
3	32	7
4	17	9
5	11	3

Assinale a alternativa que apresenta, corretamente, o resultado gerado pela fórmula =SOMASE(A1:A5; ">15";B1:B5).

a) 0

b) 21

c) 32

d) 72

e) 95

Veja o resultado diretamente em uma planilha do Excel:

A7 fx =SOMASE(A1:A5; ">15";B1:B5)

	A	B	C	D	E	F	G
1	23	5					
2	12	8					
3	32	7					
4	17	9					
5	11	3					
6							
7	21						
8							

Agora vamos entender este resultado!

| =SOMASE(A1:A5; ">15";B1:B5)

A função Somase, neste caso em que tenho o intervalo da soma definido, irá fazer com que o Excel selecione o intervalo indicado: A1:A5, obedeça a condição que é: >15, mas some os valores que constam nas células correspondentes: B1:B5.

Então o Excel irá somar os valores 5, 7 e 9, pois esses valores estão no intervalo B1:B5 e correspondem aos valores 23, 32 e 17 que estão no intervalo A1:A5 e que obedecem a condição: ser >5.

4.7.14 MÉDIASE

=MÉDIASE(B2:B5;"<23000")

Retorna a média (média aritmética) de todas as células em um intervalo que satisfazem um determinado critério.

4.7.15 SE

Retorna valores diferentes dependendo do resultado de uma expressão.

É usada para testar condições, ou seja, se a condição especificada equivaler à verdadeira e a outra se equivaler a falsa.

=SE(teste_lógico;valor_se_verdadeiro;valor_se_falso)

Fique ligado

O "SE" funciona como todos os "SEs" da nossa vida: SE chover não vou à praia, SE eu tiver dinheiro vou à festa, SE eu tiver média final igual ou maior que 7,0 sou aprovado no colégio. Sim, SE você estudar com certeza vai passar no concurso! É lógica pura!

No exemplo a seguir temos um boletim escolar, em que o aluno que tiver nota igual ou maior a 7,0 será aprovado, senão será reprovado.

G7 | =SE(F7>=7;"Aprovado";"Reprovado")

	F	G	H	I	J	K	L
1	de médi						
2							
3							
4							
5							
6	Média	Situação					
7	8,0	Aprovado					
8	7,0	Aprovado					
9	3,8	Reprovado					
10	8,5	Aprovado					
11	7,5	Aprovado					
12	7,8	Aprovado					
13	8,8	Aprovado					

Vamos entender:

=SE -> aqui tenho a função

A função SE é uma pergunta com duas possíveis respostas: SIM ou NÃO:

F7>=7 -> Aqui tenho a pergunta: F7 é igual ou maior a 7?

Ao verificar a célula F7, ela contém a média 8,0. Logo, 8,0 é maior que 7, então, a resposta da pergunta anterior é SIM. Ao responder SIM à pergunta (condição), o Excel mostra a resposta especificada na função que está logo após o ";", neste caso a palavra "Aprovado". Ao responder NÃO à pergunta, o Excel mostra a segunda resposta especificada na função, após o ";", neste caso a palavra "Reprovado".

4.8 Aninhar uma função dentro de outra função

As funções aninhadas usam uma função como um dos argumentos de outra função.

A fórmula a seguir soma um conjunto de números (G2:G5) somente se a média de outro conjunto de números (F2:F5) for maior que 50. Caso contrário, ela retorna 0. Analise também a planilha.

G9

	F	G
1	5	5
2	2	2
3	2	2
4	2	2
5	2	2
6		

=SE(MÉDIA(F2:F5)>50;SOMA(G2:G5);0)

As funções MÉDIA e SOMA são aninhadas na função SE.

Como resolver essa função? **Por partes!**

Primeiro devemos lembrar que a função Se é uma pergunta que pode ter apenas dois tipos de resposta: Ou SIM, ou NÃO. E que a pergunta está antes do primeiro ";". Caso a resposta seja SIM o EXCEL retornará o que estiver entre os dois ";". Caso a resposta seja NÃO o EXCEL retornará o que estiver após o segundo ";".

Vamos em busca da pergunta:

=SE(MÉDIA(F2:F5)>50;SOMA(G2:G5);0)

A pergunta é: MÉDIA(F2:F5)>50

Na planilha fornecida devemos observar os valores e calcular a Média:

Média(F2:F5) => (2 + 2 + 2 + 2)/4 = 2

A média é 2.

A pergunta é: 2>50?

A resposta é NÃO.

Então o EXCEL retornará o que está após o segundo ";" que é 0 (zero).

4.8.1 SE Aninhado

A função SE nos permite definir apenas 2 valores de retorno, porém muitas vezes precisamos de 3, 4 ou mais valores de retorno. Nestes casos utilizamos a função SE Aninhado.

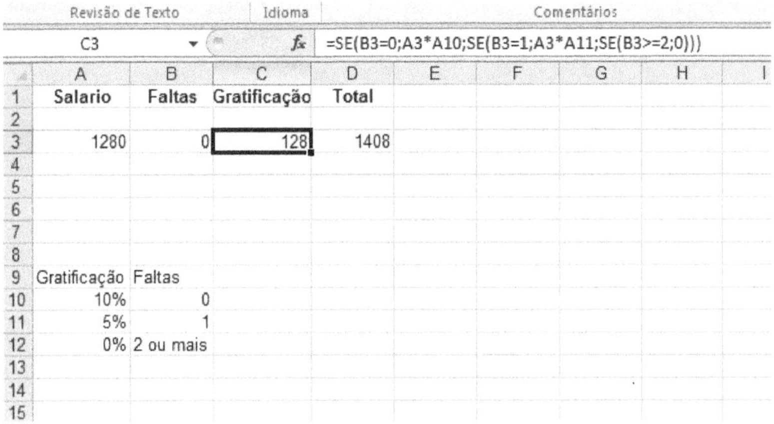

Nesse exemplo temos uma empresa e sua folha de pagamentos. A empresa oferece gratificação aos funcionários que não faltam ou faltam apenas uma vez.

Dessa forma a pergunta que faço para começar a desenvolver a função é: Se o funcionário não faltar quanto ele recebe de gratificação? Basta olhar na célula A10 onde tenho o valor da gratificação que é de 10% sobre o salário. Então veja:

- Se o funcionário não faltar recebe salário acrescido de 10% de gratificação.
- Se o funcionário faltar apenas 1 vez ele recebe salário acrescido de 5% de gratificação.
- Se o funcionário faltar 2 ou mais vezes, recebe apenas o salário.

Agora é colocar essas regras na função. Perceber que o número de faltas está na célula B3, o salário na A3 e as regras para Gratificação nas células A9:B12. Certo?

Feito isso, vamos à função:

=SE(B3=0;A3*A10;SE(B3=1;A3*A11;SE(B3>=2;0)))

Ou seja: SE(B3 {número de faltas) =0;A3 {Salário}) *A10 {Valor da Gratificação}) ;SE {Senão, caso não atenda a condição anterior}(B3 {número de faltas) =1;A3 {Salário}) *A11{Valor da Gratificação});SE(B3 {número de faltas}) >=2;0 {Não recebe nada de gratificação})))

Obs.: O texto em vermelho entre chaves refere-se a comentários sobre dados da função. Não fazem parte da função.

Ainda podemos escrever a função dessa forma:

=SE(B3=0;A3*A10;SE(B3=1;A3*A11;0))

Nesse caso, não desenvolvemos o último SE. Colocamos um ";" que se comporta como um SENÃO. Ou seja, se não forem satisfeitas as condições dos SEs anteriores o Excel fará o que houver após este último ";".

4.8.2 SES

A função SES verifica se uma ou mais condições são satisfeitas e retorna um valor que corresponde à primeira condição VERDADEIRO. A função SES pode ser usada como substituta de várias instruções SE aninhadas, além de ser muito mais fácil de ser lida quando condições múltiplas são usadas.

=SES(F2=1;D2;F2=2;D3;F2=3;D4;F2=4;D5;F2=5;D6;F2=6;D7;F2=7;D8)

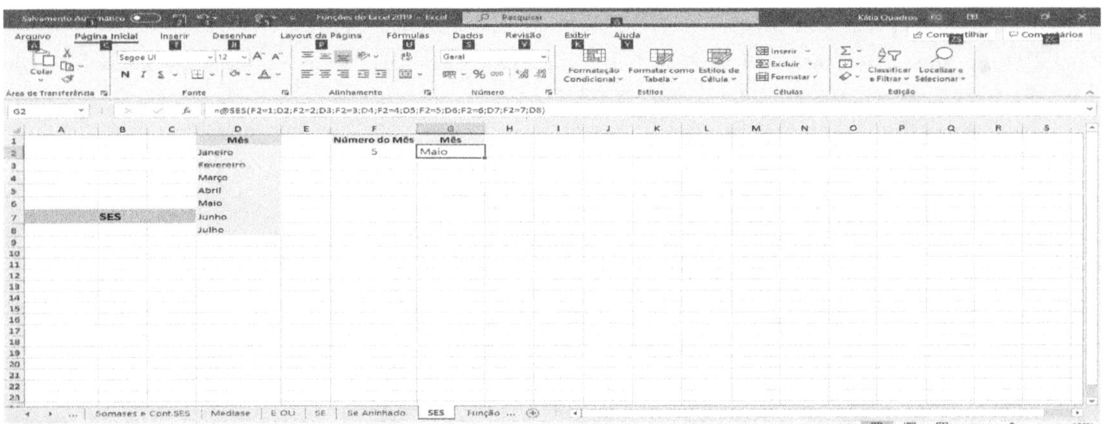

4.8.3 PROCV

Use a função PROCV, uma das funções de pesquisa e referência, quando precisar localizar algo em linhas de uma tabela ou de um intervalo. Por exemplo, para pesquisar o preço de uma peça automotiva pelo número da peça.

=PROCV(Valor que você deseja pesquisar, intervalo no qual você deseja pesquisar o valor, o número da coluna no intervalo contendo o valor de retorno, Correspondência Exata ou Correspondência Aproximada – indicado como 0/FALSO ou 1/VERDADEIRO).

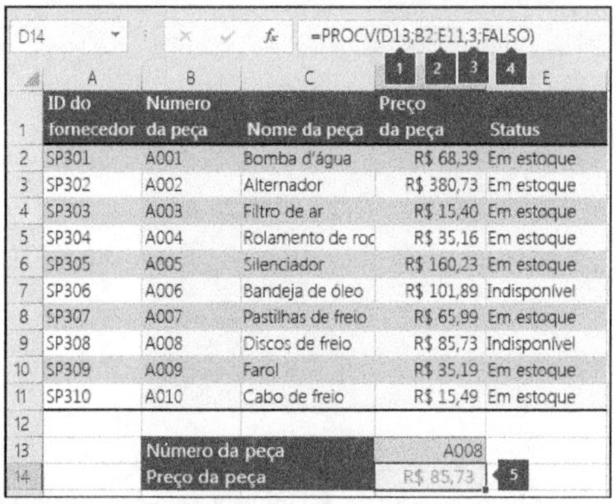
D14 =PROCV(D13;B2:E11;3;FALSO)

	A	B	C	D	E
1	ID do fornecedor	Número da peça	Nome da peça	Preço da peça	Status
2	SP301	A001	Bomba d'água	R$ 68,39	Em estoque
3	SP302	A002	Alternador	R$ 380,73	Em estoque
4	SP303	A003	Filtro de ar	R$ 15,40	Em estoque
5	SP304	A004	Rolamento de roc	R$ 35,16	Em estoque
6	SP305	A005	Silenciador	R$ 160,23	Em estoque
7	SP306	A006	Bandeja de óleo	R$ 101,89	Indisponível
8	SP307	A007	Pastilhas de freio	R$ 65,99	Em estoque
9	SP308	A008	Discos de freio	R$ 85,73	Indisponível
10	SP309	A009	Farol	R$ 35,19	Em estoque
11	SP310	A010	Cabo de freio	R$ 15,49	Em estoque
12					
13		Número da peça		A008	
14		Preço da peça		R$ 85,73	

- ▷ D13 é o valor_procurado ou o valor que você deseja pesquisar.
- ▷ B2 a E11 (realçados em amarelo na tabela) é a matriz_tabela ou o intervalo onde o valor de pesquisa está localizado.
- ▷ 3 é o núm_índice_coluna ou o número de coluna na matriz_tabela que contém o valor de retorno. Neste exemplo, a terceira coluna da matriz de tabela é Preço da Peça, portanto, o resultado da fórmula será um valor da coluna Preço da Peça.
- ▷ FALSO é o intervalo_pesquisa, portanto, o valor de retorno será uma correspondência exata.
- ▷ O resultado da fórmula PROCV é 85,73, o preço dos Rotores de freio.

Há quatro informações que serão necessárias para criar a sintaxe da função PROCV:

- ▷ O valor que você deseja pesquisar, também chamado valor de pesquisa.
- ▷ O intervalo onde o valor de pesquisa está localizado. Lembre-se de que o valor de pesquisa deve estar sempre na primeira coluna no intervalo para que a função PROCV funcione corretamente. Por exemplo, se o valor de pesquisa estiver na célula C2, o intervalo deve começar com C.
- ▷ O número da coluna no intervalo que contém o valor de retorno. Por exemplo, se você especificar B2:D11 como o intervalo, deverá contar B como a primeira coluna, C como a segunda e assim por diante.
- ▷ Se preferir, você pode especificar VERDADEIRO se quiser uma correspondência aproximada ou FALSO se quiser que uma correspondência exata do valor de retorno. Se você não especificar nada, o valor padrão será sempre VERDADEIRO ou correspondência aproximada.

4.8.4 VF

=VF(taxa,nper,pgto,[vp],[tipo])

Retorna o valor futuro de um investimento de acordo com os pagamentos periódicos e constantes e com uma taxa de juros constante.

| **=VF(2%;10;38,96)**

A sintaxe da função VF tem os seguintes argumentos:

- ▷ **Taxa**: obrigatório. A taxa de juros por período.
- ▷ **Nper**: obrigatório. O número total de períodos de pagamento em uma anuidade.
- ▷ **Pgto**: obrigatório. O pagamento feito a cada período; não pode mudar durante a vigência da anuidade. Geralmente, pgto contém o capital e os juros e nenhuma outra tarifa ou taxas. Se pgto for omitido, você deverá incluir o argumento vp.
- ▷ **Vp**: opcional. O valor presente ou a soma total correspondente ao valor presente de uma série de pagamentos futuros. Se vp for omitido, será considerado 0 (zero) e a inclusão do argumento pgto será obrigatória.
- ▷ **Tipo**: opcional. O número 0 ou 1 e indica as datas de vencimento dos pagamentos. Se tipo for omitido, será considerado 0.

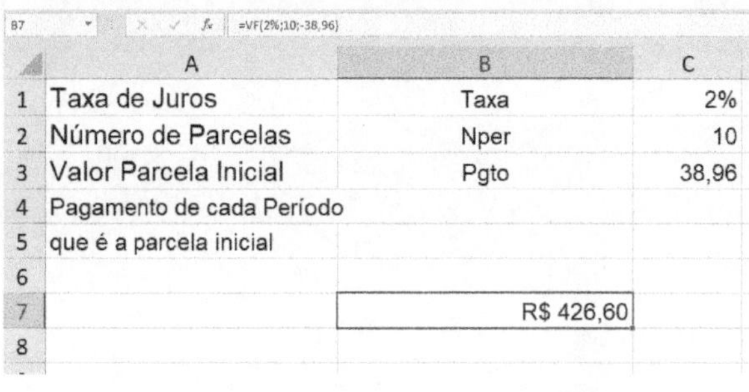
B7 =VF(2%;10;-38,96)

	A	B	C
1	Taxa de Juros	Taxa	2%
2	Número de Parcelas	Nper	10
3	Valor Parcela Inicial	Pgto	38,96
4	Pagamento de cada Período		
5	que é a parcela inicial		
6			
7		R$ 426,60	
8			

4.8.5 VP

=VP(taxa, nper, pgto, [vf], [tipo])

Retorna o valor presente de um investimento. O valor presente é o valor total correspondente ao valor atual de uma série de pagamentos futuros. Por exemplo, quando você toma uma quantia de dinheiro emprestada, a quantia do empréstimo é o valor presente para o concessor do empréstimo.

=VP(2%;10;38,96)

A sintaxe da função VP tem os seguintes argumentos:

- **Taxa**: necessário. A taxa de juros por período. Por exemplo, se você tiver um empréstimo para um automóvel com taxa de juros de 10% ano e fizer pagamentos mensais, sua taxa de juros mensal será de 10%/12 ou 0,83%. Você deverá inserir 10%/12 ou 0,83%, ou 0,0083, na fórmula como taxa.
- **Nper**: necessário. O número total de períodos de pagamento em uma anuidade. Por exemplo, se você fizer um empréstimo de carro de quatro anos e fizer pagamentos mensais, seu empréstimo terá 4*12 (ou 48) períodos. Você deverá inserir 48 na fórmula para nper.
- **Pgto**: necessário. O pagamento feito em cada período. Geralmente, pgto inclui o principal e os juros e nenhuma outra taxa ou tributo. Por exemplo, os pagamentos mensais de R$ 10.000 de um empréstimo de quatro anos para um carro serão de R$ 263,33. Você deverá inserir -263,33 na fórmula como pgto. Se pgto for omitido, você deverá incluir o argumento vf.
- **Vf**: opcional. O valor futuro, ou o saldo, que você deseja obter depois do último pagamento. Se vf for omitido, será considerado 0 (o valor futuro de um empréstimo, por exemplo, é 0). Por exemplo, se você deseja economizar R$ 50.000 para pagar um projeto em 18 anos, então o valor futuro será de R$ 50.000. Você poderia então fazer uma estimativa na taxa de juros e concluir quanto economizaria por mês. Se vf for omitido, você deverá incluir o argumento pgto.
- **Tipo**: opcional. O número 0 ou 1 e indica as datas de vencimento.

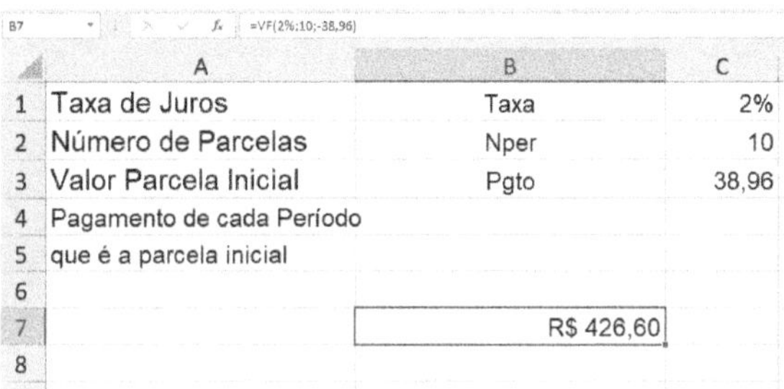

4.8.6 NPER

=NPER(taxa;pgto;vp;vf;tipo)

Retorna o número de períodos para investimento de acordo com pagamentos constantes e periódicos e uma taxa de juros constante.

=NPER(2%;10;350)

A sintaxe da função NPER tem os seguintes argumentos:

- **Taxa:** é a taxa de juros por período.
- **Pgto:** é o pagamento feito em cada período; não pode mudar durante a vigência da anuidade. Geralmente, pgto contém o capital e os juros, mas nenhuma outra tarifa ou taxas.
- **Vp:** é o valor presente ou atual de uma série de pagamentos futuros.
- **Vf:** é o valor futuro, ou o saldo, que você deseja obter depois do último pagamento. Se vf for omitido, será considerado 0 (o valor futuro de um empréstimo, por exemplo, é 0).
- **Tipo:** é o número 0 ou 1 e indica as datas de vencimento.

4.8.7 Taxa

=TAXA(nper, pgto, vp, [vf], [tipo], [estimativa])

Retorna a taxa de juros por período de uma anuidade.

=TAXA(10;-38,96;426,65)

A sintaxe da função TAXA tem os seguintes argumentos:

- **Nper**: obrigatório. O número total de períodos de pagamento em uma anuidade.
- **Pgto**: obrigatório. O pagamento feito em cada período e não pode mudar durante a vigência da anuidade. Geralmente, pgto inclui o principal e os juros e nenhuma outra taxa ou tributo. Se pgto for omitido, você deverá incluir o argumento vf.
- **Vp: obrigatório.** O valor presente — o valor total correspondente ao valor atual de uma série de pagamentos futuros.
- **Vf**: opcional. O valor futuro, ou o saldo, que você deseja obter depois do último pagamento. Se vf for omitido, será considerado 0 (o valor futuro de um empréstimo, por exemplo, é 0).

Tipo: opcional. O número 0 ou 1 e indica as datas de vencimento.

4.8.8 PGTO

=PGTO(taxa, nper, vp, [fv], [tipo])

Retorna o pagamento periódico de uma anuidade de acordo com pagamentos constantes e com uma taxa de juros constante.

=PGTO(2%;36;350)

A sintaxe da função PGTO tem os seguintes argumentos:

- **Taxa:** obrigatório. A taxa de juros para o empréstimo.
- **Nper:** obrigatório. O número total de pagamentos pelo empréstimo.
- **Vp:** obrigatório. O valor presente, ou a quantia total agora equivalente a uma série de pagamentos futuros; também conhecido como principal.
- **Vf:** opcional. O valor futuro, ou o saldo, que você deseja obter após o último pagamento. Se vf for omitido, será considerado 0 (zero), ou seja, o valor futuro de um empréstimo é 0.
- **Tipo:** opcional. O número 0 (zero) ou 1 e indica o vencimento dos pagamentos.

4.8.9 ABS

=ABS(núm)

Retorna o valor absoluto de um número.

=ABS(-4)

4.8.10 AGORA

Retorna a data e hora.

=AGORA()

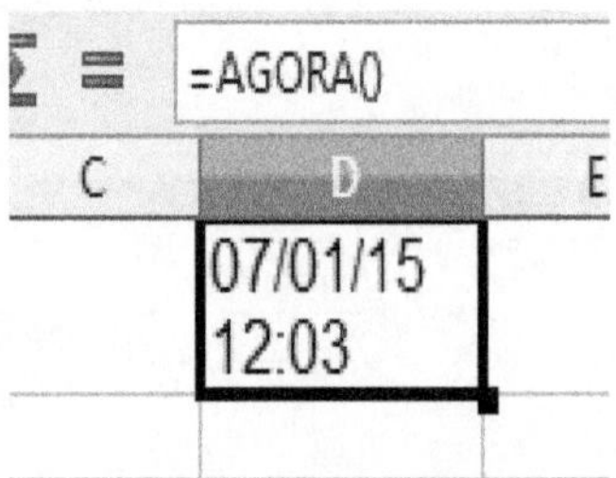

HOJE

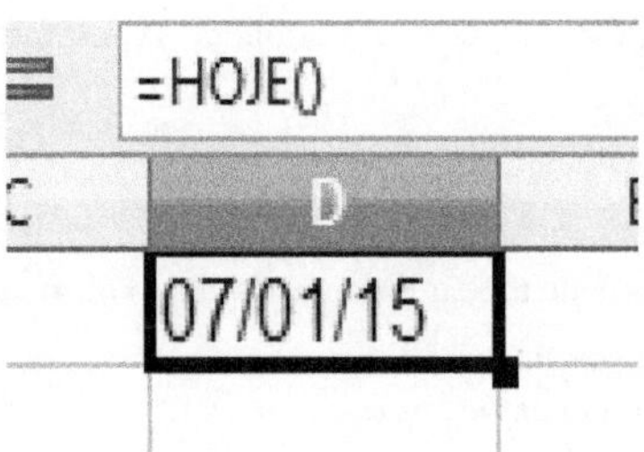

Retorna a data atual.

=HOJE()

4.8.11 DIA DA SEMANA

Fornece o dia da semana a que uma data corresponde. O Excel nos dará como resultado um número que equivale a um dia da semana. Por padrão o n.1 corresponde ao domingo.

=DIA.DA.SEMANA(data ou célula que contém a data)

=DIA.DA.SEMANA("10/11/1975")

=DIA.DA.SEMANA(B6)

4.8.12 DIAS360

Com esta função teremos o número de dias que há entre uma data inicial e uma data final.

=DIAS360(datainicial;datafinal)

=DIAS360("10/11/1975";"10/12/1975")

=DIAS360(A1;A2)

4.8.13 MULT

A função MULT multiplica todos os números especificados como argumentos e retorna o produto. Por exemplo, se as células A1 e A2 contiverem números, você poderá usar a fórmula =MULT(A1;A2) para multiplicar esses dois números juntos. A mesma operação também pode ser realizada usando o operador matemático de multiplicação (*); por exemplo, =A1 * A2.

A função MULT é útil quando você precisa multiplicar várias células ao mesmo tempo. Por exemplo, a fórmula =MULT(A1:A3;C1:C3) equivale a =A1 * A2 * A3 * C1 * C2 * C3.

4.8.14 MOD

Retorna o resto de uma divisão.

Sintaxe: (Valor a ser dividido; divisor)

Exemplo:

=MOD(10;3)

O resultado retornado pelo Excel será 1.

4.8.15 ESCOLHER

Use núm_índice para retornar um valor da lista de argumentos de valor. Use ESCOLHER para selecionar um valor entre 254 valores que se baseie no número de índice.

=ESCOLHER(3;A1;A2;A3;A4;A5;A6;A7)

4.8.16 CORRESP

A função CORRESP procura um item especificado em um intervalo de células e retorna à posição relativa desse item no intervalo. Por exemplo, se o intervalo A1:A3 contiver os valores 5, 25 e 38, a fórmula =CORRESP(25,A1:A3,0) retornará o número 2, porque 25 é o segundo item no intervalo.

=CORRESP(25;A1:A3)

4.8.17 TRUNCAR E INT

TRUNCAR e INT são semelhantes pois ambos retornam inteiros.

TRUNCAR remove a parte fracionária do número.

INT arredonda números para baixo até o inteiro mais próximo com base no valor da parte fracionária do número.

INT e TRUNCAR são diferentes apenas ao usar números negativos: TRUNCAR(-4.3) retorna -4, mas INT(-4.3) retorna -5 pois -5 é o número mais baixo.

4.8.18 ARRED

A função ARRED arredonda um número para um número especificado de dígitos. Por exemplo, se a célula A1 contiver 23,7825 e você quiser arredondar esse valor para duas casas decimais, poderá usar a seguinte fórmula:

=ARRED(A1;2)

O resultado dessa função é 23,78

4.8.19 PRI.MAIUSCULA

Coloca em maiúscula a primeira letra e todas as outras letras que seguem um caractere que não seja uma letra em uma cadeia de texto. Converte todas as outras letras da cadeia de texto em letras minúsculas.

PRI.MAIÚSCULA(texto)

4.8.20 MAIÚSCULA

Converte o texto em maiúsculas.

MAIÚSCULA(texto)

4.9 Recursos automatizados do Excel

4.9.1 Autopreenchimento

Este recurso é utilizado para digitar sequências de texto ou números.

Perceba na imagem abaixo que há uma célula qualquer selecionada e que em seu canto direito inferior existe um pequeno quadradinho. É nele que vamos clicar e manter pressionado o mouse para utilizar este recurso. Esta é a alça de preenchimento.

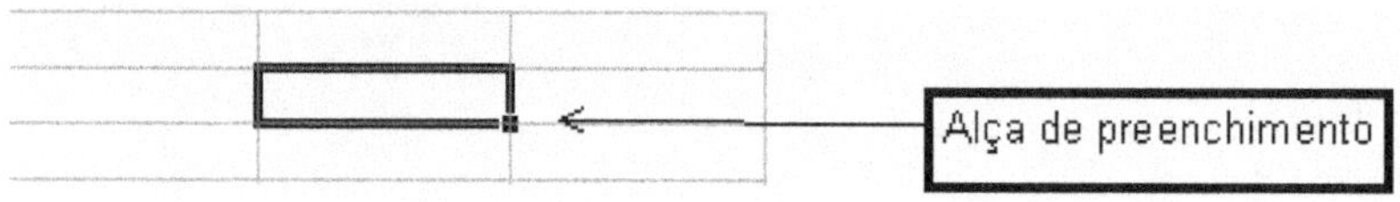

Como exemplo, digite na célula A1 a palavra **Janeiro**. Posicione a seta do mouse sobre a Alça de Preenchimento. Ela irá se transformar em uma cruz. Clique com o botão esquerdo do mouse e arraste a cruz até a célula E1. Ao chegar na coluna E, libere o botão do mouse. O Autopreenchimento reconhece letras maiúsculas e minúsculas, datas, dias de semana, sequências como Mês 1 etc.

	A	B	C	D	E	F
1	JAN	FEV	MAR	ABR		
2						
3						

4.10 Endereço absoluto e endereço relativo

Um recurso presente em qualquer planilha é o endereçamento ou referenciamento relativo. Dá-se o nome de referenciamento relativo ao fato de que quando se atribui, por exemplo, "=A2 + 1", na célula "a5" e se copia a fórmula para a célula "A6", esta irá referenciar o valor "=A3 + 1" (observe o incremento na fórmula). O mesmo pode ser feito através da Alça de Preenchimento, que copia a fórmula, mas a incrementa conforme você arrasta no sentido Linha ou Coluna.

Nem sempre este é o comportamento desejável. Veja o exemplo:

B9 | fx =(A9*B3)+A9

	A	B	C
1			
2	Plano	Taxa Juros	
3	12 meses	36%	
4	24 meses	74,40%	
5			
6			
7			
8	Valor do Financiamento	Plano 12 meses	Plano 24 meses
9	1000	1360	
10	2000		
11	3000		
12	4000		
13			
14			

Na imagem, temos uma planilha do Excel com dados de uma empresa que empresta dinheiro, ou seja, trabalha com financiamento.

Se a pessoa emprestar qualquer valor dentre os oferecidos poderá pagar em 12 parcelas sob o juro de 36% ou em 24 parcelas sob o juro de 74,40%.

Então, trabalhamos nessa empresa, criamos a planilha com os dados especificados e que um cliente empresta R$ 1.000,00, então calculamos os juros conforme as especificações: =(A9*B3) + A9. Até aqui tudo certo!

Digamos que um segundo cliente empreste R$ 2.000,00 e para sermos mais rápidos e eficientes, apenas copiamos a fórmula da célula B9 para a B10, ou a arrastamos pela alça de preenchimento. Nesse caso, teremos um erro! Pois ao fazermos isso a função será incrementada e ficará assim: =(A10*B4) + A10, cobrando juros de 74,40% em vez de 36%.

Para lidar com esta situação precisamos fixar, ancorar a fórmula inserindo um $ em frente a especificação de Linha e/ou Coluna que desejamos fixar, que não queremos que seja alterada: =(A9*$B$3) + A9.

Dessa forma, quando copiarmos a função para outras células, a célula B3 não irá incrementar.

Em um endereço, quando se fixa a coluna e a linha simultaneamente, estamos perante um endereço absoluto.

| Se a célula A3 tiver a fórmula =$A$1*A2, ao copiar a fórmula para as células B3 e C3 terão respectivamente as fórmulas: =$A$1*B2 e =$A$1*C2.

4.11 Erros do Excel

	Significado
#DIV/0!	A função ou fórmula está efetuando uma divisão por zero.
#N/DN	Não existe valor disponível.
#NOME?	O Excel não reconhece um dos itens da fórmula. Pode ser: Função digitada incorretamente. Inclusão do texto sem aspas. Omissão de pontos que especifiquem intervalos de valores e outros.
#NULO	Interseção de valores que não se referenciam.
#NUM!	Algum número da fórmula está incorreto.
#REF!	Referência inválida na fórmula.
#VALOR!	Argumento inserido de forma errada na fórmula ou função.

4.11.1 Referência circular

Quando uma fórmula volta a fazer referência à sua própria célula, tanto direta como indiretamente, este processo chama-se referência circular. Ou seja: Você não pode digitar a função =soma(A1:A3) na célula A1, pois ela faz parte da função.

5 SEGURANÇA DA INFORMAÇÃO

A Segurança da Informação é um ponto crucial para muitas bancas examinadoras de concurso público e, também, de interesse da instituição que irá receber os aprovados. Afinal, ao ser aprovado, o candidato fará parte do quadro de funcionários de uma instituição pública que possui uma intranet e sistemas sobre os quais há necessidade de manter uma boa política de segurança.

Segundo o Comitê Gestor de internet no Brasil (CGI), para um sistema ser classificado como seguro, ele deve atentar a três requisitos básicos: confidencialidade, integridade e disponibilidade.

Faz-se necessário que sejam atendidos alguns requisitos mínimos para uma segurança do microcomputador, que dependem tanto de recursos tecnológicos como de bom senso e discernimento por parte dos usuários.

Para manter um computador com o mínimo de segurança deve-se:

- Manter o **sistema operacional sempre atualizado**, pois a maioria dos malwares exploram as vulnerabilidades do SO.
- Possuir um sistema **antivírus** e manter tanto o aplicativo quanto as assinaturas de vírus[1] atualizadas.
- Manter o Firewall sempre ativo.
- Para se proteger contra os spywares também é indicada a instalação de um antispyware. Atualmente, a maioria dos antivírus já possui esse recurso integrado a eles.

5.1 Princípios básicos da segurança da informação

Os Princípios Básicos de Segurança em Tecnologia da Informação (TI) incluem os processos que devem ser garantidos para manter um sistema de informações seguro. Podemos destacar quatro conceitos como principais:

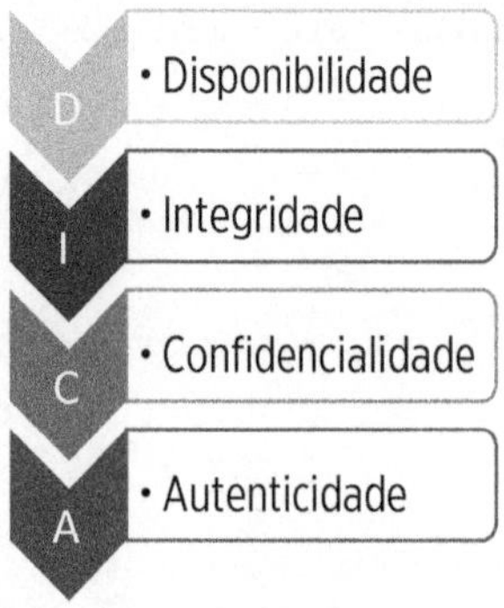

5.1.1 Disponibilidade

Deve garantir que os serviços ou recursos que forem necessários para uma tarefa, principalmente relacionados ao próprio processo de segurança, estejam sempre disponíveis. Um bom exemplo é na situação de entrega da declaração de imposto de renda, em que o serviço deve suportar a alta demanda que possa surgir sem afetar o usuário.

Podemos estreitar esse princípio sobre a garantia de que as chaves públicas do processo de Certificação Digital (estes conceitos são abordados na seção sobre Certificados Digitais) estejam sempre disponíveis para quem precisar delas.

5.1.2 Integridade

A Integridade garante a **não alteração** de uma informação/dado tanto no armazenamento quanto durante a troca dessas informações por algum meio. Com o princípio da integridade, verificamos se, durante o tráfego de uma informação, ela não foi alterada por alguém ou mesmo por falhas do processo de transmissão. No armazenamento ela garante que o dado não foi corrompido.

O processo que protege a integridade consiste na geração de um código de cerca de 20 caracteres, o **código HASH**, também conhecido como **resumo** de um dado; um exemplo é o MD5. O processo é realizado em uma via única, em que, a partir de um dado, gera-se o resumo dele. Porém, a partir do resumo, não é possível gerar o dado novamente.

Para verificar se houve alteração em um arquivo, deve-se comparar dois códigos HASH: um gerado por quem disponibiliza o dado e outro por quem o recebe. Se uma vírgula for alterada, os códigos gerados ficam completamente diferentes e é possível que dois dados diferentes gerem o mesmo HASH, mas é uma possibilidade ínfima.

5.1.3 Confidencialidade

O princípio da Confidencialidade é a garantia de que há sigilo sobre uma informação, de forma que o processo deve garantir que um dado não seja acessado por pessoas diferentes daquelas às quais ele se destina.

Para garantir a confidencialidade, utilizamos processo de criptografia de informações.

5.1.4 Autenticidade

A Autenticidade garante o autor de uma informação, ou seja, por meio dela podemos confirmar se uma mensagem é de autoria de quem diz.

Assim como a confidencialidade, a autenticidade é garantida por meio de criptografia.

1 Assinatura de vírus: é uma sequência de caracteres que identifica a presença do vírus em um arquivo.

5.2 Criptografia

A criptografia é a arte ou ciência de escrever em códigos, quer dizer, transformar um texto em algo ilegível de forma que possa ser armazenado ou enviado por um canal de comunicação. Assim, se alguém interceptá-lo, não conseguirá entender o que está escrito e o destinatário, ao receber a informação, deve fazer o processo inverso: decifrar o dado, para que consiga lê-lo.

Há dois principais métodos de criptografia: a de chave simétrica e a de chaves assimétricas.

5.2.1 Criptografia de chave simétrica

Uma chave de criptografia é uma informação a partir da qual seja possível transcrever uma mensagem criptografada.

A de chave simétrica é também conhecida como criptografia de chave única, em que a mesma chave é usada tanto para codificar uma mensagem quanto para decifrá-la. Um bom exemplo desse modelo é a criptografia maçônica.

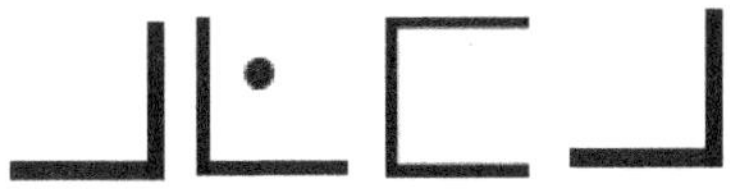

A informação apresentada está criptografada. Para decifrar o que ela diz, precisamos da chave de criptografia que, na simétrica, é a mesma usada para gerar a mensagem. A seguir, temos a chave que abre a mensagem.

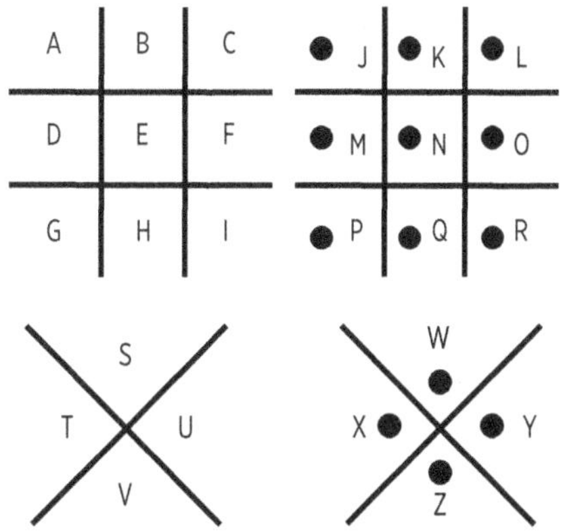

Ao substituirmos os símbolos pelas letras correspondentes, obtemos a palavra ALFA.

5.2.2 Criptografia de chaves assimétricas

Na criptografia de chaves assimétricas, em vez de uma chave como na simétrica, são usadas duas chaves que são diferentes entre si. Elas são chamadas de **Chave Pública** e a outra de **Chave Privada,** por conta da característica de cada uma.

A Chave Pública é uma informação (código) que fica disponível em um servidor de Chaves Públicas na internet, para quem precisar dela, enquanto a Chave Privada é um código que somente o dono deve conhecer.

O par de Chaves é único e correspondente, ou seja, uma mensagem/dado cifrada pela chave pública de um usuário só pode ser aberta pela chave privada do mesmo usuário. E o inverso também, uma mensagem cifrada com a chave privada de um usuário só pode ser descriptografada pela chave pública dele próprio.

5.2.3 Certificado digital

Um certificado digital é um documento eletrônico assinado digitalmente e cumpre o papel de associar um usuário a uma chave pública, pode ser comparado ao CPF ou CNPJ para empresas.

Ele também apresenta junto com a chave pública algumas informações essenciais como:

- ▷ Nome do dono da chave pública;
- ▷ Prazo de validade do certificado, que varia de 1 a 3 anos dependendo da classe contratada;
- ▷ Um número de série, critério de correspondência para identificar o usuário;
- ▷ E, juntamente, o certificado possui a assinatura da entidade de certificação, para comprovar sua validade.

Para adquirir um certificado digital, o usuário ou entidade deve procurar uma Autoridade Certificadora (AC), é a responsável por criar o par de Chaves de um usuário, ou uma Autoridade de Registro (AR), que é um intermediário entre o usuário e uma AC. Cabe a AR a responsabilidade de verificar os dados do usuário e encaminhar o pedido do certificado para a AC, entretanto, o usuário também pode se dirigir direto à AC. A Caixa Econômica Federal é a única instituição financeira que é uma AC.

5.2.4 Assinatura digital

Uma Assinatura Digital é um procedimento similar a uma assinatura de um documento impresso. Quando assinamos um contrato, normalmente ele possui mais de uma página, rubricamos[2] todas elas exceto a última, pois a assinatura precisa ser completa. A rubrica não prova que o documento foi lido, mas sim para que aquela folha não seja substituída. Além disso, é preciso recorrer a um cartório para reconhecer e certificar a assinatura na última página.

Esse procedimento realizado no papel, juntamente com as garantias, foi adaptado para o mundo digital, afinal, papel ocupa espaço.

2 Rubrica: assinatura abreviada.

Quando falamos sobre a rubrica garantir a não alteração de um documento, citamos o princípio da Integridade. Portando, uma Assinatura Digital deve garantir também esse princípio, enquanto a certificação de quem assinou é o princípio da Autenticidade, que também deve ser garantido pela Assinatura Digital. Ou seja, garante os princípios da Autenticidade e da Integridade.

5.3 Ataques

Nem todos os ataques são realizados por malwares, atualmente existem duas práticas muito comuns utilizadas pelos criminosos cibernéticos para obter dados do usuário e realizar invasões.

5.3.1 Phishing

Phishing é uma expressão derivada do termo "pescar" em inglês, pois o que esse tipo de ataque faz é induzir o usuário a informar seus dados pessoais por meio de páginas da internet ou e-mails falsos.

Podemos identificar a página do tipo Phishing pelo endereço do site na barra de endereços do navegador, porque a página de phishing possui um endereço parecido, mas ligeiramente diferente do que o endereço desejado. Por exemplo, você certamente já deve ter visto ou ouvido falar de alguém que teve sua conta do Facebook[3] hackeada[4]; esse ataque procede a partir de um recado que o usuário recebe em sua conta.

Imagine o seguinte cenário: um usuário está navegando no site www.facebook.com.br, conectado em sua conta e clica no recado que normalmente traz um anúncio chamativo como "veja as fotos/vídeos do fim de semana passado", "cara, olha o que vc aprontou no fds", entre outros tantos. Quando clicado, uma nova aba ou janela é carregada no navegador, apenas como uma distração para o usuário, pois, enquanto ele fica vendo a nova aba carregar, a anterior muda, ligeiramente, para um endereço do gênero www.facebooks.com.br ou www.facebooki.com.br e mostra uma página idêntica à página de login de usuário do Facebook.

Sem perceber, ao clicar no recado, acabou saindo de sua conta e redigita seu usuário e senha novamente e é redirecionado novamente para sua conta, porém, o usuário em nenhum momento havia saído. A página de login que lhe foi mostrada era uma página falsa que capturou suas informações de login; cerca de dois dias depois o perfil invadido começa a enviar propagandas para os amigos e o mesmo recado etc., até o usuário não conseguir mais entrar na conta.

5.3.2 Pharming

O Pharming é uma evolução do Phishing, uma forma de deixar este mais difícil de ser identificado. O Pharming, na maioria das questões, é cobrado com relação aos seus sinônimos: DNS Poisoning, Cache Poisoning, sequestro de DNS, sequestro de Cache, Envenenamento de DNS e Envenenamento de Cache.

5.3.3 Negação de serviço (DoS e DDoS)

Um ataque de negação de serviço se dá quando um servidor ou serviço recebe mais solicitações do que é capaz de suprir.

- **DoS** (Denial of Service) é um ataque individual, geralmente com o intuito de tornar um serviço inoperante para o usuário.
- **DDoS** (Distributed Denial of Service) é um ataque realizado em massa. Utiliza-se de vários computadores contaminados com um malware que dispara solicitações de acesso a determinados serviços ou sites, derrubando o serviço. Muitas vezes, enquanto o servidor tenta suprir a demanda, ele se torna vulnerável a inserções de códigos maliciosos. Um grupo intitulado Anonymous realizou vários ataques de DDoS em sites de governos em protesto às suas ações, por exemplo, em retaliação à censura do WikiLeaks[5]e do The Pirate Bay.[6]

3 Facebook: mídia social, definida erroneamente como rede social, assim como as demais.

4 Hackear: termo utilizado como sinônimo para invasão ou roubo.

5 WikiLeaks: portal com postagens de fontes anônimas com documentos, fotos e informações confidenciais, vazadas de governos ou empresas, sobre assuntos sensíveis.

6 The Pirate Bay: um dos maiores portais de compartilhamento, *peer to peer*.

6 SOFTWARE

O software é a parte **abstrata** de um computador, também conhecido como a parte **lógica**. É um conjunto de instruções que devem ser seguidas e executadas por um mecanismo, seja ele um computador ou um aparato eletromecânico. É o termo usado para descrever programas, apps, scripts, macros e instruções de código embarcado diretamente (firmware), de modo a ditar o que uma máquina deve fazer.

Já os programas são a aplicação de regras de maneira digital, para que, dada uma situação, ocorra uma reação pré-programada. Assim, temos que um programa é uma representação de tarefas manuais, em que podemos automatizar processos, o que torna as tarefas mais dinâmicas.

6.1 Licenças de software

Uma licença de software define o que um usuário pode ou não fazer com ele e baseia-se essencialmente no direito autora[1]. Existem vários tipos de licenças de software, mas, no que tange ao concurso público, apenas duas são de valor significativo: a licença de software livre e a licença de software proprietário.

6.1.1 Software proprietário

A licença de software proprietário procura reservar o direito do desenvolvedor. Um software proprietário é também conhecido como software não livre, pois uma de suas principais características é manter o **código-fonte**[1] **fechado**.

Há vários softwares proprietários gratuitos e, também, aqueles que, para o usuário adquirir o direito de uso, exigem a compra de uma licença, a qual não lhe dá direito de propriedade sobre o programa, apenas concede o direito de utilizá-lo, além de impor algumas regras de utilização.

| Windows, Microsoft Office, Mac OS, aplicativos da Adobe, Corel Draw, WinRAR, WinZip, MSN, entre outros.

6.1.2 Software livre

Em contrapartida ao software proprietário, um grupo criou o software livre. Tem, como um de seus princípios, as leis que regem a definição de **liberdades** como forma de protesto em relação ao software proprietário. A principal organização que mantém e promove esse tipo de software é a Free Software Foundation (FSF).

A característica mais importante para que seja considerado "livre" é que tenha o **código-fonte aberto** e deve obedecer a quatro **liberdades de software** do projeto **GNU/GPL** (*General Public License/*Licença Pública Geral), idealizado por Richard Matthew Stallman, ativista e fundador do movimento software livre. São elas:

- **Liberdade 0:** liberdade para executar o programa, para qualquer propósito.
- **Liberdade 1:** liberdade de estudar como o programa funciona e adaptá-lo às suas necessidades.
- **Liberdade 2:** liberdade de redistribuir cópias do programa de modo que você possa ajudar ao seu próximo.
- **Liberdade 3:** liberdade de modificar o programa e distribuir essas modificações, de modo que toda a comunidade se beneficie.

A GPL é um reforço a essas quatro liberdades, garantindo que o código-fonte de um software livre não possa ser apropriado por outra pessoa ou empresa, principalmente para que não seja transformado em software proprietário. Tem característica Copyleft, que qualquer um que distribui o software, com ou sem modificações, deve passar adiante a liberdade de copiar e modificar novamente o programa.

O Linux é um dos principais projetos desenvolvidos sob a licença de software livre, assim como o BrOffice, mas o principal responsável por alavancar o software livre, assim como o próprio Linux, foi o projeto Apache,[2] que no início só rodava em servidores Linux e hoje é multiplataforma.

| Apache, Linux, BrOffice, LibreOffice, Mozilla Firefox, Mozilla Thunderbird.

6.1.3 Shareware

A licença do tipo shareware é comumente usada quando se deseja permitir ao usuário uma degustação do programa, oferecendo funcionalidades reduzidas ou mesmo total, porém com prazo determinado, que, depois de encerrado, o programa limita as funcionalidades ou pode deixar de funcionar.

O shareware permite a cópia e redistribuição do software, porém não permite a alteração, pois o código-fonte não é aberto.

Um exemplo de software popular que utiliza essa licença é o WinRAR que, após 40 dias, começa a exibir uma mensagem toda vez que é aberto, contudo, continua funcionando mesmo que o usuário não adquira a licença.

6.1.4 BIOS (basic input/output system)

O BIOS (sistema básico de entrada e saída, em português) é um software embarcado em uma **memória do tipo ROM**[3]; nos computadores atuais é mais comum em memórias do tipo **Flash ROM**[4].

É o primeiro programa que roda quando ligamos o computador. Ele é composto pelo **setup**, que são suas configurações, e pelo **post**, responsável por realizar os testes de hardware.

Durante o processo de boot[5], o BIOS aciona a memória CMOS[6], onde ficam armazenadas as últimas informações sobre o hardware do computador e sobre a posição de início do sistema operacional no disco. Em posse dessas informações, consegue executar o post, verificando se todos os dispositivos necessários estão conectados e operantes.

Após as verificações de compatibilidade, o BIOS inicia o processo de leitura do disco indicado como primário a partir do ponto onde se encontra o sistema operacional, que é carregado para a memória principal do computador.

1 Código-fonte: conjunto de instruções feitas em uma linguagem de programação, que definem o funcionamento e o comportamento do programa.
2 Apache: servidor responsável pelo processamento da maior parte das páginas disponibilizadas atualmente na internet, cerca de 51%.
3 Memórias ROM (Read-Only Memory – Memória Somente de Leitura) recebem esse nome porque os dados são gravados nelas apenas uma vez.
4 Memórias Flash ROM: são mais duráveis e podem guardar um volume elevado de dados.
5 Boot: processo de inicialização do sistema operacional.
6 CMOS: é uma pequena área de memória volátil, alimentada por uma bateria, que é usada para gravar as configurações do setup da placa mãe.

Em um mesmo computador podem ser instalados dois ou mais sistemas operacionais diferentes, ou mesmo versões diferentes do mesmo sistema. Quando há apenas um sistema operacional instalado no computador, este é iniciado diretamente pelo BIOS, porém, se houver dois ou mais, é necessário optar por qual dos sistemas se deseja utilizar.

Em uma situação em que existem dois sistemas operacionais atribui-se a caracterização de dual boot. Um computador que possua uma distribuição Linux instalada e uma versão Windows, por exemplo, ao ser concluído o processo do BIOS, inicia um gerenciador de boot. Em geral é citado nas provas ou o **GRUB**[7] ou o **LILO**,[8] que são associados ao Linux.

6.2 Tipos de software

Existem diversos tipos de software, mas somente alguns nos interessam durante a prova. Dessa forma, focaremos o estudo no que nos é pertinente.

Podemos classificar os softwares em: firmwares, sistemas operacionais, escritório, utilitários, entretenimento e malwares.

6.2.1 Firmwares

Um firmware é normalmente um software embarcado, ou seja, ele é um software desenvolvido para operar sobre um hardware específico. De forma geral, um firmware é incorporado ao hardware já no momento de sua fabricação, mas, dependendo do tipo de memória em que é armazenado, ele pode ser atualizado ou não. O software do tipo firmware que interessa ao nosso estudo é o BIOS.

6.2.2 Sistemas operacionais (SO)

O sistema operacional é o **principal programa do computador**. Ele é o responsável por facilitar a interação do usuário com a máquina, além de ter sido criado para realizar as tarefas de controle do hardware, livrando assim os aplicativos de conhecer o funcionamento de cada peça existente para funcionar.

As tarefas de responsabilidade do SO são, principalmente, de níveis gerenciais e é o tem que administrar a entrada e a saída de dados, de forma que quando um usuário seleciona uma janela, ele está trazendo-a para o primeiro plano de execução. Por exemplo: sempre que o usuário digita um texto, o SO tem de gerenciar qual janela, ou seja, qual aplicativo receberá as informações entradas pelo teclado, mas, ao mesmo tempo, o SO receberá uma solicitação do aplicativo para que exiba na tela as informações recebidas.

Também é responsabilidade do SO gerenciar o uso da memória RAM e do processador. Ele dita que programa será executado naquele instante e quais espaços de memória estão sendo usados por ele e pelos demais aplicativos em execução.

Para que o sistema operacional consiga se comunicar com cada dispositivo, precisa saber antes como estes funcionam e, para tanto, é necessário instalar o **driver**[9] do dispositivo. Atualmente, a maioria dos drivers é identificada automaticamente pelo SO, mas o sistema nem sempre possui as informações sobre hardwares recém-lançados. Nesse caso, ao não conseguir o driver específico, o SO solicita ao usuário que informe o local onde ele possa encontrar o driver necessário.

Dentre os sistemas operacionais modernos, o Windows é o que mais se destaca em termos de número de usuários de computadores pessoais (PC). Por outro lado, quando se questiona em relação ao universo de servidores na internet, deparamo-nos com o Linux como mais utilizado e o principal motivo para isso relaciona-se à segurança mais robusta oferecida pelo ele.

| Exemplos de SO para computadores pessoais: Windows, Linux, Mac OS e Chrome OS.

Vale a observação que esses sistemas derivaram de duas vertentes principais o **DOS** e o **UNIX**. É de interesse da prova saber que o DOS foi o precursor do Windows e que a plataforma UNIX foi a base do Linux e do Mac OS.

Contudo, não encontramos SO apenas em PCs. Os celulares, smartphones e tablets também utilizam sistemas operacionais. Atualmente, fala-se muito no sistema do Google para esses tipos dispositivos, o Google Android.

Os sistemas operacionais podem ser divididos em duas partes principais: núcleo e interface. O **núcleo** é chamado **kernel**. Ele é a parte responsável pelo gerenciamento do hardware, como já explanado, enquanto a **interface** é parte de interação com o usuário, seja ela apenas textual ou com recursos gráficos.

Sistema operacional	Kernel
Windows XP	NT 5.2
Windows Vista	NT 6.0
Windows 7	NT 6.1
Windows 8	NT 6.2
Linux	Linux 3.10

A interface com recursos gráficos é comumente chamada **GUI (Graphic User Interface/Interface Gráfica do Usuário)**, também citada como gerenciador de interface gráfica. O nome Windows foi baseado, justamente, nessa característica de trabalhar com janelas gráficas como forma de comunicação com o usuário.

7 GRUB (Grand Unifield Bootloader): gerenciador de boot disponibilizado como software GNU. Entre seus principais recursos está a capacidade de trabalhar com diversos sistemas operacionais, como o Linux, o Windows e as versões BSD.

8 LILO (LInux Loader): programa que permite o uso de dois ou mais sistemas operacionais no mesmo computador. A ferramenta possui uma série de instruções para gerenciar o setor de boot (inicialização) do HD, permitindo que se inicialize o computador a partir de uma partição que não seja a primeira do disco.

9 Driver: conjunto de informações sobre como funciona um dispositivo de hardware.

Em relação às **GUIs**, cada versão do Windows utiliza e trabalha com apenas uma interface gráfica, que só passou a ter um nome específico a partir do Windows Vista, conforme indicado na tabela a seguir:

Windows	GUI
XP	Sem nomenclatura
Vista	Aero
7	Aero
8	Metro

Por outro lado, existem diversas GUIs para o Linux, algumas distribuições Linux[10] trabalham com apenas um gerenciador de interface gráfica, enquanto outras trabalham com múltiplas. Ao contrário do Windows, o Linux tem suporte a várias Interfaces gráficas e as principais GUIs do Linux são: Gnome, FluxBox, KDE, BlackBox, Unity, Mate, XFCE e Cinnamon.

Características de um sistema operacional

Os sistemas operacionais podem ser classificados de acordo com suas características comportamentais: multitarefa, monotarefa, multiusuário e monousuário.

- **Multitarefa:** é o sistema que consegue executar mais de uma tarefa simultânea, como tocar uma música enquanto o usuário navega na internet e escreve um texto no Word.
  | Windows, Linux e Mac OS.
- **Monotarefa:** é o sistema que, para executar uma tarefa, deve aguardar a que está em execução terminar ou mesmo forçar o seu término para que possa executar o que precisa. Trabalha com um item de cada vez.
  | DOS e algumas versões UNIX.
- **Multiusuário:** é quando o SO permite mais de uma sessão de usuário ativa simultaneamente. Se dois ou mais usuários estiverem com sessões iniciadas, elas são, de certa maneira, tratadas independentemente, ou seja, um usuário não vê o que o outro estava fazendo, como também, em uso normal, não interfere nas atividades que estavam sendo executadas por outro usuário. O sistema multiusuário geralmente possui a opção trocar de usuário, que permite bloquear a sessão ativa e iniciar outra sessão simultânea.
  | Unix, VMS e sistemas operacionais mainframe, como o MVS.
- **Monousuário:** em um sistema monousuário, para que outro usuário inicie sessão, é necessário finalizar a do usuário ativo, também conhecido como efetuar logoff.
  | Palm OS.

6.2.3 Softwares de escritório

São aplicativos com utilização mais genérica, os quais possibilitam diversas demandas de um escritório, suprindo, também, muitas necessidades acadêmicas em relação à criação de trabalhos.

A seguir, apresentamos um comparativo entre as suítes de escritório[11] que são cobradas na prova.

Editor	Microsoft Office	BrOffice
Texto	Word	Writer
Planilha	Excel	Calc
Apresentação de slides	PowerPoint	Impress
Desenho	Publisher	Draw
Banco de dados	Access	Base
Fórmula	Equation	Math

Fique ligado
Editores de texto, planilha e apresentação são os itens mais cobrados em provas de concursos. Sobre esses programas, podem aparecer perguntas a respeito do seu funcionamento, ainda que sobre editores de apresentação sejam bem menos frequentes.

Outro ponto importante a ser ressaltado é que o **Microsoft Outlook** é componente da suíte de aplicativos Microsoft Office e que não foi destacado na tabela comparativa por não existir programa equivalente no BrOffice.

Por vezes o concursando pode se deparar na prova com o nome **LibreOffice**, o que está correto, pois o BrOffice é utilizado no Brasil apenas, mas ele é baseado no Libre Office. Até a versão 3.2, o BrOffice era fundamentado no OpenOffice e, após a compra da Sun pela Oracle a comunidade decidiu mudar para o Libre por questões burocráticas.

10 Distribuição Linux: uma cópia do Linux desenvolvida, geralmente, com base em outra cópia, mas com algumas adaptações.

11 Suíte de escritório: expressão que remete ao conjunto integrado de aplicativos voltados para as tarefas de escritório, como editores de texto, editores de planilhas, editores de apresentação, aplicativos, agendas e outros.

6.2.4 Softwares utilitários

Alguns programas ganharam tamanho espaço no dia a dia do usuário que, sem eles, podemos ficar sem acesso às informações contidas em arquivo, por exemplo.

São classificados como utilitários os programas compactadores de arquivos, como o ZIP, e leitores de PDF, como o Adobe Reader. Esses programas assumiram tal patamar por consolidarem seus formatos de arquivos.

Entre os compactadores temos os responsáveis pelo formato de arquivos ZIP, apesar de que, desde a versão XP, o Windows já dispunha de recurso nativo para compactar e descompactar arquivos nesse formato, muitos aplicativos se destacavam por oferecer o serviço de forma mais eficiente ou prática. Os compactadores mais conhecidos são: WinZip, BraZip e 7-Zip. Outro compactador que ganhou espaço no mercado foi o WinRar com o formato .RAR, que permite maior compactação quando comparado ao ZIP.

6.2.5 Softwares de entretenimento

Aqui entram os aplicativos multimídias como players de áudio e vídeo, assim como Windows Media Player, Winamp, iTunes, VLC player e BS player, dentre outros, e os players de jogos como Campo Minado, Paciência, Pinball e outros tantos de mais alto nível.

6.2.6 Malwares

Os malwares são programas que têm finalidade mal-intencionada e, na maioria das vezes, ilícita. Grande parte das bancas cita-os como pragas cibernéticas que infectam o computador do usuário e trazem algum prejuízo; por outro lado, há bancas que especulam sobre os diferentes tipos de malwares. A seguir são destacados os principais tipos de malwares.

Fique ligado

Para ser um malware tem que ser um software; do contrário, pode ser uma prática maliciosa, mas não um malware.

Vírus

O vírus é apenas um dos tipos de malware, ou seja, nem tudo que ataca o computador é um vírus. Para ser classificado como vírus, tem que ter as seguintes características:

- **Infectar** os arquivos do computador do usuário, principalmente arquivos do sistema.
- **Depender de ação do usuário**, como executar o arquivo ou programa que está contaminado com o vírus.
- Ter finalidades diversas, dentre as quais **danificar** tanto arquivos e o sistema operacional, como também as peças.

Vírus mutante

É um vírus mais evoluído, que tem a capacidade de alterar algumas de suas características a fim de burlar o antivírus.

Vírus de macro

O vírus de macro explora falhas de segurança das suítes de escritório, principalmente da Microsoft. Uma macro, ao ser criada, anexa ao documento uma programação (comandos geralmente em Visual Basic[12]) e o vírus desse tipo pode inserir seu código dentro deste código em VB.

O vírus de macro geralmente danifica a suíte de escritório, inutilizando-a, além de poder apagar documentos do computador. Para que seja executado, é necessário que o usuário execute o arquivo contaminado.

Worm

Ao contrário do vírus, o worm **não depende de ação do usuário** para executar; ele executa automaticamente: quando um pendrive é conectado a um computador, ele é contaminado ou contamina o sistema.

Ele tem como finalidade se replicar, porém, não infecta outros arquivos, apenas **cria cópias de si** em vários locais, o que pode encher o HD do usuário. Outra forma utilizada de se replicar é por meio da exploração de falhas dos programas, principalmente o e-mail, enviando por correio eletrônico cópias de si para os contatos do usuário.

Um worm, muitas vezes, instala no computador do usuário um bot, transformando o computador em um verdadeiro robô controlado à distância. Os indivíduos que criam um worm o fazem com a finalidade de infectar o maior número possível de computadores, para que possam utilizá-los em um ataque de DDoS[13], ou como forma de elevar a estatística de acessos a determinados sites. Também pode ser utilizado para realizar um ataque a algum computador ou servidor na internet a partir do computador infectado.

Trojan Horse (Cavalo de Troia)

O Trojan Horse (Cavalo de Troia) foi batizado com esse nome devido as suas características se assemelharem muito às da guerra da Grécia com Troia. Na História, os gregos deram aos troianos um grande cavalo feito de madeira e coberto de palha para disfarçar que era oco. Porém, dentro do cavalo estavam vários soldados gregos escondidos, que deveriam atacar quando fossem abertos os gigantes e fortes portões da cidade de Troia e, assim, o exército grego poderia invadir a fortaleza.

Um Cavalo de Troia é recebido pelo usuário como um "presente de grego", de modo a levar o usuário a abri-lo, ou seja, ele **depende de ação do usuário**. Esses presentes, geralmente, parecem um cartão virtual, uma mensagem, um álbum de fotos, uma indicação de prêmio, falsas respostas de orçamentos, folhas de pagamento ou qualquer coisa que, de alguma forma, chame a atenção do usuário para que ele abra para ser infectado.

Podemos tratá-lo em essência como um **meio** para que outro malware seja instalado no computador. Da mesma forma como o cavalo da história serviu como meio para infiltrar soldados e abrir os portões da cidade, o malware também pode abrir as portas do computador para que outros malwares o infectem, o que acontece na maioria dos casos, portanto, pode trazer em seu interior qualquer tipo de malware.

12 Visual Basic (VB): é uma linguagem de programação criada pela Microsoft.
13 DDoS: ataque de negação de serviço distribuído.

Esse malware executa as ações como exibir uma mensagem, ou crackear[14] um programa. Essa tarefa é realizada com o intuito de distrair o usuário enquanto os malwares são instalados.

Spyware

Também conhecido como **software espião**, o spyware tem a finalidade de capturar dados do usuário e enviá-los para terceiros. São de interesse, principalmente os números de cartões de crédito, CPF, RG, nomes, data de nascimento e tudo mais que for pertinente para que transações eletrônicas possam ser realizadas a partir dos dados capturados.

Existem dois tipos de spywares: os **KeyLoggers** e os **ScreenLoggers**.

KeyLogger

O termo key significa chave e log significa registro de ações.

O KeyLogger é um spyware cuja característica é capturar os dados digitados pelo usuário. Na maioria das situações o KeyLogger não captura o que é digitado a todo instante, mas o que é teclado após alguma ação prévia do usuário, como abrir uma página de um banco ou de uma mídia social. Há ainda alguns KeyLoggers são desenvolvidos para capturar conversas em programas de mensagens instantâneas.

ScreenLogger

Screen significa tela e, como mencionado anteriormente, log significa registro de ações.

O ScreenLogger é uma evolução do KeyLogger na tentativa de capturar, principalmente, as senhas de bancos, pois essa modalidade captura fotos avançadas da tela do computador a cada clique do mouse. Essa foto avançada, na verdade, é uma imagem de uma pequena área que circunda o cursor na tela, mas grande o suficiente para que seja possível ver em que número o usuário clicou.

Muitos serviços de internet Banking[15] utilizam um **teclado virtual**, no qual o usuário clica nos dígitos de sua senha ao invés de digitar. Assim, ao forçar que o usuário não utilize o teclado, essa ferramenta de segurança ajuda a evitar roubos de senhas por KeyLoggers. Por outro lado, foi criado o ScreenLogger, que captura imagens e, para combater essa modalidade, como forma de oferecer maior segurança, alguns bancos utilizam um dispositivo chamado **Token**, que é um dispositivo que gera uma chave de segurança aleatória e temporária, a qual uma vez utilizada para acessar a conta, torna-se inválida para novos acessos. Assim, mesmo sendo capturada, ela se torna inútil ao invasor.

Fique ligado

Cuidado para não confundir: teclado virtual em uma página de internet Banking é um recurso de segurança, enquanto o teclado virtual que faz parte do Windows é um recurso de acessibilidade.

Hijacker

O Hijacker é um malware que tem por finalidade **capturar** o **navegador** do usuário, principalmente o internet Explorer. Esse programa **fixa uma página inicial** no navegador, que pode ser uma página de propaganda ou um site de venda de produtos, ou mesmo um site de pornografia, ou páginas falsas de bancos.

As alterações realizadas por ele no navegador dificilmente são reversíveis. Na maioria dos casos, é necessário reinstalar o navegador várias vezes ou até formatar o computador. Existem, no mercado, alguns programas que tentam restaurar as configurações padrões dos navegadores, são conhecidos por HijackerThis, porém, não são ferramentas de segurança, mas apenas uma tentativa de consertar o estrago feito.

Adware

Adware (advertising software) é um software especializado em apresentar propagandas. Ele é tratado como malware, quando apresenta algumas características de spywares, além de, na maioria dos casos, se instalar no computador explorando falhas do usuário, por exemplo, durante a instalação de um programa em que o indivíduo não nota que em uma das etapas estava instalando outro programa diferente do desejado.

Muitos adwares monitoram o comportamento do usuário durante a navegação na internet e vendem essas informações para as empresas interessadas.

Backdoors

Backdoor é uma **porta dos fundos** para um ataque futuro ao computador do usuário. Ele pode ser inserido no computador por meio de Trojan Horse – que engana com falsos links –, como também pode ser um programa adulterado recebido de fonte pouco confiável. Por exemplo, um usuário baixa um programa em um site qualquer, diferente do oficial, e, por isso, nada impede que tenha sido ligeiramente alterado com a inserção de brechas para ataques futuros.

RootKits

Root significa raiz, que, nesse caso, é o administrador do ambiente Linux. Kit, por sua vez, é o conjunto de ferramentas e ações.

Um RootKit altera aplicativos do sistema, como os gerenciadores de arquivos, com o intuito de **esconder arquivos maliciosos** que estejam presentes no computador. Por meio dele, o invasor também pode criar backdoors no computador, para que possa voltar a atacar o equipamento sem se preocupar em ter de contaminá-lo novamente para fazer qualquer processo.

14 Crackear: é uma quebra de licença de um software para que não seja necessário adquirir a licença de uso, caracterizando pirataria.

15 Internet Banking: acesso à conta bancária pela internet, para realizar algumas movimentações e consultas.

7 HARDWARE

O hardware consiste na parte física de um computador, ou seja, são as peças que o compõem. As questões comumente cobradas nos concursos relacionam os tipos de periféricos e sua classificação.

7.1 Classificação dos dispositivos quanto à finalidade

Os periféricos do computador são classificados de acordo com sua finalidade e uso. Assim, como classificações principais, temos as que se seguem.

7.1.1 Entrada

Dispositivos de entrada são aqueles por meio dos quais o usuário entra com alguma informação para ser enviada ao computador. Muito cuidado: para ser classificado como de entrada, os dispositivos têm de ser apenas de entrada.

> Dispositivos de entrada de dados: teclado, mouse, webcam, microfone, scanner de mesa, scanner de mão, scanner biométrico, mesa de design, Kinect[1].

7.1.2 Saída

Classificamos como dispositivos de saída aqueles que têm por finalidade informar ao usuário o resultado de algum processamento.

> Dispositivos de saída: monitor, impressora, caixa de som.

7.1.3 Entrada/Saída

Os periféricos classificados nessa categoria são os que devemos tomar mais cuidado durante as provas, porque aqui se encaixam aqueles dispositivos que podemos chamar de dispositivos híbridos devido a sua capacidade de realizar tanto a tarefa de entrada como a de saída de dados.

> Impressoras multifuncionais, telas sensíveis ao toque (touchscreen), kits multimídias[2].

7.1.4 Armazenamento

Os dispositivos de armazenamento são aqueles que nos permitem armazenar os dados e os mantêm armazenados mesmo quando não são alimentados por uma fonte de energia.

> Dispositivos de armazenamento: CD-ROM, DVD-ROM, BD-ROM (BlueRay Disk), HD (Hard Disk – disco rígido), HD externo, pendrive, HD SSD, cartão de memória.

7.2 Classificação dos dispositivos quanto ao tipo de tecnologia

Podemos ainda classificar os dispositivos de acordo com a tecnologia que eles utilizam para ler as informações ou escrevê-las.

7.2.1 Óticos

Um dispositivo ótico é aquele que se utiliza de sinais luminosos para, principalmente, ler informações.

> Scanner, CD, DVD, BD, webcam, alguns mouses.

7.2.2 Magnéticos

Os dispositivos de armazenamento magnético digitais possuem uma cabeça de leitura/escrita, que se move sobre uma superfície magnética. A cabeça modifica a magnetização de partes específicas do material, registrando dados em um código binário (bits), como zeros e uns. Ao mesmo tempo, para ler as informações, a cabeça detecta onde estão as alterações na superfície e, assim, reproduz o código que foi marcado.

Assim, vemos que ainda hoje é muito comum, entre os servidores de backup, o uso de fitas magnéticas, como a fita cassete, para armazenar os dados.

7.2.3 Elétricos

Atualmente, os dispositivos elétricos são os que mais vêm sendo utilizados, principalmente pela sua velocidade de operação e praticidade de uso, como o pendrive e os cartões de memória. É um dispositivo de altíssima velocidade que resolve o maior gargalo dos computadores, ou seja, substitui os HDs convencionais, que são as peças mais lentas das máquinas atuais.

7.3 Arquitetura

Podemos dividir as tecnologias de hardware em x86 de 32 bits e a de 64 bits. Essa divisão se baseia na forma como o sistema processa as informações, quer dizer, a quantidade de informações simultâneas que o processador opera.

7.4 Processador

O termo CPU significa Unidade Central de Processamento – e não o gabinete de peças da máquina, como muitos acreditam. Podemos comparar a CPU como sendo o cérebro do computador, porque ela é responsável por processar as informações e gerar um resultado. É composto por vários registradores, que possuem finalidades específicas, sendo os principais a ULA (Unidade Lógico-aritmética), responsável pelos cálculos e comparações lógicas; e a UC (Unidade de Controle), que tem como responsabilidade controlar o que está sendo feito no processador.

---

1 Kinect: é o dispositivo usado no vídeo game Xbox para entrada de movimentos do usuário, a Microsoft também o disponibilizou para ser utilizado como entrada para o computador.

2 Kit multimídia: é composto em geral por dispositivos de entrada e de saída, por isso é classificado como de Entrada/Saída.

Também faz parte do processador a memória cache. Ela é uma memória pequena em relação à principal, porém muito mais rápida, operando quase na mesma velocidade que o processador.

Em um processador, podemos encontrar vários níveis de cache, nos atuais normalmente encontramos 2 níveis (level), sendo que os mais modernos já possuem 3 níveis. Em alguns modelos a cache de nível 3 é interna ao processador, junto às demais, enquanto em outros ela fica externa a ele.

A finalidade da cache é fornecer informações mais rapidamente ao processador, a fim de minimizar o tempo em que ele fica ocioso.

7.4.1 Memórias

Existem diversos tipos de memórias, quando tratamos de um computador. Elas podem ser classificadas de diversas formas de acordo com suas características, conforme a tabela a seguir.

<table>
<tr><th>Tipo de memória</th><th>Categoria</th><th>Mecanismo de apagamento</th><th>Mecanismo de escrita</th><th>Volatilidade</th></tr>
<tr><td>Memória de acesso aleatório (RAM)</td><td>Memória de leitura e escrita</td><td>Eletricamente, em nível de bytes</td><td>Eletricamente</td><td>Volátil</td></tr>
<tr><td>Memória apenas de leitura (ROM)</td><td rowspan="2">Memória apenas de leitura</td><td rowspan="2">Não é possível</td><td>Máscaras</td><td rowspan="5">Não volátil</td></tr>
<tr><td>ROM programável (PROM)</td><td rowspan="4">Elétrico</td></tr>
<tr><td>PROM apagável (EPROM)</td><td rowspan="3">Memória principalmente de leitura</td><td>Luz UV, em nível de pastilha</td></tr>
<tr><td>Memória flash</td><td>Eletricamente, em níveis de blocos</td></tr>
<tr><td>PROM eletricamente apagável (EEPROM)</td><td>Eletricamente, em nível de bytes</td></tr>
</table>

A memória RAM é a principal do computador, também conhecida como memória de trabalho. É uma memória de leitura e escrita, porém possui natureza volátil, ou seja, quando desconectada da energia, perde todas as informações que estavam nela, por isso que, quando não salvamos um documento e o fornecimento de energia acaba, desligando o computador, perdemos parte desse trabalho. Já o HD pode ser chamado memória secundária por ser uma memória de armazenamento não volátil.

A memória ROM (read-only memory ou, em português, memória somente de leitura) é um tipo de memória que, como o próprio nome sugere, permite apenas a leitura de dados e não a escrita. Isso porque suas informações são gravadas pelo fabricante uma única vez e não podem ser alteradas ou apagadas, somente acessadas, sendo classificadas como memória não volátil.

A memória RAM é expansível, ao contrário da memória ROM.

7.5 Unidades de medida

Na Informática, a menor unidade de medida é o bit, que consiste em um sinal verdadeiro ou falso para o computador, que, por questões de facilidade, transcreve-se na forma de 0 (zero) e 1 (um). Porém, o bit apenas é uma informação pequena, então foi criado o conceito de "palavra", que passou a ser chamada Byte. Um Byte é composto por 8 bits.

A partir disso temos as unidades K, M, G, T, P e assim por diante, para designar tamanhos de arquivos e capacidades de armazenamentos. A cada letra multiplicamos por 1.024 a quantidade da anterior. A tabela a seguir ilustra as equivalências de valores.

1 Peta (PB)	1 Tera (TB)	1 Giga (GB)	1 Mega (MB)	1 Kilo (KB)	1 Byte	bit
1.024 (TB)	1.024 GB	1.024 MB	1.024 KB	1.024 Bytes	8 bits	0 ou 1

8 REDES DE COMPUTADORES

Dois computadores conectados entre si já caracterizam uma rede. Contudo, ela normalmente é composta por diversificados dispositivos como: celulares, smartphones, tablets, computadores, servidores, impressoras, roteadores, switches, hubs, modens etc. e, devido à essa grande variedade de dispositivos, o nome genérico HOST é atribuído aos dispositivos conectados na rede.

Todo host possui um endereço que o identifica na rede, que é o endereço IP. Mas também cada peça possui um número único de fábrica que o identifica, o MAC Address.

8.1 Paradigma de comunicação

Paradigma é um padrão a ser seguido e, no caso das redes, é o modelo Cliente/Servidor. Nesse modelo, o usuário é o cliente que envia uma solicitação ao servidor; ao receber a solicitação, o servidor a analisa e, se é de sua competência, provê a informação/dado.

8.2 Dispositivos de rede

Os dispositivos de rede são citados até mesmo em provas cujo conteúdo programático não cita a matéria de hardware. E na maioria das vezes em que aparecem questões sobre o assunto, se questiona em relação à finalidade de cada dispositivo na rede, portanto, nesta seção são descritos alguns dos principais dispositivos de rede:

Modem	Modulador/demulador | Responsável por converter o sinal analógico da linha telefônica em um sinal digital para o computador e vice-versa.
Hub	Conecta vários dispositivos em rede, mas não oferece muita segurança, pois envia as informações para todos na rede.
Switch	É um dispositivo que permite interligar vários dispositivos de forma mais inteligente que o Hub, pois no switch os dados são direcionados aos destinos corretos.
Roteador	Um roteador já trabalha no nível de rede; em um mesmo roteador podemos definir várias redes diferentes. Ele também cria uma rota para os dados.
Access Point	Um Ponto de Acesso opera de forma similar a um Switch, só que em redes sem fio.
Backbone	É a estrutura principal dentro de uma rede, na internet é a espinha dorsal que a suporta, ou seja, as principais ligações internacionais.

8.3 Topologia de rede

Topologia diz respeito à estrutura de organização dos dispositivos em uma rede.

8.3.1 Barramento

Na Topologia de Barramento, todos os dispositivos estão conectados no mesmo canal de comunicação, o que torna o tráfego de dados mais lento e, se o barramento se rompe, pode isolar parte da rede.

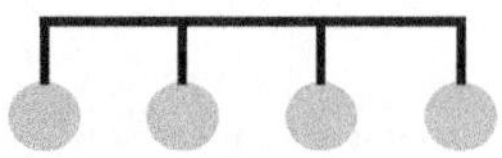

8.3.2 Anel

A estrutura em Anel conecta um dispositivo no outro; para que todos os computadores estejam conectados, é necessário que estejam ligados. Se o anel for simples, ou seja, de única via de dados, um computador desligado já é suficiente para tornar a rede inoperante para algum outro computador; o problema pode ser resolvido em partes, utilizando o anel duplo, trafegando dados em duas direções da rede, porém, se dois pontos forem desconectados, pode-se chegar à situação de duas redes isoladas.

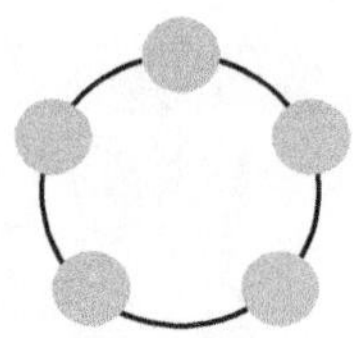

8.3.3 Estrela

Uma rede organizada em forma de estrela possui um nó centralizador. Esse modelo é um dos mais utilizados, pois um nó pode estar desconectado sem interferir no resto da rede, porém, o centro é o ponto crítico.

8.3.4 Estrela estendida

A Estrela Estendida é utilizada em situações como em uma universidade multicampi, em que um nó central é a conexão principal, a partir da qual se conecta com a internet, enquanto os outros *campi* possuem centrais secundárias como conexão entre seus computadores. A estrutura entre o nó principal e as centrais secundárias é o que chamamos de Backbone dessa rede.

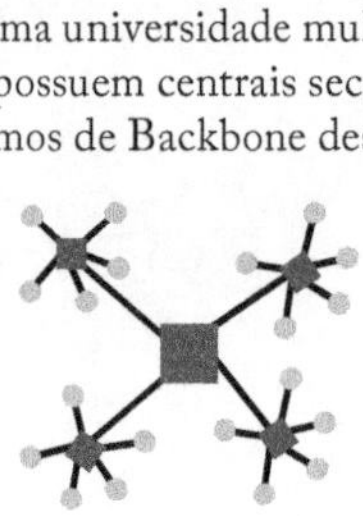

8.3.5 Malha

A conexão em malha é o modelo da internet, em que encontramos vários nós principais, mas também várias ligações entre diversos nós.

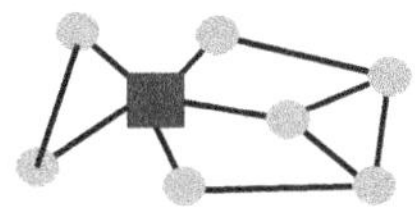

8.3.6 Pilhas de protocolos

Também colocadas pelas bancas examinadoras como modelos, as pilhas de protocolos definem um conjunto de protocolos e em quais camadas de rede devem operar.

Neste tópico temos dois tipos de questões que podem ser associados na prova. Questões que fazem relação com os tipos de redes e questões que tratam da finalidade dos principais protocolos utilizados em uma navegação na internet.

As pilhas de protocolos são:

TCP/IP	OSI

O modelo TCP/IP é o **padrão utilizado nas redes**. Mas, em redes privadas, mesmo o TCP/IP sendo padrão, pode ser implantado o modelo OSI.

Como o modelo TCP/IP é o padrão na seção seguinte são destacados os principais protocolos de navegação.

8.3.7 Principais protocolos

Um protocolo é uma regra de comunicação em redes, portanto, a transferência de arquivos, mesmo entre computadores de uma mesma rede, utiliza um protocolo como forma de padronizar o entendimento entre os dois.

HTTP

HTTP (Hyper Text Transport Protocol): é o protocolo de transferência de hipertexto. É o mais utilizado pelo usuário em uma navegação pela internet. Hipertexto consiste em um arquivo no formato HTML (HyperText Markup Language) - Linguagem de Marcação de Hipertexto.

HTML: é um arquivo que pode ser gerado por qualquer editor de texto, pois, quando é aberto no Bloco de Notas ou Wordpad, ele apresenta apenas informações de texto. No entanto, quando é aberto pelo navegador, este interpreta o código em HTML e monta o conteúdo Multimídia na página. Entende-se por conteúdo multimídia: textos, áudio, vídeos e imagens.

HTTPS

HTTPS **(Hyper Text Transport Protocol Secure)**, também conhecido como HTTP Seguro, é um protocolo que tem como diferença entre o HTTP apenas a segurança que oferece, pois, assim como o HTTP, serve para visualizar o conteúdo multimídia.

O que se questiona em relação a sua segurança é como ela é feita. O protocolo HTTPS utiliza o processo de Criptografia para manter sigilo sobre os dados transferidos entre o usuário e o servidor, para isso, são utilizados os protocolos TLS ou SSL.

Um detalhe muito importante é o de saber identificar se a navegação está sendo realizada por meio do protocolo HTTP ou pelo protocolo HTTPS. A forma mais confiável é observar a barra de endereços do navegador:

Firefox 10.02

IE 9

Google Chrome

Logo no início da barra, observamos a indicação do protocolo HTTPS, que, sempre que estiver em uso, deverá aparecer. Porém, deve-se ter muita atenção, pois, quando é utilizado o HTTP, alguns navegadores atuais têm omitido a informação no começo da barra de endereços.

Outra informação que nos ajuda a verificar se o acesso é por meio de uma conexão segura é o símbolo do cadeado fechado.

FTP

FTP (File Transport Protocol) é o protocolo de transferência de arquivos utilizado quando um usuário realiza download ou upload de um arquivo na rede.

O protocolo FTP tem como diferencial o fato de operar sobre duas portas: uma para tráfego dos dados e outra para autenticação e controle.

8.4 Firewall

O firewall pode ser software, hardware ou ambos. Ele é o responsável por **monitorar as portas da rede/computador**, permitindo ou negando a passagem dos dados na rede, seja na entrada ou saída.

É o monitor que fica na porta olhando para uma lista na qual contém as regras que um dado tem de cumprir para passar por ela. Essa lista são os protocolos, por exemplo, o Firewall monitorando a porta 80, relativa ao protocolo HTTP, o qual só trabalha com conteúdo multimídia. Então, se um arquivo .EXE tentar passar pela porta 80, ele deve ser barrado; essa é a função do Firewall.

8.5 Tipos de redes

Podemos classificar as redes de acordo com sua finalidade; neste tópico expõe-se a diferença entre as redes: internet × intranet × extranet.

8.5.1 internet

É a rede das redes, também conhecida como rede mundial de computadores.

Muitas provas citam o sinônimo WWW (World Wide Web) para internet, ou por vezes apenas web. Ela é definida como uma **rede pública** a qual todos com computador e servidor de acesso podem conectar-se.

8.5.2 intranet

É uma rede empresarial, também chamada de rede corporativa. Tem como principal característica ser uma **rede privada**, portanto, possui controle de acesso, o qual é restrito somente a pessoas autorizadas.

Uma intranet geralmente é constituída com o intuito de compartilhar recursos entre os funcionários de uma empresa, de maneira que pessoas externas não tenham acesso a eles. Os recursos compartilhados podem ser: impressoras, arquivos, sistemas, entre outros.

8.5.3 Extranet

É quando parte de uma intranet é disponibilizada por meio da internet. Também dizemos que extranet é quando duas empresas com suas distintas intranets possuem um sistema comum que acessam apenas parte de cada uma das intranets.

8.5.4 VPN

VPN é uma forma de criar uma intranet entre localizações geograficamente distantes, com um custo mais baixo do que ligar cabos entre os pontos. Para isso, emprega-se o processo de criptografia nos dados antes de enviá-los por meio da internet e, quando o dado chega na outra sede, passa pelo processo de descriptografia. Dessa maneira, quem está navegando na internet não tem acesso às informações da empresa, que continuam restritas; esse processo também é chamado tunelamento.

8.6 Padrões de infraestrutura

São padrões que definem como deve ser organizada e quais critérios precisam ser seguidos para montar uma estrutura de rede de acordo com os padrões estabelecidos pelo Instituto de Engenheiros Eletricistas e Eletrônicos (IEEE).

O padrão Ethernet define as regras para uma infraestrutura cabeada, como tipos de cabos que devem ser utilizados, distância máxima, tipos e quantidade de dispositivos, entre outras. Já o padrão 802.11 define as regras para uma estrutura wi-fi, ou seja, para a rede sem fio.

8.7 Correio eletrônico

O serviço de e-mail é outro ponto bastante cobrado nos concursos públicos. Em essência, o que se pede é se o concursando sabe sobre as diferentes formas de se trabalhar com ele.

O e-mail é uma forma de comunicação assíncrona, ou seja, no momento do envio apenas o emissor precisa estar conectado.

8.7.1 Formas de acesso

Podemos ler e escrever e-mail utilizando duas formas diferentes. O webmail ganhou mais espaço no mercado e se tornou majoritário no ramo de e-mails, mas muitas empresas utilizam ainda os clientes de e-mail.

Webmail

O webmail é uma interface de acesso para o e-mail via Browser (navegador de internet), ou seja, uma forma de visualizar o e-mail via uma página de web. Diante disso, é possível destacar que usamos os protocolos HTTP ou HTTPS para visualizar páginas da internet. Dessa forma, ao acessar sites de e-mail como Gmail, Hotmail, Yahoo! e Outlook, fazemos uso desses protocolos, sendo o HTTPS o mais usado atualmente pelos grandes serviços de e-mail, pois confere ao usuário maior segurança no acesso.

Dizemos que o webmail é uma forma de ler e escrever e-mails, dificilmente citado como forma de enviar e receber, uma vez que quem realmente envia é o servidor e não o computador do usuário.

Quando um e-mail é enviado, ele parte diretamente do servidor no qual o remetente possui conta para o servidor do serviço de e-mail do destinatário.

Cliente de e-mail

Um cliente de e-mail é um programa específico para enviar e receber mensagens de e-mail e que é, necessariamente, instalado no computador do usuário. Como exemplo temos: o Microsoft Outlook, o Mozilla Thunderbird, o Outlook Express, e o Windows Live Mail.

Os programas clientes de e-mail usam protocolos específicos para envio e recebimento das mensagens de e-mail.

Protocolos utilizados pelos clientes de e-mail

Para o envio, um cliente de e-mail utiliza o protocolo SMTP (Simple Mail Transport Protocol – Protocolo de transporte de mensagens simples). Como todo protocolo, o SMTP também opera sobre uma porta específica, que pode ser citada como sendo a porta 25, correspondente ao padrão, mas atualmente ela foi bloqueada para uso dos usuários, vindo a ser substituída pela 587.

Com isso, em questões de Certo e Errado, apenas a 587 é a correta, quando abordado sobre o usuário, pois entre servidores a 25 ainda é utilizada. Já nas questões de múltipla escolha, vale o princípio da menos errada, ou seja, se não tiver a 587, a 25 responde à questão.

Mesmo que a mensagem de e-mail possua arquivos anexos a ela, envia-se por SMTP; assim o protocolo FTP não é utilizado.

Já para o recebimento, o usuário pode optar em utilizar o protocolo POP ou o protocolo IMAP, contudo, deve ser observada a diferença entre os dois, pois essa diferença é ponto para muitas questões.

O protocolo POP tem por característica baixar as mensagens de e-mail para o computador do usuário, mas por padrão, ao baixá-las, elas são apagadas do servidor. Portanto, as mensagens que um usuário está lendo estão, necessariamente, em seu computador.

Por outro lado, se o usuário desejar, ele pode configurar o protocolo de forma que sejam mantidas cópias das mensagens no servidor, no entanto, a que o usuário está lendo, efetivamente, está em seu computador. Sobre essa característica são citadas questões relacionando à configuração a uma espécie de backup das mensagens de e-mail.

Atualmente o protocolo POP encontra-se na versão 3; dessa forma ele pode aparecer nos textos de questão como POP3, não afetando a compreensão dela. Uma vez que o usuário necessita conectar na internet apenas para baixar as mensagens, é possível que ele se desconecte da internet e mesmo assim leia seus e-mails. E, uma vez configurado o SMTP, também é possível redigir as respostas off-line, sendo necessário, no entanto, conectar-se novamente para que as mensagens possam ser enviadas.

Ao invés de utilizar o POP, o usuário pode optar em fazer uso do protocolo IMAP, que é para acesso a mensagens de e-mail, as quais, por sua vez, residem no servidor de e-mails. Portanto, se faz necessário estar conectado à internet para poder ler o e-mail por meio do protocolo IMAP.

Spam

Spam é uma prática que tem como finalidade divulgar propagandas por e-mail, ou mesmo utilizar-se de e-mails que chamem a atenção do usuário e o incentivem a encaminhar para inúmeros outros contatos, para que, com isso, levantem uma lista de contatos que pode ser vendida na internet ou mesmo utilizada para encaminhar mais propagandas.

Geralmente um spammer utiliza-se de e-mail com temas como: filantropia, hoax (boatos), lendas urbanas, ou mesmo assuntos polêmicos.

8.8 URL (Uniform Resource Locator)

É um endereço que identifica um site, um serviço, ou mesmo um endereço de e-mail. A seguir, temos um exemplo de URL; observe que podemos dividi-la em várias partes.

8.8.1 Domínio

É o nome registrado de um site para que possa ser acessado por meio da internet. Assim como a URL, um domínio também pode ser dividido em três partes.

O .br indica que esse site está registrado no conjunto de domínios do Brasil, que é administrado e regulamentado pelo Registro.Br, componente do Comitê Gestor de internet no Brasil (CGI).

O Registro.Br define várias normas em relação à criação de um domínio, como o tamanho máximo de 26 caracteres, a limitação para apenas letras e números e recentemente a opção de criar domínios com letras acentuadas e o caractere **ç**.

Também compete ao Registro.Br a normatização da segunda parte do domínio, representado na figura pelo **.com**. Essa informação diz respeito ao ramo de atividade a que se destina o domínio, mas não nos garante qual a real finalidade do site. A última parte, por fim, é o próprio nome do site que se deseja registrar.

8.8.2 Protocolo IP

Cada equipamento na rede ganha o nome genérico de Host, o qual deve possuir um endereço para que seja localizado na rede. Esse é o endereço IP.

O protocolo IP é o responsável por trabalhar com essa informação, para tanto, um endereço IP possui versões: IPv4 e IPv6.

Um IP também é um endereço, portanto, pode ser inserido diretamente na barra de endereços de um navegador.

O IPv4 é composto por até quatro grupos de três dígitos que atingem valor máximo de 255 cada grupo, suportando, no máximo, cerca de 4 bilhões (4.294.967.296) de endereços.

O IPv6 é uma proposta que está gradativamente substituindo o IPv4, justamente pela pouca quantidade de endereço que ele oferece. O IPv6 é organizado em 8 grupos de 4 dígitos hexadecimais, suportando cerca de 3,4 × 1038, aproximadamente 3,6 undecilhões de endereços IP.

| 0123:4567:89AB:CDEF:1011:1314:5B6C:88CC

8.8.3 DNS (Domain Name System)

O Domain Name System (em português, Sistema de Nomes de Domínios) é o responsável por traduzir (resolver por meio de consultas aos servidores Raiz da internet) um domínio para o endereço IP do servidor que hospeda (armazena) o site desejado. Esse processo ocorre em questão de segundos e obedece a uma estrutura hierárquica.

8.9 Navegadores

Navegadores são programas que permitem acesso às páginas da internet, são muitas vezes citados em provas pelo termo em inglês Browser. Como exemplo, temos: internet Explorer, Mozilla Firefox e Google Chrome. Também são cobrados os conceitos dos tipos de dados de navegação que estão relacionados aos navegadores.

8.9.1 Cache

É um armazenamento temporário. No caso dos navegadores, trata-se de uma pasta onde são armazenados os conteúdos multimídias como imagens, vídeos, áudio e inclusive textos, para que, no segundo momento em que o mesmo conteúdo for acessado, ele possa ser mostrado ao usuário mais rapidamente.

8.9.2 Cookies

São pequenas informações que alguns sites armazenam no computador do usuário. Exemplos de informações armazenadas nos cookies: senhas, obviamente que são armazenadas criptografadas; também são muito utilizados em sites de compras, para armazenar o carrinho de compras.

8.9.3 Dados de formulários

Quando preenchemos um formulário, os navegadores oferecem opção para armazenar os dados digitados em cada campo, assim, quando necessário preencher o mesmo formulário ou ainda outro formulário com campos de mesmo nome, o navegador sugere os dados já usados a fim de autocompletar o preenchimento do campo.

8.10 Conceitos relacionados à internet

Nesta seção são apresentados alguns conceitos, tecnologias e ferramentas relacionadas à internet que são cobrados nas provas dos concursos.

8.10.1 Motores de busca

Os Motores de Busca são normalmente conhecidos por buscadores. Dentre os principais estão Google, Bing (MSN) e Yahoo!.

É importante observar que, nos navegadores atuais, os motores de busca são integrados, com isso podemos definir qual se deseja utilizar, por exemplo: o Google Chrome e o Mozilla Firefox utilizam como motor de busca padrão o Google, já o internet Explorer utiliza o Bing. Essa informação é relevante, pois é possível nesses navegadores digitar os termos buscados diretamente na barra de endereços, ao invés de acessar previamente o site do motor de busca.

Busca avançada

Os motores de busca oferecem alguns recursos para otimizar a busca, como operadores lógicos, também conhecidos como operadores booleanos[1]. Dentre eles podemos destacar a negação (-). Ao realizar uma busca na qual se deseja encontrar resultados que sejam relacionados a determinado assunto, porém os termos usados são comuns a outro, podemos utilizar o sinal de menos precedendo o termo do assunto irrelevante, como o exemplo de uma questão que já caiu em prova: realizar a busca por leite e cão, contudo, se for inserido apenas estes termos na busca, muitos resultados serão relacionados a gatos e leite. Para que as páginas que contenham a palavra gato não sejam exibidas na lista de páginas encontradas, basta digitar o sinal de menos (-) antes da palavra gato (sem espaço entre o sinal e a palavra), assim a pesquisa a ser inserida no buscador fica **Cão Leite -Gato**.

Também é possível realizar a busca por uma frase exata, assim, somente serão listados os sites que contenham exatamente a mesma expressão. Para isso, basta digitar a frase desejada entre aspas duplas.

- Busca por/em domínio específico: para buscar sites que possuam determinado termo em seu nome de domínio, basta inserir o texto site: seguido da palavra desejada, lembrando que não deve haver espaço entre site: e o termo desejado. De forma similar, também pode-se utilizar **inurl: termo** para buscar sites que possuam o termo na URL.

Quando o domínio já é conhecido, é possível realizar a busca por determinado termo apenas nas páginas do domínio. Para tanto, deve-se digitar **site:Dominiodosite termo.**

- **Calculadora**: é possível, ainda, utilizar o Google como uma calculadora, bastando digitar a expressão algébrica que se deseja resolver como 2 + 2 e, como resultado da "pesquisa", é apresentado o resultado da operação.
- **Operador**: quando não se sabe exatamente qual é a palavra para completar uma expressão, pode-se completar a lacuna com um asterisco, assim o motor de busca irá entender que naquele espaço pode ser qualquer palavra.
- **Busca por tipo de arquivo:** podemos refinar as buscas a resultados que consistam apenas em determinado formato de arquivo. Para tanto, podemos utilizar o operador filetype: assim, para buscar determinado tema, mas que seja em PDF, por exemplo, pode-se digitar **filetype: pdf tema.**

Tipos de busca

Os principais motores de busca permitem realizar as buscas de forma orientada a conteúdos gerais da web, como refinar a busca para exibir apenas imagens, vídeos ou mapas relacionados aos termos digitados.

8.10.2 Chat

Um chat é normalmente citado como um bate-papo em tempo real; é a forma de comunicação em que ambos os interlocutores estão conectados (on-line) simultaneamente. Muitos chats operam com salas de bate-papo. Um chat pode ser em um site específico como o chat do UOL. Conversas pelo MSN ou Facebook podem ser consideradas como chat, desde que ambos os interlocutores estejam conectados.

8.10.3 Fórum

Também conhecidos como Listas de Discussão, os fóruns funcionam como debates sobre determinados assuntos. Em um fórum não é necessário que os envolvidos estejam conectados para receberem os comentários, pois estes ficam disponíveis para acesso futuro pelo usuário ou mesmo por pessoas que não estejam cadastradas no fórum, contudo, existem muitos fóruns fechados, nos quais só se entra por convite ou mediante aquisição. A maioria deles vincula o e-mail dos envolvidos a uma discussão, alertando-os assim, caso um novo comentário seja acrescentado.

8.10.4 Moodle

O Moodle é uma ferramenta fortemente utilizada pelo setor público, e privado, para dar suporte ao Ensino a Distância (EAD).

1 Em referência à lógica de Boole, ou seja, a lógica que você estuda para o concurso.

QUESTÕES COMENTADAS

01. **(FGR – 2019 – PREF. MUNICIPAL DE BELO HORIZONTE/MG – GUARDA CIVIL MUNICIPAL)** Leia o seguinte cartaz:

Disponível em: http://www.statusimagens.com/listings/ou-voce-muda-ou-tudo-se--repete/.

Na frase, é correto afirmar que a relação lógico-semântica estabelecida pela conjunção "ou" é de:

a) Finalidade.

b) Mediação.

c) Disjunção.

d) Contraste.

A: Incorreta. As conjunções subordinativas finais têm valor semântico de finalidade, objetivo, intenção, intuito. Exs.: a fim de que, para que, que e porque (Fazemos tudo, a fim de que você passe nas provas).

B: Incorreta. Não se aplica "mediação".

C: Correta. A disjunção ou conjunção disjuntiva indica uma alternância excludente ou exclusiva. A conjunção "ou ou" estabelece uma relação semântica de alternância e tem valor semântico de exclusão.

D: Incorreta. As conjunções subordinativas concessivas têm valor semântico de concessão, contraste, consentimento, licença, quebra de expectativa. Exs.: embora, ainda que, se bem que, mesmo que, mesmo quando, posto que, apesar de que, conquanto, malgrado, não obstante, inobstante.

GABARITO: C.

02. **(FGR – 2019 – PREF. MUNICIPAL DE BELO HORIZONTE/MG – GUARDA CIVIL MUNICIPAL)** Segundo Bechara (2009, p. 587), "o pronome átono pode assumir três posições em relação ao vocábulo tônico, donde a ênclise, ***próclise*** e ***mesóclise***".

A esse respeito, analise as asserções a seguir e a relação proposta entre elas.

I. Há casos em que se pode usar indiferentemente a próclise ou a ênclise. Na frase "A crise migratória se intensificou em 2019", a próclise está bem empregada,

PORQUE

II. o sujeito está representado por um substantivo que aparece explícito no período; todavia, pode-se grafar também "A crise migratória intensificou-se em 2019", com o pronome enclítico.

Sobre essas duas assertivas, é correto afirmar que:

a) As duas são verdadeiras, e a segunda complementa corretamente a primeira.

b) As duas são verdadeiras, mas não estabelecem relação entre si.

c) A primeira é uma afirmativa falsa, e a segunda, verdadeira.

d) A primeira é uma afirmativa verdadeira, e a segunda, falsa.

Há um sujeito explícito sem palavra atrativa, logo, pode ocorrer tanto a próclise (antes do verbo) quanto a ênclise (após o verbo). As duas assertivas são complementares entre si. Logo, pode ser empregado "intensificou-se" ou "se intensificou" sem prejuízos.

GABARITO: A.

03. **(FGR – 2019 – PREF. MUNICIPAL DE BELO HORIZONTE/MG – GUARDA CIVIL MUNICIPAL)** Leia a tirinha.

Disponível em: HTTPS://ppavonts2.wordpress.com/2007/11/12/calvin-haroldo--avonts-001/.

A respeito das classes de palavras e das funções sintáticas dos termos nas frases, avalie as afirmações a seguir.

I. Em um dos quadrinhos, um dos verbos está flexionado incorretamente.

II. No primeiro quadrinho, a expressão "de fome" é um complemento nominal.

III. No segundo quadrinho, a palavra "fome" exerce a função de sujeito da oração.

IV. No terceiro quadrinho, um dos adjuntos adnominais está representado por um pronome.

V. No último quadrinho, em um dos balões, identifica-se um período simples com uma oração absoluta.

Está correto apenas o que se afirma em:

a) I, II e III.

b) I, IV e V.

c) II, III e IV.

d) III, IV e V.

I: Correta. "Algumas pessoas nunca têm o suficiente para comer."

II: Incorreta. "De fome" é adjunto adverbial de causa.

III: Incorreta. A palavra "fome" é objeto direto.

IV: Correta. "Algumas" é pronome indefinido.

V: Correta. Oração absoluta ou período simples é quando há somente um período simples.

GABARITO: B.

---

04. (FGR – 2019 – PREF. MUNICIPAL DE BELO HORIZONTE/MG – GUARDA CIVIL MUNICIPAL) Na frase "Nossos viadutos, túneis e pontes majestosos vão abaixo ou racham", é correto afirmar que o termo em destaque:

a) Poderá ser substituído por "majestosas", caracterizando uma situação de concordância ideológica.

b) Transgride as normas da concordância nominal, pois se trata de um caso de concordância facultativa.

c) Deve concordar, obrigatoriamente, em gênero e número com o elemento mais próximo, no caso, o substantivo "pontes".

d) Qualifica três termos de gêneros distintos, o que indica a flexão do adjetivo no masculino plural.

A: Incorreta. Não caracteriza concordância ideológica.

B: Incorreta. Não se trata de concordância facultativa.

C: Incorreta. Não necessariamente deve concordar com o elemento mais próximo.

D: Correta. "Majestosos" concorda com "viadutos, túneis e pontes".

GABARITO: D.

---

05. (FGR – 2019 – PREF. MUNICIPAL DE BELO HORIZONTE/MG – GUARDA CIVIL MUNICIPAL) Leia o texto a seguir.

"Nascemos em meio a um mundo de linguagem, aprendemos a língua em contato com as pessoas que nos cercam e já estavam inseridas nessa linguagem. [...] Produzimos e lemos textos orais e escritos, nos comunicamos por gestos, lemos imagens, interpretamos sons. [...] Para evitar que cada falante use a língua à sua maneira, em todo o mundo existem especialistas que registram, estudam e sistematizam o que é a língua de um povo em certo momento, o que dá origem à **norma-padrão**, uma espécie de lei que orienta o uso social da língua."

(CEREJA, W.; MAGALHÃES, T. C. **Gramática Reflexiva**: texto, semântica e interação. São Paulo: Atual, 2013. p. 29).

Com base no que apontam os dois teóricos, é correto afirmar que a linguagem formal deve ser necessariamente empregada:

a) No WhatsApp do grupo da família.

b) No bilhete para o colega de trabalho.

c) No e-mail para os amigos.

d) No editorial de um jornal.

A, B e C: Incorretas. Mostram meios informais em que a linguagem empregada é a coloquial.

D: Correta. No editorial de um jornal (um meio formal, logo, emprega-se uma linguagem mais formal, seguindo a norma-padrão da língua portuguesa).

GABARITO: D.

---

06. (FGR – 2019 – PREF. MUNICIPAL DE BELO HORIZONTE/MG – GUARDA CIVIL MUNICIPAL) Observe o título de um anúncio da Revista Forbes Brasil.

Luxo até os dentes

(FORBES BRASIL. São Paulo: BPP Publicações e Participações, ano VII, n. 65, 2018, p. 114.)

Segundo os valores das preposições, informe se é Verdadeiro (V) ou Falso (F) o que se afirma sobre o título do anúncio.

( ) A preposição "até", quando rege substantivo acompanhado de artigo, não precisa necessariamente da preposição "a".

( ) A palavra "até" possui sentido de inclusão e reforça uma declaração de "mesmo" ou "ainda".

( ) O contexto do emprego de "até" representa adição, associação e simultaneidade.

( ) No título, a preposição "até" indica movimento, ou seja, uma aproximação de um limite.

De acordo com as afirmações, a sequência correta é:

a) V, F, V, V.

b) V, F, F, V.

c) F, V, V, F.

d) V, V, F, V.

Na ordem em que as preposições foram apresentadas:

(V) Após a preposição "até", pode-se usar artigo ou não, ou seja, a crase é facultativa.

(F) A preposição "até" tem ideia de inclusão quando seguida de pronome reto.

(F) Simultaneidade da ideia de tempo.

(V) O título obedece às regras gramaticais.

GABARITO: B.

---

07. (FGR – 2019 – PREF. MUNICIPAL DE BELO HORIZONTE/MG – GUARDA CIVIL MUNICIPAL)

BROWNE, Chris. Hagar. Folha de S.Paulo. São Paulo, 1º nov. 1999.

Disponível em: https://brainly.com.br/tarefa.13194242.

"A pontuação marca na escrita as diferenças de entonação, contribuindo para tornar mais preciso o sentido que se quer dar ao texto."

(CEREJA & MAGALHÃES, 2013, p. 314).

Nos dois primeiros balões da tirinha, a vírgula foi empregada para isolar o vocativo,

PORQUE

ele (o vocativo) é o termo da oração que se refere a um substantivo para explicá-lo, ampliá-lo ou identificá-lo.

Sobre essas duas afirmações, é correto afirmar que:

a) A primeira é uma afirmativa verdadeira; e a segunda, falsa.

b) A primeira é uma afirmativa falsa; e a segunda, verdadeira.

c) As duas são verdadeiras, mas não estabelecem relação entre si.

d) As duas são verdadeiras, e a segunda é uma justificativa correta da primeira.

A afirmativa I está correta, pois a vírgula, no caso da tirinha, cumpre o papel de isolar o vocativo. Já a afirmativa II está incorreta, visto que é o aposto que explica e não o vocativo.

GABARITO: A.

---

08. (FGR – 2019 – PREF. MUNICIPAL DE BELO HORIZONTE/MG – GUARDA CIVIL MUNICIPAL)

BROWNE, Chris. Hagar. *Folha de S.Paulo*. São Paulo, 1º nov. 1999.

Disponível em: https://brainly.com.br/tarefa.13194242.

A propósito do emprego da palavra "efeitinhos" que aparece no diálogo entre os personagens na tirinha, avalie as seguintes afirmações:

I. O diminutivo é sintético, devido ao acréscimo final chamado sufixo.

II. O grau do substantivo é o diminutivo auxiliado por sufixo derivacional.

III. A ideia de pequenez se classifica como um diminutivo afetivo.

IV. A gradação do substantivo na tirinha é diminuída analiticamente.

Está correto apenas o que se afirma em:

a) II, III e IV.

b) I e II.

c) I, II e III.

d) III e IV.

I: Correto. Na forma sintética, a intensificação se faz por meio do acréscimo de sufixos, como enfeitINHOS.

II: Correto. O sufixo derivacional vem da palavra "efeitos".

III: Correto. As formas diminutivas exprimem, muitas vezes, carinho, ternura, afetividade etc. No caso da tirinha, serviu para "suavizar" os efeitos causados pelo remédio.

IV: Incorreto. Não há como a palavra "enfeitinhos" ser sintética e analítica ao mesmo tempo.

GABARITO: C.

---

09. (FGR – 2019 – PREF. MUNICIPAL DE BELO HORIZONTE/MG – GUARDA CIVIL MUNICIPAL) Considerando o emprego do "A" acentuado/craseado, avalie as alterações propostas em cada dupla de frases.

I. "Tanto assim que até seu inventor apresentava restrições àquelas inovações."

"Tanto assim que até seu inventor apresentava restrições a estas inovações."

II. "Gera alterações químicas no cérebro que levam a reações idênticas às da síndrome de abstinência."

"Gera alterações químicas no cérebro que levam as reações idênticas às da síndrome de abstinência."

III. "Os *gadgets* modernos e as redes sociais podem ser danosos e, por esse motivo, é indicado o acesso a eles."

"Os *gadgets* modernos e as redes sociais podem ser danosos e, por esse motivo, é indicado o acesso deles."

IV. "E a outras similares às que decorrem da dependência de drogas."

"E a outras similares das que decorrem da dependência de drogas."

É correto afirmar que o sentido original ficou comprometido em:

a) I e IV.

b) II, III e IV.

c) II e III.

d) I, II e III.

I e IV: Corretas. A reescrita mantém a correção gramatical e o sentido dos trechos, visto que houve apenas a substituição do pronome oblíquo demonstrativo por outro pronome de mesmo valor (aquelas - estas / as - das). É importante ressaltar que, na afirmativa IV, o termo SIMILARES admite tanto a regência com a preposição A como com a preposição DE, mantendo, assim, o sentido original do trecho.

II: Incorreta. Há prejuízo semântico. Na escrita original, as alterações químicas levam a reações idênticas às da síndrome de abstinência. Já na sua reescrita, o sentido é o de que as alterações químicas levam as reações às síndromes.

III: Incorreta. Na escrita original, tem-se o sentido de que os gadgets modernos e as redes sociais podem ser danosos e, por esse motivo, é indicado o acesso a eles, ou seja, alguém, de fora, irá realizar este acesso. Já na reescrita, usa-se o termo "acesso deles", o que significa que os próprios dispositivos iriam realizar a ação.

GABARITO: C.

---

10. (FGR – 2019 – PREF. MUNICIPAL DE BELO HORIZONTE/MG – GUARDA CIVIL MUNICIPAL) Os pronomes pessoais oblíquos são empregados nas orações como objeto direto ou indireto. A esse respeito, preencha corretamente as lacunas do texto a seguir quanto à colocação do pronome oblíquo átono.

Em __________ pondo o sol, entreguei- __________ o presente, porque não __________ veria em outra ocasião naquele ano.

A sequência que preenche corretamente as lacunas do texto é:

a) lhe, no, lo.

b) se, lhe, o.

c) se, lo, lhe.

d) lhe, lhe, lhe.

"Em se pondo [...]", há um gerúndio que pode ser preposicionado; "lhe" é o objeto indireto de "entreguei" e, por fim, o verbo transitivo direto "ver" só pode ser usado com "o, a, os, as".

GABARITO: B.

---

11. (FGR – 2019 – PREF. MUNICIPAL DE BELO HORIZONTE/MG – GUARDA CIVIL MUNICIPAL) Acerca da Constituição da República Federativa do Brasil de 1988, assinale a alternativa correta:

a) A referida Constituição adveio da necessidade de recompor um sistema democrático de direito e foi a primeira Constituição Brasileira a trazer os princípios fundamentais como pilar da constituinte, e por isso tal questão é tratada no início da Constituição.

b) A referida Constituição adveio da necessidade de afirmar um sistema democrático de direito já existente, vigente, e foi a primeira Constituição Brasileira a trazer os princípios fundamentais como pilar da constituinte, e por isso tal questão é tratada no início da Constituição.

c) A referida Constituição adveio da necessidade de recompor um sistema democrático de direito e foi a primeira Constituição Brasileira a trazer os princípios fundamentais como pilar da constituinte, e por isso tal questão é tratada no final da Constituição.

d) A referida Constituição adveio da necessidade de recompor um sistema democrático de direito e foi a segunda Constituição Brasileira a trazer os princípios fundamentais como pilar da constituinte, e por isso tal questão é tratada no meio da Constituição.

A CRFB/1988 foi a primeira Constituição Brasileira a trazer os princípios fundamentais como pilar da constituinte, sendo tratados no início da Constituição, logo no título I, arts. 1º a 4º, tamanha a sua importância:

Art. 1º A República Federativa do Brasil, formada pela união indissolúvel dos Estados e Municípios e do Distrito Federal, constitui-se em Estado Democrático de Direito e tem como fundamentos:

I - a soberania;

II - a cidadania;

III - a dignidade da pessoa humana;

IV - os valores sociais do trabalho e da livre iniciativa;

V - o pluralismo político.

Parágrafo único. Todo o poder emana do povo, que o exerce por meio de representantes eleitos ou diretamente, nos termos desta Constituição.

Art. 2º **São Poderes da União, independentes e harmônicos entre si, o Legislativo, o Executivo e o Judiciário.**

Art. 3º Constituem objetivos fundamentais da República Federativa do Brasil:

I - construir uma sociedade livre, justa e solidária;

II - garantir o desenvolvimento nacional;

III - erradicar a pobreza e a marginalização e reduzir as desigualdades sociais e regionais;

IV - promover o bem de todos, sem preconceitos de origem, raça, sexo, cor, idade e quaisquer outras formas de discriminação.

Art. 4º A República Federativa do Brasil rege-se nas suas relações internacionais pelos seguintes princípios:

I - independência nacional;

II - prevalência dos direitos humanos;

III - autodeterminação dos povos;

IV - não-intervenção;

V - igualdade entre os Estados;

VI - defesa da paz;

VII - solução pacífica dos conflitos;

VIII - repúdio ao terrorismo e ao racismo;

IX - cooperação entre os povos para o progresso da humanidade;

X - concessão de asilo político.

Parágrafo único. A República Federativa do Brasil buscará a integração econômica, política, social e cultural dos povos da América Latina, visando à formação de uma comunidade latino-americana de nações.

Com o fim dos governos militares (ditadura) e a redemocratização do País, mostrou-se evidente a necessidade de dotar o Brasil de uma nova Constituição. A Constituição de 1988 pretendeu dar ao Brasil a feição de uma social-democracia, de criar um verdadeiro Estado Democrático-Social de Direito, com a previsão de uma imensa quantidade de obrigações para o Estado, traduzidas em prestações positivas.

Ao lado da ampliação dos direitos fundamentais - sobretudo das garantias e remédios constitucionais (enfática vedação à censura prévia, surgimento do *habeas data*, do mandado de injunção, do mandado de segurança coletivo, ampliação do objeto da ação popular etc.), bem como dos direitos sociais e direitos de terceira geração ou dimensão (como o direito a um meio ambiente equilibrado) - é mister mencionar o fortalecimento das instituições democráticas, dentre elas o Ministério Público.

GABARITO: A.

---

12. (FGR – 2019 – PREF. MUNICIPAL DE BELO HORIZONTE/MG – GUARDA CIVIL MUNICIPAL) Acerca dos direitos e deveres individuais e coletivos é correto afirmar que:

a) A prática do racismo constitui crime inafiançável e prescritível, sujeito à pena de reclusão, nos termos da lei.

b) A lei não punirá qualquer discriminação atentatória dos direitos e liberdades fundamentais.

c) A lei não considerará crimes inafiançáveis e insuscetíveis de graça ou anistia a prática da tortura, o tráfico ilícito de entorpecentes e drogas afins, o terrorismo e os definidos como crimes hediondos, por eles respondendo os mandantes, os executores e os que, podendo evitá-los, se omitirem.

d) A lei penal não retroagirá, salvo para beneficiar o réu.

A: Incorreta. A prática de racismo também é imprescritível.

Art. 5º XLII - a prática do racismo constitui crime inafiançável e imprescritível, sujeito à pena de reclusão, nos termos da lei.

B: Incorreta. Pelo contrário, a lei punirá qualquer discriminação atentatória dos direitos e liberdades fundamentais.

Art. 5º XLI - a lei punirá qualquer discriminação atentatória dos direitos e liberdades fundamentais.

C: Incorreta. Pelo contrário, os mencionados crimes são inafiançáveis e insuscetíveis de graça ou anistia.

Art. 5º XLIII - a lei considerará crimes inafiançáveis e insuscetíveis de graça ou anistia a prática da tortura, o tráfico ilícito de entorpecentes e drogas afins, o terrorismo e os definidos como crimes hediondos, por eles respondendo os mandantes, os executores e os que, podendo evitá-los, se omitirem.

D: Correta. Conforme art. 5º, XL, da CRFB/1988:

Art. 5º *XL - a lei penal não retroagirá, salvo para beneficiar o réu.*

Para a memorização dos crimes inafiançáveis, imprescritíveis e insuscetíveis de graça ou anistia, você pode utilizar o macete a seguir:

Crimes inafiançáveis e imprescritíveis: RGA.

R = Racismo.

GA = ação de Grupos Armados, civis ou militares, contra a ordem constitucional e o Estado Democrático.

Crimes inafiançáveis e insuscetíveis de graça ou anistia: 3T + H.

3T = tortura, tráfico ilícito de entorpecentes e terrorismo.

H = crimes hediondos.

GABARITO: D.

13. (FGR – 2019 – PREF. MUNICIPAL DE BELO HORIZONTE/MG – GUARDA CIVIL MUNICIPAL) A segurança pública, dever do Estado, direito e responsabilidade de todos, é exercida para a preservação da ordem pública e da incolumidade das pessoas e do patrimônio, através dos seguintes órgãos, exceto:

a) Polícia Federal.
b) Polícia Civil.
c) Forças Armadas.
d) Polícia Militar.

A questão transcreve o *caput* do art. 144 da Constituição Federal de 1988 e, após, pergunta qual órgão não pertence à segurança pública.

Lembre-se que a segurança pública é dever do Estado, direito e responsabilidade de todos, sendo exercida para a preservação da ordem pública e da incolumidade das pessoas e do patrimônio.

A: Incorreta. De acordo com o art. 144, *caput*, inciso I, da CRFB/1988, a segurança pública é exercida pela polícia federal.

B: Incorreta. Conforme com o art. 144, *caput*, inciso IV, as polícias civis exercem a segurança pública.

C: Correta. Segundo o art. 144, *caput*, da CRFB/1988, as Forças Armadas não são órgãos pertencentes à segurança pública.

D: Incorreta. Conforme o inciso V do art. 144, *caput*, da CRFB/1988, as polícias militares são órgãos da segurança pública.

GABARITO: C.

14. (FGR – 2019 – PREF. MUNICIPAL DE BELO HORIZONTE/MG – GUARDA CIVIL MUNICIPAL) Acerca da segurança pública e seus órgãos é correto afirmar:

a) Às polícias militares cabem a polícia ostensiva e a preservação da ordem pública; aos corpos de bombeiros militares, além das atribuições definidas em lei, mas não incumbe a execução de atividades de defesa civil.
b) A polícia rodoviária federal, órgão permanente, organizado e mantido pela União e estruturado em carreira, destina-se, na forma da lei, ao patrulhamento ostensivo das rodovias federais.
c) Às polícias civis, dirigidas por delegados de polícia de carreira, incumbem, ressalvada a competência da União, as funções de polícia judiciária e a apuração de infrações penais, inclusive os militares.
d) Os Municípios não poderão constituir guardas municipais destinadas à proteção de seus bens, serviços e instalações, conforme dispuser a lei.

Art. 144 A segurança pública, dever do Estado, direito e responsabilidade de todos, é exercida para a preservação da ordem pública e da incolumidade das pessoas e do patrimônio, através dos seguintes órgãos:

§ 2º A polícia rodoviária federal, órgão permanente, organizado e mantido pela União e estruturado em carreira, destina-se, na forma da lei, ao patrulhamento ostensivo das rodovias federais.

§ 4º Às polícias civis, dirigidas por delegados de polícia de carreira, incumbem, ressalvada a competência da União, as funções de polícia judiciária e a apuração de infrações penais, exceto as militares.

§ 5º Às polícias militares cabem a polícia ostensiva e a preservação da ordem pública; aos corpos de bombeiros militares, além das atribuições definidas em lei, incumbe a execução de atividades de defesa civil.

§ 8º Os Municípios poderão constituir guardas municipais destinadas à proteção de seus bens, serviços e instalações, conforme dispuser a lei.

A: Incorreta. Porque ao Corpo de Bombeiros Militar incumbe a execução de atividades de defesa civil, nos termos do art. 144, § 5º, da CRFB/1988.

B: Correta. A banca examinadora cobrou do candidato o conhecimento sobre segurança pública. Ela está certa por se basear nos termos do art. 144, § 2º, da CRFB/1988.

C: Incorreta. Não incumbe às polícias civis a apuração de infrações penais militares, e sim à Justiça Militar. Inteligência do art. 144, §4º, CRFB/88.

A respeito da polícia investigativa e ao direito de greve das forças de segurança, guarde esses julgados do STF:

"Ofende a Constituição a atribuição da atendimento em delegacias de polícia a policiais militares, especialmente sargentos da PM na função de delegado de polícia, sob o argumento de inexistência de servidor para a função" (ADI 3.614/PR, rel. min. Gilmar Mendes, julg. em 20/9/2007).

"Não ofende a Constituição o envolvimento de policiais militares em procedimento investigatório, nem desloca a atribuição do inquérito da polícia federal ou civil para a polícia militar. Ainda segundo o Supremo, a circunstância de haver atuado a polícia militar não contamina o flagrante e a busca e apreensão realizadas, em conjunto com a polícia civil ou federal" (HC 89.102, Rel. Min. Marco Aurélio, julgamento em 12/6/2007).

"A atribuição de polícia judiciária compete à Polícia Civil, devendo o Termo Circunstanciado ser por ela lavrado, sob pena de usurpação de função pela Polícia Militar" (ADI 3.614, red. p/ o ac. Min. Cármen* Lúcia, *julg. em 20/9/2007).

"O exercício do direito de greve, sob qualquer forma ou modalidade, é vedado aos policiais civis e a todos os servidores públicos que atuem diretamente na área de segurança pública. É obrigatória ainda a participação do Poder Público em mediação instaurada pelos órgãos classistas das carreiras de segurança pública, de lege lata (à luz da lei vigente) nos termos do art. 165 do Código de Processo Civil, para vocalização dos interesses da categoria" (STF, ARE 654.432/GO, rel. orig. Min. Edson Fachin, red. p/ o ac. Min. Alexandre de Moraes, julgamento em 5/4/2017).

D: Incorreta. É exatamente isso que os Municípios poderão fazer, conforme o art. 144, § 8º, da Constituição.

GABARITO: B.

15. (FGR – 2019 – PREF. MUNICIPAL DE BELO HORIZONTE/MG – GUARDA CIVIL MUNICIPAL) É correto afirmar que são Poderes do Município, independentes e harmônicos entre si:

a) O Legislativo e o Judiciário.
b) O Legislativo e o Executivo.
c) O Executivo e o Judiciário.
d) O Legislativo, o Executivo e o Judiciário.

Vejamos o que dispõe a Lei Orgânica de Belo Horizonte:

***Art. 6º* São Poderes do Município, independentes e harmônicos entre si, o Legislativo e o Executivo.**

Obs.: Lembre-se de que municípios não contam com Poder Judiciário próprio.

GABARITO: B.

16. (FGR – 2019 – PREF. MUNICIPAL DE BELO HORIZONTE/MG – GUARDA CIVIL MUNICIPAL) Um gestor executivo de Belo Horizonte, com base em suas atribuições, resolve conceder o uso especial de um bem patrimonial do Município a uma escola municipal, sendo que este bem não pertence a esta escola, mas é essencial para que esta possa desenvolver atividades sociais em horários extra-aula. Sobre a referida situação, é correto afirmar que:

a) o uso de bem patrimonial por terceiro é condicionado à comprovação de seu interesse público e depende de licitação.

b) o uso especial de bem patrimonial poderá ser gratuito quando se destinar a outras entidades de direito público, entidades assistenciais, religiosas, educacionais, esportivas, desde que verificado relevante interesse público.

c) o uso especial de bem patrimonial por terceiro será sempre a título precário, condicionado ao atendimento de condições previamente estabelecidas e submetido à aprovação de comissão a ser criada pelo Executivo.

d) o uso especial de bem patrimonial será remunerado e dependerá de licitação quando destinado à finalidade econômica.

A questão versa acerca do uso de bens públicos e sua gratuidade.

Acerca do tema, o Código Civil nos dita:

Art. 103 O uso comum dos bens públicos pode ser gratuito ou retribuído, conforme for estabelecido legalmente pela entidade a cuja administração pertencerem.

Por se tratar de uso especial comum para outra entidade de direito público, esse uso é gratuito, em nome da indisponibilidade do interesse público.

GABARITO: B.

---

17. (FGR – 2019 – PREF. MUNICIPAL DE BELO HORIZONTE/MG – GUARDA CIVIL MUNICIPAL) No Windows 7, após Abrir contas de usuário, no Painel de controle, pode-se criar uma senha para proteger seu computador contra ***hackers*** ou outros usuários indesejados. Para realizar tal procedimento, marque, dentre as alternativas a seguir, a opção correta:

a) Clicar em Criar um disco de redefinição de senha; digitar a senha na caixa Nova senha; redigitá-la em Confirmar nova senha e clicar em Criar senha.

b) Clicar em Criar uma senha para a conta; digitar a senha na caixa Nova senha; redigitá-la em Confirmar nova senha e clicar em Criar senha.

c) Clicar em Gerenciar suas credenciais; digitar a senha na caixa Nova senha; redigitá-la em Confirmar senha e clicar em Recriar senha.

d) Clicar em Gerenciar criptografia; digitar a nova senha; confirmar a senha escolhida e clicar em Criar senha.

Passo a passo do Windows 7 no painel de controle:

Passo 1: abra o menu Iniciar e clique em "Painel de Controle".

Passo 2: clique em "Contas de Usuário e Segurança Familiar".

Passo 3: clique em "Contas de Usuário".

Passo 4: em seguida, clique em "Criar uma senha para a conta".

Passo 5: digite a senha e confirme-a no campo abaixo. Caso ache necessário, você também pode adicionar uma dica de senha. Por fim, clique em "Criar senha".

GABARITO: B.

---

18. (FGR – 2019 – PREF. MUNICIPAL DE BELO HORIZONTE/MG – GUARDA CIVIL MUNICIPAL) Os procedimentos indicados a seguir podem vir a ser executados para identificar qual é a versão do ***Internet Explorer*** que, por hipótese, esteja sendo utilizada pelo usuário.

I. Abra o ***Internet Explorer***, clique no botão Ferramentas e clique na opção do ***menu*** Sobre o Internet Explorer.

II. Na barra de ***menus*** do I.E. 11, clique na opção Ferramentas, em seguida em Opções da internet, a seguir na Aba geral e, em Histórico da navegação, clique no botão Configurações.

III. No menu do I.E. 11, clique na opção Ajuda e, em seguida, na opção Sobre o Internet Explorer.

IV. Na barra de ***menus*** do I.E. 11, clique na opção Exibir, em seguida, em Barra de ferramentas, e, após clicar em Barra de ***status***, clique no botão Versão do Internet Explorer.

V. A partir da barra de ***menus***, na opção Arquivo, do I.E. 11, clicar na opção Propriedades e, em seguida, no botão Certificados para obter a informação da versão do Internet Explorer em utilização.

A alternativa que contém, de forma correta, os procedimentos que realmente indicam qual versão do I.E. 11 está em uso é:

a) I e IV.

b) III e V.

c) II e IV.

d) I e III.

I: Correta. As principais informações sobre o navegador estarão contidas no ícone de configuração, geralmente representado por uma engrenagem, chamado de botão ferramentas.

II: Incorreta.

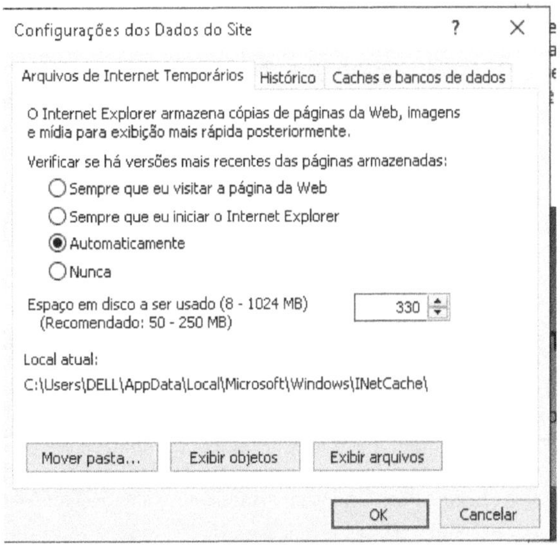

O que vai ser exibido com o caminho citado no item.

III: Correta. Também é uma alternativa clicar na barra de menus ajuda e clicar em sobre o internet explorer.

IV: Incorreta. Barra de *status* ou barra de estado também conhecido por linha de *status*) é uma área visual tipicamente encontrada no parte inferior de janelas em interfaces gráficas.

V: Incorreta. Os menus contidos: Arquivo; Editar; Exibir; Favoritos; Ajuda.

GABARITO: D.

---

19. (FGR – 2019 – PREF. MUNICIPAL DE BELO HORIZONTE/MG – GUARDA CIVIL MUNICIPAL) Para inserir uma Quebra de página manual em um documento do Word 2007, no local em que você deseja iniciar uma nova página, marque, dentre as alternativas a seguir, a opção que indica a forma correta para este procedimento:

a) Na guia Inserir, no grupo Páginas, clique em Quebra de página.

b) Na guia Layout da página, clique no Iniciador de Caixa de diálogo configurar página e, em seguida, clique na guia Quebras de linha e de página.

c) Na guia Layout da página, clique no Iniciador de Caixa de diálogo parágrafo e, em seguida, clique na guia Quebras de linha e de página. Marque a caixa de seleção Controle de linhas órfãs/viúvas.

d) Na guia Ferramentas de tabela, clique em Layout. No grupo Tabela, clique em Propriedades. Clique na guia Linha e limpe a caixa de seleção Permitir quebra de linha entre páginas.

A: Correta. Clicar na guia Inserir. Depois no grupo Páginas. Por fim, o usuário deverá clicar em Quebra de página.

B: Incorreta. Na guia *Layout* não existe inicializador de caixa de diálogo; é Configurar.

C: Incorreta. Na guia *Layout* não existe inicializador de caixa de parágrafo; é Configurar.

D: Incorreta. Guia Ferramentas não existe.

GABARITO: A.

---

20. **(FGR – 2019 – PREF. MUNICIPAL DE BELO HORIZONTE/MG – GUARDA CIVIL MUNICIPAL)** No Microsoft Excel 2007 pode-se quebrar o texto de forma a que ele apareça em várias linhas de uma célula. Sobre este recurso, assinale, dentre as alternativas a seguir, a opção correta:

a) Para que o texto seja quebrado manualmente, selecione, na planilha, as células que deseja formatar e, na guia Página inicial, no grupo Alinhamento, clique em Quebrar texto manualmente.

b) Para inserir uma quebra de linha manualmente, iniciando uma nova linha em qualquer ponto específico de uma célula, clique duas vezes (ou tecle F2) na célula na qual você deseja inserir uma quebra de linha. Na célula, clique no local em que você deseja quebrar a linha e pressione Alt + Enter.

c) Para que o texto seja quebrado automaticamente, selecione, na planilha, as células que deseja formatar e, na guia Página inicial, no grupo Alinhamento, clique na guia Preenchimento e, em seguida, no botão Quebrar texto automaticamente.

d) Para que o texto seja quebrado automaticamente, selecione, na planilha, as células que deseja formatar e, na guia Página inicial, no grupo Alinhamento, clique em Mesclar e centralizar.

A: Incorreta. Quase toda parte dessa alternativa está correta, salvo o final quando a opção cita "Quebrar texto manualmente" e a opção correta seria "Quebrar o texto automaticamente".

B: Correta.

C e D: Incorretas. Para que o texto seja quebrado automaticamente, selecione, na planilha, as células que deseja formatar e, na guia Página inicial, no grupo Alinhamento, clique em Quebrar texto automaticamente.

GABARITO: B.

---

21. **(FGR – 2019 – PREF. MUNICIPAL DE BELO HORIZONTE/MG – GUARDA CIVIL MUNICIPAL)** Na configuração do Microsoft Outlook 2007, para envio e recebimento de e-mails, podem ser usados os métodos IMAP e POP para o recebimento, e o SMTP para o envio. Dentre as afirmações a seguir, assinale a alternativa correta:

a) No método IMAP, depois que o e-mail é baixado, ele só pode ser acessado usando-se o mesmo computador. Se se tentar acessar o e-mail em um dispositivo diferente, as mensagens que foram baixadas anteriormente não estarão disponíveis.

b) O método POP permite que você acesse seu e-mail em qualquer lugar e em qualquer dispositivo. Ao ler uma mensagem de e-mail usando-o, você não está, na verdade, baixando ou armazenando em seu computador; em vez disso, você está lendo o serviço de e-mail.

c) A configuração do servidor de saída de e-mails será grafada da seguinte forma: SMTP.<nome do serviço>.com.

d) A configuração do POP no Servidor de entrada de e-mails será grafada da seguinte forma: IMAP.<nome de serviço>.com.

A: Incorreta. O protocolo IMAP mantém o *e-mail* armazenado no servidor, possibilita baixar a mensagem. B: Incorreta. O protocolo POP não mantém a mensagem armazenada no servidor, ou seja, possibilita um único ponto de acesso, totalmente oposto ao item anterior.

C: Correta. Servidor de *e-mail* de saída – SMTP: smtp.<nome do serviço>.com.

D: Incorreta. Servidor de *e-mail* de entrada – IMAP: imap.<nome do serviço>.com. Servidor de entrada – POP: pop.<nome do serviço>.com.

GABARITO: C.

---

22. **(FGV – 2019 – PREF. MUNICIPAL DE SALVADOR/BA – GUARDA CIVIL MUNICIPAL)** Nas opções a seguir, a primeira oração foi reescrita de modo a dar-se a ela um caráter genérico, com a utilização da partícula **se**. Assinale a opção em que isso foi feito de forma gramaticalmente incorreta.

a) Todo mundo viu a morte de perto. / Viu-se a morte de perto.

b) As pessoas reclamam de tudo. / Reclama-se de tudo.

c) Muita gente pensa o contrário de todos. / Pensa-se o contrário de todos.

d) Muitas pessoas não respeitam os horários. / Desrespeitam-se os horários.

e) Todos cometem as mesmas falhas. / Comete-se as mesmas falhas.

Na reescrita, o verbo deveria manter a concordância verbal, ou seja, o correto seria: Cometem-se as mesmas falhas, visto que se trata de voz passiva sintética, devido à presença de um verbo transitivo direto.

GABARITO: E.

---

23. **(FGV – 2019 – PREF. MUNICIPAL DE SALVADOR/BA – GUARDA CIVIL MUNICIPAL)** A revista Veja, em 30/03/2016, publicou a seguinte manchete:

Comida desperdiçada na América Latina reduziria 37% da fome do mundo

Cerca de 348 mil toneladas de alimentos são perdidas por dia na região.

Sobre os componentes do texto dessa ***manchete***, assinale a afirmativa correta.

a) Se a América Latina não desperdiçasse tantos alimentos, acabaria a fome no mundo.

b) A principal crítica do texto se dirige ao atraso cultural e econômico da América Latina.

c) A expressão "cerca de" indica precisamente a quantidade de alimentos desperdiçada.

d) Em todo o texto há a identificação clara do responsável pelo desperdício de alimentos.

e) A forma verbal "reduziria" indica uma possibilidade, e não uma certeza.

A: Incorreta. Não há como inferir essa informação com base no que está explícito no texto.

B: Incorreta. No texto, não há menção a atraso cultural.

C: Incorreta. "Cerca de" é uma expressão aproximativa, ou seja, não indica precisão.

D: Incorreta. Não há identificação do responsável pelo desperdício de alimentos.

E: Correta. "Reduziria" é uma forma verbal do futuro do pretérito do modo indicativo, logo, indica uma possibilidade de ocorrência.

GABARITO: E.

---

24. (FGV – 2019 – PREF. MUNICIPAL DE SALVADOR/BA – GUARDA CIVIL MUNICIPAL) ***"Muito se tem falado de conservação do meio ambiente, mas não se criou ainda a consciência de que o planeta precisa urgentemente de nossos cuidados."***

(Brasil Escola)

Assinale a opção que indica os termos que, nesse segmento do texto, desempenham a mesma função sintática.

a) de conservação / do meio ambiente.

b) de que o planeta precisa urgentemente / de nossos cuidados.

c) de conservação / de nossos cuidados.

d) de que o planeta precisa urgentemente de nossos cuidados / do meio ambiente.

e) de conservação / de que o planeta precisa.

A: Incorreta. "de conservação" (adjunto adverbial de assunto) e "do meio ambiente" (complemento nominal).

B: Incorreta. "de que o planeta precisa urgentemente" (complemento nominal) e "de nossos cuidados" (objeto indireto).

C: Incorreta. "de conservação" (adjunto adverbial de assunto) e "de nossos cuidados" (objeto indireto).

D: Correta. "de que o planeta precisa urgentemente de nossos cuidados" (complemento nominal) e "do meio ambiente" (complemento nominal).

E: Incorreta. "de conservação" (adjunto adverbial de assunto) e "de que o planeta precisa" (complemento nominal).

GABARITO: D.

---

25. (FGV – 2019 – PREF. MUNICIPAL DE SALVADOR/BA – GUARDA CIVIL MUNICIPAL) ***"Ler é importante porque leva a pessoa a ter contato com várias ideias diferentes (dos autores), adquirindo assim uma visão mais ampla do mundo e dos conflitos que envolvem a humanidade e a sociedade. Quando se tem uma visão mais ampla, se tem também mais material para formar as próprias ideias e resolver de melhor forma os próprios problemas."***

brunokabuki.blogspot.com/2019/

Segundo o texto, a leitura:

a) faz os autores entrarem em contato com várias ideias.

b) obriga os leitores a terem uma visão mais ampla do mundo.

c) torna menos compreensíveis os conflitos do mundo.

d) fornece ferramentas para a formação de nossas ideias.

e) minimiza os problemas que enfrentamos.

A: Incorreta. Não são os autores que entram em contato com várias ideias e, sim, os leitores que entram em contato com ideias diferentes dos autores lidos.

B: Incorreta. Não se trata de uma imposição, pois a leitura faz as pessoas adquirirem, espontaneamente, uma visão mais ampla do mundo.

C: Incorreta. A leitura torna mais compreensíveis os conflitos do mundo, fazendo com que se abra um maior "leque" de ideias, podendo, assim, solucionar da melhor forma os próprios problemas.

D: Correta. A leitura abre a mente das pessoas.

E: Incorreta. A leitura dá mais sabedoria para enfrentar os problemas da melhor maneira possível.

GABARITO: D.

---

26. (FGV – 2019 – PREF. MUNICIPAL DE SALVADOR/BA – GUARDA CIVIL MUNICIPAL) ***"Ler é importante porque leva a pessoa a ter contato com várias ideias diferentes (dos autores), adquirindo assim uma visão mais ampla do mundo e dos conflitos que envolvem a humanidade e a sociedade.*** Quando se tem uma visão mais ampla, se tem também mais material para formar as próprias ideias e resolver de melhor forma os próprios problemas."

brunokabuki.blogspot.com/2019/

A relação lógica entre os dois segmentos sublinhados é a de:

a) simultaneidade temporal.

b) causa e consequência.

c) proporcionalidade.

d) comparação desproporcional.

e) condição.

Analisando a questão, observa-se que, no trecho sublinhado, há uma oração subordinada iniciada por "quando" (ideia de tempo) e uma oração principal. Portanto, a alternativa correta é a A.

GABARITO: A.

---

27. (FGV – 2019 – PREF. MUNICIPAL DE SALVADOR/BA – GUARDA CIVIL MUNICIPAL) **Violência, participação e democracia**

"Manifestações públicas constituem um dos aspectos essenciais da vida democrática. Um regime político que é incapaz de tolerar a livre manifestação da população – inclusive a que contraria os ocupantes do poder – não pode ser considerado democrático.

Historicamente, os regimes democráticos se consolidam quando a luta política deixa de ser o arriscado jogo do tudo ou nada e se institucionaliza como parte do cotidiano da sociedade."

Folha de São Paulo, 14/6/2014.

Esse trecho apresenta uma série de pensamentos de caráter democrático, à exceção de um. Assinale-o.

a) A luta política não deve ter caráter radical.

b) As manifestações públicas devem ser normalmente aceitas.

c) O poder político deve tolerar manifestações opostas.

d) A luta política não deve fazer parte do cotidiano social.

e) A violência não deve ser empregada contra manifestações.

A: Incorreta. Conforme as ideias do texto, ter um caráter radical na luta política não é democrático. O trecho que corrobora essa afirmação é: "[...] Historicamente, os regimes democráticos se consolidam quando a luta política deixa de ser o arriscado jogo do tudo ou nada [...]". A expressão "tudo ou nada" abrange a questão radical. Portanto, a luta política não deve ter caráter radical.

B: Incorreta. As manifestações públicas devem ser normalmente aceitas porque "[...] constituem um dos aspectos essenciais da vida democrática [...]".

C: Incorreta. É totalmente democrático, até porque se pratica o respeito à opinião alheia.

D: Correta. Conforme a última linha, a luta política "[...] se institucionaliza como parte do cotidiano da sociedade". Então, a afirmação de que a luta política não deve fazer parte do cotidiano social não é um pensamento de caráter democrático.

E: Incorreta. Em concordância com as ideias do texto e pelo conhecimento do mundo, sabe-se que a violência é uma ação antidemocrática, dado que só fortalece o autoritarismo.

GABARITO: D.

28. **(FGV – 2019 – PREF. MUNICIPAL DE SALVADOR/BA – GUARDA CIVIL MUNICIPAL)** Um dos temas de discussão mais frequentes na atualidade é o das vantagens e desvantagens da redução da maioridade penal. Assinale a opção que apresenta um argumento que pode ser considerado desfavorável a essa redução.

a) A redução protegeria os jovens do aliciamento do tráfico, que tem recrutado menores para a prática de crimes.

b) O sistema prisional brasileiro apresenta situação caótica.

c) A impunidade gera o aumento da violência.

d) A opinião pública brasileira apoia a redução.

e) A legislação brasileira deve alinhar-se à de países desenvolvidos.

A: Incorreta. "A redução protegeria os jovens [...]", ou seja, traz um argumento favorável.

B: Correta. A situação de "caos" do sistema prisional é uma desvantagem da redução.

C: Incorreta. Traz a ideia de que a redução é necessária e não desfavorável.

D: Incorreta. O apoio à redução é um ponto positivo.

E: Incorreta. O alinhamento da legislação também é um ponto positivo para que haja a redução da maioridade.

GABARITO: B.

29. **(FGV – 2019 – PREF. MUNICIPAL DE SALVADOR/BA – GUARDA CIVIL MUNICIPAL)** Assinale a opção que indica a frase em que não ocorre a relação de causa e consequência.

a) Apesar das chuvas, as ruas não amanheceram alagadas.

b) Em virtude da crise, o comércio está vendendo menos.

c) Muitas pessoas deixaram de viajar em função do mau tempo.

d) As necessidades econômicas geram muitos problemas.

e) A violência resulta, muitas vezes, da ignorância.

A: Correta. "Apesar das chuvas" dá ideia de concessão.

B: Incorreta. "O comércio está vendendo menos" é a consequência, e a "crise" é a causa".

C: Incorreta. "Muitas pessoas deixaram de viajar" é a consequência, e "mau tempo" é a causa.

D: Incorreta. "Muitos problemas" é a consequência, e "as necessidades econômicas" é a causa.

E: Incorreta. "A violência" é a consequência, e "ignorância" é a causa.

GABARITO: A.

30. **(FGV – 2019 – PREF. MUNICIPAL DE SALVADOR/BA – GUARDA CIVIL MUNICIPAL)** O jornal *A Tarde* publicou as duas *manchetes* esportivas a seguir.

Bahia cai para o Atlético-MG e acaba com chance de vaga na Libertadores

Vitória perde para Atlético-PR e se complica na luta contra o rebaixamento

Sobre essas duas *manchetes*, assinale a opção que apresenta a afirmativa correta.

a) A estruturação dos textos se dirige aos "iniciados" no futebol.

b) A gravidade das derrotas é apresentada como equivalente.

c) O verbo "cair" pertence à linguagem denotativa.

d) Uma das siglas representativas de estados está errada.

e) O jornal mostra parcialidade na informação prestada.

A: Correta. A banca utilizou o termo "iniciados" como sinônimo de "conhecedores" do futebol.

B: Incorreta. "Perder" e "cair" não são equivalentes.

C: Incorreta. O verbo "cair" pertence à linguagem conotativa.

D: Incorreta. As siglas estão corretas.

E: Incorreta. A linguagem é adequada a um caderno esportivo, mas não quer dizer que seja parcial.

GABARITO: A.

31. **(FGV – 2019 – PREF. MUNICIPAL DE SALVADOR/BA – GUARDA CIVIL MUNICIPAL)** A respeito das *manchetes* do jornal *A Tarde* transcritas a seguir, assinale a que não utiliza linguagem figurada.

a) "Judô do Brasil passa em branco no 2º dia de disputas em Haia".

b) "Neymar e Cavani minimizam jogo 'pesado' em amistoso".

c) "Homens armados roubam supermercado e levam celulares".

d) "Ex de Safadão anuncia que será musa da Grande Rio".

e) "Lotérica é assaltada e assaltantes usam reféns como escudo".

A: Incorreta. "Passa em branco" é uma linguagem figurada, ou seja, o que se quis dizer é que o judô do Brasil não apresentou resultados.

B: Incorreta. "Pesado" foi usado como sinônimo de "difícil".

C: Correta. Todas as palavras foram usadas em seu sentido literal.

D: Incorreta. "Safadão" é uma figura de linguagem, ou seja, o nome do cantor não é "Safadão", mas ele é conhecido por esse apelido (linguagem conotativa).

E: Incorreta. O trecho "reféns como escudo" apresenta sentido conotativo.

GABARITO: C.

32. **(FGV – 2019 – PREF. MUNICIPAL DE SALVADOR/BA – GUARDA CIVIL MUNICIPAL)** Em 18 de novembro de 2011, o jornal *A Tarde* publicou a seguinte manchete:

"Babas' roubam espaço de banhistas na orla de Salvador".

Sobre os componentes da manchete, assinale a afirmativa incorreta.

a) O emprego do verbo "roubar" mostra uma visão negativa da ação praticada.

b) A linguagem utilizada mostra traços de coloquialidade.

c) A mensagem traz implícita a ideia de que os banhistas têm direito a certo espaço na orla.
d) O vocábulo 'babas' traz aspas para indicar um sentido diferente do usual.
e) A manchete é construída de forma não opinativa, como recomenda a informação jornalística.

A: Correta. A palavra foi empregada no sentido pejorativo, mostrando que a ação praticada "babas" (jogos de futebol organizados por um grupo) rouba o espaço na orla.

B: Correta. "Babas" é um termo coloquial que significa "jogos de futebol".

C: Correta. Se o jogo "baba" rouba o espaço dos banhistas é porque eles têm direito a esse espaço.

D: Correta. O significado usual é um líquido que escorre pela boca: "salivas, babas".

E: Incorreta. O verbo "roubar" traz um sentido pejorativo que transparece parcialidade opinativa.

GABARITO: E.

---

33. **(FGV – 2019 – PREF. MUNICIPAL DE SALVADOR/BA – GUARDA CIVIL MUNICIPAL)** ***"A redução da maioridade penal é urgente, pois, como mostram as pesquisas de opinião, 98% da nossa população apoia a redução da maioridade penal."***

Nesse caso, a opinião expressa está apoiada em um argumento:

a) autoritário.
b) narrativo.
c) causal.
d) opinativo.
e) tendencioso.

A: Correta. "Argumento autoritário" traz citação de uma autoridade, de um especialista sobre o tema abordado pela proposta de redação, que pode ser um pesquisador, um professor ou, ainda, um profissional formado na área.

B: Incorreta. A opinião narrativa traz uma história contada para o leitor.

C: Incorreta. O argumento causal é feito com base na observação direta, pela qual chegamos a conclusões acerca de acontecimentos.

D: Incorreta. No argumento opinativo, o autor apresenta seu ponto de vista sobre determinado tema.

E: Incorreta. O argumento tendencioso demonstra uma tendência ou objetivo de prejudicar, ou seja, há segundas intenções; tende a ser parcial.

GABARITO: A.

---

34. **(FGV – 2019 – PREF. MUNICIPAL DE SALVADOR/BA – GUARDA CIVIL MUNICIPAL)** Quando procuramos evitar afirmações de certeza absoluta, empregamos expressões de possibilidade. Assinale a opção que, ao contrário, expressa ***certeza***.

a) A Terra deve tornar-se um planeta desabitado.
b) É muito provável que a gasolina suba de preço.
c) Sabe-se que o desemprego é o pior de nossos problemas.
d) O Brasil, provavelmente, crescerá mais em 2019.
e) Existe a possibilidade de nosso país ficar mais rico.

A: Incorreta. A presença da expressão "deve tornar-se" pode induzir a erro, uma vez que a locução verbal destacada pode ser erroneamente interpretada como indicativa de certeza. Agora, analisando em um contexto mais amplo de locuções verbais, vejamos: Quando alguém pergunta "Você vai viajar nas férias?" e a resposta é "Devo ir", não é uma certeza, e sim, uma possibilidade.

B: Incorreta. O vocábulo "provável" indica possibilidade.

C: Correta. O verbo "saber" ("Sabe-se") indica certeza.

D: Incorreta. O vocábulo "provavelmente" indica possibilidade.

E: Incorreta. Essa afirmativa traz a palavra "possibilidade".

GABARITO: C.

---

35. **(FGV – 2019 – PREF. MUNICIPAL DE SALVADOR/BA – GUARDA CIVIL MUNICIPAL)** *"A ideia de que a natureza existe para servir o homem seria apenas ingênua, se não fosse perigosamente pretensiosa.*

Essa crença lançou raízes profundas no espírito humano, reforçada por doutrinas que situam corretamente o Homo Sapiens no ponto mais alto da evolução, mas incidem no equívoco de fazer dele uma espécie de finalidade da criação. Pode-se dizer com segurança que nada na natureza foi feito para alguma coisa, mas pode-se crer em permuta e equilíbrio entre seres e coisas".

LISBOA, Luiz Carlos. **Olhos de ver; ouvidos de ouvir**. Ed. Difel, 2013.

As opções a seguir apresentam uma série de palavras e expressões do campo semântico da religiosidade, à exceção de uma. Assinale-a.

a) Olhos de ver; ouvidos de ouvir.
b) Essa crença lançou raízes profundas.
c) ... uma espécie de finalidade da criação.
d) ... reforçada por doutrinas.
e) ... nada na natureza foi feito para alguma coisa.

A: Incorreta. Apresenta uma expressão semântica de campo religioso e bíblico.

B: Incorreta. Também tem ideia de religiosidade, pois "crença" vem da ideia de crer em algo.

C: Incorreta. Contém uma ideia de religiosidade, ou seja, "finalidade da criação" quer dizer "propósito de criação".

D: Incorreta. Cita doutrina, logo, a base de uma religião.

E: Correta. Ao contrário da afirmativa, o campo da religiosidade afirma que tudo na natureza tem um propósito.

GABARITO: E.

---

36. **(FGV – 2019 – PREF. MUNICIPAL DE SALVADOR/BA – GUARDA CIVIL MUNICIPAL)** Quando José tinha 8 anos, seu irmão tinha a metade da idade dele. Hoje, José tem 56 anos; a idade de seu irmão é de

a) 23 anos.
b) 28 anos.
c) 33 anos.
d) 42 anos.
e) 52 anos.

Se quando José tinha 8 anos, o seu irmão tinha a metade da idade dele, quer dizer que seu irmão tinha 8/2 = 4. Se José agora tem 56 anos, basta subtrairmos os 4 anos de diferença, portanto, 56 – 4 = 52.

Cuidado: quando José tinha 8 anos, seu irmão tinha a metade da idade dele, mas quando José completou 56 anos, José não tinha mais a metade dele, mas sim a diferença de idade que sobrou, ou seja, 4 anos.

GABARITO: E.

37. **(FGV – 2019 – PREF. MUNICIPAL DE SALVADOR/BA – GUARDA CIVIL MUNICIPAL)** 50 atletas estão treinando e todos usam bermuda e camiseta do mesmo modelo, mas com cores diversas. Entre esses atletas há 20 com bermudas brancas, 25 com camisetas brancas e 12 com bermudas e camisetas brancas.

Assinale a opção que indica o número de atletas que não estão vestindo nenhuma peça branca.

a) 5.
b) 13.
c) 15.
d) 17.
e) 20.

Se 20 é a quantidade de atletas com bermudas brancas, e 12 com bermudas brancas e camisetas brancas, então, 20 – 12 = 8 pessoas que estão apenas com camiseta branca.

Se o total de atletas é 50, para encontrarmos a quantidade de atletas que não estão vestindo nenhuma roupa, precisamos saber quem usa bermuda branca, quem usa camisa branca e quem usa os dois. Para isso, temos:

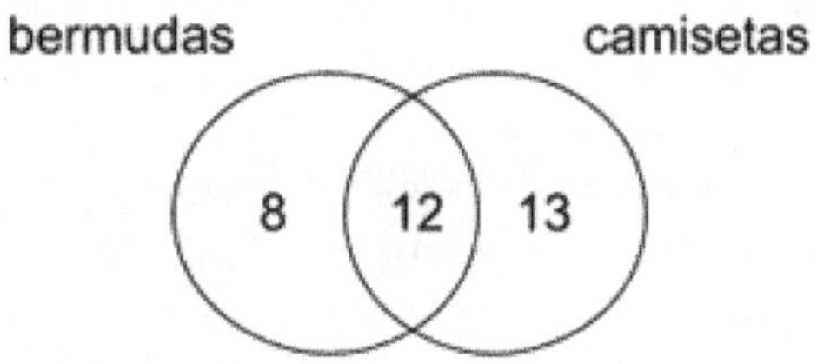

50 – 8 – 12 – 13 = 17.

GABARITO: D.

38. **(FGV – 2019 – PREF. MUNICIPAL DE SALVADOR/BA – GUARDA CIVIL MUNICIPAL)** Em um ano não bissexto, quando o primeiro dia do ano cai em um sábado, o último dia de fevereiro cairá em uma:

a) segunda-feira.
b) terça-feira.
c) quarta-feira.
d) quinta-feira.
e) sexta-feira.

Um ano não bissexto possui 365 dias, portanto, fevereiro tem 28 dias. Janeiro tem 31 dias, então é só somar 31 + 28 = 58 dias após o primeiro dia de Janeiro.

Agora, basta dividirmos este número pela quantidade de dias da semana, ou seja, 7.

58/7 = 8 com o resto 2. Isso quer dizer que até o último dia de fevereiro, teremos 8 semanas completas e mais 2 dias. Portanto, se o primeiro dia do ano foi um sábado, o dia 28 de fevereiro será segunda-feira, que é exatamente 2 dias após o sábado.

GABARITO: A.

39. **(FGV – 2019 – PREF. MUNICIPAL DE SALVADOR/BA – GUARDA CIVIL MUNICIPAL)** Um hospital realizou um concurso oferecendo vagas para os cargos de técnico em enfermagem e de administração hospitalar. Inscreveram-se 120 candidatos, sendo que o número de mulheres foi o dobro do número de homens.

O quadro incompleto a seguir mostra os números de candidatos aos dois cargos:

	Técnico em enfermagem	Administração hospitalar
Homens	12	
Mulheres		35

O número total de candidatos para técnico em enfermagem era de:

a) 57.
b) 59.
c) 61.
d) 63.
e) 65.

Vamos começar chamando o número total de homens de x. A questão diz que o número de mulheres é o dobro do número de homens, portanto, 2x. Total de candidatos é 3x.

Haviam 120 candidatos, portanto 3x = 120.

x = 120/3 = 40. Portanto, havia 40 homens e 80 mulheres.

Se subtrairmos o total de mulheres inscritas para administração hospitalar, obteremos o número das inscritas em Técnico em Enfermagem.

Portanto, 80 – 35 = 45.

	Técnico em enfermagem	Administração hospitalar
Homens	12	
Mulheres	45	35

Pronto, já achamos o número de candidatos de enfermagem.

12 + 45 = 57.

GABARITO: A.

40. **(FGV – 2019 – PREF. MUNICIPAL DE SALVADOR/BA – GUARDA CIVIL MUNICIPAL)** Considerando que a afirmação "Nenhum pescador sabe nadar" não é verdadeira, é correto concluir que:

a) "Há, pelo menos, um pescador que sabe nadar".
b) "Quem não é pescador não sabe nadar".
c) "Todos os pescadores sabem nadar".
d) "Todas as pessoas que sabem nadar são pescadores".
e) "Ninguém que sabe nadar é pescador".

A negação de "nenhum" é "pelo menos um", ou seja, se nenhum pescador sabe nadar não é verdade, então, há pelo menos um pescador que sabe nadar.

GABARITO: A.

41. **(FGV – 2019 – PREF. MUNICIPAL DE SALVADOR/BA – GUARDA CIVIL MUNICIPAL)** Os cinco times de futebol de certo município disputarão um torneio em que cada time jogará uma vez com cada um dos outros times.

O número de partidas que serão realizadas é:

a) 8.
b) 9.
c) 10.
d) 15.
e) 20.

Cada um dos times disputará com um dos outros times, e a ordem na qual os times são escolhido não importa, portanto trata-se de uma combinação:

$C_{n,p} = n! / p!\,(n - p)!$

$C_{5,2} = 5! / 2! \cdot 3!$

$C_{5,2} = 5 \cdot 4 \cdot 3! / 2! \cdot 3!$

$C_{5,2} = 5 \cdot 2 = 10.$

Portanto, serão realizadas 10 partidas.

GABARITO: C.

---

42. **(FGV – 2019 – PREF. MUNICIPAL DE SALVADOR/BA – GUARDA CIVIL MUNICIPAL)** Uma queijaria produz 1 kg de queijo curado com 7,5 litros de leite de cabra. A quantidade desse tipo de queijo que pode ser produzida com 360 litros de leite de cabra é:

a) 46 kg.
b) 48 kg.
c) 50 kg.
d) 52 kg.
e) 54 kg.

Se com 7,5 litros de leite são produzidos 1 kg de queijo, então, com 360 litros de leite, serão produzidos x kg de queijo. Basta aplicarmos a regra de três simples.

$\frac{x}{1} = \frac{360}{7,5} \cdot 7,5x = 360 \rightarrow x = 48$ **kg.**

GABARITO: B.

---

43. **(FGV – 2019 – PREF. MUNICIPAL DE SALVADOR/BA – GUARDA CIVIL MUNICIPAL)** Sílvio, Robson e Túlio estão em uma fila, nessa ordem, ou seja, Robson está atrás de Sílvio e Túlio está atrás de Robson.

Sabe-se que:

- Robson está no meio da fila, ou seja, há tantas pessoas na frente dele como atrás dele.
- Há 7 pessoas entre Sílvio e Robson.
- Há 10 pessoas entre Robson e Túlio.
- Sílvio é o 12º da fila.

Nessa fila, o número de pessoas atrás de Túlio é:

a) 6.
b) 7.
c) 8.
d) 9.
e) 10.

Sabemos que atrás de Robson tem tantas pessoas quantas há à sua frente. À frente dele existem 7 pessoas entre ele e Sílvio e o próprio Sílvio + 11 pessoas logo depois. Portanto, há 18 pessoas na frente dele, sendo assim, há 18 atrás dele também. Entre ele e Túlio há 10 pessoas, portanto, atrás de Túlio sobram 8 pessoas.

GABARITO: C.

---

44. **(FGV – 2019 – PREF. MUNICIPAL DE SALVADOR/BA – GUARDA CIVIL MUNICIPAL)** Certo arquiteto planejou colocar no aeroporto da cidade uma faixa muito comprida com as seguintes letras em sequência, mantendo sempre o mesmo padrão:

SALVADORBAHIASALVADORBAHIASALVADORBA...

A 500ª letra dessa sequência é:

a) A.
b) L.
c) D.
d) S.
e) V.

A sequência de letras se repete por 13 vezes cada.

Para achar a 500ª letra, basta dividir 500/13

500/13 = 38 com resto 6.

O 38 significa que a sequência terá aparecido 38 vezes para chegar a 500ª letra, e o resto 6 significa que a letra 500 será igual a 6ª letra da sequência, que no caso é a letra D.

GABARITO: C.

---

45. **(FGV – 2019 – PREF. MUNICIPAL DE SALVADOR/BA – GUARDA CIVIL MUNICIPAL)** Manoel, Augusto, Joaquim, Carlos e Valdo marcaram hora e lugar para uma reunião. Todos chegaram, mas em horários ligeiramente diferentes.

Sabe-se que:

- Augusto chegou antes de Valdo e de Joaquim, mas não foi o primeiro a chegar.
- Valdo chegou depois de Joaquim, mas não foi o último a chegar.
- Carlos chegou antes de Valdo.

É correto concluir que:

a) Carlos foi o segundo a chegar.
b) Manoel foi o último a chegar.
c) Augusto foi o terceiro a chegar.
d) Joaquim foi o último a chegar.
e) Valdo foi o terceiro a chegar.

Para esta questão, vamos separar da seguinte forma:

Augusto chegou antes de Valdo e de Joaquim, mas não foi o primeiro a chegar, portanto:

ANTES		Augusto	Valdo	Joaquim		DEPOIS

Valdo chegou depois de Joaquim, mas não foi o último a chegar, representando:

ANTES		Augusto	Joaquim	Valdo		DEPOIS

E, por último, Carlos chegou antes de Valdo. Isso o coloca em primeiro lugar, pois Augusto não chegou primeiro mas chegou antes de Valdo e Joaquim, e Valdo chegou depois de Joaquim, mas não foi o último a chegar, colocando o Manoel em último lugar.

ANTES	Carlos	Augusto	Joaquim	Valdo	Manoel	DEPOIS

GABARITO: B.

46. **(FGV – 2019 – PREF. MUNICIPAL DE SALVADOR/BA – GUARDA CIVIL MUNICIPAL)** Um usuário tem rodando em sua máquina o Windows 10 BR com somente o pacote de idioma Português (Brasil) instalado. Em viagem aos Estados Unidos, este usuário adquiriu um novo teclado para o computador, mas, ao retornar e instalar o novo teclado, ao pressionar a tecla ponto e vírgula surge na tela uma cedilha.

Para solucionar esse problema o usuário deve:

a) Adicionar o teclado apropriado nas opções de idioma do português (Brasil).

b) Alterar o idioma de exibição do Windows.

c) Instalar um adaptador de teclado na porta USB.

d) Baixar um novo driver para o teclado da página do fabricante.

e) Instalar um novo pacote de idiomas e, em seguida, alterar o idioma de exibição do Windows.

A: Correta.

B: Incorreta. Ao alterar o idioma de exibição do windows, será modificando o idioma do português para inglês e não as opções de idioma do teclado.

C: Incorreta. Instalar um adaptador de teclado? Esse item sem dúvidas não é aconselhável.

D: Incorreta. O *driver* não modificaria o idioma.

E: Incorreta. Sem necessidade de instalação de um novo pacote de idiomas.

GABARITO: A.

47. **(FGV – 2019 – PREF. MUNICIPAL DE SALVADOR/BA – GUARDA CIVIL MUNICIPAL)** Usando o MS Excel 2016 BR, um usuário quer calcular a potência do conteúdo da célula B1 na figura a seguir, elevado ao conteúdo da célula B2, e armazenar o resultado na célula B3.

fx

	A	B	C
1	base	2	
2	expoente	4	
3	potência		

Assinale a opção que indica a fórmula que tem de ser digitada na célula B3.

a) 2^4.

b) 2**4.

c) =B1^B2.

d) B1^B2.

e) =2^4.

A e B: Incorretas. Nesse caso nada aconteceria, haja vista que, o usuário não utilizou o sinal de igualdade.

C: Correta. Poderia ainda usar a função = potência (b1; b2).

D: Incorreta. Nada aconteceria pela "simples" falta do sinal de igualdade.

E: Incorreta. Calcularia a potência, mas não utilizando as células como referência.

GABARITO: C.

48. **(FGV – 2019 – PREF. MUNICIPAL DE SALVADOR/BA – GUARDA CIVIL MUNICIPAL)** No Windows 10 BR, é possível criar uma imagem do sistema para restaurar o computador se, por exemplo, o disco rígido parar de funcionar.

Usando essa imagem, é possível recuperar:

I. Contas de usuários.

II. Aplicativos instalados.

III. Configurações do Windows.

Está correto o que se afirma em:

a) II, somente.

b) I e II, somente.

c) I e III, somente.

d) II e III, somente.

e) I, II e III.

Esse recurso é muito útil, imagine a seguinte situação hipotética:

Você está utilizando o computador e ocorre um problema crítico no seu PC. Esse recurso de Imagem, se ocorrer esse problema você poderá entrar no Ambiente de Recuperação do Windows (WinRE) e, em seguida, recuperar o Windows a partir de uma imagem do sistema recuperando assim:

I: Contas de usuário.

II: App's instalados.

III: Configurações do Windows.

GABARITO: E.

49. **(FGV – 2019 – PREF. MUNICIPAL DE SALVADOR/BA – GUARDA CIVIL MUNICIPAL) Assinale a opção que indica, no MS Excel 2016 BR, a tecla (ou a combinação de teclas)** utilizada para atualizar os cálculos.

a) Ctrl+ <espaço>.

b) Esc.

c) F9.

d) SysRq.

e) Tab.

A: Incorreta. Ctrl + Espaço: seleciona a coluna toda.

B: Incorreta. Esc: cancela uma entrada na célula ou na barra de fórmulas, pode ser usado também para para fechar um menu ou submenu, uma caixa de diálogo ou uma janela de mensagem aberta.

C: Correta.

D: Incorreta. SysRq: essa tecla geralmente se encontra junto da tecla "PrtScn", que é a tecla de "*print screen*" e que todo mundo usa em algum momento. Mas apertando Alt + Shift + SysRq, você altera o Alto Contraste da tela.

E: Incorreta. Tab: move a seleção para a célula à direita.

GABARITO: C.

50. **(FGV – 2019 – PREF. MUNICIPAL DE SALVADOR/BA – GUARDA CIVIL MUNICIPAL)** Observe a figura a seguir extraída do Explorador de Arquivos (Windows Explorer) do MS Windows 10 BR.

Nesse contexto, um clique sobre a pequena seta para cima fará com que o Explorador de Arquivos:

a) mostre o conteúdo da última pasta visitada.
b) mostre o conteúdo da pasta "Java".
c) abra uma lista dos locais recentes.
d) mostre o conteúdo da pasta "Dados (D:)".
e) faça o upload do conteúdo da pasta atual para a nuvem.

Alt +: voltaria para última pasta visitada.

Utilizando a seta para cima o usuário será direcionado para uma hierarquia acima, ou seja, a pasta antecessora à atual, nesse caso ele vai voltar para a pasta Java.

GABARITO: B.

---

51. **(FGV – 2019 – PREF. MUNICIPAL DE SALVADOR/BA – GUARDA CIVIL MUNICIPAL)** O uso de estilos no MS Office 2016 BR permite:
a) alterar rapidamente a formatação de partes de um documento baseadas em um mesmo estilo.
b) aplicar um conjunto predefinido de cores, fontes e plano de fundo aos slides de um documento do PowerPoint.
c) controlar todas as alterações feitas em um documento.
d) inserir um índice de autoridades no documento.
e) utilizar conteúdo e elementos de design como ponto de partida para criar um documento.

A: Correta.

B: Incorreta. Essa opção seria o slide *mestre*. É um *slide* que serve como padrão para os demais *slides*.

C: Incorreta. A ativação do recurso Controlar Alterações. Essa ferramenta oferece ao usuário uma maneira de fazer alterações fáceis de identificar. Elas são como sugestões que você pode revisar e depois removê-las ou torná-las permanentes.

D: Incorreta. Inserir um índice de conteúdo e não índice de autoridades.

E: Incorreta. Modelo (*Template*) seria esse recurso referido no item.

GABARITO: A.

---

52. **(FGV – 2019 – PREF. MUNICIPAL DE SALVADOR/BA – GUARDA CIVIL MUNICIPAL)** Analise o ícone a seguir extraído da Guia Página Inicial no MS Word 2016 BR:

Assinale a opção que indica a função desse ícone.
a) Cor da Fonte.
b) Estilos.
c) Limpar Formatação.
d) Pincel de Formatação.
e) Realce.

A: Incorreta.

B: Incorreta.

C: Correta.

D: Incorreta.

E: Incorreta.

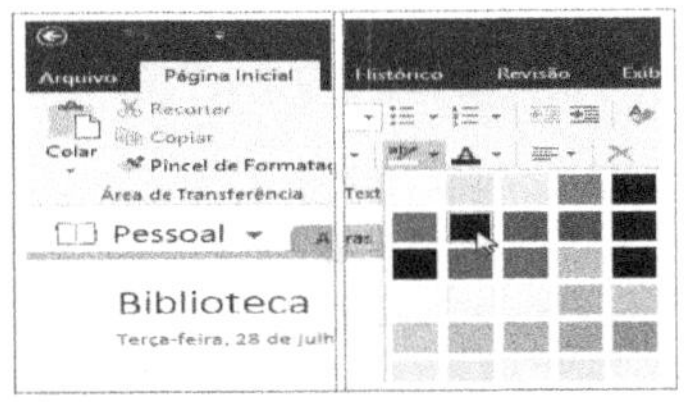

GABARITO: C.

---

53. **(FGV – 2019 – PREF. MUNICIPAL DE SALVADOR/BA – GUARDA CIVIL MUNICIPAL)** Uma regra bastante usada entre as editoras de livros diz que um livro contém 25 linhas por página e 60 caracteres por linha. Suponha que você quer armazenar, na forma de texto não compactado, o conteúdo de quatro livros de 500 páginas contendo apenas texto, e que um dos dispositivos a seguir será usado exclusivamente para essa finalidade.
Assinale a opção que indica o dispositivo que oferece espaço suficiente para a tarefa com o menor desperdício de espaço livre.
a) Disquete de 360 KB.
b) Disquete de 1.44 MB.
c) CD-R de 650 MB.
d) DVD-R de 4.7 GB.
e) Disco rígido de 1 TB.

Cada caractere equivale a um *byte*, ou seja, 8 *bit's*.

São 25 linhas x 60 caracteres x 500 páginas x 4 livros = 3.000.000 bytes, o que equivale a 3 *megabytes*.

GABARITO: C.

---

54. **(FGV – 2019 – PREF. MUNICIPAL DE SALVADOR/BA – GUARDA CIVIL MUNICIPAL)** De acordo com a doutrina de Direito Administrativo, em matéria de poderes administrativos, destaca-se o poder de polícia, que muito é utilizado para embasar os atos praticados por servidores ocupantes do cargo efetivo de Guarda Civil Municipal de Salvador.
Tal poder pode ser conceituado como a prerrogativa de direito público que, calcada na lei, autoriza:
a) a Administração Pública, por meio do Poder Executivo, a editar leis complementares dispondo sobre o funcionamento das forças de segurança pública em nível municipal.

b) o Poder Executivo a determinar o confisco de bens de origem ilícita adquiridos por pessoas que cometeram crimes contra a Administração Pública.

c) a Administração Pública a restringir o uso e o gozo da liberdade e da propriedade em favor do interesse da coletividade.

d) a Guarda Municipal a proceder à prisão-captura de suspeitos de crimes hediondos, mesmo sem situação de flagrante ou ordem judicial.

e) a Guarda Municipal a realizar diligências de busca e apreensão na casa dos investigados, independentemente de autorização judicial.

A questão versa acerca dos Poderes da Administração Pública, mais especificamente do Poder de Polícia. Nesse contexto, nos ensina Alexandre Mazza:

"O poder de polícia consiste na limitação e no condicionamento, pelo Estado, da liberdade e propriedade privadas em favor do interesse público" (MAZZA, 2022, p.114).

Posto isso, é correta a C e não há o que se falar nas demais alternativas.

GABARITO: C.

---

55. **(FGV – 2019 – PREF. MUNICIPAL DE SALVADOR/BA – GUARDA CIVIL MUNICIPAL)** Em relação aos bens públicos municipais do Município de Salvador, de acordo com o Código Civil e a doutrina de Direito Administrativo, assinale a opção que apresenta exemplos de bens de uso especial.

a) Correios e garagem de veículos de transporte coletivo privado.

b) Postos de saúde, creches e cemitérios municipais.

c) Estabelecimentos privados que prestam serviços de educação.

d) Praças, estradas e ruas municipais.

e) Lagoas, rios e mares que banham a cidade.

A questão trata de bens públicos. Acerca do tema, vamos revisar alguns conceitos:

Os bens públicos são divididos em: 1. Bens de uso comum do povo; 2. Bens de uso especial; e 3. Bens dominicais.

Nesse sentido, vejamos a literalidade do Código Civil acerca do tema:

Art. 99 São bens públicos:

I - os de uso comum do povo, tais como rios, mares, estradas, ruas e praças;

II - os de uso especial, tais como edifícios ou terrenos destinados a serviço ou estabelecimento da administração federal, estadual, territorial ou municipal, inclusive os de suas autarquias;

III - os dominicais, que constituem o patrimônio das pessoas jurídicas de direito público, como objeto de direito pessoal, ou real, de cada uma dessas entidades.

Posto isso, encontramos a resposta correta na alternativa B.

GABARITO: B.

---

56. **(FGV – 2019 – PREF. MUNICIPAL DE SALVADOR/BA – GUARDA CIVIL MUNICIPAL)** O servidor público ocupante do cargo de Guarda Civil Municipal de Salvador, no dia a dia do exercício de suas funções, exerce diversas atividades, como executar segurança ostensiva, preventiva, uniformizada e aparelhada na proteção à população, bens, serviços e instalações do Município. Para tal, esses servidores públicos praticam alguns atos administrativos com o atributo da autoexecutoriedade, que consiste em:

a) ser cogente, obrigando todos que se encontrem em seu círculo de incidência, ainda que o objetivo a ser por eles alcançado contrarie interesses privados ou públicos.

b) ser de observância e execução vinculantes a todos os administrados, tão logo haja a intimação pessoal das pessoas que tiverem sua esfera jurídica afetada pelos atos.

c) viabilizar a execução dos atos pela autoridade administrativa por motivos de conveniência e oportunidade, por serem atos vinculados e obrigatórios.

d) trazerem em si, quando praticados os atos, a presunção de legitimidade, ou seja, a presunção de que nasceram em conformidade com as devidas normas legais.

e) poder ser o ato, tão logo praticado, em regra, imediatamente executado, e seu objeto imediatamente alcançado, sem prévia intervenção do Poder Judiciário.

A questão versa acerca da autoexecutoriedade dos atos administrativos. Sobre o tema, ficamos com o ensinamento de Alexandre Mazza:

"Denominada em alguns concursos equivocamente de executoriedade, a autoexecutoriedade permite que a Administração Pública realize a execução material dos atos administrativos ou de dispositivos legais, usando a força física se preciso for para desconstituir situação violadora da ordem jurídica. No Direito Administrativo francês, é denominada *privilège d'action d'office*" (MAZZA, 2022, p.737).

Isto é, a autoexecutoriedade é o atributo do ato administrativo que permite que a Administração Pública execute seus próprios atos administrativamente independente de ordem judicial.

GABARITO: E.

---

57. **(FGV – 2019 – PREF. MUNICIPAL DE SALVADOR/BA – GUARDA CIVIL MUNICIPAL)** Mário, Guarda Civil Municipal de Salvador, exerce o cargo de chefe de determinado departamento da Guarda Civil.

No regular exercício de suas funções, Mário determinou à dupla de guardas civis João e Maria que, naquele dia, atuassem exclusivamente na segurança do cidadão nos órgãos e entidades da Administração Municipal, em instalações externas e na via pública X.

No caso em tela, Mário pôde avaliar a conveniência e a oportunidade da prática do ato administrativo, ao escolher qual atividade seria desenvolvida pelos servidores naquele dia.

De acordo com a doutrina de Direito Administrativo, em matéria de classificação dos atos administrativos quanto ao critério da liberdade de ação, Mário praticou um ato administrativo:

a) arbitrário.

b) discricionário.

c) de polícia.

d) regulador.

e) disciplinar.

A: Incorreta. "Arbitrário é o ato praticado fora dos padrões da legalidade, exorbitando os limites de competência definidos pela lei" (MAZZA, 2022, p.798).

B: Correta. Resumidamente, atos discricionários são aqueles em que a Administração Pública tem maior margem de ação para que possa praticar seus atos de acordo com a conveniência e oportunidade. No caso em tela, Mário pode avaliar a situação, e, com a margem dada pela lei, escolher a melhor conveniência e oportunidade.

Conforme nos ensina Alexandre Mazza: "atos discricionários são praticados pela Administração dispondo de margem de liberdade para que o agente público decida, diante do caso concreto, qual a melhor maneira de atingir o interesse público" (MAZZA, 2022, p.795).

C: Incorreta. "O poder de polícia consiste na limitação e no condicionamento, pelo Estado, da liberdade e propriedade privadas em favor do interesse público" (MAZZA, 2022, p.114).

D: Incorreta. Poder regulador, ou normativo, é a faculdade dos Chefes do Poder Executivo de explicar a correta execução para lei, por meio de decretos dentre outros regulamentos.

E: Incorreta. Poder disciplinar é o que autoriza a Administração Pública a aplicar sanções àqueles que possuem vínculo de subordinação à administração.

GABARITO: B.

58. **(FGV – 2019 – PREF. MUNICIPAL DE SALVADOR/BA – GUARDA CIVIL MUNICIPAL)** Ednaldo, servidor público, após preencher todos os requisitos exigidos para a aposentadoria por tempo de serviço, requereu o deferimento do benefício junto ao órgão competente, instruindo o requerimento com todos os documentos exigidos pela legislação de regência. O requerimento, no entanto, foi indeferido de modo ilegal e arbitrário.

No dia em que tomou conhecimento do indeferimento, Ednaldo solicitou que seu advogado ingressasse com a ação constitucional cabível, de modo que pudesse obter o benefício.

À luz da sistemática constitucional, é correto afirmar que a referida ação é o:

a) Mandado de Segurança.
b) Mandado de Injunção.
c) Direito de Petição.
d) Habeas Corpus.
e) Habeas Data.

O mandado de segurança é o remédio constitucional cabível para proteger direito líquido e certo, não amparado por *habeas corpus* ou *habeas data*:

Art. 5º LXIX - conceder-se-á mandado de segurança para proteger direito líquido e certo, não amparado por habeas corpus ou habeas data, quando o responsável pela ilegalidade ou abuso de poder for autoridade pública ou agente de pessoa jurídica no exercício de atribuições do Poder Público.

Perceba, após preencher todos os requisitos exigidos para a aposentadoria por tempo de serviço, instruindo o requerimento com todos os documentos exigidos pela legislação de regência, ao ter requerimento indeferido de modo ilegal e arbitrário, o requerente teve seu direito líquido e certo à aposentadoria por tempo de serviço violado.

Não se trata de direito amparado por *habeas corpus*, uma vez que não atinge sua liberdade de locomoção. Muito menos é direito amparado por *habeas data*, pois este é remédio constitucional para:

a) garantir acesso a informações relativas à pessoa do impetrante, constantes de registros ou bancos de dados de entidades governamentais ou de caráter público; e

b) retificação de dados, constantes de banco de dados de caráter público, quando não se prefira fazê-lo por processo sigiloso, judicial ou administrativo.

Portanto, a alternativa correta é a A. Em relação às demais alternativas, o mandado de injunção é o remédio cabível quando a falta de norma regulamentadora torne inviável o exercício dos direitos e liberdades constitucionais e das prerrogativas inerentes à nacionalidade, à soberania e à cidadania e, o direito de petição já foi exercido pelo requerente, uma vez que houve o requerimento para o deferimento do benefício junto ao órgão competente.

GABARITO: A.

59. **(FGV – 2019 – PREF. MUNICIPAL DE SALVADOR/BA – GUARDA CIVIL MUNICIPAL)** Maria, prefeita municipal recém-empossada, solicitou que sua assessoria jurídica esclarecesse quais seriam as providências necessárias para a aquisição de certos bens que seriam utilizados pelas repartições públicas municipais.

Sobre o caso apresentado, à luz da sistemática constitucional, assinale a afirmativa correta.

a) A contratação jamais deveria ser antecedida de licitação.
b) A contratação sempre deveria ser antecedida de licitação.
c) A contratação deveria ser antecedida de licitação, ressalvada autorização do Governador do Estado.
d) A contratação, ressalvados os casos previstos na legislação, deveria ser antecedida de licitação.
e) A contratação poderia ser antecedida de licitação se, na avaliação de Maria, fosse mais vantajoso.

A questão versa acerca do procedimento para aquisição de bens móveis públicos. Estes, via de regra, não devem ser contratados com uma prévia licitação. Acerca do tema, encontramos no texto legal:

Art. 37 XXI - ressalvados os casos especificados na legislação, as obras, serviços, compras e alienações serão contratados mediante processo de licitação pública que assegure igualdade de condições a todos os concorrentes, com cláusulas que estabeleçam obrigações de pagamento, mantidas as condições efetivas da proposta, nos termos da lei, o qual somente permitirá as exigências de qualificação técnica e econômica indispensáveis à garantia do cumprimento das obrigações.

Portanto, a alternativa D é a correta e não há o que se falar nas demais alternativas.

GABARITO: D.

60. **(FGV – 2019 – PREF. MUNICIPAL DE SALVADOR/BA – GUARDA CIVIL MUNICIPAL)** João, servidor público ocupante do cargo de provimento efetivo de engenheiro de radiação, desejava realizar um novo concurso público, de modo a vir a ocupar dois cargos de provimento efetivo, caso houvesse compatibilidade de horários.

À luz da sistemática constitucional, assinale a afirmativa correta.

a) João não pode ocupar outro cargo de provimento efetivo.
b) João somente pode vir a ocupar um cargo de professor.
c) João somente pode vir a ocupar um cargo técnico.
d) João pode vir a ocupar um cargo de professor ou de técnico.
e) João pode vir a ocupar um cargo na área de saúde.

A questão versa acerca da acumulação de cargos públicos, e a resposta repousa na literalidade do inciso XVI do art. 37, da CF/1988:

Art. 37 XVI - é vedada a acumulação remunerada de cargos públicos, exceto, quando houver compatibilidade de horários, observado em qualquer caso o disposto no inciso XI:

a) a de dois cargos de professor;

b) a de um cargo de professor com outro técnico ou científico;

c) a de dois cargos ou empregos privativos de profissionais de saúde, com profissões regulamentadas.

No caso em tela, João somente poderá acumular o cargo de professor caso tenha horários compatíveis com o de engenheiro de radiação.

GABARITO: B.

61. (FGV – 2019 – PREF. MUNICIPAL DE SALVADOR/BA – GUARDA CIVIL MUNICIPAL) O Prefeito do Município Beta foi comunicado da subtração de diversos computadores instalados em uma repartição do Município, o que o levou a requisitar a instauração de uma investigação penal pela Guarda Municipal, com o objetivo de identificar os criminosos.

À luz da sistemática constitucional, é correto afirmar que a Guarda Municipal:

a) somente está autorizada a investigar crimes praticados contra bens, serviços e instalações do Município, a exemplo daquele referido pelo Prefeito.

b) não está autorizada a investigar nenhuma espécie de crime, incluindo aquele informado pelo Prefeito.

c) somente está autorizada a investigar o crime referido pelo Prefeito caso seja autorizada pelo Governador do Estado.

d) está autorizada a realizar a investigação de qualquer crime, incluindo aquele informado pelo Prefeito.

e) somente está autorizada a investigar o crime referido pelo Prefeito caso seja autorizada pela Polícia Judiciária.

A questão exigia o conhecimento do candidato acerca do art. 144, § 8º, da CRFB/1988:

Art. 144 [...] § 8º Os Municípios poderão constituir guardas municipais destinadas à proteção de seus bens, serviços e instalações, conforme dispuser a lei.

Perceba, portanto, que a missão constitucional das guardas municipais é a proteção dos bens, serviços e instalações municipais, e não a investigação criminal.

Ademais, pode-se concluir que a Guarda Municipal não está autorizada a investigar nenhuma espécie de crime, incluindo aquele informado pelo Prefeito.

GABARITO: B.